자격증 교육 1위* 해커스자격증

해커스 스포츠지도사
무료 특강 제공!

지금 바로 시청하고 단기 합격하기

이용방법
- 해커스자격증(pass.Hackers.com) 접속 ▶
- 사이트 상단 [스포츠지도사] 클릭 ▶
- 상단의 [무료콘텐츠 > 무료강의] 탭 클릭하여 이용

▲ 무료강의 바로가기

만능 스포츠 전문가
안승기 선생님

스포츠지도사 현장실습기관 원장

스포츠지도사
전 강좌 10% 할인쿠폰

FF54 E277 8893 C000

이용방법
- 해커스자격증(pass.Hackers.com) 접속 후 로그인 ▶
- 우측 퀵메뉴의 [쿠폰/수강권 등록] 클릭 ▶
- [나의 쿠폰] 화면에서 [쿠폰/수강권 등록] 클릭 ▶
- 쿠폰 번호 입력 후 등록 및 즉시 사용 가능
* 등록 후 3일간 사용 가능

▲ 쿠폰 바로 등록하기 (로그인 필요)

전 강좌 무료 이벤트

매일 선착순 20명
전 강좌 무료 배포

이용방법
- 해커스자격증(pass.Hackers.com) 접속 ▶
- 사이트 상단 [스포츠지도사] 클릭 ▶
- 상단의 [이벤트 > 전 강좌 무료배포] 탭 클릭하여 이용
* 매일 선착순 20명 제공(ID당 1회에 한해 참여 가능)
* 강의 3일간 수강

▲ 이벤트 바로가기

* [자격증 교육 1위 해커스] 주간동아 선정 2022 올해의 교육브랜드 파워 온·오프라인 자격증 부문 1위 해커스

자격증 합격의 모든 것, **해커스자격증**   pass.Hackers.com

해커스
스포츠지도사
2급 필기
한권합격

이론+최신기출+핵심노트

해커스

CONTENTS

선택과목

Part 01 | 스포츠교육학

Chapter 01	스포츠교육의 배경과 개념	14
Chapter 02	스포츠교육의 정책과 제도	20
Chapter 03	스포츠교육의 참여자 이해론	42
Chapter 04	스포츠교육의 프로그램론	48
Chapter 05	스포츠교육의 지도방법론 I	58
Chapter 06	스포츠교육의 지도방법론 II	74
Chapter 07	스포츠교육의 평가론	88
Chapter 08	스포츠교육자의 전문적 성장	96

2025년 기출문제 … 100
2024년 기출문제 … 108
2023년 기출문제 … 118
2022년 기출문제 … 125

Part 02 | 스포츠사회학

Chapter 01	스포츠사회학의 이해	136
Chapter 02	스포츠와 정치	146
Chapter 03	스포츠와 경제	154
Chapter 04	스포츠와 교육	158
Chapter 05	스포츠와 미디어	162
Chapter 06	스포츠와 사회계층·계급	168
Chapter 07	스포츠와 사회화	174
Chapter 08	스포츠와 일탈	180
Chapter 09	미래사회의 스포츠	186

2025년 기출문제 … 190
2024년 기출문제 … 198
2023년 기출문제 … 204
2022년 기출문제 … 210

Part 03 | 스포츠심리학

Chapter 01	스포츠심리학의 개관	218
Chapter 02	인간운동행동의 이해	224
Chapter 03	스포츠수행의 심리적 요인	242
Chapter 04	스포츠수행의 사회 심리적 요인	274
Chapter 05	운동심리학	290
Chapter 06	스포츠심리상담	300

2025년 기출문제 … 308
2024년 기출문제 … 314
2023년 기출문제 … 320
2022년 기출문제 … 326

Part 04 | 스포츠윤리

Chapter 01	스포츠와 윤리	334
Chapter 02	경쟁과 페어플레이	344
Chapter 03	스포츠와 불평등	352
Chapter 04	스포츠에서 환경과 동물윤리	358
Chapter 05	스포츠와 폭력	364
Chapter 06	경기력 향상과 공정성	368
Chapter 07	스포츠와 인권	374
Chapter 08	스포츠 조직과 윤리	380

2025년 기출문제 … 384
2024년 기출문제 … 389
2023년 기출문제 … 395
2022년 기출문제 … 400

Part 05 | 운동생리학

Chapter 01	운동생리학의 개관	408
Chapter 02	에너지 대사와 운동	412
Chapter 03	신경조절과 운동	424
Chapter 04	골격근과 운동	436
Chapter 05	내분비계와 운동	446
Chapter 06	호흡·순환계와 운동	454
Chapter 07	환경과 운동	466
2025년 기출문제		474
2024년 기출문제		479
2023년 기출문제		485
2022년 기출문제		490

Part 06 | 운동역학

Chapter 01	운동역학 개요	498
Chapter 02	운동역학의 이해	502
Chapter 03	인체역학	510
Chapter 04	운동학의 스포츠 적용	516
Chapter 05	운동역학의 스포츠 적용	522
Chapter 06	일과 에너지	534
Chapter 07	다양한 운동기술의 분석	538
2025년 기출문제		542
2024년 기출문제		548
2023년 기출문제		554
2022년 기출문제		559

Part 07 | 한국체육사

Chapter 01	한국체육사의 개관	566
Chapter 02	선사 및 부족국가와 삼국시대 체육	570
Chapter 03	고려 시대와 조선 시대의 체육	576
Chapter 04	개화기와 일제강점기의 체육	584
Chapter 05	현대체육 및 스포츠	594
2025년 기출문제		604
2024년 기출문제		608
2023년 기출문제		613
2022년 기출문제		618

CONTENTS

필수과목

Part 08 | 특수체육론

Chapter 01	특수체육의 개요	626
Chapter 02	장애유형별 체육지도 전략	648
2025년 기출문제		662
2024년 기출문제		667
2023년 기출문제		674
2022년 기출문제		680

Part 09 | 유아체육론

Chapter 01	유아체육의 이해	688
Chapter 02	유아기 운동발달 프로그램의 구성	714
Chapter 03	유아체육 프로그램 교수·학습법	726
2025년 기출문제		734
2024년 기출문제		741
2023년 기출문제		751
2022년 기출문제		761

Part 10 | 노인체육론

Chapter 01	노화와 노화의 특성	774
Chapter 02	노인의 운동 효과	788
Chapter 03	노인 운동프로그램의 설계	796
Chapter 04	질환별 프로그램 설계	810
Chapter 05	지도자의 효과적인 지도	826

2025년 기출문제 836
2024년 기출문제 842
2023년 기출문제 849
2022년 기출문제 854

실전모의고사

실전모의고사 862
정답 및 해설 904

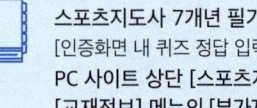

스포츠지도사 7개년 필기 기출 및 해설(PDF)
[인증화면 내 퀴즈 정답 입력]
PC 사이트 상단 [스포츠지도사] 클릭 →
[교재정보] 메뉴의 [부가자료] 클릭 →
퀴즈 정답 입력 시 기출문제 제공
* 2021년 ~ 2015년 7개년 기출 제공

무료 동영상강의·학습 콘텐츠 제공
pass.Hackers.com

이 책의 구성과 특징

Chapter 02 경쟁과 페어플레이

핵심요약&보충자료

❶ 오늘날 스포츠 성차별 유형
- 성적 대상화
- 참여 종목의 차별
- 취업 기회 불평등
- 지원의 불평등

01 스포츠 경기의 목적

1 아곤과 아레테 기출 15~22년

1. 아곤(Agon)

고대 올림픽 경기에서 행해진 '경쟁'과 '대결' 중심의 운동 경기
① 경쟁, 승리, 결과를 중요시함
② 공정한 조건과 규칙에 기초한 일반적인 경쟁 스포츠에 해당함
③ 상대와의 경쟁의 결과, 능력 등을 비교함으로써 가치를 판단함
④ 카이오와(R. Cailois)가 제시한 '인간의 놀이 본능' 네 가지에 '아곤'이 포함됨

> **참고**
> 놀이의 4가지 구분
> • 일링크스(ilinx) - 무아지경과 몰입의 상태를 즐기는 놀이 → 서커스, 번지점프, 줄타기 등
> • 알레아(alea) - 운에 맡기는 놀이(확률 놀이) → 화투, 복권, 마작, 주사위 등
> • 아곤(agon) - 규칙을 지키면서 경쟁하는 놀이(경쟁 놀이) → 스포츠
> • 미미크리(mimicry) - 따라 하거나 모방하는 놀이(역할 놀이) → 연극, 뮤지컬 등

2. 아레테(Arete)

① 전쟁의 신 아레스에서 파생된 용어이며, 처음에는 '용기'의 의미로 사용되었으나, 점차 노력, 과정, 화합, 탁월함의 의미로 변화함
② 본래 사람 혹은 사물이 지닌 능력, 기능 등을 '좋은 상태'에 이르게 하는 과정을 의미함
  ㉠ 도덕적 측면에서 '덕'은 인간을 인간답게 만들어주고 좋은 상태(최적의 기능)를 수행할 수 있도록 만들어주는 것이 아레테임
  ㉡ 스포츠 선수의 아레테는 선수에게 주어진 운동능력을 최대한 활용하여 최고의 실력을 정당하게 발휘하고자 하는 마음가짐과 태도를 의미함

> **선생님 TIP** 아곤과 아레테
>
> | 아곤 | 아레테 |
> |---|---|
> | • 경쟁, 승리, 결과 중시 | • 노력, 과정, 탁월함 중시 |
> | • 경쟁 상대와의 성과나 능력 비교 | • 덕의 중요성 강조 |
> | • 일반적인 경쟁 스포츠에 해당 | • 타인과의 경쟁이나 비교 없이 자신의 고유한 기능과 노력으로 가치를 평가함 |
> | • 도덕적 측면에서 아곤보다 아레테가 더 가치 있는 것으로 인식됨 | • 극기 또는 미적 스포츠에 해당 |
> | | • 아곤보다 더 포괄적인 개념 |

📍 용어해설
스포츠인 또는 체육인: 스포츠 분야에 이해관계를 가지고 있는 모든 사람 총칭 → 운동선수, 지도자, 심판, 대회 운영자, 스포츠 단체나 협회 관계자 등

체계적인 이론 학습
- 스포츠지도사 필기 시험에 출제되는 필수이론을 체계적으로 정리하여 구성하였습니다.
- 체계적인 이론을 통해 전체 내용을 자연스럽게 이해할 수 있으며, 시험에 나오는 이론을 중심으로 보다 효과적인 학습이 가능합니다.

핵심요약 & 보충자료
- 반드시 알아두어야 하는 핵심 내용을 요약하여 정리하였습니다. 이를 통해 이론의 핵심 내용을 확실하게 암기하고 효율적인 학습을 할 수 있습니다.
- 이론과 연결되는 보충자료를 수록하여, 학습 내용을 더 깊이 이해할 수 있습니다.

선생님 TIP & 참고
이론의 효율적인 학습을 위한 '선생님 TIP', '참고'와 같은 다양한 학습 장치를 함께 수록하였습니다. 이를 통해 이론의 학습을 보충하고, 심화 내용까지도 학습이 가능합니다.

용어해설
낯설고 어려운 스포츠지도사 필기 핵심 용어를 이해하기 쉽도록 설명하여 처음 보는 개념도 더욱 쉽게 학습하고 암기할 수 있습니다.

해커스 스포츠지도사 2급 필기 한권합격 이론+최신기출+핵심노트

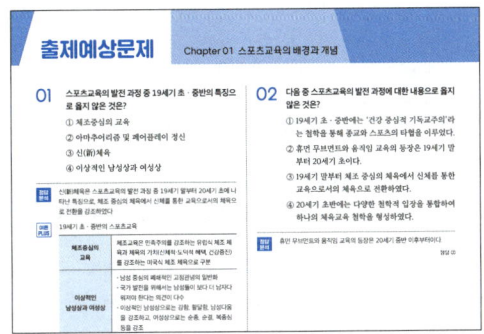

출제예상문제

출제예상문제를 통해 자주 출제되는 중요 포인트를 파악하고 학습한 이론이 어떻게 문제화되는지 확인하며, 부족한 부분을 확실하게 정리할 수 있습니다.

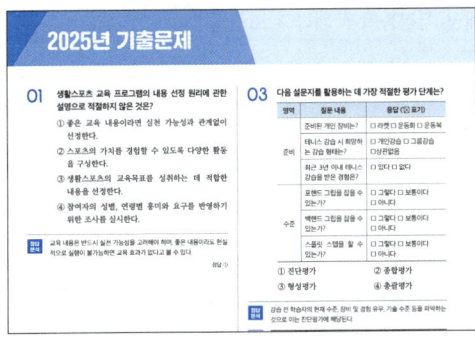

기출문제

2025~2022년의 4개년 기출문제를 수록하였습니다. 각 문제의 상세한 해설을 통해 문제풀이 과정에서 실전 감각을 높이고, 실력을 한층 향상시킬 수 있습니다.

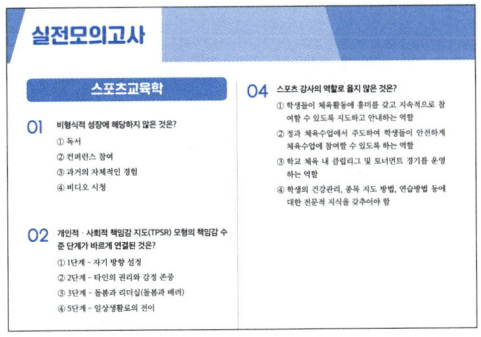

실전모의고사

스포츠지도사 필기 시험에 출제될 가능성이 높은 내용들을 엄선하여 제작한 실전모의고사를 통해 실전 감각을 향상시킬 수 있습니다.

➕ 추가 학습 자료로 합격 실력 업그레이드!

시험에 필요한 핵심이론을 언제 어디서나 복습할 수 있으며,
시험 직전 최종 마무리 학습까지 가능한
'시험장에 꼭 가져가야 할 핵심노트'

시험 소개

■ 스포츠지도사란?

전문·생활스포츠지도사	학교·직장·지역사회 또는 체육단체 등에서 체육을 지도할 수 있도록 국민체육진흥법에 따라 해당 자격을 취득한 사람을 말합니다.
장애인스포츠지도사	장애유형에 따른 운동방법 등에 대한 지식을 갖추고 해당 자격종목에 대하여 장애인을 대상으로 전문체육이나 생활체육을 지도하는 사람을 말합니다.
유소년스포츠지도사	유소년(만3세부터 중학교 취학 전까지를 말함)의 행동양식, 신체발달 등에 대한 지식을 갖추고 해당 자격종목에 대하여 유소년을 대상으로 체육을 지도하는 사람을 말합니다.
노인스포츠지도사	노인의 신체적·정신적 변화 등에 대한 지식을 갖추고 해당 자격종목에 대하여 노인을 대상으로 생활체육을 지도하는 사람을 말합니다.

■ 스포츠지도사 시험 절차

필기시험 → 실기·구술시험 → 연수

■ 스포츠지도사 필기 최근 4년간 검정 현황

자격등급	2024			2023			2022			2021		
	응시자	합격자	합격률	응시자	합격자	합격률	응시자	합격자	합격률	응시자	합격자	합격률
2급 전문스포츠지도사	6,877	1,441	20.95%	6,907	3,212	46.5%	5,236	1,592	30.4%	5,727	1,779	31.1%
2급 생활스포츠지도사	43,700	16,315	37.33%	40,350	26,107	64.7%	32,796	13,683	41.7%	30,662	14,378	46.9%
2급 장애인스포츠지도사	2,950	1,598	54.17%	2,576	1,395	54.1%	2,303	1,354	58.8%	2,397	1,740	72.6%
유소년스포츠지도사	487	212	45.53%	640	383	59.8%	540	219	40.6%	527	320	60.7%
노인스포츠지도사	2,230	835	37.44%	1,894	1,111	58.7%	1,768	816	46.1%	1,834	938	51.2%
합계	56,244	20,401	36.27%	52,367	32,208	61.5%	42,643	17,664	41.4%	41,147	19,155	46.6%

※ 2025년 스포츠지도사 필기 검정현황은 추후 국민체육진흥공단 체육지도자 사이트에서 확인하실 수 있습니다.

스포츠지도사 필기 시험 제도 및 과목

스포츠지도사 필기 시험은 다음의 방법 및 기준에 따라 합격 여부를 결정합니다.

응시자격	• 만 18세 이상 응시 가능 • 각 요건 중 어느 하나에 해당되는 자격 구비 및 서류 제출
시험 방법	PBT 방식: 문제지와 정답지(OMR 카드) 배부 ※ 시험 종료 시 정답지만 제출
필수준비물	신분증, 검정색 컴퓨터용 수성사인펜
시험 시간	100분
시험 과목	<table><tr><th>선택과목</th><th>필수과목</th></tr><tr><td>스포츠교육학, 스포츠사회학, 스포츠심리학, 스포츠윤리, 운동생리학, 운동역학, 한국체육사</td><td>특수체육론, 노인체육론, 유아체육론</td></tr><tr><th colspan="2">세부 응시 과목</th></tr><tr><td colspan="2">• 2급 전문·생활스포츠지도사: 선택과목 중 5과목 선택 • 2급 장애인스포츠지도사: 특수체육론 + 선택과목 중 4과목 선택 • 노인스포츠지도사: 노인체육론 + 선택과목 중 4과목 선택 • 유소년스포츠지도사: 유아체육론 + 선택과목 중 4과목 선택</td></tr></table>
문항 수	총 100문제(과목당 20문항)
합격 기준	과목마다 만점의 40% 이상, 전과목 평균 60% 이상
문제 유형	객관식 4지 선다형

더 많은 내용이 알고 싶다면?

- 시험일정 및 자격증에 대한 더 자세한 사항은 해커스자격증(pass.Hackers.com) 또는 Q-net(www.Q-net.or.kr)에서 확인할 수 있습니다.
- 모바일의 경우 QR 코드로 접속이 가능합니다.

모바일 해커스자격증
(pass.Hackers.com)
바로가기 ▶

학습플랜

📅 학습플랜 활용 방법

1. 스포츠지도사 필기 합격을 위한 최적의 학습플랜을 제작하였습니다.
2. 자격등급에 따라 응시하고자 하는 과목을 선택합니다.
3. 과목당 5일 동안 이론을 학습하고 2일 동안 기출문제 및 실전모의고사 풀이를 진행합니다.
   ※ 자격등급에 따라 응시하고자 하는 과목의 전체 학습을 마무리한 후 실전모의고사를 한 번에 풀이하는 것을 추천드립니다.
4. 학습이 완료된 과목은 과목명 옆 네모박스에 체크합니다.

☐ 스포츠교육학

1일	2일	3일	4일	5일	6일	7일
Chapter 01~02	Chapter 03~04	Chapter 05~06	Chapter 07~08	이론 복습	2025~2024년 기출문제	2023~2022년 기출문제, 실전모의고사

☐ 스포츠사회학

1일	2일	3일	4일	5일	6일	7일
Chapter 01~02	Chapter 03~04	Chapter 05~06	Chapter 07~09	이론 복습	2025~2024년 기출문제	2023~2022년 기출문제, 실전모의고사

☐ 스포츠심리학

1일	2일	3일	4일	5일	6일	7일
Chapter 01~02	Chapter 03	Chapter 04	Chapter 05~06	이론 복습	2025~2024년 기출문제	2023~2022년 기출문제, 실전모의고사

☐ 스포츠윤리

1일	2일	3일	4일	5일	6일	7일
Chapter 01~02	Chapter 03~04	Chapter 05~06	Chapter 07~08	이론 복습	2025~2024년 기출문제	2023~2022년 기출문제, 실전모의고사

운동생리학

1일	2일	3일	4일	5일	6일	7일
Chapter 01~02	Chapter 03~04	Chapter 05~06	Chapter 07	이론 복습	2025~2024년 기출문제	2023~2022년 기출문제, 실전모의고사

운동역학

1일	2일	3일	4일	5일	6일	7일
Chapter 01~02	Chapter 03~04	Chapter 05~06	Chapter 07	이론 복습	2025~2024년 기출문제	2023~2022년 기출문제, 실전모의고사

한국체육사

1일	2일	3일	4일	5일	6일	7일
Chapter 01~02	Chapter 03	Chapter 04	Chapter 05	이론 복습	2025~2024년 기출문제	2023~2022년 기출문제, 실전모의고사

특수체육론

1일	2일	3일	4일	5일	6일	7일
Chapter 01			Chapter 02	이론 복습	2025~2024년 기출문제	2023~2022년 기출문제, 실전모의고사

유아체육론

1일	2일	3일	4일	5일	6일	7일
Chapter 01		Chapter 02	Chapter 03	이론 복습	2025~2024년 기출문제	2023~2022년 기출문제, 실전모의고사

노인체육론

1일	2일	3일	4일	5일	6일	7일
Chapter 01	Chapter 02	Chapter 03	Chapter 04~05	이론 복습	2025~2024년 기출문제	2023~2022년 기출문제, 실전모의고사

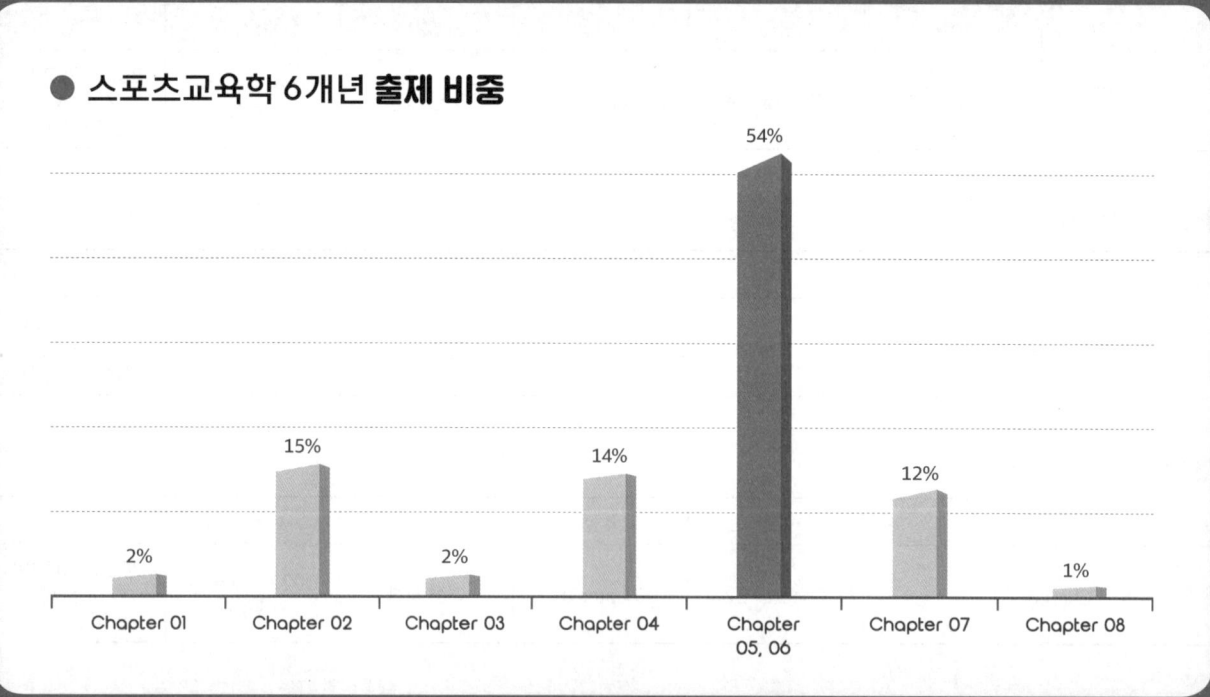

해커스 **스포츠지도사 2급 필기** 한권합격 이론+최신기출+핵심노트

Part 01

스포츠교육학

선택과목

Chapter 01 스포츠교육의 배경과 개념
Chapter 02 스포츠교육의 정책과 제도
Chapter 03 스포츠교육의 참여자 이해론
Chapter 04 스포츠교육의 프로그램론
Chapter 05 스포츠교육의 지도방법론 Ⅰ
Chapter 06 스포츠교육의 지도방법론 Ⅱ
Chapter 07 스포츠교육의 평가론
Chapter 08 스포츠교육자의 전문적 성장

Chapter 01 스포츠교육의 배경과 개념

핵심요약&보충자료

01 스포츠교육의 역사

1 스포츠교육의 발전 과정

1. 19세기 초·중반

(1) 체조중심의 교육

체조교육은 민족주의를 강조하는 유럽식 체조 체육과 체육의 가치(신체적·도덕적 혜택, 건강증진)를 강조하는 미국식 체조 체육으로 구분

(2) 이상적인 남성상과 여성상

① 남성 중심의 폐쇄적 고정관념의 일반화

② 남성성(강함, 활달함, 남성다움 등), 여성상(순종, 순결, 복종심 등) 강조

(3) 건강 중심적 기독교주의(Muscular Christianity)

① 19세기 중반 산업혁명으로 인해 중산층과 도시의 발달로 청교도주의의 영향력 상실

② 체력과 운동은 정신, 도덕, 종교적 목적으로 개발 및 유지되는 중요성을 강조

(4) 아마추어리즘 및 페어플레이 정신

① 19세기 후반 스포츠의 발달로 아마추어리즘과 페어플레이 정신을 강조함

② 쿠베르탱: 제1회 근대 올림픽이 개최되면서 선수의 자격기준에 대해 고심한 끝에 영국에서 중시한 아마추어 스포츠의 규정을 채용해 "올림픽에 참가하는 사람은 아마추어 경기자이어야 한다."고 명시

2. 19세기 말부터 20세기 초 [기출] 18년

(1) 신(新)체육

① 체조 중심의 체육에서(신체의 교육) 신체를 통한 교육으로서의 체육으로 전환을 강조

② 대표학자

토마스 우드 (T. D. Wood)	• 체육의 문제점을 비판하고 신체육 체계를 창안 • 체육의 주된 프로그램으로 스포츠와 게임, 놀이 등을 강조
굴릭(L. H. Gulick)	스포츠, 게임, 야외활동, 캠핑을 강조하였고, 체육의 사회적 가치를 강조
해드링턴 (C. W. Hetherington)	• 미국 근대 체육의 아버지로 불리며, 놀이(Play)가 행동의 변화에 영향을 미친다는 이론적 기초를 제시 • 교육과정의 4대 영역을 강조(신체적·심동적·정의적·인지적 교육)

③ 미국 진보주의 교육 운동의 대표학자인 존 듀이(John Dewy)의 진보주의 교육 사조 ("교육적 활동은 신체적, 지적, 도덕적 결과를 낳는다.")의 영향을 받음

[체조의 구분에 따른 목적]

구분	목적
독일식	기구를 활용하여 전쟁 시와 비상 시에 건강하고 강한 청소년을 기르고 개인적 능력을 향상
스웨덴식	정확한 동작을 활용하여 건강, 정확한 표현력, 운동 수행의 아름다움을 증진
히치콕식	가벼운 기구를 활용한 운동을 통해 건강 위생을 강조
서전트식	기구를 활용한 개별화된 운동을 통해 위생적, 교육적, 교정적 효과 추구
YMCA식	전인적 자질의 개발
미국식	여러 시스템을 변형시켜 절충적 시스템을 개발

[대표학자: 에머슨(R. Emerson), 아놀드(M. Arnold)]

에머슨(R. Emerson)	'훌륭하고 뛰어난 일을 하기 위해서는 몸은 최고의 건강상태를 유지하고 있어야 한다'
아놀드(M. Arnold)	『톰브라운의 학창시절』에서 남성스러움, 용기, 애국심, 도덕심, 단체를 중시하는 마음, 지적 독립심을 향상시키는 교육이 중요하다고 제시하였다.

(2) 철학적 개념으로서의 놀이

① 놀이가 철학적 개념과 교육 이론의 대상으로 자리잡게 됨

② 놀이의 개념이 철학적, 교육학적으로 인정받은 뒤에야 프로그램으로 실시

(3) 20세기 초반

① 다양한 철학적 입장을 통합하여 하나의 체육교육 철학을 형성

② "체육활동에 참여하는 것은 지적, 신체적, 도덕적, 사회적 발달을 가져다 준다."는 체육교육 철학을 바탕으로 학교에 체육 과목을 포함해야 한다고 주장(해더링턴, 게시디, 윌리암스, 내쉬 등) 하였고, 체육학의 전문화와 세분화를 이뤘음

3. 20세기 중반 이후 기출 16·21년

(1) 휴먼 무브먼트(Human movement)와 움직임 교육(1950년대 이후)

① 1948년 루돌프 라반(Rudolph Laban)은 『현대교육무용』 발간을 통해 휴먼 무브먼트 철학의 이론적 기반을 상세하게 기술하였으며, 학부 전문교육을 위한 교육과정 개발의 틀로서 초·중·고 체육교과의 개선을 위한 기반으로서의 역할을 하였음

② 움직임 교육의 교육내용은 특정 종목이나 활동 자체를 배우기보다는 각 활동에 내재되어 있는 움직임의 기본 원리에 대해서 교육무용, 교육체조, 교육게임 등으로 구분하여 탐색하고 발견하는 데 중점을 둠

(2) 인간주의 스포츠 및 체육교육(1960년대 이후)

① 인간주의적 교육의 철학은 열린교육, 정서교육, 가치관 확립, 성적을 위한 경쟁 배제 등을 강조

② 헬리슨은 『인간주의적 체육교육』을 출판하여 인간 중심의 체육교육에 대한 이론적 기초를 제공하였으며, 학교체육의 1차적 목표로 인성발달, 자기표현력 함양, 대인관계 향상을 제시

(3) 놀이교육과 스포츠교육(1970년대 이후)

① 시덴탑(Siedentop): 신체활동에 대한 애정과 운동 기술을 습득하는 데 있다고 주장

② 스포츠교육모형: 좋은 스포츠의 기능·지식·태도를 교육시켜, 아이들 스스로가 스포츠를 즐기며, 자연스럽게 참여할 수 있는 사람으로 성장하는 것

(4) 신체운동학(1990년대 이후)

① 오늘날의 스포츠교육은 신체활동을 교육내용으로 구성하고 있으며, 스포츠교육의 목적과 내용을 보다 확장하는 데 기여

② 신체운동에는 활동 및 스포츠, 운동, 게임, 무용 등을 포함

핵심요약&보충자료

[유럽의 교육사상]

자연주의	미국 신(新)체육의 철학적 근원
루소(Rousseau)	자연주의 교육프로그램 주장하였고, 체육을 통해 경쟁·협동 지도가 가능하다고 하였음
바제도우(Basedow)	루소의 자연주의 철학을 실현하고자 '박애학교'를 설립하였고, 체조, 게임, 스포츠, 놀이활동으로 중요 교육과정으로 구성
페스탈로치(Pestalozzi)	경험학습을 이용하고, 육체노동을 포함한 신체훈련을 중요 내용으로 지도
프뢰벨(Fröbel)	삶의 총체성과 활동의 총체성을 강조하였으며, 스포츠와 게임이 아동의 신체 능력과 지력, 성격 함양에 공헌한다고 주장

[유럽의 교육사상]

듀이(Dewey)	아동기에서 놀이는 진보주의 교육의 기본원리라고 생각하였음
루소(Rousseau)	아동기 교육에서 자연적인 놀이를 강조
프뢰벨(Fröbel)	아동의 교육에서 놀이가 중심이 되도록 하고, 놀이는 자신과 주변의 세계에 대해 배우는 매개체로 봄
바제도우와 페스탈로치(Basedow & Pestalozzi)	자연적인 놀이 외에 게임과 체육 등의 형식화된 놀이도 포함시킴
쉴러(F. Schiller)	놀이의 개념이 일반 철학분야의 탐구 대상이 될 수 있도록 노력하였음

02 스포츠교육의 개념

1 스포츠교육의 의미

광의의 스포츠 교육	• 학교체육, 생활체육, 전문체육을 포괄하는 개념 • 움직임을 포함한 신체 및 신체활동을 매개로 하는 운동 및 스포츠를 의미함
협의의 스포츠 교육	• 공통된 규칙 아래에서 경쟁활동을 통해 성과 및 기록 추구를 목표로 함 • 신체 활동을 매개로 하여 인간의 가능성을 계획적으로 이끌어 내고 지속적으로 변화시키는 교육을 의미함

2 스포츠교육의 가치

신체적 가치	• 신체 건강 및 체력 강화 • 스포츠 기능 향상
정의적 가치	• 신체활동을 통한 스트레스와 긴장 완화 및 심리적, 정서적 안정 • 스포츠활동을 통한 타인과의 의사소통, 상호작용 능력과 관련된 사회적 기술 향상 도모 • 스포츠활동 내 경기방법, 규칙 준수를 통한 부정적 행동 방지 및 사회적·도덕적 기술과 인격 향상 도모
인지적 가치	• 스포츠활동을 통해 집중력, 인지기능 향상 가능 • 다양한 동작을 활용하여 문제해결과 분석적 사고 기술발달 향상 • 스포츠활동을 통해 지능발달, 학습 준비도 및 학업 성적 향상에 기여

3 스포츠교육의 실천 영역

1. 학교에서의 스포츠교육(학교체육)

(1) 체육교과

① 국가수준 체육과 교육과정에서 활동의 목표와 내용, 방법과 평가를 제시

② 모든 학생들은 체육 수업을 통해 건강, 스포츠, 표현, 여가활동에 대한 지식, 기능, 태도에 대해 다양한 학습을 경험하게 됨

(2) 비교과 체육활동

① 다양한 스포츠 활동(방과후 체육활동, 토요스포츠데이 활동, 학교스포츠클럽 활동, 틈새체육 등)을 경험하며 건강, 인성 발달을 도모할 수 있도록 교육하는 활동

② 학교체육이 생활체육의 평생스포츠 활동으로 이어질 수 있도록 교육

(3) 학교체육의 주요 추진 과제

① 체육 교육 과정과 자율 체육 활동을 활성화하는 것이 목표

② 학생 건강 체력증진 목표

③ 학교스포츠클럽 확대와 지역 연계를 강화

2. 생활체육에서의 스포츠교육

① 학교체육과는 달리 스포츠의 교육적인 의미보다는 **신체적·정신적 건강 증진, 레크리에이션, 경기활동, 여가선용 등의 목표**를 두고 개인 선택에 의해 참여하는 스포츠 활동을 의미함

② 생활체육지도자는 신체활동을 효과적으로 지도하고, 참여자들은 다양한 스포츠 활동을 통해 삶의 질 향상을 추구

3. 전문체육에서의 스포츠교육

① **엘리트 선수와 전문성을 갖춘 지도자를 양성하기 위한 체육**을 의미함

② 전문체육의 목표는 국가적으로는 공식적인 스포츠 경기 참여를 통해 국가의 이미지와 위상을 강화하고 국민 통합 및 단결력, 자긍심을 고취시키는 역할을 하며, 개인적으로는 경기력을 향상시키고자 함에 있음

출제예상문제 Chapter 01 스포츠교육의 배경과 개념

01 스포츠교육의 발전 과정 중 19세기 초·중반의 특징으로 옳지 않은 것은?

① 체조중심의 교육
② 아마추어리즘 및 페어플레이 정신
③ 신(新)체육
④ 이상적인 남성상과 여성상

 신(新)체육은 스포츠교육의 발전 과정 중 19세기 말부터 20세기 초에 나타난 특징으로, 체조 중심의 체육에서 신체를 통한 교육으로서의 체육으로 전환을 강조하였다

 19세기 초·중반의 스포츠교육

체조중심의 교육	체조교육은 민족주의를 강조하는 유럽식 체조 체육과 체육의 가치(신체적·도덕적 혜택, 건강증진)를 강조하는 미국식 체조 체육으로 구분
이상적인 남성상과 여성상	• 남성 중심의 폐쇄적인 고정관념의 일반화 • 국가 발전을 위해서는 남성들이 보다 더 남자다워져야 한다는 의견이 다수 • 이상적인 남성상으로는 강함, 활달함, 남성다움을 강조하고, 여성상으로는 순종, 순결, 복종심 등을 강조
아마추어리즘 및 페어플레이 정신	19세기 후반 스포츠의 발달로 아마추어리즘과 페어플레이 정신을 강조함
건강 중심적 기독교주의 (Muscular Christianity)	• 19세기 중반 산업혁명으로 인해 중산층과 도시의 발달로 청교도주의의 영향력 상실 • 종교와 스포츠가 '건강 중심적 기독교주의'라는 철학으로 타협을 이룸

정답 ③

02 다음 중 스포츠교육의 발전 과정에 대한 내용으로 옳지 않은 것은?

① 19세기 초·중반에는 '건강 중심적 기독교주의'라는 철학을 통해 종교와 스포츠의 타협을 이루었다.
② 휴먼 무브먼트와 움직임 교육의 등장은 19세기 말부터 20세기 초이다.
③ 19세기 말부터 체조 중심의 체육에서 신체를 통한 교육으로서의 체육으로 전환하였다.
④ 20세기 초반에는 다양한 철학적 입장을 통합하여 하나의 체육교육 철학을 형성하였다.

 휴먼 무브먼트와 움직임 교육의 등장은 20세기 중반 이후부터이다.

정답 ②

03 스포츠교육의 발전 과정 중 20세기 중반 이후 특징에 대한 내용으로 옳지 않은 것은?

① 휴먼 무브먼트와 움직임 교육을 강조하였다.
② 놀이가 철학적 개념과 교육 이론의 대상으로 자리 잡게 되었다.
③ 인간주의 스포츠와 체육교육에 대한 이론적 기초를 확립하였다.
④ 신체운동을 교육내용으로 구성하고, 스포츠교육의 목적과 내용을 보다 확장하는데 기여하였다.

 놀이가 철학적 개념과 교육 이론의 대상으로 자리 잡게 된 시기는 19세기 말부터 20세기 초이며, 20세기 중반 이후부터는 놀이교육의 개념을 구체화시키고 스포츠가 놀이의 형태로 제시되었다.

 20세기 중반 이후 스포츠교육학 특징
• 휴먼 무브먼트(human movement)와 움직임 교육(1950년대 이후)
• 인간주의 스포츠 및 체육교육(1960년대 이후)
• 놀이교육과 스포츠교육(1970년대 이후)
• 신체운동학(1990년대 이후)

정답 ②

04 스포츠교육의 가치에 대한 내용이다. ㉠, ㉡, ㉢에 들어갈 용어가 바르게 연결된 것은?

<보기>

스포츠교육의 가치를 크게 세 개로 나누어 볼 수 있다. 신체 건강 및 체력과 스포츠 기능 향상을 위한 (㉠) 가치가 있고, (㉡) 가치는 신체활동 참여자의 심리적·정서적 안정을 가져다주며, 타인과의 의사소통과 상호작용 능력과 관련된 사회적 기술 향상을 도모하게 하는 것을 의미한다. 또한 스포츠활동을 통해 집중력, 인지기능 향상, 문제해결과 분석적 사고 기술발달을 향상시키는 것은 (㉢) 가치를 제시하는 내용이다.

	㉠	㉡	㉢
①	정의적	신체적	인지적
②	신체적	정의적	인지적
③	신체적	인지적	정의적
④	정의적	인지적	신체적

정답분석 스포츠교육의 가치

신체적 가치	신체 건강 및 체력, 스포츠 기능 향상
정의적 가치	심리·정서적 안정, 사회적 기술 향상, 도덕적 인격 형성
인지적 가치	문제해결과 분석적 사고 기술발달 향상, 학업 성적 향상, 인지 기능 향상

정답 ②

05 스포츠교육의 의미 중 광의의 의미로 옳지 않은 것은?

① 공통된 규칙 아래에서 경쟁활동을 통해 성과 및 기록 추구를 목표로 한다.
② 학교체육, 생활체육, 전문체육을 포괄하는 개념이다.
③ 움직임을 포함한 신체 및 신체활동을 매개로 하는 운동 및 스포츠이다.
④ 운동 기능 중심과 신체활동의 가치를 넘어 실천적 건강 영역부터 건강 습관을 위한 영역까지 확대되어 인식하고 실천한다.

정답분석 공통된 규칙 아래에서 경쟁활동을 통해 성과 및 기록 추구를 목표로 하는 것은 협의의 스포츠 교육의 의미로 볼 수 있다.

이론PLUS 스포츠교육의 의미

광의의 스포츠 교육	• 학교체육, 생활체육, 전문체육을 포괄하는 개념적 의미를 갖고 있음 • 움직임을 포함한 신체 및 신체활동을 매개로 하는 운동 및 스포츠를 의미함 • 운동 기능 중심과 신체활동의 가치를 넘어 실천적 건강 영역부터 건강 습관을 위한 영역까지 확대되어 인식하고 실천함
협의의 스포츠 교육	공통된 규칙 아래에서 경쟁활동을 통해 성과 및 기록 추구를 목표로 하고, 신체 활동을 매개로 하여 인간의 가능성을 계획적으로 이끌어 내고 지속적으로 변화시키는 교육을 의미함

정답 ①

06 스포츠교육의 실천 영역 중 <보기>의 내용에 해당하는 것은?

<보기>

학교체육과는 달리 스포츠의 교육적인 의미보다는 신체적·정신적 건강 증진, 레크리에이션, 경기활동, 여가선용 등의 목표를 두고 개인 선택에 의해 참여하는 스포츠활동이다.

① 전문체육 ② 생활체육
③ 학교체육 ④ 전통체육

정답분석 생활체육에 대한 설명이다.

이론PLUS 학교체육과 전문체육
• **학교체육**: 국가수준 체육과 교육과정에서 활동의 목표와 내용, 방법과 평가를 제시(체육교과)하고, 다양한 스포츠 활동을 경험하며 건강, 인성 발달을 도모할 수 있도록 교육하는 활동
• **전문체육**: 엘리트 선수와 전문성을 갖춘 지도자를 양성하기 위한 체육

정답 ②

Chapter 02 스포츠교육의 정책과 제도

01 학교체육

1 국가 수준 체육과 교육과정

1. 국가 수준 체육과 교육과정
초·중·고등학교에서 수행하는 체육 수업에 필요한 체육 교과목표, 교육내용, 교수·학습 방법 및 평가 방법 등을 포함하는 국가 발행 공식 문서

2. 체육과 교육과정의 변천사

구분	적용 시기	주요 특징
교수 요목기	1946~1954	전체주의적인 식민지 교육에서 민주주의 자주 교육으로 전환기
제1차 체육과 교육과정	1955~1962	우리나라가 만든 최초의 체계적인 교육과정으로 교과중심의 교육과정 제시
제2차 체육과 교육과정	1963~1972	체육과의 명칭이 '체육'으로 통일되었고, 경험중심 교육과정 제시
제3차 체육과 교육과정	1973~1980	초등학교의 경우 각 영역에 '놀이'라는 용어 대신 '운동'이라는 용어로 사용하여 교육과정 내용 체계의 진술 방법 내용 수준을 높이고자 함
제4차 체육과 교육과정	1981~1986	움직임 교육과정의 영향으로 기본 운동 영역 도입
제5차 체육과 교육과정	1987~1991	체육과 내용을 심동적, 인지적, 정의적 영역으로 구분하여 체계 설정
제6차 체육과 교육과정	1992~1996	체육과의 '성격'이 새롭게 추가되어 체육과의 정의, 특성, 방향 등을 담은 내용 진술
제7차 체육과 교육과정	1997~2006	교과 내용의 최적화 및 축소를 위해 '필수 내용'과 '선택 내용'의 개념을 도입
2007개정 체육과 교육과정	2007~2010	'신체 활동 가치 중심' 교육과정으로 전환
2009개정 체육과 교육과정	2011~2014	공통 교육과정 이수 기간 조정 및 선택 교육과정 기간 확대, 교과와 창의적 체험활동 이원 체제, 교과군과 학년군의 도입
2015개정 체육과 교육과정	2015~2021	창의융합형 인재 양성을 위한 교과교육과정 개발, 핵심역량을 반영한 교과 교육과정 개발, 학생중심 교과 교육과정 개발
2022개정 체육과 교육과정	2022~현재	총론의 변화 수용, 신체활동역량중심의 교과 역량 제시, 신체활동 형식을 바탕으로 내용체계, 성취기준, 교수학습 및 평가 개발

2 학교체육진흥법

1. 학교체육진흥법 기출 15~23년

2013년 3월에 제정되었으며, 학생의 체육활동 강화와 학교운동부 육성 등 학교체육 활성화를 위해 필요한 사항을 규정한 법률

제1조(목적) 이 법은 학생의 체육활동 강화 및 학교운동부 육성 등 학교체육 활성화에 필요한 사항을 정함으로써 학생들이 건강하고 균형 잡힌 신체와 정신을 가질 수 있도록 하는 데 기여함을 목적으로 한다.

제2조(정의) 이 법에서 사용하는 용어의 뜻은 다음과 같다.
1. "학교체육"이란 학교에서 학생을 대상으로 이루어지는 체육활동을 말한다.
2. "학교"란 「유아교육법」 제2조 제2호에 따른 유치원 및 「초·중등교육법」 제2조에 따른 학교를 말한다.
3. "학교운동부"란 학생선수로 구성된 학교 내 운동부를 말한다.
4. "학생선수"란 학교운동부에 소속되어 운동하는 학생이나 「국민체육진흥법」 제33조와 제34조에 따른 체육단체에 등록되어 선수로 활동하는 학생을 말한다.
5. "학교스포츠클럽"이란 체육활동에 취미를 가진 같은 학교의 학생으로 구성되어 학교가 운영하는 스포츠클럽을 말한다.
6. "학교운동부지도자"란 학교에 소속되어 학교운동부를 지도·감독하는 사람을 말한다.
7. "스포츠강사"란 「초·중등교육법」 제2조 제2호에 따른 초등학교에서 정규 체육수업 보조 및 학교스포츠클럽을 지도하는 체육전문강사를 말한다.
8. "학교체육진흥원"이란 학교체육 진흥을 위한 연구, 정책개발, 연수 등을 실시하는 조직을 말한다.

제3조(학교체육 진흥 시책과 권장) 국가 및 지방자치단체(교육감을 포함한다)는 학교체육 진흥에 필요한 시책을 마련하고 학생의 자발적인 체육활동을 권장·보호 및 육성하여야 한다.

제4조(기본 시책의 수립 등)
① 교육부장관은 문화체육관광부장관과 협의하여 학교체육 진흥에 관한 기본 시책을 5년마다 수립·시행한다.
② 특별시·광역시·특별자치시·도 및 특별자치도 교육감(이하 "교육감"이라 한다)은 제1항의 기본 시책에 따라 해당 지방자치단체의 학교체육 진흥계획을 수립·시행하여야 한다.

제5조(협조) 교육부장관과 문화체육관광부장관은 제4조에 따른 시책을 수립·시행하기 위하여 필요한 경우 지방자치단체의 장, 교육감 및 관계 기관 또는 단체의 장에게 협조를 요청할 수 있다. 이 경우 지방자치단체의 장, 교육감 및 관계 기관 또는 단체의 장은 특별한 사유가 없으면 이에 따라야 한다.

제6조(학교체육 진흥의 조치 등)
① 학교의 장은 학생의 체력증진과 체육활동 활성화를 위하여 다음 각 호의 조치를 취하여야 한다.
1. 체육교육과정 운영 충실 및 체육수업의 질 제고
2. 제8조에 따른 학생건강체력평가 및 제9조에 따라 비만 판정을 받은 학생에 대한 대책
3. 제10조에 따른 학교스포츠클럽 및 제11조에 따른 학교운동부 운영
4. 학생선수의 학습권 보장 및 인권보호
5. 여학생 체육활동 활성화
6. 유아 및 장애학생의 체육활동 활성화
7. 학교체육행사의 정기적 개최
8. 학교 간 경기대회 등 체육 교류활동 활성화
9. 교원의 체육 관련 직무연수 강화 및 장려
10. 그 밖에 학교체육 활성화를 위하여 필요한 사항
② 학교의 장은 제1항에 따른 조치를 시행하기 위하여 필요한 경비를 학교 예산의 범위에서 확보하여야 한다.
③ 교육부장관과 교육감은 제1항에 따른 조치가 적절하게 취하여지고 있는지를 대통령령으로 정하는 바에 따라 주기적으로 감독하여야 한다.

제7조(학교 체육시설 설치 등)
① 국가 및 지방자치단체는 학생의 체육활동에 필요한 운동장, 체육관 등 기반시설을 확충하여야 한다.
② 학교의 장은 교육부장관이 정하는 바에 따라 학생의 체육활동 진흥에 필요한 체육 교재 및 기자재, 용품 등을 확보하여야 한다.
③ 학교의 장은 대통령령으로 정하는 바에 따라 학생에 대한 폭력, 성폭력 등 인권침해의 우려가 있는 학교 체육시설 관련 주요 지점에 「개인정보 보호법」 제2조 제7호에 따른 고정형 영상정보처리기기를 설치·관리할 수 있다.
④ 이 법에서 정한 사항 외에 고정형 영상정보처리기기의 설치·관리 등에 관한 사항은 「개인정보 보호법」에 따른다.
⑤ 제1항에 따른 체육활동 기반시설 확충과 제2항에 따른 체육 교재 및 기자재, 용품 등의 확보에 필요한 사항은 교육부령으로 정한다.

제8조(학생건강체력평가 실시계획의 수립 및 실시)
① 국가는 학생의 건강체력 상태를 측정하기 위하여 매년 3월 31일까지 학생건강체력평가 실시계획을 수립하고 학교의 장은 실시계획에 따라 학생건강체력평가를 실시하여야 한다.
② 제1항에 따라 학생건강체력평가를 실시한 학교의 장은 평가결과를 교육정보시스템에 등록하여야 하며, 해당 학생과 학부모에게 알려야 한다.
③ 제1항에 따른 학생건강체력평가는 「고등교육법」에 따른 대학이나 전문기관·단체 등에 위탁할 수 있다.
④ 제1항부터 제3항까지의 규정에 따라 학생건강체력평가를 실시한 경우에는 「학교보건법」 제7조에 따른 건강검사 중 신체능력검사를 실시한 것으로 본다.
⑤ 제1항부터 제3항까지의 규정에 따른 학생건강체력평가의 시기, 방법, 평가항목, 평가결과 등록 및 학생건강체력평가를 위탁받을 수 있는 대학이나 전문기관·단체 등의 자격요건 등에 필요한 사항은 교육부령으로 정한다.

제9조(건강체력교실 등 운영)
① 학교의 장은 제8조에 따른 학생건강체력평가에서 저체력 또는 비만 판정을 받은 학생을 대상으로 건강체력증진을 위하여 정규 또는 비정규 프로그램(이하 "건강체력교실"이라 한다)을 운영하여야 한다.
② 건강체력교실 등의 설치 및 운영 등에 관하여 필요한 사항은 교육부령으로 정한다.

제10조(학교스포츠클럽 운영) **기출** 24년
① 학교의 장은 학생들이 신체활동 프로그램에 참여할 수 있도록 학교스포츠클럽을 운영하여 학생들의 체육활동 참여기회를 확대하여야 한다.
② 학교의 장은 제1항에 따라 학교스포츠클럽을 운영하는 경우 학교스포츠클럽 전담교사를 지정하여야 한다.
③ 제2항에 따른 학교스포츠클럽 전담교사에게는 학교 예산의 범위에서 소정의 지도수당을 지급한다.
④ 학교의 장은 학교스포츠클럽 활동내용을 학교생활기록부에 기록하여 상급학교 진학자료로 활용할 수 있도록 하여야 한다.
⑤ 학교의 장은 교육부령으로 정하는 바에 따라 일정 비율 이상의 학교스포츠클럽을 해당 학교의 여학생들이 선호하는 종목의 학교스포츠클럽으로 운영하여야 한다.

제11조(학교운동부 운영 등)
① 학교의 장은 학생선수가 일정 수준의 학력기준(이하 "최저학력"이라 한다)에 도달하지 못한 경우에는 별도의 기초학력보장 프로그램을 운영하여 최저학력이 보장될 수 있도록 노력하여야 하며, 필요할 경우 경기대회 출전을 제한할 수 있다.
② 최저학력의 기준 및 실시 시기에 필요한 사항과 기초학력보장 프로그램의 운영 등에 필요한 사항은 교육부령으로 정한다.
③ 학교의 장은 학생선수의 학습권 보장 및 신체적·정서적 발달을 위하여 학기 중의 상시 합숙훈련이 근절될 수 있도록 노력하여야 한다. 다만, 경기대회 참가 등을 위하여 불가피하게 합숙훈련을 실시하는 경우에는 학생선수의 안전 및 인권보호를 위하여 필요한 조치를 하여야 한다.
④ 학교의 장은 원거리에서 통학하는 학생선수를 위하여 기숙사를 운영할 수 있다. 이 경우 필요한 사항은 교육부령으로 정한다.
⑤ 학교의 장은 학교운동부 관련 후원금을 「초·중등교육법」 제30조의2에 따라 설치된 학교회계에 편입시켜 운영하여야 한다.
⑥ 국가 및 지방자치단체는 예산의 범위에서 학교운동부 운영과 관련된 경비를 지원할 수 있다.

제12조(학교운동부지도자)
① 학교의 장은 학생선수의 훈련과 지도를 위하여 학교운동부에 지도자(이하 "학교운동부지도자"라 한다)를 둘 수 있다.
② 국가는 학교운동부지도자의 자질 향상 및 전문성 강화를 위하여 연수교육 계획을 수립하고, 이를 실시하여야 한다. 이 경우 연수교육을 관련 단체에 위탁할 수 있다.
③ 국가 및 지방자치단체는 학교운동부지도자의 급여에 필요한 경비를 지원하도록 노력하여야 하며, 학교의 장은 학교운동부지도자 임용에 필요한 경비를 「초·중등교육법」 제30조의2에 따라 설치된 학교회계에 반영하여 집행하여야 한다.
④ 학교의 장은 학교운동부지도자가 학생선수의 학습권을 박탈하거나 폭력, 금품·향응 수수(授受) 등의 부적절한 행위를 하였을 경우 학교운영위원회의 심의를 거쳐 계약을 해지할 수 있다.
⑤ 교육감은 학교운동부지도자의 지도 등을 위하여 학교운동부지도자관리위원회를 설치한다.
⑥ 교육감은 제4항의 사유 이외에 학교의 장이 부당하게 학교운동부지도자를 계약 해지하였을 경우 학교운동부지도자관리위원회의 심의를 거쳐 관련 계약 해지를 철회할 수 있다.
⑦ 그 밖에 학교운동부지도자의 자격기준, 임용, 급여, 신분, 직무 등에 필요한 사항은 대통령령으로 정한다.

제12조의2(도핑 방지 교육)
① 국가와 지방자치단체는 도핑(「국민체육진흥법」 제2조 제10호의 도핑을 말한다. 이하 같다)을 방지하기 위하여 학생선수와 학교운동부지도자를 대상으로 도핑 방지 교육을 실시하여야 한다.
② 제1항에 따른 도핑 방지 교육의 방법 및 절차 등에 필요한 사항은 대통령령으로 정한다.

제12조의3(스포츠 분야 인권교육 등)
① 국가와 지방자치단체는 학생선수의 인권보호를 위하여 학생선수와 학교운동부지도자를 대상으로 스포츠 분야 인권교육을 실시하여야 한다.
② 국가와 지방자치단체는 학생선수에 대한 폭력, 성폭력 등 인권침해가 발생한 때에는 학생선수와 학교운동부지도자를 대상으로 심리치료 및 안전조치를 하여야 한다.
③ 제1항 및 제2항에 따른 스포츠 분야 인권교육, 심리치료 및 안전조치에 관하여 필요한 사항은 대통령령으로 정한다.

제13조(스포츠강사의 배치)
① 국가 및 지방자치단체는 학생의 체육수업 흥미 제고 및 체육활동 활성화를 위하여 「초·중등교육법」 제2조 제2호에 따른 초등학교에 스포츠강사를 배치할 수 있다.
② 제1항에 따른 스포츠강사의 자격기준, 임용 등에 필요한 사항은 대통령령으로 정한다.

제13조의2(여학생 체육활동 활성화 지원)
① 교육부장관은 여학생의 체육활동 활성화에 필요한 기본지침을 수립하여 교육감 및 학교의 장에게 통보하여야 하고, 학교의 장은 기본지침에 따라 매년 여학생 체육활동 활성화 계획을 수립·시행하여야 한다.
② 교육부장관은 제1항에 따른 계획의 수립·시행에 대하여 평가하고 그 평가결과를 반영하여 「지방교육재정교부금법」에 따른 교부금을 대통령령으로 정하는 바에 따라 특별지원할 수 있다.
③ 국가 및 지방자치단체는 여학생의 체육활동 활성화 지원에 필요한 시설을 갖추어야 한다.
④ 교육부장관은 여학생의 체육활동 활성화를 지원하기 위한 체육 교재, 기자재, 용품 등의 확보기준을 따로 정하여야 한다.
⑤ 제2항에 따른 평가 방법 및 항목, 그 밖에 필요한 사항은 교육부령으로 정한다.

제14조(유아 및 장애학생 체육활동 지원)
① 국가 및 지방자치단체는 「유아교육법」 제8조에 따라 설립된 유치원에 재원 중인 유아 및 「장애인 등에 대한 특수교육법」 제17조에 따라 일반학교 또는 특수학교에 배치된 특수교육대상자에 대하여 적절한 체육활동 프로그램을 운영하여야 한다.
② 유치원의 장 및 학교의 장은 제1항에 따른 체육활동 프로그램의 운영을 대통령령으로 정하는 관련 단체 및 「고등교육법」 제2조 제1호에 따른 대학의 체육계열학과 등에 위탁할 수 있다.

제15조(경비의 지원 및 보조)
국가 및 지방자치단체는 학교체육 진흥에 필요한 경비를 예산의 범위에서 지원할 수 있다.

제16조(학교체육진흥위원회 등)
① 학교체육 진흥에 관한 중요 사항을 심의하기 위하여 교육부장관과 문화체육관광부장관 소속으로 학교체육진흥중앙위원회를, 시·도 및 시·도교육청과 시·군·구 및 교육지원청 소속으로 학교체육진흥지역위원회를 설치하여 운영한다.
② 학교체육진흥중앙위원회 및 학교체육진흥지역위원회는 직무수행을 위하여 필요한 경우 관계 공무원 또는 전문적인 지식이나 경험이 있는 관계 전문가를 참석하게 하여 의견을 듣거나 관련 기관·단체 등에 자료 또는 의견 제출 등 협조를 요청할 수 있다.
③ 학교체육진흥중앙위원회 및 학교체육진흥지역위원회 위원의 일정 비율 이상은 여성으로 한다.
④ 학교체육진흥중앙위원회의 구성 및 운영 등에 필요한 사항은 대통령령으로, 학교체육진흥지역위원회의 구성 및 운영 등에 필요한 사항은 해당 시·도의 조례로 정한다.

제17조(학교체육진흥원)
① 학교체육 진흥을 위한 다음 각 호의 사업과 활동을 위하여 교육부장관 소속으로 학교체육진흥원을 설립할 수 있다.
1. 학교체육 진흥을 위한 정책연구
2. 체육활동 프로그램의 개발 및 보급
3. 학생 체력통계의 체계적 수집 및 분석
4. 제8조에 따른 학생건강체력평가의 종목·평가기준 및 시스템 개발·운영
5. 여학생의 체육활동 활성화 지원
6. 그 밖에 학교체육 진흥에 필요한 사항
② 제1항에 따른 학교체육진흥원의 구성·운영 등에 필요한 사항은 대통령령으로 정한다.

제18조(지역사회와 협력) 학교의 장은 학교체육 활성화를 위하여 필요한 경우 지역의 관계 기관 또는 관계 단체의 장에게 협력을 요청할 수 있다.

제19조(권한의 위임)
이 법에 따른 교육부장관의 권한은 그 일부를 대통령령으로 정하는 바에 따라 교육감에게 위임할 수 있다.

2. 학교 체육 진흥법 시행령 기출 19·24년

제4조(스포츠 강사의 자격 기준 등)
① 초등학교의 장은 법 제13조 제2항에 따라 「국민 체육 진흥법」 제2조 제6호에 따른 체육 지도자 중에서 스포츠 강사를 임용할 수 있다.
② 초등학교의 장은 스포츠 강사를 1년 단위로 계약하여 임용할 수 있다.
③ 초등학교의 장은 스포츠 강사를 재임용할 때에는 다음 각 호의 사항을 평가한 후 그 결과에 따라 재임용 여부를 결정하여야 한다.
1. 강사로서의 자질
2. 복무 태도
3. 학생의 만족도

3 2025년 학교체육 활성화 정책목표 및 방향(교육부, 2025.02.17)

목표	건강한 학생, 활기찬 학교

방향	신체활동 일상화로 바르고 건강한 인재 육성

정책영역	정책과제
체육수업 내실화	• 체육과 교육과정 내실 적용 • 체육 고교학점제 안정적 정착
신체활동 일상화	• 학생건강체력평가 확대 운영 및 내실화 • 틈새 운동 확산을 통한 신체활동 일상화 • 신체활동 일상화를 위한 다양한 콘텐츠 활용 • 대외 협력을 통한 신체활동 프로그램 확대 • 여학생 체육활동 프로그램 운영 활성화
학교스포츠클럽 운영 활성화	• 모든 학생을 위한 학교스포츠클럽 운영(1인 1스포츠) • 학교스포츠클럽 운영 방식 다양화
학생선수 맞춤 학교 운동부 운영	• 학생선수 학습권 보장 및 진로교육 강화 • 학생선수 인권 보호 강화 • 학교운동부 체계적인 운영 및 관리
초등 체육교육 운영 내실화	• 초등 1·2 「즐거운 생활」 신체활동 강화 및 교과 신설 • 초등 생존수영교육 효과적 운영 • 초등 스포츠강사 운영 현황
늘봄학교 체육활동 지원	• 체육단체 연계 신체활동 프로그램 지원 • 지역자원 활동 연계 체재 구축

02 생활체육

1 국민체육진흥법(생활체육) 기출 18~23·25년

1. 국민체육진흥법

국민의 체육활동을 진흥하여 체력을 증진하고 건전한 정신을 함양하기 위해 각종 정책지침과 제도들을 제정한 법률

제1조(목적) 이 법은 국민체육을 진흥하여 국민의 체력을 증진하고, 체육활동으로 연대감을 높이며, 공정한 스포츠 정신으로 체육인 인권을 보호하고, 국민의 행복과 자긍심을 높여 건강한 공동체의 실현에 이바지함을 목적으로 한다.

제2조(정의) 이 법에서 사용하는 용어의 뜻은 다음과 같다.
1. "체육"이란 운동경기·야외 운동 등 신체 활동을 통하여 건전한 신체와 정신을 기르고 여가를 선용하는 것을 말한다.
2. "전문체육"이란 선수들이 행하는 운동경기 활동을 말한다.
3. "생활체육"이란 건강과 체력 증진을 위하여 행하는 자발적이고 일상적인 체육 활동을 말한다.
4. "선수"란 경기단체에 선수로 등록된 자를 말한다.
4의2. "국가대표선수"란 대한체육회, 대한장애인체육회 또는 경기단체가 국제경기대회(친선경기대회는 제외한다)에 우리나라의 대표로 파견하기 위하여 선발·확정한 사람을 말한다.
5. "학교"란 「초·중등교육법」 제2조 및 「고등교육법」 제2조에 따른 학교를 말한다.
6. "체육지도자"란 학교·직장·지역사회 또는 체육단체 등에서 체육을 지도할 수 있도록 이 법에 따라 다음 각 목의 어느 하나에 해당하는 자격을 취득한 사람을 말한다.
    가. 스포츠지도사
    나. 건강운동관리사
    다. 장애인스포츠지도사
    라. 유소년스포츠지도사
    마. 노인스포츠지도사
7. "체육동호인조직"이란 같은 생활체육 활동에 지속적으로 참여하는 자의 모임을 말한다.
8. "운동경기부"란 선수로 구성된 국가, 지방자치단체, 학교나 직장 등의 운동부를 말한다.
9. "체육단체"란 체육에 관한 활동이나 사업을 목적으로 설립된 다음 각 목의 어느 하나에 해당하는 법인이나 단체를 말한다.
    가. 제5장에 따른 대한체육회, 시·도체육회 및 시·군·구체육회(이하 "지방체육회"라 한다), 대한장애인체육회, 시·도장애인체육회 및 시·군·구장애인체육회(이하 "지방장애인체육회"라 한다), 한국도핑방지위원회, 서울올림픽기념국민체육진흥공단
    나. 제11호에 따른 경기단체
    다. 「태권도 진흥 및 태권도공원 조성 등에 관한 법률」 제19조에 따른 국기원 및 같은 법 제20조에 따른 태권도진흥재단
    라. 「전통무예진흥법」 제5조에 따른 전통무예단체
    마. 「스포츠산업 진흥법」 제20조에 따른 사업자단체
    바. 「체육시설의 설치·이용에 관한 법률」 제34조에 따른 체육시설업협회
    사. 국내대회, 국제대회 등 대회 개최를 위하여 설립된 대회조직위원회
    아. 그 밖의 체육활동 법인 또는 단체
10. "도핑"이란 선수의 운동능력을 강화시키기 위하여 문화체육관광부장관이 고시하는 금지 목록에 포함된 약물 또는 방법을 복용하거나 사용하는 것을 말한다.
11. "경기단체"란 특정 경기 종목에 관한 활동과 사업을 목적으로 설립되고 대한체육회나 대한장애인체육회에 가맹된 법인이나 단체 또는 문화체육관광부장관이 지정하는 프로스포츠 단체를 말한다.
11의2. "스포츠비리"란 체육의 공정성을 저해하는 다음 각 목의 어느 하나에 해당하는 행위를 말한다.
    가. 체육단체의 운영 중 발생하는 회계부정, 배임, 횡령 및 뇌물수수 등 체육단체의 투명하고 민주적인 운영을 저해하는 행위
    나. 운동경기 활동 중 발생하는 승부조작, 편파판정 등 운동경기의 공정한 운영을 저해하는 행위
12. "체육진흥투표권"이란 운동경기 결과를 적중시킨 자에게 환급금을 내주는 표권(票券)으로서 투표 방법과 금액, 그 밖에 대통령령으로 정하는 사항이 적혀 있는 것을 말한다.

제3조(체육 진흥 시책과 권장) 국가와 지방자치단체는 국민체육 진흥에 관한 시책을 마련하고 국민의 자발적인 체육 활동을 권장·보호 및 육성하여야 한다.

제4조(기본 시책의 수립 등)
① 문화체육관광부장관은 국민체육 진흥에 관한 기본 시책을 수립·시행한다.
② 지방자치단체의 장은 제1항의 기본 시책에 따라 그 지방자치단체의 체육 진흥 계획을 수립·시행하여야 한다.

제5조(지역체육진흥협의회)
　① 지방자치단체의 체육 진흥 계획을 수립하고 그 밖에 체육 진흥에 관한 중요 사항을 협의하기 위하여 지방자치단체에 지역체육진흥협의회(이하 "협의회"라 한다)를 둔다.
　② 협의회는 지방자치단체의 장, 지방체육회의 회장을 포함한 7명 이상 15명 이하의 위원으로 구성하며, 그 밖에 협의회의 조직과 운영에 필요한 사항은 해당 지방자치단체의 조례로 정한다.
제6조(협조) 제4조에 따른 기본 시책과 체육 진흥 계획의 수립ㆍ시행에 관하여 문화체육관광부장관이나 지방자치단체의 장이 요청하면 관계기관과 단체는 이에 협조하여야 한다.
제6조의2(운동경기 입장권ㆍ관람권 등의 부정판매 금지 등)
　① 문화체육관광부장관은 운동경기 입장권ㆍ관람권 또는 할인권ㆍ교환권 등(이하"입장권등"이라 한다)의 부정판매(입장권등을 판매하거나 그 판매를 위탁받은 자의 동의를 받지 아니한 자가 다른 사람에게 입장권등을 상습 또는 영업으로 자신이 구입한 가격을 넘은 금액으로 판매하거나 이를 알선하는 행위를 말한다. 이하 같다)를 방지하기 위하여 노력하여야 한다.
　② 누구든지「정보통신망 이용촉진 및 정보보호 등에 관한 법률」제2조 제1항 제1호에 따른 정보통신망에 지정된 명령을 자동으로 반복 입력하는 프로그램을 이용하여 입장권등을 부정판매하여서는 아니 된다.
제8조(지방 체육의 진흥)
　① 지방자치단체는 지역 주민의 건강과 체력 증진을 위하여 건전한 체육 활동을 생활화할 수 있도록 시설 등 여건을 조성하고 지원하여야 한다.
　② 지방자치단체는 그 행정구역 단위로 연 1회 이상 체육대회를 직접 개최하거나 체육단체로 하여금 이를 개최하도록 지원하여야 한다.
　③ 지방자치단체는 직장인 체육대회를 연 1회 이상 개최하여야 한다.
제9조(학교 체육의 진흥) 학교는 학생의 체력 증진과 체육 활동 육성에 필요한 조치를 마련하여야 한다.
제10조(직장 체육의 진흥)
　① 국가와 지방자치단체는 직장 체육 진흥에 필요한 시책을 마련하여야 한다.
　② 직장의 장은 대통령령으로 정하는 바에 따라 체육동호인조직과 체육진흥관리위원회를 설치하는 등 직장인의 체력 증진과 체육 활동 육성에 필요한 조치를 마련하여야 한다.
　③ 대통령령으로 정하는 직장에는 직장인의 체력 증진과 체육 활동 지도ㆍ육성을 위하여 체육지도자를 두어야 한다.
　④「공공기관의 운영에 관한 법률」에 따른 공공기관 중 대통령령으로 정하는 기관(이하 "공공기관"이라 한다)과 대통령령으로 정하는 직장에는 한 종목 이상의 운동경기부를 설치ㆍ운영하고 체육지도자를 두어야 한다.
　⑤ 제2항부터 제4항까지의 규정에 따른 직장 체육에 관한 업무는 시장ㆍ군수ㆍ구청장(자치구의 구청장을 말한다. 이하 같다)이 지도ㆍ감독한다.
제10조의2(노인 체육의 진흥)
　① 국가와 지방자치단체는 노인 체육 진흥에 필요한 시책을 마련하여야 한다.
　② 국가와 지방자치단체는 노인 건강의 유지 및 증진을 위한 맞춤 체육활동 프로그램을 운영하거나 그 운영에 필요한 비용 및 시설을 지원할 수 있다.
제10조의3(표준계약서의 작성 등)
　① 국가는 직장에 설치ㆍ운영되는 운동경기부(이하 "직장운동경기부"라 한다)가 소속된 기관 및 단체의 장과 직장운동경기부 선수가 대등한 입장에서 공정하게 계약을 체결할 수 있도록 표준계약서를 개발하고 이를 보급하여야 한다.
　② 직장운동경기부가 소속된 기관 및 단체의 장은 직장운동경기부 선수와 계약을 체결할 경우 계약 당사자의 권리 및 의무에 관한 사항, 분쟁해결에 관한 사항 등 표준계약서상 필수 기재사항을 포함하여 계약을 체결하여야 한다.
　③ 지방자치단체의 장은 제2항에 따른 계약의 체결 현황, 내용 등 문화체육관광부령으로 정하는 사항을 문화체육관광부장관에게 매년 보고하여야 한다.
　④ 문화체육관광부장관은 제3항에 따라 보고된 계약이 불공정하다고 인정할 때에는 그 직장운동경기부가 소속된 기관 및 단체의 장에게 시정을 요구할 수 있다.
　⑤ 제2항 및 제3항에 따른 구체적인 내용은 문화체육관광부령으로 정한다.
제10조의4(합숙소의 관리)
　① 직장운동경기부가 소속된 기관 및 단체의 장은 상시 합숙훈련을 실시하는 때에는 소속 선수의 합숙소에서의 사생활의 자유와 합숙훈련 참가 여부에 대한 개인 선택의 자유가 보장되도록 노력하여야 한다.
　② 직장운동경기부가 소속된 기관 및 단체의 장은 원거리에 거주하는 선수에게 편의를 제공하기 위하여 합숙소를 운영하는 경우에는 문화체육관광부령으로 정하는 바에 따라야 한다.
제10조의5(운영규정의 마련 및 준수)
　① 직장운동경기부가 소속된 기관 및 단체의 장은 다음 각 호의 사항을 포함한 운영규정을 작성하고, 시장ㆍ군수ㆍ구청장에게 그 내용을 보고하여야 한다.
　　1. 선수단 구성원의 자격에 관한 사항
　　2. 합숙소 운영ㆍ관리에 관한 사항
　　3. 선수 인권보호를 위한 조치에 관한 사항
　　4. 그 밖에 직장운동경기부의 운영을 위하여 필요한 사항으로서 문화체육관광부령으로 정하는 사항
　② 직장운동경기부가 소속된 기관 및 단체의 장은 제1항에 따른 운영규정의 준수 여부 등 문화체육관광부령으로 정하는 사항을 매년 시장ㆍ군수ㆍ구청장에게 보고하여야 한다.

제11조(체육지도자의 양성)
　① 국가는 국민체육 진흥을 위한 체육지도자의 양성과 자질 향상을 위하여 필요한 시책을 마련하여야 한다.
　② 문화체육관광부장관은 대통령령으로 정하는 자격 요건을 갖춘 사람으로서 체육지도자 자격검정(이하 "자격검정"이라 한다)에 합격하고 체육지도자 연수과정(이하 "연수과정"이라 한다)을 이수한 사람에게 문화체육관광부령으로 정하는 바에 따라 체육지도자의 자격증을 발급한다. 다만, 학교체육교사 및 선수(문화체육관광부장관이 지정하는 프로스포츠단체에 등록된 프로스포츠선수를 포함한다) 등 대통령령으로 정하는 사람에게는 대통령령으로 정하는 바에 따라 자격검정이나 연수과정의 일부(제3항에 따른 성폭력 등 폭력 예방교육은 제외한다)를 면제할 수 있다.
　③ 연수과정에는 성폭력 등 폭력 예방교육 등 문화체육관광부령으로 정하는 사항이 포함되어야 한다.
　④ 제2항에 따라 자격검정이나 연수를 받거나 자격증을 발급 또는 재발급 받으려는 사람은 문화체육관광부령으로 정하는 바에 따라 수수료를 납부하여야 한다.
　⑤ 체육지도자의 종류·등급·검정 및 자격 부여 등에 필요한 사항은 대통령령으로 정한다.
제11조의2(자격검정기관 및 연수기관의 지정 등)
　① 문화체육관광부장관은 효율적이고 전문적인 자격검정과 연수를 위하여 「고등교육법」 제2조에 따른 학교, 체육단체 또는 경기단체 등을 체육지도자 자격검정기관 및 연수기관으로 각각 지정할 수 있다.
　② 제1항에 따라 지정된 자격검정기관 및 연수기관(이하 "지정기관"이라 한다)은 문화체육관광부령으로 정하는 바에 따라 체육지도자 자격검정계획 및 연수계획을 각각 수립하여 문화체육관광부장관에게 제출하여야 한다. 제출한 계획을 변경하려는 경우에는 미리 변경계획서를 제출하여야 한다.
　③ 지정기관의 지정기준, 자격검정 및 연수 계획과 그 시행 등에 관하여 필요한 사항은 대통령령으로 정한다.
제11조의3(지정기관에 대한 평가)
　문화체육관광부장관은 체육지도자의 양성체계 수준의 향상을 위하여 문화체육관광부령으로 정하는 바에 따라 지정기관을 평가할 수 있다.
제11조의4(지정의 취소 등)
　① 문화체육관광부장관은 지정기관이 다음 각 호의 어느 하나에 해당하는 경우에는 그 지정을 취소하거나 6개월의 범위에서 그 기간을 정하여 업무의 전부 또는 일부를 정지할 수 있다. 다만, 제1호 또는 제2호에 해당하는 경우에는 그 지정을 취소하여야 한다.
　1. 거짓이나 그 밖의 부정한 방법으로 지정을 받은 경우
　2. 업무정지 기간 중에 자격검정 또는 연수과정을 시행한 경우
　3. 제11조의2 제2항에 따라 제출한 자격검정계획 및 연수계획을 임의로 변경하거나 자격검정 및 연수과정을 부실하게 운영하는 경우
　4. 제11조의2 제3항에 따른 지정기준에 미달하게 되는 경우
　5. 제11조의3에 따른 평가 결과 지정기관으로서 적절하지 아니하다고 판단되는 경우
　② 제1항에 따른 위반행위별 처분 기준은 그 사유와 위반정도를 고려하여 문화체육관광부령으로 정한다.
제11조의5(체육지도자의 결격사유)
　다음 각 호의 어느 하나에 해당하는 사람은 체육지도자가 될 수 없다.
　1. 피성년후견인
　2. 금고 이상의 형을 선고받고 그 집행이 종료되거나 집행이 면제된 날부터 2년이 지나지 아니한 사람
　3. 금고 이상의 형의 집행유예를 선고받고 그 유예기간 중에 있는 사람
　4. 다음 각 목의 어느 하나에 해당하는 죄를 저지른 사람으로서 금고 이상의 형 또는 치료감호를 선고받고 그 집행이 종료되거나 집행이 유예·면제된 날부터 20년이 지나지 아니하거나 벌금형이 확정된 날부터 10년이 지나지 아니한 사람
　　가. 「성폭력범죄의 처벌 등에 관한 특례법」 제2조에 따른 성폭력범죄
　　나. 「아동·청소년의 성보호에 관한 법률」 제2조제2호에 따른 아동·청소년대상 성범죄
　5. 선수를 대상으로 「형법」 제2편 제25장 상해와 폭행의 죄를 저지른 체육지도자(제12조 제1항에 따라 자격이 취소된 사람을 포함한다)로서 금고 이상의 형을 선고받고 그 집행이 종료되거나 집행이 유예·면제된 날부터 10년이 지나지 아니한 사람
　6. 제12조 제1항 제1호부터 제4호까지에 따라 자격이 취소(이 조 제1호에 해당하여 자격이 취소된 경우는 제외한다)되거나 같은 조 제3항에 따라 자격검정이 중지 또는 무효로 된 후 3년이 경과되지 아니한 사람
제11조의6(체육지도자의 재교육)
　① 체육단체 및 학교 등에서 체육 지도 업무에 종사하는 체육지도자는 윤리 및 인권의식 향상을 위하여 매 2년마다 제11조 제3항에 따른 성폭력 등 폭력 예방교육 등의 내용이 포함된 재교육을 받아야 한다.
　② 체육단체 및 학교 등을 운영하는 자는 해당 단체 및 학교 등에 종사하는 체육지도자에 대하여 제1항에 따른 재교육을 이유로 불리한 처우를 하여서는 아니 된다.
　③ 문화체육관광부장관은 제1항에 따른 재교육을 문화체육관광부령으로 정하는 바에 따라 관계 기관 또는 단체에 위탁할 수 있다.
　④ 제1항에 따른 재교육의 대상·기간·내용·방법·절차 및 제3항에 따른 위탁 등에 필요한 사항은 문화체육관광부령으로 정한다.
제12조(체육지도자의 자격취소 등)
　① 문화체육관광부장관은 체육지도자가 다음 각 호의 어느 하나에 해당하면 제12조의2에 따른 체육지도자 자격운영위원회의 의결에 따라 그 자격을 취소하거나 5년의 범위에서 자격을 정지할 수 있다. 다만, 제1호부터 제4호까지의 어느 하나에 해당하면 그 자격을 취소하여야 한다.
　1. 거짓이나 그 밖의 부정한 방법으로 체육지도자의 자격을 취득한 경우
　2. 자격정지 기간 중에 업무를 수행한 경우

3. 체육지도자 자격증을 타인에게 대여한 경우
4. 제11조의5 각 호의 어느 하나에 해당하는 경우
5. 선수의 신체에 폭행을 가하거나 상해를 입히는 행위를 한 경우
6. 선수에게 성희롱 또는 성폭력에 해당하는 행위를 한 경우
7. 제11조의6 제1항에 따른 재교육을 받지 아니한 경우
8. 그 밖에 직무수행 중 부정이나 비위 사실이 있는 경우
③ 자격검정을 받는 사람이 그 검정과정에서 부정행위를 한 때에는 현장에서 그 검정을 중지시키거나 무효로 한다.
④ 제1항에 따라 체육지도자 자격이 취소된 사람은 문화체육관광부령으로 정하는 바에 따라 체육지도자 자격증을 문화체육관광부장관에게 반납하여야 한다.
⑤ 제1항에 따른 행정처분의 세부적인 기준 및 절차는 그 사유와 위반 정도를 고려하여 문화체육관광부령으로 정한다.

제12조의2(체육지도자 자격운영위원회)
① 다음 각 호의 사항을 심의·의결하기 위하여 문화체육관광부에 체육지도자 자격운영위원회(이하 "운영위원회"라 한다)를 둔다.
1. 제12조에 따른 체육지도자의 자격취소 및 자격정지에 관한 사항
2. 제12조의3에 따른 명단 공개에 관한 사항
3. 그 밖에 체육지도자의 자격 등과 관련하여 문화체육관광부장관이 회의에 부치는 사항
② 운영위원회는 위원장 1명을 포함한 9명의 위원으로 구성한다.
③ 운영위원회의 위원장은 문화체육관광부의 고위공무원단에 속하는 일반직공무원 중에서 문화체육관광부장관이 지명하는 사람으로 하고, 그 밖의 위원은 다음 각 호의 어느 하나에 해당하는 사람 중에서 문화체육관광부장관이 임명 또는 위촉하는 사람으로 한다.
1. 문화체육관광부 소속 과장급 이상 공무원
2. 「고등교육법」 제2조에 따른 대학(산업대학, 교육대학, 전문대학 및 원격대학을 포함한다)에서 체육 또는 법학을 가르치는 조교수 이상으로 재직하고 있거나 재직하였던 사람
3. 변호사의 자격이 있는 사람
4. 그 밖에 체육에 대한 학식과 경험이 풍부한 사람
④ 제1항부터 제3항까지에서 규정한 사항 외에 운영위원회의 구성·운영 등에 필요한 사항은 대통령령으로 정한다.

제12조의3(체육계 인권침해 및 스포츠비리 관련 명단 공개)
① 문화체육관광부장관은 체육지도자 및 체육단체의 책임이 있는 자가 체육계 인권침해 및 스포츠비리와 관련하여 유죄판결이 확정되는 경우에는 운영위원회의 심의·의결을 거쳐 그 인적사항 및 비위 사실 등을 공개할 수 있다.
② 제1항에 따른 공개의 구체적인 내용 및 절차 등에 관하여 필요한 사항은 대통령령으로 정한다.

제13조(체육시설의 설치 등)
① 국가와 지방자치단체는 국민의 체육 활동에 필요한 시설의 적정한 확보와 이용에 필요한 시책을 마련하여야 한다.
② 국가와 지방자치단체는 장애인 체육 활동에 필요한 시설의 설치와 운영에 필요한 시책을 마련하여야 하며, 장애인이 체육시설을 우선적으로 이용할 수 있도록 필요한 조치를 할 수 있다.
③ 직장의 장은 종업원의 체육 활동에 필요한 시설을 설치·운영하여야 하며, 학교의 체육시설은 학교 교육에 지장이 없는 범위에서 지역 주민에게 개방·이용되어야 한다.
④ 국가와 지방자치단체는 민간의 체육시설 설치를 권장하고 건전하게 운영되도록 하여야 한다.
⑤ 제1항부터 제4항까지의 규정에 따른 체육시설의 설치·이용 등에 필요한 사항은 따로 법률로 정한다.

2 스포츠 기본법 기출 22~23년

제1조(목적) 이 법은 스포츠에 관한 국민의 권리와 국가 및 지방자치단체의 책임을 정하고 스포츠 정책의 방향과 그 추진에 필요한 기본적인 사항을 규정함으로써 스포츠의 가치와 위상을 높여 모든 국민이 건강하고 행복한 삶을 영위하고 나아가 국가사회의 발전과 사회통합을 도모하는 것을 목적으로 한다.
제2조(기본이념) 이 법은 국민 모두가 스포츠 및 신체활동에 자유롭고 평등하게 참여하여 건강하고 행복한 삶을 영위할 수 있도록 스포츠의 가치가 교육, 문화, 환경, 인권, 복지, 정치, 경제, 여가 등 우리 사회 영역 전반에 확산될 수 있게 국가와 지방자치단체가 그 역할을 다하며, 개인이 스포츠 활동에서 차별받지 아니하도록 하고, 스포츠의 다양성, 자율성과 민주성의 원리가 조화롭게 실현되도록 하는 것을 기본이념으로 한다.
제3조(정의) 이 법에서 사용하는 용어의 뜻은 다음과 같다.
1. "스포츠"란 건강한 신체를 기르고 건전한 정신을 함양하며 질 높은 삶을 위하여 자발적으로 행하는 신체활동을 기반으로 하는 사회문화적 행태를 말하며, 「국민체육진흥법」 제2조 제1호에 따른 체육을 포함한다.
2. "전문스포츠"란 「국민체육진흥법」 제2조 제4호에 따른 선수(이하 "선수"라 한다)가 행하는 스포츠 활동을 말한다.
3. "생활스포츠"란 건강과 체력 증진을 위하여 행하는 자발적이고 일상적인 스포츠 활동을 말한다.
4. "장애인스포츠"란 장애인이 참여하는 스포츠 활동(생활스포츠와 전문스포츠를 포함한다)을 말한다.

5. "학교스포츠"란 학교(「유아교육법」 제2조제2호에 따른 유치원, 「초·중등교육법」 제2조 및 「고등교육법」 제2조에 따른 학교를 말한다. 이하 같다)에서 이루어지는 스포츠 활동(학교과정 외의 스포츠 활동과 「국민체육진흥법」 제2조 제8호에 따른 운동경기부의 스포츠 활동을 포함한다)을 말한다.
6. "스포츠산업"이란 스포츠와 관련된 재화와 서비스를 통하여 부가가치를 창출하는 산업을 말한다.
7. "스포츠클럽"이란 회원의 정기적인 체육활동을 위하여 「스포츠클럽법」 제6조에 따라 등록을 하고 지역사회의 체육활동 진흥을 위하여 운영되는 법인 또는 단체를 말한다.

제4조(국민의 권리) 모든 국민은 스포츠 및 신체활동에서 차별을 받지 아니하고 자유롭게 스포츠 활동에 참여하며 스포츠를 향유할 권리(이하 "스포츠권"이라 한다)를 가진다.

제5조(국가와 지방자치단체의 책무)
① 국가는 스포츠권을 보장하기 위하여 스포츠에 관한 정책을 수립·시행하고, 이를 위한 재원(財源)의 확충과 효율적인 운영을 위하여 노력하여야 한다.
② 국가는 지방자치단체의 스포츠 관련 계획·시책과 자원을 존중하고, 지역 간 스포츠 격차의 해소를 통하여 균형 잡힌 스포츠 발전이 이루어지도록 노력하여야 한다.
③ 국가와 지방자치단체는 경제적·사회적·지리적 제약 등으로 스포츠를 향유하지 못하는 스포츠 소외계층의 스포츠 향유 기회를 확대하고 스포츠 활동을 장려하기 위하여 필요한 시책을 강구하여야 한다.
④ 국가와 지방자치단체는 아동, 청소년, 노인 및 장애인의 스포츠 참여 기회를 확대하기 위하여 노력하여야 한다.

제7조(스포츠 정책 수립·시행의 기본원칙) 국가와 지방자치단체는 스포츠에 관한 정책을 수립하고 시행할 때에는 다음 각 호의 사항을 충분히 고려하여야 한다.
1. 스포츠권을 보장할 것
2. 스포츠 활동을 존중하고 사회전반에 확산되도록 할 것
3. 국민과 국가의 스포츠 역량을 높이기 위한 여건을 조성하고 지원할 것
4. 스포츠 활동 참여와 스포츠 교육의 기회가 확대되도록 할 것
5. 스포츠의 가치를 존중하고 스포츠의 역동성을 높일 수 있을 것
6. 스포츠 활동과 관련한 안전사고를 방지할 것
7. 스포츠의 국제 교류·협력을 증진할 것

제8조(스포츠 진흥 기본계획의 수립 등)
① 문화체육관광부장관은 스포츠 진흥을 위하여 제9조에 따른 국가스포츠정책위원회의 심의를 거쳐 5년마다 스포츠 진흥 기본계획(이하 "기본계획"이라 한다)을 수립하고 이를 시행하여야 한다.
② 기본계획에는 다음 각 호의 사항이 포함되어야 한다.
1. 스포츠 진흥의 목표와 방향
2. 스포츠 진흥을 위한 스포츠 정책의 기본 방향
3. 스포츠 진흥을 위한 법령·제도의 마련 등 기반 조성에 관한 사항
4. 스포츠권의 신장에 관한 사항
5. 스포츠 활동을 통한 국민의 삶의 질 향상을 위한 시책에 관한 사항
6. 제10조부터 제16조까지에 따른 분야별 스포츠 시책
7. 스포츠 시설의 조성과 활용 및 안전에 관한 사항
8. 스포츠 인력의 양성, 선수 등의 은퇴 후 지원과 스포츠 교육의 활성화에 관한 사항
9. 스포츠 정책 관련 조사·연구와 개발에 관한 사항
10. 스포츠 윤리와 공정성 확보에 관한 사항
11. 스포츠 활동의 안전을 보장하기 위한 사고예방과 처리에 관한 사항
12. 스포츠 진흥을 위한 재원 조달과 그 운용에 관한 사항
13. 스포츠 유산 및 스포츠 문화의 보전과 활용에 관한 사항
14. 그 밖에 스포츠 진흥을 위하여 필요한 사항으로서 대통령령으로 정하는 사항
③ 문화체육관광부장관은 기본계획을 수립할 때에는 사전에 관계 중앙행정기관의 장과 협의하여야 하며, 기본계획을 수립한 때에는 관계 중앙행정기관 및 지방자치단체의 장에게 알려야 한다.
④ 관계 중앙행정기관 및 지방자치단체의 장은 기본계획에 따라 매년 스포츠 진흥을 위한 시행계획(이하 "시행계획"이라 한다)을 수립·시행하여야 한다.
⑤ 그 밖에 기본계획 및 시행계획의 수립·시행 등에 필요한 사항은 대통령령으로 정한다.

핵심요약&보충자료

❶ 국민생활체육 진흥 종합 계획
- '언제나' 향유할 수 있는 참여 기회 제공
- '어디서나' 이용 가능한 시설 제공
- '누구나' 부담없이 누릴 수 있는 환경 조성
- 세대와 문화를 넘어 '함께' 참여하는 생활체육
- 걸림돌 없이 '즐기는' 생활체육 참여 환경 조성

3 국민체육진흥정책 기출 16·18·22년

1. 국민생활체육 진흥 종합 계획❶

(1) '언제나' 향유할 수 있는 참여 기회 제공

① 인간의 생애주기별 중요 생활 거점에서 언제나 스포츠에 참여할 수 있는 접근성 확보

② 일상적 스포츠 참여 기회 확대를 통한 효과 제고 및 평생 체육의 기틀 마련

(2) '어디서나' 이용 가능한 시설 제공

① 생애주기별 주요 거점시설 어디서나 생활체육에 참여할 수 있는 기회 제공

② 수혜자 중심의 정책과 국민 요구에 부합하는 시설 조성 필요

(3) '누구나' 부담없이 누릴 수 있는 환경 조성

① 누구나 차별 없이 지도받고 체육활동에 대한 정보·홍보에 대한 접근성을 높일 수 있는 정책 추진

② 국민 누구나 차별 없이 공평하게 스포츠를 지도받고 만족과 참여 효과를 누리며 정보에 접근할 수 있는 환경 제공

③ 생애주기 및 특정 대상을 위한 지도자 배치

(4) 세대와 문화를 넘어 '함께' 참여하는 생활체육

① 세대와 문화의 벽을 넘어 함께 참여하고 어우러져 공감하는 생활체육 향유 기회 제공

② 다세대, 다계층이 함께 참여하여 지역커뮤니티를 형성하고 성취감 고취 및 지속 참여 견인

③ 생활체육을 통한 사회 양극화 해소 및 세대간 사회통합에 기여

(5) 걸림돌 없이 '즐기는' 생활체육 참여 환경 조성

생활체육을 제대로 즐길 수 있는 제도 개선 및 도입과 프로그램을 제공할 수 있는 정책 추진

2. 스포츠 비전 2030

비전	**사람을 위한 스포츠, 건강한 삶의 행복**
정책 방향	[운동하기 편한 나라] 스포츠 복지는 국민의 권리이자 국가의 의무, 국민이 스포츠를 즐기며 건강하게 살 수 있도록 국가가 책임지고 지원 [스포츠클럽 시스템 정착] 스포츠클럽을 통해 생활스포츠와 전문스포츠가 선순환하는 스포츠 시스템 정착 [스포츠 가치의 사회적 확산] 공정·협동·도전 등 스포츠 가치가 국민의 삶 속에 스며들 수 있는 사회적 여건 조성
핵심어	사람 중심 삶의 질 향상 / 건강한 공동체 / 정의로운 스포츠 / 민주적 거버넌스

추진전략	핵심 과제
신나는 스포츠	Ⅰ. 평생동안 즐기는 맞춤형 스포츠 프로그램 Ⅱ. 언제 어디서나 편하게 이용하는 스포츠 시설 Ⅲ. 우수 체육지도자에게 배우는 스포츠 강습
함께하는 스포츠	Ⅳ. 우리동네 스포츠클럽 Ⅴ. 소외 없이 모두가 함께하는 스포츠 환경 Ⅵ. 남과 북이 함께 만드는 평화 스포츠 시대
자랑스러운 스포츠	Ⅶ. 공정하고 도전적인 스포츠 문화 Ⅷ. 국격을 높이고 우호를 증진하는 국제스포츠 Ⅸ. 경제성장을 이끄는 스포츠산업
풀뿌리 스포츠	Ⅹ. 민주적 거버넌스

핵심요약&보충자료

[추진전략 및 핵심과제]
- 신나는 스포츠: 국민 누구나 자유롭고 즐겁게 운동할 수 있는 여건을 조성하여 보편적 복지 차원의 스포츠 복지 국가 실현
- 함께하는 스포츠: 이웃과 함께, 지역 사회가 함께, 사회적 약자 함께, 남과 북이 함께 스포츠를 매개로 어울림으로써 사회통합을 지향
- 자랑스러운 스포츠: 공정·협동·도전 등 스포츠 가치의 사회적 확산으로 국민 모두가 자랑할 수 있는 스포츠 문화 형성
- 풀뿌리 스포츠: 민주적 거버넌스

3. 직장 체육 진흥 정책

국민체육진흥법
제10조(직장 체육의 진흥)
① 국가와 지방자치단체는 직장 체육 진흥에 필요한 시책을 마련하여야 한다.
② 직장의 장은 대통령령으로 정하는 바에 따라 체육동호인조직과 체육진흥관리위원회를 설치하는 등 직장인의 체력 증진과 체육 활동 육성에 필요한 조치를 마련하여야 한다.
③ 대통령령으로 정하는 직장에는 직장인의 체력 증진과 체육 활동 지도·육성을 위하여 체육지도자를 두어야 한다.
④ 「공공기관의 운영에 관한 법률」에 따른 공공기관 중 대통령령으로 정하는 기관(이하 "공공기관"이라 한다)과 대통령령으로 정하는 직장에는 한 종목 이상의 운동경기부를 설치·운영하고 체육지도자를 두어야 한다.
⑤ 제2항부터 제4항까지의 규정에 따른 직장 체육에 관한 업무는 시장·군수·구청장(자치구의 구청장을 말한다. 이하 같다)이 지도·감독한다.

핵심요약&보충자료

(1) '국민생활체육진흥 종합계획'에 따른 직장 체육 진흥 정책 기본 방향

운동 참여에 제약이 있는 직장인 특성에 맞춰 직장에 찾아가 틈새시간의 효율적 활용을 통한 생활 체육 기회 확대 및 직장 만족과 행복지수 향상 제고

(2) '움직이는 체육관' 운영

① 직장 내 틈새시간에 찾아가 체육지도, 간이운동기구 및 스포츠용품 대여, 체력 및 운동 상담 진행

② 사회적 기업이나 시·군·구 생활체육회에 전담팀 구성 후, 운영 프로그램을 선정하고 보급함

(3) 직장인 스포츠클럽리그 활성화

직장 스포츠클럽 운영을 지원하고 지역체육회 중심의 직장인 스포츠클럽리그 활성화 지원

4. 동호인 체육 진흥정책

(1) '국민생활체육진흥 종합계획'에 따른 동호인 체육 진흥정책 기본 방향

다계층, 다연령, 다종목의 개방형, 종합형 스포츠클럽 육성

(2) 계층별 동호회 육성 및 리그 지원 확대

5. 노인체육활동지원 사업 [기출] 24년

(1) 찾아가는 국민체력 100사업 운영

은퇴기 이후 대상 찾아가는 체력관리서비스

(2) 실버 스포츠리그 구성

노년기 스포츠리그(게이트볼 등) 대회 신설을 통한 삶의 활력 제고

(3) 정기 건강검진 연계 맞춤형 체력관리 지원

'정기건강검진' 결과를 토대로 맞춤형 체력관리 및 운동프로그램 설계 서비스 실시

6. 소외계층 생활스포츠 지원사업

(1) 스포츠 강좌이용권

기초 생활 수급가정 유·청소년들에게 스포츠 강좌이용권 카드(체크카드)를 지급하여 스포츠강좌 이용권 지정 시설 이용 시 일정 금액의 강좌비를 지원해주는 스포츠 복지사업

① 사업목적

㉠ 저소득층 유·청소년들의 스포츠 참여기회 확대를 통해 체력향상과 건강증진을 도모하는 데 목적이 있음

㉡ 여가 스포츠활동에 대한 공정한 기회를 제공하여, 저소득층 유·청소년들의 삶의 질 향상을 도모하고, 사회적 소외감 해소를 통해 사회통합 기여

② 저소득층 청소년 대상에서 저소득층 가구로 확대 지원

(2) 행복 나눔 스포츠교실 및 용품 지원

① 저소득층 아동 및 청소년의 스포츠교실 참여 기회를 확대하고, 스포츠 용품 접근성 확대를 통해 심신의 건강 및 삶의 질 향상 도모

용어해설

- 국민체력 100: 국민의 체력 및 건강 증진에 목적을 두고 체력상태를 과학적 방법에 의해 측정·평가를 하여 운동 상담 및 처방을 해주는 대국민 무상 스포츠 복지 서비스
- 스포츠버스(Sports Bus): 다양한 스포츠 프로그램과 간이 스포츠시설을 갖춘 버스

② 스포츠지도사 자격증을 소지한 전·현직 국가대표 선수 및 감독, 일반 지도자 중에서 스포츠교실 강사선정 후 스포츠교실 프로그램 운영

③ 지원 시설 대상 사전 희망용품 조사 후 스포츠용품 지원

(3) '움직이는 체육관' 운영

① 스포츠 프로그램과 간이 스포츠시설을 갖춘 '스포츠버스(Sports Bus)'를 활용해 저소득층 및 다문화가족 거주지역 등을 직접 찾아가 스포츠를 지도하는 정책

② 주민들의 체육시설 접근성 향상을 도모하고 참여 형평성을 제고하는 데 목적을 둠

(4) 여성체육활동지원 사업

① 사업 목적

㉠ 여성의 생애주기별 특성을 고려한 체육프로그램 운영을 통한 생활체육 참여기회 확대

㉡ 여성체육활성화를 통한 여성의 신체적·정신적 건강 증진

② 사업 주요 내용

㉠ 생애주기별(임신기, 출산 후, 육아기, 갱년기) 체육프로그램 보급 및 여성 체육활동 지원

㉡ 여성체육동호회 육성 및 리그 지원: 여성체육동호회 결성 후 안정화 단계(3년)까지 지도자, 시설, 용품 지원, 여성 회원 비율이 50% 이상인 체육동호회 대상 리그전 개최 지원

㉢ 여학생 선호 체육프로그램 지원 확대 및 스포츠클럽 지원 확대

㉣ 찾아가는 맞춤형 여성체육활동 지원

03 전문체육

1 국민체육진흥법(전문체육) 기출 19년

이 법은 국민체육을 진흥하여 국민의 체력을 증진하고, 체육활동으로 연대감을 높이며, 공정한 스포츠 정신으로 체육인 인권을 보호하고, 국민의 행복과 자긍심을 높여 건강한 공동체의 실현에 이바지함을 목적으로 한다.

제14조(선수 등의 육성)
① 국가와 지방자치단체는 선수와 체육지도자에 대하여 필요한 육성을 하여야 한다. <개정 2020.2.4.>
② 국가와 지방자치단체는 우수 선수와 체육지도자 육성을 위하여 필요한 표창제도를 마련하여야 한다.
③ 국가, 지방자치단체, 공공기관, 그 밖에 대통령령으로 정하는 단체는 대통령령으로 정하는 우수 선수에게 아마추어 경기 생활을 할 수 있게 하기 위하여 문화체육관광부장관이 요청하면 우수 선수와 체육지도자를 고용하여야 한다.

제14조의3(선수 등의 금지행위)
① 전문체육에 해당하는 운동경기의 선수·감독·코치·심판 및 경기단체의 임직원(이하 "전문체육선수등"이라 한다)은 운동경기에 관하여 부정한 청탁을 받고 재물이나 재산상의 이익을 받거나 요구 또는 약속하여서는 아니 된다.
② 전문체육선수등은 운동경기에 관하여 부정한 청탁을 받고 제3자에게 재물이나 재산상의 이익을 제공하거나 제공할 것을 요구 또는 약속하여서는 아니 된다.

제14조의4(출전금지 등)
대한체육회, 지방체육회, 대한장애인체육회, 지방장애인체육회 및 경기단체는 전문체육선수등이 제47조 제1호, 제48조 제1호 또는 같은 조 제2호에 따른 죄를 범하여 유죄의 판결이 확정된 경우 해당 전문체육선수등이 각종 국내외 운동경기대회에 출전 등 활동을 할 수 없도록 필요한 조치를 하여야 한다.

제15조(도핑 방지 활동)
① 국가는 스포츠 활동에서 약물 등으로부터 선수를 보호하고 공정한 경쟁을 통한 스포츠 정신을 높이기 위하여 도핑 방지를 위한 시책을 수립하여야 한다.
② 국가는 도핑을 예방하기 위하여 선수와 체육지도자를 대상으로 교육과 홍보를 실시하여야 하고, 체육단체 및 경기단체의 도핑 방지 활동을 지도·감독하여야 한다.

제18조의2(선수 등 체육인 보호 시책의 마련 등)
① 국가와 지방자치단체는 체육계 인권침해 및 스포츠비리로부터 선수 등 체육인을 보호하기 위한 시책을 마련하여야 한다.
② 문화체육관광부장관은 성폭력 등 체육계의 폭력을 방지하기 위하여 현장 점검 및 지도·감독을 강화하여야 한다. 이 경우 점검방법 등 구체적인 사항은 문화체육관광부장관이 정한다.
③ 문화체육관광부장관은 대한체육회, 지방체육회, 대한장애인체육회, 지방장애인체육회, 경기단체 및 운동경기부에 소속된 선수, 체육지도자, 심판 및 임직원의 인적사항, 소속 이력, 수상 정보, 경기실적 및 제18조의13에 따른 징계정보시스템에 등록된 징계 이력 등에 관한 세부 인적 정보를 효율적으로 관리하기 위하여 통합정보시스템을 구축·운영하여야 한다. 이 경우 문화체육관광부장관은 통합정보시스템의 구축·운영을 관계 기관이나 단체에 위탁할 수 있다.

제18조의3(스포츠윤리센터의 설립)
① 체육의 공정성 확보와 체육인의 인권보호를 위하여 스포츠윤리센터를 설립한다.
② 스포츠윤리센터는 법인으로 한다.
③ 스포츠윤리센터는 다음 각 호의 사업을 한다.
  1. 다음 각 목에 해당하는 체육계 인권침해 및 스포츠비리 등에 대한 신고 접수와 조사
    가. 선수에 대한 체육지도자 등의 성폭력 등 폭력에 관한 사항
    나. 승부조작 또는 편파판정 등 불공정에 관한 사항
    다. 체육 관련 입시비리에 관한 사항
    라. 체육단체·경기단체 및 그 임직원의 횡령·배임 및 뇌물수수 및 「보조금 관리에 관한 법률」 제22조에 따른 보조금 및 「지방재정법」 제32조의4에 따른 지방보조금의 용도 외 사용 금지 위반에 관한 사항
    마. 그 밖에 체육계 인권침해 및 스포츠비리에 해당된다고 인정되는 사항
  2. 신고자 및 피해자에 대한 치료 및 상담, 법률 지원, 임시보호 및 연계
  3. 긴급보호가 필요한 신고자 및 피해자를 위한 임시보호시설 운영
  4. 체육계 현장의 인권침해 조사·조치 상황 등을 상시 점검할 수 있는 인권감시관 운영
  5. 스포츠비리 및 체육계 인권침해에 대한 실태조사 및 예방을 위한 연구
  6. 스포츠비리 및 체육계 인권침해 방지를 위한 예방교육
  7. 그 밖에 체육의 공정성 확보 및 체육인의 인권보호를 위하여 필요한 사업
④ 스포츠윤리센터의 운영, 이사회의 구성 및 권한, 임원의 선임, 감독 등 스포츠윤리센터의 정관에 기재할 사항은 대통령령으로 정한다.
⑤ 스포츠윤리센터의 장은 업무 수행에 필요하다고 인정될 때에는 문화체육관광부장관의 승인을 받아 관계 행정기관 소속 공무원이나 관계 기관·단체 소속 임직원의 스포츠윤리센터 파견 또는 지원을 요청할 수 있다.

⑥ 스포츠윤리센터가 아닌 자는 스포츠윤리센터 또는 이와 비슷한 명칭을 사용하지 못한다.
⑦ 스포츠윤리센터는 문화체육관광부장관이 감독한다. 이 경우 문화체육관광부장관은 스포츠윤리센터가 제3항 각 호의 사업을 독립적으로 수행할 수 있도록 필요한 시책을 강구하고 보장하여야 한다.
⑧ 스포츠윤리센터에 관하여 이 법에서 정한 것을 제외하고는 「민법」중 재단법인에 관한 규정을 준용한다.

제18조의4(체육계 인권침해 및 스포츠비리의 신고)
① 누구든지 체육계 인권침해 및 스포츠비리에 해당하는 사항이 발생하였음을 알게 된 경우에는 스포츠윤리센터 또는 수사기관에 신고할 수 있다.
② 체육지도자, 선수, 제18조의14에 따른 선수관리 담당자 및 시장·군수·구청장 등 문화체육관광부령으로 정하는 사람은 체육계 인권침해 및 스포츠비리를 알게 된 경우나 그 의심이 있을 경우 스포츠윤리센터 또는 수사기관에 즉시 신고하여야 한다.
③ 누구든지 제2항에 따른 신고자의 인적사항 또는 신고자임을 미루어 알 수 있는 사실을 다른 사람에게 알려주거나 공개 또는 보도하여서는 아니 된다.

제18조의5(인권침해 등의 조사)
① 스포츠윤리센터는 다음 각 호에서 정한 방법으로 신고 접수된 사건에 관하여 조사할 수 있다.
1. 신고자·피해자·피신고자(이하 "당사자"라 한다) 또는 관계자에 대한 출석 요구 또는 진술 청취
2. 당사자, 관계자 또는 관계 기관 등에 조사와 관련이 있다고 인정되는 자료 등의 제출 요구
3. 조사와 관련이 있다고 인정되는 장소, 시설 또는 자료 등에 대한 현장조사 또는 감정
② 제1항에 따라 조사를 받는 당사자, 관계자 또는 관계 기관 등은 특별한 사유가 없으면 조사에 성실히 임하여야 한다.
③ 제1항 제3호에 따라 조사에 임하는 사람은 그 권한을 표시하는 증표를 지니고 이를 그 장소 또는 시설을 관리하는 장 또는 직원에게 내보여야 한다.
④ 스포츠윤리센터는 체육계 인권침해 및 스포츠비리에 해당하는 위법 또는 부당한 사항이 발생하였다고 인정할 때에는 직권으로 조사할 수 있다. 이 경우 조사의 방법, 절차 등 필요한 사항에 대해서는 제1항부터 제3항까지의 규정을 준용한다.
⑤ 스포츠윤리센터는 제18조의3 제3항 제1호가목에 해당하는 신고를 받으면 곧바로 신고자 및 피해자 보호를 위하여 긴급보호 등 필요한 조치를 하고 조사하여야 한다.
⑥ 스포츠윤리센터는 제1항 및 제4항에 따른 조사를 효율적으로 실시하기 위하여 필요하면 수사기관에 협조를 요청할 수 있다.
⑦ 조사의 기간, 절차 등에 관하여 필요한 사항은 문화체육관광부령으로 정한다.

제18조의6(불이익조치 등의 금지)
① 누구든지 신고자와 피해자 및 신고와 관련된 조사 등에서 진술·증언하거나 자료를 제공한 사람(이하 "신고자등" 이라 한다)에 대하여 「공익신고자 보호법」제2조 제6호 각 목의 어느 하나에 해당하는 불이익조치를 하면 아니 된다.
② 누구든지 신고와 신고에 대한 조사 등에서 진술·증언하거나 자료를 제공하는 것(이하 "신고등"이라 한다)을 방해하거나 신고등을 취소하도록 강요하면 아니 된다.
③ 누구든지 신고에 대한 조사 등에서 진술·증언하거나 자료를 제공하는 때에 체육계 인권침해 및 스포츠비리 사실을 고의적으로 누락하거나 사실과 다르게 설명하는 등 축소·은폐하여서는 아니 된다. 다만, 본인에 관한 것은 제외한다.

제18조의7(신고자등의 보호) 스포츠윤리센터의 장은 조사가 개시되는 경우 인권침해가 계속되고 있다는 상당한 개연성이 있고, 이를 방치할 경우 회복하기 어려운 피해가 발생할 우려가 있다고 인정하면 신고자 또는 피해자의 신청에 의하여 또는 직권으로 피신고자, 그 소속 기관 등의 장에 다음 각 호의 어느 하나의 조치를 하도록 권고할 수 있다.
1. 신고자등과 피신고자의 물리적 공간을 분리
2. 피신고자의 직위를 해제하거나 직무를 정지하는 등의 조치
3. 피신고자가 신고자등의 의사에 반하여 신고자등에게 접촉하는 것을 금지하는 조치

제18조의8(위반행위 등에 대한 조치) 스포츠윤리센터의 장은 선수, 체육지도자, 체육단체의 임직원 등이 다음 각 호의 어느 하나에 해당하는 경우 문화체육관광부장관에게 해당 선수, 체육지도자, 체육단체의 임직원 등 관련자들의 소속 기관·단체의 장으로 하여금 시정 또는 책임자의 징계 등을 하도록 요청할 수 있다. 이 경우 문화체육관광부장관은 시정 또는 징계가 필요하다고 인정되면 해당 소속 기관·단체에 필요한 조치를 요구할 수 있고, 요구를 받은 기관·단체는 정당한 사유가 없으면 이에 따라야 한다.
1. 제18조의6 제1항을 위반하여 신고자등에게 신고등을 이유로 불이익조치를 한 경우
2. 제18조의6 제2항을 위반하여 신고등을 하지 못하도록 방해하거나 신고등을 취소하도록 강요하는 경우
3. 정당한 사유 없이 스포츠윤리센터가 요구하는 보고서 또는 자료를 거짓으로 작성하거나 제출하지 아니한 경우
4. 정당한 사유 없이 스포츠윤리센터의 조사 업무의 수행을 거부·방해하거나 기피한 경우
5. 제18조의4 제3항을 위반하여 같은 조 제2항에 따른 신고자의 인적사항 또는 신고자임을 미루어 알 수 있는 사실을 다른 사람에게 알려주거나 공개 또는 보도한 경우

제18조의9(고발 및 징계요구)
① 스포츠윤리센터는 신고·상담 및 조사내용과 관련하여 범죄혐의가 있다고 인정할 만한 상당한 이유가 있을 때에는 관할 수사기관에 고발할 수 있다.
② 문화체육관광부장관은 스포츠비리 및 체육계 인권침해에 대하여 체육단체에 책임이 있는 자를 징계할 것을 요구할 수 있다. 이 경우 요구를 받은 체육단체는 정당한 사유가 없으면 이에 따라야 하고, 그 결과를 문화체육관광부장관에게 보고하여야 한다.
③ 스포츠윤리센터는 조사내용과 관련하여 필요한 경우 문화체육관광부장관에게 제2항에 따른 징계요구, 제12조 제1항에 따른 체육지도자 자격취소 등을 하도록 요청할 수 있다.

제18조의10(신고·상담 및 임시보호 시설의 설치 등)
　① 지방자치단체는 폭행, 협박 또는 부당한 행위 강요 등으로부터 선수와 체육지도자를 보호하기 위하여 신고·상담 및 임시보호 시설을 설치하거나 그 사업을 대통령령으로 정하는 기관 또는 단체에 위탁할 수 있다.
　② 제1항에 따른 신고·상담 및 임시보호 시설의 설치·운영 등에 필요한 사항은 대통령령으로 정한다.
　③ 스포츠윤리센터 및 제1항에 따른 시설에서 신고·상담 업무에 종사하거나 종사하였던 사람은 직무상 알게 된 비밀을 누설하거나 자료를 제공해서는 아니 된다.

제18조의11(성폭력 등 폭력 예방교육의 실시)
　① 문화체육관광부장관은 체육계의 성폭력 등 폭력 방지를 위하여 예방교육을 실시하여야 한다.
　② 제1항에 따른 성폭력 등 폭력 예방교육의 내용 및 방법, 대상, 기간 등 필요한 사항은 문화체육관광부령으로 정한다.

제18조의13(징계정보시스템의 구축·운영 등)
　① 문화체육관광부장관은 대한체육회, 지방체육회, 대한장애인체육회, 지방장애인체육회, 경기단체 및 운동경기부(「학교체육 진흥법」 제2조 제3호에 따른 학교운동부를 포함한다. 이하 이 조에서 "체육회등"이라 한다)에 소속된 선수(「학교체육 진흥법」 제2조 제4호에 따른 학생선수를 포함한다. 이하 이 조에서 같다), 체육지도자, 심판 및 임직원의 징계에 관한 정보(「학교폭력예방 및 대책에 관한 법률」 제17조 제1항에 따른 조치를 포함한다. 이하 이 조에서 같다)를 효율적으로 관리하기 위하여 징계정보시스템을 구축·운영하여야 한다.
　② 문화체육관광부장관은 징계정보시스템을 구축·운영하기 위하여 필요한 자료를 관계 중앙행정기관의 장, 지방자치단체의 장, 교육감 및 체육단체 등에 요청할 수 있다. 이 경우 요청을 받은 자는 특별한 사유(개인정보 보호에 관한 사유는 제외한다)가 없으면 요청에 따라야 한다.
　③ 체육회등의 장(운동경기부의 경우 소속된 기관 및 단체의 장을 말한다. 이하 제4항에서 같다)은 소속된 선수, 체육지도자, 심판 및 임직원을 징계하는 경우 제1항에 따른 징계정보시스템에 관련 정보를 게재하여야 한다.
　④ 체육회등의 장은 선수, 체육지도자, 심판 및 임직원과 채용 계약(재계약을 포함한다)을 체결할 때에는 선수, 체육지도자, 심판 및 임직원에게 제1항에 따른 징계정보시스템을 통한 징계 관련 증명서를 제출받아 징계 이력을 확인하여야 한다.
　⑤ 제1항에 따른 징계정보시스템의 구축·운영, 제2항에 따른 자료의 요청, 제3항에 따른 정보 게재 및 제4항에 따른 징계 관련 증명서 확인 등에 필요한 사항은 문화체육관광부령으로 정한다.

제18조의14(선수관리 담당자의 등록의무)
　① 체육지도자 외에 선수들의 체력 및 건강을 위하여 선수를 관리하는 자(이하 "선수관리 담당자"라 한다)를 별도로 둘 경우 이를 대한체육회의 회원인 단체로서 해당 종목을 대표하는 단체 또는 지방체육회에 등록하여야 한다.
　② 선수관리 담당자의 자격요건, 범위 및 등록 등에 필요한 사항은 문화체육관광부령으로 정한다.

제18조의15(영상정보처리기기의 설치·관리)
　① 국가와 지방자치단체 및 체육단체 등은 대통령령으로 정하는 바에 따라 선수 등 체육인에 대한 폭력, 성폭력 등 인권침해의 우려가 있는 주요 지점에 「개인정보 보호법」 제2조 제7호에 따른 영상정보처리기기를 설치·관리할 수 있다.
　② 제1항에 따라 영상정보처리기기를 설치·관리하는 자는 정보주체의 인권이 침해되지 아니하도록 하여야 한다.
　③ 이 법에서 정한 것 외에 영상정보처리기기의 설치·관리 등에 관한 사항은 「개인정보 보호법」에 따른다.

제18조의15(고정형 영상정보처리기기의 설치·관리)
　① 국가와 지방자치단체 및 체육단체 등은 대통령령으로 정하는 바에 따라 선수 등 체육인에 대한 폭력, 성폭력 등 인권침해의 우려가 있는 주요 지점에 「개인정보 보호법」 제2조 제7호에 따른 고정형 영상정보처리기기를 설치·관리할 수 있다.
　② 제1항에 따라 고정형 영상정보처리기기를 설치·관리하는 자는 정보주체의 인권이 침해되지 아니하도록 하여야 한다.
　③ 이 법에서 정한 것 외에 고정형 영상정보처리기기의 설치·관리 등에 관한 사항은 「개인정보 보호법」에 따른다.

제18조의16(체육계 인권침해 및 스포츠비리 실태조사)
　① 문화체육관광부장관은 매년 체육계 인권침해 및 스포츠비리에 대한 실태조사를 실시하여 그 결과를 발표하고, 이를 체육계 인권침해 및 스포츠비리를 예방하기 위한 정책수립의 기초자료로 활용하여야 한다.
　② 제1항에 따른 체육계 인권침해 및 스포츠비리 실태조사의 방법과 내용 등에 관하여 필요한 사항은 문화체육관광부령으로 정한다.

제18조의17(통합신고관리시스템의 구축·운영 등)
　① 문화체육관광부장관은 이 법에 따른 체육계 인권침해 및 스포츠비리 등과 관련된 신고의 접수·처리·조치 등 상황을 효율적으로 관리하기 위하여 통합신고관리시스템을 구축·운영하여야 한다.
　② 문화체육관광부장관은 통합신고관리시스템을 구축·운영하기 위하여 필요한 자료를 체육단체 등에 요청할 수 있다. 이 경우 요청을 받은 체육단체 등은 특별한 사유가 없으면 요청에 따라야 한다.
　③ 그 밖에 통합신고시스템의 구축·운영 등에 필요한 사항은 문화체육관광부령으로 정한다.

2 국민 체육 진흥 정책

1. 국민체육진흥기금 마련
국민체육진흥공단에서는 전문체육 활성화를 위해 스포츠토토, KCYCLE(경륜), KBOAT(경정)를 통해 국민체육진흥기금을 조성하고 있음

2. 국민체육진흥기금 지원

(1) 대한체육회 운영지원
① **대한체육회의 운영비 및 각종 사업비 지원**
② **회원종목단체 및 지회 지원**: 회원종목단체 및 지회 운영, 체육정보망 구축, 은퇴선수(선수진로) 지원, 학생선수 주중대회·주말대회 지원
③ **우수선수 발굴 및 체계적 육성 지원**: 국가대표훈련 지원, 선수촌 운영, 후보선수육성, 청소년대표 육성, 꿈나무선수 육성, 한국동계스포츠 육성
④ **전국체육대회 개최 지원**

(2) 체육인복지사업 지원
① **은퇴선수 취업지원 강화**
　㉠ 은퇴선수 지원 강화: 대한체육회가 운영하는 은퇴선수 취업 알선 기능과 국민체육진흥공단이 운영하는 은퇴선수 취업교육 기능을 통합하여 '체육인진로지원통합센터' 운영, 지역거점센터 운영으로 사각지대 해소
　㉡ 전문 교육 전담기관: 장기적으로 은퇴선수의 사회적응을 위한 일원화된 전문 교육을 위해 전담기관 제도 도입 검토
② 국가대표 보호지원금, 원로체육인지원, 국외유학교육지원금, 생활지원금, 국내대학원 교육지원금, 경기력포상지원금, 저소득층 체육인재 장학지원사업, 진로지원서비스 및 교육 운영

(3) 스포츠윤리센터 운영 지원
① **체육계 비리를 근절하고 체육인 인권보호를 위한 전담기구로 2020년 8월 5일 공식 출범**
② 체육계 비리 및 인권침해를 조사하고 가해자에게는 처벌을 현실화하고 피해자에게는 심리·정서·법률 등 종합적 지원을 통해 회복을 도움
③ 스포츠비리 및 체육계 인권침해 방지 예방교육을 실시하고 있음

| 핵심요약&보충자료 |

04 체육지도자[1] 육성 기출 19·22년

❶ 체육지도자 종류
- 스포츠지도사
  - 전문 스포츠지도사
  - 생활 스포츠지도사
- 건강운동 관리사
- 장애인 스포츠지도사
- 유소년 스포츠지도사
- 노인 스포츠지도사

1. 체육지도자

① 학교·직장·지역사회 또는 체육단체 등에서 체육을 지도할 수 있도록 국민체육진흥법에 따라 해당 자격을 취득한 사람

② 체육지도자는 지도내용(스포츠 종목, 운동처방), 지도 대상(유소년, 노인, 장애인 등), 분야(전문체육, 생활체육) 및 수준(1급, 2급) 등을 기준으로 세분화

2. 스포츠지도사

(1) 전문 스포츠지도사

학교 운동부, 실업 및 프로 스포츠 단체 등에서 코치, 감독 등의 역할을 수행하는 지도자로 엘리트스포츠의 중추적인 역할을 담당하고, 전문적인 훈련지도를 통해 선수의 경기력 향상에 기여하는 사람

(2) 생활 스포츠지도사

① 생활체육을 담당하는 자격증을 소지한 자로 다양한 스포츠 시설이나 체육 동호회 등에 참여하는 일반인들을 대상으로 지도하는 체육 전문가

② 생활체육에 참여하는 일반인들의 건강 유지 및 증진, 스트레스 해소, 여가 증진을 위한 프로그램 개발, 수립, 지도하고 체육시설 및 장비 관리 등의 역할을 함

● 참고 ●

생활 스포츠지도사 응시자격 - 「국민체육진흥법 시행령」
- 체육지도자의 자격은 18세 이상인 사람에게 부여한다.
- 스포츠지도사는 1급 전문 스포츠지도사, 2급 전문 스포츠지도사, 1급 생활 스포츠지도사, 2급 생활 스포츠지도사로 구분한다.
- 1급 생활 스포츠지도사는 별표 1에 따른 자격 종목의 2급 생활 스포츠지도사 자격을 취득한 후 3년 이상 해당 자격 종목의 지도경력이 있는 사람으로서 동일 자격 종목에 대하여 1급 생활 스포츠지도사 자격을 취득하기 위한 자격검정에 합격하고, 연수과정을 이수한 사람으로 한다.
- 2급 생활 스포츠지도사는 2급 생활 스포츠지도사 자격을 취득하기 위한 자격검정에 합격하고, 연수과정을 이수한 사람으로 한다.

3. 건강운동관리사

① 개인의 체력적 특성에 적합한 운동형태, 빈도 및 시간, 운동강도 등 운동수행 방법에 대하여 지도하고 관리하는 사람

② 의사 또는 한의사가 검진을 통하여 환자의 건강증진 및 합병증 예방을 위해 치료와 운동을 병행해야 한다고 판단할 경우 건강운동관리사에게 의뢰하여 운동수행방법을 지도 및 관리할 수 있음

③ 종합병원의 스포츠의학센터, 국민체력센터, 보건소 등에서 근무할 수 있음

4. 장애인 스포츠지도사

장애 유형별 운동방법 등에 대한 지식을 갖추고 해당 자격종목에 대하여 장애인을 대상으로 전문체육이나 생활체육을 지도하는 사람

5. 유소년 스포츠지도사

유소년(만 3세부터 중학교 취학 전까지)의 행동양식, 신체발달 등에 대한 지식을 갖추고 해당 자격종목에 대하여 유소년을 대상으로 체육을 지도하는 사람

6. 노인 스포츠지도사

노인의 신체적·정신적 변화 등에 대한 지식을 갖추고 자격종목에 대하여 노인을 대상으로 생활체육을 지도하는 사람

7. 체육지도자 배치와 관련된 법령

핵심요약&보충자료

「체육시설의 설치·이용에 관한 법률 시행규칙」제22조(체육지도자 배치기준) 기출 22년

체육시설업의 종류	규모	배치인원
골프장업	골프코스 18홀 이상 36홀 이하	1명 이상
	골프코스 36홀 초과	2명 이상
스키장업	슬로프 10면 이하	1명 이상
	슬로프 10면 초과	2명 이상
요트장업	요트 20척 이하	1명 이상
	요트 20척 초과	2명 이상
조정장업	조정 20척 이하	1명 이상
	조정 20척 초과	2명 이상
카누장업	카누 20척 이하	1명 이상
	카누 20척 초과	2명 이상
빙상장업	빙판면적 1,500제곱미터 이상 3,000제곱미터 이하	1명 이상
	빙판면적 3,000제곱미터 초과	2명 이상
승마장업	말 20마리 이하	1명 이상
	말 20마리 초과	2명 이상
수영장업	수영조 바닥면적이 400제곱미터 이하인 실내 수영장	1명 이상
	수영조 바닥면적이 400제곱미터를 초과하는 실내 수영장	2명 이상
체육도장업	운동전용면적 300제곱미터 이하	1명 이상
	운동전용면적 300제곱미터 초과	2명 이상
골프연습장업	20타석 이상 50타석 이하	1명 이상
	50타석 초과	2명 이상
체력단련장업	운동전용면적 300제곱미터 이하	1명 이상
	운동전용면적 300제곱미터 초과	2명 이상
체육교습업	동시 최대 교습인원 30명 이하	1명 이상
	동시 최대 교습인원 30명 초과	2명 이상

출제예상문제

Chapter 02 스포츠교육의 정책과 제도

01 2024년 학교체육 활성화 추진 기본계획(안)의 추진 방향으로 옳지 않은 것은?

① 체육수업 운영 다양화
② 학교스포츠클럽운영 활성화
③ 늘봄 체육활동 지원
④ 국제 스포츠 경쟁력 강화

정답분석 국제 스포츠 경쟁력 강화는 전문 체육 진흥을 위한 정책이다.

이론PLUS 2025년 학교체육 활성화 정책목표 및 방향(교육부, 2025.02.17)

목표	건강한 학생, 활기찬 학교
방향	신체활동 일상화로 바르고 건강한 인재 육성

정책영역	정책과제
체육수업 내실화	• 체육과 교육과정 내실 적용 • 체육 고교학점제 안정적 정착
신체활동 일상화	• 학생건강체력평가 확대 운영 및 내실화 • 틈새 운동 확산을 통한 신체활동 일상화 • 신체활동 일상화를 위한 다양한 콘텐츠 활용 • 대외 협력을 통한 신체활동 프로그램 확대
학교스포츠클럽 운영 활성화	• 모든 학생을 위한 학교스포츠클럽 운영(1인 1스포츠) • 학교스포츠클럽 운영 방식 다양화
학생선수 맞춤 학교 운동부 운영	• 학생선수 학습권 보장 및 진로교육 강화 • 학생선수 인권 보호 강화 • 학교운동부 체계적인 운영 및 관리
초등 체육교육 운영 내실화	• 초등 1·2 「즐거운 생활」 신체활동 강화 및 교과 신설 • 초등 생존수영교육 효과적 운영 • 초등 스포츠강사 운영 현황
늘봄학교 체육활동 지원	• 체육단체 연계 신체활동 프로그램 지원 • 지역자원 활동 연계 체재 구축

정답 ④

02 「학교체육 진흥법」 제2조에서 명시한 용어로 옳지 않은 것은?

① 학교스포츠클럽: 체육활동에 취미를 가진 같은 학교의 학생으로 구성되어 학교가 운영하는 스포츠클럽을 말한다.
② 학교운동부지도자: 학교에 소속되어 학교운동부를 지도·감독하는 사람을 말한다.
③ 학교운동부: 학교체육 진흥을 위한 연구, 정책개발, 연수 등을 실시하는 조직을 말한다.
④ 스포츠강사: 「초·중등교육법」 제2조 제2호에 따른 초등학교에서 정규 체육수업 보조 및 학교스포츠클럽을 지도하는 체육전문강사를 말한다.

정답분석 학교체육 진흥을 위한 연구, 정책개발, 연수 등을 실시하는 조직은 학교체육진흥원이다.

이론PLUS 「학교체육 진흥법」 제2조
제2조(정의) 이 법에서 사용하는 용어의 뜻은 다음과 같다.
1. "학교체육"이란 학교에서 학생을 대상으로 이루어지는 체육활동을 말한다.
2. "학교"란 「유아교육법」 제2조제2호에 따른 유치원 및 「초·중등교육법」제2조에 따른 학교를 말한다.
3. "학교운동부"란 학생선수로 구성된 학교 내 운동부를 말한다.
4. "학생선수"란 학교운동부에 소속되어 운동하는 학생이나 「국민체육진흥법」제33조와 제34조에 따른 체육단체에 등록되어 선수로 활동하는 학생을 말한다.
5. "학교스포츠클럽"이란 체육활동에 취미를 가진 같은 학교의 학생으로 구성되어 학교가 운영하는 스포츠클럽을 말한다.
6. "학교운동부지도자"란 학교에 소속되어 학교운동부를 지도·감독하는 사람을 말한다.
7. "스포츠강사"란 「초·중등교육법」 제2조제2호에 따른 초등학교에서 정규 체육수업 보조 및 학교스포츠클럽을 지도하는 체육전문강사를 말한다.
8. "학교체육진흥원"이란 학교체육 진흥을 위한 연구, 정책개발, 연수 등을 실시하는 조직을 말한다.

정답 ③

03 국민체육진흥기금 지원 사업에 해당하지 않는 것은?

① 대한체육회의 운영비 및 각종 사업비 지원
② 직장인 체육 진흥
③ 체육인복지 사업 지원
④ 스포츠윤리센터 운영 지원

정답분석 국민체육진흥기금 지원 사업은 전문체육 정책에 해당되며, 직장인 체육 진흥은 생활체육 정책에 해당한다.

정답 ②

04 「국민체육 진흥법」 제18조의3(스포츠윤리센터의 설립)에서 스포츠 윤리센터의 사업으로 옳지 않은 것은?

① 학교 간 경기대회 등 체육 교류활동 활성화
② 신고자 및 피해자에 대한 치료 및 상담, 법률 지원, 임시보호 및 연계
③ 체육계 현장의 인권침해 조사·조치 상황 등을 상시 점검할 수 있는 인권감시관 운영
④ 스포츠비리 및 체육계 인권침해 방지를 위한 예방교육

 ①은 「학교체육 진흥법」 제6조(학교체육 진흥의 조치 등)에서 학교의 장은 학생의 체력증진과 체육활동 활성화를 위하여 조치해야 하는 사항 중 하나이다.

 「국민체육 진흥법」 제18조의3(스포츠윤리센터의 설립)
1. 다음 각 목에 해당하는 체육계 인권침해 및 스포츠비리 등에 대한 신고 접수와 조사
   가. 선수에 대한 체육지도자 등의 성폭력 등 폭력에 관한 사항
   나. 승부조작 또는 편파판정 등 불공정에 관한 사항
   다. 체육 관련 입시비리에 관한 사항
   라. 체육단체·경기단체 및 그 임직원의 횡령·배임 및 뇌물수수 및 「보조금 관리에 관한 법률」 제22조에 따른 보조금 및 「지방재정법」 제32조의4에 따른 지방보조금의 용도 외 사용 금지 위반에 관한 사항
   마. 그 밖에 체육계 인권침해 및 스포츠비리에 해당된다고 인정되는 사항
2. 신고자 및 피해자에 대한 치료 및 상담, 법률 지원, 임시보호 및 연계
3. 긴급보호가 필요한 신고자 및 피해자를 위한 임시보호시설 운영
4. 체육계 현장의 인권침해 조사·조치 상황 등을 상시 점검할 수 있는 인권감시관 운영
5. 스포츠비리 및 체육계 인권침해에 대한 실태조사 및 예방을 위한 연구
6. 스포츠비리 및 체육계 인권침해 방지를 위한 예방교육
7. 그 밖에 체육의 공정성 확보 및 체육인의 인권보호를 위하여 필요한 사업

정답 ①

05 <보기>의 「학교체육 진흥법 시행령」 중 학교운동부지도자의 직무로 옳은 것으로만 모두 고른 것은?

<보기>
㉠ 학생선수에 대한 훈련계획 작성, 지도 및 관리
㉡ 학생선수 기숙사 안전관리
㉢ 학생선수의 각종 대회 출전 지원 및 인솔
㉣ 경기력 분석 및 훈련일지 작성

① ㉠, ㉡
② ㉡, ㉢
③ ㉡, ㉢, ㉣
④ ㉠, ㉢, ㉣

정답분석 ㉠, ㉢, ㉣은 학교운동부지도자의 직무라고 볼 수 있다.

 제3조(학교운동부지도자의 자격기준 등)
③ 학교운동부지도자는 다음 각 호의 직무를 수행한다.
1. 학생선수에 대한 훈련계획 작성, 지도 및 관리
2. 학생선수의 각종 대회 출전 지원 및 인솔
2의2. 훈련 및 각종 대회 출전 시 학생선수의 안전관리
3. 경기력 분석 및 훈련일지 작성
4. 훈련장의 안전관리

정답 ④

06 「학교체육 진흥법」 제6조의 학교체육 진흥의 조치에 해당되지 않는 것은?

① 체육교육과정 운영 충실 및 체육수업의 질 제고
② 학생선수에 대한 훈련계획 작성, 지도 및 관리
③ 교원의 체육 관련 직무연수 강화 및 장려
④ 학생선수의 학습권 보장 및 인권보호

 ② 학생선수에 대한 훈련계획 작성 지도 및 관리는 학생운동부지도자가 해야 할 직무 중의 하나이다.

정답 ②

Chapter 03 스포츠교육의 참여자 이해론

 핵심요약&보충자료

1 스포츠 교육 지도자 기출 18년

1. 스포츠 교육 지도자 유형

(1) 체육교육 전문가

체육 교사	• 학습 안내자로서의 역할: 체육교사는 학생들이 교과에 대한 이해를 할 수 있도록 안내자의 역할을 해야 함 • 인성 지도자로서의 역할: 체육교사는 체육교과를 지도하는 것에만 집중하는 것이 아닌 학생들의 올바른 인성도 함양할 수 있도록 해야 함 • 모델로서의 역할: 체육교사는 모범적인 태도를 통해 학생들의 올바른 모델로서의 역할을 해야 함 • 조력자로서의 역할: 체육교사는 학생들의 행동에 대해 관찰하고 조력하는 역할을 해야 함
스포츠 강사	• 안내자의 역할: 학생들이 체육활동에 흥미를 갖고 지속적으로 참여할 수 있도록 지도하고 안내하는 역할을 해야 함 • 보조자의 역할: 정과 체육수업에서 담임교사의 체육수업에 대한 부담을 줄이고 학생들이 안전하게 체육수업에 참여할 수 있도록 보조하는 역할 • 행사자의 역할: 학교 체육 내 클럽리그 및 토너먼트 경기를 운영하는 역할을 해야 함 • 전문가의 역할: 학생의 건강관리, 종목 지도 방법, 연습방법 등에 대한 전문적 지식을 갖추어야 함 • 개발자의 역할: 학교스포츠클럽 및 방과 후 체육 활동을 지도할 시 적합한 운동 프로그램을 개발하고 지도하는 역할을 해야 함

(2) 스포츠 지도 전문가

① 생활 스포츠지도사(1급, 2급) 기출 16년

㉠ 생활 체육 행정지도자: 정부와 정부지원 조직 및 단체에서 근무하며, 생활체육 정책을 입안하고 수립 및 추진해나가는 지도자

㉡ 생활 체육 실기지도자: 정부가 지원하는 조직 및 단체, 공공 생활체육시설, 상업스포츠시설, 직장스포츠시설 등에서 생활체육을 지도하고 관리하는 지도자

② 전문 스포츠지도사(1급, 2급) 기출 21년

㉠ 학교 운동부, 실업 및 프로 스포츠 단체 등에서 코치, 감독 등의 역할을 수행하는 지도자로 엘리트스포츠의 중추적인 역할을 담당하고, 전문적인 훈련지도를 통해 선수의 경기력 향상에 기여하는 사람

㉡ 지도 종목에 관한 과학적 전문 지식과 지도능력을 갖고 있어야 함

㉢ 선수 개개인의 특성 파악, 효율적인 의사 전달능력, 사명감과 도덕성 함양, 공정성과 책임감 함양 필요

2 스포츠 교육 학습자 기출 15·16·21·22년

1. 스포츠 교육 학습자

(1) 스포츠 교육 지도자의 역할

스포츠 교육 지도자가 학습자에게 효율적인 교육을 제공하기 위해서 학습자의 상태를 파악하는 것이 중요함

[스포츠 지도자의 자질]

• 의사 전달 능력: 참가자와 지도자 간 의사전달 능력 필요

• 투철한 사명감: 지도자가 투철한 사명감을 가지고 있다면 생산적 활동을 주도하고 자발적 의지로 자신이나 집단의 목표를 성취할 수 있도록 함

• 활달하고 강인한 성격: 지도자는 체육 참가자가 지도자에 대한 친근감 및 신뢰감을 형성할 수 있도록 해야 하며, 참가 집단의 우호적 분위기 조성에 기여해야 함

• 도덕적 품성: 지도자의 도덕적 품성은 참가자를 유인할 수 있는 매력 중 하나로 작용할 수 있으며, 참가자와 원만한 인간관계를 형성하는데 도움이 됨

• 칭찬의 미덕: 참가자의 행동 및 태도에 대해서 지도자가 칭찬하면 참가자는 과제 수행에 대한 긍정적 동기를 갖게 됨

• 공정성: 지도자는 모든 참가자를 편견 없이 평등하게 대우하고 균등하게 지도해야 함

(2) 스포츠 교육 학습자 상태 고려사항
- ① 학습자의 기능 수준
- ② 학습자의 체격 및 체력
- ③ 학습자의 동기 유발 상태
- ④ 학습자의 인지적 능력
- ⑤ 학습자의 감정 조절 능력
- ⑥ 학습자의 발달 수준

2. 생애 주기별 발달 특성과 체육활동 〔기출〕 21·22년

(1) 유아기
- ① 발달 특성
  - ㉠ 신체적 발달: 대운동 기술능력이 발달, 소운동 기술은 미숙
  - ㉡ 인지적 발달: 전조작기, 물활론적 사고, 언어 습득 및 발전, 지적 흥미의 다양화
  - ㉢ 사회적 발달: 자기중심적 성향, 다른 아동에 대한 관점의 이해 부족
- ② 체육 활동
  - ㉠ **놀이를 중심으로 한 다양한 신체 활동**
  - ㉡ 기본적인 움직임(비이동, 이동, 조작, 복합적) 교육 중점 수행, 기본 규칙과 게임놀이 학습, 심폐지구력, 유연성, 근력 및 근지구력을 고르게 발달 시킬 수 있는 경험 제공
  - ㉢ 다양한 놀이기구를 활용한 기본 움직임 및 운동기능(서기, 걷기, 구르기, 던지기 등) 향상 활동 필요

(2) 아동기
- ① 발달 특성
  - ㉠ 신체적 발달: 신체에 대한 자기통제력 증가, 운동 기술의 발달
  - ㉡ 인지적 발달: 구체적 조작기, 보전개념(모양이 달라져도 양이나 무게가 같다는 사고), 논리적 사고 및 문제해결력 증가
  - ㉢ 사회적 발달: 탈 중심화, 타인의 관점 이해, 사회적 맥락 해석 가능
- ② 체육 활동
  - ㉠ **건강한 생활습관을 형성할 수 있는 활동 필요**
  - ㉡ 달리기, 체조, 춤과 리듬 활동, 뜀뛰기, 물놀이 등의 체육활동이 적합

(3) 청소년기
- ① 발달 특성
  - ㉠ 신체적 발달: 급속한 신체적 성장, 성호르몬 증가, 2차 성징 발달
  - ㉡ 인지적 발달: 추상적·논리적 사고 가능, 가치관 형성, 개인의 욕구와 흥미 확고
  - ㉢ 사회적 발달: 집단에 대한 소속감이 강하며, 또래를 자신의 지지 근원으로 인식
- ② 체육 활동
  - ㉠ 생애 주기에 있어 신체적·정서적·사회적 발달이 뚜렷함
  - ㉡ 체력 향상, 발육발달의 극대화, 정서적 안정을 위한 체육 활동
  - ㉢ 학교교육을 통해 터득된 스포츠의 기능, 태도, 지식을 심화시킬 수 있는 체육 활동

핵심요약&보충자료

[켈러(Keller)의 4가지 보편적인 학습 동기 개념]

구분	특징
흥미	학습자의 호기심 발현과 유지 정도
관련성	내용과 지도가 학습자 개인의 목표와 요구에 부합하는 정도
기대감	학습자가 인식한 과제에 대한 성공기대
만족감	학습자의 내적 동기와 외적 보상

[전조작기]
- 피아제(Piaget)의 인지발달이론의 두 번째 단계
- 조작 능력이 발달하는 시기이지만, 고도의 조작적 사고를 하기에는 아직 너무 이른 나이에 해당함
- 사고 중심화가 이루어지는 시기

용어해설

물활론적 사고: 무생물에게 생명과 감정을 부여하는 사고

(4) 성인기

① 발달 특성

- ㉠ 신체적 발달: 신체적·생리적으로 성숙, 중년기로 가면서 노화 시작 및 성적 재생산 능력 상실
- ㉡ 인지적 발달: 감각과 지각능력 약화, 기억력 감소
- ㉢ 사회적 발달: 절대적 진리 부재에 대한 인정과 유연한 사고

② 체육 활동

- ㉠ **성인병 예방, 체력 및 건강유지(방위체력, 행동체력) 체육 활동**
- ㉡ 스트레스를 해소하고 삶의 질 향상(신체적, 정신적, 정서적)을 도모하는 체육 활동
- ㉢ 사회적 유대관계를 강화시키는 체육활동
- ㉣ 유산소 운동(골프, 체조, 수영, 테니스 등)과 저항 운동의 적절한 구성

(5) 노인기

① 발달 특성

- ㉠ 신체적 발달: 체력과 건강 약화, 심장혈관, 근력, 지구력, 신경기능, 유연성 능력 등이 감소하며, 체지방이 증가함에 따라 운동 행동 쇠퇴 시작
- ㉡ 인지적 발달: 지각능력 감소, 반응속도 감소, 행동 둔화
- ㉢ 사회적 발달: 소득원 및 역할 상실, 소외와 고독, 사회관계망의 감소

② 체육 활동

- ㉠ **노년생활 활력 증가, 노화 지연, 건강유지, 고독감 해방을 위한 체육 활동**
- ㉡ 건강 상태 및 체력 수준에 맞는 신체 활동(운동빈도, 운동시간, 운동강도 등 고려)
- ㉢ 걷기, 산책, 등산, 게이트볼 등 활동형 레크리에이션

3 스포츠 교육 행정가

1. 스포츠 교육 행정가 의미
① 스포츠 교육과 관련된 프로젝트, 기획, 사무, 행정, 개발, 교육 등의 업무를 담당하는 사람
② 스포츠 교육 업무 전반에 대해 관장하고, 예산과 기타 자원 분배를 조정하는 역할을 함

2. 스포츠 교육 행정가 구분❶

(1) 학교 체육 행정가
① 학교 체육 행정 이론가
  ㉠ 학교 체육을 감독하는 관리자이며, 학교 체육관련 교육 정책 및 절차를 수립하는 행정가
  ㉡ 교장, 교감, 행정실장 등
② 학교 체육 행정 실무자
  ㉠ 학교 체육에서 학습자들에게 체육활동을 지도하는 실무자
  ㉡ 학교 체육, 운동부, 학교스포츠클럽 등 관련 업무 총괄 및 기획, 운영
  ㉢ 체육교사, 스포츠강사

(2) 생활 체육 행정가
① 국가의 생활 체육 정책을 수립하고 집행하는 행정업무를 담당하는 사람
② 역할
  ㉠ 생활 체육 행사 및 관련 업무 지원
  ㉡ 체육관련 공공기관 및 단체에서 체육 보급과 진흥을 위한 행정 지원
  ㉢ 생활 체육 참여자 관리 및 주민의 체육활동을 위한 스포츠 시설 관리·운영

(3) 전문 체육 행정가
① 전문 체육과 관련된 기관에서 사무, 예산, 행정, 교육 등의 업무를 담당하는 사람
② 운동선수 양성 및 각종 전문 체육대회 개최·운영
③ 전문 체육에 관한 광범위한 지식을 갖고 있어야 하며, 엘리트 선수들을 위한 행정가의 역할을 해야 함

핵심요약&보충자료

❶ 스포츠 교육 행정가 구분
- 학교 체육행정가(학교 체육 행정 이론가, 학교 체육 행정 실무자)
- 생활 체육 행정가
- 전문 체육 행정가

출제예상문제

Chapter 03 스포츠교육의 참여자 이해론

01 <보기>에서 설명하는 스포츠 교육 지도자 유형에 해당하는 것은?

―<보기>―
- 학교 운동부, 실업 및 프로 스포츠 단체 등에서 코치, 감독 등의 역할을 수행하는 지도자로 엘리트스포츠의 중추적인 역할을 담당하고, 전문적인 훈련지도를 통해 선수의 경기력 향상에 기여하는 사람
- 지도 종목에 관한 과학적 전문 지식과 지도능력을 갖고 있어야 함

① 생활 스포츠지도사
② 체육교사
③ 전문 스포츠지도사
④ 스포츠 강사

정답분석 <보기>에서 설명하는 스포츠 교육 지도자 유형은 전문 스포츠지도사에 대한 내용이다.

선지분석
① 생활 스포츠지도사: 다양한 스포츠 시설 및 단체에서 생활체육 참여자들을 대상으로 적합한 체육 프로그램을 제공하고, 지속적으로 스포츠 활동에 참여할 수 있도록 안내하며, 운동으로 삶의 질을 향상하고 행복을 누릴 수 있도록 도와주는 스포츠지도사
② 체육교사: 정규 체육수업 및 방과 후 체육을 전문적으로 지도하는 사람으로 학교 체육 내 지도 뿐만 아니라 계획, 예산, 관리, 조정 등의 행정업무, 운동부 업무 등을 담당
④ 스포츠 강사: 초·중·고등학교에서 학교스포츠클럽 및 방과 후 체육 활동을 지도하거나 정과 체육 수업을 보조하는 사람

정답 ③

02 <보기>는 스포츠 강사의 역할에 대해 설명한 내용이다. 올바르게 연결된 것은?

―<보기>―
- 학생들이 체육활동에 흥미를 갖고 지속적으로 참여할 수 있도록 지도하고 (㉠)하는 역할
- 정과 체육수업에서 담임교사의 체육수업에 대한 부담을 줄이고 학생들이 안전하게 체육수업에 참여할 수 있도록 (㉡)하는 역할
- 학교스포츠 클럽 및 방과 후 체육 활동을 지도할 시 적합한 운동 프로그램을 (㉢)하고 지도하는 역할

	㉠	㉡	㉢
①	안내	보조	개발
②	개발	보조	안내
③	개발	안내	보조
④	안내	개발	보조

정답분석 <보기>에서 스포츠 강사의 역할은 ㉠ 안내, ㉡ 보조, ㉢ 개발에 대한 설명이다.

이론PLUS
스포츠 강사의 역할
- 안내자의 역할: 학생들이 체육활동에 흥미를 갖고 지속적으로 참여할 수 있도록 지도하고 안내하는 역할
- 보조자의 역할: 정과 체육수업에서 담임교사의 체육수업에 대한 부담을 줄이고 학생들이 안전하게 체육수업에 참여할 수 있도록 보조하는 역할
- 행사자의 역할: 학교 체육 내 클럽리그 및 토너먼트 경기를 운영하는 역할
- 전문가의 역할: 학생의 건강관리, 종목 지도 방법, 연습방법 등에 대한 전문적 지식을 갖추어야 함
- 개발자의 역할: 학교스포츠 클럽 및 방과 후 체육 활동을 지도할 시 적합한 운동 프로그램을 개발하고 지도하는 역할

정답 ①

03 체육교사의 역할로 옳지 않은 것은?

① 학습 안내자로서의 역할
② 조력자로서의 역할
③ 보조자의 역할
④ 모델로서의 역할

 초·중·고등학교에서 학교스포츠클럽 및 방과 후 체육활동을 지도하거나 정과 체육수업에서 보조자의 역할을 수행하는 사람은 스포츠강사이다.

 체육교사의 역할
- 학습 안내자로서의 역할: 체육교사는 학생들이 교과에 대한 이해를 할 수 있도록 안내자의 역할을 해야 함
- 인성 지도자로서의 역할: 체육교사는 체육교과를 지도하는 것에만 집중하는 것이 아닌 학생들의 올바른 인성도 함양할 수 있도록 해야 함
- 모델로서의 역할: 체육교사는 모범적인 태도를 통해 학생들의 올바른 모델로서의 역할을 해야 함
- 조력자로서의 역할: 체육교사는 학생들의 행동에 대해 관찰하고 조력하는 역할을 해야 함

정답 ③

04 스포츠 교육 지도자가 고려해야 할 학습자의 상태로 옳지 않은 것은?

① 체격 및 체력
② 동기 유발 상태
③ 경제적 수준
④ 감정 조절 능력

 스포츠 교육 학습자 상태 고려사항
- 학습자의 기능 수준
- 학습자의 체격 및 체력
- 학습자의 동기 유발 상태
- 학습자의 인지적 능력
- 학습자의 감정 조절 능력
- 학습자의 발달 수준

정답 ③

05 <보기>의 발달 특성을 가진 대상을 위한 체육 활동의 특성으로 적절하지 않은 것은?

<보기>
- 체력과 건강 약화, 심장혈관, 근력, 지구력, 신경기능, 유연성 능력 등이 감소하며, 체지방이 증가함에 따라 운동 행동 쇠퇴 시작
- 지각능력 감소, 반응속도 감소, 행동 둔화
- 소득원 및 역할 상실, 소외와 고독, 사회관계망의 감소

① 노년생활 활력 증가, 노화 지연, 건강유지, 고독감 해방을 위한 체육 활동
② 놀이를 중심으로 한 다양한 신체활동
③ 건강 상태 및 체력 수준에 맞는 신체 활동(운동빈도, 운동시간, 운동강도 등 고려)
④ 걷기, 산책, 등산, 게이트볼 등 활동형 레크리에이션

 <보기>는 노인기의 발달 특징에 대한 설명이며, 놀이를 중심으로 한 다양한 신체활동은 유아기에 속하는 대상에게 맞는 체육활동이다.

노인기의 발달 특성과 체육활동
- 발달 특성
  - 신체적 발달: 체력과 건강 약화, 심장혈관, 근력, 지구력, 신경기능, 유연성 능력 등이 감소하며, 체지방이 증가함에 따라 운동 행동 쇠퇴 시작
  - 인지적 발달: 지각능력 감소, 반응속도 감소, 행동 둔화
  - 사회적 발달: 소득원 및 역할 상실, 소외와 고독, 사회관계망의 감소
- 체육 활동
  - 노년생활 활력 증가, 노화 지연, 건강유지, 고독감 해방을 위한 체육 활동
  - 건강 상태 및 체력 수준에 맞는 신체 활동(운동빈도, 운동시간, 운동강도 등 고려)
  - 걷기, 산책, 등산, 게이트볼 등 활동형 레크리에이션

정답 ②

Chapter 04 스포츠교육의 프로그램론

핵심요약&보충자료

❶ 체육 수업 프로그램의 목표 분류체계

인지적 영역	• 정보처리와 관련된 지식 또는 능력(논리, 개념, 사실, 기억, 회상) • 블룸은 교수 목표를 지식 자체와 지식에 대한 기능으로 구분하였음
정의적 영역	움직임과 연관된 감정, 태도, 가치, 사회적 행동, 성격, 가치관 등을 포함한 학습영역 의미
심동적 영역	신체적 활동이나 능력 향상의 목적과 목표

[블룸(B. Bloom)의 인지적 영역 분류체계]

유형	특징
지식	사전에 학습된 정보를 회상할 수 있는 능력 예 학생은 골프 스윙 5가지 부분을 회상할 수 있다.
이해력	정보의 의미를 이해하는 능력 예 학생은 웨이트 트레이닝에서 지레의 힘이 사용되는 방법을 설명할 수 있다.
적용력	정보를 새롭고 구체적으로 적용할 수 있는 능력 예 학생은 동일한 음악을 활용하여 2가지 춤을 창작할 수 있다.
분석력	자료를 구성요소로 분류하고 이 요소들 간의 상호관계를 이해하는 능력 예 학생은 경기 상황에 적합한 전략을 세울 수 있다.
종합력	부분을 전체로 통합할 수 있는 능력 예 학생은 테니스 스윙과 라켓볼 스윙 간의 유사점과 차이점을 인식할 수 있다.
평가력	상반되는 의견이 있는 상황에서 가치를 판단하는 능력 예 학생은 2가지의 춤 동작을 비교할 수 있다.

1 학교 체육 프로그램 개발 및 실천 기출 15·17·19·20·21·23년

1. 학교 체육 프로그램의 개발

(1) 학교 체육 프로그램의 개념

학교 체육 프로그램은 교과 활동과 비교과 활동으로 구분할 수 있음

① 교과 활동: 체육과 교육 과정을 바탕으로 수행하는 체육교과의 정과 체육수업

② 비교과 활동: 정과 체육수업 이외에 학교에서 이루어지는 활동(창의적 체험활동, 방과 후 학교 스포츠클럽, 방과 후 체육활동, 체육대회, 운동회, 학교 운동부 등)

(2) 체육수업 프로그램의 목표

① 체육수업 프로그램 목표의 설정 준거

㉠ 명료성: 목표를 파악하는 데 있어 모든 사람들이 똑같은 의미로 해석할 수 있도록 용어를 명료하게 진술해야 함

㉡ 실현 가능성: 학습자 개인의 능력과 수준 뿐만 아니라, 학교나 학급의 교육적 환경 및 성향에 맞게 실현 가능한 수준의 목표를 설정해야 함

㉢ 일관성: 목표와 수단의 일관성이 필요하고, 체육수업의 철학적 일관성을 가져야 함

㉣ 적합성: 체육수업의 목표는 학습자의 기본 욕구를 충족하면서 학교가 속해 있는 사회의 요구도 고려해야 함

(3) 체육 수업 프로그램의 목표 분류체계

체육 수업 프로그램의 목표는 인지적 영역, 정의적 영역, 심동적 영역으로 나누어 볼 수 있음

① 크래스홀(Krathwohl)의 정의적 영역 분류체계

유형	특징
수용화	정보를 얻기 위해 관심을 기울이고, 보고, 듣는 능력 예 학생은 자신이 좋아하는 춤에 대해 다른 학생이 설명하는 것을 들을 수 있다.
반응화	학습자가 보고 들은 것에 대해 논쟁, 토론, 동의(비동의)하는 능력 예 학생은 스포츠에서의 경쟁에 대해 찬성과 반대 의견을 토론할 수 있다.
가치화	행위 또는 행사의 중요도를 결정할 수 있는 능력 예 학생은 공정한 경기를 위해 규칙을 준수해야 하는 필요성을 설명한다.
조직화	가치들을 비교하여 결정하고, 판단과 선택을 위해 조직화 하는 능력 예 학생은 기술과 운동 수행의 향상을 위해 목표를 설정하고 노력할 수 있다.
인격화	가치들을 내면화하여 학생이 일상 생활에서 실천하는 능력 예 학생은 건강식이 아닌 음식이 있을 때 건강을 위해 적절한 선택을 한다.

② 심슨과 해로우(Simpson & Harrow)의 심동적 영역 분류체계

유형	특징
반사 동작	자극에 반응하여 일어나는 무의식적인 행위 예 학생은 스스로 올바른 자세를 취할 수 있다.
기초 기능	반사적 움직임의 결합에 의해 형성된 선천적인 움직임 패턴 예 학생은 달리고, 걷고, 뛰고, 도약할 수 있다.
지각 능력	감각을 통한 자극의 해석으로 나타나는 행위 또는 자극의 전이로 인한 행동 예 학생은 두 개의 다른 도구로 공을 칠 수 있다
신체 능력	기초 기능과 지각 능력을 결합 시켜 단순 기술 움직임 생성 예 학생은 음악에 따라 스퀘어 댄스를 따라할 수 있다.
복합 기술	효율성, 체력, 신체 능력의 결합을 요구하는 상위 기술 예 학생은 스포츠를 행하는데 필요한 기술을 배울 수 있다.
운동 해석 능력	신체 움직임을 통해 의사소통할 수 있는 능력 예 학생은 '화창한 날 활짝 핀 꽃처럼' 움직일 수 있다.

2. 학교 체육을 위한 지식 기출 19·24년

(1) 교육 철학
체육교사는 체육수업을 통해 학생들에게 무엇을 전달하고자 하는지에 대한 교육적 철학을 가지고 있어야 함

(2) 교과 내용 지식
체육교사는 모든 지식의 유형을 알고 있어야 하며, 가르칠 교과에 대한 지식을 숙지해야 함(움직임 관련 지식, 운동수행 능력, 학습과정 등)

(3) 교육과정 지식
국가수준 교육과정에 대한 이해

(4) 학습자 관련 지식
체육교사는 학습자의 성장 및 발달 단계, 학습동기, 인지발달, 운동발달, 정서 발달 등 다양한 특성과 관련된 지식을 갖고 있어야 함

(5) 체육교수 지식
수업전략, 교수 스타일, 수업 모형과 같은 가르칠 내용을 효과적으로 학습자들에게 전달할 수 있는 체육교수 지식 필요

① 슐만(Shulman)의 7가지 교사 지식 기출 21·24년

구분	의미
내용 지식	가르칠 교과 내용에 대한 지식
지도방법 지식	모든 교과에 적용되는 지도법에 대한 지식
내용교수법 지식	특정 학생에게 어느 교과나 주제를 특정한 상황에서 지도할 수 있는 방법에 대한 지식
교육과정 지식	각 학년에 발달 단계에 적합한 내용과 프로그램에 대한 지식
교육환경 지식	수업 환경에 영향을 미치는 지식
학습자와 학습자 특성 지식	수업에 영향을 미치는 학습자에 관한 지식
교육목적 지식	목적, 목표 및 교육시스템의 구조에 관한 지식

핵심요약&보충자료

[움직임 관련 지식]

움직임 기능	의미	예
비이동운동 기능	공간 이동이 없고 물체 또는 도구를 사용하지 않는 운동 기능	서기, 앉기, 구부리기, 비틀기, 돌기, 정적 균형, 정지 동작 등
이동운동 기능	물체 또는 도구를 사용하지 않고 공간 이동을 포함한 신체운동	걷기, 달리기, 두발 뛰기, 한발 뛰기, 피하기 등
물체 조작 기능	손이나 몸에 고정시키지 않은 상태에서 도구를 조작하는 운동	공, 훌라후프, 바통, 셔틀콕 등 물체를 던지기, 토스하기, 차기, 잡기, 튀기기 등
도구 조작 기능	물체를 통제하기 위한 목적으로 용·기구를 한 손 또는 두 손으로 다루는 운동으로 '도구'는 일반적으로 '기구'로 사용	배트, 라켓, 글러브, 클럽 등으로 치기, 배팅하기, 튕기기, 드리블하기, 잡기 등
전략적 움직임과 기능	역동적인 상황에서 적용되는 움직임 형태	핸드볼에서의 수비, 야구에서의 도루, 축구에서의 패스 등
움직임 주제	복잡한 운동 패턴을 점진적으로 발달시키기 위해 기본 운동 기능과 움직임 개념을 결합	움직임 개념은 공간(몸을 어디로 움직이는가), 노력(어떻게 몸을 움직이는가), 관계(신체 일부, 다른 사람, 물체, 도구)로 구성
표현 및 해석적 움직임	느낌, 개념, 생각, 주제를 표현하기 위해 움직임	다양한 종류의 무용, 꾸미기 체조, 마루운동, 피겨스케이팅 등의 움직임

 **핵심요약&보충자료**

[움직임 패턴과 기술 분석 - Coker가 제시한 체육교사의 기술 분석 효율성 향상 5가지 전략]
- 관찰 대상의 결정
- 관찰 초점의 결정
- 기술 수행의 관찰
- 산만함을 피하기
- 비디오 카메라의 사용

[학교 체육 프로그램 지도 원리(교수 학습 방법)] 기출 23·25년

구분	
개별성의 원리	학습자의 다양성을 고려하여 다양한 수준별 지도
적합성의 원리	지도자의 창의적인 지도 활동을 선정하고 활용하여 학습자의 능력을 고려하여 적합하게 선정하여 지도
통합성의 원리	교수·학습 내용의 다양화를 지향하고, 신체활동의 총체적 체험을 위한 지도
효율성의 원리	보다 과학적이고 전문적인 스포츠 교육 지도법을 활용하여 프로그램을 효율적으로 지도

[교육적 성과]
- 학생의 인성발달
- 심리·정서적 발달
- 건강체력 향상
- 학업성취도 향상 등

구분	학교스포츠클럽	학교스포츠클럽 활동
개념	방과 후 체육활동에 취미를 가진 동일 학교 학생으로 구성 및 운영되는 스포츠 동아리	정규 학교 교육과정 중 창의적 체험활동 시간에 이루어지는 클럽단위의 스포츠 활동
활동 형태	정규 교육과정 외	정규교육과정 내
활동 시간	방과 후, 점심 시간 등	창의적 체험활동 시간
활동 근거	「학교체육진흥법」제10조	초·중등학교 교육과정 총론, 중학교 교육과정 편성·운영 지침

② 메츨러(M. Metzler)가 제시한 각 범주에 따른 3가지 다른 수준의 지식 기출 20·23년

구분	의미
명제적 지식	교사가 구두나 문서로 표현할 수 있는 지식
절차적 지식	교사가 실제로 수업 전·중·후에 적용할 수 있는 지식(명제적 지식의 활용)
상황적 지식	교사가 특수한 상황에서 적절한 의사결정을 언제, 왜 해야 되는지에 대해 교사에게 정보를 제공

3. 학교 체육 프로그램 개발 시 고려사항 기출 21년

① 학습자의 적성과 흥미 고려
② 구체적이고 체계적인 수업지도(교육적 상황, 학습목표, 학습 활동, 평가 등) 계획 수립
③ 신체활동을 통한 창의적 문제 해결 및 인성을 기를 수 있는 학습환경 제공
④ 학교 내·외적 환경(학급 규모, 시간, 시설, 용구, 예산, 학습자 특성 등) 고려하여 개발

3. 학교스포츠클럽 활동의 개발 및 실천

(1) 학교스포츠클럽 개념

① 학생들이 체육 활동을 지속적으로 즐길 수 있도록 지원하는 프로그램으로 체육활동에 취미를 가진 동일 학교의 학생으로 구성되어 자율적으로 이루어지는 스포츠클럽
② 학교스포츠클럽 프로그램 구성 시 고려사항
   ㉠ 학생들이 스포츠 활동을 하기 위한 시간이 부족할 수 있으므로 활동시간을 다양하게 구성
   ㉡ 학생들의 흥미와 적성에 따라 희망 종목을 자발적으로 선택하고 참여할 수 있도록 구성
   ㉢ 학교스포츠클럽 활동을 통해 스포츠 기술 습득뿐만 아니라 스포츠 인성을 함양할 수 있도록 구성
   ㉣ 학생들이 스포츠 문화를 직·간접적으로 체험할 수 있도록 구성

(2) 학교스포츠클럽과 학교스포츠클럽 활동의 구분 기출 15년

학교스포츠클럽 활동은 중학교 정규교육과정 내에서 운영되는 학교스포츠클럽 활동과 초·중·고등학교 정규교육과정 이외에 운영되는 학교스포츠클럽 활동으로 구분

(3) 학교스포츠클럽 운영 기출 17년

① 운영 방향
   ㉠ '보는 스포츠'에서 '참여하는 스포츠'로의 학생 참여 확대
   ㉡ 학교 현장에서 산발적으로 행해지고 있는 자율체육활동, 스포츠동아리, 생활체육 활동 등을 조직적으로 관리하여 운영
   ㉢ 학교체육과 지역 생활체육 활동의 연계를 통한 우수 체육활동 모델 확산
② 운영 절차: 조직 → 등록 → 운영 → 평가

③ 운영유형 기출 25년

구분	세부유형	장점	단점
리그	통합 리그	• 경기 수 많음 • 우승팀의 권위	경기력 편차(순위 고착화)
	조별 리그	빠른 진행	경기 수 적음
	스플릿 리그 (상위/하위 리그)	경기력 평준화	동일한 팀과의 경기 수 많음
토너먼트	넉다운 토너먼트	간단한 경기방식	• 경기 수 적음 • 우승팀 외 순위산정 어려움
	더블 엘리미네이션 토너먼트(패자부활전)	• 적절한 경기 수 • 모든 팀의 순위 산정 가능	경기력 외 요소 작용 가능
	스플릿 토너먼트	모든 팀의 동일한 경기 수 보장	• 복잡한 경기방식 • 패자전 관심 저하
리그 + 토너먼트	조별 리그 후 토너먼트	짧은 시즌	조 간 경기력 편차
	통합 리그 후 플레이오프	적절한 경기 수	하위 팀 동기저하

2 생활 체육 프로그램 개발 및 실천 기출 17·19·22·25년

1. 생활 체육 프로그램의 개발

(1) 생활 체육 프로그램의 개념

① 프로그램: 진행계획, 순서, 진행 목록, 일정한 활동들을 구체적으로 실행하기 위해 필요한 경험의 총체

② 생활 체육 프로그램: 생활 체육의 궁극적인 목표를 달성하고 국민 개개인의 스포츠 활동을 실천할 수 있는 체계적이고 효과적인 스포츠 활동의 실천적 내용

(2) 생활 체육 프로그램의 목표 설정 및 진술

① 생활 체육 프로그램의 목표 설정

㉠ 참여자의 발달단계에 적합하도록 단계적으로 설정

㉡ 참여자의 흥미와 요구 반영

㉢ 참여자의 운동능력이 평생 동안 개발 및 향상될 수 있도록 설정

㉣ 참여자의 올바른 인성과 태도를 함양할 수 있도록 설정

㉤ 참여자의 특성 및 능력 정도를 파악하여 구체적이고 실현 가능한 목표 설정

② 생활 체육 프로그램의 목표 진술

㉠ 프로그램의 목표는 명확하게 진술해야 함

㉡ 프로그램의 목표는 목적과 일관성을 유지해야 함

㉢ 프로그램을 구성하는 내용은 구체적이면서 세부적으로 기술해야 함

㉣ 학습내용과 학습자에게 기대되는 행동을 동시에 진술해야 함

㉤ 프로그램 수행 후 참여자에게 나타난 최종 행동 변화 용어로 진술해야 함

 핵심요약&보충자료

[생활 체육 프로그램 유형]
- 연령별: 유아, 아동, 청소년, 성인, 노인 스포츠 프로그램
- 구분 기준별: 주관자(공공형, 준공공형, 사설형), 참여자(지역형, 직장형, 단체형, 시설형), 목적(운동회형, 경기대회형, 스포츠교실형, 강습회형), 개최기간(단기형, 장기형)
- 운동 형태별: 개인, 대인, 집단, 긴장해소, 야외활동, 계절 스포츠 프로그램

[생활 스포츠 프로그램 기획 과정]
- 기관의 철학적 이해
- 요구조사 및 분석
- 프로그램 목적 및 목표 설정
- 프로그램 내용 선정 및 계획
- 프로그램 실행
- 프로그램 평가

용어해설

- 스플릿 리그: 전체 팀을 상·하위 팀으로 나누어 경기를 치른 뒤 우승팀과 강등팀을 결정하는 방식
- 넉다운 토너먼트: 경기를 해서 진 편은 탈락하고 이긴 편은 다음 단계로 올라가는 제도
- 더블 엘리미네이션 토너먼트: 토너먼트 방식 중 하나로, 두 번을 지면 탈락하지만 한 번을 지더라도 남은 경기를 전부 승리하면 우승할 수 있는 토너먼트 방식

핵심요약&보충자료

[생활 체육 프로그램의 목적]
- 삶의 질적 향상
- 스포츠 운동 기능 향상
- 건강한 신체와 건전한 정신 함양
- 사회적 유대관계 강화
- 개인의 존엄성 및 가치 등에 대한 시민의식 함양

2. 생활 체육 프로그램의 실천

(1) 생활 체육 프로그램의 설계 〔기출〕 19년

① 내용: 프로그램의 목적과 목표에 맞게 프로그램 내용을 상세하게 결정하고, 대상의 특성에 맞게 프로그램 유형을 설정, 구체적으로 구상해야 함

② 예산: 예산 계획 시 시설 대여비, 용품구입, 인건비, 홍보비 등의 경비를 예측

③ 장소와 시설: 참여자의 접근성을 고려하고, 대중교통 및 지리적 측면을 고려해서 설정해야 함

④ 시간대: 참여자의 스포츠 활동 가능 시간 파악

⑤ 지도자와 대상: 프로그램 개발 시 누구를 위해 실행할 것인가를 고려하고, 기존에 개발된 프로그램의 대상자와 수요를 파악하는 것이 중요함

⑥ 홍보: 개발된 프로그램을 널리 알리기 위해 요즘 시대에 적합한 다양한 방법으로 실행

(2) 생활 체육 프로그램의 운영

① 프로그램 운영: **프로그램 기획 시 설정한 목적과 목표를 달성하기 위해 계획한 프로그램 활동을 실제 수행하는 과정**

② 프로그램 운영에 필요한 항목
  ㉠ 프로그램에 대한 기본사항 확정: 프로그램명, 수행기간, 대상 및 참여 인원, 장소 등
  ㉡ 프로그램의 지도 목적 및 목표 설정: 대상자의 발달 단계 특성 및 운동 기술 난이도에 따른 적합한 목적 및 목표 설정
  ㉢ 지도계획 수립: 생활 체육 참여자의 연령별, 수준별 프로그램 지도계획 수립 후 지도내용과 방법 등을 구체적으로 제시하여 계획
  ㉣ 평가 항목 설정: 프로그램이 계획대로 잘 운영되고 있는지 판단할 수 있는 적절한 평가항목 설정 필요

(3) 대상별 스포츠 프로그램

① 유소년 스포츠 프로그램
  ㉠ **유아 스포츠와 아동 스포츠의 혼합 용어이며, 유아부터 초등학생의 스포츠 활동을 의미**
  ㉡ 유소년의 신체적·정서적·사회적·인지적 발달을 균형 있게 이루어질 수 있도록 하며, 건강한 성장을 도모하고, 기본적인 사회관계를 형성할 수 있도록 목적을 설정해야 함

② 아동기 스포츠 프로그램
  ㉠ **다양한 신체활동을 경험하여 운동신경이 골고루 발달할 수 있도록 고려하여 프로그램 개발**
  ㉡ 놀이와 신체활동에서 스스로 선택하고 자유로운 움직임을 갖도록 해야 함

③ 청소년 스포츠 프로그램 〔기출〕 22년
  ㉠ **청소년의 신체적·심리적·사회적 특성과 참여동기를 파악하여 운동기능을 습득하고 삶의 활력소를 찾을 수 있도록 계획하고 운영하는 총체적 스포츠 활동**
  ㉡ 청소년 스포츠 프로그램 구성 시 고려사항
    ⓐ 지속적으로 참여할 수 있는 프로그램으로 구성

ⓑ 체력발달, 운동기능습득, 여가선용, 사회성 함양 등과 같이 평생체육의 기본목표를 성취할 수 있도록 프로그램을 구성

ⓒ 청소년 개인의 욕구와 흥미에 따라 다양하게 프로그램을 구성

ⓓ 학교교육을 통하여 터득한 스포츠의 기능, 지식, 태도를 심화시킬 수 있도록 해야 함

ⓔ 점진성의 원리: 충분한 자극을 줄 수 있는 운동 과부하의 원리를 점진적이면서 단계적으로 적용해야 함

> **선생님 TIP** 운동과부하의 원리
> 운동은 몸에 자극이나 저항 같은 스트레스를 주는 행위라는 원리이며, 몸이 일정한 스트레스에 적응하고 더 강해지려면 전보다 더 높은 스트레스를 줘야 한다는 원리임

④ 성인 스포츠 프로그램

㉠ 가정, 직장, 지역사회 등의 구성을 대상으로 체력 및 건강 유지, 스트레스 해소, 삶의 질적 향상 등을 위한 스포츠 활동을 총체적으로 계획하고 운영하는 프로그램

㉡ 성인 스포츠 프로그램 구성 시 고려사항

ⓐ 참여 대상의 신체적·심리적·사회적 특성 및 요구 고려

ⓑ 참여 대상의 접근성과 주변 시설에 관한 상황을 파악하여 프로그램 개발 필요

ⓒ 꾸준한 스포츠 활동 참여가 노년기까지 이어질 수 있도록 지속성을 고려하여 프로그램 개발

ⓓ 전문적이고 수준 높은 프로그램 제공

⑤ 노인 스포츠 프로그램

㉠ 노년기 신체적(신체기능 노쇠화), 심리적(소외와 고독), 사회적(소득원 및 역할 상실) 특징을 고려하여 신체활동을 통해 극복할 수 있도록 스포츠 활동을 제공

㉡ 노인 스포츠 프로그램 구성 시 고려사항

ⓐ 노인의 신체적·심리적·사회적 특성을 고려하여 프로그램 개발

ⓑ 노인들의 스포츠 참여를 위한 접근성 및 주변 시설 상황 파악 필요

ⓒ 타 프로그램과의 연계성(내용, 시간대, 장소 등)을 고려하여 프로그램 개발

ⓓ 경로당, 노인여가복지관, 주민자치센터 등 다양한 공공기관 및 비영리단체와의 협력을 통해 프로그램 제공 필요

핵심요약&보충자료

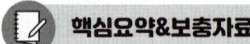

3. 전문 체육 프로그램 개발 및 실천 `기출 17·22년`

1. 전문 체육 프로그램의 개념

[전문 체육 프로그램 개발 6단계(R. Martens)]

단계 구분	단계 명칭	내용
1단계	선수에게 필요한 기술 파악	코치는 선수에게 필요한 기술이 무엇인지 파악하고, 어떤 전략으로 지도해야 하는지 고려해야 함
2단계	선수 이해	선수의 발달 단계(신체적, 심리적, 사회적) 및 환경적 요소를 파악해야 함
3단계	상황 분석	코치는 지도계획을 수립하기 전에 주변 상황(선수, 공간, 기자재 등)에 대해서 분석해야 함
4단계	우선순위 결정 및 목표설정	언제, 어디서, 무엇을, 어떻게 할 것인지에 대한 리스트를 정하고, 목표를 단기, 중기, 장기로 설정해야 함
5단계	지도 방법 선택	상황 분석, 우선순위 결정 및 목표설정이 이루어지고 나면, 그것을 바탕으로 체계적으로 지도할 수 있는 지도방법을 선택해야 함
6단계	연습 계획 수립	일일 지도, 연습계획 및 시즌 계획을 수립하여 체계적인 지도를 수행해야 함

2. 전문 체육 프로그램의 실천

(1) 청소년 전문 체육 프로그램

① 엘리트 스포츠를 지향하는 학교 운동부 지도를 의미하며, 선수의 기술 및 기능 습득 뿐만 아니라, 선수 훈련, 팀 및 선수 관리 등 지도계획을 종합적으로 접근

② 청소년 선수들을 대상으로 성적과 승리만을 지향하는 것이 아닌 전인적 발달을 목표로 지도해야 함

③ 프로그램 개발 시 고려사항

　㉠ 코치중심이 아닌 **선수 중심의 관점**을 갖고 개발해야 하며, **선수가 신체적·인지적·심리적·사회적·정서적 측면 등 총체적인 성장을 도모**할 수 있도록 해야 함

　㉡ 코치는 단순히 스포츠 기술을 향상시키는 기능전달자 보다는 선수들이 전인적 발달을 이룰 수 있도록 안내자, 멘토 등의 역할을 해야 함

　㉢ 선수들이 미래를 준비하고 훌륭한 성인이 될 수 있는 과정에 집중해야 함

(2) 성인 전문 체육 프로그램

① 대학 및 엘리트 스포츠에서 이미 습득된 기술의 세련화 및 정교화를 위해 종합적으로 지도계획을 수립한 프로그램

② 프로그램 개발 시 고려사항

　㉠ 명확한 목표를 설정하여 최종목표를 달성할 수 있도록 방향을 제시

　㉡ 성인 엘리트 선수들이 스스로 스포츠 기술, 경기 중 갈등 상황에 대한 해결 등의 다양한 문제를 해결할 수 있도록 환경을 조성

　㉢ 자기성찰의 과정을 통해 자기 자신에 대해서 이해하고 문제를 인식할 수 있도록 설정

pass.Hackers.com

출제예상문제

Chapter 04 스포츠교육의 프로그램론

01 <보기>에서 체육 수업 프로그램의 목표 분류체계가 올바르게 연결된 것은?

―<보기>―

㉠ 움직임과 연관된 감정, 태도, 가치, 사회적 행동, 성격, 가치관 등을 포함한 학습영역 의미(수용화, 반응화, 가치화, 조직화, 인격화)
㉡ 정보처리와 관련된 지식 또는 능력(지식, 이해력, 적용력, 분석력, 종합력, 평가력)
㉢ 신체적 활동이나 능력 향상의 목적과 목표(반사 동작, 기초 기능, 지각 능력, 신체 능력, 복합 기술, 운동 해석 능력)

	㉠	㉡	㉢
①	정의적 영역	심동적 영역	인지적 영역
②	심동적 영역	정의적 영역	인지적 영역
③	정의적 영역	인지적 영역	심동적 영역
④	심동적 영역	인지적 영역	정의적 영역

정답분석
㉠ 정의적 영역은 수용, 반응, 가치화, 조직화, 가치부여에 따른 특성화이며, ㉡ 인지적 영역은 지식, 이해력, 적용력, 분석력, 종합력을 의미한다. ㉢ 심동적 영역은 반사운동, 기초운동, 운동지각능력, 동작적 의사소통 등이 있다.

이론 PLUS

블룸(B. Bloom)의 인지적 영역 분류체계	· 개념: 정보처리와 관련된 지식 또는 능력(논리, 개념, 사실, 기억, 회상) · 유형: 지식, 이해력, 적용력, 분석력, 종합력, 평가력
크래스홀(Krathwohl)의 정의적 영역 분류체계	· 개념: 움직임과 연관된 감정, 태도, 가치, 사회적 행동, 성격, 가치관 등을 포함한 학습영역 · 유형: 수용화, 반응화, 가치화, 조직화, 인격화
심슨과 해로우(Simson & Harrow)의 심동적 영역 분류체계	· 개념: 신체적 활동이나 능력 향상의 목적과 목표 · 유형: 반사 동작, 기초 기능, 지각 능력, 신체 능력, 복합 기술, 운동 해석 능력

정답 ③

02 학교체육 관련 교사 지식 중 움직임 관련 지식으로 옳지 않은 것은?

① 비이동운동 기능: 공간 이동이 없고 물체 또는 도구를 사용하지 않는 운동 기능
② 도구 조작 기능: 손이나 몸에 고정 시키지 않은 상태에서 도구를 조작하는 운동
③ 이동운동 기능: 물체 또는 도구를 사용하지 않고 공간 이동을 포함한 신체운동
④ 표현 및 해석적 움직임: 느낌, 개념, 생각, 주제를 표현하기 위해 움직임

정답분석
손이나 몸에 고정시키지 않은 상태에서 도구를 조작하는 운동은 물체 조작 기능에 대한 설명이다.

이론 PLUS
움직임 관련 지식

움직임 기능	의미
비이동운동 기능	공간 이동이 없고 물체 또는 도구를 사용하지 않는 운동 기능
이동운동 기능	물체 또는 도구를 사용하지 않고 공간 이동을 포함한 신체운동
물체 조작 기능	손이나 몸에 고정시키지 않은 상태에서 도구를 조작하는 운동
도구 조작 기능	물체를 통제하기 위한 목적으로 용·기구를 한 손 또는 두 손으로 다루는 운동으로 '도구'는 일반적으로 '기구'로 사용
전략적 움직임과 기능	역동적인 상황에서 적용되는 움직임 형태
움직임 주제	복잡한 운동 패턴을 점진적으로 발달시키기 위해 기본 운동 기능과 움직임 개념을 결합
표현 및 해석적 움직임	느낌, 개념, 생각, 주제를 표현하기 위해 움직임

정답 ②

03 생활체육 프로그램 설계 시 고려사항으로 옳지 않은 것은?

① 내용: 프로그램의 목적과 목표에 맞게 프로그램 내용을 상세하게 결정하며, 대상의 특성에 맞게 프로그램 유형을 설정하고 구체적으로 구상해야 함
② 시간대: 참여자의 스포츠 활동 가능 시간 파악
③ 홍보: 개발된 프로그램을 널리 알리기 위해 요즘 시대에 적합한 다양한 방법으로 실행
④ 장소와 시설: 참여자의 접근성보다는 지도자의 접근성이 더 중요함

 참여자의 접근성을 고려하고, 대중교통 및 지리적 측면을 고려해서 설정해야 한다.

 생활 체육 프로그램의 설계 시 고려사항
- 내용: 프로그램의 목적과 목표에 맞게 프로그램 내용을 상세하게 결정하며, 대상의 특성에 맞게 프로그램 유형을 설정하고 구체적으로 구상해야 함
- 예산: 예산 계획 시 시설 대여비, 용품구입, 인건비, 홍보비 등의 경비를 예측해야 함
- 장소와 시설: 참여자의 접근성을 고려하고, 대중교통 및 지리적 측면을 고려해서 설정해야 함
- 시간대: 참여자의 스포츠 활동 가능 시간을 파악해야 함
- 지도자와 대상: 프로그램 개발 시 누구를 위해 실행할 것인가를 고려하고, 기존에 개발된 프로그램의 대상자와 수요를 파악하는 것이 중요
- 홍보: 개발된 프로그램을 널리 알리기 위해 요즘 시대에 적합한 다양한 방법으로 실행

정답 ④

04 마튼스(R. Martens)의 전문 체육 프로그램 개발 단계가 바르게 연결된 것은?

<보기>
1단계: 선수에게 필요한 기술 파악
2단계: (㉠)
3단계: 상황 분석
4단계: (㉡)
5단계: 지도 방법 선택
6단계: 연습 계획 수립

	㉠	㉡
①	맥락 분석	선수 이해
②	피드백 전략 수립	선수단 규모 파악
③	선수 이해	우선순위 결정 및 목표설정
④	훈련 환경 분석	체력 상태 파악

 전문 체육 프로그램 개발 6단계(R. Martens)

단계 구분	단계 명칭	내용
1단계	선수에게 필요한 기술 파악	코치는 선수에게 필요한 기술이 무엇인지 파악하고, 어떤 전략으로 지도해야 하는지 고려해야 함
2단계	선수 이해	선수의 발달 단계(신체적, 심리적, 사회적) 및 환경적 요소를 파악해야 함
3단계	상황 분석	코치는 지도계획을 수립하기 전에 주변 상황(선수, 공간, 기자재 등)에 대해서 분석해야 함
4단계	우선순위 결정 및 목표설정	언제, 어디서, 무엇을, 어떻게 할 것인지에 대한 리스트를 정하고, 목표를 단기, 중기, 장기로 설정해야 함
5단계	지도 방법 선택	상황 분석, 우선순위 결정 및 목표설정이 이루어지고 나면, 그것을 바탕으로 체계적으로 지도할 수 있는 지도방법을 선택해야 함
6단계	연습 계획 수립	일일 지도, 연습계획 및 시즌 계획을 수립하여 체계적인 지도를 수행해야 함

정답 ③

Chapter 05 스포츠교육의 지도방법론 Ⅰ

핵심요약&보충자료

1 스포츠 지도를 위한 교육모형 기출 15·16·17·19·20·21·22·23·24·25년

1. 교육 모형의 개념과 특징

(1) 교육 모형의 개념
- ① 교육 모형: 교수가 사용하는 수업 모형
- ② 체육 수업 모형: 바람직한 체육 수업이 가지고 있는 속성 및 특징을 한눈에 볼 수 있도록 하는 종합적이고 구조화된 수업 설계도

(2) 교육 모형의 구조
- ① 개요
  - ㉠ 각 수업 모형은 추구하는 수업목표, 내용, 특징 등이 다양하며 교사는 다양한 수업 모형을 이해하고 활용할 수 있는 능력을 갖추어야 함
  - ㉡ 각 수업 모형은 인지적, 심동적, 정의적 학습 영역의 학습 결과에 대해 각기 다른 강조점을 가지고 설계 되었음
  - ㉢ 각 수업 모형은 세 가지 주요 학습 영역의 우선 순위가 있음
- ② 수업 통제 및 포괄성
  - ㉠ 교사와 학생 간의 언어적, 비언어적 및 복합적인 상호작용을 의미
  - ㉡ 모형의 통제 프로파일을 결정하는 요인: 각 수업 모형의 수업통제는 단일 요소에 의해 결정되지 않고, 각 모형의 주요 지침(내용 선정, 수업 운영, 과제 제시, 참여 형태, 교수적 상호작용, 학습 진도, 과제 전개)에 따라 다름
  - ㉢ 교사 주도 통제(무대 위의 현자): 수업 통제의 중심에 교사가 위치해 있으며, 교사는 수업관리의 권위자로서 거의 대부분의 의사결정 권한을 부여받음
  - ㉣ 학생 주도 통제(안내자): 학생 통제식 수업으로 교사의 의사결정에 대해 최소한으로 통제하고, 학습 과정 중심에 학생을 위치시킴
  - ㉤ 상호 작용: 교사와 학생 간의 의사결정이나 수업 운영에 관하여 동등한 책임을 부여하며, 원활한 상호 작용 수준을 유지할 수 있도록 함

	교사주도 통제	상호 작용적	학생주도통제
내용 선정		■	
수업 운영		■	
과제 제시		■	
참여 형태		■	
교수적 상호작용		■	
학습 진도		■	
과제 전개		■	

> **선생님 TIP** 모형의 통제 프로파일을 결정하는 주요 요인
>
> - 내용 선정: 누가 학습할 단원 내용을 결정하는가?
> - 수업 운영: 수업 운영의 책임은 누구에게 있는가?
> - 과제 제시: 학생은 어떻게 과제 제시 정보를 얻는가?
> - 참여 형태: 어떻게 학생의 참여 형태(공간, 모둠, 구조 등)가 결정되는가?
> - 교수적 상호작용: 학습 과제 중 누가 먼저 의사소통을 시작하는가?
> - 학습 진도: 누가 연습 과정의 시작과 종료를 통제하는가?
> - 과제 전개: 누가 학습 과제의 변경을 결정하는가?

2. 교육 모형의 종류

(1) 직접 교수 모형

① 개요

㉠ 주제: **교사가 수업의 리더 역할**

㉡ 행동주의 심리학자인 스키너(B. F. Skinner)의 조작적 조건화 이론에서 파생된 교수 모형

㉢ 교사 중심으로 수업 내용, 관리, 학생의 참여 등에 대한 모든 의사결정이 이루어지며, 교사 주도적 참여 형태를 갖음

㉣ 학생들은 교사의 지도하에 가능한 한 많은 연습을 할 수 있고, 교사는 학생들이 연습하는 과정을 관찰하고, 학생들에게 긍정적이고 교정적인 피드백을 제공하는 비율을 높일 수 있음

② 목적: 학생들이 연습 과제와 스포츠 기술 및 기능 연습에 높은 비율로 참여할 수 있도록 수업 시간과 자원을 효율적으로 이용하는 데 목적이 있음

> **선생님 TIP** 직접 교수 모형을 활용한 수업의 6단계(로젠샤인, Rosenshine)
>
> 1. 1단계(전시 과제 복습)
>   ① 이전 수업내용을 간단하게 복습하고 수업을 시작(도입 단계)
>   ② 이 단계에서는 이전 수업에 배웠던 가장 핵심적인 기능 또는 개념을 다룸
> 2. 2단계(새로운 과제 제시)
>   ① 수업 도입 단계가 끝나면 교사는 학생에게 바로 배우게 될 새로운 내용(개념, 지식, 기능)에 대해서 제시
>   ② 새로운 내용을 제시할 때 교사는 학생에게 설명하거나, 시범을 통해 보여줌
>   ③ 새로운 내용은 학생의 연령과 발달 단계에 맞게 제공되어야 함
> 3. 3단계(초기 과제 연습)
>   ① 학생이 주어진 과제를 능숙하게 수행하기 위해 연습하는 단계
>   ② 교사는 학생의 학습 활동을 높이기 위해 학습을 관찰하고 교정적 피드백 비율을 높여야함
>   ③ 연습 과제는 학생이 80%의 성공률에 도달할 때까지 계속됨
> 4. 4단계(피드백 및 교정)
>   ① 초기 학습 과제가 이루어질 때나 과제 연습 계열성에서 각 과제 사이에 교사의 피드백과 교정 사항이 이루어짐
>   ② 교사는 학생이 다음 과제로 이동할 준비가 되어있는지 확인하기 위해 몇 가지 주요 운동 수행 단서를 다시 가르치거나 몇 가지 이전 학습 과제를 되풀이할 수 있음
> 5. 5단계(독자적인 연습)
>   ① 교사는 학생이 기본적인 연습 과제에 능숙해졌다고 판단하게 되면, 학생이 좀 더 독립적으로 연습할 수 있도록 계획을 세워야 함
>   ② 교사는 학습 활동의 지도에 대해서는 학생 스스로 결정할 수 있게 하고, 학생은 자신들이 연습할 때 교사의 개입을 기다리지 않기 때문에 학생의 활동 비율을 높게 가져갈 수 있음
> 6. 6단계(본시 복습): 교사들은 학생이 이전의 수업 내용을 얼마나 기억하고 있는지 확인

핵심요약&보충자료

❶ 교육 모형의 종류
- 직접 교수 모형
- 개별화 지도 모형
- 협동 학습 모형
- 스포츠 교육 모형
- 동료 교수 모형
- 탐구 수업 모형
- 전술 게임 모형
- 개인·사회적 책임감 지도 모형

용어해설

교정적 피드백: 학습자가 학습과정에서 오답을 한 경우, 오답의 원인을 설명하고 정답 반응에 이르는 과정을 알려주는 것

③ 학습 영역의 우선순위

| 1순위: 심동적 영역 / 2순위: 인지적 영역 / 3순위: 정의적 영역 |

④ 수업 통제(수업 주도성)

  ㉠ 내용 선정: 교사는 내용 선정에 대한 완전한 통제권을 가지고 있으며, 단원에 포함될 내용, 학습 과제의 순서, 학생들의 내용 숙달에 대한 수행 기준을 결정

  ㉡ 수업 운영: 교사는 수업규칙을 결정하며, 지도할 단원에 대한 관리상의 계획, 수업 방침 및 규정, 특정한 상규적 행동(루틴)들을 결정

  ㉢ 과제 제시: 교사는 모든 과제 제시를 계획하고 통제함

  ㉣ 참여 형태: 교사는 다양한 학생 참여 유형(개별 연습, 파트너 연습, 소집단 연습 등)을 결정

  ㉤ 교수적 상호작용: 거의 모든 상호작용은 교사에 의해 시작되고 통제됨

  ㉥ 학습 진도: 교사는 초기 과제의 학습진도를 결정하지만(A), 학생은 연습단계에서 학습진도를 스스로 결정(B)

  ㉦ 과제 전개: 교사는 학습 과제의 이동 및 변경 시기를 결정

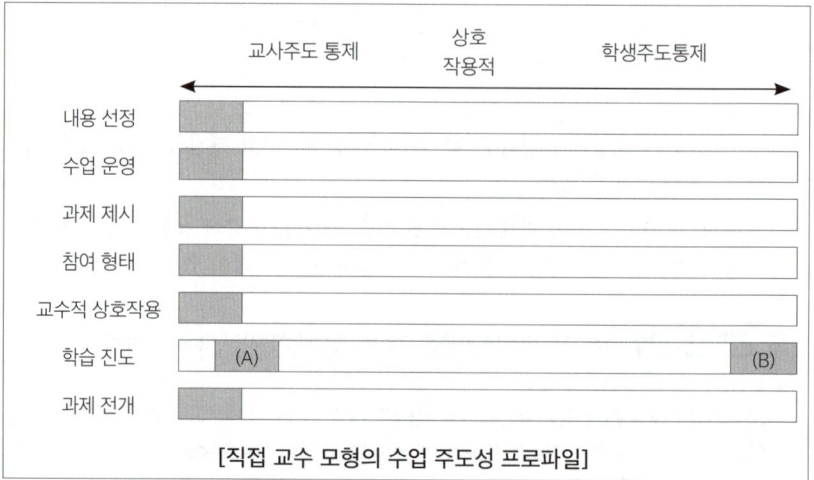

[직접 교수 모형의 수업 주도성 프로파일]

(2) 개별화 지도 모형 기출 21년

① 개요

  ㉠ 주제: **수업진도는 학생이 결정**

  ㉡ 기본적인 설계는 각 학생들에게 수업 관리 정보, 과제 제시, 과제 구조, 수행기준과 오류 분석이 포함된 학습활동 및 평가를 하나의 묶음으로 구성하여 수업 자료들을 제공하는 것

  ㉢ 학생들은 내용 단원을 학습할 수 있는 능력에 따라 수업진도 속도를 조절하여 학습

② 목적: **학습속도에 따라 학습 시간을 개별적으로 적용하여 학생들은 자기주도적인 학습자가 되고, 교사에게는 상호작용이 필요한 학생들과 더 많은 상호작용을 할 수 있도록 해줌**

③ 학습 영역의 우선순위

| 1순위: 심동적 영역 / 2순위: 인지적 영역 / 3순위: 정의적 영역 |

④ 수업 통제(수업 주도성)
  ㉠ 내용 선정: 교사는 그 단원에 포함되어야 할 내용과 학습 과제의 계열 순서, 각 과제 숙달을 위한 수행기준을 결정하고, 학생들은 교사에게서 내용 목록과 과제 목록을 받아 주어진 순서대로 수행
  ㉡ 수업 운영: 교사는 수업의 관리 계획, 학습 규칙, 구체적 절차를 결정
  ㉢ 과제 제시
    ⓐ 문서와 시각 자료의 형태로 학생들에게 제공되며, 학생들이 교사로부터 독립적으로 학습하도록 유도하고 학습 내용을 통한 개별 학습 진도를 촉진시킴
    ⓑ 단원을 시작할 때 교사가 전체 학급을 대상으로 과제 제시를 하며, 학생들이 새로운 기능이나 지식 영역을 시작할 때 교사에 의한 소규모 과제 제시가 이루어짐
  ㉣ 참여 형태: 학생들은 교사와 다른 학생으로부터 거의 독립적으로 연습하며, 대부분의 학습과제는 개별적 연습을 위해 설계되어있으나 일부는 파트너 또는 소집단 참여를 위해 설계되어짐
  ㉤ 교수적 상호작용: 교사는 학생들에게 높은 수준의 교수 상호작용을 제공
  ㉥ 학습 진도: 학생은 학습 과제에 참여할 때 자신만의 진도를 결정
  ㉦ 과제 전개: 학생들의 능력과 노력에 따라 계열상의 과제를 얼마나 빨리 진행시키는지 스스로 결정하고, 과제 진도 결정은 학생 자신이 결정함

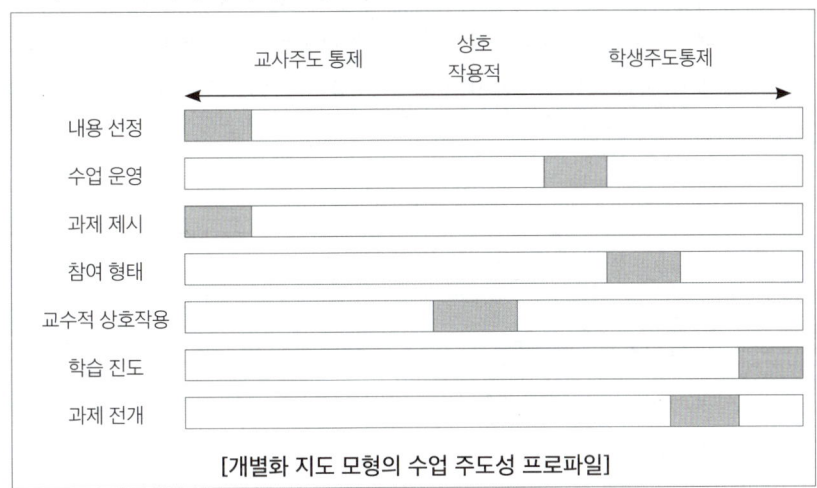

[개별화 지도 모형의 수업 주도성 프로파일]

(3) 동료 교수 모형 기출 17·19·22년

① 개요
  ㉠ 주제: **나는 너를, 너는 나를 가르친다**
  ㉡ 학생이 수행하는 연습 시도에 대해 교사의 관찰 부족과 교사로부터 받는 제한된 피드백의 문제점을 해결하기 위해 고안된 수업 모형
  ㉢ 직접 교수 모형의 변형으로 학생들은 조(짝)를 이루어 제시된 과제에 따라 학습 과제를 완수
  ㉣ 교사가 제시한 과제에 따라 학생이 교사와 학습자의 두 가지 역할을 교대로 수행 및 학습하며, 학생이 개인교사의 역할을 대리 수행
  ㉤ 개인교사는 학습자에게 다음 수행의 개선과 관련된 교정적 피드백을 제공함
  ㉥ 교사는 학생이 교사와 학습자의 두 가지 역할을 수행하므로 역할에 대한 설명을 명확하게 제공해야 함

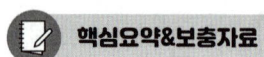

② 학습 영역의 우선순위

학습자	1순위: 심동적 영역 / 2순위: 인지적 영역 / 3순위: 정의적 영역
개인 교사	1순위: 인지적 영역 / 2순위: 정의적 영역 / 3순위: 심동적 영역

③ 수업 통제(수업 주도성)

㉠ 내용 선정: 교사가 수업 내용과 순서를 조정하고, 단원에 포함될 내용, 학습 과제의 위계 선정, 수행 평가 기준을 결정

㉡ 수업 운영: 교사는 학생이 준수해야 할 관리 계획, 학습 규칙, 세부 절차를 결정하고, 개인 교사는 학습 과제 내에서 연습 장소의 결정, 학습자에게 과제 소개, 안전 지도와 같은 수업 관리 책임의 일부를 부여받음

㉢ 과제 제시: 교사가 개인 교사에게 수행 단서, 과제 구조, 숙달 기준을 안내할 때와 개인교사가 학습자에게 주어진 과제 연습을 시작할 수 있도록 정보를 제공할 때 과제 제시가 이루어짐

㉣ 참여 형태: 교사는 각 역할에 대해 학생의 임무와 각 과제 내에서 교대 계획을 결정하고, 학생은 개인 교사와 학습자의 역할을 교대로 수행

㉤ 교수적 상호작용: 상호작용은 교사와 개인 교사 사이(A), 개인 교사와 학습자 사이(B)에서 발생

㉥ 학습 진도: 교사가 개인 교사에게 과제 제시와 과제 구조 정보를 제공하면, 개인 교사는 학습자에게 그것을 전달하고 학습자는 자신의 학습 속도로 연습을 시작함

㉦ 과제 전개: 교사에 의한 개인 교사 - 학습자의 역할 교대 시기에 따라 좌우되며, 교사는 각 단원의 내용 목록과 그 안에서 학습활동이 바뀌는 시기를 결정함

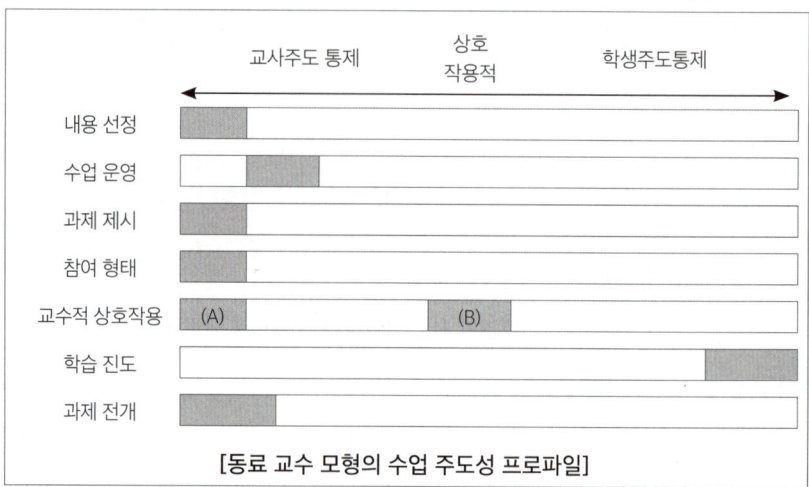

[동료 교수 모형의 수업 주도성 프로파일]

(4) 협동 학습 모형 기출 16·19·21·22년

① 개요

㉠ 주제: 서로를 위해 서로 함께 배우기

㉡ 기본적인 설계는 각 학생들에게 수업 관리 정보, 과제 제시, 과제 구조, 수행기준과 오류 분석이 포함된 학습활동 및 평가를 하나의 묶음으로 구성하여 수업 자료들을 제공하는 것

㉢ 학생들은 내용 단원을 학습할 수 있는 능력에 따라 수업진도 속도를 조절하여 학습

용어해설
개인교사: 임시로 교사의 역할을 담당하는 학생

② 협동 학습이 갖추어야 할 요건

㉠ 협동 학습 모형의 기초 개념(Slavin)

구분	특징
팀 보상	교사가 각 팀에게 과제를 제공하고, 기준에 도달하는 팀에게 누적 점수, 특혜 등의 보상을 제공
개인 책무성	모든 팀원들의 수행이 팀 점수 또는 평가에 포함되므로, 팀 과제 수행에 노력해야 함
학습 성공에 대한 평등한 기회제공	모든 학생은 학습 성공에 대한 동등한 기회를 가지며, 팀원 각자의 참여가 다른 팀원에게 가치있게 느껴질 가능성이 많아짐

㉡ 협동 학습 모형의 수업 전략(과제 구조) 기출 25년

구분	특징
학생 팀 - 성취 배분 (STAD)	• 학생은 비경쟁적인 팀으로 나뉨 • 교사는 모든 팀에게 동일한 학습 과제와 필요한 자원 제공 • 각 팀은 15~20분 동안 연습할 시간을 배정받고, 시간이 끝나면 각 팀의 모든 팀원들은 학습한 지식이나 기능에 대해서 평가받음 • 평가는 연습한 내용 범위에서 이루어지며, 모든 팀원들의 점수를 합쳐서 계산 • 교사는 협동 과정에 대해 학생과 토론하고, 팀의 상호작용을 높일 수 있도록 조언 • 팀은 동일한 과제를 다시 반복해서 연습하는 2차 연습 시간을 갖고, 이때 모든 팀원들과 팀 점수가 1차 시험 때보다 높아야 함
팀 게임 토너먼트 (TGT)	• 학생을 팀별로 나누어 할당된 학습 과제를 1차 연습하고, 모든 팀의 팀원들은 1차 연습이 끝나면 팀별로 시험을 봄 • 각 팀의 1등부터 4등으로 높은 점수를 받은 사람은 다른 팀에서 같은 등수인 학생의 점수와 비교하고 같은 등수에서 높은 점수를 얻은 학생에게 일정한 상점을 부여 후 2차 연습 실행 • 2차 연습 후 다시 평가가 이루어지고 1차 때와 마찬가지로 같은 등수끼리 점수를 다시 비교하고, 게임이 끝난 후에 가장 높은 점수를 받은 팀이 승리
팀 - 보조 수업 (TAI)	• 교사는 팀을 선정한 후 학생에게 수행 기준과 학습 과제가 제시된 목록을 제공하며, 이 목록에는 학생이 학습해야 할 기술과 지식 영역을 쉬운 것에서부터 어려운 단계로 나누어 제시되어 있음 • 팀원들은 혼자 또는 다른 팀원들의 도움을 받아 그 과제들을 연습하게 되며, 학생이 수행 기준에 따라 과제를 완수하면 다른 팀원이 과제 수행 여부를 체크 • 팀 성적의 경우 매주 각 팀들이 수행한 과제 수를 점수로 환산하거나 개인별로 시험을 본 후 개인 점수를 합산하여 팀 수행능력을 평가함

직소 방식
(Jigsaw)
	• 경쟁적인 교실 환경을 협동적인 환경으로 바꾸기 위해 개발
	• 직소 1 모형
	  - 각 학습자는 학습 단원의 일부만 학습 자료로 제공받지만, 평가는 학습 단원 전체에 대해 받음
	  - 학습자는 단원 전체를 학습하기 위해 다른 학습자의 도움을 받아야 하며, 자신이 학습한 내용을 동료들에게 정확하고 깊이 있게 전달해야 하는 책임을 가짐
	• 직소 2 모형
	  - 직소 1 모형의 단점을 보완한 모형으로, 직소 1 모형보다 구성원의 역할과 책무성이 뚜렷해짐
	  - 수업 후 단원 전체에 대해 퀴즈나 경기를 실시한 결과에 따라 학생에게 보상 제공
	• 직소 3 모형
	  - 협동학습 후 곧바로 평가를 실시하는 직소 2 모형에 비하여 일정 기간 동안 평가에 대비할 수 있는 시간을 둠
	  - 학생의 성취를 평가하고 학생 팀 - 성취 배분(STAD)의 향상 점수를 계산함

 핵심요약&보충자료

[협동 학습 모형의 4가지 지도 목표 (Eileen Hilke, 1990)]
• 학생 사이에 협동적인 협력 학습 증진
• 긍정적인 팀 관계 독려
• 학생의 자아 존중감 개발
• 학업 성취력 향상

[협동 학습의 5가지 기본요소(Johnson, Holubec, 1994)]
• 팀원 간의 긍정적인 상호 의존
• 일대일의 발전적인 상호작용
• 개인의 책무성·책임감
• 대인관계와 소집단 인간관계 기술
• 팀 반성

[협동 학습 모형에서 교사의 6가지 주요 역할]
• 수업 목표 상세화
• 수업 전 의사결정 수행
• 과제 제시와 과제 구조 전달
• 협동 과제 설정
• 협동 학습을 수행하는 팀들 모니터링 및 필요시 개입
• 학습과 팀 상호작용 평가

집단 연구 (GI)	• 팀이 학습 과정에서 협동하고 학습 결과를 공유하는 데 사용함 • 교사에 의해 팀이 선정되고 과제가 할당되며, 팀은 과제를 3주 안에 완성해야 함 • 학생은 수업 시간이나 그 외의 시간을 이용해서 과제를 수행할 수 있으며, 과제는 포스터, 콜라주, 비디오테이프, 컴퓨터 그래픽, 보고서 등 여러 가지 매체를 이용하여 단체 프로젝트 형식으로 발표함

③ 학습 영역의 우선순위

　㉠ 주어진 과제가 주로 인지적 학습에 초점을 두고 있는 경우

> 1순위: 정의적, 인지적 영역 / 2순위: 심동적 영역

　㉡ 주어진 과제가 심동적 학습 영역에 초점을 두고 있는 경우

> 1순위: 정의적, 심동적 영역 / 2순위: 인지적 영역

④ 수업 통제(수업 주도성)

　㉠ 내용 선정: 교사 중심으로 이루어지며, 교사는 수업 시간에 학생이 수행해야 할 과제를 결정하고 학생에게 알려줌

　㉡ 수업 운영: 팀이 학습 과제에 참여하기 전까지 교사 중심적으로 이루어지고(A), 팀들이 과제를 시작하게 되면 그 운영권은 각 협동 집단 내에 있는 학생에게 이양됨(B)

　㉢ 과제 제시: 교사가 과제를 직접 제시하지 않으며, 교사는 주어진 과제에 대해 단계를 설정해 주거나 과제 완수를 위한 기본 규칙만 설명

　㉣ 참여 형태: 학생 주도형 참여(B)와 상호작용(A) 참여로 구분

　㉤ 교수적 상호작용: 교사는 격려자의 역할을 하며, 팀원들이 주어진 과제를 수행하는 동안에는 학생 중심이 되고(B), 교사가 학생의 사회성을 발달시키기 위해 질문을 할 때에는 상호작용형이 됨(A)

　㉥ 학습 진도: 팀 선정과 학습 문제 선정은 교사 중심으로 이루어지고(A), 학습 진도는 학생 중심적으로 이루어짐(B)

　㉦ 과제 전개: 새로운 과제를 소개하는 시점은 교사가 결정하고(A), 팀은 과제를 완수하는 데 필요한 단계와 각 과제를 언제 끝마칠 것인지를 결정(B)

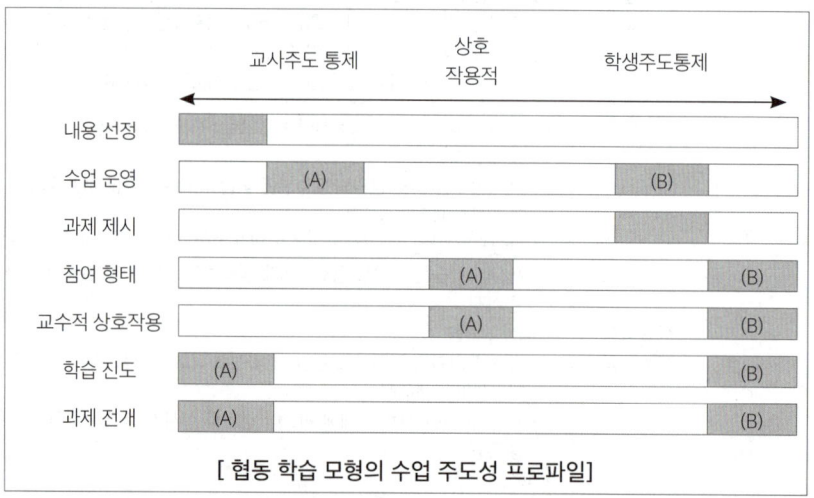

[협동 학습 모형의 수업 주도성 프로파일]

(5) 탐구 수업 모형 [기출] 15·17년

① 개요

㉠ 주제: **문제 해결자로서의 학습자**

㉡ '움직임 교육'을 가르치는 데 적합한 모형

㉢ 교사의 질문(발문)이 지도 방법의 핵심

㉣ 발문을 기반으로 학생들의 사고력, 문제해결 능력, 탐구심 등을 기를 수 있게 함

㉤ 실문 중심 수업의 특성과 유용한 전략늘은 교사가 체육 시간에 학생의 사고력, 문제 해결력, 탐구력 등을 향상시키는 데 활용

㉥ 다른 문제 해결 중심의 수업 모형(협동 학습 모형, 전술 게임 모형)과 유사점 및 차이점이 있음

ⓐ 협동 학습 모형은 학습 활동을 위한 팀 구조에 바탕을 두고 있으며, 교사가 루브릭을 가지고 학생과 의사소통을 하고, 전술 게임 모형에서는 상황 중심의 활동을 하기 때문에 두 모형에서 활용되는 질문과 움직임의 범위가 좁음

ⓑ 탐구 수업 모형은 여러 종류의 구조를 활용하지만 대개는 학생 개인의 사고에 의존하며, 창의적인 대답(인지적 및 심동적 차원)을 폭넓게 요구함

② 학습 영역의 우선순위

> 1순위: 인지적 영역 / 2순위: 심동적 영역 / 3순위: 정의적 영역

③ 수업 통제(수업 주도성)

㉠ 내용 선정: 체육 교사가 학생에게 학습하기를 원하는 인지적 지식, 개념, 움직임 패턴으로 해결해야 할 각 문제가 포함되며, 학생이 단원과 각 수업에서 배울 모든 내용은 교사가 결정함

㉡ 수업 운영: 교사가 관리 계획과 특정의 수업 절차를 결정

㉢ 과제 제시: 학생이 학습 과제를 해결하기 위해 문제를 부여받을 때 활용되며, 교사가 학생의 사고와 움직임을 자극하면서 의사소통하는 질문 형태로 나타남

㉣ 참여 형태: 교사가 문제를 설정하고 학생에게 해답을 찾기 위한 기회가 제공됨

㉤ 교수적 상호작용: 학생은 문제 해결에 몰입하게 될 때 높은 수준의 상호작용을 보임

㉥ 학습 진도: 교사가 초기 수업에서 학습진도를 결정하고(A) 이후에 학생이 학습 진도를 결정함(B)

㉦ 과제 전개: 교사는 단원과 각 수업의 학습과제의 목록과 내용 계열을 결정하며, 인지적, 심동적, 정의적 영역의 능력을 발달시키고 학생이 점점 더 복잡한 과제를 해결할 수 있도록 전개시켜야 함

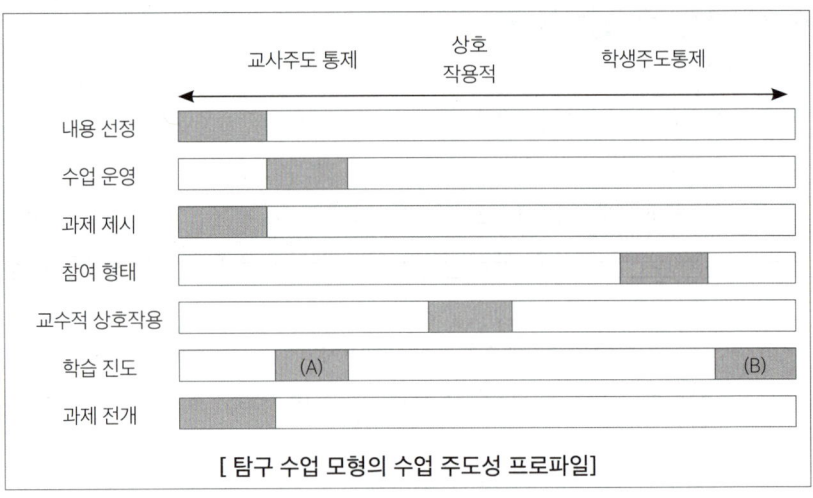

[탐구 수업 모형의 수업 주도성 프로파일]

(6) 전술 게임 모형

① 개요

㉠ 주제: **이해 중심 게임 지도**

㉡ 학생들이 게임을 통해서 게임 수행에 필요한 전술적 지식과 게임 기능을 익히게 하는 교수모형으로, 전술적인 상황에 주된 초점을 맞추는 동시에 게임 수행을 좋아하는 학생의 흥미와 학생의 발달 수준을 최대한 고려하였음

㉢ 발달상 적합한 게임과 인지 활동 후 숙련된 운동수행을 통해서 전술문제를 해결하는 데 초점을 둠

㉣ 전술 게임 모형의 중심은 전술이며, 전술은 게임과 게임의 유사 상황에서 게임을 수행하는 데 필요한 전략 및 기술의 결합체를 의미함

㉤ 교사는 학생의 기술과 전술을 발달 시키기 위해 일련의 학습 과제들을 유사한 게임 상황으로 계획하여, 정식 게임 혹은 변형 게임으로 이끌어 가야 함

선생님 TIP — 전술 게임 모형 관련 지식

1. **전술 게임 모형의 6단계 구성 요소** 기출 25년
   ① 게임에 대한 소개: 수행될 게임의 분류 및 개관 포함
   ② 게임에 대한 이해: 게임의 역사와 전통을 가르쳐 줌으로써 게임에 대한 학생의 흥미를 높임
   ③ 전술에 대한 이해: 주요한 전술 문제들을 게임 상황에서 제시함으로써 학생의 전술 인지를 발달시킴
   ④ 적절한 의사 결정: 전술적 지식의 적용 시기와 방법에 대한 인식을 학생에게 가르치기 위해 게임 유사 학습활동 활용
   ⑤ 기술 연습: 다시 게임 유사활동을 통해서 전술적 지식과 기능 수행을 결합시키기 시작
   ⑥ 실제 게임 수행: 전술 및 기능 지식의 결합으로 능숙한 수행이 이루어지도록 함

2. **그리핀(L. Griffin), 미첼(S. Mitchell), 오슬린(J. Oslin)의 이해 중심 게임 모형에서 변형 게임의 과제 구조** 기출 25년
   ① 변형 게임의 과제 구조는 '대표적'이면서 동시에 '과장'되어야 함
   ② 게임 형식은 반드시 정식 게임을 대표할 수 있어야 하며, 전술 기능 개발에 초점을 둘 수 있도록 상황이 과장되어야 함
   ③ 대표적(대표성): 학생이 실제 환경에서 수행하고 실제로 전술을 결정할 수 있도록 정식 게임과 상황 설정을 매우 유사하게 해야 함 기출 24년
   ④ 과장(과장성): 학생이 오직 움직임의 전술 문제에만 초점을 두도록 게임 형식이 설정되어야 함
   ⑤ 스크리미지: 게임 도중 티칭모멘트가 발생 시 게임을 중단하고 전략 및 전술을 지도하는 수업활동
   ⑥ 리드-업 게임: 각종 구기의 원형을 쉽게 배울 수 있도록 개량하여 진행하는 수업활동

3. **알몬드(L. Almond)의 게임 유형**
   ① 체육시간에 배우는 모든 게임은 침범형, 네트/벽형, 필드형, 표적형의 네 가지 유형을 포함
   ② 동일하게 분류된 게임들은 많은 공통점을 가지고 있으며, 그 범주에서 다른 게임을 이해하고 수행하는 데 도움을 줄 수 있도록 게임 전술의 전이 가능성을 근거로 분류

게임 분류	게임
침범형	농구, 하키, 풋볼, 라크로스, 넷볼, 축구, 프리스비
네트형/벽면형	네트형(배드민턴, 피클볼, 탁구, 배구), 벽면형(라켓볼, 스쿼시)
필드형	야구, 크리켓, 킥볼, 소프트볼
표적형	당구, 볼링, 골프

③ **학습 영역의 우선순위**

> 1순위: 인지적 영역 / 2순위: 심동적 영역 / 3순위: 정의적 영역

④ **수업 통제(수업 주도성)**

ㄱ. 내용 선정: 내용은 학생이 단원을 통해 해결해야 하는 전술문제의 계열성에 따라 제시되며, 교사는 전술문제들을 나열하고 학생이 전술인지와 의사결정을 개발하기 위해 사용할 게임과 게임 유사 상황을 계획해야 함

ㄴ. 수업 운영: 교사는 전술게임 모형의 관리 계획, 수업 규칙, 특정 절차를 결정함

ㄷ. 과제 제시: 교사중심적으로 이루어지며, 교사는 학생이 전술과 기능을 결합하기 위해 모의상황에 참여하기 전, 문제를 해결할 수 있도록 연역적 질문을 사용

ㄹ. 참여 형태: 교사가 모든 학습 과제의 내용과 방법을 결정하고, 학생들은 학습 과제를 해결하기 위해 연습함

ㅁ. 교수적 상호작용: 교사와 학생 간의 질의 응답의 과정을 통해 교사는 학생에게 게임 및 연습 상황에 대한 단서 및 피드백을 제공

ㅂ. 학습 진도: 학생 중심적으로 이루어지며, 학생이 연습을 언제 시작하고 마칠 것인지 스스로 학습 진도를 결정함

핵심요약&보충자료

ⓐ 과제 전개: 교사 중심적으로 이루어지며, 교사가 학습 과제의 이동 및 변경 시기를 결정함

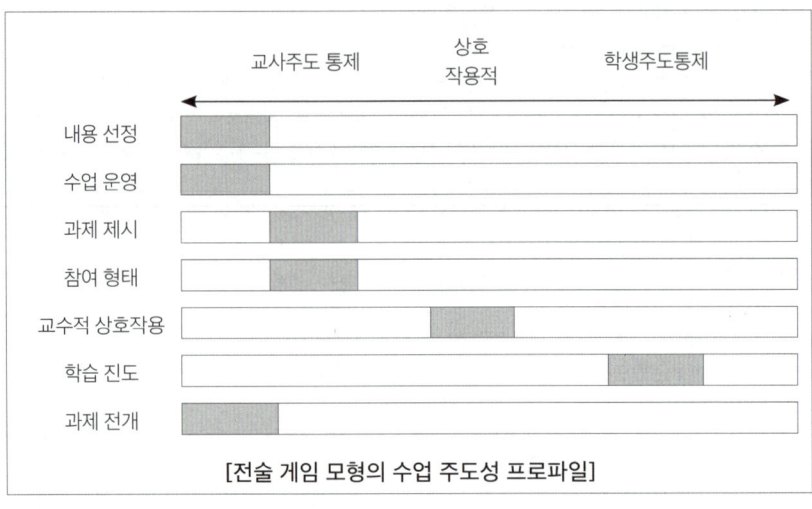

[전술 게임 모형의 수업 주도성 프로파일]

(7) 스포츠 교육 모형

① 개요

㉠ 주제: **유능하고 박식하며 열정적인 스포츠인으로 성장**

㉡ 시덴탑(Siedentop)에 의해 개발된 교육모형으로 학교 상황에서 학생에게 실제적이고 교육적으로 풍부한 스포츠 경험을 제공하기 위해 설계됨

㉢ 학생들은 스포츠 상황에서 나타나는 다양한 역할(선수, 코치, 심판, 트레이너, 경기 보조원 등)과 구조를 경험할 수 있고 이를 통해 스포츠 속에 내재된 다양한 관점과 가치를 배움으로써 긍정적이고 교육적인 체험을 습득할 수 있음

㉣ 시즌에 따라 수행되며 시즌 전에는 스포츠 교육을 잘 수행하기 위한 스포츠 교육의 이해, 팀 구성 등의 활동을 하고, 시즌 내에는 팀 내 및 팀 간의 연습과 경기가 이루어지며 마지막은 시즌의 결승전과 축제로 마무리됨

② 목적(Siedentop, 1994)

구분	특징
'유능한' 스포츠인	게임에 참여할 수 있는 충분한 기술을 가지고 있고, 게임의 난이도에 따라 적절한 전략 이해 및 실행을 할 수 있으며, 경기 지식이 풍부한 스포츠 참여자
'박식한' 스포츠인	스포츠의 규칙, 의례, 전통을 이해하고 그 가치를 알 수 있으며, 프로나 아마추어 스포츠를 막론하고 바람직한 수행과 그렇지 못한 수행을 구별할 수 있고, 스포츠 팬이나 관람자이든지 간에 스포츠 수행을 잘하는 참여자이면서 안목 있는 소비자
'열정적인' 스포츠인	어떤 스포츠 문화이든 관계없이 다양한 스포츠 문화를 보존하고 증진할 수 있는 방향으로 행동하고 참여하며, 스포츠 집단의 일원으로 지역, 국가 및 국제 수준의 스포츠 경기에 참여함

[스포츠 교육 모형의 핵심적인 6가지 특성]

구분	특징
시즌	• 스포츠 교육 모형의 실행 단위로 일반적인 단원보다 길다는 특징이 있음 • 연습 기간, 시즌 전 기간, 정규 시즌 기간, 최종 경기를 포함한 후기 시즌 기간을 포함하는 장시간의 기간을 의미
팀 소속	• 모든 학생은 시즌 동안 팀의 모둠원이 됨 • 시즌이 끝날 때까지 공동 목표를 위해 함께 일하며, 팀의 의사결정 과정에 참여하고, 성공과 실패를 함께 경험함 • 스스로 팀의 정체성을 확립해 나가면서 정의적·사회적 발달 목표를 성취
공식 경기	• 학생은 시즌을 조직하고 운영하는 의사결정에 참여하게 되며, 좀 더 나은 경기 참여를 위해 게임 규칙을 수정할 수 있음 • 경기 일정 동안 팀과 선수들은 지속적인 경기 연습과 준비를 할 수 있음
결승전 행사	• 시즌은 토너먼트, 팀 경쟁 또는 개인 경쟁 등 다양한 형태의 이벤트로 끝남 • 이벤트들은 축제와 같은 분위기 속에서 이루어지며, 모든 학생들은 각자가 적절한 역할 속에서 능력을 발휘하며 참여할 수 있음
기록 보존	• 게임은 경기 수행에 대한 수많은 기록을 양산하며, 기록들은 전략을 가르치거나 팀 내 혹은 팀 간에 흥미를 유발하는 데 사용됨 • 경기 기록들은 게시하거나 학생의 학습을 평가하는 데 사용되기도 함 • 기록들은 자신의 팀 전력뿐만 아니라 상대팀의 전력도 분석할 수 있음
축제화	스포츠 이벤트는 축제의 성격을 지니고 있으며, 교사들은 시즌과 경기들이 축제 분위기 속에서 함께 축하하는 자리가 될 수 있도록 유도해야 함

③ 학습 영역의 우선순위

㉠ **스포츠 교육은 학생의 학습 결과가 세 가지 주요 학습 영역(인지적, 정의적, 심동적)에 걸쳐 고르게 이루어지기를 기대함**

㉡ 세 가지 부분의 주제와 영역관계: 유능함(인지적 능력을 바탕으로 한 심동적 영역), 박식함(인지적 영역), 열정적(정의적 영역)

④ 수업 통제(수업 주도성)

㉠ 내용 선정: 교사가 종목을 선정하고 학생에게 정보를 제공하는 직접적인 선택과 학생에게 선택의 범위를 제공하고, 학생으로 하여금 각 시즌에서 스포츠 종목을 선택하게 하는 두 가지 방식으로 선택 가능

㉡ 수업 운영

ⓐ 교사는 시즌에 대한 전반적인 구조를 제시하는 초기 수업 운영에 대한 결정

ⓑ 팀 선정, 게임을 하지 않을 때의 의무, 학생에게 이 의무를 어떻게 할당할지, 용·기구와 시설을 어떻게 준비하는지 등 전반적인 기본 규칙을 제공

ⓒ 교사의 결정이 수립되고 나서 학생은 거의 모든 통제를 스스로 하게 됨

㉢ 과제 제시: 학생에 의해 동료 교수와 협동 학습의 형태로 이루어질 수 있고(B), 임무 역할에 대한 과제 제시는 각 임무에 대해 워크숍 형식으로 교사에 의해 이루어질 수 있음(A)

㉣ 참여 형태: 선수 역할과 비선수 역할에 따라 달라지며, 선수 역할의 학생은 동료교수와 소집단 협동 학습 과제에 참여하게 되고, 비선수 역할을 맡은 학생은 임무에 부여된 과제에 대한 지식, 기술 및 절차를 학습하는 적극적인 참여자가 되어야 함

㉤ 교수적 상호작용: 교사는 자료 제공자이며(A), 학생이 동료 및 소집단 협동 학습 활동에서 팀으로 일할 때 학생 사이의 상호작용이 일어남(B)

㉥ 학습 진도: 팀 구성원은 시즌 경쟁에 대한 준비와 시즌 전 계획을 보충하는 데 무엇이 필요한지 결정

㉦ 과제 전개: 팀들은 시즌을 준비하고 게임 사이의 연습 과제의 순서에 대한 의사결정을 함

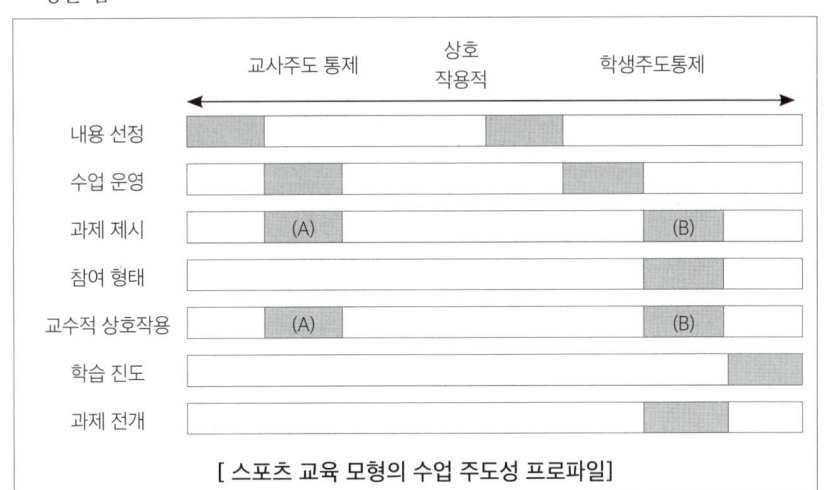

[스포츠 교육 모형의 수업 주도성 프로파일]

핵심요약&보충자료

학습 활동	잠정적인 우선 순위
조직적 의사 결정	1순위: 인지적 / 2순위: 정의적
선수로서의 시즌 전 연습	1순위: 심동적 / 2순위: 인지적 / 3순위: 정의적
코치로서의 시즌 전 연습	1순위: 인지적 / 2순위: 정의적 / 3순위: 심동적
임무 역할의 학습 (심판, 기록자, 트레이너 등)	1순위: 인지적 / 2순위: 정의적 / 3순위: 심동적
팀원으로서의 임무	1순위: 정의적 / 2순위: 인지적 / 3순위: 심동적
선수로서의 경기 수행	1순위: 심동적 / 2순위: 인지적 / 3순위: 정의적
코치로서의 경기 수행	1순위: 인지적 / 2순위: 정의적 / 3순위: 심동적

핵심요약&보충자료

(8) 개인적 · 사회적 책임감 지도(TPSR) 모형

① 개요

㉠ 주제: **통합, 전이, 권한 위임, 교사 - 학생의 관계**

㉡ 헬리슨(Hellison)이 개발한 모형으로 학생 스스로와 타인에 대한 책임을 어떻게 져야 하는지 그 방법을 연습하고 배우는 기회 제공을 목적으로 함

㉢ 이 모형은 책임감과 신체활동이 별개의 학습 결과가 아니므로 두 가지를 동시에 추구하며 성취해야 한다는 것이 핵심

㉣ 전략으로 모든 학생이 긍정적 행동을 배우며 바람직한 의사결정 습관을 형성하도록 안전한 학습 환경을 제공

㉤ 모형의 주제와 책임감 수준

ⓐ 주제

구분	특징
통합	신체활동 내용의 학습과 개인적·사회적 책임감의 학습을 통합
전이	학교체육관 → 방과 후, 지역 사회 전이
권한위임	학생이 삶에서 통제 가능한 많은 부분들을 광범위하게 자성적으로 인지하고 실천, 또한 학생들이 자신이 삶의 조난자가 아니라 삶에서 생겨나는 많은 것을 책임지는 주체적 입장임을 인지하고 실천
교사 - 학생의 관계	TPSR 모형에서 가장 기본적인 요소, 경험, 정직, 믿음 및 의사소통에 의해 형성되는 개인적 대인 관계에 기초

ⓑ 책임감 수준

수준	특징	의사 결정과 행동의 사례	
		3판 개정	2판 체육수업모형
5단계	일상생활로의 전이	• 일상의 삶에서 적용하기 • 타인(특히, 어린이)에게 좋은 롤 모델 되기	• 지역 사회 환경에서 타인 가르치기 • 집에서 개인적 체력 프로그램 실행하기 • 청소년 스포츠 코치로 지원하기 • 학교 밖에서 훌륭한 역할 본보기 되기
4단계	돌봄과 리더십 (돌봄과 배려)	• 돌봄과 연민 • 민감성과 수용성 • 내면의 힘	• 먼저 단정하지 않고, 경청하고 대응하기 • 거드름 피우지 않고 돕기 • 타인의 요구와 감정을 인정
3단계	자기 방향 설정	• 과제의 독립적 수행 • 목표 설정의 진화 • 동료 집단의 압력에 저항할 수 있는 용기	• 교사 감독 없이 과제 완수 • 자기 평가 가능 • 자기 목표 설정 가능 • 부정적인 외부 영향에 대응 가능
2단계	참여와 노력	• 자기 동기 부여 • 새로운 과제에 대한 탐색 노력 • 어려움을 극복할 수 있는 용기	• 자기 동기 부여 있음 • 의무감이 없는 자발적 참여 • 열심히 시도하는 학습(실패하는 것도 좋음)

1단계	타인의 권리와 감정 존중	• 자기 통제 • 평화로운 갈등 해결 시도 • 협동적인 동료를 포용하고 함께하기	• 다른 사람을 방해하지 않고 참여하기 • 타인을 고려하면서 안전하게 참여하기 • 자기 통제 보임(기질, 언어) • 평화로운 갈등 해결 시도

② 학습 영역의 우선순위

> 정의적 학습 + 운동 수행 + 인지적 지식의 통합 지향

㉠ 현재의 학습 활동을 어디에 중점을 두느냐에 따라 결정

㉡ 계획된 학습 과제에서 이루어지는 학생 참여는 개인적·사회적 기술들을 발달시킬 기회를 갖게 하고, 이 목표가 우선순위가 됨

③ 수업 통제(수업 주도성)

㉠ 내용 선정: 교사는 학생들의 현재 책임감 수준을 확인하고 각 수업에서 강조할 수준을 결정하여 적절한 학습 활동을 계획해야 함

㉡ 수업 운영: 학생이 낮은 수준의 책임감을 가지고 있을 때, 교사는 수업관리와 관련된 의사결정과 행동에 대한 직접적인 통제를 하고(A), 학생이 높은 수준의 책임감을 가지고 있다면, 교사는 학생들에게 수업 관리 운영을 넘어선 투입과 통제를 위임함(B)

㉢ 과제 제시: 교사의 관찰과 학생의 현재 수준 평가를 토대로 교사가 과제 제시

㉣ 참여 형태: 교사가 학생이 어떻게 언제 참여하게 될지 참여 형태를 결정

㉤ 교수적 상호작용: 교사가 학생들과 항상 상호작용하며, 교사는 학생이 무엇을 하며 자신의 삶과 주위 사람들에게 어떠한 영향을 미치는지 스스로 이해하도록 도와주고 새로운 행동 양식들을 시작할 수 있도록 격려함

㉥ 학습 진도: 교사는 학생이 다음 수준으로 언제 옮겨갈지 시기를 결정함

㉦ 과제 전개: 학습 과제는 각 수준에 맞게 계획해야 하며, 교사가 전환 시기를 결정

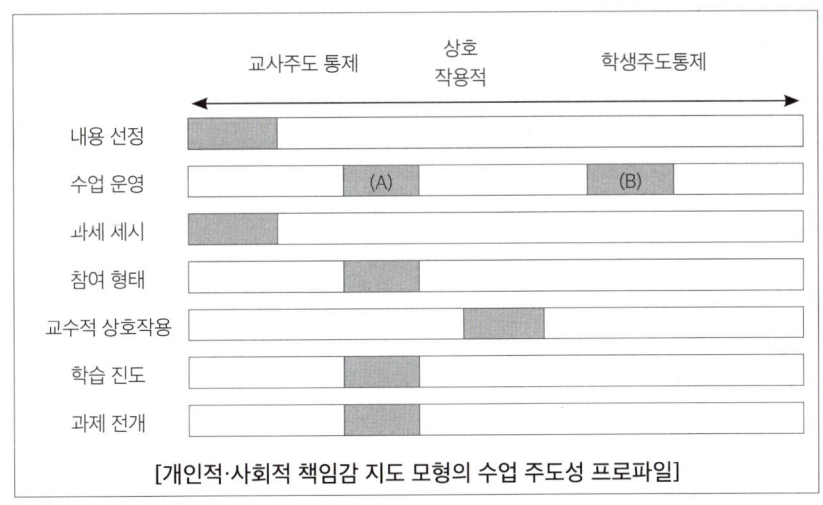

[개인적·사회적 책임감 지도 모형의 수업 주도성 프로파일]

[교육모형별 주제]

• 직접 교수 모형: 교사가 수업의 리더
• 개별화 지도 모형: 수업 진도는 학습자가 결정
• 협동 학습 모형: 서로를 위해 서로 함께 배우기
• 스포츠 교육 모형: 유능하고 박식하며 열정적인 스포츠인으로 성장
• 동료 교수 모형: 나는 너를 가르치고, 너는 나를 가르친다
• 탐구 수업 모형: 문제 해결자로서의 학습자
• 전술 게임 모형: 이해 중심 게임 지도
• 개인적·사회적 책임감 지도 모형: 통합, 전이, 권한 위임, 교사 – 학생의 관계

출제예상문제

Chapter 05 스포츠교육의 지도방법론 Ⅰ

01 <보기>에서 설명하는 수업 모형은?

― <보기> ―
- 본 수업 모형의 주제는 '나는 너를 너는 나를 가르친다'이다.
- 학생이 수행하는 연습 시도에 대해 교사의 관찰 부족과 교사로부터 받는 제한된 피드백의 문제점을 해결하기 위해 고안된 수업 모형이다.
- 교사가 제시한 과제에 따라 학생이 교사와 학습자의 두 가지 역할을 교대로 수행 및 학습하며, 학생이 개인교사의 역할을 대리 수행한다.

① 스포츠 교육 모형
② 동료 교수 모형
③ 협동 학습 모형
④ 전술 게임 모형

정답분석 ② <보기>에서 '나는 너를 너는 나를 가르친다', 학생이 개인교사의 역할을 대리 수행 등의 교육모형별 주제는 동료 교수 모형을 의미한다.

이론 PLUS [교육모형별 주제]
- 직접 교수 모형: 교사가 수업의 리더
- 개별화 지도 모형: 수업 진도는 학습자가 결정
- 협동 학습 모형: 서로를 위해 서로 함께 배우기
- 스포츠 교육 모형: 유능하고 박식하며 열정적인 스포츠인으로 성장
- 동료 교수 모형: 나는 너를 가르치고, 너는 나를 가르친다
- 탐구 수업 모형: 문제 해결자로서의 학습자
- 전술 게임 모형: 이해 중심 게임 지도
- 개인적-사회적 책임감 지도 모형: 통합, 전이, 권한 위임, 교사-학생의 관계

정답 ②

02 <보기>에서 스포츠 교육 모형에 관한 설명으로 옳은 것을 모두 고른 것은?

― <보기> ―
㉠ 모형의 주제는 '유능하고 박식하며 열정적인 스포츠인으로 성장'이다.
㉡ 학습 영역의 우선순위는 심동적, 정의적, 인지적 순이다.
㉢ 학생들은 스포츠 상황에서 나타나는 다양한 역할(선수, 코치, 심판, 트레이너, 경기 보조원 등)과 구조를 경험할 수 있다.
㉣ 발달상 적합한 게임과 인지 활동 후 숙련된 운동수행을 통해서 전술문제를 해결하는 데 초점을 둔다.

① ㉠, ㉡
② ㉠, ㉢
③ ㉠, ㉡, ㉣
④ ㉡, ㉢, ㉣

정답분석 스포츠 교육 모형에 대한 설명으로 옳은 것은 ㉠, ㉢이다.

이론 PLUS 스포츠 교육 모형
- 주제: 유능하고 박식하며 열정적인 스포츠인으로 성장
- 시덴탑(Siedentop)에 의해 개발된 교육모형으로 학교 상황에서 학생에게 실제적, 교육적으로 풍부한 스포츠 경험을 제공하기 위해 설계됨
- 학생들은 스포츠 상황에서 나타나는 다양한 역할(선수, 코치, 심판, 트레이너, 경기 보조원 등)과 구조를 경험할 수 있고 이를 통해 스포츠 속에 내재된 다양한 관점과 가치를 배움으로써 긍정적이고 교육적인 체험을 습득할 수 있음
- 시즌에 따라 수행되며 시즌 전에는 스포츠 교육을 잘 수행하기 위한 스포츠 교육의 이해, 팀 구성 등의 활동을 하고, 시즌 내에는 팀 내 및 팀 간의 연습과 경기가 이루어 지며 마지막은 시즌의 결승전과 축제로 마무리됨
- 학습영역의 우선순위: 스포츠 교육은 학생의 학습 결과가 세 가지 주요 학습 영역(인지적, 정의적, 심동적)에 걸쳐 고르게 이루어지기를 기대함

선지분석 ㉡ 스포츠 교육 모형의 학습영역 우선순위는 학생의 학습 결과가 세 가지 주요 학습 영역(인지적, 정의적, 심동적)에 걸쳐 고르게 이루어지기를 기대한다.
㉣ 전술 게임 모형에 관한 것이다.

정답 ②

03

<보기>의 그리핀(L. Griffin), 미첼(S. Mitchell), 오슬린(J. Oslin)의 변형 게임의 과제 구조의 핵심 개념으로 바르게 연결된 것은?

─── <보기> ───
- (㉠): 학생이 실제 환경에서 수행하고 실제로 전술을 결정할 수 있도록 정식 게임과 상황 설정을 매우 유사하게 해야 함
- (㉡): 학생이 오직 움직임의 전술 문제에만 초점을 두도록 게임 형식이 설정되어야 함

	㉠	㉡
①	대표성	과장성
②	과장성	대표성
③	대표성	적절성
④	과장성	효율성

정답분석 변형 게임의 과제 구조의 핵심은 '대표적'이면서 동시에 '과장'되어야 하는 것으로 대표성, 과장성 두 가지 핵심요소로 구성되어 있다.

이론 PLUS 그리핀(L. Griffin), 미첼(S. Mitchell), 오슬린(J. Oslin)의 변형 게임의 과제 구조의 핵심 개념
- 변형게임의 과제 구조는 '대표적'이면서 동시에 '과장'되어야 함
- 게임 형식은 반드시 정식 게임을 대표할 수 있어야 하며, 전술 기능 개발에 초점을 둘 수 있도록 상황이 과장되어야 함
- 대표적(대표성): 학생이 실제 환경에서 수행하고 실제로 전술을 결정할 수 있도록 정식 게임과 상황 설정을 매우 유사하게 해야 함
- 과장(과장성): 학생이 오직 움직임의 전술 문제에만 초점을 두도록 게임 형식이 설정되어야 함

정답 ①

04

<보기>에서 알몬드(L. Almond)의 게임 유형으로 바르게 연결된 것은?

─── <보기> ───

게임 분류	게임
㉠	농구, 하키, 풋볼, 라크로스, 넷볼, 축구, 프리스비
네트형/벽면형	네트형(배드민턴, 피클볼, 탁구, 배구), 벽면형(라켓볼, 스쿼시)
㉡	야구, 크리켓, 킥볼, 소프트볼
㉢	당구, 볼링, 골프

	㉠	㉡	㉢
①	필드형	침범형	표적형
②	필드형	표적형	침범형
③	침범형	표적형	필드형
④	침범형	필드형	표적형

정답분석 ㉠은 침범형, ㉡은 필드형, ㉢은 표적형이다.

이론 PLUS 알몬드(L. Almond)의 게임 유형

게임 분류	게임
침범형	농구, 하키, 풋볼, 라크로스, 넷볼, 축구, 프리스비
네트형/벽면형	네트형(배드민턴, 피클볼, 탁구, 배구), 벽면형(라켓볼, 스쿼시)
필드형	야구, 크리켓, 킥볼, 소프트볼
표적형	당구, 볼링, 골프

정답 ④

Chapter 06 스포츠교육의 지도방법론 II

핵심요약&보충자료

① 스포츠지도를 위한 준비
- 맥락분석
- 내용 분석 및 목록
- 학습 목표 분석
- 수업 모형 선정
- 관리 계획(구조)
- 평가
- 지도자와 학습자의 역할과 책임

1 스포츠지도를 위한 교수기법 기출 16·18·19·20·21·22·23년

1. 스포츠지도를 위한 준비

(1) 맥락 분석
수업 맥락은 가르치는 내용, 방법, 학습자가 학습하는 것에 영향을 미치는 시간적, 인적, 물적 자원의 총체를 의미하며, 이를 분석하고 지도계획을 설정해야 함

(2) 내용 분석 및 목록
학습자가 배워야 할 내용들을 나열한 후 학습 목표, 학습자의 현재 능력, 지식, 태도, 소요되는 총 시간 등을 고려하여 단원에 포함되어야 할 내용을 선정하고 순서를 결정함

(3) 학습 목표 분석
목표는 맥락분석과 내용 분석 결과를 고려하여 설정하며, **일반적인 수준(일반 목표)과 행동적 수준(행동 목표)으로 구분하여 진술**해야 함

① 일반 목표: 의도하는 학습의 포괄적인 영역을 의미

② 행동 목표: 운동수행에 필요한 상황과 조건, 성취해야 하는 행동·기능·지식, 설정된 운동수행 기준으로 구성

(4) 수업 모형 선정
① 지도자는 학습자의 학습에 가장 효과적으로 도움을 줄 수 있는 수업 모형을 결정해야 함

② 수업 모형을 선택할 때는 **맥락, 내용, 목표를 고려**하여 연역적인 과정을 거쳐 결정하고, 한 모형을 단원 시작부터 끝날 때까지 일관성 있게 적용하는 것이 중요함

(5) 관리 계획(구조)
① 안전하고 효율적인 학습 환경을 조성하기 위해 지도 중 일어나는 학습자의 행동을 명시적으로 알려주는 것

② 내용 요소: 수업 규칙의 결정과 발표, 학습 장소의 출입과 절차, 용기구의 분배, 관리, 수거 및 정리 절차, 안전 규칙, 출석 절차, 주의집중과 시작 및 정지에 필요한 신호 결정

(6) 평가
① 지도자는 단원을 시작하기 전 학습자의 학습을 평가할 수 있는 방법을 계획해야 하며, 이 계획에는 성적 산출 방법, 절차, 기준이 포함되어야 함

② 평가 시 고려사항: **평가 목표와 결과, 평가 방법, 평가 시기, 평가 계획과 수행방법**

(7) 지도자와 학습자의 역할과 책임
① 지도자는 사전에 자신의 역할과 임무를 인식하고 결정해야 하며, 그것들을 순차적으로 수행할 수 있는 계획을 수립해야 함

② 각 단원에서 선택된 모형은 학생의 의사 결정 유형, 행동, 책임감을 제시함

2. 지도 계획안의 설계

(1) 지도 계획안의 필요성
① 각 수업 시작 및 종료 시기가 명료해짐
② 수업 진행과정 점검
③ 장·단기 의사결정 시점 제시
④ 계획안 수정에 필요한 토대 마련
⑤ 수업의 효율성 및 효과성 평가

(2) 메츨러(M. Metzler)의 교수 학습과정안(지도 계획안) 작성 요소❷와 방법
① 수업 맥락의 간단한 기술: 학습자의 특성(학년 수준, 학생 수, 장애 학생), 시간, 장소, 차시 등의 총체적인 수업 맥락에 대해서 간단하게 기술
② 학습 목표: 교사는 구체적인 목표를 세워야 하며, 하나의 수업에 1~3개 정도의 목표를 세워야함
  ㉠ 일반목표와 행동목표로 구분하고, 일반목표는 학습의 포괄적인 영역을 의미하며, 행동목표는 성취해야 하는 특정한 운동 수행 기준을 3가지 목표(심동적, 정의적, 인지적)로 구성함
  ㉡ 메이거(R. Mager)가 제시한 학습 목표 설정 요소
    ⓐ 운동 수행에 필요한 상황과 조건
    ⓑ 성취해야 하는 행동, 기능, 지식
    ⓒ 설정된 운동수행 기준
③ 시간과 공간 배정
  ㉠ 수업 시간(시간 배정): 수업 시간을 대략적으로 추정하여 계산하고, 이것은 출발 시점과 종료 시점의 역할을 함
  ㉡ 학습 목표와 관련된 신체 활동 소비 시간
    ⓐ 할당 시간: 학습자들이 신체 활동에 참여하도록 계획된 시간
    ⓑ 운동 참여 시간: 학습자들이 실질적으로 신체 활동에 참여한 시간
    ⓒ 과제 참여 시간: 학습 과제와 관련된 신체 활동에 참여한 시간
    ⓓ 실제 학습 시간: 학습 목표 관련 신체 활동에 성공을 경험하며 소비한 시간
  ㉢ 공간 배정: 교사는 각 활동에 필요한 학습 환경의 조직을 쉽게 알아볼 수 있도록 간단한 도해(복잡한 정보를 시각적으로 표현)로 만들어야 하며, 학습 활동 장소의 거리 정도, 안전성, 대기시간 등을 시각적으로 볼 수 있도록 해야 함
④ 과제 제시와 과제 구조: 과제를 어떻게 구조화하고 어떻게 제시할 것인지 반드시 포함하여 계획안을 작성해야 함
  ㉠ 과제 제시: 필수 학습 과제를 학습자에게 제시하기 위해 지도자가 활용할 수 있는 전략
  ㉡ 과제 구조: 학습자의 참여를 염두에 두고 학습 활동을 설계하는 방식
⑤ 평가: 수업 목표를 평가할 수 있는 방법을 서술해야 하며, 평가의 시기, 관리 및 절차 상의 고려사항을 제시해야 함
⑥ 수업 정리 및 종료: 학습내용의 핵심적인 단서를 기억하게 하고, 무엇을 배웠는지 질문 등을 통해 학습자들에게 수업 내용의 참여를 다시 한번 제공함

 **핵심요약&보충자료**

❷ 지도 계획안 작성요소
- 수업 맥락의 간단한 기술
- 학습 목표
- 시간과 공간 배정
- 과제 제시와 과제 구조
- 평가
- 수업 정리 및 종료

[지도 계획안 작성 시 고려 사항]
- 정교하고 유연한 계획 수립: 진행할 학습 과제, 각 과제에 배정한 시간 등을 포함하여 정교한 계획을 수립하고, 수업에 영향을 미칠 수 있는 중요한 요소들을 예상해야 함
- 자신이 사용할 목적으로 작성: 지도사가 이해하고 적용 할 수 있는 방식으로 작성해야 함
- 추가 계획 수립: 기대했던 것보다 학습자가 과제를 빨리 숙달할 경우를 대비해 지도사는 추가적인 계획을 준비해야 함
- 대안적 계획 수립: 예상치 못한 상황이 발생했을 경우 현재 내용과 직접적으로 관련 있는 대안적 계획을 수립해야 함
- 계획안의 보관: 지도 계획안을 파일로 보관해야 함
- 계획안 평가: 지도 계획을 평가하고 반성하는 시간을 가져야 함

핵심요약&보충자료

❶ 링크(J. Rink)의 내용 발달 단계
- 시작(전달) 과제
- 확대 과제
- 세련 과제
- 응용 과제

3. 지도 내용 전달

(1) 지도 내용의 발달적 조직

① 링크(J. Rink)의 내용 발달 단계❶ 【기출】 25년

구분	내용
시작(전달) 과제	• 수업을 시작하는 최초 과제이며, 다른 과제로 이어지는 연속과제 • 학습자에게 새로 가르칠 기능이나 전략 • 기초적인 수준의 학습 과제
확대 과제	• 학습경험을 간단한 과제에서 복잡한 과제로 또는 쉬운 과제에서 어려운 과제로 계열화하는 것 • 학습 과제의 복잡성과 난이도를 변화시켜 수업을 전개함 • 확대 과제의 내용발달은 과제 간 발달과 과제 내 발달로 구분할 수 있음 　- 과제 간 발달: 쉬운 기능에서 어려운 기능으로 발전 　　예 테니스에서 언더 서브를 학습한 다음 오버 서브로 서브를 학습 　- 과제 내 발달: 하나의 운동과제 내의 단순한 내용에서 복잡한 내용으로 발전 　　예 공 없이 테니스 포핸드 스윙을 학습하고 난 후 공을 이용하여 포핸드 스윙을 학습 • 교사들은 과제 간 발달과 과제 내 발달을 통해 수업 계획, 단원 계획, 연간 계획을 수립함
세련 과제	• 운동수행의 질에 초점을 둔 과제로 운동수행의 질은 지도자가 학습자들에게 운동수행에 관한 결과적 정보를 제공함으로써 향상됨 • 세련 과제는 목표의 범위를 좁혀주고, 질적 향상에 대한 책무성을 강하게 부여할 때 효과가 큼 • 지도자는 학습자에게 유익한 피드백을 제공할 수 있음
응용 과제	• 학습한 기능을 실제로 응용하거나 평가할 기회를 제공 • 확대와 세련과제를 통해 습득한 기능을 실제 또는 실제와 유사한 상황에서 사용할 수 있도록 조직하는 것

② 기능(기술)의 속성에 따른 내용 발달(A. Gentile)

　㉠ **폐쇄 기능(기술)의 내용 발달**: 환경의 변화에 영향을 받지 않고 외부 조건이 대부분 변하지 않는 기술로 학습의 선행 조건, 체력과 운동능력을 필요로 함

　　예 개인종목, 골프, 양궁, 사격, 볼링 등

　㉡ **개방 기능(기술)의 내용 발달**: 환경의 변화에 따라 기능의 요구 조건이 변화하는 것으로, 지도사는 어떤 기능이 게임에서 어떻게 사용되고 있는지 구체적으로 확인해야 함

　　예 팀 스포츠와 관련된 기능

(2) 행동 수정 기법

일관성 있는 수업관리를 위해 지도자는 행동 수정 기법을 활용해야 함

① 토큰 수집: 학습자가 적절한 행동을 할 때마다 지도자가 점수, 스티커 또는 몇 가지 다른 쿠폰을 제공하여 정한 수 만큼 학습자가 토큰을 모으면 특청 보상을 해주는 방법

② 지도자 - 학습자 사이 계약: 일정 수업시간 동안 수행해야 하는 행동에 대해 학습자와 지도자 간에 계약을 맺고, 학습자가 받게 될 보상에 대해서 지도자와 각 학습자가 합의하는 것

③ 좋은 행동 게임: 학습자를 팀으로 편성하고, 학습자의 부적절한 행동이 나타날 때마다 지도자가 점수를 감점하는 것

④ 타임 아웃: 부적절한 행동을 한 학습자를 일정 시간 동안 활동에서 제외시키는 방법

⑤ 프리맥 기법: 빈도가 높은 활동(좋아하는 활동)은 낮은 활동(좋아하지 않는 활동)에 대하여 강화력을 가지며, 이를 통해 학습 동기를 부여하는 원리

4. 효율적인 교수 전략

(1) 로젠샤인(B. Rosenshine)과 퍼스트(N. Furst)의 학업 성취와 관련된 5가지 변인

① 명확한 과제 제시: 학습 지도, 시범, 토론 등을 학생들에게 명확하게 전달

② 교사의 열의: 긍정적 학습 분위기 조성을 위해서는 교사에게 열의가 있어야 하며, 이는 활발한 학습을 진행하는 원동력이 됨

③ 수업 활동의 다양화: 학생들이 지루함을 느끼지 않기 위해 학습 내용에 몰두할 수 있도록 다양한 활동을 활용하여 지도해야 함

④ 과제 지향적/능률적 교수 행동: 교육의 가장 중요한 목적이 교과학습을 중시하는 것이며, 교과 학습은 우수 교사가 가장 중시하는 변인임

⑤ 수업 내용의 적절성: 교과를 강조하는 변인으로 적절한 수업 내용의 구성이 필요

(2) 쿠닌(J. Kounin)의 학습 파괴행동을 예방하고 과제 지향적인 수업을 유지하는 데 유용한 교수 기능 [기출 24년]

① 상황이해(파악): 교사가 학생들이 무엇을 하고 있는지 항상 알고 있어야 함

② 동시처리: 교사가 동시에 2가지 일을 처리하는 것

③ 유연한 수업전개: 교사가 수업활동의 흐름을 끊지 않고 부드럽게 이끌어가는 것

④ 여세유지: 교사가 수업진행을 늦추거나 중단시키지 않고 계속해서 활력 있게 수업을 전개해 나가는 것

⑤ 집단 경각: 교사가 모든 학생들이 과제에 몰두할 수 있도록 지도하는 것

⑥ 학생의 책무성: 교사가 학생에게 수업 중 과제수행에 대한 책임감을 부여하는 것

(3) 링크(J. Rink)가 제시한 교수 전략 [기출 25년]

① 자기 교수: 학습자 개인 지도자의 지도나 도움 없이 스스로 학습활동을 수행하는 방식

② 스테이션 교수: 지도자가 교육목표나 내용에 따라 학습자들을 나누고, 둘 또는 그 이상의 과제들이 동시에 진행되도록 학습 환경을 정리한 형태의 수업 방식

③ 팀 티칭: 여러 명의 지도자들이 한 조(팀)를 이루어 학습자들을 지도하는 방식

④ 상호 교수: 지도자가 모든 교과 내용 및 기준을 정하여 직접 지도하고, 구체적인 피드백 제공을 통해 학습자의 반응을 이끌어내는 수업 방식

(4) 성공적인 지도를 위한 사항

① 학습자가 배워야 할 학습 내용과 관련 활동 시간의 비중이 높아야 함

② 학습자의 과제 참여기회가 많아야 하며, 과제 참여 비율이 높게 유지될 수 있도록 학습 구조를 개발해야 함

③ 학습자의 학습 능력에 맞도록 학습 구조를 설계하면 성공 지향적인 학습이 일어남

④ 긍정적인 학습 분위기 유지

핵심요약&보충자료

[과제 전달 능력 향상]
- 학습자 오리엔테이션: 학습자에게 미리 무엇을 하게 될 것인지 알려주면, 수업의 전체와 관련하여 이해할 수 있음
- 과제의 논리적 제시: 학습과제를 논리적으로 제시하면 과제전달 능력 향상을 도모할 수 있음
- 과제의 대조적 제시: 바람직한 동작과 바람직하지 않은 동작을 대비시켜 과제를 제시하면 학생이 쉽게 이해할 수 있고 과제에 대해 명쾌하게 전달 받을 수 있음
- 학습자 경험의 활용: 교사 또는 학생의 사전 경험과 연계해서 과제를 제시하면 더욱 명쾌하게 전달이 가능
- 반복 설명: 과제수행 직전에 핵심요소를 반복해서 설명하면 효과적임
- 학습한 내용과 학습할 과제의 비교: 수행할 운동과제가 기존에 학습한 다른 기능과 어떻게 같고 다른지 학생들에게 설명하고 보여주면 효과적임
- 학습자의 이해 확인: 학습자들이 과제설명을 어느 정도 이해하고 있는지 확인할 필요가 있음
- 과제의 역동적 제시: 억양의 조절, 비언어적 행동 등을 통해 효과적으로 과제를 전달할 수 있음

❶ 과제 전달 방법

언어적 전달	구체적인 언어로 내용 전달
시범 전달	언어적 설명과 함께 시범, 시각적 단서 등을 제공
매체를 통한 전달	그림, 차트, 영상 등과 같이 다양한 시각매체 활용
발문 (질문) 활용	회고적 발문, 집중적 발문, 분산적 발문, 가치적 발문

[시범을 보일 때 고려 사항]
- 정확한 시범
- 학습자 시범의 활용
- 연습조건과 일치하는 시범
- 문제해결 과제의 시범
- 핵심내용을 강조하는 시범
- 수행이유에 대해서 설명
- 학습자 이해의 확인

용어해설
오리엔테이션: 학교에서 학생에게 새로운 환경 또는 수업에 적응할 수 있도록 진행하는 교육

5. 과제 제시의 전략

(1) 주의집중

① 학습자 주의 집중

- ㉠ 신호와 절차의 수립: 주위 소리가 시끄러우면 그 원인을 먼저 제거하고, 학습자와 사전에 약속된 신호를 사용하고 반복적으로 연습함
- ㉡ 외부 환경 요인들에 몰두: 학습 환경 내에 학습자들의 주의를 산만하게 하는 사람이나 사물을 통제해야 함
- ㉢ 시·청각 능력 결여: 학습자들이 과제 전달을 보지 못하거나 들을 수 없는 상황이 일어날 수 있기 때문에 가까이에 모이게 하여 설명하거나 시각에 방해되는 요소를 고려하여 집중시켜야 함
- ㉣ 비효율적인 시간 활용: 장황한 설명을 피하고 간략하게 과제를 제시하여 학습자들의 집중력이 떨어지지 않게 해야 함

(2) 과제 전달 방법❶ 선택

① 언어적 전달

- ㉠ 전체 학습자들을 대상으로 많은 양의 내용을 설명할 때 효과적이며, 어린 학습자 일수록 구체적인 언어로 전달하는 것이 좋음
- ㉡ 운동 및 스포츠 기능에 대한 경험이 높지 않은 학습자에게 언어를 활용한 과제 전달만으로는 한계가 있음

② 시범 전달: 운동과제는 보여주며 설명하는 것이 가장 효과적이며, 언어적 설명과 함께 시범을 보여주면 시각적 단서를 제공하므로 학습자의 이해력을 높일 수 있음

③ 매체를 통한 전달

- ㉠ 그림, 차트, 영상 등과 같이 다양한 시각매체를 지도 시 활용하면 학습자들의 학습 동기를 유발하는 데 도움이 됨
- ㉡ 동작의 전체적인 모습을 정확하게 보여주고, 필요한 부분이나 강조할 부분을 반복해서 관찰하게 할 수 있어 매우 효과적임
- ㉢ 시각매체를 통해 경기 방법이나 바람직한 동작을 보여줌으로써 학습자들의 주의를 더욱 집중시킬 수 있음

④ 질문 활용: 질문은 학습의 인지적 참여를 독려하고, 학습자의 동기를 유발하는 역할을 함

종류	특성	발문의 예시
회고적 (회상적) 발문(질문)	기억 수준의 대답만을 필요로 하는 질문으로, "예", "아니오" 형태로 대답할 수 있음	농구에서 드리블을 할 때 어디에 시선을 두는가?
집중적 (수렴적) 발문(질문)	'수렴적 질문'이라고도 하며, 이전에 경험했던 내용의 분석·통합에 필요한 질문	1-2-2 지역방어와 1-3-1 지역방어는 어떤 점이 차이가 있는가?
분산적 (확산적) 발문(질문)	'확산형 질문'이라고도 하며, 이전에 경험하지 않은 문제의 해결에 필요한 질문	게임종료 3분 전에 2점을 앞서고 있다면 어떤 공격 전환 형태를 이용해야 하는가?
가치적 발문(질문)	사실 문제보다는 가치 문제를 다루고, 취사선택, 태도, 의견 등을 표현하는 데 필요한 질문	자신이 점수를 많이 획득하는 것과 팀이 승리하는 것 중에 선택해야 한다면 어떤 것을 선택할 것이며 그 이유는 무엇인가?

(3) 학습 과제 연습 방법(J. Rink)

   ① 규칙 변형: 경기 규칙의 변화를 통해 학습자 수준에 맞도록 난이도를 조절하는 방법

   ② 역순 연쇄: 마지막 동작부터 처음 동작으로 가능 등의 과제를 발생 순서에 반대되는 순서에 따라 지도하는 방법

   ③ 반응 확대: 학습한 것을 새로운 활동에 적응할 수 있는 경험으로 발전시키는 방법

   ④ 운동 수행의 목적 전환: 효율적인 운동 수행 경험

(4) 학습 단서의 선택과 조직

   ① 기능형 형태에 적합한 학습 단서: 학습 단서는 스포츠 기능의 종류와 운동과제에 따라 달라야함

      ㉠ 폐쇄기능에 적합한 학습 단서: 핵심요소에 관한 시각적 정보

      ㉡ 개방기능에 적합한 학습 단서: 기능이 수행되는 상황에 따라 반응의 구체적인 형태로 지각단서가 매우 중요함

      ㉢ 움직임 개념에 적합한 학습단서: 학습자에게 어떤 개념에 적합한 반응을 선택하거나 움직임 원리를 해결하도록 함

   ② 학습단서의 조직: 요약 단서를 사용하면 복잡한 과제에 관한 설명을 계열성 있게 조직할 수 있어서 학습자들이 쉽게 이해하고 연습에 실제로 활용할 가능성이 높음

6. 효과적인 관리 운영

(1) 상규적 활동 [기출] 24년

   ① 스포츠 지도 중 빈번히 일어나는 학습자의 행동

   ② 수업 시작, 출석 점검, 수업 준비 상태 확인, 화장실 출입, 물 마시기 등 해당

   ③ 상규적 활동을 효율적으로 관리하면 학습자들의 스포츠 활동 참여 시간을 증가시킬 수 있음

   ④ 우수한 지도자는 연습 기회 및 관련 피드백을 부여하여 학습자들이 상규적 활동을 자동적으로 처리할 수 있도록 함

(2) 예방적 수업 운영 방법

   ① 최초 활동의 통제: 최초 수업 운영시간 감소를 위해 숙지해야 할 기대 행동 게시

   ② 수업 시간의 엄수: 지도자는 수업의 시작과 종료를 정확하게 지켜야 함

   ③ 출석 점검 시간의 절약: 출석 점검 시간을 절약해서 확보한 시간을 수업지도, 연습, 게임에 사용

   ④ 주의집중에 필요한 신호체계: 학습자들의 주의집중을 시키기 위해 호루라기 사용

   ⑤ 피드백과 긍정적인 상호작용: 학습자가 수업 조직을 갖추거나 활동내용을 변화시킴

   ⑥ 학습자 수업운영 시간의 기록 게시: 학습자에게 수업운영 시간을 감소시키고자 하는 동기 유발

   ⑦ 열정, 격려, 주의환기의 활용: 수업방해 행동과 수업이탈 행동을 예방

   ⑧ 수업운영 게임 활용: 수업 운영 목표를 성취할 시 보상에 대한 행동 수정 기법의 일종

[단서의 유형]

유형	특성
언어 단서	운동 수행의 향상 방법에 대한 구두 정보
비언어적 단서	정확한 동작 또는 부정확한 동작에 대한 제스처와 시범
시청각 단서	동영상, 그림, 사진 등 시청각 자료 및 매체를 활용해 정보 제공
조작 단서	지도자가 의사 결정을 위해 학습자의 신체 일부를 이동시키는 방법(체험적 단서 제공)

핵심요약&보충자료

(3) 수업 흐름의 관리
① 지도자 행동 유형과 개념 [기출] 24년
  ㉠ 직접 기여 행동: **수업내용에 직접 기여하는 행동**
    ⓐ 지도 행동: 과제 수행방법 설명, 학습자의 과제수행 관찰, 학습자의 과제수행 도움, 운동과제의 수정 및 발전 등
    ⓑ 운영 행동: 운동과제를 가르치는데 도움이 되도록 학습 환경을 조성하는 교수행동(교구, 학습자, 학습자에게 교구를 사용하여 팀을 구성하도록 지시, 학습자의 부적절한 행동 제지 등)
  ㉡ 간접 기여 행동: **학습과 관련 있지만 수업 내용 자체에는 직접적인 기여를 하지 않는 행동**(상해를 당한 학생 돌보기, 수업 중 고장 난 용구 수리, 교과 외 주제의 대화, 학습활동에 직접 참여 및 심판 역할 등)
  ㉢ 비기여 행동: **수업에 전혀 도움이 되지 않는 행동**이며, 비기여 행동은 가능하면 피하고, 피할 수 없다면 학습 방해를 최소화해야 함(소방훈련, 전달 방송, 학부모, 외부 손님 등과의 대화 등)

(4) 학습자 관리 기술
① **학습자 행동수정의 기본 전략**
  ㉠ 구체적으로 진술하라: 지도자와 학습자가 수정하려는 행동이 무엇인지 이해할 수 있어야 함
  ㉡ 행동수정의 수반성을 신중하게 처리하라: 행동을 수정했을 경우 일어나는 긍정적 또는 부정적 일들과 같은 행동에 대한 결과를 명시해줌
  ㉢ 조금씩 변화시켜라: 비록 작지만 중요한 문제부터 변화시키려고 노력해야 함
  ㉣ 단계적 변화를 추구하라: 작고 지속적인 향상에 만족해야 함
  ㉤ 일관성을 유지하라: 결정한 행동 수정의 수반성을 숙지하고 일관성을 유지해야 함
  ㉥ 현재 수준에서 출발하라: 시급한 문제부터 시작해 점차적으로 그 폭을 넓혀가야 함

(5) 학습의 전이
전이는 앞에 연습한 결과가 뒤따르는 운동 수행이나 학습에 미치는 효과 또는 영향을 의미함
① 정적 전이: 학습한 기능이 새로운 기능의 학습에 도움이 되는 경우
② 부적 전이: 선행학습의 결과가 후행 학습에 방해를 일으키는 경우
③ 순행 전이: 먼저 배운 과제의 수행 경험이 나중에 배우는 과제의 학습에 영향을 주는 경우
④ 역행 전이: 나중에 배운 과제수행이 전에 학습한 기능에 영향을 주는 경우
⑤ 중립적 전이: 선행학습이 후행학습에 전혀 영향을 미치지 않는 경우
⑥ 과제 간 전이: 한 가지 기능이나 과제의 학습이 다른 기능이나 과제로 전이되는 것
⑦ 과제 내 전이: 한 가지 조건에서 학습한 기능이 다른 조건으로 전이되는 것
⑧ 대칭적 전이: 한쪽 팔과 다리로 연습한 것이 반대쪽 팔과 다리의 연습에 영향을 미치는 것

[올스테인(A. Ornstein)과 레빈(Levin)의 부주의하고 파괴적인 행동을 감소시키는데 효과적인 교수행동] [기출] 25년
- 신호 간섭: 시선, 손짓 등 학습자의 부주의한 행동을 감소시키는 지도자의 행동
- 접근 통제: 방해 행동을 하는 학습자에게 지도자가 가까이 접근하거나 접촉하는 것
- 긴장 완화: 유머를 이용하여 긴장을 완화시키는 것
- 상규적 행동의 지원: 스케줄, 과제, 루틴 등과 같은 수업의 일상적 행동을 이용하는 것
- 유혹적인 대상의 제거: 운동 용구와 같은 부주의나 파괴적 행동을 일으키는 것들을 제거하는 것
- 비정한 제거: 수업 중 파괴적인 행동을 하는 학생에게 물을 떠오게 하거나 심부름을 보내는 행동

용어해설
상규적 행동: 스포츠지도 중 빈번히 일어나는 학습자의 행동
예 화장실 출입, 물 마시기 등

7. 피드백

(1) 지도자는 과제를 수행한 후 그 결과에 대해서 학습자들에게 적절한 피드백을 제공해야 함

(2) 운동수행 피드백 구분 ❶

구 분	형 태
피드백의 제공자 (피드백 정보의 제공원)	• 내재적 과제: 스스로 운동기능을 시도한 결과를 관찰하여 얻은 피드백 정보 • 외재적 과제: 다른 사람이나 대리자에 의해 운동수행 정보가 제공됨
피드백의 일치도	• 일치도: 특정의 학습단서와 관련 있는 피드백을 제공 • 불일치도: 특정의 학습 단서와 관련 없는 피드백을 제공
피드백의 내용	• 일반적 피드백: 피드백 정보가 수행된 운동기능 자체와 관련이 없음 • 구체적 피드백: 피드백 정보가 수행된 운동기능 자체와 관련이 있음
피드백의 정확성	• 정확한 피드백: 운동수행 정보가 운동기능에 대해 정확하게 설명 • 부정확한 피드백: 운동수행 정보가 운동기능에 대해 부정확하게 설명
피드백의 시기	• 즉각적인 피드백: 운동기능이 끝난 직후 바로 학습자에게 피드백 제공 • 지연된 피드백: 운동기능이 끝난 직후에 제공되지 않고, 몇 번의 횟수가 진행된 후 제공
피드백의 양식	• 언어 피드백: 피드백을 학습자에게 구두로 제공 • 비언어 피드백: 피드백을 학습자에게 몸짓으로 제공 • 언어와 비언어적 피드백을 결합한 피드백: 언어와 비언어 정보를 동시에 제공
피드백의 평가	• 긍정적 피드백: 운동 수행 결과에 대해서 만족을 표시 • 부정적 피드백: 운동 수행 결과에 대해서 불만족을 표시 • 중립적 피드백: 피드백이 긍정적인지 부정적인지 불분명한 상태
피드백의 교정적 특성	• 비교정적 피드백: 잘못된 부분만 정보를 제공하는 피드백 • 교정적 피드백: 다음 운동수행을 개선할 수 있는 방법에 관한 정보와 함께 피드백 제공
피드백의 방향성	• 개별적 피드백: 학습자 한 명에게 제공 • 집단 피드백: 수업에서 구분한 집단에게 제공 • 전체 수업 피드백: 수업에 참여하는 모든 학습자에게 제공

핵심요약&보충자료

❶ 피드백

구분	형태
제공자 (정보 제공원)	• 내재적 과제 • 외재적 과제
일치도	• 일치도 • 불일치도
내용	• 일반적 피드백 • 구체적 피드백
정확성	• 정확한 피드백 • 부정확한 피드백
시기	• 즉각적인 피드백 • 지연된 피드백
양식	• 언어 피드백 • 비언어 피드백 • 언어와 비언어적 피드백을 결합한 피드백
평가	• 긍정적 피드백 • 부정적 피드백 • 중립적 피드백
교정적 특성	• 비교정적 피드백 • 교정적 피드백
방향성	• 개별적 피드백 • 집단 피드백 • 전체 수업 피드백

선생님 TIP 피드백의 4가지 유형

유형	특징
교정적 피드백	• 실수를 수정하는 등 다음 수행의 개선과 관련된 방법을 제공하는 피드백 • 운동수행의 정확성 향상에 초점을 두고 과제를 재연습시켜 실수를 최소화 • 과다 사용은 실책에 대한 선입견을 유도하고, 학습자의 새로운 시도를 방해함 • 교과 내용, 행동 및 운영 절차에 대한 운동 수행 기준과 세부 사항을 명료화시킴 예 다음에는 공에서 눈을 떼지 말고 팔로우 스로를 해라, 머리를 올리지 말고 턱을 아래로 향하게 해라
가치적 피드백	• 긍정적 또는 부정적인 가치판단 언어로 표현하는 피드백 • 다른 피드백에 대한 판단을 결정짓는 영향력을 가짐 • 비구체적인 피드백은 잘못된 해석에 대한 가능성을 내포하고 있어 학습 과정에 도움이 되거나 방해가 될 수 있음 • 교사의 가치 체계에 기초하여 판단이 표출됨 • 상호의존성을 발달시키는 단점이 있음 • 적절한 가치적 피드백은 학습자 개인적 목표를 수립하고 개별적인 가치 체계를 형성하는데 도움을 줌 예 공을 친 후 야구 배트를 던지는 것은 잘못이야, 팔 동작과 다리 동작을 훌륭하게 잘했다, 기구 회수 장소를 아주 잘 기억했구나
중립적 피드백	• 초점이 학습자에게 맞춰져 있고 학습자에 의한 최종 결론(의미)을 도출 • 학습 활동 중 갈등 상황, 정서적 충격, 논쟁 사항 토의 시 필요한 피드백 • 적절한 중립적 피드백은 평가 기술 개발, 다양한 반응 및 행위의 수용, 독립, 자기의존, 자신감 발달과 학습자 자아정체성을 개발함 • 최종 평가 결정에 대한 기회가 의도적으로 학습자에게 이양됨 예 네가 많이 화가 났구나, 너는 상규적 활동을 확장하고 있구나. 그래, 가능한 구성이구나
불분명한 피드백 (모호한)	• 구체적인 정보가 없는 피드백으로 학습을 방해하며 일반적으로 잘못된 해석의 가능성을 부여함 • 구체적인 가치 판단을 나타내지 않고, 실수를 규정하거나 명확한 수정을 하지 않음 • 지도자에게는 안전한 상태를 제공하지만, 학습자에게는 애매한 상태를 제공 • 과도한 사용은 신뢰감 저하, 자기실망, 좌절감을 형성시킴 예 다시 실시! 좋아, 그렇지만 다른 방식으로 할 수 있었을 텐데, 그것이 최선이니?

7. IT 매체 활용 효과

(1) IT 매체 활용

교수·학습 체제의 효율성을 높이고 활발한 신체의 움직임을 교육하는 스포츠 지도 상황에서 운동수행 정보를 정확하고 빠르게 제공할 수 있음

(2) 피드백 효과

① 피드백 양이 증가함

② 시각화된 정보를 제공하고, 연속된 동작을 자세하고 정확하게 확인할 수 있어 피드백의 정확성을 높여줌

③ 학습자가 동작을 수행 직후 확인할 수 있어 즉각적인 피드백이 가능

(3) 학습자 동기유발 효과

① 지도자가 없는 상황에서도 학습이 일어나므로 학습 통제성이 높고, 학습자 스스로 자신의 동작을 평가할 수 있어 자기 통제성을 높여줌

② 학습자로부터 호기심과 흥미를 유발

(4) 의사소통 효과

① IT 매체를 활용하여 저장된 정보는 지도자와 학습자 또는 학습자 간의 쌍방향 의사소통을 증진시킴

② 지도사와 학습자 또는 학습자 간 학습내용을 중심으로 소통 가능성을 높임

2 스포츠 지도를 위한 교수 스타일 기출 16·18·19·20·21·23년

> **선생님 TIP** 모스턴의 체육 교수 스타일[1] 기출 25년
> - '수업 활동은 연속되는 의사 결정의 과정이다'라는 명제하에 복잡한 교수·학습의 실제를 단순하게 풀어감
> - 교수 스타일의 구조는 과제활동 전 결정군(의도), 과제활동 중 결정군(행위), 과제활동 후 결정군(평가)으로 이루어지고, 지도자와 학습자 모두 교수 스타일의 구조 속에서 의사결정을 할 수 있음
> - 교수 스타일의 구조는 인간의 기본적인 능력인 모방과 창조를 반영하였음
> - A부터 E까지의 교수 스타일은 기존 지식의 재생산을 강조하는 수업 방식(모방)
> - F부터 K까지의 교수 스타일은 발견 역치 를 넘어 새로운 지식을 생산하는 능력을 강조하는 수업 방식(창조)

(1) 지시형 스타일 A - 모방

① '정확한 수행'이 이루어져야 함

② 교사는 과제 활동 전, 중, 후의 모든 사항을 결정함

③ 학습자는 교사가 내린 결정 사항들에 대해서 따르는 역할을 함

④ 교사가 최대 의사결정을 하고, 학습자가 최소의 의사결정을 함

(2) 연습형 스타일 B - 모방

① 피드백을 포함한 기억/모방 과제를 학습자가 개별적으로 연습하는 것

② 교사는 모든 교과내용과 수업 운영 절차를 결정하고 학습자에게 피드백을 개별적으로 제공하는 역할을 함

③ 학습자는 9가지의 특정사항(수업 장소, 수업 운영, 시작 시간, 속도와 리듬, 정지 시간, 질문, 인터벌, 자세, 복장과 외모) 의사결정 하며, 기억/모방 과제를 개별적으로 수행함

④ 과제 활동 후 교사는 2가지 피드백(과제와 관련된 피드백, 의사결정과 관련된 피드백)을 학습자에게 제공함

(3) 상호학습형(교류형) 스타일 C - 모빙 기출 24년

① 특정 기준에 의하여 주어진 사회적 상호작용 및 피드백

② 교사는 모든 교과내용 및 기준을 정하고, 세부 운영절차와 관련된 결정을 내리며, 관찰자에게 피드백을 제공함

③ 학습자는 동료와 함께 짝을 이루어 움직임을 수행하는 역할을 함

④ 한 명의 학습자는 주어진 과제를 수행하고, 9가지 의사결정을 내리며, 다른 한 명의 학습자는 교사가 개발한 과제활동지를 사용하여 즉각적이면서, 지속적인 피드백을 제공하는 관찰자의 역할을 함

⑤ 처음 연습이 끝나고 나면 학습자와 관찰자는 서로 역할을 교대함

핵심요약&보충자료

① 모스턴의 체육 교수 스타일

모방	• 지시형 스타일 A • 연습형 스타일 B • 상호학습형(교류형) 스타일 C • 자기 점검형 스타일 D • 포괄형 스타일 E
창조	• 유도발견형 스타일 F • 수렴발견형 스타일 G • 확산발견형 스타일 H • 자기 설계형 스타일 I • 자기 주도형 스타일 J • 자기 학습형 스타일 K

용어해설

- 발견 역치: 재생산(모방)과 생산(창조)의 스타일 집단을 나누어주는 구분선
- 정확한 수행: 교사가 지시하는 대로 학생이 운동을 수행하거나 반응을 보이는 것

핵심요약&보충자료

(4) 자기 점검형 스타일 D - 모방

① 학습자가 과제를 독자적으로 수행하고 스스로 평가

② 학습자의 책임감이 커지며, 과제를 독립적으로 수행하고, 교사가 마련한 평가기준에 따라 자신의 과제수행을 스스로 점검하는 역할을 함

③ 교사는 교과내용, 평가기준, 수업운영 절차 등을 모두 결정함

(5) 포괄형 스타일 E - 모방

① 기술 수준이 다양한 학습자들이 자신이 수행할 수 있는 난이도를 선택하여 과제에 참여하는 것

② 교사는 과제의 난이도를 선정하고, 교과내용과 수업운영 절차에 대한 모든 의사결정을 함

③ 학습자는 자신이 성취할 수 있는 수준을 조사하고, 시작점을 선택하여 과제를 연습하고 필요할 경우 과제 수준을 수정하며, 평가기준에 맞추어 자신의 수행을 점검함

(6) 유도발견형 스타일 F - 창조

① 교사에 의해 부과되는 연속적인 질문을 통해 미리 예정되어 있는 해답을 학습자가 발견하도록 유도하는 방법

② 교사는 학습자가 발견해야 할 목표 개념을 포함한 일련의 단계적이고 논리적인 질문을 설계하며, 교과와 관련 있는 모든 의사결정을 함

③ 학습자는 교사에 의해 주어진 질문에 대한 해답을 발견하기 위해 과제를 수행하고, 교사가 정해준 과제 내에서 학습내용의 일부분에 대해서만 의사결정을 내릴 수 있음

(7) 수렴발견형 스타일 G - 창조

① 학습자 스스로가 미리 결정되어 있는 정확한 반응에 대해 수렴적 과정을 통해 발견하는 것

② 학습자는 추리력, 호기심, 논리적 사고 등을 사용하여 문제에 대해 논리적으로 연결된 정해진 해답을 발견하는 역할을 함

③ 교사는 목표 개념을 포함한 교과내용을 결정하고, 학습자에게 할 질문을 계획하고 구성하는 역할을 함

(8) 확산발견형 스타일 H - 창조

① 학습자가 구체적인 인지 작용을 통해 어떤 문제에 대한 다양한 반응을 발견할 수 있는 수업 스타일

② 교사는 학습자에게 전달해야 할 교과의 특정 주제와 질문을 결정함

③ 학습자는 특정 문제에 대한 다양한 설계·해답·반응을 발견하는 역할을 함

④ 교사는 필요하다면 감환 과정의 기준을 제공함

(9) 자기 설계형 스타일 I - 창조

① 교사는 학습자를 위한 공통 교과 내용을 결정함

② 학습자는 교과 내용 목표를 달성하는데 도움이 되는 교수 및 학습 경험들을 직접 설계하고, 일련의 학습 에피소드들을 설계하고 순서를 정하며, 상호 연결하는 책임을 지게 됨

③ 학습자에게 더 많은 책임을 부여하는 교수 스타일이며, 자기 설계형 스타일은 학생의 창의적 능력을 촉진시키고 개발시키는 고도로 체계화된 방법임

(10) 자기 주도형 스타일 J - 창조

① **학습 경험의 설계에 대한 주도성, 책임이 학습자에게 있음**

② 학습자는 자율적으로 학습 행동을 주도하고 모든 의사결정을 하는 역할을 수행하며, 교사는 학습자들이 학습 경험에서 스스로 결정한 사항들에 대해서 가능한 한 수용하고, 학습자를 지원해주는 역할을 함

③ 교사는 학습자의 요청이 있을 때, 교수·학습 활동에 참여함

(11) 자기 학습형 스타일 K - 창조

① **학생 개인이 교사와 학습자 역할을 동시에 수행하면서 과제활동 전, 중, 후 의사결정을 하게 됨**

② 교수·학습 행동은 개인이 스스로 선택한 개별적인 교수·학습 목표를 가짐

③ 학습자가 자신을 가르치는 상황에서만 존재할 수 있으며 학교 현장에서는 존재할 수 없음

2. 교수 기능 연습방법

(1) 1인 연습

혼자 교수 기능을 연습할 때 녹음기를 사용하여 자신의 언어 행동에 대해서 녹음하고 다시 듣기를 통해 수정해 나갈 수 있으며, 엄지를 치켜세우거나 인정의 시선을 보내는 등의 비언어적 행동은 거울 앞에 서서 연습할 수 있음

(2) 동료 교수

동료 직전 체육교사(예비 체육교사)를 중·고등학교 학생들로 간주하고 모의수업을 진행하면서 교수능력을 향상 시키는 교수 기능 연습방법

(3) 마이크로 티칭(축소 수업)

예비 지도자가 소수의 학생들을 배정하고, 단기간 제한된 내용으로 가르치는 교수 기능 연습방법

(4) 반성적 교수

한 명의 직전 체육교사가 나머지 직전 교사들을 가르치고 그 이후 수업을 반성적으로 평가하면서 교수 기능의 통찰력을 키우는 연습방법

(5) 현장 소집단 교수

학생 수와 수업 시간을 크게 줄여서 단위 수업을 하는 연습방법

(6) 현장 대집단 단시간 교수

학급의 전체 학생들을 단시간 가르치고, 이를 통해 수업을 조직하거나 운영하는 연습방법

(7) 실제 교수

직전 체육교사가 일정 기간 동안 여러 학습을 책임지고 그동안 개발한 교수 기능을 실제로 연습하는 방법

출제예상문제

Chapter 06 스포츠교육의 지도방법론 Ⅱ

01 지도계획안 작성 시 고려 사항으로 옳지 않은 것은?

① 진행할 학습 과제, 각 과제에 배정한 시간 등을 포함하여 정교한 계획을 수립하고, 수업에 영향을 미칠 수 있는 중요한 요소들을 예상해야 한다.
② 기대했던 것보다 학습자가 과제를 빨리 숙달할 경우를 대비해 지도사는 추가적인 계획을 준비해야 한다.
③ 지도 계획안을 파일로 따로 보관할 필요가 없다.
④ 예상치 못한 상황이 발생했을 경우 현재 내용과 직접적으로 관련 있는 대안적 계획을 수립해야 한다.

지도 계획안은 파일로 보관해야 한다.

지도 계획안 작성 시 고려 사항
- 정교하고 유연한 계획 수립: 진행할 학습 과제, 각 과제에 배정한 시간 등을 포함하여 정교한 계획을 수립하고, 수업에 영향을 미칠 수 있는 중요한 요소들을 예상해야 함
- 자신이 사용할 목적으로 작성: 지도사가 이해하고 적용 할 수 있는 방식으로 작성해야 함
- 추가 계획 수립: 기대했던 것보다 학습자가 과제를 빨리 숙달할 경우를 대비해 지도사는 추가적인 계획을 준비해야 함
- 대안적 계획 수립: 예상치 못한 상황이 발생했을 경우 현재 내용과 직접적으로 관련 있는 대안적 계획을 수립해야 함
- 계획안의 보관: 지도 계획안을 파일로 보관해야 함
- 계획안 평가: 지도 계획을 평가하고 반성하는 시간을 가져야 함

정답 ③

02 <보기>에서 설명하는 스포츠 지도를 위한 스타일은?

―<보기>―
이 스타일에서는 학습자가 과제를 독자적으로 수행하고 스스로 평가한다. 또한, 학습자의 책임감이 커지며, 과제를 독립적으로 수행하고, 교사가 마련한 평가기준에 따라 자신의 과제수행을 스스로 점검하는 역할을 한다. 교사는 교과 내용, 평가기준, 수업운영 절차 등을 모두 결정한다.

① 자기 점검형 스타일 D
② 수렴발견형 스타일 G
③ 자기 설계형 스타일 I
④ 확산발견형 스타일 H

① 보기의 스포츠 지도 스타일은 자기 점검형 스타일 D에 대한 설명이다. 학습자가 과제를 독자적으로 수행하고 스스로 평가하는 스타일이다.

② 수렴발견형 스타일 G: 학습자 스스로가 미리 결정되어 있는 정확한 반응에 대해 수렴적 과정을 통해 발견하는 스타일
③ 자기 설계형 스타일 I: 교사는 학습자를 위한 공통 교과 내용을 결정하는 스타일
④ 확산발견형 스타일 H: 학습자가 구체적인 인지 작용을 통해 어떤 문제에 대한 다양한 반응을 발견할 수 있는 수업 스타일

정답 ①

03 효과적인 관리 운영에서 상규적 활동의 설명으로 옳지 않은 것은?

① 스포츠 지도 중 빈번히 일어나는 학습자의 행동이다.
② 우수한 지도자는 연습 기회와 관련 피드백을 부여하지 않아도 학습자들이 상규적 활동을 자동적으로 처리할 수 있도록 해야 한다.
③ 수업 시작, 출석 점검, 수업 준비 상태 확인, 화장실 출입, 물 마시기 등이 해당된다.
④ 상규적 활동을 효율적으로 관리하면 학습자들의 스포츠 활동 참여 시간을 증가시킬 수 있다.

우수한 지도자는 학습자들이 상규적 활동을 자동적으로 처리할 수 있도록 연습 기회와 관련 피드백을 부여할 수 있어야 한다.

상규적 활동
- 스포츠 지도 중 빈번히 일어나는 학습자의 행동
- 수업 시작, 출석 점검, 수업 준비 상태 확인, 화장실 출입, 물 마시기 등
- 상규적 활동을 효율적으로 관리하면 학습자들의 스포츠 활동 참여 시간을 증가시킬 수 있음
- 우수한 지도자는 연습 기회 및 관련 피드백을 부여하여 학습자들이 상규적 활동을 자동적으로 처리할 수 있도록 함

정답 ②

04 <보기>의 학습 전이의 유형이 바르게 연결된 것은?

―――<보기>―――
- (㉠): 선행학습이 후행 학습에 전혀 영향을 미치지 않는 경우
- (㉡): 학습한 기능이 새로운 기능의 학습에 도움이 되는 경우
- (㉢): 한 가지 조건에서 학습한 기능이 다른 조건으로 전이 되는 것

	㉠	㉡	㉢
①	정적 전이	부적 전이	과제 내 전이
②	중립적 전이	부적 전이	과제 간 전이
③	정적 전이	순행 전이	과제 내 전이
④	중립적 전이	정적 전이	과제 간 전이

 ㉠은 중립적 전이, ㉡은 정적 전이, ㉢은 과제 간 전이이다.

 [학습의 전이]
전이는 앞에 연습한 결과가 뒤따르는 운동 수행이나 학습에 미치는 효과 또는 영향을 의미한다.
- 정적 전이: 학습한 기능이 새로운 기능의 학습에 도움이 되는 경우
- 부적 전이: 선행학습의 결과가 후행 학습에 방해를 일으키는 경우
- 순행 전이: 먼저 배운 과제의 수행 경험이 나중에 배우는 과제의 학습에 영향을 주는 경우
- 역행 전이: 나중에 배운 과제수행이 전에 학습한 기능에 영향을 주는 경우
- 중립적 전이: 선행학습이 후행 학습에 전혀 영향을 미치지 않는 경우
- 과제 간 전이: 한 가지 기능이나 과제의 학습이 다른 기능이나 과제로 전이 되는 것
- 과제 내 전이: 한 가지 조건에서 학습한 기능이 다른 조건으로 전이 되는 것
- 대칭적 전이: 한쪽 팔과 다리로 연습한 것이 반대쪽 팔과 다리의 연습에 영향을 미치는 것

정답 ④

05 교수기능 연습 방법으로 옳지 않은 것은?

① 마이크로 티칭(축소 수업): 예비 지도자가 소수의 학생들을 배정하고, 단기간 제한된 내용으로 가르치는 교수 기능 연습방법
② 현장 소집단 교수: 학생 수와 수업 시간을 크게 줄여서 단위 수업을 하는 연습방법
③ 동료 교수: 한 명의 직전 체육교사가 나머지 직전 교사들을 가르치고 그 이후 수업을 반성적으로 평가하면서 교수 기능의 통찰력을 키우는 연습방법
④ 1인 연습: 혼자 교수 기능을 연습할 때 녹음기를 사용하여 자신의 언어 행동에 대해서 녹음하고 다시 듣기를 통해 수정해 나갈 수 있으며, 엄지를 치켜세우거나 인정의 시선을 보내는 등의 비언어적 행동은 거울 앞에 서서 연습할 수 있음

 ③의 내용은 반성적 교수에 해당한다. 동료 교수는 동료 직전 체육교사(예비 체육교사)를 중·고등학교 학생들로 간주하고 모의수업을 진행하면서 교수능력을 향상시키는 교수기능 연습방법이다.

 [교수기능 연습방법]
- 1인 연습: 혼자 교수기능을 연습할 때 녹음기를 사용하여 자신의 언어 행동에 대해서 녹음하고 다시 듣기를 통해 수정해 나갈 수 있으며, 엄지를 치켜세우거나 인정의 시선을 보내는 등의 비언어적 행동은 거울 앞에 서서 연습할 수 있음
- 동료 교수: 동료 직전 체육교사(예비 체육교사)를 중·고등학교 학생들로 간주하고 모의수업을 진행하면서 교수능력을 향상시키는 교수기능 연습방법
- 마이크로 티칭(축소 수업): 예비 지도자가 소수의 학생들을 배정하고, 단기간 제한된 내용으로 가르치는 교수기능 연습방법
- 반성적 교수: 한 명의 직전 체육교사가 나머지 직전교사들을 가르치고 그 이후 수업을 반성적으로 평가하면서 교수기능의 통찰력을 키우는 연습방법
- 현장 소집단 교수: 학생 수와 수업 시간을 크게 줄여서 단위 수업을 하는 연습방법
- 현장 대집단 단시간 교수: 학급의 전체 학생들을 단시간 가르치고, 이를 통해 수업을 조직하거나 운영하는 연습방법
- 실제 교수: 직전 체육교사가 일정 기간 동안 여러 학습을 책임지고 그동안 개발한 교수기능을 실제로 연습하는 방법

정답 ③

Chapter 07 스포츠교육의 평가론

핵심요약&보충자료

[관련 용어]
- 측정(measurement)
  "존재하는 모든 것은 양적으로 존재한다. 양으로서 존재하는 이상 그것은 측정될 수 있다."라는 신념으로 대상의 속성을 파악하기 위해 체계적인 방법으로 수치(숫자)를 부여하는 것
- 검사(test)
  개인 또는 집단에 대한 정보를 수집하기 위해 사용되는 도구 또는 체계적인 측정 절차
- 평가(evaluation)
  측정을 통해 수집된 자료 또는 검사 점수에 대한 해석과 가치판단의 과정
- 사정(assessment)
  지도자가 의사결정을 하기 위해 다양한 방법으로 자료를 수집·해석·활용하는 과정

❶ 평가의 유형

평가의 기준	• 규준지향검사 • 준거지향검사
평가의 기능	• 진단평가 • 형성평가 • 총괄평가
평가 계획의 조직	• 비공식적 평가 • 공식적 평가

01 평가의 이론적 측면 기출 15·16·17·19·20·22년

1 평가의 개념과 기능

1. 평가의 기본개념
① 평가는 측정을 검사를 통해서 수집된 양적 자료를 질적으로 판단하는 과정
② 평가는 지도 및 교육활동에 피드백이 될 수 있음
③ 평가는 학습자에 대한 학습 상태와 지도에 관한 정보를 제공
④ 측정과 검사는 가치 중립적이며, 평가는 가치 지향적 활동

2. 평가의 유형 ❶
(1) 평가의 기준에 따라
① 규준지향검사(Norm-Referenced Test: NRT)
  ㉠ 개인이 얻은 측정치를 비교집단의 규준과 비교해 상대적 서열에 의거하여 판단하는 평가
  ㉡ 학습자의 개인차를 변별하는데 주로 관심을 가짐
  ㉢ 규준지향평가는 다른 말로 상대평가라고도 함
② 준거지향검사(Criterion-Referenced Test: CRT)
  ㉠ 학습자가 성취해야 할 과제의 영역 또는 분야에 대해서 얼마만큼 알고 있는지 준거에 비추어 평가하는 방법
  ㉡ 준거지향검사는 타당도와 신뢰도가 높은 기준으로 설정이 되어있어야 함

(2) 평가의 기능에 따라 기출 25년
① 진단평가(Diagnosis Evaluation)
  ㉠ 교육프로그램 초기에 학습자들의 출발점 위치를 알아보기 위해 수행하는 평가방법으로 프로그램 실시 이전에 학습자의 특성을 점검함
  ㉡ 학습자의 정보를 수집하고 교육 방향을 설정 및 수정하며, 학습과정에서 참여자가 계속적으로 오류를 발생시킬 때 적절한 의사결정을 할 수 있도록 도움을 줌
② 형성평가(Formative Evaluation)
  ㉠ 교육프로그램 중간에 실시되는 평가이며, 보통 2차시 또는 3차시마다 이루어짐
  ㉡ 교육프로그램 중간에 학습자의 문제점을 파악하고, 긍정적인 피드백을 제공하여 교육 프로그램의 교육과정 및 지도방법을 개선해 나갈 수 있음
  ㉢ 수업 중간 정도에 평가가 이루어지기 때문에 지도자가 지도 시간을 그대로 유지하면서 변화를 줄만큼의 충분한 정보를 제공함

③ 총괄평가(Summative Evaluation)
  ㉠ 교육프로그램의 마지막 시기에 실시되는 평가
  ㉡ 학습자의 성취수준을 평가할 때 사용되며, 프로그램의 효과 및 효율성 등을 종합적으로 판단할 수 있는 평가 방법
  ㉢ 스포츠지도사는 총괄평가를 통해 얻은 학습자의 성취도를 바탕으로 다음 학습에서의 도전과 성공에 대해서 조언할 수 있음

(3) 평가 계획의 조지
  ① 비공식적 평가: 사전 계획 또는 수업 시간을 거의 필요로 하지 않으며, 수업의 일상적인 흐름에서 자연스럽게 일어나는 평가
  ② 공식적 평가: 지도자나 학습자 모두가 평가를 계획하고 실행하는 데 보다 많은 시간이 소요되며, 체력 검사, 기능 검사, 집단 프로젝트를 포함하고, 간혹 학습자의 점수나 다른 수행 보고를 포함하기도 함

2 평가의 단계

3 평가의 양호도❷ 기출 15·17·23년

1. 타당도

(1) 정의

스포츠지도사가 평가 수행 시 측정도구나 방법이 검사의 목적과 일치하고, 적합한지 판단할 수 있는 측정치에 관한 정보

(2) 타당도의 종류
  ① 내용타당도
    ㉠ 검사문항들이 측정하고자 하는 영역을 얼마나 잘 대표하고 있는지에 관한 정도
    ㉡ 교육프로그램 과정에서 검사 문항이 교육프로그램의 목표 또는 내용과 이느 정도 부합하는지에 관한 정도
    ㉢ 객관적인 자료에 근거하지 않고, 전문가의 논리적 사고와 분석 과정을 통해 주관적으로 판단하는 타당도
  ② 준거타당도
    ㉠ 어떤 측정 도구에 의해 측정된 결과점수가 준거검사로 측정된 결과점수와 비교하여 추정하는 타당도
    ㉡ 예측타당도: 측정한 검사 결과가 미래의 행위를 얼마나 정확하고 잘 예측할 수 있는지에 대한 정도의 준거관련 타당도
    ㉢ 공인타당도: 기존에 이미 타당성을 입증받은 검사에 의해 측정된 검사 결과와 지도자가 개발한 검사의 결과가 일치하는 정도로 추정하는 타당도

핵심요약&보충자료

[평가의 영역]
- 인지적 영역: 지식, 이해력, 적용력, 분석력, 종합력
- 정의적 영역: 수용, 반응, 가치화, 조직화, 가치부여에 따른 특성화
- 심동적 영역: 반사운동, 기초운동, 운동지각능력, 신체적 능력, 숙련된 운동기능, 동작적 의사소통

[평가의 목적]

평가의 목적은 지도사의 교육활동을 개선하는 데 의의가 있음

- 교수 - 학습의 효과성 판단
- 학습자의 운동수행 참여 및 향상 동기 촉진
- 학습자의 학습상태와 학습지도에 관한 정보 제공
- 학습지도 및 관리운영의 효율성을 위한 집단 편성
- 학습자 역량 판단을 통한 이수 과정 선택 정보 제공
- 교육 프로그램 또는 교육과정의 적합성과 적절성 확인
- 교육 목표에 따른 학습 진행 상태 점검과 지도 활동 조정

❷ 평가의 양호도

타당도	• 내용타당도 • 준거타당도 • 구인타당도
신뢰도	• 검사 - 재검사 • 동형검사 • 내적 일관성 검사 • 반분 신뢰도 검사

> **선생님 TIP — 준거검사**
> - 기존에 타당성을 인정받고 있는 검사
> - 예측타당도: 측정한 검사 결과가 미래의 행위를 얼마나 정확하고 잘 예측할 수 있는지에 대한 정도의 준거 관련 타당도
> - 공인타당도: 기존에 이미 타당성을 입증받은 검사에 의해 측정된 검사 결과와 지도자가 개발한 검사의 결과가 일치하는 정도로 추정하는 타당도

③ 구인 타당도

  ㉠ 측정검사도구가 구인들을 제대로 측정하고 있는지 밝히는 타당도

  ㉡ 측정하고자 하는 특성의 구성 요인을 얼마나 충실하고 이론적으로 잘 설명하였는지에 대해 제대로 측정하고 있는가 하는 정도

2. 신뢰도

(1) 정의

동일한 조건(측정자, 검사도구 등)에서 2회 이상 측정하였을 때, 일관성 있고 정확성이 높은 측정 결과를 획득할 수 있는 정도

(2) 측정하는 방법

① 검사 - 재검사

  ㉠ 시간차를 두고 동일한 검사를 동일한 집단에서 두 번 실시하여 나온 검사점수 간 상관관계로 신뢰도를 측정하는 방법

  ㉡ 측정도구가 얼마나 안정성 있게 측정하는가를 나타내기 때문에 안정성 계수라고도 함

② 동형 검사(평행 검사)

  ㉠ 두 개의 동형검사를 개발하여 동일한 집단으로부터 나온 검사점수들 간 상관관계로 신뢰도를 측정하는 방법

  ㉡ 전제조건으로 동일한 내용 및 속성을 측정해야 하고, 문항수, 난이도, 변별도 등의 문항 특성이 동일해야 함

③ 내적 일관성 검사

  ㉠ 측정도구나 질문내 문항들간의 연관성 여부를 파악하고, 검사 내 특정 행동이나 특징을 얼마나 잘 측정하는지 일관성을 파악함으로써 신뢰도를 측정하는 방법

  ㉡ 주로 크론바흐 알파(cronbach α) 계수를 사용하며, 계수의 값이 0.7 이상이면 측정 문항 간 내적 일관성이 높다고 할 수 있음(신뢰성이 높음)

④ 반분 신뢰도 검사

  ㉠ 한 개의 평가도구를 한 피험자 집단에게 실시한 다음, 그것을 적절한 방법에 의해 두 부분의 점수로 분할 후, 그 두 개의 반분된 검사 점수 간의 상관관계로 신뢰도를 추정하는 방법

  ㉡ 동질성 계수라고도 함

용어해설

- 구인: 집중력, 불안 등과 같은 심리적 요인과 같이 정의하기 어렵고 직접 측정할 수 없는 특성
- 크론바흐 알파(cronbach α): 검사를 인위적으로 반분하지 않고 검사 문항의 분산을 이용하여 신뢰도를 추정하는 방법
- 반분 신뢰도 검사: 한 번 시행한 검사 점수를 두 개로 나누어 두 검사 점수간의 상관관계를 추정하는 신뢰도

02 평가의 실천적 측면

1 평가의 기법 기출 15·16·18·19·20·21·22·23년

1. 평가 기준에 따라

(1) 준거지향평가(절대평가)
① 스포츠지도사가 학습자의 현재 성취 수준이나 행동목표의 도달 정도에 대해서 알아보기 위한 평가방법
② 교육프로그램의 목표 또는 학습 과제를 설정한 상태에서 그 목표에 비추어 평가하고, 이를 목표지향평가라고 함

(2) 규준지향평가(상대평가)
① 학습자의 학업성취도를 그가 속한 집단에 비추어 상대적인 비교를 통해 평가하는 방법
② 개인차에 대한 변별이 가능하다는 장점이 있으나, 과다한 경쟁심리를 조장하는 단점도 있음

(3) 자기지향평가: 학습자 자신의 능력이나 특성을 스스로 판단하는 평가활동

(4) 수행평가: 학생이 스스로 자신의 기능이나 지식을 나타낼 수 있도록 산출물을 만들거나, 행동으로 나타내거나, 답을 구성하도록 요구하는 평가방식
① 학습자가 수행과정에서 보여주는 기능 및 능력을 관찰하고 판단하는 평가
② 학습자의 학습과정과 결과를 동시에 평가하는데 의미를 둠
③ 실제와 유사한 상황에서 평가가 이루어지며, 지식을 상황에 맞게 적용하고 실행하는 것에 초점을 둠
④ 종합적이고 지속적으로 평가하며, 교사의 주관적이고 전문적인 판단에 의거하여 평가가 이루어짐
⑤ 유사 용어: 대안적 평가, 과정중심평가, 실제상황에서의 평가(실제평가), 직접적인 평가 등
⑥ 종류: 서술형 검사, 논술형 검사, 구술시험, 실기시험, 포트폴리오 등

2. 평가기법

(1) 체크리스트
① 특정 행동이나 특성 등을 나열한 목록으로 스포츠지도사가 판단을 내린 일련의 특징을 점검하도록 작성하는 방법
② 스포츠지도사가 어떤 사건이나 행동 발생 여부를 신속하게 확인하기 위해서 사용하는 측정방법
③ 쉽게 제작이 가능하며 사용이 편리하지만 적정한 문항수로 구성되어 있어야 하며, 중복성을 갖고 있는 내용이 없도록 구성해야 함
④ 대체로 '예' 혹은 '아니오'로 기술되어 있지만, 상황에 따라 다양한 용어를 추가할 수 있음(운동기능의 질적인 평가를 할 때 '우수, 보통, 미흡')
⑤ 관찰도구나 질문지로 활용 가능

❶ 평가기법
- 체크리스트
- 평정척도
- 루브릭
- 관찰법
- 학습자 일지
- 학습자 면접과 질문지법

용어해설
실제평가: 실제세계 또는 실제상황에서 요구되는 과제(경기상황 등)와 같거나 유사한 과제의 수행을 통해 피평가자의 능력이나 특성을 평가하는 방법

핵심요약&보충자료

(2) 평정척도
① 학습자 행동의 질적 차원을 양적으로 수집하기 위해 연속적 개념을 부여하여 측정하는 방법
② 학습자가 스스로 운동기능에 대해서 평가하기 용이함
③ 대표적으로 3단계, 5단계 척도를 사용하며, 행동의 적절성, 운동 기능의 향상 정도, 운동 기능의 형태적 특성 등에 관한 자료를 수집하기 위한 도구로 활용함
④ 리커트(Likert) 척도
  ㉠ 태도의 방향(긍정, 부정)이 있으며 그에 따른 강도가 있음(1~5점)
  ㉡ 3단계, 5단계, 9단계 등으로 세분화하여 사용(보통 3단계, 5단계 척도 사용)

(3) 루브릭
① 학습자의 학습 결과물이나 학습 성취 정도를 평가하기 위해 사용하는 사전에 공유하는 방법
② 지도자에게는 무엇을 평가해야 하는지 상세히 알려주고, 학습자에게는 학습의 결과로 구체적으로 요구되는 것이 무엇인지, 어떤 노력을 더 해야 하는지 구체적으로 파악할 수 있게 해줌
③ 평가 영역이 세부적으로 제시되어 있으며, 학습자들의 학습결과는 점수가 아닌 단계로 표현되어 있음
④ 학습자들의 수행이 갖고 있는 특징과 문제점의 수준이 어떠한가를 정확하게 진단하는 역할을 함

[관찰법] **기출** 25년
직접 학습자의 학습활동을 관찰하여 평가하는 방법
- 사건 기록법: 행동의 발생 횟수를 관찰을 통해 체크하는 방식
- 지속시간 기록법: 관찰을 통해 행동의 시간을 기록하는 방법
- 동간(간격) 기록법: 동일한 크기로 시간 간격을 나누어 관찰하는 방법

(4) 학습자 일지
① 학습자의 학습 진행 및 학습 내용을 상세하게 기록한 문서
② 학습자 스스로 일지를 기록함으로써, 자신의 학습을 적극적이고 책임있는 것으로 수용할 수 있도록 반성적 훈련을 시키는데 효과적

(5) 학습자 면접과 질문지법
① 면접
  ㉠ 평가자가 학습자와 직접 언어적인 대화나 의사소통을 통해 학습자의 생각이나 감정에 대한 정보를 얻는 방법
  ㉡ 학습자의 주관성을 배제하기 위해 구체적인 내용과 순서로 질문하는 구조화된 면접과 학습자에 대한 자유로운 방법으로 질문하고 정보를 수집하는 비구조화된 면접으로 나눔
② 질문지법
  ㉠ 학습자가 구체적인 질문에 직접 기술하는 자기보고식 방법
  ㉡ 개인의 지각, 감정, 동기와 같은 정의적 특성 측정 가능
  ㉢ 응답수를 제한하여 학습자가 하나의 응답을 선택할 수 있도록 하는 구조화된 질문지와 학습자가 다양한 반응을 서술할 수 있도록 하는 비구조화된 질문지로 구분
③ 면접과 질문지법을 통해 얻은 학습자에 대한 정보는 스포츠지도 시 발생하는 다양한 문제를 원만하게 풀어갈 수 있게 해주며, 새로운 교육 프로그램을 기획하는데 도움이 됨

pass.Hackers.com

출제예상문제

Chapter 07 스포츠교육의 평가론

01 평가의 목적으로 옳지 않은 것은?

① 학습자의 운동 수행 참여 및 향상 동기 촉진
② 학습결과에만 초점을 맞춰 순위를 결정하기 위해 활용
③ 학습지도 및 관리운영의 효율성을 위한 집단 편성
④ 교육 프로그램 또는 교육과정의 적합성과 적절성 확인

정답분석 평가의 목적은 학습결과에만 초점을 맞추는 것이 아닌 학습과정 등 다양한 요소에 초점을 두는 것이 바람직하다.

이론 PLUS 평가의 목적
- 교수 - 학습의 효과성 판단
- 학습자의 운동수행 참여 및 향상 동기 촉진
- 학습자의 학습상태와 학습지도에 관한 정보 제공
- 학습지도 및 관리운영의 효율성을 위한 집단 편성
- 학습자 역량 판단을 통한 이수 과정 선택 정보 제공
- 교육 프로그램 또는 교육과정의 적합성과 적절성 확인
- 교육 목표에 따른 학습 진행 상태 점검과 지도 활동 조정

정답 ②

02 <보기>에서 설명하는 평가의 기준으로 옳은 것은?

― <보기> ―
학습자의 학업성취도를 그가 속한 집단에 비추어 상대적인 비교를 통해 평가하는 방법으로 개인차에 대한 변별이 가능하다는 장점이 있으나, 과다한 경쟁심리를 조장하는 단점도 있음

① 상대평가   ② 절대평가
③ 수행평가   ④ 자기 지향 평가

정답분석 상대평가에 대한 설명으로서 학습자의 학업성취도를 그가 속한 집단에 비추어 상대적인 비교를 통해 평가하는 방법을 말한다.

선지분석
② 절대평가
→ 스포츠지도사가 학습자의 현재 성취 수준이나 행동목표의 도달 정도에 대해서 알아보기 위한 평가방법
③ 수행평가
→ 학생이 스스로 자신의 기능이나 지식을 나타낼 수 있도록 산출물을 만들거나, 행동으로 나타내거나, 답을 구성하도록 요구하는 평가방식
④ 자기 지향 평가
→ 학습자 자신의 능력이나 특성을 스스로 판단하는 평가활동

정답 ①

03 다음에 해당하는 평가기법으로 옳지 않은 것은?

배드민턴 기술	매우 그렇다	그렇다	보통	그렇지 않다	매우 그렇지 않다
롱서비스가 코트 중앙 지점에 짧게 떨어졌는가?					
하이클리어를 정확한 코스에 투구하면서 상대방을 멀리 뛰게 했는가?					
드라이브 시 네트를 중심으로 20 이상 뜨지 않게 보냈는가?					

① 학습자 행동의 질적 차원을 양적으로 수집하기 위해 연속적 개념을 부여하여 측정하는 방법이다.
② 학습자가 스스로 운동기능에 대해서 평가하기 용이하다.
③ 대표적으로 3단계, 5단계 척도를 사용하며, 행동의 적절성, 운동 기능의 향상 정도, 운동 기능의 형태적 특성 등에 관한 자료를 수집하기 위한 도구로 활용한다.
④ 어떤 사건이나 행동의 발생 여부를 신속히 확인할 때 주로 사용한다.

정답분석 제시된 내용은 평정척도에 대한 예시이다. 평정척도는 학습자 행동의 질적 차원을 양적으로 수집하기 위해 연속적 개념을 부여하여 측정하는 방법이며, 학습자가 스스로 운동기능에 대해서 평가하기 용이하다. 대표적으로 3단계, 5단계 척도를 사용하며, 행동의 적절성, 운동 기능의 향상 정도, 운동 기능의 형태적 특성 등에 관한 자료를 수집하기 위한 도구로 활용한다. ④의 내용은 체크리스트와 관련된 설명이다.

이론 PLUS 타평가 기법
- 체크리스트: 특정 행동이나 특성 등을 나열한 목록으로 스포츠지도사가 판단을 내릴 일련의 특징을 점검하도록 작성하는 방법
- 평정척도: 학습자 행동의 질적 차원을 양적으로 수집하기 위해 연속적 개념을 측정하는 방법
- 루브릭: 학습자의 학습 결과물이나 학습 성취 정도를 평가하기 위해 사용하는 사전에 공유하는 방법
- 관찰법: 직접 학습자의 학습활동을 관찰하여 평가하는 방법
- 학습자 일지: 학습자의 학습 진행 및 학습 내용을 상세하게 기록한 문서

정답 ④

04 <보기>는 타당도의 종류에 관한 내용이다. ㉠~㉢에 해당하는 용어가 바르게 연결된 것은?

―<보기>―

㉠: 어떤 측정 도구에 의해 측정된 결과점수가 준거검사로 측정된 결과점수와 비교하여 추정하는 타당도

㉡: 검사문항들이 측정하고자 하는 영역을 얼마나 잘 대표하고 있는지에 관한 정도

㉢: 측정검사도구가 집중력, 불안 등과 같은 심리적 요인과 같이 정의하기 어렵고 직접 측정할 수 없는 특성을 제대로 측정하고 있는지 밝히는 타당도

	㉠	㉡	㉢
①	준거타당도	구인타당도	내용타당도
②	구인타당도	준거타당도	내용타당도
③	준거타당도	내용타당도	구인타당도
④	구인타당도	내용타당도	준거타당도

 ㉠은 준거타당도, ㉡은 내용타당도, ㉢은 구인타당도이다.

 타당도의 종류

내용 타당도	• 검사문항들이 측정하고자 하는 영역을 얼마나 잘 대표하고 있는지에 관한 정도 • 교육프로그램 과정에서 검사 문항이 교육프로그램의 목표 또는 내용과 어느 정도 부합하는지에 관한 정도 • 객관적인 자료에 근거하지 않고, 전문가의 논리적 사고와 분석 과정을 통해 주관적으로 판단하는 타당도
준거 타당도	• 어떤 측정 도구에 의해 측정된 결과점수가 준거검사로 측정된 결과점수와 비교하여 추정하는 타당도 • 예측타당도, 공인타당도
구인 타당도	• 측정검사도구가 구인들을 제대로 측정하고 있는지 밝히는 타당도 • 측정하고자 하는 특성의 구성 요인을 얼마나 충실하고 이론적으로 잘 설명하였는지에 대해 제대로 측정하고 있는가 하는 정도

정답 ③

05 <보기>에서 설명하는 스포츠 교육 평가의 신뢰도 검사 방법은?

―<보기>―

측정도구나 질문 내 문항들 간의 연관성 여부를 파악하고, 검사 내 특정 행동이나 특징을 얼마나 잘 측정하는지 일관성을 파악함으로써 신뢰도를 측정하는 방법이다. 주로 크론바흐 알파(cronbach α) 계수를 사용하며, 계수의 값이 0.7 이상이면 측정 문항 간 내적 일관성이 높다고 할 수 있다. (신뢰성이 높다)

① 검사 - 재검사
② 내적 일관성 검사
③ 신뢰도 검사
④ 반분

 <보기>의 내용은 내적 일관성 검사에 대한 설명이다.

신뢰도를 추정하는 방법

검사 - 재검사	시간차를 두고 동일한 검사를 동일한 집단에서 두 번 실시하여 나온 검사점수 간 상관관계로 신뢰도를 측정하는 방법
동형 검사 (평행 검사)	두 개의 동형검사를 개발하여 동일한 집단으로부터 나온 검사점수들 간 상관관계로 신뢰도를 측정하는 방법
내적 일관성 검사	측정도구나 질문 내 문항들 간의 연관성 여부를 파악하고, 검사 내 특정 행동이나 특징을 얼마나 잘 측정하는지 일관성을 파악함으로써 신뢰도를 측정하는 방법
반분 신뢰도 검사	한 개의 평가도구를 한 피험자 집단에게 실시한 다음, 그것을 적절한 방법에 의해 두 부분의 점수로 분할 후, 그 두 개의 반분된 검사 점수 간의 상관관계로 신뢰도를 추정하는 방법

정답 ②

Chapter 08 스포츠교육자의 전문적 성장

 핵심요약&보충자료

❶ 학교 체육 전문인의 핵심역량

인지적 자질	지식적 측면의 역량(학생의 참여 동기 및 개인적 특성과 발달 정도 차이, 체육교과에 대한 전문적 지식)
수행적 자질	학생을 직접적으로 지도하는 데 필요한 역량(수업의 목표, 교육과정 개발 및 운영, 평가수행 및 모니터링, 다양한 체육 기관 및 공동체 구성과의 협력)
태도적 자질	인성적 자질과 태도(건전한 인성, 사명감, 전문성 개발을 위한 노력)

1 스포츠 교육 전문인의 전문역량

1. 학교 체육 전문인의 핵심역량❶ 〔기출〕 24년

(1) 인지적 자질

① 학교 체육 전문인이 가지고 있어야 할 지식적 측면의 역량

② 학생의 개인적 특성과 발달 정도 차이, 학생의 참여 동기에 대한 이해

③ 즉 체육교과에 대한 전문적 지식 보유(스포츠교육학, 스포츠심리학, 한국체육사 등)

(2) 수행적 자질

① 학교 체육 전문인이 학생을 직접적으로 지도하는 데 필요한 역량

② 학교 체육 수업의 목표, 학습자의 수준, 학습 상황에 적합한 교육과정 개발 및 운영

③ 학생의 신체 활동과 관련하여 평가 목적과 내용에 적합한 평가 방법으로 수행하고 모니터링하는 능력

④ 지역사회 및 기관, 다양한 체육 공동체 구성원(체육교사, 스포츠강사, 학교 운동부, 학부모 등) 협력관계 구축 및 조율 능력

(3) 태도적 자질

① 학교 체육 전문인에게 필요한 인성적 자질과 태도

② 건전한 인성 함양 및 교직에 대한 사명감

③ 평생 학습자로서 전문성 개발을 위한 노력

2. 생활 체육 전문인의 핵심역량 개발

(1) 인지적 자질

① **지도 대상에 대한 지식**: 유·청소년, 성인, 노인 등 생활체육 참여자에 대한 전반적인 이해(발달적, 인지적, 심리·사회적, 참여동기 등)

② **지도 내용에 대한 지식**: 지도종목에 대한 이론과 전문지식, 스포츠 전반에 대한 지식(스포츠심리학, 스포츠교육학, 운동역학, 운동생리학 등), 전술, 관련 정책 및 법령 등

③ **지도 방법에 대한 지식**: 교수기법, 동작 시범 방법, 운동수행 평가 등

④ **지도 환경에 대한 지식**: 관련 시설, 운동기구 배치, 안전사고 예방 지식, 응급처치 관련 지식 등

(2) 기능적 자질

① 스포츠 교육 프로그램 개발 및 운영 능력

② 가르치는 운동종목의 실기 능력과 종목 특성에 따른 다양한 교수기법

③ 생활체육동호회 및 클럽 관리 능력

⚲ 용어해설

핵심역량: 지도자에게 요구되는 지식·기능(수행)·태도의 총체

(3) 태도적 자질

① 생활체육 참여자의 다양한 개인차에 대한 이해 및 포용력

② 스포츠맨십, 스포츠 윤리규범 준수

3. 전문 체육 전문인의 핵심역량 개발

① 미국스포츠체육협회(National Association for Sport and Physical Education: NASPE)에서 코치(전문 체육 전문인)가 지녀야 할 전문 영역에 대해서 제시함

② 철학 및 윤리, 안전 및 상해 예방, 신체적 컨디셔닝, 성장 및 발달, 지도법 및 커뮤니케이션, 운동기능 및 전술, 조직과 운영, 평가

2 장기적 전문인 성장 및 발달

1. 형식적 성장

(1) 개념

① 체육전문인 교육을 통해 성장을 도모

② 고도로 제도화되고, 관료적이며, 교육과정에 의하여 조직된 교육을 바탕으로 성적, 학위 또는 자격증을 부여하는 교육

③ 대규모적으로 기관에 의하여 이루어짐

④ 표준화된 교육과정을 통하여 스포츠 교육 전문인들에게 공통된 지식을 체계적으로 전달

(2) 실례

대학, 대학원 등의 학위과정, 스포츠지도사 연수, 체육관련 단체 및 기관에서 운영, 발급하는 자격증 제도

2. 무형식적 성장

(1) 개념

① 공식화된 교육기관 밖에서 수행하는 조직적인 학습의 기회를 통해 성장

② 단기간에 이루어지는 교육이기 때문에 장기간 교육에 참여하기 어려운 스포츠교육 전문인에게 유용한 장점이 있음

③ 형식적 교육과는 달리 무형식적 교육은 소수의 특정 그룹에 초점이 맞추어져 있고, 정규적인 수업의 형식을 갖고 있지 않음

(2) 실례

포럼, 세미나, 워크숍, 클리닉, 컨퍼런스, 비정규 수업

3. 비형식적 성장

(1) 개념

① 교육이 아닌 일상적인 경험으로부터 얻은 배움을 통해 성장 → 경험적 학습, 노하우

② 경험에 대한 자기반성으로부터 성장이 이루어짐

③ 자기 주도적인 학습

(2) 실례

과거의 자체적인 경험, 독서, 저널 또는 잡지 구독, 비디오 시청

---

❷ 스포츠 교육 전문인으로서의 장기적 전문인 성장 방법

형식적 성장	형식적인 체육전문인 교육을 통해 성장(대학, 대학원 진학, 스포츠지도사 연수, 자격증 제도 등)
무형식적 성장	공식화된 교육기관 밖에서 수행하는 조직적인 학습의 기회를 통해 성장(포럼, 세미나, 워크숍, 컨퍼런스 등)
비형식적 성장	일상적인 경험으로부터 얻은 배움을 통해 성장(자체적인 경험, 독서, 저널, 잡지 구독, 비디오 시청 등)

출제예상문제

Chapter 08 스포츠교육자의 전문적 성장

01 <보기>에서 설명하는 학교 체육 전문인의 핵심역량으로 옳은 것은?

― <보기> ―
- 학교 체육 전문인이 가지고 있어야 할 지식적 측면의 역량
- 학생의 개인적 특성과 발달 정도 차이, 학생의 참여 동기에 대한 이해
- 가르치는 내용에 대한 지식 즉, 체육교과에 대한 전문적 지식 보유(스포츠교육학, 스포츠심리학, 한국체육사 등)

① 인지적 자질
② 기능적 자질
③ 수행적 자질
④ 태도적 자질

정답분석 학교 체육 전문인의 핵심역량은 인지적 자질, 수행적 자질, 태도적 자질로 구성되어 있으며, <보기>의 내용은 인지적 자질에 해당한다.

선지분석
② 기능적 자질
- 스포츠 교육 프로그램 개발 및 운영 능력
- 가르치는 운동종목의 실기 능력과 종목 특성에 따른 다양한 교수기법
- 생활체육동호회 및 클럽 관리 능력

③ 수행적 자질
- 학교 체육 전문인이 학생을 직접적으로 지도하는 데 필요한 역량
- 학교 체육 수업의 목표, 학습자의 수준, 학습 상황에 적합한 교육과정 개발 및 운영
- 학생의 신체 활동과 관련하여 평가 목적과 내용에 적합한 평가 방법으로 수행하고 모니터링 하는 능력
- 지역사회 및 기관, 다양한 체육 공동체 구성원(체육교사, 스포츠강사, 학교 운동부, 학부모 등) 협력관계 구축 및 조율 능력

④ 태도적 자질
- 학교 체육 전문인에게 필요한 인성적 자질과 태도
- 건전한 인성 함양 및 교직에 대한 사명감
- 평생 학습자로서 전문성 개발을 위한 노력

정답 ①

02 비형식적 성장에 대한 설명으로 옳은 것은?

① 경험에 대한 자기반성으로부터 성장이 이루어진다.
② 형식적인 체육전문인 교육을 통해 스포츠 교육 전문인의 성장을 도모한다.
③ 교육을 통해서 얻은 배움을 통해 성장한다.
④ 공식화된 교육기관 밖에서 수행하는 조직적인 학습의 기회를 통해 성장한다.

정답분석 비형식적 성장은 경험에 대한 자기반성으로부터 성장이 이루어지며, 교육이 아닌 일상적인 경험으로부터 얻은 배움을 통해 성장하는 것이다.

정답 ①

03 무형식적 성장에 해당하지 않는 것은?

① 워크숍 참여
② 클리닉 참여
③ 대학원 학위과정 진학
④ 세미나 참여

정답분석 대학원 학위과정 진학은 형식적 성장에 해당된다.

이론 PLUS
무형식적 성장
- 공식화된 교육기관 밖에서 수행하는 조직적인 학습의 기회를 통해 성장
- 단기간에 이루어지는 교육이기 때문에 장기간 교육에 참여하기 어려운 스포츠 교육 전문인에게 유용한 장점이 있음
- 형식적 교육과는 달리 무형식적 교육은 소수의 특정 그룹에 초점이 맞추어져 있고, 정규적인 수업의 형식을 갖고 있지 않음
- 포럼, 세미나, 워크숍, 클리닉, 컨퍼런스, 비정규 수업 등

정답 ③

04 <보기>에서 김 코치가 추천한 스포츠 교육 전문인의 성장 방법에 해당하는 것은?

―〈보기〉―

철민: 코치님, 제가 스포츠 교육 전문인으로 성장하기 위해서는 어떤 방법이 있을까요?

김 코치: 흠.. 여러 가지 방법이 있겠지만 일단 네가 선수 시절에 경험 했었던 것들을 정리해보는게 좋을 것 같아. 또 다른 방법으로는 코칭 관련 책이나 저널 등을 통해 다양한 지식과 정보를 얻는 것도 하나의 방법일 수 있을 것 같구나.

① 비형식적 성장　　② 무형식적 성장
③ 형식적 성장　　　④ 전인적 성장

정답분석 <보기>에서 김 코치가 추천한 스포츠 교육 전문인의 성장 방법에 해당하는 것은 비형식적 성장이다.

이론 PLUS 스포츠 교육 전문인으로의 장기적 성장 방법

형식적 성장	형식적인 체육전문인 교육을 통해 스포츠 교육 전문인의 성장을 도모
무형식적 성장	공식화된 교육기관 밖에서 수행하는 조직적인 학습의 기회를 통해 성장
비형식적 성장	교육이 아닌 일상적인 경험으로부터 얻은 배움을 통해 성장

정답 ①

05 <보기>의 스포츠 교육 전문인의 장기적 성장 및 발달 방법으로 바르게 연결된 것은?

―〈보기〉―

㉠ 대학원 진학을 통해 스포츠 교육에 대한 보다 전문적 지식을 습득하고 연구한다.
㉡ 코칭과 관련된 포럼이나 세미나 참여를 통해 새로운 지식을 습득한다.

	㉠	㉡
①	비형식적 성장	형식적 성장
②	비형식적 성장	무형식적 성장
③	형식적 성장	비형식적 성장
④	형식적 성장	무형식적 성장

정답분석 <보기>에서 ㉠은 형식적 성장, ㉡은 무형식적 성장에 대한 내용이다.

이론 PLUS

구분	실례
형식적 성장	대학, 대학원 등의 학위과정, 스포츠지도사 연수, 체육관련 단체 및 기관에서 운영, 발급하는 자격증 제도
무형식적 성장	포럼, 세미나, 워크숍, 클리닉, 컨퍼런스, 비정규 수업
비형식적 성장	과거의 자체적인 경험, 독서, 저널 또는 잡지 구독, 비디오 시청

정답 ④

2025년 기출문제

01 생활스포츠 교육 프로그램의 내용 선정 원리에 관한 설명으로 적절하지 않은 것은?

① 좋은 교육 내용이라면 실천 가능성과 관계없이 선정한다.
② 스포츠의 가치를 경험할 수 있도록 다양한 활동을 구성한다.
③ 생활스포츠의 교육목표를 성취하는 데 적합한 내용을 선정한다.
④ 참여자의 성별, 연령별 흥미와 요구를 반영하기 위한 조사를 실시한다.

정답분석 교육 내용은 반드시 실천 가능성을 고려해야 하며, 좋은 내용이라도 현실적으로 실행이 불가능하면 교육 효과가 없다고 볼 수 있다.

정답 ①

02 학교스포츠클럽 지도 시 효과적인 과제 제시 방법으로 적절하지 않은 것은?

① 실제 상황처럼 정확하게 시범을 보인다.
② 동작 설명과 시각적 정보를 함께 활용한다.
③ 은유나 비유보다는 개념 자체를 그대로 전달한다.
④ 학생이 이해할 수 있는 적절한 속도로 분명하게 전달한다.

정답분석 은유나 비유보다 개념 자체를 그대로 전달하는 것은 비효과적이다. 따라서 개념만 전달하는 것은 효과적이지 않다.

정답 ③

03 다음 설문지를 활용하는 데 가장 적절한 평가 단계는?

영역	질문 내용	응답 (√ 표기)
준비	준비된 개인 장비는?	□ 라켓 □ 운동화 □ 운동복
	테니스 강습 시 희망하는 강습 형태는?	□ 개인강습 □ 그룹강습 □ 상관없음
	최근 3년 이내 테니스 강습을 받은 경험은?	□ 있다 □ 없다
수준	포핸드 그립을 잡을 수 있는가?	□ 그렇다 □ 보통이다 □ 아니다
	백핸드 그립을 잡을 수 있는가?	□ 그렇다 □ 보통이다 □ 아니다
	스플릿 스텝을 할 수 있는가?	□ 그렇다 □ 보통이다 □ 아니다

① 진단평가 ② 종합평가
③ 형성평가 ④ 총괄평가

정답분석 강습 전 학습자의 현재 수준, 장비 및 경험 유무, 기술 수준 등을 파악하는 것으로 이는 진단평가에 해당된다.

이론 PLUS

진단평가	교육프로그램 초기에 학습자들의 출발점 위치를 알아보기 위해 수행하는 평가
종합평가	학생의 학업역량, 잠재력, 인성 등 다양한 측면에서 평가
형성평가	교육프로그램 중간에 실시되는 평가
총괄평가	교육프로그램 마지막 시기에 실시되는 평가

정답 ①

04 <보기>에서 설명하는 생활스포츠 교육 프로그램의 지도 원리로 가장 적절한 것은?

―<보기>―
- 프로그램의 다양화를 지향한다.
- 직접 참여 활동과 간접 학습 활동을 균형있게 제공한다.
- 스포츠 활동을 총제적으로 체험시켜 스포츠 학습의 질을 높인다.

① 개별성　　② 자발성
③ 적합성　　④ 통합성

정답분석 통합성은 교수·학습 내용의 다양화를 지향하고, 신체활동의 총체적 체험을 위한 지도이다.

이론 PLUS

개별성	학습자의 다양성을 고려하여 다양한 수준별로 지도
자발성	학습자가 스스로 선택하고 참여할 수 있는 기회 보장
적합성	지도자의 창의적인 지도 활동을 선정하고 활용하여 학습자의 능력을 고려하여 적합하게 선정하여 지도

정답 ④

05 <보기>에서 설명하는 링크(J. Rink)의 내용 발달 과제는?

―<보기>―
- 과제 내 발달과 과제 간 발달이 있다.
- 단순한 과제에서 복잡한 과제로 전개한다.
- 쉬운 과제에서 어려운 과제 순으로 참여한다.

① 시작형 과제　　② 확대형 과제
③ 세련형 과제　　④ 응용형 과제

정답분석 ② 확대형 과제는 학습경험을 간단한 과제에서 복잡한 과제로 또는 쉬운 과제에서 어려운 과제로 계열화하는 것이다.

정답 ②

06 <보기>에서 설명하는 협동 학습 모형의 전략은?

―<보기>―
- 1차 평가에서 모든 팀원의 점수를 합산하여 팀 점수로 발표한다.
- 지도자는 학생들과 토론하고 팀의 상호작용을 높일 수 있도록 조언한다.
- 모든 팀은 1차 평가와 동일한 과제를 반복해서 연습하고, 팀원 모두의 점수를 높이는 데 중점을 둔다.
- 2차 평가를 하여 1차 평가보다 향상된 정도에 따라 팀 점수를 부여한다.

① 직소(jigsaw)
② 팀-보조수업(team-assisted instruction)
③ 팀 게임 토너먼트(team games tournament)
④ 학생 팀-성취 배분(student teams-achievement division)

정답분석 학생팀-성취 배분(student teams-achievement division)은 경쟁·점수 기반 협동 학습모형 전략으로, 학생은 비경쟁적인 팀으로 나누고, 교사는 협동과정에 대해 학생과 토론하며 팀의 상호작용을 높일 수 있도록 조언한다.

이론 PLUS

직소(jigsaw)	학습내용을 분담해 전문가 집단에서 학습한 뒤 원 소속 집단에서 서로 가르치며 책임과 상호의존성을 강화
팀-보조수업 (team-assisted instruction)	개별 학습과 팀 학습을 결합하여 자기주도학습과 협동 성과를 함께 평가
팀 게임 토너먼트 (team games tournament)	팀별 학습 후 수준별 토너먼트를 통해 경쟁하며 점수를 팀에 반영

정답 ④

07 「생활체육진흥법」(2024.2.9. 시행)의 내용에 해당하지 않는 것은?

① 모든 국민은 건강한 신체활동과 건전한 여가 선용을 위해 생활체육을 즐길 권리를 가진다.
② 국가 및 지방자치단체는 생활체육강좌의 설치·운영에 드는 경비를 지원할 수 있다.
③ 문화체육관광부장관은 생활체육의 진흥을 위한 기본계획을 10년마다 수립·시행해야 한다.
④ 지방자치단체는 그 지역주민의 생활체육 활동을 위하여 체육동호인 조직의 육성에 필요한 시책을 마련할 수 있다.

 국민체육진흥법 제 6조에 따르면, 생활체육 진흥 기본계획은 5년마다 수립·시행하도록 규정되어 있다.

08 <보기>에서 설명하는 링크(J. Rink)의 교수 전략은?

―<보기>―
- 상황에 따라 지시형 또는 연습형 스타일로 활용될 수 있다.
- 지도자는 과제의 단서를 선정하고 명확하게 전달해야 한다.
- 주로 집단 전체를 대상으로 하는 움직임 과제를 내용으로 산정한다.

① 동료 교수(peer teaching)
② 상호작용 교수(interactive teaching)
③ 스테이션 교수(station teaching)
④ 자기교수 전략(self-instruction strategies)

 상호작용 교수(interactive teaching)는 지도자가 모든 교과 내용 및 기준을 정하여 직접 지도하고, 구체적인 피드백 제공을 통해 학습자의 반응을 이끌어내는 수업 방식이다.

① 동료 교수(peer teaching): 학생들이 짝을 이루어 과제를 가르치고 피드백을 제공하는 방식
③ 스테이션 교수(station teaching): 지도자가 교육목표나 내용에 따라 학습자들을 나누고, 둘 또는 그 이상의 과제들이 동시에 진행되도록 학습 환경을 정리한 형태의 수업 방식
④ 자기교수 전략(self-instruction strategies): 학습자 개인 지도자의 지도나 도움 없이 스스로 학습활동을 수행하는 방식

정답 ②

09 <보기>에서 모스턴(M. Mosston)의 교수 스타일에 관한 설명으로 옳은 것을 모두 고른 것은?

―<보기>―
ㄱ. 교수 스타일은 비대비 접근 방식에 근거를 둔다.
ㄴ. 교수 스타일마다 의사결정의 주도권은 교사에게 있다.
ㄷ. 교수 스타일의 A-E까지는 창조가 중심이 된다.
ㄹ. 교수 스타일은 과제 활동 전, 중, 후의 의사결정으로 구분된다.

① ㄱ, ㄴ ② ㄱ, ㄹ
③ ㄱ, ㄷ, ㄹ ④ ㄴ, ㄷ, ㄹ

ㄱ. 비대비 접근 방식에 근거하며, 각 스타일은 단절된 것이 아니라 연속선 상에 위치한다.
ㄹ. 교사는 과제 활동 전, 중, 후의 의사결정으로 구분하는 것으로 지시형 스타일 A(모방)이다.

ㄴ. 모스턴의 체육 교수 스타일 중 A-E(모방)는 교사중심이지만, F-K(창조)에서는 학생에게 점차적으로 의사결정권이 이양된다.
ㄷ. 교수 스타일의 A-E는 모방 영역이다. 창조 중심은 F-K 스타일이 중심이 된다.

정답 ②

10

그리핀(L. Griffin), 미첼(S. Mitchell), 오슬린(J. Oslin)의 게임 수행 평가 도구(GPAI)를 활용하여 학생의 게임 수행 능력을 측정한 표이다. 게임 수행 점수가 높은 학생 순으로 바르게 나열한 것은?

이름/ 측정항목	의사결정		기술실행		보조하기	
	적절	부적절	효율적	비효율적	적절	부적절
디온	3회	1회	3회	1회	3회	1회
세연	2회	2회	5회	0회	2회	2회
유나	2회	2회	2회	0회	2회	0회

① 유나 → 세연 → 다은
② 다은 → 세연 → 유나
③ 유나 → 다은 → 세연
④ 다은 → 유나 → 세연

정답분석

의 경우, 비대비 접근 방식에 근거하며, 각 스타일은 단절된 것이 아니라 연속선상에 위치한다.
의 경우, 교사는 과제 활동 전, 중, 후의 의사결정으로 구분하는 것으로 지시형 스타일 A(모방)이다.

이론PLUS

 모스턴의 체육 교수 스타일 중 A-E(모방)는 교사중심이지만, F-K(창조)에서는 학생에게 점차적으로 의사결정권이 이양된다.
 교수 스타일의 A-E는 모방 영역이다. 창조 중심은 F-K 스타일이 중심이 된다.

정답 ②

11

<보기>의 내용에 해당하는 모스턴(M. Mosston)의 교수 스타일은?

─── <보기> ───
- 지도자는 난이도가 다른 과제를 선정하고 조직한다.
- 학생은 자신에게 맞는 난이도의 과제를 선택하고 참여한다.
- 높이뛰기의 경우, 학생들은 바(bar)의 높이가 다른 연습 과제를 선택할 수 있다.

① 연습형
② 포괄형
③ 자기점검형
④ 상호학습형

정답분석

포괄형은 기술 수준이 다양한 학습자들이 자신이 수행할 수 있는 난이도를 선택하여 과제에 참여하는 스타일이다.

선지분석

- 연습형: 피드백을 포함한 기억/모방 과제를 학습자가 개별적으로 연습하는 스타일
- 자기점검형: 학습자가 과제를 독자적으로 수행하고 스스로 평가하는 스타일
- 상호학습형: 특정 기준에 의하여 주어진 사회적 상호작용 및 피드백을 제공하는 스타일

정답 ②

12 <보기>의 소프(R. Thorpe), 벙커(D. Bunker), 알몬드(L. Almond)의 이해 중심 게임 수업 모형의 단계 중 ㉠, ㉡에 들어갈 용어는?

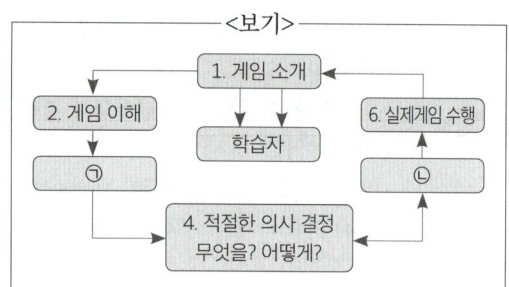

	㉠	㉡
①	전술 이해	기술 연습
②	과제 제시	기술 연습
③	기술 연습	전술 이해
④	전술 이해	게임 설계

정답분석 학습자가 게임을 통해 게임 수행에 대한 전술적 지식과 게임 기능을 익히게 하는 교수모형이다.
㉠ 전술 이해: 주요한 전술 문제들을 게임 상황에서 제시함으로써 학생의 전술 인지 발달
㉡ 기술 연습: 게임 유사 활동을 통해 전술적 지식과 기능 수행을 결합

이론PLUS
• 과제 제시: 게임상황에서 과제를 올바르게 이해하고 수행하려는 시도를 평가
• 게임 설계: 게임을 조직하고 변형하여 학습 목표를 반영하는 능력을 평가

정답 ①

13 학교스포츠클럽 대회 운영 방식에 관한 설명으로 적절하지 않은 것은?

① 통합리그 유형은 조별리그 유형보다 경기 수가 많다.
② 스플릿(split) 리그는 통합리그의 성적을 바탕으로 그룹을 나누어 리그전을 진행하는 방식이다.
③ 더블 엘리미네이션(double elimination) 토너먼트는 모든 팀의 순위 산정이 가능한 방식이다.
④ 싱글 엘리미네이션(single elimination) 또는 녹아웃(knockout) 토너먼트의 패배 팀은 패자부활전으로 상위 라운드 진출이 가능하다.

정답분석 싱글 엘리미네이션(single elimination) 또는 녹아웃(knockout) 토너먼트는 패배 즉시 탈락하는 원칙이다.

이론PLUS 학교스포츠클럽 운영유형

구분	세부유형	장점	단점
리그	통합리그	• 경기수 많음 • 우승팀의 권위	경기력 편차 (순위 고착화)
	조별리그	빠른 진행	경기수가 적음
	스플릿리그 (상위/하위리그)	경기력 평준화	동일한 팀과의 경기수가 많음
토너먼트	싱글 엘리미네이션 or 녹아웃 토너먼트	간단한 경기방식	• 경기수 적음 • 우승팀 외 순위 산정 어려움
	더블 엘리미네이션 토너먼트 (패자부활전)	• 적절한 경기 수 • 모든팀의 순위 산정 가능	경기력 외 요소 작용 가능
	스플릿 토너먼트	모든 팀의 동일한 경기 수 보장	• 복잡한 경기방식 • 패자전 관심 저하
리그+ 토너먼트	조별리그 후 토너먼트	짧은 시즌	조 간 경기력 편차
	통합 리그 후 플레이오프	적절한 경기 수	하위 팀 동기저하

정답 ④

14 <보기>에서 「국민체육진흥법」(2024.10.31. 시행) 제6조 '학교 체육의 진흥을 위한 조치'의 내용 중 학생 체력증진 및 체육활동 육성을 위한 학교의 역할을 모두 고른 것은?

―――――<보기>―――――
ㄱ. 운동회나 체육대회의 실시
ㄴ. 운동경기부와 선수의 육성·지원
ㄷ. 학생에 대한 한 종목 이상의 운동 권장과 지도
ㄹ. 체육동호인조직의 결성 등 학생의 자발적 체육 활동의 육성·지원

① ㄱ, ㄷ ② ㄱ, ㄴ, ㄷ
③ ㄱ, ㄴ, ㄹ ④ ㄱ, ㄴ, ㄷ, ㄹ

정답분석 국민체육진흥법 제 6조의 내용 중 학생 체력증진 및 체육활동 육성을 위한 학교의 역할은 <보기>의 내용을 모두 포함하고 있다.

이론 PLUS

내용	의미
운동회나 체육대회의 실시	학생들의 참여 경험과 공동체 의식 함양
운동경기부와 선수의 육성·지원	학생 선수의 활동 보장 및 경기부 운영 지원
학생에 대한 한 종목 이상의 운동 권장과 지도	최소 1개 종목 이상 체험 및 학습 의무화
체육동호인조직의 결성 등 학생의 자발적 체육 활동의 육성·지원	자율적·자발적 체육 활동 보장

정답 ④

15 다음은 지도자의 교수 행동을 사건 기록법으로 관찰·기록한 표이다. 이 체계적 관찰 방법에 관한 설명으로 가장 적절한 것은?

행동	피드백 유형			
	긍정적	부정적	교정적	가치적
횟수	正正正正	正正	正正正	正
합계	20회	10회	15회	5회
비율	40%	20%	30%	10%

① 교수-학습에 관한 질적 정보를 얻기 위해 주로 활용한다.
② 지도자와 학생의 상호작용에 관한 기록을 간단히 측정할 수 있다.
③ 일정한 시간 간격을 기준으로 학생의 행동을 관찰 하고 측정한다.
④ 교수-학습 시간 활용에 관한 구체적 정보가 필요할 때 사용한다.

정답분석 사건기록법은 특정 행동 발생 횟수 관찰을 통해 체크하는 방식으로, 특정 행동의 발생 횟수를 기록함으로써 상호작용 빈도를 간단히 측정할 수 있다.

선지분석
① 교수-학습에 관한 양적 정보를 얻기 위해 주로 활용한다.
③ 일정한 시간 간격을 기준으로 학생의 행동을 관찰하고 측정하는 관찰법은 시간 표집법이다.
④ 교수-학습 시간 활용에 관한 구체적 정보가 필요할 때 사용하는 관찰법은 지속 기록법이다.

정답 ②

16 <보기>에서 인지적 영역이 학습 영역의 1순위인 학습자를 모두 고른 것은?

─── <보기> ───
ㄱ. 직접 교수 모형에서의 학습자
ㄴ. 개별화 지도 모형에서의 학습자
ㄷ. 전술 게임 모형에서의 학습자
ㄹ. 스포츠 교육 모형에서 코치의 역할을 부여 받은 학습자
ㅁ. 동료 교수 모형에서 개인교사 역할을 부여 받은 학습자

① ㄱ, ㄴ, ㅁ ② ㄴ, ㄷ, ㄹ
③ ㄷ, ㄹ, ㅁ ④ ㄴ, ㄷ, ㄹ, ㅁ

 ㄷ, ㄹ, ㅁ은 인지적 영역이 학습 영역의 1순위 학습자이다.

 ㄱ. 직접교수모형에서의 학습자는 교사가 수업의 리더 역할로 심동적 영역의 1순위 학습자
ㄴ. 개별화 지도 모형에서의 학습자의 경우, 수업 진도는 학생이 결정하는 심동적 영역의 1순위 학습자

정답 ③

[17~18] 다음은 배구스포츠클럽을 지도하는 박 코치의 지도일지이다.

─── <보기> ───
오늘 수업 내용은 배구 서브였다. ㉠ 출석 점검 후, ㉡ A팀은 서브 연습을 하였고, B팀은 서브 정확성이 낮은 학생이 많아 ㉢ 내가 서브 시범을 보여 주었다. C팀은 장난하는 학생이 많아 그때그때 ㉣ 손가락으로 학생의 부정적 행동을 가리키며 제지했다. 배구공이 부족해서 ㉤ D팀은 경기장 밖에서 대기하게 했다. 연습을 마친 후에는 ㉥ 학생들이 배구공과 네트를 정리하도록 했다.

17 <보기>의 ㉠~㉥ 중 수업 운영 시간에 해당하는 것을 모두 고른 것은?

① ㉠, ㉣ ② ㉡, ㉢
③ ㉠, ㉡, ㉢ ④ ㉠, ㉣, ㉥

 ㉠ 출석을 확인하는 행정적 업무
㉣ 학생의 행동을 관리하고 통제하는 활동
㉥ 실제 게임 활동을 하는 학습활동
㉠, ㉣, ㉥은 수업 운영 시간에 해당한다.

㉡ 학습 활동 시간: 실제 배구 기능을 연습하는 활동
㉢ 교수 활동 시간: 코치가 직접 시범을 보이는 활동

정답 ④

---

18 <보기>의 ㉣에 해당하는 온스타인(A. Ornstein)과 레빈(D. Levine)이 제시한 부정적 행동 관리 전략은?

① 퇴장(time-out)
② 삭제 훈련(omission training)
③ 신호 간섭(signal interference)
④ 접근 통제(proximity control)

③ 신호 간섭(signal interference): 손가락으로 학생의 부정적인 행동을 가리키며 제지하는 상황은 시선, 손짓 등 학습자의 부주의한 행동을 감소시키는 지도자의 행동으로 볼 수 있다.

① 퇴장(time-out): 학생을 활동에서 분리
② 삭제 훈련(omission training): 좋은 행동에 대한 보상 제거
④ 접근 통제(proximity control): 방해 행동을 하는 학습자에게 지도자가 학생에게 물리적으로 접근하는 것

정답 ③

19 <보기>는 마튼스(R. Martens)의 전문체육 프로그램 개발 단계이다. ㉠, ㉡에 들어갈 용어는?

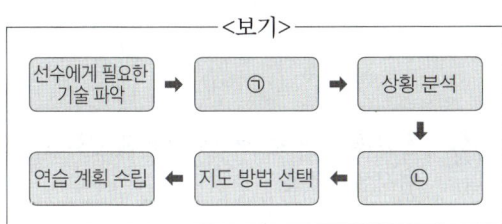

	㉠	㉡
①	선수 이해	우선순위 결정 및 목표 설정
②	선수 이해	전술 선택
③	종목 이해	우선순위 결정 및 목표 설정
④	종목 이해	전술 선택

정답분석 <보기>는 마튼스(R. Martens)의 전문체육 프로그램 개발 6단계로 ㉠ 선수 이해(2단계) ㉡ 우선순위 결정 및 목표 설정(4단계)로 볼 수 있다.

이론PLUS 전문 체육 프로그램 개발 6단계(R. Martens)

단계 구분	단계 명칭	내용
1단계	선수에게 필요한 기술 파악	코치는 선수에게 필요한 기술이 무엇인지 파악하고, 어떤 전략으로 지도해야 하는지 고려해야 함
2단계	선수 이해	선수의 발달 단계(신체적, 심리적, 사회적) 및 환경적 요소를 파악해야함
3단계	상황 분석	코치는 지도계획을 수립하기 전에 주변 상황(선수, 공간, 기자재 등)에 대해서 분석해야 함
4단계	우선 순위 결정 및 목표 설정	언제, 어디서, 무엇을, 어떻게 할 것인지에 대한 리스트를 정하고, 목표를 단기, 중기, 장기로 설정해야 함
5단계	지도 방법 선택	상황 분석, 우선 순위 결정 및 목표 설정이 이루어지고 나면, 그것을 바탕으로 체계적으로 지도할 수 있는 지도방법을 선택해야 함
6단계	연습 계획 수립	일일 지도, 연습 계획 및 시즌 계획을 수립하여 체계적으로 지도를 수행해야 함

정답 ①

20 <보기>는 사회인 야구팀을 지도하는 조 코치의 지도 일지이다. ㉠에 해당하는 질문 유형과 ㉡에 해당하는 운동 기능 유형은?

<보기>
- 투수의 투구 시간이 너무 오래 걸려 지난 시간에 배운 '피치 클락'을 알고 있는지 확인하기 위해 ㉠ "투구 제한 시간이 몇 초이지?"라고 질문했지만 선수가 제대로 대답하지 못해 다시 한번 알려줌
- 투수의 제구력이 불안정하여 ㉡ 포구 그물에 공을 정확하게 던져 넣는 연습을 반복하게 함

	㉠	㉡
①	회상형(회고적) 질문	개방기능
②	회상형(회고적) 질문	폐쇄기능
③	수렴형(집중적) 질문	개방기능
④	수렴형(집중적) 질문	폐쇄기능형

정답분석 <보기>에서 조코치의 질문은 "투구 제한 시간이 몇 초이지?" 이미 알고 있는 사실에 대해 묻고 있으며, 과거에 학습한 내용을 떠올리게 하는 질문으로 회상형(회고적) 질문이다. 또한 "포구 그물에 공을 정확하게 던져 넣는"은 정확한 목표지점이 있으며, 일정한 패턴으로 반복 가능한 동작으로, 폐쇄기능으로 볼 수 있다.

정답 ②

2024년 기출문제

01 슐만(L. Shulman)의 '교사 지식 유형' 중 가르칠 교과목 내용에 관한 지식에 해당하는 것은?

① 내용 지식(content knowledge)
② 내용교수법 지식(pedagogical content knowledge)
③ 교육환경 지식(knowledge of educational contexts)
④ 학습자와 학습자 특성 지식(knowledge of leaners and their characteristics)

 슐만(L. Shulman)의 '교사 지식 유형' 중 가르칠 교과목 내용은 내용지식이다.

 슐만(L.Shulman)의 7가지 교사 지식

구분	의미
내용지식	가르칠 교과 내용에 대한 지식
지도방법 지식	모든 교과에 적용되는 지도법에 대한 지식
내용교수법 지식	특정 학생에게 어느 교과나 주제를 특정한 상황에서 지도할 수 있는 방법에 대한 지식
교육과정 지식	각 학년에 발달 단계에 적합한 내용과 프로그램에 대한 지식
교육환경 지식	수업환경에 영향을 미치는 지식
학습자와 학습자 특성 지식	수업에 영향을 미치는 학습자에 관한 지식
교육목적 지식	목적, 목표 및 교육시스템의 구조에 관한 지식

정답 ①

02 동료 평가(peer assessment)에 관한 설명으로 적절하지 않은 것은?

① 학생들의 비평 능력이 향상될 수 있다.
② 교사는 학생에게 평가의 정확한 방법을 숙지시킨다.
③ 학생은 교사에게 받은 점검표를 통해 서로 평가한다.
④ 교사와 학생 간 대화를 통해 심층적인 정보를 수집한다.

 교사와 학생 간 대화를 통해 심층적인 정보를 수집하는 경우, 교사와 학생 간 인터뷰 면접법의 주요 유형으로 구조화된 면접, 반구조화된 면접, 비구조화된 면접, 심층 면접 등이 있다.

 평가기법

구분	의미
체크리스트	특정 행동이나 특성 등을 나열한 목록으로 (예/아니오)와 같이 충족 여부를 체크하는 평가 기법
평정척도	학습자 행동의 질적 차원을 양적차원으로 수집하기 위해 연속적 개념을 부여하여 측정하는 방법(리커트 척도)
루브릭	학습자의 학습 결과물이나 학습 성취 정도를 평가하기 위해 사용하는 사전에 공유된 기준
관찰법	학습자가 직접 학습활동을 관찰하여 평가하는 방법
학습자 일지	학습자의 학습 진행 및 내용을 상세하게 기록한 문서
학습자 면접과 질문지법	평가자가 학습자와 직접 언어적인 대화나 의사소통을 통해 학습자의 생각이나 감정에 대한 정보를 얻는 방법과 학습자가 구체적인 질문에 직접 기술하는 자기보고식 방법

정답 ④

03

<보기>에서 설명하는 박 코치의 '스포츠 지도 활동'에 해당하는 용어는?

―― <보기> ――

박 코치는 관리시간을 줄이기 위해서 다음과 같이 지도 활동을 반복한다. 출석 점검은 수업 전에 회원들이 스스로 출석부에 표시하게 한다. 이후 건강에 이상이 있는 회원들을 파악한다. 수업 중에는 대기시간을 최소화하기 위해 모둠별로 학습 활동 구역을 미리 지정한다. 수업 후에는 일지를 회수한다.

① 성찰적 활동
② 적극적 활동
③ 상규적 활동
④ 잠재적 활동

정답분석
- 상규적 활동은 스포츠 지도 중 빈번히 일어나는 학습자의 행동을 의미한다.
- 수업시작, 출석 점검, 화장실 출입, 수업 준비 상태 확인, 물 마시기 등에 해당되며, 상규적 활동을 효율적으로 관리하면 학습자들의 스포츠 활동 참여 시간을 증가시킬 수 있다.
- 또한 우수한 지도자의 경우 연습 기회 및 관련 피드백을 부여하여 학습자들이 상규적 활동을 자동적으로 처리할 수 있도록 해야 한다.

정답 ③

04

글로버(D. Glover)와 앤더슨(L. Anderson)이 인성을 강조한 수업 모형 중 <보기>의 ㉠, ㉡에 해당하는 것을 바르게 제시한 것은?

―― <보기> ――

㉠ '서로를 위해 서로 함께 배우기'를 통해 팀원 간 긍정적 상호의존, 개인의 책임감 수준 증가, 인간관계 기술 및 팀 반성 등을 강조한 수업

㉡ '통합, 전이, 권한 위임, 교사와 학생의 관계'를 통해 타인의 권리와 감정 존중, 자기 목표 설정 가능, 훌륭한 역할 본보기 되기 등을 강조한 수업

	㉠	㉡
①	스포츠교육 모형	협동학습 모형
②	협동학습 모형	개인적·사회적 책임감 지도 모형
③	협동학습 모형	스포츠교육 모형
④	개인적·사회적 책임감 지도 모형	협동학습 모형

정답분석
- 협동학습 모형: 서로를 위해 서로 함께 배우기로 기본적인 설계는 각 학생들에게 수업 관리 정보, 과제 제시, 과제 구조, 수행기준 및 오류 분석이 포함된 학습활동 및 평가를 하나의 묶음으로 구성하여 수업 자료를 제공하는 것
- 개인적·사회적 책임감 지도(TPSR) 모형: 통합, 전이, 권한 위임, 교사와 학생의 관계 통해 학생 스스로와 타인에 대한 책임을 어떻게 져야 하는지 그 방법을 연습하고 배우는 기회 제공을 목적으로 함

이론 PLUS

모형의 주제와 책임감 수준 주제

구 분	특 징
통합	신체 활동 내용의 학습과 개인적 사회적 책임감의 학습을 통합
전이	학교체육관 → 방과 후, 지역 사회 전이
권한위임	학생이 삶에서 통제 가능한 많은 부분들을 광범위하게 자상적으로 인지하고 실천, 또는 학생들이 자신이 삶의 조난자가 아니라 삶에서 생겨나는 많은 것을 책임지는 주체적 입장임을 인지하고 실천
교사와 학생의 관계	개인적·사회적 책임감 지도(TPSR) 모형에서 가장 기본적인 요소, 경험, 정직, 믿음 및 의사소통에 의해 형성되는 개인적 대인 관계에 기초

정답 ②

05 <보기>의 ㉠~㉢에 들어갈 교사 행동에 관한 용어가 바르게 제시된 것은?

―<보기>―
- (㉠)은 안전한 학습 환경, 피드백 제공
- (㉡)은 학습 지도 중에 소방 연습과 전달 방송 실시
- (㉢)은 학생의 부상, 용변과 물 마시는 활동의 관리

	㉠	㉡	㉢
①	직접기여 행동	간접기여 행동	비기여 행동
②	직접기여 행동	비기여 행동	간접기여 행동
③	비기여 행동	직접기여 행동	간접기여 행동
④	간접기여 행동	비기여 행동	직접기여 행동

정답분석
- 직접기여 행동: 학생이 학습이나 팀 활동에서 목표 달성을 위해 책임감 있는 주도적인 행동(과제의 명료화 및 강화, 생산적인 학습환경 유지 등)
- 비기여 행동: 학생이 학습이나 팀 활동에서 목표달성에 전혀 도움이 되지 않거나, 오히려 방해되는 행동(목표와 무관한 행동, 부정적인 분위기 조성 등)
- 간접기여 행동: 학생이 학습이나 과제면에서 두드러지지 않지만, 동료 학생들에게 긍정적 영향을 주어 학급이나 팀 활동에 도움을 주는 행동(부상당한 학습자 돌보기, 학생들의 연습경기 심판보기 등)

정답 ②

06 <보기>의 ㉠~㉢에 들어갈 기본 움직임 기술을 바르게 제시한 것은?

―<보기>―

기본 움직임	예시
(㉠)	걷기, 달리기, 뛰기, 피하기 등
(㉡)	서기, 앉기, 구부리기, 비틀기 등
(㉢)	치기, 잡기, 배팅하기 등

	㉠	㉡	㉢
①	이동 움직임	비이동 움직임	표현 움직임
②	전략적 움직임	이동 움직임	표현 움직임
③	전략적 움직임	이동 움직임	조작 움직임
④	이동 움직임	비이동 움직임	조작 움직임

정답분석
- 이동 움직임: 물체 또는 도구를 사용하지 않고 공간 이동을 포함한 신체 활동
- 비이동 움직임: 공간 이동이 없고 물체 또는 도구를 사용하지 않는 운동 기능
- 조작 움직임: 물체를 통제하기 위한 목적으로 용·기구를 한손 또는 두 손으로 다루는 운동이며, '도구'는 일반적으로 '기구'로 사용

이론 PLUS 움직임 기능에 따른 분류 방법

움직임기능	의미
비이동운동 기능	공간 이동이 없고 물체 또는 도구를 사용하지 않은 운동 기능(한발로 균형잡기)
이동운동 기능	물체 또는 도구를 사용하지 않고 공간 이동을 포함한 신체운동(한발로 뛰기)
물체조작 기능	손이나 몸에 고정시키지 않은 상태에서 도구를 조작하는 운동(공, 훌라후프 받기)
도구조작 기능	물체를 통제하기 위한 목적으로 용·기구를 한 손 또는 두 손으로 다루는 운동이며, '도구'는 일반적으로 '기구'로 사용(라켓으로 치기)
전략적 움직임과 기능	역동적인 상황에서 적용되는 움직임 형태(축구 등의 공격상황)
표현 및 분석적 움직임	느낌, 개념, 생각, 주제를 표현하기 위한 움직임(무용 등과 같이 표현하는 동작)

정답 ④

07 학교체육진흥법(시행 2024.3.24.) 제10조 '학교스포츠클럽 운영'의 내용에 해당하지 않는 것은?

① 학교스포츠클럽을 운영하는 경우 전담교사를 지정해야 한다.
② 전담교사에게 학교 예산의 범위에서 소정의 지도수당을 지급한다.
③ 활동 내용은 학교생활기록부에 기록하지만, 상급학교 진학자료로 활용할 수 없다.
④ 학교의 장은 학교스포츠클럽을 운영하여 학생들의 체육활동 참여기회를 확대해야 한다.

학교스포츠클럽 활동 내용을 학교생활기록부에 기록하여 상급학교 진학자료로 활용할 수 있도록 하여야 한다.

학교체육진흥법 제10조(학교스포츠클럽 운영)
① 학교의 장은 학생들이 신체활동 프로그램에 참여할 수 있도록 학교스포츠클럽을 운영하여 학생들의 체육활동 참여 기회를 확대하여야 한다.
② 학교의 장은 제1항에 따라 학교스포츠클럽을 운영하는 경우, 학교스포츠클럽 전담교수를 지정하여야 한다.
③ 제2항에 따른 학교스포츠클럽 전담교사에게는 학교 예산의 범위에서 소정의 지도수당을 지급한다.
④ 학교의 장은 학교스포츠클럽 활동내용을 학교생활기록부에 기록하여 상급학교 진학자료로 활용할 수 있도록 하여야 한다.
⑤ 학교의 장은 교육부령으로 정하는 바에 따라 일정 비율 이상의 학교스포츠클럽을 해당 학교의 여학생들이 선호하는 종목의 학교스포츠클럽으로 운영하여야 한다.

정답 ③

08 다음 중 모스턴(M. Mostton) '상호학습형 교수 스타일'에 관한 설명으로 적절하지 않은 것은?

① 학습자는 교과내용을 선정한다.
② 학습자는 수행자나 관찰자의 역할을 수행한다.
③ 관찰자는 지도자가 제시한 수행 기준에 따라 피드백을 제공한다.
④ 지도자는 관찰자의 질문에 답하고, 관찰자에게 피드백을 제공한다.

확산 발견형 스타일(창조): 학생이 처음으로 교과 내용을 발견하고 선택함에 있어 구체적인 인지 작용을 통해 어떤 문제에 대한 다양한 반응을 발견할 수 있는 수업 스타일

(1) 모스턴의 체육교수 스타일

모방	지시형, 연습형, 상호학습형(교류형), 자기 점검형, 포괄형스타일
창조	유도발견형, 수렴발견형, 확산발견형, 자기 설계형, 자기 주도형, 자기학습형 스타일

(2) 상호학습형(교류형) 스타일(모방)
㉠ 특정 기준에 의하여 주어진 사회적 상호작용 및 피드백
㉡ 교사는 모든 교과내용 및 기준을 정하고, 세부 운영절차와 관련된 결정을 내리며, 관찰자에게 피드백을 제공함
㉢ 학습자는 동료와 함께 짝을 이루어 움직임을 수행하는 역할을 함
㉣ 한명의 학습자는 주어진 과제를 수행하고, 9가지 의사결정을 내리며, 다른 한 명의 학습자는 교사가 개발한 과제활동지를 사용하여 즉각적이면서, 지속적인 피드백을 제공하는 관찰자의 역할을 함
㉤ 처음 연습이 끝나고 나면 학습자와 관찰자는 서로 역할을 교대함

정답 ①

09

<보기>에서 '학교체육 전문인 자질'로 ㉠~㉢에 들어갈 용어를 바르게 제시한 것은?

― <보기> ―

(㉠)	(㉡)	(㉢)
학습자 이해 교과지식	교육과정 운영 및 개발 수업 계획 및 운영 학습 모니터 및 평가 협력관계 구축	교직 인성 사명감 전문성 개발

	㉠	㉡	㉢
①	교수	기능	태도
②	지식	수행	태도
③	지식	기능	학습
④	교수	수행	학습

정답분석
㉠은 지식, ㉡은 수행, ㉢은 태도이다.

이론PLUS

학교 체육 전문인의 핵심역량

인지적 자질	• 학교 체육 전문인이 가지고 있어야 할 지시적 측면의 역량 • 학생 개인의 특성과 신체활동 학습 및 발달 정도 차이, 학생의 참여동기에 대한 이해 • 체육 교과에 관한 전문적 지식 보유(스포츠교육학, 스포츠심리학 등)
수행적 자질	• 학교 체육 전문인이 학생을 직접적으로 지도하는 데 필요한 역량 • 체육수업의 목표, 학습자 수준, 학습 상황에 적합한 교육 과정 개발 및 운영 • 학생의 신체활동과 관련한 평가 목적, 내용 등에 적합한 평가 방법 수행하고 모니터링하는 능력 • 체육 공동체 구성원, 지역사회 및 기관 등과의 협력관계 구축 및 조율 능력
태도적 자질	• 학교체육 전문인에게 필요한 인성과 태도 • 건전한 인성과 교직에 대한 사명감 • 평생 학습자로서 전문성 개발을 위한 끊임없는 노력

정답 ②

10

<보기>에서 설명하는 모스턴(M. Moston)의 교수 스타일의 '인지(사고) 과정' 단계는?

― <보기> ―
• 학습자가 해답을 찾고자 하는 욕구가 있는 단계이다.
• 학습자에 대한 자극(질문)이 흥미, 욕구, 지식 수준과 적합할 때 이 단계가 발생한다.
• 학습자에게 알고자 하는 욕구를 실행에 옮기도록 동기화 시키는 단계이다.

① 자극(stimulus)
② 반응(response)
③ 사색(mediation)
④ 인지적 불일치(dissonance)

정답분석
<보기>는 인지적 불일치(dissonance) 단계에 해당한다.

구성요소	의미
자극(stimulus)	기억을 검색하도록 유도하는 외부 자극(교사의 질문, 수행과제, 문제상황발생 등)
인지적 불일치 (dissonance)	자극이 인지적 부조화를 유발하고 알고자 하는 욕구를 실행에 옮기도록 동기화 시키는 단계의 과정
사색(mediation)	인지적 불일치를 해결하고자 구체적으로 비교, 분석, 구성 등을 사고하는 과정
반응(response)	사색의 결과가 기억, 발견, 그리고 창조 등의 형태로 나타나는 과정

정답 ④

11
<보기>에서 국민체육진흥법(시행 2024.3.15.) 제11조의 '스포츠윤리 교육 과정'에 관한 내용으로 옳은 것만을 모두 고른 것은?

─── <보기> ───
㉠ 도핑 방지 교육
㉡ 성폭력 등 폭력 예방 교육
㉢ 교육부장관령으로 정하는 교육
㉣ 스포츠 비리 및 체육계 인권침해 방지를 위한 예방 교육

① ㉠, ㉡
② ㉡, ㉢, ㉣
③ ㉠, ㉡, ㉣
④ ㉠, ㉡, ㉢, ㉣

정답분석 ㉠, ㉡, ㉣이 옳은 내용이다.

이론PLUS 제11조(체육지도자의 양성)
① 국가는 국민체육 진흥을 위한 체육지도자의 양성과 자질 향상을 위하여 필요한 시책을 마련하여야 한다.
② 문화체육관광부장관은 대통령령으로 정하는 자격 요건을 갖춘 사람으로서 체육지도자 자격검정(이하 "자격검정"이라 한다)에 합격하고 체육지도자 연수과정(이하 "연수과정"이라 한다)을 이수한 사람에게 문화체육관광부령으로 정하는 바에 따라 체육지도자의 자격증을 발급한다. 다만, 학교체육교사 및 선수(문화체육관광부장관이 지정하는 프로스포츠단체에 등록된 프로스포츠선수를 포함한다) 등 대통령령으로 정하는 사람에게는 대통령령으로 정하는 바에 따라 자격검정이나 연수과정의 일부(제3항에 따른 스포츠윤리교육은 제외한다)를 면제할 수 있다. <개정 2012.2.17, 2020.2.4, 2024.2.6.>
③ 연수과정에는 다음 각 호의 사항으로 구성된 스포츠윤리교육 과정이 포함되어야 한다. <신설 2020.2.4, 2020.8.18, 2024.2.6>
 1. 성폭력 등 폭력 예방교육
 2. 스포츠비리 및 체육계 인권침해 방지를 위한 예방교육
 3. 도핑 방지 교육
 4. 그 밖에 체육의 공정성 확보와 체육인의 인권보호를 위하여 문화체육관광부령으로 정하는 교육
④ 제2항에 따라 자격검정이나 연수를 받거나 자격증을 발급 또는 재발급 받으려는 사람은 문화체육관광부령으로 정하는 바에 따라 수수료를 납부하여야 한다.
⑤ 체육지도자의 종류·등급·검정 및 자격 부여 등에 필요한 사항은 대통령령으로 정한다. <개정 2012.2.17, 2020.2.4.>
[시행일: 2025.1.1] 제11조 제2항, 제11조 제3항

정답 ③

12
<보기>의 '수업 주도성 프로파일'에 해당하는 체육수업 모형은?

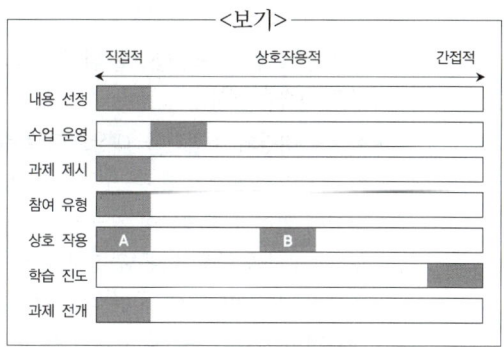

① 동료교수 모형
② 직접교수 모형
③ 개별화지도 모형
④ 협동학습 모형

정답분석 동료교수모형에 해당한다.
[특징]
- 주제: 나는 너를 너는 나를 가르친다.
- 학생이 수행하는 연습 시도에 대한 관찰 부족과 교사로부터 제한된 피드백의 문제점을 해결하기 위해 고안된 수업 모형
- 직접교수 모형의 변형으로 학생들은 조(짝)을 이루어 제시된 과제에 따라 학습 과제를 완수
- 교사가 제시한 과제에 따라 학생이 교사와 학습자의 두 가지 역할을 교대로 수행 및 학습하며, 학생이 개인교사의 역할을 대리 수행
- 개인교사는 학습자에게 다음 수행의 개선과 관련된 교정적 피드백을 제공

이론PLUS 교수모형별 주제

모형	의미
직접 교수 모형	교사가 수업의 리더
개별화 지도 모형	수업 진도는 학습자가 결정
협동 학습 모형	서로를 이해 서로 함께 배우기
스포츠 교육 모형	유능하고 박식하며 열정적인 스포츠인으로의 성장
동료 교수 모형	나는 너를 가르치고, 너는 나를 가르친다
탐구 수업 모형	문제 해결자로서의 학습자
전술 게임 모형	이해 중심 게임 지도
개인적·사회적 책임감 지도모형	통합, 전이, 권한 위임, 교사-학생의 관계

정답 ①

13 <보기>에서 설명하는 시덴탑(D. Siedentop)의 교수(teaching) 기능 연습법에 해당하는 용어는?

<보기>
김 교사는 교수 기능의 향상을 위해 다음과 같은 절차로 연습을 했다.
- 학생 6~8명의 소집단을 대상으로 학습 목표와 평가 방법을 설명한 후, 수업을 진행한다.
- 수업에 참여한 학생들의 질문지 자료를 토대로 김 교사와 학생, 다른 관찰자들이 모여 김 교사의 교수법에 대해 '토의'를 한다.
- 객관적인 자료를 근거로 교수 기능 효과를 살핀다.

① 동료 교수 ② 축소 수업
③ 실제 교수 ④ 반성적 교수

정답분석 반성적 교수는 교수 기능의 통찰력을 키우는 연습방법으로 객관적인 자료를 근거로 교수 기능 효과를 살피는 연습법이다.

이론PLUS 교수기능 연구 방법

종류	내용
1인 연습	혼자 교수 기능을 연습할 때 녹음기를 사용하여 자신의 언어 행동에 대해서 녹음하고 다시 듣기를 통해 수정해 나갈 수 있으며, 엄지를 치켜세우거나 인정의 시선을 보내는 등의 비언어적 행동은 거울 앞에 서서 연습하는 방법
동료 교수	동료 직전 체육교사를 중·고등학교 학생들로 간주하고 모의수업을 진행하면서 교수 능력을 향상시키는 연습 방법
마이크로 티칭 (축소 수업)	예비 지도자가 소수의 학생들을 배정하고, 단기간 제한된 내용으로 가르치는 연습 방법
반성적 교수	한명의 직전 체육교사가 나머지 직전 교사들을 가르치고 이후 수업을 반성적으로 평가하면서 교수 기능의 통찰력을 키우는 연습 방법
현장 소집단 교수	학생 수와 수업 시간을 크게 줄여서 단위 수업을 하는 연습 방법
현장 대집단 단시간 교수	학급 전체 학생들을 단시간 가르치고, 이를 통해 수업을 조직하거나 운영하는 연습 방법
실제 교수	직전 체육교사가 일정 기간 동안 여러 학습을 책임지고, 그동안 개발한 교수 기능을 실제 연습하는 방법

정답 ④

14 스포츠강사의 자격조건에 관한 설명으로 옳은 것은?

① 「초·중등교육법」 제2조 제2호에 따른 초등학교에 스포츠강사를 배치할 수 없다.
② 「국민체육진흥법」 제2조 제6호에 따른 체육지도자 중에서 스포츠강사를 임용할 수 있다.
③ 「학교체육진흥법」 제2조 제6항에 따라 학교에 소속되어 학교운동부를 지도·감독하는 사람을 말한다.
④ 「학교체육진흥법」 제4조 재임용 여부는 강사로서의 자질, 복무 태도, 학생의 만족도, 경기 결과에 따라 결정하여야 한다.

정답분석 「국민체육진흥법」 제2조 제6호에 따른 체육지도자 중에서 스포츠강사를 임용할 수 있다.

이론PLUS 학교체육진흥법 시행령 제4조(스포츠강사의 자격기준 등)
① 초등학교의 장은 법 제13조 제2항에 따라 국민체육진흥법 제2조제6호에 따른 체육지도자 중에서 스포츠 강사를 임용할 수 있다.
② 초등학교의 장은 스포츠강사를 1년 단위로 계약하여 임용할 수 있다.
③ 초등학교의 장은 스포츠강사를 재임용할 때에는 다음 각 호의 사항을 평가한 후 그 결과에 따라 재임용 여부를 결정하여야 한다.
  1. 강사로서의 자질
  2. 복무 태도
  3. 학생의 만족도

정답 ②

15 메츨러(M. Metzler)가 제시한 '체육학습 활동' 중 정식 게임을 단순화하고 몇 가지 기능에 초점을 두며 진행하는 것은?

① 역할 수행(role-playing)
② 스크리미지(scrimmage)
③ 리드-업 게임 (lead-up game)
④ 학습 센터(learning centers)

정답분석 리드-업 게임 (lead-up game)에 대한 설명이다.

이론PLUS 전술 게임 모형 관련 지식(변형 게임의 과제 구조)
㉠ 변형 게임의 과제 구조는 '대표적'이면서 동시에 '과장'되어야 함
㉡ 게임 형식은 반드시 정식 게임을 대표할 수 있어야 하며, 전술 기능 개발에 초점을 둘 수 있도록 상황이 과장되어야 함
㉢ 대표적(대표성): 학생이 실제 상황에서 수행하고 실제로 전술을 결정할 수 있도록 정식 게임과 상황 설명을 매우 유사하게 해야 함
㉣ 과장(과장성): 학생이 오직 움직임의 전술 문제에만 초점을 두도록 게임 형식이 설정되어야 함
㉤ 스크리미지(scrimmage): 게임도중 티칭모멘트 발생 시 게임을 중단하고, 전략 및 전술을 지도하는 수업활동
㉥ 리드-업 게임 (lead-up game): 각종 구기의 원형을 쉽게 배울 수 있도록 개량한 수업활동

정답 ③

16

<보기>는 시덴탑(D. Siedentop)이 제시한 '스포츠 교육 모형'의 특징을 설명한 것이다. ㉠~㉢에 들어갈 용어가 바르게 제시된 것은?

─── <보기> ───
- 이 모형의 주제 중에 (㉠)은 스포츠를 참여하는 태도와 관련된 정의적 영역이다.
- 시즌 중 심판으로서 역할을 할 때 학습영역 중 우선하는 것은 (㉡) 영역이다.
- 학습자 수준에 적합하게 경기 방식을 (㉢)해서 참여를 유도한다.

	㉠	㉡	㉢
①	박식	정의적	고정
②	열정	인지적	변형
③	열정	정의적	변형
④	박식	인지적	고정

 ㉠은 열정, ㉡은 인지적, ㉢은 변형이다.

 시덴탑(D. Siedentop)이 제시한 '스포츠교육 모형'(6가지 특성)
→ 유능하고 박식하며 열정적인 스포츠인으로 성장하기

구분	특징
시즌	연습기간, 시즌 전 기간, 정규 시즌 기간 등을 포함한 장시간의 기간을 의미
팀소속	팀의 일원으로 시즌 끝날 때까지 모든 학생은 시즌 동안 팀의 모둠원이 됨
공식경기	학생은 시즌을 조직하고 운영하는 의사결정을 참여 경기운영 방법이나 규칙을 결정함
결승전행사	시즌은 토너먼트, 팀 경쟁 또는 개인 경쟁 등 통해 최종 결승전 행사를 실시함
기록 보존	게임은 경기 수행에 대한 기록을 양산하며 이를 평가자료 및 흥미유발 소재로 활용
축제화	축제의 성격을 지니고 있으며, 공식 경기를 비롯한 다양한 활동은 축제의 성격을 지님

정답 ②

17

<보기>에서 설명하는 체육수업 연구 방법으로 적절한 것은?

─── <보기> ───
- 연구의 특징은 집단적(협동적), 역동적, 연속적으로 이루어짐
- 연구의 절차는 문제 파악-개선계획-실행-관찰-반성 등으로 순환하는 과정임
- 연구의 주체는 지도자가 동료나 연구자의 도움을 받아 자신의 수업을 탐구함

① 문헌(literature) 연구
② 실험(experiment) 연구
③ 현장개선(action) 연구
④ 근거이론(grounded theory) 연구

 현장개선 연구는 실천활동과 연구가 결합된 개념으로 교육자가 자신의 업무를 수행하는 과정에서 당면하는 여러 가지 문제를 해결하기 위해 수행하는 연구이다. 교육과정, 교수학습을 개선하거나 관련 지식을 증가시킬 목적으로 자신의 아이디어를 실제상황 속에서 시험해 보는 과정이다.

① 문헌(literature) 연구: 연구 주제에 대한 서적, 논문 등의 자료를 파악하여 종합하고 분석하는 방법이다.
② 실험(experiment) 연구: 과학적인 방법을 사용하여 원인과 결과 사이의 관계를 탐구하고, 이를 이해하기 위해 체계적으로 설계된 현상을 관찰하고 조작하는 연구방법이다.
④ 근거이론(grounded theory) 연구: 질적 연구의 일환으로서 귀납적 성격의 이론을 발견, 생성해 내는 연구방법이다.

정답 ③

18 학습자 비과제 행동을 예방하고 과제 지향적인 수업을 유지하기 위한 교수 기능 중 쿠닌(J. Kounin)이 제시한 '동시처리(overlapping)'에 해당하는 것은?

① 수업의 흐름을 유지하면서 수업 이탈 행동 학생을 제지하는 것이다.
② 학생들의 행동을 항상 인지하고 있다는 것을 알리는 것이다.
③ 학생의 학습 활동을 중단시키고 잠시 퇴장 시키는 것이다.
④ 모든 학생에게 과제에 몰입하도록 경각심을 주는 것이다.

정답분석 쿠닌의 교수 기능은 학습 파괴행동을 예방하고, 과제 지향적인 수업을 유지하는 데 유용한 교수 기능이다.

종류	내용
상황이해(파악)	교사가 학생들의 모든 행동을 파악하고 있다는 인식
동시처리	교사가 교실에서 동시에 여러 가지 상황을 관리하는 능력
유연한 수업연계	교사가 수업활동의 흐름을 끊지 않고 부드럽게 이끌어 가는 것
여세유지	교사가 수업진행을 늦추거나 중단시키지 않고 계속해서 활기차게 수업을 전개해 나가는 것
집단 경각	교사가 모든 학생들이 과제에 몰두할 수 있도록 지도하는 것
학생의 책무성	교사가 학생에게 수업 중 과제수행에 대한 책임감을 부여하는 것

정답 ①

19 <그림>은 '국민체력100'의 운영 체계이다. 체력인증센터가 이용자에게 제공하는 서비스가 아닌 것은?

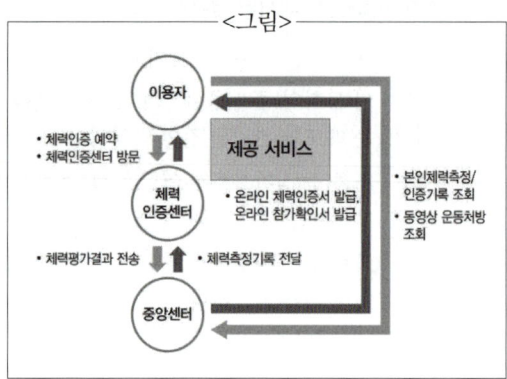

① 체력측정 서비스
② 맞춤형 운동처방
③ 국민 체력 인증서 발급
④ 스포츠클럽 등록 및 운영지원

정답분석
- 국민체력100은 국민의 체력 및 건강 증진에 목적을 두고 체력상태를 과학적 방법에 의해 측정·평가하여 운동상담 및 처방을 해주는 대국민 무상 스포츠 복지 서비스이다.
- 체력인증센터를 통해 ㉠ 체력측정 서비스, ㉡ 맞춤형 운동처방, ㉢ 국민 체력인증서 발급 등이 제공된다.

선지분석 ④ 스포츠클럽은 2022년 6월 16일부터 스포츠클럽법에 따라 지역사회 내 스포츠클럽에 등록하고, 지역사회나 학교에서 스포츠 활동을 활성화하고 지속 가능한 스포츠 문화를 조성하기 위한 제도이다.

정답 ④

20 <보기>에서 해당하는 평가기법으로 적절한 것은?

―<보기>―
- 운동 수행을 평가하는 데 자주 사용하는 평가 방법이다.
- 운동 수행의 질적인 면을 파악하여 수준이나 숫자를 부여하는 평가 방법이다.

① 평정척도 ② 사건기록법
③ 학생저널 ④ 체크리스트

정답분석 평정척도는 운동 수행을 평가하는 데 자주 사용하는 평가방법으로 운동 수행의 질적인 면을 파악하여 수준이나 숫자를 부여하는 방법이다.

이론PLUS 여러 가지 평가기법

종류	내용
체크리스트	특정 행동이나 특성 등을 나열한 목록으로 스포츠지도사가 판단을 내린 일련의 특징을 점검하도록 작성하고, 대체로 "예" 혹은 "아니오"로 기술되지만, 상황에 따라 다양한 용어를 추가할 수 있음(운동 기능의 질적인 평가를 할 때, 우수, 보통, 미흡)
평정척도	학습자 행동의 질적 차원을 양적으로 수집하기 위한 연속적 개념을 부여하는 측정 방법(만족/보통/불만족)
루브릭	학습자의 학습 결과물이나 학습 성취 정도를 평가하기 위해 사용하는 사전에 공유된 기준
관찰법	직접 학습자의 학습활동을 관찰하여 평가하는 방법
학습자 일지	학습자의 학습진행 및 학습내용을 상세하게 기록한 문서
학생저널	학생들이 글을 쓰고 출판하는 저널로, 학교나 특정 학문 분야 내에서 학생들이 연구, 리포트 등을 공유
사건기록법	행동의 발생 횟수 관찰을 통해 체크하는 방식

정답 ①

2023년 기출문제

01. <보기>에서 설명하는 스포츠 교육 평가의 신뢰도 검사 방법은?

<보기>
- 동일한 검사에 대해 시간차를 두고 2회 측정해서 측정값을 비교해 차이가 작으면 신뢰도가 높고, 크면 신뢰도가 낮은 것으로 판단한다.
- 첫 번째와 두 번째 측정 사이의 시간 차이가 너무 길거나 짧으면 신뢰도가 낮게 나올 수 있다.

① 검사 - 재검사   ② 동형 검사
③ 반분 신뢰도 검사   ④ 내적 일관성 검사

정답분석 <보기>의 내용은 신뢰도 검사 방법 중 검사 - 재검사에 관한 내용이다. 검사 - 재검사는 시간차를 두고 동일한 검사를 동일한 집단에서 두 번 실시하여 나온 검사점수 간 상관관계로 신뢰도를 측정하는 방법이다.

이론PLUS 신뢰도 추정 방법

검사 - 재검사	• 시간차를 두고 동일한 검사를 동일한 집단에서 두 번 실시하여 나온 검사점수 간 상관관계로 신뢰도를 측정하는 방법 • 안정성 계수라고도 함
동형 검사 (평행 검사)	• 두 개의 동형검사를 개발하여 동일한 집단으로부터 나온 검사점수들 간 상관관계로 신뢰도를 측정하는 방법 • 전제조건으로 동일한 내용 및 속성을 측정해야 하고, 문항수, 난이도, 변별도 등의 문항 특성이 동일해야 함
내적 일관성 검사	• 측정도구나 질문 내 문항들 간의 연관성 여부를 파악하고, 검사 내 특정 행동이나 특징을 얼마나 잘 측정하는지 일관성을 파악함으로써 신뢰도를 측정하는 방법 • 반분검사 신뢰도: 한 번 시행한 검사 점수를 두 개로 나누어 두 검사점수 간의 상관관계를 추정하는 신뢰도

정답 ①

02. <보기>의 수업 장면에서 활용한 모스턴(M. Mosston)의 교수 스타일에 관한 설명으로 적절하지 않은 것은?

<보기>

신체활동	축구
학습목표	인프런트킥으로 상대방 수비수를 넘겨 동료에게 패스할 수 있다.

수업장면
지도자: 네 앞에 상대방 수비수가 있을 때, 수비수를 넘겨 동료에게 패스하려면 어떻게 공을 차야 할까? 학습자: 상대방 수비수를 넘길 수 있을 정도의 높이로 공을 띄워야 해요. 지도자: 그럼, 발의 어느 부분으로 공의 밑 부분을 차면 수비수를 넘길 수 있을까? 학습자: 발등과 발 안쪽의 중간 지점이요. (손가락으로 엄지발가락을 가리킨다) 지도자: 좋은 대답이야. 그럼, 우리 한 번 상대방 수비수를 넘기는 킥을 연습해볼까?

① 지도자는 논리적이며 계열적인 질문을 설계해야 한다.
② 지도자는 질문에 대한 학습자의 해답을 검토하고 확인한다.
③ 지도자는 학습자에게 예정된 해답을 즉시 알려준다.
④ 지도자는 학습자와 지속적으로 상호작용하며 의사결정을 한다.

정답분석 <보기>의 내용은 학습자가 해답을 발견할 수 있도록 유도하는 질문을 지도자가 제시하는 유도 발견형 스타일에 대한 내용이다. 그러므로 예정된 해답을 즉시 알려준다는 내용은 유도 발견형 스타일과는 맞지 않는 내용이다.

이론PLUS 유도발견형 스타일 F
- 교사에 의해 부과되는 연속적인 질문을 통해 미리 예정되어 있는 해답을 학습자가 발견하도록 유도하는 방법
- 교사는 학습자가 발견해야 할 목표 개념을 포함한 일련의 단계적이고 논리적인 질문을 설계하며, 교과와 관련 있는 모든 의사결정을 함
- 학습자는 교사에 의해 주어진 질문에 대한 해답을 발견하기 위해 과제를 수행하고, 교사가 정해준 과제 내에서 학습내용의 일부분에 대해서만 의사결정을 내릴 수 있음

정답 ③

03
다음 중 로젠샤인(B. Rosenshine)과 퍼스트(N. Furst)가 제시한 학습성취와 관련된 지도자 변인에 해당하지 않는 것은?

① 지도자의 경력
② 명확한 과제 제시
③ 지도자의 열의
④ 프로그램의 다양화

정답분석 지도자의 경력은 학습성취와 관련된 지도자 변인에 해당하지 않는다.

이론 PLUS 로젠샤인(Rosenshine)과 퍼스트(Furst)의 학업 성취와 관련된 5가지 변인
- 명확한 과제 제시: 학습 지도, 시범, 토론 등을 학생들에게 명확하게 전달
- 교사의 열의: 긍정적 학습 분위기 조성을 위해서는 교사에게 열의가 있어야 하며, 이는 활발한 학습을 진행하는 원동력이 됨
- 수업 활동의 다양화: 학생들이 지루함을 느끼지 않기 위해 학습 내용에 몰두 할 수 있도록 다양한 활동을 활용하여 지도해야 함
- 과제 지향적/능률적 교수 행동: 교육의 가장 중요한 목적이 교과학습을 중시하는 것이며, 교과 학습은 우수 교사가 가장 중시하는 변인임
- 수업 내용의 적절성: 교과를 강조하는 변인으로 적절한 수업 내용의 구성이 필요함

정답 ①

04
링크(J. Rink)가 제시한 교수 전략(teaching strategy) 중 한 명의 지도자가 수업에서 공간을 나누어 두 가지 이상의 과제를 동시에 진행하는 것은?

① 자기 교수(self teaching)
② 팀 티칭(team teaching)
③ 상호 교수(interactive teaching)
④ 스테이션 교수(station teaching)

정답분석 스테이션 교수는 지도자가 교육목표나 내용에 따라 학습자들을 나누고, 둘 또는 그 이상의 과제들이 동시에 진행되도록 학습 환경을 정리한 형태의 수업 방식이다.

이론 PLUS 링크(J. Rink)가 제시한 교수 전략

자기 교수	학습자 개인 지도자의 지도나 도움 없이 스스로 학습활동을 수행하는 방식
스테이션 교수	지도자가 교육목표나 내용에 따라 학습자들을 나누고, 둘 또는 그 이상의 과제들이 동시에 진행되도록 학습 환경을 정리한 형태의 수업 방식
팀 티칭	여러 명의 지도자들이 한 조(팀)를 이루어 학습자들을 지도하는 방식
상호 교수	지도자가 모든 교과 내용 및 기준을 정하여 직접 지도하고, 구체적인 피드백 제공을 통해 학습자의 반응을 이끌어내는 수업 방식

정답 ④

05
<보기>는 국민체육진흥법(2022.8.11. 시행) 제18조의3 '스포츠윤리센터의 설립'에 관한 내용이다. ⊙과 ⓒ에 들어갈 용어가 바르게 연결된 것은?

―<보기>―
체육의 (⊙) 확보와 체육인의 (ⓒ)를 위하여 스포츠윤리센터를 설립한다.

① ⊙: 정당성, ⓒ: 권리 강화
② ⊙: 정당성, ⓒ: 인권 보호
③ ⊙: 공정성, ⓒ: 권리 강화
④ ⊙: 공정성, ⓒ: 인권 보호

정답분석 스포츠 윤리센터는 체육의 공정성 확보와 체육인의 인권 보호를 위하여 설립되었다.

정답 ④

06
스포츠 교육 프로그램의 지도 원리에 관한 설명이 적절하지 않은 것은?

① 개별성의 원리: 개인차를 고려한 다양한 수준별 지도
② 효율성의 원리: 학습자 스스로 내용을 파악하고 문제해결
③ 적합성의 원리: 지도자의 창의적인 지도 활동의 선정과 활용
④ 통합성의 원리: 교수·학습 내용의 다양화와 신체 활동의 총체적 체험

정답분석 효율성의 원리는 보다 과학적이고 전문적인 스포츠 교육 지도법을 활용하여 프로그램을 효율적으로 지도하는 것이다.

정답 ②

07 직접교수모형에 관한 설명으로 적절하지 않은 것은?

① 학습 영역의 우선순위는 심동적 영역이다.
② 스키너(B. Skinner)의 조작적 조건화 이론에 근거한다.
③ 지도자 중심으로 의사결정이 이루어져 학습자의 과제참여 비율이 감소한다.
④ 수업의 단계는 전시과제 복습, 새 과제 제시, 초기 과제 연습, 피드백과 교정, 독자적 연습, 본시 복습의 순으로 진행된다.

- 직접교수모형은 지도자가 수업의 리더 역할을 하고 지도자 중심으로 수업내용, 관리, 학생의 참여 등에 대한 모든 의사결정이 이루어지며, 지도자 주도적 참여 형태를 갖는다. 하지만, 이로 인해 학습자의 과제참여 비율이 감소하는 것은 아니며, 학습자들은 지도자의 지도하에 연습 과제와 스포츠 기술 및 기능 연습에 높은 비율로 참여할 수 있다.
- 직접교수모형은 행동주의 심리학자인 스키너의 조작적 조건화 이론에서 파생된 교수 모형으로 학습 영역 우선순위는 심동적 영역, 인지적 영역, 정의적 영역 순이다. 또한, 수업의 단계는 전시 과제 복습, 새로운 과제 제시, 초기 과제 연습, 피드백 및 교정, 독자적인 연습, 본시 복습의 순으로 진행된다.

정답 ③

08 스포츠기본법(2022.6.16. 시행) 제7조 '스포츠 정책 수립·시행의 기본원칙' 중 국가와 지방자치단체의 스포츠 정책에 관한 고려사항에 해당하지 않는 것은?

① 스포츠 활동을 존중하고 사회 전반에 확산되도록 할 것
② 스포츠 대회 참가 목적을 국위선양에 두어 지원할 것
③ 스포츠 활동 참여와 스포츠 교육의 기회가 확대되도록 할 것
④ 스포츠의 가치를 존중하고 스포츠의 역동성을 높일 수 있을 것

스포츠기본법 제7조(스포츠 정책 수립·시행의 기본원칙) 국가와 지방자치단체는 스포츠에 관한 정책을 수립하고 시행할 때에는 다음 각 호의 사항을 충분히 고려하여야 한다.
1. 스포츠권을 보장할 것
2. 스포츠 활동을 존중하고 사회전반에 확산되도록 할 것
3. 국민과 국가의 스포츠 역량을 높이기 위한 여건을 조성하고 지원할 것
4. 스포츠 활동 참여와 스포츠 교육의 기회가 확대되도록 할 것
5. 스포츠의 가치를 존중하고 스포츠의 역동성을 높일 수 있을 것
6. 스포츠 활동과 관련한 안전사고를 방지할 것
7. 스포츠의 국제 교류·협력을 증진할 것

정답 ②

09 모스턴(M. Mosston)의 포괄형(inclusion) 교수 스타일에 관한 설명으로 적절하지 않은 것은?

① 지도자는 발견 역치(discovery threshold)를 넘어 창조의 단계로 학습자를 유도한다.
② 지도자는 기술 수준이 다양한 학습자들의 개인차를 수용한다.
③ 학습자가 성취 가능한 과제를 선택하고 자신의 수행을 점검한다.
④ 과제 활동 전·중·후 의사결정의 주체는 각각 지도자·학습자·학습자 순서이다.

포괄형 교수 스타일은 기존 지식의 재생산(모방)을 강조하는 수업 방식이다.

포괄형 스타일 E - 모방
- 기술 수준이 다양한 학습자들이 자신이 수행할 수 있는 난이도를 선택하여 과제에 참여하는 것
- 교사는 과제의 난이도를 선정하고, 교과내용과 수업 운영 절차에 대한 모든 의사결정을 함
- 학습자는 자신이 성취할 수 있는 수준을 조사하고, 시작점을 선택하여 과제를 연습하고 필요할 경우 과제 수준을 수정하며, 평가기준에 맞추어 자신의 수행을 점검함

정답 ①

10 <보기>에서 설명하는 링크(J. Rink)의 학습 과제 연습 방법은?

─── <보기> ───
- 복잡한 운동 기술의 경우, 기술의 주요 동작이나 마지막 동작을 초기 동작보다 먼저 연습하게 한다.
- 테니스 서브 과제에서 공을 토스하는 동작을 연습하기 전에 공을 라켓에 맞추는 동작을 먼저 연습한다.

① 규칙 변형
② 역순 연쇄
③ 반응 확대
④ 운동 수행의 목적 변환

정답분석 <보기>의 내용은 역순 연쇄와 관련된 내용이다. 역순 연쇄는 마지막 동작부터 처음 동작으로 가능 등의 과제를 발생 순서에 반대되는 순서에 따라 지도하는 방법이다.

이론PLUS 학습 과제 연습 방법(J. Rink)

규칙 변형	경기 규칙의 변화를 통해 학습자 수준에 맞도록 난이도를 조절하는 방법
역순 연쇄	마지막 동작부터 처음 동작으로 가능 등의 과제를 발생 순서에 반대되는 순서에 따라 지도하는 방법
반응 확대	학습한 것을 새로운 활동에 적응할 수 있는 경험으로 발전시키는 방법
운동 수행의 목적 전환	효율적인 운동 수행 경험

정답 ②

11 <보기>에 해당하는 쿠닌(J. Kounin)의 교수 기능은?

─── <보기> ───
- 지도자가 자신의 머리 뒤에도 눈이 있다는 듯이 학습자들의 행동을 파악하는 것
- 지도자가 학습자들 간에 발생하는 사건을 인지하는 것

① 접근통제(proximity control)
② 긴장 완화(tension release)
③ 상황이해(with-it-ness)
④ 타임아웃(time-out)

정답분석 쿠닌의 학습 파괴행동 예방에 유용한 교수기능 중 상황이해는 지도자가 학생들이 무엇을 하고 있는지 항상 알고 있어야 한다는 의미를 갖고 있다.

이론PLUS 쿠닌의 학습 파괴행동을 예방하고 과제 지향적인 수업을 유지하는 데 유용한 교수 기능이다.

상황이해 (파악)	교사가 학생들이 무엇을 하고 있는지 항상 알고 있어야 함
동시처리	교사가 동시에 2가지 일을 처리하는 것
유연한 수업전개	교사가 수업활동의 흐름을 끊지 않고 부드럽게 이끌어 가는 것
여세유지	교사가 수업진행을 늦추거나 중단시키지 않고 계속해서 활력 있게 수업을 전개해 나가는 것
집단 경각	교사가 모든 학생들이 과제에 몰두할 수 있도록 지도하는 것
학생의 책무성	교사가 학생에게 수업 중 과제수행에 대한 책임감을 부여하는 것

정답 ③

12. <보기>에서 활용된 스포츠 지도 행동의 관찰기법은?

――― <보기> ―――
- 지도자: 강 감독
- 수업내용: 농구 수비전략
- 관찰자: 김 코치
- 시간: 19:00~19:50

	피드백의 유형	표기(빈도)	비율
대상	전체	VVVVV(5회)	50%
	소집단	VVV(3회)	30%
	개인	VV(2회)	20%
성격	긍정	VVVVVVVV(8회)	80%
	부정	VV(2회)	20%
구체성	일반적	VVV(3회)	30%
	구체적	VVVVVVV(7회)	70%

① 사건 기록법(event recording)
② 평정 척도법(rating scale)
③ 일화 기록법(anecdotal recording)
④ 지속시간 기록법(duration recording)

 <보기>에 해당되는 관찰기법은 사건 기록법이다. 사건 기록법은 행동의 발생 횟수를 관찰을 통해 체크하는 방식의 관찰기법이다.

 직접 학습자의 학습활동을 관찰하여 평가하는 방법
- 사건 기록법: 행동의 발생 횟수를 관찰을 통해 체크하는 방식
- 지속시간 기록법: 관찰을 통해 행동의 시간을 기록하는 방법
- 동간(간격) 기록법: 동일한 크기로 시간 간격을 나누어 관찰하는 방법

정답 ①

13. 배구 수업에서 운동기능이 낮은 학습자의 참여 증진을 위한 스포츠 지도 방법으로 적절하지 않은 것은?

① 네트 높이를 낮춘다.
② 소프트한 배구공을 사용한다.
③ 서비스 라인을 네트와 가깝게 위치시킨다.
④ 정식 게임(full-sided game)으로 운영한다.

 운동기능이 낮은 학습자의 참여 증진을 위해서는 정식 게임이 아닌 변형 게임을 운영해야 한다.

 변형 게임의 과제 구조(그리핀, 미첼, 오슬린)
- 변형게임의 과제 구조는 '대표적'이면서 동시에 '과장'되어야 함
- 게임 형식은 반드시 정식 게임을 대표할 수 있어야 하며, 전술 기능 개발에 초점을 둘 수 있도록 상황이 과장되어야 함
- 대표적(대표성): 학생이 실제 환경에서 수행하고 실제로 전술을 결정할 수 있도록 정식 게임과 상황 설정을 매우 유사하게 해야 함
- 과장(과장성): 학생이 오직 움직임의 전술 문제에만 초점을 두도록 게임 형식이 설정되어야 함

정답 ④

14. 메이거(R. Mager)가 제시한 학습 목표 설정의 요소가 아닌 것은?

① 설정된 운동수행 기준
② 운동수행에 필요한 상황과 조건
③ 학습자에게 기대되는 성취행위
④ 목표 달성이 불가능할 경우의 대처방안

 학습 목표는 일반목표와 행동목표로 구분하고, 일반목표는 학습의 포괄적인 영역을 의미하며, 행동목표는 성취해야 하는 특정한 운동 수행 기준을 3가지 목표(심동적, 정의적, 인지적)로 구성한다. 메이거(R. Mager)가 제시한 학습 목표 설정의 요소는 운동 수행에 필요한 상황과 조건, 성취해야 하는 행동, 기능, 지식, 설정된 운동수행 기준으로 구성된다.

정답 ④

15 <보기>에서 메츨러(M. Metzler)의 탐구수업모형에 관한 설명으로 옳은 것을 모두 고른 것은?

―<보기>―
㉠ 모형의 주제는 '문제 해결자로서의 학습자'이다.
㉡ 학습 영역의 우선순위는 심동적, 인지적, 정의적 순이다.
㉢ 지도자는 학습자가 '생각하고 움직이기'를 할 수 있도록 과제를 제시한다.
㉣ 지도자의 질문에 학습자가 바로 대답하지 못하는 경우 즉시 답을 알려준다.

① ㉠, ㉢
② ㉡, ㉢
③ ㉠, ㉡, ㉢
④ ㉠, ㉡, ㉣

정답분석
㉠ 메츨러의 탐구수업모형의 주제는 '문제 해결자로서의 학습자'이다.
㉢ 질문을 기반으로 학습자의 사고력, 문제해결 능력, 탐구심 등을 기를 수 있게 해준다.

선지분석
㉡ 학습영역의 우선순위는 인지적 영역, 심동적 영역, 정의적 영역 순이다.
㉣ 지도자의 질문에 학습자가 바로 대답하지 못하는 경우 학습자가 답을 찾기 위한 기회를 제공한다.

정답 ①

16 스포츠 참여자 평가에서 심동적(psychomotor) 영역에 해당하는 것은?

① 몰입
② 심폐지구력
③ 협동심
④ 경기 규칙 이해

정답분석
• 심동적 영역은 신체적 활동이나 능력 향상의 목적과 목표가 있는 영역으로 반사동작, 기초기능, 지각 능력, 신체 능력, 복합 기술, 운동해설 능력이 해당된다. 심폐지구력은 심동적 영역에 해당된다.
• 정의적 영역은 움직임과 연관된 감정, 태도, 가치, 사회적 행동, 성격, 가치관 등을 포함한 학습영역을 의미한다. 인지적 영역은 정보처리와 관련된 지식 또는 능력(논리, 개념, 사실, 기억, 회상)을 의미한다.

정답 ②

17 <보기>에 해당하는 운동기능의 학습 전이(transfer) 유형은?

―<보기>―
야구에서 배운 오버핸드 공 던지기가 핸드볼에서 오버핸드 공 던지기 기능으로 전이되는 경우이다.

① 대칭적 전이
② 과제 내 전이
③ 과제 간 전이
④ 일상으로의 전이

정답분석
<보기>의 내용은 과제 간 전이에 대한 설명이다. 과제 간 전이는 한 가지 기능이나 과제의 학습이 다른 기능이나 과제로 전이되는 것을 의미한다.

이론 PLUS
[학습의 전이]
전이는 앞에 연습한 결과가 뒤따르는 운동수행이나 학습에 미치는 효과 또는 영향을 의미함

정적 전이	학습한 기능이 새로운 기능의 학습에 도움이 되는 경우
부적 전이	선행학습의 결과가 후행학습에 방해를 일으키는 경우
순행 전이	먼저 배운 과제의 수행 경험이 나중에 배우는 과제의 학습에 영향을 주는 경우
역행 전이	나중에 배운 과제수행이 전에 학습한 기능에 영향을 주는 경우
중립적 전이	선행학습이 후행학습에 전혀 영향을 미치지 않는 경우
과제 간 전이	한 가지 기능이나 과제의 학습이 다른 기능이나 과제로 전이되는 것
과제 내 전이	한 가지 조건에서 학습한 기능이 다른 조건으로 전이되는 것
대칭적 전이	한쪽 팔과 다리로 연습한 것이 반대쪽 팔과 다리의 연습에 영향을 미치는 것

정답 ③

18 스포츠 교육 프로그램의 구성요소에 대한 설명으로 적절하지 않은 것은?

① 평가: 프로그램을 개선하는 데 도움을 준다.
② 내용: 스포츠 지도의 철학, 이념 또는 비전이다.
③ 지도법: 프로그램을 체계적으로 전달하는 방법이다.
④ 목적 및 목표: 일반적인 목표와 구체적인 목표로 구분할 수 있다.

 스포츠 교육 프로그램의 구성요소 중 '내용'은 학습자가 배워야할 내용들을 나열한 후 학습 목표, 학습자의 현재 능력, 지식, 태도, 소요되는 총 시간 등을 고려하여 단원에 포함되어야 할 내용을 선정하고 순서를 결정해야 한다.

 스포츠 교육 프로그램의 교육 요소
(1) 맥락 분석
  수업 맥락은 가르치는 내용, 방법, 학습자가 학습하는 것에 영향을 미치는 시간적, 인적, 물적 자원의 총체를 의미하며, 이를 분석하고 지도 계획을 설정해야 함
(2) 내용 분석 및 목록
  학습자가 배워야할 내용들을 나열한 후 학습 목표, 학습자의 현재 능력, 지식, 태도, 소요되는 총 시간 등을 고려하여 단원에 포함되어야 할 내용을 선정하고 순서를 결정함
(3) 학습 목표 분석
  목표는 맥락분석과 내용 분석 결과를 고려하여 설정하며, 일반적인 수준(일반 목표)과 행동적 수준(행동 목표)으로 구분하여 진술해야함
(4) 수업 모형 선정
  • 지도자는 학습자의 학습에 가장 효과적으로 도움을 줄 수 있는 수업 모형을 결정해야 함
  • 수업 모형을 선택할 때는 맥락, 내용, 목표를 고려하여 연역적인 과정을 거쳐 결정하고, 한 모형을 단원 시작부터 끝날 때까지 일관성 있게 적용하는 것이 중요함
(5) 관리 계획(구조)
  안전하고 효율적인 학습 환경을 조성하기 위해 지도 중 일어나는 학습자의 행동을 명시적으로 알려주는 것으로 내용 요소는 수업 규칙의 결정과 발표, 학습 장소의 출입과 절차, 용·기구의 분배, 관리, 수거 및 정리 절차, 안전 규칙, 출석 절차, 주의집중과 시작 및 정지에 필요한 신호 결정이 해당함
(6) 평가
  지도자는 단원을 시작하기 전 학습자의 학습을 평가할 수 있는 방법을 계획해야 하고, 이 계획에는 성적 산출 방법, 절차, 기준이 포함되어야 하며, 평가 시 고려사항으로는 평가 목표와 결과, 평가 방법, 평가시기, 평가계획과 수행방법이 있다.

정답 ②

19 메츨러(M. Metzler)의 개별화지도모형의 주제로 적절한 것은?

① 지도자가 수업 리더 역할을 한다.
② 나는 너를, 너는 나를 가르친다.
③ 유능하고, 박식하며, 열정적인 스포츠인으로 성장한다.
④ 학습자가 가능한 한 빨리, 필요한 만큼 천천히 학습 속도를 조절한다.

 메츨러의 개별화지도모형 주제는 '수업진도는 학생이 결정, 가능한 빨리, 필요한 만큼 천천히'이다.

 ① 직접 교수 모형의 주제이다.
② 동료 교수 모형의 주제이다.
③ 스포츠 교육 모형의 주제이다.

정답 ④

20 학교체육진흥법 시행령(2021.4.21. 시행) 제3조 '학교운동부지도자의 자격기준 등'에서 제시한 학교운동부지도자 재임용의 평가 내용이 아닌 것은?

① 복무 태도
② 학교운동부 운영 성과
③ 인권교육 연 1회 이상 이수 여부
④ 학생선수의 학습권 및 인권 침해 여부

 학교운동부지도자 재임용의 평가 내용으로는 복무태도, 학교운동부 운영 성과, 학생선수의 학습권 및 인권 침해 여부가 있으며, 인권교육 연 1회 이상 이수 여부는 포함되지 않는다.
④ 학교의 장은 학교운동부지도자를 재임용할 때에는 다음 각 호의 사항을 평가한 후 그 결과에 따라 재임용 여부를 결정해야 한다.
1. 제3항 각 호의 직무수행 실적
2. 복무 태도
3. 학교운동부 운영 성과
4. 학생선수의 학습권 및 인권 침해 여부

정답 ③

2022년 기출문제

01 스포츠기본법(2022.2.11. 시행)의 용어 정의에 관한 설명으로 옳지 않은 것은?

① '학교스포츠'란 건강과 체력 증진을 위하여 행하는 자발적이고 일상적인 스포츠 활동을 말한다.
② '스포츠산업'이란 스포츠와 관련된 재화와 서비스를 통하여 부가가치를 창출하는 산업을 말한다.
③ '장애인스포츠'란 장애인이 참여하는 스포츠 활동(생활스포츠와 전문 스포츠를 포함)을 말한다.
④ '전문스포츠'란 「국민체육진흥법」 제2조제4호에 따른 선수가 행하는 스포츠 활동을 말한다.

정답분석
- 건강과 체력 증진을 위하여 행하는 자발적이고 일상적인 스포츠 활동을 말하는 것은 '생활스포츠'이다.
- '학교스포츠'란 학교(「유아교육법」 제2조 제2호에 따른 유치원, 「초·중등교육법」 제2조 및 「고등교육법」 제2조에 따른 학교를 말한다. 이하 같다)에서 이루어지는 스포츠 활동(학교과정 외의 스포츠 활동과 「국민체육진흥법」 제2조 제8호에 따른 운동경기부의 스포츠 활동을 포함한다)을 말한다.

정답 ①

02 <보기>의 ⊙과 ⓒ에 해당하는 취약계층 생활스포츠 지원사업이 바르게 연결된 것은?

<보기>
⊙ 스포츠 복지 사회 구현의 일환으로 저소득층 유·청소년(만 5세~18세)과 장애인(만 12세~23세)에게 스포츠강좌 혜택을 받을 수 있는 일정 금액의 이용권을 제공하는 사업이다.
ⓒ 소외계층 청소년을 대상으로 다양한 체육활동 참여기회를 제공함으로써 참여 형평성을 높이고 사회 적응력을 배양하는 것을 목적으로 시행되는 사업이다.

① ⊙: 여성체육활동 지원
   ⓒ: 국민체력100
② ⊙: 국민체력100
   ⓒ: 스포츠강좌이용권 지원
③ ⊙: 스포츠강좌이용권 지원
   ⓒ: 행복 나눔 스포츠교실 운영
④ ⊙: 행복 나눔 스포츠교실 운영
   ⓒ: 여성체육활동 지원

정답분석
⊙은 스포츠 강좌이용권 지원에 대한 설명이다. 기초 생활 수급가정 유·청소년들에게 스포츠 강좌이용권 카드(체크카드)를 지급하여 스포츠 강좌이용권 지정 시설 이용 시 일정 금액의 강좌비를 지원해주는 스포츠 복지 사업이다. 저소득층 유·청소년들의 스포츠 참여기회 확대를 통해 체력 향상과 건강증진을 도모하는데 목적이 있다.
ⓒ은 행복 나눔 스포츠교실에 관한 설명이며, 저소득층 아동 및 청소년의 스포츠교실 참여 기회를 확대하고, 스포츠 용품 접근성 확대를 통해 심신의 건강 및 삶의 질 향상을 도모하는 데에 목적이 있다.

선지분석
② 국민체력 100: 국민의 체력 및 건강 증진에 목적을 두고 체력상태를 과학적 방법에 의해 측정·평가를 하여 운동 상담 및 처방을 해주는 대국민 무상 스포츠 복지 서비스이다.

정답 ③

03
<보기>의 발달특성을 가진 대상을 위한 스포츠 프로그램 구성 시 고려사항으로 적절하지 않은 것은?

―<보기>―
- 신체적·정서적·사회적 발달이 뚜렷하다.
- 개인의 요구와 흥미가 뚜렷하게 나타난다.
- 2차 성징이 나타난다.

① 생활패턴 고려
② 개인의 요구와 흥미 고려
③ 정적운동 위주의 프로그램 구성
④ 스포츠 프로그램의 지속적 참여 고려

 <보기>의 내용은 청소년기 발달 특성에 대한 설명이다. 청소년기 스포츠 프로그램을 구성할 때 고려해야 할 사항으로는 지속적으로 참여할 수 있는 프로그램으로 구성해야 하며, 체력발달, 운동기능습득, 여가선용, 사회성 함양 등과 같이 평생체육의 기본목표를 성취할 수 있도록 프로그램을 구성해야 한다. 또한, 청소년 개인의 욕구와 흥미에 따라 다양하게 프로그램을 구성해야 한다.

정답 ③

04
<보기>에서 생활스포츠 프로그램의 교육목표 진술에 관한 설명으로 옳은 것만을 모두 고른 것은?

―<보기>―
㉠ 프로그램의 목표는 추상적으로 진술한다.
㉡ 학습 내용과 기대되는 행동을 동시에 진술한다.
㉢ 스포츠 참여자에게 기대하는 행동의 변화에 따라 동사를 다르게 진술한다.
㉣ 해당 스포츠 활동이 끝났을 때 참여자에게 나타난 최종 행동 변화용어로 진술한다.

① ㉠, ㉡
② ㉢, ㉣
③ ㉠, ㉡, ㉢
④ ㉡, ㉢, ㉣

 프로그램의 목표는 명확하게 진술해야 하며, 추상적으로 진술하면 안 된다.

 생활체육 프로그램의 목표 진술
- 프로그램의 목표는 명확하게 진술해야 함
- 프로그램의 목표는 목적과 일관성을 유지해야 함
- 프로그램을 구성하는 내용은 구체적이면서 세부적으로 기술해야 함
- 학습내용과 학습자에게 기대되는 행동을 동시에 진술해야 함
- 프로그램 수행 후 참여자에게 나타난 최종 행동 변화 용어로 진술해야 함

정답 ④

05
<보기>의 교수 전략을 포함하는 체육수업모형은?

―<보기>―
- 모든 팀원은 자신의 팀에 할당된 과제를 익힌 후, 교사가 되어 다른 팀에게 자신이 학습한 내용을 지도한다.
- 각 팀원들이 서로 다른 내용을 배운 다음, 동일한 내용을 배운 사람끼리 모여 전문가 집단을 구성한다. 이들은 자신이 배운 내용을 공유하며, 원래 자신의 집단으로 돌아가 배운 것을 다른 팀원들에게 지도한다.

① 직접 교수 모형
② 개별화 지도 모형
③ 협동학습 모형
④ 전술게임 모형

 <보기>의 내용은 협동학습 모형의 수업 전략 중 직소 1모형에 대한 설명이다. 직소 1모형은 경쟁적인 교실 환경을 협동적인 환경으로 바꾸기 위해 개발되었으며, 학습자는 단원 전체를 학습하기 위해 다른 학습자의 도움을 받아야 하고, 자신이 학습한 내용을 동료들에게 정확하고 깊이 있게 전달해야 하는 책임을 가진다. 협동 학습 모형은 학생 사이에 협동적인 협력 학습 증진의 목적이 있다.

정답 ③

06
메츨러(M. Metzler)의 교수·학습 과정안(수업계획안) 작성 시 고려해야 할 구성요소 중 <보기>의 설명과 관련 있는 것은?

―<보기>―
- 학생의 흥미를 유발시킬 수 있는 수업 도입
- 과제 제시에 적합한 모형과 단서 사용
- 학생에게 방향을 제시할 과제 구조 설명
- 다양한 과제의 계열성과 진도(차시별)

① 학습 목표
② 수업 맥락의 간단한 기술
③ 시간과 공간의 배정
④ 과제 제시와 과제 구조

 <보기>의 내용은 과제 제시와 과제 구조에 관한 설명이다. 과제 제시와 과제 구조는 과제를 어떻게 구조화하고 어떻게 제시할 것인지에 대한 고려 사항으로 필수 학습 과제를 학습자에게 제시하기 위해 지도자가 활용할 수 있는 전략인 과제 제시와 학습자의 참여를 염두에 두고 학습 활동을 설계하는 방식인 과제 구조로 구성된다.

정답 ④

07

<보기>의 내용 중 안전한 학습환경 유지에 관한 설명으로 옳은 것만을 모두 고른 것은?

―<보기>―

㉠ 위험한 상황이 예측되더라도 시작한 과제는 끝까지 수행한다.
㉡ 안전한 수업운영에 필요한 절차를 분명히 전달하고 상기시켜야 한다.
㉢ 사전에 안전 문제를 예측하고 교구·공간·학생 등을 학습에 도움이 되는 방향으로 배열 또는 배치한다.
㉣ 새로운 연습과제나 게임을 시작할 때 지도자는 학생들의 활동을 주시하고 적극적으로 감독한다.

① ㉠, ㉡
② ㉡, ㉢
③ ㉠, ㉢, ㉣
④ ㉡, ㉢, ㉣

정답분석
㉡, ㉢, ㉣이 옳은 내용이다.

이론 PLUS
안전한 학습 환경 유지 고려사항
㉠ 학습장에서 안전 규칙 개발 및 공지: 타인과 함께 운동하는 방법, 시설 및 기구의 적절한 사용법 등에 대한 규칙을 개발하고 공지
㉡ 규칙 점검: 학습자에게 안전 규칙을 상기시킴
㉢ 일관성 있는 관리: 학습자가 안전하게 행동하면 체계적으로 보상하고, 위험한 행동을 했을 시 벌을 주는 등의 일관된 행동 수정 기법을 적용해야 함
㉣ 동료 경고 체계: 학습자끼리 짝을 짓거나 소집단을 편성하여 구성원 서로의 안전을 지켜볼 수 있도록 요청
㉤ 학습자가 활동에 참여하기 시작할 때 감독하기: 학습자가 새로운 연습 과제나 게임을 시작할 때 지도자는 지속적으로 학습자를 감독해야 함

정답 ④

08

헬리슨(D. Hellison)이 제시한 개인적·사회적 책임감 수준과 사례가 적절하지 않은 것은?

	수준	사례
①	타인의 권리와 감정 존중	타인에 대해 상호 협력적이고 다른 학생들을 돕고자 한다.
②	참여와 노력	새로운 과제에 도전하며 노력하면 성공할 수 있다고 여긴다.
③	자기 방향 설정	지도자가 없는 상황에서도 자신이 수립한 목표를 달성한다.
④	일상생활로의 전이	체육 수업을 통해 학습한 배려를 일상 생활에 실천한다.

정답분석
핼리슨의 책임감 수준 중 타인의 권리와 감정 존중 단계에서는 다른 사람을 방해하지 않고 참여하기, 타인을 고려하면서 안전하게 참여하기, 자기 통제 보임(기질, 언어), 평화로운 갈등 해결 시도와 같은 행동 사례가 있다. 타인에 대해 상호 협력적이고 다른 학생들을 돕고자 하는 행동 사례는 돌봄과 배려 단계이다.

이론 PLUS
개인적·사회적 책임감 모형의 책임감 수준

수준	특징	의사 결정과 행동의 사례	
		3판 개정	2판 체육수업모형
5단계	일상생활로의 전이	• 일상의 삶에서 적용하기 • 타인(특히, 어린이)에게 좋은 롤 모델 되기	• 지역 사회 환경에서 타인 가르치기 • 집에서 개인적 체력 프로그램 실행하기 • 청소년 스포츠 코치로 지원하기 • 학교 밖에서 훌륭한 역할 본보기 되기
4단계	돌봄과 리더십 (돌봄과 배려)	• 돌봄과 연민 • 민감성과 수용성 • 내면의 힘	• 먼저 단정하지 않고, 경청하고 대응하기 • 거드름 피우지 않고 돕기 • 타인의 요구와 감정을 인정
3단계	자기 방향 설정	• 과제의 독립적 수행 • 목표 설정의 진화 • 동료 집단의 압력에 저항할 수 있는 용기	• 교사 감독 없이 과제 완수 • 자기 평가 가능 • 자기 목표 설정 가능 • 부정적인 외부 영향에 대응 가능
2단계	참여와 노력	• 자기 동기 부여 • 새로운 과제에 대한 탐색 노력 • 어려움을 극복할 수 있는 용기	• 자기 동기 부여 있음 • 의무감이 없는 자발적 참여 • 열심히 시도하는 학습(실패하는 것도 좋음)
1단계	타인의 권리와 감정 존중	• 자기 통제 • 평화로운 갈등 해결 시도 • 협동적인 동료를 포용하고 함께 하기	• 다른 사람을 방해하지 않고 참여하기 • 타인을 고려하면서 안전하게 참여하기 • 자기 통제 보임(기질, 언어) • 평화로운 갈등 해결 시도

정답 ①

09 <보기>의 ㉠과 ㉡에 해당하는 평가 방법을 바르게 연결한 것은?

─── <보기> ───

㉠ 수업 전 학습목표에 따른 참여자 수준을 결정하고, 학습과정에서 참여자가 계속적인 오류 상황을 발생시킬 때 적절한 의사결정을 하도록 한다.

㉡ 학생들에게 자신의 높이뛰기 목표와 운동계획을 수립하게 한 다음 육상 단원이 끝나는 시점에서 종합적 목표 달성여부 확인을 위해 평가를 실시한다.

① ㉠: 진단평가, ㉡: 형성평가
② ㉠: 진단평가, ㉡: 총괄평가
③ ㉠: 형성평가, ㉡: 총괄평가
④ ㉠: 총괄평가, ㉡: 형성평가

정답분석 ㉠은 진단평가에 대한 내용이다. 진단 평가는 교육 프로그램 초기에 학습자들의 출발점 위치를 알아보기 위해 수행하는 평가방법으로 프로그램 실시 이전에 학습자의 특성을 점검하고, 학습자의 정보를 수집하고 교육 방향을 설정 및 수정하며, 학습과정에서 참여자가 계속적으로 오류를 발생시킬 때 적절한 의사결정을 할 수 있도록 도움을 준다.
㉡의 총괄평가는 교육프로그램의 마지막 시기에 실시되는 평가로 학습자의 성취수준을 평가할 때 사용되며, 프로그램의 효과 및 효율성 등을 종합적으로 판단할 수 있는 평가 방법이다.

정답 ②

10 다음에 해당하는 평가기법에 대한 설명으로 옳지 않은 것은?

테니스 포핸드 스트로크 과정	운동수행
두 발이 멈춘 상태에서 스트로크를 시도하는가?	Y/N
몸통 회전을 충분히 활용하는가?	Y/N
임팩트까지 시선을 공에 고정하는가?	Y/N
팔로우스로우를 끝까지 유지하는가?	Y/N

① 쉽게 제작이 가능하며 사용이 편리하다.
② 운동수행과정의 질적 평가가 불가하다.
③ 어떤 사건이나 행동의 발생 여부를 신속히 확인할 때 주로 사용한다.
④ 관찰행동을 구체적으로 정의하고 그 행동의 발생 시점을 확인할 수 있다.

정답분석 제시된 예시는 체크리스트에 관한 것이다. 체크리스트는 특정 행동이나 특성 등을 나열한 목록으로 스포츠지도사가 판단을 내린 일련의 특징을 점검하도록 작성한 것으로 대체로 '예' 혹은 '아니오'로 기술되어 있지만, 상황에 따라 다양한 용어를 추가할 수 있다(운동기능의 질적인 평가를 할 때 '우수, 보통, 미흡').

정답 ②

11 학교체육진흥법(2021.6.24. 시행)의 제10조에서 규정하고 있는 학교장의 역할에 관한 내용으로 옳지 않은 것은?

① 학생들이 신체활동 프로그램에 참여할 수 있도록 학교스포츠클럽을 운영하여 학생들의 체육활동 참여기회를 확대하여야 한다.
② 학교스포츠클럽을 운영하는 경우 전문코치를 지성하여야 한다.
③ 학교스포츠클럽 활동 내용을 학교생활기록부에 기록하여 상급학교 진학자료로 활용할 수 있도록 하여야 한다.
④ 교육부령으로 정하는 바에 따라 일정 비율 이상의 학교스포츠클럽을 해당 학교의 여학생들이 선호하는 종목으로 운영하여야 한다.

정답분석 학교의 장은 학교스포츠클럽을 운영하는 경우 학교스포츠클럽 전담교사를 지정하여야 한다.

이론PLUS 학교 체육 진흥법 제10조(학교스포츠클럽 운영)
① 학교의 장은 학생들이 신체활동 프로그램에 참여할 수 있도록 학교스포츠클럽을 운영하여 학생들의 체육활동 참여기회를 확대하여야 한다.
② 학교의 장은 제1항에 따라 학교스포츠클럽을 운영하는 경우 학교스포츠클럽 전담교사를 지정하여야 한다.
③ 제2항에 따른 학교스포츠클럽 전담교사에게는 학교 예산의 범위에서 소정의 지도수당을 지급한다.
④ 학교의 장은 학교스포츠클럽 활동내용을 학교생활기록부에 기록하여 상급학교 진학자료로 활용할 수 있도록 하여야 한다.
⑤ 학교의 장은 교육부령으로 정하는 바에 따라 일정 비율 이상의 학교스포츠클럽을 해당 학교의 여학생들이 선호하는 종목의 학교스포츠클럽으로 운영하여야 한다.

정답 ②

12 다음 ㉠~㉤에서 체육시설법 시행규칙(2021. 7. 1. 시행) 제22조 '체육지도자 배치기준'에 부합되는 것을 모두 고른 것은?

체육시설업의 종류	규모	배치인원
㉠ 스키장업	• 슬로프 10면 이하 • 슬로프 10면 초과	1명 이상 2명 이상
㉡ 승마장업	• 말 20마리 이하 • 말 20마리 초과	1명 이상 2명 이상
㉢ 수영장업	• 수영조 바닥면적이 400㎡ 이하인 실내 수영장 • 수영조 바닥면적이 400㎡를 초과하는 실내 수영장	1명 이상 2명 이상
㉣ 골프연습장업	• 20타석 이상 50타석 이하 • 50타석 초과	1명 이상 2명 이상
㉤ 체력단련장업	• 운동전용면적 200㎡ 이하 • 운동전용면적 200㎡ 초과	1명 이상 2명 이상

① ㉠, ㉡, ㉢, ㉣
② ㉠, ㉡, ㉣, ㉤
③ ㉠, ㉢, ㉣, ㉤
④ ㉡, ㉢, ㉣, ㉤

정답분석 체육시설의 설치·이용에 관한 법률 시행규칙 제22조(체육지도자 배치기준)

체육시설업의 종류	규모	배치인원
스키장업	슬로프 10면 이하	1명 이상
	슬로프 10면 초과	2명 이상
승마장업	말 20마리 이하	1명 이상
	말 20마리 초과	2명 이상
수영장업	수영조 바닥면적이 400제곱미터 이하인 실내 수영장	1명 이상
	수영조 바닥면적이 400제곱미터를 초과하는 실내 수영장	2명 이상
골프연습장업	20타석 이상 50타석 이하	1명 이상
	50타석 초과	2명 이상
체력단련장업	운동전용면적 300제곱미터 이하	1명 이상
	운동전용면적 300제곱미터 초과	2명 이상

정답 ①

13 국민체육진흥법(2021.6.9. 시행)에서 규정하는 생활스포츠지도사의 자격으로 옳지 않은 것은?

① 체육지도자의 자격은 19세 이상인 사람에게 부여한다.
② 생활스포츠지도사는 1급, 2급으로 구분한다.
③ 2급 생활스포츠지도사는 2급 생활스포츠지도사 자격검정에 합격하고, 연수과정을 이수한 사람으로 한다.
④ 1급 생활스포츠지도사는 자격 종목의 2급 생활스포츠지도사 자격을 취득한 후 3년 이상 해당 자격 종목의 지도경력이 있는 사람으로 한다.

정답분석
국민체육진흥법 시행령
제8조 ② 체육지도자의 자격은 18세 이상인 사람에게 부여한다.
제9조 ① 스포츠지도사는 1급 전문스포츠지도사, 2급 전문스포츠지도사, 1급 생활스포츠지도사, 2급 생활스포츠지도사로 구분한다.
⑤ 1급 생활스포츠지도사는 별표 1에 따른 자격 종목의 2급 생활스포츠지도사 자격을 취득한 후 3년 이상 해당 자격 종목의 지도경력이 있는 사람으로서 동일 자격 종목에 대하여 1급 생활스포츠지도사 자격을 취득하기 위한 자격검정에 합격하고, 연수과정을 이수한 사람으로 한다.
⑥ 2급 생활스포츠지도사는 2급 생활스포츠지도사 자격을 취득하기 위한 자격검정에 합격하고, 연수과정을 이수한 사람으로 한다.

정답 ①

14 다음 <보기>의 ㉠과 ㉡에 해당하는 단계가 바르게 연결된 것은?

<보기>
마튼스(R. Martens)가 제시한 전문체육 프로그램 개발 6단계는 (㉠), 선수 이해, 상황 분석, 우선순위 결정 및 목표 설정, (㉡), 연습계획 수립이다.

	㉠	㉡
①	스포츠에 대한 이해	공간적 맥락 고려
②	선수 발달 단계에 대한 이해	전술 선택
③	선수단(훈련) 규모 설정	체력상태의 이해
④	선수에게 필요한 기술 파악	지도 방법 선택

정답분석
마튼스(R. Martens)는 전문 체육 프로그램 개발 6단계로 선수에게 필요한 기술 파악, 선수 이해, 상황 분석, 우선순위 결정 및 목표설정, 지도 방법 선택, 연습 계획 수립 단계로 제시하였다.

이론PLUS 마튼스의 전문 체육 프로그램 개발 6단계

단계 구분	단계 명칭	내용
1단계	선수에게 필요한 기술 파악	코치는 선수에게 필요한 기술이 무엇인지 파악하고, 어떤 전략으로 지도해야 하는지 고려해야 함
2단계	선수 이해	선수의 발달 단계(신체적, 심리적, 사회적) 및 환경적 요소 파악
3단계	상황 분석	코치는 지도계획을 수립하기 전에 주변 상황(선수, 공간, 기자재 등)에 대해서 분석해야 함
4단계	우선순위 결정 및 목표설정	언제, 어디서, 무엇을, 어떻게 할 것 인지에 대한 리스트를 정하고, 목표를 단기, 중기, 장기로 설정
5단계	지도 방법 선택	상황 분석, 우선순위 결정 및 목표설정이 이루어지고 나면, 그것을 바탕으로 체계적으로 지도할 수 있는 지도방법을 선택해야 함
6단계	연습 계획 수립	일일 지도, 연습계획 및 시즌 계획을 수립하여 체계적인 지도를 수행해야 함

정답 ④

15 ㉠, ㉡에 해당하는 용어가 바르게 연결된 것은?

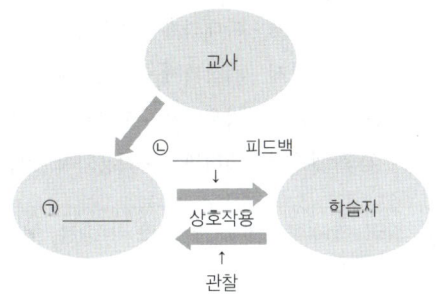

	㉠	㉡
①	관찰자	교정적
②	개인교사	중립적
③	개인교사	교정적
④	교사	가치적

정답분석 동료교수 모형은 학생이 수행하는 연습 시도에 대해 교사의 관찰 부족과 교사로부터 받는 제한된 피드백의 문제점을 해결하기 위해 고안된 수업 모형이다. 교사가 제시한 과제에 따라 학생이 교사와 학습자의 두 가지 역할을 교대로 수행 및 학습하며, 학생이 개인교사의 역할을 대리 수행한다. 개인 교사는 학습자에게 다음 수행의 개선과 관련된 교정적 피드백을 제공한다.

정답 ③

16 그리핀(L. Griffin), 미첼(S. Mitchell), 오슬린(J. Oslin)의 이해중심게임 모형에서 변형게임 구성 시 반영해야 할 2가지 핵심 개념은?

① 전술과 난이도
② 연계성과 위계성
③ 공간의 특성과 학습자
④ 대표성과 과장성

정답분석 이해중심게임 모형에서 변형게임의 핵심 구성요소는 대표성과 과장성이다.

이론 PLUS 변형 게임의 과제 구조는 '대표적'이면서 동시에 '과장'되어야 한다. 즉, 게임 형식은 반드시 정식게임을 대표할 수 있어야 하며, 전술 기능 개발에 초점을 둘 수 있도록 상황이 과장되어야 한다.

대표적 (대표성)	학생이 실제 환경에서 수행하고 실제로 전술을 결정할 수 있도록 정식 게임과 상황 설정을 매우 유사하게 해야 함
과장 (과장성)	학생이 오직 움직임의 전술 문제에만 초점을 두도록 게임 형식이 설정되어야 함

정답 ④

17 <보기>의 ㉠, ㉡에 해당하는 젠틸(A. Gentile)의 스포츠 기술이 바르게 연결된 것은?

―― <보기> ――
(㉠)은 환경의 변화나 상태에 의해 변화되는 기술을 말한다. (㉡)은 상대적으로 환경적 조건이 안정적이며 외부 조건이 대부분 변하지 않는 속성이 있다.

	㉠	㉡
①	개별 기술	복합 기술
②	개방 기술	폐쇄 기술
③	시작형 기술	세련형 기술
④	부분 기술	전체 기술

정답분석
- 개방 기능(기술)의 내용 발달: 환경의 변화에 따라 기능의 요구 조건이 변화하는 것으로, 지도사는 어떤 기능이 게임에서 어떻게 사용되고 있는지 구체적으로 확인해야 한다.
- 폐쇄 기능(기술): 환경의 변화에 영향을 받지 않고 외부 조건이 대부분 변하지 않는 기술로 학습의 선행 조건, 체력과 운동능력을 필요로 한다.

정답 ②

18 <보기>와 같이 종목을 구분하는 근거로 적합한 것은?

―― <보기> ――
- 영역형: 농구, 축구, 하키, 풋볼
- 네트형: 배드민턴, 배구, 탁구
- 필드형: 야구, 소프트볼, 킥볼
- 표적형: 당구, 볼링, 골프

① 포지션의 수
② 게임전술의 전이 가능성
③ 기술(skill)의 특성
④ 선수의 수

정답분석 <보기>의 내용은 알몬드의 게임유형 분류로 동일하게 분류된 게임들은 많은 공통점을 가지고 있으며, 그 범주에서 다른 게임을 이해하고 수행하는 데 도움을 줄 수 있도록 게임 전술의 전이 가능성을 근거로 분류한다.

정답 ②

19 <보기>의 설명에 해당하는 피드백 유형은?

> ─<보기>─
> - 모스턴(M. Mosston)이 제시한 피드백 유형이며, 사실적으로 행동을 기술한다.
> - 판단이나 수정 지시를 하지 않으나, 피드백 진술의 의미를 변경할 수 있다.
> - 다른 피드백 형태로 옮겨가는 특징을 가지고 있다.

① 교정적 피드백(corrective statements)
② 가치적 피드백(value statements)
③ 중립적 피드백(neutral statements)
④ 불분명한 피드백(ambiguous statements)

정답분석 <보기>의 내용은 중립적 피드백에 관한 설명이다. 판단이나 수정 지시를 하지 않으나, 피드백 진술의 의미를 변경할 수 있으며, 종종 의미가 없거나 실제성이 없는 것으로 간주되기도 한다. 또한, 최종 평가 결정에 대한 기회가 의도적으로 학습자에게 이양된다.

정답 ③

20 다음 중 링크(J. Rink)의 내용발달 단계가 순서대로 연결된 것은?

① 시작과제 - 확대과제 - 세련과제 - 적용과제
② 적용과제 - 시작과제 - 확대과제 - 세련과제
③ 세련과제 - 적용과제 - 시작과제 - 확대과제
④ 확대과제 - 세련과제 - 적용과제 - 시작과제

정답분석 링크(J. Rink)의 내용발달 단계 순서는 '시작과제 - 확대과제 - 세련과제 - 적용과제' 순이다.

이론PLUS 링크의 내용 발달 단계

구분	내용
시작(전달) 과제	• 수업을 시작하는 최초 과제이며, 다른 과제로 이어지는 연속과제 • 학습자에게 새로 가르칠 기능이나 전략 • 기초적인 수준의 학습 과제

확대 과제	• 학습경험을 간단한 과제에서 복잡한 과제로 또는 쉬운 과제에서 어려운 과제로 계열화하는 것
	• 학습 과제의 복잡성과 난이도를 변화시켜 수업을 전개함
	• 확대 과제의 내용발달은 과제 간 발달과 과제 내 발달로 구분할 수 있음
	  − 과제 간 발달: 쉬운 기능에서 어려운 기능으로 발전
	  − 과제 내 발달: 하나의 운동과제 내의 단순한 내용에서 복잡한 내용으로 발전
	• 교사들은 과제 간 발달과 과제 내 발달을 통해 수업 계획, 단원계획, 연간계획을 수립함

세련 과제	• 운동수행의 질에 초점을 둔 과제로 운동수행의 질은 지도자가 학습자들에게 운동수행에 관한 결과적 정보를 제공함으로써 향상됨 • 세련 과제는 목표의 범위를 좁혀주고, 질적 향상에 대한 책무성을 강하게 부여할 때 효과가 큼 • 지도자는 학습자에게 유익한 피드백을 제공할 수 있음
응용 과제	학습한 기능을 실제로 응용하거나 평가할 기회를 제공 확대와 세련과제를 통해 습득한 기능을 실제 또는 실제와 유사한 상황에서 사용할 수 있도록 조직하는 것

정답 ①

pass.Hackers.com

해커스자격증
pass.Hackers.com

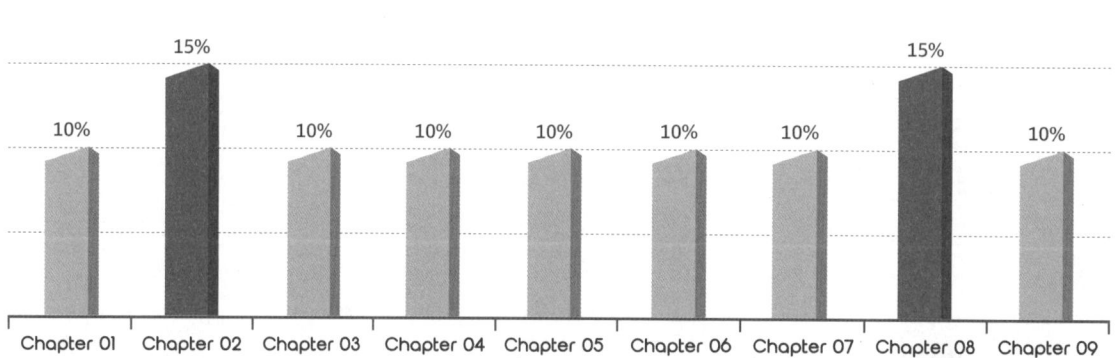

해커스 스포츠지도사 2급 필기 한권합격 이론+최신기출+핵심노트

Part 02
스포츠사회학

선택과목

Chapter 01 스포츠사회학의 이해
Chapter 02 스포츠와 정치
Chapter 03 스포츠와 경제
Chapter 04 스포츠와 교육
Chapter 05 스포츠와 미디어
Chapter 06 스포츠와 사회계층·계급
Chapter 07 스포츠와 사회화
Chapter 08 스포츠와 일탈
Chapter 09 미래사회의 스포츠

Chapter 01 스포츠사회학의 이해

핵심요약&보충자료

01 스포츠사회학의 의미 `기출 16~23년`

1 스포츠의 이해

1. 놀이, 게임, 스포츠의 구분

(1) 스포츠의 기원과 발전
　① 스포츠의 기원은 놀이의 형태임
　② 이후 게임의 형태를 거쳐 점차 스포츠의 형태로 발전함

(2) 놀이, 게임, 스포츠의 구분

구분	내용
놀이	• 활동 그 자체에 대한 만족과 즐거움(쾌락)을 찾는 행위 • 결과보다 행위 및 놀이 자체에 의미를 둠 • 규칙이나 역할의 임의성(자유성) • 비생산성 • 비현실적(허구성) 요직
게임	• 놀이에서 발전된 행동으로 놀이와 스포츠의 중간단계에 해당함 • 조직화와 역할 분화가 이루어진 형태 • 놀이의 특성인 허구성, 비생산성, 자율적 규칙성 등이 존재
스포츠	• 규칙, 제도, 경쟁의 측면에서 놀이와 게임에 비해 체계화되고 고도화된 활동 • 게임이 조직화되고 제도화된 활동 • 가치, 규범, 기술 등의 측면에서 높은 제도화 수준이 요구됨

2. 스포츠의 특성

❶ 스포츠의 특성
　• 규칙성
　• 제도화
　• 경쟁
　• 불확실성
　• 신체활동

구분	내용
규칙성	• 공정한 조건에서 경쟁할 수 있는 합의된 규칙 • 합의된 규칙에 의해서 승패 결정
제도화	• 사회적 사고 및 행동 규칙이 표준화되는 과정 • 코클리(J. Coakely)의 스포츠 제도화 　- 공식 집단에 의한 경기 규칙의 표준화 　- 조직적 규칙 집행 기구의 존재 　- 전문성 증대에 따른 경기기술의 정형화 　- 활동의 조직적, 합리적 측면 강조
경쟁	• 승리를 위한 상대(개인 혹은 집단)와의 경쟁 • 승리에 대한 물질적, 정신적 보상의 근거
불확실성	결과의 예측 불가능성
신체활동	신체의 기능 및 움직임의 경쟁

선생님 TIP 근대스포츠의 특징 [기출] 23년

거트만(A. Guttmann)은 근대 스포츠의 특징을 다음과 같이 7가지 요소로 제시

구분	내용
세속화	종교적 성격(제식활동)이 아닌 넓은 의미로서 현실적 목표 수행 강조
합리화	• 규칙에 의해 움직이는 행위 • 목적과 수단의 논리적 인과관계 강조(합리성 추구)
전문화	• 역할의 세분화(선수, 팀, 협회 등) • 장비, 도구, 시설환경의 전문화 • 경기, 상금, 보도는 전문화 강화
관료화	• 규칙과 규정을 표준화하는 관료조직의 등장 • 지역, 국가, 국제 기구 단위
계량화 (수량화)	• 경기 기록을 숫자로 표현 • 시간, 거리, 점수 등 표준화된 기록 체계 존재
평등	• 스포츠 참여의 기회와 조건의 평등 • 기회의 평등: 외적 조건에 상관없이 참여할 수 있는 평등 • 조건의 평등: 평등한 조건에서의 스포츠 참여
기록 추구	기록의 갱신 등을 통한 재미와 몰입 향상

2 스포츠사회학의 의미 [기출] 16~21년

1. 스포츠사회학의 정의

① 사회학적 이론과 연구 방법을 적용하여 스포츠와 관련된 다양한 사회 현상을 이해하고 규명하기 위한 학문

② 스포츠를 사회적으로 연구하는 학문으로서 스포츠와 관련된 개인(스포츠 참여자), 집단(팀), 제도, 사회(공동체) 문화, 사회화 과정, 사회통제, 계층, 갈등, 사회변동 등을 연구하는 학문

선생님 TIP 주요 학자들의 스포츠사회학 정의

학자	정의
케년 & 로이 (Kenyon & Loy)	스포츠의 맥락에서 인간의 사회행동의 법칙을 규명하는 학문
코클리 (Coakley)	• 스포츠를 사회적 구성물(social constructions)로 간주 • 사회적 맥락 속에서 스포츠와 관련된 행위와 관계를 연구하는 사회학의 하위 문화
맥퍼슨 (McPherson)	• 사회학의 하위 분야로서 사회행동의 과정 및 유형을 스포츠 맥락에서 설명하고 특정 조건 하에서 인간의 행동을 예측함으로써 그 이해를 촉진하는 학문 • 스포츠와 관련된 사회구조, 사회유형 및 사회집단의 조직에 관심을 두는 학문
레오나드 (Leonard)	스포츠 현상에 사회학적 개념, 특히 사회구조와 사회화 과정의 개념을 응용하여 연구하는 학문

> 핵심요약&보충자료

2. 스포츠사회학에서 주로 다루는 문제들
[스포츠와 사회(문제)관계에 초점을 둔 스포츠사회학 연구의 주요 과제]

① 사회, 문화, 정치, 경제 등 다른 사회 영역과의 관련성
② 스포츠와 관련된 사회 집단 및 조직의 행동, 사회적 상호작용
③ 사회 구조적 요인, 문화적 요인, 상황적 요인 등 스포츠 참여 및 경험에 영향을 미치는 다양한 사회 영역과의 관계
④ 스포츠에서의 경쟁, 협동, 갈등, 사회계층, 사회변동과 같은 사회과정과 문제

3. 스포츠사회학의 영역
스포츠사회학은 크게 거시적 영역, 미시적 영역, 전문적 영역으로 구분

영역	주제	내용
거시적 영역	스포츠와 정치	• 이데올로기, 가치, 신념의 전달 • 정치적 영역에서의 스포츠 활용 등 예) 정치외교적 문제해결을 위한 스포츠 활용
	스포츠와 종교	• 스포츠에서 나타나는 종교적 특성과 유사성 • 종교와 스포츠를 통한 의식
	스포츠와 교육	• 학업 성취와 스포츠 참여 • 스포츠의 교육적 기능
	스포츠와 사회계층	• 계층이동의 도구로써의 스포츠 • 스포츠에서의 계층화 현상 등
	스포츠와 젠더	• 스포츠 영역에서의 젠더 이데올로기 발현 • 스포츠 성 차별 및 불평등
미시적 영역	소집단의 상호작용	• 소집단의 구조, 구성, 특성, 그리고 효율성의 문제
	지도자론	• 스포츠지도자의 역할과 위치 • 스포츠지도자의 역량 • 효율적 지도자 양성방안
	사회화	• 스포츠 참가의 동인과 결과 • 스포츠 사회화 과정
	공격성	• 스포츠의 폭력 • 관중 폭력(훌리거니즘) • 선수, 지도자, 심판 등 스포츠인의 폭력행위
	비행	• 승리지상주의 • 승부조작, 도핑 등 스포츠에서 일탈행위
전문적 영역	학문의 적법성	• 스포츠사회학 연구의 근거 • 현상 분석을 위해 필요한 방법론, 개념, 이론 등
	스포츠의 본질적 정체 (스포츠사회학 이론)	• 구조기능주의 • 갈등주의 • 비판이론 • 상징적 상호작용론 • 페미니즘이론 등의 적용

02 스포츠의 사회적 기능

1 스포츠의 사회적 순기능❶ 기출 15·16·19·20년

1. 사회 정서적 기능
① 스포츠를 통한 개인의 정서 순화
② 스포츠의 직·간접적 참여와 관람을 통해 일상생활에서의 긴장, 갈등, 욕구불만, 공격성, 충동성 등 각종 스트레스를 해소하고 완화함
③ 사회적 안전판 기능
　예 청소년기 스포츠 참여는 청소년의 폭력성 감소에 긍정적 영향을 미침
④ 선수, 팀 등 공동체의 유대감 형성

2. 사회통합 기능
① 사회적 갈등 및 분열 시 통합을 유도함으로써 사회안정에 기여
② 사회적 차이와 관계없이 공통적 감정을 유발하고 일체감 형성
③ 사회·문화적 차이의 통합 기회 제공

3. 사회화 기능
① 스포츠는 일반사회의 축소판으로서 일반사회(공동체) 속에서 배울 수 있는 사회적 규범, 가치, 신념 등을 학습하는 장이 됨
② 스포츠맨십, 페어플레이 등의 사회적 가치는 사회 구성원으로서 갖추어야 할 준법정신, 올바른 시민의 역할 습득 기회를 제공함

2 스포츠의 사회적 역기능❷ 기출 17~20년

1. 사회통제(강제와 통제)
① 스포츠의 사회통합 기능의 변질, 악용으로 인한 사회통제와 억압
② 스포츠를 도구로 활용하여 구성원을 통제함으로써 특정 지배집단의 이익 추구
　예 1980년대, 군사정권에 대한 국민들의 부정적 인식과 시선을 다른 곳으로 돌리기 위해 추진되었던 제5공화국의 3S(Sports, Sex, Screen) 정책

2. 자본주의 사회의 신체 소외
① 스포츠의 본질적 가치인 즐거움보다 결과(승리, 이익)에 과도하게 집착함으로써 신체가 스포츠의 목적 달성 수단과 도구로 전락함
② 스포츠의 상업화로 인한 기록 및 승리 중심주의는 이러한 신체 소외 현상을 강화함

3. 과도한 상업주의
① 스포츠가 경제적 이익 추구를 위한 매체로 이용되어 자본주의의 팽창을 가져옴
② 자본주의 사회에서 스포츠를 하나의 상품(프로화, 대중화)으로 간주
③ 프로스포츠뿐만 아니라, 순수 아마추어 스포츠 영역까지 결과(승리)중심주의와 물질만능주의 가치관이 팽배해지는 결과를 초래함

 핵심요약&보충자료

❶ 스포츠의 사회적 순기능
- 사회 정서적 기능
- 사회통합 기능
- 사회화 기능

❷ 스포츠의 사회적 역기능
- 사회통제
- 신체 소외
- 과도한 상업주의
- 국수주의·군국주의
- 차별과 불평등 심화

4. 국수주의의 팽창

① 국수주의는 '자민족 중심주의가 극대화된 형태로 자국의 역사 문화 등이 타 국가보다 우월하다는 믿음'을 의미함

② 올림픽과 같은 국제스포츠 대회를 통한 과도한 경쟁은 이러한 국수주의의 팽창을 유발함

5. 사회적 차별과 불평등 문제

① '남성성'을 강조하는 스포츠의 성역할 고정관념으로 인한 성 불평등 심화

② 인종적, 생물학적 측면에서의 '차이'로 인한 사회적 불평등 심화

03 스포츠 사회이론❶

1 구조기능주의 기출 19·23년

1. 구조기능주의(structural-functionalism)의 의미

① 구조기능주의는 사회를 하나의 유기체(有機體, organism)에 비유

② 인간은 신체를 구성하는 다양한 기관(심장, 뇌, 폐 등)이 제 기능을 원활히 수행하고 유기적으로 기능할 때 건강을 유지할 수 있음

→ 사회도 사회를 구성하는 다양한 요소들(가정, 지역, 국가, 학교 등)이 제 기능을 수행할 때 건강한 사회가 된다는 점을 강조

③ 구조기능주의는 스포츠를 '사회의 기본적 가치와 규범을 전달함으로써 사회 체제유지 및 사회 건강 유지' 기능을 수행하는 사회 구성요소로 간주함

④ 스포츠는 '삶의 활력소'이다.

⑤ 대표적 학자: 에밀 뒤르켐, 탈콧 파슨스, 로버트 머튼

2. 구조기능주의의 한계

① 스포츠의 사회구성적 성격 간과

→ 스포츠의 긍정적 측면만을 강조

② 사회 구성원이나 집단 간의 욕구가 다르다는 점을 간과할 수 있음

③ 사회 '구조'에 초점을 맞추고 있는 만큼 스포츠에서 개인의 역할과 가치를 간과할 수 있음

---

❶ 스포츠 사회이론
- 구조기능주의 이론
- 갈등이론
- 비판이론
- 상징적 상호작용론
- 교환이론

> **참고**
>
> **파슨스(T. Parsons)의 AGIL 모형**
> - 파슨스는 사회체제 유지를 위한 기능적 요건을 4가지 요소로 제안
> - 구조적, 기능주의적 접근에서 스포츠는 다음과 같은 기능적 요건을 갖춤
>
> | 개념 | 의미 |
> |---|---|
> | 적응
(Adaptation) | 환경에 적응하기 위해 필요한 자원, 시설 등을 공급하는 기능
→ 스포츠는 사회구성원으로서 사회(공동체)에 적합한 사고 및 행동 양식 등을 학습하는 장으로서의 역할을 함 |
> | 목표성취
(Goal attainment) | 사회체제의 목표를 결정하고 그 목표를 달성하기 위해 체계의 모든 자원을 동원하는 기능
→ 스포츠는 타인(상대)과의 공정한 경쟁을 통한 승리의 가치를 강조 |
> | 사회통합
(Integration) | 체계의 구성 단위들 사이의 관계 조정 및 통합 기능(예 종교, 법제도)
→ 스포츠는 사회 구성원의 결집을 통해 사회에 대한 일체감을 형성 |
> | 체제유지,
긴장처리
(Latency) | 체계를 안정적으로 유지하고 문화와 가치를 보존하는 기능(예 교육제도)
→ 스포츠는 사회 구성원으로 하여금 사회의 기본적 가치와 규범을 내면화하는 기능을 수행 |

2 갈등이론 기출 20·23년

1. 갈등이론(conflict theory)의 의미

① 사회갈등은 정상적, 평화와 질서의 상태를 비정상적 상태로 이해함

② **사회를 이익이나 권력을 둘러싼 개인 혹은 집단 사이의 경쟁과 갈등의 관계로 이해함**
　→ 갈등이론의 입장에서 스포츠는 지배 권력(집단)의 체제 유지 및 이익 증대를 위한 도구로 기능함

③ 특히, **경제적 자원과 이로 인한 권력 관계를 강조함**
　㉠ 갈등이론의 입장에서 스포츠의 상업화는 많은 자본을 획득한 소수 집단의 스포츠 시장 독점 야기
　㉡ 일반 대중은 스포츠 소비자로서 소수 집단(자본가)의 이익 증대의 수단으로 활용됨

④ '스포츠는 아편이다!'라고 표현함

⑤ 대표적 학자: 칼 마르크스(Karl Marx)

2. 갈등이론의 한계

① 갈등이론의 입장에서 스포츠는 경쟁과 갈등을 강화하는 기능이 강조됨

② 스포츠를 통해 얻을 수 있는 유희를 간과함

③ 스포츠의 다양한 사회적, 교육적 기능을 간과하는 경향이 있음

3 비판이론 기출 23년

1. 비판이론(critical theory)의 의미

① 칼 마르크스의 갈등이론과 유사하게 권력의 불평등에 주목함

② 그러나 칼 마르크스의 이론이 경제적 관점을 중심으로 사회구조를 설명한 것을 비판하며, 사회구조에 있어 문화가 가지는 사회적 의미에 주목함

③ 인간을 하나의 부품으로 간주하는 자본주의의 비인간화 문화 비판

→ 물질을 강조하는 비인간적 문화가 소비의 단계에서 자본의 위계질서를 형성함으로써 사회 구성원의 행복을 박탈하여 권위주의적 사회 구조를 형성한다고 인식함

④ 비판이론에서의 문화산업은 대량생산 체제가 만들어낸 상품으로 현대사회의 문화예술의 상품화, 산업화로 인한 변질을 비판함

→ 스포츠를 대중을 기만하고 권력자(자본가)의 지배를 유지하기 위한 도구로서의 문화산업으로 정의함

⑤ 비판이론은 사회에 대한 비판 혹은 평가를 통해 사회의 본질을 보다 명확하게 규명하고자 함

⑥ 비판이론가들은 스포츠의 변화를 통해 사회의 합리성을 회복할 수 있다고 주장함

⑦ '스포츠는 사회적으로 구성된다!'라고 표현함

⑧ 대표적 학자: 호르크하이머, 아도르노, 하버마스 등 프랑크푸르트학파 중심

2. 비판이론의 한계

① 스포츠도 사회적으로 구성된다고 보나, 구조기능주의나 갈등이론에 비해 스포츠 해석에 유연함

② 구조 기능론이나 갈등이론은 사회·구조적 문제에 대한 견해를 제시한 반면 비판이론은 스포츠 현상 중 발생하는 문제를 개선해 간다는 '근시안적 전망'만을 제시함으로 사회·구조의 종합적 전망을 제시하는 데 한계가 있음

4 상징적 상호작용론 기출 21~23년

1. 상징적 상호작용론의 의미

① 구조기능주의, 갈등이론 등은 거시이론에 해당하는 반면 상징적 상호작용론은 사회·문화 현상을 미시적 관점에서 바라보는 대표적 이론으로서 구조기능주의와 갈등이론의 약점을 보완하는 이론임

② 상징적 상호작용론은 구체적 일상생활에서 상징을 매개로 한 사회 구성원들 간 상호작용의 과정에 초점을 맞춤으로써 인간의 능동적 사고와 행위의 측면을 설명하는 이론임

③ 상징적 상호작용론은 삶을 이해하는 데 있어 거대한 사회구조가 아닌 인간의 능동적인 사고와 행위, 그리고 타자와의 상호작용에 중점을 두고 있음

④ 인간이 사회구조로부터 영향을 받는 '수동적 존재'가 아닌 '자율적이고 능동적인 존재'라고 전제함

⑤ '스포츠는 사람들 사이의 상호작용으로서 그 의미를 지닌다!'라고 표현함

2. 상징적 상호작용론의 한계

① 사회구조의 문제를 다루는 데 한계가 있음

② 개인의 행위 및 상호작용과 사회의 구조적 문제들 사이의 관련성에 관심을 두지 않음
   예 스포츠 상황에서 발생하는 차별과 불평등과 같은 사회 구조적 문제를 적절히 설명할 수 없음

5 교환이론

(1) 사회 구성원의 모든 행위는 "투자 혹은 비용과 보상의 관계"에 의해 발생한다고 가정함

(2) 즉, 인간은 합리적 비용과 보상의 교환을 통해 이익을 추구하는 존재

(3) 개인 간, 집단 간, 국가 간의 상호작용을 이해하기 위해 이러한 교환의 개념(거래, 타협 등)을 적용함

→ 스포츠에서 좋은 경기력을 보여주는 선수가 더 많은 연봉과 혜택을 받는 현상을 자연스럽고 합리적 현상으로 이해함

출제예상문제

Chapter 01 스포츠사회학의 이해

01 아래 <보기>에서 제시하고 있는 이론과 관련성이 없는 이론가는?

<보기>
- 사회구조에 있어 문화가 가지는 사회적 의미에 주목함
- 인간을 하나의 부품으로 간주하는 자본주의의 비인간화 문화 비판
- 문화산업은 대량생산 체제가 만들어낸 상품으로 현대사회의 문화예술의 상품화, 산업화로 인한 변질을 비판함
- 스포츠를 대중을 기만하고 권력자(자본가)의 지배를 유지하기 위한 도구로서의 문화산업으로 정의

① 아도르노
② 호르코하이머
③ 하버마스
④ 로버트 머튼

 정답분석
- 로버트 머튼은 구조기능주의를 주장한 학자이다.
- <보기>는 비판이론에 대한 설명이다.
- 비판이론은 프랑크푸르트 학파를 중심으로 전개된 이론으로서 대표적인 학자로는 아도르노, 호르코하이머, 하버마스 등이 있다.

이론 PLUS

비판이론
- 인간을 하나의 부품으로 간주하는 자본주의의 비인간화 문화 비판
- 현대사회의 문화예술의 상품화, 산업화로 인한 변질을 비판
- 호르크하이머, 아도르노, 하버마스 등 프랑크푸르트학파 중심

정답 ④

02 거트만(A. Guttmann)이 제시한 근대 스포츠의 특징과 설명의 연결이 옳지 않은 것은?

① • 특징: 세속화
  • 설명: 좁은 의미로서 스포츠의 종교적 목표 수행 강조
② • 특징: 합리화
  • 설명: 스포츠 참여의 목적과 수단의 논리적 인과관계 강조
③ • 특징: 전문화
  • 설명: 선수, 팀, 협회 등 스포츠에서 역할의 세분화
④ • 특징: 관료화
  • 설명: 규칙과 규정을 표준화하는 관료조직의 등장

 정답분석
세속화는 스포츠의 종교적 성격(제식활동 등)이 아닌 넓은 의미로서 현실적 목표 수행을 강조하는 근대스포츠의 특징을 의미한다.

 이론 PLUS
거트만이 제시한 근대 스포츠의 특징

세속화	넓은 의미로서 현실적 목표 수행 강조
합리화	• 규칙에 의해 움직이는 행위 • 목적과 수단의 논리적 인과관계 강조(합리성 추구)
전문화	• 역할의 세분화 • 장비, 도구, 시설환경의 전문화 • 경기, 상금, 보도는 전문화 강화
계량화 (수량화)	• 경기 기록을 숫자로 표현 • 표준화된 기록 체계 존재(시간, 거리, 점수)
평등	• 스포츠 참여의 기회와 조건의 평등 • 기회의 평등: 외적 조건에 상관없이 참여할 수 있는 평등 • 조건의 평등: 평등한 조건에서의 스포츠 참여
기록 추구	기록의 갱신 등을 통한 재미와 몰입 향상
관료화	• 규칙과 규정을 표준화하는 관료조직의 등장 • 지역, 국가, 국제 기구 단위

정답 ①

03 구조기능주의의 측면에서 탈콧 파슨스(T. Parsons)가 제시한 사회체제 유지를 위한 네 가지 요건의 연결이 바르지 않은 것은?

① 적응(Adaptation): 스포츠는 사회구성원으로서 사회(공동체)에 적합한 사고 및 행동 양식 등을 학습하는 장으로 기능
② 목표성취(Goal attainment): 경쟁과 승리만을 강조하는 사회적 목표의 달성과 성취
③ 사회통합(Integration): 스포츠는 사회 구성원의 결집을 통해 사회에 대한 일체감 형성
④ 체제유지 및 긴장처리: 스포츠맨십, 페어플레이 등 도덕적 가치 및 규범의 내면화

 파슨스는 안정적 사회체제 유지를 위한 스포츠의 긍정적 역할과 기능을 강조하는데, 목표성취는 사회체제의 안정을 위해 '공정한' 경쟁을 통한 목표 성취라는 스포츠의 기능을 강조하고 있다. 경쟁과 승리만을 강조하는 스포츠의 부정적 기능은 사회체제의 불안정성에 기여한다고 볼 수 있다.

 파슨스의 AGIL 모형

적응 (Adaptation)	환경에 적응하기 위해 필요한 자원, 시설 등을 공급하는 기능 → 스포츠는 사회구성원으로서 사회(공동체)에 적합한 사고 및 행동 양식 등을 학습하는 장으로 역할
목표성취 (Goal attainment)	목표성취는 사회체제의 목표를 결정하고 그 목표를 달성하기 위해 체계의 모든 자원을 동원하는 기능을 의미 → 스포츠는 타인(상대)과의 공정한 경쟁을 통한 승리의 가치 강조
사회통합 (Integration)	체계의 구성 단위들 사이의 관계 조정 및 통합 기능 → 스포츠는 사회 구성원의 결집을 통해 사회에 대한 일체감 형성
체제유지, 긴장처리 (Latency)	체계를 안정적으로 유지하고 문화와 가치의 보존 기능 → 스포츠는 사회 구성원으로 하여금 사회의 기본적 가치와 규범을 내면화하는 기능 수행

정답 ②

04 갈등이론에 대한 설명으로 옳지 않은 것은?

① 사회갈등은 정상적, 평화와 질서의 상태를 비정상적 상태로 이해함
② 스포츠는 지배 권력(집단)의 체제 유지 및 이익 증대를 위한 도구로 기능함
③ 스포츠의 상업화는 많은 자본을 획득한 소수 집단의 스포츠 시장 독점 야기
④ 프랑크푸르트학파를 중심으로 전개됨

 프랑크푸르트학파를 중심으로 전개된 것은 구조기능주의와 갈등이론에 대한 비판이론이다.

정답 ④

05 상징적 상호작용론의 한계가 아닌 것은?

① 사회구조의 문제를 다루는 데 한계가 있음
② 개인의 행위 및 상호작용과 사회의 구조적 문제들의 관련성에 관심을 두지 않음
③ 스포츠 상황에서 발생하는 차별과 불평등과 같은 사회 구조적 문제를 적절히 설명할 수 없음
④ 사회 '구조'에 초점을 맞추고 있는 만큼 스포츠에서 개인의 역할과 가치를 간과할 수 있음

• 상징적 상호작용이론은 사회구조가 아닌 사회 구성원들 간의 상호작용을 강조한다.
• 사회구조에 초점을 맞추고 있는 이론은 구조기능주의에 해당한다.

정답 ④

Chapter 01 스포츠사회학의 이해

Chapter 02 스포츠와 정치

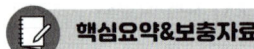
핵심요약&보충자료

01 스포츠와 정치의 결합 기출 20·22년

1 스포츠와 정치의 관계

1. 스포츠의 정치적 속성
① 스포츠는 다양한 사회 규범들과 상호작용하는 존재로서 기본적으로 정치적 속성을 가지고 있음
② 역사적 맥락에서 고대 그리스의 도시국가들은 전쟁에서 군인들의 체력을 향상하고 자기 민족 혹은 국가의 우수성을 입증하기 위해 스포츠를 활용하였으며, 로마 시대에도 스포츠는 군사훈련 및 대중들을 통제하고 엘리트 계급의 지배력을 강화하는 수단으로 활용되었음
→ 이를 통해 스포츠의 정치적 속성을 확인할 수 있음
③ "스포츠는 각 국가와 사회제도 수준을 반영하고 있기에, 올림픽은 각 나라의 정치·사회적 특성에 따라 스포츠 이벤트인 동시에 정치 이벤트이다."(Peter Ueberroth, LA 올림픽 조직위원장)
④ 스포츠는 근본적으로 정치적이며 '올림픽은 총성 없는 세계전쟁이다'

2. 스포츠와 정치의 관계
① 스포츠는 개인 혹은 특정 집단(조직, 국가, 민족 등)의 정치, 경제, 문화적 우월성을 표현하는 수단으로 활용됨
② 스포츠조직은 관료화로 인해 내부 권력 배분 과정의 정치적 속성을 지님
③ 정치적 상황이 스포츠 이벤트에 영향을 미침
  예 남북 평화무드 조성을 위한 올림픽 공동입장
④ 스포츠 자체가 국민적 정체성 형성, 지배 이데올로기 선전 도구로서 활용됨으로써 정치제도화 과정에 영향을 미침

> **선생님 TIP** 스포츠의 정치적 성격(Eitzen & Sage, 1997) 기출 23년
>
> | | |
> |---|---|
> | 대표성 | 스포츠는 특정 사회조직(학교, 직장, 지역사회, 국가, 민족)을 대표하며, 그에 대한 강한 충성심을 갖고 있음
예 올림픽에서의 메달 개수는 각 나라의 정치, 경제, 문화적 우월성을 대표하는 수단으로 상징화 됨 |
> | 권력 투쟁 | 스포츠선수, 팀, 리그와 각종 스포츠 단체 등 스포츠 조직에는 불평등한 권력 관계가 존재함 |
> | 상호 의존성 | 스포츠와 정치는 상호작용 관계를 형성하고 있음
예 일반 기업의 스포츠 구단 창설 시 세금 감면 혜택 |
> | 보수성 | 스포츠 제도는 질서와 법에 근간을 두고 보수적 성향을 지니며, 이로 인해 현존하는 사회질서를 지지하고 유지하는 데 기여함 |

2 스포츠의 정치적 기능

순기능	역기능
• 사회통합 기능 　예 각종 국제대회에 참가하는 국가대표 선수단을 국가(사회)와 동일화함으로써 국민들로 하여금 애국심을 고취함 • 외교적 수단 　예 남북 공동입장과 같이 스포츠 이벤트는 국가 간 화해와 대화의 촉매제로서 기능함	• 국제적 갈등 및 대립의 장으로 이용됨 　예 올림픽 보이콧 • 국수주의와 군국주의 조장 • 특정 권력 및 이데올로기에 대한 정당성 확보를 위해 활용됨 　예 제5공화국의 3S정책

3 스포츠와 정치의 결합 방식 기출 15·18·19·20·22년

1. 상징

① 추상적 사물, 관념, 사회사상 등을 구체적인 사물에 빗대는 일 혹은 그 사물을 의미함
　예 비둘기라는 구체적인 사물은 '평화'라는 추상적 관념의 상징화

② 국가대표 경기는 단순한 개인 차원을 넘어 선수가 대표하는 국가 경쟁으로 비추어질 수 있으며 이는 스포츠 상징의 대표적 사례임

③ 상징에 대한 공감은 국민 지지를 강화하여 국가 및 사회체제를 유지하는 데 기여함

④ 상징의 대표적 예시

　㉠ 국가대표팀 선수를 보면서 이들을 대한민국으로 인식하는 것

　㉡ 국가 간 경기 대회에서 국가대표팀의 국기 게양식, 국가 연주 등

2. 동일화

① 상징(symbol)을 매개로 하여 자신을 특정 선수나 팀과 일체화하는 행위 또는 상태를 의미함

② 경기 장면에서 선수의 상황에 몰입하는 것을 넘어 선수나 대표팀에 대해 강력한 기대를 품는 것을 뜻함

③ 동일화의 대표적 예시

　㉠ 지역 연고 팀에 대한 팬덤(fandom)

　㉡ '국가대표팀 = 나'로 동일시

3. 조작

① 조작은 상징과 동일화의 효과를 극대화하고자 하는 목적을 가지고 인위적으로 그 과정에 개입하는 행위를 의미함

② 대부분 목적 달성을 위해 수단과 방법을 가리지 않기 때문에 윤리성과 합리성보다 효율성을 지향함

③ 정치적 측면에서 국가 역량의 동원, 정부에 대한 지지, 비리와 부정부패 등을 은폐하는 수단으로 스포츠 활용

❶ 스포츠와 정치의 결합 방식
　• 상징
　• 동일화
　• 조작

02 스포츠와 국내 정치

1 지역사회와 스포츠

1. 지역사회 스포츠의 기능
① 지역사회에서 스포츠는 향토애를 높이고 지역사회 발전에 대한 의지를 모으는 기능을 함
② 스포츠 참여를 통한 지역주민의 자아실현 욕구 충족, 지역주민 간 화합 및 단결을 도모함
③ 스포츠는 지역사회의 중요한 정책 과제로서 지역사회의 정치·문화에 중요한 구성 요인임
④ 스포츠 단체 및 조직의 높은 정치적 영향력 행사

2 국가와 스포츠의 관계 기출 15·17·18·19·20·21·22·23년

1. 국민건강증진과 여가 기회 제공
① 정부는 국민건강 증진과 함께 다양한 여가기회를 제공하기 위해 스포츠를 장려함
② 정부는 국민들에게 다양한 스포츠를 생애주기적으로 경험할 수 있도록 제도, 시설의 확충 등 여가 공간 확보를 위해 노력하고 있음

2. 사회질서의 유지 및 보호
① 스포츠 영역에서 개인의 사적 활동을 공적 활동으로 전환할 때 발생하는 문제들을 통제하기 위한 정부의 역할을 의미함
② 스포츠 영역에서 발생하는 (성)폭력, 승부조작, 입시비리 등 다양한 문제점을 통제하고 규제하기 위한 노력을 의미함

3. 사회통합 달성
① 스포츠로의 참여는 참여 구성원들 사이의 일체감을 높여줌
② 이는 더 나아가 지역사회, 국민들의 일체감을 높여줄 수 있는 기제로 작용할 수 있으며 이를 달성하기 위해 국가가 개입함

4. 국위선양
88서울올림픽, 2002년 월드컵, 2018평창동계올림픽 등 다양한 메가 스포츠 이벤트(mega sport events)를 국내에 유치하는 것은 국제사회에서 위상을 높일 수 있으며 스포츠가 국위선양의 도구가 될 수 있음

용어해설
향토애(鄕土愛): 지역에 대한 사랑

5. 국가, 지역사회의 경제발전 가속화

① 메가 스포츠 이벤트의 유치는 국가와 지역사회 경제·사회·문화적 측면에서 다양한 성장 동력원이 될 수 있음

② 경기를 개최하기 위한 사회간접자본은 지역사회 발전에 도움이 될 수 있으며, 국가 차원의 경제발전과 부가가치 생산에 긍정적 영향을 미침

6. 정부나 정치가에 대한 지지 확보

① 정부 또는 정치가들은 자신들의 정당성 강화와 권력을 유지하기 위해 스포츠를 활용함

② 스포츠 이벤트의 지역사회 유치는 특정 정치인과 정당의 정치적 정당성을 확보하기 위한 수단으로 사용됨

③ 정부나 정치가들은 스포츠 이벤트, 프로스포츠 개막전을 활용하여 자신들이 해당 행사 또는 종목에 우호적인 입장이라는 메시지를 전달하고자 함

7. 지배적 이데올로기에 부합하는 가치 및 성향 강소

① 현대 자본주의 사회 질서유지에 필수적 가치는 개인의 희생, 인내심, 집단에 대한 충성심 등이 있음

② 한 예로써, 스포츠의 '승리를 위해 노력하고, 끊임없이 도전하는 인내심'은 국민에게 이러한 자본주의 이데올로기를 내재화할 수 있는 좋은 수단이 될 수 있음

03 스포츠와 국제정치 기출 15~22년

1 국제정치에서 스포츠의 이용

1. 스포츠 역할

(1) 국제정치에서의 각 국가 및 민족 이데올로기의 우월성 입증

(2) 국가 간 갈등 관계 또는 외교 관계에서 우월한 지위를 확보할 수 있는 도구로 기능

2. 국제정치에시의 스포츠 이용

(1) 외교적 도구

국가 간 관계 형성에 있어 명문화되지 않은 제도 중 가장 효과적인 제도가 국가 간 스포츠 참여이며 이는 공식적 외교 관계가 성립되지 않더라도 양 당국이 승인한 것으로 간주하기 때문에 국가 간 스포츠 이벤트 참여는 중요한 외교적 도구로 활용될 수 있음

(2) 이데올로기 및 체제 선전의 수단

① 스포츠에서의 승리는 해당 정치 체제의 우수성을 입증하는 증거가 될 수 있음

② 이는 특정 정치 체제의 입지를 강화하기 위한 대리전의 성격을 보여줌

핵심요약&보충자료

❶ 국제정치에서 스포츠의 이용
- 외교적 도구
- 이데올로기 선전수단
- 국위선양
- 평화 증진
- 외교적 항의
- 갈등·전쟁 촉매

용어해설

이데올로기(Ideologie): 개인이 속한 사회의 지배적인 사고방식 및 상식적으로 받아들여지는 관념

(3) 국위선양
① 선수와 국가간 동일시는 메스컴을 통해 세계적으로 명성을 떨칠 수 있는 기회를 제공함
② 메가 스포츠 이벤트에서의 승리는 전 세계인들의 환호와 선수로서의 특정 지위를 보장함

(4) 국제이해 및 평화 증진
① 각 나라는 스포츠교류를 통해 국가 간 신뢰를 증진시키며 국경을 초월한 경쟁 국가 간 경쟁은 국민들로 하여금 세계시민의 태도를 기를 수 있게 해주는 데 기여함
② 민족주의 감소와 배타적 적대사상 퇴진에 기여하고 국가 간 상호 이해, 친선, 평화증진에 긍정적인 역할을 할 수 있음

(5) 외교적 항의
국가 간 갈등이 있는 상황 속에서 메가 스포츠 이벤트 참가 거부 의사, 선수단 입국 거부, 경기불참 등은 직접적 피해나 손해를 입히지 않고서도 항의 의사를 전달할 수 있음

(6) 갈등 및 전쟁의 촉매
① 국가대표는 국가를 대표하여 싸우는 전사로써 국가의 중요한 외교 정치 수단이 되고 있음
② '총성 없는 전쟁'으로써의 스포츠는 각국의 이해관계와 관련된 갈등 및 전쟁의 원인이 될 수 있음

2 올림픽과 정치 기출 16·17년

1. 올림픽 경기의 정치적 의미
올림픽은 '국가 vs 국가'의 경쟁, 체제의 우월성을 경쟁하는 '총성 없는 전쟁'이며 세계 정치 현실을 그대로 나타내고, 이데올로기의 대립으로 인한 긴장감을 그대로 반영함

2. 올림픽 경기의 정치화 요인

(1) 민족주의 심화
국가를 대표해서 나가는 올림픽 경기의 특성상 경기 시 국기게양, 애국가 연주 등은 민족주의를 강화하는 요인으로 작용함

(2) 상업주의 팽창
① 신자유주의 시대의 올림픽 경기는 '경제적 이익' 추구를 위한 수단으로 활용됨
② '경기의 경쟁심'은 특히 국가 간 경쟁은 경기의 흥미를 높이고 상업화를 위한 좋은 수단으로 사용됨

(3) 정치권력 강화 의도
① 스포츠는 정치적 차원에서 국가 권력 과시 및 외교적 수단으로 사용 가치가 높음
② 스포츠는 특정 정치체제의 이데올로기 확립 또는 강화, 외교 목적 달성 등을 의한 도구로 활용 가치가 높음
예 1986 아시안게임, 1988 서울 올림픽은 군부정권의 정치적 의도 달성을 위해 활용됨

선생님 TIP — 올림픽 경기에서 정치화가 나타난 대표적 사례

1896년 아테네 올림픽	터키와 그리스의 갈등으로 터키가 불참함
1920년 안트베르펜 올림픽	세계대전의 원인이 되었던 독일, 오스트리아, 터키의 참가가 거부되었으며 IOC기구와의 견해차이로 구소련의 참가가 거부됨
1936년 베를린 올림픽	히틀러 정권에 의한 나치 선전의 장으로 이용됨
1948년 런던 올림픽	2차 세계대전 이후 구소련과 미국, 영국, 프랑스 등의 서방세력 간의 정치 갈등이 발생함
1952년 헬싱키 올림픽	미국과 소련의 세력이 대결하는 장으로 활용
1956년 멜버른 올림픽	구소련의 헝가리 침공에 대한 항의로 스페인, 스위스 등 서방국가들이 참가를 거부함
1972년 뮌헨 올림픽	'검은 구월단 사건'으로 인해 인종 간 갈등이 발생하였으며 유혈사태로 이어짐
1976년 몬트리올 올림픽	뉴질랜드의 올림픽 참가를 아프리카 국가들이 저지함
1980년 모스크바 올림픽	구소련의 아프가니스탄 침공에 대한 미국의 정치 대응 전략으로 대회 참가를 거부함
1984년 LA올림픽	소련의 보이콧 주장에 동조한 공산국가 13개국 참가 거부함

핵심요약&보충자료

출제예상문제

Chapter 02 스포츠와 정치

01 <보기>와 같은 스포츠의 정치적 이용 방식은?

―<보기>―
- 미국을 비롯한 서방 국가들은 구소련의 아프가니스탄 침공을 문제 삼아 1980 모스크바 올림픽에 보이콧하였다.
- 많은 국가들이 남아프리카공화국의 인종차별정책(아파르트헤이트)에 반대하여 남아프리카공화국에서 개최하는 스포츠 경기에 불참하였다.
- 구소련의 헝가리 침공을 문제삼아 스페인, 스위스 등 서방 국가들이 올림픽 참가를 거부하였다.

① 정치 체제 선전
② 평화 증진
③ 외교적 항의
④ 국위선양

정답분석 <보기>에 해당하는 내용은 국제정치의 이슈와 문제에 대한 자신들의 정치적 견해 표명과 항의의 수단으로 스포츠를 활용한 사례이다.

이론PLUS 국제정치에서의 스포츠 이용
- 외교적 도구
- 이데올로기 및 체제 선전의 수단
- 국위선양
- 국제이해 및 평화 증진
- 외교적 항의
- 갈등 및 전쟁의 촉매

정답 ③

02 <보기>에서 설명하고 있는 스포츠의 사회적 기능은?

―<보기>―
- 정치인들이 국민의 스포츠에 대한 관심을 증대시켜 정치적 무관심을 유도
- 정치인들이 스포츠 경기를 자신의 이익이나 권력을 공고히 하는 데 이용
- 제5공화국의 3S정책

① 사회통합 기능
② 사회통제 기능
③ 사회소외 기능
④ 사회정서 기능

정답분석 <보기>는 스포츠의 '사회통제' 기능을 설명하는 내용이다.

정답 ②

03 다음 중 스포츠 세계화의 과정에 대한 설명으로 옳은 것을 모두 고른 것은?

―<보기>―
㉠ 제국주의 시대 스포츠를 통한 동화정책은 식민지 체제의 지배를 정당화하는 데 기여함
㉡ 19세기 기독교는 아시아와 아프리카 원주민의 종교적 거부감을 해소하기 위해 스포츠를 활용하였음
㉢ 과학기술의 진보는 스포츠의 시·공간적 제약을 극복하여 세계화를 가속화하였음
㉣ 제국주의 시대 스포츠는 피식민지 주민의 민족주의적 감정을 억제하는 데 기여하였음

① ㉠
② ㉠, ㉡
③ ㉠, ㉡, ㉢
④ ㉠, ㉡, ㉢, ㉣

정답분석 ㉣ 스포츠는 제국주의 시대의 피식민지 주민의 민족주의 감정을 표출하는 수단으로 활용되었다.

정답 ③

04 다음 <보기>에서 설명하는 정치와 스포츠의 결합 방식은 무엇인가?

―― <보기> ――
- 국가대표팀 선수를 보면서 이들을 대한민국으로 인식함
- 국가 간 경기 대회에서 국가대표팀의 국기 게양식, 국가 연주

① 내면화
② 조작
③ 동일화
④ 상징

정답분석 <보기>의 내용은 상징에 대한 설명이다.

이론PLUS 스포츠와 정치의 결합 방식

상징	• 추상적 사물, 관념, 사회사상 등을 구체적인 사물에 빗대는 일 혹은 그 사물 • 국가대표 경기는 단순한 개인 차원을 넘어 선수가 대표하는 국가 경쟁으로 비추어질 수 있으며 이는 스포츠 상징의 대표적 사례
동일화	• 상징(symbol)을 매개로 하여 자신을 특정 선수나 팀과 일체화하는 행위, 상태 • 경기 장면에서 선수의 상황에 몰입하는 것을 넘어 선수나 대표팀에 대해 강력한 기대를 품는 것을 뜻함
조작	• 상징과 동일화의 효과를 극대화하고자 하는 목적을 갖고 인위적으로 그 과정에 개입하는 행위 • 윤리성과 합리성보다 효율성을 지향 • 정치적 측면에서 국가 역량의 동원, 정부에 대한 지지, 비리와 부정부패 등을 은폐하는 수단으로 활용

정답 ④

05 에티즌과 세이즈가 제시한 스포츠의 정치적 속성과 설명이 바르게 연결되지 않은 것은?

① 보수성 - 스포츠는 사회적 질서와 법의 표본으로 보수적 성향을 지니고 있음
② 대표성 - 올림픽 등 국제 경기에서 성적은 각 나라의 정치, 경제, 문화적 우월성을 대표함
③ 상호배타성 - 스포츠는 정부 기관, 정치 세력과 관계에서 상호배타적 성향을 지님
④ 권력 투쟁 - 선수와 구단주 간, 경쟁 리그 간, 스포츠조직 간에는 불평등한 권력관계가 존재함

정답분석 에티즌과 세이지는 스포츠의 정치적 속성으로 상호 의존성을 강조하였다.

이론PLUS 스포츠의 정치적 성격(Eitzen & Sage, 1997)

대표성	스포츠는 특정 사회조직을 대표하며, 그에 대한 강한 충성심을 갖고 있음
권력 투쟁	스포츠 조직에는 불평등한 권력 관계가 존재
상호 의존성	스포츠와 정치는 상호작용 관계 형성
보수성	• 스포츠 제도는 질서와 법의 근간을 두고 보수적 성향을 지님 • 현존하는 사회질서를 지지하고 유지하는 데 기여

정답 ③

Chapter 03 스포츠와 경제

핵심요약&보충자료

01 상업주의와 스포츠 기출 17~23년

1 상업주의와 스포츠의 변화

1. 상업주의 스포츠 출현의 사회경제적 요소

(1) **자본의 집중**

   대규모 스포츠시설의 건설 및 활용을 통한 자본의 집중

(2) **대도시**

   인구 밀집 지역에서 자본거래가 많고 관중이 많이 모일 수 있어 프로스포츠의 성공 가능성이 높아짐

(3) **자본주의적 시장 경제체제**

   스포츠를 통한 자본획득 구조의 형성

(4) **소비문화의 발전 정도**

   스포츠를 통한 소비 촉진

(5) **경제적 여유층 증가**

   신자유주의시대 속 부익부 빈익빈 현상으로 인해 여유 계층만의 스포츠 문화 확대

2. 스포츠 본질의 변화

(1) **아마추어리즘 약화**

   ① 상업주의 스포츠 가치 확대로 인해 프로스포츠가 발전되면서 아마추어리즘이 추구하는 이상과 반대로 생계와 경제적 이익 추구를 위한 수단으로써 스포츠가 행해짐

   ② 선수의 위치는 경기를 위한 상품 또는 도구로 전락하여, 오직 승리만을 추구하도록 강요받음

   ③ 아마추어리즘의 후퇴는 메가 스포츠 이벤트(올림픽, 월드컵 등) 조직의 거대화, 승리만을 위한 경기 과열, 과도한 상업주의, 정치 개입 등을 더욱 가속화함

(2) **스포츠의 직업화**

   ① 선수들은 스포츠를 생계 수단으로 여기며 이는 자본주의의 발달과 함께 발생한 현대 사회에 들어 대두된 현상이라 할 수 있음

   ② 직업으로서의 스포츠인은 오직 승리를 통한 금전적 이익을 위해 스포츠에 참여하며 어떠한 형태로든 보수, 지위(주장, 코치, 감독 등)를 부여받음

   ③ 스포츠를 통한 사회계층의 수직상승이 가능함(금메달 획득을 통한 지위 향상, 거액의 FA 보상)

용어해설

아마추어리즘: 아마추어(amateur)는 18세기 영국에서 여가의 측면에서 스포츠를 즐겼던 왕실 및 상류계급을 지칭하는 말로, 스포츠를 즐길 수 있는 경제적 여유를 갖춘 특권 지배층을 의미한다. 이러한 측면에서 아마추어리즘은 신사도를 강조하는 영국 스포츠에서 형성된 스포츠 행위규범을 뜻한다.

3. 상업주의로 인해 나타나는 스포츠(목적, 구조, 내용, 조직)의 변화

 핵심요약&보충자료

변화 요소	내용
목적	스포츠를 단순히 상품으로 인식하여 경제적 이익과 흥행을 위한 프로페셔널리즘 추구
구조	규칙, 제도, 프로그램 등의 변화 예) 인기 있는 스포츠 경기 시간의 조정, 배구의 서브권 제도 변경, 광고를 위한 추가 시간 추가, 농구에서의 3점슛과 쿼터제 도입, 유니폼의 변화 등
내용	• 스포츠 경기 자체의 본질적 가치보다 승리, 득점 등 외연적 측면에 집중 • 과장되고 극적 표현 증가 • 심미적 가치(경기 기술, 전략, 작전, 노력 등)보다 영웅적 가치(유명 선수, 좋은 시설, 분위기 등) 중시 • 아마추어리즘보다 프로페셔널리즘 추구
조직	• 대부분 스포츠 경기 및 대회는 대중매체, 팀, 대회 스폰서, 조직 등의 목적 달성에 초점 • 경기의 본질적 측면이 아닌 개회식, 폐회식의 쇼(show), 대중매체의 보도 등 외연적 가치를 중시

2 프로스포츠와 상업주의 기출 16·19·21·22년

1. 프로스포츠와 경제

(1) 경제적 파급효과

① 프로스포츠는 상업주의 확산에 따라 스포츠 영역에서 가장 획기적 발전을 한 분야임

② 스포츠를 통해 파생되는 경제적 효과는 높은 생산유발효과, 부가가치효과, 고용 창출 효과가 있음

(2) 프로스포츠의 주 수입원

① 경기장 입장료

② 방송중계권료

③ 광고 수입

④ 스폰서십

⑤ 라이센싱

2. 프로스포츠의 사회적 기능

순기능	역기능
• 스포츠 관람을 통한 여가 선용, 흥미거리 제공, 스트레스 해소, 생활의 활력소로 기능함 • 아마추어 스포츠 활성화(선수의 진로 개척 의지를 제공) • 스포츠 저변 확대에 기여 • 지역사회 통합 • 경제발전 및 고용증진 기여(스포츠용품 등 각종 스포츠산업 확대)	• 지나친 상업화로 인한 스포츠계의 물질 만능주의 • 비인기 종목 및 아마추어리즘의 쇠퇴 • 도박 및 불법행위 발생 가능성 증가

02 메가 스포츠 이벤트

1 메가 스포츠 이벤트가 경제에 미치는 영향 [기출] 15년

구분	긍정적 효과	부정적 효과
경제 부문	• 메가 스포츠 이벤트 개최를 위해 투자되는 간접비용, 즉 건설, 토목, 교통, 숙박 등을 포함하여 대규모 산업 활성화 • 지역 경제의 고용 유발효과, 생산 유발효과, 부가가치 유발효과 증대 • 도시 인프라 구축 및 발전 • 개최 지역의 관광 산업 활성화(관광물, 관광지, 관광객 유치 등)	• 지역(주민의) 조세부담 증가 • 이벤트 종료 후 막대한 철거 및 유지 비용으로 인한 지역 및 국가 경제 부담
사회 부문	• 지역주민의 여가 생활 기회 제공 • 시민의식 함양 • 스포츠 인프라 확대를 통한 지역주민의 여가 스포츠 참여 활성화 • 지역주민의 화합	• 환경오염, 물가 상승, 투기과열, 교통혼잡 등 발생 우려 • 사회 취약계층의 소외·불평등 심화 가능성 증가
정치 부문	• 개최 지역 및 국가 위상 제고 • 국가 브랜드 이미지 제고	특정 정치 세력의 정당성 강화

2 메가 스포츠 이벤트의 경제적 가치 [기출] 16년

(1) 올림픽, 월드컵, 아시안게임 등의 각종 메가 스포츠 이벤트는 참여 개최국의 증가, 대회 규모 증가 등에 따라 경제적 가치 또한 급속도로 증가하는 추세임

(2) 메가 스포츠 이벤트는 일정한 주기에 따라 개최되기 때문에 대회 자체가 희소성이 있으며, 특히 전 세계인이 참여하는 대회이기 때문에 천문학적인 중계권료와 광고료를 나타냄

(3) 메가 스포츠 이벤트의 개최는 TOP 프로그램 도입으로 연결됨

> **참고**
>
> **IOC와 TOP프로그램**
> TOP프로그램은 IOC가 올림픽의 주요 사업분야별로 대표기업을 선정해 기술적 재정적 지원을 받고, TOP로 선정된 기업에게 그 대가로 독점적으로 올림픽을 광고 홍보 마케팅 수단으로 활용하도록 한 제도이다.

(4) 올림픽과 월드컵 등은 천문학적 중계료 및 광고료에서 알 수 있듯이, 메가 스포츠 이벤트의 광고효과는 매우 크기 때문에 거대 자본을 소유한 다국적 기업들이 공식 스폰서십(sponsorship)을 맺기 위해 막대한 금액을 투자하는 상황임

출제예상문제
Chapter 03 스포츠와 경제

01 상업주의로 인해 나타나는 스포츠의 변화에 대한 설명으로 바른 것은?
① 프로페셔널리즘보다 아마추어리즘 축구
② 경기 기술, 전략 등 심미적 가치 중시
③ 경기의 외연적 가치 중시
④ 과장되고 극적인 표현의 감소

정답분석 상업주의는 스포츠 경기 자체의 본질적 가치보다 승리, 득점 등 외연적 가치를 중시한다.

정답 ③

02 프로스포츠의 순기능으로 옳지 않은 것은?
① 스포츠 관람을 통해 여가 선용, 흥밋거리 제공, 스트레스 해소, 생활의 활력소로 기능함
② 스포츠 저변 확대에 기여
③ 지역사회 통합
④ 비인기 종목 및 아마추어리즘의 발전

정답분석 상업주의 발달에 따른 프로스포츠의 발전은 비인기 종목 및 아마추어리즘의 퇴조를 가져왔다.

이론PLUS 프로스포츠의 순기능
- 스포츠 관람을 통한 여가 선용, 흥밋거리 제공, 스트레스 해소, 생활의 활력소 기능
- 아마추어 스포츠 활성화(선수의 진로 개척 의지 제공)
- 스포츠 저변 확대에 기여
- 지역사회 통합
- 경제발전 및 고용증진 기여(스포츠용품 등 각종 스포츠산업 확대)

정답 ④

03 국제 스포츠이벤트 개최의 경제적 효과에 대한 설명으로 잘못된 것은?
① 광고권 판매 수익
② 건설경기 증대
③ 스포츠관광산업 증대
④ 개최도시 및 국가의 이미지 개선

정답분석 개최도시 이미지 개선은 경제적 효과가 아닌 사회정치적 효과이다.

정답 ④

04 <보기>에서 설명하는 프로스포츠 제도는 무엇인가?

―――<보기>―――
한 팀 선수들의 연봉 총액이 일정액을 넘지 못하도록 제한하는 제도

① 샐러리 캡
② 드래프트
③ 최저 연봉
④ FA

정답분석 <보기>에서 설명하는 프로스포츠 제도는 샐러리 캡이다.

선지분석 드래프트는 프로스포츠 팀이 뽑고 싶은 신인선수를 특정 순서에 의해 지명하는 제도를 의미한다. 최저 연봉은 신인선수의 최저 연봉을 보장하고자 하는 제도, FA는 자유계약을 의미한다.

정답 ①

Chapter 04 스포츠와 교육

핵심요약&보충자료

❶ 스포츠의 교육적 순기능
- 전인교육
- 사회통합
- 사회선도
- 평생체육 기회 습득

01 스포츠의 교육적 기능

1 스포츠의 교육적 순기능❶ 기출 15·17·20·22·23년

1. 전인교육

(1) 학업능력 향상
① '스포츠에로의 참여'는 학업 및 일상생활에서의 스트레스를 해소하는 기회 제공
② 스포츠 참여 자체가 새로운 교육 기회의 장으로서 학생들의 학업능력 향상에 기여

(2) 사회화 촉진
① 스포츠 상황에서 협동심, 도전정신, 이타적인 스포츠맨십(sportsmanship) 등 사회적 가치에 대한 이해 증진
② 스포츠에로의 참여는 다양한 상황에서의 사회화 경험을 제공하며, 긍정적 가치를 참여자에게 제공함

(3) 정서의 순화
① 청소년기 스포츠 경험은 집단 내에서의 협동심 발달뿐만 아니라 자신을 통제할 수 있는 통제력 강화에 도움이 됨
② 스포츠 상황에서 배울 수 있는 공정성, 합법성, 준법정신 등은 청소년 비행과 일탈 방지에 효과적 수단임
③ 스포츠 상황에서의 성공과 목적 성취 경험은 사회 적응력에 이점 제공

2. 사회통합

(1) 학교 내 통합
스포츠(팀)를 통한 단결심, 애교심, 공동체 의식 함양

(2) 학교와 지역사회 통합
스포츠 프로그램은 학교와 지역사회의 관심 환기, 학교 간의 적대관계 해소에 기여

3. 사회 선도

(1) 여성에 대한 인식 전환
과거 남성의 전유물로만 여겨지던 스포츠 영역에 여학생들이 참여함으로써 성평등 의식 개선과 여성의 권리를 신장시킬 수 있는 사회 전반에 관한 관심을 유발할 수 있음

(2) 사회적 약자의 사회 적응 향상
장애인에 대한 사회적 편견과 불평등을 해소하고, 신체적 측면의 건강증진에 기여하여 장애인의 원만한 사회 생활 영위에 기회 제공

4. 평생체육의 기회 획득

① 학교에서의 스포츠활동 참여를 통해 평생체육, 여가선용 수단으로서 스포츠 참여 방법, 기술, 지식, 태도, 가치 등을 습득함

② 학교체육의 참여는 삶의 질 향상과 자아실현을 추구하는 데 도움이 될 수 있음

2 스포츠의 교육적 역기능 기출 18·21년

1. 교육목표의 결핍

(1) 결과(승리) 지상주의

① 오직 승리만을 위해 스포츠의 본질적 가치 중 하나인 교육적 가치를 간과함

② 참여와 과정의 즐거움보다 승리를 곧 경기에서의 성공으로 간주함

③ 학생 선수들에게 과도한 훈련, 경쟁 강요

(2) 참여 기회의 제한

① 모든 학생의 스포츠 참여가 아닌 소수의 학교 운동부 소속 선수에게 참여 경험이 국한됨으로써 일반 학생들의 참여 기회 제한됨

② 일반 학생들의 스포츠로의 참여 기회 제한은 스포츠를 통해 얻을 수 있는 교육적, 사회적 효과 경험의 기회를 제한하며 엘리트 중심 문화 형성

(3) 성차별 발생

① 스포츠에서의 성차별 및 불평등은 여성의 '성역할 고정관념'에 직·간접적 영향

② 특히, 학교 운동부 구조 내에서 여성들은 비활동적이고 수동적 존재로 전락하여 여성들의 스포츠 참여 제한으로 이어짐

2. 부정행위의 조장

(1) 스포츠에서의 상업화

① 승리에 대한 물질적, 상징적 보상에 집중

→ 스포츠의 본질적 가치인 즐거움을 경시하고 이득만을 추구하려는 경향을 보임

② 체육활동을 통한 교육목표 성취에 관한 관심보다 학교의 명성, 금전적 이득 등 외연적 목적에 집중, 상업화 수단으로 전락하여 각종 부정부패 및 부정행위 야기

(2) 위선과 착취

① 선수 혹은 팀을 학교 경영 및 홍보의 수단으로 이용

② 운동능력이 뛰어난 선수에 대한 성적 위조, 장학금 등 금전적 이익 보장 등 편법적 관행 강화

(3) 선수의 일탈 조장

① 승리에 대한 압박으로 오직 승리를 위해 일탈, 부정행위 등에 노출

→ 비도덕적 가치관 습득

② 팀의 승리를 위해 능력이 뛰어난 학생 선수를 유급시키거나 도핑, 승부조작, 상대선수에 대한 고의적 부상 입히기 등 자행

핵심요약&보충자료

❷ 스포츠의 교육적 역기능
- 교육목표 결핍
- 부정행위 조장
- 편협한 인간 육성

3. 편협한 인간 육성

(1) 독재적 코칭

① 학원 스포츠 구조적 특성상 지도자(감독, 코치)는 절대적 권한을 부여받음
→ 학교 운동부 학생들에 대한 통제 강화

② 지도자의 독재적 코칭은 스포츠의 교육적 가치를 경시하고 학생들의 사회적 인격 발달을 저해함

(2) 비인간적 훈련

① 일부 지도자는 자신 혹은 팀의 성공을 위해 학생 선수들에게 비인간적 훈련을 강요하는 경우가 있음

② 학생 선수는 지도자의 성과 달성을 위한 도구로 전락함

③ 심지어 학생과 학부모는 이를 알고도 학생 입시에 대한 지도자의 절대적 권한으로 인해 문제 제기에 한계가 있음

02 우리나라의 학원 스포츠

1 학원스포츠의 기능 기출 15·16·18·19·22년

순기능	역기능
• 학업 활동 촉진 • 학업 및 생활 스트레스 해소 • 정서 순화 • 체육활동 자체의 가치 습득 • 체육에 대한 흥미 유발 • 협동심, 리더십, 사회성 함양 • 특기와 적성 발굴	• 선수의 기본 학습권 제한 • 승리 지상주의 • 과도한 비인간적 훈련 • 지도자의 폭력 • 신체적 폭력, 성폭력, 욕설 등 선수에 대한 인권침해

2 학원 스포츠 정상화를 위한 제도 변화

(1) 선수의 기본 학습권 보장

(2) 지도자 처우개선

(3) 학교스포츠클럽의 육성

(4) 학생 선수의 인권과 학습권 보장을 위한 합숙 훈련 근절

(5) 최저학력제 도입

(6) 주말 리그제 활성화

(7) 학교 운동부 운영의 투명성 확보

(8) 생활체육과 연계할 수 있는 학교스포츠 프로그램 마련

출제예상문제

Chapter 04 스포츠와 교육

01 스포츠의 교육적 기능 중 성격이 다른 하나는?
① 학생의 건강증진
② 지역사회 통합
③ 정서 함양 및 순화
④ 성역할 고정관념 강화

 ④번 문항을 제외하고 모두 긍정적 기능을 설명하고 있다. 스포츠를 통해 성역할 고정관념을 해소할 수 있다.

정답 ④

03 스포츠의 교육적 기능과 역할을 모두 고른 것은?
① 학업 및 일상생활의 스트레스 해소
② 정서 순화
③ 사회적응력 강화
④ 사회화 경험 제공

 모두 스포츠의 교육적 기능에 대한 긍정적 설명이다.

 스포츠의 교육적 기능

순기능	• 학업 활동 촉진 • 학업 및 생활 스트레스 해소 • 정서 순화 • 체육활동 자체의 가치 습득 • 체육에 대한 흥미 유발 • 협동심, 리더십, 사회성 함양 • 특기와 적성 발굴
역기능	• 선수의 기본 학습권 제한 • 승리 지상주의 • 과도한 비인간적 훈련 • 지도자의 폭력 • 신체적 폭력, 성폭력, 욕설 등 선수에 대한 인권침해

정답 ①, ②, ③, ④

02 학원 스포츠의 정상화를 위해 필요한 제도적 변화에 대한 설명으로 옳지 않은 것은?
① 선수의 기본 학습권 보장
② 지도자의 권한과 역할 강화
③ 학교스포츠클럽의 육성
④ 학생 선수의 인권과 학습권 보장을 위한 합숙 훈련 근절

 현재 학원 스포츠계에서 발생하는 비윤리적 문제들은 대부분 지도자와 선수간의 수직적 관계에 의해 발생한다. 지도자의 권한과 역할이 강화될 경우 이러한 문제가 더욱 심화될 수 있다.

정답 ②

Chapter 05 스포츠와 미디어

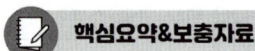 핵심요약&보충자료

01 스포츠와 미디어의 이해

1 스포츠 미디어의 의미 기출 20년

1. 미디어의 기능

정보전달 기능	게임에 대한 지식, 결과 정보전달, 경기자와 경기에 대한 통계 정보 제공
통합기능	다른 집단과 융합될 수 있도록 기회를 제공하고 관중끼리의 공통된 사회적 경험을 통해 유대감을 갖게 함
정의적 기능	시청자에게 흥미를 제공함
도피적 기능	보는 사람들의 불안과 초조, 욕구불만 등의 감정을 해소함

2. 미디어 매체의 유형 기출 16·20·22년

(1) 맥루한(M. Mcluhan)의 매체 구분

① 핫(hot) 미디어: 낮은 감각참여와 낮은 몰입성으로 수용되는 매체
  ㉠ 매체 중심의 일방향적 전달
  ㉡ 수용자의 참여도가 낮음
  ㉢ 장기적으로 수용되며 보전됨
  ㉣ 신문, 잡지, 라디오, 사진, 화보 등

② 쿨(cool) 미디어: 높은 감각 참여와 몰입으로 정보를 직접적으로 제공받음
  ㉠ 즉흥적이고 일시적임
  ㉡ 전자 정보 시대에 발전함
  ㉢ 수용자와 매체 간 쌍방향적 전달
  ㉣ TV, 영화, 인터넷, SNS, 모바일 매체 등

(2) 핫 미디어와 쿨 미디어의 스포츠

① 핫 미디어 스포츠
  ㉠ 정적 스포츠, 선수의 행동반경이 좁은 스포츠, 개인 스포츠 위주
  ㉡ 수비와 공격의 구분이 쉬운 스포츠
  ㉢ 기록 스포츠
  ㉣ 몰입 수준이 낮은 스포츠
  ㉤ 빙상, 검도, 골프, 수영, 태권도, 야구, 육상, 배드민턴, 양궁, 등

② 쿨 미디어 스포츠 기출 16년
　㉠ 동적 스포츠, 선수의 행동반경이 넓은 스포츠, 팀 스포츠
　㉡ 득점 스포츠
　㉢ 수비와 공격의 구분이 어려운 스포츠
　㉣ 경마, 농구, 럭비, 축구, 핸드볼, 하키, 자동차 경주 등

선생님 TIP 맥루한의 이론에 따른 스포츠 구분 및 특성

구분 \ 특성	정의성	감각 참여성	감각 몰입성	경기 진행 속도
핫 미디어 스포츠	높음	낮음	낮음	느림
쿨 미디어 스포츠	낮음	높음	높음	빠름

3. 스포츠와 미디어의 결합 배경

(1) 상업화
프로스포츠의 대중화, 기업의 상업적 도구화, 미디어 상품, 기업 커뮤니케이션 도구로서 역할 증대

(2) 기술발전
전달 기술의 발전, 신문, TV, 인터넷, 글로벌 스케일의 접근성 향상

(3) 융합
하나의 상품을 다매체상품으로 전환, 거대 다국적 미디어 기업의 성장, 글로벌 콘텐츠 양상

(4) 세계화
기술발전과 융합으로 글로벌화, 국제 스포츠노동시장의 분화, 스포츠 소비의 세계화

2 스포츠 미디어 관련 이론 기출 19~23년

1. 개인차 이론

(1) 미디어
관람자의 개인적 선호에 맞는 정보와 메시지를 전달하여, 개인의 욕구를 충족하기 위해 미디어를 이용한다고 보는 관점

(2) 미디어 수용자가 미디어를 통해 충족하고자 하는 **욕구를 4가지로 분류함**❶(Birrell, S., & Loy Jr, J. W, 1979)
　① 인지적 욕구: 스포츠 경기 결과, 통계 수치 등 스포츠에 대한 지식 충족
　② 정의적 욕구: 스포츠에 대한 흥미, 관심, 즐거움 등
　③ 통합적 욕구: 스포츠를 통해 사회 구성원들의 관심을 한 곳으로 모아 사회통합 기여
　④ 도피적 욕구: 스포츠를 통해 불안감, 좌절감, 스트레스 등 해소

❶ 미디어의 욕구 4가지
- 인지적 욕구
- 정의적 욕구
- 통합적 욕구
- 도피적 욕구

2. 사회 범주 이론
① 비슷한 사회환경과 구조에 영향을 받아 공통적 특징(나이, 성, 사회계층, 교육 수준 등)과 행동양식을 지닌 범주가 존재한다고 보는 관점
② 해당 이론에 따르면, 미디어의 영향력과 스포츠 소비 형태는 나이, 성, 사회계층, 교육 수준, 경제 수준 등에 따라 차이가 있다고 봄
  예 UFC와 같은 격투 스포츠에 대한 여성과 남성의 관람 태도 및 선호도 차이

3. 문화규범 이론
① 오늘날 미디어는 사회질서나 규범에 영향을 미치며, 사회의 지배적 이데올로기를 선택적으로 강조하는 역할을 한다고 보는 관점
② 그리고 수용자는 미디어가 강조하는 사회질서와 규범에 영향을 받아 인식과 행동에 변화가 생긴다고 봄
③ 이러한 관점에서 수용자는 미디어가 스포츠를 강조하는 방식에 따라 스포츠에 대한 가치관과 태도를 형성함

4. 사회관계 이론
미디어를 소비하는 방식과 태도는 개인이 맺고 있는 사회관계 및 중요 타자와의 관계에 의해 형성된다고 보는 관점임
  예 어린 시절 부모님과 함께 미디어를 통해 스포츠 중계를 본 사람의 경우 성인이 되어서도 스포츠 중계를 즐겨 봄

02 스포츠와 미디어의 상호관계

1 미디어가 스포츠에 미치는 영향 기출 15·16·17·19년

1. 스포츠 소비 및 관심의 증가
① 다양한 매체를 통해 스포츠를 주제로 하는 프로그램 및 경기의 보도 비율이 증가함에 따라, 자연스럽게 대중들의 관심 증가
② 드라마틱하고 과장된 표현의 증가로 인한 스포츠에 대한 관심증가
③ 대중들의 흥미를 유발하는 새로운 TV 프로그램의 개발
  예 각종 예능 및 TV 프로그램에서 스포츠를 다루는 콘텐츠의 증가

2. 스포츠 구조와 내용의 변화
(1) 경기 규칙의 변화
① 미디어의 효과를 극대화하기 위해 경기규칙이 변화됨
  예 운동복의 색상(유도 도복), 배구공의 색감 등
② 미디어 소비자들의 흥미 유발을 위해 경기규칙이 변화됨
  예 테니스의 타이브레이크, 농구의 쿼터제 도입 등

(2) 경기 일정 및 시간 변경

시청률 증대를 위해 경기 일정 및 시간이 변경됨

예) 인기 스포츠의 저녁 중계

3. 미디어에 의한 스포츠의 재의미화

① 스포츠의 고유 의미 변화

② 과장된 몸짓, 긴장감 조성, 폭력성 등 강조

③ 선수들의 심미주의적 특성 강조

④ 여성 선수들에 대한 성 상품화 현상 증가

선생님 TIP — 미디어 스포츠의 이데올로기 전파

자본주의 이데올로기	스포츠의 본질적 가치와 의미, 과정과 승리에 대한 가치보다 경제적 가치를 중요시하고 우선시하는 사상
성(차별)적 이데올로기	여성의 신체가 스포츠에 적합하지 않다는 전통적인 성고정 관념 재생산, 남성 스포츠 위주의 편향적 보도 확산
성공 이데올로기	과정과 노력보다 승리와 성공을 최고의 가치로 여기는 사상으로서 올림픽에서 금메달만 인정하는 사회 풍토 등
소비 이데올로기	상업주의에 기초하여 '소비'를 강조하는 사상
국가주의(민족)적 이데올로기	스포츠를 통해 민족주의, 국가에 대한 일체감 등을 중시하는 사상으로서 올림픽에서의 순위를 국가 경쟁력 순위로 생각하는 사상 등
개인주의적 이데올로기	스포츠 스타의 성공을 통해 '개인적 노력'으로 사회의 불합리함을 극복할 수 있다는 잘못된 메시지 전달

2 스포츠가 미디어에 미치는 영향 기출 18·19·20·22년

1. 다양한 미디어 콘텐츠 제공

① 스포츠 중계는 다른 미디어 콘텐츠에 비해 최소 수준 이상의 '시청률'을 확보함

② 투자 대비 손실에 대한 위험부담이 적은 상품으로서 다양한 콘텐츠 제공

2. 미디어 기술의 발전

① 수요자의 욕구를 충족하기 위해 방송 중계 기술 발전

② 경기장에서 생동감 있는 영상을 제공하기 위해 다양한 장비 보급 및 발전

3. 미디어 이윤 창출

① 스포츠는 높고 안정된 시청률을 확보하고 있으며, 특히 메가 스포츠 이벤트는 가시성과 희소성으로 매우 높은 상품성을 가지고 있음

② 미디어 기업은 올림픽, 월드컵 등의 중계권을 통해 거대한 이윤을 창출함

3 스포츠 미디어 윤리 `기출` 17·18년

1. 스포츠 미디어 윤리의 필요성
① 미디어를 통해 제공되는 스포츠 이미지는 사회의 지배적 이데올로기를 생산하고 수용자 개인의 가치관과 행동에 영향을 미침
② 따라서 올바른 가치관과 윤리 의식을 바탕으로 공정성, 평등, 정확성 등 사회에 긍정적 메시지를 전달할 필요가 있음

2. 스포츠 저널리즘의 의미
스포츠 저널리즘은 정기간행물(신문, 잡지 등)과 라디오, TV, 디지털 장비 등의 전파매체를 활용한 커뮤니케이션(communication)을 의미함

3. 스포츠 저널리즘의 윤리성 문제

(1) 정확성과 공정성, 객관성의 결여
① 오직 대중의 흥미 유발에 초점을 맞추어 자극적인 정보 제공에 목적을 두기 때문에 발생하는 문제
② 스포츠 저널리즘은 흥미 유발 외에도 스포츠소비자에게 객관적이고 정확한 정보전달의 의무가 있음. 따라서 이를 충족시킬 수 있는 노력이 필요함

(2) 사생활 침해의 문제
① 미디어는 소비자들의 흥미와 관심을 유발하기 위해 선정적이고 질 낮은 수준의 선수 사생활을 집중적으로 보도하는 경향이 있음
② 이는 몰래카메라와 같은 불법적인 문제로 인해 사회적 문제를 일으키는 원인으로 지목되기도 함

(3) 선수의 상품화
① 미디어는 수익을 극대화하기 위해 선수를 상품화하여 보도하는 경향이 있음
② 비윤리적 스포츠 저널리즘의 대표적 예로 여성 선수의 특정 신체 부위를 확대 강조하고 선수의 기량보다는 외모나 몸매 위주의 보도를 통해 소비자의 관심을 유도하는 보도 형태가 있음

● 참고 ●

비윤리적 저널리즘의 유형 `기출` 23년

옐로(yellow) 저널리즘	선정적이고 질 낮은 흥미 위주의 비도덕적 보도 방식
팩 저널리즘	획일적이고 창의성이 부족한 단조로운 형태의 저널리즘
하이에나 저널리즘	사회적 지위 혹은 권력이 낮은 사람들을 집중적으로 보도하는 방식
뉴(new) 저널리즘	기존의 저널리즘과 달리 다양한 기법(소설 작가의 기법 등)을 활용하여 특정 사건과 상황을 실감나게 전달하는 저널리즘
편파보도	특정 입장에 유리하거나 불리한 정보를 제공하는 지극히 주관적인 형태의 보도

출제예상문제

Chapter 05 스포츠와 미디어

01 다음 중 '스포츠'가 '미디어'에 미치는 영향으로 바르지 않은 것은?

① 다양한 콘텐츠 제공
② 스포츠조직의 수익증대
③ 미디어 중계 기술의 발전
④ 스포츠 보도의 위상 제고

 ②의 내용은 반대로 '미디어'가 '스포츠조직'에 미치는 영향이다.

정답 ②

02 다음 중 스포츠 미디어의 유형이 다른 하나는?

① 신문
② 인터넷
③ 모바일 기기
④ TV

 ①은 쿨 미디어, 나머지는 핫 미디어 매체이다.

정답 ①

03 미디어에 의한 스포츠의 변형 중 성격이 다른 하나는?

① 배구공의 색 변경
② 농구의 쿼터제 운영
③ 축구의 VAR 제도
④ 과장된 플레이

 축구의 VAR 제도는 경기의 공정성 향상을 목적으로 하며, 미디어에 의한 변형으로 보기 힘들다.

정답 ③

04 핫 미디어 스포츠에 대한 설명으로 옳지 않은 것은?

① 정적 스포츠, 선수의 행동반경이 좁은 스포츠, 개인 스포츠 위주
② 수비와 공격의 구분이 쉬운 스포츠
③ 기록 스포츠
④ 몰입 수준이 높은 스포츠

 핫 미디어 스포츠는 몰입 수준이 낮은 스포츠를 의미한다.

정답 ④

05 미디어 수용자가 미디어를 통해 충족하고자 하는 욕구에 대한 설명으로 옳은 것은?

① 인지적 욕구: 스포츠에 대한 흥미, 관심, 즐거움 등
② 정의적 욕구: 스포츠를 통해 사회구성원들의 관심을 한 곳으로 모아 사회통합 기여
③ 통합적 욕구: 스포츠 경기 결과, 통계 수치 등 스포츠에 대한 지식 충족
④ 도피적 욕구: 스포츠를 통해 불안감, 좌절감, 스트레스 등 해소

 미디어 수용자가 미디어를 통해 충족하고자 하는 욕구에 대한 설명으로 옳은 것은 '도피적 욕구: 스포츠를 통해 불안감, 좌절감, 스트레스 등 해소'이다.

① 정의적 욕구에 대한 설명이다.
② 통합적 욕구에 대한 설명이다.
③ 인지적 욕구에 대한 설명이다.

정답 ④

Chapter 06 스포츠와 사회계층·계급

 핵심요약&보충자료

01 사회계층과 스포츠계층의 이해

1 사회계층의 개념과 정의   기출 15·18·19·20·21·22년

1. 사회계층의 정의

사회계층은 사회적 희소가치(물질적, 사회적, 정신적 가치 등)의 불평등한 배분이 구조화된 현상을 의미함

> 참고
>
> 계층과 계급의 의미 차이
>
> | | |
> |---|---|
> | 사회계층
(social stratification) | 경제, 사회, 문화, 교육 등 사회적 자본의 차이에 의해 사회적 지위의 높고 낮음이 구조화된 형태를 의미 |
> | 사회계급
(social class) | 부, 수입, 교육수준, 직업, 사회적 관계 등에 따라 비슷한 수준의 위치를 공유하는 사람들의 범주와 집단을 의미 |

2. 사회계층의 차원

(1) 단일 차원론(칼 마르크스)

① 사회계층 및 계급의 형성과 발달 경위를 '경제적 요소'를 중심으로 설명함

② 경제적 차이, 즉 생산수단의 소유 여부로 부르주아(자본가)와 프롤레타리아(노동자)의 불평등한 구조가 생산된다고 보는 관점

(2) 다 차원론(베버)

① 사회계층 및 계급의 형성과 발달은 단순히 경제적 요소로만 설명할 수 없다고 강조함

② 불평등한 구조는 경제적 요소 외에도 사회적 지위, 권력 등이 매우 복잡하고 다차원적으로 형성된다고 보는 관점

2 스포츠계층의 정의

1. 스포츠계층의 정의

스포츠와 관련된 사회 체계 안에서 사회, 문화, 생물학적 특성에 따라 부와 명예, 권력, 사회적 평가 등이 특정 개인이나 집단 혹은 스포츠 종목에 불평등하게 분배되는 현상

선생님 TIP 계층의 특성과 스포츠

특성	내용	스포츠 사례(예시)
사회성	선천적이거나 생물학적 요인이 아닌 사회적 요인에 의해 사회 계층이 형성되는 특성	스포츠에서 성차별과 불평등은 생물학적 성이 아닌 사회적 성(gender)의 차별이 대부분임 예 남성 중심의 스포츠 문화
역사성 (고래성)	• 역사적으로 항상 존재했음을 의미함 • 특정 시대의 사회문화적 배경에 따라 다른 특성을 보임	고대 올림픽 경기에는 특정 계급과 성별만 참여할 수 있었으나, 오늘날 올림픽 경기에는 누구나 평등하게 참여함
보편성 (편재성)	사회 계층은 언제 어느 사회에서나 존재하는 보편적인 사회문화적 특성임	각 스포츠 종목별로 선수 간, 팀 간의 연봉의 차이는 언제나 존재함
다양성	계층에 따른 불평등의 형태와 정도는 사회마다 다름	각 국가별, 리그별 연봉 차이에 따른 계층 차이는 다양하게 나타남
영향성	불평등에 의한 결과들이 다른 사회 영역에 영향을 미침	사회계층에 따라 소비하는 스포츠 문화에 차이가 있으며, 이는 사회계층 간 경제, 사회, 문화적 차이에 따른 결과임

2. 투민(M. Tumin)의 스포츠계층의 형성 과정❶ 기출 23년

특성	내용
지위의 분화	• 사회의 분업 체계에 의해 개인의 역할, 권한, 책임 등이 부여됨에 따라 지위별 특성이 생겨남 예 감독, 코치, 선수, 관계자 • 사회구성원별로 담당하는 사회적 지위 또한 다양함 예 야구코치: 투수코치, 포수코치, 주루코치 등 / 야구선수: 타자, 투수, 포수 등
지위의 서열화	• 지위의 분화로 인해 지위별 특성이 만들어짐에 따라 각 지위가 비교되면서 '우위'가 생겨나는 상태를 의미함 • 개인적 특성, 개인의 기능, 능력, 역할의 사회적 기능에 의해 지위의 서열화가 나타남 예 주전과 후보
평가	• 다른 역할과 위치에 지위를 적절하게 배열하는 과정을 의미함 • 권위(사회적 존경), 호감(특정 역할에 대한 선호도), 인기 등의 요인이 기준이 됨
보수 및 보상의 부여	• 역할에 따른 보수 및 보상의 체계가 형성되는 과정 • 보수의 유형에는 재화, 권한 및 권력, 비물질적 보수(명성) 등이 있음 예 평가에 따른 선수 간 연봉 및 구단의 대우 차이

❶ 스포츠계층 형성 과정

지위의 분화
↓
지위의 서열화
↓
평가
↓
보수 및 보상의 부여

 핵심요약&보충자료

02 사회계층별 스포츠 참가의 차이

1 사회계층에 따른 스포츠 참가 유형과 종목의 차이 기출 17·19·20년

구분	내용	이유
유형	• 상류층은 중·하류층에 비해 참여 스포츠를 선호 • 상류층은 직접 관람, 중·하류층은 대중매체를 통한 2차 관람 선호	• 경제적 원인: 스포츠 참여에는 많은 참가 비용 및 시간이 필요함 • 사회화 과정: 상류층은 개인 스포츠를 즐기는 생활 습관 및 환경에서 성장 • 과시소비: 스포츠는 부와 재력을 과시하는 수단이 됨 • 직업적 특성: 불확실한 일과시간이 스포츠 참여에 영향을 미침
종목	상류층은 개인종목(테니스, 골프), 중·하류층은 단체종목 스포츠 선호	

03 스포츠와 계층이동

1 스포츠와 사회이동

1. 계층이동의 의미
개인 혹은 집단이 특정 사회 계층에서 다른 계층으로 이동하는 현상

2. 계층이동의 유형 기출 15·20·22년

대분류	중분류	내용
이동 방향	수직이동	• 상승 및 하강 이동 • 계층 구조 내에서 지위나 체계가 오르내리는 이동 형태 예 후보선수 ↔ 주전선수 간, 1군 선수 ↔ 2군 선수 간
	수평이동	유사한 지위체계 내에서 이동하는 형태 예 2루수 → 3루수로 포지션 변경
시간 거리	세대 간 이동	한 세대에서 다음 세대로 넘어가는 과정에서 발생하는 사회·경제적 지위의 변화
	세대 내 이동	한 개인의 생애 동안 발생하는 사회·경제적 지위의 변화
사회이동 주체	개인이동	개인의 능력과 노력에 따른 계층이동
	집단이동	집합적 계층이동
인간관계	경선이동	다른 개인 혹은 집단과의 경쟁을 통한 계층이동
	후원이동	다른 개인 혹은 집단의 도움으로 인한 계층이동

2 사회이동 기제로서의 스포츠 기출 16·19·21년

1. 사회 계층이동의 기제로서 스포츠의 역할에 동의하는 입장

(1) 교육적 측면

    조직적 스포츠 참가는 직·간접적으로 교육 성취도 향상에 기여함

(2) 다양한 형태의 후원 기회 제공

    조직적 스포츠 참가는 은퇴 후 직업적 후원(기업체로부터 광고 출연, 명성을 통한 취업 기회 등)을 받을 수 있음

(3) 올바른 태도 함양

    일반 직업영역에서 요구하는 바람직한 가치와 태도(리더십, 대인관계 등), 행동양식의 발달을 유도하여 사회적 상승이동의 기제가 됨

(4) 전문직종 조기 입문

    청소년기의 조직적 스포츠 참가는 성인이 된 이후 전문 직종으로의 입문 기회를 제공함

2. 사회 계층이동의 기제로서 스포츠의 역할을 부정하는 입장

(1) 성공 이데올로기의 속임수일 뿐이다

    스포츠 참가로 사회경제적 지위가 변화한다는 주장은 '노력한다면 누구나 성공할 수 있다.'는 자본주의 사회의 성공 이데올로기를 대중에게 확산하기 위한 수단일 뿐임을 강조

(2) 과도한 경쟁체계와 학습시간 부족

    과도한 훈련과 경쟁, 대회 참여로 인한 학습 시간 부족으로 교육 성취도 저하

 핵심요약&보충자료

출제예상문제

Chapter 06 스포츠와 사회계층·계급

01 사회계층에 따른 스포츠 참가에 대한 특성으로 잘못된 것은?

① 학력이 높을수록 스포츠 참가 경향이 높다.
② 소득수준이 높을수록 팀 종목을 선호한다.
③ 소득수준에 따라 스포츠 참가 종목에 차이가 있다.
④ 직업은 스포츠 참가에 영향을 미친다.

정답분석 소득수준이 높을수록 팀 종목보다 개인 종목을 선호하는 경향성이 있다.

정답 ②

02 사회계층을 구조화하는 자본의 유형에 대한 설명으로 옳지 않은 것은?

① 경제자본: 화폐, 토지 등의 경제적 재화를 의미함
② 사회자본: 학연, 지연 등 사회적 네트워크를 의미함
③ 문화자본: 가정환경, 교육환경 등 객체화된 문화자본을 의미함
④ 상징자본: 의식, 명예와 같이 사회자본 획득에 영향을 주는 상징적 효과를 의미함

정답분석 가정환경, 교육환경은 객체화된 문화자본이 아닌 체화된 문화자본을 의미한다.

정답 ③

03 소속팀의 1군에서 2군으로 소속이 변경된 사회계층 유형으로 옳은 것은?

① 상승이동
② 하향이동
③ 수평이동
④ 세대 간 이동

정답분석 계층 구조 내에서 지위나 신분이 내려간 경우로 하향이동을 의미한다.

이론PLUS 계층이동의 유형

대분류	중분류	내용
이동방향	수직이동	• 상승 및 하강 기동 • 계층 구조 내에서 지위나 체계가 오르내리는 이동 형태 예 후보선수 ↔ 주전선수 간, 1군 선수 ↔ 2군 선수 간
	수평이동	유사한 지위체계 내에서 이동하는 형태 예 2루수 → 3루수로 포지션 변경
시간거리	세대 간 이동	한 세대에서 다음 세대로 넘어가는 과정에서 발생하는 사회·경제적 지위의 변화
	세대 내 이동	한 개인의 생애 동안 발생하는 사회·경제적 지위의 변화
사회이동 주체	개인 이동	개인의 능력과 노력에 따른 계층이동
	집단 이동	집합적 계층이동
인간관계	경선이동	다른 개인 혹은 집단과의 경쟁을 통한 계층이동
	후원이동	다른 개인 혹은 집단의 도움으로 인한 계층이동

정답 ②

04 사회계층의 차원에 대한 설명으로 옳은 것은?

① 단일 차원론은 사회계층 및 계급의 형성과정을 '경제적 요소'로 설명한다.
② 단일 차원론은 베버가 주장하였다.
③ 다 차원론은 마르크스가 주장한 개념으로 경제적 요소 외 다른 요소들도 함께 고려한다.
④ 다 차원론은 자본가와 프롤레타리아의 불평등한 구조에 중점을 둔다.

 난일 자원본은 마르크스가, 다 차원본은 베버가 주장하였다. 자본가와 프롤레타리아의 불평등한 구조에 중점을 둔 것은 단일 차원론에 대한 설명이다.

 사회계층의 차원

단일 차원론 (칼 마르크스)	• 사회 계층 및 계급의 형성과 발달 경위를 '경제적 요소'를 중심으로 설명함 • 경제적 차이, 즉 생산수단의 소유 여부로 부르주아(자본가)와 프롤레타리아(노동자)의 불평등한 구조가 생산된다고 보는 관점
다 차원론 (베버)	• 사회 계층 및 계급의 형성과 발달은 단순히 경제적 요소로만 설명할 수 없다고 강조함 • 불평등한 구조는 경제적 요소 외에도 사회적 지위, 권력 등이 매우 복잡하고 다 차원적으로 형성된다고 보는 관점

정답 ①

05 스포츠사회계층의 특성에 대한 설명으로 옳은 것은?

① 사회성: 계층에 따른 불평등의 형태와 정도는 사회마다 다름
② 다양성: 선천적이거나 생물학적 요인이 아닌 사회적 요인에 의해 사회 계층이 형성되는 특성
③ 보편성: 사회 계층은 언제 어느 사회에서나 존재하는 보편적인 사회문화적 특성임
④ 역사성: 특정 시대의 사회문화적 배경에 따라 유사한 특성을 보임

 스포츠사회계층의 특성에 대한 설명으로 옳은 것은 '보편성 - 사회 계층은 언제 어느 사회에서나 존재하는 보편적인 사회문화적 특성'이다.

① 다양성에 대한 설명이다.
② 사회성에 대한 설명이다.
④ 역사성에 대한 설명이다.

 계층의 특성과 스포츠

사회성	선천적 또는 생물학적 요인이 아닌 사회적 요인에 의해 사회 계층이 형성되는 특성
역사성 (고래성)	• 역사적으로 항상 존재했음을 의미함 • 특정 시대의 사회문화적 배경에 따라 다른 특성을 보임
보편성 (편재성)	사회 계층은 언제 어느 사회에서나 존재하는 보편적인 사회문화적 특성임
다양성	계층에 따른 불평등의 형태와 정도는 사회마다 다름
영향성	불평등에 의한 결과들이 다른 사회 영역에 영향을 미침

정답 ③

Chapter 07 스포츠와 사회화

01 스포츠사회화의 의미와 과정

1 스포츠사회화의 의미

1. 사회화(socialization)의 정의
사회화는 우리가 살고 있는 사회 체계(social world)에서 상호작용에 익숙해지는 과정, 즉 학습과 사회적 발달과정을 의미함

2. 스포츠사회화의 의미
① 스포츠라는 하나의 사회 속에서 스포츠를 통해 개인이 집단 구성원이 공통으로 공유하고 있는 가치관이나 신념, 태도 등을 집단 내 다른 구성원과 상호작용을 통해 자신의 지위에 상응하도록 습득하는 과정
② 스포츠 참여자 스스로가 스포츠 활동을 통해 사회집단의 구성원이 되고, 집단 내 문화를 수용하며 자신의 정체성을 만들어가는 과정

2 스포츠사회화의 과정 기출 18·20·21·22년

1. 스포츠사회화의 의미
개인이 스포츠 활동에 '입문'하는 단계부터 스포츠와 관련된 내용을 학습하고 내면화하는 단계, 그리고 스포츠 참여를 중단하고 멀어지는 단계까지의 과정을 의미함

2. 스포츠사회화의 4가지 과정 ❶

(1) 스포츠로의 사회화(socialization into sport)
개인이 스포츠에 '입문'하여 스포츠 개입 수준을 증가 혹은 감소해가는 과정
예) 어린 시절 테니스클럽에서 운동하시는 아버지의 모습을 보고 자란 A씨는 학교 입학 뒤 테니스 동아리에 가입함

(2) 스포츠를 통한 사회화(socialization via sport)
지속적인 스포츠 참여를 통해 사회생활에서 요구되는 긍정적인 가치관과 태도, 사회 규범, 행동양식 등을 습득하는 과정
예) 테니스 선수가 된 후 스포츠맨십과 페어플레이를 준수하며 좋은 경기력을 유지하는 선수

---

 ❶ 스포츠사회화의 4가지 과정

스포츠로의 사회화
↓
스포츠를 통한 사회화
↓
스포츠로부터의 탈 사회화
↓
재사회화

> **선생님 TIP** 스나이더(E. Snyder)가 제시한 스포츠 사회화의 전이 조건 [기출] 23년
> - 참여의 정도: 스포츠에 참여하는 정도에 따른 전이율 차이
>   예 학교체육수업에만 참가하는 학생과 체육부장 간 스포츠에서의 전이율 차이
> - 참여의 자발성 여부: 비자발적 경우보다 자발적인 경우가 전이성이 크다
> - 사회화 관계의 본질성: 스포츠를 수단으로 활용하는지 혹시 참여 자체가 목적인지에 따라 전이성에 차이가 있음
> - 사회화의 위신과 위력: 위신과 위력이 있는 사람은 사회화에 더 큰 영향을 미침
> - 참가의 개인적 또는 사회적 특성: 참가자 특성(계층, 인종, 민족성)은 현재의 참가와 미래의 역할에 대한 전이에 관여함

핵심요약&보충자료

(3) 스포츠로부터의 탈 사회화(de-socialization from sport)

자의 혹은 타의에 의해 스포츠 참가를 중단하는 과정

예 운동선수가 부상으로 인해 은퇴하는 경우

(4) 재사회화(re-socialization)

탈 사회화 이후 다시 스포츠 참가를 재기하는 과정

예 은퇴 선수가 지도자로 재취업하는 경우

3 스포츠사회화 이론 [기출] 17·19·21·22·23년

1. 사회학습이론

① 개인이 사회적 행동을 어떻게 습득하고 수행하는지 밝히는 이론

② 사회적 행동 학습과 수행은 "강화, 코칭, 관찰학습"을 통해 이루어진다고 가정함

  ㉠ 강화: 상과 벌 같은 보상에 의해 사회적 역할 및 행동을 학습하며, 상과 벌은 행동 학습과 수행에 긍정적·부정적 영향을 미침

  ㉡ 코칭: 사회화 주관자(지도자 코치 등)에 의해 새로운 지식과 기술을 습득

  ㉢ 관찰학습: 자신과 비슷한 역할을 가진 타인의 행동을 관찰하고 이를 자신의 역할 수행에 반영하는 과정

2. 역할이론

① 개인이 사회구조 속에서 자신이 처한 상황을 인지하고, 사회적 지위를 유지하기 위해 역할 기대 혹은 행동양식을 습득하는 과정을 설명

② 개인이 사회화 과정을 통해 사회 구성원으로서 역할과 기능을 학습하며 적응해 가는 과정 설명

3. 준거 집단 이론

① 특정 집단 혹은 타인의 행동, 태도, 감정을 자신의 준거 척도로 삼아 사회집단 및 구조에 적응해 가는 과정을 설명하는 이론

② 준거 집단은 규범 집단, 비교집단, 청중집단으로 구분함

  ㉠ 규범집단: 규범의 설정과 가치관 형성을 위한 개인행동 지침을 제공함

  ㉡ 비교집단: 특정 역할 수행의 기능적 의미를 제시하는 역할 모형 집단을 의미함

  ㉢ 청중집단: 다른 집단의 가치와 태도에 부합하기 위해 노력하는 집단

 핵심요약&보충자료

02 스포츠로의 사회화와 스포츠를 통한 사회화

1 스포츠로의 사회화 `기출` 15·18·19년

1. 스포츠로의 사회화의 의미
① 스포츠에 입문하여 스포츠에 대한 가치관과 태도를 형성해 가는 스포츠사회화의 초기과정
② 스포츠로의 사회화 과정을 통해 개인의 스포츠 참여 형태, 수준, 태도 등이 결정됨

2. 스포츠로의 사회화에 영향을 미치는 요인
① 스포츠로의 사회화는 주요 타자와 준거집단에 영향을 받음
② 주관자 혹은 주요 타자는 개인의 스포츠사회화 과정에 영향을 미치는 '개인'을 의미하며, 준거 집단은 '단체'를 의미함

구분	내용
가족	• 사회화과정의 시작점으로서 가장 중요한 역할을 담당하는 곳임 • 아동의 스포츠 참가는 가정에서 스포츠에 대한 인식의 차이에 따라 결정됨 ㈎ 스포츠 참여를 즐기는 가정에서 자란 아이는 성장 과정에서 스포츠에 참여할 가능성이 매우 높음
동료집단	• 가정과 유사한 시기에 대등적 관계를 경험하는 곳 • 스포츠 참여는 친구와 함께 이루어지는 경우가 많으며 또래친구들과 대등한 관계 속에서 스포츠가 가지고 있는 다양한 가치(페어플레이, 스포츠 역할, 협력 등)를 배우며 사회화가 이루어짐 • 성취, 욕구, 우월감, 열등감 등 다양한 정서적 경험이 동료집단 내에서 이루어짐
학교	• 아동들이 처음 '스포츠'를 접하게 되는 공식적 장소 • 청소년들은 교과체육과 학교스포츠클럽, 방과 후 체육활동 등 다양한 프로그램을 통해 스포츠사회화를 경험함 • 지식과 기능 도덕적 규범 등 스포츠 참여를 통해 사회가 요구하는 가치관을 배우고 인격을 함양함
직장 및 지역사회	• 평생체육을 위한 직장 및 지역사회 내 스포츠 참여 중요성 증대 • 직장, 혹은 지역사회 일원으로서 체육스포츠 활동에 참여하는 것은 집단 내 개인의 발전과 함께 건강을 유지하는 계기가 됨
미디어	• 미디어는 스포츠사회화 대상에게 큰 영향을 미침 • 스포츠에 친숙해질 수 있는 기회 제공 • 스포츠 경기의 중계는 스포츠에 대한 간접경험을 제공 • 스포츠 관련 지식을 습득할 수 있는 중요한 매개체

● 참고 ●

스포츠 개입 요소(스포츠 참여를 유지하고 증진시키는 요소)
• 즐거움
• 외적 보상에 대한 기대
• 주요 타자로부터 받는 인정에서 오는 만족감
• 불안감으로부터 회피
• 개인 정체성 확인

2 스포츠를 통한 사회화 기출 15·16·17·18·20년

1. 스포츠를 통한 사회화의 의미
① 스포츠 활동을 통해 사회 구성원으로서 필요한 가치관, 태도, 행동양식 등을 습득하는 과정을 의미함
② 스포츠를 통한 직·간접적 경험은 개인의 변화를 가져옴

2. 스포츠를 통한 사회화 과정에 영향을 미치는 요인 기출 23년
① 스포츠 참가를 통한 역할 경험은 **참가 형태, 참가 정도와 유형, 참가 수준**에 따라 달라짐
② 참가의 형태 ❶

구분	내용

행동적 참가	• 신체(행동)를 통한 직접 참여를 의미함
	• 1차적 참가와 2차적 참가로 분류
	  - 1차적 참가: 직접참가(경기자)
	  - 2차적 참가: 간접참가(팬, 감독, 코치 등)

인지적 참가	• 스포츠에 대한 정보와 지식을 수용함으로써 이루어지는 참가의 형태 • 학교, 사회기관, 매스컴, 지인과의 대화 등을 통해 스포츠 관련 정보를 획득
정의적 참가	직접 스포츠 경기나 활동에 참여하는 것이 아닌 간접적으로 참가하여 특성 선수나 경기에 대한 감정적 태도나 성향을 표출하는 참가 형태

③ 참가 정도

구분	내용
참가 빈도	참여 횟수
참가 기간	참가 시기와 시간의 경과 정도
참가 강도	참가 후 몰입하는 정도

④ 참가 유형

구분	내용
주기적 참가	일정한 간격을 두고 지속적으로 스포츠에 참여하는 유형
일상적 참가	스포츠 활동에 정기적으로 꾸준히 참가하는 유형
일탈적 참가	• 1차적 일탈 참가: 자신의 직업을 포기 혹은 등한시하며 스포츠 활동에 참가하는 유형 • 2차적 일탈 참가: 스포츠 경기를 관람하는 차원을 넘어 '도박'으로 스포츠 활동에 참가하는 유형
참여 중단	전혀 스포츠에 참가하지 않거나 혹은 특정 이유로 스포츠 활동에 참여하지 않는 유형

⑤ 참가 수준

구분	내용
조직적 참가	스포츠클럽, 동호회 등 조직에 소속되어 비교적 지속적이고 안정된 수준의 스포츠 참여
비조직적 참가	조직에 소속되지 않거나 혹은 최소한의 조직으로 지속적이지 않고 불안정한 수준의 스포츠 참여

 핵심요약&보충자료

❶ 스포츠 참가 형태
• 행동적 참가
• 인지적 참가
• 정의적 참가

03 스포츠로부터의 탈사회화와 재사회화

1 스포츠로부터의 탈사회화 기출 15·16·17년

1. 스포츠로부터의 탈사회화의 의미

(1) 의미

스포츠 활동에 지속적으로 참여해 오던 개인이 다양한 요인에 의해 스포츠 참여를 중단, 포기, 탈락함으로써 스포츠 참여에 참여하지 않게 되는 과정

(2) 운동선수의 탈사회화 유형

① 자발적 은퇴: 운동선수의 교육 수준, 현재와 미래의 경제적 상황, 새로운 직업에 대한 기회 확보(진로 전환), 신체 능력의 저하 등으로 인한 자발적 은퇴

② 비자발적 은퇴: 부상, 부진, 고령화, 성적 부진, 팀내 입지 저하, 재계약 실패 등 외부적 요인에 의한 비자발적 은퇴

2. 스포츠 탈사회화에 영향을 미치는 요인

구분	내용
환경 요인	성, 연령, 계층, 교육 수준 등
취업 요인	스포츠 분야 외 타 분야로의 취업 및 진로 전환 기회
정서 요인	회의감, 실증, 성공에 대한 불확실성, 미래에 대한 불안감 등
역할 사회화 요인	스포츠 분야 외 타 영역 진출에 대한 계획, 사회화 정도
인간관계 요인	가족, 친구, 감독 코치 등의 지원 체계

2 스포츠로의 재사회화 기출 15·16·17년

1. 스포츠로의 재사회화의 의미

스포츠로부터의 탈사회화 이후 스포츠 현장으로 복귀하여 스포츠사회화 과정을 다시 시작해가는 과정

2. 스포츠로의 재사회화 유형

① 기존의 종목과 유사한 종목으로의 재사회화

② 스포츠로의 직접 참가에서 간접 참가로 재사회화

③ 스포츠와 관련된 유사 역할로의 재사회화
  예 은퇴선수가 지도자로 재취업

출제예상문제 — Chapter 07 스포츠와 사회화

01 스포츠 탈사회화와 재사회화에 대한 설명으로 옳지 않은 것은?

① 스포츠 탈사회화는 운동선수의 부상, 계약 만료 등으로 인한 은퇴를 의미함
② 운동선수의 스포츠 탈사회화 과정에는 환경, 취업, 정서 등이 영향을 미침
③ 스포츠 탈사회화 이후 모든 운동선수는 스포츠 재사회화의 과정을 겪음
④ 팀 내 입지 저하로 인한 은퇴는 비자발적 탈사회화에 해당함

정답분석 스포츠 재사회화는 탈사회화 이후 다시 스포츠 현장으로 복귀하는 현상을 의미한다. 이는 모두에게 주어지는 것이 아니라 선별적으로 이루어지는 것이다.

정답 ③

02 스포츠 사회화 과정 중 스포츠 참여 유형에 대한 설명으로 옳지 않은 것은?

① 일상적 참가는 일상생활 중 가끔씩 스포츠 활동에 참여하는 유형을 의미한다.
② 주기적 참가는 일정한 간격을 두고 지속적으로 스포츠에 참여하는 유형이다.
③ 일탈적 참가는 직업을 포기하고 스포츠 활동에 참가하는 유형이다
④ 참여 중단은 특정 이유로 더 이상 스포츠에 참가하지 않는 유형을 의미한다.

정답분석 일상적 참가는 스포츠활동에 정기적으로 꾸준히 참여하는 유형을 의미한다.

정답 ①

03 스포츠를 통한 사회화 중 참여 형태에 대한 설명으로 옳지 않은 것은?

① 행동적 참가는 2차적 참가(간접 참가)를 포함한다.
② 인지적 참가는 스포츠에 대한 정보와 지식을 수용하는 형태이다.
③ 정의적 참가는 직접 스포츠 경기나 활동에 참여하여 특정 선수나 경기에 대한 감정적 태도나 성향을 표출하는 참가 형태를 의미한다.
④ 행동참가는 신체를 통한 참여를 의미한다.

정답분석 정의적 참가는 직접 스포츠 경기나 활동에 참여하지 않는 형태이다.

정답 ③

04 사회학습이론에 대한 설명 중 옳지 않은 것은?

① 개인이 사회적 행동을 어떻게 습득하고 수행하는지 밝히는 이론임
② 강화, 코칭, 관찰학습을 통한 사회적 행동 학습과 수행에 중점을 둠
③ 사회학습이론에 따르면, 개인은 사회화 주관자(지도자 코치 등)에 의해 새로운 지식과 기술을 습득함
④ 상과 벌은 행동 학습과 수행에 부정적 영향을 미침

정답분석 적절한 상과 벌은 행동 학습과 수행에 긍정적 영향을 미치기도 한다.

정답 ④

Chapter 08 스포츠와 일탈

핵심요약&보충자료

01 스포츠일탈의 이해

1 스포츠일탈의 개념

1. 사회 일탈
① 사회 구성원들이 정상적인 것으로 인정하는 규범의 허용 한계를 벗어나는 행위를 의미함
② 일탈의 개념은 고정 불변적인 것이 아니라 시대, 장소, 상황, 정도에 따라 다양하게 변화될 수 있는 개념임

2. 스포츠일탈
① 스포츠의 규범체계 기준을 벗어나는 행위
② 일반사회의 보편적 가치, 규범적 기대에서 벗어나는 행동까지를 포함하는 개념
예) 폭력, 약물복용, 부정행위, 도박, 부정 선수, 승부조작 등

3. 스포츠일탈을 바라보는 두 가지 관점 기출 17·20·23년

구분	내용
절대론적 관점	개인행동의 옳고 그름에 대한 사회적 보편적, 절대적 가치는 명확하며, 개인은 이러한 보편 타당한 절대 가치 체계를 따라야 한다는 관점
상대론적 관점	사회적 기준에 따라 일탈을 판단하는 차이가 있으며 인간관계의 상호작용으로 일탈의 기준점이 달라진다고 보는 관점

2 스포츠일탈의 원인과 특성 기출 19·20년

1. 스포츠일탈 원인❶

❶ 스포츠일탈 원인
- 양립 불가한 가치 지향성
- 역할 갈등
- 역할 기대 간의 불일치

구분	내용
양립 불가한 가치 지향성	• 스포츠의 본질적 가치인 스포츠맨십과 페어플레이에 대한 가치와 승리 추구 가치의 양립 불가능성 • 스포츠 상황에서 오직 승리를 위해 스포츠맨십과 페어플레이 정신에 어긋나는 행동을 해야 하는 상황이 발생하기 때문에 스포츠의 본질적 가치와 승리 추구 가치 이 두 가지 가치를 동시에 실현하는 것이 어려움
역할 갈등	• 한 개인이 두 가지 이상의 지위나 역할에 대해 느끼는 갈등 • 운동선수로서 학생은 학교생활에 충실히 임해야 하는 '일반 학생'으로서의 역할과 동시에 '선수'로서 경기에서 승리해야 하는 역할을 수행하며, 이 두 역할을 모두 충족시키기 위한 과정에서 일탈 경험
역할 기대 간의 불일치	개인이 다양한 역할과 지위를 가질 때, 각각의 역할에 대한 기대가 주어지며, 이러한 기대 간의 불일치가 일탈을 초래함 예) 지도자는 학생 선수의 건강과 학생으로서 학습권을 보장할 책임이 있는 동시에 팀을 위해 선수 개인을 희생시켜야 할 역할 기대가 있음

2. 스포츠일탈 특성

(1) 과소 동조
훈련 또는 경기와 관련된 규칙이나 규범이 있다는 것을 몰랐거나 알면서도 무시하고 벌이는 일탈행위를 의미함

(2) 과잉 동조
훈련 또는 경기와 관련된 규칙이나 규범을 무비판적으로 따름으로써 한계를 벗어난 행위로서 개인이 자신이 속한 집단 구성원들이 표준적인 행동 양식에 지나치게 동조하는 것을 의미함

> **선생님 TIP**
>
> **아노미(Anomie) 이론(Merton, 1957)**
> 1. 아노미란 사회의 급격한 변화로 인해 기존의 사회적 가치와 사회적 규범이 붕괴되고 이를 대체할 만한 규범이 정립되지 않은 사회의 상황을 의미한다.
> 2. 스포츠 일탈에서 아노미란 선수의 윤리적 태도와 경쟁에서의 승리와 같은 양립 불가능한 가치를 동시에 추구하고자 할 때 발생하는 갈등 상황을 의미함
> 3. 아노미 이론 적응 모형
>
> | 구분 | 의미 및 적용 |
> | --- | --- |
> | 동조주의 | 문화적 목표, 제도화된 수단을 인정하고 규칙의 허용 한계 내에서의 비윤리적 동조 행동
예) 지연작전, 테크니컬 파울 |
> | 혁신주의 | 문화적 행동목표는 수용하지만 성취수단과 방법은 거부하며 비도덕적 면을 강하게 나타냄
예) 금품공세, 판정에 불복, 비도덕적 면이 강함) |
> | 도피주의 | 사회문화적으로 용인된 목표와 수단을 모두 포기하는 행위 |
> | 의례주의 | 경기성적에 집착하지 않고 참가에 의의를 두며 경기 결과보다는 과정을 중시 |
> | 반역주의 | 기존의 목표와 수단을 모두 거부하고 전혀 새로운 방법으로 새로운 목적을 달성하려는 행위 |
>
> **코클리(J. Coakley)의 일탈적 과잉동조**
>
> | 몰입 규범 | 스포츠를 최우선에 두고 경기 및 팀을 위해 자신을 희생하고 헌신하는 태도와 가치를 중시하는 규범 |
> | --- | --- |
> | 인내 규범 | 스포츠 경기 중 발생하는 고통을 견뎌내고 인내하는 태도 중시 |
> | 도전 규범 | 목표를 지나치게 강조, 성공에 대한 의무감을 바탕으로 고난과 역경을 극복해 나가는 도전정신과 노력 강조 |
> | 구분 짓기 규범 | 자신 스스로 혹은 타인과의 경쟁을 통해 승리를 추구하는 것은 이전의 나 혹은 다른 선수와 구별되는 차별성을 갖기 위한 노력과 태도임 |

02 스포츠일탈의 기능, 형태, 유형

1 스포츠일탈의 기능 기출 18·23년

1. 순기능
스포츠일탈은 원칙적으로 역기능으로 작용하지만 아래의 경우 순기능으로 작용하는 경우도 있음

① 규범의 재확인을 통한 일탈 방지에 대한 동조 강화
② 부분적으로 허용되는 일탈의 범위는 사회적 안전판 역할을 수행
③ 사회개혁과 창의성이 변화될 수 있는 계기가 되어 현재의 일탈이 다음 세대의 규범으로 확립될 가능성 제공

2. 역기능
① 스포츠가 추구하는 본질적 가치인 공정성 및 질서 체계 훼손
② 사회 조화와 질서에 대한 위협과 긴장을 초래
③ 스포츠 참가자의 사회화 과정에 부정적 영향

2 스포츠일탈의 유형❶ 기출 15·16·18·20년

1. 약물복용

(1) 의미
① 운동선수의 운동 수행 능력, 신체적, 심리적 기능 등을 인위적으로 증가시키는 화학적 합성물 또는 천연물질을 사용하는 것
② 경기력 향상을 위한 약물복용은 선수 개인의 차원을 넘어 사회문제로 확대될 수도 있음

(2) 약물복용의 문제점
① 운동 수행을 위한 인위적 자극에 대한 윤리적 문제
② 약물복용으로 인해 발생할 수 있는 부작용과 선수의 건강 문제

> **참고**
>
> **약물의 종류**
> - 회복 촉진제(피로회복)
> - 부가 촉진제(운동기능의 항진)
> - 아나볼릭 스테로이드
> - 흥분제
> - 마약성 진통제
> - 이뇨제 등

❶ 스포츠일탈의 유형
- 약물복용(도핑)
- 폭력
- 부정행위
- 조직적 일탈
- 관중폭력

2. 스포츠 폭력

(1) 의미
① 타인에게 신체적으로 해를 끼치는 의도적 행동
② 선수 간 구타, 선수와 지도자 간, 집단 난투, 관중폭력(훌리건) 스포츠 폭력 범주에 해당함

(2) 폭력의 원인
① 스포츠의 상업화
  → 관중의 즐거움과 만족을 위한 폭력 행동이 영웅시되므로 선수들은 관중동원이라는 경제적 이익을 위해 폭력 행동 유도
  예) 야구의 벤치클리어링
② 팀의 구조적 특성
  → 조직의 엄격한 사회구조와 그 구조에 대처하기 위한 구성원의 공격적 행동 간 밀접한 관계
③ 운동선수의 역할 사회화
  → 역할모델로 삼고 있는 공격적 성향의 스타급 선수와의 동일시 노력의 일환으로 폭력 모방

● 참고 ●

폭력행위
- 적대적 공격: 승리의 목적이 아닌 타인의 고통이나 부상이 목적(야구 빈볼)
- 도구적 공격: 상대의 고통이 목적이 아닌 승리, 금전 등 다른 외적 보상이 목적

3. 부정행위

(1) 의미
① 경쟁 상황에서 승리의 조건을 어느 한쪽 편에 유리하도록 명시적·묵시적으로 조작하는 행위
② 경기의 목표에 대한 강한 집착으로 목표에 도달하기 위해 비합법적 수단을 동원하는 대표적 일탈 유형

(2) 부정행위의 구분
① 제도적 부정행위: 제도적 속임수(관례적 일탈)
  예) 헐리우드 액션, 일명 침대축구라고 불리우는 경기 지연을 위한 행위, 불법 용기구 사용, 사인 훔치기 등
② 일탈적 부정행위: 사회에서 용인되지 않기 때문에 엄격한 제재를 받는 행위
  예) 승부 담합, 학칙 위반 행위, 경주마에 약물 투여 행위

4. 조직적 일탈
① 영향력 있는 개인이나 집단, 조직 및 기관 등에 의해 조직적으로 이루어지는 비윤리적이고 불법적 행위
  예) 선수 충원과 스카우트 관련 부당한 금품수수, 경기나 연습 시즌 등에서 경기와 관련된 규칙 위반, 운동선수의 학업성적 위조 및 부정 선수 출전 등
② 일탈행위가 조직 차원에서 용인되기 때문에 제재와 처벌이 어려움

핵심요약&보충자료

5. 관중폭력

(1) 의미

① 경기에 대한 과도한 승부 집착과 몰입에서 비롯된 과잉 행동

② 지역감정, 전통, 문화적 영향에 의해 발생하며 구조적으로 통제력이 약화되었을 때 발생

③ 자발적, 비구조적, 집단적 특성을 지님

(2) 관중폭력을 설명하는 이론 [기출] 23년

① 전염이론: 폭력적 행위가 타인에게 영향을 미쳐 폭력을 확산시키도록 만든다고 가정함

② 수렴이론: 평소의 욕구를 군중(관중)속에서 해소한다고 가정함

③ 규범생성이론: 군중 속에서 핵심 구성원에 의해 동조가 일어나고, 이로 인해 새로운 규범이 생성되면서 집단적 폭력행위가 발생한다고 가정함

④ 부가가치이론: 집단행동이 일어나기 위해서는 특정 요소들이 연속적으로 나타난다고 가정함

(3) 관중폭력의 유형(Blumer)

① 분노한 관중: 시합에서 불공정한 판정이 일어난 경우나 협회의 진행이 편파적일 경우 발생

② 전율 지향적 관중: 이유 없이 시합을 망쳐놓고 싶은 욕구

③ 권력적 군중: 시합 내용상의 문제 등을 협회나 주관 단체를 향해 시위 형태로 항의

④ 유희적 관중: 팀의 승리나 경기 자체에 만족을 표출하고자 폭력적 행위를 보이는 경우

출제예상문제

Chapter 08 스포츠와 일탈

01 부정행위 중 "제도적 부정행위"에 해당하는 내용이 아닌 것은?

① 헐리우드 액션
② 침대축구
③ 불법 용·기구사용
④ 약물투여

 부정행위는 제도적 부정행위와 일탈적 부정행위로 분류되는데, 약물투여는 사회에서 용인되지 않는 일탈적 부정행위에 해당한다.

정답 ④

03 관중폭력 관련 이론과 이론에 대한 설명이 바르게 연결되지 않은 것은?

① 전염이론: 폭력적 행위가 타인에게 영향을 미쳐 폭력을 확산시키도록 만든다는 가정
② 수렴이론: 평소의 욕구를 관중 속에서 해소한다고 가정
③ 규범생성이론: 군중 속에서 핵심 구성원에 의한 동조로 새로운 규범이 생겨나면서 집단적 폭력행위가 발생한다고 가정함
④ 부가가치이론: 폭력은 다양한 부수적인 부정적 요소들을 양산한다는 이론임

 부가가치이론은 집단행동이 일어나기 위해서는 특정 요소들이 연속적으로 나타난다고 보는 이론이다.

정답 ④

02 스포츠일탈의 원인에 대한 설명으로 옳은 것은?

① 양립 불가한 가치 지향성은 스포츠의 본질적 가치와 승리 추구 가치의 충돌을 의미함
② 한 개인이 두 가지 이상의 지위나 역할 사이에서 느끼는 갈등은 역할갈등임
③ 개인이 다양한 지위를 가질 때 역할 기대 간의 불일치가 나타남
④ 지도자는 학생 선수의 건강을 보장할 책임과 팀을 위해 선수 개인을 희생시켜야 할 책임 사이의 역할 갈등을 경험함

 ④의 내용은 역할 갈등이 아닌 역할 기대 간의 불일치에 대한 설명이다.

정답 ④

04 스포츠일탈에 대한 설명으로 옳은 것은?

① 상대론적 접근에 따르면 운동선수는 보편타당한 절대적 가치를 따라야 한다.
② 상대론적 접근에 따르면 스포츠일탈은 개인의 윤리적 문제가 아닌 사회 구조적 문제이다.
③ 상대론적 접근에 따르면 개인행동의 옳고 그름에 대해서는 항상 보편적인 판단이 가능하다.
④ 스포츠일탈에 대한 상대론적 접근은 일탈과 관련된 사회구조적 문제를 파악할 수 없다는 비판을 받는다.

 스포츠일탈에 대한 설명으로 옳은 것은 ②이다.

 상대론적 관점은 사회적 기준에 따라 일탈을 판단하는 차이가 있으며 인간관계의 상호작용으로 일탈의 기준점이 달라진다고 보는 관점이다.

정답 ②

Chapter 09 미래사회의 스포츠

01 미래사회의 스포츠 변화 요인 기출 15·16·17·21년

1 기술(technology)의 발전과 스포츠

(1) 기술
  어떠한 문제를 해결하거나 경험의 폭을 확대하기 위해 과학적 지식을 응용하여 현실에 적용하는 것을 의미함

(2) 스포츠기술(sport technology)
  스포츠 참여자들의 운동수행을 보조하거나 기술을 증진할 수 있게 도와주는 역할을 수행
  예 스포츠 과학화를 통한 첨단 장비 개발, 경기력 향상을 위한 프로그램 개발, 효율적 훈련 방법 개발 등

(3) 테크놀로지와 스포츠의 미래 이슈와 쟁점
  ① 어떻게 테크놀로지를 통제하고 관리할 것인지의 문제
  ② 과도한 테크놀로지의 적용이 스포츠의 본질적 가치를 훼손하진 않는지의 문제
  ③ 기술 도핑, 뇌 도핑 등 기술의 발전과 관련된 윤리적 문제

2 통신 및 전자 매체의 발전과 스포츠

(1) TV, 인터넷, SNS 등의 발달로 다양한 스포츠 종목 시청이 가능해짐
(2) 스포츠 현장의 정보 수집을 위한 콘텐츠 제작 용이
(3) 미디어는 미래 스포츠에 더욱 막강한 영향력을 미칠 전망

3 조직화 및 합리화

(1) 탈 산업사회에서 현대스포츠는 점차 조직화되고 합리화되는 경향을 보임
(2) 스포츠 조직은 참여의 즐거움이 아닌 결과와 극적 요소를 중시하는 경향이 있음
(3) 기술·경기력을 합리적으로 평가하기 위해 육체 활동을 획일화하려는 경향
  → 스포츠의 자체의 즐거움보다 평가 기준 및 목표 달성에 치중하게 됨

4 상업화와 스포츠

(1) 자본주의 경제체제에서 대중은 자신들을 시민보다는 소비자로 인식하는 경향이 있음
(2) 스포츠 내적 요인보다 스포츠 외적 요인에 더 많은 관심을 보이게 됨
(3) 스포츠 소비주의 현상
  ① 스포츠 장비와 용품 등에 많은 돈을 투자

② 스포츠 자체의 즐거움보다 스포츠 외적인 요소에 투자함으로써 보여주기의 장이 형성될 우려가 증가함

02 스포츠 세계화

1 세계화의 의미

1. 세계화와 국제화

(1) 세계화(globalization)와 국제화(internationalization)

① 정치·경제·문화 등 사회의 여러 분야에서 국가 간 교류가 증대하여 개인과 사회집단이 갈수록 하나의 세계 안에서 삶을 영위해 가는 과정을 가리키는 사회학 용어

② 국제화가 민족국가 간 교류의 양적 증대 현상을 의미한다면, 세계화는 양적 교류 확대를 넘어 세계사회가 새롭게 재구성됨으로써 독자적인 '단위'를 획득하는 과정 의미

(2) 세계화에 따른 스포츠 변화의 특징 기출 16·17·19·21·22년

① 국가 간 경쟁 축소

② 스포츠 조직의 확대로 인한 교류 증진

③ 스포츠의 시공간적 거리 축소

④ 스포츠 정보 거래에 필요한 비용 감소와 시간 단축

⑤ 전 세계인의 표준화된 스포츠 상품 및 문화 소비

⑥ 프로스포츠 시장의 빈익빈 부익부

⑦ 스포츠 자원 및 가치 배분의 불평등

2 스포츠 세계화의 동인❶ 기출 18·19·20·23년

1. 제국주의(imperialism)

① 제국주의의 의미: 한 국가가 정치, 경제적 지배권 등을 통해 다른 국가를 제압하고 이를 확대 및 팽창하려는 정책을 의미함

② 1870년대 이후 영국을 비롯한 서구 열강들은 식민지 점령정책을 펼침

③ 스포츠는 식민국의 피식민국에 대한 정치적 지배의 도구로서 식민지 대상 국가의 국민을 동화시키기 위한 목적으로 활용되었음

→ 대표적 예로 영국 크로켓의 세계적 전파가 있음

2. 민족주의(nationalism)

① 민족이란 동일한 영토 내에서 유사한 언어와 문화양식을 실천함으로써 형성된 일종의 공동체를 의미함

② 국가 간 대항 경기는 국가 및 민족의 정체성을 확립하는 한편 국가주의적 공동체를 대외적으로 알릴 수 있는 도구로 활용됨

③ 스포츠는 같은 민족과의 동일시, 아군과 적군의 투쟁 강조, 우리는 하나라는 정체성 부여함

❶ 스포츠 세계화의 동인
- 제국주의
- 민족주의
- 종교
- 기술발달

④ 피식민지 주민의 민족주의적 감정과 연결
⑤ 식민통치를 하고있는 민족과 식민 지배를 받는 민족이 공식적으로 경쟁할 수 있는 기회의 장으로 피지배 집단은 스포츠 경기를 자신들의 정체성을 강화하고, 이를 통해 민족적 자존감을 회복하고자 노력함

3. 종교(religion)

① 선교의 목적으로 스포츠 활용

㉠ 대영제국의 건설 당시 영국의 선교사는 아시아, 아프리카에 기독교리와 스포츠 전파

㉠ 국내에도 YMCA의 선교활동에 의해 농구, 야구, 배구 등이 소개됨

② 스포츠를 활용한 종교의 전파는 원주민의 종교에 대한 거부감을 해소할 수 있는 효과적인 도구로써 활용

4. 테크놀로지 발달

미디어, 통신, 교통, 스마트폰, 인터넷 등의 고도의 발전은 스포츠 세계화의 결정적 영향을 미침 ㉠ 우리는 안방에서 낮과 밤이 바뀐 채로 손흥민의 경기를 볼 수 있음

3 스포츠 세계화의 결과

(1) 신자유주의(neo-liberalism)의 확대

① 신자유주의는 경쟁력 있는 시장의 힘의 확대, 시장 친화적인 환경 구축, 개인의 자유 증진 등을 강조하는 철학적 기반을 토대로 정당화된 정치적 기획을 의미함

② 경제적 규제완화, 자유시장, 국영기업의 민영화, 개인의 재산권 강화 등 즉, 자본의 논리를 강조하고 국가의 시장개입을 최소화하자는 주의를 의미함

③ 이러한 신자유주의는 스포츠 시장에서의 불평등과 양극화 문제를 심화시키는 원인이 됨

(2) 스포츠 노동 이주 확대

① 유연한 시민권(flexible citizenship)의 확대로 다양한 스포츠 노동 이주 현상 발생

② 프로스포츠 시장의 확대로 노동 이주 현상은 전 세계적으로 확대

③ 많은 경제적 이익을 획득할 수 있는 미국이나 유럽으로 이동하는 경향성을 보임

> **선생님 TIP** 메기(J. Magee)와 서덴(J. Sugden)이 제시한 스포츠 노동이주의 유형 `기출 23년`
> - 유목민형: 스포츠를 즐기기 위해 여러 지역을 이동하며 생활하는 유형
> - 정착민형: 영구적인 거주지를 갖고 1년 주기로 지속되는 생활을 하는 유형
> - 개척자형: 새로운 영역, 진로, 운명 등을 개척해 나가는 유형
> - 귀향민형: 타지역에서 고향으로 돌아간 혹은 돌아온 유형

(3) 문화제국주의

① 막강한 경제·사회·문화적 자본을 획득한 자본주의국가의 상품 혹은 문화가 상대적으로 저발전국가로 유입되는 과정에서 지배와 종속의 문제가 발생함

② 전 세계적으로 동일한, 획일화된 형태의 스포츠 소비 현상 확대

③ 전통 스포츠의 쇠퇴 현상 심화 (㉠ 한국의 전통 씨름의 쇠퇴)

출제예상문제

Chapter 09 미래사회의 스포츠

01 세계화에 따른 스포츠의 변화에 대한 설명으로 옳지 않은 것은?

① 국가 간 경쟁 축소
② 스포츠조직의 확대로 인한 교류 증진
③ 스포츠의 시공간적 거리 축소
④ 프로스포츠 시장의 빈익빈 부익부 현상 감소

 세계화로 인해 프로스포츠 시장의 빈익빈 부익부 현상은 증대되었다.

정답 ④

02 신자유주의 시대의 스포츠 특성에 관한 설명으로 옳은 것은?

① 신자유주의의 확대로 스포츠 시장에서 양극화 문제는 해소되고 있음
② 유연한 시민권의 확대로 다양한 노동 이주 현상이 발생하고 있음
③ 전 세계적으로 스포츠 소비 현상은 점차 다양해지고 있음
④ 전통스포츠의 부활이 이루어지고 있음

 신자유주의 확대로 스포츠계 양극화, 불평등 문제는 심화되고 획일화된 스포츠 소비 현상과 전통스포츠의 위기는 점차 증대되고 있다.

정답 ②

03 스포츠 세계화의 동인에 대한 요소와 설명이 바르게 연결된 것을 모두 고르시오.

① 제국주의: 스포츠는 식민국의 피식민국에 대한 정치적 지배의 도구로서 식민지 대상 국가의 국민을 동화시키기 위한 목적으로 활용됨
② 민족주의: 스포츠는 같은 민족과의 동일시, 아군과 적군의 투쟁 강조, 우리는 하나라는 정체성 부여
③ 종교: 종교는 신성한 영역으로서 스포츠세계화에 많은 영향을 미치지 못하였음
④ 테크놀로지의 발전: 중계 기술의 발전은 동일한 시간에 지구 반대편의 경기를 보는 등의 스포츠세계화에 기여하였음

 스포츠 세계화의 동인에 대한 요소와 설명이 바르게 연결된 것은 ①, ②, ④이다.

 ③ 스포츠를 활용한 종교의 전파는 원주민의 종교에 대한 거부감을 해소할 수 있는 효과적인 도구로써 활용되었다(우리나라의 경우도 YMCA의 선교활동에 의해 농구, 야구, 배구 등이 소개되었음).

정답 ①, ②, ④

2025년 기출문제

01 스포츠사회학의 주요 연구 영역에 관한 설명으로 적절하지 않은 것은?

① 스포츠 기능 향상의 심리적 기전을 연구한다.
② 스포츠 맥락에서 인간의 행위와 상호작용 현상을 연구한다.
③ 스포츠 사회 내 규범, 신념, 이데올로기, 환경의 변화를 연구한다.
④ 스포츠집단의 유형, 특성, 기능, 구조, 변화 과정을 연구한다.

 ①의 "스포츠 기능 향상의 심리적 기전"은 심리적 요인을 통해 경기력 향상을 연구하는 것으로, 스포츠심리학의 연구 주제이다.

 스포츠사회학은 스포츠를 사회적 맥락 속에서 바라보며, 인간의 행위, 상호작용, 집단 구조, 규범·가치·이데올로기 등 사회문화적 현상을 탐구하는 학문이다.

정답 ①

02 스포츠의 교육적 순기능에 관한 설명으로 옳지 않은 것은?

① 사회화를 촉진하여 전인교육 기능을 한다.
② 승리지상주의를 학습시켜 사회통합 기능을 한다.
③ 장애인의 적응력 배양으로 사회 선도 기능을 한다.
④ 여성의 참여 증가를 통한 여권신장으로 사회 선도 기능을 한다.

 ②의 "승리지상주의 학습"은 스포츠의 역기능으로 분류된다. 승리만을 강조하는 태도는 규범 왜곡, 도덕적 해이, 과도한 경쟁, 스포츠맨십 약화 등의 문제를 야기하므로, 사회통합과는 거리가 멀다.

스포츠의 교육적 순기능은 긍정적 사회화, 전인교육, 인성 함양, 협동심과 규범 학습, 사회통합, 성평등 증진, 사회적 약자의 적응력 배양 등이 있다.

정답 ②

03 <보기>의 사례에 해당하는 버렐(S. Birrell)과 로이(J. Loy)의 미디어스포츠 수용자의 욕구 유형으로 가장 적절한 것은?

―――<보기>―――
• NBA 팀의 정보를 얻으려고 인터넷 검색을 한다.
• 스포츠뉴스를 시청하며 이정후 선수가 속한 팀의 경기 결과와 리그 순위를 확인한다.

① 인지적 욕구　② 도피적 욕구
③ 소비적 욕구　④ 심동적 욕구

 <보기>의 사례는 NBA 팀 정보 검색, 리그 순위·경기 결과 확인 → 스포츠 관련 지식·정보 습득 목적이다. 이는 인지적 욕구에 해당한다.

 버렐(S. Birrell) & 로이(J. Loy)의 미디어스포츠 수용자 욕구 유형
• 인지적 욕구: 스포츠 관련 정보 습득, 지식 추구 (예: 경기 결과, 선수 기록, 순위 확인)
• 도피적 욕구: 현실 문제에서 벗어나 여가·오락 추구
• 소비적 욕구: 스포츠 상품·굿즈·티켓 구매 등 상업적 소비 행동
• 심동적 욕구: 시청 후 직접 스포츠 활동 참여 동기 부여

정답 ①

04 국제스포츠이벤트가 지역사회에 미치는 긍정적 영향으로 적절하지 않은 것은?

① 도시 브랜드 가치 향상
② 사회간접자본 시설의 확충
③ 지역사회 구성원의 문화 정체성 약화
④ 스포츠 참여 기회 확대 및 건강 증진 효과

 국제스포츠이벤트는 도시 브랜드 가치 향상으로 도시 이미지 제고에 기여하며, 사회간접자본 시설 확충을 통해 교통·통신·숙박 등 인프라 발전을 촉진한다. 스포츠 참여 기회 확대와 건강 증진 효과를 통해 생활체육 활성화를 이끌 수 있다. 그러나 문화 정체성 약화는 상업주의 중심 현상으로 인한 부정적 영향이므로 긍정적 효과로 볼 수 없다.

정답 ③

05. <보기>의 미래 스포츠 특성에 관한 설명으로 적절한 것을 모두 고른 것은?

─── <보기> ───

ㄱ. 노년층 스포츠 참가에 대한 중요성이 증가한다.
ㄴ. 프로스포츠에서 스포츠과학의 중요성이 감소한다.
ㄷ. 정보 기술의 발달로 스포츠 참여 형태가 다양해진다.
ㄹ. 탄소배출을 최소화한 친환경스포츠의 중요성이 증가한다.

① ㄱ
② ㄱ, ㄴ
③ ㄱ, ㄷ, ㄹ
④ ㄴ, ㄷ, ㄹ

정답분석 프로스포츠에서 스포츠과학의 중요성은 감소하는 것이 아니라 경기력 향상과 부상 예방, 데이터 분석 등에서 오히려 증가하고 있으므로 ㄴ은 틀리다.

정답 ③

06. <보기>에서 ㄱ.에 해당하는 투민(M. Tumin)의 계층 특성과 ㄴ.에 해당하는 베블런(T. Veblen)의 이론은?

─── <보기> ───

ㄱ. 민철이는 취미로 골프를 시작하려 했지만, 골프 장비가 비싸서 포기했다. 결국 민철이는 초기 비용이 적게 드는 배드민턴을 하기로 했다. 반면, 부유한 집안에서 자란 준형이는 어렸을때부터 부모님을 따라 자연스럽게 골프를 접할 수 있었고, 현재도 일주일에 한 번은 골프를 하고 있다.
ㄴ. 선영이는 요트에 흥미가 없지만 주변 지인들에게 자신의 경제력을 자랑하려고 요트를 구매했다. 선영이는 지인들과 요트를 함께 즐기면서 자연스럽게 자신의 부를 드러낸다.

	ㄱ	ㄴ
①	영향성	자본론
②	영향성	유한계급론
③	역사성	자본론
④	역사성	유한계급론

정답분석
- ㄱ.은 투민(M. Tumin)의 계층 특성 중 영향성에 해당하며, 영향성은 불평등에 의한 결과들이 다른 사회 영역에 영향을 미친다는 것을 의미한다. 즉, 경제적 수준에 따라 소비하는 스포츠 문화에 차이가 발생한다.
- ㄴ.은 베블런(T. Veblen)의 유한계급론(The Theory of the Leisure Class)으로 설명할 수 있다. 그는 상류계급이 '과시적 소비(conspicuous consumption)'를 통해 자신의 경제적 지위를 드러낸다고 주장했는데, 스포츠 영역에서는 요트, 승마, 골프 등 고비용 스포츠를 소비·참여함으로써 부를 과시하는 행태가 이에 해당한다.

정답 ②

07 <보기> 중 스포츠가 미디어에 미친 영향에 해당하는 것으로만 묶은 것은?

―――― <보기> ――――
ㄱ. 탁구공의 색이 흰색에서 주황색으로 변경되었다.
ㄴ. 월드컵, 올림픽은 미디어 보급 및 확산에 기여하였다.
ㄷ. 정지 화면, 느린 화면, 클로즈업 등의 방송 기법이 발달하였다.
ㄹ. 스포츠 관람 인구가 증가하고, 스포츠 활동이 생활의 일부로 확산되었다.

① ㄱ, ㄴ   ② ㄱ, ㄹ
③ ㄴ, ㄷ   ④ ㄴ, ㄹ

 정답분석
- ㄴ. 월드컵, 올림픽의 영향으로 미디어 보급·확산이 촉진됨 → 스포츠가 미디어에 영향을 준 사례이다.
- ㄷ. 정지 화면, 슬로모션, 클로즈업 등 방송 기법 발달 → 스포츠 중계 필요성 때문에 발전했으므로 스포츠가 미디어에 영향을 준 사례이다.

 선지분석
- ㄱ. 탁구공 색상 변경 → 미디어(시청 환경)가 스포츠에 영향을 준 사례이다. 따라서 "스포츠가 미디어에 미친 영향"이 아니다.
- ㄹ. 스포츠 관람 인구 증가, 생활화 → 미디어가 스포츠에 영향을 준 사례이다.

정답 ③

08 <보기>에서 설명하는 스포츠사회학 이론으로 적절한 것은?

―――― <보기> ――――
• 미시적 관점의 이론이다.
• 스포츠 참여 과정에 대한 이해와 하위문화 특성에 관심을 가진다.
• 인간은 사회구조 및 제도에 대해 능동적으로 사고하며 행동하게 된다.

① 갈등이론   ② 비판이론
③ 구조기능주의이론   ④ 상징적 상호작용론

 정답분석
- 상징적 상호작용론은 스포츠사회학의 미시적 관점 이론으로, 개인의 행위와 상호작용 과정을 통해 사회적 의미가 어떻게 형성되는지에 주목한다. 스포츠 참여 과정에서 나타나는 규범, 역할, 집단 내 상징의 해석, 하위문화 특성 등을 이해하는 데 활용된다. 또한 인간을 사회 구조나 제도의 수동적 산물이 아니라 능동적으로 사고하고 해석하는 존재로 본다는 점이 핵심이다.
- 갈등이론, 비판이론, 구조기능주의이론은 모두 거시적 관점의 이론이다.

정답 ④

09 국제스포츠 사례에 관한 설명으로 옳지 않은 것은?

① 1969년 온두라스와 엘살바도르의 월드컵 예선전은 양국의 정치적·사회적 갈등이 격화되는 계기가 되었으며, 이후 무력 충돌로 이어졌다.
② 2008년 베이징올림픽경기대회 개최를 앞두고 중국의 티베트 인권 탄압에 대한 국제사회의 비판이 제기되었다.
③ 1988년 서울올림픽경기대회에는 모스크바올림픽경기대회와 LA올림픽 경기대회의 보이콧 사례와 달리 미국과 소련 등 동서 진영 국가들이 참여하였다.
④ 1995년 남아프리카공화국 럭비월드컵경기대회에서는 아파르트헤이트(apartheid)에 대한 국제사회의 반발로 다수 국가의 보이콧이 발생했다.

 정답분석
1995년 남아공 럭비 월드컵은 아파르트헤이트 폐지 이후 개최된 대회로, 넬슨 만델라 대통령이 럭비를 통한 화해와 통합을 이끈 역사적 사례이다. 오히려 국제사회가 대회 개최를 지지했으며, 보이콧은 발생하지 않았다.

정답 ④

10 <보기>의 ㄱ.에 해당하는 로버트슨(R. Robertson)이 제시한 스포츠 세계화의 결과와 ㄴ.에 해당하는 매기(J. Magee)와 서덴(J. Sugden)이 제시한 스포츠 노동 이주 유형으로 가장 적절한 것은?

―<보기>―

ㄱ. A 스포츠 업체는 글로벌 브랜드 정체성을 유지하면서 뉴질랜드 럭비 대표팀인 올 블랙스(All Blacks)의 경기 선 의식으로 잘 알려진 마오리족의 하카(haka)댄스를 광고에 포함함으로써 지역 문화를 브랜드 메시지에 자연스럽게 녹여냈다.

ㄴ. 축구 선수 B는 현재 베트남의 C팀에서 활동 중이다. 그의 관심은 오로지 더 높은 연봉을 제시하는 팀으로 이적하는 것이다. 베트남의 문화를 즐긴다거나 사람과의 관계를 맺는 것에는 관심이 없다. 그는 언제든 떠날 준비를 하고 있다. 이전에 활동했던 중국의 D팀, 사우디의 E팀이 위치한 지역에 오래 머무른 적도 없다.

	ㄱ	ㄴ
①	세방화 (glocalization)	용병형 (mercenaries)
②	세방화 (glocalization)	개척자형 (pioneers)
③	국제적 고립 (global isolation)	용병형 (mercenaries)
④	국제적 고립 (global isolation)	개척자형 (pioneers)

 정답 분석

ㄱ. 로버트슨(R. Robertson)의 세방화(glocalization) 개념은 글로벌 브랜드가 세계적 정체성을 유지하면서도 지역 고유의 문화적 요소를 결합하는 현상을 의미한다. <보기>에서 글로벌 스포츠 기업이 뉴질랜드 마오리족의 하카(haka) 춤을 광고에 활용한 것은 대표적인 세방화 사례이다.

ㄴ. 매기(Magee)와 서덴(Sugden)의 스포츠 노동 이주 유형 가운데 용병형(mercenaries)은 특정 문화적 교류나 적응에는 관심이 없고, 단지 더 높은 연봉이나 조건만을 좇아 이동하는 선수들을 의미함. <보기>의 축구 선수 B는 베트남·중국·사우디 등에서 오래 머무르지 않고 언제든 떠날 준비를 하며 오직 경제적 보상만을 추구하고 있어 전형적인 용병형에 해당한다.

정답 ①

11 <보기>의 사례에 해당하는 머튼(R. Merton)의 일탈행동 유형은?

―<보기>―

ㄱ. 승리지상주의에 염증을 느껴 선수 생활을 포기하는 경우

ㄴ. 프로스포츠 선수가 경기력 향상을 목적으로 불법 약물을 복용한 경우

ㄷ. 스포츠 경기 참가에 의의를 두지만, 경기 성적을 중시하지 않는 경우

	ㄱ	ㄴ	ㄷ
①	도피주의	혁신주의	의례주의
②	도피주의	동조주의	의례주의
③	반역주의	도피주의	혁신주의
④	반역주의	동조주의	혁신주의

 정답 분석

ㄱ. 승리지상주의에 염증을 느껴 선수 생활을 포기 → 사회적 목표(성취)와 제도적 수단 모두 거부 → 도피주의(retreatism)

ㄴ. 불법 약물 복용으로 경기력 향상 추구 → 사회적 목표(성취)는 수용하나, 제도적 수단(정당한 방법)은 거부 → 혁신주의(innovation)

ㄷ. 경기 참가 자체에 의의를 두되 성적은 중시하지 않음 → 사회적 목표(성취)는 거부하나, 제도적 수단(참여 규칙 준수)은 수용 → 의례주의(ritualism)

 이론 PLUS

머튼(R. Merton)의 아노미 이론에 따른 일탈행동 유형은 사회적 목표와 제도적 수단의 수용 여부에 따라 구분된다.

정답 ①

12 <보기>의 스포츠 계층 이동 유형과 사례에 관한 설명으로 옳은 것을 모두 고른 것은?

―<보기>―
ㄱ. 프로야구 선수가 대회에서 부진한 모습을 보여 2군으로 강등된 것은 수직이동의 사례이다.
ㄴ. 1980년대 프로스포츠 출범 후 운동선수의 지위가 전반적으로 높게 평가받게 된 것은 집단이동의 사례이다.
ㄷ. 프로배구 선수가 되면서 일용직 노동자였던 부모님에 비해 많은 수입과 높은 명성을 얻게 된 것은 세대 내 이동의 사례이다.
ㄹ. 고등학교 배구 선수가 전학 간 후에도 같은 포지션으로 활동한 것은 수평이동의 사례이다.

① ㄱ, ㄴ
② ㄷ, ㄹ
③ ㄱ, ㄴ, ㄹ
④ ㄴ, ㄷ, ㄹ

 ㄷ. 프로배구 선수가 되며 부모보다 높은 지위·수입 획득 → 이는 부모 세대와 비교한 것이므로 세대 간 이동이지 세대 내 이동이 아니다.

정답 ③

13 스포츠사회화 이론에 관한 설명으로 적절하지 않은 것은?

① 사회학습이론에서는 다른 구성원의 행동을 관찰 학습하여 사회화가 이루어진다고 설명한다.
② 사회학습이론에서는 모방, 강화 등을 통해 새로운 행동을 학습하여 사회화가 이루어진다고 설명한다.
③ 준거집단이론에서는 구성원이 속한 집단의 규칙을 따르지 않아도 사회화가 이루어진다고 설명한다.
④ 역할이론에서는 개인을 무대 위의 특정 역할을 부여받은 배우로 간주하여 그 역할을 수행하며 사회화가 이루어진다고 설명한다.

 준거집단이론은 개인이 소속된 집단이나 동경하는 집단을 기준으로 하여 가치와 규범을 내면화하고 사회화가 이루어진다고 설명한다. 즉, 집단의 규칙을 따르지 않아도 사회화가 된다고 보지 않는다.

정답 ③

14 <보기>는 스포츠사회학 수업에서 교수와 학생의 대화이다. ㉠, ㉡에 들어갈 내용으로 적절한 것은?

―<보기>―
학생 1: 최근 테니스와 마라톤이 인기를 끌고 있는데, 사람들이 왜 이런 스포츠에 열광하는지 다양한 사례를 심층적으로 알아 보려면 어떤 연구 방법이 좋은가요?
교수: 참여관찰, 심층면담 등으로 자료를 수집하고 해석적인 절차에 따라 원인을 파악하는 (㉠) 방법이 적합해요.
학생 2: 그러면 스포츠 육성 모델에는 어떤 것이 있나요?
교수: 국가별로 다양한 스포츠육성정책을 시행하고 있는데, 그릭스*에 따르면, 스포츠 선진국은 엘리트 스포츠의 성과가 일반시민의 스포츠 참가를 촉진하고, 그렇게 형성된 자원 속에서 다시 우수한 엘리트 선수가 탄생하여 국가이미지 향상에 기여하는 (㉡)을 구축하고 있다고 해요.
*J. Grix(2016)

	㉠	㉡
①	질적 연구	선순환 모델
②	양적 연구	선순환 모델
③	질적 연구	피라미드 모델
④	양적 연구	피라미드 모델

 ㉠ 학생 1의 질문은 사람들이 왜 특정 스포츠에 열광하는지를 심층적으로 이해하려는 것으로, 참여관찰·심층면담 등 방법을 활용한다. 이는 질적 연구(qualitative research) 방법에 해당한다.
㉡ 교수의 설명에서 그릭스(Grix, 2016)가 언급한 스포츠육성정책은 엘리트 선수 성과 → 일반 시민의 스포츠 참가 촉진 → 참가 기반 확대 → 다시 엘리트 선수 발굴 → 국가 이미지 향상으로 이어지는 선순환 모델(virtuous cycle model)이다.

정답 ①

15

<보기>의 내용에 해당하는 거트만(A.Guttmann)이 제시한 근대스포츠의 특징은?

─<보기>─

ㄱ. 인종·성별과 관계없이 누구나 스포츠에 참여할 기회를 동등하게 부여받는다.
ㄴ. 현대 축구가 발전하면서 점차 수비수, 미드필더, 공격수 등의 포지션이 다양화되었다.
ㄷ. 현대스포츠 참여자는 신에 대한 숭배가 아니라 기분 전환과 오락, 이익과 보상을 추구한다.
ㄹ. 국제스포츠연맹은 규칙 제정, 기록 공인, 국제대회 운영 및 관리, 종목 진흥 등의 역할을 담당한다.

	ㄱ	ㄴ	ㄷ	ㄹ
①	합리화	평등성	세속화	관료화
②	합리화	수량화	전문화	세속화
③	평등성	관료화	세속화	전문화
④	평등성	전문화	세속화	관료화

ㄱ. 인종·성별과 관계없이 누구나 동등한 기회를 갖는 것 → 평등성
ㄴ. 현대 축구에서 포지션이 다양화되는 현상 → 역할의 세분화 → 전문화
ㄷ. 신 숭배가 아닌 오락, 보상 등을 추구 → 세속화
ㄹ. 국제스포츠연맹이 규칙 제정, 대회 운영, 관리 등을 담당 → 관료화

거트만(A. Guttmann)은 근대 스포츠의 7가지 특징(세속화, 평등성, 전문화, 합리화, 관료화, 수량화, 기록 추구)을 제시한다.

정답 ④

16

<보기>의 사례에 해당하는 베커(H. Becker)의 스포츠 일탈 이론은?

─<보기>─

생활체육 배드민턴 동호회에서 신입 회원이 실력이 부족하다는 이유로 민폐 회원이라는 별명을 듣게 되었다. 어떤 회원은 게임에서 그를 배제하거나 눈치를 주었고, 몇몇은 노골적으로 비난했다. 시간이 지날수록 신입 회원은 자신이 정말 방해가 된다고 느끼며 위축되었고, 결국 동호회를 그만두고 운동도 포기하였다.

① 중화 이론(neutralization theory)
② 낙인 이론(labeling theory)
③ 욕구위계 이론(hierarchy of needs theory)
④ 인지발달 이론(cognitive development theory)

<보기>에서 신입 회원은 '민폐 회원'이라는 낙인을 받음 → 동호회 구성원들의 배제와 비난을 경험함 → 시간이 지나며 스스로 방해가 된다고 인식하고 위축됨 → 결국 운동을 포기하게 됨.
이는 전형적인 낙인 이론의 사례이다.

베커(H. Becker)의 낙인이론은 특정 행위 그 자체보다 사회가 그 행위에 부여하는 의미와 반응에 따라 일탈이 형성된다고 설명한다. 즉, 사회적 낙인이 개인에게 부여되면, 그 사람은 점차 그 낙인을 내면화하고 실제로 일탈적 정체성을 수용하게 된다.

정답 ②

17

코클리(J. Coakley)가 제시한 상업주의 스포츠 출현의 사회적·경제적 조건에 해당하지 않는 것은?

① 자본주의 시장경제 체제
② 스태그플레이션(stagflation)
③ 소비가 장려되는 문화 형성
④ 인구 밀도가 높은 대도시 형성

② 스태그플레이션(stagflation): 경기 침체와 물가 상승이 동시에 발생하는 경제 현상으로, 상업주의 스포츠 출현 조건과는 무관하다. → 해당 ×

① 자본주의 시장경제 체제: 스포츠를 상품화하여 이윤을 창출할 수 있는 경제 기반 필요 → 해당
③ 소비가 장려되는 문화: 스포츠 티켓, 방송, 용품 구매 등 상업적 소비를 뒷받침하는 문화 필요 → 해당
④ 인구 밀도가 높은 대도시: 대규모 관중과 수익 창출이 가능하도록 인구 집적이 필요 → 해당

정답 ②

18 <보기>의 사례에 해당하는 정치가 스포츠를 이용하는 방법으로 가장 적절한 것은?

―――<보기>―――
스포츠는 정치인에게 권력을 강화하는 수단이 되기도 한다. 12.12 군사쿠데타와 5.18 민주화운동을 거치며, 당시 사회는 극도의 불안감과 정권에 대한 불신이 극에 달했다. 정권은 언론을 통제하고 정치적 발언을 통제하려 했지만, 뜻대로 되지 않았다. 그래서 국민의 관심을 돌리고 정권을 유지하기 위해 프로스포츠를 장려했다.

출처: M사, 시사교양(2005.6.)

① 상징 ② 조작
③ 동일화 ④ 전문화

정답분석 <보기>는 12.12 군사쿠데타와 5.18 민주화운동 이후 불안정한 정권이 국민의 관심을 분산시키고 정권 유지 수단으로 프로스포츠를 장려한 사례이다. 이는 전형적인 조작(manipulation)에 해당한다.

이론PLUS 정치가 스포츠를 이용하는 방법은 상징, 동일화, 조작, 전문화 등으로 구분된다.
- 상징: 국기, 국가, 대표팀 등의 상징을 활용하여 국민의 애국심을 고취함
- 동일화: 국민이 스포츠 영웅이나 팀의 성과를 통해 국가와 자신을 동일시하도록 만드는 방식
- 조작: 정치적 불만이나 사회적 갈등에서 국민의 시선을 돌리기 위해 스포츠를 활용하는 것
- 전문화: 국가 이미지 제고, 외교적 목적을 위해 스포츠를 조직적·체계적으로 활용(고도화)하는 것

정답 ②

19 <보기>의 사례에 해당하는 스포츠사회화 과정이 바르게 연결된 것은?

―――<보기>―――
ㄱ. 소영이는 '골때리는 그녀'라는 TV 프로그램을 보고 축구에 매력을 느껴 축구클럽에 가입하게 되었다.
ㄴ. 소영이는 축구에 흥미를 잃어 축구클럽을 탈퇴하였고, 6개월이 지났을 무렵, 친구의 권유로 테니스클럽에 가입하게 되었다.
ㄷ. 소영이는 테니스 활동을 하며 테니스 규칙, 기술, 매너 등을 잘 숙지한 테니스 동호인이 되었다.
ㄹ. 소영이는 무릎과 팔꿈치 부상이 잦아지면서 결국 좋아하는 테니스를 그만두게 되었다.

	ㄱ	ㄴ	ㄷ	ㄹ
①	스포츠로의 재사회화	스포츠로의 사회화	스포츠를 통한 사회화	스포츠 탈사회화
②	스포츠로의 재사회화	스포츠를 통한 사회화	스포츠로의 사회화	스포츠 탈사회화
③	스포츠로의 사회화	스포츠를 통한 사회화	스포츠로의 사회화	스포츠 탈사회화
④	스포츠로의 사회화	스포츠로의 재사회화	스포츠를 통한 사회화	스포츠 탈사회화

정답분석
ㄱ. TV 프로그램을 보고 축구에 매력을 느껴 클럽에 가입 → 새로운 스포츠 종목에 입문하는 과정 → 스포츠로의 사회화
ㄴ. 축구를 그만두었다가 친구 권유로 테니스클럽에 가입 → 다른 스포츠 종목으로 재참여 → 스포츠로의 재사회화
ㄷ. 테니스 활동을 하며 규칙·기술·매너를 습득하여 동호인이 됨 → 스포츠를 매개로 사회적 규범과 가치를 학습 → 스포츠를 통한 사회화
ㄹ. 부상으로 인해 테니스를 그만두게 됨 → 스포츠 참여를 중단하는 과정 → 스포츠 탈사회화

정답 ④

20 <보기>의 사례에 해당하는 사회화 주관자는?

―<보기>―
ㄱ. 지영이는 배드민턴 동호회 활동을 하는 부모님의 권유로 배드민턴을 시작하게 되었다.
ㄴ. 민수는 동네 주민센터에서 청소년 농구 프로그램 회원 모집 공고를 보고, 직접 센터를 방문하여 등록하였다.

	ㄱ	ㄴ
①	가족	학교
②	학교	동료
③	동료	지역사회
④	가족	지역사회

 정답분석 <보기>는 부모(가족)와 지역 주민센터(지역사회)를 통해 스포츠에 참여하게 된 사례이다.

정답 ④

2024년 기출문제

01 <보기>에서 훌리한(B. Houlihan)이 제시한 '정부(정치)의 스포츠 개입 목적'에 관한 사례인 것을 모두 고른 것은?

― <보기> ―
㉠ 시민들의 건강 및 체력유지를 위해 체육단체에 재원을 지원한다.
㉡ 체육을 포함한 교육 현장의 양성 평등을 위해 Title IX을 제정했다.
㉢ 공공질서를 보호하기 위해 공원에서 스케이트보드 금지, 헬멧 착용 등의 도시 조례가 제정되었다.

① ㉠
② ㉠, ㉡
③ ㉡, ㉢
④ ㉠, ㉡, ㉢

정답분석 훌리한은 정부의 스포츠 관여(개입)의 성질과 범위는 사회마다 다양하지만 일반적으로 공공질서, 보호, 공정성 확보, 건강 유지, 지역사회나 국가의 명성과 권력 증진, 일체성과 소속감, 단합 촉진, 지배적 정치 이데올로기와 관련된 가치 재생산, 정치 리더나 정부에 대한 지지 확대, 경제 및 사회 발전 촉진 등의 이유라고 강조한다. 이러한 측면에서 위 보기 ㉠, ㉡, ㉢ 모두 상술한 내용에 포함된다.

정답 ④

02 스포츠클럽법(시행 2022.6.16.)의 내용으로 옳지 않은 것은?

① 지정스포츠클럽은 전문선수 육성 프로그램을 운영할 수 없다.
② 스포츠클럽의 지원과 진흥에 필요한 사항을 규정하고 있다.
③ 국민체육진흥과 스포츠 복지 향상 및 지역사회 체육발전에 기여함을 목적으로 한다.
④ 국가 및 지방자치 단체는 스포츠클럽의 지원 및 진흥에 필요한 시책을 수립·시행하여야 한다.

정답분석 스포츠클럽법은 2021년 6월 15일에 제정되어 2024년 1월 23일 일부 개정을 거쳐 2024년 7월 24일에 시행되었다. 해당 법률은 스포츠클럽의 지원과 진흥에 필요한 사항을 규정함으로써 국민체육 진흥과 스포츠복지 향상 및 지역사회 체육발전에 기여함을 목적으로 한다. 특히, 해당 법에 근거하여 지정스포츠클럽은 종목별전문선수의 육성을 목적으로 다양한 프로그램을 운영할 수 있다.

정답 ①

03 아래 <보기>에서 스티븐슨(C. Stevenson)과 닉슨(J. Nixon)이 구조기능주의 관점으로 설명한 스포츠의 사회적 기능 중 옳은 것만을 모두 고른 것은?

― <보기> ―
㉠ 사회·정서적 기능
㉡ 사회갈등 유발 기능
㉢ 사회 통합 기능
㉣ 사회계층 이동 기능

① ㉠, ㉡
② ㉠, ㉢
③ ㉡, ㉣
④ ㉠, ㉢, ㉣

정답분석 스티븐슨과 닉슨의 구조기능 관점에서 스포츠는 사회체계의 안정과 질서를 위해 다섯가지 측면의 사회적 기능을 수행한다. 이는 사회정서적 기능(예 스트레스 해소), 사회화 기능(가치와 행동 규범), 사회적 통합 및 연대의 기능(집합표상의 역할 수행), 정치적 기능(이데올로기 강화), 사회계층의 이동 기능을 포함한다.

정답 ④

04
<보기>의 ㉠~㉢에 해당하는 스포츠 육성 정책 모형이 바르게 제시된 것은?

─ <보기> ─
㉠ 학생들의 스포츠 참여 저변이 확대되면, 이를 기반으로 기량이 좋은 학생선수가 배출된다.
㉡ 우수한 학생선수들을 육성하면 그들의 영향으로 학생들의 스포츠 참여가 확대된다.
㉢ 스포츠 선수들의 우수한 성과는 청소년의 스포츠 참여를 촉진하고, 이를 통해 형성된 스포츠 참여 저변 위에서 우수한 스포츠 선수들이 성장한다.

	㉠	㉡	㉢
①	선순환 모형	낙수효과 모형	피라미드 모형
②	피라미드 모형	선순환 모형	낙수효과 모형
③	피라미드 모형	낙수효과 모형	선순환 모형
④	낙수효과 모형	피라미드 모형	선순환 모형

 정답 분석
스포츠 육성 정책 모델은 피라미드 모형, 낙수효과 모형, 선순환 모형이 있다. 피라미드 모형은 생활체육을 중심의 스포츠 참여 기반을 토대로 우수 선수가 발굴 육성된다는 측면의 스포츠 육성 정책 모형을 말한다. 반대로 낙수효과 모형은 top-down으로 전문체육을 중심으로 한 스포츠 육성 모형을 의미한다. 마지막으로 선순환 모형은 전문체육 분야의 우수한 성과가 일반 시민의 생활체육 참여율을 증진, 다시 우수선수가 배출되는 토양이 된다는 선순환적 구조를 말한다. 이러한 측면에서 ㉠은 피라미드 모형, ㉡은 낙수효과 모형 ㉢은 선순환 모형에 대한 설명이다.

정답 ③

05
<보기>에서 스포츠 세계화의 동인으로 옳은 것만을 모두 고른 것은?

─ <보기> ─
㉠ 민족주의
㉡ 제국주의 확대
㉢ 종교 전파
㉣ 과학기술의 발전
㉤ 인종차별의 심화

① ㉠, ㉡, ㉢
② ㉡, ㉢, ㉤
③ ㉠, ㉡, ㉢, ㉣
④ ㉠, ㉢, ㉣, ㉤

 정답 분석
스포츠세계화의 동인은 제국주의, 민족주의, 종교, 테크놀로지 발달이 있으며. 인종차별의 심화는 스포츠의 세계화와 관련성이 없다.

정답 ③

06. 투민(M. Tumin)이 제시한 사회계층의 특성을 스포츠에 적용한 설명으로 옳은 것은?

① 보편성: 대부분의 스포츠 현상에는 계층 불평등이 나타난다.
② 역사성: 현대 스포츠에서 계층은 종목 내, 종목 간에서 나타난다.
③ 영향성: 스포츠에서 계층 불평등은 역사발전 과정을 거치며 변천해왔다.
④ 다양성: 스포츠 참여에서 나타나는 사회적 불평등은 일상 생활에도 유사하게 나타난다.

투민은 사회계층의 특성을 사회성, 고래성, 보편성, 다양성, 영향성으로 정의하고 있다.
㉠ 사회성: 선천적이거나 생물학적 요인이 아닌 사회적 요인에 의해 사회계층 형성
㉡ 고래성(역사성): 역사적으로 항상 사회계층은 존재했음(단 사회문화적 배경에 따라 특성이 다름)
㉢ 보편성(편재성): 사회계층은 언제 어느 사회에서나 존재하는 보편적 사회문화적 특성임
㉣ 다양성: 계층에 따른 불평등의 형태와 정도는 사회마다 매우 다양하게 나타남
㉤ 영향성: 사회계층(불평등)에 의한 결과들이 다른 사회 영역에 영향을 미침
따라서 대부분 스포츠에서 사회계층에 의한 불평등이 보편적으로 나타난다고 설명한 ①이 옳은 설명이다.

정답 ①

07. 스포츠에서 나타나는 사회계층 이동에 대한 설명으로 옳지 않은 것은?

① 스포츠는 계층 이동을 위한 수단으로 활용된다.
② 사회계층의 이동은 사회적 상황과 개인적 상황을 반영한다.
③ 사회 지위나 보상 체계에 차이가 뚜렷하게 발생하는 계층 이동은 '수직 이동'이다.
④ 사회계층의 이동 유형은 이동 방향에 따라 '세대 내 이동', '세대 간 이동'으로 구분한다.

사회계층의 이동은 이동방향, 시간거리, 사회이동주체, 인간관계의 형태로 이루어진다.
㉠ 이동방향: 수직이동, 수평이동
㉡ 시간거리: 세대 간, 세대 내 이동
㉢ 사회이동 주체: 개인이동, 집단이동
㉣ 인간관계: 경선이동, 후원이동
따라서 ④에서 설명하고 있는 세대 내 이동, 세대 간 이동은 이동 방향이 아닌 시간 거리에 따른 유형으로 볼 수 있다.

정답 ④

08. <보기>에서 설명하는 스포츠 일탈과 관련된 이론은?

<보기>
- 스포츠 일탈을 상호작용론 관점으로 설명한다.
- 일탈 규범을 내면화하는 사회화 과정이 존재한다.
- 다른 사람과 상호작용을 통해 스포츠 일탈 행동을 학습한다.

① 문화규범 이론
② 차별교제 이론
③ 개인차 이론
④ 아노미 이론

문화규범이론과 개인차 이론은 스포츠미디어의 대중 전달을 설명하는 이론이다. 아노미 이론은 선수의 승리에 대한 목표와 수단의 괴리로 인해 일탈이 발생한다고 보는 관점이며, 차별 교제 이론은 상징적 상호작용론 관점에서 일탈을 설명하는 이론이다. 보기는 차별 교제 이론에 대한 설명이며, 이론에 따르면 일탈행동은 타인과의 상호작용을 통해 학습되며, 이 과정에서 일탈행동을 정당화하는 가치가 내면화된다고 보는 이론이다.

정답 ②

09. 스미스(M. Smith)가 제시한 경기장 내 신체 폭력 유형 중 <보기>의 설명에 해당하는 것은?

<보기>
- 경기의 규칙을 위반하는 행위지만, 대부분의 선수나 지도자들이 용인하는 폭력 행위 유형이다.
- 이 폭력 유형은 경기 전략의 하나로 활용되며, 상대방의 보복행위를 유발할 수 있다.

① 경계 폭력
② 범죄 폭력
③ 유사 범죄 폭력
④ 격렬한 신체 접촉

스미스가 제시한 스포츠 폭력 유형에는 격렬한 신체 접촉, 경계 폭력(경기 규칙에는 위반되지만 유용한 경기전략의 하나), 유사 범죄 폭력(벌금, 출장정지 등의 징계), 명백히 법을 위반한 행위로서 범죄 폭력이 있다. 보기는 경계 폭력에 대한 설명이다.

정답 ①

10. 코클리(J. Coakley)가 제시한 상업주의와 관련된 스포츠 규칙 변화에 따른 결과로 옳지 않은 것은?

① 극적인 요소가 늘어났다.
② 득점이 감소하게 되었다.
③ 상업 광고 시간이 늘어났다.
④ 경기의 진행 속도가 빨라졌다.

 코클리에 의하면 상업주의에 따라 스포츠의 규칙은 관중의 흥미 유발을 위해 변화하는데, 이는 스피드한 경기, 득점 증가, 경기 균형 유지, 극적 요소 극대화, 선수 혹은 팀에 대한 애정 고조, 상업적 광고를 위한 시간 할애 등의 변화가 이루어진다.

정답 ②

11. 파슨즈(T. Parsons)의 AGIL이론에 관한 설명으로 옳지 않은 것은?

① 상징적 상호작용론 관점의 이론이다.
② 스포츠는 체제 유지 및 긴장 처리 기능을 한다.
③ 스포츠는 사회구성원을 통합시키는 기능을 한다.
④ 스포츠는 사회구성원이 사회체제에 적응하게 하는 기능을 한다.

 파슨스는 구조기능주의 이론가로서 AGIL 모형 즉, 사회체제 유지를 위한 기능적 요건으로 적응, 목표성취, 사회통합, 체제유지 및 긴장처리 등 4가지 요소를 제시하였다.

정답 ①

12. 에티즌(D. Eitzen)과 세이지(G. Sage)가 제시한 스포츠의 정치적 속성 중 <보기>의 설명에 해당하는 것은?

<보기>
- 국가대표 선수는 스포츠를 통해 국위를 선양하고 국가는 선수에게 혜택을 준다.
- 국가대표 선수가 올림픽에 출전하여 메달을 획득하면 군복무 면제의 혜택을 준다.

① 보수성 ② 대표성
③ 상호의존성 ④ 권력투쟁

 에티즌과 세이지가 제시한 스포츠의 정치적 속성은 보수성, 대표성, 권력투쟁, 상호의존성, 긴장관계 등이 있다. 보기는 스포츠와 정치는 상호작용 관계를 형성하고 있다라고 보는 상호의존성에 대한 설명이다. 즉, 국가대표의 국위선양(정치적 목적)과 혜택(보상)에 대한 상호의존적 관계를 설명하고 있다.

정답 ③

13. <보기>의 ㉠~㉣에 들어갈 스트랭크(A Strenk)의 '국제정치 관계에서 스포츠 기능'을 바르게 제시한 것은?

<보기>
- (㉠): 1936년 베를린 올림픽
- (㉡): 1971년 미국 탁구팀의 중화인민공화국 방문
- (㉢): 1972년 뮌헨올림픽에서의 검은구월단 사건
- (㉣): 남아프리카공화국의 아파르트헤이트에 대한 국제사회의 대응

① ㉠: 외교적 도구
   ㉡: 외교적 항의
   ㉢: 정치이념 선전
   ㉣: 갈등 및 적대감의 표출

② ㉠: 정치이념 선전
   ㉡: 외교적 도구
   ㉢: 갈등 및 적대감의 표출
   ㉣: 외교적 항의

③ ㉠: 갈등 및 적대감의 표출
   ㉡: 정치이념 선전
   ㉢: 외교적 항의
   ㉣: 외교적 도구

④ ㉠: 외교적 항의
   ㉡: 갈등 및 적대감의 표출
   ㉢: 외교적 도구
   ㉣: 정치이념 선전

국제 정치에서 스포츠는 외교적 도구, 이데올로기 및 체제 선전의 수단, 국위선양, 국제이해 및 평화증진, 외교적 항의, 갈등 및 전쟁의 촉매 등으로 이용된다.
㉠ 베를린 올림픽은 히틀러 정권에 의한 나치 선정의 장으로 활용되었다는 점에서 정치이념의 선전으로 볼수 있다.
㉡ 미국과 중국의 외교적 도구로서 탁구가 활용된 예이다.
㉢ 검은구월단은 뮌헨올림픽 당시 이스라엘 선수단 테러 사건으로 유명한 이슬람 계열의 저항 단체를 의미한다.
㉣ 아파르트헤이트는 남아프리카 공화국의 극단적인 인종차별 정책으로 백인 우월주의에 근거하여 유색인종을 차별하는 정책을 의미한다. 이 정책이 철폐되기 전까지 남아프리카공화국은 국제스포츠 대회에 참여할 수 없었다.

정답 ②

14 베일(J.Bale)이 제시한 스포츠 세계화의 특징에 관한 설명으로 옳지 않은 것은?

① IOC, FIFA 등 국제스포츠 기구가 성장하였다.
② 다국적 기업의 국제적 스폰서십 및 마케팅이 증가하였다.
③ 글로벌 미디어 기업의 스포츠에 관한 개입이 증가하였다.
④ 외국인 선수 증가로 팀, 스폰서보다 국가의 정체성이 강화되었다.

 외국인 선수 증가로 팀, 스폰서보다 국가의 정체성이 약화되었다고 볼 수 있다.

정답 ④

15 스포츠의 교육적 역기능에 해당하는 것은?

① 정서 순화
② 사회 선도
③ 사회화 촉진
④ 승리지상주의

 스포츠의 교육적 역기능에는 결과(승리)지상주의, 참여 기회의 제한, 성차별 발생 등이 있을 수 있으며, ① ~ ③의 경우 스포츠의 교육적 순기능에 해당한다.

정답 ④

16 스포츠미디어가 생산하는 성차별 이데올로기에 관한 설명으로 옳지 않은 것은?

① 경기의 내용보다는 성(性)적인 측면을 강조한다.
② 여성 선수를 불안하고 취약한 존재로 묘사한다.
③ 여성들이 참여하는 경기를 '여성 경기'로 부른다.
④ 여성성보다 그들의 성과에 더 많은 관심을 보인다.

 스포츠미디어는 전통적인 성 고정관념을 바탕으로 젠더 이데올로기를 전파하는 역할을 한다. 즉, 여성의 신체가 스포츠에 적합하지 않다는 전통적인 성고정 관념을 재생산하고 남성 스포츠 위주의 편향된 보도를 확산한다. 따라서 그들의 성과보다 여성성에 관심을 보인다.

정답 ④

17 <보기>의 사례에 관한 스포츠 일탈 유형과 휴즈(R. Hughes)와 코클리(J. Coakley)가 제시한 윤리 규범이 바르게 연결된 것은?

─ <보기> ─
• 2002년 한일월드컵 당시 황선홍 선수, 김태영 선수의 부상 투혼
• 2022년 카타르 월드컵에서 손흥민 선수의 마스크 투혼

	스포츠 일탈 유형	스포츠 윤리 규범
①	과소동조	한계를 이겨내고 끊임없이 도전해야 한다.
②	과소동조	경기에 헌신해야 한다.
③	과잉동조	위험을 감수하고 고통을 인내해야 한다.
④	과잉동조	탁월성을 추구해야 한다.

 과소동조는 규범을 무시하거나 거부하는 일탈로서 정상에 미치지 못하는 행동들을 포함하며, 극단적인 경우 무질서를 초래한다. 반면, 과잉동조는 규범을 의문의 여지없이 수용하는 일탈로서 정상보다 과도한 행동들을 포함하며, 극단적인 경우 파시즘(예 지도자 명령에 대한 무제한적 복종)을 초래한다. 이러한 측면에서, 보기의 내용은 과잉동조의 측면으로 이해할 수 있으며, 바르게 연결된 것은 ③에 해당한다.

정답 ③

18 레오나르드(W. Leonard)의 사회학습이론에서 아래 <보기>의 설명과 관련된 사회화 기제는?

─ <보기> ─
• 새로운 운동기능과 반응이 학습된다.
• 학습자에게 동기를 부여할 수 있게 된다.
• 지도자가 적합하다고 생각하는 새로운 지식을 알게 된다.

① 강화
② 코칭
③ 보상
④ 관찰학습

 사회학습이론은 강화(상과 벌), 코칭, 관찰학습 등을 통해 사회적 행동 학습과 수행이 이루어진다고 가정한다. 이러한 측면에서 보기는 사회화 주관자(지도자 코치 등)에 의해 새로운 지식과 기술을 습득하는 코칭에 대한 내용이다.

정답 ②

19 스포츠로부터의 탈사회화에 관한 설명으로 옳은 것은?

① 부상, 방출 등의 자발적 은퇴로 탈사회화를 경험한다.
② 스포츠 참여를 통한 행동의 변화를 스포츠로부터의 탈사회화라고 한다.
③ 개인의 심리상태, 태도에 의해 참여가 제한되는 것을 내재적 제약이라고 한다.
④ 재정, 시간, 환경적 상황에 의해 참여가 제한되는 것을 대인적 제약이라고 한다.

 탈사회화의 구성요소는 크게 대인적 제약(이해관계 및 상호작용에 의한 탈사회화), 구조적 제약(시간, 재정 등 사회환경적 요인에 의한 탈사회화), 내재적 제약(개인의 심리적 상태 및 태도에 의한 탈사회화)로 구분할 수 있다.

 ①의 부상, 방출은 비자발적 은퇴에 해당한다.
②의 설명은 사회화에 대한 내용에 해당한다.
④의 설명은 구조적 제약에 대한 내용에 해당한다.

정답 ③

20 과학기술의 발전에 따른 스포츠의 변화에 관한 설명으로 옳지 않은 것은?

① IoT, 웨어러블 디바이스 발전으로 경기력 측정의 혁신을 가져왔다.
② 프로야구 경기에서 VAR 시스템 적용은 인간심판의 역할을 강화시켰다.
③ 4차 산업혁명에 따른 초지능, 초연결은 스포츠 빅데이터의 활용을 확대시켰다.
④ VR, XR 디바이스의 발전으로 가상현실 공간을 활용한 트레이닝이 가능해졌다.

 과학기술의 발전에 따른 VAR 시스템 적용으로 인간심판의 역할은 오히려 감소되었다고 볼 수 있다.

정답 ②

2023년 기출문제

01 <보기>에서 스포츠의 교육적 순기능으로만 묶인 것은?

―― <보기> ――
㉠ 학교와 지역사회의 통합
㉡ 평생체육의 연계
㉢ 스포츠의 상업화
㉣ 학업활동의 격려
㉤ 참여기회의 제한
㉥ 승리지상주의

① ㉠, ㉡, ㉣
② ㉠, ㉢, ㉤
③ ㉡, ㉢, ㉣
④ ㉡, ㉤, ㉥

정답분석 스포츠의 교육적 순기능에는 학업활동의 격려, 전인교육, 사회통합, 사회선도, 평생 체육의 기회 습득 등이 있음

정답 ①

02 <보기>에서 코클리(J. Coakley)의 상업주의에 따른 스포츠의 변화에 관한 설명으로 옳은 것을 모두 고른 것은?

―― <보기> ――
㉠ 스포츠 조직의 변화: 스포츠 조직은 경품 추첨, 연예인의 시구와 같은 의전행사에 관심을 갖게 되었다.
㉡ 스포츠 구조의 변화: 스포츠의 심미적 가치보다 영웅적 가치를 중시하게 되었다.
㉢ 스포츠 목적의 변화: 아마추어리즘보다 흥행에 입각한 프로페셔널리즘을 추구하게 되었다.
㉣ 스포츠 내용의 변화: 프로 농구의 경우, 전·후 반제에서 쿼터제로 변경되었다.

① ㉠, ㉡
② ㉠, ㉢
③ ㉡, ㉢, ㉣
④ ㉠, ㉢, ㉣

정답분석 ㉡은 스포츠 '내용' 변화에 관한 설명이며, ㉣은 스포츠 '구조' 변화에 관한 설명이다.

정답 ②

03 <보기>에서 설명하는 스포츠 세계화의 원인은?

―― <보기> ――
'코먼웰스 게임(commonwealth games)'은 영연방국가들이 참가하는 스포츠 메가 이벤트로, 영연방국가의 통합에 기여하는 측면이 있다. 영국의 스포츠로 알려진 크리켓과 럭비는 대부분 영국의 식민지였던 영연방국가에서 인기가 있다.

① 제국주의
② 민족주의
③ 다문화주의
④ 문화적 상대주의

정답분석 스포츠는 식민국의 피식민국에 대한 정치적 지배의 도구로서 식민지 대상 국가의 국민을 동화시키기 위한 목적으로 활용된다.

정답 ①

04 <보기>에 해당하는 케년(G. Kenyon)의 스포츠 참가유형은?

―― <보기> ――
• 특정 선수의 사인볼 수집
• 특정 스포츠 관련 SNS 활동
• 특정 스포츠 물품에 대한 애착

① 일탈적 참가
② 행동적 참가
③ 정의적 참가
④ 인지적 참가

정답분석 <보기>에 해당하는 케년(G. Kenyon)의 스포츠 참가유형은 ②, ③, ④이다.

선지분석 일탈적 참가는 자신의 직업을 포기 혹은 등한시하며 스포츠 활동에 참여하는 1차적 일탈 참가와 스포츠 경기 관람을 넘어 도박으로 스포츠 활동에 참여하는 2차적 일탈참가를 의미한다.

정답 ②, ③, ④

05 <보기>의 ㉠, ㉡에 해당하는 거트만(A. Guttmann)의 근대스포츠 특징은?

─────<보기>─────
- (㉠): 국제스포츠조직은 규칙의 제정, 대회의 운영, 종목 진흥 등의 역할을 담당한다.
- (㉡): 투수라는 같은 포지션 내에서도 선발, 중간, 마무리 등으로 구분된다.

① ㉠: 관료화, ㉡: 평등성
② ㉠: 합리화, ㉡: 평등성
③ ㉠: 관료화, ㉡: 전문화
④ ㉠: 합리화, ㉡: 전문화

 ㉠은 규칙과 규정을 표준화하는 관료조직의 등장을 의미하는 관료화, ㉡은 역할이 세분화를 의미하는 전문화에 해당합다. 거트만은 근대스포츠의 특징을 세속화, 합리화, 전문화, 관료화, 계량화, 평등, 기록추구 등으로 제시하였다.

정답 ③

06 스나이더(E. Snyder)가 제시한 스포츠 사회화의 전이 조건이 아닌 것은?

① 참가의 가치
② 참가의 정도
③ 참가의 자발성 여부
④ 사회화 주관자의 위신과 위력

 스포츠를 통한 사회하에 있어서 전이의 일반적 특성에는 참여의 정도, 참여의 자발성 여부, 사회관계의 본질성, 사회화의 위신과 위력, 참가의 개인적 또는 사회적 특성이 있다.

정답 ①

07 <보기>는 버렐(S. Birrell)과 로이(J. Loy)의 스포츠 미디어를 통해 충족할 수 있는 욕구에 관한 설명이다. ㉠~㉢에 해당하는 용어가 바르게 연결된 것은?

─────<보기>─────
- (㉠) 욕구: 스포츠 경기의 결과, 선수와 팀에 대한 통계적 지식을 제공해 준다.
- (㉡) 욕구: 스포츠에 대한 흥미와 흥분을 제공해 준다.
- (㉢) 욕구: 다른 사회집단과 경험을 공유하게 하며 공동체 의식을 갖게 한다.

① ㉠: 정의적, ㉡: 인지적, ㉢: 통합적
② ㉠: 인지적, ㉡: 통합적, ㉢: 정의적
③ ㉠: 정의적, ㉡: 통합적, ㉢: 인지적
④ ㉠: 인지적, ㉡: 정의적, ㉢: 통합적

 ㉠은 인지적, ㉡은 정의적, ㉢은 통합적이 들어가야 한다.

 버렐과 로이가 강조한 스포츠를 통해 충족할 수 있는 욕구 유형
- 인지적 욕구: 스포츠 경기 결과, 통계 수치 등 스포츠에 대한 지식 충족
- 정의적 욕구: 스포츠에 대한 흥미, 관심, 즐거움 등
- 통합적 욕구: 스포츠를 통해 사회 구성원들의 관심을 한 곳으로 모아 사회통합 기여
- 도피적 욕구: 스포츠를 통해 불안감, 좌절감, 스트레스 등 해소

정답 ④

08 <보기>의 ⊙, ⓒ에 해당하는 용어의 연결로 옳은 것은?

─── <보기> ───
- (⊙): 국민의 관심이 높은 스포츠 경기를 무료 혹은 저렴한 비용으로 시청할 수 있는 권리를 말한다.
- (ⓒ): 선수 개인의 사생활을 중심으로 대중을 자극하고 호기심에 호소하는 흥미 위주의 스포츠 관련 보도를 지칭한다.

	⊙	ⓒ
①	독점 중계권	뉴 저널리즘(new journalism)
②	보편적 접근권	옐로 저널리즘(yellow journalism)
③	독점 중계권	옐로 저널리즘(yellow journalism)
④	보편적 접근권	뉴 저널리즘(new journalism)

정답분석
- ⊙은 누구나 보편적으로 스포츠미디어를 소비할 수 있는 보편적 접근권을 의미한다.
- ⓒ은 옐로 저널리즘으로서 선수 개인의 사생활을 중심으로 대중을 자극하고 호기심에 호소하는 흥미 위주의 스포츠 관련 보도를 의미한다.

정답 ②

09 <보기>에서 설명하는 프로스포츠의 제도는?

─── <보기> ───
- 프로스포츠 구단이 소속 선수와의 계약을 해지하고 다른 구단에게 해당 선수를 양도받을 의향이 있는지 공개적으로 묻는 제도이다.
- 기량이 떨어지거나 심각한 부상을 당한 선수를 방출하는 수단으로 이용하고 있다.

① 보류 조항(reserve clause)
② 웨이버 조항(waiver rule)
③ 선수대리인(agent)
④ 자유계약(free agent)

정답분석
보기는 구단에서 해당 선수에 대한 권한을 포기하는 것을 의미하는 웨이버 조항에 대한 설명임

정답 ②

10 스포츠 일탈의 순기능에 관한 사례로 옳지 않은 것은?

① 승부조작 사례를 보고 많은 선수들이 경각심을 갖는다.
② 아이스하키 경기에서 허용된 주먹다짐은 잠재된 공격성을 해소시켜 준다.
③ 스포츠에서 선수들의 약물복용이 지속되면 경기의 공정성이 훼손된다.
④ 높이뛰기에서 배면뛰기 기술의 창안은 기록경신에 기여하고 있다.

정답분석
③은 스포츠일탈의 역기능(부정적 기능)에 대한 설명이다.

정답 ③

11 <보기>는 스트렌크(A. Strenk)가 제시한 국제정치에서 스포츠의 기능에 관한 설명이다. ⊙~ⓒ에 해당하는 내용이 바르게 연결된 것은?

─── <보기> ───
- (⊙): 2002년 한일월드컵 4강 진출로 대한민국을 축구 강국으로 인식
- (ⓒ): 1980년 모스크바올림픽에서 서방 국가들의 보이콧 선언
- (ⓔ): 1936년 베를린올림픽에서 나치즘의 정당성과 우월성 과시

	⊙	ⓒ	ⓔ
①	외교적 도구	정치이념 선전	국위선양
②	국위선양	외교적 항의	정치이념 선전
③	국위선양	외교적 도구	외교적 항의
④	외교적 도구	외교적 항의	정치이념 선전

정답분석
- ⊙은 국위선양, ⓒ은 외교적 항의, ⓔ은 정치이념 선전이다.
- 국제정치에서의 스포츠 이용방식은 크게 외교적 도구, 이데올로기 및 체제 선전의 수단, 국위선양, 국제이해 및 평화증진, 외교적 항의 등이 있다.

정답 ②

12 <보기>에서 설명하는 부르디외(P. Bourdieu)의 문화자본 유형은?

─── <보기> ───
- 테니스의 경기 기술뿐만 아니라 경기 매너도 습득하게 된다.
- 스포츠 활동처럼 몸으로 체득하게 되는 성향을 의미한다.
- 획득하는데 시간이 오래 걸리고, 타인에게 양도나 전이, 교환이 어렵다.

① 체화된(embodied) 문화자본
② 객체화된(objectified) 문화자본
③ 제도화된(institutionalized) 문화자본
④ 주체화된(subjectified) 문화자본

정답분석 부르디외는 문화자본을 가정환경, 교육환경 등을 통해 내면화된 가치(체화된 문화자본), 그림, 골동품과 같이 실질적인 가치(객체화된 문화자본), 학력, 졸업장, 자격증과 같이 제도화된 것(제도적 문화자본)으로 분류하였으며, 보기의 내용은 체화된 문화자본에 대한 설명이다.

정답 ①

13 <보기>에서 투민(M. Tumin)이 제시한 스포츠계층의 특성 중 보편성(편재성)에 해당하는 것으로만 묶인 것은?

─── <보기> ───
㉠ 스포츠는 인기종목과 비인기종목으로 구분된다.
㉡ 과거에 비해 운동선수들의 지위가 향상되고 있다.
㉢ 종합격투기는 체급에 따라 대전료와 중계권료 등에 차등이 있다.
㉣ 계층에 따라 스포츠 참여 빈도, 유형, 종목이 달라지며, 이러한 차이는 개인의 삶에 영향을 미친다.

① ㉠, ㉡　　② ㉠, ㉢
③ ㉡, ㉣　　④ ㉢, ㉣

정답분석
- ㉠과 ㉣이 보편성(편재성)에 해당한다.
- 보편성은 사회계층은 언제 어느 사회에서나 존재하는 보편적인 사회문화적 특성임을 의미한다.

정답 ②

14 <보기>의 밑줄 친 ㉠, ㉡을 설명하는 집합행동 이론이 바르게 연결된 것은?

─── <보기> ───
이 코치: 어제 축구 봤어? 경기 도중 관중폭력이 발생했잖아.
김 코치: ㉠ 나는 그 경기를 경기장에서 직접 봤는데 관중들의 야유소리가 점점 커지면서 관중폭력이 일어났어.
이 코치: ㉡ 맞아! 그 경기 이전에 이미 관중의 인종차별 사건이 있었잖아. 만약 인종차별이 먼저 발생하지 않았다면, 어제 경기에서 그런 관중폭력은 없었을 거야.

① ㉠: 전염이론, ㉡: 규범생성이론
② ㉠: 수렴이론, ㉡: 부가가치이론
③ ㉠: 전염이론, ㉡: 부가가치이론
④ ㉠: 수렴이론, ㉡: 규범생성이론

정답분석 ㉠은 폭력의 행위가 타인에게 영향을 미쳐 폭력이 확산된다고 보는 전염이론, ㉡은 집단행동이 일어나기 위해서는 특정 요소들이 연속적으로 나타난다고 가정하는 부가가치이론에 대한 설명이다.

정답 ③

15 다음 중 메기(J. Magee)와 서덴(J. Sugden)이 제시한 스포츠 노동이주의 유형에 관한 설명 중 적절하지 않은 것은?

① 개척자형: 스포츠 보급을 통해 금전적 보상을 추구하는 유형
② 정착민형: 영구적으로 정착할 수 있는 곳을 찾는 유형
③ 귀향민형: 해외에서의 스포츠 경험을 바탕으로 자국으로 복귀하는 유형
④ 유목민형: 개인의 취향대로 흥미로운 장소를 돌아다니면서 스포츠에 참여하는 유형

정답분석 개척자형은 새로운 영역, 진로, 운명 등을 개척해 나가는 유형이다.

선지분석
② 정착민형: 영구적인 거주지를 갖고 1년 주기로 지속되는 생활하는 유형이다.
③ 귀향민형: 타지역에서 고향으로 돌아간 혹은 돌아온 유형이다.
④ 유목민형: 스포츠를 즐기기 위해 여러 지역을 이동하며 생활하는 유형이다.

정답 ①

16 <보기>는 코클리(J. Coakley)가 제시한 스포츠 일탈에 관한 설명이다. ㉠, ㉡에 해당하는 용어가 바르게 연결된 것은?

―<보기>―
- (㉠)에 따르면 스포츠 일탈이 용인되는 범위는 사회적으로 타협하는 과정을 통해 구성된다.
- (㉡)는 과훈련(over-training), 부상 투혼 등을 거부감 없이 무비판적으로 수용하는 것이다.

① ㉠: 상대론적 접근, ㉡: 과소동조
② ㉠: 절대론적 접근, ㉡: 과잉동조
③ ㉠: 절대론적 접근, ㉡: 과소동조
④ ㉠: 상대론적 접근, ㉡: 과잉동조

 ㉠은 상대론적 접근, ㉡은 과잉동조이다.

 코클리의 스포츠 일탈
- 절대론적 접근: 개인행동의 옳고 그름에 대한 사회적 보편적, 절대적 가치는 명확하며, 개인은 이러한 보편타당한 절대 가치 체계를 따라야 한다는 관점
- 상대론적 접근: 사회적 기준에 따라 일탈을 판단하는 차이가 있으며 인간관계의 상호작용으로 일탈의 기준점이 달라진다고 보는 관점
- 과소동조: 훈련 또는 경기와 관련된 규칙이나 규범이 있다는 것을 몰랐거나 알면서도 무시하고 벌이는 일탈행위를 의미함
- 과잉 동조: 훈련 또는 경기와 관련된 규칙이나 규범을 무비판적으로 따름으로써 한계를 벗어난 행위이며. 개인이 자신이 속한 집단 구성원들이 표준적인 행동 양식에 지나치게 동조하는 것을 의미함

정답 ④

17 스포츠사회화를 이해하기 위한 사회학습이론의 관점으로 적절하지 않은 것은?

① 상과 벌을 통해 행동이 변화한다.
② 다른 사람의 행동을 관찰하여 모방이 일어난다.
③ 사회화 주관자의 가르침을 통해 행동이 변화한다.
④ 개인은 자신이 처해있는 상황을 스스로 학습하고 변화한다.

 사회학습이론은 개인 스스로가 아닌 주요 타자 및 환경에 의한 강화, 코칭, 관찰학습을 통해 사회적 행동 학습과 수행이 이루어진다고 본다.

정답 ④

18 <보기>에서 설명하는 스포츠의 정치적 속성은?

―<보기>―
에티즌(D. Eitzen)과 세이지(G. Sage)에 의하면 다양한 팀, 리그, 선수단체 및 행정기구는 각각의 특성에 따라 불평등하게 배분된 자원과 권한을 갖게 되고, 더 많은 권한을 갖기 위해 대립적 갈등을 겪게 된다.

① 보수성
② 긴장관계
③ 권력투쟁
④ 상호의존성

 스포츠의 정치적 성격은 대표성, 권력투쟁, 상호 의존성, 보수성이 있다. 보기는 스포츠선수, 팀, 리그와 각종 스포츠 단체 등 스포츠 조직에 내재한 불평등한 권력 투쟁에 관한 설명이다.

정답 ③

19 <보기>에서 설명하는 맥퍼슨(B. McPherson)의 스포츠 미디어 이론은?

―<보기>―
- 대중매체를 통한 개인의 스포츠 소비 형태는 중요타자의 가치와 소비행동에 의해 영향을 받는다.
- 스포츠 수용자 역할로의 사회화는 스포츠에 참여하는 가족구성원으로부터 받은 스포츠 소비에 대한 승인 정도가 중요하게 작용한다.

① 개인차이론
② 사회범주이론
③ 문화규범이론
④ 사회관계이론

 보기는 미디어를 소비하는 방식과 태도는 개인이 맺고 있는 사회관계 및 중요 타자와의 관계에 의해 형성된다고 보는 사회관계이론에 대한 설명이다.

정답 ④

20 <보기>에서 설명하는 스포츠사회학 이론은?

─〈보기〉─
- 일상에서 특정 물건을 소비하는 것은 자신의 계급 위치를 상징화하는 행위이다.
- 자원과 시간의 소비가 요구되는 스포츠에 참여하는 것은 계급 표식 행위이다.
- 고가의 스포츠용품, 골프 회원권 등의 과시적 소비 양상이 나타난다.

① 갈등이론
② 구조기능이론
③ 비판이론
④ 상징적 상호작용론

 정답분석 <보기>의 내용은 제시된 모든 이론을 통해 설명할 수 있다.

정답 ①, ②, ③, ④

2022년 기출문제

01 <보기>에서 스포츠의 사회적 기능을 설명한 파슨즈(T. Parsons) AGIL 모형의 구성요소는?

―<보기>―
- 스포츠는 사회구성원에게 현실에 적합한 사고, 감정, 행동양식 등을 학습할 수 있는 장을 마련해준다.
- 스포츠는 개인의 체력 및 건강증진을 도모하여 효율적으로 사회 활동에 참여할 수 있게 한다.

① 적응　　　　② 목표성취
③ 사회통합　　④ 체제유지 및 관리

 <보기>는 환경에 적응하기 위해 필요한 자원, 시설 등을 공급하는 기능으로서 적응(Adaptation)에 대한 설명이다.

정답 ①

02 에티즌(D. Eitzen)과 세이지(G. Sage)가 제시한 스포츠의 정치적 속성이 아닌 것은?

① 보수성　　　② 대표성
③ 권력투쟁　　④ 상호배타성

에티즌과 세이지는 스포츠의 정치적 속성으로 보수성, 대표성, 권력투쟁, 상호의존성을 제시하였다.

정답 ④

03 <보기>에서 설명하는 사회학습이론의 구성요소는?

―<보기>―
- 상과 벌은 행동의 학습과 수행에 긍정적·부정적 영향을 미친다.
- 스포츠 현장에서 스포츠에 내재된 가치, 태도, 규범에 그릇된 행위는 벌을 통해 중단되거나 회피된다.

① 강화　　　　② 코칭
③ 관찰학습　　④ 역할학습

 상과 벌은 행동학습과 수행에 긍정적, 부정적 영향을 미치는 강화요소이다.

정답 ①

04 <보기>에 해당하는 스포츠사회화 과정이 바르게 연결된 것은?

―<보기>―
- (㉠): 손목수술 후유증으로 인해 골프선수를 그만두게 되었다.
- (㉡): 골프의 매력에 빠져 골프선수가 되어 사회성, 체력, 준법정신이 함양되었다.
- (㉢): 아빠와 함께 골프연습장에 자주 가면서 골프를 배우게 되었다.
- (㉣): 골프선수 은퇴 후 골프아카데미 원장으로 부임하면서 골프꿈나무를 양성하게 되었다.

	㉠	㉡	㉢	㉣
①	스포츠로의 재사회화	스포츠를 통한 사회화	스포츠로의 사회화	스포츠 탈사회화
②	스포츠로의 재사회화	스포츠로의 사회화	스포츠를 통한 사회화	스포츠 탈사회화
③	스포츠 탈사회화	스포츠를 통한 사회화	스포츠로의 사회화	스포츠로의 재사회화
④	스포츠 탈사회화	스포츠로의 사회화	스포츠를 통한 사회화	스포츠로의 재사회화

- ㉠은 골프선수로서 은퇴한 탈사회화에 대한 설명이다.
- ㉡은 골프를 통해 사회규범 및 행동 양식을 습득하는 스포츠를 통한 사회화에 대한 설명이다.
- ㉢은 골프에 입문하게 된 스포츠로의 사회화 과정에 대한 설명이다.
- ㉣은 선수은퇴 이후 골프 지도자로서의 재사회화 과정에 대한 설명이다.

정답 ③

05 학원 엘리트스포츠를 지지하는 입장이 아닌 것은?

① 애교심을 강화시킬 수 있다.
② 학교의 자원 및 교육시설을 독점할 수 있다.
③ 지위 창출의 수단, 사회이동의 기제로 작용할 수 있다.
④ 사회에서 요구되는 책임감, 성취감, 적응력 등을 배양시킬 수 있다.

정답분석 ②는 학원 엘리트스포츠에 반대하는 입장이다.

정답 ②

06 <보기>의 내용과 관련이 깊은 사회학 이론은?

<보기>
- 미시적 관점의 이론이다.
- 인간은 사회제도나 규칙에 대해 능동적으로 사고하고 의미를 부여하며 행동한다.
- 스포츠 팀의 주장은 리더십이 필요하기 때문에 점차 그 역할에 맞는 리더십을 발휘한다.

① 갈등이론
② 교환이론
③ 상징적 상호작용론
④ 기능주의이론

정답분석 상징적 상호작용론은 구체적 일상생활에서 상징을 매개로 한 사회 구성원들 간 상호작용의 과정에 초점을 맞춤으로써 인간의 능동적 사고와 행위의 측면을 설명하는 미시이론이다.

정답 ③

07 정치의 스포츠 이용 방법에 관한 설명 중 옳은 것은?

① 태권도를 보면 대한민국 국기(國技)라는 동일화가 일어난다.
② 정부의 3S(sports, screen, sex) 정책은 스포츠를 이용하는 상징의 대표적인 방법이다.
③ 스포츠 이벤트에서 국가 연주, 선수 복장, 국기에 대한 의례 등은 상징의식에 해당한다.
④ 올림픽에서 금메달 수상 장면을 보면서 내가 획득한 것처럼 눈물을 흘리는 것은 상징화에 해당한다.

정답분석 정치의 스포츠 이용 방법에 관한 설명 중 옳은 것은 ③이다.

선지분석 ①은 상징, ②은 조작, ④동일화에 대한 설명이다.

정답 ③

08 <보기>에서 설명하는 투민(M. Tumin)의 스포츠계층 형성 과정은?

<보기>
- 스포츠 종목에서 요구되는 우수한 운동수행능력을 갖추어야 한다.
- 뛰어난 경기력뿐만 아니라 탁월한 개인적 특성을 갖추어야 한다.
- 스포츠 팀 구성원으로 자신의 능력이 팀 승리에 미치는 영향력이 커야 한다.

① 평가
② 지위의 분화
③ 보수부여
④ 지위의 서열화

정답분석 투민(M. Tumin)은 스포츠 계층의 형성 과정은 지위의 분화 - 서열화 - 평가 - 보수 및 보상의 부여로 제시하고 있다. 서열화는 지위의 분화로 지위 간 우위가 생겨난 상태를 의미하며, 개인적 특성, 기능, 능력, 역할의 사회적 기능 등에 의해 지위의 서열화가 나타난다.

정답 ④

09 <보기>의 내용과 관련 있는 용어는?

─ <보기> ─
- 로버트슨(R. Roberston)이 제시한 용어이다.
- LA 다저스팀이 박찬호 선수를 영입하여 좋은 경기력을 펼치면서 메이저리그 경기가 한국에서 인기가 높아졌다.
- 맨체스터 유나이티드팀이 박지성 선수를 영입하면서 프리미어리그 경기가 한국에서 인기가 높아졌다.

① 세방화(Glocalization)
② 스포츠화(Sportization)
③ 미국화(Americanization)
④ 세계 표준화(Global Standardization)

 세방화는 Globalization(세계화)과 Localization(현지화)을 합성한 신조어이다. 세계화를 추구하면서 동시에 현지 국가 및 지역의 풍토와 문화를 존중하는 방식을 뜻하는 의미로 사용된다.

정답 ①

10 국제사회에서 발생한 스포츠 사건에 관한 설명으로 옳은 것은?

① 남아프리카 공화국은 아파르트헤이트(apartheid)로 인해 국제대회 참여가 거부되었다.
② 구소련의 아프가니스탄 침공을 이유로 1984년 LA 올림픽경기대회에 많은 자유 진영 국가가 불참하였다.
③ 2018년 평창동계올림픽경기대회에서 메달 획득을 위해 여자 아이스하키 남북 단일팀이 결성되었다.
④ 1936년 베를린올림픽경기대회에서 검은 구월단 무장단체가 선수촌에 침입하여 이스라엘 선수를 살해하였다.

 아파르트헤이트는 남아프리카 공화국의 극단적 인종차별 정책으로 백인 우월주의에 근거하여 유색인종을 차별하는 정책을 의미한다. 이 정책이 철폐되기 전까지 남아프리카 공화국은 국제스포츠 대회 참여가 불허되었다.

정답 ①

11 <보기>의 설명은 머튼(R. Merton)의 아노미(anomie) 이론에 대한 것이다. ㉠~㉢에 해당하는 적응유형이 바르게 연결된 것은?

─ <보기> ─
- 도피주의 - 스포츠에 내재된 비인간성, 승리지상주의, 상업주의, 학업 결손 등에 염증을 느껴 스포츠 참가 포기
- (㉠): 승패에 집착하지 않고 참가에 의의를 두는 것, 결과보다는 경기 내용 중시
- (㉡): 불법 스카우트, 금지 약물 복용, 경기장 폭력, 승부조작 등
- (㉢): 전략적 시간 끌기 작전, 경기규칙이 허용하는 범위 내에서의 파울 행위 등

① ㉠: 혁신주의, ㉡: 동조주의, ㉢: 의례주의
② ㉠: 의례주의, ㉡: 혁신주의, ㉢: 동조주의
③ ㉠: 의례주의, ㉡: 동조주의, ㉢: 혁신주의
④ ㉠: 혁신주의, ㉡: 의례주의, ㉢: 동조주의

- 혁신주의는 문화적 행동목표 달성을 위한 수단과 방법을 거부하며 비도적적 면을 강하게 나타냄을 의미한다.
- 의례주의는 경기성적에 집착하지 않고 결과보다 과정을 중시하는 것을 의미한다.
- 동조주의는 문화적 목표, 제도화된 수단을 인정하고 규칙의 허용 한계 내에서의 비윤리적 동조 행동이다.
- 도피주의는 사회문화적으로 용인된 목표와 수단을 모두 포기하는 행위를 의미한다.

정답 ②

12 <보기>의 내용을 기든스(A. Giddens)의 사회계층 이동 준거와 유형으로 바르게 묶은 것은?

─ <보기> ─
- K는 가난한 가정에서 태어나 끊임없는 훈련을 통해 축구 월드 스타가 되었다.
- 월드스타가 되고 난 후, 축구장학재단을 만들어 개발도상국에 축구학교를 설립하여 후진양성에 큰 역할을 하고 있다.

	이동 주체	이동 방향	시간적 거리
①	개인	수직이동	세대 내 이동
②	개인	수평이동	세대 간 이동
③	집단	수직이동	세대 간 이동
④	집단	수평이동	세대 내 이동

 K는 일반 선수에서 월드 스타가 되었기 때문에 개인의 수직이동으로 볼 수 있으며, 개인의 일생 내에서 발생한 변화이므로 세대 내 이동임

정답 ①

13. <보기>에서 설명하는 스포츠 미디어 이론은?

─── <보기> ───
대중들은 능동적 수용자로서 특수한 심리적 욕구를 만족시키기 위해 매스미디어를 적극 이용한다. 이에 미디어 수용자는 인지적, 정의적, 도피적, 통합적 욕구를 충족시키기 위해 스포츠를 주제로 다루는 매스미디어를 이용한다.

① 사회범주이론
② 개인차이론
③ 사회관계이론
④ 문화규범이론

 <보기>는 개인차이론에 대한 설명이다. 개인차이론은 미디어가 관람자의 개인적 선호에 맞는 정보와 메시지를 전달하여, 개인의 욕구를 충족하기 위해 미디어를 이용한다고 보는 관점이다.

정답 ②

14. <보기>에서 코클리(J. Coakley)가 제시한 상업주의와 관련된 스포츠 규칙 변화의 충족 조건으로 옳은 것만을 모두 고른 것은?

─── <보기> ───
㉠ 경기의 속도감 향상
㉡ 관중의 흥미 극대화
㉢ 득점 방법의 단일화
㉣ 상업적인 광고 시간 할애

① ㉠, ㉡
② ㉢, ㉣
③ ㉠, ㉡, ㉢
④ ㉠, ㉡, ㉣

- 상업주의는 스포츠의 규칙과 제도의 변화, 프로그램 구성 등의 변화를 초래하였다.
- 득점 방법은 오히려 다양화되었다.
- 배구의 랠리 포인트제, 농구의 3점 슛 제도 등을 대표적 예로 볼 수 있다.

정답 ④

15. <보기>에서 설명하는 프로스포츠의 제도는?

─── <보기> ───
- 프로스포츠리그의 신인선수 선발 방식 중 하나이다.
- 신인선수 쟁탈에 따른 폐단을 막기 위해 도입되었다.
- 계약금 인상 경쟁을 막기 위한 방법으로 고안되었다.

① FA(free agent)
② 샐러리 캡(salary cap)
③ 드래프트(draft)
④ 최저연봉(minimum salary)

 <보기>는 드래프트에 대한 설명이다. 드래프트는 프로스포츠 팀이 원하는 신인 선수를 지명하여 선발하는 제도를 의미한다.

정답 ③

16. <보기>에서 대중매체가 스포츠에 미치는 영향에 해당되는 것만을 모두 고른 것은?

─── <보기> ───
㉠ 대중매체의 기술이 발전한다.
㉡ 스포츠 인구가 증가한다.
㉢ 새로운 스포츠 종목이 창출된다.
㉣ 미디어 콘텐츠를 제공한다.
㉤ 경기규칙과 경기일정이 변경된다.
㉥ 스포츠 용구가 변화한다.

① ㉠, ㉡, ㉢
② ㉠, ㉢, ㉣
③ ㉡, ㉢, ㉣, ㉤
④ ㉡, ㉢, ㉤, ㉥

 ㉡, ㉢, ㉤, ㉥이 대중매체가 스포츠에 미치는 영향에 해당한다. 미디어가 스포츠에 미치는 영향에는 스포츠 소비 및 관심의 증가, 경기구조와 내용의 변화, 스포츠의 재의미화 등이 있다.

정답 ④

17 다음 중 스포츠의 교육적 순기능 중 사회 선도 기능이 아닌 것은?

① 여권신장
② 학교 내 통합
③ 평생체육과의 연계
④ 장애인의 삶의 질 향상

정답분석 학교 내 통합은 스포츠의 교육적 기능 중 '사회통합'에 대한 설명이다.

정답 ②

18 다음 ㉠~㉣에서 코클리(J. Coakley)가 제시한 일탈적 과잉동조를 유발하는 스포츠 윤리규범의 유형과 특징으로 옳은 것만을 모두 고른 것은?

	유형	특징
㉠	구분짓기 규범	다른 선수와 구별되기 위해 탁월성을 추구해야 한다.
㉡	인내규범	위험을 받아들이고 고통 속에서도 경기에 참여해야 한다.
㉢	몰입규범	경기에 헌신해야 하며 이를 그들의 삶에서 우선 순위에 두어야 한다.
㉣	도전규범	스포츠에서 성공을 위해 장애를 극복하고 역경을 헤쳐 나가야 한다.

① ㉠, ㉡
② ㉡, ㉢
③ ㉠, ㉢, ㉣
④ ㉠, ㉡, ㉢, ㉣

정답분석 ㉠~㉣ 모두 일탈적 과잉동조를 유발하는 스포츠 윤리규범에 해당한다.
- 몰입규범: 스포츠를 최우선에 두고 경기 및 팀을 위해 자신을 희생하고 헌신하는 태도와 가치를 중시하는 규범이다.
- 인내규범: 스포츠 경기 중 발생하는 고통을 견뎌내고 인내하는 태도를 중시한다.
- 도전 규범: 목표를 지나치게 강조, 성공에 대한 의무감을 바탕으로 고난과 역경을 극복해 나가는 도전정신과 노력을 강조한다.
- 구분 짓기 규범: 자신 스스로 혹은 타인과의 경쟁을 통해 승리를 추구하는 것은 이전의 나 혹은 다른 선수와 구별되는 차별성을 갖기 위한 노력과 태도로 본다.

정답 ④

19 맥루한(M. McLuhan)의 매체이론에 관한 설명으로 옳지 않은 것은?

① 핫(hot) 미디어 스포츠는 관람자의 감각 참여성이 낮다.
② 쿨(cool) 미디어 스포츠는 관람자의 감각 몰입성이 높다.
③ 핫(hot) 미디어 스포츠는 경기 진행 속도가 빠르다.
④ 쿨(cool) 미디어 스포츠는 메시지의 정의성이 낮다.

정답분석 핫 미디어 스포츠는 경기 속도가 느리다.

정답 ③

20 스포츠 세계화의 특징으로 옳지 않은 것은?

① 스포츠 시장의 경계가 국경을 초월해 전 세계로 확대되었다.
② 모든 나라의 전통스포츠(folk sports)가 세계적으로 확대되었다.
③ 세계인이 표준화된 스포츠 상품과 스포츠 문화를 소비하게 되었다.
④ 프로스포츠 시장의 이윤 극대화로 빈익빈 부익부 현상이 심화되었다.

정답분석 스포츠의 세계화는 전통 스포츠의 쇠퇴를 초래하였다.

정답 ②

pass.Hackers.com

해커스자격증
pass.Hackers.com

● 스포츠심리학 6개년 출제 비중

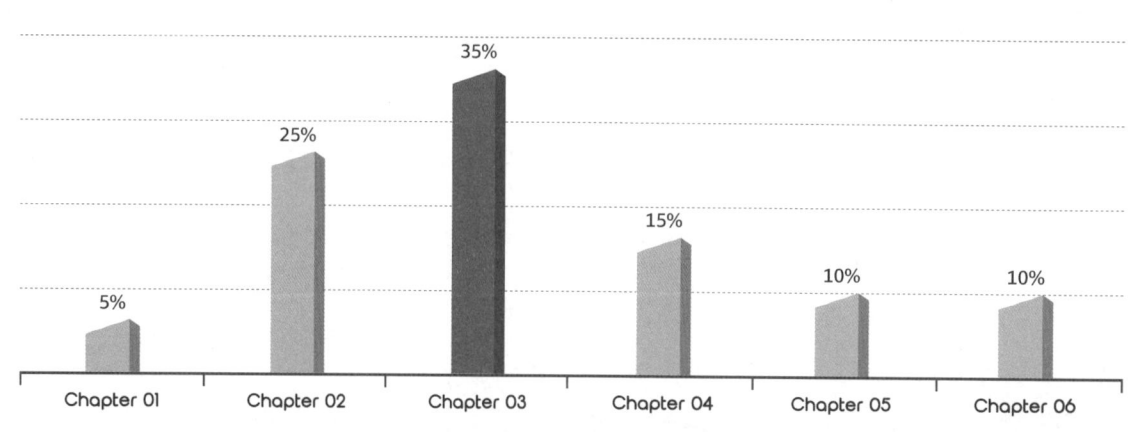

해커스 스포츠지도사 2급 필기 한권합격 이론+최신기출+핵심노트

Part 03

스포츠심리학

선택과목

Chapter 01 스포츠심리학의 개관
Chapter 02 인간운동행동의 이해
Chapter 03 스포츠수행의 심리적 요인
Chapter 04 스포츠수행의 사회 심리적 요인
Chapter 05 운동심리학
Chapter 06 스포츠심리상담

Chapter 01 스포츠심리학의 개관

핵심요약&보충자료

01 스포츠 심리학의 정의 및 의미

1 스포츠심리학의 정의 [기출] 25년

(1) 스포츠 또는 운동상황에 나타나는 인간 또는 인간행동을 이해하기 위해 심리학적 관점으로 연구하는 학문 분야
(2) 연구와 현장적용을 함께 다루는 분야
(3) 스포츠심리학의 관점에 따라 정의는 달라짐

❶ 스포츠심리학의 관점

광의의 스포츠 심리학	운동행동학(운동제어, 운동학습, 운동발달) + 스포츠심리학
협의의 스포츠 심리학	스포츠심리학

2 스포츠심리학의 의미

(1) 스포츠 심리학은 광의의 스포츠 심리학과 협의의 스포츠 심리학으로 구분됨
(2) 한국스포츠심리학회(KSSP)는 광의의 스포츠심리학 관점을 따르고 있음

광의의 스포츠 심리학	협의의 스포츠 심리학
운동제어, 운동학습, 운동발달과 스포츠심리학까지 포함하여 스포츠 심리학으로 보는 관점	운동제어, 운동학습, 운동발달을 제외하고 스포츠 심리학만 스포츠 심리학으로 보는 관점

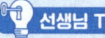 **선생님 TIP**
운동제어, 운동학습, 운동발달을 포괄적으로 운동행동학으로 지칭한다.

02 스포츠 심리학의 역사

1 스포츠심리학의 역사

1. 태동기(1895~1920)
① 일반심리학자 노먼 트리플릿(Norman Triplett)의 최초의 스포츠심리학 연구가 시작됨(사이클선수를 대상으로 사회적 촉진에 대한 연구)
② 학자들이 스포츠심리학을 자신의 전공으로 연구한 시대는 아니었음

> **참고**
>
> 노먼 트리플릿(Norman Triplett, 1898)
> - 최초의 스포츠 심리학 연구를 시작한 인물로써 사이클 선수들을 대상으로 혼자 탈 때보다 둘 또는 단체로 탈 때 속도가 더 빨라지는 현상을 확인함
> - 즉, 혼자서 할 때보다 경쟁자가 있을 때 더 수행력이 향상된다는 사실을 발견함
> - 이 연구가 스포츠 심리학의 최초의 연구임

 핵심요약&보충자료

2. 그리피스 시대(1921~1938)

① 콜먼 그리피스(Coleman Griffith)는 선수와 지도자에게 적용 연구를 시작함
② 운동연구 실험실을 설립하고 연구논문과 책을 출간함
③ 1938년 스포츠 심리학을 현장에 적용하기 시작함(시카고컵스의 스포츠 심리컨설턴트 등)

> **참고**
>
> 콜먼 그리피스(Coleman Griffith, 1893~1966)
> 북미 스포츠 심리학의 아버지로 불리며, 스포츠심리학의 여러 연구를 진행하였고, 선수, 지도자에게 적용연구를 한 최초의 학자이다.

3. 학문준비기(1965~1979)

① 1960년대 스포츠 심리학이 체육학의 세부전공(학문)으로 인정받기 시작함
② 1965년 국제스포츠심리학회(ISSP)가 창립되고, 1970년 공식학술지가 발간됨
③ 1967년 북미스포츠심리학회(NASPSPA)가 창립되고, 1979년 공식학술지가 발간됨
④ 체육학 내에서 스포츠심리학과 운동행동학(운동학습, 발달, 제어)이 구분되기 시작함

4. 현재(1980~)

① 1983년 미국올림픽위원회는 스포츠심리학 위원회를 출범함
② 1985년 AAASP학회 출범함(2006년에는 AASP로 변경)
③ 1990년 스포츠심리학과 운동심리학은 별도의 학문분야로 발전함
④ 1991년 AASP학회 스포츠심리상담 자격제도가 시행됨
⑤ 웰니스와 의료비용 감소 효과에 대한 기대로 운동심리학이 발전함
⑥ 응용스포츠심리학에 대한 관심이 증가함

2 국내 스포츠심리학의 역사

(1) 1940~1960년

체육심리학 개설(1945년) 및 한국체육학회 창립(1953년)

(2) 1980~2000년

한국스포츠심리학회 창립(1989년), 한국스포츠심리학회지 발간(1990년)

(3) 2000~현재

한국스포츠심리학회 스포츠심리상담사 자격제도 시행(2004년)

03 스포츠심리학의 영역과 역할

1 운동행동학 기출 19년

(1) 운동제어
① 인간의 움직임에 대한 신경심리학적 과정과 생물학적 기전을 분석하는 분야로서 인간의 움직임은 어떻게 생성되고 조절되는가를 탐구하고 연구함
② 정보처리이론, 다이나믹시스템이론 등

(2) 운동학습
① 운동기술의 학습과 수행에 영향을 주는 인지 영역과 운동 수행 및 학습의 관계를 연구하는 분야로서 운동기술을 효율적으로 습득하는 데 필요한 원리를 탐구하고 연구함
② 자동화이론, 피드백, 전이, 파지 등

(3) 운동발달
① 전 생애에 걸쳐 일어나는 운동패턴과 숙련된 수행의 발달과정을 연구하는 분야로서 성장과 운동발달은 어떤 관계가 있는지를 탐구하고 연구함
② 유전, 적정연령 등

2 스포츠·운동심리학 기출 19년

(1) 스포츠심리학
① 스포츠에 참여하는 사람의 수행과 심리적 요인 간의 영향을 연구하는 학문
② 각성, 불안, 목표설정, 루틴 등

(2) 운동심리학
① 선수가 아닌 일반인의 신체활동에 영향을 주는 사회인지적 요인에 대한 분석과 운동에 따른 심리적 혜택에 대해 연구하는 학문
② 계획행동이론, 변화단계이론 등

> **선생님 TIP** 기타 스포츠심리학 분야
> - 건강운동심리학: 운동실천에 대한 인식, 운동실천 동기 및 지속, 운동이 정신건강에 미치는 영향 등과 관련된 심리학적 측면에서 연구하는 학문
> - 응용 스포츠심리학: 경기력 향상에 초점을 맞춰 실험실이 아닌 현장에서 연구하고 기술에 대해 이해하는 학문

3 스포츠심리학의 영역

(1) 심리적 요인(독립변인)이 스포츠 수행에 영향을 주는 상황(종속변인)을 연구
→ 개인의 주의집중 수준이 경기력에 어떤 영향을 주는가?
(2) 스포츠수행 또는 참가(독립변인)가 심리적 변화(종속변인)에 미치는 영향을 연구
→ 스포츠클럽 참여가 내적동기에 어떤 영향을 주는가?

> **선생님 TIP** 빌리(Vealey, 2009)의 스포츠심리학의 주요 연구주제
> - 성격
> - 동기
> - 유소년 스포츠심리
> - 에너지 관리(불안, 각성)
> - 개인 및 집단 과정
> - 수행향상 기법

4 스포츠심리학의 역할

(1) 스포츠심리학 전문가는 연구, 교육, 상담의 역할을 수행하고 있음
(2) 3가지 역할은 연구 성과를 교육에 활용하거나 상담 사례를 토대로 연구가 진행되는 등 상호 영향을 주는 관계에 있음

출제예상문제

Chapter 01 스포츠심리학의 개관

01 빌리(Vealey)의 스포츠심리학 주요 연구 주제가 아닌 것은 무엇인가?

① 성격
② 노인 스포츠심리
③ 동기
④ 에너지관리

정답분석 빌리(Vealey)의 스포츠심리학 주요 연구 주제는 성격, 동기, 에너지관리(불안, 각성), 개인 및 집단과정, 유소년스포츠심리, 수행향상기법이며, 노인 스포츠심리는 빌리(Vealey)의 주요 연구주제가 아니다.

정답 ②

02 스포츠심리학의 최초의 연구자이며, 사이클 선수대상으로 사회적 촉진연구를 한 사람은 누구인가?

① 콜먼 그리피스(Coleman Griffith)
② 부르스 오길비(Bruce Ogilvie)
③ 노먼 트리플릿(Norman Triplett)
④ 프랭클린 헨리(Franklin Henry)

정답분석 노먼 트리플릿(Norman Triplett)은 최초의 스포츠심리학 연구를 시작한 일반 심리학자로, 사이클선수를 대상으로 혼자 탈 때보다 여럿이 탈 때 수행이 좋아지는 것을 발견하였다.

선지분석
① 콜먼 그리피스(Coleman Griffith): 스포츠심리학을 체계적으로 연구하며, 운동연구실험실 및 연구논문, 책 등을 출간하면서 북미 스포츠심리학의 아버지로 불리우는 학자이다.
② 부르스 오길비(Bruce Ogilvie): 응용연구와 스포츠 심리컨설팅을 시작한 북미 응용스포츠심리학의 아버지로 불리우는 학자이다.
④ 프랭클린 헨리(Franklin Henry): 운동행동학을 체육학의 학문분야로 발전시키는 데 결정적인 역할을 한 학자이다.

정답 ③

03 협의의 스포츠심리학 영역과 관련 없는 연구주제는?

① 배구선수의 심상(image training)이 불안조절에 미치는 영향
② 축구선수의 반응속도가 협응에 미치는 영향
③ 농구선수의 목표성향이 운동전념에 미치는 영향
④ 야구선수의 불안이 인지된 경기력에 미치는 영향

정답분석
• 협응과 반응속도는 운동제어에 관련된 주제이다.
• 협의의 스포츠심리학은 운동제어, 운동발달, 운동학습은 제외한 스포츠심리학만 다루는 영역이다.

정답 ②

04 <보기>에서 설명하는 학문은 무엇인가?

<보기>
• 사람의 움직임을 신경심리학적 과정 및 생물학적 기전을 분석하는 분야
• 인간의 움직임은 어떻게 생성되고 조절되는지 탐구하는 분야

① 운동학습
② 응용스포츠심리학
③ 운동심리학
④ 운동제어

정답분석 <보기> 내용은 운동제어에 대한 설명으로 운동제어는 인간의 움직임에 대한 신경심리학적 과정과 생물학적 기전을 분석하는 분야이다.

선지분석
① 운동학습: 운동기술의 학습과 수행에 영향을 주는 인지 영역과 운동 수행 및 학습의 관계를 연구하는 분야이다.
② 응용스포츠심리학: 경기력 향상에 초점을 맞춰 실험실 연구가 아닌 현장에서 연구하고 기술에 대해 이해하는 분야이다.
③ 운동심리학: 선수가 아닌 일반인의 신체활동에 영향을 주는 사회 인지적 요인에 대한 분석과 운동에 따른 심리적 혜택에 대해 연구하는 학문이다.

정답 ④

05 <보기>에서 운동행동학의 분야로 올바르게 묶여있는 것은?

─── <보기> ───
㉠ 운동학습
㉡ 스포츠심리학
㉢ 운동제어
㉣ 건강운동심리학
㉤ 운동발달
㉥ 운동역학

① ㉠ - ㉤ - ㉢
② ㉠ - ㉣ - ㉥
③ ㉡ - ㉣ - ㉥
④ ㉢ - ㉤ - ㉥

정답분석 운동행동학은 운동제어, 운동학습, 운동발달로 구성되어 있다.

선지분석
㉡ 스포츠심리학: 스포츠에 참여하는 사람의 수행과 심리적 요인 간의 영향을 연구하는 학문이다.
㉣ 건강운동심리학: 운동실천에 대한 인식, 운동실천 동기 및 지속, 운동이 정신건강에 미치는 영향등과 관련된 심리학적 측면에서 연구하는 학문이다.
㉥ 운동역학: 운동을 유발하거나 변화시키는 원인인 힘에 대해서 연구하는 학문이다.

정답 ①

06 국내 스포츠심리학의 역사로 올바른 것은 무엇인가?

① 1960년대 스포츠심리학이 체육학의 세부전공(학문)으로 인정받기 시작함
② 1945년 체육심리학이 개설됨
③ 1938년 스포츠심리학을 현장에 적용하기 시작함
④ 1979년 공식 학술지가 발간됨

정답분석 1945년에 체육심리학이 처음으로 개설되었으며, 1953년 한국체육학회가 창립되었다.

이론PLUS
· 1980~2000년: 1989년 한국스포츠심리학회 창립, 1990년 한국스포츠 심리학회지 발간
· 2000년~현재: 2004년 한국스포츠심리학회 스포츠심리상담사 자격제도 시행

정답 ②

Chapter 02 인간운동행동의 이해

 핵심요약&보충자료

01 운동제어

1 운동기술과 운동제어 기출 19·23·24년

1. 운동기술의 개념
다양한 목적을 달성하기 위하여 수행하는 수의적이고 효율적인 신체의 움직임으로 운동수행 시 최소의 시간, 최소의 에너지를 소비하여 성공에 대한 확실성을 최대화하는 상태로 변화되어 가는 것임

2. 운동기술의 1차원 분류❶

(1) 근육의 크기

대근운동기술(gross motor skill)과 소근운동기술(fine motor skill)로 분류할 수 있음

대근운동기술(gross motor skill)	소근운동기술(fine motor skill)
동작을 수행하기 위해 신체의 큰 근육을 사용하는 것으로 걷기, 달리기, 던지기, 차기 등의 기술이 포함됨	비교적 작은 근육을 사용하는 예리하고 섬세한 기술로 글씨 쓰기, 타자 치기, 피아노 연주 등의 기술이 포함됨

(2) 움직임의 연속성

불연속적 운동기술, 계열적 운동기술, 연속적 운동기술로 분류할 수 있음

불연속적 운동기술	계열적 운동기술	연속적 운동기술
동작의 시작과 끝이 명확하게 나타나는 기술로 짧은 시간에 빠르게 진행되는 던지기, 받기, 차기 등의 기술이 해당됨	일련의 불연속적 운동기술이 연속적으로 연결되어 하나의 전체적인 운동기술로 나타나는 것으로 자동차 출발시키기, 체조 및 마루운동, 야구의 수비기술 등이 해당됨	시작과 끝을 인지할 수 없는 특정한 움직임이 계속적으로 반복되는 운동기술로 달리기, 수영, 사이클, 자동차 운전 등이 해당됨

(3) 환경의 안전성

기술을 수행하는 수행자를 둘러싸고 있는 환경의 변화에 따라 폐쇄운동기술(closed motor skill)과 개방운동기술(open motor skill)로 분류할 수 있음

폐쇄운동기술(closed motor skill)	개방운동기술(open motor skill)
환경이 변하지 않는 안전된 상태에서 수행하는 기술로 사격, 양궁, 체조 등이 해당됨	시·공간적으로 변화하는 환경에서 수행자의 적응력과 판단력을 가지고 하는 기술로 농구, 축구, 야구, 테니스 등이 해당됨

[학자별 운동기술의 정의]
- 구스리(Guthrie): 최소한의 시간과 에너지를 소비하여 최대의 확실성을 갖고 목표를 달성할 수 있는 능력
- 존슨(Johnson): 속도, 정확성, 폼, 적응성의 다양한 차원이며, 한 차원만으로는 기술의 속성을 충분히 설명이 불가능함
- 켈소(Kelso), 터비(Turvey): 운동협응을 구성하는 변인들을 통제하여 최적의 협응이 이루어진 상태

❶ 운동기술의 1차원 분류

근육의 크기	• 대근운동기술 • 소근운동기술
움직임의 연속성	• 불연속적 운동기술 • 계열적 운동기술 • 연속적 운동기술
환경의 안전성	• 폐쇄운동기술 • 개방운동기술

3. 젠타일(Gentile)의 2차원 운동기술분류

(1) 환경적 맥락과 동작의 기능에 근거한 운동기술분류법을 제시

환경적 맥락은 조절조건과 동작간의 가변성으로 구성되며, 동작의 기능은 신체의 움직임과 물체조작의 여부로 구성되어 있음

[젠타일(Gentile)의 2차원 운동기술 분류]

구분		동작의 기능			
		신체이동 없음		신체이동 있음	
		물체조작 없음	물체조작	물체조작 없음	물체조작
환경적 맥락	안정상태 조절 조건 동작 간 가변성 없음	제자리에서 균형잡기	농구 자유투하기	계단 오르기	책들고 계단오르기
	안전상태 조절 조건 동작 간 가변성 있음	수화로 대화하기	타이핑하기	평균대 위에서 체조기술 연기하기	리듬체조에서 곤봉 연기하기
	운동상태 조절 조건 동작 간 가변성 없음	움직이는 버스 안에서 균형잡기	같은 속도로 던져지는 야구공 받기	움직이는 버스 안에서 걸어가기	물이 든 컵을 들고 일정한 속도로 걷기
	운동상태 조절 조건 동작 간 가변성 있음	트레드밀 위에서 장애물 피하기	자동차 운전하기	축구경기에서 드리블하는 선수 수비하기	수비자를 따돌리며 드리블해 나가기

3. 운동제어의 개념

운동기술을 이루고 있는 최소단위는 '움직임(movement)'이며, 운동기술의 기초가 되는 개별적인 움직임을 어떻게 생성 및 조절하는가에 대한 원리와 기전을 연구하는 분야

핵심요약&보충자료

❷ 젠타일의 2차원 운동기술 분류
- 환경적 맥락: 조절조건과 동작의 가변성으로 구성
- 동작의 기능: 신체의 움직임과 물체조작 여부로 구성

[조절조건과 동작간 가변성]
- 조절조건: 움직임에 영향을 주는 환경의 특성을 의미하며, 환경적 상황이 변하지 않는 안정상태와 환경적 상황이 변화하는 운동상태로 구분됨
- 동작간 가변성: 수행하는 동안 동작 간의 가변성의 유무로 판단함

핵심요약&보충자료

❶ 운동제어 이론

반사 이론	단순한 이론이며, 기본구조는 수용기, 전도기, 효과기로 구분됨
정보 처리 이론	인간을 중간처리자로 생각하고 자극의 정보를 처리하여 행동을 만든다고 보는 이론. 개방회로이론, 폐쇄회로이론, 도식이론이 있음
다이나믹 시스템 이론	환경, 유기체, 과제간의 상호작용을 통해 자기조직원리와 비선형성 원리에 따라 운동이 생성된다고 보는 이론
생태학적 이론	환경 정보에 대한 지각과 운동동작의 관계를 강조하는 이론

2 운동제어의 이론❶ 기출 20·22·23·24년

1. 반사이론

① 1960년 쉐링턴(Sherrington)이 제안한 환경에서의 물리적인 자극이 운동행동에 대한 자극으로 작용하여 반사적인 반응을 한다는 이론

② 반사의 기본구조는 수용기(receptor), 전도기(conductor), 효과기(effector)로 구성됨

③ 인간의 움직임에 대한 과정보다 각 움직임이 연결된 결과에 관심을 둔 이론

④ 이론이 너무 단순하여 다양한 목표지향적인 동작 등 복잡한 운동기술을 설명하기에는 제한적임

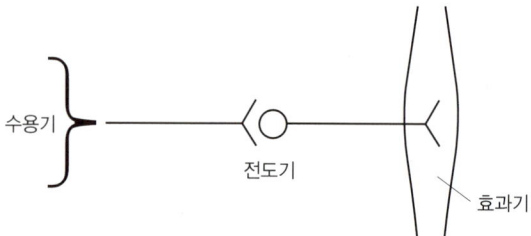

<반사의 기본구조>

2. 정보처리이론

① 운동행동의 과정에 집중하는 이론으로 **환경으로부터 들어오는 자극은 인간의 능동적인 처리과정을 거친 후 행동으로 나타난다는 이론**

② 인간을 하나의 컴퓨터로 가정하고 외부의 자극 정보를 능동적으로 받아들이고 처리하는 과정을 밝히려는 연구 흐름을 정보처리 관점(information processing approach)이라고 함

③ 정보처리이론의 하위 이론으로 **개방회로 이론, 폐쇄회로 이론, 도식 이론**이 있음

폐쇄회로 이론	개방회로 이론
모든 운동이 기억체계에 저장되어있는 정확한 동작과 관련된 정보와 실제로 이루어진 동작 간의 오류를 수정하려는 노력으로 이루어지며, 동작의 오류를 수정하기 위해서는 피드백을 활용하여 운동 행동이 조절됨	운동이 발생하기 전 상위의 대뇌피질에 동작에 대한 운동프로그램(motor program)이 저장되어 있어 피드백을 통한 조절 과정이 불필요하므로 빠른 움직임에 대한 설명이 가능함

⇩

도식 이론
느린 움직임은 재인도식으로 빠른 움직임은 회상도식으로 설명하는 이론으로 두 이론의 장점을 통합한 일반화된 운동 프로그램(generalized motor program)을 근거로 하며, 두 가지 기억 상태를 가정함 • 회상도식(recall schema): 현재 수행하는 운동과 유사한 과거의 결과를 근거로 새로운 운동을 계획 • 재인도식(recognition schema): 피드백 정보를 통해 오류를 수정 및 평가

3. 다이나믹시스템이론

① 1967년 번스테인(Bernstein)이 제기한 수많은 요소로 연결된 신체의 역학적 특성으로 인간의 운동 체계를 설명하는 이론

② 운동프로그램(motor program)과 같은 기억 표상의 구조가 아닌 환경(environment), 유기체(organism), 과제(task)를 운동행동 제어 요소로 보고 제한요소 간의 상호작용을 통해 자기조직 원리와 비선형성의 원리에 따라 운동이 생성되고 변화한다는 이론

③ 제한요소의 변화에 따라 새로운 조건에 적합한 운동형태로 갑작스럽게 전환되는 상변이 현상(phase transition)의 개념을 설명함

④ 환경은 인간운동이 일어나는 공간만이 아닌 행동에 매우 중요한 정보로 작용한다고 보는 이론

4. 생태학적 이론

① 환경정보에 대한 지각과 운동동작의 관계를 강조하는 이론으로, 환경정보는 그 자체에 의미가 있어 어떠한 인지과정을 거치지 않고도 움직임을 일으킨다는 이론

② 동일한 과제에서도 상황의 차이에 따라 다르게 수행된다고 보기 때문에 환경의 맥락을 중시하고 실험실의 상황이 아니라 실제 상황으로 적용하는 것을 중시함

3 운동프로그램의 이해

1. 운동프로그램의 개념

① 특정한 자극에 대한 반응이 특정한 형태로 대뇌피질에 저장되어 있으며, 이것을 운동프로그램이라고 함

② 자극이 유입되면 저장되어있는 운동프로그램에서 자극과 맞는 운동프로그램을 1:1로 반응하여 운동을 조절한다는 것을 전제로 함

2. 운동프로그램의 특성

① 피드백 등이 필요하지 않기 때문에 빠른 동작이 가능함

② 운동프로그램을 통해 내려진 명령은 움직임 수행 중에 오류가 발생해도 기존 계획대로 움직임을 수행함

3. 일반화된 운동프로그램의 특성

① 운동프로그램은 동작 하나에 대한 운동명령만을 강조하고 인간 행동 오류 수정능력에 대한 고려가 없어, 슈미트(Schmidt)는 운동프로그램보다 융통성이 있는 일반화된 운동프로그램으로 발전시킴

② 움직임의 형태 조절에 관여하는 불변매개변수와 가변매개변수로 구성됨

불변매개변수	가변매개변수
• 요소의 순서 • 시상 • 상대적인 힘	• 전체 동작 지속시간 • 힘의 총량 • 선택된 근육군

핵심요약&보충자료

자기조직의 원리	인간행동이 생성되는 원리를 설명하는 것으로, 세 가지 제한요소(환경, 유기체, 과제)의 상호작용 결과가 특정한 조건에 부합될 때 인간의 운동이 저절로 발생한다는 원리
비선형성의 원리	운동의 변화가 선형적인 경향을 보이지 않고, 비선형적인 경향을 보인다는 원리

❷ 운동프로그램의 이해

운동프로그램	대뇌피질에 저장되어 있는 운동프로그램으로 자극에 맞는 1:1로 반응하여 운동을 조절함
일반화된 운동프로그램	운동프로그램보다 융통성 있는 일반화된 운동프로그램이며, 불변매개변수와 가변매개변수로 구성됨

용어해설

상변이 현상: 인간의 운동은 제한요소의 상호작용에 영향을 받는데 제한요소의 변화에 따라 새로운 조건에 적합한 운동형태로 갑작스럽게 전환되는 현상

4 협응의 이해

1. 협응의 개념

(1) 의미

협응은 수행목표 달성을 위해 신경·근육·관절·분절 등의 다양한 신체 요소가 효과적으로 공동작용을 하는 것임

(2) 협응의 구분

협응은 공동으로 작용하는 신경과 근육 등의 위치에 따라 사지 내 협응, 사지 간 협응으로 구분할 수 있으며, 협응형태에서 나타나는 움직임의 리듬에 따라 절대협응과 상대협응으로 구분할 수 있음

① 사지 내 협응: 사지 가운데 하나를 효과적으로 움직이기 위해 여러 관절과 근육이 공동작용을 하는 것

② 사지 간 협응: 사지 가운데 둘 이상의 팔이나 다리를 움직이기 위해 공동작용을 하는 것

③ 절대협응: 연합된 두 분절이 동일한 주기로 움직이고, 이들간의 안정된 위상관계가 유지되는 상태

④ 상대협응: 연합된 두 분절의 움직임이 일치하지 않아 위상 관계가 항상 변하는 상태

2. 협응의 문제

(1) 자유도문제(degree of freedom)

① 운동동작을 수행하면서 필요한 수많은 근육과 관절 등을 어떻게 통제하는가에 대한 문제

② 번스타인(Burnstein)은 인간의 협응 동작이 효율적으로 생성되기 위해서는 수많은 자유도를 통제하여 서로 조화를 이루어야 한다고 주장함

(2) 맥락조건 가변성의 문제

① 맥락조건 가변성은 근육의 활동이 동일해도 조건에 따라 운동의 결과가 달라질 수 있는 것

② 맥락조건 가변성은 해부학·역학·생리학적 요인의 가변성 때문에 발생함

> **참고**
>
> 운동등가와 자유도
>
> | | |
> |---|---|
> | 운동등가 | 다른 근육을 사용하여 같은 움직임을 사용할 수 있는 능력 |
> | 자유도 | 시스템의 독립적인 구성요인의 수를 나타낸 것 |

5 정보처리 접근과 기억체계 [기출] 19·20·21·23·24·25년

1. 정보처리단계

① 인간을 외부 환경에서 들어오는 정보에 대해 능동적인 정보처리자로 간주하며, 정보처리 접근에서는 인간의 정보처리 과정이 컴퓨터 처리 과정과 매우 유사한 것으로 간주함
② 처리 과정은 **외부환경정보가 감각기관을 통해 들어와서 지각되고(감각, 지각), 그 자극에 대한 적절한 반응을 선택하여(반응선택), 그 반응을 실행하는(반응실행)** 단계를 거치게 됨
③ 세 단계를 거치는 소요시간은 반응시간을 측정하여 확인 가능하며, 반응시간은 정보처리과정 연구에 중요한 변인으로 사용됨

[정보처리 단계]

감각·지각 단계	반응선택단계	반응실행단계
• 외부 정보 자극을 받아들여 그 정보의 내용을 분석하고 의미를 부여하는 과정 • 감각·지각 단계에서 반응시간은 자극의 명확성과 강도에 영향을 받음	• 자극에 대한 확인이 끝난 후 그 자극에 어떻게 반응할 것인지를 결정함 • 자극과 반응의 적합성과 선택할 대안의 수는 반응시간에 영향을 미침	• 실제로 움직임을 생성하기 위해 운동체계를 조직하는 단계 • 반응실행 단계와 실제 반응은 구분되어야 함

2. 단계별 정보처리 능력

(1) 감각 · 지각 단계

환경에서 유입된 많은 정보를 인간의 감각시스템을 통해 병렬적으로 동시에 처리할 수 있는 것으로 알려져 있음(스트룹 효과, 칵테일 파티)

(2) 반응선택단계

감각·지각 단계에서 병렬적으로 받아들여진 여러 정보는 반응선택 단계에서 많은 간섭현상을 일으킴(통제적 처리, 자동적 처리)

(3) 반응실행단계

① 근육에 전달되는 운동 명령은 계열적으로 처리되는 특성이 있음
② 특히 정보처리 과정에서는 상황에 따라 병목현상이 발생하는 경우가 있음(심리적 불응기)

핵심요약&보충자료

❶ 정보처리단계

```
감각·지각 단계
    ↓
반응선택단계
    ↓
반응실행단계
```

[스트룹 효과와 칵테일 파티]

스트룹 효과	• 두 가지 조건이 일치하는 자극을 보고 실행할 때보다 두 가지 조건이 일치하지 않는 자극을 보고 실행할 때 반응 속도가 늦어지는 현상(자극 간 간섭현상) • 제시되는 색깔에 해당하는 버튼을 누르도록 하는 경우, 색의 이름과 색이 동일하게 나타날 때보다 색 이름은 빨강이고 색을 검정으로 나타날 때(자극 간 간섭현상) 더 반응이 늦음
칵테일 파티	• 칵테일 파티처럼 많은 사람들의 이야기와 잡음이 많은 상황에서도 개인이 흥미를 갖는 이야기를 선택적으로 들을 수 있는 현상 • 인간은 다양한 정보를 귀를 통해 지각하지만 자신이 관심없는 부분은 선택적으로 제거할 수 있음

[통제적 처리와 자동적 처리]

통제적 처리	• 처리 속도가 다소 느림 • 주의가 많이 필요하며, 상대적으로 노력이 많이 들어감 • 각각 정보를 처리하여, 순차적으로 진행되는 특징이 있음 • 학습초기 또는 새로운 것을 할 때 많이 나타남
자동적 처리	• 처리 속도가 빠름 • 주의가 요구되지 않음 • 두 가지 이상의 정보를 동시에 병렬적으로 처리 가능 • 많은 연습과 훈련을 통해 이루어짐

📍용어해설

심리적 불응기: 1차 자극에 반응하고 있을 때 2차 자극을 제시할 경우 2차 자극에 대한 반응시간이 느려지는 현상

핵심요약&보충자료

❶ 반응시간의 유형

단순반응 시간	하나의 자극에 반응하는 시간
선택반응 시간	두 가지 이상의 자극에 다른 반응을 선택해서 반응하는 시간
변별반응 시간	두 가지 이상의 자극에 특정 자극에 대해서만 반응하는 시간

❷ 기억체계의 종류

감각 기억	감각 수용기를 통해 많은 정보를 짧게 저장하는 기억
단기 기억	감각기억에서 필요한 정보만 선택해서 저장하며, 감각기억보다는 긴 시간 기억할 수 있음
장기 기억	단기기억에 저장된 정보를 인지적 처리과정 후 영구적인 정보저장소인 장기기억에 저장하며, 용량에 제한이 없음

힉스의 법 칙(Hick's law)	자극 - 반응의 대안 수가 많아질수록 선택반응시간이 증가하는 현상
피츠의 법 칙(Fitts' law), 속도·정 확성 상쇄 현상	• 목표물이 작거나 움직이는 거리가 길어질수록 운동시간이 길어짐 • 운동의 정확성이 많이 필요한 과제일수록 수행 속도가 느려지며, 속도가 높아지면 정확성이 떨어짐
임펄스의 가 변성이론 (impulse variability theory)	• 임펄스는 힘이 작용하는 시간동안 발생한 힘의 양(충격량)이며, 근육 수축을 통해 생성된 힘이 사지를 움직이는 데 사용된 양 • 임펄스가 사지의 움직임을 비롯한 인간의 운동 형태를 결정하고, 임펄스 가변성에 따라 움직임의 정확성이 변한다는 이론

3. 반응시간

(1) 의미

자극이 주어진 후 자극을 인식하여 일정한 반응 동작을 일으키는 데 소요되는 시간, 즉 자극제시와 반응 시작 간의 시간 간격

(2) 반응시간의 유형 ❶

단순반응시간	선택반응시간	변별반응시간
• 하나의 자극 신호에 대하여 하나의 반응을 요구할 때 측정되는 반응시간 • 가장 기본적인 형태 예 육상에서의 출발신호	자극이 두 개 이상 제시되고 각각의 자극 신호에 대하여 다른 반응을 하도록 할 때 측정되는 반응시간 예 페널티킥 시 골키퍼 상황	두 가지 이상의 자극이 제시되고 특정 자극에 대해서만 반응할 때 측정되는 반응시간 예 야구에서 타자가 공의 구질을 판단하는 것

(3) 근전도

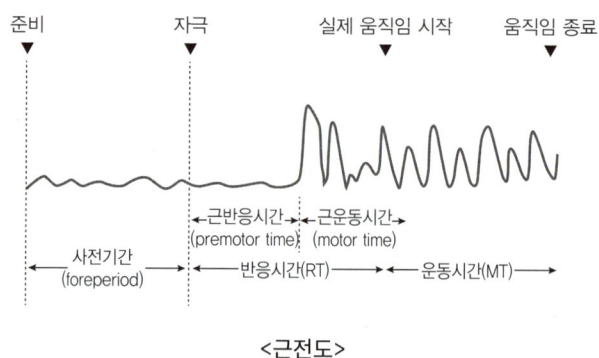

<근전도>

4. 기억체계

(1) 기억체계의 종류 ❷

① 감각기억: 감각 수용기를 통해 받아들인 다양한 감각 정보를 잠시 보유하는 것, **감각 정보가 인지체계에 처음으로 들어오는 기억으로서 아주 짧은 시간에 많은 양의 정보를 저장**하며, 대부분 정보는 저장된 직후에 잊혀지고, 새로운 정보가 유입되면 쉽게 손실되는 특징이 있음

② 단기기억: 감각기억을 통해 들어온 정보를 처리하는 동안 정보를 유지하는 정보 저장고로서 **감각기억보다는 긴 시간 정보를 보유할 수 있으며**, 감각 시스템에서 유입된 모든 정보를 처리할 수 없기 때문에 **필요한 정보만 선택하여 처리함**

③ 장기기억: 단기기억에 저장된 정보는 다양한 인지적 처리 과정을 거쳐 **영구적인 정보 저장소**인 장기기억에 저장되고 장기기억은 **용량에 제한이 없으며**, 수많은 훈련과 연습을 통해 필요할 때마다 사용할 수 있음

④ 명제적기억: 운동상황에서 무엇을 해야 할지에 대한 정보를 포함하고 있는 기억으로 경기규칙이나, 특정 상황에서 구사해야 하는 운동기술의 하위요소 등이 포함된다. 정보의 저장과 회상에 의식적인 노력이 필요한 특징이 있음

⑤ 절차적기억: 수행하는 운동과제가 순서나 절차에 따라 진행될 때 사용할 수 있도록 저장되는 기억으로 반복을 통해 무의식적 저장과 자동적 회상이 가능한 특징이 있음

02 운동학습

1 운동학습의 개념 및 특성 기출 19년

1. 운동학습의 개념
① 운동기술을 효율적으로 수행 및 학습하는 것에 영향을 미치는 변인을 주로 인지적 관점에서 연구하는 영역
② 운동과제를 반복적으로 수행함에 따른 능력의 변화

2. 운동학습의 특성
① 숙련된 운동수행을 위한 개인 능력의 영구적인 변화를 유도하는 일련의 내적 과정
② **운동학습 과정 그 자체를 관찰할 수 없음**. 즉, 학습이 일어나는 현상에 대한 직접 관찰은 불가능함
③ 연습과 경험을 통해 나타나는 현상이며, 성숙, 동기 또는 훈련 등에 의한 일시적 변화는 포함하지 않음

3. 운동학습과 운동수행
① 운동수행의 개념: 특정 목적을 가지고 수의적으로 생성된 운동 동작으로 피로나 각성, 동기 등과 같은 신체적·심리적·정서적인 변화에 많은 영향을 받음
② 운동수행이 다양한 환경 조건에서 비교적 안정적으로 나타날 때 학습이 이루어졌다고 할 수 있음

4. 고원현상과 슬럼프
① 고원현상: 운동기술을 학습할 때 일시적으로 수행력이 정체되는 현상
② 고원현상이 발생하는 이유
  ㉠ 운동기술을 습득할 때 하나의 동작유형에서 다른 동작유형으로 전환되는 시기
  ㉡ 연습하는 동안의 피로 또는 감소되는 수행동기 등과 같은 심리적 요인
  ㉢ 수행특성이 아닌 측정 방법의 한계
③ 슬럼프: 운동기술을 학습할 때 수행력이 저하되는 현상

[학습과 수행의 차이]

학습	• 직접 관찰 불가능 • 비교적 영구적 • 연습과 경험에 의함
수행	• 직접 관찰 가능 • 일시적 • 특정 목적에 의함

2 운동학습의 과정 및 단계 기출 20·22년

1. 운동학습의 과정

움직임의 역동성에 대한 지각	• 수행할 운동기술에 대한 동작 관찰 및 그 운동기술의 특성에 대한 정보를 지각함 • 서로 다른 기술동작에 대해 운동 형태의 차이를 지각함

⇓

움직임 구성 수준의 결정 및 운동 구조의 형성	• 동작의 구성 수준(장력, 근육과 관절의 연결, 공간, 동작)을 확인하고 움직임을 구성함 • 움직임의 구성 수준에 따라 운동 동작의 협응과 기술이 달라짐

⇓

오류 수정	• 의도한 움직임과 현재 수행 중인 움직임의 느낌을 비교하는 과정을 통해 오류 수정이 이루어짐 • 반복적인 연습을 통한 오류 정보를 많이 경험하는 것이 중요하며, 직접 경험을 통해서만 습득이 가능함

⇓

자동화와 안정성 획득	• 의식적인 주의 없이 운동수행이 가능해지는 상태(자동화)가 이루어짐 • 다양한 상황에서 자신의 기술 수준을 유지할 수 있는 능력(안정성)을 획득함

2. 운동학습 단계

(1) 피츠(Fitts)와 포스너(Posner)의 단계

인지단계	연합단계	자동화단계
• 학습할 운동기술의 특성을 이해함 • 과제 수행 전략을 개발함 • 운동수행의 일관성이 부족함	• 과제 수행 전략을 선택함 • 잘못된 수행에 대한 해결책을 탐색함 • 다양한 기술 요소 연결 및 상황에 따라 동작의 형태를 바꾸는 방법을 터득함 • 동작의 형태를 수정하여 적응하는 데 초점을 둠	• 동작이 거의 자동으로 이루어짐 • 움직임 자체에 대한 의식적인 주의가 크게 필요하지 않으므로 상대의 움직임, 환경 등 주의 전환이 가능함 • 운동수행 오류가 적으며, 변화하는 환경에서도 동작 지속이 가능함

⇒ ⇒

(2) 젠타일(Gentile)의 단계

움직임의 개념 습득 단계	고정화 및 다양화 단계
• 움직임의 형태뿐만 아닌 환경 특징을 구분하는 것을 학습함 • 운동기술과 관련된 환경정보와 그렇지 않은 정보를 구분하여(조절조건과 비조절조건으로 구분) 정보의 필요성에 따라 습득 및 무시할 수 있는 능력을 학습함	• 수행하는 운동에 따라 다르게 적용됨 • 폐쇄운동(사격, 양궁, 체조)기술은 고정화를 시키며, 운동기술의 안정성을 향상시키는 데 초점을 맞춰서 연습함 • 개방운동(축구, 럭비)기술은 다양하게 변하는 환경과 동작에 맞춰 움직임을 적응시키는 데 초점을 맞춰서 연습함

⇒

(3) 번스테인(Bernstein)의 단계

자유도의 고정단계	자유도의 풀림 단계	반작용의 활용 단계
• 초보 단계로 새로운 동작을 학습할 때 동원되는 신체에 자유도를 고정함 • 운동수행을 위해 제어할 신체의 자유도 수를 줄여 움직임과 관련된 수많은 요소를 단순화함	• 사용 가능한 자유도 수를 늘림 • 동작과 관련된 운동역학적 요인과 근육의 공동 작용, 관절의 상호 움직임 등에 변화가 나타남 • 환경과 과제 특성에 따른 운동수행의 다양성을 이룰 수 있음	• 숙련 단계로 수행자와 환경의 상호작용에 따라 나타나는 관성이나 마찰력과 같은 반작용 현상을 이용함 • 지각과 동작의 역동적인 순환 관계를 끊임없이 수정하면서 변화하는 환경 상황에 대처함

(4) 뉴웰(Newell)의 단계

협응 단계	제어 단계
• 학습자가 과제의 목표를 달성하기 위해 필요한 기본 협응동작을 형성함 • 번스테인의 자유도의 고정단계와 풀림단계를 총체적으로 표현함	• 기본적인 협응 형태에 다양하게 변하는 환경과 과제의 특성에 따라 협응 형태가 달라지는 매개 변수화(parameterizing)하는 능력을 학습함 • 운동기술 수행의 효율성이 향상됨

3 운동학습 영향 요인 기출 19·20·21·23·24·25년

1. 연습

(1) 연습계획 시 고려사항

① 학습자의 특성: 효과적인 연습을 위해서는 학습자의 개별적인 특성(인지능력, 신체특성, 발달 정도, 성별 등)을 고려해야 함

② 학습과제의 제시: 숙련자의 시범은 운동 동작의 정보를 습득하는 데 도움을 주며 운동수행에 질적 변화를 위한 단서를 제공하고, 초보자의 시범은 오류를 탐지할 수 있는 능력을 향상시켜줌

③ 동기유발: 효과적으로 운동기술을 학습하기 위해 운동기술 과제에 대한 동기를 부여하는 기법으로 목표설정 방법이 있음

④ 보강정보: 영상자료 활용, 바이오 피드백, 언어적 보강 등이 있으며, 언어적 보강의 경우 학습자의 수준에 맞는 언어를 제공하는 것이 중요함

(2) 연습의 구성

① 연습의 가변성

㉠ 연습계획을 구성할 때 가장 먼저 생각해야 하는 것

㉡ 학습자가 연습할 때 다양한 환경과 움직임을 경험할 수 있도록 도와줌

㉢ 동일한 움직임을 반복하지 않고 수행 형태의 일반성을 강화시킬 수 있도록 도와주는 역할을 함

[학습단계 이론 변화]

피츠·포스너 (1967)	인지 단계	연합 단계	자동화 단계
번스테인 (1967)	자유도의 고정 단계	자유도의 풀림 단계	반작용의 활용 단계
젠타일 (1972)	움직임의 개념 습득 단계	고정화 및 다양화 단계	
뉴웰 (1985)	협응 단계	제어 단계	
슈미트·리스버그 (2000)	언어-인지 단계	운동 단계	자동화 단계

핵심요약&보충자료

② 맥락간섭효과 조절방법
  ㉠ 구획연습: 다양한 변인들이 포함되어있는 하나의 기술을 학습하는 데 있어서 **각 변인들을 나누어 각각 할당된 시간 동안 연습하는 것**으로서 맥락간섭의 효과가 낮아 무선연습에 비해 운동수행의 수준이 높음
  ㉡ 무선연습: 운동기술에 포함되는 하위 요소들을 **무작위로 연습하는 것. 맥락간섭의 효과가 높아 파지와 전이에 효과적임**

③ 집중연습과 분산연습
  ㉠ 집중연습: **연습시간이 휴식시간보다 상대적으로 긴 경우**로 연습을 되도록 많이 하기를 원하는 경우 선택함
  ㉡ 분산연습: **휴식시간이 연습시간보다 긴 경우**로 질 높은 연습을 원할 경우 선택함

④ 전습법과 분습법
  ㉠ 전습법: **운동기술 과제를 한 번에 전체적으로 학습하는 방법**으로 과제의 복잡성이 높고, 조직화 정도가 낮을 때 효과적인 방법임
  ㉡ 분습법: 운동기술의 요소를 몇 개로 나누어 학습하는 방법으로 과제의 복잡성이 높고 조직화 정도가 낮을 때 효과적임. 학습할 운동기술의 경험이 없는 초보자에게 효과적이며, 분절화, 단순화, 부분화로 구분됨

분절화	전체기술을 특정한 시·공간적인 영역으로 나누어 연습 후 각각 기술이 특정 수준에 도달하면 전체기술로 결합하여 연습하는 방법
단순화	운동기술을 수행할 때 과제 요소를 줄여 기술 수행의 난이도, 복잡성을 낮추는 방법
부분화	운동과제에 포함되는 하위 요소를 하나 또는 둘 이상으로 분리하여 각각 연습하는 방법

2. 피드백

(1) 피드백의 개념
① 목표상태와 수행 간의 차이에 대한 정보를 되돌려 수행자에게 동작 또는 운동 수행의 결과, 평가에 대한 정보를 제공하는 것
② 수행자가 인식하지 못한 유용한 정보를 제공하며, 수행자가 잘못 인식하고 있는 정보를 바로 잡아주는 것으로 운동기술 수행과 학습 과정의 필수요소임

(2) 피드백의 종류
① 내적피드백(감각피드백): 근육, 건, 관절 등의 관절 수용기에서 발생한 **운동감각정보, 촉각이나 압력을 감지하는 피부 수용기로부터의 정보, 시·청각정보** 등을 학습자 스스로 감지하는 것
② 외적피드백(보강피드백): 코치, 감독, 동료들이 제공하거나 영상 등을 통해 외부에서 제공하는 정보이며, 보강피드백은 수행지식과 결과지식으로 구분됨

수행지식(KP)	결과지식(KR)
동작의 유형에 대한 정보 → 즉, 운동학적인 정보를 제공하는 것임	움직임의 결과에 대한 정보 → 즉, 움직임의 결과에 대한 정보를 제공하는 것임

[효과적인 연습을 위한 기법]

가이던스 기법의 활용	신체적, 언어적, 시각적 방법을 사용하여 학습자의 운동수행에 직접 도움을 제공하는 과정임
정신연습의 활용	운동학습과 수행을 촉진하기 위한 목적으로 대근운동이 일어나지 않은 상태에서 과제를 상징적, 인지, 언어적으로 예행 연습을 하는 것
과학습	수행목표에 도달하기 위해 필요한 양 이상으로 연습을 지속하는 것으로 적절한 과학습은 긍정적인 운동수행의 향상에 도움이 될 수 있음

용어해설
- 맥락간섭: 학습시간과 자료 가운데 어떠한 사건이나 경험 사이에 발생하는 갈등으로 인해 학습과 기억에 방해받는 것
- 복잡성: 과제의 정보처리 요구 정도 및 기술에 필요한 하위 요소의 수
- 조직화: 운동기술을 구성하는 요소 간의 관련성

(3) 피드백의 기능

① 정보기능: 운동학습에 도움이 되는 정보를 포함한 피드백을 제공함으로써 긍정적인 변화를 유도할 수 있음

② 강화기능: 피드백 정보 그 자체가 잘된 동작에 대해서는 칭찬의 효과(정적강화)가 있고, 잘못된 동작에는 질책의 효과(부적강화)가 있음

③ 동기유발기능: 학습자가 수행과 목표를 비교해 수행목표를 변화시키거나 운동기술을 지속적으로 추진할 수 있는 여러 활동에 대한 판단 정보를 제공하여 동기를 유발시킴

(4) 피드백의 분류

구분	수행지식(KP)	결과지식(KR)
공통점	언어 및 시각으로 제공하며 움직임이 종료된 후에 제공	
의미	학습자에게 동작의 유형에 대한 정보를 제공하는 것	학습자에게 움직임의 목표 또는 결과에 대한 정보를 제공하는 것
차이점	• 움직임 패턴 및 생성에 관한 정보 • 내재적 피드백과 구별되어 사용 • 실제 경기 과제에서 유용하게 사용	• 움직임의 목표 및 결과에 대한 정보 • 내재적 피드백과 중복되어 사용 • 실험실 상황에서 유용하게 사용

② 뉴웰(Newell)의 피드백 범주화

㉠ 처방정보: 학습자의 완료된 움직임의 운동학적 정보를 제공하는 것, 운동기술의 특성, 수행자의 기술 수준에 따라 다르게 사용되어야 함(언어적 설명이나 시범)

㉡ 정보피드백: 학습자가 수행한 역동적인 움직임의 이전 또는 현재에 대한 정보를 제공하는 것으로 움직임의 연속성이나 완료된 움직임에 대한 정보와 관련이 있으며, 동시피드백, 종료피드백, 지연피드백으로 나눌 수 있음

㉢ 전환정보: 움직임 제어에 적절한 정보를 제공하여 다음에 시행될 동작을 구성하는데 도움을 주는 정보로서 과제 특성에 맞는 새로운 협응 구조로 변환시키는 데 영향을 주는 제어 변수이며, 새로운 형태를 습득할 때 매우 유용함

3. 파지

(1) 파지의 개념

연습으로 향상된 운동기술의 수행력을 오랫동안 유지할 수 있는 능력

(2) 파지에 영향을 미치는 요인

① 운동과제의 특성: 운동과제의 복잡성이나 운동기술의 유형 등은 파지에 영향을 미침

② 환경의 특성: 환경의 제한요소(학습 환경)에 대한 적응 여부가 파지에 영향을 미침

③ 학습자의 특성: 학습자의 신체적 특성, 인지적 수준, 운동 경험에 따른 협응 경향 차이에 따라 파지의 정도가 달라짐

④ 연습: 연습량 및 연습 과정에서의 간섭 정도에 따라 운동기술을 획득하고 파지하는 정도가 달라짐

핵심요약&보충자료

4. 전이

(1) 전이의 개념

과거의 학습이나 수행 경험이 새로운 운동 기술의 학습이나 수행에 영향을 미치는 것

(2) 정적전이

① 운동기술의 유사성: 운동 기술이나 요소가 비슷할 때 정적전이가 발생함

② 처리과정의 유사성: 연습과제와 전이 과제의 인지 처리 활동이 비슷하면 정적전이가 발생함

③ 협응구조 형성과 전이: 다이나믹관점으로 운동기술 학습은 새로운 협응 구조를 형성하는 것으로 보고 협응구조의 지속적인 변화에 따라 전이 현상도 끊임없이 나타남

(3) 부적전이

① 획득되는 지각 정보의 특성은 비슷하지만 움직임의 특성이 달라지면 인지 혼란으로 인해 부적전이가 일어남

② 동일한 자극에 대한 반응에서 움직임의 공간적 위치가 변하거나 타이밍 특성이 변할 때 생길 수 있음

[과제 간 전이와 과제 내 전이]

과제 간 전이	이전에 배운 기술의 경험이 새로운 기술을 하는 것에 영향을 미치는 것
과제 내 전이	동일한 과제를 연습조건을 바꿔서 진행하는 것

03 운동발달

1 운동발달의 개념 및 특성 기출 21·22·23년

1. 운동발달의 개념

① 운동행동이 연령에 따라 계열적이고, 연속적으로 변해가는 과정

② 인간의 성장에 따라 운동기능의 발달과 변화를 연구하는 학문

2. 운동발달의 특성

① 운동발달은 연령이 증가함에 따라 신체기능이 변화하고, 개인마다 차이가 있으며, 태어나서 사망에 이르기까지 기능적인 역량이 향상 또는 감소되는 계열적인 변화의 특성을 보임

② 초보적 반사운동에서 수의운동 순으로 일정한 순서를 가지고 발달함

③ 머리에서 꼬리 방향으로, 중심에서 말단 방향으로, 전체 운동에서 특수 운동으로, 대근 활동에서 소근 활동으로 등 방향성을 가지고 발달함

④ 신체적·정신적 발달은 낮은 단계에서 높은 단계로, 단순한 것에서 복잡한 것으로, 서투름에서 세련됨 등으로 연속적이고 점진적인 과정을 보임

⑤ 발달은 유전적인 요인과 내적 조건으로 결정되지만 환경적인 요인(영양, 운동, 학습 기회)으로 인해 변용성이 생기며, 개인적인 특성에 따라 개인차도 있음

[시기별 운동발달의 구분]

시기적 구분		기간	
태아기	배아기	임신~출산	임신~8주
	태아기		8주~출생
영아기		생후 2년	
유아 및 아동기		2~6세	
청소년기		12~18세	
성인기	초기	18세 이상	18~40세
	중기		40~65세
	후기(노인기)		65세 이상

 핵심요약&보충자료

[NASPE(미국 스포츠·신체 교육협회)의 인간발달의 특징]

- 질적 측면: 움직임의 효율성이 높아지는 것처럼 동작의 질적 변화가 수반되어야 함
- 계열적 측면: 운동발달에도 순차적인 특징이 있음
- 종합적 측면: 현재 나타나고 있는 움직임의 형태는 과거의 움직임이 축적되어 종합적으로 나타나는 것임
- 방향적 측면: 발달의 목적이 있으며, 노화, 질병 또는 연습, 결과 등으로 운동발달은 진보 또는 퇴보될 수 있음
- 다차원적 측면: 내적 요인(개인의 신체, 정서, 특성)과 외적 요인(환경, 연습조건 등)으로 나눌 수 있음
- 개인적 측면: 발달에 영향을 미치는 요인이 개인마다 달라 나타나는 현상임

2 운동발달 단계 및 요인 기출 21·24년

1. 운동발달 단계

(1) 반사 움직임 단계(출생~1년)

① 신경체계 미완성 단계

② 점차 신경계가 성숙해지면서 수의적인 운동제어가 가능해짐

③ 반사활동을 통해 환경에 대한 정보를 즉각적으로 획득할 수 있음

(2) 초기 움직임 단계(1~2세)

① 성숙에 절대적인 영향을 받으며, 비교적 과정 예측이 가능함

② 생존을 위한 수의적인 움직임의 기본 형태가 나타남

③ 머리, 목, 몸통조절, 뻗기, 잡기 등의 물체조작 및 기어가기, 걷기 등 이동운동이 발달함

(3) 기본 움직임 단계(2~6세)

① 성숙과 환경적 조건(동기, 교육 등)이 중요한 역할을 함

② 초기 움직임 단계보다 발전된 이동기술, 물체조작이 가능함

③ 지각 - 운동 능력발달 및 신체인식, 균형유지가 발달함

(4) 스포츠 기술(전문적인 움직임) 단계(7~14세 이후)

① 일상생활이나 스포츠에서 요구되는 다양하고 복잡한 활동을 위한 움직임 패턴이 가능한 단계

② 다양한 움직임 패턴이 효율적인 형태로 발전

③ 연령이 증가할수록 각각의 움직임 동작을 서로 연관시켜 하나의 일관된 동작을 형성할 수 있는 시기

(5) 성장과 세련 단계(청소년기)

① 질적·양적인 측면이 급격하게 발달하는 단계

② 호르몬 분비증가, 근육, 골격체계 성장함

③ 운동기술 수준이 급격히 발달함

(6) 최고 수행 단계(성인 초기)

① 근력 및 심폐기능, 정보처리 능력 등 최고의 능력을 발휘함

② 최고의 수행이 가능한 단계(남자 28~30세, 여자 22~25세)

(7) 퇴보 단계(성인 후기)

① 30세 이후 생리적, 신경학적 기능이 감소함

② 운동능력이 쇠퇴하며, 스피드 능력이 매우 낮아짐

③ 심혈관, 근력, 유연성, 지구력, 신경기능 등이 감소하고, 체지방은 증가함

2. 운동발달의 주요 요인

(1) 개인적인 요인

① 유전: 키와 몸무게 같은 생리적 특성 및 순수지능과 관련된 인지적 특성, 성장과 성숙에 영향을 미침

② 성장과 성숙: 성장과 성숙은 다른 뜻으로 구별되며 차이가 있음

성장	성숙
• 신체적으로 양적(신체부위의 크기, 무게, 부피 등)인 비율 증가를 의미함 • 유아기에서 청소년기까지 급격한 발달을 보이며 아동기의 경우 여아(9세경)가 남아(11세경)보다 빠른 성장을 나타냄	• 신체의 질적인 기능 및 심리적인 측면의 발달을 의미함 • 신체적인 발달에 따른 경험과 습관에 의해 지속적이고 연속적인 변화를 함 • 연대에 따른 연령만으로 측정 또는 평가하기에는 한계가 있음

③ 신체 시스템의 발달: 신경기관, 골격기관, 근육기관 등으로 구성되어 있으며, 신체의 원활한 움직임 및 동작을 위해 적절하게 발달해야 함

④ 체력의 발달: 심폐체력, 근력, 유연성이 발달에 영향을 미침

⑤ 심리적 요인: 자긍심, 동기 등이 운동발달에 영향을 미침

(2) 사회·문화적 요인

① 성역할: 성별의 특징에 적합하다고 여기는 태도나 행동, 사회적인 신념이나 고정관념 등 성역할의 구분이 놀이 및 스포츠 사회화에 큰 영향을 미치며 성별에 따른 운동발달의 차이가 나타남

② 사회적 지지자: 가족, 친구, 동료 등이 있으며, 사회적 지지자들이 가진 운동에 대한 태도 및 인식에 따라 영향을 받음

③ 대중매체: 대중매체의 발달로 스포츠 활동 참여에 직·간접적으로 영향을 미침

④ 인종과 문화적 배경: 수행자가 속해 있는 집단의 특성 및 가치가 운동발달에 영향을 미침

⑤ 자극과 결핍: 출생 후 접하게 되는 모든 자극과 결핍은 발달에 긍정적 또는 부정적 영향을 줄 수 있으므로 부모, 교육자 등은 언어·신체·환경적으로 신중하게 자극을 선택해야 함

출제예상문제

Chapter 02 인간운동행동의 이해

01 계열적 운동기술에 해당하지 않는 것은?

① 체조
② 자동차 운전
③ 자동차 출발시키기
④ 야구의 수비기술

정답분석
- 계열적 운동기술은 일련의 불연속적 운동기술이 연속적으로 연결되어 하나의 전체적인 운동기술로 나타나는 것으로 자동차 출발시키기, 체조, 야구의 수비기술 등이 있다.
- 자동차 운전은 연속적 운동기술로 시작과 끝을 인지할 수 없는 특정한 움직임이 반복되는 운동기술이다.

정답 ②

02 <보기>에서 설명하는 개념은?

<보기>
- 두 가지 조건이 일치하는 자극을 보고 실행할 때 보다 두 가지 조건이 일치하지 않는 자극을 보고 실행할 때 반응속도가 늦어진다.
- 제시되는 색깔에 해당 버튼을 누르도록 하는 경우, 색의 이름과 색이 모두 빨강인 경우보다 색 이름은 빨강이고 색은 검정으로 제시하는 경우 더 반응이 늦다.

① 칵테일 파티
② 심리적 불응기
③ 스트룹 효과
④ 맥락 간섭 효과

정답분석
- 스트룹 효과에 대한 설명이다.
- 두 가지 조건이 일치하는 자극을 보고 실행할 때보다 두 가지 조건이 일치하지 않는 자극을 보고 실행할 때 반응속도가 느려진다는 것이다.

선지분석
① 칵테일 파티: 칵테일 파티처럼 많은 사람들의 이야기와 잡음이 많은 상황에서도 개인이 흥미를 갖는 이야기를 선택적으로 들을 수 있는 현상이다.
② 심리적 불응기: 1차 자극에 반응하고 있을 때 2차 자극을 제시하는 경우 2차 자극에 대한 반응시간이 느려지는 현상이다.
④ 맥락 간섭 효과: 학습 자료와 학습 시간 중간에 개입된 어떤 사건이나 경험에서 발생하는 갈등으로 학습이나 기억에 방해를 받는 현상이다.

정답 ③

03 다이나믹 시스템이론의 설명이 아닌 것은?

① 자기조직의 원리와 비선형성원리에 따라 운동이 생성된다고 보는 이론이다.
② 다이나믹 시스템이론은 기억 표상에 운동프로그램이 저장된다고 보는 이론이다.
③ 다이나믹 시스템이론은 환경이 행동에 중요한 정보로 작용한다고 보는 이론이다.
④ 다이나믹 시스템이론은 환경, 유기체, 과제를 운동행동 제어 요소로 본다.

정답분석
- 다이나믹 시스템 이론은 환경, 유기체, 과제를 운동행동의 제어 요소로 보고 자기조직원리와 비선형성원리에 따라 운동이 생성된다고 보는 이론이다. 또한 다이나믹 시스템이론은 환경이 행동에 중요한 정보로 작용한다고 보는 이론이다.
- 기억 표상에 운동프로그램을 저장하여 행동을 한다고 보는 이론은 정보처리이론이다.

정답 ②

04 운동기술의 일차원적 분류가 아닌 것은?

① 근육의 크기
② 움직임의 연속성
③ 환경의 안정성
④ 동작의 가변성

정답분석
- 운동기술의 일차원적 분류는 근육의 크기(대운동기술, 소근운동기술), 움직임의 연속성(불연속적 운동기술, 계열적 운동기술, 연속적 운동기술), 환경의 안정성(폐쇄운동기술, 개방운동기술)으로 분류한다.
- 동작의 가변성은 젠타일(Gentile)의 이차원 운동기술분류에 포함되어 있는 요소이다.

정답 ④

05 <보기>에서 설명하는 연습 방법에 해당하는 것은?

―― <보기> ――
- 운동기술을 한번에 전체적으로 학습하는 방법
- 과제의 복잡성이 낮고, 조직화 정도가 높을 때 효과적인 방법

① 집중연습　　② 전습법
③ 분습법　　　④ 분산연습

전습법은 운동기술을 한번에 전체적으로 학습하는 방법으로 과제의 복잡성이 낮고 조직화 정도가 높을 때 효과적인 방법이다.

① 집중연습: 연습시간이 휴식시간보다 상대적으로 긴 경우이며, 연습을 되도록 많이 하기를 원하는 경우 선택한다.
③ 분습법: 운동기술의 요소를 몇 개로 나누어 학습하는 방법으로 과제의 복잡성이 낮고, 조직화 정도가 높을 때 효과적인 방법이다.
④ 분산연습: 휴식시간이 연습시간보다 긴 경우이며, 질 높은 연습을 원하는 경우 선택한다.

정답 ②

06 <보기>에서 설명하는 것에 대한 개념은?

―― <보기> ――
- 철수는 어려서부터 축구를 하였는데 군대에 가서 족구대회에서 우승을 하였다
- 영희는 탁구를 배우다 최근에는 테니스를 배우러 다니는데 코치로부터 칭찬을 받았다.

① 과제 내 전이　　② 파지
③ 부적전이　　　　④ 과제 간 전이

과제 간 전이는 이전에 배운 기술의 경험이 새로운 기술을 하는 것에 영향을 미치는 것이다.

① 과제 내 전이: 동일한 과제를 연습조건을 바꿔서 진행하는 것이다.
② 파지: 연습으로 향상된 운동기술의 수행력을 오랫동안 유지할 수 있는 능력이다.
③ 부적전이: 획득되는 지각 정보의 특성은 비슷하지만 움직임의 특성이 달라지면서 인지혼란으로 일어나는 전이이다.

정답 ④

07 운동발달의 주요 요인이 아닌 것은?

① 유전
② 성역할
③ 체력의 발달
④ 지식

운동발달의 주요 요인은 개인적인 요인과 사회·문화적 요인으로 구분된다.
- 개인적 요인: 유전, 성장과 성숙, 신체 시스템의 발달, 체력의 발달, 심리적요인
- 사회·문화적 요인: 성역할, 사회적 지지자, 대중매체, 인종과 문화적 배경, 자극과 결핍

정답 ④

08 <보기>에서 설명하는 운동발달의 단계로 옳은 것은?

―― <보기> ――
- 민수는 점점 달리기가 느려지는 것을 느낀다.
- 지호는 살이 찌고 있는 것이 느껴지고 있다.

① 반사움직임 단계
② 기본움직임 단계
③ 성장과 세련 단계
④ 퇴보 단계

퇴보 단계는 30세 이후 생리적·신경학적 기능이 감소하는 단계로, 운동능력이 쇠퇴하고, 스피드 능력이 매우 낮아진다. 또한 심혈관 근력 유연성 등이 감소하며, 체지방은 증가한다.

정답 ④

Chapter 03 스포츠수행의 심리적 요인

핵심요약&보충자료

01 성격

1 성격의 개념 및 이론 [기출] 24년

1. 성격의 개념
① 다른 사람과 구분되는 심리적 특성
② 사고, 감정, 행동 등 개인의 독특한 특성들의 전반적인 패턴

2. 성격의 특성

(1) 독특성
타인과 구분이 가능한 사고 및 행동 양식이 주어진 환경 자극에 대한 반응양식으로 표현됨

(2) 일관성
시간 또는 상황 변화에 영향을 받지 않고 비교적 안정되고 일관적임

(3) 경향성
사고나 느낌, 행동에서 나타나는 일련의 경향성으로, 행동적인 경향성을 통해 성격 추론이 가능함

❶ 성격의 구조

심리적 핵	성격에서 가장 깊은 곳에 자리하여 외부의 영향을 가장 적게 받으며, 일관성이 높음
전형적 반응	심리적 핵이 반영되어 환경 상호작용을 통해 나오는 성격
역할 행동	환경에 대한 인식에 따라 달라지는 성격으로 환경의 영향을 가장 많이 받음

3. 성격의 구조 ❶

(1) 심리적 핵
① 성격의 구조에서 가장 깊은 곳에 자리하여 외부의 영향을 가장 적게 받음
② 태도, 가치, 흥미, 동기, 믿음 등이 포함됨
③ 성격의 가장 기본적인 수준으로 성격의 속성 중 일관성이 가장 높음

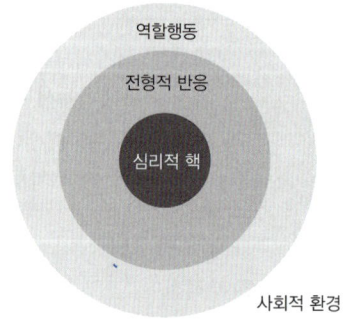

<성격의 구조>

(2) 전형적 반응
① 환경에 적응할 수 있도록 환경과의 상호작용을 통해 학습된 것
② 외부 환경에 반응하는 방식을 나타냄
③ 심리적 핵이 반영되어 나타나는 행동임

(3) 역할 행동
① 환경의 요구나 상황을 토대로 행동하므로 환경에 대한 인식에 따라 달라짐
② 성격의 3수준에서 **외부 환경의 영향을 가장 많이 받으며, 변화되기 쉬움**

4. 성격 이론

(1) 정신역동이론
① 무의식이 인간의 사고와 행동에 영향을 주며, 성격과 행동을 결정하는 핵심 원동력이라고 보는 이론
② 인간의 성격을 원초아(id), 자아(ego), 초자아(super-ego)로 구분 지음

원초아(id)	초자아(super-ego)
• 1차적·생리적 욕구(배고픔, 갈증 등) • 무의식적 상태 • 본능적 욕구, 만족 추구 • 즉각적, 비합리적, 충동적	• 이상적인 도덕 욕구 • 의식적 및 무의식적 상태 • 이상과 도덕 추구 • 지시, 비평, 금지

⇩ ⇩

자아(ego)
• 원초적 욕구에 대한 반응 • 의식적 상태 • 원초아와 초자아 중재 • 현실적, 합리적, 논리적

<프로이트의 성격구조>

(2) 사회학습이론
① 개인의 심리적 기능을 개인의 고유성보다는 개인 요인과 환경요인의 상호작용으로 설명함
② 개인이 처한 상황 및 학습한 행동이 성격을 결정한다고 주장함

(3) 체형 이론
① 성격은 사람의 체형에 따라 달라지며, 타고난 생물학적 구조에 영향을 받는다고 보는 이론
② 인간의 체형을 내배엽형, 중배엽형, 외배엽형으로 구분하고 각 유형에 부합하는 성격 특성을 제안함

[쉘든(Sheldon, 1942)의 체형별 성격 유형]

체형		성격 유형	
내배엽형	부드럽고 둥글며, 소화기관이 매우 발달함	내장 긴장형	이완되어 있고 먹기를 좋아하며, 사교적임
중배엽형	근육형으로 체격이 단단하고 신체가 강함	신체 긴장형	에너지가 넘치고 주장적이며, 용기가 있음
외배엽형	쇠약한 체격으로 뼈대가 가늘고 길며, 큰 대뇌 및 예민한 신경계를 가짐	대뇌 긴장형	조심스럽고 두려워하며, 내향적, 예술적, 비사교적인 특성을 가짐

(4) 특성이론

① 성격특성을 표면특성과 기본특성으로 구분함

② 커텔(Cattell, 1965)은 인간에게는 공통적으로 16개 기본 특성이 있다고 주장함

[커텔(Cattell, 1965)의 성격특성]

표면특성	기본특성
인간이 보이는 다양한 행동 중에 서로 관련되어 있는 것으로 보이는 특성들의 묶음(상냥한 미소, 예의바른 태도 등)	• 표면특성을 일으키고 표면특성으로 일관성을 갖도록 하는 성격의 기본 요소 • 인간의 16개의 공통적인 기본 특성을 주장함

(5) 욕구위계 이론

① 인간은 가치있는 삶을 위해 스스로 개인적인 목표를 추구하는 존재라고 주장함

② 인간의 욕구는 중요성에 따라 일련의 위계적인 단계로 배열되어 있으며 하위의 욕구가 만족되면 상위의 욕구를 의식하게 된다고 주장함

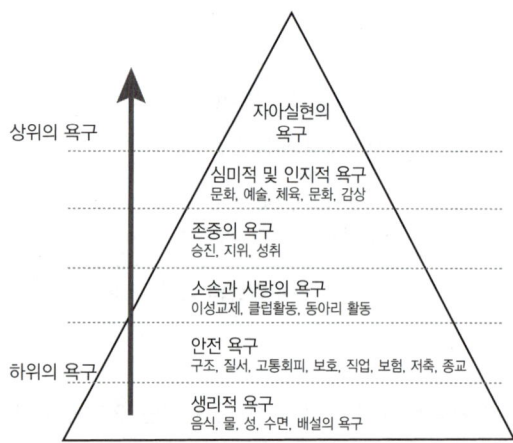

<매슬로(Maslow, 1968)의 욕구 체계>

> **참고**
>
> 성격 5요인(big 5 모형)
>
> | 정서적 불안정성(신경성) | 예민한 성격, 불안, 우울, 분노, 적대감 |
> | --- | --- |
> | 외향성 | 열정, 사교성, 단호함, 활동적 |
> | 개방성 | 독창성, 다양성 추구, 호기심, 심미성 |
> | 호감성 | 상냥함, 이타성, 겸손, 신뢰성 |
> | 성실성 | 절제, 성취지향성, 자제력 |

2 성격의 측정

1. 질문지 측정법

① 성격에 대한 문항에 대해 자신에게 맞는 응답을 참여자가 스스로 결정하는 것으로 '자기 보고식 검사'라고 함

② 해석 및 계량화가 쉬우므로 양적 연구에 많이 사용됨

③ 종류

다면적 인성검사 (MMPI)	• 1940년 미국 미네소타대학의 정신과 및 심리학과 교수들이 개발한 성격진단검사 • 정상인과 비정상인을 구별하기 위해 임상에서 많이 사용됨
커텔(Cattell) 성격요인검사(16PF)	• 1965년 커텔(Cattell)이 고안한 검사 • 16개의 기본 성격특성을 활용하여 측정함
아이젠크(Eysenck)의 한국판 성격차원 검사	• 1975년 아이젠크(Eysenck)가 개발한 성격차원 검사 • 신경증적 경향성, 정신병적 경향성, 허위성을 측정함
버틀러(Butler)와 하디(Hardy)의 선수 수행 프로파일	• 1992년 버틀러(Butler)와 하디(Hardy)는 성격적인 특성과 관련된 선수 수행 프로파일을 제시함 • 운동선수들의 심리기술을 측정하나, 이를 통해 선수들의 성격특성 확인이 가능함 • 선수와 종목 전문가가 함께 수행에 영향을 주는 요인(심리기술, 체력요인)을 찾고 선수 스스로 해당 요인에 대해 등급을 매기는 방식임
MBTI 성격측정	전반적인 성격 유형을 파악하는 데 사용되며, 16가지 유형으로 성격을 구분함

2. 투사법

① 개인에게 어려운 과제를 준 후 반응을 분석하여 성격을 측정하는 방법

② 애매한 자극은 내재적인 본능을 드러낸다는 점을 전제로 하며, 피험자의 무의식에 내재된 본능적인 측면을 예측하기 위해 개발됨

③ 종류

로르샤흐 잉크반점 검사 (Rorschach Inkblots)	주제통각 검사 (Thematic Apperception Test: TAT)
• 1921년 정신의학자 헤르만 로르샤흐(Herman Rorschach)가 개발함 • 일련의 잉크반점 무늬가 있는 10장의 카드로 구성됨 • 주로 반응을 하게 한 그림의 위치, 결정 요인, 내용이라는 3가지 차원으로 평가함	• 1930년 하버드대학 심리진료소의 모건(Morgan)과 머레이(Murray)에 의해 개발됨 • 30장의 그림들과 한 장의 공백카드로 구성되며, 각 그림에 대해 이야기를 구성하도록 하여 평가함

3. 면접법

① 대면하여 질문을 통해 성격을 파악하는 방법

② 면접관 자체가 측정도구이므로 심층적인 성격도 측정이 가능하나 편견이나 선입관, 면접의 기술이 부족할 경우 결과가 왜곡될 수 있음

3 성격과 경기력의 관계

하드먼 (Hardman, 1973)	• 커텔(Cattell)의 16PF를 사용한 27개의 연구를 토대로 함 • 스포츠 참여는 낮은 불안 수준 및 독립심과 관련됨을 주장함 • 외향성과 스포츠 참여의 관계는 종목에 따라 다르고 사고력과 관련됨을 주장함
모건 (Morgan, 1980)	성격특성으로 스포츠 참여의 20%만 설명할 수 있으며, 스포츠 수행을 정확히 예측하기 위해서는 성격요인, 생리적 요인, 환경적 요인에 대한 다각적인 고려가 필요함을 주장함
반던 아우벨 등 (Vanden Auweele et al., 1993)	운동선수와 성격은 관계가 없음을 밝히고, 미래 스포츠 연구의 3가지 구체적인 방향을 제시함 • 전통적인 성격 측정에서 행동 측정으로의 변화 • 개인 간 연구에서 개인 내 연구로의 변화 • 결정론적 모형에서 확률론적 모형(영향요인 확인)으로의 변화
Morgan(1994)의 빙산형 프로파일	• 우수 선수들의 성격에 대한 대표적인 연구로 빙산형 프로파일을 제시함 • 우수 선수는 긴장, 우울, 분노, 피로, 혼란에서는 낮은 점수를 보이고, 활력에서는 높은 점수를 보이며, 마치 **빙산과 같은 모형을 하고 있음** <모건의 빙산형 프로파일>

02 정서와 시합불안

1 정서의 개념

1. 정서의 개념 및 측정

① 단어 '정서'는 '움직이다(move)' 또는 '휘젓다(stir up)'를 의미하는 라틴어에서 유래됨

② 지속시간이 짧고 선행사건 및 대상은 분명하게 지각하며, 독특한 표정과 생물학적 과정을 수반하고, 행동(준비성)이 변화함

③ 정서를 표현하는 용어로 기분, 느낌, 감정 등이 사용됨

　㉠ 기분(mood): 몇 시간에서 몇 주까지 비교적 오래동안 유지되고, 선행사건을 뚜렷하게 지각하지 못하는 경우가 많으며, 고유한 표현행동이나 생물학적 과정에서 변화가 적고, 행동보다는 사람의 사고와 인지과정에 변화를 초래함

　㉡ 느낌(feeling): 주관적으로 의식되는 느낌으로 배고픔, 추움 등을 포함함

　㉢ 감정(affect): 이성(reason)이나 인지(cognition)와 대응되는 개념으로 감정세계를 총칭하는 데 주로 사용됨

[긍정적인 정서]

재미	보상이나 목적에 대한 기대 없이 활동 자체에만 몰두하여 얻는 긍정적이고, 적극적인 감정 상태
몰입	무언가에 심취해 있는 무아지경 상태로 최상의 수행 상태에서 개인이 주관적으로 경험하는 심리 상태

2. 정서의 모형

(1) 플루칙(Plutchik, 1980)의 정서모형

정서는 혼합적인 심리적 상태이며, 동물과 인간이 가지고 있는 여러 적응적 행동을 동기화시키는 데 필요한 8가지 기본정서 및 정서의 구조모형이 3가지로 구분됨

① 강도 차원(슬픔의 강약)
② 유사성 차원(불안과 공포)
③ 양극성 차원(사랑 - 슬픔)

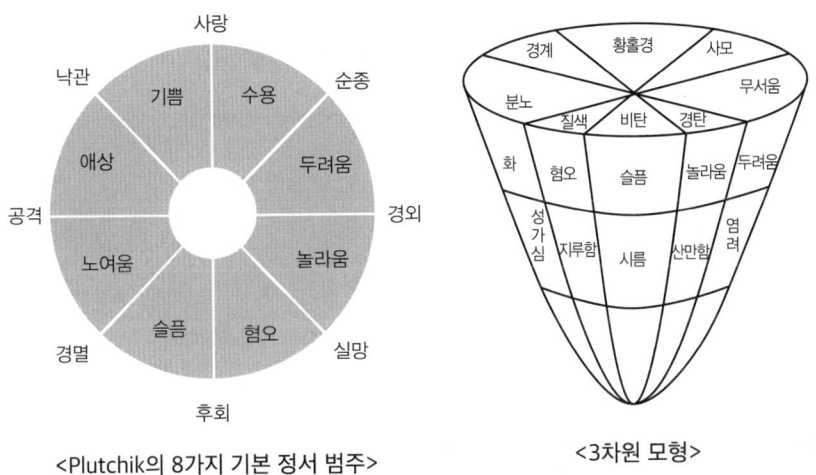

<Plutchik의 8가지 기본 정서 범주>　　<3차원 모형>

(2) 러셀(Russell, 1994)의 정서모형

정서는 혼합 및 기본적인 정서로 구분되는 것이 아닌 비정서적인 몇 개의 차원으로 환원됨

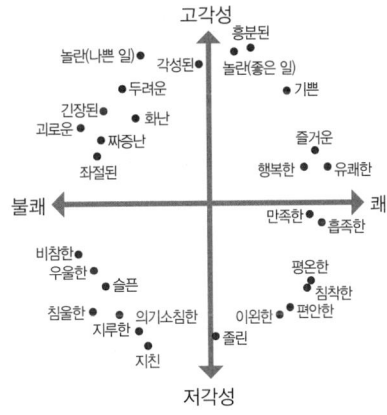

<Russell의 차원론에 입각한 정서구조>

(3) 에케카키스와 페트루젤로(Ekkekakis & Petruzzello, 2002)의 모형

원형 모형은 활성과 유인가의 2차원으로 구성되어 있으며, 4가지로 나뉨

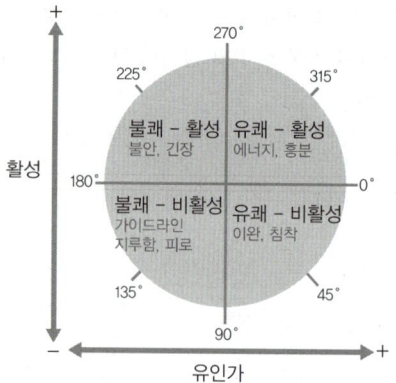

<Ekkekakis와 Petruzzello의 원형 모형>

3. 정서의 측정

정서를 측정하기 위해서 자기보고식 측정, 생리적 측정, 표정측정, 뇌기능 측정 등이 이용되었으며, 자기보고식 방법(형용사 체크리스트)이 가장 많이 이용되었음

[자기보고식 방법 - 형용사 체크리스트]

맥네어, 로어, 드로플먼(McNair, Lorr, Droppleman)의 POMS	• 긴장 - 불안: 긴장한, 동요되는.. • 우울 - 낙담: 불행한, 후회스런.. • 분노 - 적의: 화가 난, 짜증나는.. • 활력 - 활동: 활기찬, 활동적인.. • 피로: 기진맥진한, 의욕이 없는.. • 혼란 - 당황: 혼란스러운, 머리가 띵한..
왓슨 텔레겐(Watson Tellegen)의 PANAS	• 긍정적: 주의깊고 세심한, 흥미있는.. • 부정적: 고민스러운, 혼란스러운..
고빈과 레제스키(Gauvin과 Rejeski)의 EIFI	• 긍적적 참여: 열정적인, 흥분되는.. • 활력: 힘이 솟는, 활기찬.. • 신체적 피로: 피곤한, 지친.. • 평온함: 조용한, 평화로운..

2 불안의 개념 및 측정 기출 20·21년

1. 불안 및 각성의 개념

(1) 불안의 개념

① 높은 각성이 존재하는 상태에서 체험하는 초조, 걱정, 우려 등의 부정적인 정서 반응

② 자율신경계의 각성을 유발시키는 정서의 부적응 상태로 크게 상태불안과 특성불안으로 나뉨

(2) 각성의 개념

① 수면에서부터 강한 흥분상태에 이르기까지의 연속 선상에서 변화하는 심리적·생리적 활성화를 뜻함

② 특정 순간에 발생하는 동기의 강도로 경쟁불안에서 두드러지게 나타나는 행동의 강도 차원임

③ 각성 그 자체로 긍정적이거나 부정적인 것은 아니며, 각성과 생리적 활성화는 정서에서 중요한 요소임

> **참고**
>
> **지각협소화**
> 각성 수준이 증가할수록 주의를 기울일 수 있는 초점의 폭이 점차 좁아지는 현상

2. 불안의 종류[1]

(1) 상태불안

일시적인 특정한 상황에서 개인이 경험하는 느낌으로 불안의 원인이 환경적인 요인에 있음

① 인지불안: 걱정, 고민, 근심과 같은 인지적 요소의 불안

② 신체불안: 심박수가 높아지거나, 손에 땀이 생기는 것과 같이 신체적 활성화로 나타나는 불안

(2) 특성불안

객관적으로 위험하지 않은 상황을 위험한 것으로 받아들여 상태불안 반응을 나타내는 개인의 동기 또는 습득된 행동 성향으로 같은 상황에 대해 낮은 특성불안을 지닌 사람보다 더 높은 상태불안을 경험함

(3) 경쟁상태불안

경쟁상황에서 느끼는 불안으로 스포츠에서 뚜렷하게 나오는 불안

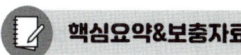

[1] 불안의 종류

상태불안	특정한 상황으로 인해 나타나는 불안
특성불안	타고난 불안이 높은 성향으로 나타나는 불안
경쟁 상태불안	경쟁상황에서 느끼는 불안

3. 불안의 측정

생리적	[측정내용] 자율신경계의 활성화로 인해 나타나는 여러 생리적 반응을 측정 [도구] 뇌전도(EEG), 심전도(EKG), 근전도(EMG), 피부저항(GSR), 발한율(plam sweat index), 심박수, 혈압, 안면근육 패턴, 신체 내의 생화학적 변화, 뇌반구의 비대칭성 등
행동적	[측정내용] 경기 참가, 중요한 테스트 등에서 나타나는 외형인 행동을 측정 [도구] 불안의 행동적 증상 기록지(checklist)
심리적	[측정내용] 각성과 불안을 측정 [도구] • 단일차원: 상태 - 특성 불안검사지(STAI), 신체 지각 설문지(SPQ), 활성 비활성 척도(ADAC), 스포츠 경쟁 특성불안 검사(SCAT) 등 • 다차원: 인지적·신체적 불안검사지(CSAQ), 경쟁상태 불안검사2(CSAI, CSAI-2), 스포츠 불안 척도(SAS) 등

4. 스트레스와 탈진

(1) 스트레스(stress)

① 내적, 외적 압력으로 인해 유기체 내에서 일어나는 모든 불특정적 반응의 총합

② 신체적 자원의 소모 정도

③ 스트레스 반응은 어떠한 특징은 없지만 일반적이고 일관된 징후로 나타남

④ 각 개인의 일상생활에서의 활동(업무, 사교, 운동 등)이 적절한 경우 유쾌스트레스로, 지나칠 경우 불쾌스트레스로 작용함

[스트레스 구분]

유쾌스트레스 (eu-stress)	• 스트레스가 가볍고, 조절이 가능함 • 스트레스가 좋은 자극이 되어 감정 또는 지적발달에 긍정적인 영향을 줌
불쾌스트레스 (distress)	• 스트레스가 심하고, 장기적임 • 조정이 불가능한 경우 면역체계를 악화시켜 질병을 유발 하기도 함

핵심요약&보충자료

(2) 론 스미스(Ron Smith, 1980)의 스트레스 관리 모형

가장 널리 알려진 모형으로 외적인 상황과 개인의 대처능력에 대한 정신적 평가가 생리적 반응에 영향을 주며 그에 따라 행동이 결정됨

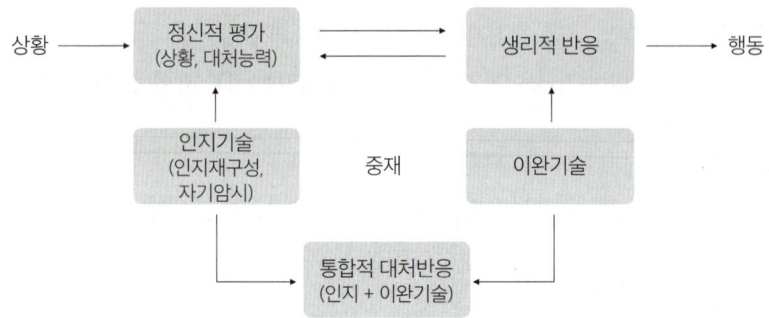

<스미스(Smith, 1980)의 인지적 - 감정적 스트레스 모형>

(3) 탈진(burnout)

① 부정적 스트레스의 일부분으로 과도한 신체 에너지 사용으로 인한 생리적 피로의 결과임

② 탈진의 영역
  ㉠ **성취감 저하**
  ㉡ **스포츠 평가절하**
  ㉢ **신체적·정서적 고갈**

③ 탈진의 원인
  ㉠ 과훈련
  ㉡ 목표 성향
  ㉢ 동기
  ㉣ 코칭행동 및 동기분위기
  ㉤ 완벽주의와 열정 등

[탈진의 영역별 특징]

성취감 저하	• 수행의 변동이 심하며, 통제감 상실 • 수행 지속적 하강 • 실력 발휘를 하지 못함 • 뒤쳐짐
스포츠 평가절하	• 진로에 대한 회의와 불신 • 시합 출전 의욕이 사라지며 즐겁지 않음 • 훈련 및 시합에 대한 무관심 • 연습이 싫증남
신체적·정서적 고갈	• 피곤해서 운동 외에 다른 일을 하지 못함 • 무기력하고 감정적으로 다운됨 • 운동을 쉬고 싶음

3 불안과 경기력 관계이론 ❶ 기출 19·21·22년

1. 추동(욕구)이론(drive theory)

① 각성과 수행의 관계가 직선(비례)적임

② 운동 초기 학습 단계보다는 기능이 숙달되었을 때 적합한 이론임

③ 각성수준이 높아지면 자동적으로 수행이 좋아지는 것이 아닌 수행자의 주반응이 나타남. 즉, 실수가 주반응인 경우 실수가 나타나고, 성공이 주반응인 경우 성공이 나타남

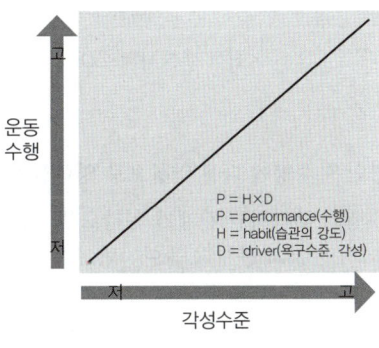

<추동 이론>

2. 역U가설(inverted-U theory)

① 각성이 아주 낮거나 지나치게 높으면 수행에 방해가 되며, 중간 정도의 각성 수준이 최고수행을 발휘한다고 보는 이론

② 적정수준이론이라고도 함

③ 적정 각성수준은 개인, 기술의 특성에 따라 달라짐

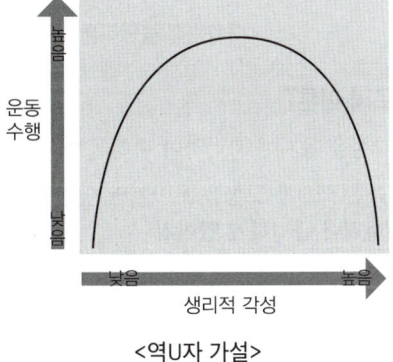

<역U자 가설>

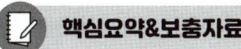

핵심요약&보충자료

❶ 불안과 경기력의 관계이론

추동(욕구) 이론(Drive theory)	각성이 높아지면 수행이 좋아진다고 보는 이론
역U가설 (inverted U theory)	각성이 낮거나 높으면 수행에 방해되며, 중간정도의 각성일 때 수행이 좋아진다고 보는 이론
최적수행지역이론(zone of optimal functioning)	개개인 마다 최고의 수행을 하는 각성 수준이 다르다고 보는 이론
다차원적 이론	인지불안과 신체불안을 나눠서 다른 양상으로 영향을 미친다고 보는 이론
격변(카타스트로피)이론	인지불안이 높은 상황에서 신체각성이 적정수준을 넘어서면 멘붕현상이 나타난다고 보는 이론
반전(전환) 이론	각성을 어떻게 생각하느냐에 따라 불안이나 흥분으로 느낄수 있다고 보는 이론으로 정서의 전환이 가능하다고 봄

용어해설

주반응: 수행자가 기술을 수행하는 선호된 방식

3. 최적수행지역 이론(zone of optimal functioning)

① 개개인의 상태불안의 차이가 크며, 선수는 **최고의 수행을 발휘할 때 자신만의 고유한 불안수준이 존재**한다는 이론

② 역U이론은 중간의 점으로 표시되지만 최적 수행지역 이론에서는 범위로 표시됨

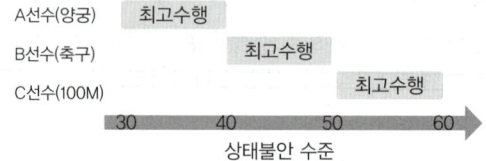

<최적 수행지역-ZOF>

4. 다차원적 불안이론

① **인지불안과 신체불안은 수행에 다른 양상으로 영향을 미친다고 보는 이론**

② 인지불안은 운동수행과 부정적인 관계가 있다고 보며, 신체불안은 적정수준까지 수행향상에 도움이 되지만 그 수준보다 높아지면 수행이 감소하게 되는 역U자와 비슷하다고 봄

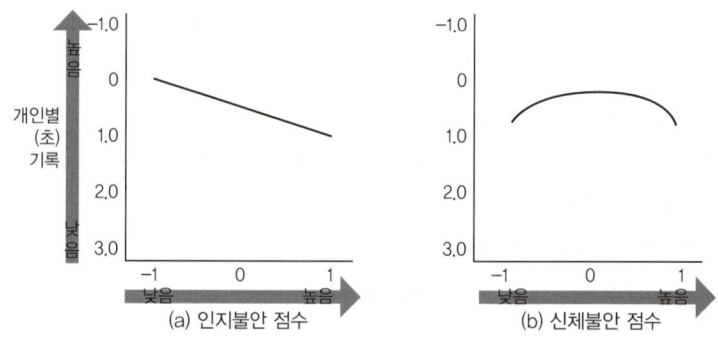

<다차원적 불안이론>

5. 격변이론(카타스트로피 이론)

① 인지불안과 신체각성을 동시에 고려하여 수행을 예측하는 3차원 비선형적 관계모형

② 인지불안이 낮을 때는 역U자 모형을 보이지만 **인지불안이 높고 신체적 각성이 어느 수준을 넘으면 수행력이 급격하게 떨어짐**

③ 카타스트로피가 발생하면 각성을 낮춰도 이전의 수행으로 바로 회복되지 않음

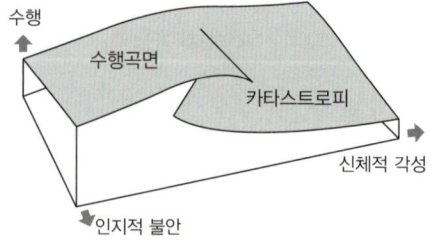

<카타스트로피 모형>

6. 반전이론(전환이론)

① 각성을 어떻게 해석하는가에 따라 높은 각성은 흥분, 불안으로 느낄 수 있고, 낮은 각성은 지루함, 편안함으로 느낄 수 있음

② **특정 각성에서 느끼는 정서를 다른 정서로 바꾸는 것이 가능**하다고 봄

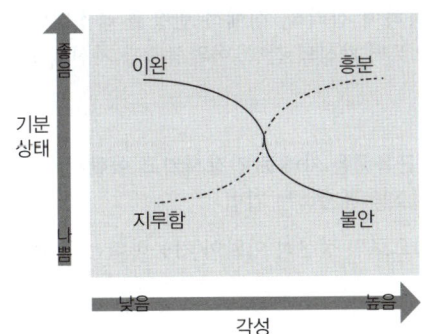

<전환 이론의 각성과 정서관계>

7. 심리에너지 이론

① **각성을 어떻게 해석하느냐에 따라 운동 수행이 달라진다고 보는** 이론

② 각성을 긍정적으로 해석하면 긍정적 심리에너지가 발생함으로 수행에 긍정적인 영향을 미치는 것으로 보며, 부정적으로 해석하면 부정적 심리에너지로 인해 각성과 수행 사이에는 부정적인 관계가 성립됨

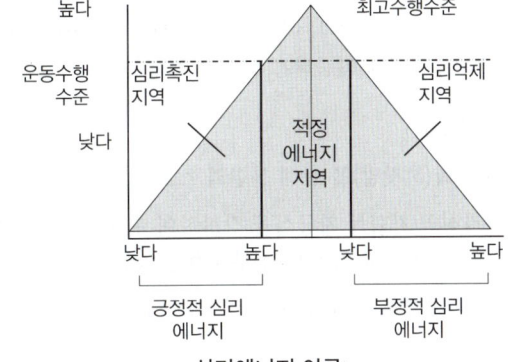

<심리에너지 이론>

핵심요약&보충자료

❶ 불안 조절 방법

바이오 피드백	특수한 장비를 활용하여 심리·신체 반응을 측정 후 정보를 알려줌으로써 긴장과 이완을 자신의 의지대로 조절하는 방법
점진적 이완기법	신체 각 부위의 근육을 차례로 긴장과 이완을 시키는 방법
호흡조절	호흡을 조절하여 이완시키는 방법
자율(자생)훈련	자기 최면을 통해 무거움, 따뜻함과 같은 느낌에 주의를 기울이는 방법
자화, 자기암시	자기 자신과 대화(혼잣말)을 활용하여 이완시키는 방법
인지 재구성	비합리적인 생각을 찾아내 긍정적인 생각으로 바꾸는 방법
명상	마음을 이완시켜 몸의 이완을 유도하는 방법
체계적 둔감화	문제 상황을 단계적으로 접근하면서 점차적으로 둔감해지게 만드는 방법

4 불안과 스트레스 관리기법❶ 기출 19·20·22·25년

1. 신체이완 기법

(1) 바이오 피드백

특수한 장비를 활용하여 심리적, 신체적 반응을 측정하여 소리 또는 그래프 등 측정된 정보를 알려줌으로써 자신의 긴장, 이완상태를 자신의 의지대로 조절하는 훈련방법

(2) 점진적 이완기법

① 신체 각 부위의 근육군을 차례로 긴장시키고 이완시키는 방법으로 불쾌 스트레스를 중화하고 스트레스를 통제하는 기법

② 신체를 이완시킴으로써 정신적 이완이 가능하다는 전제를 기초로 하고 있음

(3) 호흡조절

① 스트레스로 인해 호흡이 증가되는데 호흡을 조절함으로써 이완을 시키는 방법

② 복부를 이용해 느리고 깊게 숨을 쉬는 방법

2. 인지불안 감소기법

(1) 자율훈련(자생훈련)

① 자기최면을 통해 무거움, 따뜻함과 같은 느낌에 주의를 기울이고, 명상과 같이 수동적인 상태에서 일어나도록 하는 방법

② 6단계로 구성되어있으며, 1단계는 무거움을 느끼는 단계에서 따뜻함, 무거움, 심장박동조절, 호흡, 명치, 이마에 집중하는 순서로 진행됨

(2) 자화, 자기암시(Self-talk)

① 자기 자신과의 대화(혼잣말)를 통해 불안과 스트레스를 낮추는 기법

② 긍정적이고 합리적인 자화는 자긍심을 강화하여 수행에 긍정적인 영향을 미치며, 부정적인 자화는 자신감을 잃고, 수행에 부정적인 영향을 미침

③ 자화(자기암시)는 나쁜 습관의 교정, 주의집중, 각성 조절, 자신감 향상 등에 활용됨

(3) 인지재구성

비합리적인 생각이나 부적응적인 생각을 찾아내서 중지시키고 반격하여 합리적이고 긍정적인 생각으로 바꾸는 방법

(4) 명상

① 마음을 이완시켜 몸의 이완을 유도하는 방법

② 편안하고 수동적인 자세로 긴장이 없는 상태에서 시작하며, 호흡에만 집중하여 이완하는 방법

(5) 체계적 둔감화

① 불안 또는 스트레스 상황에서 불안반응 대신 이완반응(점진근육이완, 호흡조절 등)을 보임으로써 문제 상황을 극복하는 방법

② **불안을 유발하는 상황을 중요도에 따라 불안 자극 목록을 체계적으로 준비하고 단계적으로 긴장을 해소하는 방식**으로 문제 상황을 점차적으로 둔감하게 만드는 훈련 방법

03 동기

1 동기의 이해

1. 동기의 개념

동기는 인간이 행동을 일으키고 활력을 넣어주며, 지속 또는 중단하게 하는 심리적 원동력으로 다양한 의미로 구분됨

(1) 개인의 성격적인 특성으로 표현되는 경우
  예 매사에 동기가 강함

(2) 특정 행동의 이유 또는 외부에 영향
  예 친구들이 운동을 시작해서 함께함

(3) 특정 행동의 결과 또는 그 행동을 설명하는 의미
  예 1개월이 지나며 금연에 대한 동기가 점점 약해짐

2. 동기의 정의

(1) 동기를 <u>노력의 방향과 강도</u>로 정의함

① 노력의 방향: 사람이 특정 상황이나 행동을 추구하면서 그것을 달성하기 위해 다가가는지 또는 피하려고 하는지 의도를 뜻함

② 노력의 강도: 어떠한 특정 상황에서 노력을 많이 하는지, 적게하는지, 아예 노력을 하지 않는지를 뜻함

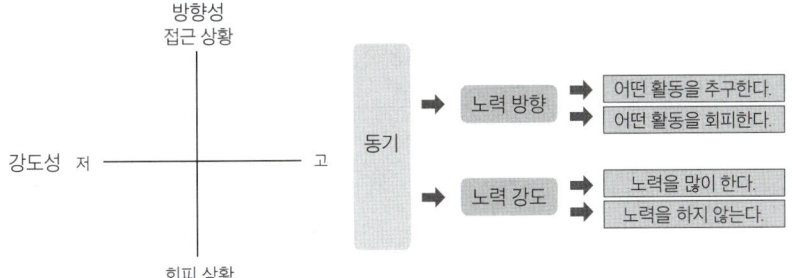

<세이지(Sage, 1977)의 노력의 방향과 강도>

[부정적 자화(자기암시)의 수정방안]

사고정지	부정적인 생각이나 말이 떠오를 때 중단시키는 기법 예 부정적인 생각이 들 때 "정지!"라고 외치거나 손뼉 치기 등
부정적인 사고 긍정적으로 바꾸기	부정적 사고와 이에 대응하는 긍정적 사고를 목록화하고 대체하는 훈련기법 예 "나는 저 선수를 만나면 실수를 한다"는 생각이 떠오르면 "정지!"라고 외치고 "내가 준비한 것에 집중하고 시합하자!"고 생각함
반격하기	부정적 생각에 대해 논리적으로 이성을 사용하는 내적 논쟁기법 예 긴상뇌는 상황에서 "나는 지금 편안하다." 생각하기보다는 논리적으로 "지금 이 상황은 모든 사람에게 긴장될 수 있는 상황이야. 편하게 호흡하고 내 것에 집중하면 잘 할 수 있어."라고 생각함
관점바꾸기	처한 상황에 대해 기존의 관점에서 벗어나 넓고 유연한 관점으로 의미를 부여하여 문제 상황을 벗어나는 언어적 기법 예 고교시절 상위권에 랭크되었던 선수가 대학 진학 후 주목받지 못하는 상황에서 '새로운 기술이나 전략을 발전시키는 시기'라고 의미 부여하며 벗어나기

[불안과 스트레스 관리의 원칙]

- 자신이 조절 가능한 것에만 주의 집중하기
- 마음속으로 연습하기
- 최악의 시나리오 생각하기
- 신체활동 및 충분한 준비운동 하기
- 인지적 전략 활용하기

> 핵심요약&보충자료

3. 동기의 관점

관점은 개인의 성격적인 특성, 상황에 따라 달라질 수 있으며, 일반적으로 특성지향 관점, 상황지향 관점, 상호작용 관점으로 구분됨

① 특성지향 관점: 사람의 성격, 태도, 목표 등이 동기를 결정한다고 보는 관점으로 환경의 영향을 설명하지 못함

② 상황지향 관점: 개인이 처한 상황 및 환경에 의해 동기를 결정한다고 보는 관점으로 개인의 기질적인 성격이 고려되지 않음

③ 상호작용 관점: 특성적 관점과 상황적 관점의 상호작용 속에서 형성된다고 보는 관점

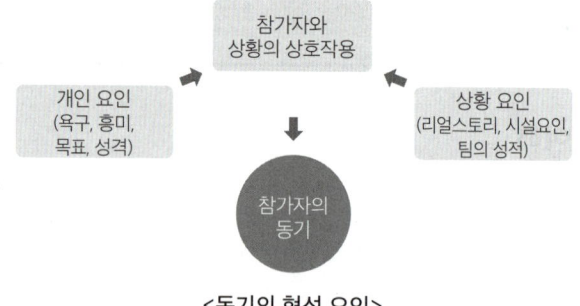

<동기의 형성 요인>

2 동기유발의 기능과 종류 및 전략 기출 22·23·24·25년

1. 동기유발의 기능

활성적 기능	어떠한 행동을 최초로 유발 및 지속, 추진하는 기능
지향적 기능	행동의 방향성을 결정해주는 기능
조절적 기능	다양한 행동을 선택 후 수행하며 목표에 맞는 선택적인 행동을 유발하는데 영향을 미치는 기능
강화적 기능	결과에 따른 정적, 부적 강화를 제공하여 다음 동기유발의 수준을 결정함

2. 동기의 종류

무동기	• 동기가 없는 상태 • 참가에 대한 의미를 느끼지 못하는 상태
내적동기	• 자기 자신의 내적 보상에 의해 생기는 동기 • 재미, 흥미, 성취감, 성공감 등
외적동기	• 외부의 보상에 의해 생기는 동기 • 상, 벌, 주변 사람들의 인정 등

[웨이스와 아모로스(M. Weiss & A. Amorose)의 스포츠재미 요소]
• 숙달성취
• 사회적소속
• 동작 감각

3. 동기유발 전략

(1) 내적동기 향상전략

① **성공경험**을 갖게 하기

② 구체적인 수행에 대한 **보상 제공**

③ 언어적, 비언어적 칭찬

④ 훈련내용 및 순서 변경

⑤ 목표설정과 **의사결정에 참여**

⑥ **실현 가능한 수행목표 설정**

(2) TARGET전략

숙달분위기를 조성하는데 효과적인 수업 전략으로 6가지의 방법이 있음

① 과제(Task): 개인적으로 도전적이며, 다양한 기술 숙달 목표를 제시

② 권위(Authority): 의사결정에 참여할 수 있는 기회제공

③ 인정(Recognition): 개인의 향상도 인정

④ 집단편성(Grouping): 여러 방식으로 집단형성 및 협동경험 제공

⑤ 평가(Evaluation): 개인의 노력, 향상도, 지속성을 기준으로 평가

⑥ 시간(Time): 학습에 필요한 충분한 시간 제공

(3) CET(Coaching Effectiveness Training)

스포츠 지도자 교육프로그램으로 5가지의 핵심원칙이 있음

① 발달모델: 승리를 중시하는 프로스포츠 모델과 긍정적인 발달 환경을 제공하는 발달모델을 구분한다. 발달모델에서는 노력과 향상을 기준으로 승리를 정의함

② 긍정적 접근: 긍정적 강화 및 기술지도를 잘해주며, 3단계 샌드위치 기법(격려 - 교정적지시 - 격려)을 활용하기

③ 상호지원: 팀원들이 서로 도와주고 지지하도록 지도하기

④ 선수참여: 의사결정에 선수를 참여시키기

⑤ 자기관찰: 지도자가 CET 가이드라인을 얼마나 지키는가를 자기 모니터링하기

 핵심요약&보충자료

[스포츠 재미와 몰입]

웨이스와 아모로스(M. Weiss & A. Amorose)의 스포츠 재미	• 숙달성취 • 사회적 소속 • 동작감각
칙센트 미하이(Csikszentmihalyi)의 몰입	인지된 기술보다 도전이 높으면 불안을 느끼고 도전이 너무 낮으면 지루함을 느낌 몰입은 도전과 기술에 대한 인식수준이 평균 이상일 때 몰입이 발생함.

핵심요약&보충자료

❶ 성취목표성향이론

과제 목표 성향	• 숙달, 발전이 목표인 성향이며, 비교의 기준이 자신임 • 도전적인 과제를 선택하고 노력하는 특징이 있음
자아 목표 성향	• 타인보다 우수함이 목표인 성향이며, 비교의 기준이 타인임 • 아주 쉽거나 불가능한 과제를 선택하는 특징이 있음

3 동기이론

1. 성취목표성향이론❶

① 개인의 성취목표를 과제목표성향과 자아목표성향으로 이분화시켜 설명하는 이론

과제목표(학습목표) 성향	• **비교의 기준이 자신**이며, 노력으로 능력을 향상시킬 수 있다고 믿음 • 새로운 것을 배우고 익히는 것이 목표인 성향 • **도전적인 과제를 선택하고, 더 많은 노력을 하는 특징이 있음**
자아목표(수행목표) 성향	• 배움보다 **자신의 능력이 남들보다 우수하다는 것을 증명**하는데 집중하는 성향 • 아주 쉬운 과제 또는 불가능한 과제를 선택하는 특징이 있음

② 최근 들어서는 과제목표성향과 자아목표성향에 접근과 회피 목표를 추가하여 2원 성취목표성향으로 구분함

[2X2 성취목표성향 하위요인]

숙달접근	스스로 많은 것을 배우려고 하는 성향
수행접근	타인보다 더 잘하려고 하는 성향
숙달회피	배워야 할 내용을 모두 배우지 못하는 것을 회피하는 성향
수행회피	다른 사람보다 능력이 낮은 것을 회피하려는 성향

2. 인지평가 이론

① 성취감 또는 책임감 등으로 동기유발되어 있는 것에 대해 외적 보상(승진, 급여 인상, 성과급)이 주어졌을 때 **개인이 타인에 의해 통제된다는 느낌**을 발생시키는 경우 동기유발이 감소될 수 있다는 이론

② **외적사건(외적보상)을 개인이 어떻게 해석하는지**에 따라 내적동기의 수준이 달라질 수 있음

③ 외적사건을 통제적 측면, 정보적 측면을 통해 해석함
　㉠ 통제적 측면은 자율성에 영향을 미침
　㉡ 정보적 측면은 유능감에 영향을 미침

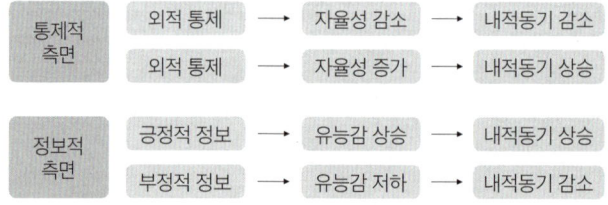

<인지평가 이론>

[보상에 대한 해석에 따른 자율성과 유능감 인식]

보상에 대한 해석	축구대회 참석	통제성 높음	진학을 위해 대회참가	자율성 낮아짐
		통제성 낮음	자발적으로 대회 참가	자율성 높아짐
	축구대회 성적	긍정적 정보	좋은 성적	유능감 높아짐
		부정적 정보	좋지 않은 성적	유능감 낮아짐

3. 자기결정성 이론

① 자기결정의 연속선상에서 외적동기와 내적동기를 설명하는 인지적 동기 이론

② **자기결정성: 자기가 스스로 결정 및 자발적인 행동**

③ 인간은 유능성, 자율성, 관계성 3가지 기본적 욕구를 갖고있다는 전제로 이러한 욕구를 충족해줄 때 최적의 웰빙을 느낌

 ㉠ 유능성: 자신의 종목에서 잘한다는 생각

 ㉡ 자율성: 자발성, 자기주도성

 ㉢ 관계성: 타인과의 관계

[자기결정성 연속체 및 동기유형]

무동기	외적동기				내적동기		
	통제적 외적동기		자율적 외적동기				
-	외적규제	내사규제	확인규제	통합규제	지식습득	과제성취	감각체험

자결성 낮음 ←——————————————→ 자결성 높음

④ 외적동기❷를 4가지로 구분하였음

 ㉠ 외적규제: **보상을 얻기위한 목적, 처벌을 피하기 위한 목적**

 ㉡ 내사규제(의무감규제): **죄책감이나 창피함을 피하기 위한 목적**, 자신의 가치를 높이기 위한 목적

 ㉢ 확인규제: **스스로 중요하다고 생각되는 혜택**을 확인 또는 인식하기 때문에 하는 행동

 ㉣ 통합규제: **자기결정성이 가장 높은 외적동기**로 자신이 갖고있는 가치와 자신에 대한 생각이 일치할 때 나타남

⑤ 내적동기를 3가지로 구분하였음

 ㉠ 지식 내적동기: 새로운 것을 배우고 알아가는 것이 좋아서 참석함

 ㉡ 성취 내적동기: 어려운기술을 숙달 및 높은단계에 도달하는 것이 좋아서 참석함

 ㉢ 자극 체험 내적동기: 활동에서의 재미, 짜릿함, 미적 즐거움이 좋아서 참석함

4. 동기 분위기 이론

① 개인이 속해있는 환경을 어떻게 인식하는지를 동기 분위기라고 함

② 동기 분위기는 집단의 목표, 리더의 행동, 동료의 상호작용, 개인의 인식 등을 통해 결정됨

③ **숙달적 동기분위기**와 **수행적 동기분위기**로 구분됨

[동기분위기 유형]

숙달적 동기분위기	개인적인 기준 또는 노력 향상도에 관심이 있음
수행적 동기분위기	타인과의 비교를 강조하며, 타인보다 못하거나 잘하는 것에 관심이 집중됨

핵심요약&보충자료

❷ 외적동기

외적규제	보상 또는 처벌을 위한 목적이 있음
내사(의무감)규제	죄책감, 창피함을 피하기 위하거나 자신의 가치를 높이기 위한 목적이 있음
확인규제	스스로에게 중요한 혜택을 인식 및 확인하기 때문에 하는 목적이 있음
통합규제	자신이 갖고 있는 가치와 자신에 대한 생각이 일치하기 때문에 행동함

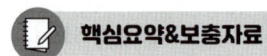 핵심요약&보충자료

4 귀인과 귀인훈련 기출 19·20·22·23년

1. 귀인의 개념
- ① 행동의 결과가 나온 후 **결과의 원인을 어떻게 해석하는가**를 의미함
- ② 귀인을 어떻게 하는지에 따라 **미래의 성공과 실패를 예측할 수 있음**

2. 웨이너(Weiner)의 귀인 모형
수많은 사건의 원인(결과의 이유)을 **인과성의 소재, 안정성, 통제 가능성**이라는 3차원으로 분류함

(1) 인과성 소재
- ① 성공과 실패의 원인이 **내적(본인)에 있는지, 외부(타인 또는 환경 등)에 있는지를 의미함**
- ② 자부심과 연관되어 있음

(2) 안정성
- ① 사건의 원인이 **시간이 지나도 지속적인지, 때와 장소에 따라 수시로 바뀌는지를 의미함**
- ② 미래의 성공과 실패에 대한 기대와 연관되어 있음

(3) 통제 가능성
- ① 사건의 원인이 **자신이 통제할 수 있는 것인지 통제밖에 있는 것인지를 의미함**
- ② 타인에 대해 느끼는 감정, 도덕적 판단과 연관이 있음

[웨이너(Weiner)의 3차원 귀인모형]

구분		인과성의 소재			
		내적		외적	
		안정적	불안정적	안정적	불안정적
통제가능성	통제가능	지속적인 노력	일시적 노력	타인의 지속적 노력	타인의 일시적 노력
	통제불가능	능력	기분(무드)	과제난이도	운

3. 귀인 재훈련
- ① 실패에 대한 부적절한 귀인을 긍정적이고 미래 지향적으로 변화시켜 적절한 귀인 패턴을 발전시키는 것임
- ② 성공은 통제 가능하고, 내적이며, 안정적인 요인으로, 실패의 원인은 노력 부족, 전략 미흡으로 믿도록 귀인을 바꾸는 것임
- ③ **학습된 무기력을 지닌 사람에게 귀인 재훈련**이 효과적임

♀ 용어해설
학습된 무기력: 나쁜 결과가 나온 것에 대해 통제감을 상실한 것(실패할 수밖에 없다고 믿는 것)

04 목표설정

1 목표설정의 개념과 유형 기출 20·23·25년

1. 목표의 개념

(1) 목표의 정의
개인이 달성하고자 하는 것으로 정해진 기간에 어떤 행동을 통해 도달하고자 하는 향상 기준

(2) 목표의 속성
① 목표의 내용: 달성하고자 하는 목적이나 결과
② 목표의 강도: 목표달성을 위해 투자하는 시간 또는 노력

(3) 목표의 유형❶
주관적 목표, 객관적목표 또는 **결과목표, 수행목표, 과정목표**로 구분

주관적 목표	기준이 자기 자신에게 있으며, 개인에 따라 다르게 해석할 가능성이 높음 예 최선을 다하자, 즐겁게 하자
객관적 목표	구체적인 수치 또는 객관적인 기준을 설정한 목표 예 3개월 이내에 몸무게를 5kg 빼겠다
결과 목표	• 경기에 승리 또는 대회에서 우승과 같이 시합 결과에 중점을 둔 목표 • 달성여부가 본인이 통제할 수 없는 요인에 영향을 많이 받음 • 동기 유발에 효과적으로 단기적으로 동기를 끌어내는 효과가 있음 예 대회 우승하기, 프로선수로 선발되기
수행 목표	• 수행에 대한 목표를 달성하는데 중점을 두는 목표 • 달성의 기준이 자신의 과거 기록이 되는 경우가 많으며, 자신이 통제 가능한 요인을 많이 적용함 예 패스성공률을 70%에서 80%로 향상시키겠다
과정 목표	• 동작을 잘 수행하기 위해 핵심적으로 필요한 행동에 중점을 두는 목표 • 자신감을 높이고 인지불안을 낮추는데 효과적임 예 축구에서 슈팅할 때 공을 끝까지 보자

(4) 목표의 중요성
① 행동의 변화
   ㉠ 과제의 핵심에 주의를 집중시킴
   ㉡ 수행자가 노력할 수 있도록 도와줌
   ㉢ 노력뿐만 아닌 지속하게 해줌
   ㉣ 새로운 학습 전략을 개발함
② 생각과 감정의 변화
   ㉠ 중요한 단서에 집중하도록 함
   ㉡ 목표를 통해 긍정적인 생각을 할 수 있음
   ㉢ 목표로 인해 주의 전환, 긍정적인 생각을 통해 감정조절이 가능함

---

❶ 목표의 유형

결과목표	경기결과에 중점을 두는 목표
수행목표	수행에 대한 목표를 달성하는데 중점을 두는 목표
과정목표	동작을 잘 수행하기 위한 핵심적인 행동에 중점을 두는 목표

핵심요약&보충자료

[SSMARTER 기법]
- Self-determined: 스스로 결정한 목표가 내적동기를 높임
- Specific: 목표가 정확히 무엇을 해야하는지 나타나야 함
- Measurable: 목표는 측정이 가능해야 함
- Action oriented: 목표는 행동실천 전략을 포함하여야 함
- Realistic: 현실적으로 달성할 수 있어야 함
- Time based: 목표달성 기한을 정해놓아야 함
- Evaluate: 피드백을 반영하여 목표를 조정함
- Revise: 목표를 달성하면 새로운 목표를 설정함

2. 목표설정의 개념

(1) 목표설정의 정의

목표에 효과적으로 도달하기 위해 활용되는 기법

(2) 효율적인 목표설정 원리

① 구체적인 목표 설정하기: 시간, 속도, 빈도와 같이 측정 및 평가 가능한 구체적인 목표 설정

② 긍정적인 목표 설정하기: 원하는 행동을 긍정적인 용어를 활용하여 설정

③ 도전적이지만 실현 가능한 목표 설정하기: 어렵지만 노력으로 성취할 수 있는 목표 설정

④ 결과목표와 과정목표 함께 설정하기: 결과목표를 달성하기 위한 과정 중에는 과정목표에 집중하며, 결과목표가 저절로 달성하도록 함

⑤ 단기목표와 장기목표 모두 설정하기: 장기목표를 세워 최종목표에 대한 방향성을 설정하고 단기목표를 세우는 것이 효과적임

⑥ 목표를 기록하고 보이는 곳에 부착하기: 자주 상기할 수 있는 곳에 기록하여 목표 성취를 확인하는 것이 효과적임

2 목표설정과 수행력의 관계

1. 로크와 래덤(Locke & Latham)의 목표설정 모형

(1) 목표가 수행에 미치는 영향

① 주의집중: 목표는 과제의 핵심에 주의를 집중시킴

② 노력: 목표는 수행자가 노력을 하도록 도와줌

③ 인내심: 목표는 노력을 지속시킴

④ 새로운 학습전략 개발: 목표는 새로운 학습전략을 개발하도록 함

(2) 로크와 래덤(Locke & Latham)의 목표설정에 대한 핵심 주장

① 목표 구체성: 구체적인 목표가 모호한 목표보다 효과적임

② 목표 난이도: 쉬운 목표보다 실현가능한 약간 어려운 목표가 더 효과적임

③ 목표 근접성: 단기목표는 융통적이며 통제가능하며, 장기목표 또한 중요한 역할을 함

④ 목표 유인가: 긍정적 목표가 부정적 목표보다 효과적임

⑤ 목표 집단성: 개인목표와 함께 집단목표를 세우는 것도 중요함

2. 버튼(Burton)의 인지이론

① 스포츠 상황에만 적용되는 전문 이론임

② 선수의 결과 또는 수행 목표가 불안, 동기, 자신감과 밀접하게 관련이 있음을 밝힘

㉠ 결과목표에만 집중할 경우: 원하는 미래에 대한 비현실적 기대로 자신감은 떨어지고 인지 불안은 높아질 수 있으며, 이는 노력 및 수행 저하로 이어짐

㉡ 수행목표에 집중할 경우: 선수 자신이 목표 통제 및 융통적 조절이 가능하여 결과에 대한 현실적인 기대를 하도록 하며, 이는 수행 향상으로 이어짐

3 집단목표설정

1. 집단목표의 개념
① 집단목표란 정해진 기간에 집단이 달성해야 할 특정 기준
② 집단목표설정을 통해 동기부여, 응집력 강화와 같은 행동의 변화를 이끌어 낼 수 있음

2. 집단목표의 유형

목표유형	예시
선수 개인의 자기 목표	팀 내 득점 1위 달성
팀을 위한 개인의 목표	팀의 우승을 위해 매 경기 2골씩 넣기
팀의 목표	이번 시즌 우승
개인을 위한 집단 목표	우리 팀 에이스 선수 최우수선수상 받게 해주기

3. 집단목표 원칙
① 장기목표 설정하기
② 장기목표를 달성하기까지 여러 단기목표를 분명하게 설정하기
③ 팀목표 설정의 과정에 모든 구성원 참여시키기
④ 팀목표 달성 정도 체크하기
⑤ 팀목표 달성에 대해 보상 부여하기
⑥ 팀목표에 대한 팀 자신감과 유능감을 높이기

05 자신감

1 자신감의 개념과 특성

1. 자신감의 개념
① 주어진 과제를 성공하거나 목표를 성취할 수 있다는 자신의 능력에 대한 믿음으로 '능력에 대한 믿음'과 '확신의 상태'를 포함함
② 자신감과 유사한 개념으로는 자기효능감, 낙관주의가 있음

2. 자신감 향상 방법
① 오랜 시간 동안 적절한 훈련과 연습을 통해 후천적으로 향상시킬 수 있음
② 긍정적인 피드백뿐만 아닌 부정적인 피드백을 자신의 기술, 자세적인 부분을 수정하고 행동전략으로 재해석하여 사용하는 경우 자신감을 향상시킬 수 있음
③ 성공 후 타인의 시선에 의한 부담이나 중압감에 시달리기보다 자신을 점검하여 조절 가능한 것에 과정목표를 세우고 집중하는 것이 도움이 됨
④ 실수는 운동수행의 과정이나 학습의 일부라는 것을 인지하고, 실수 후 대처방법을 미리 훈련에서 연습하는 것이 도움이 됨

용어해설
- 자기효능감(Self-efficacy): 성공적인 과제 해결을 위해 다양한 지식과 기술을 상황에 맞게 적용할 수 있는 능력에 대한 믿음
- 낙관주의(optimism): 미래에 대한 긍정적인 기대

핵심요약&보충자료

① 자신감 이론

반두라(Bandura)의 자기효능감 이론	자기효능감은 성공경험, 대리경험, 사회적설득, 신체적·정서적 상태에 영향을 받는다는 이론
하터(S. Hater)의 유능성 동기이론	성공적 수행은 자기효능감과 유능성에 영향을 미치고, 실패는 부정적 정서와 낮은 유능성에 영향을 미친다고 보는 이론
폭스(Fox)의 신체적 자기개념 모형	위계적 모형을 제안하였으며, 하위 영역이 충족되면 신체적 자기가치가 향상되며, 신체적 자기가치가 향상되면 전반적 자기존중감이 향상된다고 보는 이론

3. 자신감이 있는 선수들의 특징
① 차분하게 경기에 임함
② 주의집중을 잘함
③ 훈련이나 경기에서 더 노력함
④ 목표를 성취하지 못하면 더 노력함
⑤ 더욱 적절한 경기전략을 활용함
⑥ 회복 탄력성이 높음

2 자신감의 이론 및 구성요소① 기출 19·21·23·24년

1. 반두라(Bandura)의 자기효능감 이론
자기효능감은 성공경험, 대리경험, 사회적 설득, 신체적·정서적 상태에 영향을 받는다는 이론
① 성공경험: 성공경험은 많을수록 자기효능감 향상에 영향을 주며, 운동을 배우는 초기에는 실패를 경험하거나 노력을 많이 했음에도 불구하고 실패하는 경우에는 자기효능감에 부정적인 영향을 미침
② 대리경험: 자신과 실력이 비슷하거나 체격이 비슷한 사람이 운동수행을 성공하는 모습 또는 마음에 떠올리면 자기효능감이 향상됨
③ 사회적 설득: 코치, 감독, 부모님, 친구 등 우리의 삶에 큰 영향을 미치는 대상의 격려 또는 칭찬은 자기효능감의 중요한 정보원이 됨
④ 신체적·정서적 상태: 신체, 정서 상태가 최상일 때 자기효능감에 영향을 미치며, 경기력 향상으로 이어짐

2. 하터(S. Hater)의 유능성 동기이론
① 숙달 시도에서 성공을 하면 자기효능감과 유능성이 향상되어 높은 유능성으로 과제에 더 많은 노력을 기울이며, 숙달시도에서 실패할 경우 부정적인 정서를 갖고 낮은 유능성동기로 인해 결국 포기한다고 보는 이론
② 유능성동기는 숙달을 통해 충족됨
③ 유능성 동기에는 동기 지향성, 지각된 유능성, 통제감 이 세가지의 요인이 있음
　㉠ 동기지향성: 특정 과제에 대한 흥미를 느끼며, 수행할 가치가 있다고 판단하는 것
　㉡ 지각된 유능성: 특정 과제에 대한 자부심의 정도
　㉢ 통제감: 특정과제에 성공, 실패에 대한 책임감을 느끼는 정도

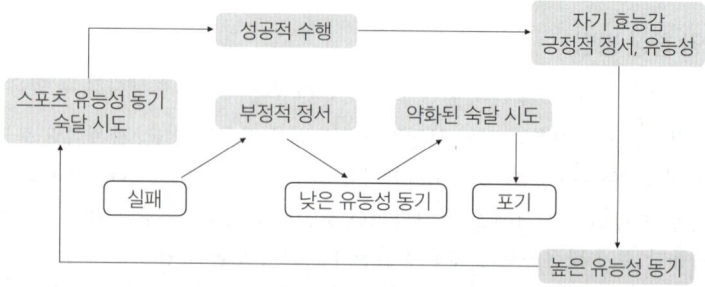

<하터(S. Hater)의 유능성 동기이론>

3. 폭스(Fox)의 신체적 자기개념 모형

① 자기 신체에 대한 능력과 상태 측면에서의 자기개념

② **위계적 모형**을 제안하였으며, **전반적 자기존중감, 신체적 자기가치, 스포츠유능감, 신체적 힘, 신체매력, 신체적 컨디션 순**으로 모형을 구성함

　㉠ 스포츠 유능감: 운동능력, 스포츠 기술 학습능력, 스포츠에서 자신감에 대한 인식

　㉡ 신체적 힘: 근력, 근육발달, 근력이 요구되는 상황에서의 자신감에 대한 인식

　㉢ 신체매력: 외모에 대한 매력 인식, 매력적 신체를 유지하는 능력, 외모에 대한 자신감

　㉣ 신체적 컨디션: 신체 컨디션, 스테미너, 체력에 대한 인식

　㉤ 신체적 자기가치: 신체적 자아에 대한 행복, 만족, 자부심, 존중, 자신감에 대한 일반적인 느낌

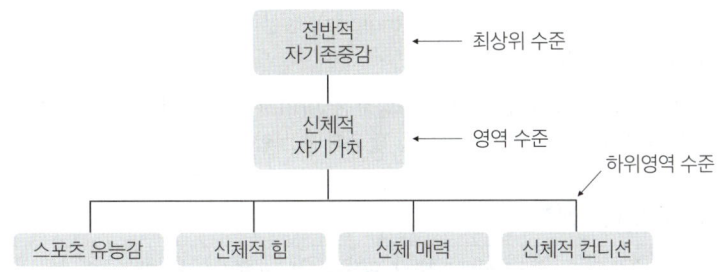

<폭스(Fox)의 신체적 자기개념 위계적 모형>

4. 스포츠 자신감

① 스포츠 상황에서 성공하기 위한 능력을 갖고있다는 확신의 정도 또는 신념

② 스포츠 자신감의 3가지 원천은 성취, 자기조절, 사회적 분위기로 구성됨

　㉠ 성취: 숙달, 능력입증

　㉡ 자기조절: 신체적·정신적 준비, 신체적 자기제시

　㉢ 사회적 분위기: 사회적지지, 간접체험, 지도자 리더십, 환경 쾌적성, 상황적 유리함

5. 자신감 구성요소

성취(성공경험), 준비(신체적·심리적 준비), 자기조절, 모델링, 피드백, 기타(지도자의 리더십, 환경적 요인 등)

06 심상

1 심상의 개념 `기출` 20·24년

1. 심상의 개념

① 모든 감각을 활용하여 **마음속으로 어떤 경험을 떠올리거나** 새롭게 만들어내는 것을 의미함
  ㉠ 재현과 창조: 마음속으로 재현 및 새로 만들 수 있음
  ㉡ 다양한 감각동원: 시각, 후각, 청각, 미각, 촉각, 운동감각 등 다양한 감각을 동원하여 선명한 이미지를 마음속으로 그리는데 효과적임

② 심상과 유사한 의미로는 정신연습(mental practice), **이미지트레이닝(image training)**, 심리연습, 정신훈련(mental training), 정신적 리허설(mental rehearsal), 시각화(visualization) 등이 있음

③ 자신이 특정 기술을 완벽하게 수행하는 이미지를 그리면서 성공적인 수행을 준비할 수 있으며, 시합 이전에 심상을 활용하면 시합 분위기, 에너지 수준에 도움이 됨

2. 심상의 관점과 요소 ❶

심상의 관점	내적심상	• **자신의 관점**에서 동작의 수행장면을 상상하는 것 • 이마에 카메라를 달아 찍어 보는 시점과 유사함
	외적심상	• **외부 관찰자의 시점**에서 상상하는 것 • 다른사람이 촬영한 자신의 영상을 보는 시점과 비슷함
심상의 요소	선명도	• **심상 이미지와 실제 이미지가 같을수록** 좋은 심상임 • 다양한 감각을 동원하는 것이 효과적
	조절력	• **이미지를 원하는대로 조절**하는 능력 • 실패하거나 실수하는 장면을 반복하여 떠올리면 조절력이 좋지 않은 것

❶ 심상의 관점과 요소

내적심상	자신의 관점에서 동작수행 장면을 상상하는 것
외적심상	타인의 시점으로 동작수행 장면을 상상하는 것
선명도	심상 이미지와 실제 이미지가 얼마나 같은가
조절력	이미지를 내가 원하는 대로 조절이 가능한가

2 심상의 효과 및 이론 `기출` 22·25년

1. 심상의 효과

(1) 자신감 향상

목표를 성취하는 자신을 보고 느끼면서 자신의 능력의 한계를 확대시킴

(2) 동기유발

과거 경기 회상 및 미래 경기 상상은 훈련이나 경기 동안의 인내심과 노력의 강도를 유지하는데 도움이 됨

(3) 에너지 수준관리

이완되는 이미지를 통해 긴장과 불안을 해소하거나 힘을 내게 하는 이미지를 상상하여 에너지 수준을 향상시킴

(4) 기술의 학습과 완성

동작을 천천히 상상하면서 복잡한 기술을 단순화하거나 기술적인 실수를 효과적으로 분석하는 등 훈련의 일부로 활용함

(5) 재집중
집중에 방해되는 요인 및 중요한 요인을 재확인함으로써 재집중할 수 있는 요인을 확인하는데 도움이 됨

(6) 시합준비
어려운 상황에 있다가 성공적으로 극복하는 자신을 상상함으로써 시합에서의 예상치 못한 일에 대비함

2. 심상의 이론

(1) 심리신경근 이론(근육 기억)
① 운동선수가 특정 움직임을 상상할 때 **실제 근육의 움직임은 일어나지 않지만 뇌와 근육에는 실제와 유사한 자극이 일어난다는 것**
② 즉, 심상은 신체적인 움직임은 없으나 관련 근육을 실제 움직이는 것과 동일한 순서 및 자극을 통해 근육을 강화시킴

(2) 상징학습 이론
심상은 **움직임에 대한 청사진을 그리거나 움직임을 기호화**하여 운동수행을 원활하게 하고, 잘 이해시키며, 자동화시키게 함

(3) 생물정보이론(생체정보이론)
심상은 뇌의 장기기억에 저장되어 있는 전제 혹은 특징이며, 심상을 할 때 자극전제와 반응전제가 활성화 됨. 심상을 할 때 여러 반응전제를 포함해 수정하고 강화하는 것이 중요함

3 심상의 측정과 활용

1. 심상의 측정

(1) 측정 도구
심상을 측정할 수 있는 도구로 마튼즈(Martens, 1987)가 개발한 스포츠 심상질문지가 있음

(2) 측정 방법
4가지 상황을 상상하는 능력을 시각, 청각, 운동감각, 기분상태, 조절력으로 세분화 하여 측정함
① 혼자서 연습하는 상황
② 타인이 보고 있는 상황
③ 동료선수를 관찰하는 상황
④ 시합 출전 상황

용어해설
- 자극전제: 상상해야 할 상황의 조건 특성
- 반응전제: 특정상황에서 심리적, 행동적, 생리적 반응

핵심요약&보충자료

2. 심상의 활용 목적

집중력 향상	성공장면을 상상하고 특정 상황에 어떻게 해야 하는지 떠올리면 집중력을 향상시킬 수 있음
동기강화	자신이 금메달을 따는 장면을 상상하면 동기를 향상시킬 수 있음
자신감 구축	숙달심상 등을 활용하여 자신감을 향상시킬 수 있음
감정통제	무기력할 때는 심상을 활용하여 각성 수준을 높일 수 있으며, 너무 불안할 때는 각성을 낮출 수 있음
스포츠 기술 습득, 연습 및 교정	연습한 기술을 미세하게 조정 및 문제점을 찾아 수정전략을 세울 수 있음
전략 습득 및 연습	경기에 대한 새로운 전략을 개발 또는 습득이 가능함
시합대비	시합 장소 또는 장면 등을 상상하면서 집중력을 높일 수 있음
통증과 부상 회복	부상 부위에 회복속도를 높이고 기술 퇴보를 막을 수 있음
문제해결	문제를 파악하고 과거 성공적인 동작을 했을 때와 비교 가능

3. 심상훈련의 절차

(1) 심상의 이해 및 교육

　심상에 대한 이해도를 높이고 어떤 효과가 있는지 교육하는 단계

(2) 심상기술 평가 및 향상

　개인의 심상기술을 평가 후 훈련전략 수립

(3) 심상의 사용

　선명도와 조절력, 감각 인식을 강조하여 훈련 진행

(4) 심상의 평가 조정 및 개선

　심상에 대한 목표달성 여부, 개선이 필요한 부분 평가

[효과적인 심상을 위한 가이드라인]

- 꾸준하게 훈련하기
- 모든 감각을 동원하여 선명도를 높이기
- 내적, 외적 관점을 모두 활용한 심상을 하기
- 시합뿐 아닌 연습에도 심상사용하기
- 영상, 음성 등을 활용하여 심상능력 향상하기
- 실제 시간과 동일하게 진행하기
- 심상일지 적기

07 주의집중

1 주의집중의 개념과 유형 기출 21년

1. 주의집중의 개념
불필요한 주의산만 요인들을 차단하고 관심있고 중요한 단서에 몰입하는 인지 과정

2. 주의의 유형
(1) **주의의 방향**: 방향은 외적이거나 내적 둘 중 하나로 구분됨
   ① 내적방향: 개인의 생각과 느낌에 초점을 맞춤
   ② 외적방향: 신체 외부의 목표 또는 경기에 초점을 맞춤

(2) **주의의 폭**: 폭은 좁은 주의에서 넓은 주의로 연속선상에 있음
   ① 협역(좁음): 자신의 시야로 들어오는 좁은 범위
   ② 광역(넓음): 자신의 시야로 들어오는 넓은 범위

[주의집중 모형]

	광역		
내적	전략계획, 수행분석 (코치, 감독, 키퍼 등)	많은 양의 외부정보 수집 (농구의 가드, 축구의 미드필더)	외적
	정신적 연습(심상) (경기 전)	특정한 목표 (양궁, 사격, 골프 등)	
	협역		

(3) 유형별 장단점

	광역	협역
내적	넓은 - 내적(내면의 큰 그림을 분석) **장점** • 한 번에 많은 정보 분석 가능함 • 경기 계획이나 전략개발에 필수적임 **단점** • 과도한 분석을 하게 될 수 있음 • 과제와 상관없는 것까지 생각하게 되어 생각이 너무 많아질 수 있음	좁은 - 내적(내면의 생각에 초점을 둠) **장점** • 하나의 생각 또는 단서에 초점을 둠 • 자신의 신체지각, 에너지관리, 심상에 필수적임 **단점** • 압박감을 느낄 수 있음 • 내면의 상태로 주의가 분산될 수 있으며, 자신의 생각에 갇힐 수 있음
외적	광의 - 외적(외부 환경을 평가함) **장점** • 빠른 상황 판단이 가능함 • 환경 관련 모든 단서를 지각하는데 필수적임 **단점** • 관련이 없거나 주의를 분산시키는 단서에 초점을 둘 수 있음 • 속임수에 쉽게 넘어갈 수 있음	협의 - 외적(하나의 대상에 초점을 둠) **장점** • 하나 또는 두 개의 주요 목표물에만 집중할 수 있음 • 주의분산 요인 차단에 필수적임 **단점** 주의의 폭이 너무 좁아서 중요한 단서를 놓칠 수 있음

> **선생님 TIP** 주의유형의 신속한 전환
> • 주의를 하나의 영역에만 머무르면 실수로 이어질 가능성이 높음
> • 주의유형은 상황에 따라 자동적으로 달라져야 함

용어해설
• 주의: 개인이 관심을 기울일 대상을 선정하는 능력
• 집중: 주위로부터 받아들인 정보를 개인의 상황에 맞게 적합한 주의를 유지하는 것

핵심요약&보충자료

2 주의집중의 특징과 측정

1. 주의집중의 특징

(1) 주의의 용량

한 번에 처리할 수 있는 정보의 양이 제한되어 있으므로 과제 수행에 있어 '조절적 과정'에서 '자동적 과정'이 가능하도록 훈련 필요

① 조절적 과정: 초기에 기술을 학습하는 과정에서 주의를 기울이는 것

② 자동적 과정: 훈련을 통해 다양한 스트레스 상황에서도 주의를 기울임 없이 자동적으로 과제를 수행하는 것

(2) 주의의 준비

선수들의 정서 상태(불안, 각성 등)에 따라 주의가 달라지므로 자신의 최적의 각성수준을 알고 이를 유지하여 필요한 단서에만 주의를 기울일 수 있는 훈련 필요

(3) 주의의 선택

외적 요인과 내적 요인 등 방대한 양의 자극에서 자신의 주의 초점을 선택할 수 있음

① 외적 주의분산 요인: 관중의 소리, 심판, 날씨, 상대 선수 등

② 내적 주의분산 요인: 걱정, 피로, 스트레스 등

2. 주의집중의 측정

(1) 주의집중 측정 방법

검사지 기법, 생각추출기법, 관찰분석법, 심리생리적 기법, 격자판 검사, 인터뷰, 실제 경기력 측정 등

(2) 주의유형 검사지

Nideffer(1976)의 TAIS(Test of Attentional and Interpersonal Style)로 6개 하위요인과 12문항으로 구성

(3) 주의집중 검사지

유진(1996)의 운동선수 심리적 기술 검사지로 6개 요인과 43개 문항으로 구성

3 주의집중의 향상기법 기출 20·25년

(1) 주의가 산만해질 수 있는 요인에 노출된 상태에서 운동수행과 관련된 단서에 집중하도록 함

(2) 종목과 상황에 적합하도록 주의초점 전환 훈련을 진행함

(3) 과거의 실수 또는 미래에 집중하기 보다는 현재 진행하는 수행에 집중

(4) 선수 본인에게 맞는 적정 각성수준 찾기

(5) 집중이 분산되는 요인을 찾고 자신에게 효과가 있는 단서를 찾아 재집중훈련 진행

(6) 조절가능한 것(생각, 감정, 몸의 감각 등)에 집중

(7) 수행 전 루틴 개발 및 연습

08 루틴

1 루틴의 개념과 효과 기출 25년

1. 루틴의 개념
① 최상의 수행을 위해 필요한 이상적인 상태를 갖기 위해 **자신만의 고유한 행동 또는 절차**를 뜻함
② 선수들이 일정하게 수행하는 습관화된 절차로 경기력에 영향을 미치는 여러 요인(신체적·심리적·정서적·환경적 요인 등)을 조절하고 영향력을 최소화하여 훈련과 경기에서 일관성을 유지하고 경기력을 향상시킴

2. 루틴의 효과

경기의 준비	• 신체적 측면에서 준비운동, 이완, 에너지 관리 전략 등을 통해 신체적 컨디션을 관리할 수 있게 함 • 심리적인 측면에서 목표설정, 혼잣말, 심상 등을 활용해 심리적인 준비를 할 수 있게 함 • 기술적·전술적 측면에서 경기 전 관련 기술이나 전술을 점검하는 것으로 자신의 운동수행을 준비하는데 도움을 줌 • 운동수행에 적합하게 장비를 점검할 수 있음
조절 가능한 요인에 집중	• 운동수행에 관련된 주요 요인들을 조절하는데 도움이 됨 • 경기력에 영향을 미치는 요인 중 조절이 가능한 호흡, 태도, 감정 등에 주의와 노력을 기울여 경기력을 극대화 함
예상치 못한 경기상황 변화에 적응	운동수행을 준비하게 하며 경기중 불확실성에 적응할 수 있는 유연성을 기르게 함
자기지각	자기지각을 가능하게 하여 외적요인에 적절하게 대처하게 하여 경기력 수준을 유지함
통합	운동행동과 관련된 신체적·심리적·행동적 요인을 통합하게 하여 불안을 감소시키고 집중력을 향상시킴

2 루틴의 유형❶

경기 전 루틴	준비운동 또는 시합에서 중요한 순간 많은 집중이 필요할 때 실시하는 특정한 행동절차로 식사, 경기 전술 재점검, 장비 점검, 동료와의 대화 등이 고려되어야 함
수행 간 루틴	골프, 다이빙, 레슬링과 같은 경기시간이 이어지지 않는 스포츠에서는 경기수행 간 시간이 경기력을 결정함. 휴식, 재정비, 재집중 루틴이 고려되어야 함
경기 후 루틴	경기의 성공의 여부와 관계없이 경기 경험으로부터 성장을 위해 신체적인 부분, 심리적인 부분, 장비 부분을 점검하여 다음 경기를 준비함
미니 루틴	• 특정한 동작을 하기 직전의 루틴으로 수행루틴이라고도 함 • 시합의 규칙에서 벗어나지 않는 범위 내에서 간결하게 함

❶ 루틴의 유형

경기 전 루틴	경기 전에 하는 루틴으로 준비운동, 식사 등이 있음
경기 후 루틴	경기 결과와 관계없이 신체, 심리, 장비를 점검하는 루틴
미니 루틴	특정한 동작을 하기 전의 루틴

출제예상문제

Chapter 03 스포츠수행의 심리적 요인

01 <보기>의 이론에 대해 올바른 것은?

<보기>
- 무의식이 인간의 사고와 행동에 영향을 주며, 성격과 행동을 결정하는 핵심원동력이라고 보는 이론
- 인간의 성격을 원초아, 자아, 초자아로 구분지은 이론

① 프로이트(Freud)의 정신역동이론
② 반두라(Bandura)의 사회학습이론
③ 커텔(Cattell)의 특성이론
④ 매슬로(Maslow)의 욕구 위계 이론

정답분석 프로이트(Freud)의 정신역동이론은 무의식이 인간의 사고와 행동에 영향을 주며, 성격과 행동을 결정하는 핵심원동력이라고 보는 이론이며, 인간의 성격을 원초아, 자아, 초자아로 구분지은 이론이다.

선지분석
② 반두라(Bandura)의 사회학습이론: 개인의 심리적 기능을 개인의 고유성보다는 개인요인과 환경요인의 상호작용으로 설명하는 이론이다.
③ 커텔(Cattell)의 특성이론: 성격특성을 표면특성과 기본특성으로 구분한 이론이다.
④ 매슬로(Maslow)의 욕구위계이론: 인간은 가치있는 삶을 위해 스스로 개인적인 목표를 추구하는 존재라고 주장하며, 욕구의 중요성에 따라 하위욕구가 만족되면 상위의 욕구를 의식한다고 주장하는 이론이다.

정답 ①

02 웨이스(M. Weiss)와 아모로스(A. Amorose)의 스포츠 재미요소가 아닌 것은?

① 숙달성취
② 사회적소속
③ 내적동기
④ 동작감각

정답분석 웨이스와 아모로스의 스포츠 재미요소로는 숙달성취, 사회적소속, 동작감각으로 구성되어 있다. 내적동기는 자기 자신의 내적 보상에 의해 생기는 동기로 스포츠 재미의 상위요소이다. 즉, 스포츠 재미가 있으면 내적동기가 향상된다.

정답 ③

03 <보기>에서 설명하는 정서의 모형은 무엇인가?

<보기>
원형 모형은 활성과 유인가의 2차원으로 구성되어 있으며, 4가지로 나누어져 있다.

① 플러칙(Plutchik)의 정서모형
② 러셀(Russell)의 정서모형
③ 에케카키스(Ekkekakis)와 페트루첼로(Petruzzello)의 모형
④ 카타스트로피 이론

정답분석 에케카키스(Ekkekakis)와 페트루첼로(Petruzzello)의 정서모형은 원형은 활성과 유인가의 2차원으로 구성되어 있으며, 그 안에서 4가지(유쾌 - 불쾌, 활성 - 비활성)으로 구분된다.

선지분석
① 플러칙(Plutchik)의 정서모형: 정서는 혼합적인 심리적 상태로 보며, 동물과 인간이 가지고 있는 여러 적응적 행동을 동기화시키는데 필요한 8가지 기본 정서 및 정서의 구조모형을 3가지로 구분한다.
② 러셀(Russell)의 정서모형: 정서는 혼합 및 기본적인 정서로 구분되는 것이 아닌 비정서적인 몇 개의 차원으로 환원된다.
④ 카타스트로피이론: 불안이론으로, 인지불안과 신체각성을 동시에 고려하여 수행을 예측하는 3차원 비선형적 관계모형이며, 인지불안이 낮을 때는 역U자 모형을 보이지만 신체적 각성이 높고 인지불안이 적정수준을 넘으면 수행력이 급격히 떨어지는 현상을 보인다.

정답 ③

04 집단 목표 설정의 원칙으로 옳은 것을 모두 고르시오.

① 감독, 코치가 집단목표를 설정한다.
② 장기 목표만 설정한다.
③ 팀목표 달성에 대해 보상을 부여한다.
④ 팀목표 달성에 대해 체크한다.

정답분석 집단 목표 설정 원칙에서는 팀목표 달성에 대해 보상을 부여하며, 팀목표 달성에 대해 체크해야 한다.

이론 PLUS 집단 목표설정의 원칙
- 장기목표 설정하기
- 장기목표를 달성하기위한 여러 단기목표를 분명하게 설정하기
- 팀목표 설정 과정에 모든 구성원 참여시키기
- 팀목표 달성정도 체크하기
- 팀목표 달성에 대해 보상 부여하기
- 팀목표에 대한 팀 자신감과 유능감을 높이기

정답 ③, ④

05 <보기>는 반두라(Bandura)의 자기효능감 이론에 대한 설명이다. ㉠과 ㉡에 들어갈 용어가 올바르게 묶여 있는 것은 무엇인가?

<보기>
자기효능감은 성공경험, (㉠), 사회적 설득, (㉡)의 영향을 받는다.

① ㉠: 목표설정, ㉡: 루틴
② ㉠: 회복탄력성, ㉡: 주의집중
③ ㉠: 대리경험, ㉡: 신체적·정서적 상태
④ ㉠: 신체적·정서적 상태, ㉡: 루틴

정답분석 반두라(Bandura)의 자기효능감 이론에서 자기효능감은 성공경험, 대리경험, 사회적 설득, 신체적·정서적 상태에 영향을 받는다.

정답 ③

07 주의집중 향상기법으로 옳지 않은 것은?
① 종목과 상황에 맞게 주의초점 전환훈련을 한다.
② 선수 본인에게 맞는 적정 각성수준을 찾는다.
③ 조절가능한 것에 집중한다.
④ 수행 후 루틴 개발 및 연습한다.

정답분석 수행 전 루틴 개발 및 연습을 해야 주의집중이 향상되며, 수행 후 루틴은 동작이 종료되고 진행되는 것이므로 주의집중에 영향을 주지 않는다.

정답 ④

06 <보기>에서 철수의 심상에서 부족한 요인은?

<보기>
철수는 심상을 하는데 계속 부정적인 방향으로 상상을 하였다.

① 조절력
② 선명도
③ 내적심상
④ 외적심상

정답분석 조절력은 이미지를 원하는대로 조절할 수 있는 능력이다. 즉, 실패 또는 실수하는 장면을 반복하여 떠올리면 조절력이 좋지 못한 것이다.

정답 ①

08 <보기>에서 철수가 하는 루틴의 유형은 무엇인가?

<보기>
철수는 프리킥을 차기 전에 5발자국 뒤로 무른 후에 심호흡을 한번 하고 프리킥을 찬다.

① 경기 전 루틴
② 수행 간 루틴
③ 경기 후 루틴
④ 미니 루틴

정답분석 미니루틴은 특정한 동작을 하기 직전의 루틴으로 수행루틴이라고 불리기도 한다. 시합의 규칙에서 벗어나지 않는 범위 내에서 간결하게 한다.

선지분석
① 경기 전 루틴: 시합 전에 시합에 대비하기 위해 신체적·심리적인 준비를 할 때 일정한 동작을 순서대로 지키는 것이며, 식사, 경기전술 재점검 등이 고려되어야 한다.
② 수행 간 루틴: 골프, 다이빙, 레슬링과 같이 경기 시간이 이어지지 않는 스포츠에서는 경기 수행 간 시간이 경기력을 결정하기 때문에 휴식, 재정비, 재집중루틴 등이 필요하다.
③ 경기 후 루틴: 경기의 성공 여부와 관계없이 경기 경험으로부터 성장을 위해 신체적인 부분, 심리적인 부분, 장비 부분을 점검하여 다음 경기를 준비하는 것이다.

정답 ④

Chapter 04 스포츠수행의 사회 심리적 요인

핵심요약&보충자료

01 집단응집력

1 집단응집력의 개념 및 특징 기출 19·21년

1. 집단응집력의 개념
① 집단은 공통된 목표, 정체성을 가지고 있는 2인 이상의 집합체이며, 집단의 구성원들은 소속감, 공통의 목표, 상호의존성, 역할, 자기범주화(자신을 집단 구성원으로 인식)를 가지고 있어야 함
② 집단응집력은 집단의 구성원들이 함께 집단이 세운 목표를 달성 및 유대관계를 위해 함께 노력하는 정도임

2. 집단응집력의 특징

다차원적인 개념	집단의 구성되는 이유 및 결속하려는 이유가 다양함
역동적인 개념	시간에 따라 계속 변화하며, 팀의 레벨에 따라 응집력에 영향을 미치는 요인도 함께 변화함
수단적인 특성	집단은 목표를 가지고 있으며, 응집력은 목표달성을 위한 수단의 역할을 함
감정적인 측면	프로 스포츠팀, 군대와 같은 과제 지향적인 집단에서도 구성원들 사이의 상호작용 및 의사소통을 함으로써 사회 응집력이 생김

3. 집단응집력 이론

① 캐론(Carron)의 이론모형
환경요인, 개인요인, 팀 요인, 리더십요인이 응집력에 영향을 미치며, 응집력이 개인성과 및 집단성과에 영향을 미친다고 보는 이론

(1) 캐론(Carron, 1982)의 이론 모형 ①

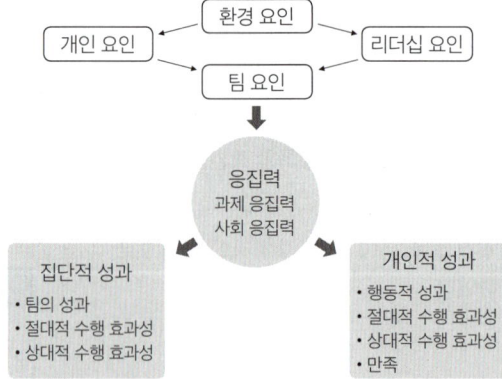

<캐론(Carron, 1982)의 스포츠 팀 응집력 모형>

환경요인, 개인요인, 팀요인, 리더십요인이 응집력에 영향을 미치며, 응집력이 집단적성과와 개인적성과에 영향을 미친다고 보는 이론

① 환경요인: **환경적인 조건 및 영향**이 응집력에 영향을 미침
② 개인요인: 집단 구성원들의 **개개인적인 특성**이 응집력에 영향을 미침

③ 리더십요인: 지도자 또는 주장과 같이 팀을 이끄는 **리더십의 행동, 스타일, 구성원들과의 관계**가 응집력에 영향을 미침

④ 팀요인: **집단구조, 집단과정, 집단수행결과**에 따라 응집력에 영향을 미침

(2) 집단응집력 측정 모형

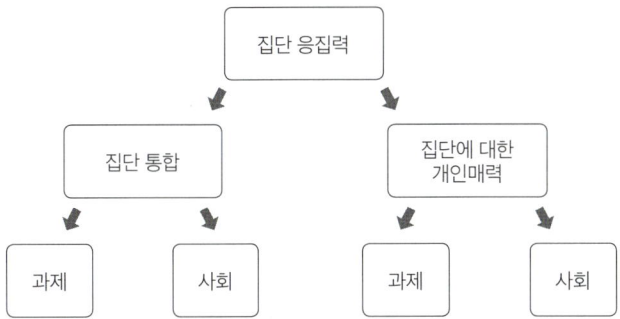

<위드마이어 등(Widmeyer et al., 1985)의 집단응집력 모형>

① 집단통합: 집단 모두가 공동체 의식을 갖고 집단 목표를 이루기 위해 협동하는 정도

② 집단에 대한 개인매력: 집단에 대한 개인의 인식으로 구성원이 집단에 끌리는 정도

③ 과제응집력: 과제를 성취하기 위해 구성원들이 연대하는 정도

④ 사회응집력: 구성원들끼리의 인간관계의 정도

2 사회적 태만의 개념과 이론

1. 사회적 태만의 개념

① **집단에서 발생하는 동기 손실**

② 집단에서 개인의 노력이 파악되지 않으면 수행이 줄어들게 되므로, 개인의 노력 및 성과에 대해 인정해주며 팀의 성공에 중대한 공헌을 한다는 점을 인식시켜 주어야 함

2. 사회적 태만의 이론

(1) 링겔만효과(Ringelmann effect)

집단의 크기가 커질수록 개인의 수행 평균이 감소하는 현상

(2) 슈타이너(Steiner)모형

① 집단의 실제 생산성은 잠재적 생산성에서 과정손실을 제외하고 결정된다는 모형

② 집단의 실제 생산성 = 집단의 잠재적 생산성 - 과정손실

3 사회적 태만의 원인 및 극복방법

1. 사회적 태만의 원인

① 할당전략: 혼자 수행할 때 최선의 노력을 다하기 위하여 **집단의 과제를 수행할 때는 에너지를 절약함**

② 최소화 전략: 최소의 노력으로 성취하려고 함

용어해설

- 잠재적 생산성: 구성원들이 가지고 있는 능력을 모두 발휘하였을 때 얻는 최상의 결과로 과제와 관련성이 높고, 개인의 능력이 좋을수록 높아짐
- 과정손실: 과정 중에 손실이 일어나는 것으로 조정손실과 동기손실이 있음

③ 무임승차전략: 자신의 노력은 하지 않은 채로 **집단 내의 구성원들의 노력에 편승**해서 혜택을 누리고자 함
④ 반무임승차전략: **다른 구성원들이 무임승차 혜택받는 것을 원하지 않기 때문**에 똑같이 노력하지 않음

2. 사회적 태만 발생 조건
① 개인의 노력에 대한 평가가 어려울 때
② 과제의 의미가 낮을 때
③ 자신의 과제 관여도가 낮을 때
④ 집단 기준이 명확하지 않을 때
⑤ 집단 구성원을 잘 모를 때
⑥ 동료와 집단 구성원들의 능력을 높게 인식할 때
⑦ 자신의 노력이 중복된다고 인식할 때
⑧ 상대 집단과의 경쟁이 쉽게 느껴질 때

3. 사회적 태만 극복방법
① 개인의 노력확인
② 개인의 공헌 강조
③ 사회적 태만 허용사항 규정
④ 선수와 대화를 통한 이해와 공감
⑤ 소집단 구성
⑥ 포지션 변경
⑦ 긍정적인 귀인

4 집단응집력과 운동수행의 관계

(1) 과제응집력, 사회응집력 모두 수행에 긍정적인 영향을 미침
(2) 응집력은 수행에 긍정적인 영향을 미치며, 수행성공 또한 응집력에 긍정적인 영향을 미침
(3) 상호작용형 종목(축구, 배구, 농구)뿐만 아닌 공행종목(양궁, 수영 등)도 응집력을 향상시키면 수행이 크게 향상됨
(4) 응집력은 운동 지속에도 긍정적인 영향을 미침

5 팀빌딩과 집단응집력 향상기법 기출 24년

1. 팀빌딩의 정의
① 집단을 향상시키는 계획 과정 및 중재와 점검하는 방법
② 팀의 목표 성취를 위해 팀을 개선시키는 활동

2. 팀빌딩의 중재 모형

(1) 캐론(Carron)의 모형
① 스포츠 운동상황에서 가장 널리 알려진 팀 빌딩 모형임
② 4단계(소개 단계, 개념 단계, 연습단계, 중재 단계)의 과정으로 구성되어 있으며, 첫 번째부터 세 번째까지는 스포츠심리전문가가, 마지막 단계는 지도자가 맡음

  ㉠ 소개단계: 팀빌딩 및 응집력효과에 대해 소개 및 설명하는 단계
  ㉡ 개념단계: 집단의 이해 및 응집력을 향상시키기 위해 여러 요인을 함께 검토
  ㉢ 연습단계: 팀원 모두가 함께하여 팀의 상황에 맞는 전략 개발을 하는 단계
  ㉣ 중재단계: 개발한 팀 빌딩 전략을 구성원들에게 적용하며 모니터링하는 단계

<캐론(Carron)과 스핑크(Spink)의 팀 빌딩의 개념모형>

(2) 가치중심 모형
① 개인과 팀의 가치 및 특성을 인식하고 상호존중과 응집력 향상을 목적으로 함
② **선수 및 지도자가 함께 중요하게 여기는 가치 및 신념을 토론 및 중요도 순위를 정해** 팀의 가치와 신념을 정하는 모형

(3) 자기공개 - 상호공유(PDMS)모형
① 선수 각자가 팀원이 모르고 있는 **개인적인 이슈 또는 정보를 공개**하여 팀 구성원의 가치, 신념, 태도, 개인적인 동기 등을 더 잘 이해할 수 있게 됨
② 구성원 간의 이해 향상은 의사소통을 촉진시키고 팀 응집력과 수행에도 도움이 됨

3. 집단응집력 향상전략
① 독특성: 팀명칭, 팀구호, 유니폼 등 **다른 팀들과 구분되는 팀의 독특성**
② 개인위치: **팀원별 역할**이 정확하게 정해진 팀 구조를 만드는 것
③ 집단규범: **팀의 규칙을 준수**하는 것이 팀 단합에 기여함을 알려줌
④ 개인희생: 팀에서 중요한 역할을 하는 선수가 팀을 위해 희생하는 것을 권장함
⑤ 상호작용과 의사소통: 선수의 **의견을 반영**할 기회를 만들며, **동료들 간 조언 및 격려**를 하도록 분위기를 만듦

02 리더십

1 리더십의 개념

1. 리더십의 정의 및 개념

① 집단의 모든 구성원이 목표를 성취하기 위해 동기를 촉진하며, 행동하도록 이끄는 영향력을 주고받는 총체적인 사회적 행동과정

② 리더십이 존재하기 위한 3가지 조건
  ㉠ 두 사람 이상으로 구성된 집단
  ㉡ 집단 구성원이 함께 수행해야 할 과제
  ㉢ 구성원들 간에 책임의 분화

2. 효과적인 리더십의 구성요소

리더 특성	인내, 설득력, 활력, 책임감, 지능 등
상황 요인	종목, 시합까지 남은 기간 등
리더십 스타일	전망제시형 리더, 민주형 리더 등
구성원의 특성	성격, 성별, 연령 등

2 리더십의 이론 기출 22년

1. 리더십의 이론

(1) 특성적 접근

① 리더의 개인적 속성을 강조하며, **타고난 인성이나 성격을 지니고 있다고 보는 이론**

② 리더의 성격적 특성을 지닌 사람은 어떤 상황에서도 리더가 될 수 있다고 주장함

③ 리더십의 특성으로 지능, 단호함, 독립성, 자신감 등 안정적인 기질을 주장함

④ 위인이론이라고 부르기도 함

(2) 행동적 관점

① 리더의 성격적 특성보다는 실제 행동에 초점을 두었으며, **리더는 타고나는 것이 아닌 만들어진다고 주장하는 이론**

② 효과적인 리더십을 배우면 누구든지 가능하다고 주장함

③ 리더 행동을 크게 배려, 주도 2가지로 분류함
  ㉠ 배려하는 리더: 화목한 분위기를 조성하며, 구성원의 감정, 상호신뢰를 중요하게 여김
  ㉡ 주도하는 리더: 목표를 이루기 위해 계획, 절차, 규칙 등을 세우고 의사소통을 통해 집단을 조직화 함

(3) 상황적 관점
리더들의 특성 또는 행동보다는 상황적인 특성에 중점을 두는 이론

(4) 상호작용 관점
리더십은 리더의 성격 특성과 상황 요인 간의 상호작용으로 설명이 가능하다고 주장함

2. 리더십 모형

(1) 피들러(Fiedler, 1981)의 상황부합 모형
① 상황부합 모형은 리더십의 상호작용을 다룬 대표적인 이론
② 지도자의 인적특성, 집단의 상황적 조건에 의존하는 '유관성 모형'
③ 상황부합 모형에서는 리더를 과제 지향 리더, 관계 지향 리더로 분류함
　㉠ 과제 지향 리더: 수행에 초점을 두는 리더
　㉡ 관계 지향 리더: 대인관계에 초점을 두는 리더
④ 리더는 조직이 처해있는 상황을 유심히 관찰하여야 하며, 조직이 처한 상황은 리더와 구성원들의 관계, 과제 구조, 리더의 지위권한과 권위 등 크게 세 가지로 결정됨
⑤ 통제력에 따라 고(高)통제 상황, 저(低)통제 상황, 중간 상황으로 구분됨
　㉠ 고통제 상황: 리더와 구성원의 관계가 좋으며, 리더가 막강한 권한을 갖고 있는 상황
　㉡ 저통제 상황: 리더와 구성원의 관계가 좋지 않으며, 리더가 적합한 영향력을 발휘하지 못하는 상황
　㉢ 중간 상황: 구성원과의 관계는 좋지만 과제가 어렵거나, 구성원과의 관계는 좋지 않지만 과제가 단순한 상황
⑥ 상황부합 모형에서는 고통제상황 또는 저통제 상황에는 과제 지향리더가 효과적이며, 중간상황일때는 관계 지향리더가 효과적이라고 봄

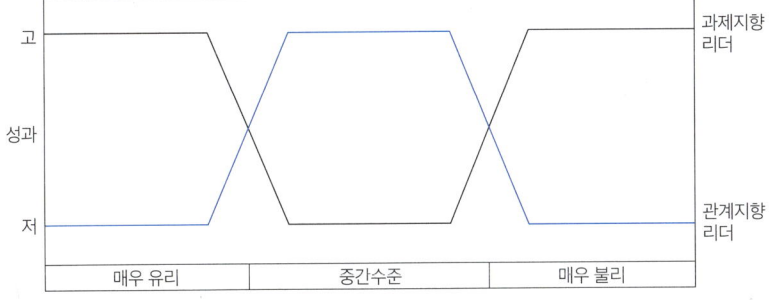

<피들러(Fiedler, 1981)의 상황부합 모형>

(2) 첼라두라이(Chelladurai)의 다차원 리더십 모형
리더행동을 규정행동, 실제행동, 선호행동과 같이 3가지로 분류하며, 리더행동3가지가 일치할수록 결과는 긍정적으로 나타난다고 보는 이론
① 규정행동: 리더로서 기대되는 행동을 말하며, 조직안에서 리더가 해야 하는 행동
② 실제행동: 리더가 실제로 하는 행동을 말하며, 성격, 능력, 경험에 따라 달라짐
③ 선호행동: 선수들이 선호하거나 바라는 리더행동을 말함, 연령, 성별, 경력, 상황적 특성 등에 따라 선호행동이 달라질 수 있음

핵심요약&보충자료

<챌라두라이(Chelladurai)의 다차원 리더십 모형>

(3) 변혁적 리더십

① 구성원들에게 동기와 사기를 진작시키며, 공동체적 사명감을 제시하여 목표를 달성하게 만드는 리더십

② 변혁적 리더십은 크게 4가지로 구분됨

　㉠ 이상적 영향력: 선수들의 롤모델이 되어 모범을 보이고 신뢰와 존경을 받음

　㉡ 영감적 동기부여: 비전을 제시함으로 영감 및 동기를 향상시킴

　㉢ 지적 자극: 창의적인 생각을 통해 문제를 해결할 수 있도록 적극적으로 지지함

　㉣ 개별화된 배려: 구성원들 개개인에게 관심을 갖고 공감함

(4) 진성리더십

① 긍정적인 자기 개발을 하며, 팀원들과 함께 일하는 리더

② 긍정적인 심리수용력과 긍정적인 윤리 분위기를 증진시킴

[진성리더십의 4가지 요인]
- 자아인식: 지속적인 자기 성찰을 통해 자신에 대한 이해와 도덕적 함양을 높임
- 내면화된 도덕적 시각: 자신의 윤리성을 토대로 외부 환경에 따라 변하지 않고 자기조절함
- 균형잡힌 정보처리: 의사결정 시에는 모든 관련 정보를 분석하고 구성원의 의견도 수렴하여 객관적으로 판단함
- 관계적 투명성: 구성원들과 솔직한 생각과 감정을 공유함

3 강화와 처벌 [기출] 19·21·25년

1. 강화의 개념

특정 행동이 나타난 이후 자극이나 조건을 줌으로써 이후에 **같은 행동이 나타날 확률을 높여주는 것**

2. 강화의 종류

(1) 정적강화

바람직한 특정 행동이 일어났을 때 **긍정적인 강화**를 통해 바람직한 행동의 빈도나 강도를 증가시키는 것

　㉾ 경기에 승리하였을 때 승리 수당, 멋진 플레이를 하였을 때 감독의 칭찬

❶ 강화와 처벌

강화	특정행동이 나타난 후 자극 또는 조건을 줘서 같은 행동을 할 확률을 높이는 것
처벌	특정 행동이 나타난 이후 자극이나 조건을 줘서 같은 행동을 할 확률을 줄이는 것

(2) 부적강화

부정적인 자극(회피하고 싶은 상황 등)을 제거하여 바람직한 행동의 빈도 또는 강도를 증가시키는 것

예) 체력훈련을 1등한 선수에게 체력훈련 1회 휴식부여, 목표한 훈련을 다 하였을 때 나머지 훈련 제외

(3) 1차적 강화

그 사람에게 가치 있는 물건 또는 물질(돈, 음식, 게임 티켓 등)을 사용하여 강화함

(4) 2차적 강화

사회적 강화물(칭찬, 인정 등)을 사용하여 바람직한 행동을 유도하는 것

(5) 연속강화

① 바람직한 행동이 일어날 때마다 강화를 제공하는 것
② 학습 초기에 효과적임

(6) 부분강화(간헐강화)

① 바람직한 행동이 일어나도 간헐적으로 강화를 제공하는 것
② 바람직한 행동이 형성된 후에 행동을 지속시키는데 효과적임

3. 처벌의 개념

특정 행동이 나타난 후 자극이나 조건을 줌으로써 특정 행동 반응이 나타날 확률을 줄이는 것

4. 처벌의 종류

(1) 정적처벌

특정 행동이 나타난 후 부정적이거나 회피하고 싶은 자극을 제시하여 행동의 빈도를 약화 시키는 것

예) 잘못된 기술을 했을 때 꾸중을 함, 시합 중 실수를 했을 때 관중들의 야유

(2) 부적처벌

특정 행동이 나타난 후 긍정적인 자극을 제거 또는 박탈하여 행동의 빈도나 강도를 약화시키는 것

예) 퇴장성 파울을 하여 퇴장당한 선수에게 두 경기 출장금지, 시간 약속을 지키지 않았을 때 자유시간 박탈

핵심요약&보충자료

핵심요약&보충자료

5. 처벌의 부정적인 효과
① 상황에 따라 행동 통제에 비효과적임
　㉠ 처벌이 지연되었을 때
　㉡ 처벌을 피하는 방법을 알고 있을 때(거짓말, 속임수 등)
② 처벌 대상에 대한 혐오감을 학습할 수 있음
③ 학습된 무기력감을 가질 수 있음
④ 처벌을 학습할 수 있음
⑤ 처벌이 이유가 불분명할 때 심하게 처벌하면 자아존중감이 하락됨
⑥ 행동에 대한 대안이 없음

6. 바람직한 처벌 방법
① 동일한 규칙 위반에 모두에게 동일한 처벌을 하는 일관성을 가짐
② 사람 또는 개인적인 감정이 아닌 행동에 대해 처벌해야 함
③ 처벌의 규정을 만들 때는 선수의 의견을 반영해야 함
④ 신체활동(운동장 뛰기)을 처벌로 이용하지 말아야 함
⑤ 다른 다수의 선수들 앞에서 개인에게 창피함을 주지 말아야 함
⑥ 처벌이 필요할 때는 단호하게 해야 함

[강화와 처벌의 비교]

행동	긍정적인 사건(칭찬, 수상)	부정적 또는 회피하고자 하는 사건(비판, 고통)
제시	정적 강화	처벌
제거	처벌	부적강화

03 사회적 촉진

1 사회적 촉진의 개념과 이론 기출 24년

1. 사회적 촉진의 개념
① 타인의 존재가 수행에 영향을 미치는 것
② 관중이 있을 때 수행이 좋아지는 관중효과, 혼자할 때 보다 타인과 함께 했을 때 수행이 좋아지는 공행효과를 모두 포함하고 있음
③ 관중에 의해 수행 결과에 정적 또는 부적 영향을 미치는 힘을 사회적 촉진효과라고 함

2. 사회적 촉진의 이론
(1) 자조크(Zajonc, 1965)의 단순 존재 가설(추동이론)
① 과제가 익숙하면 욕구나 각성이 높아질 때 수행이 향상되며, 과제가 어려우면 반대로 저하된다는 이론
② 타인이 존재하면 욕구 수준이 높아져 단순하거나 익숙한 과제에는 수행이 향상되며, 어렵거나 복잡한 과제일 경우 수행이 저하된다는 이론

📍 **용어해설**
- 관중효과: 관중이 있을 때 수행이 좋아지는 효과
- 공행효과: 혼자보다 타인과 함께 할 때 수행이 좋아지는 효과

(2) 코트렐(Cottrell, 1972)의 평가 우려 가설

① 단순한 타인은 각성을 일으키지 못한다고 주장하였으며, 각성을 일으키기 위해서는 두 가지 조건이 만족되어야 각성을 일으킬 수 있다고 주장함

㉠ 자신의 수행을 평가할 수 있는 전문성이 있다는 것을 인정해야 함

㉡ 타인의 평가가 자신에게 긍정적 또는 부정적 영향을 주었던 학습경험이 있어야 함

② 자신을 바라보는 타인의 전문성과 타인에 대한 지각 경험이 중요한 이론임

(3) 자아 이론

① 타인에게 인정받으려는 욕구가 향상되어 동기가 촉진된다는 이론

② 타인이 존재함으로 자의식이 향상되면 자신이 원하는 수행과 실제 수행수준이 일치할 경우 수행이 향상되고, 불일치할 경우 수행향상이 어려움

(4) 주의분산/갈등이론

① 타인의 존재가 주의를 분산시켜 수행을 방해하는 측면과 개인의 추동 수준을 증가시켜 많은 노력을 기울이도록 하는 측면이 있다는 이론

② 단순 과제 및 익숙한 과제는 수행을 잘하려는 노력의 효과가 방해되는 효과보다 크기 때문에 수행이 향상되며, 복잡한 과제나 낯선 과제에서는 방해 효과가 잘하려는 효과보다 크기 때문에 수행이 손상됨

2 모델링 개념 및 방법

1. 모델링의 개념

① 하나 이상의 모델을 관찰하여 나타나는 인지적, 행동적, 정의적 변화를 의미함

② 관찰자가 모델링하는 대상의 사고나 태도 또는 외형적 행동을 따라하는 변화를 의미함

③ 모델은 사람이 아닌 유·무 형의 것들이 될 수 있으며, 자기 자신을 모델링하는 것을 자기(self) 모델링이라고 함

2. 모델링의 기능

(1) 반응촉진

모델을 관찰하여 그러한 행동을 하고자 하는 반응이 촉진되는 것

예 새로운 축구화를 구매하여 동료 선수들이 몰려든 상황에서 나중에 온 선수는 축구화가 보이지 않는데도 사회적 자극으로 인해 그 장소로 가는 것

(2) 행동억제와 탈억제

① 모델을 관찰하면 이전에 학습된 행동에 대한 억제를 강화시키거나 약화시킬 수 있음

② 반응촉진과 비슷한 개념이기는 하나 반응촉진은 사회적으로 수용할 수 있는 행동을 반영하고, 억제 또는 탈억제 행동은 가끔 도덕적, 법적인 함축을 가지고 감정을 수반한다는 것에서 차이가 있음

(3) 관찰학습 유발

　① 관찰을 통해서 배우는 것

　② 관찰학습은 4가지 과정(주의집중, 파지, 동작재생, 동기유발)으로 구성됨

3. 모델링의 과정

관찰	모델의 수행을 관찰함
주의집중	모델이 제시하는 기술에 대한 단서를 얻기 위해 주의집중(기술습득)함
파지	기술을 마음속에 그리고 이를 마음속으로 반복연습함
동작재생	기술을 반복할 수 있는 능력이 있어야 하고, 모델의 완벽한 시범을 따라하도록 노력해야 함
동기	기술을 따라 하길 원하는 적절한 동기가 필요함
운동수행	관찰한 모델의 동작을 따라함

4. 모델링의 효과

(1) 복잡성 측면

　모델링은 간단한 과제보다는 몇 가지 단계로 구성된 복잡한 과제에 더 도움이 됨

(2) 언어적 측면

　5세 이상은 언어 또는 비언어적 모델링 효과에 차이가 없으나, 4~5세 이하의 아동은 언어적 모델로 적용시켰을 때 더 효과가 있음

(3) 동기적인 측면

　자신과 같이 기술을 배우는 다른 사람을 보고 배우는 것(학습형 모델)도 효과가 있는 것으로 나타남

(4) 다양한 행동 및 사고에 영향

　간접 경험 또는 대리 경험을 통해 자신감을 향상 시키거나 스포츠 스타의 행동을 통해 사회성을 발달 시키기도 함

5. 사회적 촉진에 대한 자기와 주요 타자의 영향

(1) 사회적 촉진에 대한 자기 영향

　① 비디오 피드백: **비디오를 통해** 자신의 기술과 행동을 스스로 관찰 및 반성을 통해 수행을 향상시키는 방법

　② 셀프모델링: **자신이 잘하는 장면을 관찰**하는 방법

　③ 피드포워드기법: 행동을 하기 전에 **미리 문제점을 예측해 행하는** 피드백 제어방법

(2) 사회적 촉진에 대한 주요 타자의 영향

　① 부모에 의한 사회적 촉진

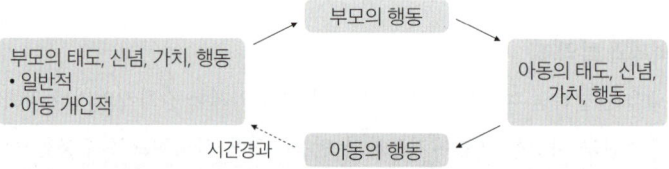

<혼과 혼(Horn & Horn, 2007)의 부모 행동과 아동 행동의 관계>

 핵심요약&보충자료

  ㉠ 아이의 신체 활동에 대한 부모의 인정이 높을수록 아이들의 신체활동 참가가 증가하고, 더 노력하며, 더 잘하게 됨
  ㉡ 부모의 지나치거나 비현실적인 기대는 아이의 불안, 스트레스, 탈진, 부상 등 부작용을 일으킴
 ② 동료에 의한 사회적 촉진
  ㉠ 친구와 함께 한다는 것은 스포츠 참가의 중요한 동기임
  ㉡ 친구와 자신의 능력 비교는 유능성 정보의 중요한 원천이 됨
  ㉢ 기술, 자신감 등이 뛰어나다는 평가를 받은 선수가 호감도가 높음
  ㉣ 긍정적인 동료관계의 유지는 지각된 유능감, 자기 결정 동기, 재미, 자기존중감이 높고, 스포츠에 더욱 전념하게 함
 ③ 코치에 의한 사회적 촉진
  ㉠ 사회적으로 좋은 환경에 있는 지도자는 긍정적인 코칭 모형을 통해 참가자들의 사회적 촉진을 조장함
  ㉡ 코치가 참가자에게 긍정적인 사회적 지지를 제공하면 운동에 대한 자기효능감, 에너지 및 열량 등이 증가함
  ㉢ 운동 후 피로가 감소하고 운동에 대한 재미가 증가하여 운동에 지속해서 참여하고 싶은 마음이 증가함

04 사회성 발달

1 공격성의 개념과 이론 기출 23·25년

1. 공격성

(1) 개념

상대에게 피해 또는 부상을 입히기 위한 목적을 가지고 가해지는 모든 행동

(2) 공격성의 4가지 특성

  ① 공격성은 태도나 정서 동기가 아닌 **언어적·비언어적 행동임**
  ② 공격성은 **목표 또는 의도를 갖고 하는 행동임**
  ③ 공격성은 **피해나 부상을 입힘**
  ④ 공격성은 **살아있는 존재에게 가해짐**

2. 공격성의 종류

(1) 적대적 공격

공격 행위의 최종 목적이 상대에게 피해를 입히는 것으로 **승·패와 상관없이** 공격하여 상대에게 상처나 고통을 주는 행위

(2) 수단적 공격

승리를 위해 상대에게 가하는 행동으로 **의도적으로 계획하고 실행**하는 행위

> **핵심요약&보충자료**
>
> ❶ 공격성 이론
>
> | | |
> |---|---|
> | 본능이론 | 공격성은 선천적으로 타고난 본능이라고 주장하는 이론 |
> | 좌절 - 공격 가설 | 좌절을 느끼면 공격행위를 일으킨다고 보는 이론 |
> | 수정된 좌절 - 공격 가설 | 좌절이 무조건 공격행위를 일으키는 것이 아닌 공격 행동이 적절하다는 외부의 정보가 있을 때 나타난다고 보는 이론 |
> | 사회학습 이론 | 공격 행위를 사회에서 학습된 것으로 주장하는 이론 |

3. 공격성의 이론 ❶

(1) 본능이론

공격성은 선천적으로 **타고난 본능**이라고 주장하는 이론

(2) 좌절 - 공격 가설

목표를 추구하는 행위에 방해를 받으면 좌절을 느끼고, 그러한 **좌절이 공격 행위를 일으킨다고 주장하는 이론**

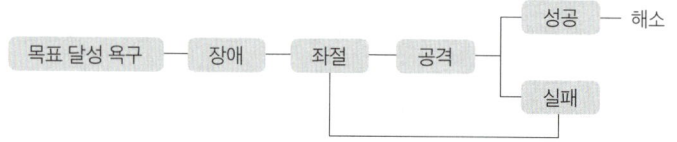

<돌라드 등(Dollard et al., 1939)의 좌절 - 공격 가설>

(3) 수정된 좌절 - 공격 가설

좌절이 무조건 공격 행동을 유발하지 않고, **공격 행동이 적절하다는 외부적 단서가 있을 때** 나타난다고 주장하는 이론

(4) 사회학습이론

공격 행위를 환경에서의 관찰 및 강화로 학습된 것으로 주장하는 이론

2 스포츠에서의 공격성의 이해 기출 23년

1. 공격성의 원인

(1) 종목의 특성

신체접촉이 허용된 스포츠(축구, 핸드볼 등)에서는 공격 행위가 더 자주 일어남

(2) 스코어 차이

경기가 팽팽하게 진행될 때는 공격 행위가 감소하지만 스코어 차이가 많이 날때는 공격 행위가 증가함

(3) 초청경기와 방문경기

초청한 팀보다 상대 팀의 구장에서 원정경기를 할 때 더 많은 공격 행위가 일어남

(4) 팀의 순위

하위리그에 있는 팀이 상위리그에 있는 팀보다 공격 행위가 더 빈번함

(5) 경기의 시점

경기 초반보다는 경기 후반으로 갈수록 공격 행위가 증가함

(6) 경력과 경기 수준

수준이 높고 경력이 많은 선수일수록 난폭한 공격 행위를 더 많이 함

(7) 성

공격성은 남자가 더 높음

2. 공격행동과 운동수행의 결과
① 공격행동은 상대방을 공격하려고 주의를 집중하기 때문에 과제로부터 주의를 분산시킴
② 분노, 적개심으로 인해 각성이 높아져서 주의의 폭을 지나치게 좁게 만듦

3. 공격성 감소방법
① 지도자 또는 선생들의 공격성을 조장하는 행위를 제재할 수 있는 제도 필요
② 어떠한 행동을 해서라도 승리해야 한다는 인식을 바꿀 수 있는 교육 필요
③ 감정조절, 인성, 스포츠퍼슨십(스포츠맨십)에 대한 여러 교육이 필요

4. 스포츠 참가와 인성발달
스포츠와 신체활동은 도덕적 성장에 긍정적인 영향을 미침

[스포츠를 활용한 인성발달 전략]

- 상황에 맞게 스포츠맨십을 설명하기
- 스포츠맨 다운 행동을 강화 및 격려하며, 공격적인 행동은 벌을 주기
- 영상을 통해 프로 또는 국가대표의 모범적인 경기를 보여주기
- 도덕적이고 적절한 행동에 대해 설명해주기
- 공격적인 상황에 대해 토론하고 행동을 선택하게 만들어주기
- 격한 상황에서 감정조절을 할 때 격려해주기
- 지도자는 선수들의 적대심을 부추길 수 있는 행동 및 언어를 피하기

 핵심요약&보충자료

출제예상문제

Chapter 04 스포츠수행의 사회 심리적 요인

01 캐런(Carron)의 집단응집력 이론에서 응집력에 영향을 미치는 요인이 아닌 것은?
① 개인요인
② 팀요인
③ 외부요인
④ 환경요인

 캐런(Carron)의 집단응집력 이론에서 응집력에 영향을 미치는 요인으로는 개인요인, 환경요인, 팀요인, 리더십요인이 있다.

정답 ③

02 <보기>에서 ㉠과 ㉡에 들어갈 요인에 대해 올바르게 묶인 것은?

―――― <보기> ――――
(㉠)응집력은 과제를 성취하기 위해 구성원들이 연대하는 정도를 의미하며, (㉡)응집력은 구성원들끼리의 인간관계의 정도를 의미한다.

① ㉠: 과제, ㉡: 집단
② ㉠: 집단, ㉡: 사회
③ ㉠: 사회, ㉡: 과제
④ ㉠: 과제, ㉡: 사회

 과제응집력은 과제를 성취하기 위해 구성원들이 연대하는 정도를 의미하며, 사회응집력은 구성원들끼리의 인간관계의 정도를 의미한다.

정답 ④

03 효과적인 리더십의 구성요소가 아닌 것은?
① 리더의 특성
② 상황요인
③ 리더십 스타일
④ 구성원의 책임

 효과적인 리더십의 구성요소에는 리더특성, 상황요인, 리더십스타일, 구성원의 특성이 있다.
- 리더특성: 인내, 설득력, 활력 등
- 상황요인: 종목, 시합까지 남은 기간 등
- 리더십 스타일: 전망제시형 리더, 민주형 리더 등
- 구성원의 특성: 성격, 성별, 연령 등

정답 ④

04 효과적인 강화방법으로 옳지 않은 것은?
① 바람직한 행동이 나타났을 때 즉각 강화하기
② 일관되게 강화하기
③ 성취 또는 결과에 대해서만 반응하기
④ 선수의 실수 또는 슬럼프에 당황하지 않고 올바른 기술에 지속적으로 강화하기

 성취 또는 결과만이 아닌 노력과 행동에 대해서도 반응해야 한다.

 효과적인 강화방법
- 바람직한 행동이 나타났을 때 즉각 강화하기
- 일관되게 강화하기
- 성취 또는 결과만이 아닌 노력과 행동에 대해 반응하기
- 선수의 실수나 슬럼프에 당황하지 않고 과도하게 압박하지 않으면서 올바른 기술에 강화를 지속하기
- 학습 초기에는 자주 장기적으로 강화하고, 숙련된 후에는 빈도를 줄여가기

정답 ③

05 사회적 촉진의 개념으로 옳은 것은?

① 타인의 존재가 수행에 영향을 미치는 것
② 특정 행동이 나타난 이후 자극이나 조건을 줌으로써 이후에 그런 행동이 나타날확률을 높여주는 것
③ 각성수준이 증가할수록 주의를 기울일 수 있는 초점의 폭이 점차 좁아지게 되는 현상
④ 비합리적인 생각이나 부적응적인 생각을 찾아내서 중지시키고 반격하여 합리적이고 긍정적인 생각으로 바꾸는 방법

 사회적 촉진은 타인의 존재가 수행에 영향을 미치는 것으로 관중이 있을 때 수행이 좋아지는 관중효과와 혼자할 때 보다 타인과 함께 했을 때 수행이 좋아지는 공행효과를 모두 포함하고 있다.

 ② 강화의 개념이다.
③ 지각협소화의 개념이다.
④ 인지재구성의 개념이다.

정답 ①

06 <보기>에서 사회적 촉진에 대한 자기영향 방법에 대한 설명으로 옳은 것은?

―<보기>―
철수는 자신의 경기영상을 통해 자신의 기술과 동작을 보면서 관찰하고 반성하고 있다.

① 비디오 피드백
② 지각협소화
③ 피드 포워드 기법
④ 점진적 이완기법

 <보기>의 내용은 비디오 피드백에 대한 설명이다.

 사회적 촉진에 대한 자기영향
- 비디오 피드백: 비디오를 통해 자신의 기술과 행동을 스스로 관찰 및 반성을 통해 수행을 향상시키는 방법
- 지각협소화: 각성 수준이 증가할수록 주의를 기울일 수 있는 초점의 폭이 점차 좁아지는 현상
- 피드포워드 기법: 행동을 하기전에 미리 문제점을 예측해 행하는 피드백 제어방법
- 점진적이완기법: 신체 각 부위의 근육을 차례로 긴장시키고 이완하는 방법

정답 ①

07 공격성의 원인으로 옳지 않은 것은?

① 스코어 차이
② 성별
③ 경기의 시점
④ 유니폼

 유니폼은 공격성의 원인에 해당하지 않는다.

 공격성의 원인
- 종목의 특성
- 스코어 차이
- 초청경기와 방문경기
- 팀의 순위
- 경기의 시점
- 경력과 경기수준

정답 ④

Chapter 05 운동심리학

 핵심요약&보충자료

01 운동의 심리적 효과

1 운동의 심리적 효과 - 운동과 성격

1. 성격에 따른 운동수행 또는 운동실천의 차이
① 사회적으로 기대되는 성 역할(남성다움 또는 여성다움)에 따라 운동 강도를 느끼는 수준이 달라질 수 있음
② 성격을 5가지 요인으로 구분했을 때 외향성, 성실성은 운동 실천에 긍정적 영향을 정서적 불안정성은 운동 실천에 부정적 영향을 미치는 것으로 나타남
③ 운동을 하고 있는 경우 외향적인 사람이 내향적인 사람보다 더 지속적으로 참여함
④ 외향성이 높은 사람이 강도가 높은 운동을 선호함

정서적 불안정성	외향성	개방성	호감성	성실성
↓ 운동 지속실천	↑ 중·고강도 운동행동			↑ 운동 자기보고
↓ 운동 자기보고	↑ 운동 자기보고			↑ 운동 실천
↓ 운동 단계	↑ 운동 단계			↑ 운동 단계

<성격 5요인과 운동 행동의 관련성>

2. 운동수행 또는 운동실천에 따른 성격의 변화
① 운동을 꾸준히 실천한 경우 A형 성격(시간 강박증, 과도한 경쟁심, 적대감)을 낮추는 변화가 나타남
② 장기간 운동에 참여하면 특성 불안과 정서적 불안정성을 낮출 수 있음

2 운동의 심리생리적 효과

1. 운동과 불안
① 유산소운동(달리기, 걷기 등)은 불안을 감소시키는 효과가 있음
② 무산소 운동은 불안 감소에 영향을 미치지 않음
③ 일회성 운동은 상태불안을, 장기간 운동은 특성불안을 감소시키는 효과가 있음

2. 운동과 우울
① 운동을 안하는 사람일수록 우울이 높고, 규칙적으로 운동을 실천하는 사람일수록 우울이 낮은 것으로 나타남
② 운동은 우울증을 감소시키는 효과가 있으며, 나이, 건강상태, 인종, 성, 개인의 체력 수준에 상관없이 효과가 있음

③ 무·유산소 상관없이 우울증 감소 효과가 있으며, 기간이 길수록 우울증을 감소시키는 효과가 큼

3. 운동과 기분
① 운동은 기분 상태의 긍정적 변화를 가능하게 함
② 러너스 하이(runner's high)를 경험할 수 있으며, 이는 충만감과 행복감 그리고 내적동기를 높일 수 있음

4. 운동과 자기개념 및 인지기능
① 운동을 꾸준히 실천하면 자기 자신을 긍정적으로 판단하는 자기 존중감이 높아짐
② 운동은 인지능력 향상 및 치매 예방에도 효과가 있음

5. 운동의 부정적인 영향
① 운동중독, 과훈련 및 탈진, 스테로이드 남용, 식이장애 등의 부작용이 발생할 수 있음
② 운동중독의 중요한 특징 중 하나는 금단현상임. 즉, 성서석 승상(불안, 우울, 짜증), 인지적 증상(혼란, 집중력 감소), 신체적 증상(무기력, 수면장애, 근육통 등)이 나타날 수 있음

3 신체활동의 심리측정

1. 주관적 운동강도 척도(REE, Rating of Perceived Exertion Scale)
대표적인 운동 강도의 심리적 측정 도구이며, 운동의 힘듦 정도를 주관적으로 느끼는 강도를 측정하는 방법

2. 토크 테스트(Talk Test)
운동강도가 높아질수록 말하기 수준이 달라진다는 원리를 이용한 방법. 3가지의 강도(저, 중, 고)로 나누어짐

3. 여가 운동 참가 질문지(Leisure Time Exercise Questionnaire)
지난 일주일간 여가 시간에 했던 운동량을 저, 중, 고 운동으로 구분하여 횟수를 기록하는 방식

4. 기분상태 검사지(POMS)
자기보고식 도구이며, 긴장, 우울, 분노, 활력, 피로, 혼동의 6개의 요인을 측정함

5. 긍정적·부정적 감정척도(PANAS)
감정을 긍정적·부정적으로 나누어 측정하는 도구로서 10문항은 긍정적, 10문항은 부정적 감정을 묻는 문항으로 구성되어 있음

용어해설
러너스 하이(runner's high): 운동 중 예상치 않게 경험하는 편안함, 행복감, 자동적으로 되는 느낌, 시간과 감각 초월, 희열과 같은 느낌을 경험하는 것

4 심리적 효과의 과정 [기출] 25년

1. 열발생 가설
① 운동 후 편안함을 느끼는 현상을 설명한 가설
② 운동을 하면 체온이 상승되고, 이러한 체온 상승을 통해 뇌가 근육에 이완을 명령하여 이완감 또는 불안 감소로 인식된다는 가설

2. 모노아민가설
① 운동이 우울증에 도움이 되는 이유를 설명하는 가설
② 운동을 하면 세로토닌, 도파민 등 신경전달 물질이 분비되면서 신경의 의사소통이 증가하여, 심리적·정서적·인지적으로 좋은 현상이 나타난다는 가설

3. 뇌 변화 가설
① 운동을 하면 대뇌 피질의 혈관 밀도가 높아지고 뇌 구조에도 변화가 나타남
② 운동을 꾸준히 하면 뇌 구조 및 기능이 긍정적으로 변화되며, 인지능력이 향상된다는 가설

4. 생리적 강인함 가설
① 운동을 규칙적으로 하는 등 스트레스에 자주 노출되게 만들어 대체능력 향상 및 정서적으로 안정을 찾기 때문에 불안이 줄어든다는 가설
② 운동을 통해 생리적 강인함을 가지고 있으면, 스트레스에 빠르게 반응하고 스트레스가 사라지면 빠르게 정상 상태로 돌아올 수 있도록 신경계가 적응한다는 가설

5. 사회심리적 가설
① 운동을 하면 기분이 좋아질 것이라는 기대로 인해 운동 후 심리적으로 좋은 효과를 얻는다는 가설
② 운동을 하면 근육발달 및 외모의 변화로 자신감이 증가하고, 자기개념과 자기존중감이 개선되면서 정신건강이 개선된다는 가설

02 운동심리이론[1] 기출 19·20·21·22·24년

1 합리적행동이론

(1) **행동을 유도하는 결정적인 원인**을 의도라고 보는 이론
(2) 의도는 행동에 대한 태도, 주관적 규범이라는 요인에 의해 형성된다고 봄
(3) 운동 실천을 위해서는 운동을 해야겠다는 강한 의도가 필요함

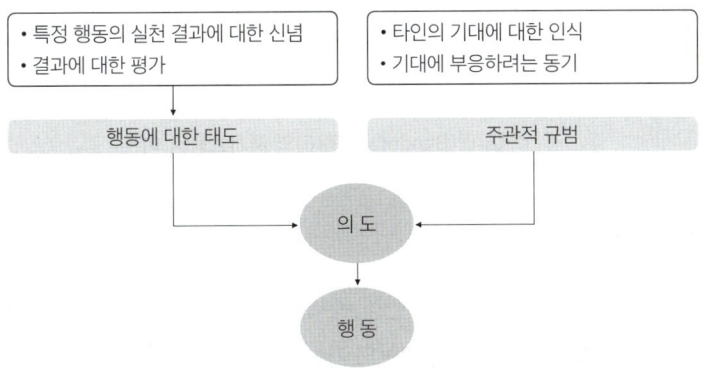

<아젠과 피시바인(Ajzen & Fishbein, 1980)의 합리적 행동 이론>

2 계획행동이론

(1) 합리적 행동 이론을 보완한 이론으로, **행동 통제 인식**이라는 개념이 추가된 이론
(2) 행동통제 인식은 어떤 행동에 대해 얼마나 통제감을 느끼는가로 자기효능감의 개념과 유사함
(3) 행동통제 인식은 운동을 하겠다는 의도에 영향을 주기도 하지만 행동실천에 직접적인 영향을 미침

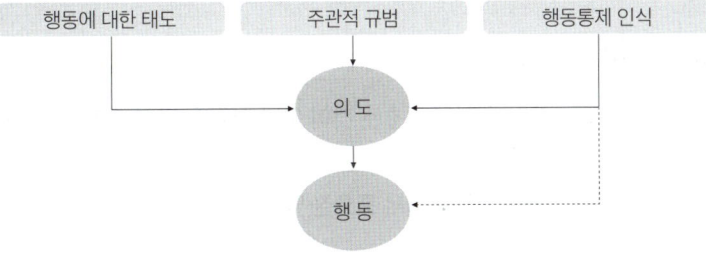

<아젠(Ajzen, 1985)의 계획행동 이론>

📝 핵심요약&보충자료

[1] 운동심리 이론

합리적행동 이론	의도가 행동을 유도하는 결정적 원인이라고 보는 이론
계획행동 이론	합리적 행동이론에서 행동통제 인식이라는 개념이 추가된 이론
자기효능감 이론	자기효능감이 높을수록 행동 실현가능성이 높아진다고 보는 이론
변화단계 이론	운동행동의 변화를 5단계로 구분해서 설명하는 이론
사회생태학 이론	사회적 환경, 물리적 환경, 정책 변인 모두 중요하다고 보는 이론
건강신념 모형	질병의 위험성에 대한 인식이 운동에 직접적인 영향을 미친다고 보는 이론

3 자기효능감이론

(1) 자기효능감이 높을수록 행동의 실현 가능성이 높아진다고 보는 이론
(2) 자기효능감은 4가지(과거의 수행, 간접경험, 언어적 설득, 신체와 정서상태)의 요인의 영향을 받음

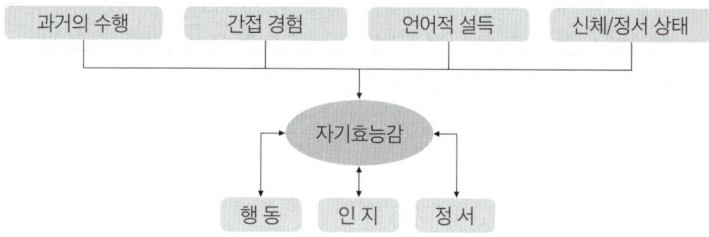

<반두라(Bandura, 1986)의 자기효능감 이론>

4 변화단계이론

(1) 운동행동의 변화를 5단계(무관심, 관심, 준비, 실천, 유지)로 구분하여 설명하는 이론
(2) 단계는 진전도 가능하며, 정체나 퇴보도 가능함

[운동행동의 변화단계]

무관심	현재 운동을 하고 있지 않으며, 6개월 이내에도 운동을 시작할 의도가 없음
관심	현재 운동을 하고 있지 않지만 6개월 이내 운동을 시작할 의도가 있음
준비	• 현재 운동을 하고 있지만, 주당 3회 이상, 1회 20분 이상의 기준을 채우지 못하고 있음 • 한 달 이내 기준을 충족하는 수준으로 운동을 할 생각이 있음
실천	• 기준을 충족하는 운동을 했으나 기간이 6개월 미만임 • 가장 불안한 단계로 하위단계로 내려갈 위험성이 높음
유지	기준을 충족하는 운동을 6개월 이상 하였으며, 하위단계로 내려갈 가능성도 낮음

5 사회생태학 이론

(1) 개인의 동기나 의도에만 초점을 맞추는 것이 아닌 사회적 환경, 물리적 환경, 정책 변인 모두 중요하다고 보는 이론
(2) 특히 물리적 환경이 운동실천에 매우 중요한 역할을 한다고 봄

용어해설
자기효능감: 특정 상황에서 개인이 가진 노력으로 주어진 과제를 성공적으로 수행할 수 있다는 개인의 믿음

6 건강신념모형

(1) 질병의 위험성 인식이 건강행동(운동)에 직접적인 영향을 미친다고 보는 모형
(2) 건강행동을 실천하는 것은 질병발생 가능성에 대한 인식과 건강행동에 따른 손실 및 혜택을 비교하여 결정함

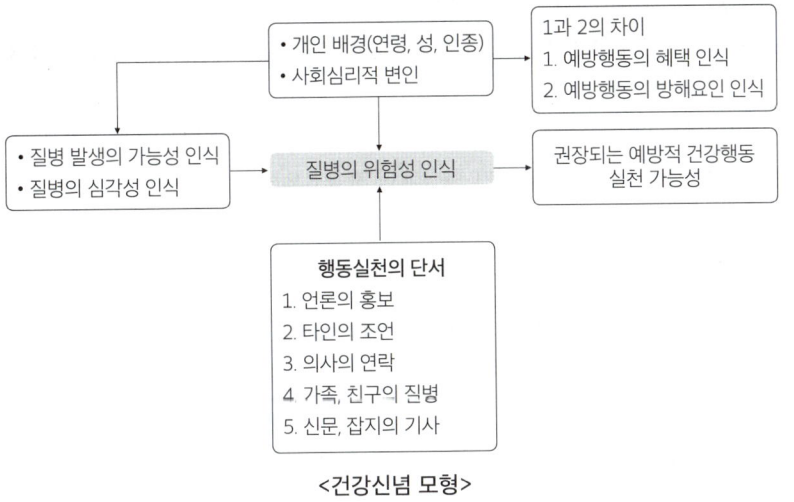

<건강신념 모형>

03 운동실천 중재전략

1 운동실천 요인과 전략 기출 19·21·24·25년

1. 운동실천에 영향을 주는 요인

(1) 개인요인

　① 개인의 특성: 나이, 교육수준, 성별, 소득 및 사회경제적 지위 등

　② 인지 및 성격: 태도, 운동 방해 요인, 운동 재미, 자기 동기 등

　③ 행동: 과거의 운동경험, 다이어트, 흡연 등

(2) 환경요인

　① 사회적 환경: 집단응집력, 과거 가족의 영향, 가족 또는 친구들의 지지 등

　② 물리적 환경: 시설에 대한 접근성, 비용, 기후와 계절, 비용 등

(3) 운동특성요인

　운동특성: 운동강도, 지도자의 수준, 단체 프로그램 등

(4) 사회적 요인

　① 지도자: 풍부한 리더십, 빈약한 리더십, 풍부한 분위기, 빈약한 분위기 등

　② 집단: 집단응집력 등

　③ 문화: 구성원들이 공통적으로 가지고 있는 가치, 규범, 규칙, 신념 등

　④ 사회적 지지: 도구적 지지, 정서적 지지, 정보적 지지 등

[Wills와 Shinar(2000)의 사회적 지지 유형]

도구적 지지	실제 행동으로 지지를 제공하는 것
정서적 지지	격려 및 걱정하는 과정에서 생기는 지지
정보적 지지	운동 방법에 대한 조언과 진행상황에 관련된 피드백을 제시하는 것
동반적 지지	동반자 역할을 하는 것
비교확인 지지	다른 사람과의 비교를 통해 문제, 감정, 생각 등이 정상적인 것을 확인하는 것

2. 이론에 근거한 전략

(1) 자결성(자기결정성) 이론

① 외적 보상이 내적 동기에 미치는 영향에 대한 이론

② 외적 보상은 개인에게 유능감에 관한 정보를 주어 자결성을 향상시키기도 하지만 통제의 정보를 주어 자결성이 떨어지기도 함

③ 운동프로그램 구성 시 선수들의 의견을 반영하여 프로그램을 구성하면 자결성을 느낄 수 있음

④ 자결성과 내적동기 향상을 위해 성공 체험을 자주 할 수 있도록 목표설정을 하기

⑤ 즐거움을 느끼면 내적동기가 향상되어 지속적으로 참여할 가능성이 높음

(2) 자기효능감 이론

① 목표: 목표를 세분화하여 달성하면 성취감을 느끼고 자기효능감도 향상됨

② 간접 경험: 수행자와 유사한 모델이 노력을 통해 성취하는 긍정적인 과정을 보여주는 것이 자기효능감을 향상시킬 수 있음

③ 언어적 설득: 칭찬과 격려 등을 해주면 자기효능감이 향상될 수 있음

④ 신체와 정서 상태: 운동으로 인해 느끼는 신체적인 불쾌한 느낌을 긍정적으로 해석하도록 지도하는 것이 도움이 될 수 있음

(3) 변화단계이론

① 무관심단계: 운동에 아예 관심이 없는 단계이므로 운동을 해야 하는 이유와 따라오는 혜택에 대한 생각을 할 수 있도록 만들어주는 것이 필요함

② 관심단계: 관심은 있으나 운동을 하지는 않고 있으므로 운동에 대한 혜택이 무엇인지에 대해 추가적인 정보를 제공해주고, 더 많은 혜택을 찾도록 만들어주어야 함

③ 준비단계: 운동을 하려고 하는 준비는 되어있지만 실패에 대한 두려움을 가지고 있으므로 운동을 하는 생활방식에 대한 계획을 시작하게 만들어주는 것이 중요함

④ 실천단계: 운동을 하고 있지만 6개월 이상 하지 않았기 때문에 현재의 단계를 유지할 수 있도록 동기부여 및 운동을 하는데 방해요인을 극복할 수 있도록 도와주어야 함

⑤ 유지단계: 하위단계로 낮아지지 않도록 하기 위해서 방해요인을 찾아 대책을 세우는 것이 좋음

용어해설
유능감(Competence): 자신의 능력이 우수하다고 스스로 느끼는 정도

3. 행동수정 및 인지전략
(1) 행동수정전략

프롬프트(단서)	포스터나 슬로건 붙여놓기, 차에 운동복 넣어놓기 등
계약하기	운동 지도자와 계약서를 작성하여 운동을 촉진하는 방법
출석 게시	출석이나 참석에 관한 것을 공개적으로 게시하여 운동 동기를 향상시키는 방법
보상 제공	운동을 하는 것에 대한 보상을 주는 방법
피드백 제공	근전저인 피드백을 제공하여 동기를 향상시키는 방법

(2) 인지전략

목표설정	목표설정을 통해 운동지속 및 실천을 높이는 방법
내적집중과 외적집중	내적집중(호흡, 심박수, 근육 등)에 집중하는지 외적집중(경치, 사람, 음악)에 집중하는가에 따라 운동실천에 영향을 줌

(3) 의사결정 및 내적동기 전략

의사결정전략	운동을 통해 얻는 혜택과 손실을 표로 만들어서 확인하는 방법
내적동기전략	• 운동체험과 과정을 중요하게 생각하는 방법 • 의미와 목적을 찾는 방법

출제예상문제 Chapter 05 운동심리학

01 <보기>에서 설명하는 개념은?

<보기>
운동 중 예상치 않게 경험하는 편안함, 행복감, 자동적으로 되는 느낌, 시간과 감각초월과 같은 느낌을 느끼는 것

① 지각협소화
② 러너스 하이(Runner's high)
③ 인지재구성
④ 힉크의 법칙(Hik's law)

 러너스 하이는 운동중에 예상치 않게 경험하는 편안함, 행복감, 자동적으로 되는 느낌, 시간과 감각초월, 희열과 같은 느낌을 경험하는 것이다.

 ① 지각협소화: 각성이 높아지면서 주의가 협소해지는 현상이다.
③ 인지재구성: 비합리적인 생각이나 부적응적인 생각을 찾아내서 중지시키고 반격하여 합리적이고 긍정적인 생각으로 바꾸는 방법이다.
④ 힉크의 법칙: 자극 - 반응의 대안수가 많아질수록 선택반응시간이 증가하는 현상이다.

정답 ②

02 신체활동의 심리측정방법 중에 옳지 않은 것은?

① 주관적 운동강도 척도(REE)
② 토크 테스트(Talk test)
③ 여가운동 참가 질문지(LTEQ)
④ 경쟁상태 불안검사지(CSAI-2)

 경쟁상태 불안검사지는 경쟁상황에서 느끼는 각성과 불안을 측정하는 도구이다.

 ① 주관적 운동강도 척도(REE): 대표적인 운동강도의 심리적 측정도구이며, 운동의 힘듦 정도를 주관적으로 느끼는 강도를 측정하는 방법이다.
② 토크 테스트(Talk test): 운동강도가 높아질수록 말하기 수준이 달라진다는 원리를 이용한 방법이다.
③ 여가운동 참가질문지: 지난 일주일간 여가시간에 했던 운동량을 저, 중, 고 운동으로 구분하여 횟수를 기록하는 방식의 측정도구이다.

정답 ④

03 <보기>에서 설명하는 개념은?

<보기>
• 운동이 우울증에 도움이 되는 이유를 설명하는 가설이다.
• 운동을 하면 세로토닌, 도파민 등 신경전달 물질이 분비되면서 신경의 의사소통이 증가하여 심리적·정서적·인지적으로 좋은 현상이 나타난다는 가설이다.

① 열발생가설
② 뇌변화가설
③ 모노아민가설
④ 생리적 강인함가설

 모노아민 가설은 운동이 우울증에 도움이 되는 이유를 설명하는 가설로서 운동을 하면 세로토닌, 도파민 등 신경전달 물질이 분비되면서 신경의 의사소통이 증가하여, 심리적 · 정서적 · 인지적으로 좋은 현상이 나타난다는 가설이다.

 ① 열발생가설: 운동을 하면 체온이 상승되고 이러한 체온 상승을 통해 뇌가 근육에 이완을 명령하여 이완감 또는 불안감소로 인식된다는 가설이다.
② 뇌변화가설: 운동을 하면 뇌 구조 및 기능이 긍정적으로 변화되며, 인지능력이 향상된다는 가설이다.
④ 생리적 강인함 가설: 운동을 통해 생리적인 강인함을 가지고 있으며 스트레스에 빠르게 반응하고 스트레스가 사라지면 빠르게 정상 상태로 돌아올수 있도록 신경계가 적응한다는 가설이다.

정답 ③

04 합리적 행동이론에서 의도를 형성하는 요인으로 올바르게 묶인 것은?

① 행동에 대한 태도 - 행동 통제인식
② 주관적규범 - 행동통제 인식
③ 행동에 대한 태도 - 주관적 규범
④ 자기효능감 - 행동통제 인식

 합리적 행동이론은 행동을 유도하는 결정적인 원인을 의도라고 보는 이론으로, 의도는 행동에 대한 태도와 주관적 규범이라는 요인에 의해 형성된다고 본다. 운동실천을 위해서는 운동을 해야겠다는 강한 의도가 필요하다.

정답 ③

05 <보기>에서 변화단계이론 중 설명하고 있는 단계는 무엇인가?

―<보기>―

철수는 현재 운동을 하고 있지 않으며, 6개월 이내에도 운동을 시작할 생각이 없다.

① 무관심단계
② 관심단계
③ 준비단계
④ 유지단계

정답분석 현재 운동을 하고 있지 않으며, 6개월 이내에도 운동을 시작할 의도가 없는 단계는 무관심단계이다.

선지분석
② 관심단계: 현재운동을 하고 있지 않지만, 6개월 이내 운동을 시작할 의도가 있다.
③ 준비단계: 현재 운동을 하고 있지만 기준(주당 3회 이상 1회 20분 이상)을 채우지 못하고 있으며, 한달 이내 기준을 충족하는 수준으로 운동 할 생각이 없다.
④ 유지단계: 기준을 충족하는 운동을 6개월 이상 했다.

정답 ①

07 <보기>에서 철수가 운동실천에 영향을 받은 요인은?

―<보기>―

철수는 슈팅을 할 때 코치의 칭찬과 주변친구들의 칭찬으로 인해 운동을 더욱 열심히 한다.

① 환경요인
② 개인요인
③ 사회적 요인
④ 운동 특성요인

정답분석 사회적 요인은 지도자, 집단, 문화, 사회적 지지로 구성되어 있다.
• 지도자: 풍부한 리더십, 풍부한 분위기 등
• 집단: 집단응집력 등
• 문화: 구성원들이 공통적으로 가지고 있는 가치, 규범, 신념 등
• 사회적 지지: 도구적 지지, 정서적 지지, 정보적 지지 등

정답 ③

06 <보기>에서 ㉠, ㉡에 들어갈 용어는 무엇인가?

―<보기>―

(㉠)은 특정상황에서 개인이 가진 노력으로 주어진 과제를 성공적으로 수행할 수 있다는 개인의 믿음이며, (㉡)은 일반적인 상황에서 성공에 대한 믿음이다.

① ㉠: 자기존중감, ㉡: 자기효능감
② ㉠: 자신감, ㉡: 자기효능감
③ ㉠: 자기효능감, ㉡: 자신감
④ ㉠: 자신감, ㉡: 자기존중감

정답분석 자기효능감은 특정상황에서 개인이 가진 능력으로 주어진 과제를 성공적으로 수행할 수 있다는 개인의 믿음이며, 자신감은 일반적인 상황에서 성공에 대한 믿음이다.

정답 ③

08 <보기>에서 ㉠과 ㉡에 들어갈 용어로 올바르게 묶인 것은?

―<보기>―

외적보상은 개인에게 (㉠)에 관한 정보를 주어 자결성을 향상시키기도 하지만 (㉡)정보를 주어 자결성이 떨어지기도 한다.

① ㉠: 유능감, ㉡: 통제
② ㉠: 자기효능감, ㉡: 절제
③ ㉠: 자기존중감, ㉡: 유능감
④ ㉠: 통제, ㉡: 유능감

정답분석 외적보상은 개인에게 유능감의 관한 정보를 주어 자결성을 향상시키기도 하지만 통제의 정보를 주어 자결성이 떨어지기도 한다.

정답 ①

Chapter 06 스포츠심리상담

핵심요약&보충자료

01 스포츠심리상담의 개념

1 스포츠심리상담의 개념

1. 스포츠심리상담의 정의

스포츠에서 선수 또는 지도자를 대상으로 경기력을 향상시키거나 일반운동 참여자를 대상으로 운동상황에서 인간의 성장을 위해 상담 또는 심리기술훈련을 활용하여 개입하는 과정을 의미함

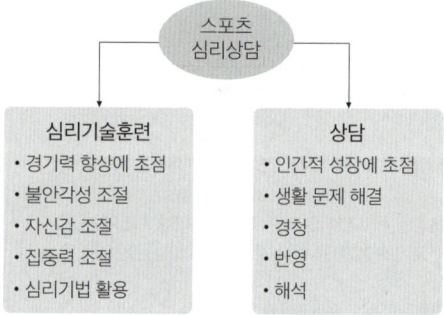

<스포츠심리상담>

2. 심리기술훈련

① 경기력 향상을 목적으로 **다양한 심리기법을 연습 및 훈련**하여 심리기술을 향상시키는 것을 의미함

② 심리기법은 심리기술의 하위 개념이며, 심리기술을 향상하거나 시합에 맞는 적절한 상태에 도달하기 위한 방법을 의미함

[심리기술과 심리기법의 구분]

심리기술	기초기술	자각, 의지, 자신감 등
	수행기술	최적 신체·정신적 각성, 최적 주의집중
	촉진기술	대인관계 기술, 생활방식 관리 등
심리기법	기초기법	교육, 신체훈련 등
	심리기술훈련방법	목표설정, 심상, 루틴, 혼잣말 등

3. 운동상담

경쟁이 없는 운동상황에서 일반 운동참가자를 대상으로 건강증진 및 삶의 질 향상을 목표로 노력하는 과정을 의미함

4. 상담

① 도움이 필요한 내담자와 전문적인 교육과 훈련을 통한 상담자가 존재해야 하며, 상담자가 내담자를 긍정적인 방향으로 변화시킬 책임을 가지고 수행되는 전문적인 활동임

② 상호협력 관계를 형성하고, 내담자의 문제를 예방하고 성장과 발전을 도와줌

2 스포츠심리상담의 이론 기출 24년

1. 인지재구성 모형

① 인간은 합리적이고 올바른 사고와 비합리적이고 올바르지 않은 사고를 할 수 있는 가능성을 모두 가지고 태어난다는 가정을 함

② 인간이 가지고있는 비합리적인 신념 또는 사고를 훈련, 치료과정을 통해 합리적이고 **긍정적인 사고로 바꾸는 방법**을 사용하는 모형

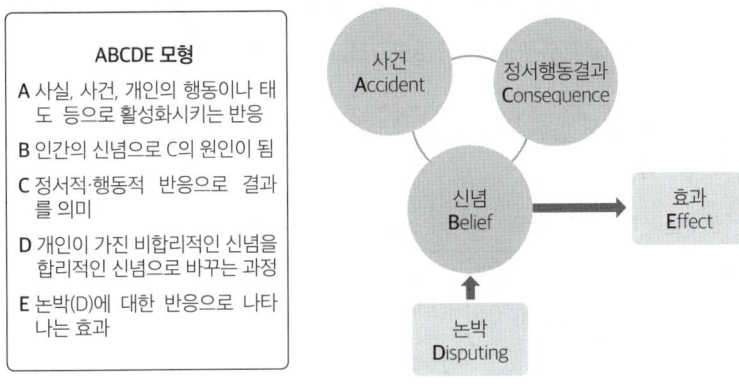

<인지재구성 모형>

2. 교육적 모형

심리기술훈련을 4단계로 나누어 훈련하는 이론 모형

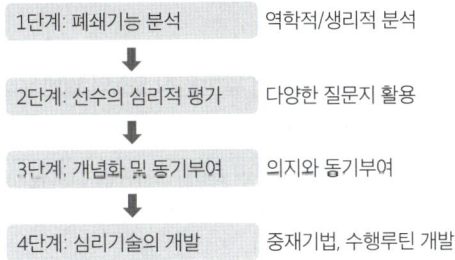

<부처와 로텔라(Butcher&Rotella, 1987)의 교육적 모형>

3. 멘탈플랜모형

선수의 장점과 심리적 잠재력을 찾아 **선수에 맞는 멘탈 플랜을 구성**해주는 방법

핵심요약&보충자료

[이론적 모형 선택 시 고려할 사항]

- 심리학적 원리에 근거하고 있는가?
- 개인차를 중요시 하고 있는가?
- 개인의 오감을 중시하는가?
- 개인의 장점 향상 및 단점 보완이 가능한가?
- 실제상황에서 활용될 수 있는가?
- 선수의 요구가 우선시 되는가?
- 다른 행동수정으로 행동 전이가 가능한가?

3 스포츠심리상담사의 역할 및 윤리 기출 19·20·22·24·25년

1. 스포츠심리상담사의 역할

① 집단, 조직, 개인의 스포츠에 관련된 심리적 요인이 어떠한 역할을 하는지에 대한 정보 제공이 가능해야 함
② 스포츠 또는 운동에 적용 해볼 수 있는 여러 심리기술들을 지도할 수 있어야 함
③ 여러 심리적 요인의 이해와 측정이 가능해야하며, 경기력 향상을 위해 도움을 제공해야함
④ 운동 지속 참여 방안, 의사소통, 집단응집력 등을 집단이나 개인을 위해 교육할 수 있어야 함

[선수들이 지각하는 최고·최악의 스포츠심리상담사]

최고의 스포츠심리상담사	• 선수별 종목의 이해 및 융통성 • 라포형성(친밀감 형성) • 지속적으로 심리훈련 지원 • 선수별로 맞춤형 접근
최악의 스포츠심리상담사	• 대인관계 기술 부족 및 적극성 부족 • 자존감이 너무 높고 성격이 변덕스러움 • 선수와의 개별 접근제한 및 상담기술 활용 부족 • 조사내용 및 상담결과에 대한 피드백 없음

2. 스포츠심리상담사의 윤리❶

(1) 상담윤리는 한국스포츠 심리학회에서 일반원칙 5조와 일반윤리 11조를 제시하고 있음

① 일반원칙: 전문성, 정직성, 책무성, 인권존중, 사회적 책임

전문성	• 스포츠심리상담사는 자신의 전문성 영역과 한계 영역을 명확하게 인식하여야 한다. • 스포츠심리상담사는 교육, 연수, 수련, 경험 등에 의해 충분히 자격을 인정받은 지식과 기법만을 제공해야 한다. • 스포츠심리상담사는 자신의 활동분야에 있어서 측정, 처치, 상담, 교육, 연구 등에 임할 때 해당분야의 최근 연구 동향과 정보를 숙지하고 있어야 한다. • 스포츠심리상담사는 전문가로서의 능력을 유지하고 개발시키기 위해 정기적 또는 비정기적으로 교육 및 지도 감독을 받을 의무가 있다.
정직성	• 스포츠심리상담사는 연구, 교육, 현장 적용에 있어서 성실, 정직, 공정해야 한다. • 스포츠심리상담사는 자격과 경력, 서비스제공, 연구수행 등에서 정직해야 한다. • 스포츠심리상담사는 자격규정에 명시된 것 이상으로 자신의 자격을 과장하지 않는다.

❶ 스포츠심리상담사의 주요 윤리

부적절한 관계	알고 지내는 사람을 대상으로 전문적인 상담을 진행하면 안되며, 개인적인 관계로 만나면 안 됨
권력 남용	선수, 지도자, 학생등에게 권력을 남용하면 안되며, 좋은 평가 또는 소감을 요구하면 안 됨
비밀보장	상담과정은 최대한 존중해야하며, 정보를 이용해야 할 경우 미리 상의를 해야 됨

 **핵심요약&보충자료**

책무성	• 스포츠심리상담사는 비윤리적 행동을 하는 회원으로부터 공공의 안녕과 학회(KSSP)를 보호할 의무가 있다. • 스포츠심리상담사는 윤리기준을 준수하며, 자신의 행동에 대한 책임을 진다. • 스포츠심리상담사는 비윤리적 행동의 예방과 종결을 위해 필요한 경우 윤리 위원회에 의뢰한다. • 자격을 갖춘 스포츠심리상담사는 본 학회가 제정한 윤리규정에 서약한 것으로 간주한다.
인권존중	• 스포츠심리상담사는 선수 및 고객의 사생활, 비밀, 자유의지에 대한 권리를 존중한다. • 스포츠심리상담사는 연령, 성, 국적, 종교, 장애, 언어, 사회경제적 지위 등 개인차를 존중한다. • 스포츠심리상담사는 상담과정 또는 종료 후에 고객을 부당하게 이용하거나 속이는 행위등 윤리강령을 위반하는 행동을 해서는 안 된다.
사회적 책임	• 스포츠심리상담사는 자신이 몸담고 있는 사회에 대한 전문적·학술적 책임을 인식한다. • 스포츠심리상담사는 공공의 복리를 위해 지식을 현장에 적용하고, 다양한 방법으로 널리 알린다. • 스포츠심리상담사는 연구할 때에도 공공의 복리를 증진시키고, 연구참여자의 권리를 보호한다.

② 일반윤리: 권력 남용과 위협, 의뢰와 위임, 상담비용, 물품, 부적절한 관계, 비밀보장

권력남용과 위협	• 스포츠심리상담사는 선수, 지도자, 학생, 수련생, 고용인, 연구 참여자, 고객을 대상으로 권력을 남용하지 않는다. • 스포츠심리상담사는 상담에 참여한 사람으로부터 좋은 평가나 소감(증언)을 요구하지 않는다.
의뢰와 위임	• 스포츠심리상담사는 고객의 이익을 최우선에 두고 상담을 진행하고 필요한 경우 다른 전문가에게 의뢰한다. • 스포츠심리상담사는 타인에게 역할을 위임할 때에는 전문성이 있는 사람에게만 위임하여야 하며 타인의 전문성을 확인하여야 한다. • 스포츠심리상담사는 자신과 고객의 신변의 변화 혹은 이동이나 재정적 문제 등으로 상담기간 중에 상담이 중단될 경우, 이에 대한 적절한 조치를 취해야 한다.
상담비용	• 스포츠 심리상담사는 고객이나 상담 서비스 수혜자와 상담비용에 대해 공식적으로 상담을 동의하기 전에 합의해야 한다. • 스포츠심리상담사는 상담 비용 문제에 있어 서비스 수혜자에게 지나친 요구를 해서는 안 된다. • 스포츠심리상담사는 상담비용을 수혜자의 소득수준과 실정에 맞게 책정해야 한다. • 스포츠심리상담사는 상담비용 및 제반문제로 상담이 제한될 경우 가능한 한 일찍 알려주어야 한다. • 스포츠심리상담사는 미래에 예상되는 업적(예 메달획득, 입상)을 기준으로 상담비용을 청구해서는 안되며, 상담비용대신 상담체험소감(증언)을 부탁해서도 안 된다. 단, 협회 및 공식기관으로부터 진행되는 상담인 경우에는 상담 비용이나 포상금 지급 등이 계약체결에서 동반될 수 있다.
물품	• 스포츠심리상담사는 상담에 대한 대가로 상담료 이외의 물품이나 금품보상을 받지 않는다. • 스포츠심리상담사는 감사의 표시로 기념품을 받을 때 그 물품이 제공한 서비스에 비추어 적당하며, 제공한 서비스에 대한 보상금이 아니라는 것을 확인해야 한다. • 스포츠심리상담사는 계약 이외의 상금이나 보상을 받아서는 안 된다. 단, 협회 및 공식기관으로부터 진행되는 상담인 경우에는 계약조건에 따라 달라질수 있다.
부적절한 관계	• 스포츠심리상담사는 알고 지내는 사람(가까운 친구, 친인척, 제자, 후배)과의 전문적인 상담관계를 진행하지 않도록 한다. • 스포츠심리상담사는 상담, 감독을 받는 학생이나 고객과 이성관계로 만나지 않는다. • 스포츠심리상담사는 미성년자 고객의 가족과는 개인적, 금전적 또는 다른 관계로 만나지 않는다. • 스포츠심리상담사는 특별한 경우를 제외하고는 고객과 상담실 밖에서 사적인 관계를 유지하지 않도록 한다.

비밀보장	• 스포츠심리상담사는 상담과정에서 얻은 사생활과 비밀유지에 대한 개인의 권리를 최대한 존중해야 한다. • 스포츠심리상담사는 비밀 보장에 제한이 있거나, 상담과정에서 얻은 정보를 이용할 경우 미리 고객과 상의해야 한다. • 스포츠심리상담사는 참여한 선수, 지도자, 학생, 수련생, 고용인, 연구참여자, 고객 등에 대한 개인정보는 동의없이 서면이나 언론을 통해 공개해서는 안 된다. • 스포츠심리상담사는 지도감독자, 사례연구에 참가한 모든 이들에게 고객의 사생활과 비밀이 보호되도록 주지시켜야 한다.

02 스포츠심리상담의 적용

1 스포츠심리상담의 절차와 기법 기출 21년

1. 스포츠심리상담의 절차

(1) 상담 전 단계

여러 매체를 통해 의뢰하는 단계

(2) 상담 시작 단계

상담자와 내담자가 신뢰를 형성하며 심리 측정 및 심리상태를 파악하는 단계

(3) 상담 진행 단계

상담기법과 심리기술훈련을 통해 본격적으로 상담을 진행하는 단계

(4) 상담 종결 단계

상담 시작 단계에 측정하였던 심리 변인들을 다시 측정하여 결과를 비교 분석하는 단계

2. 스포츠심리상담의 기법❶

(1) 신뢰형성

① 상담 초기에 내담자가 원하는 것에 대해 정확하게 파악하고 상담자가 도움을 줄 수 있다는 믿음을 주어야 함

② 내담자가 상담자의 상담 효과에 대해 긍정적인 기대를 갖도록 만들어야 함

③ 상담자는 전문성을 갖춰야 함

④ 끌림 또는 매력으로 내담자와 공통적인 부분을 찾거나 공감을 잘해주었을 때 신뢰형성이 더 좋아짐

⑤ 상담자는 정직하고 솔직하고, 비밀을 지켜주며 진지해야 하며, 개방적이고 내담자가 상담자를 존경할 수 있도록 해야 함

---

❶ 스포츠심리상담 기법

신뢰 형성	믿음과 신뢰관계를 형성해야 함
관심 집중	내담자를 향해 앉거나 개방적인 자세를 취해야하며, 적절하게 시선을 맞춰야 함
경청	언어적, 비언어적 메시지 경청하고, 공감 및 의미파악을 해야 함

(2) 관심집중

① 내담자를 향해 앉기

② 개방적인 자세 취하기

③ 때때로 내담자를 향해 몸을 기울여 앉기

④ 적절하게 시선 맞추기

⑤ 긴장 풀기

(3) 경청

① 비언어적 메시지 경청하기: 눈, 자세, 손발의 제스처, 표정, 목소리 등에 주목

② 언어적 메시지 경청하기: 사건, 생각, 감정 등을 경청하고 이해

③ 경청의 확인: 적절한 고개의 끄덕임, 관심어린 질문, 내담자의 말을 반복 등

④ 공감적 이해: 내담자의 말한 의미 파악을 위해 생각할 시간 갖기, 반응시간은 짧게 하기 등

핵심요약&보충자료

출제예상문제 Chapter 06 스포츠심리상담

01 심리기술훈련에 대한 설명으로 바르지 않은 것은?
① 경기력 향상을 목적으로 다양한 심리기법을 연습 및 훈련하여 심리 기술을 향상시키는 것을 의미한다.
② 심리기법은 심리기술의 하위 개념이다.
③ 심리기법에는 최적신체·정신적 각성, 최적 주의집중 등이 있다.
④ 심리기술 훈련방법으로는 목표설정, 심상, 루틴 등이 있다.

 정답분석
- 심리기술은 경기력 향상을 목적으로 다양한 심리기법을 연습 및 훈련하여 심리기술을 향상시키는 것이며, 심리기법은 심리기술의 하위 개념이다.
- 심리기법을 통해 심리기술을 향상시키거나 시합에 맞는 적절한 상태에 도달하기 위한 방법이다.
- 심리기법에는 기초기법(교육, 신체훈련 등)과 심리기술훈련방법(목표설정, 루틴, 심상 등)이 있다.

정답 ③

02 최고의 스포츠심리상담사로써 필요한 요소에 대한 설명으로 옳지 않은 것은?
① 선수별 종목의 이해 및 융통성
② 라포형성
③ 조사 내용 및 상담결과 피드백 없음
④ 선수별로 맞춤형 접근

 정답분석 조사내용 및 상담결과는 내담자에게 피드백을 주어야 한다.

 이론PLUS 최고의 스포츠심리상담사
- 선수별 종목의 이해 및 융통성
- 라포형성
- 지속적으로 심리훈련 지원
- 선수별 맞춤형 접근

정답 ③

03 스포츠심리상담의 절차에 대한 설명으로 올바르게 묶인 것은?
① 상담 시작 단계: 상담기법과 심리기술훈련을 통해 본격적으로 상담을 진행하는 단계
② 상담 종결 단계: 여러매체를 통해 의뢰를 하는 단계
③ 상담 진행 단계: 상담기법과 심리기술훈련을 통해 본격적으로 상담을 진행하는 단계
④ 스포츠 심리상담의 절차는 상담 전 단계, 상담 진행 단계, 상담 종결 단계 3가지 단계로 구분되어 있다.

 정답분석 스포츠 심리상담의 절차는 상담 전 단계, 상담 시작 단계, 상담 진행 단계, 상담 종결 단계로 4가지 단계로 구분된다.
- 상담 전 단계: 여러 매체를 통해 의뢰를 하는 단계
- 상담 시작 단계: 상담자와 내담자가 신뢰를 형성하는 단계로서 심리 측정 및 심리상태를 파악하는 단계
- 상담 진행 단계: 상담기법과 심리기술훈련을 통해 본격적으로 상담을 진행하는 단계
- 상담 종결 단계: 상담 시작 단계에 측정하였던 심리 변인들을 다시 측정하여 결과를 비교, 분석하는 단계

정답 ③

04 스포츠심리상담의 기법 중 올바르지 않은 것은?
① 내담자를 향해 앉기
② 내담자가 상담자의 상담 효과에 대해 긍정적인 기대를 갖도록 만들어주기
③ 상담자는 전문성을 갖추기
④ 내담자와 라포형성이 되기 전까지 눈 마주치지 않기

 정답분석 스포츠심리상담기법 중 관심집중의 방법으로 내담자를 향해 앉기, 개방적인 자세 취하기, 때때로 내담자를 향해 몸을 기울여 앉기, 적절하게 시선 맞추기, 긴장풀기가 있다.

정답 ④

05 스포츠심리상담사의 윤리에 어긋나는 행동은?

① 스포츠심리상담사는 전문성을 갖는다.
② 스포츠심리상담사는 알고 지내는 사람(가족, 친인척, 친구)과의 전문적인 상담관계를 진행한다.
③ 스포츠심리상담사는 사생활과 비밀유지에 대한 개인의 권리를 최대한 존중해야 한다.
④ 스포츠심리상담사는 연구, 교육, 현장 적용에 있어서 성실, 정직, 공정해야 한다.

 정답분석 스포츠심리상담사가 알고 지내는 사람과의 전문적인 상담관계를 진행하는 것은 스포츠심리상담윤리에 어긋나는 행위이다.

정답 ②

06 스포츠심리상담이론으로 올바른 것은?

① 카타스트로피이론
② 추동이론
③ 정보처리이론
④ 인지재구성 모형

 정답분석 인지재구성 모형은 인간은 합리적이고 올바른 사고와 비합리적이고 올바르지 않은 사고를 할 수 있는 가능성을 모두 가지고 태어난다는 가정을 하고 인간이 가지고 있는 비합리적인 신념 또는 사고를 훈련과정을 통해 합리적이고 긍정적인 사고로 바꾸는 방법을 사용하는 모형이다.

 선지분석
① 카타스트로피이론: 불안이론 중 하나로 인지불안이 높은상태에서 신체각성이 적정선을 넘어서면 멘붕현상이 일어난다고 주장하는 이론이다.
② 추동이론: 불안이론 중 하나로 각성이 높아지면 수행도 높아진다고 보는 이론이다.
④ 정보처리이론: 운동제어 이론 중 하나로 인간을 하나의 컴퓨터로 보며, 자극이 들어오면 정보처리 과정을 통해 운동행동을 한다고 보는 이론으로서, 개방회로이론, 폐쇄회로이론, 도식이론이 있다.

정답 ④

2025년 기출문제

01 스포츠심리학자의 역할로 적절하지 않은 것은?

① 스포츠심리학 이론을 가르친다.
② 체력 향상을 위한 의약품을 판매한다.
③ 스포츠심리학 관련 연구를 수행하고 현장에 응용한다.
④ 심리기술훈련을 적용해 선수들의 경기력 향상을 돕는다.

정답분석 스포츠심리학자는 이론 연구 및 현장 적용을 하며, 선수들의 경기력 향상을 위해 상담 및 이론을 지도한다.

정답 ②

02 심상에 관한 설명으로 옳지 않은 것은?

① 동기를 유발하고 강화한다.
② 감정을 조절하는 데 도움이 된다.
③ 스포츠 전략을 습득하고 연습할 수 있다.
④ 통증과 부상을 대처하는 데 도움이 되지 않는다.

정답분석 심상은 동기 유발, 에너지 수준관리(감정조절 및 불안조절), 시합준비 및 기술의 학습과 완성에 효과가 있다.

정답 ④

03 <보기> 중 내적동기를 향상하는 전략으로 옳은 것만을 모두 고른 것은?

<보기>
ㄱ. 성공 경험을 갖게 한다.
ㄴ. 언어적, 비언어적 칭찬을 자주 한다.
ㄷ. 팀의 의사결정에 선수를 참여시킨다.
ㄹ. 물질적 보상과 처벌을 주로 활용한다.
ㅁ. 최대한 높은 결과목표를 설정하여 도전하게 한다.

① ㄱ, ㄴ, ㄷ
② ㄱ, ㄴ, ㄹ
③ ㄴ, ㄷ, ㄹ
④ ㄷ, ㄹ, ㅁ

정답분석 내적동기 향상 전략은 성공경험 갖게 하기, 구체적인 수행에 대한 보상 제공, 언어적, 비언어적 칭찬, 훈련내용 및 순서변경, 목표설정과 의사결정에 참여, 실현가능한 수행목표 설정이 있다.

정답 ①

04 목표설정 원리로 적절하지 않은 것은?

① 수행목표보다 결과목표를 강조한다.
② 구체적이고 객관적인 목표를 설정한다.
③ 부정적인 목표보다 긍정적인 목표를 강조한다.
④ 단기목표, 중기목표, 장기목표를 함께 설정한다.

정답분석 목표 설정 원리는 구체적이고, 긍정적이며, 도전적이지만 실현 가능한 목표를 설정해야 하고, 결과목표와 수행, 과정목표를 함께 설정해야 한다. 또한 단기목표와 장기목표를 설정해야 하고, 목표를 기록하고 보이는 곳에 부착해야 하며, 결과 목표가 아닌 수행, 과정목표에 집중하여 결과목표에 도달할 수 있도록 해야 한다.

정답 ①

05 <보기>가 설명하는 가설은?

<보기>
운동은 세로토닌, 노르에피네프린, 도파민과 같은 신경전달물질 분비를 증가시켜 우울증을 개선한다.

① 열발생 가설
② 모노아민 가설
③ 사회심리적 가설
④ 생리적 강인함 가설

정답분석 모노아민 가설은 운동이 우울증에 도움이 되는 이유를 설명하는 가설로써, 운동을 하면 세로토닌, 도파민과 같은 신경전달물질 분비를 증가시켜 우울증을 개선한다는 가설이다.

선지분석
① 열발생 가설: 운동을 하면 체온이 상승되고, 이러한 체온상승을 통해 뇌가 근육에 이완을 명령하여 이완감 또는 불안감소로 인식된다는 가설이다.
③ 사회심리적 가설: 운동을 하면 기분이 좋아질 것이라는 기대로 인해 운동 후 심리적으로 좋은 효과를 얻고, 근육발달 및 외모 변화를 통해 자신감이 증가하고, 자기 개념과 자기존중감이 개선되면서 정신건강이 개선된다는 가설이다.
④ 생리적 강인함 가설: 운동을 규칙적으로 하는 등 스트레스에 자주 노출되게 만들어 대처능력 향상 및 정서적으로 안정을 찾기 때문에 불안함이 증가한다는 가설이다.

정답 ②

06 <보기>에 해당하는 학자는?

<보기>
- 주요 활동은 1921~1938년
- 최초로 스포츠심리학 실험실 설립
- 북미 스포츠심리학의 아버지라고 불림
- 시카고 컵스 야구팀 스포츠 심리 상담사
- 코칭심리학(Psychology of Coaching, 1926) 책 출판

① 프랭클린 헨리 (Franklin Henry)
② 콜먼 그리피스 (Coleman Griffith)
③ 레이너 마틴즈 (Rainer Martens)
④ 노먼 트리플렛 (Norman Triplett)

정답분석 콜먼 그리피스는 선수와 지도자에게 적용연구를 시작한 최초의 학자이며, 시카고컵스 야구팀 스포츠 심리상담사로 활동하였다. 북미 스포츠심리학의 아버지라고 불리며, 운동연구 실험실 설립 및 연구논문과 책을 출간하기도 한 인물이다.

정답 ②

07 그림에서 ㉠의 고원현상에 관한 설명으로 옳지 않은 것은?

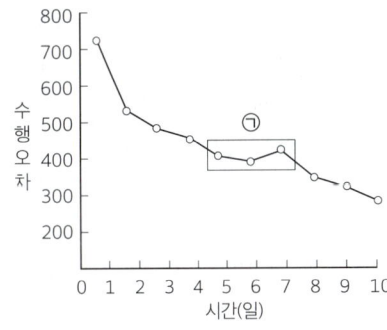

① 수행은 정체되지만, 학습은 진행된다.
② 연습 기간에 쌓인 피로나 동기 저하로 인해서 발생할 수 있다.
③ 협응 구조가 완성되어 더 이상의 질적인 변화가 없는 시기이다.
④ 하나의 동작 유형에서 다른 동작 유형으로 전환이 발생하는 시기이다.

정답분석 고원현상은 협응구조가 완성되어 질적 변화가 없는 것이 아닌 수행은 정체되지만 학습은 지속되고, 하나의 동작 유형에서 다른 동작 유형으로 전환이 발생하는 시기이다.

정답 ③

08 루틴(routine)에 관한 설명으로 적절하지 않은 것은?

① 다음 수행을 준비할 때 도움이 된다.
② 경기 직전에 수정하면 경기력 향상에 도움이 된다.
③ 정신이 산만해질 때 운동과 무관한 것을 차단해 준다.
④ 최고의 경기력을 위해 필요한 자신만의 심리적·행동적 절차이다.

정답분석 루틴은 최상의 수행을 위해 필요한 이상적인 상태를 갖기 위한 자신만의 고유한 행동 또는 절차를 의미하며, 일정하게 수행하는 습관화 된 절차로 경기력에 미치는 여러 요인들을 조절하여 훈련과 경기에서 일관성을 유지하고 경기력을 향상시키는 것으로, 경기 직전에 수정을 하면 경기력에 안 좋은 영향을 미칠 수 있다.

정답 ②

09 <보기>가 설명하는 심리기술훈련은?

―<보기>―
- 1958년 월피(J. Wolpe)가 개발함
- 불안을 일으키는 상황을 중요도 순서에 따라 10단계 정도를 준비함
- 불안이 낮은 순서부터 극도의 불안을 일으키는 중요도가 높은 순서로 배열하고 훈련함
- 불안이나 스트레스를 유발하는 자극에 노출될 때 불안반응 대신 편안한 반응을 나타냄으로써 불안이나 스트레스를 감소하는 기법임

① 자생훈련(autogenic training)
② 점진적 이완(progressive relaxation)
③ 인지 재구성(cognitive restructuring)
④ 체계적 둔감화(systematic desensitization)

 체계적 둔감화는 불안 또는 스트레스를 유발하는 상황을 중요도에 따라 목록을 체계적으로 준비하고 단계적으로 긴장을 해소하는 방식으로 문제 상황을 점차적으로 둔감하게 만드는 훈련방법이다.

 ① 자생훈련: 자기 최면을 통해 무거움, 따뜻함과 같은 느낌에 주의를 기울이고, 명상과 같이 수동적인 상태에서 일어나도록 하는 방법이다.
② 점진적 이완: 신체 각 부위의 근육을 차례로 긴장시키고 이완시키는 방법으로 불쾌스트레스를 중화하고 스트레스를 통제하는 기법이다.
③ 인지 재구성: 비합리적인 생각이나 부적응적인 생각을 찾아내서 중지시키고 반격하여 합리적이고 긍정적인 생각으로 바꾸는 방법이다.

정답 ④

10 <보기>의 스포츠 상황과 반응시간 유형이 바르게 연결된 것은?

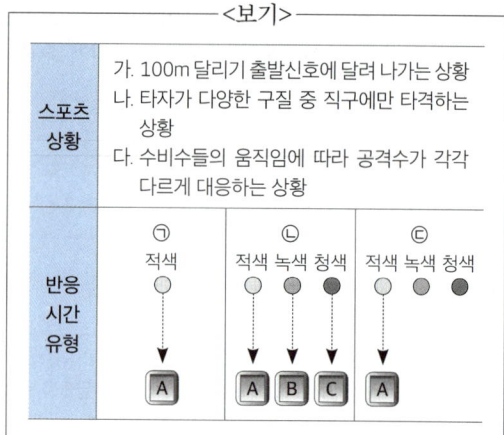

	가	나	다
①	㉠	㉡	㉢
②	㉠	㉢	㉡
③	㉡	㉢	㉠
④	㉢	㉠	㉡

 반응시간에 대한 문제로
㉠은 단순반응시간으로 하나의 자극신호에 대하여 하나의 반응하는 시간이다.
㉡은 선택반응시간으로 자극이 두 개 이상 제시되고 각각의 자극신호에 대하여 다른 반응을 하도록 할 때 측정되는 시간이다.
㉢은 변별반응시간으로 두가지 이상의 자극이 제시되고 특정 자극에 대해서만 반응 할 때 측정되는 시간이다.

정답 ②

11 스포츠심리상담사의 상담 윤리에 관한 설명으로 옳은 것은?

① 내담자와 상담실 밖에서 사적인 관계를 유지한다.
② 비언어적 메시지보다 언어적 메시지에만 집중한다.
③ 알고 지내는 사람과 전문적인 상담을 진행하지 않는다.
④ 상담 내용은 내담자의 동의가 없어도 타인과 공유할 수 있다.

 스포츠심리상담사는 알고 지내는 사람과 전문적인 상담을 진행해서는 안된다.

정답 ③

12. 추동이론(drive theory)에 관한 설명으로 옳은 것은?

① 각성수준과 운동수행은 비례한다.
② 각성을 어떻게 해석하느냐에 따라 각성과 정서의 관계가 달라진다.
③ 인지적 불안과 신체적 불안이 각성수준에 따라 수행에 다르게 영향을 미친다.
④ 적절한 각성수준에서는 최고의 수행을 보이고 각성수준이 낮거나 높으면 운동수행이 감소한다.

정답분석 추동이론은 각성수준과 운동수행은 비례한다고 보는 이론으로 각성이 높아질수록 수행도 좋아진다고 보는 이론이다. 또한 특정 각성에서 느끼는 정서를 다른 정서로 전환이 가능하다고 보는 이론이다.

선지분석
② 전환이론에 대한 설명으로 각성을 어떻게 해석하는가에 따라 높은 각성은 흥분, 불안으로 느낄 수 있고, 낮은 각성은 지루함, 편안함으로 느낄 수 있으며, 전환이 가능하다고 보는 이론이다.
③ 다차원적 이론에 대한 설명으로 인지불안과 신체불안은 수행에 다른 양상으로 영향을 미친다고 보는 이론이다.
④ 역U이론에 대한 설명으로 각성이 아주 낮거나 지나치게 높으면 수행에 방해가 되고, 중간정도의 적당한 각성 수준이 최고의 수행을 보인다고 보는 이론이다.

정답 ①

13. <보기>의 ⊙, ⓒ에 해당하는 용어가 바르게 나열된 것은?

―― <보기> ――

교사: 줄다리기의 경우, 집단이 내는 힘의 총합은 개인의 힘을 모두 합친 것보다 작아지게 된다. 이것을 (⊙) 효과라고 해.
학생: "나 하나쯤이야." 하는 생각 때문에 힘을 덜 쓰는 거 같아요.
교사: 게으름을 피우는 사람으로 인해 집단 내에 동기의 손실이 생기는데 이것을 (ⓒ) 이라고 해.

	⊙	ⓒ
①	링겔만	사회적 태만
②	링겔만	사회적 촉진
③	플라시보	사회적 태만
④	플라시보	사회적 촉진

정답분석 링겔만 효과는 집단의 크기가 커질수록 개인의 수행 평균이 감소하는 현상이며, 사회적 태만은 집단에서 발생하는 동기손실이다.

정답 ①

14. 질문지 측정법 도구가 아닌 것은?

① POMS(Profile of Mood States)
② MBTI(MyersBriggs Type Indicator)
③ 16PF(16 Personality Factor Questionnaire)
④ 주제통각검사(Thematic Apperception Test)

정답분석 주제통각검사는 질문지 측정법이 아닌 투사법으로 30장의 그림들과 한 장의 공백카드로 구성되며, 각 그림에 대해 이야기를 구성하도록 하여 평가하는 방법이다.

정답 ④

15. 그림에서 무관심 단계의 운동 실천 전략으로 가장 적절한 것은?

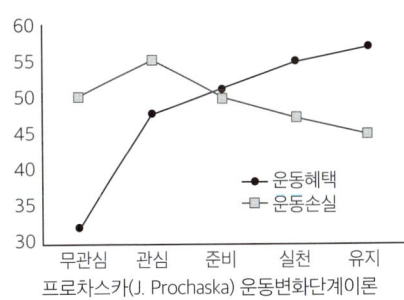

프로차스카(J. Prochaska) 운동변화단계이론

① 장시간 고강도 운동에 참여하도록 조언한다.
② 다른 사람의 운동 멘토 역할을 하도록 한다.
③ 운동의 긍정적 효과에 관한 정보를 제공한다.
④ 운동중독의 위험성에 관한 자료를 공유한다.

정답분석 무관심단계는 운동에 아예 관심이 없는 단계이므로 운동을 해야하는 이유와 따라오는 혜택에 대한 생각을 할 수 있도록 만들어주는 전략을 사용하여야 한다.

정답 ③

16 본능이론(instinct theory)에 관한 설명으로 옳은 것?
① 인간은 목표 달성이 좌절되면 공격성을 표출한다.
② 인간은 사회적 행위와 관찰학습으로 공격성을 배우고 표출한다.
③ 인간의 내부에는 공격성을 유발하는 에너지가 있어 공격성을 표출한다.
④ 인간은 목표가 좌절되면 무조건 공격행동을 유발하지 않고, 공격 행동이 적절하다는 단서가 있을 때 공격성을 표출한다.

 본능이론은 공격성이 선천적으로 타고난 본능이라고 주장하는 이론이다.

- 좌절-공격가설: 목표를 추구하는 행위를 방해받으면 좌절을 느끼고 그러한 좌절이 공격 행위를 일으킨다고 주장하는 이론
- 수정된 좌절-공격가설: 좌절이 무조건 공격행동을 유발하지 않고, 공격 행동이 적절하다는 외부적 단서가 있을 때 나타난다고 주장하는 이론
- 사회학습이론: 공격 행위를 환경에서의 관찰 및 강화로 학습된 것으로 주장하는 이론

정답 ③

18 주의집중을 높이는 방법으로 가장 적절한 것?
① 테니스 선수가 경기 중 루틴을 변경해 서브를 시도한다.
② 야구 선수가 지난 이닝의 수비 실책을 생각하면서 수비한다.
③ 멀리뛰기 선수가 1등의 최고 기록을 직접 확인하고 도움닫기를 한다.
④ 골프 선수가 실제 시합과 유사한 상황을 만들어 놓고 모의훈련을 한다.

 실제 시합과 유사한 상황을 만들어 놓고 모의훈련을 진행하면 주의가 산만해질 수 있는 상황에 운동 수행과 관련된 단서에 집중할 수 있다.

정답 ④

17 <보기>의 ㄱ~ㄷ에 해당하는 베일리(R. Vealey)의 스포츠자신감 원천을 바르게 연결한 것?

―<보기>―
ㄱ. 시합에서 좋은 성과를 낸다.
ㄴ. 주변 사람들이 나를 믿어준다.
ㄷ. 시합에 필요한 체력, 전략, 정신력을 갖춘다.

	ㄱ	ㄴ	ㄷ
①	성취 경험	자기조절	사회적 분위기
②	자기조절	사회적 분위기	성취 경험
③	성취 경험	사회적 분위기	자기조절
④	사회적 분위기	성취 경험	자기조절

 Vealey의 스포츠 자신감의 원천은 성취, 자기조절, 사회적 분위기이며, 성취는 숙달 및 능력입증이고, 자기조절은 신체적, 정신적 준비, 신체적 자기제시, 사회적 분위기는 사회적지지, 간접체험, 지도자 리더십, 환경 쾌적성, 상황적 유리함 등이 있다.

정답 ③

19 지도자의 처벌 행동 지침으로 옳은 것?
① 처벌이 필요한 경우에는 처벌의 이유를 정확하게 말한다.
② 동일한 규칙을 위반하면 주장과 상급 학년 선수부터 처벌한다.
③ 규칙 위반에 대한 처벌 규정을 정할 때 선수의 의견은 반영하지 않는다.
④ 처벌이 필요할 때는 단호함을 보여주고 전체 선수 앞에서 본보기로 삼는다.

 처벌 시에는 어떤 부분으로 인해 처벌 하는지에 대한 이유를 정확하게 말해야 한다.

정답 ①

20 <보기>는 맥락간섭의 양에 따른 연습 형태이다. ㉠~㉢에 해당하는 코치를 바르게 나열한 것은?

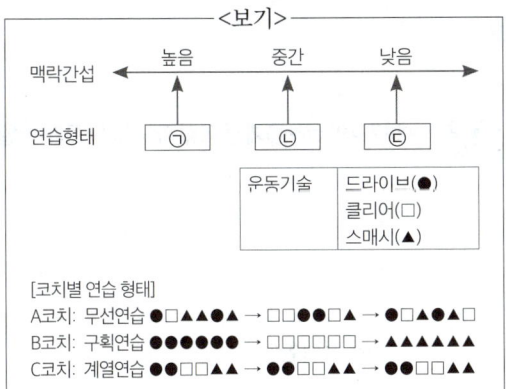

	㉠	㉡	㉢
①	A코치	B코치	C코치
②	B코치	C코치	A코치
③	C코치	A코치	B코치
④	A코치	C코치	B코치

정답분석 무선연습은 운동기술을 랜덤하게 섞어서 하는 연습방법으로 맥락간섭이 가장 높으며, 계열연습은 여러 기술을 정해진 순서로 반복하는 연습방법으로 맥락간섭이 중간단계이다. 구획연습은 한가지 기술을 집중적으로 일정시간 반복하는 연습으로 맥락간섭이 가장 낮다.

정답 ④

2024년 기출문제

01 <보기>에서 설명하는 성격 이론은?

─<보기>─
자기가 좋아하는 국가대표선수가 무더위에서 진행된 올림픽 마라톤 경기에서 불굴의 정신력으로 완주하는 모습을 보고, 자기도 포기하지 않는 정신력으로 10km 마라톤을 완주하였다.

① 특성이론 ② 사회학습이론
③ 욕구위계이론 ④ 정신역동이론

정답분석 사회학습이론은 개인의 심리적 기능을 개인의 고유성보다 개인 요인과 환경 요인의 상호작용으로 설명하는 이론으로 개인이 처한 상황 및 학습한 행동이 성격을 결정한다고 주장하는 이론이다.

선지분석
① 특성이론: 인간에게는 16개의 공통적인 기본특성이 있다고 주장한 이론이며, 표면특성과 기본특성으로 구분된다.
③ 욕구위계이론: 인간은 가치있는 삶을 위해 스스로 개인적인 목표를 추구하는 존재이며, 인간의 욕구중요성에 따라 일련의 위계적인 단계로 배열되어 하위욕구가 만족되면 상위의 욕구를 의식하게 된다고 주장하는 이론이다.
④ 정신역동이론: 무의식이 인간의 사고와 행동에 영향을 주고, 성격과 행동을 결정하는 핵심원동력이라고 보는 이론으로 인간의 성격을 원초아(id), 자아(ego), 초자아(super-ego)로 구분한다.

정답 ②

02 다음 중 개방운동기술(open motor skills)에 해당하지 않는 것은?

① 농구 경기에서 자유투하기
② 야구 경기에서 투수가 던진 공을 타격하기
③ 자동차 경주에서 드라이버가 경쟁하면서 운전하기
④ 미식축구 경기에서 쿼터백이 같은 팀 선수에게 패스하기

정답분석 개방운동기술은 시·공간적으로 변화하는 환경에서 수행자의 적응력과 판단력을 가지고 하는 기술로 ②, ③ ,④는 시간 또는 공간적인 변화가 있지만, 농구 경기에서 자유투하기는 시간 또는 공간적인 변화가 없는 상황에서 하는 기술로 폐쇄운동기술이다.

정답 ①

03 <보기>의 ㉠~㉢에 들어갈 개념을 바르게 나열한 것은?

─<보기>─
• (㉠): 노력의 방향과 강도로 설명된다.
• (㉡): 스포츠 자체가 좋아서 참여한다.
• (㉢): 보상을 받거나 처벌을 피하고자 스포츠에 참여한다.

	㉠	㉡	㉢
①	동기	외적 동기	내적 동기
②	동기	내적 동기	외적 동기
③	귀인	내적 동기	외적 동기
④	귀인	외적 동기	내적 동기

정답분석 동기는 노력의 방향과 강도로 설명하며, 노력의 방향은 특정상황 또는 행동을 추구하면서 그것을 달성하기 위해 다가가는지 피하려고하는지 의도를 뜻하고, 강도는 얼마나 노력을 하는지를 뜻한다. 스포츠 자체가 좋아서 참여하는 동기는 내적 동기이며, 외부의 요인으로 인해 스포츠에 참여하는 것은 외적 동기이다.

정답 ②

04 <보기>의 ㉠, ㉡에 들어갈 정보처리 단계를 바르게 나열한 것은?

─<보기>─
- (㉠): 테니스 선수가 상대 코트에서 넘어오는 공의 궤적, 방향, 속도에 관한 환경정보를 탐지한다.
- (㉡): 환경정보를 토대로 어떤 종류의 기술로 어떻게 받아쳐야 할지 결정한다.

	㉠	㉡
①	반응 선택	자극 확인
②	자극 확인	반응 선택
③	반응/운동 프로그래밍	반응 선택
④	반응/운동 프로그래밍	자극 확인

정답분석 정보 처리 단계에서 자극 확인(감각·지각단계)은 외부의 정보 자극을 받아들여 그 정보의 내용을 분석하고 의미를 부여하는 과정이며, 반응 선택은 자극에 대한 확인이 끝난 후 그 자극이 어떻게 반응할 것인지를 결정하는 것이다.

이론PLUS 정보처리단계
자극 확인(감각·지각단계) → 반응 선택 단계 → 반응 실행 단계 순으로 이루어짐

정답 ②

05 <보기>에서 설명하는 심리기술훈련 기법은?

─<보기>─
- 멀리뛰기의 도움닫기에서 파울을 할 것 같은 부정적인 생각이 든다.
- 부정적인 생각은 그만하고 연습한 대로 구름판을 강하게 밟자고 생각한다.
- 스스로 통제할 수 있는 것에 집중하자고 다짐한다.

① 명상 ② 자생 훈련
③ 인지 재구성 ④ 인지적 왜곡

정답분석 인지 재구성은 비합리적인 생각이나 부적응적인 생각을 찾아내 중지시키고 반격하여 합리적이고 긍정적인 생각으로 바꾸는 방법이다.

선지분석
① 명상: 명상은 마음을 이완시켜 몸에 이완을 유도하는 방법이다.
② 자생 훈련: 자기최면을 통해 무거움, 따뜻함과 같은 느낌에 주의를 기울이고 명상과 같이 수동적인 상태에서 일어나도록 하는 방법이다.
④ 인지적 왜곡: 현실을 부정확하게 인식하거나 지나치게 부정적으로 평가하는 것이다.

정답 ③

06 운동발달의 단계가 순서대로 바르게 제시된 것은?

① 반사단계 → 기초단계 → 기본움직임단계 → 성장과 세련단계 → 스포츠기술단계 → 최고수행단계 → 퇴보단계
② 기초단계 → 기본움직임단계 → 반사단계 → 스포츠기술단계 → 성장과 세련단계 → 최고수행단계 → 퇴보단계
③ 반사단계 → 기초단계 → 기본움직임단계 → 스포츠기술단계 → 성장과 세련단계 → 최고수행단계 → 퇴보단계
④ 기초단계 → 기본움직임단계 → 반사단계 → 성장과 세련단계 → 스포츠기술단계 → 최고수행단계 → 퇴보단계

정답분석 운동발달의 단계는 반사단계 → 기초단계 → 기본움직임단계 → 스포츠기술단계 → 성장과 세련단계 → 최고수행단계 → 퇴보단계 순이다.

정답 ③

07
반두라(A. Bandura)가 제시한 4가지 정보원에서 자기효능감에 가장 큰 영향력을 미치는 것은?

① 대리경험
② 성취경험
③ 언어적 설득
④ 정서적/신체적 상태

 자기효능감에 영향을 미치는 4가지 요인은 성취경험, 대리경험, 언어적 설득, 정서적/신체적 상태이며, 이 중 자기효능감에 가장 큰 영향을 미치는 것은 성취경험이다.

정답 ②

08
<보기>에서 연습방법에 관한 설명으로 옳은 것만을 모두 고른 것은?

─── <보기> ───
㉠ 집중연습은 연습구간 사이의 휴식시간이 연습시간보다 짧게 이루어진 연습방법이다.
㉡ 무선연습은 선택된 연습과제들을 순서에 상관없이 무작위로 연습하는 방법이다.
㉢ 분산연습은 특정 운동기술과제를 여러 개의 하위 단위로 나누어 연습하는 방법이다.
㉣ 전습법은 한 가지 운동기술과제를 구분 동작 없이 전체적으로 연습하는 방법이다.

① ㉠, ㉡
② ㉢, ㉣
③ ㉠, ㉡, ㉣
④ ㉠, ㉢, ㉣

 ㉠ 집중연습: 연습을 집중적으로 하는 방법으로 휴식시간이 연습시간보다 짧은 방법으로 연습을 많이 하기를 원하는 경우 선택하는 방법이다.
㉡ 무선연습: 연습과제들을 순서에 상관없이 무작위로 진행하여 맥락간 섭효과가 높아 파지와 전이에 효과적인 방법이다.
㉣ 전습법: 한가지 운동기술을 구분하지 않고 전체적으로 학습하는 방법으로 과제의 복잡성이 낮고, 조직화 정도가 높을 때 효과적인 방법이다.

이론 PLUS 기타 연습방법
- 분산연습: 휴식시간이 연습시간보다 긴 경우로 질높은 연습을 원할 때 선택하는 방법이다.
- 분습법: 운동기술 요소를 몇 개로 나누어 학습하는 방법으로 과제의 복잡성이 높고 조직화 정도가 낮을 때 효과적인 방법이다.
- 구획연습: 다양한 변인들이 포함되어 있는 하나의 기술을 학습하는데 있어서 각 변인들을 나누어 각각 할당된 시간동안 연습하는 방법으로 맥락간섭효과가 낮아 무선연습에 비해 운동수행 수준이 높은 방법이다.

정답 ③

09
미국 응용스포츠심리학회(AAASP)의 스포츠심리상담 윤리 규정이 아닌 것은?

① 스포츠에 참여하는 모든 사람과 전문적인 상담을 진행한다.
② 직무수행상 자신의 한계를 인식하고 한계를 넘는 주장과 행동은 하지 않는다.
③ 회원 스스로 윤리적인 행동을 실천하고 남에게 윤리적 행동을 하도록 적극적으로 권장한다.
④ 다른 전문가에 의한 서비스 수행 촉진, 책무성 확보, 기관이나 법적 의무 완수 등의 목적을 위해 상담이나 연구 결과를 기록으로 남긴다.

 미국 응용스포츠심리학회(AAASP) 윤리규정에서 스포츠심리상담사는 가족, 지인과는 상담 관계를 지양한다는 규정이 있다. 즉, 스포츠에 참여하는 모든 사람과 전문적인 상담을 진행하여서는 안 된다.

정답 ①

10
<보기>에서 설명하는 기억의 유형은?

─── <보기> ───
- 학창 시절 자전거를 타고 학교에 등하교 했던 A는 오랜 기간 자전거를 타지 않았음에도 불구하고 여전히 자전거를 탈 수 있다.
- 어린 시절 축구선수로 활동했던 B는 축구의 슛 기술을 어떻게 수행하는지 시범을 보일 수 있다.

① 감각 기억(sensory memory)
② 일화적 기억(episodic memory)
③ 의미적 기억(semantic memory)
④ 절차적 기억(procedural memory)

 절차적 기억은 운동과제가 어떠한 순서 또는 절차에 따라 진행될 때 사용할 수 있도록 저장되는 기억으로 반복을 통해 무의식적 저장과 자동적 회상이 가능한 기억이다.
- 절차기억은, 장기기억의 한 종류로 신체적인 동작이나 기술, 습관화된 행동 등이 기억하는 형태이다.
  예 자전거타기, 자동차운전, 스포츠기술 등
- 감각기억은 오감을 통해 순간적으로 받아들이는 자극을 짧게 저장하는 기억이다.
  예 번개의 잔상, 의식적으로 듣기 전 잠시 기억하는 것 등
- 일화적 기억은 개인의 삶에서 구체적인 경험을 기억하는 형태이다.
  예 생일파티, 여행, 발표기억 등
- 의미기억은 사실, 개념, 지식 등 일반적인 정보에 대한 기억이다.
  예 "딸기는 과일이다"라는 개념적 이해, "서울은 대한민국 수도이다"라는 개념적 이해 등

정답 ④

11 <보기>는 피들러(F. Fiedler)의 상황부합 리더십 모형이다. <보기>의 ㉠, ㉡에 들어갈 내용을 바르게 나열한 것은?

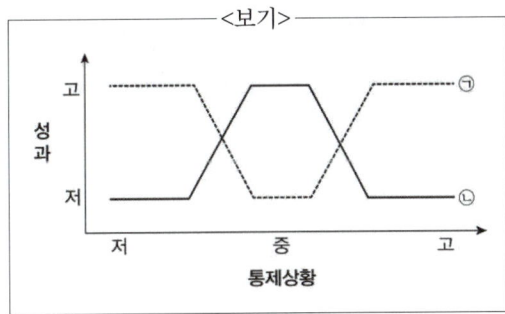

	㉠	㉡
①	관계지향리더	과제지향리더
②	과제지향리더	관계지향리더
③	관계지향리더	민주주의리더
④	과제지향리더	권위주의리더

정답분석 피들러(F.Fiedler)의 상황부합 모형은 상황이 아주 불리할 때(고통제상황, 저통제상황)에는 과제지향리더가 효과적이며, 상황이 중간일 때(중간통제상황)에는 관계지향리더가 효과적인 모형이다.

정답 ②

12 운동학습에 의한 인지역량의 변화에 관한 설명으로 옳지 않은 것은?

① 정보를 처리하는 속도가 빨라진다.
② 주의집중 역량을 활용하는 주의 체계의 역량이 좋아진다.
③ 운동과제 수행의 수준과 환경의 요구에 대한 근골격계의 기능이 효율적으로 좋아진다.
④ 새로운 정보와 기존의 정보를 연결하여 정보를 쉽게 보유할 수 있는 기억체계 역량이 좋아진다.

정답분석 ③은 근골격계의 기능이 효율적으로 좋아지는 것이기 때문에 인지역량이 아니다.

정답 ③

13 다음 <보기>는 아이젠(I. Ajzen)의 계획행동이론이다. ㉠~㉣에 들어갈 개념을 바르게 나열한 것은?

─<보기>─
(㉠)는 행동을 수행하는 것에 대한 개인의 정서적이고 평가적인 요소를 반영한다. (㉡)은/는 어떤 행동을 할 것인지 또는 안 할 것인지에 대해 개인이 느끼는 사회적 압력을 말한다. 어떠한 행동은 개인의 (㉢)에 따라 그 행동 여부가 결정된다. (㉣)은/는 어떤 행동을 하기가 쉽거나 어려운 정도에 대한 인식 정도를 의미한다.

① ㉠: 태도
  ㉡: 의도
  ㉢: 주관적 규범
  ㉣: 행동통제인식
② ㉠: 의도
  ㉡: 주관적 규범
  ㉢: 행동통제인식
  ㉣: 태도
③ ㉠: 태도
  ㉡: 주관적 규범
  ㉢: 의도
  ㉣: 행동통제인식
④ ㉠: 의도
  ㉡: 태도
  ㉢: 행동통제인식
  ㉣: 주관적 규범

정답분석 아이젠(I. Ajzen)의 계획행동이론은 합리적행동이론에서 행동통제인식이라는 개념이 추가된 이론으로 태도와 주관적 규범, 행동통제인식이 의도를 형성하고 의도는 행동을 만들며, 행동통제인식이 행동에 직접적으로 영향을 미치기도 한다고 주장하는 이론이다.

정답 ③

14 <보기>에서 정보처리이론에 관한 설명으로 옳은 것만을 모두 고른 것은?

─── <보기> ───
- ㉠ 정보처리이론은 인간을 능동적인 정보처리자로 설명한다.
- ㉡ 도식이론은 기억흔적과 지각흔적의 작용으로 움직임을 생성하고 제어한다고 설명한다.
- ㉢ 개방회로이론은 대뇌피질에 저장된 운동프로그램을 통해 움직임을 생성하고 제어한다고 설명한다.
- ㉣ 폐쇄회로이론은 정확한 동작에 관한 기억을 수행 중인 움직임과 비교한 피드백 정보를 활용하여 움직임을 생성하고 제어한다고 설명한다.

① ㉠, ㉡
② ㉢, ㉣
③ ㉠, ㉡, ㉣
④ ㉠, ㉢, ㉣

정답분석 도식이론은 재인도식과 회상도식으로 설명하는 이론이며, 일반화된 운동 프로그램을 근거로 만든 이론이다.

정답 ④

정답분석
- ㉠ 사회적 촉진: 타인의 존재가 수행에 영향을 미치는 것이다.
- ㉡ 단순존재가설(추동이론): 타인이 존재하면 욕구수준이 높아져 단순하거나 익숙한 과제에는 수행이 향상되고, 어렵거나 복잡한 과제일 경우 수행이 저하된다는 이론이다.
- ㉢ 주의분산/갈등가설: 타인의 존재가 주의를 분산시켜 수행을 방해하는 측면도 있지만 개인의 욕구 수준을 증가시켜 많은 노력을 기울이도록 하는 측면이 있다는 이론이다.

정답 ①

15 <보기>의 ㉠~㉢에 들어갈 개념을 바르게 나열한 것은?

─── <보기> ───
- (㉠): 타인의 존재가 과제수행에 미치는 영향을 말한다.
- (㉡): 타인의 존재만으로도 각성과 욕구가 생긴다.
- (㉢): 타인의 존재가 운동과제에 대한 집중을 방해하기도 하지만, 수행자의 욕구 수준을 증가시키기도 한다.

① ㉠: 사회적 촉진, ㉡: 단순존재가설
　㉢: 주의 분산/갈등 가설
② ㉠: 사회적 촉진, ㉡: 단순존재가설
　㉢: 평가우려가설
③ ㉠: 단순존재가설, ㉡: 관중효과
　㉢: 주의 분산/갈등 가설
④ ㉠: 단순존재가설, ㉡: 관중효과
　㉢: 평가우려가설

16 힉스(W. Hicks)의 법칙에 관한 설명으로 옳은 것은?
① 자극-반응 대안의 수가 증가할수록 반응시간은 길어진다.
② 근수축을 통해 생성한 힘의 양에 따라 움직임의 정확성이 달라진다.
③ 두 개의 목표물 간의 거리와 목표물의 크기에 따라 움직임 시간이 달라진다.
④ 움직임의 속력이 증가하면 정확도가 떨어지는 속력-정확성 상쇄(speed-accuracy trade-off) 현상이 나타난다.

정답분석 힉스(W. Hicks)의 법칙은 자극-반응 대안의 수가 증가할수록 반응시간이 길어지는 것이다. 즉, 선택해야 하는 수가 많아지면 많아질수록 반응시간이 늦어진다는 법칙이다.

선지분석
② 임펄스 가변성 이론: 근수축을 통해 생성한 힘의 양에 따라 움직임의 정확성이 달라진다는 이론이다.
③, ④ 피츠의 법칙: 목표물이 작거나 움직이는 거리가 길어질수록 운동시간이 길어지는 현상이 나타나며, 정확성이 많이 필요한 과제일수록 수행 속도가 느려지고 속도가 높아지면 정확성이 낮아진다.

정답 ①

17. <보기>의 ㉠에 들어갈 용어는?

―<보기>―
- 복싱선수가 상대의 펀치를 맞고 실점하는 장면이 계속해서 떠오른다.
- 이 선수는 (㉠)을/를 높이는 훈련이 필요하다.

① 내적 심상
② 외적 심상
③ 심상 조절력
④ 심상 선명도

정답분석 심상에서 조절력은 내가 생각하는 결과를 상상할 수 있는 능력을 의미한다. 즉, 좋지 않은 결과가 떠오르면 심상 조절력을 향상시키는 것이 필요하다.

선지분석
① 내적 심상: 자신의 관점에서 동작의 수행장면을 상상하는 것이다.
② 외적 심상: 외부 관찰자 시점에서 상상하는 것이다.
④ 심상 선명도: 실제 이미지와 심상하는 이미지가 비슷할수록 선명도가 높은 것이다.

정답 ③

18. <보기>의 ㉠, ㉡에 들어갈 운동 수행에 관한 개념이 바르게 제시된 것은?

―<보기>―
- 운동 기술 과제가 너무 쉬울 때 (㉠)가 나타난다.
- 운동 기술 과제가 너무 어려울 때 (㉡)가 나타난다.

① ㉠: 학습 고원(learning plateau)
   ㉡: 슬럼프(slump)
② ㉠: 천장 효과(ceiling effect)
   ㉡: 바닥 효과(floor effect)
③ ㉠: 웜업 감소(warm-up decrement)
   ㉡: 수행 감소(performance decrement)
④ ㉠: 맥락 간섭 효과(contextual-interference effect)
   ㉡: 부적 전이(negative transfer)

정답분석
㉠ 천장효과는 어떠한 수준이 이미 최상위여서 더 이상의 효과가 나타나지 않는 현상이다. 즉, 운동기술과제가 너무 쉬우면 참여자 모두 수행이 상위로 나타난다.
㉡ 바닥효과는 반대로 너무 어려워서 실험 측정이 불가능하거나 어느 수준 아래를 구분할 수 없는 경우이다. 운동기술과제가 너무 어려우면 참여자 대부분이 기술을 못하는 것으로 나타난다.

정답 ②

19. <보기>에서 운동 실천을 위한 환경적 영향요인을 모두 고른 것은?

―<보기>―
㉠ 지도자   ㉡ 교육수준
㉢ 운동집단   ㉣ 사회적 지지

① ㉠, ㉡
② ㉢, ㉣
③ ㉠, ㉡, ㉣
④ ㉠, ㉢, ㉣

정답분석 운동실천을 위한 환경요인은 사회적 환경과 물리적 환경이 있으며, 사회적 환경에는 집단응집력(운동집단), 과거 가족의 영향, 가족 또는 친구들의 지지(사회적 지지), 지도자 등이 있다. 물리적 환경은 시설에 대한 접근성, 비용, 기후와 계절 등이 있다.

정답 ④

20. <보기>에서 설명하는 개념은?

―<보기>―
농구 경기에서 수비수가 공격수의 첫 번째 페이크 슛 동작에 반응하면서, 바로 이어지는 두 번째 실제 슛 동작에 제대로 반응하지 못하는 현상이 발생한다.

① 스트룹 효과(Stroop effect)
② 무주의 맹시(inattention blindness)
③ 지각 협소화(perceptual narrowing)
④ 심리적 불응기(psychological-refractory period)

정답분석 심리적 불응기는 1차 자극에 반응하고 있을 때 2차 자극을 제시하는 경우 자극에 대한 반응시간이 느려지는 현상이다. 즉, 첫 번째 페이크(1차 자극)에 반응하고 있는데 두 번째 실제 슛(2차 자극)동작에 제대로 반응하지 못하는 것이다.

선지분석
① 스트룹 효과: 두 가지 조건이 일치하는 자극을 보고 실행할 때보다 두 가지 조건이 일치하지 않는 자극을 보고 실행할 때 반응속도가 늦어지는 현상이다(자극 간 간섭현상).
② 무주의 맹시: 눈이 특정 위치를 향하고 있지만 주의가 다른곳에 있어서 눈이 향하는 위치의 대상이 지각되지 못하는 현상이다.
③ 지각 협소화: 각성이 높아지면서 주의가 협소해지는 현상이다.

정답 ④

2023년 기출문제

01 스포츠심리학의 주된 연구의 동향과 영역에 포함되지 않는 것은?

① 인지적 접근과 현장 연구
② 경험주의에 기초한 성격 연구
③ 생리학적 항상성에 관한 연구
④ 사회적 촉진 및 각성과 운동수행의 관계 연구

정답분석 생리학적 항상성에 관한 연구는 운동생리학의 주된 연구 영역이다. 스포츠심리학의 주된 연구는 심리요인(불안, 목표설정, 주의집중과 운동수행에 대한 연구) 및 현장 적용에 대한 연구가 주로 진행된다.

정답 ③

02 데시(E. Deci)와 라이언(R. Ryan)이 제시한 자기결정이론(self-determination theory)에서 외적동기 유형으로 분류되지 않는 것은?

① 무동기(amotivation)
② 확인규제(identified regulation)
③ 통합규제(integrated regulation)
④ 의무감규제(introjected regulation)

정답분석 무동기는 동기가 없는 것을 의미한다.

이론PLUS 외적동기는 외적규제, 내사규제, 확인규제, 통합규제로 분류된다.

외적규제	보상을 받거나 처벌을 피하기 위한 목적
의무감규제 (내사규제)	죄책감이나 창피함을 피하기 위한 목적 또는 자신의 가치를 높이기 위한 목적
확인규제	혜택을 확인 또는 인식하기 때문에 하는 행동
통합규제	자기 결정성이 가장 높은 외적동기이며, 자신이 갖고 있는 가치와 자신에 대한 생각이 일치함

정답

03 <보기>에서 설명하는 개념은?

<보기>
체육관에서 관중의 함성과 응원 소리에도 불구하고, 작전타임에서 코치와 선수는 서로 의사소통이 가능하다.

① 스트룹 효과(Stroop effect)
② 지각협소화(perceptual narrowing)
③ 무주의 맹시(inattention blindness)
④ 칵테일 파티 효과(cocktail party effect)

정답분석 칵테일 파티는 많은 사람들의 이야기와 잡음이 많은 상황에서도 개인이 흥미를 갖는 이야기를 선택적으로 들을 수 있는 현상이다.

정답 ④

04 <표>는 젠타일(A. Gentile)의 이차원적 운동기술분류이다. 야구 유격수가 타구된 공을 잡아서 1루로 송구하는 움직임이 해당하는 곳은?

구분		동작의 요구(기능)			
		신체 이동 없음 (신체의 안정성)		신체 이동 있음 (신체의 불안정성)	
		물체 조작 없음	물체 조작 있음	물체 조작 없음	물체 조작 있음
환경적 맥락	안정적인 조절 조건	동작 시도 간 환경 변이성 없음			
		동작 시도 간 환경 변이성			
	비안정적 조절 조건	동작 시도 간 환경 변이성 없음	①		③
		동작 시도 간 환경 변이성		②	④

정답분석 젠타일(Gentile)의 2차원 기술분류에서 조절조건은 움직임에 영향을 주는 환경의 특성이며, 동작간 환경 변이성(가변성)의 유무이다. 또한 동작의 요구에서 신체이동과 물체의 유무를 판단하는 것으로 야구 유격수가 타구된 공을 잡는 상황은 비안정적 조절조건이고, 동작시도 간 환경의 변이성도 존재하며, 신체이동과 물체조작이 있음으로 답은 이다.

정답 ④

05 뉴웰(K. Newell)이 제시한 움직임 제한(constraints) 요소의 유형이 다른 것은?

① 운동능력이 움직임을 제한한다.
② 인지, 동기, 정서상태가 움직임을 제한한다.
③ 신장, 몸무게, 근육형태가 움직임을 제한한다.
④ 과제목표와 특성, 규칙, 장비가 움직임을 제한한다.

- 뉴웰(K. Newell)이 제시한 움직임 제한 요소는 환경, 과제, 개인이다.
- ①, ②, ③은 개인의 요소이다.
- ④ 과제목표와 특성, 규칙, 장비가 움직임을 제한하는 것은 과제, 환경의 요소이다.

정답 ④

06 다음 <보기>에서 설명하는 게셀(A. Gesell)과 에임스(L. Ames)의 운동발달의 원리가 아닌 것은?

<보기>
- 머리에서 발 방향으로 발달한다.
- 운동발달은 일련의 방향성을 갖는다.
- 운동협응의 발달순서가 있다.
  - 양측: 상지 혹은 하지의 양측을 동시에 움직이는 형태를 보인다.
  - 동측: 상하지를 동시에 움직이는 형태를 보인다.
  - 교차: 상하지를 동시에 움직이는 형태를 보인다.
- 운동기술의 습득 과정에서 몸통이나 어깨 근육을 조절하는 능력을 먼저 갖추고, 이후에 팔, 손목, 손, 그리고 손가락 근육을 조절하는 능력을 갖춘다.

① 머리 - 꼬리 원리(cephalocaudal principle)
② 중앙 - 말초 원리(proximodistal principle)
③ 개체발생적 발달 원리(ontogenetic development principle)
④ 양측 - 동측 - 교차 운동협응의 원리(bilateral-unilateral(ipsilateral)-crosslateral principle)

③의 개체발생적 발달 원리는 개체의 운동능력과 기술이 어떻게 발달하고 성장하는지를 설명하는 원리이다.

정답 ③

07 스포츠를 통한 인성 발달 전략에 대한 설명으로 옳지 않은 것은?

① 상황에 맞는 바람직한 행동을 설명한다.
② 도덕적으로 적절한 행동에 대하여 설명한다.
③ 바람직한 행동을 강화하고, 적대적 공격행동은 처벌한다.
④ 격한 상황에서 자신이 감정을 공격적으로 표출하도록 격려한다.

스포츠를 통한 인성발달 전략
- 상황에 맞게 스포츠맨십 설명하기
- 스포츠맨 다운 행동을 강화 및 격려하기, 공격적인 행동은 벌을 주기
- 영상을 통해 프로 또는 국가대표의 모범적인 경기를 보여주기
- 도덕적이고 적절한 행동에 대해 설명해주기
- 공격적인 상황에 대해 토론하고 행동을 선택하게 만들어주기
- 격한 상황에서 감정조절을 할 때 격려해주기
- 지도자는 선수들의 적대심을 부추길 수 있는 행동 및 언어 피하기

정답 ④

08 <보기>에서 설명하는 목표의 유형은?

<보기>
- 운동기술을 잘 수행하기 위해서 필요한 핵심 행동에 중점을 둔다.
- 자기효능감과 자신감을 높이고 인지 불안을 낮추는 데 도움이 된다.
- 자신의 운동수행에 대한 목표를 달성하는데 중점을 두는 목표로 달성의 기준점이 자신의 과거 기록이 된다.

① 과정목표와 결과목표
② 수행목표와 과정목표
③ 수행목표와 객관적목표
④ 객관적 목표와 주관적 목표

- 수행목표: 수행에 대한 목표를 달성하는데 중점을 두는 목표로, 달성의 기준이 자신의 과거 기록이 되는 경우가 많으며, 자신이 통제가능한 요인을 많이 적용한다.
- 과정목표: 동작을 잘 수행하기 위한 핵심적으로 필요한 행동에 중점을 두는 목표이며, 자신감을 높이고 인지불안을 낮추는데 효과적이다.

정답 ②

09
스미스(R. Smith)와 스몰(F. Smol)이 개발한 유소년 지도자 훈련 프로그램인 CET(Coach Effectiveness Training)의 핵심 원칙이 아닌 것은?

① 자기관찰　② 운동도식
③ 상호지원　④ 발달모델

정답분석 스미스(R. Smith)와 스몰(F. Smol)이 개발한 CET의 핵심원칙 5가지는 발달모델, 긍정적 접근, 상호지원, 선수참여, 자기관찰이다.

정답 ②

10
균형유지와 사지협응 및 자세제어에 주된 역할을 하는 뇌 구조(영역)는?

① 소뇌(cerebellum)
② 중심고랑(central sulcus)
③ 대뇌피질의 후두엽(occipital lobe of cerebrum)
④ 대뇌피질의 측두엽(temporal lobe of cerebrum)

정답분석 소뇌는 동작의 협응과 조절을 담당하고 자세의 안정성과 원활한 보행 형태를 유지하는 데 중요한 역할을 한다.

정답 ①

11
골프 퍼팅 과제를 100회 연습한 뒤, 24시간 후에 동일 과제에 대해 수행하는 검사는?

① 속도검사(speed test)
② 파지검사(retention test)
③ 전이검사(transfer test)
④ 지능검사(intelligence test)

정답분석 파지검사는 연습을 통해 향상된 운동기술의 수행력을 오랫동안 유지할 수 있는가를 측정하는 검사방법이다.

선지분석
① 속도검사: 속도검사는 얼마나 빠르게 수행하는가에 대한 검사이다.
③ 전이검사: 수행자가 학습한 내용을 새로운 수행 상황이나 관련된 기술에 얼마나 활용할 수 있는지에 대한 평가를 하는방법(과제 내 전이, 과제 간 전이)

정답 ②

12
<보기>에서 설명하는 일반화된 운동프로그램(generalized motor program)의 불변 특성(invariant feature) 개념은?

- A 움직임 시간은 500ms, B 움직임 시간은 900ms로 서로 다르다.
- 4개의 하위 움직임 구간의 시간적 구조 비율은 변하지 않는다.
- 단, A와 B 움직임은 모두 동일인이 수행한 동작이며, 하위움직임 구성도 4개로 동일하다.

① 어트랙터(attractor)
② 동작유도성(affordance)
③ 상대적 타이밍(relative timing)
④ 절대적 타이밍(absolute timing)

정답분석 상대적 타이밍은 하나의 운동 기능이 다양한 하위 부분으로 구성되어 있다고 가정할 때 각 하위부분이 시간적으로 정확하게 조화를 이룰 수 있도록 규칙화할 수 있는 능력을 말한다.

선지분석
① 어트랙터: 매우 안정된 상태로, 시스템이 선호하는 협응상태를 뜻한다.
② 동작유도성(affordance): 유기체, 환경, 과제 사이의 독특한 관계에 따라 나타날 수 있는 운동동작의 가능성이다.

정답 ③

13 <보기>에서 구스리(E. Guthrie)가 제시한 '운동기술 학습으로 인한 변화'에 관한 설명으로 옳은 것을 모두 고른 것은?

─── <보기> ───
㉠ 최대의 확실성(maximum certainty)으로 운동과제를 수행할 수 있다.
㉡ 최소의 인지적 노력(minimum cognitive effect)으로 운동과제를 수행할 수 있다.
㉢ 최소의 움직임 시간(minimum movement time)으로 운동과제를 수행할 수 있다.
㉣ 최소의 에너지 소비(minimum energy expenditure)로 운동과제를 수행할 수 있다.

① ㉠, ㉡, ㉢
② ㉠, ㉢, ㉣
③ ㉡, ㉢, ㉣
④ ㉠, ㉡, ㉢, ㉣

정답분석 구스리(E. Guthrie)는 최소한의 시간과 에너지를 소비하여 최대의 확실성을 갖고 목표를 달성할 수 있는 능력이 운동기술이라고 정의하였다. 즉, 운동기술을 학습하면 최대의 확실성과, 최소의 움직임시간, 최소의 에너지 소비를 할 수 있다는 것이다.

정답 ②

14 <보기>에 제시된 공격성에 관한 설명과 이론(가설)이 바르게 연결된 것은?

─── <보기> ───
• (㉠) 환경에서 관찰과 강화로 공격행위를 학습한다.
• (㉡) 인간의 내부에는 공격성을 유발하는 에너지가 존재한다.
• (㉢) 좌절(예, 목표를 추구하는 행위가 방해받는 경험)이 공격 행동을 유발한다.
• (㉣) 좌절이 무조건 공격행동을 유발하지 않고, 공격행동이 적절하다는 외부적 단서가 있을 때 나타난다.

① ㉠: 사회학습이론, ㉡: 본능이론
　㉢: 좌절 - 공격 가설, ㉣: 수정된 좌절 - 공격 가설
② ㉠: 사회학습이론, ㉡: 본능이론
　㉢: 수정된 좌절 - 공격 가설, ㉣: 좌절 - 공격 가설
③ ㉠: 본능이론, ㉡: 사회학습이론
　㉢: 좌절 - 공격 가설, ㉣: 수정된 좌절 - 공격 가설
④ ㉠: 본능이론, ㉡: 사회학습이론
　㉢: 수정된 좌절 - 공격 가설, ㉣: 좌절 - 공격 가설

정답분석
㉠ 사회학습이론: 공격행위를 환경에서의 관찰 및 강화로 학습된 것으로 주장하는 이론이다.
㉡ 본능이론: 공격성은 선천적으로 타고난 본능이라고 주장하는 이론이다.
㉢ 좌절 - 공격가설: 목표를 추구하는 행위에 방해를 받으면 좌절을 느끼고, 그러한 좌절이 공격행위를 일으킨다고 주장하는 가설이다.
㉣ 수정된 좌절 - 공격: 좌절이 무조건 공격행동을 유발하지 않고, 공격행동이 적절하다는 외부적 단서가 있을 때 나타난다는 가설이다.

정답 ①

15 <보기>에서 하터(S. Harter)의 유능성 동기이론 모형에 관한 설명으로 옳은 것을 고른 것은?

──<보기>──
㉠ 심리적 요인과 관련된 단일차원의 구성개념이다.
㉡ 실패 경험은 부정적 정서를 갖게 하여 유능성 동기를 낮추고, 결국에는 운동을 중도 포기하게 한다.
㉢ 성공 경험은 자기효능감과 긍정적 정서를 갖게 하여 유능성 동기를 높이고, 숙달(mastery)을 경험하게 한다.
㉣ 스포츠 상황에서 성공하기 위한 능력이 있다는 확신의 정도나 신념으로 특성 스포츠 자신감과 상태 스포츠 자신감으로 구분한다.

① ㉠, ㉡   ② ㉠, ㉣   ③ ㉡, ㉢   ④ ㉡, ㉣

정답분석 유능성 동기이론 모형에서 실패경험은 부정적 정서를 갖게 하여 유능성 동기를 낮추고 결국 운동을 중도 포기하게 하고, 성공경험은 자기효능감과 긍정적 정서, 유능성을 향상시키고 이는 높은 유능성 동기로 연결된다는 이론이다.

정답 ③

16 <보기>에서 설명하는 용어는?

──<보기>──
번스타인(N. Bernstein)은 움직임의 효율적 제어를 위해 중추신경계가 자유도를 개별적으로 제어하지 않고, 의미 있는 단위로 묶어서 조절한다고 설명하였다.

① 공동작용(synergy)
② 상변이(phase transition)
③ 임계요동(critical fluctuation)
④ 속도 - 정확성 상쇄 현상(speed-accuracy trade-off)

정답분석 공동작용은 움직임을 효율적으로 제어하기 위해 중추신경계가 자유도를 개별적으로 제어하지 않고 의미 있는 단위로 묶어서 조절하는 것이다.

선지분석
② 상변이: 인간의 운동은 제한요소의 상호작용에 영향을 받는데 제한요소의 변화에 따라 새로운 조건에 적합한 운동형태로 갑작스럽게 전환되는 현상이다.
③ 임계요동: 시스템 변이가 일어나는 임계점에 접근할수록 요동의 폭이 점점 증가하여 변이가 일어나는 임계점 바로 직전에 가장 커지는 현상이다.
④ 속도 - 정확성 상쇄 현상: 운동의 정확성이 많이 필요한 과제일수록 수행속도가 느려지며, 속도가 높아지면 정확성이 떨어지는 현상이다.

정답 ①

17 <보기>에서 연구 결과를 통해 확인할 수 있는 목표설정에 관한 설명으로 옳은 것을 고른 것은?

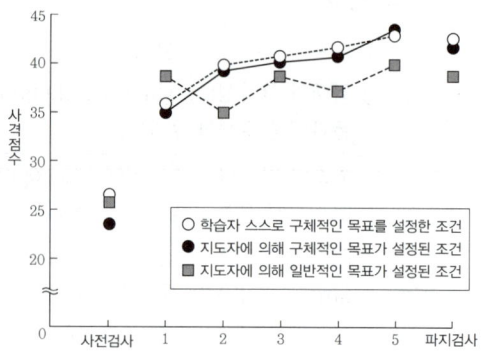

──<보기>──
㉠ 목표설정이 운동의 수행과 학습에 효과적이다.
㉡ 학습자에게 어려운 목표를 설정하도록 조언해야 한다.
㉢ 구체적인 목표를 설정했던 집단에서 더 높은 학습 효과가 나타났다.
㉣ 구체적이고 도전적인 목표를 향해 전념하도록 격려하는 것은 운동의 수행과 학습의 효과를 감소시킨다.

① ㉠, ㉡
② ㉠, ㉢
③ ㉡, ㉢
④ ㉡, ㉣

정답분석 그래프에서와 같이 목표설정이 운동수행과 학습에 효과적인 것이 나타났으며, 구체적인 목표를 설정했던 집단에서 더 높은 학습효과가 나타났다.

이론PLUS 효과적인 목표설정 방법
- 구체적인 목표설정
- 긍정적인 목표설정
- 도전적이지만 실현가능한 목표설정
- 결과목표, 과정목표 함께 설정
- 단기목표, 장기목표 모두 설정
- 목표를 기록하고 보이는 곳에 부착하기

정답 ②

18 <보기>에서 설명하는 피드백 유형은?

― <보기> ―

높이뛰기 도약 스텝 기술을 연습하게 한 후에 지도자는 학습자의 정확한 도약 기술 습득을 위해 각 발의 스텝번호(지점)을 바닥에 표시해주었다.

① 내적 피드백(intrinsic feedback)
② 부적 피드백(negative feedback)
③ 보강 피드백(augmented feedback)
④ 부적합 피드백(incongruent feedback)

정답분석 보강피드백은 코치 또는 감독, 동료들이 제공해주거나 영상 등을 통해 외부에서 제공하는 정보이며, 움직임의 결과 또는 유형 자체에 대한 정보를 제공한다.

정답 ③

19 <보기>는 칙센트미하이(M. Csikszentmihalyi)가 주장한 몰입의 개념이다. ㉠~㉣에 들어갈 개념이 바르게 연결된 것은?

― <보기> ―

• (㉠)과 (㉡)이 균형을 이루는 상황에서 운동 수행에 완벽히 집중하는 것을 몰입(flow)이라 한다.
• (㉡)이 높고, (㉠)이 낮으면 (㉢)을 느낀다.
• (㉡)이 낮고, (㉠)이 높으면 (㉣)을 느낀다.

	㉠	㉡	㉢	㉣
①	기술	도전	불안	이완
②	도전	기술	각성	무관심
③	기술	도전	각성	불안
④	도전	기술	이완	지루함

정답분석 몰입의 개념은 기술과 도전이 균형을 이루는 상황에서 완벽히 집중하는 것이며, 도전이 높고 기술이 낮으면 불안을 느끼고, 기술이 높고 도전이 낮으면 이완을 느낀다.

정답 ①

20 학습된 무기력(learned helplessness) 상태에 있는 학습자에게 귀인 재훈련(attribution retraining)을 위한 적절한 전략은?

① 실패의 원인을 외적 요인에서 찾게 한다.
② 능력의 부족을 긍정적으로 받아들이게 한다.
③ 운이 따라 준다면 다음에 성공할 수 있다고 지도한다.
④ 실패의 원인을 노력 부족이나 전략의 미흡으로 받아들이게 한다.

정답분석
• 학습된 무기력은 나쁜 결과가 나온 것에 대해 통제감을 상실한 것으로 실패할 수밖에 없다고 믿는 것으로 귀인 재훈련을 통해 실패의 원인을 노력부족이나 전략미흡으로 받아들이도록 만들어 주는 것이 효과적이다.
• 귀인 재훈련은 성공은 통제 가능하고, 내적이며, 안정적인 요인으로 귀인을 하도록 하게 만들고, 실패의 원인은 노력부족, 전략미흡으로 믿도록 하는 것이 중요하다.

정답 ④

2022년 기출문제

01 <보기>는 레빈(K. Lewin, 1935)이 주장한 내용이다. ㉠, ㉡에 들어갈 개념으로 바르게 묶인 것은?

―<보기>―
- 인간의 행동은 (㉠)과 (㉡)에 의해 결정된다.
- (㉠)과 (㉡)의 상호작용으로 행동은 변화한다.

① ㉠: 개인(Person), ㉡: 환경(Environment)
② ㉠: 인지(Cognition), ㉡: 감정(Affect)
③ ㉠: 감정(Affect), ㉡: 환경(Environment)
④ ㉠: 개인(Person), ㉡: 인지(Cognition)

 레빈(K. Lewin)은 B=ƒ(P·E)를 주장하였다. B(Behavior)행동은 P(Person)개인, E(Environment)환경에 의해 결정되며, 사람과 행동의 상호작용으로 행동은 변화한다고 주장하였다.

정답 ①

02 아동의 운동 발달을 평가할 때 심리적 안정을 도모하기 위한 평가 방법으로 옳은 것은?

① 평가장소에 도착하면 환경에 대한 탐색 시간을 주지 말고 평가를 바로 진행한다.
② 아동의 평가 민감성을 높이기 위해 평가라는 단어를 강조한다.
③ 운동 도구를 사용하여 평가할 때 탐색할 기회를 제공한다.
④ 아동과 공감대를 형성하지 않는다.

 운동도구를 사용하여 평가할 때는 탐색할 기회를 제공해야만 심리적 안정감을 느낄 수 있다.

 ①, ②, ④ 운동발달을 평가하면 아동에게 심리적 안정감을 주기가 어렵다.

정답 ③

03 <보기>에 제시된 일반화된 운동프로그램(Generalized Motor Program: GMP)에 관한 설명으로 바르게 묶인 것은?

―<보기>―
㉠ 인간의 운동은 자기조직(self-organization)과 비선형성(nonlinear)의 원리에 의해 생성되고 변화한다.
㉡ 불변매개변수(invariant parameter)에는 요소의 순서(order of element), 시상(phasing), 상대적인 힘(relative force)이 포함된다.
㉢ 가변매개변수(variant parameter)에는 전체 동작지속시간(overall duration), 힘의 총량(overall force), 선택된 근육군(selected muscles)이 포함된다.
㉣ 환경정보에 대한 지각 그리고 동작의 관계(perception-action coupling)를 강조한다.

① ㉠, ㉡
② ㉠, ㉢
③ ㉡, ㉢
④ ㉢, ㉣

 일반화된 운동프로그램은 불변매개변수와 가변매개변수로 구성되어 있다.
- 불변매개변수: 요소의 순서, 시상, 상대적인 힘이 포함된다.
- 가변매개변수: 전체 동작 지속시간, 힘의 총량, 선택된 근육군이 포함된다.

 ㉠은 다이나믹 시스템이론에 대한 설명이다.
㉣은 생태학적 이론에 대한 설명이다.

정답 ③

04 <보기>에서 설명하는 개념은?

―<보기>―
- 자극반응 대안 수가 증가할수록 선택반응시간도 증가한다.
- 투수가 직구와 슬라이더 구종에 커브 구종을 추가하여 무작위로 섞어 던졌을 때 타자의 반응시간이 길어졌다.

① 피츠의 법칙(Fitts' law)
② 파워 법칙(power law)
③ 임펄스 가변성 이론(impulse variability theory)
④ 힉스의 법칙(Hick's law)

정답분석
힉스의 법칙(Hick's law)는 자극 - 반응의 대안 수가 많아질수록 선택 반응시간이 승가하는 현상이나.

선지분석
① 피츠의 법칙: 목표물이 작거나 움직이는 거리가 길어질수록 운동시간이 길어지는 현상과 운동의 정확성이 많이 필요한 과제일수록 수행속도가 느려지고, 속도가 높아지면 정확성이 떨어지는 현상이다.
② 파워법칙: 연습의 양에 따라 수행이 향상되는 것을 수행 곡선의 형태를 통해 보이는 것이다.
③ 임펄스 가변성 이론: 임펄스가 사지의 움직임을 비롯한 인간의 운동 형태를 결정하고, 임펄스 가변성에 따라 움직임의 정확성이 변한다는 이론이다.

정답 ④

05 <보기>에 제시된 번스타인(N. Bernstein)의 운동학습 단계에 대한 설명으로 바르게 묶인 것은?

―<보기>―
㉠ 스케이트를 탈 때 고관절, 슬관절, 발목관절을 활용하여 추진력을 갖게 한다.
㉡ 체중 이동을 통해 추진력을 확보하며 숙련된 동작을 실행하게 한다.
㉢ 스케이트를 신고 고관절, 슬관절, 발목관절을 하나의 단위체로 걷게 한다.

	㉠	㉡	㉢
①	자유도 풀림	반작용 활용	자유도 고정
②	반작용 활용	자유도 풀림	자유도 고정
③	자유도 풀림	자유도 고정	반작용 활용
④	반작용 활용	자유도 고정	자유도 풀림

정답분석
번스타인(Bernstein)의 운동학습단계는 자유도 고정 단계, 자유도 풀림 단계, 반작용 활용 단계로 구성되어있다.

이론PLUS
- 자유도 고정 단계: 새로운 동작을 학습할 때 동원되는 신체의 자유도를 고정한다(즉, 움직임과 관련된 수많은 요소를 단순화한다).
- 자유도 풀림 단계: 자유도 고정에서 사용 가능한 자유도수를 늘린다.
- 반작용 활용 단계: 숙련단계로 수행자와 환경의 상호작용에 따라 나타나는 관성 또는 마찰력같은 반작용 현상을 이용한다.

정답 ①

06 레이데크와 스미스(T. Raedeke & A. Smith, 2001)의 운동선수 탈진 질문지(Athlete Burnout Questionnaire: ABQ)의 세 가지 측정 요인이 아닌 것은?

① 성취감 저하(reduced sense of accomplishment)
② 스포츠 평가절하(sport devaluation)
③ 경쟁상태불안(competitive state anxiety)
④ 신체적/정서적 고갈(physical, emotional exhaustion)

정답분석
- 경쟁상태불안: 경쟁상황에서 느끼는 불안으로 스포츠에서 뚜렷하게 나오는 불안이다.
- 탈진(Burn out)의 측정 영역으로는 성취감 저하, 스포츠 평가절하, 신체적/정서적 고갈이 있다.

정답 ③

07 웨이스와 아모로스(M. Weiss & A. Amorose, 2008)가 제시한 스포츠 재미(sport enjoyment)의 영향 요인으로 옳지 않은 것은?

① 인지능력
② 사회적 소속
③ 동작 자체의 감각 체험
④ 숙달과 성취

정답분석 인지능력은 스포츠재미 요인에 포함되어 있지 않으며, 스포츠 재미요소는 동작 자체의 감각 체험, 사회적소속, 숙달과 성취로 구성되어 있다.

정답 ①

08 <보기>에 제시된 도식이론(schema theory)에 관하여 옳은 설명으로 묶인 것은?

― <보기> ―
㉠ 빠른 움직임과 느린 움직임을 구분하여 설명한다.
㉡ 재인도식은 피드백 정보가 없는 빠른 운동을 조절하는 역할을 한다.
㉢ 회상도식은 과거의 실제결과, 감각귀결, 초기조건의 관계를 바탕으로 형성된다.
㉣ 200ms 이상의 시간이 필요한 느린 운동 과제의 제어에는 회상도식과 재인도식이 모두 동원된다.

① ㉠, ㉡
② ㉡, ㉢
③ ㉠, ㉣
④ ㉢, ㉣

정답분석 도식이론은 느린 움직임은 재인도식과 빠른 움직임인 회상도식으로 설명하는 이론으로, 두 이론의 장점을 통합한 일반화된 운동 프로그램(GMP)을 근거로 하는 이론이다.

정답 ③

09 <보기>에 제시된 심리적 불응기(Psychological Refractory Period: PRP)에 관하여 옳은 설명으로 묶인 것은?

― <보기> ―
㉠ 1차 자극에 대한 반응을 수행하고 있을 때 2차 자극을 제시할 경우, 2차 자극에 대해 반응시간이 느려지는 현상이다.
㉡ 1차 자극과 2차 자극간의 시간차가 10ms 이하로 매우 짧을 때 나타난다.
㉢ 페이크(fake) 동작의 사용 빈도를 높일 때 효과적이다.
㉣ 1차와 2차 자극을 하나의 자극으로 간주하는 현상을 집단화라고 한다.

① ㉠, ㉡
② ㉡, ㉢
③ ㉢, ㉣
④ ㉠, ㉣

정답분석 ㉠ 심리적 불응기는 1차 자극에 반응하여 수행하고 있을 때 2차 자극을 제시할 경우 2차 자극에 대한 반응시간이 느려지는 현상이다.
㉣ 1차와 2차 자극을 하나의 자극으로 간주하는 현상을 집단화라고 한다.

선지분석 ㉡ 심리적 불응기는 두 자극 간의 시간 차이가 60~100ms일 때 나타난다.
㉢ 페이크 동작의 사용빈도가 아닌 페이크동작을 사용할 때 유용하게 사용가능한 현상이다.

정답 ④

10 인간 발달의 특징에 관한 설명으로 옳지 않은 것은?

① 개인적 측면은 발달에 영향을 미치는 요인이 개인마다 달라서 나타나는 현상이다.
② 다차원적 측면은 개인의 신체적·정서적 특성과 같은 내적요인 그리고 사회 환경과 같은 외적요인으로 나눌 수 있다.
③ 계열적 측면은 기기와 서기의 단계를 거친 후에야 자신의 힘으로 스스로 걸을 수 있게 되는 것이다.
④ 질적 측면은 현재 나타나고 있는 움직임 양식이 과거 움직임의 경험이 축적되어 나타나는 것이다.

정답분석 ④는 질적 측면이 아닌 종합적 측면에 대한 설명이다.

선지분석 ① 개인적 측면: 발달에 영향을 미치는 요인이 개인마다 달라서 나타나는 현상
② 다차원적 측면: 개인의 내적요인(신체적, 정서적 특성)과 외적요인(사회환경, 연습조건 등)으로 나눌 수 있다.
③ 계열적 측면: 운동발달에도 순차적인 특징이 있다.

정답 ④

11 시각탐색에 사용되는 안구 움직임의 형태로 옳지 않은 것은?

① 지각의 협소화(perceptual narrowing)
② 부드러운 추적 움직임(smooth pursuit movement)
③ 전정안구반사(vestibulo-ocular reflex)
④ 빠른 움직임(saccadic movement)

정답분석 지각협소화는 각성수준이 증가할수록 주의를 기울일 수 있는 초점의 폭이 점차 좁아지게 되는 현상을 뜻한다.

정답 ①

12 <보기>에 제시된 불안과 운동수행의 관계를 설명하는 이론은?

<보기>
- 선수가 불안을 어떻게 '해석'하느냐에 따라 운동수행이 달라질 수 있다.
- 선수는 각성이 높은 상태를 기분 좋은 흥분상태로 해석할 수도 있지만 불쾌한 불안으로 해석할 수도 있다.

① 역U가설(inverted-U hypothesis)
② 전환이론(reversal theory)
③ 격변이론(catastrophe theory)
④ 적정기능지역이론(zone of optimal functioning theory)

정답분석 전환이론은 각성을 어떻게 해석하는가에 따라 높은 각성은 흥분 또는 불안으로 느낄 수 있으며, 낮은 각성은 지루함, 편안함으로 느낄 수 있다.

선지분석
① 역U가설: 각성이 아주 낮거나 높으면 수행에 방해가 되며, 중간 정도의 각성이 최고 수행을 발휘한다고 보는 이론이다.
③ 격변(카타스트로피)이론: 인지불안과 신체각성을 동시에 고려하여 수행을 예측하는 3차원 비선형적 관계모형이며, 인지불안이 낮으면 역U자 모형을 보이지만 인지불안이 높고 각성이 어느 수준을 넘으면 수행력이 급격하게 떨어지는 이론이다.
④ 적정기능지역이론: 개개인의 상태불안의 차이가 크며 선수는 최고의 수행을 발휘할 때 자신만의 고유한 불안수준이 존재한다는 이론이다. 또한 특정 각성에서 느끼는 정서를 다른 정서로 전환이 가능하다고 보는 이론이다.

정답 ②

13 <보기>의 ㉠과 ㉡에 들어갈 알맞은 용어는?

<보기>
- (㉠)은 불안을 감소시키기 위해 자기최면을 사용하여 무거움과 따뜻함을 실제처럼 느끼도록 유도하는 방법이다.
- (㉡)은/는 불안을 유발하는 자극의 목록을 작성한 후, 하나씩 차례로 적용하여 유발 감각 자극에 대한 민감도를 줄여 불안 수준을 감소시키는 방법이다.

① ㉠: 바이오피드백(biofeedback)
   ㉡: 체계적 둔감화(systematic desensitization)
② ㉠: 자생훈련(autogenic training)
   ㉡: 바이오피드백(biofeedback)
③ ㉠: 점진적 이완(progressive relaxation)
   ㉡: 바이오피드백(biofeedback)
④ ㉠: 자생훈련(autogenic training)
   ㉡: 체계적 둔감화(systematic desensitization)

정답분석
㉠ 자생훈련: 자기 최면을 통해 무거움, 따뜻함과 같은 느낌에 주의를 기울이고 명상과 같이 수동적인 상태에서 일어나도록 하는 방법이다.
㉡ 체계적 둔감화: 불안을 유발하는 상황을 중요도에 따라 불안 자극 목록을 체계적으로 준비하고 단계적으로 긴장을 해소하는 방식, 즉 문제상황을 점차적으로 둔감하게 만드는 훈련방법이다.

정답 ④

14 웨이너(B. Weiner)의 경기 승패에 대한 귀인이론에 관한 설명으로 옳지 않은 것은?

① 노력은 내적이고 불안정하며 통제 가능한 요인이다.
② 능력은 내적이고 안정적이며 통제 불가능한 요인이다.
③ 운은 외적이고 불안정하며 통제 불가능한 요인이다.
④ 과제난이도는 외적이고 불안정하며 통제할 수 있는 요인이다.

정답분석 과제난이도는 외적이고 안정적이며, 통제불가능한 요인이다.

이론 PLUS 웨이너(Weiner)의 3차원 귀인모형

구분		인과성의 소재			
		내적		외적	
		안정적	불안정적	안정적	불안정적
통제 가능성	통제 가능	지속적인 노력	일시적 노력	타인의 지속적 노력	타인의 일시적 노력
	통제 불가능	능력	기분(무드)	과제 난이도	운

정답 ④

15 <보기>에 제시된 심상에 대한 이론과 설명이 바르게 묶인 것은?

―<보기>―
㉠ 심리신경근이론에 따르면 심상을 하는 동안에 실제 동작에서 발생하는 근육의 전기 반응과 유사한 전기 반응이 근육에서 발생한다.
㉡ 상징학습이론에 따르면 심상은 인지 과제(바둑)보다 운동 과제(역도)에서 더 효과적이다.
㉢ 생물정보이론에 따르면 심상은 상상해야 할 상황 조건인 자극 전제와 심상의 결과로 일어나는 반응 전제로 구성된다.
㉣ 상징학습이론에 따르면 생리적 반응과 심리 반응을 함께하면 심상의 효과는 낮아진다.

① ㉠, ㉡   ② ㉠, ㉢
③ ㉡, ㉢   ④ ㉢, ㉣

정답분석
㉠ 심리신경근이론: 특정 움직임을 상상할 때 실제 근육의 움직임은 일어나지 않지만 뇌와 근육에는 실제와 유사한 자극이 일어난다는 이론
㉢ 생물정보이론: 심상은 뇌의 장기기억에 저장되어있는 전제 혹은 특징이며, 심상을 할 때 자극전제와 반응전제가 활성화된다는 이론

정답 ②

16 <보기>에 제시된 첼라두라이(P. Chelladurai)의 다차원 리더십 모델에 관한 설명으로 옳게 묶인 것은?

―<보기>―
㉠ 리더의 특성은 리더의 실제 행동에 영향을 준다.
㉡ 규정 행동은 선수에게 규정된 행동을 말한다.
㉢ 선호 행동은 리더가 선호하거나 바라는 선수의 행동을 말한다.
㉣ 리더의 실제 행동과 선수의 선호 행동이 다르면 선수의 만족도가 낮아진다.

① ㉠, ㉡   ② ㉠, ㉣
③ ㉡, ㉢   ④ ㉢, ㉣

정답분석 리더의 특성은 실제 행동에 영향을 미치며, 리더의 행동과 선수의 선호행동이 낮아지면 선수의 만족도가 낮아진다.

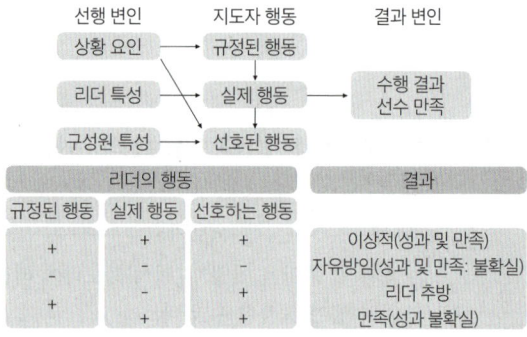

<첼라두라이(Chelladurai)의 다차원 리더십 모형>

정답 ②

17 <보기>에서 설명하는 운동심리 이론(모형)은?

―<보기>―
• 지역사회가 여성 전용 스포츠 센터를 확충한다.
• 정부가 운동 참여에 대한 인센티브 정책을 수립한다.
• 가정과 학교에서 운동 참여를 지지해주는 분위기를 만든다.

① 사회생태모형(social ecological model)
② 합리적행동이론(theory of reasoned action)
③ 자기효능감이론(self-efficacy theory)
④ 자결성이론(self-determination theory)

정답분석 사회생태모형은 개인의 동기나 의도에만 초점을 맞춘 것이 아닌 사회적 환경, 물리적 환경, 정책변인등이 모두 중요한 요인이라고 보는 이론으로, 특히 물리적 환경이 운동실천에 매우 중요한 역할을 한다고 본다.

정답 ①

18 다음 중 프로차스카(J. O. Prochaska)의 운동변화단계 모형(Transtheoretical Model)에 관한 설명으로 옳은 것은?

① 변화 단계와 자기효능감과의 관계는 U자 형태다.
② 인지적·행동적 변화과정을 통해 운동 단계가 변화한다.
③ 변화 단계가 높아짐에 따라 운동에 대해 기대할 수 있는 혜택은 점진적으로 감소한다.
④ 무관심 단계는 현재 운동에 참여하지 않지만, 6개월 이내에 운동을 시작할 의도가 있다.

 운동변화단계모형은 운동행동의 변화를 5단계(무관심, 관심, 준비, 실천, 유지)로 구분하여 설명하며, 단계는 진전도 가능하고, 정체나 퇴보도 가능한 이론이다.
- 무관심 단계: 현재 운동을 하고 있지 않으며, 6개월 이내에도 운동을 시작할 의도가 없다.
- 관심 단계: 현재 운동을 하고 있지 않지만, 6개월 이내 운동을 시작할 의도가 있다.
- 준비 단계: 현재 운동을 하고 있지만, 기준(주당 3회 이상, 1회 20분 이상)을 채우지 못하고 있으며, 한달 이내 기준을 충족하는 수준으로 운동할 생각이 있다.
- 실천 단계: 기준을 충족하는 운동을 하지만 기간이 6개월 미만이다.
- 유지 단계: 기준을 충족하는 운동을 6개월 이상 했다.

정답 ②

19 한국스포츠심리학회가 제시한 스포츠심리상담사의 상담윤리에 대한 설명으로 옳지 않은 것은?

① 스포츠심리상담사는 자신의 전문영역과 한계영역을 명확하게 인식해야 한다.
② 스포츠심리상담사는 상담 과정에서 얻은 정보를 이용할 때 고객과 미리 상의해야 한다.
③ 스포츠심리상담사는 상담 효과를 알리기 위해 상담에 참여한 사람으로부터 좋은 평가나 소감을 요구해야 한다.
④ 스포츠심리상담사는 타인에게 역할을 위임할 때는 전문성이 있는 사람에게만 위임하여야 하며 그 타인의 전문성을 확인해야 한다.

 스포츠심리상담사 상담윤리 중 권력남용과 위협에서 '스포츠심리상담사는 상담효과를 알리기 위해 상담에 참여한 사람으로부터 좋은평가나 소감을 요구하지 않는다'가 있다.

정답 ③

20 <보기>에 제시된 폭스(K. Fox)의 위계적 신체적 자기개념 가설(hypothesized hierarchical organization of physical self-perception)에 관한 설명으로 바르게 묶인 것은?

<보기>
㉠ 신체적 컨디션은 매력적 신체를 유지하는 능력이다.
㉡ 신체적 자기 가치는 전반적 자기존중감의 상위영역에 속한다.
㉢ 신체 매력과 신체적 컨디션은 신체적 자기가치의 하위영역에 속한다.
㉣ 스포츠 유능감은 스포츠 능력과 스포츠 기술 학습능력에 대한 자신감이다.

① ㉠, ㉡
② ㉠, ㉢
③ ㉡, ㉣
④ ㉢, ㉣

- 스포츠 유능감: 운동능력, 스포츠 기술 학습능력, 스포츠에서 자신감에 대한 인식
- 신체적 힘: 근력, 근육발달, 근력이 요구되는 상황에서의 자신감에 대한 인식
- 신체매력: 외모에 대한 매력 인식, 매력적 신체를 유지하는 능력, 외모에 대한 자신감
- 신체적 컨디션: 신체 컨디션, 스테미너, 체력에 대한 인식
- 신체적 자기가치: 신체적 자아에 대한 행복, 만족, 자부심, 존중, 자신감에 대한 일반적인 느낌

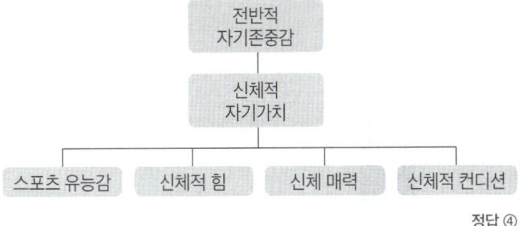

정답 ④

해커스자격증
pass.Hackers.com

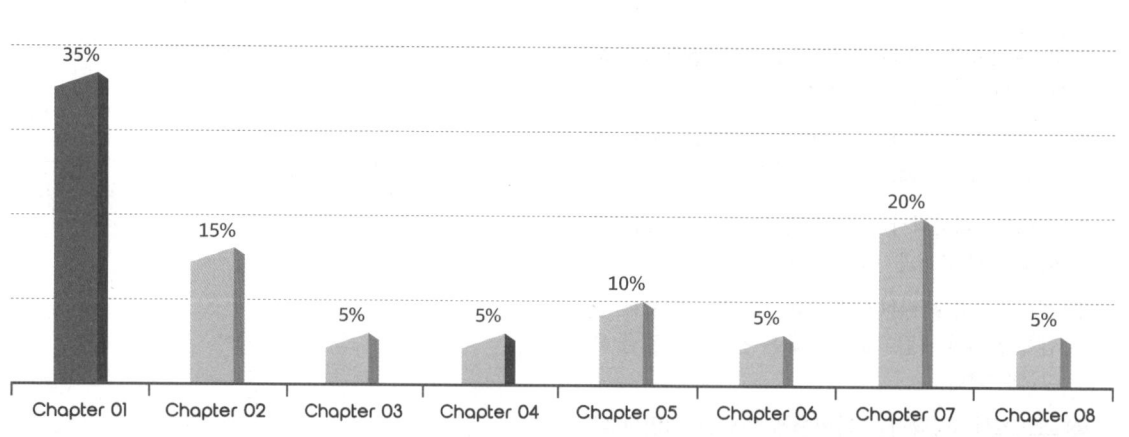

해커스 **스포츠지도사 2급 필기** 한권합격 이론+최신기출+핵심노트

Part 04

스포츠윤리

선택과목

Chapter 01 스포츠와 윤리
Chapter 02 경쟁과 페어플레이
Chapter 03 스포츠와 불평등
Chapter 04 스포츠에서 환경과 동물윤리
Chapter 05 스포츠와 폭력
Chapter 06 경기력 향상과 공정성
Chapter 07 스포츠와 인권
Chapter 08 스포츠 조직과 윤리

Chapter 01 스포츠와 윤리

 핵심요약&보충자료

01 스포츠의 윤리적 기초

1 윤리, 도덕, 선의 개념 기출 15·18·19·21·22년

1. 윤리(倫理, ethics)
① 윤리의 어원은 ethos(습관, 기질, 성격)로 '개인의 특성'을 강조함
② 법과 도덕의 종합적 의미
③ 외면적이면서 약간은 강제적인 도리
④ 사회를 구성하는 데 있어 도덕적으로 지켜야 할 이치와 도리
⑤ 도덕적 현상의 바탕이 되는 원리

2. 도덕(道德, morality)
① 사회 구성원으로서 마땅히 지켜야 할 행동 준칙이나 규범(스포츠윤리, 환경윤리, 연구 윤리, 의료윤리 등)을 의미함
② 행위의 기준을 제시하여 옳은 일의 자발적 실천을 지향함
③ 외부의 명령이 아닌 개인의 주관적 판단에 따른 실천을 의미함
④ 윤리를 존중하는 개인의 심성 혹은 덕행(공중도덕)을 의미함
⑤ 도덕적 옳고 그름의 판단 및 검토 방법
   ㉠ 역할 교환 검사: 자신이 직면한 도덕적 상황에 대해 처지를 바꾸어 옳고 그름을 판단하는 방법
   ㉡ 보편화 결과 검사: 자신을 포함한 모든 사람으로서 도덕적 상황의 옳고 그름을 판단하는 방법
   ㉢ 포섭 검사: 보다 일반적이고 포괄적인 도덕 원리에 따라 옳고 그름을 판단하는 방법
   ㉣ 반증 사례 검사: 반대되는 새로운 사례를 적용하여 도덕적 상황에 대해 옳고 그름을 판단하는 방법

3. 선(善, goodness)
① 일반적으로 '좋은 것'을 의미함
② 도덕과 윤리적 실천의 기본이 되는 가치로서 '옳고 그름'의 도덕적 행위를 가능하게 하는 근거임
③ 윤리와 도덕은 선을 나타내는 표상임

2 사실 판단과 가치 판단

1. 사실 판단
① 경험적 탐구를 통해 밝혀진 객관적 사실에 근거한 판단을 의미함
② 참과 거짓을 판단할 수 있는 기준을 제시하여 갈등 해결의 실질적 실마리를 제공
③ 사실 판단의 예: 제22회 월드컵은 카타르에서 개최되었다.

2. 가치 판단
① 개인의 가치관에 따라서 달라지는 옳고 그름, 좋음과 나쁨, 아름다움과 그렇지 않음 등 지극히 주관적인 가치 판단
② 참과 거짓에 대한 주관적 가치가 다를 경우, 갈등 해결의 실질적 실마리를 제공하는 데 한계가 있음
③ 가치 판단의 예: "제22회 월드컵은 매우 성공적인 대회였다." → 주관적 판단기준(가치관)에 따라 '성공 여부'가 달라짐. 즉, 누군가는 대회가 성공적이지 않다고 판단할 수 있음
④ 가치 판단의 종류❶
  ㉠ 사리 분별적 가치 판단: 일반적인 상식 혹은 이치(理致)에 따라 옳고 그름을 판단
  ㉡ 미적 가치 판단: 눈에 보이지 않는 가치에 따라 판단(아름다움과 추함)
  ㉢ 도덕적 가치 판단: 자신의 도덕적 가치관에 따라 옳고 그름을 판단

❶ 가치 판단의 종류
- 사리 분별적 가치 판단
- 미적 가치 판단
- 도덕적 가치 판단

3 가치 충돌의 문제와 대안

1. 가치 충돌 문제
① 두 개 이상의 도덕적 가치가 서로 부딪히거나 충돌하는 상황
  ㉠ 사실 판단과 가치 판단의 충돌
  ㉡ 윤리적 견해, 즉 의무론적 윤리와 결과론적 윤리의 충돌을 의미함
  ㉢ 도덕적 행위의 옳고 그름에 대한 충돌
② 가치 충돌은 개인적 차원과 사회적 차원으로 발생

개인적 차원의 가치 충돌	사회적 차원의 가치 충돌
현실에서 개인이 도덕 원칙을 적용할 때 발생하는 '선택의 문제'	사회(공동체)의 관습과 문화의 차이에서 발생하는 '가치 충돌 문제'
예 • 승리를 위해 금지 약물 복용을 권하는 코치의 지시를 수용할 것인가? • 승리를 위해 다친 상대 선수를 공략할 것인가?	예 • 보신용 음식을 먹는 한국의 문화를 비난하는 외국인 • 야구의 벤치클리어링(bench Clearing)에 대한 한국과 미국 관중의 의견 차이

2. 가치 충돌 문제의 해결 방법
① 보편성, 공공성, 영구성 등의 가치 판단 기준에 따라 비교함
② 사실 판단의 충돌일 경우: 객관적 자료(VAR: 비디오 판독)와 같은 근거를 통해 판단함
③ 타인의 처지에서 평가 및 판단함
④ 선택할 수 있는 상황을 예측해 봄으로써 판단함

02 스포츠윤리의 이해

1 일반윤리와 스포츠윤리 `기출` 20년

1. 일반윤리
① 사회 구성원들이 공유하는 보편적인 도덕적 원리와 윤리 정신
② 사회 구성원으로서 지켜야 할 이치와 도리

2. 스포츠윤리
① 스포츠 상황에서 요구 및 적용되는 사회 규범이나 도덕적 기준
② 스포츠맨십, 페어플레이 등 스포츠 상황에서 윤리적 문제 해결의 판단기준

3. 스포츠인의 윤리
스포츠인으로서 갖추어야 할 기본적인 도덕적 품성과 태도

2 스포츠윤리의 필요성과 목적 `기출` 18·20·21·23년

1. 필요성
① 스포츠는 곧 사회의 축소판으로써 인간의 삶과 밀접한 관련이 있음
② 스포츠의 대중화, 미디어의 영향력 강화, 스포츠에 대한 경제적, 사회적, 정치적 개입으로 스포츠에 대한 가치관 혼란 야기 및 본질적 가치 변화
③ 운동선수의 일탈(승부조작, 도핑, 음주운전, 원정도박 사건) 가능성 증가
④ 스포츠 현장에서 운동선수의 인권침해 증가

2. 목적
① 스포츠윤리는 스포츠 본질과 가치 성립
② 선수들의 일탈 방지를 위한 사회 규범의 모형 제시
③ 선수들의 인권과 권리 보호

3 스포츠윤리의 독자성 `기출` 16년

(1) 운동선수는 스포츠 규칙을 자발적으로 준수
(2) 경기 상황에서 선수의 규칙 준수 여부만으로 해당 선수의 도덕성을 판단하기 힘듦
　예 경기 중 비의도적으로 반칙을 저지른 A 선수를 무조건 도덕적이지 못한 선수라고 비난할 수 없음
(3) 스포츠에서 규칙 위반은 경기의 일부로 받아들여지기도 함
　예 농구 경기 중 팀 파울이 걸린 상황에의 의도적 반칙, 축구 경기 중 상대 흐름을 끊기 위한 전술적 반칙 등

용어해설
스포츠인 또는 체육인: 스포츠 분야에 이해관계를 가지고 있는 모든 사람 총칭
예 운동선수, 지도자, 심판, 대회 운영자, 스포츠 단체나 협회 관계자 등

03 윤리 이론

1 의무론적 윤리 이론과 칸트의 도덕 철학 기출 16~22년

1. 의무론적 윤리
① 인간이면 도덕적 원리와 법칙(보편적 도덕)을 마땅히 지켜야 하고, 이에 따라 행위의 옳고 그름이 결정된다고 보는 태도
② 어떠한 행위의 결과와 상관없이 '행위 자체'의 옳고 그름을 판단
③ 행위에 대한 도덕적 책무나 의무를 중시하는 관점
④ 이성의 보편 타당성과 정언적 명령
　㉠ 보편 타당성: 때와 장소를 초월하여 모든 것에 예외 없이 유효한 것
　㉡ 정언적 명령: 제약이나 조건이 붙지 않는 절대적 명령(A면 B 해라)
　　→ '너는 선수로서 운동을 열심히 해야 한다.'
　㉢ 가언적 명령: 제약이나 조건이 붙는 상대적 명령(A 하기 위해 B 해라)
　　→ '네가 좋은 팀으로 이적하고 싶다면, 운동을 열심히 해야 한다.'

2. 칸트(J. Kant)의 의무론적 도덕 철학 기출 23년
① 인간에게는 가장 세련된 권위로서 실천이성인 '양심'과 '자유의지'가 있음
② 본능이 아닌 개인의 의지(선의지)로 자율적 행동이 가능하다고 봄
③ 의무론적 관점의 예
　㉠ 상황: 상대 팀의 4번 타자에게 위협구를 던진 투수의 행동
　㉡ 해석: 의무론적 관점에서는 ㉠의 행위를 도덕적으로 옳지 않은 행동이라고 봄. 이는 의무론 관점에서 도덕적인 규칙을 지는 것은 운동선수의 의무이기 때문임
④ 의무론적 윤리의 장단점

장점	단점
• 절대적 도덕적, 윤리적 모델 제시 • 언제, 어디서나, 어떠한 상황에서도 적용되는 보편성과 일관성 추구 • 결과(목적)론적 관점의 한계 극복	• 도덕적 상황을 판단하는 과정에서 우선순위를 정하는데 한계가 있음 • 도덕적 예외 상황이 허용되지 않음(절대적)

2 결과(목적)론적 윤리 이론과 공리주의 기출 16~23년

1. 결과론적 윤리
① 어떤 행동이 좋은 결과를 낳거나 목적을 달성하는 데 도움을 주었다면, 그 행동은 도덕적으로 옳다고 보는 관점
② 인간의 행위는 상황에 따라 가치가 달라짐. 즉, 행위 자체는 본질적 가치를 지니고 있지 않지만, 만약 그 행위가 좋은 결과를 위한 수단이라면 가치를 지님
③ 목적(결과의 달성)에 도움이 되는 행위는 윤리적으로 정당하다고 판단함. 다시 말해, 인간 행위의 옳고 그름을 행위의 결과나 목적 달성 여부로 판단함. 여기서 말하는 목적은 넓은 의미로는 '행복', 좁은 의미로는 '쾌락'을 의미함

④ 결과론적 윤리 관점의 예
  ㉠ 상황: 상대 팀의 중심 타자에게 위협구를 던진 투수의 행동
  ㉡ 해석: 예시의 행위가 우리 팀의 많은 선수의 사기를 올리고 승리에 이바지했다면 도덕적으로 옳은 행위라고 판단(= 공리주의)

2. 공리주의

벤담(J. Bentham)의 양적 공리주의	밀(J. Mill)의 질적 공리주의 - 벤담의 제자
① 다수의 행복을 주는 행위는 곧 옳은 행위이자 도덕적 행위 ② 모든 쾌락은 양적으로 측정 가능(강도, 지속성, 확실성, 생산성, 범위, 신속성 등의 기준에 근거) ③ 모든 쾌락은 질적으로 똑같으며, 양적차이만 존재 ④ 공리의 원리(principle of utility) 즉, 어떤 행위가 다수의 행복을 증진하는가에 따라 옳고 그름을 판단 ⑤ '최대다수의 최대 행복'이라는 행동의 결과만 만족시킨다면, 행동의 동기는 고려하지 않아도 됨 칸트의 주장과 상반됨	① 만족한(배부른) 돼지보다 불만족한(배고픈) 인간이 바람직함 ② 벤담의 말대로 모든 쾌락이 질적으로 같다면, 더 많은 쾌락을 누리고 사는 돼지가 인간보다 더 행복하다고 할 수 있는가? ③ 낮은 수준의 쾌락(감각적 쾌락)과 높은 수준의 쾌락(지성과 교양)을 구분 ④ 삶의 궁극적인 목적이 쾌락이라고 보는 것은 벤담과 같지만, 쾌락의 질적인 차이가 있다고 봄

3 덕 윤리 기출 17~23년

1. 덕 윤리의 의미

① 의무론과 결과론(공리주의)의 한계를 극복하기 위해 등장한 윤리 사상
② 개인의 내면적 특성, 성품으로서 도덕성을 강조 즉, **행위보다 행위자(내면)의 윤리 강조**
  ㉠ 도덕적 품성은 개인의 반복적이고 습관적인 행위가 훈련되고 축적되어 만들어진 성품
  ㉡ 덕은 개인이 속한 사회(공동체)의 도덕적 전통과 관습을 통해 학습, 내면화
③ 어떠한 행동에 대한 도덕적 옳고 그름은, 행위가 아닌 **행위자 내면의 덕(품성)**에 의해 결정
④ 공자, 석가, 예수 등을 이상적인 모델로 제시하여 도덕적 탁월성을 추구

2. 덕 윤리의 장단점

장점	단점
• 개인이 속한 사회(공동체)의 도덕적 관습과 전통의 중요성을 일깨워 줌 • 습관화, 훈련 등을 통해 '도덕적 품성화'의 실현 가능성 제시 → 윤리의 실천 가능성 제시 • 이상적인 도덕적 모델 제시 • 사회 구성원으로서 도덕적 행동 실천의 동기 제공 • 스스로 도덕적 행동에 대한 중요성을 인지하고 도덕 공동체 지향	• 상대주의의 위험성: 개인이 속한 특정 사회(공동체)의 관습과 전통을 중시하는 만큼, 보편 타당성이 떨어짐 • 판단의 불확정성: 두 가지 이상의 도덕적 상황이 충돌할 때 옳고 그름을 판단하고 해결책을 제시하는 데 한계가 있음 • 주관성: 개인의 습관을 중시하는 만큼 행위자에 대한 도덕적 판단이 주관적임 • 우연성: 개인의 의지와 노력뿐 아니라 개인이 속한 환경(관습과 전통 등)도 영향을 도덕적 품성화에 영향을 미침

4 동양사상과 윤리 체계 기출 15·19·21년

1. 유교의 윤리 사상

(1) 인간의 본성
인간 본래의 심성은 선(善)하며, 인간의 본성을 변형시키는 것은 악(惡)임

(2) 공자의 윤리 사상
① 인(仁): 인간이 지녀야 할 마땅한 도덕적 품성
② 극기복례(克己復禮): 인(仁)에 이르는 방법으로 욕심, 충동 따위를 의지로 극복함으로써 인간 본연의 모습으로 돌아간다는 뜻이며, 이를 극복하는 사람을 군자라고 칭함
③ 충(忠: 충성)과 서(恕: 용서): 거짓과 가식 없이 정성을 다하는 마음인 충과 다른 사람의 **마음을 헤아릴 줄 아는 마음**으로써 서를 강조
④ 정명(正名) 사상: 사회 구성원의 각자 본분에 맞는 덕을 강조. '~다움' 강조
　예 임금은 임금답고, 신하는 신하답고, 어버이는 어버이답고, 자식은 자식다워야 한다.
　→ 운동선수도 운동선수다워야 한다(= 운동선수로서 스포츠맨십을 지녀야 한다).

(3) 맹자의 윤리 사상
① 인간의 본성은 선하다. 성선설(性善說) 주장
② 인의예지의 실천 강조
　→ 인(仁: 어질 인), 의(義: 옳을 의), 예(禮: 예절 예), 지(智: 지혜지)
③ 호연지기(浩然之氣: 굳세고 올곧아 흔들리지 않는 바르고 큰마음) 강조
④ 성선설과 사단(四端) 강조

> **참고**
>
> **사단(四端)** 기출 23년
> - 측은지심: 남을 불쌍히 여김(마라톤 도중 넘어진 경쟁자를 부축해주는 선수의 마음)
> - 수오지심: 옳지 못한 행동을 부끄러워함
> - 시비지심: 옳고 그름을 판단할 줄 앎
> - 사양지심: 겸손해서 사양할 줄 앎

2. 불교의 윤리 사상

(1) 연기적 세계관
존재와 현상의 인과성과 관계성을 강조하는 세계관
→ 모든 존재와 현상이 상호의존적 관계로 연결되어 있으므로 차등을 둘 수 없다고 봄

(2) 자비심(慈悲心)
중생을 크게 사랑하고 가엾게 여기는 마음을 의미함

(3) 일체유심조(一切唯心造)
모든 것은 오로지 마음이 지어내는 것임을 의미함

용어해설

연기(延期): 모든 존재와 현상이 원인과 조건에 따라 생겨남

3. 도교의 윤리 사상

(1) 노자의 윤리 사상

① 자신의 사사로운 욕심을 버리고 본연의 인간성을 회복해야 한다고 주장

② 만물의 생성과 존재의 원리로서 도(道)를 강조하고 도가 현실에서 구체적으로 드러난 것이 곧 덕(德)이라고 봄

③ 유위(有爲)와 무위(無爲): 이 세상의 모든 것을 두 가지로 분류하는 방식으로서 유위는 인위적으로 만들거나 조작된 것, 무위는 항상 존재하는 진리를 의미

④ 무위를 따르는 것이 곧 무위자연(無爲自然), 즉 인위적으로 만들지 않고 자연의 순리를 따르는 삶을 의미함

→ 노자는 이러한 삶을 상선약수(上善若水: 최고의 선은 물과 같다)라고 부름

> **선생님 TIP** 동양의 사상가와 윤리 관점
> - 맹자: 인간은 본래 선하다 = 성선설
> - 순자: 인간은 본래 악하다 = 성악설 주장
> - 고자: 인간의 본성에는 선도 악도 없다 = 성무선악설
> - 노자: 자신의 사사로운 욕심을 버리고 본연의 인간성을 회복해야 한다고 주장
> - 공자: 사람을 사랑하는 마음

5. 기타 윤리 이론   기출 19·21·22년

(1) 배려윤리

① 도덕적 판단의 기준을 배려의 측면에서 강조하는 윤리적 관점

② 기존의 남성 중심적 가치관에서 벗어나, 여성의 도덕적 성향을 바탕으로 타인에 대한 배려, 헌신, 희생, 보살핌 등의 윤리적 기준을 제시하는 관점

③ 대인(공동체적) 관계의 상황을 중시. 즉, 타인과의 관계에서 감정에 대한 이해, 공감, 보살핌 등을 도덕의 근간으로 여김

④ 자식을 보살피고 사랑하는 감정이 자연스럽듯(판단에 의지하지 않듯), 인간관계에서 도덕적 행동과 판단도 자연스러운 것이라 여김

⑤ 대표 학자: 길리건(C. Gilligan), 나딩스(N. Noddings)

(2) 문화적 상대주의

윤리적 원칙은 역사적이고 상대적인 것으로 기술적, 경험적 탐구에 따라 결정

(3) 메타 윤리학적 윤리 이론

① 논리실증주의의 배경이 된 학문으로서 윤리적 용어 의미의 상호관계를 탐구하는 의미론적 입장

② 도덕적 언어의 의미를 분석하고 도덕적 추론의 타당성을 입증하기 위해 논리적 구조를 분석하는 데 관심을 두는 윤리학. 메타 정서주의, 일상언어 학파 등이 있음

> **참고**
> - 논리실증주의: 과학적 방법 및 논리를 통해 사실 그 자체를 증명하고자 하는 철학적 경향[대표적 학자: 콩트(A. Comte)]
> - 정서주의(Emotivism): 도덕적 진술은 그 화자의 태도에 대한 보고가 아닌 표현을 의미한다는 메타 윤리학적 관점의 이론
> - 일상언어 학파: 일상언어의 모든 표현이 진실로 의미하는 바를 언어 사용에 관한 분석을 통해 명확히 하는 것이 철학의 최대 임무라고 생각하는 입장의 사람들

(4) 레스트(J. Rest)의 '도덕성의 4가지 구성요소'

① 도덕적 행동 표출 과정을 설명하는 윤리 이론

② 도덕적 민감성(moral sensitivity) 또는 도덕적 감수성: 자신에게 주어진 상황 속에서 도덕적 이슈를 인식하고, 자기 행동이 타인에게 미칠 영향을 미리 상상해 보는 능력
 → 스포츠 상황에서 도덕적 딜레마를 지각하는 능력

③ 도덕적 판단력(moral judgement): 문제 해결을 위한 방법이 정당하고 정의로운지 즉, 문제 해결을 위해 가장 도덕적인 행동이 무엇인지 판단하는 능력
 → 스포츠 상황에서 옳고 그름을 판단하게 기준 혹은 능력

④ 도덕적 동기화(moral motivation): 도덕적 가치를 그 이외의 가치(경제적, 사회적, 종교적 가치)보다 우선시하는 요소
 → 스포츠에서 다른 가치보다 정정당당하게 경기하는 것에 가치를 두게 하는 것

⑤ 도덕적 품성화(moral character): 도덕적 목표를 행동으로 옮기기 위해 용기를 잃지 않고 온갖 유혹에도 굴복하지 않는 태도
 → 스포츠 상황에서 직면한 어려움을 극복하고자 하는 의지, 용기, 인내 등의 품성을 갖고자 하는 태도

---

❶ 도덕성의 4가지 구성요소
- 도덕적 민감성
- 도덕적 판단력
- 도덕적 동기화
- 도덕적 품성화

출제예상문제 Chapter 01 스포츠와 윤리

01 도덕에 대한 설명으로 거리가 먼 것은?

① 인간으로서 반드시 지켜야 할 법적 의무이다.
② 개인의 심성 또는 덕을 의미한다.
③ 자신의 가치 판단과 자율성을 바탕으로 한다.
④ 행위의 기준을 제시해주고, 옳은 일을 스스로 실천하게 한다.

정답분석 도덕은 사람으로서 마땅히 해야 할 도리를 뜻한다.

이론 PLUS 도덕(道德, morality)
- 사회 구성원으로서 마땅히 지켜야 할 행동 준칙이나 규범
- 행위의 기준을 제시하여 옳은 일의 자발적 실천을 지향
- 외부의 명령이 아닌 개인의 주관적 판단에 따른 실천을 의미
- 윤리를 존중하는 개인의 심성 혹은 덕행(공중도덕)을 의미
- 도덕적 옳고 그름의 판단 및 검토 방법
  - 역할 교환 검사: 자신이 직면한 도덕적 상황에 대해 처지를 바꾸어 옳고 그름을 판단
  - 보편화 결과 검사: 자신을 포함한 모든 사람으로서 도덕적 상황의 옳고 그름을 판단
  - 포섭 검사: 일반적이고 포괄적인 도덕 원리에 따라 옳고 그름을 판단
  - 반증 사례 검사: 반대되는 새로운 사례를 적용하여 도덕적 상황에 대해 옳고 그름을 판단

정답 ①

02 다음 예시 중 사실 판단과 가치 판단과 바르게 연결된 것은?

> ⓐ 2022년 월드컵은 카타르에서 개최되었다.
> ⓑ 스포츠 시합이 끝난 후 상대 선수에게 인사하는 것은 옳은 행위이다.
> ⓒ 윔블던 테니스 코트는 웅장하고 멋지다.

① ⓐ: 사실 판단, ⓑ: 사실 판단, ⓒ: 가치 판단
② ⓐ: 사실 판단, ⓑ: 가치 판단, ⓒ: 가치 판단
③ ⓐ: 가치 판단, ⓑ: 가치 판단, ⓒ: 사실 판단
④ ⓐ: 가치 판단, ⓑ: 사실 판단, ⓒ: 가치 판단

정답분석 ⓐ는 객관적 사실을 바탕으로 한 사실 판단, ⓑ는 도덕적 가치 판단 ⓒ는 미적 가치 판단이다.

이론 PLUS 사실 판단과 가치 판단

사실 판단	• 경험적 탐구를 통해 밝혀진 객관적 사실에 근거한 판단 • 참과 거짓을 판단할 수 있는 기준을 제시하여 갈등 해결의 실질적 실마리를 제공
가치 판단	• 개인의 가치관에 따라서 달라지는 지극히 주관적인 가치 판단 • 참과 거짓에 대한 주관적 가치가 다를 경우, 갈등 해결의 실질적 실마리를 제공하는 데 한계가 있음 • 종류: 사리 분별적 가치 판단, 미적 가치 판단, 도덕적 가치 판단

정답 ②

03 다음 중 윤리이론 중 메타윤리학에 대한 설명을 모두 고르면?

① 다수의 행복과 쾌락
② 용어와 의미의 상호관계 탐구
③ 정서주의
④ 일상언어 학파

 ①은 결과론적 견해, 공리주의에 대한 설명이다.

정답 ②, ③, ④

04 의무론적 윤리에 대한 설명으로 옳지 않은 것은?

① 행위의 궁극적인 목적은 넓은 의미에서 행복, 좁은 의미에서 쾌락을 의미한다.
② 정언적 가치 판단을 중시한다.
③ 행위에 대한 도덕적 책무나 의무를 중시한다.
④ 이성의 보편 타당성을 추구한다.

 ①은 결과(목적)론에 대한 설명이다.

정답 ①

05 덕 윤리에 대한 설명으로 옳지 않은 것은?

① 옳고 그름에 관한 도덕적 판단 시 이점을 제공한다.
② 이상적인 인격 모델을 제시하고 도덕적 탁월성의 실현 가능성을 보여준다.
③ 자발적으로 도덕적 행동을 하도록 고무하고 도덕 공동체를 지향하게 한다.
④ 새로운 공동체의 창출과 공동체에서의 삶을 가능하게 하는 덕의 육성을 강조한다.

 덕 윤리는 두 가지 이상의 도덕적 상황이 충돌할 때 옳고 그름을 판단하고 해결책을 제시하는 데 한계가 있다.

정답 ①

Chapter 02 경쟁과 페어플레이

 핵심요약&보충자료

01 스포츠 경기의 목적

1 아곤과 아레테 기출 15~22년

1. 아곤(Agon)
고대 올림픽 경기에서 행해진 '경쟁'과 '대결' 중심의 운동 경기
  ① 경쟁, 승리, 결과를 중요시함
  ② 공정한 조건과 규칙에 기초한 일반적인 경쟁 스포츠에 해당함
  ③ 상대와의 경쟁의 결과, 능력 등을 비교함으로써 가치를 판단함
  ④ 카이오와(R. Cailois)가 제시한 '인간의 놀이 본능' 네 가지에 '아곤'이 포함됨

● 참고 ●

놀이의 4가지 구분
- 일링크스(ilinx) - 무아지경과 몰입의 상태를 즐기는 놀이 → 서커스, 번지점프, 줄타기 등
- 알레아(alea) - 운에 맡기는 놀이(확률 놀이) → 화투, 복권, 마작, 주사위 등
- 아곤(agon) - 규칙을 지키면서 경쟁하는 놀이(경쟁 놀이) → 스포츠
- 미미크리(mimicry) - 따라 하거나 모방하는 놀이(역할 놀이) → 연극, 뮤지컬 등

2. 아레테(Arete)
  ① 전쟁의 신 아레스에서 파생된 용어이며, 처음에는 '용기'의 의미로 사용되었으나, 점차 노력, 과정, 화합, 탁월함의 의미로 변화함
  ② 본래 사람 혹은 사물이 지닌 능력, 기능 등을 '좋은 상태'에 이르게 하는 과정을 의미함
    ㉠ 도덕적 측면에서 '덕'은 인간을 인간답게 만들어주고 좋은 상태(최적의 기능)를 수행할 수 있도록 만들어주는 것이 아레테임
    ㉡ 스포츠 선수의 아레테는 선수에게 주어진 운동능력을 최대한 활용하여 최고의 실력을 정당하게 발휘하고자 하는 마음가짐과 태도를 의미함

선생님 TIP 아곤과 아레테

아곤	아레테
• 경쟁, 승리, 결과 중시 • 경쟁 상대와의 성과나 능력 비교 • 일반적인 경쟁 스포츠에 해당 • 도덕적 측면에서 아곤보다 아레테가 더 가치 있는 것으로 인식됨	• 노력, 과정, 탁월함 중시 • 덕의 중요성 강조 • 타인과의 경쟁이나 비교 없이 자신의 고유한 기능과 노력으로 가치를 평가함 • 극기 또는 미적 스포츠에 해당 • 아곤보다 더 포괄적인 개념

2 승리 추구와 탁월성 추구

1. 승리 추구

① 스포츠에서 '승리'를 추구하는 것은 자연스러운 현상임
② 승리 추구가 행위의 내적 동기로 작용함
③ 아곤(Agon)적 요소가 강함
④ 운동선수에게 승리 추구는 그 자체가 목적이 되는 선(善)이 됨
⑤ 미적 가치가 중시되는 스포츠는 흥미 유발에 한계 존재함

2. 탁월성 추구

① 승리 추구 과정에서 최선의 상태를 지향하고자 하는 의지를 뜻함
② 탁월성은 결과가 아닌 과정에서 얻어지는 최선의 상태임
③ 아레테(Arete)적 요소가 강함
④ 승리만을 강조하는 경쟁 스포츠는 갈등의 원인이 됨

선생님 TIP 승리 추구와 탁월성 추구

승리 추구	탁월성 추구
• 승리 추구는 스포츠에서 자연스러운 내적 동기 • 결과와 승리 강조 • 아곤(agon)적 요소가 강함 • 미적 스포츠는 흥미 유발 한계	• 최선의 상태를 지향하는 의지 • 노력, 과정 중시 • 아레테(Arete)적 요소가 강함 • 경쟁 스포츠는 갈등의 원인

선생님 TIP 아리스토텔레스의 '상대에 대한 설득에 필요한 3요소' 기출 15·16·17·22년

로고스(logos: 이성)	• 진리, 이성, 논리, 법칙, 사고능력, 등을 의미 • 보편적인 준칙과 행위를 인식하고 따르는 분별 능력 혹은 사유 • 파토스와 대립되는 개념
파토스(phatos: 감성)	• 이성의 판단과는 다른 원천으로부터 오는 쾌락과 고통에 따라 판단 • 감각적, 신체적, 예술적인 것을 의미 • 일시적인 강한 감정상태 즉, 격정, 정념, 충동 등으로 로고스와 상대되는 개념
에토스(ethos: 도덕성)	• 특정 사회(공동체)가 중시하는 가치, 믿음, 정신 등이 교육과 학습을 통해 개인에 내면화된 도덕적 품성 • 사람에게 도덕적 감성을 갖게 하는 보편적인 도덕적, 이성적 요소 • 체화된(내면화된) 윤리 예 축구 경기 중 부상 선수 발생 → 볼 아웃(ball out)

02 스포츠맨십 기출 16·17·18·19·23년

1 스포츠맨십(sportsmanship)의 의미

1. 정의
① 스포츠인이 지녀야 하는 바람직한 정신과 자세
② 경쟁 상대에 대한 존중과 예의는 스포츠인의 기본자세
③ 경쟁에 최선을 다하는 것 또한 스포츠인으로서 의무
④ 훌륭한 스포츠맨십을 가진 스포츠인은 비정상적인 이득을 취하기 위해 부정한 행위를 하지 않고, 항상 공정하게 경기에 임함

2. 투쟁적 놀이로서의 스포츠
(1) 놀이로서의 스포츠
① 스포츠는 투쟁과 구별되어 활동 자체에 목적을 두는 놀이 활동
② 규칙이 존재하는 놀이와 그렇지 않은 놀이의 형태로 구분

(2) 투쟁으로서의 스포츠
① 스포츠는 야만의 복원이 아니라 폭력의 순화된 형태로서 문화적 적응
② 신체적 능력을 바탕으로 한 상대와의 투쟁적 상호작용
③ 더욱 강하고, 빠르고, 크고 등 '높은 경쟁 우위'에 대한 투쟁
　→ 씨름, 달리기, 레슬링 등

3. 놀이의 도덕: 규칙 준수와 게임 자체의 존중
(1) 놀이에서의 규칙 준수
① 놀이로서의 스포츠는 활동 참여 그 자체로서 행복감과 만족감을 얻음
② 놀이에서의 규칙은 강제적이지 않고 자발적으로 준수해야 하는 요소
　→ 합의된 규칙을 자발적으로 준수하는 사람은 곧 도덕적 품성을 지닌 선수

(2) 게임 자체의 존중
① 게임은 합의된 규칙을 준수하여 상대방과의 경쟁에서 승리를 추구
② 놀이로서의 스포츠에서 상대방 혹은 본인에게 최선을 다하는 것은 도덕적 본분
③ 스포츠에 참여함으로써 상대방을 존중하고 규칙을 준수하는 도덕성, 윤리성, 공정성 등의 도덕적 가치 습득

4. 스포츠에서 도덕적 행동과 좋은 스포츠 경기
(1) 스포츠에서 도덕적 행동
① 스포츠에서 도덕적 행동은 '규칙 준수'에서 시작
② 스포츠에서 도덕적 행동은 '승리 추구'로서의 수단이 아닌, 상대방과 규칙에 대한 의무
③ 정당한 승리를 위해 결과(승리) 지상주의, 이기주의 등을 억제하는 태도
④ 스포츠맨십의 준수, 페어플레이의 지향은 스포츠에서 대표적인 도덕적 행동

(2) 좋은 스포츠 경기
① 경기 결과(목적)보다 과정 중시
② 공정한 경쟁을 통한 탁월성 추구
③ 규칙을 준수하고 상대방을 배려하며 경기 자체에 최선을 다함
④ 윤리적 논란이 없는 경기
⑤ 승자와 패자 모두에게 쾌감을 제공

03 페어플레이 기출 15·16·17·18·19·21·23년

1 페어플레이의 의미

(1) 스포츠 행위를 실천할 때 지켜야 할 정정당당한 행위의 실천 규범 또는 정신
(2) 상대(경쟁자)에 대한 배려에서부터 출발
(3) 스포츠 경기 중 규칙 및 규율을 지키는 것을 넘어, 비의도적 실수에 대한 인정도 포함
(4) 형식주의 입장에서는 성문화된 규칙(구성적 규칙)을 준수하는 것
(5) 비형식 주의 입장에서는 구성적 규칙의 준수보다 더 포괄적인 적용이 가능하도록 공정의 개념 확장

2 스포츠 정의에 의한 페어플레이 구분 기출 23년

구분	내용
분배적 정의	• '다른 것은 다르게' • 분배와 관련된 공정성 예 기술의 난이도에 따라 점수가 차등 배분되는 다이빙, 체조, 피겨 스케이팅 등 심미 스포츠
평균적 정의	• '같은 것은 같게' • 자신과 상대에 대한 균형을 맞춤으로써 공정성 실현 예 복싱, 유도에서 같은 체급의 경기
절차적 정의	• 통제 불가능한 요인(바람, 햇볕 등) 혹은 명확한 균형을 맞추기 힘든 상황에서 각자의 몫을 정하는 기준 혹은 절차에 대한 공정성 예 동전을 던져 축구의 전, 후반 지역 교체

● 참고 ●

롤스(J. Rawls)의 정의 원칙
- 롤스는 정의를 '공정성(fairness)으로서의 정의'로 규정함
- 스포츠에서 페어플레이라고 할 때의 규칙의 공정함과 유사
- 2가지 원칙으로 구성

1원칙: 평등한 기본적 자유의 원칙 (평등의 원칙)	2원칙: 사회적, 경제적 이익의 분배 원칙 (불평등의 원칙)
- 모든 사람에게 평등한 기본적 자유를 보장하는 것을 목표로 한다. - 어떠한 결과(목표)를 달성하기 위한 절차, 형식은 평등해야 한다.	- 사회적, 경제적 이익의 분배는 공정한 기회균등과 차등의 원칙에 의해 규제되어야 한다. - 사회적 약자에 대한 지원, 배려 등(최소 수혜자에게 최대의 이익)

3 페어플레이와 관련된 스포츠 규칙 기출 17·19·21·23년

1. 스포츠 규칙의 원리

구분	내용

가변성(임의성)	스포츠의 규칙은 필연적으로 반드시 그러해야 하는 것이 아니라, 일정한 조건에서 언제든 바뀔 수 있음
	예 스포츠 종목의 규칙은 다양한 요인에 의해 바뀌어 왔다.
	  → 과거 농구 경기는 전/후반제에서 지금의 쿼터제로 변경
	  → 배구에서 득점은 서브권을 가진 팀에서 공격을 성공시켰을 때만 인정, 그러나 지금은 서브권에 상관없이 득점 인정

제도화	스포츠의 규칙은 마음대로 변경되는 것이 아니라, 반드시 공식적이며 전문화된 조직 혹은 기관을 통해 제도화됨
공평성	스포츠 규칙은 공정과 평등의 원리에 근거하여 어느 한쪽에 치우치지 않게 적용

2. 스포츠 규칙의 분류

구분	내용
구성적 규칙	• 각 스포츠의 성립 조건을 명시한 규칙 • 경기 진행 방법 규정 • 각 스포츠의 목적, 수단을 포함하여 시간, 장소, 용품 등 경기 구성을 규정 예 축구 경기에서 오프사이드, 정식 축구장 규격, 심판의 수 등
규제적 규칙	• 각 스포츠에서 승패를 겨누는 과정에서 '탁월성'의 발휘를 방해하는 행위(반칙)를 규제하는 규칙 • 각 종목의 특성에 따라 적용되는 규칙에 대한 개인의 행동 규제를 의미함 • 반칙에 대한 보상과 불이익 포함 예 농구에서 5반칙 퇴장, 축구 경기에서 'Red Card', 페널티 킥 등

3. 규칙/반칙을 바라보는 견해 차이

구분	내용
형식주의	규정에 문자로서 명시되어 있는(성문화된) 사항들만 경기 규칙으로 보는 태도 예 규정집에 명시된 규칙을 어기지 않으면 페어플레이로 간주
비형식 주의	• 성문화된 규칙을 준수하는 것보다 더 포괄적인 견해 • 각 스포츠와 관련된 관습, 문화 등에 내재한 윤리적 측면도 규칙에 포함 • 규정집에 명시되어 있는 것 외에도 관습을 준수하면 페어플레이로 간주 • 한계: 관습의 상대성과 모호성으로 인해 공정함과 불공정함의 경계 모호
예시	축구 경기 중 A팀 선수가 다쳐 B팀의 선수는 공을 경기장 밖으로 내보냈다. 경기가 재개된 이후 A 팀 선수들은 관습에 따라 공을 B 팀에게 다시 넘겨주지 않고 그대로 경기를 진행하여 득점에 성공하였다. → 형식주의 입장에서 A팀은 반칙이 아니지만, 비형식주의 입장에서는 규칙을 어긴 것으로 간주한다.

4 스포츠에서 반칙

구분	내용
의도적 구성 반칙	• 스포츠 경기의 구성적 규칙을 의도적으로 위반한 행위 • 스포츠의 본질을 위협하는 불공정한 행위 예 승부조작, 도핑, 야구 배트의 성분 조작
비의도적 구성 반칙	• 의도성은 없으나, 결과적으로 구성적 규칙을 위반한 행위 • 일반적으로 규칙 변화가 많거나 혹은 규칙이 새롭게 개정된 이후 빈번히 발생 예 골프에서 새롭게 바뀐 벌타 규정을 인지하지 못하고 해당 행위를 저지른 경우
의도적 규제 반칙	스포츠 경기의 규제적 규칙을 의도적으로 위반한 행위 예 야구에서 상대방 중심 타자에 대한 위협구, 농구에서 상대 팀의 팀 파울을 활용한 전술적 반칙
비의도적 규제 반칙	• 스포츠 경기의 승리 추구 과정 중 자연스럽게 일어나는 비의도적 규제 반칙 • 비의도성, 불가피성, 행위의 결과 등을 종합적으로 고려 • 복싱 경기 중 경합 상황에서의 상대 선수의 벨트 아래를 가격한 반칙(low Blow)

핵심요약&보충자료

❶ 스포츠에서의 반칙
- 의도적 구성 반칙
- 비의도적 구성 반칙
- 의도적 규제 반칙
- 비의도적 규제 반칙

5 스포츠에서 승부조작

1. 승부조작의 의미

① 스포츠 경기가 시작되기 전, 승패 혹은 그 결과에 이르는 과정을 미리 결정한 후 이를 통해 경기 결과를 조작하는 행위

② 스포츠의 공정성에 대한 신뢰 훼손

③ 비윤리적, 비도덕적 행위를 넘어 범죄행위

④ 스포츠와 자본주의, 제국주의, 승리 지상주의, 프로스포츠시장의 확대 등 다양한 요인에 의해 강화됨

2. 승부조작의 형태

① 심판 매수를 통한 인위적 조작

② 일방적인 경기 일정 및 규칙 변경을 통한 특정 팀 혹은 선수에게 특혜 제공

③ 경기 결과 조작을 위한 선수 또는 팀의 고의적 실수 및 패배

④ 의도적 경기조작을 위한 협박과 지시

⑤ 승부조작이 초래하는 윤리적 문제와 해결 방안

  ㉠ 윤리적 문제: 스포츠의 공정성 하락, 스포츠에 대한 불신 증가, 스포츠의 본질적 가치훼손, 경기 수준의 질 저하, 스포츠인의 인적 손실 등

  ㉡ 해결 방안: 스포츠인의 윤리교육 강화, 법·제도적 처벌 강화, 관리 감독의 강화

출제예상문제

Chapter 02 경쟁과 페어플레이

01 아곤과 아레테에 대한 설명으로 옳은 것은?

① 아곤은 아레테보다 포괄적인 개념이다.
② 아곤은 스포츠의 '탁월성'의 추구라는 긍정적 의미를 보여줄 수 있기 때문이다.
③ 아곤은 아레테에 비해 승부조작, 도핑 등 다양한 비윤리적 행위를 초래할 가능성이 있다.
④ 아레테는 미적 스포츠가 흥미 유발에 한계가 있다고 본다.

 아곤은 스포츠 상황에서 경쟁적 요소를 강조하기 때문에, 지나치면 비윤리적 행위로 연결될 가능성이 높다.

 아곤과 아레테

아곤	• 경쟁, 승리, 결과 중시 • 경쟁 상대와의 성과나 능력 비교 • 일반적인 경쟁 스포츠에 해당 • 도덕적 측면에서 아곤보다 아레테가 더 가치 있는 것으로 인식됨
아레테	• 노력, 과정, 탁월함 중시 • 덕의 중요성 강조 • 타인과의 경쟁이나 비교 없이 자신의 고유한 기능과 노력으로 가치를 평가함 • 극기 또는 미적 스포츠에 해당 • 아곤보다 더 포괄적인 개념

정답 ③

02 <보기>의 상황에 대한 설명으로 옳지 않은 것은?

─── <보기> ───
태환: 나는 수영 시합에서 이기는 것도 중요하지만, 자신의 기량을 최대한 발휘하기 위해 최선을 다하는 모습이 중요하다고 생각한다. 경기에 임하는 자세도 중요하다고 여기며 경기에 참여하는 것에도 매우 중요하다고 생각해!

동현: 나는 상대방과의 경쟁에서 승리하는 건 좋은 선수로서 매우 중요한 기준이라고 생각해. 때문에, 좋은 선수라면 더 높은 위치에 올라가기 위해 무조건 승리하는 것이 중요하다고 생각해!

① 동현이는 극기 스포츠의 가치를 중시한다.
② 태환이는 스포츠의 탁월성을 추구한다.
③ 동현이는 운동선수에게 승리 추구를 그 자체로 목적이라고 본다.
④ 동환이는 미적 스포츠는 흥미 유발이 힘들다고 주장한다.

 미적 스포츠 혹은 극기 스포츠는 결과(승리)보다 그 과정을 중시하는 아레테 요소가 강하다. 태환이는 아레테를 강조, 동현이는 아곤 적 요소를 강조하고 있다.

정답 ①

03 구성적 규칙과 규제적 규칙에 대한 설명으로 옳지 않은 것은?

① 구성적 규칙은 시간, 장소, 용품 등의 기준을 정하는 것이다.
② 규제적 규칙은 개인의 행동 규제를 의미한다.
③ 구성적 규칙은 경기 진행 방법을 규정한다.
④ 규제적 규칙은 종목과 관계없이 같이 적용된다.

 규제적 규칙은 종목에 따라 모두 다르게 적용된다. 예를 들어 축구는 2번의 반칙으로 퇴장되지만, 농구에서는 5반칙 퇴장이 적용된다.

정답 ④

05 다음 설명 중 옳지 않은 것은?

① 페어플레이는 스포츠맨십보다 더욱 포괄적인 개념이다.
② 페어플레이는 스포츠 상황에서 선수에게 요구되는 정정당당한 행위와 정신을 의미한다.
③ 스포츠맨십은 상대 선수를 존중하고 경기에 최선을 다하는 기본적 자세이다.
④ 페어플레이는 선수의 도덕성을 판단하는 중요한 가치이다.

- 스포츠맨십이 페어플레이를 포함하는 큰 개념이다.
- 페어플레이가 행위, 정신 등에 초점을 맞추고 있다면 스포츠맨십은 인간으로서 마땅히 지켜야 할 도덕적 가치와 태도를 의미한다.

정답 ①

04 A 선수는 경기 중 상대 팀 중심 타자가 타석에 등장하자, 비교적 쉬운 다음 타자를 상대하기 위해 위협구를 던졌다. 이러한 A 선수의 행위는 어떠한 규칙 위반에 해당하는가?

① 의도적 구성 반칙
② 비의도적 구성 반칙
③ 의도적 규제 반칙
④ 비의도적 규제 반칙

 승패를 겨누는 과정에서 상대 선수에 대한 의도적인 규제 반칙 행위이다.

정답 ③

Chapter 03 스포츠와 불평등

핵심요약&보충자료

01 스포츠에서의 성차별 기출 15·20·22년

1 스포츠에서 성차별의 의미

1. 성차별과 성평등의 정의

① 성은 선천적인 생물학적 성(sex)과 사회 환경에 의해 학습된 후천적인 성(gender)으로 구분할 수 있음
② 성별의 차이로 인해 발생하는 모든 사회적 차별, 배제, 제한의 형태를 의미함
③ 성차별은 생물학적 성에 대한 차이가 아닌 후천적 성에 대한 차별의 의미가 중요함
④ 성평등은 후천적인 성으로서 젠더의 평등을 의미함

2. 스포츠에서 성차별의 과거와 현재

(1) 과거의 성차별

① 여성의 생리적, 신체적, 사회적 능력이 열등하다는 편견이 지배적임
② 근대 스포츠는 여성의 참여를 배제한 '남성 다움', '강한 남자' 등 남성 중심으로 발전함
③ 근대올림픽의 창시자 쿠베르탱은 여성의 스포츠 참여가 여성성을 파괴하고 남성성이 중요시되는 스포츠의 가치를 격하시킨다고 주장하며, 여성의 참여를 제한함

(2) 현재의 성차별[1]

① 여성 선수의 성적 대상화
  예 비치발리볼 선수의 유니폼 등 성적 매력을 강조하는 미디어
② 참여 종목의 차별
  예 여성이 참여할 수 있는 종목의 수가 제한적임
③ 여성 선수의 취업 기회 불평등
  예 감독, 코치 등 고위직에서의 적은 여성 비율
④ 여성 선수 지원의 불평등
  예 남성과 비교하여 적은 여성 선수 혹은 팀에 대한 경제적 지원

---

[1] 오늘날 스포츠 성차별 유형
- 성적 대상화
- 참여 종목의 차별
- 취업 기회 불평등
- 지원의 불평등

3. 스포츠에서 성차별의 원인 기출 23년

(1) 성별에 따른 사회화와 과정과 사회의 전통적인 가부장적 이념

여성 선수의 수동적 역할 강조하고 남성 중심 문화를 확산하는 기제로 작용함

(2) 스포츠 조직 또는 문화에서 남성의 지배적 위치

깨지지 않는 '유리천장(여성들의 진출을 막는 보이지 않는 벽)'으로 작용함

(3) 여성 스포츠인에 대한 사회적 편견

여성은 비공격적이고, 수동적이며, 여성스러워야 한다는 편견은 여성 선수에 대한 부정적 이미지를 생산 및 강화함

(4) 성차별을 심화하는 미디어의 편향성

① 성적 대상화(경기 내용보다 여성 선수의 외모, 의상 등에 집중하거나 선수를 성적 매력의 대상으로 간주)

② 주변화(남자 축구대표팀 경기는 중계해주지만, 여자 대표팀의 경기는 중계는 하지 않는 미디어의 편향성)

2 스포츠에서 성평등 실현을 위한 방안 기출 15년

(1) 평등을 보장하는 법적 제도화를 통해 성별에 상관없이 공정한 기회 제공
(2) 체육교육 현장에서의 성평등 환경조성
(3) 스포츠 성 불평등 관련 문제를 사회적 문제로 인식하는 노력 필요
(4) 여성 스포츠 참여 활성화를 위한 제도적 노력
(5) 보편적 권리로서 체육계의 성평등 의식과 성평등 감수성 제고

3 성전환 선수의 문제

(1) 생물학적 성(sex)은 선천적으로 결정되지만 이후 사회 환경에서 다양한 성 정체성을 갖는 사람에게 성전환은 개인의 자유와 선택임
(2) 성전환으로 인해 경기 참여의 제한을 받는 것이 기본권 침해인지 아니면, 남녀의 신체적 능력 차이에 따른 공정성을 확보하는 방안인지에 대한 사회적 논쟁
(3) 성전환 선수는 생물학적 성전환을 위한 수술 및 성호르몬 치료 요구
(4) 성전환 선수의 스포츠 대회 출전에 대한 명확한 기준 불명확

예 성전환 선수의 올림픽 출전: 2003년 국제올림픽위원회(IOC)는 지침을 통해 성전환 선수는 반드시 외과적 수술과 일정 기간 이상의 호르몬 치료를 거쳐야 출전 가능 명시. 그러나 2016년, 국제스포츠대회에서 외과적 수술을 받지 않은 성전환 선수들도 출전 허용을 고려해야 한다는 새로운 지침 발표

핵심요약&보충자료

핵심요약&보충자료

> **참고**
>
> 스포츠에서 성차별을 바라보는 또 다른 관점
>
> | 윤리적
상대주의 | • 개인이 속한 사회의 관습 문화에 따라 '옳고 그름'의 판단기준이 다름
• 윤리적 가치는 때와 장소 등에 따라 상대적임
• 성차별, 문화 차별, 인종 차별 등에 대한 태도와 인식의 상대적 차이 |
> |---|---|
> | 생물학적
환원주의 | • 남성은 선천적으로 여성에 비해 우월한 신체 능력을 갖추고 태어남
• 따라서 신체적 능력과 기능에 기반하여 경쟁하는 스포츠에서 남녀의 차이는 불가피 |

02 스포츠에서의 인종 차별 기출 15·18·19·20·21·23년

1 스포츠에서 인종 차별의 의미

1. 인종 차별의 정의

① 인종주의(racism: 특정 집단 혹은 인종이 우월하다는 신념)가 실제적 행위로 표출된 것

② 특정 인종, 민족, 국적 등이 우월하다는 잘못된 신념

③ 인간을 구분, 소외, 혐오, 배척하는 차별적 행위와 태도

④ 경제적 빈곤, 외모(피부색의 차이), 역사적 이유로 정당화된 불평등

⑤ 다른 인종을 비하하는 농담, 욕설도 인종 차별에 해당

2. 스포츠에서 인종 차별의 원인

① 신체적 능력과 기능의 탁월성을 경쟁하는 스포츠에서 신체적 능력의 차이는 우월감과 열등감의 판단기준으로 작용함

→ 신체적 능력이 뛰어난 혹은 뛰어나지 않은 인종에 대한 편견을 갖기 쉬움

② 스포츠는 상대 선수, 팀, 국가에 대한 역사적 민족 갈등, 경쟁의식, 그리고 종교적 문제가 투영됨 → 승리를 통해 대리만족을 경험하고 상대에 대한 편견과 차별 강화
예 한일전

③ 스포츠의 세계화로 국가 간 교류가 증가함에 따라 인종 차별이 약화되기도 하지만, 반대로 강화되는 경우도 증가함

2 스포츠에서의 인종 차별의 극복 방안

(1) 차이를 인정하기 위한 노력
(2) 다른 문화와 생활 방식에 대한 존중의 절대적 필요
(3) 인종 차별에 대한 국제스포츠 기구의 제재 강화 등

> **선생님 TIP** 인종 차별의 대표적 사례
>
> | 아파르트헤이트 (Apartheid) | • 백인우월주의에 근거한 남아프리카공화국의 인송 자별 성책과 제도
• 1948년 수립된 정부에 의해 국민을 반투(순수한 아프리카 흑인), 유색인(혼혈인종), 백인 등으로 구분하는 주민등록법 시행
• 1994년 흑인 정권이 탄생하며 사라짐 |
> |---|---|

3 다문화 시대의 스포츠

1. 다문화 시대의 도래와 예상되는 갈등

① 언어, 정서, 문화, 관습 차이에 발생하는 갈등
② 다문화 가족에 대한 편견과 차별
③ 교육 현장에서 다문화 자녀에 대한 편견과 차별
④ 다문화 가정의 운동선수들의 증가를 수용하지 못하는 폐쇄적 구조

2. 스포츠에서 다문화 시대의 시작

① 신자유주의의 도래로 프로스포츠를 중심으로 스포츠 이민, 귀화 등 확대
② 프로스포츠뿐 아니라 국가 간 경쟁이 이루어지는 국제대회 (올림픽, 월드컵 등)에서도 이중국적, 귀화 사례 증가
③ 스포츠는 인종의 교류와 다문화 확산의 주요 매개체로 작용함

03 스포츠에서의 장애 차별 기출 17·20·21년

1 장애인의 스포츠 권리

(1) 장애인이 차별 없이 스포츠 활동에 참여할 수 있는 권리
(2) 우리나라는 1988년 서울 장애인 올림픽 개최 이후 장애인 스포츠 영역이 본격적으로 성장함
(3) 1998년 '한국 장애인 인권 헌장'을 통해, 문화, 예술, 체육 및 여가 활동 참여에 대한 장애인의 권리 규정됨
(4) 국민체육진흥법에 근거, 대한장애인체육회 설립됨

2 스포츠에서 장애인 차별

(1) 스포츠 참여 종목의 차별
　장애인의 다양한 스포츠 참여 욕구가 반영되지 않음
(2) 지도자와 프로그램의 부재
　전문적인 지도가 가능한 지도자 및 체계적 프로그램 부재
(3) 이동 및 접근성 부재
　체육시설 및 기구를 이용에 대한 접근성 부재
(4) 학교 스포츠 현장에서 나타나는 차별
　학교체육 현장에서 장애인의 스포츠 참여 기회 보장되지 않는 사례

3 장애인의 차별 없는 스포츠 참여를 위한 방안 기출 15년

(1) 기회 제공
　장애인의 스포츠 참여 보장을 위한 시설이나 프로그램 확대
(2) 재정지원
　차별 없는 장애인 스포츠 환경조성을 위한 재정적 지원
(3) 다양성 확보
　스포츠 참여 종목의 다양화
(4) 다양한 사회참여 기회 제공
　스포츠 참여를 통해 건강 증진 외 사회적 참여 확대를 위한 기회 제공

출제예상문제

Chapter 03 스포츠와 불평등

01 스포츠 성차별에 대한 설명으로 옳은 것은?

① 과거에는 스포츠 활동을 통해 여성의 신체를 발달시킬 수 있다고 생각하였다.
② 과거에는 스포츠의 공격적이고 경쟁적인 특성들이 여성과 어울리지 않는다고 생각하였다.
③ 후천적 성(gender)에 따라 스포츠 수행 능력에 차이가 있다고 본다.
④ 과거 근대올림픽에서 쿠베르탱은 여성의 경기 참여를 허용하였다.

 스포츠와 여성의 신체적, 정서적 성질이 부합하지 않는다는 전통적인 남성 중심의 성 역할이 고착화되었다.

정답 ②

02 스포츠 인종 차별에 대한 설명으로 옳지 않은 것은?

① 인종에 대해 가볍고 재치 있는 농담은 인종 차별에 해당하지 않는다
② 인종 차별은 경제적 빈곤의 형태로도 발현된다.
③ 인종 차별은 인종, 민족, 국가 등에 대한 우월감 혹은 열등감을 바탕으로 한다.
④ 스포츠 세계화는 인종 차별을 강화하기도 약화하기도 한다.

 인종에 근거한 농담도 인종 차별에 해당한다.

정답 ①

03 장애인 스포츠에 대한 설명 중 옳은 것을 모두 고르면?

① 우리나라 장애인 스포츠의 발전은 88 서울 장애인 올림픽이 큰 전환점이 되었다.
② 스포츠에서 장애인 차별을 개선하기 위해서는 장애인에 대한 재정적 지원이 강화되어야 한다.
③ 장애인 스포츠 권리는 장애인이 차별 없이 스포츠 활동에 참여할 수 있는 권리를 말한다.
④ 패럴림픽은 신체적 장애가 있는 선수들이 참가하는 국제스포츠 대회이다.

 모두 장애인 스포츠에 대한 설명이다.

정답 ①, ②, ③, ④

04 다음 중 인종 차별과 관련 있는 사례는 무엇인가?

① 아파르트헤이트 ② LGBT+
③ TUE ④ 일링크스

 아파르트헤이트는 남아프리카공화국에서 추진되었던 인종차별정책 중 대표적 사례이다.

② LGBT+는 성소수자를 의미한다.
③ TUE는 치료목적 사용 면책을 의미한다.
④ 일링크스는 놀이의 분류 중 하나이다.

정답 ①

05 스포츠에서의 선평등 실현을 위한 방안으로 적절하지 않은 것은?

① 성별에 상관없이 공정한 기회 제공
② 성평등 인식 제고를 위한 교육 강화
③ 여성 종목에 여성 스포츠지도자 배치 의무화
④ 여성 스포츠 참여 활성화를 위한 제도적 노력

 여성 종목에 여성 스포츠지도자 배치를 의무화하는 것은 남성 지도자에 대한 역차별을 초래하고 일시적인 방편은 될 수 있으나 성평등을 위한 본질적 해결책이 될 수 없다. 여성 종목에 여성 스포츠지도자가 배제되지 않고 능력을 중심으로 차별 없이 배치될 수 있는 제도적 개선이 선행되어야 한다.

정답 ③

Chapter 04 스포츠에서 환경과 동물윤리

 핵심요약&보충자료

01 스포츠와 환경윤리 기출 17·19·20년

1 스포츠에서 파생되는 환경윤리의 문제

1. 스포츠의 환경 파괴
(1) 스포츠의 환경 파괴

스포츠 활동 자체 또는 스포츠 활동과 관련된 시설 설치, 에너지 소비 등은 환경을 위협하는 요소로 작용

(2) 대표적 예시

① 골프장, 스키장 등 스포츠 시설 건설 → 동식물의 서식지 파괴, 산림훼손, 수질 오염 등

② 야구장, 축구장과 같은 대형 경기장 → 쓰레기 과다 배출, 에너지 과소비

③ 수영장, 물놀이장 → 수질 오염, 에너지 과소비

④ F1, 오토바이 트랙 경기장 → 대기 오염

2. 스포츠를 위협하는 환경
(1) 스포츠를 위협하는 환경

온난화, 오존층 파괴, 황사, 대기 및 수질 오염 등은 스포츠 활동에 직·간접적인 위험 요소로 작용

(2) 대표적 예시

① 온난화로 인한 스키장 등 동계스포츠 참여 감소

② 폭염으로 인한 올림픽 개최 시기 변경

③ 폭염으로 인한 호주 오픈 테니스 대회의 쿨링 브레이크 제도 신설 등

> **참고**
>
> 부올레(P. Vuolle)의 스포츠 환경의 3가지 범주 [1]
>
> | 구분 | 개념 | 예시 |
> |---|---|---|
> | 순수환경 | 개발되지 않은 자연에서의 활동이 가능한 환경 | 카누, 윈드서핑, 등산, 요트 |
> | 개발환경 | 순수 자연을 활용하여 야외활동이 가능한 환경 | 골프, 사격, 스키장 등 |
> | 시설환경 | 실내 활동이 가능하도록 시설화 되어 있는 환경 | 체육센터, 실내 수영장, 테니스경기장 |

[1] 스포츠 환경의 3가지 범주(부올레)
- 순수환경
- 개발환경
- 시설환경

2 스포츠에 적용할 수 있는 환경윤리학 이론 기출 16·17·20·22년

1. 인간중심주의(도구적 자연관)

① 인간을 제외한 다른 존재는 인간의 목적 달성을 위한 수단 혹은 도구로 간주하는 윤리적 입장

② 자연을 인간의 생존과 행복을 위한 도구로 간주

③ 인간과 자연을 이분법적으로 구분

④ 인간중심주의의 대표적 학자

구분	핵심 개념
베이컨 (F. Bacon)	• 과학과 지식의 목적은 자연을 이용해 인간의 삶을 윤택하게 하는 것 • 인간에게 자연은 정복의 대상
데카르트 (R. Decartes)	• '나는 생각한다. 고로 존재한다.' • 사고할 수 있는 '이성'을 지닌 인간은 이성이 없는 자연을 지배할 권리가 있다. • 자연을 움직이는 기계에 비유
패스모어 (J. Passmore)	• 자연은 인간으로 인해 가치 있는 존재가 된다. • 인간을 위해 다른 생명체를 보호해야 한다.
베르크	• 인간의 거처로서 에쿠멘(ecoumen) 개념 강조 • 인간은 자연과 지구에 대한 책임과 권리를 소유
토마스 아퀴나스	• 모든 피조물은 신의 계획에 의해 존재 • 자연에 대한 모든 권한은 인간에게 있다.
피타고라스	인간은 만물의 척도
아리스토텔레스	자연은 인간을 위해 존재

2. 생태 중심주의(인간 + 동물 + 생물 + 무생물)

① 자연과 환경을 중심에 두고 사고하는 윤리적 입장

② 인간과 자연을 이분법적으로 분리하지 않고, 인간을 포함한 자연과 환경 전체의 균형과 안정 중시

③ 인간, 동물, 생물, 무생물까지 포함한 생태 환경의 균형 중시

④ 생태 중심주의의 대표적 학자

구분	핵심 개념
알도 레오폴드 (A. Leopold)	• 대지 윤리(land ethics) → 생물과 무생물이 어우러져 있는 대지에도 도덕적 지위를 부여함 • 무생물까지 포함하여 생태 전체를 도덕적 고려의 대상으로 봄
아르네 네스 (A. Naess)	• 심층 생태주의 철학으로서 생태 지혜(ecosophy) 강조 → 삶의 수단은 소박하고 목적은 풍요롭게 하고자 하는 개인적 실천 양식 • 모든 유기체는 생명의 연결망 속에 본래 연결되어 있다고 주장 • 과거의 피상적 환경 운동(환경 오염 예방 혹은 경제 개발의 속도 조절)을 비판, 환경에 대한 생활양식과 사고방식 자체를 바꿔야 한다고 주장
한스 요나스 (H. Jonas)	• 환경 문제 해결의 주체를 개인으로만 한정하면 한계가 있다고 주장 • 공동체 혹은 지구 전체를 기반으로 하는 순환주의 사상 강조 • 자연과 인간은 불가분의 관계 • 따라서, 자연과의 공존을 통해서만 인류의 지속적 생존 가능하다고 보는 태도

핵심요약&보충자료

3. 자연(생명) 중심주의(인간 + 동물 + 생물)

① 인간이 아닌 자연이 중심이 되어야 한다는 윤리적 입장
② 생물과 무생물을 포함하여 생태계 전체를 선한 도덕적 존재로 고려함
③ 생명이 있는 모든 존재(인간, 동물, 생물)의 생존권 보장 강조함
④ 자연 중심주의의 대표적 학자

구분	핵심 개념

폴 테일러
(Paul W. Taylor)
	• 인간을 포함하여 지구상에 존재하는 모든 생명체는 평등한 관계
	• 생명 존중을 위한 인간의 4가지 의무❶ 제시
	  - 비상해(불침해)의 규칙: 다른 생명체를 해하지 않는다.
	  - 불간섭의 규칙: 생태계의 자유로운 발전을 간섭하지 않는다.
	  - 신뢰의 규칙: 생명체와의 신뢰를 훼손하지 않는다.
	  - 보상적 정의의 규칙: 고의 혹은 과실로 생명에게 해를 가하면 그에 따른 보상을 해야 한다.

알베르트 슈바이처 (Albert Schweizer)	• 생명은 그 자체로 선(善) • 자연(생명)은 본래 가치(어떤 것을 위한 수단이 아닌 그 자체로 의미가 있고 목적이 되는 가치) • '생명에의 외경(모든 살아 있는 존재를 상해하거나 살생하는 것이 아닌 돕고 고양하는 것)'을 도덕의 절대적이고 기본적인 원리로 여김

❶ 생명 존중을 위한 인간의 4가지 의무
• 비상해의 규칙
• 불간섭 규칙
• 신뢰의 규칙
• 보상적 정의의 규칙

4. 지속 가능한 스포츠 발전의 윤리적 전제 기출 16·23년

(1) 지속 가능한 발전(Sustainable Development)

① 스포츠로 인한 환경 문제에 대한 새로운 접근
  → 한정적 자원의 범위 내에서 환경과 스포츠의 지속 가능한 관계를 모색
② 생존에 필요한 자연환경을 유지하기 위해 노력하는 동시에 지속 가능한 방법을 통해 스포츠 발전을 달성하고자 하는 실현 방식

(2) 스포츠와 환경의 공존

① 스포츠 발생하는 자연의 훼손, 환경의 오염 등은 불가피
  → 피해를 최소화하려는 노력이 수반되어야 함
② 공존을 위해 환경 개발과 보전의 조화 필요, 스포츠 영역에 대한 환경영향평가 강화 등이 필요
③ 인간중심주의적 윤리관과 자연중심주의적 윤리관 사이의 조화로운 균형 필요
④ 스포츠에서의 친환경 운동의 일환으로 그린스포츠(Green Sport) 참여 확대

(3) 지속 가능한 스포츠 발전을 위한 행정적 지원 방안

① 스포츠의 친환경 개발을 위한 '환경 지침'을 마련하고 이에 근거하여 체육시설이나 대회 운영함
② 스포츠 개발 과정에서의 환경 목표치 설명(예 에너지 사용량, 쓰레기 배출량 등 환경 보전을 위한 목표치 설정
③ 체육시설 설치 및 운영, 각종 스포츠 이벤트 개최의 전 과정에 대한 평가 및 관리
④ 스포츠인에 대한 환경 교육 강화를 통한 윤리적 민감성 증진

02 스포츠와 동물 윤리 기출 15·17·18·19·22년

1 스포츠의 종 차별주의 문제

1. 종 차별주의(Speciesism)
① 인간중심주의의 윤리관: 인간에게만 본질적인 가치를 부여, 인간 외 종에게는 도구로서의 가치를 부여함
② 자신이 속한 종(種) 외에 다른 종의 이익을 차별하는 주의
　→ 종 차별주의자들은 인간의 이익을 위한 동물 대상 실험 행위를 옹호함
③ 동물을 인간의 유희 대상으로 간주함
　→ 투우, 투견, 투계 등 인간의 놀이 대상으로서 동물 학대를 옹호함

2. 반 종 차별주의(인간+동물)
① 종 차별주의에 반대하여 인간과 동물을 동등한 입장으로 봄
② 인간 외 다른 생명체(동물)의 가치에 대한 윤리적 고려
③ 쾌고(쾌락과 고통) 감수 능력을 지닌 생명체는 모두 도덕적 고려의 대상이라고 주장함
④ 반 종 차별주의의 대표적 학자

피터 싱어 (P. Singer)	• 이익 평등 고려의 원칙에 따라 인간과 동물은 동등하게 고려되어야 한다. * 이익(쾌락을 극대화하고 고통을 최소화)은 감각을 지닌 모든 생명체는 동등하게 도덕적 배려의 대상이 되어야 함
제레미 벤담	• 이성을 지닌 존재인가 아닌가는 중요하지 않다 • 이성보다 중요한 것은 '고통을 느끼는가?'이다 　→ 동물도 인간과 마찬가지로 고통을 느끼기 때문에 사람과 동등한 도덕적 권리가 부여되어야 한다고 주장
레건 (T. Regan)	• 동물은 인간과 마찬가지로 삶의 주체(subjects of Life) • 이성적 능력과 상관없이 동물에게도 도덕적 권리가 있다고 주장
폴란 (M. Pollan)	동물 복지론 • 동물은 최소한의 배려와 대우가 필요하며, 인간의 목적에 따라 이용되는 것은 비윤리적인 행위라는 것을 강조 • 동물은 인간의 이익, 쾌락, 유희의 도구가 되어서는 안 된다는 의견

핵심요약&보충자료

2 경쟁, 유희, 연구의 도구로서 동물 기출 15·18년

1. 동물이 참가하는 스포츠 경기의 분류 3가지

(1) 동물을 경쟁의 도구로 이용
  ① 동물과 선수가 함께 경쟁
  ② 경마, 승마 등

(2) 동물을 유희의 도구로 이용
  ① 동물과 선수 간의 경쟁: 투우
  ② 동물 간의 경쟁: 소싸움, 투계, 투견

(3) 동물을 연구(실험)의 도구로 이용

2. 동물 스포츠와 동물 실험의 윤리적 쟁점과 원칙 기출 20년

(1) 종 차별주의
  인간의 이익을 위해 동물을 이용하는 행위 옹호

(2) 반 종 차별주
  쾌락과 고통을 느끼는 존재로서 인간을 위한 동물의 고통은 윤리적으로 정당화될 수 없음

❶ 동물 실험 시 윤리적 대안
- 대체
- 축소
- 순화

(3) 동물 실험의 윤리적 대안으로서 '3R 원칙'❶

Replace(대체)	실험 시 가능한 비동물 실험으로 대체
Reduce(축소)	실험 시 사용하는 동물의 개체 수를 최소화
Refine(순화)	실험 시 동물의 고통을 최소화하는 방법 선택

출제예상문제

Chapter 04 스포츠에서 환경과 동물윤리

01 환경윤리 학자 레오폴드의 주장으로 옳지 않은 것은?

① 자연과 인간의 동등한 권리 주장
② 인간을 포함하여 무생물까지 도덕적 고려 대상으로 간주
③ 환경 보호를 위한 비상해, 불간섭, 신뢰, 보상의 원칙 제시
④ 모든 생명은 그 자체로 선(善)으로 간주

정답분석 자연을 위해 네 가지 원칙을 주장한 것은 폴 테일러이다.

정답 ③

02 폴 테일러(P. W. Talor)가 강조한 인간의 네 가지 의무가 바르게 연결된 것은?

① 비상해의 원칙: 생명을 해치거나 훼손해서는 안 된다.
② 불간섭의 원칙: 생태계의 자연스러운 발전을 제한해야 한다.
③ 신뢰의 원칙: 생명체는 인간에게 신뢰를 주어야 한다.
④ 보상의 원칙: 의도적으로 자연을 훼손한 경우에만 보상해야 한다.

선지분석
② 불간섭의 원칙은 생태계의 자연스러운 발전을 제한하지 않고 간섭하지 아니한다는 원칙이다.
③ 신뢰의 원칙: 생명체가 아닌 인간이 생명체에 신뢰(자연을 해치지 않을 것이라는 믿음)를 주어야 한다는 원칙이다.
④ 보상의 원칙: 의도적 행위뿐 아니라 비의도적인 행위도 모두 보상의 범위에 해당한다.

정답 ①

03 <보기>가 설명하고 있는 환경윤리학의 입장으로 옳은 것은?

<보기>
인간 외 모든 생명체 특히, 생물과 무생물이 어우러져 있는 대지에도 도덕적 지위를 부여해야 한다.

① 인종 차별주의 ② 생태 중심주의
③ 자연 중심주의 ④ 반 종 차별주의

정답분석 <보기>는 인간 외 생물, 무생물(대지)도 모두 보호해야 할 의무를 진다는 생태 중심주의의 대표적 학자 레오폴드의 주장이다.

정답 ②

04 다음 <보기>가 설명하고 있는 동물 실험의 윤리적 대안으로 옳은 것은?

<보기>
불가피하게 동물 실험이 필요하다면 동물이 느끼는 고통을 최소화해야 한다.

① 대체의 원칙 ② 순화의 원칙
③ 축소의 원칙 ④ 비상해의 원칙

정답분석 실험 시 동물의 고통을 최소화하는 방법 선택해야 한다는 순화의 원칙이다.

정답 ②

05 부올레(P. Vuolle)가 제시한 스포츠 환경의 연결로 올바르지 않은 것은?

① 순수환경: 등산
② 개발환경: 스키장
③ 시설환경: 수영장
④ 개발환경: 테니스장

정답분석 테니스장은 시설환경에 포함된다.

정답 ④

Chapter 05 스포츠와 폭력

핵심요약&보충자료

01 스포츠 폭력 기출 15·20·21·22·23년

1 스포츠 폭력의 의미

1. 스포츠 폭력의 정의와 구분

(1) 스포츠 폭력의 정의

스포츠 상황에서 스포츠인(운동선수, 지도자, 심판, 체육단체 및 협회 임원 등)과 일반인(관중)이 고의로 혹은 과실로서 일으키는 신체적, 언어적, 성적 폭력 행위

(2) 스포츠 폭력의 특징❶

① 자기 목적적 폭력: 스포츠 상황에서 통제된 힘의 사용은 정당한 폭력

② 이중성: 폭력적 성향을 분출하는 동시 감시하고 통제함

(3) 스포츠 폭력의 구분❷

구분	내용
개인적 폭력	상대방의 공격으로 인한 좌절과 분노로 충동적으로 나타나는 개인적 형태의 폭력
도구적 폭력	개인적 감정과 태도와 무관하게 팀의 이익(승리)을 위한 도구(수단)로서의 폭력 행위

2. 스포츠의 공격성

(1) 엘리아스(N. Elias)의 문명화 과정

① 스포츠는 육체적 폭력의 문명화된 표현 문화임

  ㉠ 스포츠는 구성적 장치와 규제적 규범을 통해 폭력성을 제한하며 성장함

  ㉡ 예를 들어, 과거 축구는 명확한 규정이 없는 상태에서 매우 폭력적이고 야만적인 스포츠 중 하나였으나, 규칙이 생겨나고 이를 관리하는 협회가 출현하며 폭력성이 점차 제한됨

(2) 로렌츠(K. Lorenz)의 공격성 이론

① 공격성은 동물이 생존을 위해 생득적(태어날 때부터 가지고 난 것)으로 발달

② 스포츠에서 공격성의 출현 원인

  ㉠ 한계를 극복하고자 하는 도전정신

  ㉡ 경쟁 상대보다 뛰어난 자신의 탁월성을 인정받고자 하는 시도

  ㉢ 원초적인 본능과 주변 환경

3. 스포츠와 폭력성의 관계

① 스포츠는 폭력이 용인되는 유일한 사회 영역

---

❶ 스포츠의 특징
• 자기 목적과 폭력
• 이중성

❷ 스포츠의 구분
• 개인적 폭력
• 도구적 폭력

② 스포츠는 인간의 원초적 욕구로서 폭력성을 발산시키는 도구 → 관중 문화는 폭력성을 긍정적으로 발현시키는 도구로 활용(단, 폭력성이 부정적으로 발현되면 '훌리건'의 형태로 나타나기도 함)

③ 스포츠는 제도, 규칙, 규범 등을 통해 통제됨

 핵심요약&보충자료

4. 폭력 관련 대표 이론

구분	핵심 개념	내용
플라톤	인간 본능	폭력성 인간의 본능적 기질
아리스토텔레스	분노	폭력은 절제되지 못한 개인의 분노가 원인으로 작용
로렌츠	동물 본능	폭력은 동물의 원초적 본능
마르크스	국가 권력을 위한 폭력	폭력은 국가 권력을 위해 존재(필연적)
한나 아렌트	악의 평범성	• 악이 만연한 시스템에 대한 무비판적 수용 • 스포츠계의 폭력은 오랫동안 죄의식 없이 관행처럼 존재 • 악(폭력)을 당연한 것, 평범한 것으로 인식
르네 지라르	모방이론	폭력의 원인이 본능이 아닌, 경쟁자를 모방하는 과정에서 발생
악셀 호네트	인정투쟁	• 인간은 태어날 때부터 인정에 대한 욕구 존재 • 인정의 부재로 인한 좌절감, 굴욕감은 폭력의 원인으로 작용
푸코	규율과 권력	위계질서, 규율에 따라 권력이 재생산되고 폭력은 권력의 행사 방식 중 하나

5. 격투 스포츠에 대한 윤리적 찬반 논쟁

찬성	반대
• 스포츠는 규칙에 따라 통제된 합법적 폭력의 형태 • 최소한의 제도적 안전장치 마련(예 글러브) • 폭력성은 인간 본능의 표현 방식 중 하나 • 스포츠는 폭력성에 대한 대리만족 제공 • 신체적 탁월성을 표현하는 방법의 하나	• 스포츠 폭력은 일상생활에서의 폭력과 다르지 않음 • 어떠한 경우라도 폭력은 결코 정당화될 수 없음 • 폭력성에 대한 무감각 제공 → 보다 폭력적 스포츠의 탄생 • 스포츠의 본질적 가치 훼손 • 청소년기의 모방 가능성 증가

02 선수폭력 기출 15·16년

1 선수폭력의 의미

1. 정의와 발생원인

① 운동선수 간, 운동선수와 지도자 간 등에서 행해지는 신체적 폭력, 가혹 행위, 언어폭력, 괴롭힘을 의미함

② 승리 지상주의, 선수와 지도자 간 수직적 구조, 체육계 침묵의 카르텔, 체육계의 폐쇄적 구조, 개인의 윤리적 민감성 저하 등이 원인으로 작용함

③ 스포츠 상황에서 선수폭력은 경기의 일부 혹은 전략으로 정당화되기도 함

→ 야구에서 벤치클리어링은 팀의 사기를 끌어올리는 수단으로 이용되기도 함

2. 선수폭력의 다양한 유형

① (상대) 선수 간 폭력　　② 같은 집단(팀) 내 동료 간 폭력

③ 선수의 심판에 대한 폭력　　④ 지도자에 의한 폭력

⑤ 선수의 관중에 대한 폭력　　⑥ 선수의 일상생활에서 폭력

> **참고**
>
> **스미스(M. Smith)의 스포츠 폭력의 유형**
> - 격렬한 신체접촉(brutal body contact): 충돌, 가격, 태클, 방해 등 상대방의 부상을 유발할 수 있는 형태의 강한 신체적 접촉
> - 경계 폭력(borderline-violence): 구성적 경기 규칙에는 위반되지만, 경기전략으로서 스포츠 현장에서 관행처럼 받아들여지는 폭력 예 야구 위협구, 아이스하키에서 싸움 등
> - 유사 범죄 폭력(quasi-criminal violence): 경기 규칙, 규범, 공공의 법, 선수들 사이의 비공식 규범 등을 모두 위반하는 폭력으로 경기 출전 제한 등의 징계 처분
> - 범죄폭력(criminal violence): 명백히 법을 위반하는 행위로서 반칙으로 출전정지 등의 징계에서 끝나지 않고 범죄로 기소되는 폭력 행위

3. 선수폭력의 예방 대책

① 선수폭력 가해자에 대한 처벌 강화

② 선수폭력에 대한 윤리적 민감성 제고를 위한 교육 강화

③ 선수폭력 피해자에 대한 보호 및 지원 강화

④ 학교체육 현장의 인권 사각지대 개선

⑤ 승리 지상주의 지양

03 관중폭력 기출 16년

1 경기중 관중의 폭력

1. 관중과 관중폭력의 의미

① 관중은 스포츠 소비자로서 선수와 팀을 응원하는 개인 혹은 집단을 의미함

② 같은 팀을 응원하는 관중은 소속감과 연대감을 바탕으로 집단의 힘을 과시하려는 경향이 존재함

③ 이러한 과정에서 통제되지 않은 폭력성이 발현될 때 '관중폭력' 발생

④ 최근 소셜 미디어(social media)의 확대는 새로운 관중폭력의 형태로서 '사이버 폭력'의 출현으로 이어짐 → 스포츠 선수들의 개인 SNS 계정 등에 욕설 및 비방 글 게시

2. 관중폭력의 발생 원인

① 관중석 내의 고조된 분위기

② 익명성에 의존한 공격적 행위

③ 군중 속에서의 책임성 부재(군중심리)

④ 소속감과 연대감에 의한 동조

⑤ 만연한 승리(결과) 중심주의적 문화

출제예상문제

Chapter 05 스포츠와 폭력

01 다음 <보기>와 관계 깊은 인물은 누구인가?

<보기>
성공한 운동선수들도 학창 시절 감독으로부터 체벌을 경험하였다. 그래서 이러한 체벌과 폭력은 좋은 성적을 거두기 위한 조건이며, 과거부터 지금까지 우리나라 스포츠계에서 나타나는 지극히 평범한 일상이다.

① 한나 아렌트
② 마르크스
③ 악셀 호네트
④ 푸코

정답분석 보기의 내용은 한나 아렌트의 '악의 평범성'에 대한 설명이다.

정답 ①

02 <보기>에 대한 설명으로 옳은 것은?

<보기>
2022년 카타르 월드컵 결승전 경기에서 A 선수는 득점하였다. 그러나 심판은 A 선수의 득점이 오프사이드라고 판정하고 무효를 선언하였다. 이에 A 선수는 판정에 항의하며 심판을 밀치며 욕설을 퍼부었다.

① 선수폭력
② 관중폭력
③ 사이버 폭력
④ 언어폭력

정답분석 <보기>의 내용은 선수의 심판에 대한 폭력으로서 이는 선수폭력의 유형에 해당한다.

정답 ①

03 폭력을 설명한 학자 - 개념 - 내용이 연결이 올바른 것은?

① 호네트: 인정투쟁 - 인정의 부재로 인한 좌절감, 굴욕감은 폭력의 원인으로 작용
② 지라르: 모방이론 - 스포츠계의 폭력은 오랫동안 죄의식 없이 관행처럼 존재
③ 마르크스: 분노 - 폭력은 절제되지 못한 개인의 분노가 원인으로 작용
④ 아리스토텔레스: 국가 권력을 위한 폭력 - 폭력은 국가 권력을 위해 필연적으로 존재한다.

정답분석 ②의 내용은 한나 아렌트의 악의 평범성, ③과 ④는 학자가 바뀌었다.

정답 ①

04 관중폭력의 발생 원인에 대한 설명으로 틀린 것은?

① 군중심리는 관중폭력을 조장한다.
② 온라인상 관중의 익명성은 폭력을 강화한다.
③ 승리 지상주의는 폭력을 조장한다.
④ 연대감은 관중폭력을 완화한다.

정답분석 연대감과 소속감은 관중폭력을 조장하는 원인으로 작용한다.

정답 ④

05 다음 대화에서 격투 스포츠에 대한 찬반에 대한 설명으로 옳지 않은 것은?

① 찬성: 격투 스포츠는 운동선수들의 신체적 탁월성을 보여줄 수 있는 장이야.
② 반대: 안전장치가 마련되어 있어도 폭력은 절대 용인될 수 없어
③ 찬성: 폭력성에 대한 무감각을 제공하기 때문에 문제없어
④ 반대: 청소년들이 경기를 보고 이를 모방하기 때문에 위험해

정답분석 폭력성에 대한 무감각을 제공하는 것은 격투 스포츠를 반대하는 견해에 대한 설명이다.

정답 ③

Chapter 06 경기력 향상과 공정성

핵심요약&보충자료

01 도핑 기출 15~20년

1 도핑의 정의와 분류

1. 도핑의 정의
① 도핑(doping)은 스포츠 상황에서 나타나는 다양한 비윤리적 행위 중 **경기력 향상을 목적으로 금지된 약물을 복용하거나 금지된 방법을 사용하는 행위, 그리고 이를 은폐하려는 모든 행위를 포함**

② 스포츠의 도덕적 판단 기준으로서 '공정성', '자연성' 등에 윤리적으로 위반되는 행위

> **참고**
>
> 뇌 도핑과 약물 도핑
>
> | 뇌 도핑 | • 특정 장비를 통해 뇌에 인위적 전기자극을 주어 운동능력을 향상하는 행위
• 세계 도핑 방지기구(WADA)의 금지목록에 포함되어 있지 않음 |
> |---|---|
> | 약물 도핑 | • 체중조절, 은폐제, 각성제, 동화 작용제 등의 역할을 하는 약물을 복용함으로써 신체 능력을 인위적으로 향상하거나 혹은 이를 은폐하는 행위
• 이뇨제, 베타-2, 동화 작용제 등 |

2. 도핑의 원인
① 경기력 향상
② 승리 지상주의
③ 결과(승리)로 인한 경제적 이득(자본주의화)
④ 성공에 대한 사회적 인정 욕구
⑤ 주요 타자(지도자, 동료 선수)의 강요

2 도핑을 금지해야 하는 이유

1. 윤리적 이유
① 공정성 훼손: 스포츠의 도덕적 기준인 공정성 훼손
② 평등성 훼손: 동등한 기회 보장 훼손
③ 인간의 존엄성 훼손
④ 신체의 도구화: 운동선수의 몸을 단순히 승리를 위한 수단(도구)으로 간주
⑤ 부정적 역할 모형(청소년의 모방 가능성 증가)

2. 신체적 이유

① 도핑은 중독에 따른 금단현상
② 약물 의존성 증가
③ 정신적 피해
④ 신체 기능 손상 등

3. 효과적 도핑 금지 방안

① 선수와 지도자의 윤리적 민감성 증진
② 도핑 검사체계의 강화
③ 처벌 및 징계 수위 강화
④ 도핑검사의 의무화
⑤ 스포츠인 대상 도핑 교육 강화

4. 도핑에 대한 선수의 책임과 역할

① 도핑 검사를 위한 시료 채취에 대한 적극적인 협조
② 치료 및 약 처방을 위해 병원, 약국 방문 시 운동선수임을 고지
③ 약 처방(복용)에 대한 책임 준수
④ 도핑 방지 규정 위반에 대한 준수
⑤ 도핑 행위에 대한 윤리적 민감성 유지

> **참고**
>
> **치료목적 사용 면책(TUE: Therapeutic Use Exemption)**
> - 도핑 방지 규정(제4장)에 따라, 선수가 질병 치료나 부상 회복을 위해 금지약물을 사용해야 하는 경우 치료목적 사용 면책 국제표준에 따라 심사 후 사전 승인하는 제도
> - 치료를 받을 수 있는 선수의 권리 존중
> - 치료목적 사용 면책의 승인 기준
>   - 금지약물 및 방법을 사용하지 않으면 선수가 건강상 심각한 손상을 입는 경우
>   - 금지약물 및 방법의 사용이 선수의 건강 회복 이외의 추가적인 경기력 향상 효과를 주지 않는 경우
>   - 금지약물 및 방법의 사용 외에 다른 합당한 대체 치료가 없는 경우
>   - 치료목적 사용 면책의 허가 없이 사용된 금지약물 및 방법으로 인한 질환 치료목적이 아니어야 함

02 유전자 조작 기출 15년

1 스포츠에서 유전자 조작의 의미

1. 유전자 조작의 정의

① 유전자 조작은 치료목적 외 운동능력의 향상을 기대하거나 부상의 회복을 촉진하기 위해 유전공학을 기초로 한 유전자(DNA)를 조작하는 행위
② 세계반도핑기구(WADA)와 국제올림픽위원회(IOC)에서 엄격하게 금지하는 비윤리적 행위

핵심요약&보충자료

2. 유전자 조작 반대 이유 `기출` 23년
① 안정성 미확보: 유전자 구조와 기능 조작에 대한 실증적 데이터 부족으로 인한 안정성 미검증
② 인간의 존엄성 침해
③ 운동선수 신체의 기계화
④ 종의 정체성 혼란 야기
⑤ 스포츠의 본질적 의미 퇴색
⑥ 공정성 훼손

03 용기구와 생체 공학 기술 활용 `기출` 16·21·22·23년

1 스포츠에서 나타나는 공학 기술의 윤리적 문제
(1) 스포츠에서 운동선수의 주변화: 운동선수의 신체가 아닌 기계 및 기술에 초점
(2) 스포츠에서 기록의 가치 하락
(3) 기록 경쟁 속 노력의 가치 하락
(4) 공정성과 형평성의 문제 발생
(5) 신체문화의 파괴

2 전신수영복 착용 금지 이유
(1) 신체의 탁월성이 아닌 기술력에 대한 의존성 증가
(2) 신체 능력, 기능, 기술의 경쟁이 아닌 첨단 소재 및 기술의 경쟁 초래
(3) 다양한 부정적 기술 도핑 양산
(4) 공정성과 형평성의 문제 발생

3 의족 장애 선수의 일반경기 참가에 따른 윤리 논쟁 `기출` 23년

1. 부정적 견해
① 인간 대 인간이 아닌 인간과 기술(의족)의 대결로 인한 공정성 훼손
② 기계 및 기술 도입으로 인한 기록의 가치와 승리의 정당성 약화

2. 긍정적 견해
① 장애인 선수에 대한 스포츠 참여 기회 제공
② 장애인 선수를 위한 첨단기술 및 공학의 발달
③ 스포츠의 평등권 신장

3. 윤리적 쟁점

① 의족과 인간의 신체가 같다고 볼 수 없다. 결국 기계와 인간의 대결
② 의족이 아닌 다른 첨단기술도 용인할 수 있는가?
③ 승리의 정당성에 대한 의문
④ 신체의 탁월성을 경쟁하는 스포츠의 본질적 가치 훼손

4 스포츠에서 공학 기술의 역할❶

1. 안전을 위한 기술

① 스포츠에서 공학 기술은 선수들의 신체 보호를 통한 부상 방지에 중요한 역할을 수행
② 안전 기술의 분류
  ㉠ 매트: 체조, 유도, 레슬링장의 바닥 매트
  ㉡ 신발: 축구, 야구 선수의 스파이크, 농구선수들의 농구화
  ㉢ 모자: 야구, 아이스하키 등에서의 헬멧
  ㉣ 호구: 태권도의 호구, 복싱의 글러브 등

2. 감시를 위한 기술

① 선수들의 비윤리적 행위를 감시(도핑 검사장비)
② 판정에 대한 정확성(VAR)
③ 기록에 대한 정확도(시간 계측 장비)를 향상

3. 운동 수행 능력 향상을 위한 기술(예시)

① 골프공 딤플(비거리 향상)
② 유리 섬유 장대(탄력성 증가)
③ 전신수영복(물과의 마찰 최소화를 통한 기록 단축)

---

❶ 스포츠에서 공학 기술의 역할 분류
 • 안전을 위한 기술
 • 감시를 위한 기술
 • 운동 수행 능력 향상을 위한 기술

출제예상문제

Chapter 06 경기력 향상과 공정성

01 스포츠에서 공학 기술 중 역할이 다른 하나는?

① 유리 섬유 장대
② 전신수영복
③ 스파이크
④ 골프공의 딤플

 ①, ②, ④는 수행 능력 향상을 위한 기술 분류에 해당하고, ③ 스파이크는 안전을 위한 기술 분류에 해당한다.

정답 ③

02 선수들의 도핑이 금지되어야 하는 이유 중 옳지 않은 것은?

① 약물 의존성 증가
② 운동선수 신체의 목적화
③ 청소년 모방 범죄 가능성 증가
④ 건강상의 부작용

 도핑은 운동선수의 신체를 목적화하는 것이 아닌, 도구화하고 수단화해서 금지되어야 한다.

정답 ②

03 치료목적 사용 면책(TUE: Therapeutic Use Exemption)에 대한 설명으로 옳지 않은 것은?

① 선수가 질병 치료나 부상 회복을 위해 금지약물을 사용해야 하는 경우 사전에 신청, 승인받는 제도이다.
② 허가된 약물 및 방법을 동시에 다른 질환 치료목적으로 사용할 수 있다.
③ 허가된 약물 및 방법이 추가적 경기력 향상에 효과를 주지 않아야 한다.
④ 치료를 받을 수 있는 선수의 권리를 보호하기 위한 제도이다.

 치료목적 사용 면책으로 허가된 약물 및 방법의 사용은 다른 질환 치료목적으로 사용을 금한다.

 치료목적 사용 면책(TUE)
- 도핑 방지 규정(제4장)에 따라, 선수가 질병 치료나 부상 회복을 위해 금지약물을 사용해야 하는 경우 치료 목적 사용 면책 국제표준에 따라 심사 후 사전 승인하는 제도
- 치료를 받을 수 있는 선수의 권리 존중
- 치료목적 사용 면책의 승인 기준
  - 금지약물 및 방법을 사용하지 않으면 선수가 건강상 심각한 손상을 입는 경우
  - 금지약물 및 방법의 사용이 선수의 건강 회복 이외의 추가적인 경기력 향상 효과를 주지 않는 경우
  - 금지약물 및 방법의 사용 외에 다른 합당한 대체 치료가 없는 경우
  - 치료목적 사용 면책의 허가 없이 사용된 금지약물 및 방법으로 인한 질환 치료목적이 아니어야 함

정답 ②

04 다음 중 전신수영복 착용의 금지 이유에 대한 설명으로 옳지 않은 것은?

① 신체의 탁월성을 증가시킨다.
② 첨단기술의 경연장으로 기능한다.
③ 다양한 기술 도핑을 양산한다.
④ 스포츠의 본질적 가치를 훼손한다.

> **정답분석** 신체의 탁월성을 증가시키는 것이 아니라, 기술력에 대한 의존성을 증가시키는 것이다.
>
> 정답 ①

05 도핑 방지를 위한 대책으로 옳지 않은 것은?

① 도핑 검사체계를 강화한다.
② 선수들의 윤리적 민감성 증진을 위한 교육 프로그램을 개발한다.
③ 승리 시 선수들에 대한 보상을 강화한다.
④ 도핑 규정 위반할 때 처벌 및 징계 수위를 강화한다.

> **정답분석** 승리 시 선수들에 대한 보상을 강화하면 오히려 도핑에 대한 가능성이 증가할 수 있다.
>
> 정답 ③

Chapter 07 스포츠와 인권

핵심요약&보충자료

01 학생 선수의 인권 기출 19·22년

1 학생 선수의 인권 문제와 학습권

1. 학생 선수의 인권 문제
① 학생 선수에 학생으로서 기본 권리인 학습권이 보장되지 않는 환경(정규 수업 내 훈련 및 경기 참여)
② 지도자, 동료, 선후배 간 폭력 노출
③ 학생이 아닌 선수로서의 정체성 강요
④ 학생 선수의 도구화(학교 홍보와 지도자의 승진을 위한)
⑤ 운동 중단 시 진로 준비 부족
⑥ 자율성의 억압으로 인한 부정적 자아 형성
⑦ 폭력적인 운동부 문화의 재생산

2. 학생 선수의 학습권
① 운동선수이기 이전에 학생으로서 학습에 대한 권리를 보장받을 권리
② 운동 중단 시 진로 준비 및 직업 선택에 필요한 교양 습득
③ 학생으로서 운동 외에 다양한 교육적 가치 제공

2 최저학력제와 윤리적 논쟁

1. 최저학력제의 의미와 역할
① 최저학력제는 학생 선수의 기본적인 학습권을 보장과 인권 보호를 위해 마련된 제도
② 최저 학력의 기준을 제시하고, 이에 못 미치는 경우 경기 출전을 제한
③ 정규 수업 시간의 보장, 훈련 및 대회 참가로 인한 수업 결손에 대한 보충학습 제공
④ 운동선수로서 은퇴, 경력 단절에 대비하여 재사회화에 필요한 기본적 교양 학습
⑤ 운동선수 외 다양한 진로 준비를 위한 기본 소양 함양

2. 최저학력제에 대한 윤리적 논쟁
(1) 최저학력제의 목적과 수단의 불일치
최저학력제에서 요구하는 기준을 충족하기 위해 열심히 공부한 A 학생. 그러나 결과적으로 기준을 충족하지 못하여 시합 출전에 제한받음. 이럴 때 최저학력제의 목적에 부합하지 않는 결과를 초래하고 오히려 역차별의 기제로 작용할 수 있음

(2) 학생 선수의 자기 결정권 침해

학습에 대한 결정권은 결국 개인에게 있으며, 따라서 학생 선수에게 최저 학력을 강제하는 것은 자기결정권을 침해할 소지가 있음

3 체육특기자와 윤리적 논쟁

1. 체육특기자 제도의 의미

① 1972년 체육진흥계획의 일환으로 도입된 제도
② 고등교육법 제34조에 따른 '정원 내 특별전형'에 해당하는 전형
③ '지원 자격 또는 전형 요소에 특기 관련 경기, 대회 참여 경력이나 성적/입(수)상 실적을 요구하거나 활용하는 전형' 의미
④ 학업 성적과 상관없이 우수한 경기 능력을 보유한 학생 선수가 경기 실적 등을 반영하는 입학전형을 통해 상급 학교에 진학할 수 있도록 하거나 등록금을 면제하는 등의 혜택을 제공하는 제도
⑤ 엘리트 스포츠 발전과 국위 선양에 기여

2. 체육특기자 제도로 인한 문제

① 상급 학교 진학 시 학업 성취 기준 배제, 경기 실적 중시에 따라 학업 포기 관행 조장
② 결과주의, 이기주의 양산
③ 입시 비리 및 부정 입학
④ 선수가 진로와 직업이 됨으로써 다양한 진로 설계 제한
⑤ 학교 운동부의 파행적 운영
⑥ 승부 및 실적 조장 가능성 증가
⑦ 우수 선수 선발을 위한 과도한 경쟁 조장

02 스포츠지도자 윤리

1 스포츠지도자의 폭력

1. 스포츠지도자 폭력의 원인

① 우리나라 엘리트 시스템 아래에서 감독, 코치 등 스포츠지도자는 무소불위(無所不爲)의 권력을 소유함
② 지도자는 선수의 경기 출전권, 계약, 연봉 등에 막대한 영향력 행사함
③ 지도자는 팀 내 최고 결정권자로서 감시나 통제에 자유로움
④ 선수와 지도자의 상하 수직적 구조(주종 관계, 갑을 관계)
⑤ 경기력 향상을 위한 지도자의 폭력이 용인되고 정당화되는 체육계의 폐쇄적 문화
⑥ 폭력에 대한 침묵의 카르텔(선수, 지도자, 심지어 학부모까지 폭력에 침묵)

핵심요약&보충자료

2. 스포츠지도자의 선수 체별 문제 [기출] 21·22·23년

(1) 선수 체별이 불러오는 문제들

① 폭력이 정당화된 사회(공동체) 규범의 습득(한나 아란테의 악의 평범성과 연관)

② 다른 지도자 혹은 선수들의 폭력 학습과 재생산

③ 선수들의 부정적 자아 정체성 형성

④ 스포츠 일탈(도핑, 승부조작, 도박 등) 및 반사회적 행동 가능성 증가

(2) 지도자의 선수 체별 문제 해결 방안

① 체벌 금지 및 예방을 위한 교육 강화

② 지도자와 선수 간 수직적 관계 개선을 위한 제도적 노력

③ 선수에게 영향을 미치는 주요 타자(지도자, 학부모) 등에 대한 인권 교육 강화

④ 체벌 행위 및 방조에 대한 법적 처벌 강화

⑤ 선수, 지도자, 학부모의 윤리적 민감성 제고

⑥ 지도자 선발 시 윤리적 고려 강화

⑦ 폭력에 대한 체육계의 인식 개선 활동 강화

⑧ 스포츠 윤리센터 역할 강화

● 참고 ●

스포츠 4대 악(惡)	• 2014년 문화체육관광부는 스포츠 4대 악을 지정하고 '스포츠 4대 악 신고센터' 설립 • 이후 스포츠 비리신고센터, 클린스포츠센터, 스포츠인권센터 등 운영 • 스포츠의 4대 악(惡) → 입시 비리, (성) 폭행, 조직 사유화, 승부조작
스포츠계 폭력의 공통점	• 계속성 • 동일성 • 상호성 • 재생산성 • 정당화

스포츠
윤리센터
	• 체육인의 인권 보호 및 스포츠 비리 근절을 위한 전담 기구
	• 2020년 8월 5일 공식 출범
	• 문화체육관광부(스포츠 비리신고센터), 대한체육회(클린스포츠센터), 대한장애인체육회(체육인지원센터)의 신고 기능 통합
	• 담당업무
	  - 스포츠 비리 및 체육계 인권침해에 대한 신고 접수·조사
	  - 피해자 보호를 위한 상담
	  - 스포츠 비리 및 체육계 인권침해 방지 예방 교육

3. 지도자의 성폭력 문제 [기출] 20년

(1) 성폭력의 의미
① 성을 매개로 상대방의 의사와 상관없이 가해지는 모든 신체적, 정신적, 심리적, 언어적 가해 행위
② 성추행, 성희롱, 성폭행 등을 모두 아우르는 개념

(2) 스포츠에서 성폭력 발생 원인
① 지도사와 선수의 상하 수직적 관계
② 낮은 성인지 감수성
③ 성폭력 가해·피해 사실을 은폐하는 체육계의 폐쇄적 구조
④ 지도자를 포함하여 동료, 선후배와의 위계질서와 폭력적 문화
⑤ 승리 지상주의적 엘리트 시스템
⑥ 가족적 유대의 부정적 발현

(3) 스포츠 성폭력의 윤리적 문제
① 성폭력은 훈련 및 지도과정에서 발생하는 자연스러운 현상(가벼운 신체접촉은 친밀감의 표현)이라는 인식
② 성폭력 피해자에 대한 부정적 인식(피해자에게 책임을 전가하는 태도)
③ 성폭력 피해자의 2차 피해(피해 선수가 스포츠 현장에서 가해 지도자를 다시 마주치는 것)

(4) 스포츠 성폭력의 해결 방안
① 선수, 지도자, 학부모 등 스포츠인의 윤리적 민감성, 성인지 감수성 제고를 위한 교육 강화
② 피해자가 가해자를 다시 만나는 구조적 문제 해결
③ 가해자에 대한 처벌 강화(위의 내용과 관련)
④ 피해 선수에 대한 보호 및 전문적인 상담과 치료 제공
⑤ 피해 사실을 쉽게 알릴 수 있는 제도적 장치 마련

4. 교육자로서 스포츠 지도자의 책임과 권한
① 단순히 감독, 코치 등 지도자의 역할뿐 아니라 교육자로서 책임을 다함
② 학생을 지도자 개인 혹은 팀의 이익을 위한 도구로 생각하지 않고 선수의 권리를 보호
③ 비교육적 지도 방법 지양
④ 권위적이고 강압적 지도방식에서 벗어나 선수의 권리를 보호 등

03 스포츠와 인성교육

1 스포츠 인성교육의 목적

1. 인성교육의 의미
　① 인성(人性, character)은 사람의 성품으로 각 개인이 태어날 때부터 갖게 되는 사고와 태도, 행동 특성
　② 스포츠 활동에서의 규칙 준수, 경쟁 상대에 대한 존중과 배려, 자기 절제와 통제 등을 통해 도덕적 품성과 전인적 인성 함양

2. 학교체육의 인성 교육적 가치
　① 지, 덕, 체의 조화
　② 협동, 배려 등 인성 지도의 중요한 교육적 수단
　③ 청소년 일탈 예방
　④ 부정적 학교 문화의 개선
　⑤ 규칙 준수, 페어플레이 등 도덕적 규범 습득

3. 어린이 스포츠에서의 인성교육을 위한 고려사항
　① '아레테'적 스포츠 지향(경쟁보다 자유로운 놀이 중심을 통한 신체 활동 경험)
　② 무리한 훈련 및 경기 참여 지양
　③ 학습과 운동의 병행
　④ 기술 습득보다 연령대에 맞는 기초 체력 및 운동능력 향상 중시
　⑤ 심신의 조화로운 발달 추구
　⑥ 연령대에 맞는 훈련량과 휴식 보장

4. 새로운 학교 문화 조성을 위한 스포츠의 역할
　① 건전한 여가문화로서 스포츠 활동 증진
　　　→ 부정적 학교 문화 해결에 기여
　② 타인에 대한 배려, 협동을 강조한 스포츠 활동을 통한 공동체 의식 함양
　③ 페어플레이를 통한 상대에 대한 존중, 규칙 및 규범 준수
　④ 스포츠맨십 외 다양한 도덕적 품성 및 인성교육

출제예상문제

Chapter 07 스포츠와 인권

01 스포츠의 성폭력 발생 원인으로 올바르지 않은 것은?
① 지도자와 선수의 주종 관계
② 낮은 성인지 감수성
③ 승리 지상주의
④ 가족적 분위기와 유대

 가족적 분위기와 유대 자체가 성폭력의 발생 원인으로 작용하지는 않는다. 스포츠계의 가족적 유대가 부정적으로 발현될 때 성폭력을 정당화하는 기제로 작용한다.

정답 ④

02 스포츠 성폭력에 대한 설명으로 옳지 않은 것은?
① 전화, 문자, SNS 등을 매개로 음란한 내용을 전달하는 행위도 성폭력에 해당
② 가벼운 신체접촉은 훈련 및 시도과정에서 발생하는 자연스러운 현상이자 친밀감의 표현이므로 성폭력으로 보기 어려움
③ 성폭력 피해자에게 책임을 전가하는 태도는 스포츠 성폭력을 일으키는 문제로 작용
④ 지도자와의 수직적 관계는 스포츠 성폭력의 원인으로 작용

 성폭력 문제에서 중요한 것은 피해자의 의사가 가장 중요하다. 지도자가 가벼운 친밀감의 표현으로 가벼운 신체접촉을 했다고 하더라도 당사자의 의사가 가장 중요하다. 실제 이러한 부정적 인식은 스포츠 성폭력을 강화하는 원인으로 작용한다.

정답 ②

03 다음 중 교육자로서 스포츠 지도자의 책임과 권한으로 옳은 것은?
① 감독, 코치 등 지도자의 역할에 충실
② 학생 선수보다 팀의 이익과 승리를 우선시
③ 비교육적 지도 방법을 지양
④ 효율성을 위한 권위적이고 강압적 지도

 교육자로서 스포츠지도자는 비교육적 지도 방법 즉 폭력, 억압, 강압적 지도 방법을 지양하고 선수의 자율성을 최대한 보장할 수 있는 지도 방법을 채택하여야 한다.

정답 ③

Chapter 08 스포츠 조직과 윤리

 핵심요약&보충자료

01 스포츠와 정책 윤리

1 정치와 스포츠의 관계와 윤리적 이슈

1. 스포츠의 정치적 속성

① 올림픽, 월드컵과 같은 국제대회는 국가의 정치 및 경제 체제, 문화, 군사력 등을 우월성을 표출하는 장
② 스포츠의 조직화 과정과 불평등한 권력 배분
③ 스포츠와 정치의 상호작용(외교적 수단으로서 스포츠의 활용 등)
④ 스포츠의 정치체제 선전(스포츠 이벤트에서의 국민의례, 국기 게양 등)
⑤ 스포츠의 정치적 역기능과 순기능

순기능	• 국위 선양 • 국민 화합 및 통합 • 국민 행복 추구 • 국가 간 교류 증진 • 국가 이해 및 평화 증진(한반도의 다양한 스포츠 교류)
역기능	• 정치 선전 및 체제 강화 • 정치 및 경제, 문화에 대한 우월주의 강화 • 갈등 및 전쟁의 촉매 • 외교적 항의 - 정치 외교적 갈등 초래

2. 스포츠의 정치적 기능

(1) 사회통합

우리나라 축구 국가대표팀의 월드컵 16강 진출과 길거리 응원 문화

(2) 사회 통제적 기능

페어플레이, 스포츠맨십 등을 통한 준법정신 강조

(3) 이데올로기 및 정치체제의 선전

과거 공산주의 체제의 우월성을 과시하고자 하는 수단으로 스포츠 활용

(4) 사회화 기능

스포츠에서의 도덕적 가치 특히, 협동, 배려 등 사회(공동체)의 가치관, 태도, 신념 교육

02 심판 윤리

1 심판의 윤리적 자질과 자세

1. 심판의 윤리적 자질과 자세
① 공평무사
② 공명정대(公明正大: 사사로움이나 그릇됨이 없이 정당하고 떳떳함)
③ 청렴성: 도덕적 품성
④ 투명성: 조건에 상관없이 판정에 대한 객관성과 공정성 유지
⑤ 책임감
⑥ 자율성
⑦ 정직성
⑧ 냉철함: 외부의 압력에도 굴하지 않는 냉철함과 자율성

2 심판의 개인윤리와 사회윤리 기출 18·19·23년

개인윤리	심판 개인의 자율성, 책임감, 정직함 등 개인의 도덕적 품성과 태도
사회윤리	심판의 윤리적 품성과 태도에 영향을 미치는 사회제도 및 정책 예 심판 교육 제도, 비디오 판독 규칙

선생님 TIP

칸트(Kant)의 개인윤리	개인의 자유로운 선택을 강조하는 것이 곧 정의 → 편파 판정, 오심 등은 심판 개인의 문제
니부어(R. Niebuhr)의 사회윤리	개인적으로 도덕적인 사람도 자신이 속한 단체나 조직의 이익을 위해서는 이기적이고 비도덕적으로 변할 수 있음을 강조 → 오심은 심판 개인이 아닌 심판 교육 제도의 문제

3 비디오 판독 시스템과 심판

1. 비디오 판독 시스템의 긍정적 영향
① 경기 도중 심판이 판단할 수 없는 모호한 상황에 관한 정확한 판단 제공
  → 공정성 확보
② 심판의 실수에 대한 보완
③ 심판의 시야에서 벗어난 비윤리적 행위에 대한 판정 가능

2. 비디오 판독 시스템의 부정적 영향
① 심판의 권위 하락
② 경기의 흐름 방해
③ 심판의 기능 제한
④ 심판의 자주적 판단 방해

❶ 심판의 윤리
  • 개인윤리
  • 사회윤리

핵심요약&보충자료

03 스포츠 조직의 윤리경영

1 스포츠 경영자의 윤리

(1) 리더(leader)로서 윤리적 리더십은 스포츠 경영자의 필수 덕목
(2) 윤리적 리더십(ethical leadership)의 역할
  ① 특징: 공정함, 신뢰성, 정직함, 인내심, 겸손함, 책임감, 용기, 신뢰
  ② 자질: 배려, 존중, 정의, 정직 등
  ③ 윤리적 합리성 추구
  ④ 윤리적 책임 의식과 실천 함양
  ⑤ 조직의 윤리적 비전과 목표 제시

2 스포츠 조직의 비윤리적 조직 행동 ❶

(1) 스포츠 조직 및 단체의 조직 사유화
(2) 혈연, 지연, 학연 등에 기반한 파벌주의 → 선수 선발 과정에서 실력이 떨어지는 특정 대학 출신 선발
(3) 경기단체의 파행적 운영 → 부정한 예산 사용
(4) 경기 운영의 불공정 → 학연, 지연에 따른 심판의 편파 판정 등

❶ 스포츠의 비윤리적 조직 행동 유형
  • 조직 사유화
  • 파벌주의
  • 파행적 운영
  • 불공정한 경기 운영

3 스포츠 조직의 불공정 행위와 윤리적 조직 행동 기출 19년

[막스 베버(M. Weber)의 윤리적 준칙]
'직업으로서의 정치'에서 정치가가 지녀야 할 두 가지 윤리적 준칙을 제시하고 있음

(1) **책임윤리**
  ① 인간의 행위로 나타나는 결과에 대해 본인이 책임을 져야 한다는 태도
  ② 행위로 예견되는 결과를 고려하여 행위의 의도보다는 결과에 대한 책임을 다하는 것이 옳다고 판단하는 태도

(2) **심정 윤리(신념윤리)**
  ① 인간의 행위가 순수한 심정(도덕적 신념)에 가치를 둠으로 그 결과에 대해 신경 쓰지 않아도 된다는 태도
  ② 어떤 행위가 옳고 그른가에 관한 판단 시 행위의 결과보다 행위자의 심정(선한 의도나 도덕적 신념) 중시

출제예상문제

Chapter 08 스포츠 조직과 윤리

01 비디오 판독 시스템의 긍정적 영향에 대한 설명으로 옳지 않은 것은?

① 애매한 상황에 대한 정확한 판단을 제공함으로써 공정성 확보
② 심판의 실수에 대한 보완책
③ 심판의 시야에서 벗어난 비윤리적 행위에 대한 판정 가능
④ 심판의 자주적 판단을 강화

 '심판의 사수석 판난들 강화'는 비디오 판녹 시스템의 부정적 영향 중 하나이다.

정답 ④

02 다음 중 스포츠의 정치적 역기능과 순기능이 바르게 연결되지 않은 것은?

① 역기능 - 정치 선전 및 체제 강화
② 역기능 - 정치 및 경제, 문화에 대한 우월성
③ 순기능 - 국민 화합 및 통합
④ 순기능 - 외교적 항의

 외교적 항의는 스포츠의 정치적 역기능으로서 외교적 항의를 통한 정치 외교적 갈등을 초래한다.

정답 ④

03 다음 <보기>에 대한 설명으로 옳은 것을 모두 고르면?

―<보기>―
개인적으로 도덕적인 사람도 자신이 속한 단체나 조직의 이익을 위해서는 이기적이고 비도덕적으로 변할 수 있음을 강조

① 강인: 개인윤리에 대한 설명으로 심판이 개인적 자질을 강조해
② 홍민: 심판의 오심은 전적으로 개인의 책임으로 보는 태도야
③ 민재: 오심을 없애기 위해서는 심판에 대한 교육을 강화해야 해
④ 인범: 사회윤리에 대한 설명으로 개인을 둘러싼 사회제도를 강조해

 보기의 설명은 '사회윤리'로, 옳은 설명을 한 사람은 ③ 민재, ④ 인범이다.

 ①, ②는 개인윤리에 대한 설명이다.

정답 ③, ④

2025년 기출문제

01 스포츠윤리센터의 주요 역할에 해당하지 않는 것은?

① 체육 관련 입시 비리에 관한 조사
② 스포츠 산업 종사자의 직업 안정성 확보와 처우 개선
③ 스포츠 비리 및 스포츠 인권 침해 방지를 위한 예방 교육
④ 승부 조작 또는 편파 판정 등 불공정에 관한 신고 접수와 조사

 스포츠 산업 종사자의 직업 안정성 확보나 처우 개선은 고용 정책 및 산업 지원과 관련된 영역으로 노동·산업 정책에 해당하며, 스포츠윤리센터의 직접적인 역할은 아니다. 따라서 정답은 ②이다.

 스포츠윤리센터는 「국민체육진흥법」에 근거하여 설립된 기구로, 주로 체육계의 비리 조사, 인권 침해 사건 처리, 예방 교육, 공정성 확보 등을 담당한다. 구체적으로는 체육 관련 입시 비리 조사, 스포츠 비리 및 인권 침해 방지를 위한 교육, 승부조작·편파판정 등 불공정 행위 신고 접수 및 조사와 같은 업무를 수행한다.

정답 ②

02 스포츠에 관한 가치 판단에 해당하지 않는 것은?

① 도핑을 이용한 실력 향상은 옳지 않다.
② 스포츠에서 희생과 헌신은 승리보다 가치가 있다.
③ 하얀색 복장 착용은 윔블던 테니스대회의 규정이다.
④ 스포츠에서 승리 추구는 규정 준수보다 더 중요하다.

 '하얀색 복장 착용은 윔블던의 규정이다'라는 진술(③)은 단순한 사실(fact) 진술로, 규범적 가치 판단이 아니다. 따라서 정답은 ③이다.

 스포츠에서 가치 판단은 '무엇이 옳고 그른가, 무엇이 더 바람직한가'에 대한 규범적·윤리적 평가를 의미한다.

정답 ③

03 <보기>의 스포츠 상황에 부합하는 개념과 해석은?

<보기>
태권도 겨루기에서 소극적인 자세로 경기에 임하는 선수는 제재를 받는다. 적극적이고 공격적인 태도의 요구는 투쟁심을 독려하는 것이지만, 그 폭력적인 성향이 지나치면 또 다른 제재의 대상이 되기도 한다. 이처럼 스포츠는 폭력적인 성향의 분출을 자극함과 동시에 그것을 감시하고 제어한다.

① 게발트(Gewalt) - 스포츠 폭력의 부당성
② 게발트(Gewalt) - 스포츠 폭력의 이중성
③ 희생양(Scapegoat) - 스포츠 폭력의 부당성
④ 희생양(Scapegoat) - 스포츠 폭력의 이중성

 게발트(Gewalt)는 독일어로 폭력·힘·권위를 포괄하는 개념으로, 스포츠에서는 폭력성이 동시에 장려되고 제어되는 이중적 성격을 지칭할 때 사용된다. <보기>에서 태권도 선수는 소극적 태도로 인해 제재를 받으며, 이는 공격성과 투쟁심을 장려하는 측면을 보여주나 지나친 폭력성은 다시 제재의 대상이 되므로, 스포츠는 폭력성을 자극하면서도 동시에 제어하는 이중성을 드러낸다. 따라서 정답은 ②이다.

정답 ②

04 '타이틀 나인(Title IX)'에 따른 스포츠계의 변화로 가장 적절한 것은?

① 미국 프로야구리그의 도핑 실태에 관한 보고서 발간
② 남아프리카공화국에서 흑인에 대한 차별 정책의 시행
③ 학교 스포츠 프로그램에서 의도적인 성차별 발생 시 재정 지원의 제한
④ 공공 및 민간 스포츠 시설의 출입구 등에 휠체어 이동 통로의 설치 및 확충

 타이틀 나인(Title IX)은 1972년 미국 교육개정법 제9조로, 연방 정부의 재정 지원을 받는 모든 교육 활동에서 성차별을 금지하는 내용을 담고 있다. 이는 특히 학교 체육·스포츠 영역에서 여성의 참여 기회를 확대하는 결정적 계기가 되었으며, 성차별이 확인될 경우 해당 기관은 연방 정부의 재정 지원을 제한받게 되었다. 따라서 타이틀 나인과 직접적으로 관련된 변화는 ③이다.

정답 ③

05. 세계도핑방지기구(World Anti-Doping Agency)가 정한 '금지 방법'의 분류 목록에 해당하지 않는 것은?

① 기술 도핑
② 화학적, 물리적 조작
③ 유전자 및 세포 도핑
④ 혈액 및 혈액 성분의 조작

정답분석 '기술 도핑'은 WADA의 공식 분류 항목이 아니며, 첨단 장비나 기술을 활용한 경기력 향상 논의 차원에서만 사용되는 개념일 뿐 공식적인 금지 방법 분류는 아니다. 따라서 정답은 ①이다.

정답 ①

06. 레건(T. Regan)의 동물권리론에 가장 부합하는 태도는?

① 모든 동물에게 자유를 보장하고 스포츠에 동물을 이용하지 않도록 한다.
② 세계시민주의적 사고에 따라 재활승마에서는 기수와 말의 친화를 강조한다.
③ 천연 거위털 셔틀콕의 성능이 인조 거위털 셔틀콕보다 더 좋으므로 생산을 장려한다.
④ 경마나 소싸움은 합법적으로 동물을 활용할 수 있는 종목이며 경제적으로도 유용하다.

정답분석 레건(T. Regan)의 동물권리론은 동물을 인간의 수단이 아니라 목적 그 자체로 존중해야 한다는 입장으로, 동물도 인간과 마찬가지로 내재적 가치를 지닌 존재라고 주장한다. 따라서 동물을 오락이나 스포츠, 실험에 이용하는 것을 거부하고, 동물에게 자유와 권리를 보장하는 태도가 이에 부합한다.

정답 ①

07. <보기>의 대화 내용에 해당하는 정의(justice)의 유형에 가장 가까운 것은?

<보기>
A: 오늘 테니스 경기 봤어? 한쪽 코트는 해가 정면에서 비치고 다른 쪽은 완전 그늘이더라.
B: 응. 그런 조건이면 한쪽 선수가 불리할 것 같아.
C: 그래서 테니스는 계속 코트를 바꾸면서 경기를 진행해.
A: 그러면 시합을 시작할 때 코트나 서브권은 어떻게 정해?
C: 동전 던지기로 정하는 경우가 많아.

① 평균적 정의
② 절차적 정의
③ 분배적 정의
④ 보상적 정의

정답분석 정의의 유형 가운데 절차적 정의(procedural justice)는 특정 자원이나 권리를 배분할 때 공정한 절차와 과정을 통해 정당성을 확보하는 것을 의미한다. <보기>에서 테니스 경기의 불리함을 줄이기 위해 코트를 교대로 바꾸는 규칙을 적용하고, 서브권이나 코트 선택을 동전 던지기 같은 공정한 절차로 결정하는 것은 절차적 정의의 전형적 사례이다.

정답 ②

08. 롤랜드(S. Loland)가 분류한 규칙 위반의 유형에 연결한 사례로 옳지 않은 것은?

① 의도적 구성 규칙 위반 - 축구 경기에서 수비수가 실점을 당하지 않기 위해 손으로 공을 막았다.
② 의도적 규제 규칙 위반 - 육상 100m 경기에서 경쟁 선수를 방해 하기 위해 레인을 침범했다.
③ 비의도적 구성 규칙 위반 - 골프 경기 중 페어웨이에서 흙이 묻은 볼을 무의식적으로 닦고 진행했다.
④ 비의도적 규제 규칙 위반 - 농구 경기 중 상대 수비를 피하는 과정에서 의도치 않게 3걸음을 걷고 슛을 쏘았다.

정답분석 롤랜드(S. Loland)는 스포츠 규칙을 구성 규칙(constitutive rules)과 규제 규칙(regulative rules)으로 나누고, 그것이 의도적/비의도적으로 위반되는지에 따라 네 가지로 분류하였다.
① 의도적으로 규제적 규칙(반칙에 대한 불이익을 포함)을 위반한 사례이다.
② 의도적으로 구성적 규칙을 위반한 사례이다.
③ 비의도적 구성 규칙 위반의 경우 '규칙에 대한 인지' 여부가 중요하다. 무의식, 의식이 아닌 인지, 비인지의 여부가 중요하다.
④ 비의도적 구성 규칙 위반에 대한 내용이다.

정답 ①, ②, ③, ④

09 칸트(I. Kant)의 의무론에서 <보기> 속 A와 B의 태도에 부합하는 행위 유형은?

―<보기>―

선생님: 도핑을 하면 경기 결과가 달라질 수 있는데, 여러분은 왜 하지 않나요?

A: 저는 도핑이 공정하지 못한 행위이기 때문에 하지 않아요. 제 실력으로 인정받고 싶어요.

B: 저는 사실 도핑 검사에 걸리면 처벌을 받으니까 하고 싶어도 못 하고 있어요.

	A	B
①	의무에서 나온 (aus Pflicht) 행위	의무에 합치하는 (pflichtmäßg) 행위
②	의무에 합치하는 (pflichtmäßg) 행위	의무에 위배되는 (pragmatische) 행위
③	의무에 합치하는 (pflichtmäßg) 행위	의무에서 나온 (aus Pflicht) 행위
④	의무에 위배되는 (pragmatische) 행위	의무에서 나온 (aus Pflicht) 행위

 정답분석

- A는 "도핑은 공정하지 못하므로 하지 않는다. 실력으로 인정받고 싶다"라고 말한다. 이는 도덕 법칙 그 자체를 존중하여 행위를 하는 경우로, 칸트가 말한 '의무에서 나온 행위'(aus Pflicht)에 해당한다.
- B는 "검사에 걸리면 처벌받으니까 하지 않는다"라고 말한다. 이는 외적 조건(처벌 회피)을 이유로 규칙을 지키는 것이며, 결과적으로 의무에는 부합하지만 동기가 도덕적이지 않음. 따라서 '의무에 합치하는 행위'(pflichtmäßig)이다.

정답 ①

10 부올레(P. Vuolle)가 분류한 스포츠 환경이 아닌 것은?

① 시설(built) 환경 - 농구, 탁구
② 개발(developed) 환경 - 골프, 스키
③ 가상(virtual) 환경 - e스포츠, 버츄얼 태권도
④ 순수(genuine) 환경 - 스쿠버다이빙, 트레일러닝

 정답분석

부올레(P. Vuolle)가 분류한 스포츠 환경은 순수(genuine), 개발(developed), 시설(built)의 세 가지이다. 이는 각각 자연 환경에서 하는 스포츠(트레일러닝, 스쿠버다이빙 등), 자연을 인위적으로 개발한 환경에서 하는 스포츠(골프, 스키 등), 그리고 체육관·구장 같은 인공적 시설에서 하는 스포츠(농구, 탁구 등)로 나뉜다. 그러나 가상(virtual) 환경은 부올레의 분류에 포함되지 않은 개념으로, e스포츠나 버츄얼 태권도 같은 종목은 후대 논의에서 제기된 새로운 영역이다. 따라서 문제에서 "스포츠 환경이 아닌 것"에 해당하는 것은 ③이다.

정답 ③

11 뒤르켐(E. Durkheim)의 도덕교육론에 근거한 스포츠 윤리 교육의 내용과 방법으로 옳지 않은 것은?

① 감독의 지도에 의존하는 도덕적 판단력을 길러준다.
② 스포츠를 통한 도덕적 습관과 행동의 변화에 초점을 맞춘다.
③ 스포츠윤리 교육을 스포츠 인성 교육의 유용한 틀로 활용한다.
④ 스포츠맨십을 경험하는 실천적 교육으로 도덕적 인격 형성을 유도한다.

 정답분석

뒤르켐(E. Durkheim)의 도덕교육론은 도덕성을 사회적 사실(social facts)로 보고, 개인이 사회적 규범을 내면화하여 자율적 도덕 판단력을 기르는 데 초점을 두었다. 감독의 지시에 의존하는 도덕 교육은 자율적 판단을 저해하고 권위적 복종에 치우친 것이므로 뒤르켐의 도덕교육론과 부합하지 않는다. 따라서 정답은 ①이다.

정답 ①

12 스포츠조직의 윤리경영에 관한 설명으로 옳지 않은 것은?

① 스포츠조직을 투명하고 합리적으로 운영한다.
② 과대 선전 등으로 스포츠 소비자를 속이지 않는다.
③ 스포츠 시설 운영에서 공해, 소음 등으로 인한 사회적 비용을 고려 한다.
④ 스포츠센터의 운영 수익을 더 늘이기 위해 지도자의 노동 강도를 높인다.

 정답분석

지도자의 노동 강도를 높여 수익을 극대화하는 방식은 노동권 침해이자 비윤리적 경영 방식으로, 윤리경영의 원칙에 위배된다. 따라서 옳지 않은 설명은 ④이다.

정답 ④

13
<보기>의 사례에서 ㉠에 해당하는 심판의 자질과 ㉡에 해당하는 맹자의 사단(四端)은?

─<보기>─

배구 경기의 주심인 ㉠ A심판은 최근 개정된 규정을 정확하게 숙지하지 못하여 오심을 범했다. 부심으로 경기를 관장하던 B심판은 오심임을 알았으나 A 심판에 대한 징계가 걱정되어 침묵했다. 시합이 끝난 후 ㉡ B심판은 양심의 가책을 지우지 못하고 활동을 중단했다.

	㉠	㉡
①	심판의 청렴성	사양지심(辭讓之心)
②	심판의 전문성	수오지심(羞惡之心)
③	심판의 자율성	시비지심(是非之心)
④	심판의 공정성	측은지심(惻隱之心)

 ㉠ A심판이 개정된 규정을 숙지하지 못해 오심을 범한 것은 심판이 갖추어야 할 가장 기본적인 자질인 전문성의 부족을 의미한다. 심판은 경기 규칙과 제도를 정확히 이해하고 적용할 수 있어야 하므로, 전문성이 핵심 자질이다.
㉡ B심판은 오심을 알면서도 징계를 우려해 침묵했으나, 이후 양심의 가책을 느끼고 활동을 중단하였다. 이는 부끄러움과 잘못에 대한 수치심을 기반으로 한 도덕적 감정으로, 맹자가 말한 수오지심(羞惡之心)에 해당한다.

정답 ②

14
공리주의 윤리 규범을 스포츠에 바르게 적용한 것이 아닌 것은?

① 스포츠에서 결과에 따른 만족을 중시한다.
② 스포츠 규칙 제정은 공정과 평등의 원칙에 근거한다.
③ 스포츠 상황에서 행위의 유용성보다 인성의 바름을 강조한다.
④ 스포츠에서 소수보다 다수의 이익을 우선하는 것이 정당화될 수 있다.

 공리주의 윤리 규범은 최대 다수의 최대 행복을 원칙으로 하여, 행위의 도덕성을 결과와 유용성에서 판단한다. 행위의 유용성보다 인성의 도덕적 바름을 강조하는 태도는(③)는 칸트의 의무론적 관점으로, 공리주의와는 상반된다. 따라서 정답은 ③이다.

정답 ③

15
<보기>에서 장애 차별의 개선을 위한 스포츠 실천의 조건만을 고른 것은?

─<보기>─

ㄱ. 참여 종목과 대회는 지도자의 결정에 맡겨야 한다.
ㄴ. 비장애인과 분리하여 수업하는 것을 원칙으로 한다.
ㄷ. 활동 장비와 기구에 대한 재정적인 지원을 확보해야 한다.
ㄹ. 다양한 사람과의 관계를 통해 사회성 함양의 기회를 제공해야 한다.

① ㄱ, ㄴ ② ㄴ, ㄷ
③ ㄴ, ㄹ ④ ㄷ, ㄹ

 ㄱ의 지도자 중심 결정은 참여자의 자율성을 제한하며, ㄴ의 분리 수업은 차별을 심화시키므로 개선 조건이 아니다. 따라서 옳은 것은 ㄷ, ㄹ이고 정답은 ④이다.

정답 ④

16
<보기>의 내용에 부합하는 철학자와 개념의 연결이 옳은 것은?

─<보기>─

• 지도자와 선배의 체벌과 폭력이 일상화되어 있다.
• 악은 포악한 괴물이나 악마처럼 괴이하지 않고 합숙소 생활과 같은 일상에 함께 있다.
• 폭력을 멈추게 할 방법은 행위의 내용과 책임을 묻고 반성하는 '사유' 또는 '이성'에 있다.

① 홉스(T. Hobbes) - 리바이어던
② 홉스(T. Hobbes) - 악의 평범성
③ 아렌트(H. Arendt) - 리바이어던
④ 아렌트(H. Arendt) - 악의 평범성

 <보기>는 스포츠 현장에서 체벌과 폭력이 일상화된 모습을 제시하면서, 악이 괴물처럼 특별한 것이 아니라 일상 속에서 자연스럽게 반복된다는 점을 강조하고 있다. 이는 한나 아렌트(H. Arendt)의 '악의 평범성(Banality of Evil)'에 대한 내용이다.

정답 ④

17 의무주의 윤리 규범에 근거할 경우, <보기>의 괄호 안에 들어갈 내용으로 옳은 것은?

<보기>
나는 반칙을 하지 않으려고 노력한다. 왜냐하면 (　　　) 때문이다.

① 퇴장을 당하면 손해를 보기
② 반칙을 하는 것은 옳지 않기
③ 나의 플레이를 보는 사람들을 만족시켜야 하기
④ 사람들이 나를 훌륭한 선수라고 칭송할 것이기

 의무주의(deontology) 윤리 규범은 행위의 옳고 그름을 결과가 아닌 원칙과 의무 자체에서 판단한다. 따라서 "반칙은 옳지 않다"라는 이유로 반칙을 피하는 것은 행위 그 자체의 도덕적 정당성을 중시하는 의무주의 윤리에 정확히 부합한다. 따라서 정답은 ②이다.

정답 ②

19 함무라비 법전의 탈리오 법칙(Lex Talionis)이 정확하게 적용된 상황은?

① 농구 경기에서 한 경기에 5개의 파울을 한 선수를 퇴장시킨다.
② 축구 경기에서 부상 선수가 발생하면 선수의 안전을 위해 공을 밖으로 걷어낸다.
③ 야구 경기에서 빈볼을 맞게 되면, 상대팀에게도 동일하게 빈볼을 던져 보복을 한다.
④ 수영과 육상 경기의 결승전에서 준결승의 기록이 좋은 선수를 가운데 레인에 우선으로 배정한다.

 함무라비 법전의 탈리오 법칙(Lex Talionis)은 흔히 "눈에는 눈, 이에는 이"로 알려져 있으며, 가해자가 행한 피해와 동등한 방식의 보복을 허용·규정하는 원리이다.

정답 ③

18 <보기>는 트랜스젠더 여성의 여성 스포츠 참여에 관한 설명이다. 이를 지지하는 견해의 근거가 아닌 것은?

<보기>
국제올림픽위원회(IOC)는 2016년 1월에 올림픽 대회를 비롯한 국제 경기대회에서 외과적인 수술을 받지 않은 성 전환자들도 선수로 출전할 수 있도록 허용해야 한다는 새로운 지침을 발표했다. 이에 따라 트랜스젠더 선수들은 꼭 성 전환 수술을 받지 않더라도 일정 요건만 충족하면 올림픽 등 국제 대회에 참가할 수 있게 되었다.

① 전통적인 젠더 이분법을 극복하고 양성 평등을 지향
② 트랜스젠더 여성의 스포츠 접근권은 공정성보다 우선
③ 트랜스젠더에 대한 차별과 배제가 아닌 관용과 포용의 정책
④ 트랜스젠더 여성 선수가 불공평한 이득을 가져 스포츠 본연의 의미 변화

 트랜스젠더 여성 선수가 불공평한 이득을 가져 스포츠의 본질이 변한다는 주장은 반대 측의 논거로 사용되는 입장이다. 따라서 지지 근거가 아닌 것은 ④이다.

정답 ④

20 인종 차별과 관련된 사례로 맞지 않는 것은?

① 1936년 베를린 올림픽경기대회에서 히틀러는 육상종목 4관왕 제시 오웬스에게 시상 거부
② 1948년 런던 올림픽경기대회에서 독일과 일본 선수의 참가를 불허
③ 1968년 멕시코 올림픽경기대회 시상식에서 미국의 토미 스미스와 존 카를로스의 저항 표현
④ 2008년 미국여자프로골프협회(LPGA) 출전 선수의 영어 사용 의무화

 1948년 런던 올림픽에서 독일과 일본의 참가 불허는 인종 차별 때문이 아니라, 제2차 세계대전의 전범국에 대한 국제적 제재 조치였다. 따라서 인종 차별 사례로는 맞지 않아 정답은 ②이다.

정답 ②

2024년 기출문제

01. <보기>에서 설명하는 법령은?

<보기>

이 법은 국민 모두가 스포츠 및 신체활동에 자유롭고 평등하게 참여하여 건강하고 행복한 삶을 영위할 수 있도록 스포츠의 가치가 교육, 문화, 환경, 인권, 복지, 정치, 경제, 여가 등 우리 사회 영역 전반에 확산될 수 있게 국가와 지방자치단체가 그 역할을 다하며, 개인이 스포츠 활동에서 차별받지 아니하고, 스포츠의 다양성, 자율성과 민주성의 원리가 조화롭게 실현되도록 하는 것을 기본 이념으로 한다.

① 스포츠클럽법
② 스포츠기본법
③ 국민체육진흥법
④ 학교체육진흥법

정답분석 <보기>의 내용은 2021년 8월 10일 제정, 2022년 6월 16일에 시행된 스포츠기본법에 대한 설명이다.

정답 ②

02. <보기>에서 스포츠에서 발생하는 폭력의 유형과 특징으로 옳은 것만을 모두 고른 것은?

<보기>

㉠ 직접적 폭력은 가시적, 파괴적이다.
㉡ 직접적 폭력은 상해를 입히려는 의도가 있는 행위이다.
㉢ 구조적 폭력은 비가시적이며 장기간 이루어진다.
㉣ 구조적 폭력은 의도가 노골적이지 않지만 관습처럼 반복된다.
㉤ 문화적 폭력은 언어, 행동양식 등의 상징적 행위를 통해 가해진다.
㉥ 문화적 폭력은 위해를 '옳은 것'이라 정당화하여 '문제가 되지 않게' 만들기도 한다.

① ㉠, ㉢, ㉤
② ㉠, ㉢, ㉣, ㉥
③ ㉠, ㉡, ㉢, ㉣, ㉤
④ ㉠, ㉡, ㉢, ㉣, ㉤, ㉥

정답분석 ㉠, ㉡, ㉢, ㉣, ㉤, ㉥이 옳은 내용이다.
직접적 폭력, 구조적 폭력, 문화적 폭력은 '삼각형'을 의미한다.
- 직접적 폭력은 우리가 일반적으로 알고 있는 언어폭력, 신체폭력 등 직접적 영향을 미치는 폭력을 의미한다.
- 구조적 폭력은 정의롭지 못한 사회구조나 사회제도에 의해 발생하는 폭력으로 인종차별, 성차별, 빈부격차, 장애 차별 등이 있을 수 있다.
- 문화적 폭력은 직접적이고 구조적인 폭력을 용인하고 정당화하는 문화적 기제를 의미한다.

정답 ④

03 스포츠에서 여성에 대한 차별이 발생하거나 심화되는 원인으로 볼 수 없는 것은?

① 생물학적 환원주의
② 남녀의 운동 능력 차이
③ 남성 문화에 기반한 근대스포츠
④ 여성 참정권

정답분석 여성의 참정권(women's suffrage)은 말 그대로 여성이 선거에 참여할 수 있는 권리로서 여성에 대한 차별, 불평등을 완화하는 역할을 하였다.

정답 ④

04 <보기>에서 (가)의 문제를 해결하기 위해 생명중심주의 입장에서 (나)를 제시한 학자는?

─<보기>─

(가) 스포츠에서 환경문제가 발생하는 근본 원인은 스포츠의 사회 문화적 가치와 환경 혹은 자연의 보전 가치 사이의 충돌이다.

(나) • 불침해의 의무: 다른 생명체에 해를 끼쳐서는 안 된다.
• 불간섭의 의무: 생태계에 간섭해서는 안 된다.
• 신뢰의 의무: 낚시나 덫처럼 동물을 기만하는 행위를 해서는 안 된다.
• 보상적 정의의 의무: 부득이하게 해를 끼친 경우 피해를 보상해야 한다.

① 테일러(P. Taylor)
② 베르크(A. Berque)
③ 콜버그(L. Kohlberg)
④ 패스모어(J. Passmore)

 정답분석 테일러는 인간을 포함하여 지구상에 존재하는 모든 생명체는 평등한 관계로 보고 생명 존중을 위한 인간의 4가지 의무(비상해, 불간섭, 신뢰, 보상적 정의)의 규칙을 제시하였다.

정답 ①

05 <보기>의 ㉠~㉢에 들어갈 용어로 바르게 묶인 것은?

─<보기>─

• (㉠): 생물학적, 형태학적 특징에 따라 분류된 인간 집단
• (㉡): 특정 종목에 유리하거나 불리한 인종이 실제로 존재한다는 사고 방식
• (㉢): 선수의 능력 차이를 특정 인종의 우월이나 열등으로 과장하여 차등을 조장하는 것

	㉠	㉡	㉢
①	인종	인종주의	인종 차별
②	인종	인종 차별	젠더화 과정
③	젠더	인종주의	인종 차별
④	젠더	인종 차별	젠더화 과정

 정답분석 보기의 내용은 모두 '인종', 그리고 인종을 둘러싼 사고방식과 차별 기제 등을 설명하고 있다.

정답 ①

06 아래 <보기>의 축구 경기 비디오 판독(VAR)에서 심판 B의 판정 견해를 지지하는 윤리 이론에 가장 부합하는 것은?

─<보기>─

• 심판 A: 상대 선수가 부상을 입었지만 퇴장은 가혹하다.
• 심판 B: 그 선수가 충돌을 피할 수 있는 시간은 충분했다. 그러나 그는 피하려 하지 않았다. 따라서 퇴장의 처벌은 당연하다.

① 최대다수의 최대행복
② 의무주의
③ 쾌락주의
④ 좋음은 옳음의 근거

 정답분석 심판 B는 결과와 상관없이 선수라면 지켜야 할 도덕적 의무를 강조하는 유형이라고 볼 수 있다.

정답 ②

07. <보기>에 담긴 윤리적 규범과 관련이 없는 것은?

―――<보기>―――
나는 운동선수로서 경기의 규칙을 숙지하고 준수하여 공정하게 시합을 한다.

① 페어플레이(fair play)
② 스포츠딜레마(sport dilemma)
③ 스포츠에토스(sport ethos)
④ 스포츠퍼슨십(sport personship)

정답분석 스포츠딜레마(sport dilemma)는 <보기>의 윤리적 규범과 관련이 없다.

선지분석
① 페어플레이는 스포츠 행위를 실천할 때 지켜야 할 정정당당한 행위의 실천 규범 또는 정신을 의미한다.
③ 에토스는 특정 사회(공동체)가 중시하는 가치, 믿음, 정신 등이 교육과 학습을 통해 내면화된 도덕적 품성을 의미한다. 사람에게 도덕적 감성을 갖게 하는 보편적인 도덕적, 이성적 요소를 의미한다.
④ 스포츠퍼슨십은 우리가 흔히 알고 있는 스포츠맨십으로 스포츠인이 지녀야 하는 바람직한 정신과 자세로서 경쟁 상대에 대한 존중과 예의는 스포츠인의 기본자세를 의미한다.

정답 ②

08. <보기>의 사례로 나타나는 품성으로 스포츠인에게 권장하지 않는 것은?

―――<보기>―――
• 경기 규칙의 위반은 옳지 않음을 알면서도 불공정한 파울을 행하기도 한다.
• 도핑이 그릇된 일이라는 점을 알고 있지만, 기록갱신과 승리를 위해 도핑을 강행한다.

① 테크네(techne)
② 아크라시아(akrasia)
③ 에피스테메(episteme)
④ 프로네시스(phronesis)

정답분석 아크라시아(akrasia)는 그리스어로 명령부족, 약함의 뜻으로 자제력이 부족하거나 더 나은 판단과 방향에 반하는 행동을 의미한다. <보기>와 같이 규칙 위반을 알면서도 파울을 하는 행위, 도핑 행위 등은 옳은 일에 반하는 행동을 의미한다.

정답 ②

09. <보기>의 내용과 가장 밀접한 것은?

―――<보기>―――
• 정정당당하게 경기에 임하라.
• 어떠한 경우에도 최선을 다해라.
• 운동선수는 페어플레이를 해야 한다.

① 모방욕구
② 가언명령
③ 정언명령
④ 배려윤리

정답분석 보기의 내용은 의무론적 도덕 추론에 해당한다. 이는 인간이면 도덕적 원리와 법칙(보편적 도덕)을 마땅히 지켜야 하고, 이에 따라 행위의 옳고 그름이 결정된다고 보는 태도이다. 특히, 어떠한 행위의 결과와 상관없이 '행위 자체'의 옳고 그름을 판단하고, 행위에 대한 도덕적 책무나 의무를 중시하는 관점으로서 이성의 보편 타당성과 정언적 명령을 강조한다.

정답 ③

10. <보기>의 내용에 해당하는 윤리적 태도는?

―――<보기>―――
나는 경기에 참여할 때마다, 나의 행동 하나하나가 가능한 많은 사람이 만족하는데 기여할 수 있도록 노력한다.

① 행위 공리주의
② 규칙 공리주의
③ 제도적 공리주의
④ 직관적 공리주의

정답분석 공리주의는 다수의 행복을 주는 행위가 곧 옳은 행위이자 도덕적 행위로 보는 입장으로서 보기의 내용은 자신의 행위가 다수의 행복(만족)에 기여할 수 있도록 노력한다는 측면에서 행위 공리주의라고 볼 수 있다.

정답 ①

11. 다음 <보기>의 설명에 해당하는 스포츠에서의 정의(justice)는?

— <보기> —
정의는 공정과 준법을 요구한다. 모든 선수에게 동등한 기회를 보장해야 한다는 공정의 원칙은 지켜지지 않을 때가 있다. 스포츠에서는 완전한 통제가 어려운 불평등을 줄이기 위해 공수 교대, 전후반 진영 교체, 홈·원정 경기, 출발 위치 제비뽑기 등을 한다.

① 자연적 정의 ② 평균적 정의
③ 분배적 정의 ④ 절차적 정의

 정답분석 스포츠 정의에 의한 페어플레이 구분은 분배적 정의(다른 것은 다르게, 기술 난이도에 따라 점수가 차등 배분되는 피겨), 평균적 정의(같은 것은 같게, 자신과 상대에 대한 균형을 맞춤으로서 공정성 실현, 복싱과 유도 등 체급 경기), 절차적 정의(통제 불가능한 요인에 대한 기준을 정하는 공정성, 축구에서 동전을 던져 전후반 위치를 교대하는 것)로 구분된다. <보기>의 내용은 절차적 정의에 대한 내용이다.

정답 ④

12. 아래 <보기>의 ㉠~㉢에 해당하는 용어가 바르게 제시된 것은?

— <보기> —
공자의 사상은 (㉠)(으)로 설명할 수 있다. (㉡)은/는 마음이 중심을 잡아 한쪽으로 치우치지 않는 상태를 의미하고, (㉢)은/는 나와 타인의 마음이 서로 다르지 않다는 뜻으로 배려와 관용을 나타낸다. 공자는 (㉢)에 대해 "내가 원하지 않은 일을 남에게 하지 말라(己所不欲 勿施於人)."는 정언명령으로 규정한다. 이는 스포츠맨십과 상통한다.

	㉠	㉡	㉢
①	충효(忠孝)	충(忠)	효(孝)
②	정의(正義)	정(正)	의(義)
③	정명(正名)	정(正)	명(名)
④	충서(忠恕)	충(忠)	서(恕)

 정답분석 보기는 공자의 충서 사상에 관한 설명으로서 충은 옳은 마음의 중심을 잡는 것을 의미한다. 더하여, 공자는 "내가 원하지 않는 일을 남에게 하지 말라(己所不欲 勿施於人)."는 원리를 인간관계의 기본적인 행위준칙으로 보았다. 내가 원하지 않는 것은 타인도 원하지 않을 것이라는 동등고려(equal consideration)의 원리를 강조하였다.

정답 ④

13. <보기>의 주장과 가장 밀접한 관련이 있는 것은?

— <보기> —
스포츠 경기에서 승자의 만족도는 '1'이고, 패자의 만족도는 '0'이라고 말하는 사람이 있다. 그러나 스포츠 경기에서 양자의 만족도 합은 '0'에 가까울 수 있고, '2'에 가까울 수도 있다. 승자와 패자의 만족도가 각각 '1'에 가까울 수 있기 때문이다.

① 칸트 ② 정언명령
③ 공정시합 ④ 공리주의

 정답분석 칸트는 의무론적 도덕 철학을 강조하기 때문에 승리의 여부와 상관없이 만족도가 모두 높다고 볼 수 있으며, 정언명령도 마찬가지 제약이나 조건이 붙지 않는 절대적 가치이기 때문에 승리와 상관없이 만족도가 모두 높을 수 있다. 공리주의 즉 다수에게 행복을 주는 행위가 도덕적 행위라고 봤을 때 승자와 패자가 모두 만족했다고 가정하였을 때, 모두에게 행복(만족)을 주었으므로 가정이 성립한다. 이러한 측면에서 복수정답이 인정되었다고 볼 수 있다.

모두 정답

14. <보기>의 설명에 해당하는 반칙의 유형은?

— <보기> —
• 동기, 목표가 뚜렷하다.
• 스포츠의 본질적인 성격을 부정하는 의미로 해석할 수 있다.
• 실격, 몰수패, 출전 정지, 영구 제명 등의 처벌이 따른다.

① 의도적 구성 반칙
② 비의도적 구성 반칙
③ 의도적 규제 반칙
④ 비의도적 규제 반칙

 정답분석 보기 내용은 스포츠 경기에서의 구성적 규칙을 의도적으로 위반한 행위 및 스포츠의 본질을 위협하는 불공정 행위로 의도적 구성 반칙에 대한 설명이다. 비의도적 구성 반칙은 의도성은 없으나, 결과적으로 구성적 규칙을 위반한 행위이며, 의도적 규제 반칙은 스포츠 경기에서 규제적 규칙을 의도적으로 위반한 행위를 의미한다. 또한 비의도적 규제 반칙은 스포츠 경기의 승리 추구 과정 중 자연스럽게 일어나는 비의도적 규제 반칙으로 해석될 수 있다.

정답 ①

15 <보기>의 대화에서 '윤성'의 윤리적 관점은?

―〈보기〉―
- 진서: 나 어젯밤에 투우 중계방송 봤는데, 스페인에서 엄청 인기더라구! 그런데 동물을 인간 오락의 대상으로 삼는 것은 윤리적으로 허용될 수 없는 거 아니야?
- 윤성: 난 다르게 생각해! 스포츠 활동은 인간의 이상을 추구하기 위한 것이고, 그 이상의 실현을 위해 동물은 수단으로 활용될 수 있는 거 아닐까? 승마의 경우 인간과 말이 훈련을 통해 기량을 향상시키고 결국 사람 간의 경쟁에 동물을 도구로 활용한다고 볼 수 있잖아.

① 동물해방론
② 동물권리론
③ 종차별주의
④ 종평등주의

정답분석 윤성은 종차별주의 즉, 인간중심주의의 윤리관에서 동물은 경쟁의 도구로 이용(경마, 승마), 유희의 도구로 이용(투우, 투견 등), 연구(실험)의 도구로 이용되는 것을 찬성하는 입장이다.

정답 ③

16 <보기>의 사례에서 나타나는 윤리적 태도와 가장 밀접한 관련이 있는 것은?

―〈보기〉―
선수는 윤리적 갈등을 겪을 때면, 우리 사회에서 오랫동안 본보기가 되어온 위인들을 떠올린다. 그리고 그 위인들처럼 행동하려고 노력한다.

① 맥킨타이어(A. MacIntyre)
② 의무주의(deontology)
③ 쾌락주의(hedonism)
④ 메타윤리(metaethics)

정답분석 맥킨타이어의 덕 윤리는 탁월성을 바탕으로 훌륭한 수준에 이른 사람을 말한다. 그리고 어떠한 공동체에서 최고로 훌륭한 사람이 있다면 그 훌륭함이 기준이 된다고 강조한다. 이러한 측면에서 보기의 내용은 맥킨타이어의 덕 윤리를 설명하고 있다.

정답 ①

17 스포츠윤리의 특징으로 적절하지 않은 것은?

① 스포츠 경쟁의 윤리적 기준이다.
② 올바른 스포츠 경기의 방향이 된다.
③ 보편적 윤리로는 다룰 수 없는 독자성이 있다.
④ 스포츠인의 행위, 실천의 기준이다.

정답분석 스포츠윤리는 어느 상황에서나 동일하게 유효한 보편타당성을 지닌다.

정답 ③

18 <보기>에서 학생운동선수의 학습권 보호와 관련된 것으로 옳은 것만 모두 고른 것은?

―〈보기〉―
㉠ 최저 학력 제도
㉡ 리그 승강 제도
㉢ 주말 리그 제도
㉣ 학사 관리 지원 제도

① ㉠, ㉡, ㉢
② ㉠, ㉡, ㉣
③ ㉠, ㉢, ㉣
④ ㉡, ㉢, ㉣

정답분석 최저 학력 제도는 학생운동선수의 기본적인 학습권 보장과 인권보호를 위해 마련된 대표적인 제도이다. 또한, 주말 리그 제도 역시 평일에 대회 및 훈련에 참가함으로써 발생하는 학습권 침해 문제를 해소하기 위해 주말에 대회를 시행하고자 추진된 제도이다.

정답 ③

19 <보기>의 주장에 나타난 윤리적 관점은?

<보기>
스포츠 행위의 도덕적 가치는 사회에 따라, 또는 사람에 따라 다를 수 있다. 물론 도덕적 준거가 없는 것은 아니다.

① 윤리적 절대주의
② 윤리적 회의주의
③ 윤리적 상대주의
④ 윤리적 객관주의

 윤리적 상대주의는 개인이 속한 사회의 관습 문화에 따라 '옳고 그름'의 판단기준 다르며, 윤리적 가치 또한 때와 장소 등에 따라 상대적으로 다르다고 보는 입장이다. 일반적으로 성차별, 문화 차별, 인종 차별 등에 대한 태도와 인식의 상대적 차이를 의미한다.

정답 ③

20 <보기>의 대화에서 논란이 되고 있는 도핑의 종류는?

<보기>
- 지원: 스포츠 뉴스 봤어? 케냐의 마라톤 선수 킵초게가 1시간 59분 40초의 기록을 세웠대!
- 사영: 우와! 2시간의 벽이 드디어 깨졌네요! 인간의 한계는 끝이 없나요?
- 성현: 그런데 이번 기록은 특수 제작된 신발을 신고 달렸으니 킵초게 선수의 능력만으로 달성했다고 볼 수 없는 거 아니야? 스포츠에 과학기술의 도입은 필요하지만, 이러다가 스포츠에서 탁월성의 근거가 인간에서 기술로 넘어가는 거 아니야?
- 혜름: 맞아! 수영의 전신 수영복, 야구의 압축 배트가 금지된 사례도 있잖아!

① 약물 도핑(drug doping)
② 기술 도핑(technology doping)
③ 브레인 도핑(brain doping)
④ 유전자 도핑(gene doping)

 보기의 내용은 과학기술의 발달로 스포츠에서 장비나 도구 등이 선수의 인위적인 기록 향상에 영향을 주는 기술 도핑에 관한 내용이다.

정답 ②

2023년 기출문제

01 스포츠맨십(sportsmanship) 행위가 아닌 것은?

① 패자에게 승리의 우월성 과시
② 악의없는 순수한 경쟁
③ 패배에 대한 겸허한 수용
④ 승자에 대한 아낌없는 박수

 스포츠맨십은 경쟁 상대에 대한 존중과 예의를 지키는 스포츠인의 기본 자세를 의미한다. 패자에게 승리의 우월성을 과시하는 행위는 상대에 대한 존중이라고 볼 수 없다

정답 ①

02 <보기>에서 스포츠에 관한 결과론적 윤리관에 해당하는 것으로만 고른 것은?

―<보기>―
㉠ 경기에서 지더라도 경기규칙은 반드시 준수해야 한다.
㉡ 개인의 최우수선수상 수상보다 팀의 우승이 더 중요하다.
㉢ 운동선수는 훈련과정보다 경기에서 승리하는 것이 더 중요하다.
㉣ 스포츠 경기는 페어플레이를 중시하기 때문에 승리를 위한 불공정한 행위를 해서는 안 된다.

① ㉠, ㉢
② ㉠, ㉣
③ ㉡, ㉢
④ ㉢, ㉣

 결과론적 윤리관은 어떤 행동이 좋은 결과를 낳거나 목적을 달성하는 데 도움을 주었다면, 그 행동은 도덕적으로 옳다고 보는 관점이다. ㉠, ㉣은 의무론적 윤리관에 대한 설명이다.

정답 ③

03 스포츠에서 나타나는 인종차별에 관한 설명으로 적절하지 않은 것은?

① 경기실적 향상을 위해 우수한 외국 선수를 귀화시키기도 한다.
② 개인의 운동기량을 인종 전체로 일반화시켜 편견과 차별이 심화되기도 한다.
③ 스포츠미디어는 인종에 대한 편견과 차별을 재생산하기도 한다.
④ 일부 관중들은 노골석으로 특정 인종을 비하하는 모욕 행위를 표출하기도 한다.

 ①은 인종차별에 대한 설명이 아닌 세계화에 따른 노동이주의 측면으로 이해할 수 있다.

정답 ①

04 스포츠윤리 이론 중 덕윤리의 특징으로 적절하지 않은 것은?

① 스포츠 상황에서의 행위의 정당성보다 개인의 인성을 강조한다.
② 비윤리적 행위는 궁극적으로 스포츠인의 올바르지 못한 품성에서 비롯된다.
③ '어떠한 행위를 하는 선수가 되어야 하는가'보다 '무엇이 올바른 행위인지'를 판단하는 데 더 주목한다.
④ 스포츠인의 미덕을 드러내는 행동은 옳은 것이며, 악덕을 드러내는 행동은 그릇된 것으로 간주한다.

 덕윤리는 의무론과 결과론(공리주의)의 한계를 극복하기 위해 등장한 윤리 사상으로서 개인의 내면적 특성, 성품으로서 도덕성을 강조하며, 특히 행위보다 행위자(내면)의 윤리를 강조한다. ③은 행위자 보다 행위에 초점을 맞추고 있기 때문에 잘못된 설명이다.

정답 ③

05 <보기>에서 스포츠윤리의 역할로 적절한 것으로만 고른 것은?

─<보기>─
㉠ 스포츠 상황에서 행동의 옳고 그름을 판단할 수 있는 원리 탐구
㉡ 스포츠 현상을 사실적으로 기술하는 방법 탐구
㉢ 스포츠 현상의 미학적 탐구
㉣ 윤리적 원리와 도덕적 덕목에 기초하여 스포츠인에게 요구되는 행위 탐구

① ㉠, ㉡
② ㉠, ㉣
③ ㉡, ㉢
④ ㉡, ㉣

 스포츠윤리는 스포츠 본질과 가치를 성립하고 선수들의 일탈 방지를 위한 사회 규범의 모형을 제시하여 궁극적으로 선수들의 인권과 권리를 보호하는데 목적이 있다.

정답 ②

06 <보기>의 괄호 안에 공통으로 들어갈 용어는?

─<보기>─
- 칸트(I. Kant)에게 도덕성의 기준은 ( )이다.
- 칸트에 의하면, 페어플레이도 ( )이/가 없으면 도덕적이라 볼 수 없다.
- ( )은/는 도덕적인 선수가 갖추어야 할 내적인 태도이자 도덕적 행위의 필요충분 조건이다.

① 행복
② 선의지
③ 가언명령
④ 실천

 칸트는 인간에게는 가장 세련된 권위로서 실천이성인 '양심'과 '자유의지'가 있다고 강조하였다. 특히, 본능이 아닌 개인의 의지(선의지)로 자율적 행동이 가능하다고 보았다.

정답 ②

07 <보기>에서 스포츠 선수의 유전자 도핑을 반대해야 하는 이유로 적절한 것을 모두 고른 것은?

─<보기>─
㉠ 선수의 신체를 실험 대상화하여 기계나 물질로 이해하도록 만들기 때문
㉡ 유전자조작 인간과 자연적 인간 사이에 갈등을 초래하기 때문
㉢ 생명체로서 인간의 본질을 훼손하고 존엄성을 부정하기 때문
㉣ 선수를 우생학적 개량의 대상으로 만들기 때문

① ㉠, ㉢
② ㉡, ㉢
③ ㉠, ㉡, ㉣
④ ㉠, ㉡, ㉢, ㉣

 보기의 내용 모두 스포츠 선수의 유전자 도핑 반대 이유에 해당한다.

정답 ④

08 <보기>의 괄호 안에 들어갈 정의(justice)의 유형은?

─<보기>─
운동선수의 신체는 훈련으로 만들어지기도 하지만 유전적 요인으로 결정되는 경우가 많다. 농구와 배구선수의 키는 타고난 우연성에 해당한다. 일반적으로 스포츠 경기에서는 이러한 불평등 문제에 ( ) 정의를 적용하지 않는다. 왜냐하면 스포츠는 전적으로 개인의 자발적인 선택의 문제이기 때문이다.

① 자연적
② 절차적
③ 분배적
④ 평균적

 스포츠 정의에 의한 페어플레이 구분은 분배적 정의(다른 것은 다르게, 기술 난이도에 따라 점수가 차등 배분되는 피겨), 평균적 정의(같은 것은 같게, 자신과 상대에 대한 균형을 맞춤으로서 공정성 실현, 복싱과 유도 등 체급 경기), 절차적 정의(통제 불가능한 요인에 대한 기준을 정하는 공정성, 축구에서 동전을 던져 전후반 위치를 교대하는 것)로 구분된다.

정답 ④

09 <보기>에서 A선수의 판단 근거가 되는 윤리이론의 난점에 관한 설명으로 적절한 것은?

─<보기>─

농구경기 4쿼터 종료 3분 전, 감독에게 의도적 파울을 지시받은 A선수는 의도적 파울이 팀 승리에 기여할 수 있지만, 상대 선수에게 위협을 가하거나 자칫 부상을 입힐 수 있기 때문에 도덕적으로 옳지 않다고 판단했다.

① 사회 전체의 이익을 고려하지 않는 경우가 발생한다.
② 상식적이고 보편적인 도덕직관과 충돌하는 판단을 내릴 수 있다.
③ 행위의 결과를 즉각 산출하기 어려울 경우에 명료한 지침을 제시하지 못할 수 있다.
④ 도덕을 수단적으로 인식한다는 점에서 근본적인 도덕개념들과 양립하기 어렵다.

 <보기>는 의무론적 윤리이론에 대한 설명이다. 결과와 이익을 고려하지 않고 인간이라면 마땅히 지켜야 할 원리로 보기 때문에 사회 전체의 이익을 고려하지 않는 경우가 발생할 수 있다.

정답 ①

10 <보기>의 괄호 안에 공통으로 들어갈 용어는?

─<보기>─

예진: 스포츠에는 규칙으로 통제된 (   )이 존재해. 대표적으로 복싱과 태권도와 같은 투기종목은 최소한의 안전장치가 마련되고, 그 속에서 힘의 우열이 가려지는 것이지. 따라서 스포츠 내에서 폭력은 용인된 폭력과 그렇지 않은 폭력으로 구분할 수 있어!
승현: 아니, 내 생각은 달라! 스포츠 내에서의 폭력과 일상 생활에서의 폭력은 본질적으로 동일하지. 그래서 (   )은 존재할 수 없어.

① 합법적 폭력
② 부당한 폭력
③ 비목적적 폭력
④ 반사회적 폭력

 격투 스포츠는 최소한의 안전장치 마련 등 규칙에 따라 통제된 합법적 폭력의 형태이다.

정답 ①

11 <보기>에서 국제수영연맹(FINA)이 기술도핑을 금지한 이유는?

─<보기>─

2008년 베이징올림픽 수영종목에서는 25개의 세계신기록이 쏟아져 나왔다. 주목할만한 것이 23개의 세계신기록이 소위 최첨단 수영복이라 불리는 엘지알 레이서(LZR Racer)를 착용한 선수들에 의해 수립되었다는 것이다. 그러나 이 같은 수영복을 하나의 기술도핑으로 간주한 국제수영연맹은 2010년부터 최첨단 수영복의 착용을 금지하였다.

① 효율성 추구
② 유희성 추구
③ 공정성 추구
④ 도전성 추구

 도핑은 스포츠의 도덕적 판단 기준으로서 공정성, 자연성 등에 윤리적으로 위반되는 행위를 의미한다.

정답 ③

12 <보기>에서 나타난 현준과 수연의 공정시합에 관한 관점이 바르게 연결된 것은?

─<보기>─

현준: 승부조작은 경쟁적 스포츠의 본래적 가치를 훼손시키는 행위지만, 경기규칙을 위반하지 않았다면 윤리적으로 문제없는 것이 아닌가?
수연: 나는 경기규칙을 위반하지 않았다 하더라도, 스포츠의 역사적·사회적 보편성과 정당성 속에서 형성되고 공유된 에토스(shared ethos)에 충실해야 한다고 생각해! 그래서 스포츠의 가치를 근본적으로 훼손시키는 승부조작은 추구해서도, 용인되어서도 절대 안돼!

	현준	수연
①	물질만능주의	인간중심주의
②	형식주의	비형식주의
③	비형식주의	형식주의
④	인간중심주의	물질만능주의

형식주의는 규정에 문자로서 명시되어 있는(성문화된) 사항들만 경기 규칙으로 보는 태도인 반면, 비형식주의는 규정집에 명시되어 있는 것 외에도 관습을 준수하면 페어플레이로 간주한다.

정답 ②

13. <보기>의 ㉠, ㉡과 관련된 맹자(孟子)의 사상이 바르게 연결된 것은?

<보기>
㉠: 농구 경기에서 자신과 부딪혀서 부상을 당해 병원으로 이송되는 상대 선수를 걱정해 주는 마음
㉡: 배구 경기에서 자신의 손에 맞고 터치 아웃된 공을 심판이 보지 못해서 자기 팀이 득점을 했을 때 스스로 부끄러워하는 마음

	㉠	㉡
①	수오지심(羞惡之心)	측은지심(惻隱之心)
②	측은지심(惻隱之心)	수오지심(羞惡之心)
③	사양지심(辭讓之心)	시비지심(是非之心)
④	측은지심(惻隱之心)	사양지심(辭讓之心)

정답분석 ㉠은 측은지심으로 남을 불쌍히 여기는 태도와 마음을, ㉡은 수오지심으로 옳지 못한 행동을 부끄러워하는 마음을 의미한다.

정답 ②

14. 장애인의 스포츠 참여를 지원하는 방법으로 적절하지 않은 것은?

① 장애인이 접근 가능한 장소의 확보
② 활동에 필요한 장비 및 기구의 안정적 지원
③ 비장애인과의 통합수업보다 분리수업 지향
④ 일회성 체험이 아닌 지속적인 클럽활동 보장

정답분석 비장애인과 장애인의 분리수업은 장애인에 대한 이분법적인 부정적 태도와 인식을 강화하는 기제로 작용한다.

정답 ③

15. 스포츠의 지속 가능한 발전에 관한 설명으로 적절하지 않은 것은?

① 새로운 스포츠 시설의 개발 금지
② 스포츠 시설의 개발과 자연환경의 공존
③ 건강한 인간과 건강한 자연환경의 공존
④ 스포츠만의 환경 운동이 아닌 국가적, 국제적 협력과 공조

정답분석 새로운 스포츠 시설의 개발을 금지하는 것은 지속 가능한 발전에 반하는 내용이다.

정답 ①

16. <그림>은 스포츠윤리규범의 구조이다. ㉠~㉢에 해당하는 용어가 바르게 연결된 것은?

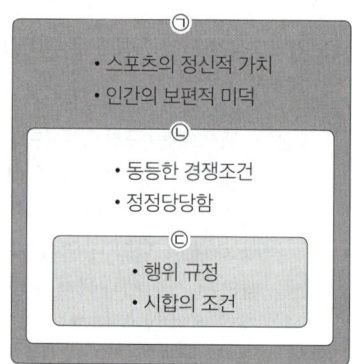

	㉠	㉡	㉢
①	규칙준수	스포츠맨십	페어플레이
②	스포츠맨십	페어플레이	규칙준수
③	페어플레이	규칙준수	스포츠맨십
④	스포츠맨십	규칙준수	페어플레이

정답분석 스포츠맨십은 세 개념 중 가장 포괄적인 개념으로서 스포츠인이 지녀야 하는 바람직한 정신과 자세를 의미하며, 페어플레이는 그러한 스포츠맨십의 실천 규범 또는 정신을 의미한다. 마지막으로 규칙준수는 '규칙'의 준수에서 시작된다.

정답 ②

17 국민체육진흥법(2022.8.11. 시행) 제18조의3 '스포츠윤리센터의 설립'에 관한 사항으로 옳지 않은 것은?

① 스포츠윤리센터는 문화체육관광부장관이 감독한다.
② 스포츠윤리센터의 정관에 기재할 사항은 국무총리령으로 정한다.
③ 스포츠윤리센터가 아닌 자는 스포츠윤리센터 또는 이와 비슷한 명칭을 사용하지 못한다.
④ 스포츠윤리센터의 장은 문화체육관광부 장관의 승인을 받아 관계 행정 기관 소속 임직원의 파견 또는 지원을 요청할 수 있다.

 스포츠윤리센터의 정관에 기재할 사항은 대통령령으로 한다.

정답 ②

18 <보기>에서 국제육상경기연맹(IAAF)이 출전금지를 판단한 이유는?

―<보기>―
2011년 대구세계육상선수권대회에서 남아프리카공화국의 의족 스프린터 피스토리우스(O. Pistorius)는 비장애인육상경기에 참가 신청을 했으나, 국제육상경기연맹은 경기에 사용되는 의족의 탄성이 피스토리우스에게 유리하다는 이유로 출전을 허용하지 않았다고 한다.

① 인종적 불공정
② 성(性)적 불공정
③ 기술적 불공정
④ 계급적 불공정

 의족 장애 선수의 일반경기 참가에 따른 윤리 논쟁 중 부정적 견해는 인간 대 인간이 아닌 인간과 기술(의족)의 대결로 공정성이 훼손된다고 주장한다.

정답 ③

19 스포츠에서 나타나는 성차별의 원인이 아닌 것은?

① 사회적 성 역할의 고착화
② 차이를 차별로 정당화하는 논리
③ 신체구조와 운동능력에 대한 편견
④ 여성성을 해치는 스포츠에의 여성 참가 옹호

 여성은 비공격적이고 수동적이며 여성스러워야 한다는 편견이 여성의 스포츠 참여를 제한한다.

정답 ④

20 다음 중 스포츠에서 심판윤리에 관한 설명으로 옳지 않은 것은?

① 심판의 사회윤리는 협회나 종목단체의 도덕성과 밀접한 관련이 있다.
② 심판은 공정하고 엄격한 도덕적 원칙을 적용해야 한다.
③ 심판의 개인윤리는 청렴성, 투명성 등의 인격적 도덕성을 의미한다.
④ 심판은 '이익동등 고려의 원칙'에 따라 전력이 약한 팀에게 유리한 판정을 할 수 있다.

 조건(전력)에 상관없이 판정에 대한 객관성과 공정성을 유지하는 '투명성'은 심판의 매우 중요한 윤리적 자질이다.

정답 ④

2022년 기출문제

01 '도덕적 선(善)'의 의미를 내포한 것은?
① 축구 경기에서 득점과 연결되는 '좋은' 패스
② 피겨스케이팅 경기에서 고난도의 '좋은' 연기
③ 농구 경기에서 상대 속공을 차단하는 수비수의 '좋은' 반칙
④ 경기에 패배했음에도 불구하고 상대팀에게 박수를 보내는 '좋은' 매너

정답분석 경기에 패배했음에도 불구하고 상대팀에게 박수를 보내는 '좋은' 매너는 도덕적 선에 해당한다. 반면 좋은 패스, 좋은 연기, 좋은 반칙 등은 '경기력'에 대한 설명이다.

정답 ④

02 <보기>에서 ㉠, ㉡에 들어갈 용어가 바르게 연결된 것은?

― <보기> ―
롤스(J. Rawls)는 (㉠)이 인간 발전의 조건이며, 모든 이의 관점에서 선이 된다고 하였다. 스포츠는 신체적 (㉡)을 훈련과 노력으로 극복하며, 기회의 균등이 정의로 작용하고 있음을 보여준다. 즉 인간이 갖는 신체적 능력의 (㉡)은 오히려 (㉠)을 개발할 기회를 마련해주며, 이를 통해 스포츠 전체의 선(善)이 강화된다.

	㉠	㉡
①	탁월성	평등
②	규범성	조건
③	탁월성	불평등
④	규범성	불평등

정답분석 롤스는 신체적 불평등을 훈련과 노력으로 극복하는 탁월성을 강조하였다.

정답 ③

03 다음 <보기>에서 가치판단에 해당하는 것만을 모두 고른 것은?

― <보기> ―
㉠ 체조경기에서 선수들의 연기는 아름답다.
㉡ 건강을 위해서는 고지방 음식을 피해야 한다.
㉢ 시합이 끝난 후 상대방에게 인사를 하는 것은 옳은 행위이다.
㉣ 이상화는 2010년 밴쿠버동계올림픽경기대회에서 금메달을 획득하였다.

① ㉠, ㉢
② ㉡, ㉢
③ ㉠, ㉡, ㉢
④ ㉠, ㉡, ㉢, ㉣

정답분석 가치판단에 해당하는 것만을 모두 고른 것은 ㉠, ㉡, ㉢이다.

선지분석 ㉣ 사실 판단에 대한 내용이다.

정답 ③

04 <보기>에서 설명하는 윤리 이론으로 적절한 것은?

― <보기> ―
• 모든 스포츠인의 권리는 동등하게 보장되어야 한다.
• 스포츠 규칙 제정은 공평성과 평등의 원칙에 근거해야 한다.
• 선수의 행동이 좋은 결과를 얻었다면 도덕적으로 옳은 것이다.

① 공리주의
② 의무주의
③ 덕윤리
④ 배려윤리

정답분석 <보기>는 목적론적 윤리로서 공리주의에 대한 설명이다.

정답 ①

05
아곤(agon)과 아레테(arete)에 관한 설명으로 옳지 않은 것은?

① 아곤은 경쟁과 승리를 추구한다.
② 아곤은 타인과의 비교를 전제하지 않는다.
③ 아레테는 아곤보다 더 포괄적인 개념이다.
④ 아레테는 신체적·도덕적 탁월성을 추구한다.

정답분석 아곤은 경쟁을 강조함으로 타인과의 비교를 전제로 한다.

정답 ②

06
스포츠 경기에 적용되는 과학기술에 관한 설명으로 옳지 않은 것은?

① 유전자 치료를 통한 스포츠 수행력의 향상은 일종의 도핑에 해당한다.
② 야구의 압축배트, 최첨단 전신수영복 등은 경기의 공정성 확보에 기여한다.
③ 도핑 시스템은 선수의 불공정한 행위를 감시하고 적발하는 데 도움이 된다.
④ 태권도의 전자호구, 축구의 비디오 보조 심판(VAR: Video Assistant Referees)은 기록의 객관성과 신뢰성을 높인다.

정답분석 야구의 압축배트, 전신수영복 등은 신체의 탁월성에 초점을 맞추기보다 첨단기술 및 장비에 의존한 경기가 될 가능성을 증가시킨다.

정답 ②

07
<보기>에서 ㉠, ㉡에 들어갈 용어가 바르게 연결된 것은?

― <보기> ―
독일의 철학자 (㉠)는 인간의 행위에 대한 탐구를 통해 성공적인 삶을 실현하는 사회적 조건으로 (㉡)을 들고 있다. 인간은 누구나 타인에게 (㉡)을 받고 싶은 욕구가 있다. 스포츠에서 승리에 대한 욕구는 가장 원초적인 (㉡)투쟁이라고 할 수 있다.

	㉠	㉡
①	호네트(A. Honneth)	인정
②	호네트(A. Honneth)	보상
③	아렌트(H. Arendt)	인정
④	아렌트(H. Arendt)	보상

정답분석 악셀 호네트는 '인정 투쟁'을 강조하였다. 즉, 인간은 태어날 때부터 인정에 대한 욕구가 존재하며 이러한 인정의 부재로 인한 좌절감, 굴욕감이 폭력의 원인으로 작동한다고 가정하였다.

정답 ①

08
<보기>에서 의무론적 도덕 추론에 해당하는 것만을 모두 고른 것은?

― <보기> ―
㉠ 의무론적 도덕 추론은 가언적 도덕 추론이라고도 한다.
㉡ 스포츠지도자, 선수 등의 행위 주체에 초점을 맞추고 있다.
㉢ 행위의 결과에 상관없이 절대적인 도덕규칙에 따라 판단을 내린다.
㉣ 선의지는 도덕적인 선수가 갖추어야 할 내적인 태도이자 도덕적 행위의 필요충분조건이다.
㉤ 정정당당하게 경기에 임하려는 선수의 착한 의지는 경기결과에 상관없이 그 자체로 선한 것이다.

① ㉠, ㉡, ㉢
② ㉠, ㉢, ㉣
③ ㉠, ㉣, ㉤
④ ㉡, ㉣, ㉤

정답분석 의무론적 도덕 추론에 해당하는 것만을 모두 고른 것은 ㉡, ㉣, ㉤이다.

선지분석 ㉠ 의무론적 도덕추론은 정언적 명령을 강조한다.

정답 ④

09 <보기>의 ㉠~㉢에 해당하는 정의의 유형이 바르게 연결된 것은?

─<보기>─

㉠ 유소년 축구 생활체육지도자 A는 남녀학생 구분없이 경기에 참여하도록 했다. 또한 장애학생에게도 비장애 학생과 동일한 참여 시간을 보장했다.
㉡ 테니스 경기에서는 공정한 경기를 위해 코트를 바꿔가며 게임을 하도록 규칙을 적용한다.
㉢ B지역 체육회는 당해 연도에 소속 선수의 경기 실적에 따라 연봉을 차등 지급하기로 결정했다.

① ㉠: 평균적, ㉡: 절차적, ㉢: 분배적
② ㉠: 평균적, ㉡: 분배적, ㉢: 절차적
③ ㉠: 절차적, ㉡: 평균적, ㉢: 분배적
④ ㉠: 분배적, ㉡: 절차적, ㉢: 평균적

정답분석 ㉠: 평균적, ㉡: 절차적, ㉢: 분배적 정의이다.

이론PLUS 스포츠 정의에 의한 페어플레이 구분은 분배적 정의(다른 것은 다르게, 기술 난이도에 따라 점수가 차등 배분되는 피겨), 평균적 정의(같은 것은 같게, 자신과 상대에 대한 균형을 맞춤으로써 공정성 실현, 복싱과 유도 등 체급 경기), 절차적 정의(통제 불가능한 요인에 대한 기준을 정하는 공정성, 축구에서 동전을 던져 전후반 위치를 교대하는 것)로 구분된다.

정답 ①

10 셸러(M. Scheler)의 가치 서열 기준과 이를 스포츠에 적용한 사례로 연결이 적절하지 않은 것은?

① 지속성: 도핑으로 메달을 획득하는 것보다 지속적으로 훈련을 하여 경기에 참여하는 것이 가치가 더 높다.
② 만족의 깊이: 자신의 실수를 인정하여 패배하는 것이 속임수를 쓰고 승리하여 메달을 획득하는 것보다 가치가 더 높다.
③ 근거성: 올림픽 경기에서 메달 획득으로 병역 혜택을 받는 것보다 올림픽 정신을 토대로 세계적인 선수들과 정정당당하게 겨루는 것이 가치가 더 높다.
④ 분할 향유 가능성: 상위 팀이 상금(몫)을 독점하는 것보다는 적더라도 보다 많은 팀이 상금(몫)을 받도록 하는 것이 가치가 더 높다.

정답분석 셸러는 많은 사람이 나누지 않고 그대로 향유하는 것이 가치가 높다고 보았다.

정답 ④

11 <보기>의 ㉠에 해당하는 레스트(J. Rest)의 도덕성 구성요소는?

─<보기>─

(㉠)은/는 스포츠 현장에서 발생하는 특정 상황 속에 내포된 도덕적 이슈들을 감지하고 그 상황에서 어떠한 행동을 할 수 있으며 그 행동들이 관련된 사람들에게 어떤 영향을 미칠 수 있는가를 상상하는 것을 말한다.

① 도덕적 감수성(moral sensitivity)
② 도덕적 판단력(moral judgement)
③ 도덕적 동기화(moral motivation)
④ 도덕적 품성화(moral character)

정답분석 <보기>는 자신에게 주어진 상황 속에서 도덕적 이슈를 인식하고, 자기 행동이 타인에게 미칠 영향을 미리 상상해 보는 능력으로서 도덕적 감수성에 관한 설명이다.

정답 ①

12 <보기>의 설명과 관계있는 자연중심주의 사상가는?

─<보기>─

• 생태윤리에 대한 규칙: 불침해, 불간섭, 신뢰, 보상적 정의
• 스포츠에 의한 환경오염 발생 시 스포츠 폐지 권고
• 인간의 욕구를 위해 동물의 생존권을 유린하는 스포츠 금지

① 베르크(A. Berque)
② 테일러(P. Taylor)
③ 슈바이처(A. Schweitzer)
④ 하이젠베르크(W. Heisenberg)

정답분석 테일러는 인간을 포함하여 지구상에 존재하는 모든 생명체는 평등한 관계로 보고 생명 존중을 위한 인간의 4가지 의무(비상해, 불간섭, 신뢰, 보상적 정의의 규칙)를 제시하였다.

정답 ②

13. <보기>에서 설명하는 사건과 거리가 먼 것은?

─<보기>─
- 1964년 리마에서 개최된 페루·아르헨티나의 축구 경기에서 경기장 내 폭력으로 300여 명 사망
- 1969년 온두라스와 엘살바도르의 축구 전쟁
- 1985년 벨기에 헤이젤 경기장에서 열린 리버풀과 유벤투스의 경기에서 응원단이 충돌하여 39명 사망

① 경기 중 관중의 폭력
② 아파르트헤이트(Apartheid)
③ 위협적 응원문화
④ 훌리거니즘(hooliganism)

 아파르트헤이트는 남아프리카공화국의 극단적인 인종차별 정책을 의미한다.

정답 ②

14. 폭력을 설명한 학자의 개념과 그에 대한 설명이 바르게 연결된 것은?

① 푸코(M. Foucault)의 '분노': 스포츠 현장에서 인간 내면의 분노로 시작된 폭력은 전용되고 악순환을 반복하는 경향이 있다.
② 아리스토텔레스(Aristotle)의 '규율과 권력': 스포츠계에서 위계적 권력 관계는 폭력으로 변질되어 표출된다.
③ 홉스(T. Hobbes)의 '악의 평범성': 폭력이 관행화 된 스포츠계에서는 폭력에 대한 죄책감이 없어진다.
④ 지라르(R. Girard)의 '모방적 경쟁': 자신이 닮고자 하는 운동선수를 모방하게 되듯이 인간 폭력의 원인을 공격 본능이 아닌 모방적 경쟁 관계에서 찾는다.

 분노는 지라르가, 규율과 권력은 푸코가, 악의 평범성은 한나 아렌트의 주장이다.

정답 ④

15. <보기>의 ㉠~㉢에 해당하는 용어로 바르게 연결된 것은?

─<보기>─
스포츠 조직에서 (㉠)은/는 기업의 가치경영을 넘어 정성적 규범기준까지 확장된 스포츠 사회·윤리적 가치체계를 의미한다. 이러한 체계가 실효성 있게 작동되기 위해서는 경영자의 윤리적 (㉡)와 경영의 (㉢) 확보가 선행되어야 한다.

	㉠	㉡	㉢
①	기업윤리	공동체	투명성
②	윤리경영	실천의지	투명성
③	기업윤리	실천의지	공정성
④	윤리경영	공동체	공정성

 윤리경영은 조직의 운영과 경영에 있어 '윤리'를 최우선의 가치로 여기고 투명성과 공정성을 추구하는 경영정신을 의미한다.

정답 ②

16. 체육의 공정성 확보와 체육인의 인권보호를 위해 설립된 스포츠윤리 센터의 역할로 적절하지 않은 것은?

① 스포츠비리 및 체육계 인권침해에 대한 실태조사
② 스포츠비리 및 체육계 인권침해 방지를 위한 예방교육
③ 신고자 및 가해자에 대한 치료와 상담, 법률 지원, 임시보호 연계
④ 체육계 인권침해 및 스포츠비리 등에 대한 신고 접수와 조사

③의 내용은 스포츠윤리센터의 역할이 아니다.

정답 ③

17 <보기>의 내용과 관련 있는 용어는?

―<보기>―
- 상대 존중, 최선, 공정성 등을 포함
- 경쟁이 갖는 잠재적 부도덕성의 제어
- 스포츠 참가자가 마땅히 따라야 할 준칙과 태도
- 스포츠의 긍정적 가치를 유지하려는 도덕적 기제

① 테크네(techne)
② 젠틀맨십(gentlemanship)
③ 스포츠맨십(sportsmanship)
④ 리더십(leadership)

 스포츠맨십은 스포츠인이 지녀야 하는 바람직한 정신과 자세로서 경쟁 상대에 대한 존중과 예의는 스포츠인의 기본자세를 의미한다.

정답 ③

18 <보기>의 대화에서 나타나는 스포츠 차별은?

―<보기>―
영은: 저 백인 선수는 성공하기 위해서 얼마나 많은 노력과 땀을 흘렸을까.
상현: 자기를 희생하면서도 끝없는 자기관리와 투지의 결과일 거야.
영은: 그에 비해 저 흑인 선수가 구사하는 기술은 누구도 가르칠 수 없는 묘기이지.
상현: 아마도 타고나지 않으면 할 수 없는 거지. 천부적인 재능이야.

① 성차별
② 스포츠 종목 차별
③ 인종차별
④ 장애차별

 <보기>는 '흑인', '백인' 등 인종에 대한 고정관념에 기초한 차별에 대한 내용이다.

정답 ③

19 <보기>의 설명과 관련 있는 제도는?

―<보기>―
학생선수가 일정 수준의 학력기준에 도달하지 못한 경우에는 별도의 기초학력보장 프로그램을 운영한다. 학교의 장은 필요한 경우 학생선수의 경기대회 출전을 제한할 수 있다.

① 최저학력제
② 체육특기자 제도
③ 운동부의 인권보장제
④ 학생선수의 생활권 보장제도

 최저학력제는 학생선수의 학습권 보장을 위해 마련된 제도이다.

정답 ①

20 다음 <보기>에서 스포츠 인권에 대한 내용을 모두 고른 것은?

―<보기>―
㉠ 모든 사람은 평등하게 스포츠와 신체활동에 참여할 권리를 가진다.
㉡ 국가 차원에서 체계적인 스포츠 인권 정책을 마련해야 한다.
㉢ 스포츠의 종목이나 대상에 따라 권리가 상대적으로 보장되어야 한다.
㉣ 국가는 장애인이 스포츠 활동 참여의 권리를 동등하게 보장받도록 노력해야 한다.

① ㉠, ㉢
② ㉠, ㉣
③ ㉠, ㉡, ㉢
④ ㉠, ㉡, ㉣

 스포츠 인권에 대한 내용을 모두 고른 것은 ㉠, ㉡, ㉣이다.

 ㉢ 인권은 종목이나 대상에 따라 달라지지 않는 절대적 가치이다.

정답 ④

pass.Hackers.com

해커스자격증
pass.Hackers.com

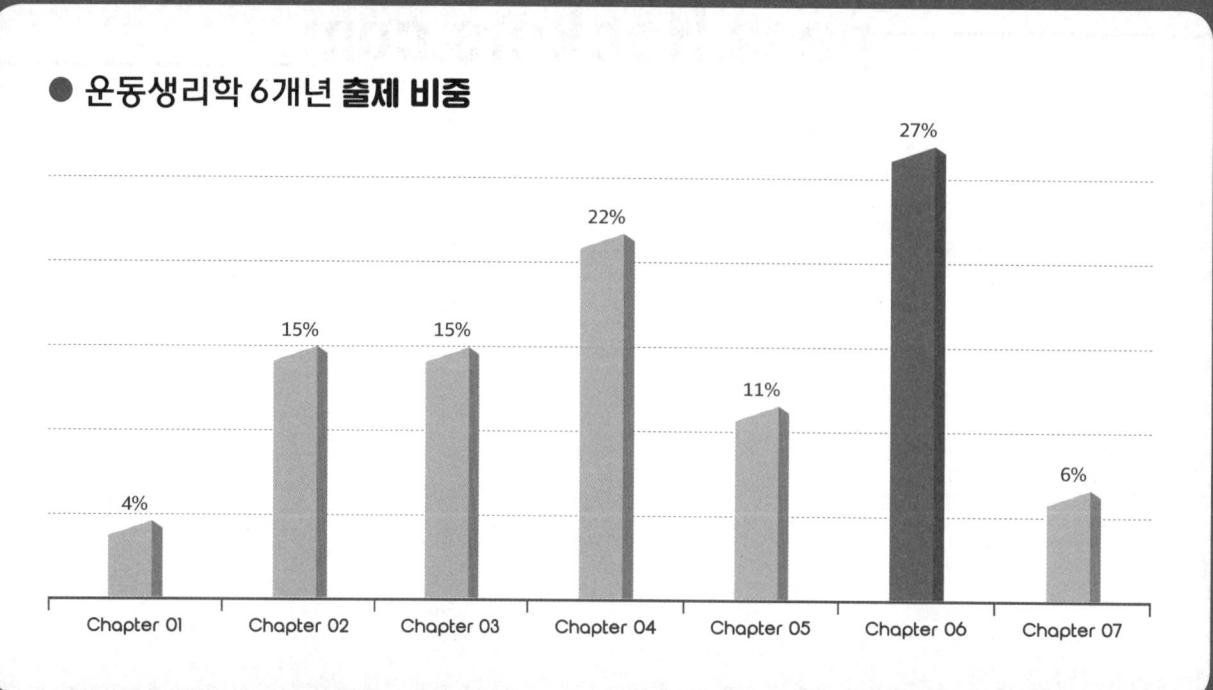

Part 05

운동생리학

선택과목

Chapter 01 　운동생리학의 개관
Chapter 02 　에너지 대사와 운동
Chapter 03 　신경조절과 운동
Chapter 04 　골격근과 운동
Chapter 05 　내분비계와 운동
Chapter 06 　호흡·순환계와 운동
Chapter 07 　환경과 운동

Chapter 01 운동생리학의 개관

핵심요약&보충자료

01 주요 용어

1 운동
건강증진 또는 체력 향상을 목적으로 실시되는 계획적이고, 구조적이며, 반복적인 특성을 가지는 신체활동을 의미함

2 신체활동
(1) **신체활동은 계획적이지 않지만, 안정시보다 많은 에너지를 소모하는 일상적인 신체의 움직임을 의미**하며, 대표적인 예로 잔디깎기, 집안 청소, 장보기, 강아지와 산책 등이 있음

(2) 개념적으로 운동보다 큰 상위 개념으로 정의됨

(3) 인간은 일상생활을 유지하기 위해 근육을 지속적으로 사용하며 에너지를 소모하므로 신체활동의 증가는 근육의 수축 활동을 증가시킴으로써 에너지 소모량을 증가시키는 것을 의미함

3 체력
(1) 인간이 운동 및 신체활동을 원활히 수행할 수 있는 능력을 의미함

(2) 건강관련체력❶과 운동기술체력
  ① 최근에는 체력을 건강관련체력과 운동기술체력으로 구분함
  ② 건강관련체력은 건강유지에 도움이 되는 요소들로 근력, 근지구력, 심폐지구력, 유연성, 신체조성을 포함
  ③ 운동기술체력은 스포츠 상황에서 필요한 기술을 효율적으로 구사하기 위해 필요한 체력 요소로 민첩성, 순발력, 협응력, 평형성, 반응속도, 스피드, 파워를 포함

[건강관련체력과 운동기술체력의 분류]

건강관련체력	심폐지구력	운동 또는 신체활동 중 온몸에 산소를 공급하는 능력
	근력	근육이 힘을 발생시키는 능력
	근지구력	근육이 지속적으로 운동을 수행하는 능력
	유연성	관절의 가동 범위
	신체조성	근육, 지방, 뼈 등을 포함한 신체 구성요인의 상대적인 양

 건강관련체력 5가지
- 심폐지구력
- 근력
- 근지구력
- 유연성
- 신체조성

	민첩성	신체의 위치와 방향을 빠르게 움직이는 능력
	순발력	운동수행을 순간적으로 발휘하는 속도나 능력
	협응력	두 가지 이상의 신체 부위를 조화롭게 움직이는 능력
운동기술체력	평형성	신체의 균형을 유지하는 능력(균형성)
	반응속도	특정 자극에 대한 반응 시간
	스피드	속도의 빠르기 또는 단시간 내 운동 동작을 수행하는 능력
	파워	힘을 빠르게 발휘하는 능력(힘x 속도)

선생님 TIP 트레이닝의 원리

점진성의 원리	신체의 적응기간을 고려하여 운동의 질과 양을 점증적으로 증가시키는 것
과부하의 원리	신체의 적응력을 넘어서기 위해 보다 높은 부하(강도, 빈도, 시간)를 적용하는 것
개별성의 원리	개인의 특성과 능력을 고려하여 트레이닝을 실시하는 것
특수성의 원리	각 스포츠 종목의 특성을 고려하여 트레이닝을 실시하는 것
다양성의 원리	단조로움에 의한 스트레스를 극복하기 위해 프로그램과 환경에 변화를 주는 것
가역성의 원리	인체의 조직과 기관은 사용하지 않으면 퇴화한다는 원리
의식성의 원리	능동적이고 의욕적으로 트레이닝에 참여해야 한다는 원리

02 운동생리학의 정의

(1) 운동생리학은 체육학의 한 분야로서 운동에 반응하고 적응하는 신체의 구조적 및 기능적 변화를 연구하는 학문
(2) 운동생리학에서 운동은 신체에 영향을 미치는 하나의 자극으로 인정되며, 운동이란 형태의 자극이 주어졌을 때 나타나는 인체의 반응을 연구함으로써 건강 증진 및 스포츠 경기력 향상을 위한 기초 정보를 제공함
(3) 또한 반복적으로 장기간 동안 지속되는 운동 형태의 자극이 인체의 적응 현상을 유도하는 과정을 조사함으로써 궁극적으로 체력 요인들을 향상시킬 수 있는 프로그램을 개발하는데 활용됨
(4) 뿐만 아니라 성별, 유전, 영양, 노화, 환경적 조건 등을 포함하는 다양한 내·외부적 요인들에 의한 체력 및 생리적 요인들의 차이와 변화를 조사하는 것도 운동생리학의 중요한 과제로 인정됨

출제예상문제

Chapter 01 운동생리학의 개관

01 다음 중 건강관련체력이 아닌 것은?

① 근력
② 평형성
③ 유연성
④ 신체조성

정답분석 평형성은 운동기술체력에 포함된다.

이론PLUS 건강관련체력

심폐지구력	운동 또는 신체활동 중 온몸에 산소를 공급하는 능력
근력	근육이 힘을 발생시키는 능력
근지구력	근육이 지속적으로 운동을 수행하는 능력
유연성	관절의 가동 범위
신체조성	근육, 지방, 뼈 등을 포함한 신체 구성요인의 상대적인 양

정답 ②

02 트레이닝의 원리 중 <보기>에서 설명하는 것은?

<보기>
인체의 조직과 기관은 사용하지 않으면 퇴화한다는 원리

① 개별성의 원리
② 특수성의 원리
③ 점진성의 원리
④ 가역성의 원리

정답분석 가역성은 원래 상태로 돌아갈 수 있다는 뜻을 가지며, 인체의 조직과 기관은 사용하지 않으면 트레이닝 전 상태로 퇴화한다는 원리이다.

이론PLUS 트레이닝의 원리

점진성의 원리	신체의 적응기간을 고려하여 운동의 질과 양을 점증적으로 증가시키는 것
과부하의 원리	신체의 적응력을 넘어서기 위해 보다 높은 부하(강도, 빈도, 시간)를 적용하는 것
개별성의 원리	개인의 특성과 능력을 고려하여 트레이닝을 실시하는 것
특수성의 원리	각 스포츠 종목의 특성을 고려하여 트레이닝을 실시하는 것
다양성의 원리	단조로움에 의한 스트레스를 극복하기 위해 프로그램과 환경의 변화를 주는 것
가역성의 원리	인체의 조직과 기관은 사용하지 않으면 퇴화한다는 원리
의식성의 원리	능동적이고 의욕적으로 트레이닝에 참여해야 한다는 원리

정답 ④

03 운동생리학의 인접학문으로 인정되지 않는 것은?

① 운동생화학
② 운동처방
③ 운동역학
④ 트레이닝방법론

정답분석 운동역학은 효율적인 인체의 동작을 분석하는 학문으로 운동생리학의 인접학문에 포함되지 않는다.

이론 PLUS 운동생리학의 인접학문

스포츠의학	운동생리학에서 시작되었으며 건강증진을 위한 운동과 스포츠 경기력 향상을 위한 모든 부분에서 의학적인 영역을 다루는 학문
운동생화학	운동생리학에서 파생된 한 분야로서 점차 발달되는 과학기술을 활용하여 세포 및 분자생물학적 측면에서 신체의 기능과 조절을 탐구하는 학문
운동영양학	건강증진 및 스포츠 경기력 향상을 목적으로 최적의 운동 및 트레이닝 효과를 거두기 위한 효율적 영양섭취에 대해 연구하는 학문
운동처방	개인의 신체특성과 운동목표에 따라 적절한 운동 프로그램을 계획하고 적용하는 학문
트레이닝 방법론	스포츠 선수 또는 특정 대상의 운동 목적에 따른 훈련 방법을 탐구하는 학문으로 다양한 운동종목의 특성과 그에 따른 효율적 훈련방법을 다루는 학문

정답 ③

04 다음 중 운동생리학의 연대별 학자와 대표업적이 잘못 짝지어진 것은?

① 더글라스: 운동 중 호흡조절에서 젖산과 이산화탄소의 역할 연구
② 힐: 근피로, 근 수축 및 힘의 관계 연구
③ 핸더슨: 미국 운동생리학의 시초이자 호흡생리학 연구
④ 크리스트안 보어: 처음으로 운동생리학 교재 출간

정답분석 크리스티안 보어는 산소 - 헤모글로빈 해리곡선의 변화를 연구하고 보어 연구소를 설립하였다. 처음으로 운동생리학 교재를 출간한 사람은 페르난드 라그레인지라는 학자이다.

정답 ④

Chapter 02 에너지 대사와 운동

핵심요약&보충자료

01 에너지의 개념과 대사작용

1 에너지의 개념

(1) 에너지는 인간의 생명을 유지하기 위해 필수적이며 운동 또는 일을 수행함에 있어도 반드시 요구됨
(2) 인간이 음식을 섭취하면 소화·흡수 과정을 통해 탄수화물, 지방, 단백질을 얻게 되고, 화학에너지로 저장되었다가 궁극적으로 체내에서 요구하는 에너지 형태(기계, 열, 전기)로 전환되어 사용됨

2 물질대사 과정의 경로

(1) 인체에서 일어나는 모든 화학적 반응 과정은 물질을 합성하여 에너지를 저장하는 동화작용(anabolism)과 물질을 분해하여 에너지를 저장하는 이화작용(catabolism)으로 구분되며, 체내에서 일어나는 이러한 작용들을 통틀어 대사(metabolism) 과정❶이라고 함
(2) 인간이 음식물을 통해 섭취한 탄수화물, 단백질, 지방과 같은 복잡한 분자들은 체내에 흡수되기 위해 단순 분자로 변환하기 위한 이화작용을 거치게 되며, 반대로 체내로 흡수된 단순 분자들은 다시 동화작용을 거쳐 체내에 저장되었다가 에너지가 요구되는 생명 현상 및 신체활동에 사용됨
(3) 탄수화물은 포도당(glucose) 분자로, 단백질은 아미노산(amino acids)으로 그리고 지방은 지방산(fatty acid)과 글리세롤(glycerol)의 형태로 전환되어야 아데노신삼인산(adenosine tri-phosphate, ATP)라는 화학적 에너지 생성을 위한 대사과정에 사용됨

❶ 대사과정
동화작용 + 이화작용

02 인체의 에너지 대사

1 인체의 에너지

(1) 인체는 생명유지 및 신체활동을 위해 탄수화물, 지방, 단백질과 같은 에너지원을 포함한 음식물을 섭취하고 소화·흡수하여 화학적 에너지인 ATP의 형태로 변환함
(2) ATP는 자연계의 모든 생물체에서 에너지 화폐(energy currency)로서 여겨짐
(3) 인체 내에서 생명활동에 필요한 에너지는 ATP가 ADP(adenosine di-phosphate)로 분해되면서 방출되는 에너지(7.3~12kcal/mol)이며, 이렇게 방출된 에너지는 기계에너지, 열에너지, 전기에너지 등으로 전환되어 근육의 수축과 이완, 체온 유지 및 신경 전달 등에 이용됨

용어해설
ATP(adenosine triphosphate): 아데노신에 인산기가 3개 결합된 유기화합물로 아데노신 3인산이라고 함

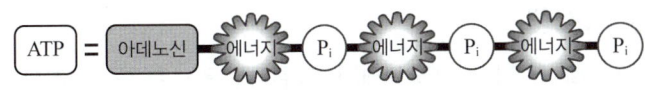

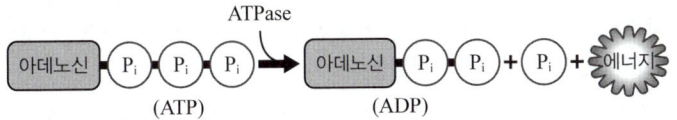

<ATP의 구조와 에너지 방출>

(4) 체내에서 ATP를 생성하기 위한 에너지 대사 과정은 크게 3단계로 분류되며 에너지 공급 순서에 따라 ① ATP-PCr 시스템, ② 해당과정 시스템, ③ 유산소 시스템으로 구분됨

2 ATP-PCr 시스템

(1) 운동 시작과 함께 세포 내 존재하던 소량의 ATP가 고갈되면 ATP-PCr 시스템이 가장 먼저 ATP를 재합성하여 공급

(2) 근세포에 저장되어 있는 인산 크레아틴(phosphocreatine, PC)은 ATP 재합성의 일차적 원료로서 근수축 개시 후 5~10초 동안 사용되고 고갈됨

(3) 근수축 활동 중 ATP가 ADP와 Pi로 분해되는 것과 거의 동시에 PC가 크레아틴키나아제❷(creatine kinase)라는 효소에 의해 Pi와 creatine으로 분해되고 이때 방출되는 에너지가 ADP와 Pi를 결합하는데 사용되어 ATP를 재합성 함

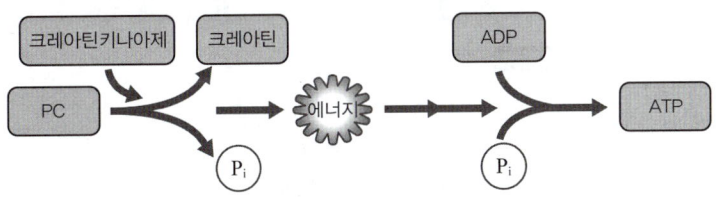

<ATP-PCr 시스템을 통한 ATP 생성 과정>

(4) 또한, ATP-PCr 시스템은 ATP와 PC 모두 근육 세포 내에 존재하기 때문에 시스템이 작동하는데 복잡하고 시간이 오래 걸리는 화학적 반응에 의존하지 않으며, 기전 내 산소 공급이 요구되지 않아 수축하는 근육에서 가장 빠르게 이용될 수 있음

(5) 따라서 매우 짧은 시간에 폭발적인 힘을 발휘해야 하는 고강도 운동(예 스프린트, 높이뛰기, 멀리뛰기, 창던지기 등)에 주로 동원됨

(6) 그러나 체내 존재하는 ATP와 PC는 매우 소량이기 때문에 이 시스템은 약 10초 정도만 사용될 수 있으며 이후 운동을 지속하기 위해서는 다른 에너지 체계로부터 에너지를 공급받아야 함

❷ 크레아틴키나아제(creatine kinase)

ATP-PCr 시스템에서 PC를 Pi와 creatine으로 분해하는 효소

3 해당과정 시스템

(1) 해당과정(glycolysis)은 당(gly-)을 분해(-lysis)한다는 뜻으로 음식물로 섭취한 탄수화물을 분해하면서 ATP를 생성해내는 과정을 의미함

(2) 해당과정은 두 가지 경로를 통해 시작되는데, 혈액에 있던 글루코스가 근세포질로 유입되어 해당과정이 시작되거나 또는 근육 세포질에 저장되어 있던 당원인 글리코겐이 글루코스로 전환된 후 해당과정이 일어남

(3) 글루코스를 더 작은 분자인 피루브산(pyruvate)으로 분해하는 과정에서 ATP가 생성되게 되며, 글루코스 1분자가 해당작용을 거쳐 분해될 경우에는 2개의 ATP를, 글리코겐 1분자가 분해될 때는 3개의 ATP가 만들어짐

(4) 운동 초반에 해당과정이 일어날 때 근세포로 산소가 충분히 공급되지 않으면 최종 산물인 피루브산이 젖산으로 전환되기 때문에 젖산 시스템이라고도 부르며 무산소성 해당과정에 속하는 반면, 운동이 지속되면서 산소가 충분히 공급되는 경우는 피루브산이 미토콘드리아로 유입되어 유산소성 시스템으로 넘어가면서 더 많은 ATP를 생성하게 되며 유산소성 해당과정에 포함됨

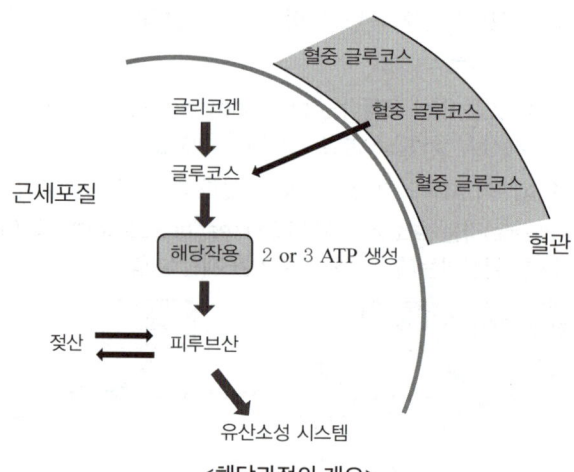

<해당과정의 개요>

(5) 무산소성 해당과정은 ATP-PC와 함께 근수축 활동에 필요한 에너지를 신속하게 공급할 수 있으며, 따라서 단기간(1~3분) 고강도로 최대 능력을 발휘하는 운동 종목(수영 200m, 달리기 400m, 800m)에서 중요한 에너지 공급체계로 여겨짐

(6) 그러나 무산소성 해당과정의 부산물로 젖산이 생성되는데, 젖산의 생성과 제거가 평형을 이루지 못하고 근육과 혈액 속에 과도하게 축적되면 일시적인 근피로가 유발되어 운동을 지속할 수 없게 됨

(7) 근육 내에 젖산 축적이 급격히 증가하는 시점을 젖산역치(lactate threshold)라고 하며, 무산소성 역치(anaerobic threshold)를 나타내는 하나의 지표가 되기도 함

용어해설

젖산(Lactic acid): 보통 혈중에서 낮은 농도로 존재하며 고강도 운동 시 무산소성 해당과정의 부산물로서 젖산 생성이 촉진됨

> **참고**
>
> **1. 젖산탈수소효소(LDH, lactate dehydrogenase)**
> 산소가 충분하지 않은 상황에서 무산소성 해당과정의 부산물인 피루브산이 젖산으로 전환하는데 돕는 촉매 효소
>
> **2. 포도당신생합성(gluconeogenesis)**
> - 젖산은 에너지 대사 측면에서 긍정적인 역할을 하기도 하는데, 그 대표적인 예가 포도당신생합성(gluconeogenesis)임
> - 무산소성 해당과정의 부산물인 젖산은 혈액을 통해 간으로 이동되며 간에서 포도당으로 전환되게 되는데, 이를 코리 사이클(Cori cycle)이라고 명칭함
> - 간에서 생성된 포도당은 혈액을 통해 심장이나 골격근 등으로 이동해서 에너지원으로 다시 사용됨
>
>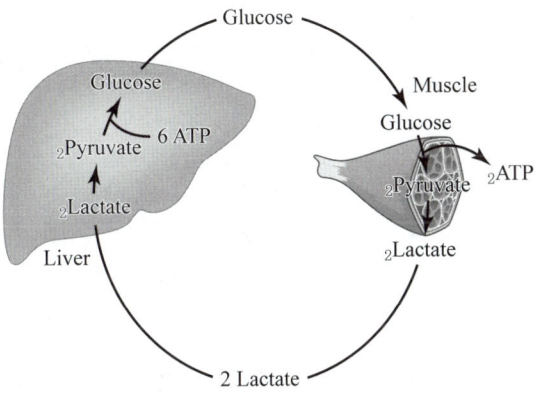
>
> **3. 해당과정과 관련된 효소들**
> - 핵소키나아제(hexokinase): ATP로부터 인산기를 포도당으로 전이하는 반응을 촉매하는 효소
> - 인산과당분해효소(phosphofructokinase: PFK): 해당작용의 속도 조절효소로도 불리움
> - 젖산탈수소효소(lactate dehydrogenase: LDH): 피루브산과 젖산 사이의 상호전환을 촉매하는 효소

4 유산소 시스템

(1) 유산소 시스템은 에너지 대사에서 가장 늦게 활성화되는 시스템이지만 ATP-PC 시스템이나 무산소성 해당작용에 비해 훨씬 많은 에너지를 생성

(2) 유산소 시스템은 글루코스 한 분자로부터 32개의 ATP를 생성하고, 지방의 경우에는 지방산 종류에 따라 130~147개의 ATP를 생성해낼 수 있기 때문에 매우 효율적인 에너지 시스템으로 인정됨

(3) 무산소성 대사는 근육의 세포질에서 일어나지만 유산소 시스템은 에너지발전소로 잘 알려진 미토콘드리아라는 세포 내 소기관에서 활성화됨

(4) 유산소 시스템은 첫째, 아세틸 조효소(Acetyl CoA)로의 전환, 둘째, 크렙스 사이클(Kerbs cycle), 셋째, 전자 전달계(ETS, electron transport system)의 세가지 단계로 차례대로 일어남

핵심요약&보충자료

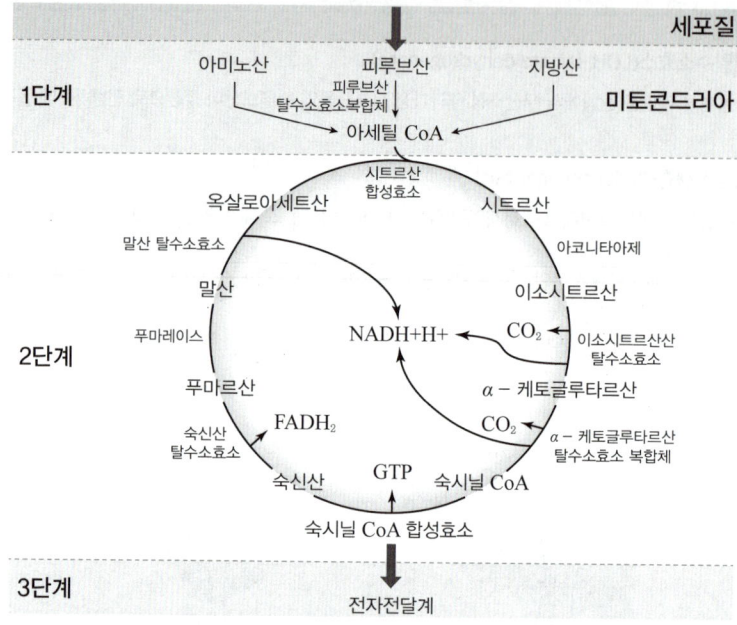

<유산소 시스템의 개요>

① 아세틸 조효소(Acetyl CoA)로의 전환

  ㉠ 무산소성 해당과정과 달리 세포 안에 산소가 충분한 상황에서는 해당과정의 부산물인 피루브산이 젖산으로 전환되지 않고 미토콘드리아로 이동하여 유산소 시스템으로 이어지며, 이를 유산소성 해당과정이라고 함

  ㉡ 미토콘드리아에서 피루브산은 먼저 아세틸 조효소로 전환되는 첫번째 단계를 거치게 되는데, 아세틸 조효소는 유산소 시스템의 두번째 단계인 크렙스 사이클의 주요 연료가 됨

  ㉢ 지방의 경우에는 **베타산화(β-oxidation)** 라는 과정을 통해 중성지방을 아세틸 조효소로 전환하고, 단백질은 탈아미노반응(deamination)과 일련의 과정을 거쳐 아세틸 조효소로 전환됨

② 크렙스 사이클(Krebs cycle)

  ㉠ 1단계에서 전환된 아세틸 조효소는 크렙스 사이클로 들어가게 되면 옥살로아세트산과 만나 시트르산이 되면서 사이클이 시작됨

  ㉡ 그 다음 일련의 복잡한 과정을 거쳐 궁극적으로 수소이온을 가진 NADH와 FADH$_2$ 그리고 ATP를 생성함

  ㉢ **NAD와 FAD는 수소이온의 수송체로서 수소이온을 태우고 다음 단계인 전자전달계로 전달해주는 중요한 역할을 함**

③ 전자전달계(Electron Transport System: ETS)

  ㉠ 크렙스 사이클에서 생성된 NADH와 FADH$_2$는 전자전달계에 전자를 전달하고 미토콘드리아 내막의 호흡효소복합체를 거치며 수소이온을 내·외막 사이로 펌프해 농도 기울기를 만들고, 이 수소이온이 ATP합성효소를 통과해 흐르면서 ADP와 Pi가 결합해 유산소성 ATP가 생성됨

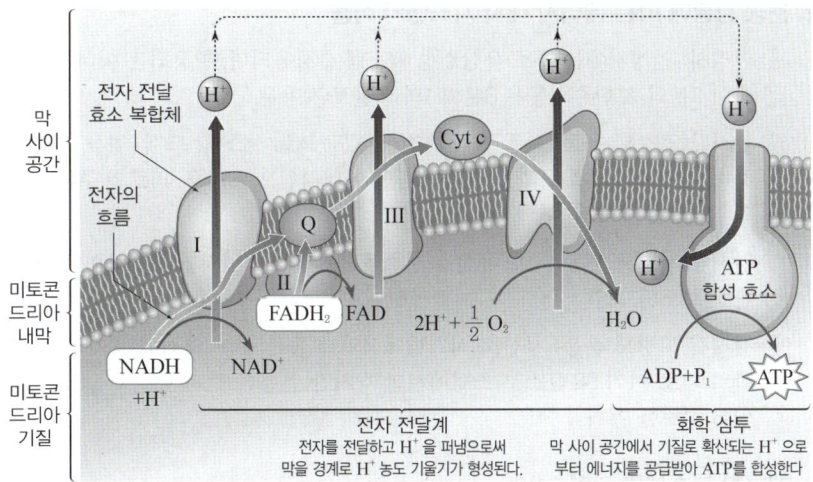

<전자전달계의 구조>

ⓒ 유산소 시스템은 ATP-PCr 시스템이나 해당과정에 비해 훨씬 길고 복잡한 과정을 거쳐 ATP를 얻게 되어 오랜 시간 운동을 지속해야 하는 스포츠 종목에서 주로 활용되는 에너지 대사 시스템으로 분류됨

> **선생님 TIP** 포도당 1분자당 ATP 생성 계산
>
> NADH 1분자당 2.5개의 ATP를, $FADH_2$ 1분자당 1.5개의 ATP를 생성하게 되며, 포도당 1분자가 유산소성 시스템을 통해 총 32개의 ATP를 생성함
>
> | 1개의 포도당 분해에 따른 유산소성 ATP 생성 |||
> |---|---|---|
> | 대사적 과정 | 고에너지 생산 | ATP 누계 |
> | 해당작용 | 2 ATP | 2 |
> | | 2 NADH | 7 |
> | 피루브산에서 아세틸조효소A 까지 | 2 NADH | 12 |
> | 크렙스회로 및 전자전달계 | 2 ATP | 14 |
> | | 6 NADH | 29 |
> | | 2 $FADH_2$ | 32 |
> | 합계 | | 32 ATP |

5 운동과 에너지 공급

1. 운동과 에너지

① ATP를 공급하는 에너지 생성 체계는 운동의 형태나 종목의 특성과 밀접하게 관련됨

② 운동량과 요구되는 에너지의 양은 비례하며 에너지 공급방법은 앞에서 제시한 것처럼 ATP- PCr 시스템과 해당과정 시스템, 유산소 시스템으로 분류됨

③ 우리 몸은 운동같이 에너지를 많이 요구하는 자극(stress) 요인들에 대해 적절히 대응함

④ 인체는 이 3가지 에너지 시스템을 적절한 비율로 이용하여 운동자극에 대해 반응하나, 운동 상황에 따라 달라지는 에너지 요구량을 한 가지 시스템에 전적으로 의존하지 않음

♀ 용어해설

베타산화(β-oxidation): 지방산이 미토콘드리아로 유입되어 아세틸 조효소로 전환되는 과정

2. 운동 상황에 따른 에너지 대사 시스템의 적용

① 안정시: 안정시에는 주로 유산소성 시스템이 사용되며, 활용되는 에너지원으로는 지방이 3분의 2, 탄수화물은 3분의 1의 비율로 사용됨

② 단시간 고강도 운동: 운동 시작 초반에 ATP-PCr 시스템, 그 후 젖산 시스템을 활용하며, 대부분 탄수화물과 약간의 지방을 에너지원으로 사용. 피로의 주된 원인은 PCr의 고갈, 젖산 축적, 혈액 내 pH감소

③ 장시간 저강도 운동: 주로 유산소 시스템으로부터 에너지를 공급하며 상대적으로 낮은 피로도를 보임

④ 장시간 고강도 운동: 무산소 시스템에서의 운동은 젖산 축적량 증가와 체액의 산성화로 피로 야기. 유산소 시스템에서의 장시간 운동은 간과 근육의 글리코겐이 고갈되어 피로를 야기

3. 에너지 연속체와 교차 개념

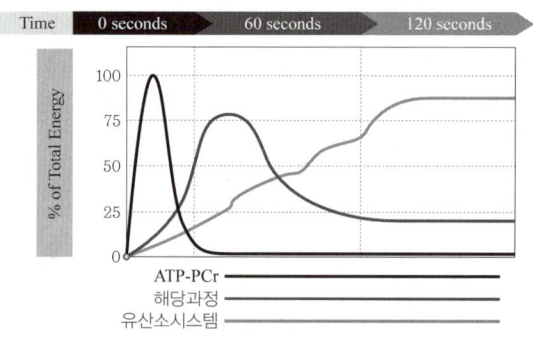

<⊙ 운동지속시간에 따른 에너지 대사의 기여>

① 그림 ⊙은 운동지속 시간에 따른 ATP 생성과정을 설명하며 에너지 연속체라고 하며, **운동 지속시간에 따라 일반적으로 ATP-PCr → 해당과정 → 유산소시스템 순으로 더 많이 기여함**

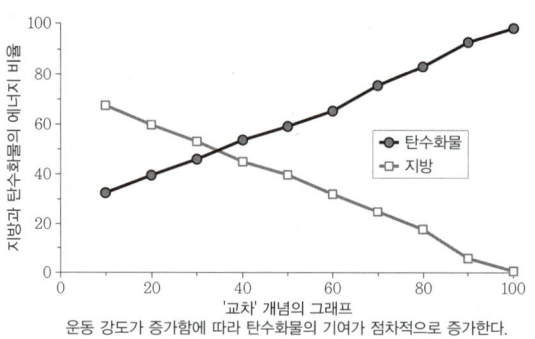

'교차' 개념의 그래프
운동 강도가 증가함에 따라 탄수화물의 기여가 점차적으로 증가한다.
<ⓒ 운동 강도에 따른 에너지원의 기여 변화>

② 그림 ⓒ은 운동강도 증가에 따른 에너지원의 기여도를 설명하고 있으며, 일반적으로 **운동 강도가 증가할수록 탄수화물의 에너지 기여도가 증가하고, 운동 강도가 감소할수록 지방의 기여도가 증가하고 이러한 개념을 교차 개념이라고 함**

4. 무산소성 역치(anaerobic threshold)

① 운동강도가 증가함에 따라 젖산의 농도는 낮은 비율로 증가하는 양상을 보이다가 무산소성 대사과정으로 전환되면서 갑자기 젖산의 농도가 증가하는 시점. 이때부터 산소부채가 발생하여 수 분이내에 탈진하게 됨

② 무산소성 역치는 지구성 운동 경기의 수행능력을 평가하는데 있어 유용한 지표로서 훈련 기준의 설정, 훈련 효과의 평가를 위해 활용됨

> **참고**
>
> 젖산역치 발생기전
> - 해당과정 가속화(피루브산의 과다공급)
> - 속근활동의 증가(속근 내 젖산탈수소효소의 활동 증가)
> - 근육 내 산소 저하(산화적 인산화 저해)
> - 젖산 제거속도 저하(혈중 젖산농도 = 젖산생산량 - 젖산 제거량)

6 운동 후 회복기 중의 산소 소비 이론

1. 산소 부채

운동 시작 후 항정 상태에 이르기 전 산소 부족(결핍) 현상이 발생하며, 이때 생긴 젖산을 산화하기 위하여 운동 후 회복기에 산소 소비량이 증가하는 현상을 산소부채라고 함

2. 운동 후 초과산소섭취량(EPOC: excess post-exercise oxygen consumption)

일반적으로 운동 후 일정 시간 동안 안정시보다 더 많은 양의 산소가 소비되는데, 이를 운동 후 초과산소섭취량 또는 초과산소소비량이라고 하며 운동 강도와 운동 시간에 비례하여 나타남

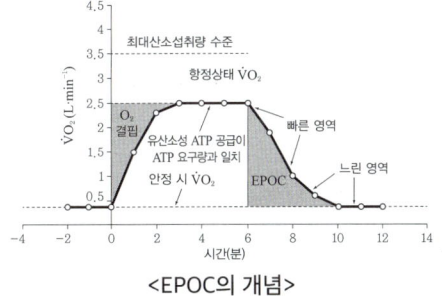

<EPOC의 개념>

	운동 후 회복기에 따른 산소 소비 증가의 원인
빠른 영역	ATP와 PC 재합성, 마이오글로빈의 보충, 혈액의 산소 보충, 증가된 환기량에 대한 에너지 소비, 체온 상승, 에피네프린과 노르에피네프린의 상승
느린 영역	젖산 제거, 체온 증가, 환기 작용을 위한 산소 소비, 글리코겐 재합성, 카테콜아민 효과 상승

7 휴식과 운동 중 인체 에너지 사용의 측정 방법

1. 직접 열량 측정

① 직접 열량계를 이용하여 열생산을 직접 측정하는 방법으로 에너지는 형태가 전환되지만 새로 생성되거나 사라지지 않고 보존된다는 '열역학 제1법칙'에 근거한 방법

핵심요약&보충자료

② 직접 측정은 안정시 에너지 측정에서 정확도가 높지만 비싼 비용, 다양한 움직임 제한 등의 이유로 최근 거의 사용되지 않음

③ 신체 열 발생 → 벽으로 전달 → 물, 공기의 변화 → 에너지 소비량 추정

2. 간접 열량 측정

(1) 간접 열량 측정법

호흡가스 분석기의 감지 센서를 이용하여 호흡한 O_2와 CO_2의 농도를 측정함으로써 에너지 대사에 의한 호흡가스의 양과 성분의 변화를 실시간으로 분석하는 방법임

(2) 호흡가스 분석을 통해서 아래와 같은 대사적 변화를 관찰할 수 있음

① 호흡교환율(RER: respiratory exchange ratio)

  ㉠ 운동 중 주된 에너지원인 탄수화물과 지방은 에너지 대사과정에서 요구하는 산소와 생성되는 이산화탄소의 양이 각각 다름

  ㉡ 1분 동안 들이마신 산소섭취량과 1분 동안 내쉰 이산화탄소 배출량의 비율

  ㉢ 호흡교환율이 0.7에 가까우면 지방을, 1에 가까우면 탄수화물을 사용함을 의미함

8 에너지 소비량

1. 기초대사량(Basal Metabolic Rate)

깨어있는 상태에서 생명유지를 위해 필요한 최소한의 에너지 수준

2. 안정시 대사량(Resting Metabolic Rate)

가벼운 식사를 하고 3~4시간 후에 측정한 에너지 사용 수준을 의미

3. 안정시 산소섭취량에 따른 에너지 소비율

① 안정시 산소섭취량은 체중 1kg당 3.5ml/min

② 1MET(Metabolic EquivalenT)는 체중 1kg당 1분에 3.5ml의 산소를 소비하는 신체 활동 또는 운동을 의미하며, 운동강도를 나타내는데 사용

③ 산소 1L당 낼 수 있는 에너지 → 5Kcal

> **선생님 TIP** MET를 이용한 칼로리 계산 방법
> - 산소소비량 = 1MET에 해당하는 산소소비량(3.5ml) × 운동강도(몇 MET로 운동했는지) × 체중(kg) × 시간(min)
> - 소비칼로리 = 산소소비량(L) × 산소 1L당 소비칼로리(5Kcal)

4. 트레드밀 운동량 측정

① 운동량 = 힘(체중, kg) × 거리(수직이동거리, m)

② 수직이동거리(m/min) = 거리(m) × 경사도

[대사당량(METs)]
대사당량은 소비에너지를 안정시 대사량과 비교하여 제시한 값으로 운동강도를 나타낼 사용

용어해설
호흡가스 분석기: 운동과학 분야에서 '점증 부하 운동 검사(grad-ed exercise test, GXT)' 수행 시 사용되어왔으며 산소와 이산화탄소 농도를 분석하여 운동 중의 대사적 변화를 실시간으로 관찰할 수 있음

03 트레이닝에 의한 대사적 적응

1 유산소 트레이닝에 의한 적응

1. 심폐 조직의 적응
① 최대 산소 섭취량 증가
② 1회 박출량 증가
③ 심박출량 증가
④ 산소 섭취 및 운반 능력 향상
⑤ 최대하 운동 시 심박수 감소
⑥ 혈액량 및 헤모글로빈 증가

2. 근육 조직의 적응
① 지근섬유 비대
② 산화성 속근섬유 비율 증가
③ 근섬유를 둘러싼 모세혈관 밀도 증가
④ 미토콘드리아 밀도 및 수 증가
⑤ 마이오글로빈 수 증가
⑥ 산화적 인산화에 관여하는 효소 증가
⑦ 근섬유의 항산화 능력 향상
⑧ 젖산 역치 지연

2 무산소 트레이닝에 의한 적응

1. 근육조직과 근력의 변화
① 근섬유의 횡단면 증가 → 근비대를 의미
② 속근 섬유의 근비대 증가
③ 피로에 대한 내성 증가

2. 근섬유 내 에너지 시스템의 변화
① ATP-PCr 시스템: 크레아틴키나아제(creatine kinase, CK)의 활성 증가와 크레아틴 저장량 증가를 통해 ATP 재합성 효율 증가
② 해당과정: phosphorylase, PFK(phosphofructokinase), LDH, Hexokinase를 포함한 해당과정 조절 효소들의 활성 증가
③ 유산소 시스템의 산화적 인산화 능력을 향상(유산소 트레이닝에 비해 미미한 효과)
④ 젖산 역치 지연 및 젖산 생성에 대한 완충 능력 향상

용어해설
완충(buffering): 특정 물질의 생성을 제한 또는 지연

출제예상문제

Chapter 02 에너지 대사와 운동

01 다음 중 인체의 대사작용에 대한 예로 올바르게 짝지어진 것은?

① 동화작용: 탄수화물 → 포도당
② 이화작용: 단백질 → 아미노산
③ 동화작용: 중성지방 → 유리지방산
④ 이화작용: 포도당 → 탄수화물

정답분석 인체의 대사는 합성하는 동화작용과 분해하는 이화작용으로 구분되며, 탄수화물은 포도당으로 분해, 단백질은 아미노산으로 분해, 중성지방은 유리지방산으로 분해된다.

정답 ②

03 다음 중 운동 시간이 경과함에 따라 ATP를 공급하기 위한 에너지 대사과정의 순서를 바르게 나타낸 것은?

① 해당과정 → ATP-PC → 유산소 시스템
② ATP-PC → 해당과정 → 유산소 시스템
③ 유산소 시스템 → 해당과정 → ATP-PC
④ 유산소 시스템 → ATP-PC → 해당과정

정답분석 운동 시 ATP-PC → 해당과정 → 유산소 시스템 순으로 에너지 대사과정이 적용된다.

정답 ②

02 아래 빈칸에 들어갈 적합한 용어는?

> _____는 인간의 생명활동과 근육의 수축을 위한 에너지원으로 사용되며, 탄수화물, 지방, 단백질이 대사되며 생성됨

① ATP
② 칼슘
③ 글리세롤
④ 산소

정답분석 아데노신삼인산염(adenosine tri-phosphate, ATP)는 근육의 수축, 신경세포의 흥분 전도 등 다양한 생명 활동을 수행하기 위해 에너지를 공급하는 유기 화합물이다.

정답 ①

04 아래 보기에서 빈칸에 들어갈 적합한 용어는?

> ─── <보기> ───
> ATP-PC 시스템은 근세포에 저장된 PC를 ATP 재합성의 일차적 원료로서 사용하는데 이때 PC는 _____에 의해 분해된다.

① ATPase
② phosphofructokinase
③ creatine kinase
④ lactate dehydrogenase

정답분석 운동 초반 근세포에 저장되어 있는 PC는 creatine kinase에 의해 P와 creatine으로 분해되며 이때 방출되는 에너지가 ADP와 P를 결합하는데 사용된다.

선지분석
① ATPase는 ATP를 ADP와 P로 분해하는 효소이다.
② 해당과정의 속도조절 효소이다.
④ 피루브산과 젖산 사이의 상호 전환을 촉매하는 효소이다.

정답 ③

05 아래 보기에서 설명하는 에너지 생성 시스템은?

<보기>
- ATP-PC 시스템과 함께 근수축 활동에 필요한 에너지를 신속하게 공급
- 단기간(1~3분) 고강도로 최대 능력을 발휘하는 운동 종목(200m, 400m)에서 필요한 ATP 공급
- 대사과정의 분해물로 젖산 생성

① 유산소성 시스템
② ATP-PC 시스템
③ 무산소성 해당과정
④ 유산소성 해당과정

정답분석 무산소성 해당과정은 단기간 고강도 운동에서 사용되며 대사과정의 부산물인 피루브산이 젖산으로 전환되어 체내 축적되는 현상을 보인다.

정답 ③

06 포도당신생합성에 대한 설명으로 잘못된 것은?

① 젖산이 간에서 포도당으로 재합성되어 에너지원으로 사용
② 코리 사이클이라고 알려짐
③ 간에서 재합성된 포도당은 혈액을 통해 심장이나 골격근으로 이동함
④ 유산소 시스템의 부산물이 사용됨

정답분석 포도당신생합성의 주재료는 젖산이며 젖산은 해당과정의 부산물이다.

정답 ④

07 아래 보기에서 빈칸에 적절한 용어로 짝지어진 것은?

<보기>
일반적으로 운동강도가 증가할수록 (㉠)의 에너지 기여도가 증가하고, 운동강도가 감소할수록 (㉡)의 기여도가 증가한다.

	㉠	㉡
①	탄수화물	지방
②	단백질	지방
③	지방	탄수화물
④	단백질	탄수화물

정답분석 운동강도가 증가할수록 탄수화물의 기여가 점차적으로 증가하고 지방은 반대로 기여도가 감소하며 이를 에너지 교차개념이라고 한다.

정답 ①

08 다음 중 운동 후 초과산소섭취량에 영향을 미치는 요인들을 모두 고른 것은?

㉠ 체온 상승
㉡ 젖산 제거
㉢ 호흡수 상승
㉣ 근육의 PC 재합성 증가

① ㉠
② ㉠, ㉡
③ ㉠, ㉡, ㉢
④ ㉠, ㉡, ㉢, ㉣

정답분석 일반적으로 운동 후 일정 시간동안 안정 시보다 더 많은 양의 산소가 소비되는 운동 후 초과 산소섭취량이 발생하며 이는 근육의 PC재합성, 젖산제거, 체온상승, 호흡수 상승 등의 원인에 의해 나타난다.

정답 ④

Chapter 03 신경조절과 운동

핵심요약&보충자료

01 신경계의 구조와 기능

1 신경계

1. 뉴런(neuron)의 구조
(1) 뉴런은 신경계를 이루는 구조적, 기능적 단위 구성
(2) 하나의 뉴런은 수상돌기(dendrite), 신경세포체(cell body), 축삭돌기(axon)로 구성

2. 뉴런의 구조와 시냅스

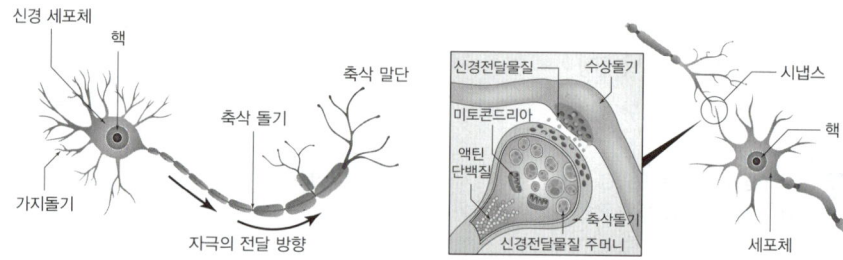

<뉴런의 구조와 시냅스>

(1) **수상(가지)돌기**
신경세포체에서 뻗어 나온 나뭇가지 모양의 돌기로 다른 뉴런이나 기관에서 오는 자극을 받아들이는 수용부 역할

(2) **신경세포체**
핵과 세포질이 있으며, 영양과 대사를 담당하여 뉴런의 생명 유지 활동을 하며 다른 세포로부터 받은 신호를 수용, 통합하여 축삭으로 전달

(3) **축삭**
길고 가는 모양의 축삭은 뉴런의 전도 영역으로서 신경세포체에서 받은 신호를 다른 뉴런이나 반응 기관으로 전달함

(4) 뉴런의 자극 전도 방향
① 수상(가지)돌기 → 신경세포체 → 축삭
② 수상(가지)돌기에서 정보를 받아들여 신경세포체로 전달한 후, 신경세포체는 받은 정보를 통합하여 축삭으로 전달하게 되고 다른 뉴런이나 반응기관으로 전달함

용어해설
시냅스(synapse): 뉴런에서 자극을 신경세포 밖으로 전도시키는 축삭의 끝부분과 이어진 다음 뉴런 사이의 미세한 틈을 의미

3. 뉴런의 종류

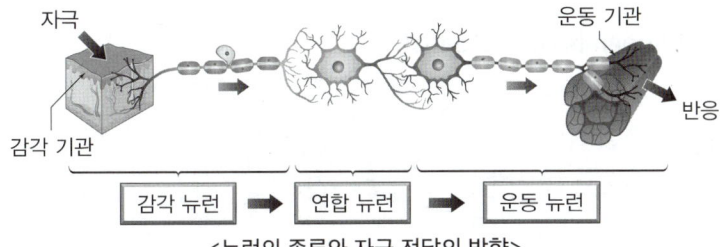

<뉴런의 종류와 자극 전달의 방향>

(1) 감각뉴런(구심성 뉴런)

감각기관에서 받아들인 자극을 연합 뉴런으로 전달

(2) 연합뉴런(혼합 뉴런)

감각 뉴런과 운동 뉴런을 연결하며 뇌와 척수를 구성

(3) 운동뉴런(원심성 뉴런)

연합 뉴런의 명령을 반응 기관으로 전달하며 전체 신경의 약 60%를 차지함

● 참고 ●

미엘린 수초와 도약전도
- 미엘린 수초: 신경 전달이 일어나는 속도를 빠르게 하며, 미엘린 수초가 있는 경우 유수신경, 없는 경우 무수 신경으로 구분함
- 도약전도(saltatory conduction): 미엘린 수초가 감싸져 있지 않은 부위(랑비에르 결절)로만 활동전위가 건너뛰어 흐르게 되는 전도 방식으로 훨씬 더 빠른 전도 속도를 나타냄

4. 신경계의 기능

(1) 지각 기능

감각기관을 통해 시각, 청각, 촉각과 같은 인체 내·외부의 감각 자극을 감지함

(2) 운동 기능

움직임이 요구되는 상황에서 운동신경을 통해 자극을 전달함으로써 근육의 수축을 유발

(3) 연합(연상) 기능

감각기관을 통해 받아들인 자극을 통합하여 그에 대한 반응을 운동기관으로 전달함

(4) 자율적 기능

인체의 항상성을 유지하는 역할을 하며, 체내 상황을 감지하고 환경에 따라 내분비계의 활성 정도를 조절함

용어해설

- 구심성: 몸 안쪽 방향 또는 중추(뇌) 방향
- 원심성: 몸 바깥쪽 방향 또는 말초 방향

핵심요약&보충자료

2 뉴런의 전기적 활동

1. 세포막 전위(membrane potential)

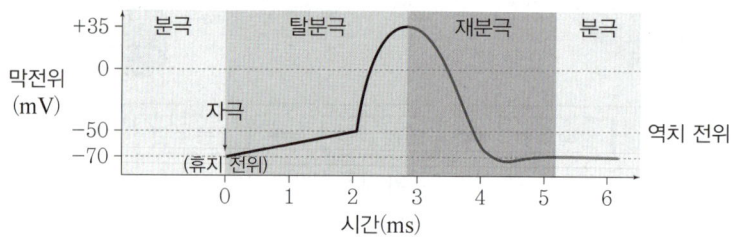

<신경세포 흥분에 따른 세포막 전위의 변화>

① 신경세포의 세포막은 막전위를 가지고 있으며, 막전위는 세포막을 사이에 두고 반대되는 전하가 분리되어 있는 것을 의미

② 안정시 신경세포의 막전위는 세포막 안이 음극(-), 세포막 밖이 양극(+)을 나타냄
   → 안정시 막전위: -70mV(분극 상태)

③ 신경세포가 흥분되어 신경 전달 시 세포막 안이 양극(+), 세포막 밖이 음극(-)을 나타냄 → 활동 전위: +35mV(탈분극 상태)

2. 뉴런에 의한 흥분의 전도 ❶

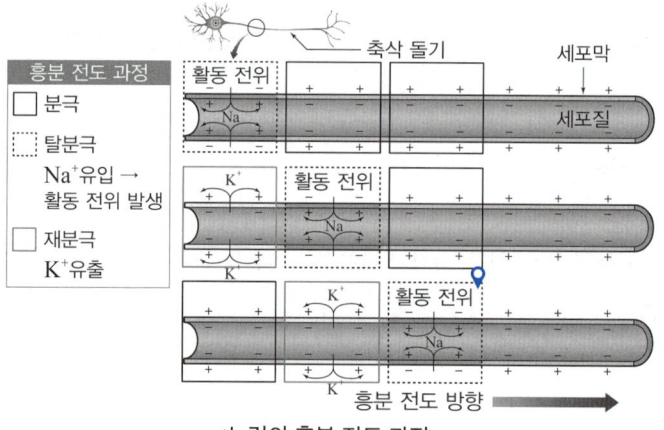

<뉴런의 흥분 전도 과정>

① 뉴런의 안정시 막전압은 세포 안쪽이 음(-)전하, 바깥쪽이 양(+) 전하를 띠며, 이 상태를 **분극(polarization)**이라고 함

   → 세포막 밖 나트륨 이온↑, 세포막 안 칼륨 이온↑

② 역치이상의 자극을 받으면 나트륨 통로가 열려 나트륨이 밖에서 안으로 유입되면서 세포 안쪽이 양전하, 바깥쪽이 음전하를 띠게 되는 탈분극(depolarization) 상태가 됨

   세포막 안 나트륨 이온↑

③ 탈분극이 되었던 부분은 칼륨이 세포 안에서 밖으로 이동하면서 다시 분극으로 돌아가는 재분극(repolarization)상태가 됨

   세포막 밖 나트륨 이온↑, 세포막 안 칼륨 이온↑

④ 이러한 일련의 흥분 전도 과정(분극 - 탈분극 - 재분극)을 통해 신경세포의 자극이 신체의 목표 부위(예 활동근육)까지 전달

---

❶ 뉴런의 흥분 전도

분극 → 탈분극 → 재분극

용어해설

활동전위(Action potential): 신경이나 근세포에서 자극에 의해 발생하는 막전위의 변화

> **선생님 TIP** 실무율의 법칙
> - 신경전달에는 '실무율(all-or-none)의 법칙'이 적용됨
> - 활동전위는 특정 역치(threshold) 이상의 자극이 주어졌을 때 일어나게 되는데, 자극 강도와 자극이 주어지는 시간이 어느 역치 수준 이상이 되지 않을 경우 어떠한 신경전달도 이루어지지 않게 됨(none)
> - 그러나 역치 수준을 넘어서면 아무리 큰 자극이라 해도 같은 수준의 자극으로 받아들임(all)

02 신경계의 특성

1 흥분성

1. 억제성 시냅스후 전위(inhibitory postsynaptic potential: IPSP)
① 향후 활동전위가 시냅스후 뉴런에서 또는 알파운동뉴런에서 일어날 확률을 감소시키는 시냅스후 전위를 의미
② 억제성 시냅스란 과분극화를 일으키는 시냅스후 전위인데, 이 전위는 칼륨 이온통로의 조절을 통해 시냅스후 신경의 막전위를 변경시켜 활동전위의 발생 역치를 높임

2. 흥분성 시냅스후 전위(excitatory postsynaptic potential: EPSP)
① 뉴런의 세포막 이온 통로가 열리면서 시냅스후부로 양이온이 흘러들어가는 것으로 인해 시냅스후부의 막전위가 일시적으로 탈분극되는 현상
② 칼륨 이온의 전도성을 감소시키거나 나트륨 통로를 여는 신경전달물질의 작용은 흥분성 시냅스후 전위를 발생시키며, 아세틸콜린, 노르에피네프린, 세로토닌 같은 신경전달물질이 여기에 관여함

2 전달성

하나의 뉴런 내에서 일어나는 흥분의 전도(분극 - 탈분극 - 재분극)와 뉴런과 뉴런 사이의 시냅스에서 일어나는 흥분의 전달(신경전달물질의 전달)을 의미

> **참고**
> **자극 전달의 종류**
> - 뉴런 내에서의 흥분성 전도(분극 - 탈분극 - 재분극)
> - 시냅스에서의 전달(신경전달물질에 의한 뉴런 간 전달)

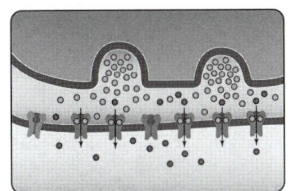
〈화학적 시냅스〉
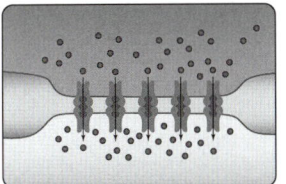
〈전기적 시냅스〉

<시냅스에서의 흥분 전달의 예>

3 통합성

(1) 뉴런에서 일어나는 흥분성 시냅스와 억제성 시냅스의 상호작용 효과를 '통합(integration)'이라고 함

(2) 흥분성 시냅스후 전위(EPSP)의 가중(summation)은 중추신경계에서 가장 간단한 형태라고 할 수 있으며, 가중의 형태는 공간적 가중(spatial summation)과 시간적 가중(temporal summation)으로 구분됨

(3) **공간적 가중**

수상돌기 위의 서로 다른 많은 시냅스에서 동시에 생성된 EPSP들이 서로 더해지는 현상을 의미

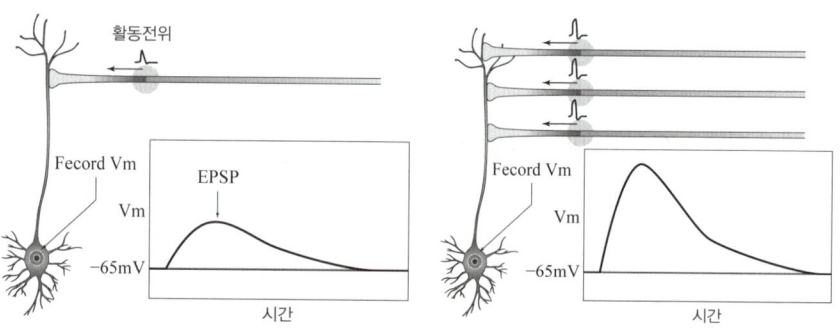

(4) **시간적 가중**

같은 시냅스에서 생성된 작은 EPSP들이 1~15ms의 간격으로 연속적으로 생성되었을 때 일제히 더해지는 현상

03 신경계의 운동기능 조절

1 인체 움직임과 신경조절

1. 인체 신경계의 구성

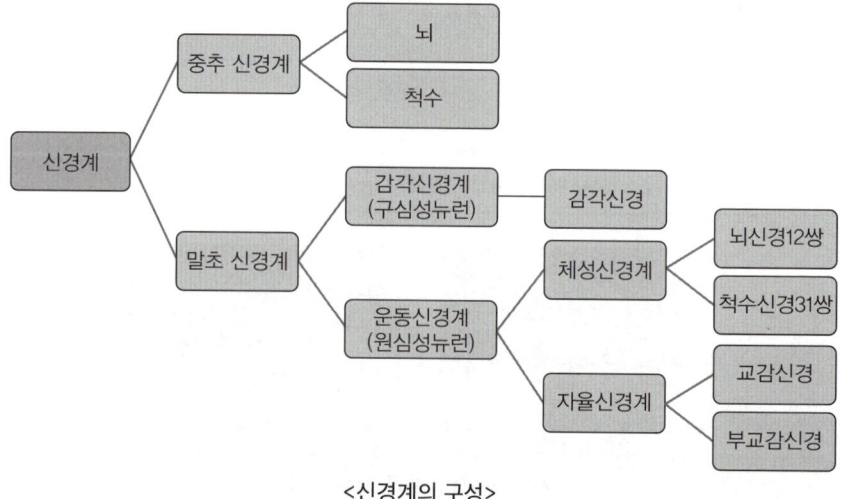

<신경계의 구성>

용어해설
가중(summation): 단독의 자극 효과보다 큰 효과를 나타내는 합성현상

① 신경계는 크게 중추신경계와 말초신경계로 구성
② 중추신경계: 뇌와 척수로 구성되고, 주로 고등정신 활동, 항상성 유지, 감각과 운동기능 조절, 말초신경계의 자극을 통합하고 명령을 내리는 역할
③ 말초신경계: 뇌와 척수를 제외한 모든 신경으로 몸의 각 부분의 자극을 받아들이고 중추신경계에서 내린 명령을 받아 몸의 각 부위의 운동기능을 조절하는 역할을 하며 크게 감각신경계와 운동신경계로 구분
④ 감각신경계는 감각수용기로 부터 받은 시각, 청각, 후각, 미각, 근육과 건(고유수용기) 등에 대한 정보를 감지하고 구심성으로 중추신경계로 전달
⑤ 운동신경계는 원심성 운동명령을 통해 효과기에 전달하며 근육과 뼈의 수의적인 움직임을 발생시키는 체성 신경계와 평활근을 불수의적으로 자극하는 자율신경계(교감신경, 부교감신경)로 구분

핵심요약&보충자료

2. 중추신경계의 운동기능 조절

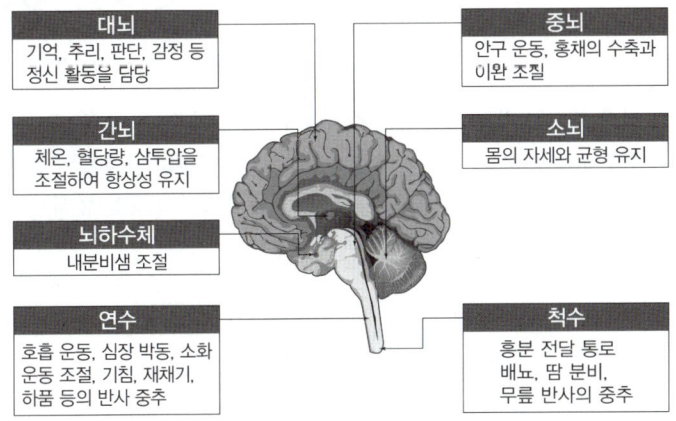

<중추신경계의 구조와 기능>

① 인체 대부분의 수용기로부터 전달받은 감각 정보를 통합하여 적절한 판단을 통해 반응기에 전달할 명령을 만드는 역할
② 뇌의 종합적인 기능과 사고에 의해 복잡한 행동이 만들어지고, 척수는 뇌로부터 전달받은 정보를 전달하거나 신체의 움직임을 위한 단순한 형태의 정보를 생성
③ 중추신경계에서 뇌는 고등 정신활동과 인지기능, 감각기능, 의식적 운동기능을 조절하는 대뇌, 항상성 유지에 관여하는 간뇌, 몸의 균형 유지에 관여하는 소뇌, 안구운동과 홍채의 작용을 조절하는 중뇌, 호흡을 조절하는 뇌교, 심장박동, 소화, 호흡의 중추인 연수로 구성됨

용어해설

고유수용기(proprioception): 근육과 관절에 위치한 감각기관으로 여러 감각정보를 받아 중추로 전달하여 원활한 운동을 가능하게 함

4. 척수의 기능

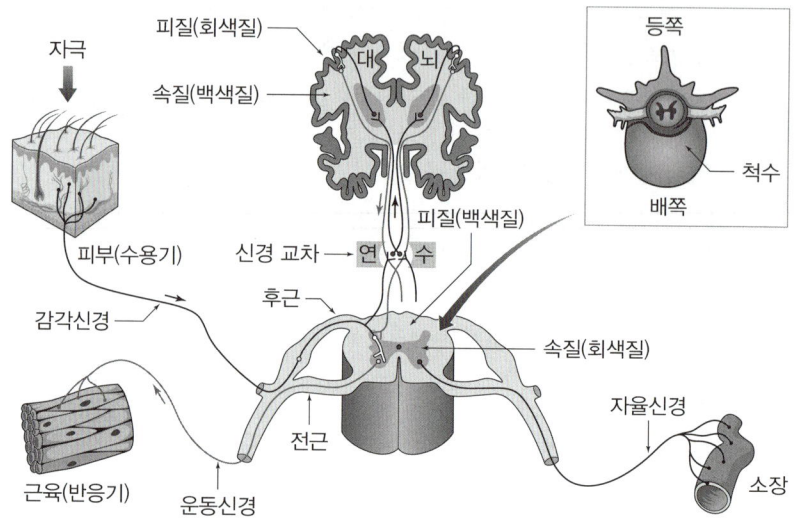

<척수의 구조와 신경의 전달 경로>

① 연수와 바로 연결된 가장 간단한 중추신경계의 하위구조
② 말초신경을 통해 들어오는 신체 내외의 모든 변화에 대한 정보를 받아 상위 중추인 뇌로 전달하고, 뇌에서 받은 정보를 다시 통합한 후 말초신경을 통해 신체 각 부분에 적절한 신체 반응과 활동을 할 수 있게 함

5. 말초 신경계의 운동기능 조절

① 말초신경계는 감각신경과 운동신경으로 구분됨
② 감각신경은 구심성 뉴런으로 감각기관(미각, 촉각, 후각, 청각, 시각)에서 감지한 정보를 중추신경계로 전달
③ 운동과 관련하여 인체 각 부위의 움직임과 위치에 대한 정보를 받아들이는 수용기로 기계수용기의 일종인 고유수용기가 있음
④ 운동신경은 원심성 뉴런으로 중추신경계의 명령을 운동기관에 전달

6. 감각계

(1) 고유수용기

① 고유수용기는 근육과 관절에 있는 특별한 감각 기관으로 근육, 힘줄, 인대, 관절에서 오는 여러 가지 감각 정보를 중추신경계로 전달해 부드럽고 협응적인 운동을 가능하게 함
② 근방추와 골지건기관은 운동 감각과 관련된 중요한 고유수용성 기관임

㉠ 근방추

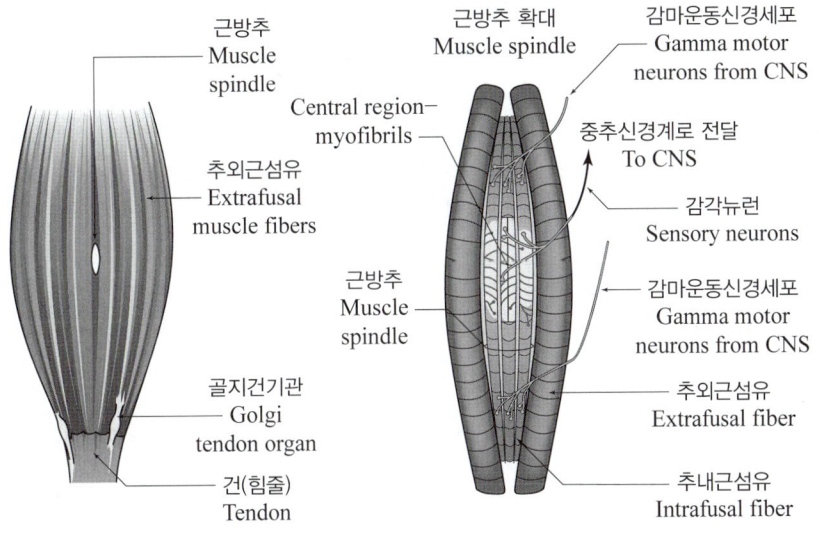

<근방추의 구조>

ⓐ 근육 내 존재하며 추외근섬유(보통 근섬유)와 평행한 구조를 형성

ⓑ **근육 길이의 변화 속도나 비율에 반응하여 근육의 과도한 신장을 억제하는 역할**

ⓒ 예를 들어, 팔꿈치를 구부린 상태에서 손 위로 갑자기 무거운 물건을 올리게 되면 팔의 근육이 신장되고 근방추는 이를 인식하여 척수로 자극을 보내고 알파운동신경을 흥분시켜 궁극적으로 팔 근육을 수축하여 손 위의 무거운 물건을 떨어뜨리지 않게 됨

ⓓ 근방추 내에 존재하는 감마 운동신경세포는 섬유 말단 부분에 추내근섬유를 흥분시켜 짧은 시간에 사전 이완이 발생하게 하고, 이는 약한 강도에서도 근방추가 매우 민감하게 반응하도록 함

㉡ 골지건기관

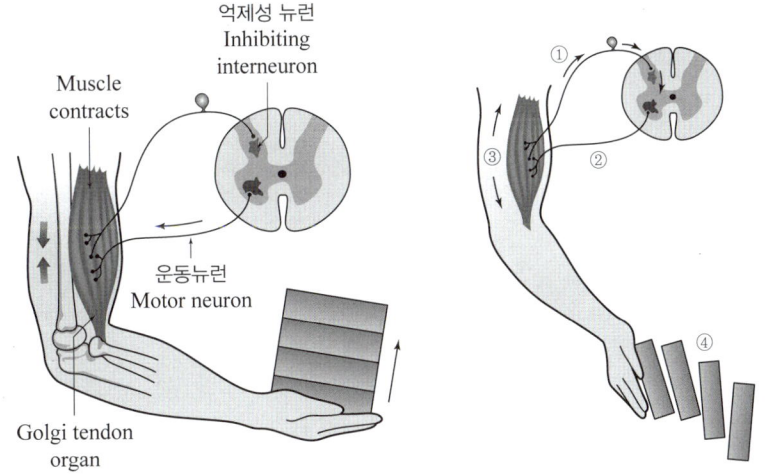

<골지건기관의 구조>

ⓐ 근육과 힘줄 사이에 존재하며 추외근섬유와는 병렬 형태, 힘줄기관과는 직렬로 연결

ⓑ 골지건기관은 증가하는 장력을 감지하며, 근육의 과도한 수축을 억제하여 근육이 과도하게 수축하여 손상되지 않도록 하는 역할

ⓒ 예를 들어, 근육이 기능을 발휘하기 힘든 중량을 들었을 때 감각신경을 통해 척수로 신호를 보내고 알파운동신경과 연결된 억제성개재신경은 알파운동신경을 억제함으로써 근육이 이완되어 무거운 중량을 내려놓게 됨

ⓓ 골지건기관이 제대로 작동하지 않으면 과도한 중량을 들다 힘줄 및 뼈가 다치는 등의 부상을 초래할 수 있음

7. 운동계

(1) 체성신경

① 대뇌의 지배를 받으며 의식적으로 조절

② 자세와 운동 조절에 관여하며 뇌신경 12쌍, 척수신경 31쌍으로 구성

③ 골격근의 움직임을 조절

(2) 자율신경

① 대뇌의 지배를 받지 않으며 무의식적으로 조절

② 교감신경과 부교감신경으로 구성되며, 이들은 동시에 작용하나 길항작용에 의해 서로 반대되는 효과를 일으킴

③ 심장근, 평활근, 호르몬, 내장기관의 기능을 조절

용어해설

길항작용(antagonism): 어떤 현상에 상반되는 두 요인이 동시에 작용하여 서로 그 효과를 소멸시키는 현상

pass.Hackers.com

출제예상문제

Chapter 03 신경조절과 운동

01 다음 중 신경계의 주요 기능으로 적합하지 않은 것은?

① 감각을 수용하는 기능
② 자극에 대한 적절한 반응을 실행하는 기능
③ 자극을 통합하는 통합기능
④ 자극의 방향을 반대로 전환하는 기능

 신경계에서 자극은 한 방향으로만 전달되어 역방향으로 전환되지 않는다.

정답 ④

02 다음 중 ㉠, ㉡에 들어갈 용어를 바르게 나열한 것은?

─〈보기〉─
- 신경계는 중추신경계와 말초신경계로 구분된다.
- 말초신경계에서 자율신경계는 (㉠)을 띠는 교감신경과 (㉡)을 띠는 부교감신경으로 구분된다.

	㉠	㉡
①	흥분성	억제성
②	억제성	억제성
③	억제성	흥분성
④	흥분성	흥분성

 ㉠ 흥분성: 교감신경은 흥분하는 특성을 가짐
  예 심박수 증가, 동공 확대
㉡ 억제성: 부교감신경은 억제하는 특성을 가짐
  예 심박수 감소, 동공 축소

정답 ①

03 〈보기〉에서 설명하는 법칙은 무엇인가?

─〈보기〉─
신경전달에서 나타나는 특징으로 역치 미만의 자극에서는 어떠한 반응도 보이지 않으며, 역치 이상의 자극에서는 자극의 수준에 상관없이 일정한 크기의 반응만이 일어나는 것을 의미

① 신경전달의 법칙
② 실무율의 법칙
③ 무산소성 역치의 법칙
④ 활동전위의 법칙

 활동전위는 특정 역치 이상의 자극이 주어졌을 때만 일어나며, 일정 역치 수준 미만의 자극에서는 어떠한 반응도 나타나지 않고(none), 역치 수준 이상에서는 아무리 큰 자극이라도 같은 자극 수준으로 받아들이며(all) 이를 실무율(all-or-none)의 법칙이라고 한다.

정답 ②

04 다음 중 뉴런의 전기적 신호 전달 순서로 옳은 것은?

① 신경세포체 → 수상(가지)돌기 → 축삭
② 수상(가지)돌기 → 축삭 → 신경세포체
③ 수상(가지)돌기 → 신경세포체 → 축삭
④ 축삭 → 신경세포체 → 수상(가지)돌기

수상(가지)돌기에서 정보를 받아들여 신경세포체로 전달을 한 후, 신경세포체는 받은 정보를 통합하여 축삭으로 전달하게 되고 다른 뉴런이나 반응 기관으로 전달한다.

정답 ③

05 <보기>에서 설명하고 있는 뇌의 영역은?

―<보기>―
- 뇌교와 연수 뒤에 위치
- 몸의 평형과 운동 및 자세를 제어
- 수의적 운동을 완만하게 하는데 기여
- 손상 시 움직임 조절 능력이 현저히 저하됨

① 대뇌
② 소뇌
③ 간뇌
④ 뇌간

정답분석 보기에서 설명하고 있는 뇌의 영역은 '소뇌'이다.

선지분석
① 대뇌: 기억, 추리, 판단, 감정 등 고등정신 활동 담당
③ 간뇌: 체온, 혈당량, 삼투압을 조절하여 항상성 유지
④ 뇌간: 중뇌, 뇌교, 연수를 총칭하며, 뇌와 척수를 이어주는 생명활동의 중추

정답 ②

06 다음 중 자율신경에 대한 설명으로 바르지 않은 것은?

① 대뇌의 지배를 받지 않으며 무의식적으로 조절
② 교감신경과 부교감신경으로 구성
③ 심장근, 골격근, 평활근의 기능을 조절
④ 호르몬 분비를 조절

정답분석 골격근은 자율신경의 지배를 받지 않는다.

정답 ③

07 다음 중 말초신경계의 운동기능 조절에 대한 설명으로 바르지 않은 것은?

① 고유수용기가 존재함
② 감각신경은 구심성 뉴런으로 감각기관의 정보를 중추로 전달
③ 운동신경은 원심성 뉴런으로 중추신경계의 명령을 운동기관에 전달
④ 운동신경은 척수의 후근으로부터 시작되어 근육세포로 연결됨

정답분석 운동신경은 척수의 전근으로부터 시작된다.

정답 ④

08 다음 중 ㉠, ㉡에 들어갈 용어를 바르게 나열한 것은?

―<보기>―
- (㉠)는(은) 근육 내 존재하며 근육 길이의 변화 속도나 비율에 반응하여 근육의 과도한 신장을 억제하는 역할을 함
- (㉡)는(은) 근육과 힘줄 사이에 존재하며 증가하는 장력을 감지하여 근육의 과도한 수축을 억제하는 역할을 함

	㉠	㉡
①	근방추	골지건기관
②	골지건기관	근방추
③	체성신경	자율신경
④	자율신경	체성신경

정답분석 근방추와 골지건기관은 고유수용성 기관으로서 근육과 관절에 있는 특별한 감각기관으로 근육, 힘줄, 인대, 관절에서 오는 여러가지 감각 정보를 중추신경계로 전달해 부드럽고 협응적인 운동을 가능하게 한다.

정답 ①

Chapter 04 골격근과 운동

핵심요약&보충자료

❶ 골격근
골격근은 근섬유의 다발 형태로 존재하며 양 끝의 건에 의해 뼈에 부착되어 있다. 따라서 근육이 수축함에 따라 뼈가 움직이며 인간의 움직임이 발생한다.

01 골격근의 구조와 기능

1 근섬유

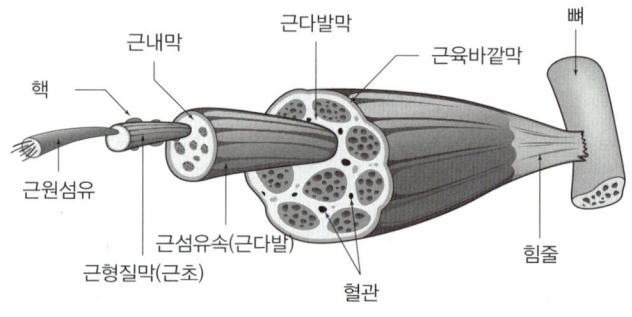

<골격근의 구조>

① 근육은 개별 근섬유를 둘러싸고 있는 조직과 전체 근육을 둘러싸고 있는 조직 등이 모여 여러 층의 결합조직을 이루고 있음
② 전체 근육은 근육바깥막(epimysium)에 의해 둘러싸여 있고, 근육 양쪽으로 힘줄(tendon)에 의해 뼈와 결합함
③ 근육바깥막 안으로 근다발막(perimysium)에 둘러싸인 여러 근섬유속(fascicle)이 존재함
④ 근섬유속에는 근섬유가 있으며 결합조직인 근내막(endomysium)에 의해 둘러 싸임
⑤ 근내막 바로 아래는 근초 또는 근형질막(sarcolemma)이 근섬유를 덮고 있음

구조	기능
원형질막	근형질막(근초)의 일부로 지질과 단백질로 구성 • **운동신경에서 근섬유로 활동전압의 전도를 도움** • 산 - 염기 평형 유지 • 모세혈관의 혈액에서 근섬유 안으로 대사물질의 운반이 가능하게 함
위성세포	• 원형질막과 기저막 사이에 존재 • **골격근의 성장과 발달, 근육의 손상, 비활동 훈련 등의 과정에서 근육의 적응에 영향을 미침**
근형질	• 글리코겐 저장 • 마이오글로빈
T세관 (가로세관)	근신경연접으로부터 전달된 신경자극을 근섬유로 신속하게 전달
근형질세망	• **칼슘 저장** • **근수축 시 칼슘 방출과 근이완 시 칼슘의 재흡수를 담당**

2. 근섬유의 특성

① 골격근은 의식적으로 조절가능한 체성운동신경의 지배를 받는 수의근

② 골격근은 가로무늬를 보이기 때문에 가로무늬근 또는 횡문근에 속함

③ 근섬유는 핵이 많은 다핵세포

④ 근섬유의 수축을 위한 에너지원은 ATP

⑤ 속근섬유와 지근섬유로 구분됨

⑥ 지근섬유는 근수축의 속도가 느리고, 미토콘드리아의 수가 많아 유산소 내사를 통해 에너지를 얻고, 지구성 운동의 특성을 가짐

⑦ 속근섬유는 근수축의 속도가 빠르고, 미토콘드리아의 수가 적어 무산소성 해당과정을 통해 에너지를 얻고, 순발성 운동의 특징을 가짐

⑧ 성인은 약 50%의 지근과 약 25%의 산화성 속근 그리고 약 25%의 해당성 속근을 가짐

2 근원섬유

1. 근원섬유의 구조

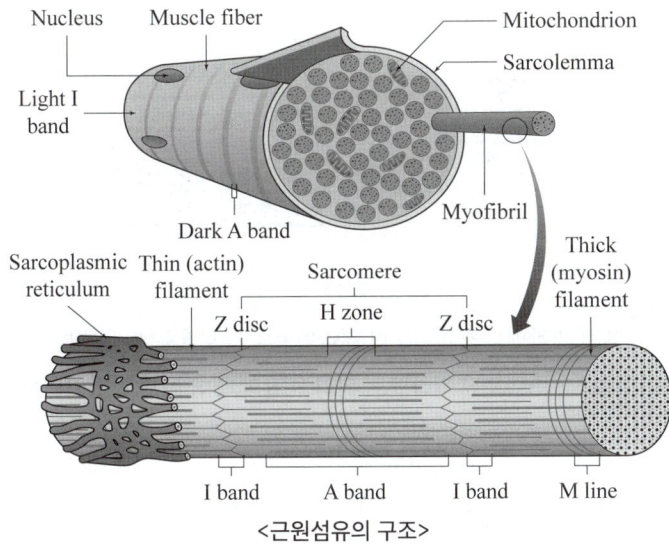

<근원섬유의 구조>

① 각각의 근섬유는 수백 개에서 수천 개의 근원섬유로 구성됨

② **근원섬유는 골격근의 기본 단위인 근절로 구성됨**

③ 근절은 굵은 세사인 마이오신 세사(myosin filament)와 얇은 세사인 액틴 세사(actin filament)로 구성되어 있으며, Z line과 Z line 사이의 마디를 의미함

④ 근절의 세부 명칭

　㉠ A band: 액틴과 마이오신 세사가 중첩된 부분을 포함한 마이오신 전체 길이

　㉡ I band: 액틴 세사만 있는 밝은 부분

　㉢ H zone: 마이오신 세사만 있는 근절의 중앙 부분

　㉣ M line: 근절의 정중앙선

　㉤ Z line: 근절의 양쪽 끝

용어해설

근절(sarcomere): 근원섬유의 가장 작은 구성단위

핵심요약&보충자료

⑤ 굵은 세사(thick filament)와 얇은 세사(thin filament)

굵은 세사	• 골격근 단백질의 약 2/3는 굵은 세사의 주요 단백질인 마이오신 세사 • 마이오신 세사의 마이오신 머리(myosin head)는 ATP와의 작용을 통해 액틴과 십자 형가교라고 불리는 **교차다리(cross bridge)**를 형성하여 근수축을 개시
얇은 세사	• **액틴, 트로포마이오신(tropomyosin), 트로포닌(troponin)으로 구성되어 있음** • 액틴은 마이오신 머리와 결합할 수 있는 결합 부위를 가지고 있음 • 트로포마이오신은 액틴과 마이오신의 결합 부위를 열고 닫는 역할 • 트로포닌은 칼슘과 결합하여 트로포마이오신을 조절

3 근섬유의 작용

1. 근수축의 원리 ❶

❶ 근수축의 원리

근수축은 근육의 가장 기본단위인 근절에서부터 시작되기 때문에 근절의 구조와 기능을 파악하는 것은 근수축의 원리를 이해하기 위한 핵심이다.

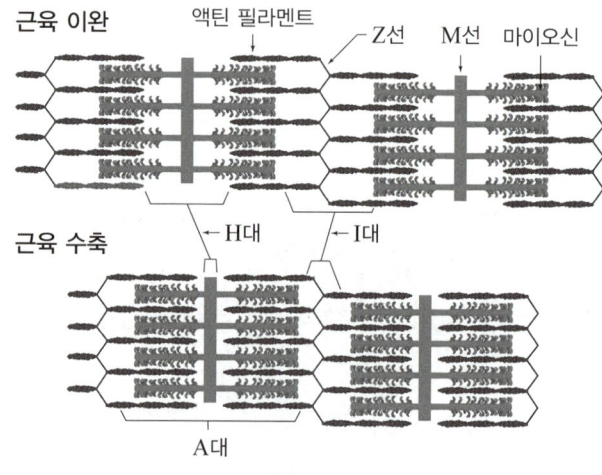

<근절의 구조>

① 근수축은 액틴 필라멘트와 마이오신 필라멘트의 상호작용에 의해 발생

② 액틴 필라멘트가 마이오신 필라멘트 위의 근절의 중심 쪽으로 미끄러져 들어가면서 근수축이 일어남

③ 근수축 시 **액틴과 마이오신 자체의 길이는 변하지 않고**, 액틴과 마이오신 중첩부위가 늘어난다. 이때, **I밴드, H존, 근절은 짧아지지만, A 밴드 길이는 변하지 않음**

2. 근수축의 과정

안정단계	• 액틴과 마이오신은 결합되지 않음 • ATP가 마이오신에 결합되어 있는 상태 • 칼슘은 근형질 세망에 저장된 상태
자극 결합 단계	신경자극 → 근신경연접에서 아세틸콜린 분비 → 근육세포의 활동전위 발생 → 근형질세망의 소포체에서 칼슘 방출 → 트로포닌에 칼슘 부착 → 트로포마이오신 위치를 변화시킴 → 액틴 섬유에 있는 마이오신 결합 부위가 노출됨 → 액틴과 마이오신이 결합하여 액토 마이오신 형성
수축 단계	• ATP가 ATPase에 의해 ADP+P로 분해되며 에너지 방출 ❷ • 마이오신 머리가 액틴에 결합하여 교차다리 형성 • 마이오신의 머리에서 P과 ADP가 방출되면서 강한 힘 발생 → 마이오신 머리가 액틴을 근절 안쪽으로 잡아당기면서 수축
재충전 단계	ATP 재합성 → ATP가 마이오신에 결합하면서 액틴과의 결합이 풀림 → 액토마이오신이 액틴과 마이오신으로 분해 → 액틴과 마이오신의 재순환 → 칼슘 존재시 수축 단계로 재순환
이완 단계	• 신경 자극이 중단되면 아세틸콜린이 더 이상 분비되지 않음 • 칼슘이 칼슘 펌프에 의해 근형질세망으로 재이동 • 안정시 근육 상태로 재순환

❷ ATP의 가수분해

ATP는 마이오신 헤드에 결합되어 교차다리를 형성하고 근수축을 개시하기 위해 반드시 필요하다. 그러나 ATP가 ADP+P_i의 형태로 가수분해되어야 마이오신 헤드가 액틴의 결합부위에 결합한다.

02 골격근과 운동

1 근섬유의 유형(속근과 지근)

1. 속근과 지근의 구조, 형태, 생화학적 특성

<속근과 지근의 형태>

용어해설

액토 - 마이오신(acto-myosin): 마이오신 헤드가 액틴의 결합 부위에 결합되어 있는 복합체를 의미

핵심요약&보충자료

[근섬유 유형의 상대적 특성 비교]

특성	지근 (type I)	산화성 속근 (type IIa)	해당성 속근 (type IIx)
운동신경 섬유 크기	작음	큼	큼
운동신경 전도 속도	낮음	빠름	빠름
운동신경 동원 역치	낮음	높음	빠름
근섬유 지름	작음	큼	큼
근형질세망 발달	낮음	높음	높음
미토콘드리아 밀도	높음	높음	낮음
모세혈관 밀도	높음	중간	낮음
마이오글로빈 함량	높음	중간	낮음
크레아틴인산 저장량	낮음	높음	높음
글리코겐 저장량	낮음	높음	높음
중성지방 저장량	많음	중간	적음
무산소성 효소 활동	낮음	높음	높음
유산소성 효소 활동	높음	높음	낮음
ATPase 활성도	낮음	높음	높음
대사작용	유산소대사	무산소성 해당과정	유산소성 해당과정
수축속도	낮음	빠름	빠름
이완속도	낮음	빠름	빠름
힘 발생	낮음	높음	높음
근육 효율	높음	낮음	낮음
피로에 대한 내성	높음	낮음	낮음
탄성도	낮음	높음	높음

2 근섬유의 동원

(1) 모든 근섬유에는 운동신경이 분포되어 있으며 운동신경은 여러 개의 근섬유를 지배하고 있어 운동신경에 비해 근섬유 수가 더 많음

(2) 척수의 전근으로부터 시작된 하나의 운동신경과 그 운동신경에 의해 지배받는 근섬유 수를 운동단위라고 함

(3) 근육의 종류에 따라 운동단위의 범위가 다르게 존재하며, 운동단위가 많을수록 큰 힘을 발휘하는 반면 운동단위가 적을수록 정확하고 미세한 움직임을 조절 가능함

> **참고**
> 운동단위의 특징
> - 하나의 운동단위에 있는 모든 근섬유는 같은 섬유의 유형에 속함
> - 하나의 운동단위에 의해서 지근섬유와 속근섬유가 동시 수축하지 않음
> - 속근섬유를 지배하는 근섬유 수가 더 많아 지근섬유에 비해 더 높은 수축 속도와 힘을 나타냄
> - 운동단위가 많으면 큰 힘을 발휘, 운동단위가 적으면 정교한 움직임에 관여

3 근섬유의 유형과 운동수행

1. 운동강도에 따라 동원되는 근섬유

순차적인 동원의 원리(principle of orderly recruitment)를 바탕으로 운동강도가 증가함에 따라 지근(type I) → 산화성 속근(type IIa) → 해당성 속근(type IIx) 순으로 근섬유가 동원됨

2. 트레이닝에 따른 속근과 지근의 상대적 변화

① 트레이닝은 근비대, 모세혈관의 밀도 증가, 미토콘드리아의 산화 능력 향상, 근섬유의 에너지 저장 능력 및 해당 능력 향상, 근력 증가, 효율성의 향상을 포함한 전반적인 골격근의 기능과 형태에 긍정적 영향을 미침

② 트레이닝은 지근과 속근섬유 모두에서 유산소성 능력을 향상시킴

③ 트레이닝은 속근 섬유의 해당 능력을 더 크게 향상시킴

④ 운동 형태에 따른 선택적인 비대가 나타남

  ㉠ 지구성 운동 후: 지근 섬유가 더 비대

  ㉡ 순발성 운동 후: 속근 섬유가 더 비대

⑤ 트레이닝은 속근섬유와 지근섬유의 개별적 향상에 기여하나 두 섬유간의 전환은 일어나지 않음

핵심요약&보충자료

3. 골격근의 트레이닝 효과

(1) 근비대(muscle hypertrophy) 효과

　　① 근섬유의 횡단면적(muscle fiber cross-section area) 증가

　　② 근육량(muscle mass) 증가

　　③ 수축 단백질의 양 증가

　　④ 결체조직, 힘줄 그리고 인대 조직의 양 증가

(2) 혈액 및 산소 공급 능력 향상

　　① 모세혈관 밀도 및 수 증가

　　② 총혈액량과 헤모글로빈 수 증가

(3) 근섬유의 미토콘드리아 산화 능력 향상

　　① 지근, 속근 모두에서 미토콘드리아 수와 크기 증가

　　② 미토콘드리아 산화 효소 및 산화 능력 향상

(4) 무산소성 대사 능력 향상

　　- 해당과정의 속도 조절효소인 PFK 농도 증가

　　- 근육량 증가로 인한 글리코겐 저장량 증가

4. 지구성 트레이닝의 효과

　　① 근섬유 내 모세혈관의 밀도가 증가하여 산소, 이산화탄소 및 포도당과 같은 에너지 대사 관련 물질의 이동이 용이하게 됨

　　② 근섬유의 모세혈관 밀도는 type II 보다 type I에서 더욱 현저하게 증가함

　　③ 미토콘드리아 내에서 산화적 인산화 관련 효소의 발달로 크렙스 사이클 및 전자전달계의 효율 증가

　　④ 마이오글로빈 농도 증가로 근육 내 산소 운반 능력 향상

4 근육의 수축 형태

등척성 수축	등척성 수축은 정적 수축에 포함되며, 근육의 길이가 변하지 않는 상태에서 장력을 발생시키는 수축 방법임. 특별한 장비나 장소에 구애받지 않으며 수행가능
등장성 수축	등장성 수축은 동적 수축에 포함되며, 근육의 길이가 변하면서 장력을 발생시키는 수축 방법임. 등장성 수축은 단축성 수축과 신장성 수축으로 구분됨. 단축성(구심성) 수축은 근육의 길이가 짧아지며 장력을 발생시키는 방법으로 가해지는 부하에 반대 방향으로 장력을 발생시킴. 반대로 신장성(원심성) 수축은 근육의 길이가 늘어나면서 장력을 발생시키는 방법으로 가해지는 부하와 같은 방향으로 장력이 발생됨
등속성 수축	등속성 수축은 등장성 수축과 유사하지만, 관절의 전 가동범위에서 동일한 속도로 장력을 발생시킨다는 점에서 차이를 보임. 특수한 고가의 장비를 이용하여 관절의 전 가동범위에서 최대치의 장력을 발생시키기 때문에 효율적인 운동이 이루어짐. 재활치료 시 또는 근육의 기능을 평가할 때 사용됨

용어해설

PFK(phosphofructokinase): 해당과정에 관여하는 효소로, 해당과정의 속도 조절 효소로 잘 알려져 있다.

pass.Hackers.com

출제예상문제

Chapter 04 골격근과 운동

01 골격근의 일반적인 특성으로 적절하지 않은 것은?
① 체중의 약 40%를 차지함
② 체성운동신경의 지배를 받아 불수의적으로 움직임
③ 인체의 항상성 유지에 역할
④ 에너지를 저장하는 역할

정답분석 골격근은 체성운동신경의 지배를 받아 의지대로 움직일 수 있는 수의근에 속한다.

정답 ②

02 아래 보기에서 제시된 근수축 과정을 단계별로 바르게 나열한 것은?

―― <보기> ――
㉠ 축삭 종말에서 아세틸콜린(ACh) 방출
㉡ ATP 분해에 따른 근세사 활주 시작
㉢ 근육세포의 활동전위(action potential) 발생
㉣ 근형질세망(SR)에서 칼슘이온(Ca^{2+}) 분비

① ㉠ - ㉢ - ㉣ - ㉡
② ㉡ - ㉣ - ㉠ - ㉢
③ ㉢ - ㉠ - ㉡ - ㉣
④ ㉣ - ㉢ - ㉡ - ㉠

정답분석 근수축 과정의 시작은 신경 자극이 근육으로 전달되면서 시작된다. 신경 자극은 아세틸콜린이라는 신경전달물질로부터 전달되며 이로써 근육 세포에 활동전위가 발생하며, 활동전위는 가로세관을 통해 근형질세망이 보유한 칼슘을 근세사로 방출하는 역할을 한다. 방출된 칼슘은 얇은 근세사인 액틴의 트로포닌과 결합하고 이는 액틴 세사와 마이오신 세사가 십자형 가교를 형성하여 근세사 활주가 시작되게 한다.

정답 ①

03 골격근의 구조에 대한 설명이 바르지 않은 것은?
① 근형질: 글리코겐 저장, 마이오글로빈 저장
② 위성세포: 골격근의 성장과 발달, 훈련 등의 과정에서 근비대에 기여
③ 근형질세망: 칼슘을 저장하고 방출과 재흡수를 담당
④ 가로세관: 근신경연접으로부터 전달된 칼슘을 근섬유로 전달

정답분석 가로세관은 근신경연접으로부터 전달된 신경자극을 근섬유로 신속히 전달하는 역할을 한다.

정답 ④

04 아래 보기에서 설명하고 있는 근원섬유의 구조는 무엇인가?

―― <보기> ――
• 골격근 섬유의 가장 작은 기본단위
• 굵은 세사와 얇은 세사로 구성됨
• z-line과 z-line 사이

① 근초
② 근절
③ 액틴
④ 마이오신 헤드

정답분석 근절(sarcomere)은 골격근의 가장 작은 단위이며 z-line과 z-line의 간격을 의미한다.

정답 ②

05 근섬유 유형에 대한 내용으로 바르지 않은 것은?

		지근	속근
①	모세혈관 밀도	높음	낮음
②	미토콘드리아	많음	적음
③	수축속도	빠름	느림
④	피로에 대한 내성	높음	낮음

정답분석 수축속도는 속근이 빠르고 지근이 느리다.

정답 ③

06 다음 중 운동단위 특징으로 바르지 않은 것은?
① 하나의 운동신경이 지배하고 있는 근섬유 수를 의미
② 하나의 운동단위에 있는 모든 근섬유는 같은 근섬유 유형에 속함
③ 하나의 운동단위에 의해 지근과 속근섬유가 동시 수축하지 않음
④ 운동단위가 많으면 정교한 움직임을 수행하고 적으면 큰 힘을 발휘

 운동단위가 많으면 큰 힘을 발휘하고(예 비복근) 적으면 정교한 움직임을 수행한다(예 안구근육).

정답 ④

07 다음 중 트레이닝에 따른 근섬유 유형의 변화에 대한 설명 중 바르지 않은 것은?
① 트레이닝은 지근과 속근섬유 모두에서 유산소성 능력을 향상시킴
② 트레이닝은 속근섬유의 해당능력을 향상시킴
③ 지구성 운동은 지근 섬유를 비대시킴
④ 트레이닝 후 속근과 지근 간에 상호 전환이 일어남

 속근과 지근은 트레이닝 후 개별적으로 향상될 수 있지만 두 섬유 간의 상호 전환은 일어나지 않는다.

정답 ④

08 다음 중 근수축의 형태에 대한 설명으로 바르지 않은 것은?
① 등척성 수축: 근육의 길이가 변하지 않으면서 장력을 발생
② 등장성 수축: 근육의 길이가 변하면서 장력을 발생
③ 등속성 수축: 전 가동범위에서 동일한 속도로 장력을 발생
④ 신장성 수축: 구심성 수축으로 가해지는 부하에 반대 방향으로 장력을 발생

- 등장성 수축: 근육의 길이가 변하면서 장력을 발생시키며 단축성 수축과 신장성 수축으로 구분됨
- 단축성 수축: 근육의 길이가 짧아지는 구심성 수축으로 가해지는 부하 반대 방향으로 장력을 발생시킴
- 신장성 수축: 근육의 길이가 길어지는 원심성 수축으로 가해지는 부하 방향으로 장력을 발생시킴

정답 ④

Chapter 05 내분비계와 운동

01 내분비계

1 호르몬의 특성

(1) 내분비계는 인체의 호르몬(hormone)을 분비하는 기관들의 모임을 의미함

(2) 호르몬이란 내분비계의 내분비세포에서 혈액 속으로 분비되어 특정한 표적기관의 수용체에 결합하여 반응하는 물질이며, 대사과정의 속도를 조절함으로써 인체의 항상성을 유지하는 역할을 함

(3) 내분비샘은 호르몬을 생성하여 혈관으로 직접 분비하는 조직이나 기관을 말하며, 뇌하수체, 갑상샘, 부갑상샘, 부신, 생식샘(성선), 이자 등이 주요 내분비샘에 포함됨

2 호르몬의 조절

1. 항상성

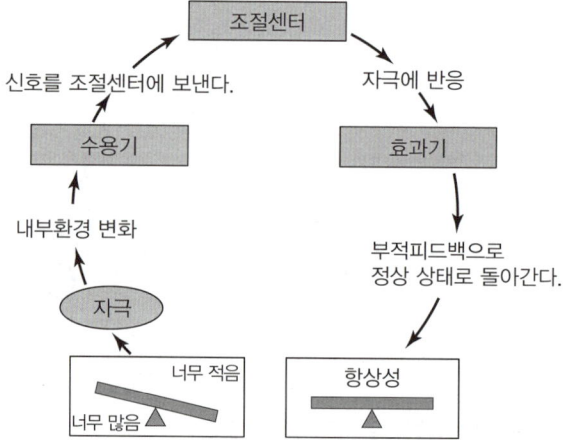

① 생체는 변화하는 외부 환경에 대응하여 몸 속의 상태를 항상 일정하게 유지하려는 성질을 가짐

② 각각의 호르몬은 표적 세포에 있는 해당 호르몬 수용체(hormone receptor)에 특이적으로 결합하여 생물학적 반응을 유발함

③ 호르몬 농도가 지속적으로 높으면 표적세포의 수용체 수를 감소시켜 호르몬의 감수성을 낮춤으로써 정상적인 환경을 유지하도록 조절하는데 이러한 반응은 항상성이라는 성질에 기초함

④ 항상성은 신경의 흥분과 호르몬 분비의 조절을 통해 유지되며, 이런 항상성 조절을 위한 호르몬의 분비 조절방법은 음성 피드백 조절과 양성 피드백 조절로 구분됨

용어해설

내분비샘(endocrine gland): 표적 세포의 기능이나 활성의 변화를 일으키는 호르몬을 분비하는 곳

2. 호르몬 분비 조절(항상성 조절 기구) - 피드백 조절

(1) 음성 피드백
대부분의 호르몬 분비 조절 방식이며, 분비된 호르몬이 중추의 기능을 억제하여 호르몬의 분비량을 일정하게 유지하는 방식

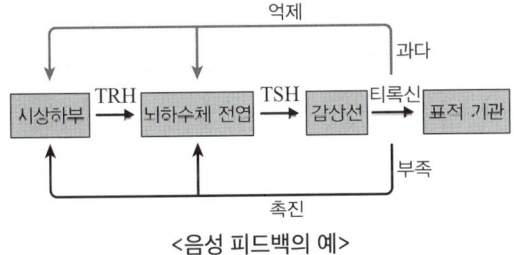

<음성 피드백의 예>

(2) 양성 피드백
호르몬이 분비된 결과가 호르몬 분비를 더욱 촉진하도록 조절하는 방식이며, 뇌하수체 후엽에서 분비되는 옥시토신의 자궁 수축 촉진이 대표적 예

3 내분비샘과 호르몬의 주요 기능

내분비샘		호르몬	기능
뇌하수체	전엽	성장 호르몬	• 시상하부에서 분비 • 인체 모든 조직의 발달과 크기 증가 촉진 • 단백질 합성 증가, 지방 동원 및 사용 증가 • 탄수화물 비축
		자극 호르몬	갑상선자극호르몬, 부신피질자극호르몬, 프로락틴, 난포자극호르몬, 황체형성호르몬
	후엽	항이뇨 호르몬	• 신장에 작용하여 수분 보유 증가 • 운동 시 수분 손실 예방
		옥시토신	자궁 근육을 수축하여 분만을 촉진하는 호르몬
갑상선		티록신(T4) 트리요오드타이로닌(T3)	인체의 대사 속도 증가
		칼시토닌	• 칼슘 농도가 높을 때, 혈장 칼슘 농도를 감소 • 뼈의 칼슘 방출 감소
부갑상선		부갑상선호르몬	• 칼슘 농도가 낮을 때, 혈장 칼슘 농도를 증가 • 뼈의 칼슘 방출 증가
부신	수질	에피네프린(아드레날린)	• 교감신경에 자극 • 대사활동 촉진(글리코겐 분해, 지방 분해 촉진) • 심박수와 심장 수축력 증가, 혈압 증가
		노르에피네프린(노르아드레날린)	
	피질	알도스테론	• 전해질(나트륨, 칼륨) 균형 유지 • 신장에서 나트륨 재흡수 및 칼륨 배출
		코티솔	• 유리지방산 동원 촉진 • 단백질 합성 억제 및 분해 촉진 • 간에서 아미노산과 글리세롤을 이용한 당 신생 촉진

핵심요약&보충자료

① 인슐린과 글루카곤
인슐린과 글루카곤은 서로 길항작용함으로써 혈당을 정상수준으로 조절한다.

췌장	인슐린①	• 혈당이 높을 때, 조직으로 포도당 이동 • 췌장의 베타세포에서 분비
	글루카곤	• 혈당이 낮을 때, 혈액으로 포도당 방출 • 췌장의 알파세포에서 분비 • 간의 당원분해와 지방의 지질분해 촉진
신장	레닌	알도스테론과 혈압 조절
	에리스로포이에틴	골수세포를 자극하여 적혈구 생산 조절

02 운동과 호르몬 조절

1 대사와 에너지에 미치는 호르몬의 영향

1. 혈당량 조절

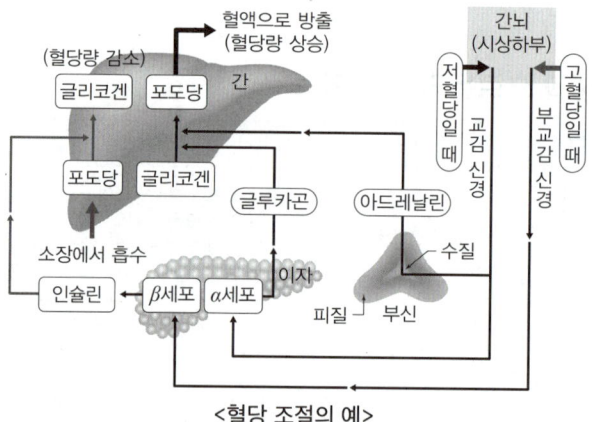

<혈당 조절의 예>

① 혈당은 혈액에서의 포도당의 농도를 의미하며, 정상혈당은 공복시, 60~100mg/dL이며, 정상치보다 낮으면 저혈당, 높으면 고혈당으로 분류함

② 고혈당일 경우 간뇌의 시상하부에서 부교감신경을 촉진하고 이는 췌장의 β-세포에서 인슐린을 분비하게 하여 혈액에 돌아다니는 포도당을 세포로 유입함으로써 혈당을 낮춤

③ 저혈당일 경우 교감신경을 촉진하여 췌장의 α-세포에서 글루카곤을 분비하여 혈당을 높임

2. 운동 중 글루코스 대사 조절

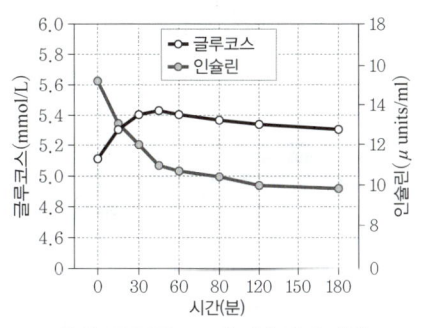
<운동 중 글루코스와 인슐린의 변화>

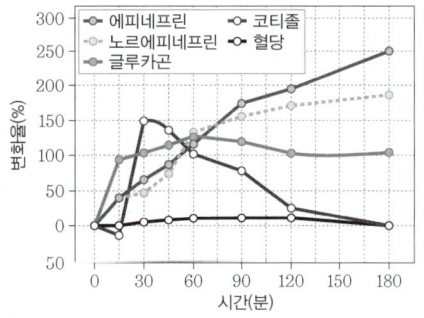
<운동 중 글루코스 농도 증가와 관련된 호르몬>

① 운동 중 혈중 글루코스 농도는 간의 글루코스 방출과 활동하는 근육의 글루코스 흡수 간의 균형에 의해 결정됨

② 간의 글루코스 방출 속도가 활동 근육의 글루코스 흡수보다 느려지면 혈중 글루코스 농도는 낮아짐

③ 활동하는 근육으로 글루코스를 흡수시키는 역할을 하는 인슐린의 농도는 운동 지속과 함께 낮아지며, 운동 중 인슐린 농도가 증가하게 되면 혈중 글루코스가 조직세포로 빠르게 흡수되어 저혈당을 유발할 수 있음

④ 운동 중 혈중 글루코스 농도는 글루카곤, 코티졸, 에피네프린, 노르에피네프린을 포함한 4가지 호르몬의 증가와 관련됨

3. 운동 중 지방 대사 조절

① 운동이 장시간 지속되면 근육 내 저장된 글리코겐의 고갈과 함께 혈중 글루코스 수준이 감소하는데, 운동 지속을 위한 추가적인 에너지 요구량을 충족하기 위해 지방분해에 의한 지방 산화를 가속화 함

② 지방은 체내에서 대부분 중성지방의 형태로 저장되며, 필요시 리파아제(lipase)에 의해 글리세롤(glycerol) 1분자와 유리지방산(free fatty acid) 3분자로 분해되어 에너지원으로 사용됨

③ 지방 대사의 속도는 코티졸, 에피네프린, 노르에피네프린, 성장호르몬에 의해 조절됨

용어해설

리파아제(lipase): 중성지방을 글리세롤 1분자와 유리지방산 3분자로 분해하는 효소

| 핵심요약&보충자료 | ## 2 운동 중 수분과 전해질에 대한 호르몬의 반응 |

1. 수분량의 조절 ①

① 체수분의 조절
시상하부에 의해 자극 받은 뇌하수체는 항이뇨호르몬을 방출함으로써 신장에서 수분의 재흡수를 촉진함

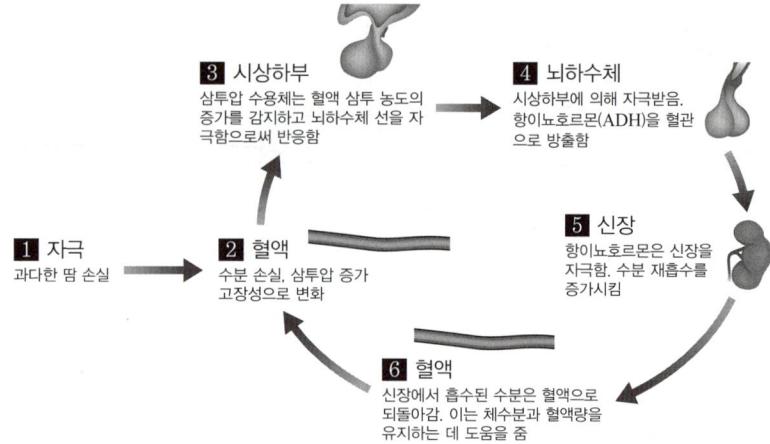

<항이뇨 호르몬에 의한 체수분 조절 기전>

① 뇌하수체 후엽의 호르몬인 항이뇨호르몬(antidiuretic hormone, ADH 또는 vasopressin)은 신장에서 재흡수되는 물의 양을 증가시키며 인체의 수분 보유를 증가시킴

② 운동 중 땀의 손실로 인해 혈중 수분이 감소되어 혈액이 농축되는 현상이 발생되고 이는 혈장의 삼투질 농도(osmolality)를 증가시킴

③ 시상하부에 위치한 삼투압수용체(osmoreceptor)가 삼투질 농도의 증가를 감지하면, 뇌하수체 후엽에 신경자극을 보내 항이뇨호르몬이 분비되게 함

④ 항이뇨호르몬은 신장으로 이동하여 수분의 재흡수를 촉진함

2. 전해질 양 조절 호르몬

[알도스테론(aldosterone)]

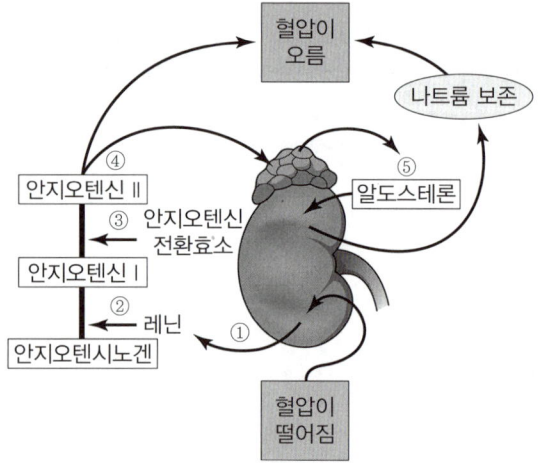

<레닌 - 안지오텐신 - 알도스테론 시스템에 의한 혈압 조절>

① 알도스테론은 신장의 나트륨 재흡수를 증가시키는 역할
② 나트륨은 신장의 수분 보유에 기여하며 혈압을 정상 상태로 유지하는 역할

③ 알도스테론은 부신피질에서 분비되며 레닌 - 안지오텐신 - 알도스테론 시스템에 의해 작용함
④ 신장의 세뇨관에서 나트륨의 재흡수를 감소 또는 증가하게 함으로써 궁극적으로 혈압 조절에 관여함
⑤ 안지오텐신은 안지오텐시노겐이라는 상태로 존재하며, 신장에서 분비된 레닌은 안지오텐시노겐을 안지오텐신 I으로 전환시키고 안지오텐신전환효소는 안지오텐신 I을 안지오텐신 II로 전환함으로써 최종적으로 알도스테론을 분비하게 함

3 운동에 대한 호르몬의 반응

1. 일회 운동과 반복적 훈련에 의한 호르몬 반응

내분비샘	호르몬	일회 운동 효과	훈련 효과
뇌하수체 전엽	성장 호르몬	운동강도의 증가와 함께 증가	동일한 운동 강도에서 감소
	갑상샘자극호르몬	운동강도의 증가와 함께 증가	검증된 효과 없음
	부신피질자극호르몬	운동강도의 및 지속시간 증가와 함께 증가	동일한 운동 강도에서 감소
뇌하수체 후엽	항이뇨호르몬(ADH)	운동강도의 증가와 함께 증가	동일한 운동 강도에서 감소
갑상샘	티록신(T4)	운동강도의 증가와 함께 증가	동일한 운동강도에서 증가
	티록신(T3)	운동강도의 증가와 함께 증가	동일한 운동강도에서 증가
부갑상샘	부갑상샘호르몬(PTH)	장시간의 운동과 함께 증가	검증된 효과 없음
부신수질	에피네프린	운동강도의 증가와 함께 증가	동일한 운동 강도에서 감소
	노르에피네프린	운동강도의 증가와 함께 증가	동일한 운동 강도에서 감소
부신피질	알도스테론	운동강도의 증가와 함께 증가	변화없음
	코티졸	높은 운동강도에서 증가	약간 더 높음
췌장	인슐린	운동강도 증가와 함께 감소	동일한 운동 강도에서 감소
	글루카곤	운동강도의 증가와 함께 증가	동일한 운동 강도에서 감소
신장	레닌	운동강도의 증가와 함께 증가	변화없음

용어해설

안지오텐신 전환효소(ACE): 폐에서 안지오텐신 I을 활성 형태인 안지오텐신 II로 전환하는 효소

출제예상문제

Chapter 05 내분비계와 운동

01 다음 중 호르몬 분비 조절 방법이 다른 호르몬은?
① 코티졸
② 인슐린
③ 아드레날린
④ 옥시토신

 대부분의 호르몬은 음성피드백 조절 방식을 가지지만 옥시토신은 양성피드백 조절 방식을 가진다.

정답 ④

02 다음 중 지용성 호르몬이 아닌 것은?
① 인슐린
② 테스토스테론
③ 에스트로겐
④ 프로게스테론

 인슐린은 수용성 호르몬에 속한다.

 ② 테스토스테론, ③ 에스트로겐, ④ 프로게스테론은 지용성 호르몬이다.

정답 ①

03 다음 중 호르몬 작용에 대한 설명으로 옳지 않은 것은?
① 호르몬은 내분비샘으로부터 분비되어 혈액을 통해 표적세포로 이동하여 작용함
② 지용성 호르몬과 수용성 호르몬은 수용체의 위치와 작용 기전이 다름
③ 신경계에 비해 전달 속도가 빠름
④ 지속시간이 길고 작용 범위가 넓은 특성을 가짐

 호르몬은 신경계에 비해 전달 속도가 느리다.

정답 ③

04 아래 보기에서 설명하는 호르몬은 무엇인가?

―〈보기〉―
- 혈당을 조절
- 췌장의 베타세포에서 분비됨
- 장시간 운동 시 혈중 농도는 감소됨

① 글루카곤
② 인슐린
③ 알도스테론
④ 칼시토닌

인슐린은 높은 혈중 포도당 농도에 반응하여 췌장의 베타세포에서 분비되어 혈당을 낮추는 역할을 한다.

정답 ②

05. 다음 중 혈당량 조절을 위해 서로 길항작용을 하는 호르몬으로 바르게 짝지어진 것은?

① 인슐린 - 에스트로겐
② 글루카곤 - 칼시토닌
③ 인슐린 - 글루카곤
④ 글루카곤 - 에피네프린

 췌장에서 분비되는 인슐린과 글루카곤은 서로 길항작용을 하며, 인슐린은 포도당을 글리코겐으로 변화시켜 혈당을 낮추고 반대로 글루카곤은 글리코겐을 포도당으로 변화시켜 혈당을 높인다.

정답 ③

06. 다음 중 운동 중 혈중 글루코스 농도 증가에 기여하는 호르몬이 아닌 것은?

① 글루카곤
② 코티졸
③ 에피네프린
④ 칼시토닌

 칼시토닌은 혈장 칼슘 농도를 조절하는 호르몬이다.

정답 ④

07. 아래 보기에서 설명하는 호르몬은 무엇인가?

―――――<보기>―――――
• 뇌하수체 후엽에서 분비
• 신장에서 재흡수되는 물의 양을 증가시킴
• 시상하부에 위치한 삼투압수용체에 의하여 조절됨

① 알도스테론
② 에피네프린
③ 항이뇨호르몬
④ 갑상선자극호르몬

 항이뇨호르몬은 장시간 운동으로 인한 땀 손실로 혈액이 농축되는 현상에 반응하여 체내에 수분 보유를 증가시킨다.

정답 ③

08. 아래 보기에서 빈칸에 들어갈 적절한 용어로 짝지어진 것은?

―――――<보기>―――――
• (㉠)는(은) 신장의 나트륨 재흡수를 증가시키는 역할을 함
• 혈압이 떨어지면 신장에서 분비된 레닌은 안지오텐시노겐을 안지오텐신 I로 전환시키고 (㉡)는 안지오텐신 I을 안지오텐신 II로 전환하여 최종적으로 (㉠)을 분비하게 함

	㉠	㉡
①	알도스테론	안지오텐신전환효소
②	알도스테론	에피네프린
③	안지오텐신전환효소	알도스테론
④	안지오텐신전환효소	에피네프린

 알도스테론은 부신피질에서 분비되며 레닌 - 안지오텐신 - 알도스테론 시스템에 의해 작용하며, 안지오텐신전환효소는 폐에서 안지오텐신 I을 활성 형태인 안지오텐신 II로 전환하는 효소로서 작용한다.

정답 ①

Chapter 06 호흡·순환계와 운동

핵심요약&보충자료

01 호흡계의 구조와 기능

1 호흡계❶의 구조

❶ 호흡계

호흡계는 부위에 따라 상기도와 하기도로 구분되며, 기능에 따라 기도부와 호흡역으로 구분된다.

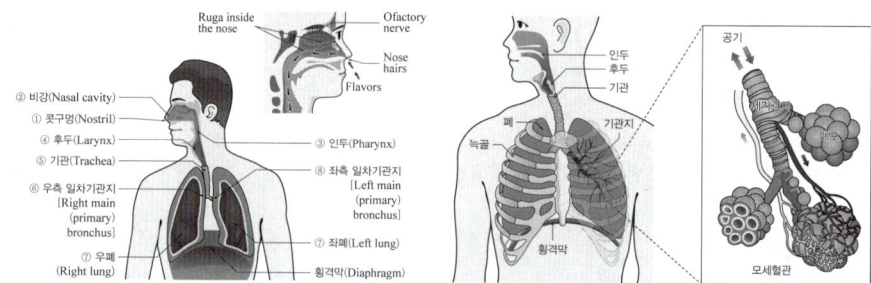

<호흡계의 구조>

부위		역할
상기도	코	• 외부공기를 알맞은 온도와 습도로 조절 • 세균, 먼지를 포함한 불순물 여과
	비강	• 코 내부의 빈 공간 • 비강 내 점막에 의해 외부 공기의 온도와 습도 증가
	인두	• 음식물(소화관)과 공기(기도)가 모두 지나가는 통로 • 음식물은 식도로 공기는 후두로 이동
하기도	후두	• 성대를 포함하는 공기 통로 • 후두개연골에 의해 음식물 차단
	기관, 기관지	• 폐 내로 공기가 들어가는 통로 • 전도영역과 호흡영역으로 구분됨
	폐	• 횡격막과 갈비뼈로 둘러싸인 흉강에 좌우 한쌍 존재 • 왼쪽 폐는 2개의 엽, 오른쪽 폐는 3개의 엽으로 구성 • 주변 근육에 의해 운동함 • 수많은 폐포로 구성
	폐포	• 기관지 말단에 있는 얇은 막의 공기주머니 • 모세혈관으로 둘러싸여 산소와 이산화탄소의 가스교환이 이루어짐 • 폐포의 환기는 1회 호흡량, 호흡 수, 사강의 크기에 따라 달라짐

2 호흡계의 기능

1. 호흡을 통한 가스교환❷

(1) 외호흡

폐포와 모세혈관 사이의 가스교환을 의미하며, 모세혈관의 이산화탄소가 폐포로 이동하고 폐포의 산소가 모세혈관으로 이동하는 과정

(2) 내호흡

온몸의 조직세포와 모세혈관 사이의 가스교환을 의미하며, 모세혈관의 산소가 조직세포로 이동하고 조직세포로부터 이산화탄소를 받아들이는 과정

2. 호흡을 통한 에너지 생산

조직세포 내에서 에너지를 생성하기 위해 받아들인 산소를 이용하고(에너지 대사에서 유산소성 대사과정에 포함) 이산화탄소를 배출하는 과정으로 진정한 의미의 호흡을 의미함

3. 호흡 역학

① 호흡은 숨을 들이쉬는 흡기(inspiration)와 숨을 내뱉는 호기(expiration)가 반복되는 과정임

② 폐는 주변 근육에 의해서 호흡운동을 지속함

③ 주변 근육은 외늑간근, 횡격막, 사각근, 흉쇄유돌근, 복직근, 내복사근을 포함

④ 주변 근육들은 횡격막과 늑골의 상하 운동을 일으켜 폐의 부피를 변화시킴으로써 호흡운동이 가능하게 함

● 참고 ●

주요 호흡근

구분	흡기	호기
안정시	외늑간근, 횡격막의 능동적 수축	없음(탄성반동에 의해 수동적으로 수축)
운동시	외늑간근 횡격막 사각근 흉쇄유돌근	내늑간근 횡격막 복직근의 능동적 수축

❷ 호흡을 통한 가스교환

호흡은 외호흡과 내호흡으로 구분된다. 따라서 폐의 기능뿐만 아니라 모세혈관과 조직세포 간의 가스교환인 내호흡의 기능까지 향상되어야 전체 호흡계 능력이 향상된다.

4. 폐용적과 폐용량

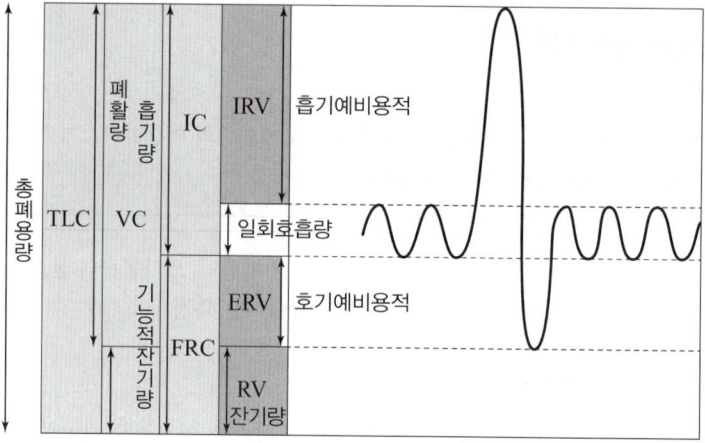

<폐용적과 폐용량>

(1) 폐용적(lung volume)과 폐용량(lung capacity)

폐용적은 흡기와 호기에 따라 나눈 개별적인 폐기능의 정도를 말하며, 폐용량은 폐용적들의 기능적 결합을 통해 구분되는 통합적인 폐기능을 나타냄

(2) 폐용적

① 1회 호흡량(tidal volume, TV): 일반적인 호흡주기동안의 흡기와 호기

② 흡기예비용적(inspiratory reserve volume, IRV): 1회 호흡 후에 최대로 흡입할 수 있는 공기량

③ 호기예비용적(expiratory reserve volume, ERV): 1회 호흡 후에 최대로 호기할 수 있는 공기량

④ 잔기량(residual volume, RV): 최대 호기 후 폐의 가스 잔여량(수의적으로 호기될 수 없음)

(3) 폐용량

① 총 폐용량(total lung capacity, TLC): 최대 흡기 시 폐내 총 가스량(VC+RV)

② 폐활량(vital capacity, VC): 최대 흡기 후 최대 호기량(TV+IRV+ERV)

③ 흡기량(inspiratory capacity, IC): 호기 후 최대 흡기량(TV+IRV)

④ 기능적 잔기량(functional residual capacity, FRC): 호기 후 폐의 가스 잔여량(ERV+RV)

02 운동에 대한 호흡계의 반응과 적응

1 운동과 호흡계의 반응

1. 일회성 운동 시 호흡계의 반응

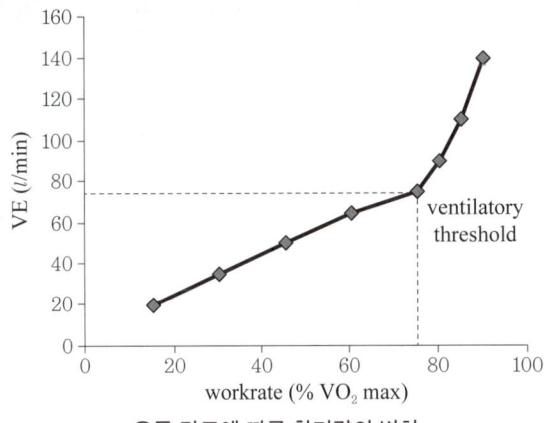

<운동 강도에 따른 환기량의 변화>

① 운동 시 1회 호흡량은 안정 상태의 5~6배 증가하며 이에 따라 흡기예비용적과 호기예비용적이 감소하게 됨

② 분당 환기량❶의 경우 안정 시 약 6~9L/min이나 일정 고강도 이상의 운동 시 최대 160L/min으로 크게 증가함

③ 분당 환기량은 운동 시작 초기 빠르게 증가하다 중반 이후 느리게 증가

④ 최대하(submaximal) 운동시에는 분당 환기량이 운동 후반에 더 이상 증가하지 않고 유지되나, 최대(maximal) 운동시에는 운동 후반에도 느린 속도로 증가를 지속함

⑤ 운동 후 회복기에는 초반에 분당 환기량이 빠르게 감소하고 후반에는 느리게 감소

⑥ 운동강도가 증가함에 따라 이산화탄소 생성량과 함께 환기량이 급격히 증가하는 시점을 보이는데 이를 환기 역치(ventilatory threshold) 또는 무산소성 역치(anaerobic threshold)라고 함

❶ 분당환기량 = 1회 호흡량 × 분당 호흡수

2. 운동 시 폐환기 조절기전

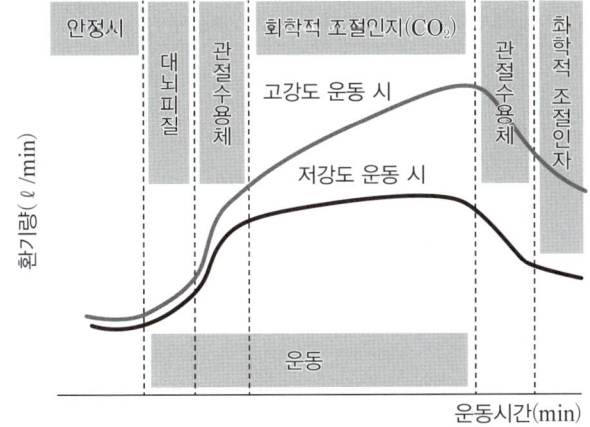

<운동 중 환기량의 변화>

핵심요약&보충자료

① 운동 시 폐환기를 조절하는 기전은 운동 시간 구간별로 다름
② 운동 시작 전 호흡중추가 활성화되어 환기량을 증가
③ 운동 초반 근육과 관절의 수용체로부터 신경자극이 증가하여 환기량이 급격히 증가
④ 운동 중반에는 이산화탄소와 젖산 농도 증가, pH의 감소와 같은 화학적 조절에 의해 환기량이 유지되거나 변화
⑤ 운동 후 회복기에는 근육과 관절의 수용체 그리고 화학적 조절에 의해 환기량이 안정시로 복귀

운동단계		변화	조절기전
안정시		거의 없음	호흡중추, 말초 화학수용체
운동 중	초기	급속한 증가	• 호흡중추 활성화 • 근육과 관절수용체의 활성으로 신경자극 증가
	중기	안정 혹은 느린 증가	• 이산화탄소 분압 증가 • pH 감소
	후기	유지(최대하운동) 혹은 계속적 증가(최대운동)	• 이산화탄소 분압 증가 • pH 감소 • 혈액 내 칼륨, 카테콜아민, 체온, 중추의 부가적 자극
회복기	초기	급속한 감소	관절수용체
	후기	느린 감소	이산화탄소와 pH가 정상화됨에 따른 중추와 말초 화학수용기 자극

2 운동과 호흡계의 적응

구분	안정 시	최대하 운동 시	최대 운동 시
폐용량	총 폐용량은 변화없음(폐활량은 약간 증가, 잔기량은 약간 감소)		
1회 호흡량	변화없음	항정상태 유지	증가
호흡수	감소	감소	증가
폐환기량	변화없음	변화없거나 약간 감소	증가
폐확산	변화없음	변화없음	증가
동정맥 산소차	증가	증가	증가
환기효율 상승	상승	상승	상승

[산소-헤모글로빈 해리곡선]

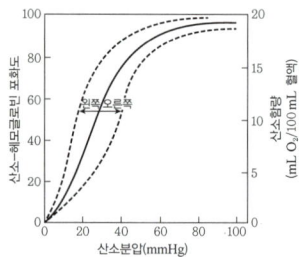

- 왼쪽으로 이동(휴식시)- 체온감소, pH 증가
- 오른쪽으로 이동(운동 시)- 체온증가, pH 감소

03 순환계의 구조와 기능

1 심장

1. 심장의 구조

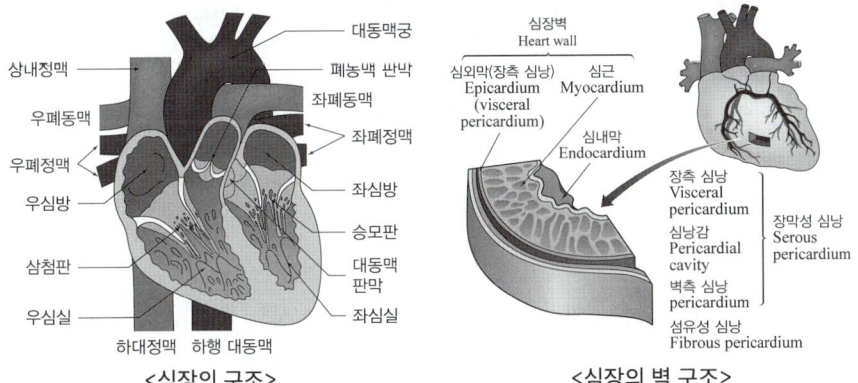

<심장의 구조>   <심장의 벽 구조>

① 심장의 크기는 약 300~500g
② 좌우로 분리된 심방(atrium)과 심실(ventricle)로 구성
③ 심방과 심실은 심실중격으로 분리되어 있으며 방실판막(atrioventricular valve, AV valve)이라는 4개의 일방향 판막(one way valve)❶로 연결되어 있음
④ 심장의 벽은 삼중 구조로 심장내막(endocardium), 심근(myocardium), 심장외막(epicardium)으로 구성
⑤ 심방의 벽은 심실 벽보다 얇고, 좌심실 벽은 온몸에 혈액을 보내는 체순환을 위해 우심실 벽보다 2~3배 더 두꺼움
⑥ 심장 외막과 벽측 심막 사이에는 심낭강(pericardial cavity)에는 심낭액이 존재하여 심장 수축 시 마찰을 방지하는 역할을 함

● 참고 ●

심장판막
- 삼첨판(tricuspid valve): 우심방과 우심실 사이
- 승모판(mitral valve): 좌심방과 좌심실 사이
- 폐동맥판(pulmonary valve): 우심실과 폐동맥 사이
- 대동맥판(aortic valve): 좌심실과 대동맥 사이

❶ 일방향 판막(one way valve)

심장에는 일방향 판막이 존재함으로써 혈액이 한 방향으로만 흐르게 된다. 일방향 판막이 손상되면 혈액이 역류하여 심장 기능에 문제가 발생한다.

핵심요약&보충자료

2. 심장의 전도 시스템

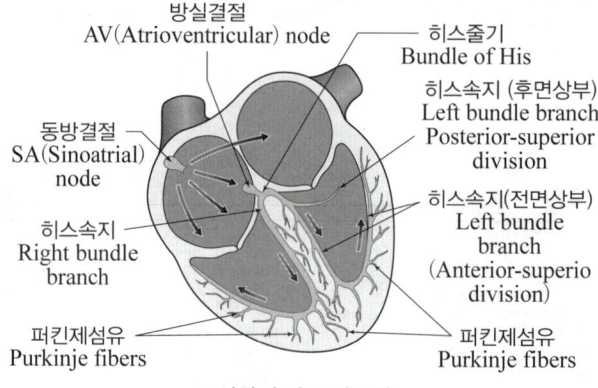

<심장의 전도 시스템>

① 심장의 세포는 수축성 세포와 전도성 세포로 구성됨
② 전도성 세포에 의해 전기적 신호가 전달되면 수축성 세포(심방, 심실)은 수축함
③ 전도성 세포는 동방결절, 방실결절, 히스속, 퍼킨제 섬유로 구성됨

> **선생님 TIP** 심장 전도 시스템의 자극 전달 순서
> 동방결절(심방탈분극, 심방수축) → 방실결절 → 히스속 → 퍼킨제섬유(심실탈분극, 심실수축)

3. 심박출량의 조절

① 심박출량 = 분당 심박동수 × 1회 심박출량
② 분당 심박동수는 교감신경과 부교감신경에 의해 조절
③ 1회 박출량은 심실의 이완기말 용적과 교감신경의 자극 수준에 의해 결정됨

4. 심장과 혈액의 순환

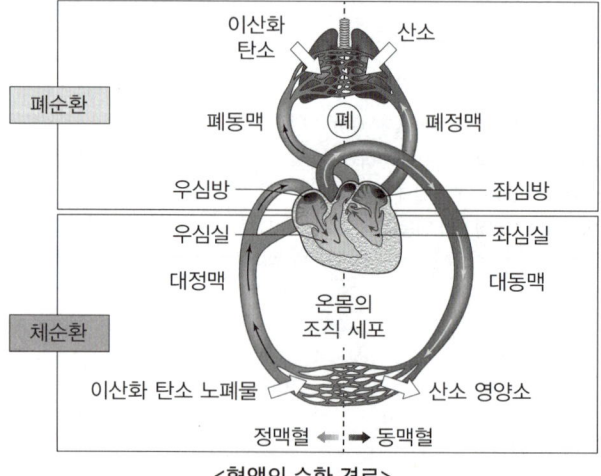

<혈액의 순환 경로>

📍 용어해설
동방결절(SA node): 심장의 심박조율기로도 불리며 심장의 박동수를 조절한다.

(1) 혈액 순환의 종류

① 폐순환

　㉠ 심장과 폐 사이의 혈액 순환

　㉡ 우심실 → 폐동맥 → 폐포(산소와 이산화탄소 교환) → 폐정맥 → 좌심방

② 체순환(온몸 순환)

　㉠ 혈액이 심장으로부터 온몸을 돌아 각 조직세포에 산소를 공급하고 다시 심장으로 돌아오는 순환

　㉡ 좌심실 → 대동맥 → 조직 내 모세혈관(산소와 이산화탄소 교환) → 대정맥 → 우심방

> **참고**
> 모세혈관과 조직세포 간의 산소교환 전후의 산소농도 차이를 '동 - 정맥 산소차'라고 부르며 조직세포의 산소 이용률을 의미한다.

04 운동에 대한 순환계의 반응과 적응

1 1회 박출량, 심박수, 심박출량의 반응

1. 1회 박출량

(1) 1회 박출량(stroke volume, SV)❶

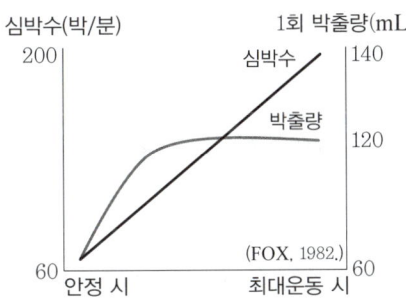

<운동 시 1회 박출량과 심박수의 변화>

① 심실이 1회 수축하여 방출하는 혈액량을 의미

② 1회 박출량 = 이완기말 혈액량(end-diastolic volume, EDV) - 수축기말 혈액량(end-systolic volume, ESV)

③ 이완기말 혈액량은 주로 심장으로 돌아오는 정맥환류량에 의해 결정됨

④ 수축기말 혈액량은 심실의 수축력과 혈액을 방출할 때의 압력에 의해 결정됨

⑤ 1회 박출량은 최대 산소 섭취 능력의 40% 정도에 해당하는 운동 부하에서 최대치를 보이며 이후 고원현상을 보임❷

---

❶ 프랭크-스탈링(Frank-Starling) 법칙

심실이완말 혈액량이 증가할수록 심실 수축력이 증가한다는 법칙

❷ • 전부하(preload): 심실 수축진 전, 이완기말에 심실 내 혈액이 심실 벽에 가하는 압력
　• 후부하(afterload): 심실이 수축하면서 혈액을 동맥으로 내보낼 때 극복해야 하는 압력

용어해설

• 이완기말 혈액량(EDV): 심장이 수축하기 전에 심실 내부에 채워진 혈액량으로 심장의 전부하(preload)를 의미. 정맥환류, 심실이완능력, 총혈액량에 영향을 받음

• 수축기말 혈액량(ESV): 심장의 한 주기 동안 심실이 수축 후 남아 있는 혈액량으로 좌심실과 대동맥 압력에 영향을 받음

(2) 1회 박출량의 결정요인

① 심실 이완기말 혈액량

② 평균 대동맥혈압

③ 심실의 수축력

2. 심박수(heart rate, HR)

① 1분 동안의 심장의 박동수를 의미(안정시 60~80회)

② 자율신경계에 의해 조절

　㉠ 교감신경: 심박수 증가

　㉡ 부교감신경: 심박수 감소

③ 운동 시 초기 심박수 증가는 부교감신경의 감소 때문이며, 보다 높은 작업률에서는 교감신경에 의한 동방결절의 자극 때문임

④ 심박수는 직접적으로 운동 강도의 증가에 비례하면서 거의 최대 운동강도까지 증가

> **선생님 TIP** 최대 심박수(HRmax)
> - 운동 부하가 계속 증가하더라도 심박수가 더 이상 증가하지 않는 최대치를 의미
> - 최대 심박수는 10~15세 이후 매년 약 1회 정도씩 일정하게 감소
> - 최대 심박수 = 220 - 나이(또는 208 - [0.7 × 나이])

3. 심박출량의 변화

(1) 심박출량(cardiac output, CO, Q)

① 심박출량은 심장으로부터 1분간 박출되는 혈액량을 의미

② 심박출량 = 심박수 × 1회 박출량

(2) 심박출량의 변화

① 운동 중 심박출량은 운동 강도에 따라 비례하여 증가

② 안정시 심박출량은 5L/min이지만, 강도 높은 운동 시 안정시의 5배 정도인 20~25L/min까지 증가

③ 운동선수는 일반인에 비해 운동 중 더 높은 심박출량을 나타냄

3 운동과 순환계의 적응

1. 지구성 훈련과 순환계의 변화

(1) 안정 시의 변화

① 심장의 비대: 좌심실 내강 크기 증가, 심근층 두께 증가

② 심박수 감소: 부교감신경 자극 증가, 교감신경의 작용 감소, 동방결절의 박동률 감소

③ 1회 박출량 증가: 심장의 비대와 정맥환류량 증가, 심실의 수축력 증가

④ 혈압 감소: 혈류속도 증가로 혈관 내 노폐물 정화

⑤ 미토콘드리아 산소 확산 능력 향상: 미토콘드리아 수와 크기 증가, 마이오글로빈 수 증가, 산화효소 발달, 지방산화 촉진

⑥ 모세혈관 밀도 증가: 총 혈액량과 총 헤모글로빈 양 증가

(2) 최대하 운동 시 변화

① 1회 박출량 증가: 심장의 비대

② 심박수 감소: 교감신경의 자극 감소, 동방결절의 박동률 감소

③ 최대산소섭취량 감소(산소소비량 감소): 미토콘드리아 수나 크기 증가, 산화효소 발달

④ 근육에 공급되는 혈류량 감소: 적은 혈류량으로도 많은 산소 추출, 동정맥 산소차 증가

⑤ 심박출량에 변화가 없거나 약간 감소: 인체 효율성 증대(산소 소비량 감소)

⑥ 미토콘드리아의 산화 능력 향상: 근글리코겐 사용량 감소, 지방산 산화 증가, 대사 연료로 젖산 이용률 증가

⑦ 젖산 축적 감소 및 젖산 역치 증가: 근글리코겐 이용 감소, 운동후 초과산소섭취량(EPOC) 감소, 젖산의 대사연료 사용 증가, 미토콘드리아 산화능력 개선, 동정맥 산소차 증가

(3) 최대 운동 시 변화

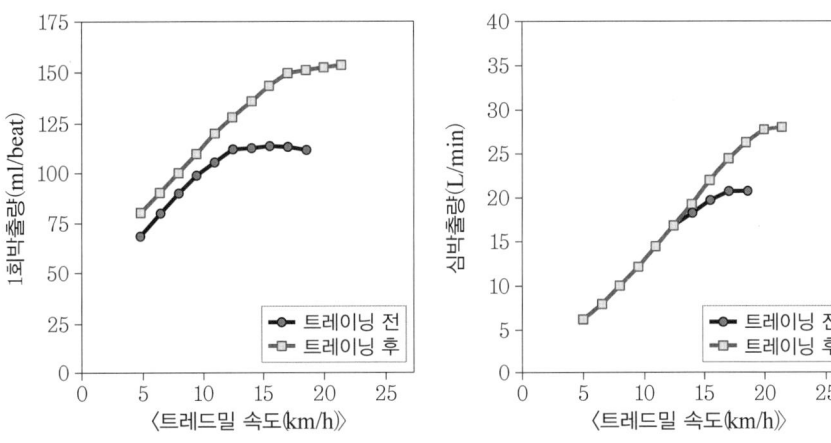

① 최대산소섭취량 증가: 총 혈류량 증가(심박출량 증가), 근육의 산소 적출 증가

② 1회 박출량 증가: 심장의 비대(심실의 용적 증가), 심근의 수축력은 변화가 없거나 약간 증가, 혈류량 증가

③ 심박출량 증가: 1회 박출량 증가

④ 심박수는 변화가 없거나 약간 감소: 심실의 용적 증가, 교감신경의 자극 감소, 동방결절의 박동 감소

⑤ 분당 환기량 증가: 1회 호흡량 증가, 호흡 빈도 증가

⑥ 폐의 확산 능력 증가: 폐의 혈류량 증가

⑦ 젖산 축적 증가: 해당능력의 향상

⑧ 근육에 공급되는 혈류량 차이 없음: 혈류량의 증가만큼 근육량이 증가, 혈류의 재분배

⑨ 동정맥 산소차 증가: 모세혈관 밀도 증가, 미토콘드리아 산화 능력의 향상

출제예상문제

Chapter 06 호흡·순환계와 운동

01 아래 보기에서 설명하는 호흡계의 구조는 무엇인가?

<보기>
- 코 내부의 빈 공간
- 외부 공기의 온도와 습도를 증가

① 인두
② 비강
③ 후두
④ 기관지

정답분석 비강은 코 내부의 빈 공간으로 외부 공기의 온도와 습도를 증가시키는 기능을 한다.

정답 ②

02 다음 중 운동 중 호흡에 사용되는 주요 근육으로 옳지 않은 것은?

① 외늑간근
② 횡격막
③ 흉쇄유돌근
④ 소흉근

정답분석 운동 중 호흡에서 흡기 시 사용되는 근육은 외늑간근, 횡격막, 사각근, 흉쇄유돌근이며, 호기 시 사용되는 근육은 내늑간근, 횡격막, 복직근으로 구성되어 있다.

정답 ④

03 다음 중 사강환기에 대한 설명으로 바르지 않은 것은?

① 운동은 분당사강환기량을 증가시킴
② 심호흡은 분당사강환기량을 증가시킴
③ 기도부를 통해 흡입된 공기의 일부가 폐포에서의 환기까지 이어지지 못하고 다시 외부로 배출되는 환기량
④ 안정시 사강환기량은 전체 환기량의 30% 정도를 차지

정답분석 심호흡은 분당사강환기량을 감소시킴으로서 폐포에서의 환기량을 증가시키며, 반대로 얕은 호흡은 분당사강환기량을 증가시켜 폐포에서의 환기량 감소시킨다.

정답 ②

04 아래 보기에서 설명하는 호흡계의 반응을 적절하게 나열한 것은?

<보기>
운동강도가 증가함에 따라 이산화탄소 생성량과 함께 환기량이 급격히 증가하는 시점을 보이는데 이를 (㉠) 또는 (㉡)라고 명칭함

	㉠	㉡
①	젖산 역치	무산소성 역치
②	환기 역치	무산소성 역치
③	환기 역치	호흡 역치
④	젖산 역치	호흡 역치

정답분석 운동강도 증가에 따른 이산화탄소 증가와 환기량이 급격히 증가하는 시점을 환기 역치 또는 무산소성 역치라고 한다.

정답 ②

05 다음 중 심장의 전도 시스템의 자극 전달 순서가 바르게 나열된 것은?

① 동방결절 → 방실결절 → 히스속 → 퍼킨제섬유
② 동방결절 → 히스속 → 방실결절 → 퍼킨제섬유
③ 방실결절 → 히스속 → 동방결절 → 퍼킨제섬유
④ 방실결절 → 동방결절 → 히스속 → 퍼킨제섬유

정답분석 심장의 전도 시스템은 심장의 박동 조율기로 알려진 동방결절에서 시작되어 방실결절, 히스속, 퍼킨제섬유 순으로 자극이 전달된다.

정답 ①

06 다음 중 1회 심박출량을 결정하는 요인으로만 짝지어진 것은?

① 심실 이완기말 혈액량 - 심실 수축력 - 심실 수축기말 용적
② 심방 이완기말 혈액량 - 심실 수축기말 용적 - 심실 수축력
③ 심방 수축력 - 심방 이완기말 혈액량 - 심실 수축기말 용적
④ 심방 수축력 - 심실 수축기말 용적 - 심방 이완기말 혈액량

정답분석 1회 심박출량은 심실의 이완기말 혈액량, 심실 수축력, 심실 수축기말 용적에 의해 결정된다.

정답 ①

07 다음 중 운동 중 혈압에 대한 설명으로 옳지 않은 것은?

① 운동 중 수축기 혈압은 상승함
② 일회성 운동 종료 후 혈압은 5~7mmHg 정도 감소됨
③ 운동 중 이완기 혈압은 보통 변화가 없거나 약간 상승함
④ 갑작스러운 운동 종료 후 수축기 혈압이 가파르게 상승함

정답분석 갑작스러운 운동 종료는 수축기 혈압을 급격히 저하시켜 뇌빈혈을 초래할 수 있다.

정답 ④

08 운동 중에 폐포와 모세혈관 사이에서 산소교환율을 증가시키는 직접적인 원인으로 바른 것은?

① 폐동맥의 높은 산소량
② 폐정맥의 낮은 산소량
③ 폐동맥의 낮은 산소량
④ 폐정맥의 높은 산소량

정답분석 혈액 내 낮은 산소 농도는 폐포에서의 산소교환율을 높이는 원인이 되며, 폐동맥은 심장의 우심실에서 폐로 정맥혈(낮은 산소, 높은 이산화탄소)을 보내는 혈관이다.

정답 ③

Chapter 07 환경과 운동

핵심요약&보충자료

01 체온조절과 운동

1 체온조절 기전

1. 체온조절의 기전

(1) 정상 체온
① 인간의 체온은 심부온도(core temperature)와 피부온도(skin temperature)로 구분됨
② 심부온도의 안정시 정상체온은 36~38℃이며, 고막, 겨드랑이, 구강, 직장에서 측정 가능함
③ 피부온도는 심부온도보다 낮고 대기온도에 따라 크게 변화하는 특성을 가지며, 반면 심부온도는 대기온도의 변화에도 불구하고 일정한 수준을 유지함

(2) 체온조절의 기전
① 뇌의 시상하부(hypothalamus)는 항상성의 원리에 기반하여 체온을 조절함

항상성 조절기관	작용
통합센터	• 시상하부는 체온조절의 통합센터 • 시상하부 전엽(anterior)은 체온 증가에 관여 • 시상하부 후엽(posterior)은 체온 감소에 관여
수용기	• 중추수용기(central receptor)는 혈액이 두뇌를 순환할 때 혈액의 온도 감지 • 말초수용기(peripheral receptor)는 피부 주위의 온도 감지
효과기	• 땀샘 자극 → 땀이 증발하여 피부 표면 열 제거를 통한 체온 감소 • 동맥 확장 → 동맥의 혈류 증가를 통한 체온 감소 • 근육의 떨림 유발 → 체온 유지 및 증가 • 호르몬 분비 → 티록신(thyroxine) 및 카테콜아민의 분비는 세포 대사율을 높여 체온 증가

② 체온이 증가하면(더운 환경) 시상하부에서 신호를 보내 땀을 배출함으로써 피부의 체온을 낮추고, 반면 체온이 감소하면(추운 환경) 시상하부에서 신호를 보내 모세혈관을 수축하고 근육의 떨림(shivering) 현상을 유발하여 체온을 증가시킴

[체열 증가 및 손실의 물리적 열전도 기전]

복사(radiation)	한 물체에서 다른 물체로 물리적 접촉없이 열이 전달되는 것
전도(conduction)	한 물질에서 다른 물질로 직접적인 접촉을 통해 열이 전달되는 것
대류(convection)	인체와 접촉한 공기가 다른 장소로 이동하여 열이 전달되는 것
증발(evaporation)❶	인체의 땀 분비에 의해 열이 제거되는 것을 의미하며 운동 중 열 발산의 주요 방법

 ❶ 증발
운동수행 중 증가하는 체온을 감소시키기 위한 열 전도 방법 중 증발(evaporation)의 비중이 가장 높다.

2 고온 환경과 운동

 핵심요약&보충자료

1. 고온에서의 운동 시 생리적 반응

① 체온상승 및 심부온도 증가
② 피부의 말초 혈류 증가
③ 땀 분비를 통한 발한량 증가
④ 땀 분비에 의한 수분 손실로 혈장량 감소
⑤ 혈장량 감소는 정맥혈 환류 감소로 이어짐
⑥ 정맥혈 환류의 감소는 심박수 증가를 유도함
⑦ 저수분 현상으로 심박출량 감소 및 최대산소섭취량 감소
⑧ 근육 글리코겐 이용 및 젖산 생성 증가
⑨ 교감 신경계 자극 증가로 호르몬 조절 기능 활성화

> **참고**
>
> **열순응(heat acclimatization)**
> - 열 내성을 증가시키는 생리적인 적응현상
> - 열에 대한 내성 증가로 순환계 및 체온조절 기능이 개선되는 현상을 의미
> - 고온 환경에서 약 5~8일간 점증적 훈련을 통해 실현 가능함
> - 발한능력을 열순응 전보다 3배 이상 증가시킴

2. 고온 환경에서의 운동과 건강

(1) 열 관련 장애

① **열경련(heat cramp)**
  ㉠ **가벼운 열 손상으로 골격근의 경련 발생**
  ㉡ 과다한 발한 작용으로 수반되는 무기질 손실과 탈수가 원인
  ㉢ 대처 방법: 서늘한 곳에서 스트레칭하고 전해질이 포함된 음료 보충

② 열탈진(heat exhaustion)
  ㉠ 일사병으로도 불리며, 심박수 증가, 두통, 혈압 저하, 현기증 및 무기력 등의 증상
  ㉡ 운동 중 과다한 수분 및 무기질 상실에 의한 혈액량 감소가 원인
  ㉢ 대처 방법: 서늘한 곳에서 안정을 취하며 수분 및 전해질 보충

③ **열사병(heat stroke)**
  ㉠ **생명을 위협하는 열손상으로 고열(약 40℃)이지만 땀이 발생하지 않음**
  ㉡ 지나친 체온증가에 의해 체온조절 기전이 작동하지 못하는 상태로 오심이나 구토 동반
  ㉢ 119로 신고하여 병원으로 후송해야 함
  ㉣ 대처 방법: 얼음물 또는 차가운 물에 몸을 담그거나 얼음주머니로 전신을 문질러 몸을 식힘

3 저온 환경과 운동

1. 저온 환경에서의 운동시 생리적 반응

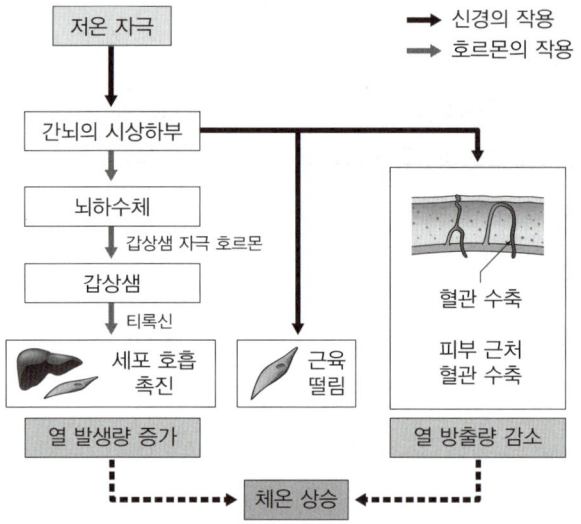

<저온환경에서의 열발생 기전>

① 심부온도 저하 → 심박수 감소 → 심박출량 감소 → 최대산소섭취량 감소 → 운동능력 저하
② 혈액의 온도가 감소되어 혈액의 산소운반능력이 저하됨
③ 에너지대사에 관여하는 효소의 활성 저하로 에너지 동원능력 감소
④ 근육 내 화학반응의 속도가 저하되어 근수축 속도와 파워가 저하됨
⑤ 말초 혈관 수축으로 체열 보존
⑥ 근육의 떨림으로 열발생
⑦ 카테콜아민(에피네프린), 티록신 등 호르몬 분비 증가

> **참고**
>
> 저온 환경에 대한 순응현상
> • 저온 환경에 장시간 노출 시 추위에 대한 순응현상이 일어남
> • 순응 현상은 안정 시 대사율 증가, 근육의 떨림 반응 감소, 피부혈류 증가로 추위에 내성의 증가를 포함

2. 저온 환경에서의 질환(한랭질환)

저체온증
심부체온*이 35°C 미만으로 떨어지는 상태
*내부 장기나 근육에서의 체온

- 오한
- 피로
- 의식혼미
- 기억장애
- 언어장애

동상
강한 한파에 노출되어 피부 및 피하조직이 동결하여 조직이 손상되는 것
*주로 노출부위(코, 귀, 뺨, 턱, 손가락, 발가락 등)에서 발생

- 점차 흰색이나 누런 회색으로 변하는 피부색
- 비정상적으로 단단해지는 피부촉감
- 피부감각 저하 (무감각)

<한랭질환>

(1) 저체온증

① 차가운 물과 공기에 오랜 시간 노출될 때 발생

② 체온이 35℃ 미만으로 떨어지며 온몸(특히 팔, 다리)에 심한 떨림, 말의 어눌함 발생

③ 직장 온도가 29.5℃가 되면 체온 조절 능력 완전 상실

④ 대처 방법: 따뜻한 곳으로 이동, 의식 있는 경우 따뜻한 음료 섭취(알코올, 카페인은 열손실 촉진), 심한 경우 병원으로 이송

(2) 동상

① 피부 온도가 어는점(0℃)보다 감소되면 피부 조직이 얼게 됨

② 저온환경에서 혈액순환 감소로 체액이 얼어 조직세포가 괴사하여 발생

③ 피부가 붉어지고, 물집이 발생하거나 손가락과 발가락이 따끔거리거나 마비됨

④ 대처 방법: 따뜻한 장소로 이동, 동상 부위를 따뜻한 물(38~42℃)에 20~40분 간 담그기, 비비거나 긁지 않기, 심한 경우 병원으로 이송

핵심요약&보충자료

02 인체 운동에 대한 환경 영향

1 고지 환경의 특성과 영향

1. 고지 환경에서의 생리적 반응과 적응

(1) 고지 환경에서 급성 반응

① 동맥혈의 산화헤모글로빈 포화도(arterial oxyhemoglobin saturation) 감소

호흡하는 공기의 산소분압 저하는 폐포의 산소분압 저하로 이어져 동맥혈로 충분한 산소를 전달하지 못하기 때문에 헤모글로빈에 결합하는 산소가 부족해짐

② 수분 손실

㉠ 고지대에서 환기량 증가에 따른 호흡기의 수분손실 발생

㉡ 체수분 보존 관련 호르몬의 기능 저하로 인해 소변 방출 증가

③ 최대 산소 섭취량 감소

④ 수면 장애(sleep disturbance)

고지 환경을 경험하는 대부분 사람에서 나타나는 현상

⑤ 급성고산병(acute mountain sickness, AMS)

㉠ 고지 환경 노출 후 6~12시간 내에 발생하며 식욕부진, 소화불량, 두통, 구토 등을 동반

㉡ 약 24~48시간 동안 최대 강도로 발생하며, 3~7일 정도의 고지 적응 후 완화됨

㉢ 4,200m 이상의 고지대에서 대부분 사람이 겪는 현상

⑥ 고산뇌부종(high altitude cerebral edema, HACE)

㉠ 고지로 급격하게 등반한 경우 나타날 수 있는 뇌부종

㉡ 급성고산병에 비해 발생률이 상당히 낮지만, 발생 시 생명에 위협이 될만큼 강도가 높음

⑦ 고산폐부종(high altitude pulmonary edema, HAPE)
  피로와 호흡곤란 및 기침 등으로 시작하여 급성고산병의 징후가 동반됨
⑧ 인지능력 저하
  극심한 고도(해발 7,000m 이상)에서 발생

(2) 고지 환경에서 운동 시 반응
  ① 폐환기량 증가
  ② 최대산소섭취량 감소
    ㉠ 고도가 증가할수록 감소
    ㉡ 1,000m 이상의 해발부터 매 1,000m 고도상승에 따라 약 9%씩 감소
    ㉢ 산소헤모글로빈 포화도 감소에 의한 근육의 산소 불충분이 원인
  ③ 최대심박수 감소
  ④ 최대심박출량 감소
  ⑤ 혈장량 감소
  ⑥ 적혈구 수 감소

(3) 고지 환경에서 훈련에 대한 적응
  ① 폐환기량의 증가
  ② 폐확산 능력의 증대
  ③ 최대심박수 감소
  ④ 최대심박출량 감소
  ⑤ 혈장량이 해수면 수준을 유지
  ⑥ 적혈구 수 증가
  ⑦ 헤모글로빈 농도 증가
  ⑧ 모세혈관 밀도 증가
  ⑨ 마이오글로빈 함량 증가
  ⑩ 미토콘드리아 수 증가

> **선생님 TIP** 고지훈련의 원리
> - 고지환경에서의 훈련은 호흡 시 산소분압의 감소로 조혈촉진인자(erythropoietin)이 방출되어 적혈구와 헤모글로빈의 농도가 증가할 것이라는 전제하에 수행됨
> - 적혈구와 헤모글로빈의 증가는 더 많은 산소를 운반하여 근육이 더 많은 산소를 활용할 수 있게 함

3 수중 환경의 특성과 영향

 핵심요약&보충자료

1. 수중 환경과 신체의 변화
① 신체 말단의 혈액이 심장 방향으로 몰리는 혈액의 재분배 과정의 결과로 방뇨(diuresis) 현상이 나타남
② 신장에서 레닌 - 알도스테론계 및 항이뇨호르몬의 감소 유발
③ 프로스타글란딘 방출 증가 및 심방나트륨이뇨펩타이드 증가
④ 공기에 비해 체온이 약 2~4배 빠르게 감소

2. 수중 환경에서 운동과 급성 반응
① 근육 떨림을 통해 손실되는 만큼 열생산
② 최대 심박출량, 최대 심박수 감소
③ 산소운반 능력 감소
④ 무산소성 능력 감소

3. 수중 환경에서 훈련과 적응
① 폐용량의 최대흡기압과 폐활량 증가
② 혈액 내 고농도의 이산화탄소(고탄산혈증)에 대한 호흡계의 민감도 감소
③ 저산소증에 적응

출제예상문제

Chapter 07 환경과 운동

01 체온을 조절하는 뇌의 구성요소는?

① 소뇌
② 시상하부
③ 연수
④ 대뇌

정답분석 뇌의 시상하부는 항상성의 원리에 기반하여 체온을 조절한다.

정답 ②

02 다음 중 체열 증가 및 손실의 열전도 기전으로 잘못 짝 지어진 것은?

① 복사: 체온이 높은 경우 체열이 물리적 접촉을 통해 다른 물체로 전달
② 대류: 체온이 높은 경우 체열이 공기의 흐름에 의해 전달
③ 증발: 체온이 높은 경우 땀을 분비함으로써 열 발산
④ 전도: 체온이 높은 경우 심부의 열이 조직을 통해 차가운 피부표면이나 공기로 이동

정답분석 복사는 체온이 높은 경우 체열이 물리적 접촉없이 다른 물체로 전달되는 것을 의미한다.

정답 ①

03 고온 환경에서 운동 시 생리적 반응으로 바르지 않은 것은?

① 땀 분비를 통한 발한량 증가
② 혈장량 감소
③ 피부 말초 혈류 감소
④ 심부 온도 증가

정답분석 고온 환경에서는 피부 말초 혈류가 증가하여 체온 감소를 야기한다.

정답 ③

04 <보기>에서 설명하는 고온 환경에서 나타나는 특성은 무엇인가?

─── <보기> ───
• 열 내성을 증가시키는 적응현상
• 고온 환경에서 5~8일간 점증적으로 적응함
• 발한 능력을 3배 이상 증가시킴

① 열발산
② 열적응
③ 열순응
④ 열활성

정답분석 열순응은 열에 대한 내성 증가로 보기에서 제시한 적응현상을 나타낸다.

정답 ③

05 <보기>에서 설명하는 열 관련 장애는 무엇인가?

─── <보기> ───
- 약 40°C이상의 고열에도 땀이 발생하지 않음
- 체온조절 기전이 작동하지 않는 상태
- 오심이나 구토 동반

① 열경련
② 열탈진
③ 열사병
④ 열실신

정답분석 열사병은 생명을 위협하는 열손상으로 고열에도 불구하고 땀이 분비되지 않고 체온조절 기전이 손상되어 발생한다.

정답 ③

06 다음 중 고지환경에서 나타나는 급성 반응으로만 짝지어진 것은?

① 산화헤모글로빈 감소 - 수면 장애 - 땀 분비 증가
② 산화헤모글로빈 증가 - 수면 장애 - 수분 손실
③ 산화헤모글로빈 감소 - 수면 장애 - 수분 손실
④ 산화헤모글로빈 증가 - 수면 장애 - 땀 분비 증가

정답분석 고지 환경에 노출되면 동맥혈의 산화헤모글로빈 포화도 감소, 수분 손실, 수면장애 및 최대산소섭취량 감소를 포함한 급성 반응을 경험하게 된다.

정답 ③

07 다음 중 고지환경에서 장기간 트레이닝 시 나타나는 적응 반응으로 바르지 않은 것은?

① 폐환기량 증가
② 적혈구 수 증가
③ 최대 심박수 증가
④ 미토콘드리아 수 증가

정답분석 고지환경에서의 트레이닝은 최대심박수를 감소시킨다.

정답 ③

08 다음 중 수중환경에서 운동시 나타나는 급성 반응으로 적절하지 않은 것은?

① 산소운반 능력 감소
② 최대 심박출량 감소
③ 최대 심박수 감소
④ 무산소성 능력 증가

정답분석 수중환경에서는 무산소성 능력이 감소된다.

정답 ④

2025년 기출문제

01 400m 트랙을 약 60초로 전력 질주 시 가장 많이 기여하는 에너지 공급 시스템에서 1분자의 글루코스(glucose) 분해로 얻을 수 있는 ATP 수는?

① 2
② 4
③ 16
④ 18

정답분석 400m를 약 60초 동안 전력 질주할 때는 무산소 해당과정이 주요 에너지 공급원이다. 이 과정에서 글루코스 1분자는 2 ATP를 생성하며, 근글리코겐에서 시작될 경우에는 3 ATP가 생성된다.

정답 ①

02 중-고강도 운동 시 필요한 ATP 합성에 사용되지 않는 기질(substrate)은?

① 혈중 알부민
② 혈중 포도당
③ 근육 글리코겐
④ 근육 중성지방

정답분석 중-고강도 운동 시 에너지 기질은 혈중 포도당, 근육 글리코겐, 근육 중성지방이다. 혈장 단백질인 알부민은 에너지원으로 사용되지 않는다.

정답 ①

03 <보기>에서 장기간의 무산소 트레이닝에 따른 생리학적 적응으로 옳은 것만을 모두 고른 것은?

―<보기>―
ㄱ. 산화 능력 증가
ㄴ. 근육의 수축 속도 증가
ㄷ. 미토콘드리아 밀도 증가
ㄹ. PCr 또는 PFK 효소의 양 및 활성도 증가

① ㄱ, ㄴ
② ㄴ, ㄹ
③ ㄱ, ㄴ, ㄹ
④ ㄱ, ㄷ, ㄹ

정답분석 무산소 트레이닝은 근육량 증가로 PCr 저장량이 늘고, 무산소 대사인 해당과정 효소(PFK)의 활성이 증가하며, 근수축 속도가 향상된다. 반면 산화 능력 증가(ㄱ)와 미토콘드리아 밀도 증가(ㄷ)는 유산소 트레이닝의 적응 효과이다.

정답 ②

04 <보기>에서 설명하는 에너지 대사 과정은?

―<보기>―
• 무산소성 에너지 시스템이다.
• 에너지 투자와 에너지 생산 단계로 구성된다.
• 대사 과정의 최종 산물로 피루브산염 또는 젖산염을 생성한다.

① 지방분해(lipolysis)
② 해당과정(glycolysis)
③ 동화작용(anabolism)
④ 산화적 인산화(oxidative phosphorylation) 과정

정답분석 젖산이 생성되는 과정은 무산소 해당과정을 의미한다. 지방분해와 산화적 인산화는 산소가 필요한 대사이며, 동화작용은 작은 분자가 큰 분자로 합성하는 과정이다.

정답 ②

05 <보기>에서 설명하는 감각수용기는?

―<보기>―
• 주동근의 수축을 억제한다.
• 근육 손상을 예방하는 기능을 한다.
• 근육-건 복합체의 장력 변화를 감지한다.

① 근방추
② 파치니소체
③ 골지건기관
④ 마이스너소체

정답분석 근육의 장력을 감지하는 감각수용기는 골지건기관이다. 참고로 근방추는 길이 변화를 감지한다.

선지분석
② 파치니소체: 피부의 감각수용기로 압력과 진동 감지
④ 마이스너소체: 피부의 감각수용기로 촉각 감지

정답 ③

06 <보기>에서 장기간 유산소 트레이닝에 의한 생리적 적응 현상으로 옳은 것만을 모두 고른 것은?

─── <보기> ───

ㄱ. 좌심실 용적 증가
ㄴ. 마이오글로빈 함유량 증가
ㄷ. 1회 박출량(stroke volume) 증가
ㄹ. 골격근 내 모세혈관 밀도 증가

① ㄱ, ㄴ
② ㄱ, ㄷ, ㄹ
③ ㄴ, ㄷ, ㄹ
④ ㄱ, ㄴ, ㄷ, ㄹ

 유산소 트레이닝에 의한 적응 효과는 심장이 커지고, 혈액 및 산소 운반 능력이 증가하는 것이다.
ㄱ. 좌심실 용적이 증가하여 심장에 혈액이 충만한 양이 증가한다.
ㄴ. 조직에서 산소를 운반하는 마이오글로빈함유량이 증가한다.
ㄷ. 1회 박출량이 증가한다.
ㄹ. 골격근 내 모세혈관 밀도가 증가하여 산소와 영양공급이 원활해진다.

정답 ④

07 <보기>의 골격근 수축 과정에 관한 설명 중 ㉠~㉢에 들어갈 용어로 옳은 것은?

─── <보기> ───

- 활동전위(action potential)는 가로세관(T-tubles)으로 이동하여 (㉠)에서 (㉡) 방출을 자극한다.
- (㉠)에서 방출된 (㉡)이 트로포닌(troponin)과 결합하게 되면 (㉢)의 위치를 이동시켜 마이오신 머리(myosin head)와 액틴 필라멘트(actin filament)가 강하게 결합하게 한다.

	㉠	㉡	㉢
①	원형질막	아세틸콜린	근절
②	원형질막	칼슘이온	트로포마이오신
③	근형질세망	아세틸콜린	근절
④	근형질세망	칼슘이온	트로포마이오신

 활동전위가 가로세관을 통해 전달되면 근형질세망에서 칼슘이 방출된다. 방출된 칼슘이 트로포닌과 결합하면 트로포마이오신의 위치가 이동하고, 그 결과 액틴과 마이오신이 교차결합하여 근수축이 일어난다.

정답 ④

08 그림의 산소-헤모글로빈 해리 곡선을 참고하여 <보기>에서 옳은 것만을 모두 고른 것은?

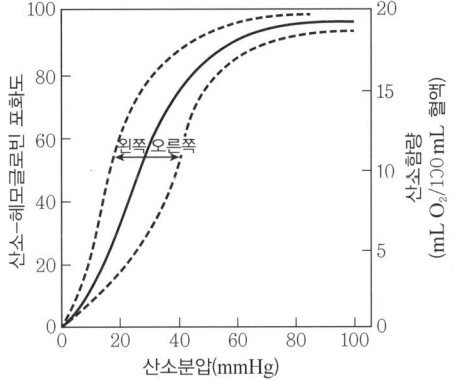

─── <보기> ───

ㄱ. 운동에 의한 체온상승(예: 심부온도 상승)은 헤모글로빈의 산소 친화력(affinity)을 높인다.
ㄴ. 고강도 운동 시 동-정맥 산소 차이(arteriovenous oxygen difference)는 안정 시와 비교하여 감소한다.
ㄷ. 고강도 운동에 의한 혈중 젖산 농도 증가는 산소-헤모글로빈 해리 곡선을 오른쪽으로 이동시킨다.
ㄹ. 운동 중 증가한 혈중 이산화탄소는 헤모글로빈의 산소 해리(dissociation)를 높이는데, 이를 보어 효과(Bohr effect)라고 한다.

① ㄱ, ㄴ
② ㄱ, ㄷ
③ ㄴ, ㄹ
④ ㄷ, ㄹ

 산소-헤모글로빈 해리곡선이 왼쪽으로 이동하는 경우는 안정시와 같이 산소와 헤모글로빈의 친화력이 증가하는 상황이다. 반면 운동 시에는 젖산과 이산화탄소의 증가로 pH가 낮아져 곡선이 오른쪽으로 이동한다. 이때 산소 해리가 증가(친화력 감소)하여 조직에서 산소를 잘 이용할 수 있게 한다.

 보어효과: pH 감소가 산소-헤모글로빈 해리곡선을 오른쪽으로 이동시켜 조직으로 산소를 조직에 더 잘 공급하도록 하는 현상

정답 ④

09 <보기>에서 건강관련체력 요인으로 옳은 것만을 모두 고른 것은?

─────<보기>─────
ㄱ. 근력   ㄴ. 유연성   ㄷ. 근지구력
ㄹ. 신체구성   ㅁ. 심폐지구력

① ㄱ, ㄴ, ㄹ   ② ㄱ, ㄷ, ㅁ
③ ㄴ, ㄷ, ㄹ, ㅁ   ④ ㄱ, ㄴ, ㄷ, ㄹ, ㅁ

정답 분석
건강관련체력 5대 요인: 근력, 근지구력, 유연성, 심폐지구력, 신체구성
* 이외에 민첩성, 평형성, 협응성, 순발력 등은 모두 운동관련체력 요인이다.

정답 ④

10 <보기>에서 동방결절(SA node)에 관한 특성으로 옳은 것만을 모두 고른 것은?

─────<보기>─────
ㄱ. 심장의 페이스메이커(pacemaker)로 불림
ㄴ. 전도체계 중 가장 빠른 내인성 박동률을 가짐
ㄷ. 심실이 혈액을 충만하게 모을 수 있도록 자극 전도 시간을 지연시킴
ㄹ. 다른 심장 전도 시스템보다 약 6배 빠르게 전기적 자극을 심실 전체로 전달하여 심실의 거의 모든 부위가 동시에 수축할 수 있게 함

① ㄱ, ㄴ   ② ㄱ, ㄴ, ㄷ
③ ㄱ, ㄷ, ㄹ   ④ ㄴ, ㄷ, ㄹ

정답 분석
- 동방결절(SA node)은 스스로 전기신호를 발생시켜 박동할 수 있으며, 가장 빠른 내인성 박동률을 가지므로 페이스메이커라고 불린다.
- ㄷ은 방실결절(AV node)에 대한 설명이며, ㄹ은 퍼킨제(Purkinje) 섬유에 대한 설명이다.

정답 ①

11 안정 시와 운동 중 심장 주기에 따른 좌심실의 용적과 압력을 나타낸 곡선을 참고하여 <보기>에서 옳은 것만을 모두 고른 것은?

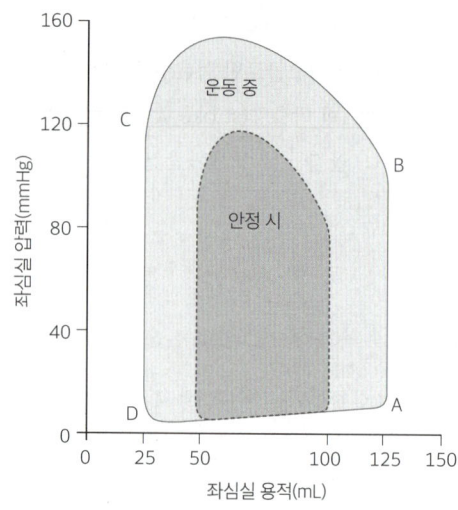

─────<보기>─────
ㄱ. A~B 구간은 이첨판(bicuspid valve)과 대동맥 판막(aortic valve)이 모두 닫힌 상태이며, 이를 등용적 수축(isovolumic contraction)이라고 한다.
ㄴ. 운동 중 좌심실 수축력의 증가는 C시점에서의 좌심실 용적 증가로 이어진다.
ㄷ. 안정 시와 운동 중 좌심실 박출률(%ejection fraction)은 동일하다.
ㄹ. D~A 구간의 증가는 1회 박출량 증가로 이어진다.

① ㄱ, ㄴ   ② ㄱ, ㄹ
③ ㄴ, ㄷ   ④ ㄷ, ㄹ

정답 분석
ㄱ. A~B구간은 좌심실 용적이 변하지 않으면서 압력이 증가하는 구간으로, 모든 판막이 닫혀 있는 상태에서 용적 변화 없이 압력만 증가하는 등용적 수축이다.
ㄴ. 좌심실 수축력이 증가하면 좌심실 용적이 감소한다.
ㄷ. 운동 중에는 심실수축력의 증가로 박출률이 증가한다.
ㄹ. D-A구간은 좌심실 용적이 늘어나며 혈액이 채워지는 구간으로, 충만된 혈액이 많을수록 1회 박출량이 증가한다.

정답 ②

12 <보기>에서 고지대 환경에서 장기간 노출 시 나타나는 생리학적 적응으로 옳은 것만을 모두 고른 것은?

─── <보기> ───
ㄱ. 심박출량 증가
ㄴ. 모세혈관 밀도 증가
ㄷ. 근육 단면적 증가
ㄹ. 산소운반능력 증가

① ㄱ, ㄷ   ② ㄴ, ㄹ
③ ㄱ, ㄷ, ㄹ   ④ ㄴ, ㄷ, ㄹ

정답분석 고지대 환경에서의 장기간 적응은 모세혈관 밀도와 적혈구 수가 증가하여 산소운반능력이 향상된다. 반면, 운동능력감소로 심박출량과 근단면적은 감소한다.

정답 ②

13 운동 자극에 관한 신체 내 기관(organs)과 기능에 대한 설명이다. ㉠~㉢에 해당하는 것으로 옳은 것은?

기능 / 기관	뇌하수체	부신	㉠
고온다습한 환경에서 운동 중 체액량 조절을 위한 호르몬을 분비한다.	㉡	○	×
중강도 이상 운동 중 교감신경의 영향을 받아 호르몬 (㉢)을 분비한다.	×	○	×
부교감신경인 미주 신경(vagus nerve)이 위치하며, 운동 종료 후 심박수를 낮춘다.	×	×	○

	㉠	㉡	㉢
①	연수	○	에피네프린
②	뇌간	×	알도스테론
③	대뇌피질	○	에피네프린
④	대뇌피질	×	알도스테론

정답분석
ㄱ. 연수에는 부교감신경인 미주 신경이 위치하며, 운동 종료 후 심박수를 낮추는 역할을 한다.
ㄴ. 뇌하수체 후엽에서 분비되는 항이뇨호르몬은 체액량을 조절한다.
ㄷ. 중강도 이상의 운동에서 교감신경이 활성화되어 부신수질에서 에피네프린이 분비된다.

정답 ①

14 단축성 수축 시 그림의 골격근 초미세구조를 참고하여 <보기>에서 옳은 것만을 모두 고른 것은?

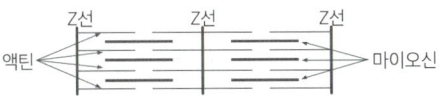

─── <보기> ───
ㄱ. I 밴드의 길이는 변하지 않는다.
ㄴ. A 밴드의 길이는 변하지 않는다.
ㄷ. 근절(sarcomere)의 길이는 짧아진다.
ㄹ. 액틴(actin)과 마이오신(myosin)의 길이는 짧아진다.

① ㄱ, ㄴ   ② ㄱ, ㄹ
③ ㄴ, ㄷ   ④ ㄷ, ㄹ

정답분석 단축성 수축시, I 밴드의 길이는 짧아지지만(ㄱ) A 밴드의 길이는 일정하다(ㄴ). 또한 근절의 길이는 짧아지고(ㄷ) 액틴과 마이오신 자체의 길이는 변하지 않는다(ㄹ).

이론PLUS
- I 밴드: 액틴세사만 있는 밝은 부분
- A 밴드: 마이오신의 전체 길이(액틴과 중첩된 부분 포함)

정답 ③

15 <보기>에서 속근섬유(type Ⅱ) 관한 특성으로 옳은 것만을 모두 고른 것은?

─── <보기> ───
ㄱ. 피로 저항이 높음
ㄴ. 수축 속도가 빠름
ㄷ. 산화 능력이 높음
ㄹ. 칼슘이온 방출 속도가 빠름

① ㄱ, ㄴ   ② ㄱ, ㄷ
③ ㄴ, ㄹ   ④ ㄷ, ㄹ

정답분석 ㄱ과 ㄷ은 지근섬유의 특성에 대한 설명이다.

정답 ③

16 순환계의 구조와 기능에 관한 설명으로 옳지 않은 것은?

① 혈액의 역류를 막기 위해 하지동맥 내에 판막이 존재한다.
② 호르몬 수송 및 면역기능 조절은 순환계의 기능 중 하나이다.
③ 관상동맥(coronary artery)은 심장근에 혈액을 공급하는 혈관이다.
④ 폐순환의 주요 기능은 폐에서의 가스 교환(예: 이산화탄소 배출)이다.

정답분석 혈액 역류를 막기 위한 판막은 정맥에만 존재하며, 동맥에는 판막이 없다.

정답 ①

17 <보기>에서 설명하는 호르몬은?

─── <보기> ───
• 간의 글리코겐을 분해한다.
• 췌장 알파세포에서 분비된다.
• 혈중 글루코스 농도를 높인다.

① 인슐린   ② 코티졸
③ 글루카곤   ④ 에피네프린

정답분석 글루카곤은 췌장 알파세포에서 분비되어 간의 글리코겐을 분해하여 혈당을 상승시킨다.
* 인슐린: 췌장 베타세포에서 분비되어 혈당을 감소시킨다.

정답 ③

18 골격근의 운동단위(motor unit) 동원에 관한 설명으로 옳지 않은 것은?

① 동원된 운동단위의 증가는 근 수축력 증가로 이어진다.
② 운동단위는 운동신경과 그에 연결된 근섬유를 지칭한다.
③ 저강도 운동(예: V̇O2max 30% 이하) 시 Type IIx 근섬유가 가장 먼저 동원된다.
④ Type I 근섬유의 운동단위는 Type II 근섬유 운동단위보다 활성화 역치가 낮다.

정답분석 Type IIx 섬유는 속근섬유로 저강도 운동에서는 크기 원리에 따라 Type I (지근섬유)이 먼저 동원된다.

정답 ③

19 <보기>의 ㉠, ㉡에 들어갈 용어는?

─── <보기> ───
• (㉠)은 근육조직에서 산소를 저장하고, 운반하는 데 중요한 역할을 한다.
• 적혈구용적률이 증가하면 혈액의 점성은 (㉡)한다.

	㉠	㉡
①	헤모글로빈	감소
②	헤모글로빈	증가
③	마이오글로빈	감소
④	마이오글로빈	증가

정답분석 마이오글로빈은 근육 내 산소를 저장 및 운반하는 단백질이다. 적혈구용적률이 증가하면 혈액 점성이 증가한다.
* 적혈구용적률: 전체 혈액에서 적혈구가 차지하는 비율(%)

정답 ④

20 <보기>에서 운동 중 혈류 재분배(blood re-distribution)에 관한 설명으로 옳은 것만을 모두 고른 것은?

─── <보기> ───
ㄱ. 운동 시 골격근의 산소 요구량을 충족하기 위해 비활동 조직으로의 혈류량은 감소한다.
ㄴ. 최대 운동 시 심박출량은 증가하지만 안정 시와 비교하여 기관별(예: 신장, 내장, 골격근 등) 혈류 분배 비율은 동일하다.
ㄷ. 고강도 운동에 참여하는 골격근의 세동맥(arterioles) 혈관 저항은 안정 시와 비교하여 감소한다.

① ㄱ, ㄴ   ② ㄱ, ㄷ
③ ㄴ, ㄷ   ④ ㄱ, ㄴ, ㄷ

정답분석 운동 시에는 비활동 조직으로 가는 혈류가 감소하고, 활동 근육의 세동맥은 확장되어 혈관저항이 감소한다.
ㄴ. 최대 운동시 기관별 혈류 분배 비율은 달라진다. 운동 시 내장 혈류는 감소하고 골격근으로의 혈류는 증가한다.

정답 ②

2024년 기출문제

01. 지구성 훈련에 의한 지근섬유(Type 1)의 생리적 변화로 옳지 않은 것은?

① 모세혈관 밀도 증가
② 마이오글로빈 함유량 감소
③ 미토콘드리아의 수와 크기 증가
④ 절대 운동강도에서의 젖산 농도 감소

정답분석 지구성 훈련은 지근섬유(Type 1)에서 모세혈관 밀도와 미토콘드리아 수, 크기, 마이오글로빈 함량을 증가시킨다. 지근섬유는 산소 저장 단백질인 마이오글로빈 함량이 높아 산소를 저장하고, 산소를 근섬유 내부로 효율적으로 전달한다. 지구성 훈련에 의해 마이오글로빈 함유량이 증가하므로, "마이오글로빈 함유량 감소"는 틀린 설명이다.

선지분석
① 지구성 훈련에 의해 지근섬유 주변의 모세혈관 밀도가 증가하여 근섬유로의 산소와 영양소 공급이 원활해진다.
③ 지구성 훈련은 지근섬유 내 미토콘드리아의 수와 크기를 증가시켜 에너지 생산 능력을 높인다.
④ 지구성 훈련을 통해 절대적인 운동 강도에서 지근섬유가 산소를 더 효율적으로 사용하게 되어 젖산 생성이 감소한다.

정답 ②

02. 유산소성 트레이닝을 통한 근육 내 미토콘드리아 변화와 관련된 설명으로 옳지 않은 것은?

① 근원섬유 사이의 미토콘드리아 밀도 증가
② 근육 내 젖산과 수소 이온(H^+) 생성 감소
③ 손상된 미토콘드리아 분해 및 제거율 감소
④ 근육 내 크레아틴인산(phosphocreatine) 소모량 감소

정답분석 유산소성 트레이닝은 손상된 미토콘드리아의 분해와 제거를 촉진하여 새로운 건강한 미토콘드리아를 생성한다.

선지분석
① 유산소성 트레이닝을 통해 근원섬유(근육섬유) 사이에 미토콘드리아 밀도가 증가한다. 이는 에너지 생산을 위한 산화 능력을 높여 지구력을 향상시킨다.
② 유산소성 트레이닝은 산소 이용 능력을 높여 젖산과 수소 이온의 축적을 줄임으로써 근육 피로를 지연시키는 데 도움이 된다.
④ 근육 내 유산소 대사의 비율 증가로 인원질 과정의 상대적 비율은 감소하여 크레아틴인산 소모량 또한 감소한다.

정답 ③

03. 다음 중 운동 중 지방분해를 촉진하는 요인으로 옳지 않은 것은?

① 인슐린 증가
② 글루카곤 증가
③ 에피네프린 증가
④ 순환성(cyclic) AMP 증가

정답분석 인슐린은 지방분해를 억제하는 효과가 있다.

선지분석
② 글루카곤은 지방분해를 촉진하는 호르몬이다.
③ 에피네프린은 지방을 분해해 에너지원으로 사용할 수 있도록 돕는다.
④ 순환성 AMP는 지방분해 효소를 활성화하여 지방산 방출을 촉진한다.

정답 ①

04. 운동에 대한 심혈관 반응에 관한 설명으로 옳은 것은?

① 점증 부하 운동 시 심근산소소비량 감소
② 고강도 운동 시 내장 기관으로의 혈류 분배 비율 증가
③ 일정한 부하의 장시간 운동 시 시간 경과에 따른 심박수 감소
④ 고강도 운동 시 활동근의 세동맥(arterioles) 확장을 통한 혈류량 증가

정답분석 고강도 운동 중 활동근의 세동맥이 확장되어 근육으로 가는 혈류량이 증가한다.

선지분석
① 점증 부하 운동 시 심장이 더 많은 산소를 필요로 하기 때문에 심근산소소비량(심장이 소비하는 산소량)은 증가한다.
② 고강도 운동 시 혈류는 운동하는 활동근으로 혈류 분배가 일어난다.
③ 일정한 부하라도 장시간 운동하게 되면 혈장량 감소와 체온증가로 인해 심박출량을 유지하기 위해 심박수가 증가하게 된다.

정답 ④

05 <보기>의 ㉠, ㉡에 들어갈 용어가 바르게 나열된 것은?

─<보기>─
- 심장의 부담을 나타내는 심근산소소비량은 심박수와 (㉠)을 곱하여 산출한다.
- 산소섭취량이 동일한 운동 시 다리 운동이 팔 운동에 비해 심근 산소소비량이 더 (㉡) 나타난다.

	㉠	㉡
①	1회 박출량	높게
②	1회 박출량	낮게
③	수축기 혈압	높게
④	수축기 혈압	낮게

정답분석
㉠ 심근산소소비량(rate pressure product, RPP) = 심박수 × 수축기혈압 이다.
㉡ 팔은 상대적으로 다리보다 혈관이 좁고 적어서 말초저항이 커져 혈압이 증가한다. 이에 따라 심근산소소비량도 더 증가한다. 따라서 다리 운동이 팔 운동에 비해 심근 산소소비량이 더 낮게 나타난다.

정답 ④

06 골격근의 수축 특성을 결정하는 요인에 대한 설명 중 <보기>의 ㉠, ㉡에 들어갈 용어가 바르게 연결된 것은?

─<보기>─
- 특이장력= 근력/ (㉠)
- 근파워= 힘×(㉡)

	㉠	㉡
①	근횡단면적	수축속도
②	근횡단면적	수축시간
③	근파워	수축속도
④	근파워	수축시간

정답분석
- 특이장력이란 근육의 근력을 근횡단면적으로 나눈 값으로, 근육의 단위 면적당 발휘할 수 있는 힘을 나타낸다.
- 근파워는 힘과 수축속도의 곱으로 계산되며, 수축속도가 빠를수록 근파워가 높아진다.

정답 ①

07 <보기>의 ㉠~㉢에 들어갈 용어가 바르게 나열된 것은?

─<보기>─
수용기	역할
근방추	(㉠) 정보 전달
골지건기관	(㉡) 정보 전달
근육의 화학수용기	(㉢) 정보 전달

	㉠	㉡	㉢
①	근육의 길이	근육 대사량	힘 생성량
②	근육 대사량	힘 생성량	근육의 길이
③	근육 대사량	근육의 길이	힘 생성량
④	근육의 길이	힘 생성량	근육 대사량

정답분석
- 근방추는 근육의 길이 변화를 감지하여 신장자극에 대한 수축명령을 전달하는 역할을 한다.
- 골지건기관은 과도한 힘 생성량(장력)에 대해 주동근 억제명령을 전달하여 손상을 예방하는 역할을 한다.
- 근육의 화학수용기는 산소, 이산화탄소, 수소 등의 근육 대사량 변화를 감지하여 관련 정보를 전달한다.

정답 ④

08

<그림>은 도피반사(withdrawal reflex)와 교차신전반사(crossed-extensor reflex)를 나타낸 것이다. 이에 관한 설명으로 옳지 않은 것은?

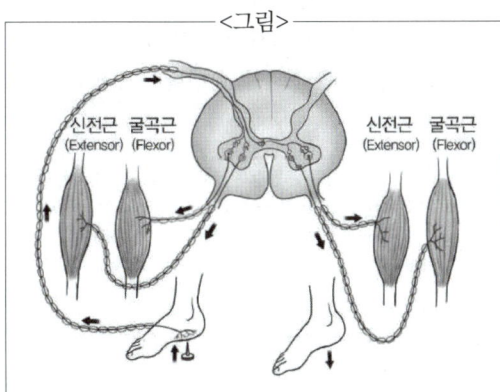

① 반사궁 경로를 통해 통증 자극에 대한 빠른 반사가 일어난다.
② 통증 수용기로부터 활동전위가 발생하여 척수로 전달된다.
③ 신체 균형을 유지하기 위해 반대편 대퇴의 굴곡근 수축이 억제된다.
④ 통증을 회피하기 위해 통증 부위 대퇴의 굴곡근과 신전근이 동시에 수축된다.

정답분석 통증을 회피하기 위해 통증 부위 대퇴의 굴곡근은 수축하고 신전근은 이완된다.

이론PLUS 도피반사와 교차신전반사
도피반사와 교차신전반사는 뇌로 전달되기전 척수수준에서 명령하여 신체를 빠르게 보호하는 반사이다.
- 도피반사(withdrawal reflex): 통증 자극이 발생하면 굴곡근이 수축하고 신전근이 이완되어, 자극으로부터 신체를 떨어뜨리게 한다.
- 교차신전반사(crossed-extensor reflex): 도피반사와 동시에 반대쪽(교차)에서는 신전근이 수축하여 신체를 안정적으로 지탱한다.

정답 ④

09

<보기>에서 고온 환경의 장시간 최대하 운동 시 운동수행능력을 저하시키는 요인으로 옳은 것만을 모두 고른 것은? (단, 심각한 탈수 현상은 발생하지 않는 환경이다.)

<보기>
㉠ 글리코겐 고갈 가속
㉡ 근혈류량 감소
㉢ 1회 박출량 감소
㉣ 운동단위 활성 감소

① ㉠, ㉢
② ㉠, ㉡, ㉣
③ ㉡, ㉢, ㉣
④ ㉠, ㉡, ㉢, ㉣

정답분석 ㉠, ㉡, ㉣이 옳은 내용이다.
㉠ 산소이용률 감소로 무산소 대사가 활발하게 되어 글리코겐 고갈이 가속된다. 이는 젖산 증가로 인한 운동수행력 감소를 유발한다.
㉡ 고온환경에서 장시간 최대하 운동시, 땀을 배출하기 위해 피부로 가는 혈류는 증가하는 대신 근육으로 가는 혈류량은 감소하게 되어 운동수행능력이 저하된다.
㉢ 고온환경에서는 혈액이 피부 쪽으로 이동하여 심장으로 돌아오는 혈액량이 줄고 탈수가 심할 경우 혈장량이 감소하여 1회 박출량이 줄어들 수 있다. 그러나 문제에서 "심각한 탈수 현상은 발생하지 않는 환경"이라고 하였으므로, 이 조건에서는 1회 박출량 감소가 발생할 가능성은 낮아진다.
㉣ 체온증가로 인해 근피로가 가중되면 근육의 운동단위 활성이 감소하게 되어 운동수행능력이 저하된다.

정답 ②

10

<보기>의 조건으로 트레드밀 운동 시 운동량은?

<보기>
- 체중 50kg
- 트레드밀 속도 = 12km/h
- 운동시간 = 10분
- 트레드밀 경사도 = 5%
※ 단, 운동량(일) = 힘 × 거리

① 300(kpm)
② 500(kpm)
③ 5,000(kpm)
④ 30,000(kpm)

정답분석
- 힘 = 체중(kg), 경사도가 있는 트레드밀에서의 거리
  = 수직이동거리(m/min)
- 수직이동거리(m/min) = 거리(m) × 경사도
  12km/h는 분당 200m의 속도이고 10분간 운동하였기에,
  200(m) × 10(min) = 2,000(m)
  즉, 수직이동거리 = 2,000(m) × 0.05 = 100(m)
- 운동량 공식에 대입해보면, 50(kg) × 100(m) = 5,000(kpm)

정답 ③

11 에너지 대사 과정과 속도조절효소의 연결이 옳지 않은 것은?

	에너지 대사 과정	속도조절효소
①	ATP-PC 시스템	크레아틴키나아제 (creatine kinase)
②	해당작용	젖산 탈수소효소 (lactate dehydrogenase)
③	크렙스회로	이소시트르산탈수소효소 (isocitrate dehydrogenase)
④	전자전달체계	사이토크롬산화효소 (cytochrome oxidase)

정답분석 해당과정의 속도조절효소로는 PFK(포스포프락토키나제), 헥소키나제, 피루브산키나제 등이 있다. 젖산탈수소효소는 해당과정 마지막 산물인 피루브산이 젖산으로 변화될 때의 촉매효소로서 해당과정 속도조절과는 관련이 없다.

정답 ②

12 <보기>에서 근육의 힘, 파워, 속도의 관계에 대한 설명 중 옳은 것만을 모두 고른 것은?

<보기>
㉠ 단축성(concentric) 수축 시 수축 속도가 빨라짐에 따라 힘(장력) 생성은 감소한다.
㉡ 신장성(eccentric) 수축 시 신장 속도가 빨라짐에 따라 힘(장력) 생성은 증가한다.
㉢ 근육이 발현할 수 있는 최대 근파워는 등척성(isometric) 수축시에 나타난다.
㉣ 단축성 수축 속도가 동일할 때 속근섬유가 많을수록 큰 힘을 발휘한다.

① ㉠, ㉡, ㉢
② ㉠, ㉡, ㉣
③ ㉠, ㉢, ㉣
④ ㉡, ㉢, ㉣

정답분석 ㉠, ㉡, ㉣이 옳은 내용이다.
㉢ 근육이 발현할 수 있는 최대 근파워는 '힘 × 수축속도'로 계산된다. 등척성 수축은 움직임이 없으므로 근파워를 발휘할 수 없다.

정답 ②

13 카테콜라민에 대한 설명으로 옳지 않은 것은?
① 부신피질에서 분비
② 교감신경의 말단에서 분비
③ α1 수용체 결합 시 기관지 수축
④ β1 수용체 결합 시 심박수 증가

정답분석
① 카테콜라민은 부신수질에서 분비되는 호르몬이다.
③ α1 수용체는 주로 혈관과 기관지 평활근의 수축을 유도한다.
② 교감신경 말단에서 카테콜라민(노르에피네프린, 에피네프린, 도파민)이 분비되며, 부교감신경 말단에서는 아세틸콜린이 분비된다.
④ β1 수용체는 심장에 주로 존재하며, 심박수와 수축력을 증가시킨다.

이론PLUS 그 외 수용체
• α2 수용체: 심박수 감소, 기관지 및 혈관 수축
• β2 수용체: 기관지 및 혈관 확장

정답 ①

14 <보기>의 에너지 대사 과정에 관한 설명 중 옳은 것만을 모두 고른 것은?

<보기>
㉠ 해당과정 중 NADH는 생성되지 않는다.
㉡ 크렙스 회로와 베타산화는 미토콘드리아에서 관찰되는 에너지 대사 과정이다.
㉢ 포도당 한 분자의 해당과정의 최종산물은 ATP 2분자와 피루브산염 2분자(또는 젖산염 2분자)이다.
㉣ 낮은 운동강도(예 VO_2max 40%)로 30분 이상 운동 시 점진적으로 호흡교환율이 감소하고 지방 대사 비중은 높아진다.

① ㉠, ㉡
② ㉠, ㉣
③ ㉡, ㉢
④ ㉡, ㉢, ㉣

정답분석 ㉡, ㉢, ㉣이 옳은 내용이다.

선지분석 ㉠ 해당과정(glycolysis) 중에는 NADH가 생성된다. 산소가 충분할 경우, 생성된 NADH는 전자전달계로 이동하여 전자를 방출하며 에너지를 생성하지만 산소가 부족할 경우, NADH에서 수소이온이 떨어져나오고 피루브산과 만나 젖산으로 환원된다.

정답 ④

15 운동 중 혈중 포도당 농도를 유지하기 위한 호르몬에 대한 설명으로 옳지 않은 것은?

① 성장호르몬 - 간에서 포도당신생합성 증가
② 코티솔 - 중성지방으로부터 유리지방산으로 분해 촉진
③ 노르에피네프린 - 골격근 조직 내 유리지방산 산화 억제
④ 에피네프린 - 간에서 글리코겐 분해 촉진 및 조직의 혈중 포도당 사용 억제

정답분석 노르에피네프린은 유리지방산 산화를 촉진하여 지방산을 혈액으로 방출시킨다.

정답 ③

16 운동 중 수분과 전해질 균형에 관한 설명으로 옳은 것만을 모두 고른 것은?

─〈보기〉─
㉠ 장시간의 중강도 운동 시 혈장량과 알도스테론 분비는 감소한다.
㉡ 땀 분비로 인한 혈장량 감소는 뇌하수체 후엽의 항이뇨호르몬 분비를 유도한다.
㉢ 충분한 수분 섭취 없이 장시간 운동 시 체내 수분 재흡수를 위해 레닌-안지오텐신 II 호르몬이 분비된다.
㉣ 운동에 의한 땀 분비는 수분 상실을 초래하며 혈중 삼투질 농도를 감소시킨다.

① ㉠, ㉢
② ㉠, ㉣
③ ㉡, ㉢
④ ㉡, ㉣

 정답분석 ㉡, ㉢이 옳은 설명이다.
㉡ 땀 분비로 인한 혈장량 감소는 뇌하수체 후엽의 항이뇨호르몬 분비를 유도하여 수분손실을 막는다.
㉢ 체내 수분이 부족해지면 혈액량 및 혈압이 감소되고 레닌이 분비된다. 레닌에 의해 활성화된 안지오텐신 II는 강력한 혈관 수축 효과를 나타내어 혈압을 상승시키고, 동시에 알도스테론 분비를 촉진하여 신장에서 나트륨과 물의 재흡수를 증가시킨다.

 ㉠ 장시간의 중강도 운동 시 땀분비로 인한 수분 손실로 혈장량이 감소하지만 수분손실을 막기 위하여 알도스테론의 분비는 증가한다.
㉣ 땀 분비로 인해 수분이 손실되면 혈장량이 감소하게 되며, 이로 인해 혈중 삼투질 농도는 증가한다.

정답 ③

17 〈표〉는 참가자의 폐환기 검사 결과이다. 〈보기〉에서 옳은 것만을 모두 고른 것은?

참가자	1회 호흡량 (mL)	호흡률 (회/min)	분당환기량 (mL/min)	사강량 (mL)	폐포 환기량 (mL/min)
주은	375	20	( )	150	( )
민재	500	15	( )	150	( )
다영	750	10	( )	150	( )

─〈보기〉─
㉠ 세 참가자의 분당환기량은 동일하다.
㉡ 다영의 폐포 환기량은 분당 6L/min이다.
㉢ 주은의 폐포 환기량이 가장 크다.

① ㉠, ㉡
② ㉠, ㉢
③ ㉡, ㉢
④ ㉠, ㉡, ㉢

정답분석 ㉠, ㉡이 옳은 내용이다.
1) 분당환기량 = 1회 호흡량 × 분당 호흡수
• 주은: 375ml × 20회 = 7500ml
• 민재: 500ml × 15회 = 7500ml
• 다영: 750ml × 10회 = 7500m
2) 폐포환기량 = (1회 호흡량 - 사강량) × 분당 호흡수
 ※ 사강량: 호흡 교환이 이루어지지 않은 양
• 주은: (375 - 150) × 20회 = 4,500ml
• 민재: (500 - 150) × 15회 = 5,250ml
• 다영: (750 - 150) × 10회 = 6,000ml
따라서,
㉠ 세명의 환기량은 동일하다.
㉡ 다영의 폐포 환기량은 분당 6L/min이다.
㉢ 주은의 폐포 환기량은 4,500ml로 가장 작으며, 다영이 가장 크다.

정답 ①

18 1회 박출량(stroke volume) 증가 요인으로 옳지 않은 것은?

① 심박수 증가
② 심실 수축력 증가
③ 평균 동맥혈압(MAP) 감소
④ 심실 이완기말 혈액량(EDV) 증가

정답분석 심박수가 증가하면 좌심실에 혈액이 충만되는 시간이 적어져서 1회 박출량은 감소한다. 1회 박출량(stroke volume)은 한 번의 심박 동안 좌심실에서 박출되는 혈액의 양을 의미하며 이완기말 용적에서 수축기말 용적을 뺀 값으로 구할 수 있다. 즉, 이완기말 용적이 크거나 수축기말 용적이 작으면 1회 박출량이 증가한다.
- 이완기말 용적 증가 요인: 심실 용적 증가, 혈액충만시간 증가, 총 혈액량 증가
- 수축기말 용적 감소 요인: 좌심실벽 두께 증가, 수축력 증가, 평균동맥압 감소

정답 ①

19 골격근 섬유에 관한 설명으로 옳은 것은?

① 근수축에 필요한 칼슘(Ca_2^+)은 근형질세망에 저장되어 있다.
② 운동단위(motor unit)는 감각뉴런과 그것이 지배하는 근섬유의 결합이다.
③ 신경근 접합부(neuromuscular junction)에서 분비되는 근수축 신경전달물질은 에피네프린이다.
④ 지연성 근통증은 골격근의 신장성(eccentric) 수축보다 단축성(concentric) 수축 시 더 쉽게 발생한다.

정답분석 근수축에 필요한 칼슘(Ca_2^+)은 근형질세망에 저장되어 있다.

선지분석
② 운동단위는 운동뉴런과 그것이 지배하는 근섬유의 결합이다.
③ 신경근 접합부에서 분비되는 근수축 신경전달물질은 아세틸콜린이다.
④ 지연성 근통증은 신장성 수축에서 더 쉽게 발생한다.

정답 ①

20 지근섬유(Type I)와 비교되는 속근섬유(Type II)의 특성으로 옳은 것은?

① 높은 피로 저항력
② 근형질세망의 발달
③ 마이오신 ATPase의 느린 활성
④ 운동신경세포(뉴런)의 작은 직경

정답분석 속근섬유는 근형질세망이 잘 발달되어 있어, 칼슘을 빠르게 방출하고 재흡수하여 빠르고 강한 수축을 가능하게 한다.

선지분석 ①, ③, ④ 지근섬유의 특성이다.

정답 ②

2023년 기출문제

01 ATP를 합성하는데 사용되는 에너지원이 아닌 것은?

① 근중성지방 ② 비타민C
③ 글루코스 ④ 젖산

 ATP를 합성하는데 사용되는 에너지원이 아닌 것은 비타민C이다.

 ① 근중성지방: 중성지방은 글리세롤과 유리지방산으로 분해되고, 유리지방산은 미토콘드리아에서 베타산화과정을 거쳐 산화적인산화를 통한 ATP 생성에 사용된다.
③ 글루코스(포도당): 해당과정을 통해 ATP를 생성한다.
④ 젖산: 코리사이클을 통해 간에서 포도당으로 합성되어 운동하는 근육에서 해당과정의 재료로 사용된다.

정답 ②

02 근수축에 필수적인 Ca^{2+} 이온을 저장, 분비하는 근육세포 내 소기관은?

① 근형질세망(sarcoplasmic reticulum)
② 위성세포(satellite cell)
③ 미토콘드리아(mitochondria)
④ 근핵(myonuclear)

 근형질세망에 대한 설명이다.

 ② 위성세포: 근육의 줄기세포로 근세포막 주위에 위치하며 근세포의 분화 및 증식에 관여한다.
③ 미토콘드리아: 세포내 소기관으로 산화적 인산화를 통해 많은 양의 ATP를 생성하기 때문에 세포의 에너지 발전소로도 알려져 있다.
④ 근핵: 단백질 합성에 필요한 모든 정보를 저장하며, 하나의 근섬유는 여러 개의 핵을 가진 다핵세포이다.

정답 ①

03 운동 후 초과산소섭취량(EPOC)에 영향을 미치는 요인으로 적절하지 않은 것은?

① 운동 중 증가한 체온
② 운동 중 증가한 젖산
③ 운동 중 증가한 호르몬(에피네프린, 노르에피네프린)
④ 운동 중 증가한 크레아틴인산(phosphocreatine, PC)

 운동 중 크레아틴인산 사용으로 인해 감소되어 운동 후 재합성을 위해 추가적인 산소를 필요로 한다.

정답 ④

04 다음 중 수중 운동 시 체온유지를 위한 요인으로 옳지 않은 것은?

① 폐활량
② 체지방량
③ 운동 강도
④ 물의 온도

 폐활량은 체온유지와 관련이 없다.

정답 ①

05 다음 중 운동강도 증가에 따라 동원되는 근섬유 순서로 옳은 것은?

① Type Ⅱa섬유 → Type Ⅱx섬유 → Type Ⅰ 섬유
② Type Ⅱx섬유 → Type Ⅱa섬유 → Type Ⅰ 섬유
③ Type Ⅰ 섬유 → Type Ⅱa섬유 → Type Ⅱx섬유
④ Type Ⅰ 섬유 → Type Ⅱx섬유 → Type Ⅱa섬유

 운동 시 운동강도 증가에 따라 Type Ⅰ 섬유 → Type Ⅱa섬유 → Type Ⅱx섬유 순으로 동원된다.

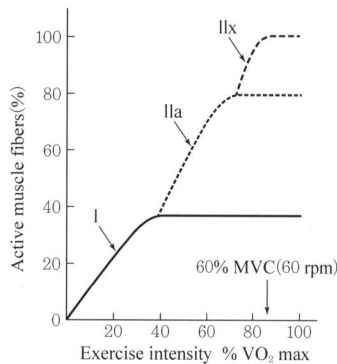

정답 ③

06 장기간 규칙적 유산소 훈련의 결과로 최대 운동 시 나타나는 심폐기능의 적응으로 옳은 것을 모두 고른 것은?

<보기>
㉠ 최대산소섭취량 증가
㉡ 심장용적과 심근수축력 증가
㉢ 심박출량 증가

① ㉠, ㉡
② ㉠, ㉢
③ ㉡, ㉢
④ ㉠, ㉡, ㉢

 장기간의 규칙적인 유산소 훈련은 심장용적(크기)과 심근수축력을 증가시키고 이는 심박출량 증가에 기여하며, 궁극적으로 최대산소섭취량이 증가한다.

정답 ④

07 항상성 유지를 위한 신체 조절 중 부적피드백(negative feedback)이 아닌것은?

① 세포외액의 CO_2 조절
② 체온 상승에 따른 땀 분비 증가
③ 혈당 유지를 위한 호르몬 조절
④ 출산 시 자궁 수축 활성화 증가

 출산 시 자궁 경부의 수축신호는 뇌하수체 후엽에서 옥시토신 호르몬을 방출하게 하여 자궁 경부의 수축이 더 촉진되는 긍정피드백(positive feedback)을 일으킨다.

정답 ④

08 운동 중 1회 박출량(stroke volume) 증가 원인으로 옳지 않은 것은?

① 대동맥압 증가에 따른 후부하(after load) 증가
② 호흡펌프작용에 의한 정맥회귀(venous return) 증가
③ 골격근 수축에 의한 근육펌프작용 증가
④ 교감신경 자극에 의한 심근 수축력 증가

 후부하는 좌심실 수축시 저항 압력으로, 대동맥압 증가에 따른 후부하가 증가로 인해 1회 박출량이 감소된다.

정답 ①

09 <보기>의 ㉠, ㉡에 들어갈 내용이 바르게 연결된 것은?

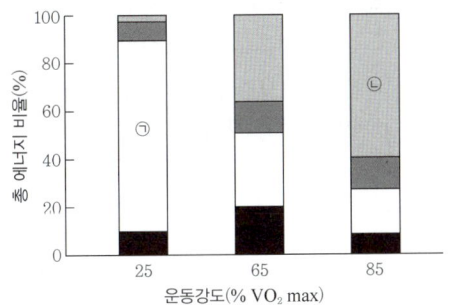

	㉠	㉡
①	혈중 포도당	근중성지방
②	혈중 유리지방	근글리코겐
③	근글리코겐	혈중 포도당
④	근중성지방	혈중 유리지방

정답분석
㉠ 혈중 유리지방산: 운동강도가 낮을수록 혈중 유리지방산이 사용된다.
㉡ 근글리코겐: 운동강도가 높을수록 글리코겐이 주요 에너지원이 된다.

정답 ②

10 운동 중 소뇌의 기능에 대한 설명으로 옳은 것을 모두 고른 것은?

<보기>
㉠ 골격근 운동 조절의 최종 단계 역할
㉡ 빠른 동작의 정확한 수행을 위한 통합 조절
㉢ 고유수용기로부터 유입되는 정보를 활용하여 동작 수정

① ㉠, ㉡
② ㉠, ㉢
③ ㉡, ㉢
④ ㉠, ㉡, ㉢

정답분석
소뇌의 기능에 대한 설명으로 옳은 것은 ㉡, ㉢이다.

선지분석
㉠ 소뇌 외에도 체성운동신경을 포함한 단계들이 있기 때문에 최종 단계가 아니다.

정답 ③

11 운동에 따른 환기량의 변화로 옳은 것을 모두 고른 것은?

<보기>
㉠ 운동 시작 직전에는 운동 수행에 대한 기대감으로 환기량이 증가할 수 있다.
㉡ 운동 초기 환기량 변화의 주된 요인은 경동맥에 위치한 화학수용기 반응이다.
㉢ 운동 강도가 증가하면 1회 호흡량은 감소하고 호흡수는 현저히 증가한다.
㉣ 회복기 환기량은 운동 중 생성된 체내 수소이온 및 이산화탄소 농도와 관련있다.

① ㉠, ㉡
② ㉠, ㉣
③ ㉠, ㉢
④ ㉡, ㉢, ㉣

정답분석
운동에 따른 환기량의 변화로 옳은 것은 ㉠, ㉣이다.

선지분석
㉡ 운동 초기 환기량 변화의 주된 요인은 중추와 근/관절수용기의 활성이다.
㉢ 운동 강도가 증가하면 1회 호흡량과 호흡수 모두 증가한다.

정답 ②

12 <보기>의 ㉠, ㉡에 들어갈 내용이 바르게 연결된 것은?

<보기>

1개의 포도당 분해에 따른 유산소성 ATP 생성

대사적 과정	고에너지 생산	ATP 누계
해당작용	2 ATP	2
	2 NADH	7
피루브산에서 아세틸조효소A 까지	2 NADH	12
㉠	2 ATP	14
	6 NADH	29
	2 FADH2	㉡
합계		㉡ ATP

① ㉠: 크랩스회로, ㉡: 32
② ㉠: β 산화, ㉡: 32
③ ㉠: 크랩스회로, ㉡: 35
④ ㉠: β 산화, ㉡: 35

정답분석
㉠ 아세틸 조효소 다음 단계는 크랩스회로임. β 산화는 포도당이 아닌 유리지방산을 에너지원으로 사용할 때 작용한다.
㉡ NADH 1분자를 통해 2.5개의 ATP를, FADH2 1분자를 통해 1.5개의 ATP를 생성한다.

정답 ①

13 체중이 80kg인 사람이 10METs로 10분간 달리기 했을 때 소비 칼로리는? (단, 1MET = 3.5㎖ · kg-1 · min-1, O_2 1L 당 5Kcal 생성)

① 130Kcal
② 140Kcal
③ 150Kcal
④ 160Kcal

정답분석
- 산소소비량 = 1MET에 해당하는 산소소비량(3.5ml) × 운동강도(몇 MET로 운동했는지) × 체중(kg) × 시간(min)
- 3.5(ml) × 10(MET) × 80(kg) × 10min = 28,000ml
- 소비칼로리 = 산소소비량(L) × 산소 1L당 소비칼로리(5Kcal)
- 28(L) × 5(Kcal) = 140Kcal

정답 ②

14 <보기>는 신경 세포의 안정 시 막전위에 영향을 주는 Na^+과 K^+에 대한 그림이다. ㉠~㉣에 들어갈 내용이 바르게 연결된 것은?

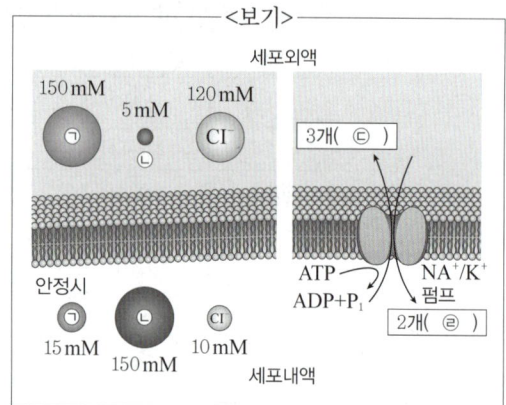

	㉠	㉡	㉢	㉣
①	K^+	Na^+	Na^+	K^+
②	Na^+	K^+	Na^+	K^+
③	K^+	Na^+	K^+	Na^+
④	Na^+	K^+	K^+	Na^+

정답분석 신경세포의 안정 시 막전위(분극)는 세포 바깥이 Na^+ 농도가 높고 세포 안이 K^+농도가 높음. Na^+/K^+채널에 의해 3개의 Na^+ 가 바깥으로 이동하고 2개의 K^+이 안으로 유입되어 세포 밖의 Na^+ 농도가 더 높게 유지됨으로써 분극을 유지함

정답 ②

15 <보기>의 최대산소섭취량 공식에서 장기간 지구성 훈련에 의해 증가되는 요소를 모두 고른 것은?

─<보기>─
최대산소섭취량 = ㉠ 최대 1회 박출량 × ㉡ 최대 심박수 × ㉢ 최대 동정맥 산소차

① ㉠
② ㉠, ㉡
③ ㉠, ㉢
④ ㉡, ㉢

정답분석 장기간 지구성 훈련에 의해 증가되는 요소는 ㉠ 최대 1회 박출량, ㉢ 최대 동정맥 산소차이다.

선지분석 ㉡ 최대심박수는 장기간 지구성 훈련에 의해 변화가 없다.

정답 ③

16 <보기>의 내용이 모두 증가되었을 때 향상되는 건강체력 요소는?

─<보기>─
- 모세혈관의 밀도
- 미토콘드리아의 수와 크기
- 동정맥 산소차(arterial-venous oxygen difference)

① 유연성
② 순발력
③ 심폐지구력
④ 근력

정답분석 심폐지구력이 증가되며, 유연성, 순발력, 근력은 위 <보기>의 내용과 큰 상관을 보이지 않는다.

정답 ③

17
1시간 이내의 중강도 운동 시 시간 경과에 따라 혈중 농도가 점차 감소하는 호르몬은?

① 에피네프린(epinephrine)
② 인슐린(insulin)
③ 성장호르몬(growth hormone)
④ 코르티솔(cortisol)

정답분석 운동 중 에피네프린, 성장호르몬, 코르티솔은 증가하는 반면, 인슐린은 감소된다. 그 이유는, 포도당이 근육세포로 더 쉽게 흡수되도록 하기 위함이다.

정답 ②

18
<보기>에서 설명하는 고유수용기는?

<보기>
- 감각 및 운동신경의 말단이 연결되어 있다.
- 감마운동뉴런을 통해 조절된다.
- 근육의 길이 정보를 중추신경계로 보낸다.

① 근방추(muscle spindle)
② 골지건기관(Golgi tendon organ)
③ 자유신경종말(free nerve ending)
④ 파치니안 소체(Pacinian corpuscle)

정답분석 <보기>에서 설명하는 고유수용기는 근방추(muscle spindle)이다.

선지분석
② 골지건기관: 건에 존재하며 과도한 긴장 시 이완시키는 작용
③ 자유신경종말: 감각을 수용하는 신경종말의 하나로 진피, 피하조직, 점막하 조직의 결합 조직에 분지함
④ 파치니안 소체: 관절수용기의 하나로 관절낭의 심층에 존재하며 주로 촉각을 감지하여 뇌에 전달

정답 ①

19
근력 결정요인으로 옳지 않은 것은?

① 근육 횡단면적
② 근절의 적정 길이
③ 근섬유 구성비
④ 근섬유막 두께

정답분석
- 근섬유막 두께는 근력을 결정짓는 요인으로 관련이 없다
- 근육 횡단면적이 클수록, 속근 섬유의 비율이 높을수록, 근절이 너무 짧거나 길지 않은 적절한 길이를 유지할 때 높은 근력을 기대할 수 있다.

정답 ④

20
상완이두근의 움직임에 대한 근육 수축 형태로 옳지 않은 것은?

① 자세를 유지할 때 - 등척성 수축
② 턱걸이 올라갈 때 - 단축성 수축
③ 턱걸이 내려갈 때 - 신장성 수축
④ 공을 던질 때 - 등속성 수축

정답분석 등속성 수축은 관절의 전가동범위에서 동일한 속도를 유지하는데, 공을 던지는 동작은 구간마다 다른 속도를 나타낸다.

정답 ④

2022년 기출문제

01 <보기>에서 설명하는 트레이닝의 원리는?

― <보기> ―
- 트레이닝의 효과는 운동에 동원된 근육에서만 발생한다.
- 근력 향상을 위해서는 저항성 트레이닝이 적합하다.

① 특이성의 원리
② 가역성의 원리
③ 과부하의 원리
④ 다양성의 원리

정답분석 <보기>에서 설명하는 트레이닝의 원리는 특이성의 원리이다.

선지분석
② 가역성의 원리: 훈련 중단 후 이전의 신체 상태로 되돌아간다.
③ 과부하의 원리: 일정 부하 이상으로 트레이닝을 수행해야 한다.
④ 다양성의 원리: 다양한 운동 프로그램과 휴식 방법으로 고원현상이나 정체기로부터 벗어난다.

정답 ①

02 체온 저하 시 생리적 반응으로 적절한 것은?

① 심박수 증가
② 피부혈관 확장
③ 땀샘의 땀 분비 증가
④ 골격근 떨림(shivering) 증가

정답분석 체온 저하 시 골격근 떨림을 증가시켜 열을 발생시킨다.

선지분석
① 체온 저하 시 심박수가 감소한다.
② 체온 저하 시 피부혈관이 축소된다.
③ 체온 저하 시 땀샘의 땀 분비가 감소한다.

정답 ④

03 지구성 트레이닝 후 최대 동 - 정맥 산소차(maximal arterial-venous oxygen difference) 증가에 기여하는 요인으로 적절하지 않은 것은?

① 미토콘드리아 크기 증가
② 미토콘드리아 수 증가
③ 모세혈관 밀도 감소
④ 총 혈액량 증가

정답분석 모세혈관 밀도의 증가로 조직 세포와의 산소 교환이 더 활발해져 동 - 정맥 산소차가 증가한다.

정답 ③

04 <보기>에서 운동유발성 근육경직(exercise-associated muscle cramps)을 방지하기 위한 방법으로 적절한 것을 모두 고른 것은?

― <보기> ―
㉠ 발생하기 쉬운 근육을 규칙적으로 스트레칭 한다.
㉡ 필요 시 운동 강도와 지속 시간을 감소시킨다.
㉢ 수분과 전해질의 균형을 유지한다.
㉣ 탄수화물 저장량을 낮춘다.

① ㉠
② ㉠, ㉡
③ ㉠, ㉡, ㉢
④ ㉠, ㉡, ㉢, ㉣

정답분석 운동유발성 근육경직을 방지하기 위한 방법으로 적절한 것은 ㉠, ㉡, ㉢ 이다.

선지분석 ㉣ 탄수화물 저장량이 너무 적으면 근육경직을 유발할 수 있다.

정답 ③

05
1회 박출량(stroke volume)에 관한 설명으로 적절하지 않은 것은?

① 심실 수축력이 증가하면 1회 박출량은 증가한다.
② 평균 동맥혈압이 감소하면 1회 박출량은 증가한다.
③ 심장으로 돌아오는 정맥혈 회귀(venous return)가 감소하면 1회 박출량은 감소한다.
④ 수축기말 용적(end-systolic volume)에서 확장기말 용적(end-diastolic volume)을 뺀 값이다.

 1회 박출량은 확장기말 용적에서 수축기말 용적을 뺀 값을 의미한다.

정답 ④

06
<보기>에서 설명하는 중추신경계 기관은?

―――<보기>―――
- 시상과 시상하부로 구성된다.
- 시상은 감각을 통합·조절한다.
- 시상하부는 심박수와 심장 수축, 호흡, 소화, 체온, 식욕 및 음식 섭취를 조절한다.

① 간뇌(diencephalon)
② 대뇌(cerebrum)
③ 소뇌(cerebellum)
④ 척수(spinal cord)

 <보기>에서 설명하는 중추신경계 기관은 간뇌이다.

② 대뇌: 감각영역과 운동영역으로 구분되어 언어, 기억, 학습, 이성 등의 고등 정신기능을 담당하고 운동, 자율신경, 호르몬 분비, 항상성 유지 등을 조절한다.
③ 소뇌: 대뇌 기능을 보조하며 자발적 움직임 조절과 균형을 유지한다.
④ 척수: 중추신경계의 일부로 뇌와 말초신경계의 정보 소통 경로로 감각신경과 운동신경을 포함한다.

정답 ①

07
직립 상태에서 폐 - 혈액 간 산소확산 능력은 안정 시와 비교하여 운동 시 증가한다. 이에 기여하는 요인으로 적절한 것은?

① 폐포와 모세혈관 사이의 호흡막(respiratory membrane) 두께 증가
② 증가한 혈압으로 인한 폐 윗부분(상층부)으로의 혈류량 증가
③ 폐정맥 혈액 내 높은 산소분압
④ 폐동맥 혈액 내 높은 산소분압

 안정시의 혈액순환은 중력의 작용으로 폐의 윗부분(상층부)에는 혈액이 많이 순환되지 않지만 운동 시에는 혈압증가로 인하여 폐의 윗부분을 포함하여 폐 전체의 혈류량이 증가한다.

정답 ②

08
건강체력 요소 측정으로만 나열되지 않은 것은?

① 오래달리기 측정, 생체전기저항분석(bioelectric impedance analysis)
② 앉아윗몸앞으로굽히기 측정, 윗몸일으키기 측정
③ 배근력 측정, 제자리높이뛰기 측정
④ 팔굽혀펴기 측정, 악력 측정

 제자리높이뛰기는 순발력을 측정하는 방법으로 운동체력 요소에 포함된다.

 건강체력 요소와 측정방법
- 근력: 배근력, 악력
- 근지구력: 윗몸일으키기, 팔굽혀펴기
- 심폐지구력: 오래달리기
- 유연성: 앉아윗몸앞으로 굽히기
- 신체조성: 생체전기저항분석

정답 ③

09 운동하는 근육으로의 혈류량을 증가시키는 국소적 내인성(intrinsic) 자율조절 요소로 적절하지 않은 것은?

① 수소이온, 이산화탄소, 젖산 등 대사 부산물
② 부신수질로부터 분비된 카테콜아민(catecholamine)
③ 혈관 벽에 작용하는 압력에 따른 근원성(myogenic) 반응
④ 혈관내피세포(endothelial cell)에서 생성된 산화질소, 프로스타글랜딘(prostaglandin), 과분극인자(hyperpolarizing factor)

정답분석 부신수질로부터 분비된 카테콜아민은 혈관을 수축시킴으로서 혈류량을 감소시킨다.

정답 ②

10 <보기>의 ㉠~㉢에 들어갈 용어가 바르게 나열된 것은?

―<보기>―
【근육수축 과정】
• 골격근막의 활동전위는 가로세관(T-tubule)을 타고 이동하여 근형질세망(sarcoplasmic reticulum)으로부터 (㉠) 유리를 자극한다.
• 유리된 (㉠)은 액틴(actin) 세사의 (㉡)에 결합하고, (㉡)은 (㉢)을 이동시켜 마이오신(myosin) 머리가 액틴과 결합할 수 있도록 한다.

	㉠	㉡	㉢
①	칼륨	트로포닌	트로포마이오신
②	칼슘	트로포마이오신	트로포닌
③	칼륨	트로포마이오신	트로포닌
④	칼슘	트로포닌	트로포마이오신

정답분석
㉠ 칼슘은 근형질세망에 저장되어 있다가 활동전위에 의해 방출된다.
㉡ 트로포닌은 액틴 세사에서 칼슘과 결합하는 부위이다.
㉢ 트로포마이오신은 액틴 세사에서 칼슘이 트로포닌과 결합하면 막고 있던 액틴의 마이오신머리 결합부위를 열어줌으로써 마이오신 머리와 액틴의 십자형가교를 형성하게 한다.

정답 ④

11 <그림>은 폐활량계를 활용하여 측정한 폐용적(량)을 나타낸 것이다. ㉠~㉣에서 안정 시와 비교하여 운동 시 변화에 대한 설명으로 적절한 것은?

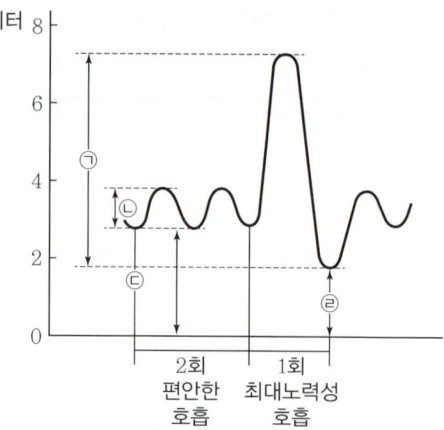

① ㉠: 증가
② ㉡: 감소
③ ㉢: 감소
④ ㉣: 증가

정답분석
㉠ 폐활량(vital capacity)을 의미하며 운동 시 변화 없다.
㉡ 일회호흡량(tidal volume)을 의미하며 운동 시 증가한다.
㉢ 기능적 잔기용량(functional residual capacity)을 의미하며 운동시 감소한다.
㉣ 잔기량(residual volume)을 의미하며 운동 시 변화 없다.

정답 ③

12 <보기> 중 저항성 트레이닝 후 생리적 적응으로 적절한 것을 모두 고른 것은?

―<보기>―
㉠ 골 무기질 함량 증가
㉡ 액틴(actin) 단백질 양 증가
㉢ 시냅스(synapse) 소포 수 감소
㉣ 신경근접합부(neuromuscular junction) 크기 감소

① ㉠
② ㉠, ㉡
③ ㉠, ㉡, ㉢
④ ㉠, ㉡, ㉢, ㉣

정답분석 저항성 트레이닝 후 생리적 적응으로 옳은 것은 ㉠, ㉡이다.

선지분석
㉢ 시냅스(synapse) 소포 수가 증가한다.
㉣ 신경근접합부(neuromuscular junction) 크기가 증가한다.

정답 ②

13
<보기> 중 지구성 트레이닝 후 1회 박출량(stroke volume) 증가에 기여하는 요인으로 적절한 것만 나열된 것은?

─<보기>─
㉠ 동일한 절대 강도 운동 시 확장기말 용적 (end-diastolic volume) 감소
㉡ 동일한 절대 강도 운동 시 수축기말 용적 (end-systolic volume) 증가
㉢ 동일한 절대 강도 운동 시 확장기(diastolic) 혈액 충만 시간 증가
㉣ 동일한 절대 강도 운동 시 심박수 감소

① ㉠, ㉡
② ㉠, ㉢
③ ㉡, ㉢
④ ㉢, ㉣

정답분석 지구성 트레이닝 후 1회 박출량 증가에 기여하는 요인은 ㉢, ㉣이다.

선지분석
㉠ 동일한 절대 강도 운동 시 확장기말 용적이 증가한다.
㉡ 동일한 절대 강도 운동 시 수축기말 용적이 감소한다.

정답 ④

14
<보기>의 ㉠, ㉡에 들어갈 내용이 바르게 나열된 것은?

─<보기>─
• 골격근의 신장성 수축은 수축 속도가 (㉠) 더 큰 힘이 생성된다.
• 동일 골격근에서 단축성 수축은 신장성 수축에 비해 같은 속도에서 더 (㉡) 힘이 생성된다.

	㉠	㉡
①	빠를수록	작은
②	느릴수록	작은
③	느릴수록	큰
④	빠를수록	큰

정답분석 신장성 수축은 수축 속도가 빠를수록 더 큰 힘이 생성되며, 단축성 수축은 신장성 수축에 비해 같은 속도에서 더 작은 힘이 생성된다.

정답 ①

15
다음 중 혈액순환 시 혈압의 감소가 가장 크게 발생하는 혈관은?
① 모세혈관(capillary) ② 세동맥(arteriole)
③ 세정맥(venule) ④ 대동맥(aorta)

정답분석 세동맥은 동맥압의 70% 이상을 감소시킴으로써 혈류를 느리게 하여 모세혈관에 산소를 전달한다.

정답 ②

16
스프린트 트레이닝 후 나타나는 생리적 적응이 바르게 나열된 것은?
① 속근 섬유 비대 - 해당과정을 통한 ATP 생산능력 향상
② 지근 섬유 비대 - 해당과정을 통한 ATP 생산능력 향상
③ 속근 섬유 비대 - 해당과정을 통한 ATP 생산능력 저하
④ 지근 섬유 비대 - 해당과정을 통한 ATP 생산능력 저하

정답분석 스프린트는 단시간의 고강도 운동으로 주로 속근 섬유를 사용하고 반복적인 스프린트 트레이닝은 속근 섬유의 비대를 유도한다. 속근 섬유는 해당과정으로부터 에너지원인 ATP를 얻기 때문에 속근 섬유의 비대를 통해 해당과정을 통한 ATP 생성 능력 향상을 기대할 수 있다.

정답 ①

17 <보기>의 ㉠, ㉡에 들어갈 용어가 바르게 나열된 것은?

― <보기> ―
지방의 베타(β) 산화는 중성지방으로부터 분리된 (㉠)이 미토콘드리아 내에서 여러 단계를 거쳐 (㉡)(으)로 전환되는 과정을 뜻한다.

	㉠	㉡
①	유리지방산 (free fatty acid)	아세틸 조효소-A (Acetyl CoA)
②	유리지방산 (free fatty acid)	젖산 (lactic acid)
③	글리세롤 (glycerol)	아세틸 조효소-A (Acetyl CoA)
④	글리세롤 (glycerol)	젖산 (lactic acid)

정답분석 유리지방산은 중성지방으로부터 분리되어 미토콘드리아에서 크렙스 사이클의 원료로 사용된다. 이때 유리지방산은 미토콘드리아 내에서 먼저 아세틸 조효소-A로 전환되어야만 크렙스 사이클의 원료로 사용될 수 있다. 이 과정을 베타 산화 과정이라고 부른다.

정답 ①

18 <보기>의 ㉠, ㉡에 들어갈 용어가 바르게 나열된 것은?

― <보기> ―
• 운동 시 교감신경계가 활성화되면, 골격근으로의 혈류량은 (㉠)하고 내장기관으로의 혈류량은 (㉡)한다.

	㉠	㉡
①	감소	증가
②	감소	감소
③	증가	감소
④	증가	증가

정답분석 운동 시 골격근은 많은 산소와 영양분을 요구하기 때문에 혈류재분배를 통한 골격근의 혈류량이 증가한다. 반면 교감신경계가 활성화되면 내장기관으로의 혈류량은 감소한다.

정답 ③

19 <보기> 중 적절한 것으로만 나열된 것은?

― <보기> ―
㉠ 인슐린(insulin)은 혈당을 증가시킨다.
㉡ 성장호르몬(growth hormone)은 단백질 합성을 감소시킨다.
㉢ 에리스로포이에틴(erythropoietin)은 적혈구 생산을 촉진시킨다.
㉣ 항이뇨호르몬(antidiuretic hormone)은 수분손실을 감소시킨다.

① ㉠, ㉡
② ㉠, ㉢
③ ㉡, ㉣
④ ㉢, ㉣

정답분석 ㉢, ㉣이 옳은 내용이다.

선지분석
㉠ 인슐린: 췌장의 베타세포에서 분비되어 혈당이 감소한다.
㉡ 성장호르몬: 뇌하수체 전엽에서 분비되어 단백질 합성이 증가하고, 지방 사용이 증가하며, 뼈 성장에 관여한다.

정답 ④

20 <그림>은 막 전위의 변화를 나타낸 것이다. ㉠~㉣ 중 탈분극(depolarization)에 해당하는 시점은?

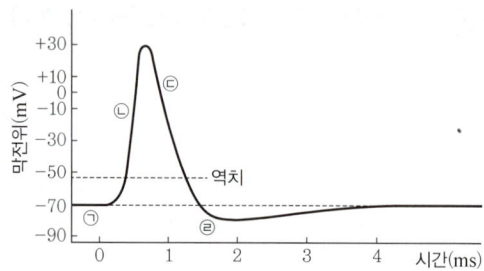

① ㉠
② ㉡
③ ㉢
④ ㉣

정답분석
㉠ 분극에 해당한다.
㉡ 탈분극에 해당한다.
㉢ 재분극에 해당한다.
㉣ 과분극에 해당한다.

정답 ②

pass.Hackers.com

해커스자격증
pass.Hackers.com

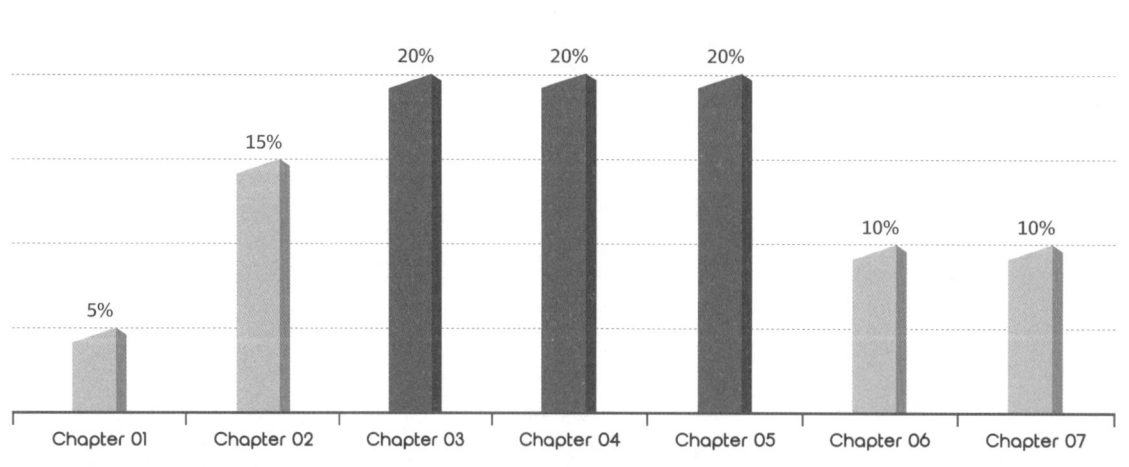

● 운동역학 6개년 출제 비중

- Chapter 01: 5%
- Chapter 02: 15%
- Chapter 03: 20%
- Chapter 04: 20%
- Chapter 05: 20%
- Chapter 06: 10%
- Chapter 07: 10%

해커스 스포츠지도사 2급 필기 한권합격 이론+최신기출+핵심노트

운동역학

선택과목

Chapter 01　운동역학 개요
Chapter 02　운동역학의 이해
Chapter 03　인체역학
Chapter 04　운동학의 스포츠 적용
Chapter 05　운동역학의 스포츠 적용
Chapter 06　일과 에너지
Chapter 07　다양한 운동기술의 분석

Chapter 01 운동역학 개요

> 핵심요약&보충자료

01 운동역학(sport biomechanics)의 정의 기출 21~24년

1 운동역학의 정의

(1) 운동역학은 일상생활과 스포츠 현장에서 나타나는 신체 및 물체의 운동을 관찰하고, 역학적 이론을 기반으로 그 움직임을 설명하고 원인을 규명하는 학문이다.
(2) 인체 또는 물체에 작용하는 힘, 신체 운동으로 발생하는 힘과 그 효과에 대해 분석하는 학문이다.

2 운동역학 관련 학문

(1) 역학(mechanics)

물리학의 한 분야로 물체의 운동에 대한 법칙을 연구하는 학문이다.

(2) 정역학(static)

평형상태(정적인 상태 또는 일정한 운동 상태)인 연구대상을 분석하는 학문이다.

(3) 동역학(dynamic)

힘의 작용으로 인해 가속되거나 변화하는 대상을 연구하는 학문이다.

(4) 생체역학(biomechanics)

생물학(bio)과 역학(mechanics)의 합성어로 생물체의 운동과 운동의 발생 원인인 힘을 관찰하고 분석하는 학문이다.

(5) 운동학(kinematics)

① 인체 운동을 **운동의 원인인 힘을 고려하지 않고** 시간적, 공간적 특성에 대해 연구하는 학문이다.

② 위치, 거리, 변위, 각거리, 각변위, 속도, 속력, 각속도, 각속력, 가속도, 가속력, 각가속도, 각가속력 등이 있다.

(6) 운동역학(kinetics)

① **인체 운동의 원인인 힘과 인체에 영향을 주는 외부의 힘에 대해 연구**하는 학문이다.

② 근력, 근 활성도, 지면반력, 회전력(모멘트, 토크), 양력, 부력, 항력 등이 있다.

02 운동역학의 목적과 내용 기출 23년

1 운동역학의 목적

(1) 스포츠 동작 분석을 통한 **운동 기술 및 경기력 향상**
(2) 스포츠 상황 및 일상생활에서 발생하는 부상을 예방하기 위한 **손상 원인 분석**
(3) 운동수행력 및 경기력 향상을 위한 **스포츠용 · 기구 및 장비 개발**
(4) 정확한 운동역학적 분석을 위한 **동작 분석 및 힘 측정 장비의 개발**

2 운동역학의 주요 내용

1. 운동 기술 및 경기력 향상
스포츠 종목별 지도사 및 훈련 코치와 운동 역학자는 주요 동작에 대해 운동역학적 분석을 수행하고, 해당 선수에게 피드백(feedback)을 제공하여 운동 기술 및 경기력을 향상시킬 수 있다.

2. 근골격계 손상 예방
스포츠 및 일상생활에서 발생하는 근골격계 손상을 예방하고, 손상 직후 효율적인 재활 훈련법을 제시하기 위해 동작 및 지면반력 분석과 근 활성도 분석 등을 활용하여 운동역학적 관점에서 손상 기전을 규명할 수 있다.

3. 스포츠 용 · 기구 및 장비의 개발
스포츠 종목별 주요 동작을 운동역학적으로 분석하여 운동 기술 및 경기력 향상을 위한 스포츠 용·기구를 개발할 수 있고, 신체 운동에 제약이 있거나 잠재적 위험이 따르는 대상에게 안전하고 원활한 운동을 위한 보조 장비 등을 개발할 수 있다.

4. 동작 분석 및 힘 측정 장비 개발
운동역학의 주요 목적을 달성하기 위해서는 운동역학적 분석을 위한 정확한 분석법과 측정 도구가 개발되어야 한다.

3 운동역학적 분석 방법 ❶

1. 운동학적 분석(kinematic analysis)
① 운동의 형태를 관찰 및 측정하여 운동의 결과를 분석하는 방법이다.
② (각)변위, (각)속도, (각)가속도 등이 있다.

2. 운동역학적 분석(kinetic analysis)
① 운동의 원인으로 작용하는 '힘'에 대해 측정과 분석하는 방법이다.
② 힘, 회전력(토크), 지면반력, 충격량, 운동량, 일, 에너지, 파워 등이 있다.

---

❶ 운동역학적 분석 방법

구분	변인
운동학적 분석	(각)거리, (각)변위, (각)속력, (각)속도, (각)가속력, (각)가속도
운동역학적 분석	힘, 회전력(토크), 관성모멘트, 지면반력, 충격량, 운동량, 일, 에너지, 파워, 중력, 항력, 양력, 부력

3. 정성적 분석(qualitative analysis)

관찰자(지도자, 교사 등)가 신체 동작 또는 운동 기술을 육안으로 확인하고 이를 분석 및 평가하는 과정이다.

예 지도자가 운동선수의 기술을 관찰한 뒤, 지도자의 주관적 평가의견을 그 자리에서 선수에게 제공하는 것이다.

4. 정량적 분석(quantitative analysis)

신체 움직임과 운동 기술을 장비를 이용하여 측정한 뒤, 이를 정량화하여 객관적 자료를 기준으로 분석 및 평가하는 과정이다.

예 운동역학자가 동작 분석 장비를 이용하여 운동선수의 기술을 촬영하고 자료처리 과정을 거친 뒤, 수치화된 분석 자료 기준으로 평가하는 것이다.

선생님 TIP 정성적 분석과 정량적 분석의 장·단점

구분	장점	단점
정성적 분석	• 빠르고 직관적인 피드백을 제공할 수 있음 • 별도의 측정 장비가 없어도 가능함	• 분석 가능한 운동면이 한정적임 • 평가자의 주관적 판단으로 잘못된 피드백을 제공할 수 있음
정량적 분석	• 수치를 통해 객관적이고 정확한 정보를 수집할 수 있음 • 정량적 분석 자료를 통해 정밀한 피드백을 제공할 수 있음	• 별도의 분석 장비가 필요함 • 수집한 자료의 처리과정에 오랜 시간이 소요됨 • 즉각적인 피드백 제공이 어려움

출제예상문제 Chapter 01 운동역학 개요

01 운동역학의 정의로 옳지 않은 것은?
① 신체 운동을 설명하고 그 원인을 규명하는 학문
② 인체 또는 물체에 작용하는 힘을 분석하는 학문
③ 신체 운동으로 발생하는 힘과 그 효과를 분석하는 학문
④ 신체 운동 수행 시 나타나는 생리학적 변화를 분석하는 학문

정답분석 신체 운동 수행 시 나타나는 생리학적 변화를 분석하는 학문은 운동생리학의 정의이다.

정답 ④

02 운동역학 관련 학문의 설명으로 옳지 않은 것은?
① 생체역학(biomechanics): 생물체의 운동과 운동의 발생 원인인 힘을 관찰하고 분석하는 학문
② 운동역학(kinetics): 인체 운동의 원인인 힘과 인체에 영향을 주는 외부의 힘에 대해 연구하는 학문
③ 정역학(static): 힘의 작용으로 가속되거나 변화하는 대상을 연구하는 학문
④ 운동학(kinematics): 인체 운동의 원인인 힘을 고려하지 않고 시간적, 공간적 특성에 대해 연구하는 학문

정답분석 힘의 작용으로 가속되거나 변화하는 대상을 연구하는 학문은 동역학(dynamic)에 대한 설명이다.

정답 ③

03 달리기 동작의 운동역학적(kinetics) 분석이 아닌 것은?
① 스프린트 속도(sprint velocity) 분석
② 달리기 선수의 근 활성도(electromyography) 분석
③ 지면반력(ground reaction force) 분석
④ 달리기 선수의 무릎 관절 회전력(joint moment) 분석

정답분석 스프린트 속도 분석은 운동학적(kinematics) 분석이다.

정답 ①

04 <보기>의 ㉠, ㉡에 들어갈 운동역학의 연구방법으로 바르게 연결한 것은?

―<보기>―
(㉠) 방법은 지도자가 운동선수의 기술을 보고 즉각적으로 피드백을 제공하는 과정으로 (㉡) 평가가 이루어진다. 이에 반해 (㉢) 방법은 운동 기술을 동작 및 지면반력 측정 장비를 이용하여 정량적 자료를 수집할 수 있으며, (㉣)이고 정확한 평가를 할 수 있다.

	㉠	㉡	㉢	㉣
①	정성적	객관적	정량적	직관적
②	정량적	객관적	정성적	주관적
③	정성적	주관적	정량적	객관적
④	정량적	주관적	정성적	직관적

정답분석
- 정성적 방법은 지도자가 운동선수의 기술을 관찰한 뒤, 즉각적으로 피드백 제공이 가능하며, 지도자의 주관적 평가가 이루어진다.
- 정량적 방법은 별도의 측정 장비를 이용하여 운동 기술을 측정하고 자료처리를 통해 정량적 자료 수집이 가능하며, 이를 통해 객관적이고 정확한 평가를 할 수 있다.

정답 ③

05 운동학적(kinematic), 운동역학적(kinetic) 분석에 대한 설명으로 옳지 않은 것은?
① 운동학적 분석은 운동의 원인인 힘에 대한 측정과 연구를 하는 방법이다.
② 운동학적 분석 변인은 변위, 속도, 가속도 등이 포함된다.
③ 운동역학적 분석 시 힘을 측정하기 위해 별도의 장비가 필요하다.
④ 운동역학적 분석 변인은 관성모멘트, 충격량, 운동량 등이 포함된다.

정답분석 운동학적 분석은 운동의 원인이 되는 힘에 대한 연구가 아닌, 운동의 결과를 연구하는 방법으로 (각)변위, (각)속도, (각)가속도 등이 포함된다.

정답 ①

Chapter 02 운동역학의 이해

 핵심요약&보충자료

01 해부학적 기초 기출 21~24년

1 인체의 근골격계

근골격계(musculoskeletal system)은 인체 운동을 유발하는 근육과 뼈, 관절, 건, 인대 등으로 구성됨

① 골격근(skeletal muscle): 뼈에 부착되어 수의적 근 수축을 통해 신체 운동을 만들어내는 근육 조직

② 뼈(bone): 사람의 골격을 유지하는 단단한 조직이며, 근육, 건, 인대의 부착지점을 제공하고 장기를 보호하는 역할을 함

③ 관절(joint, articulation): 두 개 이상의 뼈를 연결하는 구조

④ 건(tendon): 골격근을 뼈에 부착시키는 결합조직

⑤ 인대(ligament): 뼈와 뼈를 연결시키는 결합조직으로 고정 및 안정시키는 역할을 함

2 해부학적 자세와 방향 용어

1. 해부학적 자세

① 해부학적 자세(anatomical position)은 인체의 위치 및 움직임을 쉽게 설명하고 이해하기 위해서 기준이 된 자세임

② 이 자세는 직립한 상태에서 시선은 정면을 바라보고, 양 팔은 손바닥을 앞으로 향한 채 몸통의 양 옆에 위치시킴

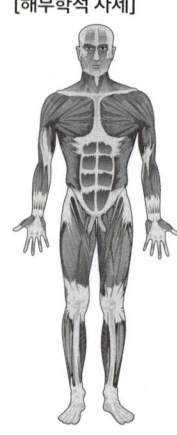

[해부학적 자세]

2. 인체의 운동면과 축

(1) 운동면

① 전후면/시상면(sagittal plane): 인체의 중심을 전후로 가로질러 형성된 면으로, 인체를 좌우 대칭으로 나누는 면

② 좌우면/관상면(frontal plane): 인체의 중심을 좌우로 가로질러 형성된 면으로, 인체를 앞뒤로 나누는 면

③ 수평면/횡단면(transverse plane): 인체를 상하로 구분하는 수평으로 형성된 면

(2) 운동축

① 좌우축(medio-lateral axis): 인체를 좌우로 통과하는 축

② 전후축(anterio-posterior axis): 인체를 전후로 통과하는 축

③ 상하축/수직축(superior-inferior axis /longitudinal axis): 인체를 상하로 통과하는 축

3. 해부학적 방향에 대한 용어

① 전(anterior): 인체의 중심에서 앞쪽
② 후(posterior): 인체의 중심에서 뒤쪽
③ 상(superior): 인체의 중심에서 위쪽
④ 하(inferior): 인체의 중심에서 아래쪽
⑤ 내측(medial): 인체의 중심으로 가까운 쪽
⑥ 외측(lateral): 인체의 중심에서 먼 쪽
⑦ 근위(proximal): 몸통 부위에서 가까운 쪽
⑧ 원위(distal): 몸통 부위에서 먼 쪽
⑨ 표층(superficial): 인체의 표면에 가까운(얕은) 쪽
⑩ 심층(deep): 인체의 표면에서 먼(깊은) 쪽
⑪ 저측(plantar): 발바닥 쪽
⑫ 배측(dorsal): 발등 쪽
⑬ 복측(ventral): 복부 쪽

4. 관절의 운동

(1) 전후면(좌우축)상의 운동

① 굴곡(flexion): 관절을 이루는 두 뼈의 사이 각도가 작아지는 움직임
② 신전(extension): 관절을 이루는 두 뼈의 사이 각도가 커지는 움직임
③ 과신전(hyperextension): 해부학적인 자세의 범위를 벗어나 과도하게 신전되는 움직임
④ 배측굴곡(dorsi flexion): 발과 정강이의 사이가 각도가 작아지는 움직임으로 발등이 정강이를 향해 가까워지는 운동
⑤ 저측굴곡(plantar flexion): 발과 정강이의 사이가 각도가 커지는 움직임으로 발바닥이 정강이에서 멀어지는 운동

(2) 좌우면(전후축)상의 운동

① 외전/벌림(abduction): 팔과 다리 등의 신체 분절이 몸의 중심선에서 멀어지는 움직임
② 내전/모음(adduction): 팔과 다리 등의 신체 분절이 몸의 중심선으로 가까워지는 움직임
③ 외번/가쪽번짐(eversion): 발바닥이 바깥쪽을 향하는 움직임
④ 내번/안쪽번짐(inversion): 발바닥이 안쪽을 향하는 움직임
⑤ 측면굴곡(lateral flexion): 머리, 몸통 등의 인체 중심선을 지나는 신체 분절이 좌우로 굴곡되는 움직임
⑥ 척골굴곡(ulnar deviation): 손이 새끼 손가락 방향으로 굴곡되는 움직임
⑦ 요골굴곡(radial deviation): 손이 엄지 손가락 방향으로 굴곡되는 움직임

[해부학적 방향에 대한 용어]

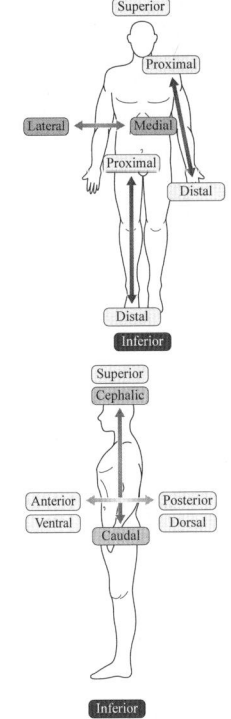

[전후면(좌우축)상의 운동]

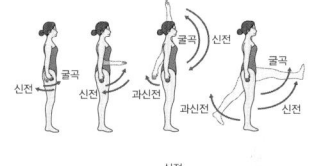

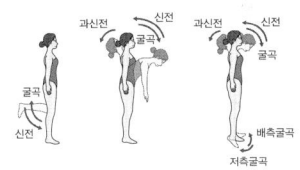

[좌우면(전후축)상의 운동]

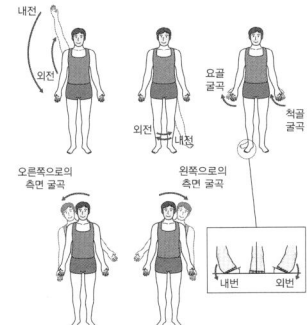

핵심요약&보충자료

[수평면(수직축)상의 운동]

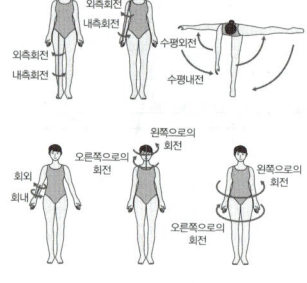

[복합면상의 운동]

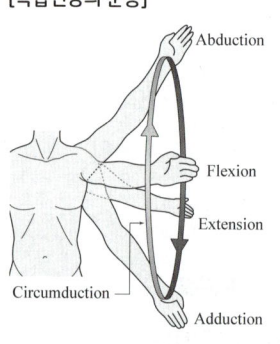

(3) 수평면(수직축)상의 운동

① 외회전/가쪽돌림(external rotation): 신체 분절이 수직축을 중심으로 가쪽으로 회전하는 움직임

② 내회전/안쪽돌림(internal rotation): 신체 분절이 수직축을 중심으로 안쪽으로 회전하는 움직임

③ 회외/뒤침(supination): 아래팔이 가쪽돌림하는 움직임으로 손바닥이 위쪽 또는 앞쪽을 향함

④ 회내/엎침(pronation): 아래팔이 안쪽돌림하는 움직임으로 손등이 위쪽 또는 앞쪽을 향함

⑤ 수평 외전과 수평 내전: 신체 분절이 수평면 상에서 외전과 내전하는 움직임

(4) 복합면상의 운동

① 회선(circumduction): 인체 관절을 중심으로 분절이 원뿔을 형성하는 움직임으로 모든 운동면상에서 발생하는 운동으로서 단일면 상에서 나타나는 움직임이 합쳐진 형태임

② 인체 운동은 단일면 상에서 나타나는 것이 아닌 복합면 상에서 나타남

● 참고 ●

- 운동역학 사슬(kinetic chain): 인체의 여러 분절이 서로 연결되어 힘 전달과 연속적인 움직임을 만들어내는 시스템
- 닫힌형 운동역학 사슬 운동(closed kinetic chain exercise, CKCE): 사지 말단(팔, 다리)이 고정된 상태로 수행되는 운동(예: 스쿼트, 팔굽혀펴기)
- 열린형 운동역학 사슬 운동(open kinetic chain exercise, OKCE): 사지 말단(팔, 다리)이 자유로운 상태로 수행되는 운동(예: 레그 익스텐션, 덤벨 컬)

5. 관절의 분류

(1) 관절의 구분

① 관절(joint, articulation)은 둘 이상의 뼈를 연결하는 구조이며, 관절의 움직임 여부에 따라 인체 내의 관절은 부동관절과 가동관절로 구분됨

② 부동관절은 움직임이 거의 없는 관절로 머리뼈의 봉합, 척추뼈몸통사이 관절 등이 해당됨

③ 가동관절은 광범위한 움직임이 가능한 관절이며, 윤활관절이라고도 불림

(2) 관절의 유형

신체 내의 가동관절은 회전축을 기준으로 움직임의 방향 수에 따라 유형이 구분됨

구분 (자유도)	유형	설명	예시
무축 관절	평면관절	비교적 편평한 면이 서로 마주보는 관절	손목뼈, 발목뼈사이관절, 손목손허리관절
1축성 관절 (자유도 1)	경첩관절	• 문의 경첩과 유사한 구조 • 하나의 축을 중심으로 굽힘과 편이 나타나는 관절	위팔자관절, 손가락관절
	중쇠관절	하나의 축을 기준으로 일어나는 회전 운동	위팔노관절, 고리중쇠관절
2축성 관절 (자유도 2)	타원관절	볼록면을 가진 뼈와 오목면을 가진 뼈가 만나서 형성된 관절	노손목관절
	안장관절	• 오목면과 볼록면을 모두 가진 두 뼈가 만나서 형성된 관절 • 말의 안장과 같은 형태	복장빗장관절, 손목손허리관절
	융기관절	• 절구관절과 유사한 관절 • 볼록면과 매우 얕은 오목면이 만나서 형성된 관절	정강넙다리(무릎)관절
3축성 관절 (자유도 3)	절구관절	• 구형의 볼록면과 오목면이 만나서 형성된 관절 • 운동성이 가장 좋은 관절	오목위팔관절

> **선생님 TIP** 자유도(Degree of Freedom, DoF)
> 신체 또는 물체가 움직일 수 있는 가능성을 나타낸 표현으로 세 방향의 병진운동과 세 방향의 회전 운동을 포함하여 최대 6개의 자유도를 가질 수 있음

02 운동의 종류 `기출` 19·20년

1 운동의 정의와 원인

1. 운동의 정의
신체 또는 물체가 시간의 지남에 따라 위치가 변화하는 것을 의미함

2. 운동의 원인
① 운동은 힘(force)에 의해서 발생하며, 힘이 신체 및 물체에 작용하지 않으면 운동 상태는 변하지 않음

② 신체 운동을 발생시키는 대표적인 힘으로 근력이 있으며, 이 외에도 다양한 힘이 신체에 작용하여 운동을 발생시킴

③ 이러한 운동은 속도(velocity), 가속도(acceleration), 각속도(angular velocity), 각가속도(angular acceleration) 등을 통해 역학적으로 표현할 수 있음

핵심요약&보충자료

2 운동의 종류

1. 병진 운동(선 운동)

① 신체 또는 물체가 구성하는 모든 부분이 **일정 시간 동안 동일한 거리와 방향으로 평행하게 이동하는 운동**

② 병진 운동은 직선 운동뿐만 아니라 **곡선 운동도 포함**됨

③ **병진 운동과 선 운동은 같은 용어임**

2. 회전운동(각 운동)

① 신체의 분절 또는 물체가 고정된 축을 중심으로 일정 시간 동안 동일한 각도로 회전하는 운동

② 회전 운동은 병진 운동과 달리 고정된 중심축이 있는게 특징임

3. 복합운동

① 복합운동은 병진운동과 회전운동이 혼합된 형태임

② 일상생활 및 스포츠 상황에서 관찰되는 신체 운동은 복합운동에 해당됨

pass.Hackers.com

출제예상문제

Chapter 02 운동역학의 이해

01 인체 근골격계의 구성 요소에 대한 설명으로 옳지 않은 것은?

① 골격근(skeletal muscle): 뼈에 부착되어 근 수축을 통해 신체 운동을 만든다.
② 건(tendon): 뼈와 뼈를 연결하는 결합조직으로 뼈 구조의 안정화 역할을 한다.
③ 관절(joint): 두 개 이상의 뼈를 연결하는 구조이다.
④ 뼈(bone): 근육, 건, 인대의 부착지점을 제공하며, 장기를 보호하는 역할을 한다.

 인대(ligament)는 뼈와 뼈를 연결하고, 뼈 구조의 안정화 역할을 하는 결합조직이다.

 인체 근골격계의 구성요소

골격근 (skeletal muscle)	뼈에 부착되어 수의적 근 수축을 통해 신체 운동을 만들어내는 근육 조직
뼈(bone)	• 사람의 골격을 유지하는 단단한 조직 • 근육, 건, 인대의 부착지점을 제공하고 장기를 보호하는 역할을 함
관절 (joint, articulation)	두 개 이상의 뼈를 연결하는 구조
건(tendon)	골격근을 뼈에 부착시키는 결합조직
인대 (ligament)	• 뼈와 뼈를 연결시키는 결합조직 • 고정 및 안정시키는 역할을 함

정답 ②

02 인체의 운동면과 축에 대한 설명으로 옳지 않은 것은?

① 시상면(sagittal plane): 인체의 중심을 전후로 가로 질러, 좌우 대칭으로 나누는 면
② 횡단면(transverse plane): 인체를 상하로 구분하는 수평으로 형성된 면
③ 전후축(anterio-posterior axis): 인체를 전후로 통과하는 축으로 전후면 상의 신체 운동에 관여하는 축
④ 좌우축(medio-lateral axis): 인체의 좌우로 통과하는 축으로 시상면 상의 신체 운동에 관여하는 축

 전후축(anterio-posterior axis)은 인체를 전후로 통과하는 축으로 좌우면/관상면(frontal plane) 상에서 나타나는 신체 운동에 관여한다.

 인체의 운동면과 축

운동면	• 전후면/시상면(sagittal plane): 인체의 중심을 전후로 가로질러 형성된 면으로, 인체를 좌우 대칭으로 나누는 면 • 좌우면/관상면(frontal plane): 인체의 중심을 좌우로 가로질러 형성된 면으로, 인체를 앞뒤로 나누는 면 • 수평면/횡단면(transverse plane): 인체를 상하로 구분하는 수평으로 형성된 면
운동축	• 좌우축(medio-lateral axis): 인체를 좌우로 통과하는 축 • 전후축(anterio-posterior axis): 인체를 전후로 통과하는 축 • 상하축/수직축(superior-inferior axis /longitudinal axis): 인체를 상하로 통과하는 축

정답 ③

03 <보기>에서 해부학적 방향에 대한 용어와 정의가 바르게 연결된 것을 모두 고르시오.

─── <보기> ───
㉠ 전(anterior) - 인체의 중심에서 앞쪽
㉡ 상(superior) - 인체의 중심에서 위쪽
㉢ 근위(proximal) - 몸통 부위에서 아래 쪽
㉣ 심층(deep) - 인체의 표면에서 먼(깊은) 쪽
㉤ 저측(plantar) - 발등 쪽
㉥ 복측(ventral) - 복부의 후면부

① ㉠, ㉡, ㉣
② ㉠, ㉡, ㉤
③ ㉠, ㉣, ㉤
④ ㉠, ㉢, ㉥

정답분석 근위(proximal)는 몸통 부위에서 가까운 쪽, 저측(plantar)는 발바닥 쪽, 복측(ventral)은 복부쪽을 의미한다.

이론 PLUS 해부학적 방향에 대한 용어
- 전(anterior): 인체의 중심에서 앞쪽
- 후(posterior): 인체의 중심에서 뒤쪽
- 상(superior): 인체의 중심에서 위쪽
- 하(inferior): 인체의 중심에서 아래쪽
- 내측(medial): 인체의 중심으로 가까운 쪽
- 외측(lateral): 인체의 중심에서 먼 쪽
- 근위(proximal): 몸통 부위에서 가까운 쪽
- 원위(distal): 몸통 부위에서 먼 쪽
- 표층(superficial): 인체의 표면에 가까운(얕은) 쪽
- 심층(deep): 인체의 표면에서 먼(깊은) 쪽
- 저측(plantar): 발바닥 쪽
- 배측(dorsal): 발등 쪽
- 복측(ventral): 복부 쪽

정답 ①

04 좌우면 상의 신체 움직임과 설명으로 옳지 않은 것은?

① 외번(eversion): 발바닥이 바깥쪽을 향하는 움직임
② 척골굴곡(ulnar deviation): 손이 엄지손가락 방향으로 굴곡되는 움직임
③ 측면굴곡(lateral flexion): 머리, 몸통 등이 인체 중심선을 지나는 신체 분절의 좌우로 굴곡되는 움직임
④ 내전(adduction): 팔다리 등의 신체 분절이 몸의 중심선으로 가까워 지는 움직임

정답분석 척골굴곡(ulnar deviation)은 손이 새끼 손가락 방향으로 굴곡되는 움직임이다.

정답 ②

05 운동에 대한 설명으로 옳지 않은 것은?

① 운동은 신체 또는 물체가 시간이 지남에 따라 위치가 변하는 것이며, 역학적으로 속도, 가속도 등으로 표현할 수 있다.
② 병진운동은 고정된 축을 중심으로 회전하는 운동이다.
③ 일상생활 및 스포츠 상황에서 관찰되는 신체 운동은 복합운동에 해당된다.
④ 선운동은 직선 운동뿐만 아니라 곡선운동도 포함된다.

정답분석 고정된 축을 중심으로 회전하는 운동은 회전 운동이며, 병진운동(선운동)은 신체 또는 물체가 구성하는 모든 부분이 일정 시간 동안 동일한 거리와 방향으로 평행하게 이동하는 것을 의미한다.

정답 ②

Chapter 03 인체역학

01 인체의 물리적 특성 기출 21~24년

1 질량과 무게

1. 질량
① 신체 또는 물체가 가지고 있는 변하지 않는 물리량
② 질량은 위치와 상관없이 크기가 변하지 않으며, 물체가 운동하기 어렵게 만드는 특성이 있음
③ 질량은 관성의 척도임

2. 무게(체중)
① 무게(체중)는 일반적으로 체중계를 통해 측정된 수치는 질량을 의미하며, 이는 중력가속도가 반영되지 않은 표현법임
② 무게는 질량(kg)과 중력가속도($9.8m/s^2$)를 곱한 값
③ 무게(체중)의 단위는 뉴턴(N) 또는 $kg \cdot m/s^2$

[무게(체중)과 질량의 차이]
- 우리가 체중계로 측정된 수치는 질량(kg)이며, 중력가속도(g) 상수를 곱하지 않은 수치임
- 이는 지구상의 모든 사람에게 작용하는 중력의 크기는 동일하다는 가정 하에 중력가속도를 곱하지 않고 질량으로 표현하고 있음

2. MKS 단위계
MKS 단위계는 국제 표준 단위로 길이는 미터(meter, m), 질량은 킬로그램(kilogram, kg), 시간은 초(seconds, s)로 표현하며, 각 앞 글자를 따서 만든 이름임

2 인체의 무게중심

1. 무게 중심
① 무게 중심은 물체의 무게를 균등하게 분배하여 균형을 이루는 지점으로, 균형점, 질량의 중심(center of mass, COM), 중력의 중심(center of gravity, COG)라 칭함
② 신체 무게 중심은 신체 질량의 분포에 따라 변한다. 남녀의 신체 무게 중심 위치를 비교하면 여성은 넓은 골반과 하체에 비해 상대적으로 높은 지방 분포 때문에 신체 무게 중심이 낮게 위치하고, 남성은 여성에 비해 좁은 골반과 상체에 더 많은 근육이 발달되었기 때문에 높게 위치함
③ 신체 무게 중심은 자세에 따라 변할 수 있으며, 신체 외부에 있을 수도 있음

2. 인체 무게 중심의 이동 원리
① 인체의 무게 중심은 상지 및 하지의 위치, 전반적인 자세의 형태에 따라 이동함
② 인체 무게 중심의 이동은 질량의 위치 변화, 즉 질량 분포에 따라 달라짐
③ 양 손에 무거운 물체를 든 채 머리 위쪽으로 양 팔을 올리면, 무거운 물체의 질량 때문에 인체 무게 중심은 위쪽으로 더 이동하게 됨

용어해설
물리량: 길이, 질량, 시간의 기본 단위들을 이용하여 정량적으로 크기를 나타내는 수치

02 인체의 물리적 특성

1 인체의 평형

1. 평형과 균형
① 인체는 변화하는 주변 환경을 실시간으로 인지하고, 신체 무게 중심의 흔들림을 최소화하기 위해 자세를 조절함
② 신체 무게 중심이 흔들리지 않게 유지하려는 자세 조절을 평형(equilibrium), 균형(balance)라고 함

2. 자세 안정성
자세 안정성(stability)은 신체 무게 중심이 안정적으로 유지되고 있는 상태, 즉 평형 상태를 깨뜨리기 어려운 정도이며, 이는 안정성이 높은 물체 또는 인체의 상태일 때, 넘어뜨리거나 이동시키기 어렵다는 것을 뜻함

2 인체의 안정성

1. 기저면

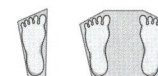
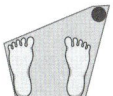

[기저면]

① 기저면(base of support, BOS)은 인체 또는 물체가 지면에 접촉하는 점들을 이어서 형성된 전체 면적을 의미함
② 기저면이 넓을수록 높은 안정성을 확보할 수 있음
③ 양발을 모은 상태보다 넓게 벌린 상태가 기저면이 크고, 양발로 서있는 것 보다 지팡이와 같은 보조 수단을 지지하여 서있는 것이 더 넓은 기저면이 확보되기 때문에 인체의 안정성이 높아짐

2. 인체 무게 중심의 높이
① 자세 안정성은 인체의 무게 중심 높이와 반비례함
② 인체의 무게 중심이 높으면 자세 안정성은 저하되고, 무게 중심이 낮으면 자세 안정성은 향상됨
③ 유도, 레슬링과 같이 상대방의 공격을 방어하는 스포츠 종목은 자세를 안정적으로 유지하는 것이 매우 중요하며, 이 때문에 자세를 최대한 낮추어 자세 안정성을 증가시킴

3. 수직 중심선의 위치
① 수직 중심선은 인체 무게 중심이 지면으로 수직으로 향하는 선을 의미함
② 수직 중심선이 기저면의 중앙에 근접할수록 자세 안정성은 높아지는 반면, 수직 중심선이 기저면의 중앙을 벗어나면 자세 안정성이 저하됨
③ 100m 달리기는 빠르게 출발해야하는 특성 때문에 출발 준비 자세에서 안정성이 낮아야 함. 이때 이용하는 기법인 크라우칭 스타트는 수직 중심선이 기저면을 벗어나도록 하여 자세 안정성을 저하시키는 방법임

핵심요약&보충자료

❶ 인체 안정성을 결정짓는 요소
- 기저면의 크기
- 인체 무게중심의 높이
- 무게 중심선의 위치

4. 인체 안정성을 높이기 위한 방법❶
① 기저면이 넓을수록 인체 안정성은 높아짐
② 무게 중심선이 기저면 중앙에 가까울수록 인체 안정성은 높아짐
③ 인체 무게 중심의 높이가 낮을수록 자세 안정성은 높아짐

3 인체의 구조적 특성

1. 인체의 지레
① 인체의 기능적 특성으로 지레, 도르레, 바퀴와 축이 있으며, 이는 역학적 이점, 힘의 작용 방향의 변화 등의 특성을 가지고 있음
② 지레(lever)는 일의 양을 변화 시키지 않지만, 역학적인 이점(mechanical advantage)과 밀접한 관련이 있음
③ 지레는 적은 힘으로 물체 또는 인체 운동에 변화를 줄 수 있거나, 비교적 큰 힘으로 변화를 주지 못하는 등의 역학적 이득에 중요한 요소임
④ 지레는 받침점, 저항점, 힘점으로 구성됨

2. 인체 지레의 요소
① 받침점(Axis): 지레에서 고정된 축, 인체 관절의 중심점
② 힘점(Force Point): 힘이 작용하는 지점
③ 저항점(Resistive Force Point): 저항되는 힘이 작용하는 지점
④ 힘팔(Force Arm): 받침점에서 힘점 벡터까지의 수직 거리
⑤ 저항팔(Resistive Force Arm): 받침점에서 저항점 벡터까지의 수직 거리

3. 지레의 종류

(1) 1종 지레
① 힘점(F)와 작용점(R) 사이에 받침점(A)가 위치한 지레(F-A-R, R-A-F)
② 가장 일반적인 지레 종류이며, **힘팔과 저항팔의 길이는 다양하게 나타남**
③ 역학적 이득은 1보다 크거나 작을 수 있음
④ 쇠 지렛대, 시소, 가위

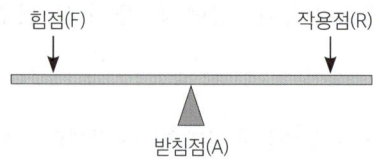

📍 용어해설

역학적 이득(Mechanical Advantage, MA)
- 힘팔과 저항팔의 비율을 통해 힘의 효율성을 나타내는 수치
- 역학적 이득(MA) = $\dfrac{\text{힘팔의 길이}}{\text{저항팔의 길이}}$

(2) 2종 지레

① 받침점(A)과 힘점(F)사이에 저항점(R)이 위치한 지레(A-R-F, F-R-A)

② 힘점이 받침점과 가장 멀리있기 때문에 **힘팔의 길이가 저항팔의 길이보다 김**

③ 이득은 항상 1보다 큼

④ 발 뒷꿈치 들고 서있기, 팔굽혀펴기, 병따개

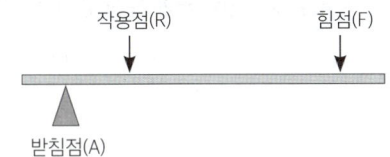

(3) 3종 지레

① 받침점(A)과 저항점(R)사이에 힘점(F)이 위치한 지레(A-F-R, R-F-A)

② 저항점이 받침점과 가장 멀리 있기 때문에 **저항팔의 길이가 힘팔의 길이보다 김**

③ 역학적 이득은 항상 1보다 작음

④ 팔꿈치 굽히기, 삽질, 야구 배트, 테니스 라켓

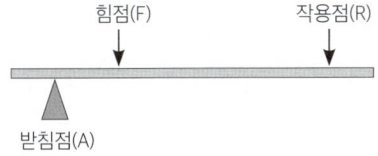

출제예상문제 Chapter 03 인체역학

01 질량(mass)과 무게(weight)에 대한 설명으로 옳지 않은 것은?

① 질량은 인체 운동을 어렵게 만드는 성질을 가진 관성의 척도이다.
② 질량의 단위는 kg이다.
③ 무게는 질량에 중력가속도 상수를 곱하지 않은 수치이다
④ 무게의 단위는 N 또는 $kg \cdot m/s^2$이다.

 체중 또는 무게는 질량에 중력가속도 상수인 $9.81 m/s^2$ 곱한 수치이다.

 질량과 무게

질량	무게(체중)
• 신체 또는 물체가 가지고 있는 변하지 않는 물리량 • 위치와 상관없이 크기가 변하지 않으며, 물체가 운동하기 어렵게 만드는 특성이 있음 • 관성의 척도	• 일반적으로 체중계를 통해 측정된 수치는 질량을 의미 • 중력 가속도가 반영되지 않은 표현법 • 질량(kg)과 중력가속도(m/s^2)를 곱한 값 • 단위: 뉴턴(N) 또는 $kg \cdot m/s^2$

정답 ③

02 인체 무게 중심에 대한 설명으로 옳은 것은?

① 인체 무게 중심의 위치는 변하지 않는다.
② 일반적으로 남자는 여자 보다 무게 중심이 낮게 위치하며, 이는 신체적 특성에 기인한다.
③ 인체 무게 중심은 신체 질량의 분포에 따라 달라지며, 양 팔을 머리 위로 올렸을 때 인체 무게 중심은 위로 이동한다.
④ 인체 무게 중심은 항상 신체 내부에 위치한다.

 인체 무게 중심은 신체 질량의 분포에 따라 달라진다. 예를 들어 양 팔을 머리 위로 들어 올렸을 때, 양 팔의 질량이 위쪽으로 이동했기 때문에 인체 무게 중심도 위로 이동한다.

 인체 무게 중심의 이동 원리
• 상지 및 하지의 위치, 전반적인 자세의 형태에 따라 이동
• 인체 무게 중심의 이동은 질량의 위치 변화, 즉 질량 분포에 따라 달라짐
• 양 손에 무거운 물체를 든 채 머리 위쪽으로 양 팔을 올리면, 무거운 물체의 질량때문에 인체 무게 중심은 위쪽으로 더 이동하게 됨

정답 ③

03 <보기>에서 자세 안정성을 높이기 위한 방법을 모두 고르시오.

―――――<보기>―――――
자세 안정성은 신체 무게 중심의 흔들림을 조절하여 유지할 수 있으며, 이를 (㉠)이라 한다. 자세 안정성을 높이는 방법은 인체 무게중심을 (㉡) 하고, 양 발을 넓게 하여 기저면 크기를 (㉢) 시켜야 하며, 무게 중심선을 기저면의 (㉣)에 위치하도록 해야한다.

	㉠	㉡	㉢	㉣
①	균형	낮게	감소	외부
②	평형	높게	증가	내부
③	균형	높게	감소	외부
④	평형	낮게	증가	내부

정답분석 자세 안정성은 신체 무게 중심의 흔들림을 조절하여 유지할 수 있으며, 이를 균형 또는 평형이라 한다. 자세 안정성은 인체 무게 중심의 높이, 기저면의 크기, 무게 중심선의 위치에 따라 달라지며, 인체 무게 중심의 높이가 낮고, 기저면의 크기가 넓고, 무게 중심선이 기저면 내부에 위치하고 기저면 중심에 가까울수록 자세 안정성은 높아진다.

이론 PLUS 인체 안정성을 높이기 위한 방법
- 기저면이 넓을수록 인체 안정성은 높아짐
- 무게 중심선이 기저면 중앙에 가까울수록 인체 안정성은 높아짐
- 인체 무게 중심의 높이가 낮을수록 자세 안정성은 높아짐

정답 ④

04 지레(levers)에 대한 설명으로 옳지 않은 것은?

① 1종 지레는 가장 일반적인 지레이며, 힘팔과 저항팔의 길이가 다양하게 나타난다.
② 2종 지레는 저항점이 힘점과 받침점 사이에 위치한 지레이며, 역학적 이득은 항상 1보다 크다.
③ 3종 지레는 힘점이 저항점과 받침점 사이에 위치한 지레이며, 역학적 이득은 다양하게 나타난다.
④ 3종 지레는 저항팔이 힘팔 보다 길기 때문에 평형 상태를 유지하기 위해 저항력 보다 더 큰 힘이 작용해야 한다.

정답분석 3종 지레는 힘점이 저항점과 받침점 사이에 위치한 지레이며, 힘팔이 저항팔 보다 짧아 역학적 이득은 항상 1보다 작게 나타난다.

이론 PLUS 지레의 종류

1종 지레	• 힘점(F)와 작용점(R) 사이에 받침점(A)가 위치 → F-A-R, R-A-F • 가장 일반적인 지레 종류이며, 힘팔과 저항팔의 길이는 다양하게 나타남 • 역학적 이득은 1보다 크거나 작을 수 있음
2종 지레	• 받침점(A)과 힘점(F)사이에 저항점(R)가 위치 → A-R-F, F-R-A • 힘점이 받침점과 가장 멀리있기 때문에 힘팔의 길이가 저항팔의 길이보다 김 • 이득은 항상 1보다 큼
3종 지레	• 받침점(A)과 저항점(R)사이에 힘점(F)가 위치 → A-F-R, R-F-A • 저항점이 받침점과 가장 멀리 있기 때문에 저항팔의 길이가 힘팔의 길이보다 김 • 역학적 이득은 항상 1보다 작음

정답 ③

Chapter 04 운동학의 스포츠 적용

 핵심요약&보충자료

01 선운동의 운동학적 분석 기출 19~24년

1 선운동

(1) 선운동은 직선 또는 곡선 형태의 운동을 의미함
(2) 선 운동의 운동학적 분석은 인체 또는 물체가 직선, 곡선 운동을 할 때 변위, 속도, 가속도 등을 통해 운동을 분석하고 표현

2 거리와 변위

(1) 거리(distance)

사람 또는 물체가 두 지점을 얼마만큼 멀리 이동했는가를 나타내는 스칼라량이며, 이동한 **총 길이**를 뜻함

(2) 변위(displacement)

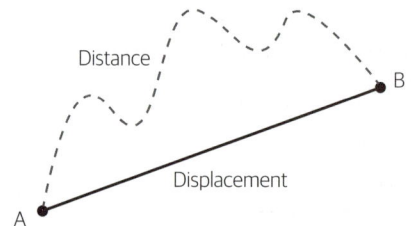

두 지점을 잇는 **최단 거리, 즉 직선거리**를 의미하며, 방향성을 가지는 벡터량

예 25m 수영장의 시작점에서 출발한 뒤, 반환점을 돌아 다시 시작점으로 돌아왔다면, 이때 거리는 이동한 총 거리이기 때문에 50m, 변위는 시작점으로 다시 돌아왔기 때문에 최단거리는 0m가 됨

3 속력과 속도

1. 속력(speed)
① 사람 또는 물체가 어느정도 빠르게 이동하는지 나타내는 스칼라량으로, 이는 소요시간 당 이동 거리를 의미
② 속력 = $\dfrac{\text{이동거리}}{\text{소요시간}}$
③ 단위: m/s, cm/s, km/h

2. 속도(velocity)
① 사람 또는 물체의 위치가 소요 시간 동안 변화된 위치를 나타내는 벡터량으로, 이는 소요 시간 당 변위를 의미
② 속도 = $\dfrac{\text{변위}}{\text{소요시간}}$
③ 단위: m/s, cm/s, km/h

4 가속도

1. 가속도
① 가속도(acceleration): 소요시간당 속도의 변화율이며, 벡터량을 의미
② 가속도 = $\dfrac{(\text{나중속도} - \text{처음속도})}{\text{소요시간}}$
③ 단위: m/s^2

2. 가속도, 감속도의 이해
① 가속도는 시간의 변화에 따라 속도가 증가하는 것이며, 감속도는 시간의 변화에 따라 속도가 감소하는 것을 의미
② 등속도는 가속도가 0인 상태로, 시간의 변화에 따라 일정한 속도로 유지되는 것을 의미
③ 가속도가 0인 경우는 속도의 변화가 없는 것을 의미하며, 물체 또는 인체가 멈춰있는 상태가 아닌 일정한 속도로 운동 중인 것을 나타냄

> **참고**
>
> **중력가속도**
> 중력이 물체에 작용하여서 생기는 가속도를 의미하며, 물체의 질량 및 크기와 상관없이 $9.8m/s^2$ 임

5 포물선 운동

1. 포물선 운동
① 포물선 운동은 투사체가 공중에서 포물선 경로를 따라 운동하는 것을 의미
② 중력의 영향을 받는 투사체는 수직 방향으로는 등가속도 운동, 수평방향으로는 등속도 운동을 함
③ 투사체의 포물선 운동에 영향을 주는 요인은 투사 각도, 투사 속력, 투사 높이가 있음

2. 포물선 운동의 특징
① 공기의 저항력을 제외하면, 투사체의 투사 높이와 착지 높이가 동일하면 포물선 운동의 궤적은 좌우 대칭 형태임
② 투사높이와 착지 높이가 동일하다면, 투사 및 착지 시점의 속도 크기는 같음
③ 투사체는 수평 방향으로 등속도 운동을 하고, 수직 방향은 등가속도 운동을 함
④ 투사체가 최고 높이에 도달했을 때, 수직 속도는 0m/s임

3. 투사 각도, 투사 속력, 투사 높이

(1) 투사 각도
① 투사체의 포물선 운동 궤도는 투사 각도에 의해 결정됨
② 투사 지점과 착지 지점이 같고, 공기 저항과 같이 외력이 작용하지 않으면 **투사각도 45도가 가장 긴 투사 거리**가 나타남

(2) 투사 속력
① 투사 각도와 투사 지점의 높이가 일정하면, **투사속력은 투사체의 포물선 운동 궤도와 투사 거리를 결정**
② 투사 각도가 동일하면, **투사 속력이 증가할수록 수평 방향의 투사 거리와 투사체의 최고점 높이가 증가**

(3) 투사 높이
① 투사 높이는 투사체가 투사되는 지점의 높이를 의미하며, 지면을 기준으로 투사 높이를 정의하기 때문에 상대적 투사 높이라 칭함
   예 지면으로부터 1.5m 높은 위치에서 투사되었을 때, 투사 높이는 1.5m가 됨
② 투사속도가 일정하다면, 투사 높이가 높을수록 투사체의 비행 시간이 증가

02 각 운동의 운동학적 분석 [기출] 19~23년

1 각운동

(1) 각운동

회전운동이라 부르며, 인체의 분절 또는 물체가 고정된 회전축을 중심으로 회전 운동을 하는 것

(2) 각 운동의 운동학적 분석

회전하는 신체 분절 또는 물체의 각거리, 각변위, 각속도, 각가속도 등을 분석하는 것

2 각거리와 각변위

(1) 각거리(angular distance)

각운동을 하는 물체의 각도의 변화량을 나타낸 것으로 방향이 없는 스칼라량이며, 총 각도의 크기를 의미

(2) 각변위(angular displacement)

각운동을 하는 물체의 각도 위치의 변화를 나타낸 것으로 방향을 갖는 벡터량으로, 변화된 각도의 크기를 의미하며, 오른손 법칙에 따라 반시계 방향(-), 시계방향(+)으로 표현

예 시계의 초침이 12시에서 한바퀴 돌아 12시로 돌아왔을 때, 각거리는 360°이고, 각변위는 초침이 제자리로 다시 돌아온 상태, 즉 각도 위치의 변화가 없기에 0°임

3 각속력과 각속도

1. 각속력(angular speed)

① 각속력은 소요 시간당 각 거리의 변화율을 의미

② 각속력 = $\dfrac{각거리}{소요시간}$

③ 단위: deg/s, rad/s

2. 각속도(angular velocity)

① 각속도는 소요 시간당 각변위의 변화율을 의미하며, 방향을 가지는 벡터량임

② 각속도 = $\dfrac{각변위}{소요시간}$

③ 단위: deg/s, rad/s

4 가속도

(1) 가속도(acceleration): 소요시간 당 각속도의 변화율이며, 벡터량임

(2) 가속도 = $\dfrac{\text{나중각속도} - \text{처음각속도}}{\text{소요시간}}$

(3) 단위: deg/s^2, rad/s^2

> **참고**
>
> 각도의 단위
> - 각도 단위: 도(degree, °), 라디안(radian), 회전(revolution)
> - 회전(revolution)은 한번의 회전인 360°를 의미
> - 라디안(radian, rad)은 원호의 길이를 원의 반지름으로 나눈값으로, 원호의 길이가 원의 반지름의 길이와 같을 때 형성하고 있는 각도를 1라디안이라 하며, 약 57.3도임

5 선속도와 각속도의 관계

1. 선속도와 각속도의 관계

① 회전운동을 하는 물체의 **선속도(v)는 각속도(ω)와 회전반경(r)의 곱으로 크기를 계산**할 수 있으며, 선운동의 방향은 접선 방향임

② 선속도를 구하는 계산식에서 **각속도(ω)의 단위는 라디안(radian)**임
→ 선속도(v) = 각속도(ω) × 회전반경(r)

2. 스포츠 상황에서의 선속도와 각속도의 관계

① 골프 스윙, 야구 배팅, 배드민턴 스매싱, 해머던지기 등의 스포츠 종목은 빠른 각속도의 회전운동으로 물체의 빠른 선속도를 생성하는 관계를 가지고 있음

② 선속도를 증가시키기 위해서는 각속도 또는 회전반경을 증가시켜야 함

  ㉠ **각속도의 증가**: 회전 운동 중에 신체 관절의 굽힘을 통해 물체의 질량을 회전 중심점에 가깝게 하여, 물체가 가지고 있는 관성모멘트를 감소시킴으로서 각속도를 증가시킴

  ㉡ **회전 반경의 증가**: 회전 운동에서 타구 시점 또는 물체를 투척하는 시점에서 신체 관절의 폄을 통해 회전 반경을 증가시킴

3. 관성모멘트

회전 운동 중에 회전 반경의 증가는 관성모멘트를 증가시키기에 각속도의 증가에 방해요인이 됨으로 회전 반경을 감소시켜 각속도를 증가시킨 뒤, 타구 및 투척 시점에서 순간적으로 회전반경을 증가시킴으로서 선속도를 증가시킬 수 있음

출제예상문제

Chapter 04 운동학의 스포츠 적용

01 라디안의 설명으로 옳지 않은 것은?

① 라디안은 원호의 길이를 원의 지름으로 나눈 값이다.
② 회전(revolution)은 360°를 의미한다.
③ 1라디안은 약 57.3도이다.
④ 라디안 각도는 선속도 구하는 공식에서 각속도의 단위이다.

 라디안은 원호의 길이를 원의 반지름으로 나눈 값이다.

정답 ①

02 다음 중 선운동의 운동학적 분석에 대한 설명으로 옳지 않은 것은?

① 선 운동의 운동학적 분석 변인은 변위, 속도, 가속도 등이 있다.
② 변위는 두 지점을 잇는 최단 거리이며, 방향을 가진 벡터량이다.
③ 운동 중인 물체의 가속도가 '0'이면 물체는 정지한다.
④ 속도는 소요시간 당 변위를 통해 구할 수 있다.

 가속도가 0인 경우는 속도의 변화가 없는 것을 의미하며, 이는 물체가 일정한 속도로 운동 중인 것을 나타낸다.

정답 ③

03 포물선 운동의 특징으로 옳은 것은? (단, 공기의 저항은 없는 상태이다)

① 투사체는 수직 방향으로 등속도 운동을 한다.
② 투사체는 수평 방향으로 등가속도 운동을 한다.
③ 투사체가 최고 높이에 도달했을 때, 수직 속도는 9.8m/s이다.
④ 투사체의 투사 높이와 착지높이가 동일하면, 좌우 대칭 형태의 포물선 운동을 한 것이다.

- 투사체는 수평 방향으로 등속도 운동, 수직 방향으로 등가속도 운동을 하며, 투사체가 최고 높이에 도달했을 때, 수직 속도는 0m/s이다.
- 공기의 저항력을 무시하면, 투사체의 투사 높이와 착지 높이가 동일하면 포물선 운동의 궤적은 좌우 대칭 형태이다.

정답 ④

04 각운동에 대한 설명으로 옳지 않은 것은?

① 타구 및 투척 시점에서 회전 반경을 증가시키는 것이 선속도를 높이는 방법이다.
② 선속도를 증가시키기 위해서는 각속도 또는 회전 반경을 증가시켜야 한다.
③ 선속도는 각속도와 회전반경의 곱으로 계산되며, 각속도의 단위는 라디안을 이용한다.
④ 각속도를 높이기 위해서는 관성모멘트를 증가시켜야 한다.

 각속도를 높이기 위해서는 신체 관절의 굽힘을 통해 질량을 회전 중심점으로 가깝게 하여, 관성모멘트를 감소시켜야 한다.

정답 ④

Chapter 05 운동역학의 스포츠 적용

 핵심요약&보충자료

01 선운동의 운동역학적 분석 기출 19~24년

1 힘의 정의와 단위

1. 힘의 정의

① 힘(force)이란, 정지한 물체의 운동을 유발하는 원인이고 운동 중인 물체를 가속하거나 방향을 변경시키는 물리량을 의미함
② 힘은 크기(magnitude)와 방향(direction)을 가지는 벡터량
③ 힘은 작용된 방향으로 주어진 크기 만큼 가속됨
④ 힘은 운동을 유발하는 추진력과 운동을 방해하는 저항력으로 사용될 수 있음

2. 힘의 계산

$$힘 = 질량 \times 가속도 (\vec{F} = m \cdot \vec{a})$$

① 힘(F)는 물체에 작용하는 전체 힘을 의미하며, 질량은 물체의 질량, 가속도는 물체가 힘을 작용으로 생성된 가속도를 의미
② 단위: N(뉴턴), kg·m/s², kgf(킬로그램힘)

2 힘 벡터의 특성

1. 힘 벡터의 정의

① 힘은 방향과 크기를 가지는 벡터량으로 힘이 물체에 작용하면 물체는 힘이 작용한 방향, 힘이 작용한 크기만큼 운동을 함
② 힘 벡터는 힘의 3요소인 크기, 방향, 작용점을 포함한 화살표를 통해 표현

2. 힘 벡터

① 힘 벡터의 3요소: 크기, 방향, 작용점
② 힘 벡터에서 작용점은 힘이 물체에 작용한 지점, 화살표의 방향은 힘이 작용하는 방향, 화살표의 길이는 힘의 크기를 의미
③ 그림에 제시된 힘 벡터는 A에서 B로 향하는 벡터이며, $\overline{AB}$ 또는 AB(굵은 글씨체)로 표기

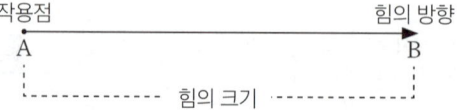

3. 힘 벡터의 합성과 분해

① 힘 벡터의 합성

② 동일선상의 두 벡터: 두 벡터 크기의 합

③ 서로 다른 방향의 두 벡터

④ 방향이 다른 두 벡터의 합성은 삼각형 법칙, 평행사변형 법칙에 따라 합성

⑤ 직교하는 두 벡터는 피타고라스의 정리에 의해 합성된 벡터의 크기를 계산할 수 있음

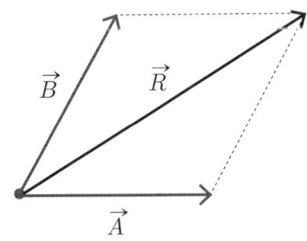
<평행사변형 법칙을 이용한 벡터의 합성>

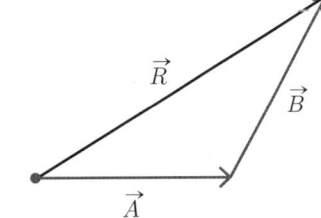
<삼각형 법칙을 이용한 벡터의 합성>

$$\vec{F}_r = \sqrt{(\vec{F}_v)^2 + (\vec{F}_h)^2}$$

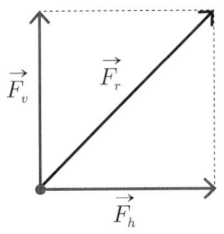
<힘 벡터의 분해>

⑥ 합성된 벡터는 수평 성분과 수직 성분으로 분해할 수 있음

$$\vec{F}_v = \vec{F}_r \cos\theta \qquad \vec{F}_h = \vec{F}_r \sin\theta$$

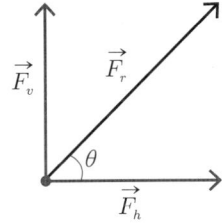

3 힘의 종류

1. 근력

(1) 근력의 정의

  근육의 수축으로 발생하는 힘

(2) 근 수축

  근원섬유에서 굵은 세사의 마이오신 머리(myosin head)가 얇은 세사의 액틴(actin)에 결합한 뒤, 서로 미끄러져 근육의 길이가 짧아짐으로 발생함(근세사 활주설)

  ① 근 수축의 형태

    ㉠ 등척성 수축: 저항력과 수축력의 크기가 동일하여 근육의 길이가 거의 변하지 않는 수축

    ㉡ 등장성 수축

      ⓐ 단축성 수축: 수축력이 저항력 보다 더 크게 작용하여 근육의 길이가 짧아지는 수축

      ⓑ 신장성 수축: 저항력이 수축력 보다 더 크게 작용하여 근육의 길이가 길어지는 수축

    ㉢ 등속성 수축: 관절의 속도 및 운동 범위를 조절할 수 있는 장비를 이용하여 일정 각도와 속도의 근 수축

2. 중력

  ① 질량이 존재하는 모든 물체 사이에서 서로 끌어당기는 힘인 만유인력이 작용함

  ② 중력은 지구가 사람 또는 물체 등을 끌어당기는 힘

  ③ 중력(W) = 질량(m) × 중력가속도(g, 9.81 m/s²)

  ④ 중력가속도는 지구 중심에서 물체까지의 거리에 반비례하기 때문에 고도 및 위도에 따라 달라짐(중력가속도는 9.81 m/s²로 통일하여 사용)

3. 마찰력

(1) 접촉하는 두 물체가 접촉면에 서로 평행하게 주고 받는 힘

(2) 마찰력(F_f)은 마찰계수(μ)와 접촉면에 수직으로 가한 힘(normal force, F_n)을 곱한 값

$$F_f = \mu N$$

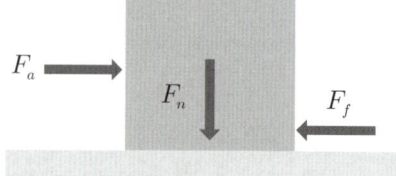

(3) 마찰력과 작용력의 관계

① 정지마찰: 정지한 물체에 작용하는 마찰력

② 최대정지마찰: 정지마찰의 최대 지점으로 물체가 움직이기 직전

③ 운동마찰: 물체가 운동 중에 발생하는 마찰력

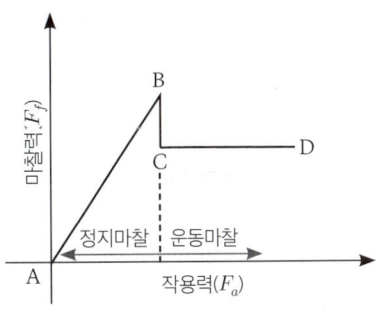

- A-B 구간(정지마찰구간): 마찰력과 작용력의 크기가 같으므로 물체는 움직이지 않음
- B 구간(최대정지마찰구간): 물체가 운동하기 직전으로 정지 마찰력의 최대 구간
- B-C구간: 마찰계수가 작아지는 구간, 물체가 운동하기 시작하면서 물체와 접촉면 사이의 서로 맞물리는 요철이 해제됨
- C-D구간: 물체의 운동 구간, 최대정지마찰력 보다 마찰력 크기가 작음

4. 부력

① 유체에 잠긴 물체에 작용되는 수직 상방향의 힘

② 부력이 크면 물체는 떠오르고, 부력이 작으면 물체는 가라앉음

5. 항력

① 유체 속에서 이동하는 물체의 추진방향에서 반대 방향으로 작용하는 힘으로 유체 저항으로 물체의 감속을 발생시킴

$$F_d = kAv^2$$
k: 항력계수
A: 물체의 직각 단면적
v: 물체에 대한 유체의 상대속도

② 항력은 추진방향에 대한 물체의 직각 단면적이 넓을수록, 물체에 대한 유체의 상대속도가 높을수록 증가

③ 항력의 종류

㉠ 표면항력

ⓐ 유체와 물체의 표면 사이의 마찰에 의해 발생하는 항력

ⓑ 수영선수의 제모, 전신수영복 등은 표면항력을 감소

㉡ 형태항력

ⓐ 유체속에서 물체가 이동할 때, 물체의 앞면과 뒷면 간의 유체 압력차로 발생하는 저항

ⓑ 물체의 뒷면에서 공기의 경계층이 분리되어, 난류 또는 진공 현상이 발생

ⓒ 골프공의 딤플은 공기의 경계층 분리를 지연시켜 형태항력을 감소

㉢ 조파항력: 유체의 파동에 의해 발생하는 항력

용어해설

유체(fluid): 액체와 기체를 합쳐 부르는 용어로, 쉽게 변형되고 흐르는 성질을 가짐

6. 양력

① 물체가 운동 중에 주변 유체의 압력차이로 생기는 힘으로 **수직 방향**으로 작용

② 물체의 형태는 유체의 흐름에 영향을 주기 때문에 양력의 크기가 달라짐

③ 유체의 이동 속도가 증가하면 낮은 기압, 이동 속도가 감소하면 높은 기압이 형성되며, 이러한 상대적 기압 차이가 발생하여 고기압에서 저기압으로 유체 이동의 특성으로 인해 물체의 양력이 발생됨

7. 마그누스 효과

회전하는 물체가 유체 속을 이동하면서 압력의 차이로 운동 궤적이 변하는 현상

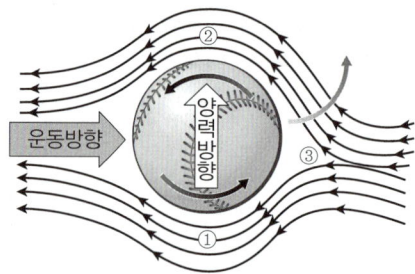

오른쪽을 향해 날아가는 공이 반시계 방향으로 회전을 하고 있을 때

① 유체의 흐름과 야구공의 회전방향이 반대로 작용하여 고기압이 형성됨

② 유체의 흐름과 야구공의 회전방향이 동일하게 작용하여 저기압이 형성됨

③ 고기압에서 저기압으로 공기의 이동으로 발생한 양력 때문에 야구공은 위쪽으로 휘어짐

4 뉴턴의 운동법칙

1. 관성의 법칙(제1법칙)

외력이 작용하지 않는 한 물체 또는 신체는 원래 운동 상태를 유지하려는 경향

2. 가속도의 법칙(제2법칙)

물체 또는 신체가 운동 중에 외력이 작용하면 운동 상태가 변화

3. 작용 반작용의 법칙(제3법칙)

한 물체가 다른 물체에 힘을 가하면, 그에 상응하는 반작용력이 반대 방향으로 생성

5 선 운동량과 충격량

1. 운동량

$$운동량 = 질량 \times 속도(\vec{P} = m \cdot v)$$

① 운동량은 물체가 운동하는 양을 의미하며, **물체의 질량과 속도의 곱**으로 나타냄

② 운동량을 증가시키기 위해서는 질량을 늘리거나, 속도를 증가시키는 방법이 있음

③ 투척 경기에서 투사체는 동일한 질량을 가지고 있기 때문에 투사체의 선 속도를 증가하여 선운동량을 높일 수 있음

④ 단위: kg·m/s

2. 충격량

$$충격량 = 충격력 \times 작용시간 (\vec{J} = \vec{F} \cdot \varDelta t)$$

① 충격량은 주어진 시간 동안 인체 또는 물체에 작용하는 힘의 총량
② **충격량(impulse)**: 충격력의 크기와 충격력이 작용하는 총 시간을 곱한 값으로 충격력 또는 작용시간이 커질수록 충격량은 증가
③ **충격력(impact force)**: 인체 또는 물체에 충격 시 가해진 힘
④ 충격량에 대한 충격력 - 시간 곡선에서 곡선 아래의 면적은 시간에 대해 힘의 곡선을 적분시킨 값으로 충격량이 됨
⑤ 단위: N·s, kg·m/s

3. 충격량과 운동량의 관계

$$\vec{J} = \vec{Ft} = \vec{mat} = \vec{mv_f} - \vec{mv_i} = \varDelta \vec{mv}$$

① 수식을 통해 **충격량은 운동량의 변화**라는 관계가 도출됨
② 운동량의 변화가 커지면 충격량도 증가
③ 충격량은 운동에 도움요인 또는 방해요인으로 작용할 수 있음

4. 충격력과 작용시간의 관계와 예시

① 충격량이 동일할 경우 충격력과 작용시간은 서로 반비례 관계임
② 복싱, 태권도 등의 상대방을 타격하는 스포츠 종목에서 충격력의 증가를 위해 작용시간을 감소시킴
③ 야구 포수가 공을 받을 때, 손에 전해지는 충격력의 감소를 위해 공을 받는 시간, 즉 작용시간을 증가시킴

6 선운동량 보존의 법칙

(1) 운동 중인 물체가 외력의 작용이 없으면 물체가 가진 운동량이 그대로 유지되는 법칙
(2) 처음 운동량의 총합 = 나중 운동량의 총합

　예 날아오는 야구공을 야구 배트로 타격하기 직전에 야구공과 야구 배트가 가진 운동량은 타격한 이후의 운동량과 동일

7 충돌

1. 충돌의 정의

두 물체가 서로 부딪히는 현상

예 공의 바운드, 경기 중 선수 간의 충돌, 라켓, 배트 등을 사용한 타구 등

2. 충돌의 유형

완전 탄성 충돌	물체의 충돌 전·후의 상대 속도가 같은 경우, 반발계수 1
완전 비탄성 충돌	물체의 충돌 후 상대 속도가 '0'으로 물체가 튀어 오르지 않는 경우, 반발계수 0
비탄성 충돌	물체의 충돌 후 상대 속도가 충돌 전 상대 속도 보다 작은 경우, 반발계수 0<e<1, 이는 충돌로 인해 역학적 에너지 손실로 충돌 후 상대 속도가 감소하는 것이 원인임

3. 반발계수

(1) 충돌하는 물체의 충돌 전과 후의 상대 속도 비율 또는 물체의 낙하 높이와 튀어오르는 높이를 이용하여 정의할 수 있음

(2) 반발계수, 복원계수, 충돌계수라 함

$$반발계수(e) = \frac{충돌\ 후\ 상대속도}{충돌\ 전\ 상대속도}$$

02 각운동의 운동역학적 분석 기출 19~24년

1 회전력(토크, 모멘트)

1. 회전력의 개념

① 회전력은 물체의 회전운동을 가속 시키는 원인

② 회전력은 물체의 무게 중심점 또는 **회전 중심점에서 벗어난 위치에 힘이 작용하면 그 물체는 회전운동**을 하는데, 이를 '돌림힘', '모멘트(moment, $\vec{M}$)', '토크(torque, $\vec{T}$)'라 함

2. 회전력의 계산

① 회전력은 물체에 작용하는 힘과 회전 중심점에서 힘의 작용선의 직선거리의 곱으로 계산

② 회전력의 크기는 작용하는 힘의 크기와 모멘트 암의 길이에 의해 결정

$$회전력(\vec{\tau}) = 힘 \times 모멘트\ 암(\vec{F} \times r) = 관성모멘트 \times 각가속도(I \times \vec{\alpha})$$

2 관성모멘트

1. 관성모멘트의 개념

(1) 관성

관성은 운동 상태의 변화에 대한 저항이며, 현재의 운동 상태를 유지하려는 성질

(2) 관성모멘트

① 선운동에서 관성은 질량이며, 회전운동에서 관성은 물체의 회전운동에 대해 저항하려는 성질이며, 이를 관성모멘트라 함
② 관성모멘트는 회전하는 물체의 질량과 회전 반경의 곱으로 계산되며, 물체의 질량이 클수록, 회전 반경이 길수록 관성모멘트는 증가하고 이는 각운동의 저항 요인으로 작용함

$$\text{관성모멘트} = \text{질량} \times \text{회전 반경}^2 (I = m \times r^2)$$

③ 피겨스케이팅에서 점프를 통한 신체 회전운동을 할 때, 양 팔을 가슴 앞으로 최대한 모아 회전 반경을 줄이면 관성모멘트가 감소하기 때문에 더 빠른 신체 회전속도가 발생함

3 뉴턴의 각운동 법칙

1. 각관성의 법칙(제1법칙)

회전운동에서 외력이 작용하지 않는 한 물체 또는 신체는 원래의 회전운동 상태를 유지하려는 경향

2. 각가속도의 법칙(제2법칙)

물체 또는 신체의 회전운동은 회전력에 비례하고, 관성모멘트에 반비례하는 각가속도가 발생하며, 방향은 작용한 회전력의 방향과 일치

3. 각반작용의 법칙(제3법칙)

하나의 물체가 유발한 회전력은 동일한 회전축 상의 다른 물체에 크기는 같고 방향이 반대인 회전력이 존재

4 각운동량과 회전 충격량

1. 각운동량

① 물체가 회전 상태를 유지하려는 경향을 양적으로 표현한 것

② 각운동량은 관성모멘트가 클수록, 각속도가 증가할수록 커짐

③ 단위: kg·deg/(kg·rad/s)

$$각운동량 = 관성모멘트 \times 각속도(\vec{L} = I \times \vec{\omega})$$

2. 회전 충격량

① 회전 충격량은 주어진 시간 동안 작용한 회전력의 총량, 회전력과 회전력이 작용한 시간의 곱으로 계산

② 선 운동에서 운동량과 충격량의 관계와 마찬가지로 회전 충격량은 각운동량 변화의 원인임

5 각운동량의 보존과 전이

1. 각운동량의 보존

① 물체의 회전운동에서 외력으로 작용하는 회전력이 없다면 물체의 각운동량은 일정하게 보존됨

② 각운동량은 관성모멘트와 각속도의 곱으로 계산되며, 각운동량의 보존법칙에 따라 각운동량이 보존되면 관성모멘트와 각속도는 반비례 관계임. 즉 관성모멘트가 증가하면 각속도는 감소하고, 관성모멘트가 감소하면 각속도는 증가함

2. 각운동량의 전이

① 각운동량이 일정하게 보존될 때, 신체 일부가 각운동량을 만들면 다른 신체 부분이 전체 각운동량을 보존하기 위해 보상하는 원리

② 다양한 스포츠 종목에서 신체의 균형을 유지하기 위해 팔다리의 각운동량을 전신 또는 다른 신체 부위에 전이하도록 하는데, 이를 카운터 밸런스(counter balance)라 함

6 구심력과 원심력

1. 구심력
① 원운동을 하는 물체가 원의 중심 방향으로 작용하는 힘
② 물체가 원운동을 할 수 있도록 원의 중심, 즉, 구심으로 당겨지는 장력의 개념
③ 구심력은 질량과 구심가속도의 곱으로 계산되며, 구심가속도는 선속도의 제곱에 비례하고 원운동의 회전 반경에 반비례함

$$구심력 = 질량 \times 구심가속도$$
$$(구심가속도 = \frac{선속도^2(v^2)}{반지름(r)})$$

2. 원심력
① 원운동하는 물체가 운동궤도의 외부로 벗어나려는 힘
② 구심력과 크기가 같고 방향은 정반대인 힘이다.
③ 원심력 = 구심력: 일정한 궤도의 원운동
④ 원심력 > 구심력: 회전 반경이 점점 증가하는 원운동
⑤ 원심력 < 구심력: 회전 반경이 점점 감소하는 원운동

출제예상문제

Chapter 05 운동역학의 스포츠 적용

01 운동역학적(kinetics) 변인이 아닌 것은?

① 지면반력(ground reaction force)
② 부력(buoyancy)
③ 압력중심(center of pressure)
④ 선가속도(linear acceleration)

 운동역학(kinetics)은 물체의 운동을 발생시키는 원인인 힘에 대한 연구이며, 이에 대한 변인은 힘, 회전력, 지면반력, 중력, 압력중심, 부력, 양력 등이 있다. 선가속도는 운동학적(kinematics) 변인이다.

정답 ④

02 <보기>의 그래프에 대한 설명으로 옳지 않은 것은?

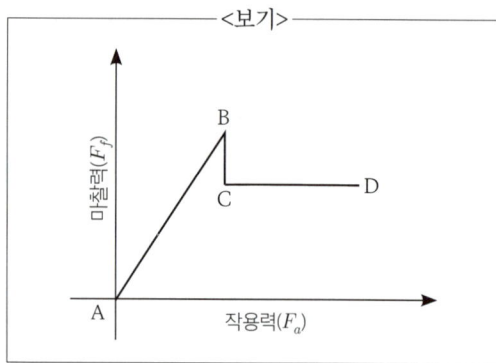

① A-B 구간은 정지마찰, C-D구간은 운동마찰 구간이다.
② A-B 구간은 마찰력과 작용력의 크기가 같은 구간이다.
③ B-C 구간은 마찰계수가 증가하는 구간이다.
④ C-D 구간은 최대정지마찰력 보다 마찰력의 크기가 작은 구간이다.

 B-C 구간은 물체가 운동하기 시작하면서 물체와 접촉면 사이의 서로 맞물리는 요철이 해제됨에 따라 마찰계수가 감소하는 구간이다.

정답 ③

03 인체에 작용하는 힘에 대한 설명으로 옳은 것은?

① 근력은 근육의 수축으로 발현되는 힘으로 외력에 해당된다.
② 중력은 질량과 중력가속도의 곱으로 계산되며, 중력가속도는 지구 중심에서 인체까지의 거리에 비례한다.
③ 양력은 유체의 압력차로 발생하는 힘으로 수평방향으로 작용한다.
④ 항력은 물체의 추진방향에서 반대 방향으로 작용하는 힘이다.

 항력은 유체 속에서 이동하는 물체의 추진방향에서 반대 방향으로 작용하는 힘이다.

 ① 근력은 근수축으로 발현되는 힘으로 내력에 해당된다.
② 중력은 질량과 중력가속도의 곱으로 계산되며, 중력가속도는 지구 중심에서 인체까지 거리가 증가할수록 감소되므로 반비례 관계이다.
③ 양력은 유체의 압력차이로 발생하는 힘으로 수직방향으로 작용한다.

정답 ④

04 선 운동량과 충격량에 대한 설명으로 옳지 않은 것은?

① 선운동량은 물체가 운동하는 양의 의미하며, 물체의 질량과 선속도의 곱으로 나타낸다.
② 운동량의 변화가 증가하면 충격량이 증가하는 관계성을 가진다.
③ 충격량이 동일할 경우, 충격력과 작용시간은 서로 비례 관계이다.
④ 충격량은 운동에서 도움요인과 방해요인으로 모두 작용할 수 있다.

 충격량은 충격력과 작용시간의 곱으로 계산되며, 동일한 충격량을 가질 경우에 충격력이 증가하면 작용시간이 감소하는 반비례 관계를 가진다.

정답 ③

05 충돌에 대한 설명으로 옳지 않은 것은?

① 완전 탄성 충돌은 물체의 충돌 전과 후의 상대속도가 같은 경우이다.
② 일상생활과 스포츠상황에서 관찰되는 충돌의 유형은 대부분 완전 비탄성 충돌이다.
③ 반발계수는 물체의 충돌 전과 후의 상대 속도 비율이다.
④ 비탄성 충돌의 발생은 물체 간의 충돌로 인해 역학적 에너지 손실을 원인으로 꼽을 수 있다.

 우리 일상생활이나 스포츠 상황에서 관찰되는 대부분의 충돌은 반발계수 0 < e < 1 사이인 비탄성 충돌이다.

정답 ②

06 다음 중 회전력과 관성모멘트에 대한 설명으로 옳지 않은 것은?

① 각운동에서 관성모멘트는 선운동에서의 질량과 같은 동일한 관성 개념이다.
② 회전력은 관성모멘트와 각가속도의 곱으로 계산된다.
③ 물체의 질량이 증가할수록 관성모멘트는 증가한다.
④ 신체 회전 운동에서 신체 질점의 회전반경을 증가시켜 신체 회전속도를 향상시킬 수 있다

 관성모멘트는 질량과 회전반경의 제곱의 곱이다. 신체 회전 운동에서 신체 질점의 회전반경이 증가하면 관성모멘트가 증가하기 때문에 신체의 회전 운동 속도는 감소한다.

정답 ④

Chapter 06 일과 에너지

핵심요약&보충자료

1. 음의 일과 양의 일
   - 양(+)의 일: 물체에 작용한 힘의 방향과 변위 방향이 일치하는 경우
   - 음(-)의 일: 물체에 작용한 힘의 방향과 변위 방향이 다를 경우
2. 역학적 일이 '0'인 경우
   - 물체에 작용한 힘이 '0'인 경우
   - 물체의 변위가 없는 경우
   - 물체에 작용한 힘과 물체의 변위 방향이 90°인 경우

01 일과 일률 기출 19~24년

1 일(Work)

1. 일의 개념
① 역학적 관점에서 일은 가해진 힘의 방향으로 물체의 위치 변화가 생긴 것을 의미
② 일은 물체에 작용하는 힘과 변위의 내적이며, 방향성이 없는 스칼라량임
③ 일의 계산: 힘의 단위는 N, 변위의 단위는 m이기 때문에 일의 단위는 N·m 또는 J(Joule, 줄)이라 표현

$$\text{일} = \text{힘} \times \text{변위}\,(W = \vec{F} \cdot \vec{r}) = \text{힘} \times \text{변위} \times \cos\theta\,(W = |\vec{F}| \cdot |\vec{r}| \cdot \cos\theta)$$
$$\vec{F}: \text{물체에 작용하는 힘},\ \vec{r}: \text{변위},\ \theta: \text{힘과 변위의 사이 각}$$

2 일률(Power)

1. 일률의 개념
① 일률은 일을 하는데 얼마만큼의 시간 소요되었는가에 대한 개념, 즉 **단위시간 당 수행된 일의 양**을 의미
② 신체 운동에서의 일률은 운동체력요소인 순발력(power)임

2. 일률의 계산

$$\text{일률(P)} = \frac{\text{일}(W)}{\text{시간}(t)} = \frac{\text{힘}(F) \times \text{변위}(r)}{\text{시간}(t)} = \text{힘}(F) \times \text{속도}(v)$$

① 일은 물체에 작용한 힘과 물체의 변위의 곱으로 계산되고, 이를 소요시간으로 나눈 것이 일률임. 소요시간당 변위는 속도이므로, 일률은 힘과 속도의 곱으로 계산될 수 있음
② 일률의 단위는 Watt(W, 와트) 또는 J/s로 나타냄
③ 1W는 1초 동안 1J의 일을 한 것을 의미

02 에너지 기출 19~23년

1 에너지의 개념

1. 에너지의 정의
① 에너지는 신체 또는 물체가 일을 수행할 수 있는 능력
② 높은 에너지는 그 만큼 신체 또는 물체의 변화시킬 수 있는 능력이 크다는 것을 의미

2. 에너지의 종류

(1) 운동에너지
① 신체 또는 물체가 운동을 통해 생성되는 에너지
② 운동에너지는 직선운동의 운동에너지, 회전 운동의 운동에너지로 분류
③ 직선운동의 운동에너지는 **물체의 질량과 속도의 제곱에 비례**

$$\text{직선운동의 운동에너지} = \frac{1}{2} \times \text{질량} \times \text{속도}^2 \quad (E_k = \frac{1}{2} m \cdot v^2)$$

m: 물체의 질량, v: 물체의 선속도

④ 회전운동의 운동에너지는 물체의 **관성모멘트와 각속도의 제곱에 비례**

$$\text{회전운동의 운동에너지} = \frac{1}{2} \times \text{관성모멘트} \times \text{각속도}^2 \quad (E_r = \frac{1}{2} I \cdot \omega^2)$$

I: 물체의 질량, ω: 물체의 선속도

(2) 위치에너지
① 신체 또는 물체가 높이에 따라 생성되는 잠재적 에너지
② 지구상의 모든 물체는 중력의 영향을 받기 때문에 동일한 질량의 물체가 높은 위치로 이동할 때, 그만큼 잠재적인 위치에너지도 증가
③ 위치에너지의 계산

$$\text{위치에너지} = \text{질량} \times \text{중력가속도} \times \text{물체의 높이} \quad (E_p = m \cdot g \cdot h)$$

m: 물체의 질량, g: 중력가속도, h: 물체의 높이

(3) 탄성에너지
① 탄성에너지는 탄성력에 의해 물체가 가지는 잠정적인 에너지, 탄성에 의한 위치에너지라 함
② 물체가 변형된 위치에서 제자리로 돌아가기 위한 저장된 에너지
③ 탄성에너지의 계산

$$\text{탄성에너지} = \frac{1}{2} \times \text{탄성계수} \times \text{물체의 변형된 길이}^2 \quad (E_{pk} = \frac{1}{2} k \cdot \chi^2)$$

k: 탄성계수, χ: 물체의 변형된 길이

2 역학적에너지 보존의 법칙

1. 역학적에너지 보존의 법칙

① 역학적에너지는 **운동에너지와 위치에너지를 합한 개념**임

② 역학적에너지 보존의 법칙은 신체 또는 물체가 운동 중에 에너지의 손실이 없다면 운동에너지와 위치에너지가 보존된다는 법칙임

③ 운동에너지가 증가하면 위치에너지가 감소하는 등의 상호보존적 관계에 의해 역학적 에너지는 일정하게 유지됨

$$\text{역학적에너지} = \text{운동에너지}(E_k) + \text{위치에너지}(E_p) = \frac{1}{2}m \cdot v^2 + m \cdot g \cdot h = \text{일정}$$

2. 역학적에너지의 전환

① 신체 또는 물체는 운동의 형태, 위치에 따라 역학적에너지의 전환이 이루어짐

② 장대높이뛰기 종목에서 선수가 장대(폴)을 들고 도움닫기를 하는 과정은 운동에너지이며, 장대를 바닥에 꽂고 장대의 탄성에 의해 높은 곳으로 이동하는 과정은 탄성에너지이며, 최고 높은 위치에 도달하면 선수는 중력에 의해 아래 방향으로 떨어지기 때문에 이는 위치에너지에 해당됨

③ 에너지의 손실이 없다면, 역학적 에너지의 보존 법칙에 따라 운동에너지와 탄성에너지는 모두 위치에너지로 전환됨

3 인체의 에너지 효율

(1) 인체가 소모한 에너지 양과 역학적으로 수행할 일의 비율

(2) 생리학적 에너지인 대사 에너지의 소모량에 대해서 역학적으로 일을 수행한 양을 의미

(3) 신체 대사 에너지를 적게 소모하면서 역학적인 일을 많이 한 경우는 높은 에너지 효율을 나타냄

(4) 인체 에너지 효율의 계산

$$\text{인체의 에너지 효율} = \frac{\text{역학적으로 수행한 일}}{\text{인체가 소모한 에너지양}}$$

출제예상문제

Chapter 06 일과 에너지

01 장대 높이뛰기 동작에서 역학적에너지에 대한 설명으로 옳지 않은 것은? (단, 공기저항은 무시함)

① 도움닫기 구간에서는 운동에너지가 생성된다.
② 도움닫기가 끝난 뒤, 장대의 탄성에 의해 튀어 오르는 과정은 운동에너지에서 위치에너지로 전환되는 과정이다.
③ 위치에너지는 선수가 최고점에 머물렀을 때가 가장 크다.
④ 에너지 유입 및 유실이 없으면 역학적에너지는 보존된다.

 장대의 탄성에 의해 튀어 오르는 과정은 탄성에너지가 생성되며, 탄성에너지에서 위치에너지로 전환되는 과정이다.

정답 ②

03 역학적으로 가장 많은 일(W)을 한 것은?

① 오른쪽으로 10N의 힘이 가해진 물체가 같은 방향으로 0.1m의 위치 변화
② 오른쪽으로 100N의 힘이 가해진 물체가 수직 방향으로 1m의 위치 변화
③ 왼쪽으로 20N의 힘이 가해진 물체가 같은 방향으로 0.5m의 위치 변화
④ 왼쪽으로 100N의 힘이 가해진 물체가 같은 방향으로 0.5m의 위치 변화

 일은 물체에 작용한 힘과 물체의 위치 변화, 즉 변위의 곱으로 계산된다. 물체에 작용한 힘과 물체의 변위 방향이 90°인 경우는 역학적 일이 '0'이다. ④의 상황이 100N × 0.5m = 50N·m로 가장 많은 일을 하였다.

정답 ④

02 일률(power)에 대한 설명으로 옳지 않은 것은?

① 일률은 단위시간 당 수행된 일의 양을 의미한다.
② 운동체력요소인 순발력과 관련이 있다.
③ 단위는 J(Joule)이다.
④ 힘과 비례하고 속도와 반비례한다.

 일률은 단위시간 당 수행된 일의 양을 의미하며, 힘과 속도의 곱으로 계산된다. 따라서 일률은 힘과 속도와 비례 관계이다.

정답 ④

04 다음 중 에너지의 개념과 종류에 대한 설명으로 옳지 않은 것은?

① 회전 운동의 운동에너지는 관성모멘트와 반비례하고 각속도의 제곱에 비례한다.
② 위치에너지는 질량이 클수록 증가한다.
③ 물체의 변형된 길이가 클수록 탄성 에너지는 증가한다.
④ 두 물체의 질량이 같을 경우, 속도가 빠른 물체가 높은 운동에너지를 갖는다.

 회전 운동의 운동에너지는 선 운동의 운동에너지와 마찬가지로 $\frac{1}{2}$ × 관성모멘트 × 각속도^2 으로 계산된다. 따라서 회전 운동의 운동에너지는 관성모멘트, 각속도의 제곱에 비례한다.

정답 ①

Chapter 07 다양한 운동기술의 분석

핵심요약&보충자료

01 영상분석 기출 19~24년

1 영상분석의 개념

1. 영상분석의 정의

① 촬영 장비를 이용하여 신체 움직임의 촬영을 통해 자료를 수집하고, 인체 운동에 대한 다양한 정보를 수집하기 위해 촬영 자료를 정리 및 분석하는 과정

② 육안으로 확인이 어려운 빠른 동작은 초고속카메라를 이용하여 더 세밀한 분석이 가능함

③ 영상분석은 모바일 기기에 내장된 카메라, 캠코더, 적외선카메라 등을 이용하며, 힘을 측정할 수 있는 별도의 장비가 없는 경우에는 운동학적 변인(kinematics variables)인 (각)변위, (각)속도, (각)가속도 등을 확인할 수 있음

> **선생님 TIP** 정성적, 정량적 분석
>
> | | |
> |---|---|
> | 정성적 분석
(qualitative analysis) | • 장점: 신체 움직임을 질적인 측면에서 관찰하고, 직관적으로 진단 및 평가하는 과정이며, 정성적 분석의 장점은 분석 결과에 대한 피드백을 즉각적으로 제공할 수 있음
• 단점: 평가자의 주관적 판단이 개입될 가능성이 높기 때문에 분석 결과의 객관성 확보가 어려울 수도 있음 |
> | 정량적 분석
(quantitative analysis) | • 장점: 신체 움직임을 정량화하여 수치적 자료를 기반으로 분석하는 방법으로, 평가자의 주관적 판단을 배제한 객관적인 분석 자료를 획득할 수 있음
• 단점: 정량화된 분석 자료를 수집하기 위해 별도의 측정 장비가 필요하고, 수집된 자료의 후속 처리 과정에 많은 시간이 소요됨 |

2 영상분석의 분류

1. 2차원 영상분석

① 2차원 영상분석은 촬영장비가 향하고 있는 단일평면 상에서 일어나는 신체 동작을 분석하는 방법

② 장점: 단일평면상의 신체 움직임이 주로 구성된 동작은 2차원 영상분석이 3차원 영상분석 보다 빠른 분석과정과 피드백을 제공할 수 있는 장점이 있음

③ 단점: 2차원 영상분석은 촬영된 단일 운동평면을 제외한 다른 운동면을 관찰하고 분석하는데 한계가 있음

2. 3차원 영상분석

① 3차원 영상분석은 2차원 영상분석의 한계를 극복하기 위한 방법으로 정밀한 분석결과를 수집할 수 있음
② 장점: 2대 이상의 카메라를 이용하여 3차원 좌표값을 합성시키는 방법인 DLT 방식으로 피사체의 위치정보를 수집할 수 있음
③ 단점: 2차원 영상분석에 비해 오차가 적고 여러 운동면의 동작을 관찰할 수 있다는 장점이 있지만, 분석 과정의 소요시간이 2차원 영상분석에 비해 오래 걸림

02 힘 분석 기출 20~23년

1 힘 측정 원리

(1) 신체 움직임에서 발생하는 다양한 힘은 직·간접적인 방법으로 측정이 가능
(2) 영상분석, 가속도계 등을 통해 측정된 신체 및 물체의 가속도와 변형 정도를 통해 간접적으로 힘을 추정할 수 있음
(3) 근전기를 이용한 근육의 활성도, 지면반력기를 이용한 신체 운동 중의 지면반력 크기와 방향을 측정할 수 있음

2 힘 측정 방법

1. 힘 측정 방법

① 힘은 육안으로 관찰되지 않기 때문에 별도의 장비를 이용하여 측정할 수 있음
② 힘은 물체에 힘이 작용하면 작용한 힘의 크기에 비례하여 물체가 변형되는 원리를 이용하여 측정하며, 대표적인 힘 측정기로 지면반력을 측정하는 지면반력기가 있음

2. 힘 측정 유형

지면반력기	스트레인게이지 방식	작용한 힘에 비례하여 물체가 저항하고 변화는 정도를 측정하는 방식으로 비용이 비교적 저렴함
	압전 방식	작용하는 힘에 대해 전하를 유발하는 물체를 이용하여 힘을 측정하는 방식으로, 비용이 비싸지만 힘을 정밀하게 측정할 수 있음
근전도기		근 수축 시 발생하는 전위차를 측정하고, 이를 증폭시켜 근육의 활동과 관련된 다양한 자료를 수집할 수 있음

[지면반력기를 이용하여 측정 가능한 변인]
- 방향별 지면반력(ground reaction force)
- 전후/좌우 압력 중심(center of pressure)
- 자유 회전력(free moment)

03 근전도 분석 기출 19·20년

1 근전도 분석

1. 근전도 분석의 원리

① 근전도 분석은 근전도 센서를 이용하여 근육의 수축을 유발하는 전기적 신호를 측정하는 방식

② 근수축은 중추신경계로부터 보내진 전기적 신호가 단일 근섬유에 전달되면서 발생되는데, 이러한 전기적 신호를 활동전위(action potential)이라 함

③ 근전도 분석은 활동전위의 크기, 발생 시점 등을 관찰하여 근육의 활동에 대한 정량적인 자료를 수집함

2. 근전도 분석의 활용

① 근육군의 활성도 측정을 통해 발현되는 힘의 크기 확인

② 근육의 피로도 측정

③ 근육의 활성화 시점 확인

2 근전도의 측정

표면전극	삽입전극
• 근전도기를 큰 근육이나 근육군의 피부 표면에 부착하여 활동을 분석하는 방법 • 피부 표면에 부착하는 방법이기 때문에 비교적 역동적인 동작에서도 분석이 가능 • 다른 근전도 측정 방법에 비해 실험과정이 간편하지만 심부에 위치한 근육의 활동 분석하는데 한계가 있음	• 삽입전극은 침전극, 극세전 전극 등이 있음 • 삽입 전극은 심부에 위치한 근육의 활동을 측정하기 위해 침, 얇은 선 형태의 전극을 해당 근육으로 삽입하는 방식 • 삽입전극은 표면전극에 비해 안전성이 떨어지고, 측정 장비의 방해로 인해 인체 동작의 제약이 있음

3 근전도 분석법

(1) 근전도 분석

근육군의 미세 활동전위의 증폭, 신호의 정량화를 위한 A/D변환, 노이즈 제거 등의 여러 후처리 단계를 거친 뒤, 근전도 연구 목적성에 맞는 분석 방법을 채택하여 진행

(2) 근전도 분석 방법

여과(filtering)	근전도의 원신호에서 측정된 노이즈(잡음)을 제거하기 위해 사용하는 방법으로, 필터의 종류는 저역통과필터, 고역통과필터, 대역저지필터, 노치 필터 등이 있음
정류(rectification)	근전도 신호를 절대값으로 변환하는 과정이며, 측정된 근전도 신호는 양(+)의 값, 음(-)의 값을 가지며, 이를 평균 내었을 때 0에 가까운 수치가 나타남. 이러한 신호는 왜곡될 수 있기 때문에 음(-)의 신호를 양(+)의 신호로 변환하여 분석함
선형포락선 (linear envelope)	근육의 활동 추이를 단순화하기 위해 정류된 신호를 6Hz로 저역 통과 필터링하는 방법
적분 근전도 (integrated EMG)	정류된 신호를 시간에 대해 적분한 것으로 정해진 시간동안 근육의 활동을 누적한 결과로서 분석 구간에 대한 근육의 활동에 대한 분석에 사용됨

출제예상문제 — Chapter 07 다양한 운동기술의 분석

01 근전도(electromyography, EMG)의 분석에 대한 설명으로 옳지 않은 것은?

① 근전도 분석은 근육군의 미세 활동전위를 증폭시킨 뒤, 정량화하는 과정이다.
② 표면전극은 피부 표면에 부착하는 방법으로 심부 근육의 근활성도 측정에 용이하다.
③ 필터링(filtering)은 근전도 원신호에서 측정된 노이즈를 제거하기 위해 사용한다.
④ 정류(rectification)은 음(-)의 근전도 신호를 양(+)의 신호로 변환하는 과정이다.

 표면전극은 피부 표면에 부착하는 방법으로 역동적인 동작에서도 근전도 분석이 용이하다. 하지만 심부에 위치한 근육의 활동을 측정하는데 한계가 있다.

정답 ②

02 근전도 분석을 통해 측정할 수 있는 변인으로 옳지 않은 것은?

① 근육의 최대 활성도 크기
② 근육의 피로도
③ 근 활성도의 최대 발현 지점
④ 근육의 기시 및 정지의 위치 좌표

 근전도 분석은 근 활성도의 최대 발현 지점, 근 피로도, 근 활성도의 크기를 측정할 수 있다. 위치 좌표 측정은 동작 분석을 통해 측정이 가능하다.

정답 ④

03 영상분석에 대한 설명으로 옳지 않은 것은?

① 2차원 영상분석은 단일평면상의 동작에 한해서 분석할 수 있다.
② 3차원 영상분석은 2대 이상의 카메라가 필요하다.
③ 2차원 영상분석은 비교적 빠른 분석과정과 피드백을 제공할 수 있다.
④ 3차원 영상분석은 여러 운동면의 동작과 힘을 분석할 수 있다.

- 3차원 영상분석은 2대 이상의 카메라를 이용하여 3차원 좌표값을 합성하는 방법인 DLT방식으로 위치좌표를 산출할 수 있다. 이 때문에 여러 운동면에서 발생하는 동작을 측정할 수 있는 이점이 있다.
- 힘 측정은 별도의 측정장비가 필요하기 때문에 3차원 영상분석으로 측정하는데 한계가 있다.

정답 ④

04 힘 측정에 대한 설명으로 옳지 않은 것은?

① 근전도기는 근 수축 시 발생하는 전위차를 측정하는 기기이다.
② 지면반력기를 통해 족저압력을 측정할 수 있다.
③ 스트레인게이지는 작용한 힘에 비례하여 물체가 저항하고 변화는 정도를 측정하는 방식이다.
④ 압전은 작용하는 힘에 대해 전하를 유발하는 물체를 이용하여 힘을 측정하는 방식이다.

- 지면반력기를 통해 측정할 수 있는 변인은 방향별 지면반력, 자유회전력(free moment), 압력중심점(center of pressure)이 있다.
- 족저압력 측정은 별도의 족저압측정 장비가 필요하다.

정답 ②

2025년 기출문제

01 운동역학의 내용과 목적이 아닌 것은?
① 운동 기술의 향상
② 운동수행 시 힘의 측정
③ 운동수행 안전성의 향상
④ 인체 내 에너지 대사의 측정

 운동역학은 스포츠 동작 및 힘 분석을 통해 운동 기술 및 경기력 향상과 스포츠 상황에서 발생하는 부상을 예방하기 위한 손상 원인 분석을 목적으로 한다. 인체 내 에너지 대사의 측정은 운동생리학에 대한 내용이다.

정답 ④

02 <보기>에서 설명하는 동작분석 방법으로 옳지 않은 것은?

<보기>
동작을 측정하거나 계산하지 않는 비수치적 방법으로 지도자의 시각적 관찰로 움직임의 오류를 찾아 운동 기술 향상을 도모한다.

① 정량적 자료로 분석한다.
② 현장에서 즉각적인 분석이 가능하다.
③ 지도자 성향에 따라 결과가 달라진다.
④ 분석의 결과는 객관성을 담보할 수 없다.

 <보기>의 내용은 정성적 분석에 대한 내용이다. 정성적 분석은 신체 움직임을 직관적으로 진단 및 평가하는 과정으로 신체 움직임을 현장에서 즉각적인 분석과 피드백 제공이 가능하다. 다만, 평가자의 주관적 판단이 개입될 가능성이 높기 때문에 분석 결과의 객관성 확보가 어려울 수 있다. ①은 정량적 분석에 대한 내용이다.

정답 ①

03 운동의 종류에 관한 설명으로 옳지 않은 것은?
① 직선운동은 병진운동의 한 종류이다.
② 곡선운동은 회전운동에 포함되는 운동이다.
③ 병진운동은 직선운동과 곡선운동 모두를 말한다.
④ 복합운동은 병진운동과 회전운동이 혼합된 운동이다.

 운동의 종류는 병진운동(선운동)과 회전운동(각운동)이며, 병진운동은 직선운동과 곡선운동이 포함된다.

정답 ②

04 운동역학 사슬(kinetic chain)에 관한 설명으로 옳지 않은 것은?
① 힘의 적용 대상이 연결된 일련의 사슬고리이다.
② 사슬에 있는 연결 동작은 힘 전달에 영향을 미친다.
③ 닫힌형 운동역학 사슬(CKC)은 기능적이며, 스포츠에 특화될 수 있다.
④ 열린형 운동역학 사슬(OKC)에는 스쿼트, 팔굽혀펴기와 같은 동작이 있다.

 운동역학 사슬은 인체의 여러 분절이 연결되어 힘 전달을 만들어내는 구조를 의미한다. 닫힌형 운동역학 사슬은 스쿼트, 팔굽혀펴기 동작과 같이 사지 말단이 고정된 상태이며, 실제 스포츠 동작과 유사한 형태로 운동이 가능하기에 기능적이고 스포츠에 특화될 수 있다. 이에 반해 열린형 운동역학 사슬은 사지 말단이 고정되지 않은 자유로운 상태이다.

정답 ④

05 신체에 작용하는 역학적 부하(load)에 관한 정의로 옳지 않은 것은?

① 전단응력(shear): 조직의 장축을 따라 대칭으로 가해지는 힘
② 인장응력(tension): 두 힘이 서로 떨어지게끔 반대 방향으로 가해지는 힘
③ 압축응력(compression): 반대쪽의 두 힘이 서로 향하는 방향으로 가해지는 힘
④ 휨(bending): 축에서 벗어나는 두 힘이 가해져 한쪽에서 인장응력, 다른 한쪽에서 압축응력이 발생하는 힘

정답분석 전단응력은 물체의 표면이나 조직의 축과 평행하게 작용하는 힘이다.

정답 ①

06 <보기>에서 내력(internal force)에 관한 설명으로 옳은 것만 모두 고른 것은?

<보기>
ㄱ. 다이빙 동작에서 작용하는 중력
ㄴ. 높이뛰기의 도약 동작에서 선수가 발휘한 힘
ㄷ. 환경과의 상호작용으로 시스템에 작용하는 힘
ㄹ. 내력만으로 인체 전체의 위치는 이동할 수 없음

① ㄱ, ㄴ
② ㄴ, ㄹ
③ ㄱ, ㄷ, ㄹ
④ ㄴ, ㄷ, ㄹ

정답분석 내력은 물체나 인체 내부에서 발생하는 힘으로 대표적으로 근력이 있다. 인체의 위치를 이동하기 위해서는 내력(근력)뿐만 아니라 중력, 지면의 마찰력 등이 상호작용해야 원활한 이동을 할 수 있다.

정답 ②

07 <보기>에서 제시한 A 학생의 항속 구간 평균 보행속도는? (단, 반올림하여 소수점 둘째 자리까지 표기)

<보기>
A 학생이 총 30 m의 직선 구간을 걸었을 때, 가속과 감속 구간 각 5 m씩 총 10 m를 제외한 항속 구간에서의 스텝 수는 25회였고, 16초가 소요되었다.

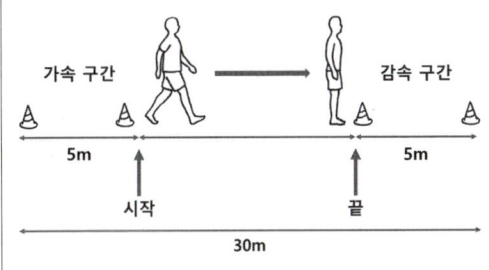

① 0.80 m/s
② 1.25 m/s
③ 1.56 m/s
④ 1.88 m/s

정답분석 A학생은 총 30m 직선구간에서 10m를 제외한 20m를 항속으로 보행하였고, 20m를 보행하는데 16초가 소요되었다. 따라서 항속 구간의 평균 보행속도는 20m/16s = 1.25m/s이다.

정답 ②

08 각가속도에 관한 설명으로 옳지 않은 것은?

① 회전하는 물체의 각가속도가 0이 되면 물체는 멈추게 된다.
② 각가속도는 각속도의 변화량을 시간의 변화량으로 나눈 값이다.
③ 처음 각속도가 30°/s에서 6초 후 90°/s로 변화했을 때 평균 각가속도는 10°/s2 이다.
④ 각속도가 양(+)의 방향으로 선형적인 증가를 할 때 각가속도는 일정한 양(+)의 값을 가진다.

정답분석 각가속도가 0이 되면 각가속이 없고 각속도의 변화가 없는 상태이며, 물체가 멈추지 않고 기존의 각속도로 운동을 하는 상태이다.

정답 ①

09

그림에 관한 설명으로 옳지 않은 것은? (단, 착지전략을 제외한 모든 조건은 동일함)

<보기>

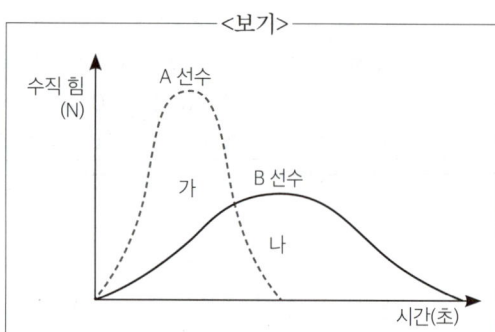

그림은 기계체조 선수가 경기 중 각 1회의 ⓐ뻣뻣한 착지와 ⓑ부드러운 착지를 수행하였을 때 착지구간에서 시간에 따른 수직 힘의 변화를 나타낸다.

① ⓐ과 ⓑ의 운동량의 변화량은 동일하다.
② ⓐ의 경우 신체에 작용하는 수직 충격력이 더 크다.
③ ⓐ의 경우 신체에 작용하는 수직 충격량이 더 크다.
④ 착지 직전의 무게중심의 속도는 ⓐ과 ⓑ 모두 동일하다.

정답분석 충격량은 충격력의 크기와 충격력이 작용한 시간의 곱이고, 운동량의 변화량과 동일하다. 착지전략을 제외한 모든 조건이 동일하기 때문에 ⓐ과 ⓑ의 충격량은 동일하다. 따라서 ⓐ의 경우 신체에 작용하는 수직 충격량이 더 큰 것이 아니라 ⓑ과 동일하다.

정답 ③

10

<보기>에서 임팩트 직후 골프공의 선속도는? (선운동량 보존의 법칙 적용)

<보기>
- 골프 클럽의 질량: 600 g, 골프공의 질량: 40 g
- 스윙 시 클럽의 임팩트 직전 선속도: 50 m/s, 임팩트 직후 선속도: 45 m/s (외부에서 따로 작용하는 힘은 없으며, 운동량의 손실 없이 정확하게 전달됨을 가정함)

① 65 m/s ② 70 m/s
③ 75 m/s ④ 80 m/s

정답분석 선운동량은 질량(m, mass)과 선속도(v, velocity)의 곱으로 계산된다(P=mv). 임팩트 직전에 골프 클럽은 0.6kg 50 m/s = 30 kg·m/s이고, 골프공은 0.04kg 0 m/s = 0 kg·m/s이므로 임팩트 직전에 골프 클럽과 골프공의 선운동량은 총 30 kg·m/s이다. 임팩트 직후의 골프 클럽은 0.6kg 45 m/s = 27 kg·m/s이다. 선운동량이 보존된다는 가정하에 0.6kg 50m/s + 0.04kg × 0m/s = 0.6kg × 45m/s + 0.04kg × (임팩트 직후 골프공 선속도)가 성립한다. 따라서 임팩트 직후 골프공의 선속도는 75m/s이다.

정답 ③

11

스포츠에 적용된 각속도(angular velocity)에 관한 사례로 옳지 않은 것은?

① 숙련된 운동선수일수록 각속도를 잘 조절한다.
② 철봉의 대차돌기(휘돌기) 하강 국면에서 발의 무게중심점은 일정한 각속도를 유지한다.
③ 골프 클럽헤드의 각속도는 0에서 시작하여 최댓값으로 증가했다가 다시 0으로 돌아온다.
④ 야구에서 배트의 각속도가 일정하다면 회전반경이 클수록 임팩트된 공의 선속도는 증가한다.

정답분석 철봉의 대차돌기 하강 국면에서 발의 무게중심점은 중력의 영향을 받아 각속도가 증가한다.

정답 ②

12 인체의 움직임에서 토크(torque)에 관한 개념이 적용된 사례로 옳지 않은 것은?

① 사지의 근육은 각 관절을 돌림시키는 토크를 생성한다.
② 덤벨 컬 시 덤벨의 무게는 팔꿈치를 펴는 토크를 가진다.
③ 외적 토크보다 내적 토크가 크면 근육은 신장성 수축을 한다.
④ 동일한 힘을 낼 때 팔꿈치 각도 90°보다 굽히거나 폄에 따라 모멘트팔이 짧아져 내적 토크도 감소한다.

 근력 등의 내력으로 생성된 내적토크가 외력에 의해 생성된 외적 토크보다 크면 근육은 단축성 수축을 한다.

정답 ③

13 <보기>에서 설명한 내용 중 인체의 관성모멘트(moment of inertia)를 감소시킨 사례로 옳은 것만 모두 고른 것은?

─── <보기> ───
ㄱ. 피겨스케이팅에서 양 팔을 벌리고 회전한다.
ㄴ. 달리기 시 체공기(swing phase)에 있는 다리를 굽힌다.
ㄷ. 다이빙에서 공중 앞돌기 시 터크(움크린) 자세를 만든다.
ㄹ. 골프 아이언 헤드의 질량 분포를 양 끝으로 넓게 하여 클럽 헤드의 관성을 조작한다.

① ㄱ, ㄴ   ② ㄴ, ㄷ
③ ㄱ, ㄴ, ㄷ   ④ ㄱ, ㄷ, ㄹ

 관성모멘트는 질량과 회전반경 제곱의 곱으로 계산된다(I = mr² ; m : mass, r : radius). 회전반경을 줄이는 행위를 통해 관성모멘트를 감소시킬 수 있다. ㄱ과 ㄹ은 회전반경과 질량 분포를 넓이는 것으로 관성모멘트의 증가에 해당된다.

정답 ②

14 그림에 관한 설명으로 옳지 않은 것은? (단, 공의 높이는 무게중심을 기준으로 함)

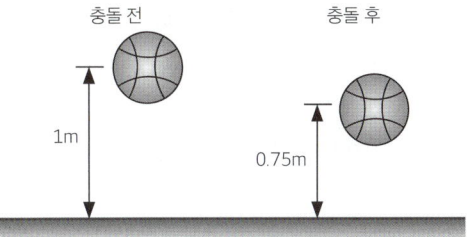

① 비탄성충돌이다.
② 충돌 전, 후 농구공의 속도는 다르다.
③ 운동에너지가 보존되지 않았다는 것을 의미한다.
④ 반발계수(복원계수, coefficient of restitution)는 0.75이다.

 비탄성충돌은 물체가 충돌 후 역학적 에너지 손실로 인해 상대속도가 충돌 전 상대 속도보다 작은 경우이다. 반발계수(e) = 충돌 후 상대속도 / 충돌 전 상대속도로 계산하거나 공을 떨어뜨린 높이와 튀어 오른 높이 (e = $\sqrt{\frac{h2}{h1}}$, h1: 낙하 높이, h2: 튀어오른 높이)로 계산할 수 있다.

따라서 e = $\sqrt{\frac{0.75}{1}}$ = 0.86 이다.

정답 ④

15 압력중심점(center of pressure, COP)에 관한 설명으로 옳지 않은 것은?

① 압력중심점은 균형능력을 평가하기 위한 자료로 활용된다.
② 보행 시 한발 지지기(stance phase)에서 압력중심점은 변한다.
③ 허리를 앞으로 굽혔을 때, 압력중심점은 기저면 밖에 위치한다.
④ 압력중심점이란 지면에 접촉하는 부분 중 지면반력 전체가 작용된다고 가정되는 어느 한 점을 말한다.

 압력중심점은 지면반력의 작용점으로 균형능력을 평가하기 위한 자료로 활용된다. 허리를 앞으로 굽혔을 때 압력중심점은 전방으로 이동할 수 있으나, 기저면 밖에 위치하지 않는다.

정답 ③

16 일과 에너지에 관한 설명으로 옳지 않은 것은?

① 에너지는 일을 할 수 있는 능력이다.
② 위치에너지는 운동에너지로 변환될 수 있다.
③ 질량이 일정하면 속도 변화는 운동에너지의 변화를 의미한다.
④ 어떤 물체가 에너지를 갖기 위해서는 움직임이 있어야만 한다.

정답분석 위치 에너지는 움직임 없이 물체의 높이에 따라 생성되는 잠재적에너지이다. 에너지를 갖기 위해 반드시 움직임이 있어야하는 것은 아니다.

정답 ④

17 <보기>에서 설명한 A 선수의 이동 거리와 변위가 옳은 것은?

─<보기>─
육상 장거리 종목의 선수 A는 트랙의 길이가 400 m인 경기장을 총 25바퀴를 달렸고, 28분 30초의 기록으로 결승점을 통과했다.

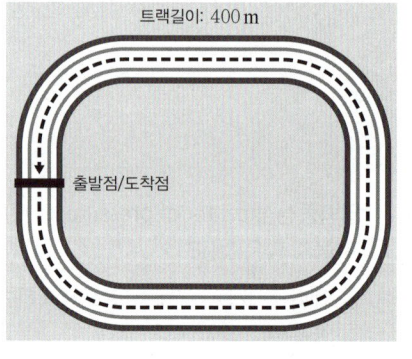

	이동 거리(m)	변위(m)
①	0	400
②	0	10,000
③	10,000	10,000
④	10,000	0

정답분석 이동거리(distance)는 이동한 총 길이를 의미하고, 변위는 최단거리, 직선거리를 의미한다. A선수는 동일한 지점에서 출발하고, 도착했기 때문에 변위는 0m이고, 총 400m를 25 바퀴를 달렸기 때문에 이동거리는 10,000m이다.

정답 ④

18 <보기>에서 수행한 일과 일률이 바르게 나열된 것은?

─<보기>─
• 물체에 2초 동안 2N의 힘을 가하여 2m를 움직였을 때 수행한 일은 (㉠) J이며 일률은 (㉡) J/s이다(단, 힘의 작용방향과 물체의 이동방향은 일치함).

	㉠	㉡
①	2	1
②	2	2
③	4	2
④	4	4

정답분석 일은 물체에 작용한 힘과 변위의 내적이고, 일률은 단위시간 당 수행된 일의 양을 의미한다. 물체에 2N의 힘을 가하여 2m를 움직였기 때문에 일은 4J이며, 물체에 힘이 작용한 시간은 2초이므로 일률은 2J/s이다.

정답 ③

19 인체의 안정성을 결정짓는 요인이 아닌 것은?

① 기저면의 크기와 관련이 있으며 형태와는 관련이 없다.
② 무게중심선이 기저면 밖에 있으면 불안정한 상태가 된다.
③ 무게중심선이 기저면의 중심에 가까울수록 안정성은 높아진다.
④ 무게중심의 높이와 관련이 있으며 낮을수록 안정성은 높아진다.

정답분석 인체의 안정성은 기저면의 크기 및 형태, 무게중심의 높이와 무게중심선의 위치에 따라 정해진다. 기저면의 크기가 크고, 무게중심의 높이가 낮을수록 안정성은 높아진다. 무게중심선은 기저면의 중앙에 가까울수록 안정성은 높아진다.

정답 ①

20 마찰력에 관한 설명으로 옳지 않은 것은?

① 최대정지마찰력은 운동마찰력보다 크다.
② 마찰력은 마찰계수와 물체 질량의 곱으로 구한다.
③ 마찰력은 물체 표면에 수직으로 작용하는 힘(수직항력, normal force)과 관계가 있다.
④ 마찰력은 접촉면과 평행하게 작용하며 물체의 운동 방향과 반대 방향으로 작용한다.

 마찰력은 접촉하는 두 물체가 접촉면에 서로 평행하게 주고받는 힘으로, 마찰계수와 접촉면에 수직으로 가한 힘의 곱으로 계산된다.

정답 ②

2024년 기출문제

01 뉴턴(I. Newton)의 3가지 법칙과 관련이 있는 것은?

① 외력이 가해지지 않으면, 정지하고 있는 물체는 계속 정지하려 한다.
② 가속도는 물체에 가해진 힘에 비례한다.
③ 수직 점프를 할 때, 지면을 강하게 눌러야 높게 올라갈 수 있다.
④ 외력이 가해지지 않으면, 물체가 가진 각운동량은 변하지 않는다.

정답분석
- 뉴턴의 3가지 운동법칙은 '관성의 법칙(제1법칙)', '가속도의 법칙(제2법칙)', '작용 반작용의 법칙(제3법칙)'이다.
- 관성의 법칙은 외력이 작용하지 않는 한 물체 또는 신체는 원래 운동 상태를 유지하려는 경향이다. 가속도의 법칙은 물체 또는 신체가 운동 중에 외력이 작용하면 운동 상태가 변화하며, 작용하는 외력(힘)이 증가할수록 가속도는 증가한다. 작용 반작용의 법칙은 한 물체가 다른 물체에 힘을 가하면, 그에 상응하는 반작용이 반대 방향으로 생성된다. 따라서 ①은 관성의 법칙, ②는 가속도의 법칙, ③은 작용 반작용의 법칙에 해당한다. ④는 각운동량 보존의 법칙이지만, 외력이 작용하지 않는 한 현재의 운동 상태(회전운동에서 각운동량)을 유지하려는 면에서 관성의 법칙과 관련이 있다.

모두 정답

03 쇼트트랙 경기에서 원운동을 할 때 원심력과 구심력에 관한 설명으로 옳은 것은?

① 원심력과 구심력은 크기가 같고, 방향이 반대이다.
② 원심력은 원운동을 하는 선수의 질량과 관계가 없다.
③ 원심력을 극복하는 방법으로 반지름을 작게 하여 원운동을 한다.
④ 신체를 원운동 중심의 방향으로 기울이는 것은 접선속도를 크게 만들기 위함이다.

정답분석
구심력은 원운동하는 물체가 원의 중심 방향으로 작용하는 힘이며, 원심력은 원운동하는 물체 또는 사람이 운동궤도의 외부로 벗어나려는 구심력의 정반대 힘이다. 쇼트트랙 경기에서 사람이 일정한 궤도로 원운동을 하는 것은 구심력과 원심력의 크기가 같고 방향이 서로 반대로 상응하기 때문이다.

정답 ①

02 <보기>에서 힘(force)에 관한 설명으로 옳은 것을 모두 고른 것은?

―――― <보기> ――――
㉠ 움직임을 일으키는 원인으로 에너지이다.
㉡ 질량과 가속도의 곱으로 결정된다.
㉢ 단위는 N(Newton)이다.
㉣ 크기를 갖는 스칼라(scalar)이다.

① ㉠, ㉡   ② ㉠, ㉣
③ ㉡, ㉢   ④ ㉢, ㉣

정답분석
힘(force)은 운동을 유발하거나 상태를 변하게 하는 원인이며, 운동 중인 물체를 가속하거나 방향을 변경시킨다. 힘은 질량(mass, m)과 가속도(acceleration, a)의 곱으로 계산되며, 단위는 N(뉴턴), kg·m/s², kgf(킬로그램힘)이다. 힘은 방향과 크기를 모두 갖는 벡터(vector)이다.

정답 ③

04 선운동량 또는 충격량에 관한 설명으로 옳은 것은?

① 선운동량은 질량과 속도를 더하여 결정되는 물리량이다.
② 충격량은 충격력과 충돌이 가해진 시간의 곱으로 결정되는 물리량이다.
③ 시간에 따른 힘 그래프에서 접선의 기울기는 충격량을 의미한다.
④ 충격량이 선운동량으로 전환되기 위해서는 먼저 충격량이 토크로 전환되어야 한다.

정답분석
선운동량은 질량(mass, m)과 속도(velocity, $\vec{v}$)의 곱으로 나타낸다. 충격량은 주어진 시간 동안 인체 또는 물체에 작용하는 힘의 총량이며, 시간에 따른 힘(충격력) 그래프에서 그래프 선 아래의 면적은 힘 그래프 선을 적분시킨 값으로 충격량이 된다.

정답 ②

05. 운동학적(kinematic) 분석과 운동역학적(kinetic) 분석에 관한 설명으로 옳지 않은 것은?

① 일률, 속도, 힘은 운동역학적 분석요인이다.
② 운동학적 분석은 움직임을 공간적·시간적으로 분석한다.
③ 근전도 분석, 지면반력 분석은 운동역학적 분석 방법이다.
④ 신체중심점의 위치변화, 관절각의 변화는 운동학적 분석요인이다.

정답분석 운동학적(kinematic) 분석은 운동의 형태를 관찰 및 측정하여 운동의 결과를 분석하는 방법으로, 변위, 속도, 가속도 등이 분석요인이다. 운동역학적(kinetic) 분석은 운동의 원인으로 작용하는 '힘'에 대한 측정과 분석하는 방법으로 힘, 회전력(토크), 지면반력, 충격량, 운동량, 일, 에너지, 파워 등이 분석요인이다.

정답 ①

06. 다음 <보기>에서 물리량에 대한 설명으로 옳은 것만 고른 것은?

─ <보기> ─
㉠ 압력은 단위면적당 가해지는 힘이며 벡터이다.
㉡ 일은 단위시간당 에너지의 변화율이며 벡터이다.
㉢ 마찰력은 두 물체의 마찰로 발생하는 힘이며 스칼라이다.
㉣ 토크는 회전을 일으키는 효과이며 벡터이다.

① ㉠, ㉡
② ㉠, ㉣
③ ㉡, ㉢
④ ㉢, ㉣

정답분석 스칼라(scalar)는 방향은 없고 크기(양)만 가지는 물리량으로 질량, 길이, 시간, 온도, 에너지 등이고, 벡터(vector)는 방향과 크기(양)을 가지는 물리량으로 변위, 속도, 가속도, 힘, 회전력(토크) 등이다.

정답 ②

07. 다음 <보기>에서 항력과 관련된 설명으로 옳은 것만 고른 것은?

─ <보기> ─
㉠ 육상의 원반 투사 시, 최적의 공격각(attack angle)은 $\dfrac{항력}{양력}$ 이 최대일 때의 각도이다.
㉡ 야구에서 투구 시 공에 회전을 넣어 커브 구질을 만든다.
㉢ 파도와 같이 물과 공기의 접촉면에서 형성된 난류에 의하여 발생하기도 한다.
㉣ 날아가는 골프공의 단면적(유체의 흐름방향에 수직인 물체의 면적)에 비례한다.

① ㉠, ㉡
② ㉠, ㉣
③ ㉡, ㉢
④ ㉢, ㉣

정답분석 항력은 유체 속에서 이동하는 물체의 추진방향에서 반대 방향으로 작용하는 힘이다. 항력은 추진 방향에 대한 물체의 직각 단면적이 넓을수록, 물체에 대한 유체의 상대 속도가 높을수록 증가한다. ㉠에서 원반 투사 시 최적의 공격각을 형성하기 위해서는 항력은 감소하고, 양력은 증가해야 한다. ㉡에서 야구공의 회전으로 인해 변화하는 궤적은 마그누스 효과이다. ㉢은 표면항력이고, ㉣은 형태항력이다.

정답 ④

08. 2차원 영상분석에서 배율법(multiplier method)에 관한 설명으로 옳지 않은 것은?

① 동작이 수행되는 평면에 직교하게 카메라를 설치한다.
② 분석대상이 운동평면에서 벗어나면 투시오차(perspective error)가 발생할 수 있다.
③ 체조의 공중회전(somersault)과 트위스트(twist)와 같은 운동 동작을 분석하는 데 주로 활용된다.
④ 기준자(reference ruler)는 영상평면에서의 분석대상 크기를 실제 운동 평면에서의 크기로 조정하기 위해 사용된다.

정답분석 2차원 영상분석은 촬영장비가 향하는 단일평면 상에서 일어나는 신체 동작을 분석하는 방법이다. 2차원 영상분석 시 카메라는 동작이 수행되는 운동면에 직교하게 설치해야 하며, 분석대상이 운동평면 상에서 분석할 동작을 수행해야 한다. 2차원 동작 분석은 단일평면 상의 동작을 분석하기 때문에 체조의 공중회전, 트위스트와 같은 다른 운동면을 관찰하고 분석하는데 한계가 있다.

정답 ③

09. 다음 <보기>에서 각운동에 관한 설명으로 옳은 것만 고른 것은?

<보기>
㉠ 각속력은 벡터이고, 각속도(angular velocity)는 스칼라이다.
㉡ 각속력(angular speed)은 시간당 각거리(angular distance)이다.
㉢ 각가속도(angular acceleration)는 시간당 각속도의 변화량이다.
㉣ 각거리는 물체의 처음과 마지막 각위치의 변화량이다.

① ㉠, ㉡
② ㉠, ㉣
③ ㉡, ㉢
④ ㉢, ㉣

정답분석 각운동에서 각거리, 각속력은 스칼라량이고, 각변위, 각속도, 각가속도는 벡터량에 해당한다. 각거리는 각운동하는 물체가 이동한 총 각도를 의미하고 각변위는 처음과 마지막 각위치의 변화를 의미한다.

정답 ③

10. <보기>의 ㉠~㉣에 들어갈 내용이 바르게 제시된 것은?

<보기>
- (㉠)가 커질수록 부력도 커진다.
- (㉡)가 올라갈수록 부력은 작아진다.
- (㉢)는 수중에서의 자세 변화에 따라 달라진다.
- (㉣)은 물에 잠긴 신체의 부피에 비례하여 수직으로 밀어 올리는 힘이다.

	㉠	㉡	㉢	㉣
①	신체의 밀도	신체의 온도	무게중심의 위치	부력
②	유체의 밀도	신체의 온도	무게중심의 위치	항력
③	신체의 밀도	물의 온도	부력중심의 위치	항력
④	유체의 밀도	물의 온도	부력중심의 위치	부력

정답분석 부력은 유체에 잠긴 물체에 작용하는 수직 상방향의 힘으로 유체의 밀도가 증가할수록 부력도 커진다. 대표적인 유체인 물은 온도가 높을수록 밀도는 낮아지고, 온도가 낮을수록 밀도는 증가한다. 따라서 물(유체)의 온도가 올라갈수록 밀도는 작아지고, 부력도 작아진다. 또한 수중에서 신체는 자세 변화에 따라 부력 중심의 위치가 달라지므로 가라앉거나 떠오를 수 있다.

정답 ④

11 <보기>와 같이 조건을 (A)에서 (B)로 변경하였을 때, ㉠~㉢에 들어갈 내용으로 바르게 나열한 것은? (단, 각운동량 그리고 줄과 공의 질량은 변화가 없는 것으로 가정)

<보기>

(A)

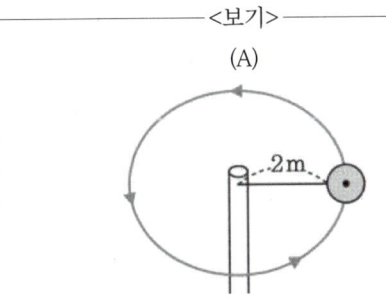

- 회전축에서 공의 중심까지 거리 : 2m
- 회전속도: 1회전/sec

⇩

(B)

회전축에서 공까지의 거리를 1m로 줄이면, 회전반경이 (㉠)로 줄어들고 관성모멘트가 (㉡)로 감소하기 때문에 공의 회전속도는 (㉢)로 증가한다.

	㉠	㉡	㉢
①	$\frac{1}{2}$	$\frac{1}{2}$	2회전/sec
②	$\frac{1}{2}$	$\frac{1}{4}$	2회전/sec
③	$\frac{1}{4}$	$\frac{1}{2}$	4회전/sec
④	$\frac{1}{2}$	$\frac{1}{4}$	4회전/sec

정답분석 각운동량은 관성모멘트와 각속도의 곱이며($\vec{L} = I \times \vec{w}$), 관성모멘트(moment of inertia, I)는 질량(mass, m)과 물체와 회전중심까지의 거리, 즉 회전반경(r) 제곱의 곱으로 계산된다($I = mr^2$). (A)에서 (B)조건으로 변경되면 회전축에서 공의 중심까지 거리가 2 m에서 1 m가 되므로 회전반경은 $\frac{1}{2}$이 되며, 회전반경이 $\frac{1}{2}$로 줄었기 때문에 관성모멘트는 $\frac{1}{4}$이 된다.

각운동 시 각운동량과 공의 질량은 변하지 않고 관성모멘트는 $\frac{1}{4}$이 되었기 때문에 각속도는 4회전/sec가 된다.

정답 ④

12 인체에 적용되는 지레(levers)의 원리에 관한 설명으로 옳지 않은 것은?

① 1종 지레에서 축(받침점)은 힘점과 저항점(작용점) 사이에 위치하고 역학적 이점이 1보다 크거나 작을 수 있다.
② 2종 지레는 저항점이 힘점과 사이에 위치하고 역학적 이점이 1보다 크다.
③ 3종 지레에서 힘점은 축과 저항점 사이에 위치하고 역학적 이점이 1보다 크다.
④ 지면에서 수직 방향으로 발뒤꿈치를 들고 서는 동작(calf raise)은 2종 지레이다.

정답분석 1종 지레는 힘점과 작용점 사이에 받침점이 위치한 지레이며, 역학적 이득은 1보다 크거나 작을 수 있다. 2종 지레는 받침점과 힘점 사이에 저항점이 위치한 지레이며, 역학적 이득은 항상 1보다 크다. 3종 지레는 받침점과 저항점 사이에 힘점이 위치한 지레로 역학적 이득은 항상 1보다 작다.

정답 ③

13 <그림>의 수직점프(vertical jump) 동작에 관한 운동역학적 특성에 대한 설명으로 옳은 것은? (단, 외력과 공기 저항은 작용하지 않는 것으로 가정)

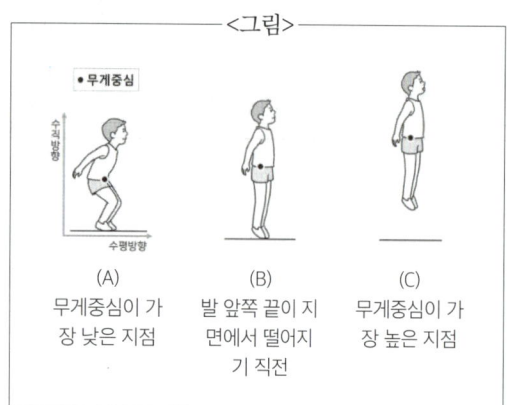

(A) 무게중심이 가장 낮은 지점
(B) 발 앞쪽 끝이 지면에서 떨어지기 직전
(C) 무게중심이 가장 높은 지점

① (A)부터 (B)까지 한 일(work)은 위치에너지의 변화량과 같다.
② (A)부터 (B)까지 넙다리네갈레근(대퇴사두근, quadriceps)은 신장성 수축(eccentric contraction)을 한다.
③ (B)부터 (C)까지 무게중심의 수직가속도는 증가한다.
④ (C) 지점에서 인체 무게중심의 수직속도는 0m/sec이다.

정답분석 수직 점프시 (A)와 (B)까지 무게중심이 이동한 거리는 변하지 않기 때문에 일(work)과 위치에너지의 변화량은 동일하다. (A)부터 (B) 구간에서 무릎 관절은 신전 운동을 하며, 넙다리네갈레근은 단축성 수축을 한다. (B)부터 (C)까지 무게중심의 수직가속도는 중력가속도에 의해 감소한다. (C) 지점은 인체 무게중심이 가장 높은 지점으로 순간 수직속도는 0m/s이다.

정답 ④

14 회전운동에 관한 설명으로 옳지 않은 것은?
① 회전하는 물체의 접선속도는 각속도와 반지름의 곱으로 구한다.
② 회전하는 물체의 각속도는 호의 길이를 소요시간으로 나누어 구한다.
③ 인체의 관성모멘트(moment of inertia)는 회전축의 방향에 따라 변한다.
④ 토크는 힘의 연장선이 물체의 중심에서 벗어난 지점에 작용할 때 발생한다.

정답분석 회전하는 물체의 접선속도는 물체의 각속도와 회전반경(반지름)의 곱이며, 물체의 각속도는 물체의 각변위를 소요시간으로 나누어 계산된다. 인체의 관성모멘트는 회전축의 위치와 질량 중심까지의 거리에 따라 달라진다.

정답 ②, ③

15 인체의 무게중심에 관한 설명으로 옳지 않은 것은?
① 무게중심은 인체 외부에 위치할 수 있다.
② 무게중심의 위치는 안정성에 영향을 준다.
③ 무게중심은 토크의 합이 '0'인 지점이다.
④ 무게중심의 위치는 동작의 변화와 관계없이 일정하다.

정답분석 인체의 무게 중심은 자세 변화에 따라 달라지며, 인체 외부에 위치할 수 있다.

정답 ④

16 중력가속도의 개념에 관한 설명으로 옳지 않은 것은?
① 중력가속도의 크기는 $9.8m/sec^2$이다.
② 중력가속도는 지구 중심방향으로 작용한다.
③ 인체의 무게는 질량과 중력가속도의 곱으로 산출한다.
④ 토스한 배구공이 상승하는 과정에서는 중력가속도의 영향을 받지 않는다.

정답분석 토스한 배구공은 상승하는 과정에서 중력가속도의 영향을 받아 수직방향의 속도가 점차 감소하며, 이후 바닥으로 떨어지게 된다.

정답 ④

17 인체의 근골격계에 관한 설명으로 옳은 것은?

① 골격근의 수축은 관절에서 회전운동을 일으키지 못한다.
② 인대(ligament)는 골격근을 뼈에 부착시키는 역할을 한다.
③ 작용근(주동근, agonist)은 의도한 운동을 발생시키는 근육이다.
④ 팔꿈치관절에서 굽힘근(굴근, flexor)의 수축은 관절의 각도를 커지게 한다.

 골격근은 건(tendon)에 의해 뼈에 부착되며, 골격근 수축으로 생성된 힘은 관절을 형성하는 뼈에 전달되어 회전운동을 발생시킨다. 작용근(주동근)은 의도한 운동을 발생시키는 주요 근육이다. 팔꿈치관절에서 굽힘근의 수축은 관절의 각도를 작게 한다.

정답 ③

18 기저면의 변화를 통해 안정성을 증가시킨 동작으로 옳지 않은 것은?

① 산에서 내려오며 산악용 스틱을 사용하여 지면을 지지하기
② 씨름에서 상대방이 옆으로 당기자 다리를 좌우로 벌리기
③ 평균대 외발서기 동작에서 양팔을 좌우로 벌리기
④ 스키점프 착지 동작에서 다리를 앞뒤로 교차하여 벌리기

 기저면은 인체 또는 물체가 지면에 접촉하는 점들을 이어서 형성된 전체 면적이다. 평균대 외발서기 동작에서 양팔을 좌우로 벌리는 동작은 균형을 유지하기 위한 행위이며, 기저면과 무관하다.

정답 ③

19 역학적 일(work)과 일률(power)의 개념에 대한 설명으로 옳은 것은?

① 일의 단위는 watt 또는 joule/sec이다.
② 일률은 힘과 속도의 곱으로 산출한다.
③ 일률은 이동한 거리를 고려하지 않는다.
④ 일은 가해진 힘의 크기에 반비례한다.

 일(work)은 물체에 작용하는 힘과 물체의 변위의 곱이며, 단위는 N·m 또는 J(Joule)이다. 일률은 단위시간 당 수행된 일의 양으로 작용하는 힘(F)과 물체의 속도(v)의 곱으로 계산되며, 단위는 Watt(W, 와트) 또는 J/s이다.

정답 ②

20 운동역학을 스포츠 현장에 적용한 사례로 옳지 않은 것은?

① 멀리뛰기에서 도약력 측정을 위한 지면반력 분석
② 다이빙에서 각운동량 산출을 위한 3차원 영상분석
③ 축구에서 운동량 측정을 위한 웨어러블 센서(wearable sensor)의 활용
④ 경기장 적응을 위해 가상현실을 활용한 양궁인 심상훈련 지원

 스포츠에서 2차원, 3차원 영상분석, 지면반력 분석, 웨어러블 센서를 활용한 운동량 측정은 운동역학의 스포츠 현장적용 사례에 해당한다. 양궁의 심상훈련 지원은 스포츠심리학의 적용사례이다.

정답 ④

2023년 기출문제

01 운동역학(sports biomechanics)의 내용으로 적절한 것은?

① 스포츠 현상을 사회학적 연구 이론과 방법으로 설명하는 학문이다.
② 운동에 의한 생리적·기능적 변화를 기술하고 설명하는 학문이다.
③ 스포츠 수행에 영향을 주는 심리적 요인을 설명하는 학문이다.
④ 스포츠 상황에서 인체에 발생하는 힘과 그 효과를 설명하는 학문이다.

 운동역학은 스포츠 상황에서 신체의 움직임을 관찰하고 신체에 발생하는 힘과 그 효과를 설명하는 학문이다.

 ①은 스포츠사회학, ②는 운동생리학, ③은 스포츠심리학에 대한 설명이다.

정답 ④

02 근육의 신장(원심)성 수축(eccentric contraction)이 아닌 것은?

① 스쿼트의 다리를 굽히는 동작에서 큰볼기근(대둔근, gluteus maximus)의 수축
② 팔굽혀펴기의 팔을 펴는 동작에서 위팔세갈래근(상완삼두근, triceps brachii)의 수축
③ 턱걸이의 팔을 펴는 동작에서 넓은등근(광배근, latissimus dorsi)의 수축
④ 윗몸일으키기의 뒤로 몸통을 펴는 동작에서 배곧은근(복직근, rectus abdominis)의 수축

 팔굽혀펴기 운동에서 팔을 펴는 동작에서 위팔세갈래근은 단축(구심)성 수축(concentric contraction)을 한다.

정답 ②

03 단위 시간당 이동한 변위(displacement)를 나타내는 벡터량은?

① 속도(velocity)
② 거리(distance)
③ 가속도(acceleration)
④ 각속도(angular velocity)

 속도는 시간의 변화에 따른 변위의 이동을 의미한다. 단위 시간당 이동한 거리는 속력(speed), 단위 시간당 속도의 변화는 가속도, 단위 시간당 이동한 각변위는 각속도를 의미한다.

정답 ①

04 지면반력기(force plate)를 통해 얻을 수 있는 변인이 아닌 것은?

① 걷기 동작에서 디딤발에 가해지는 힘의 방향
② 외발서기 동작에서 디딤발 압력중심(center of pressure)의 이동거리
③ 서전트 점프 동작에서 발로 지면에 힘을 가한 시간
④ 달리기 동작의 체공기(non-supporting phase)에서 발에 작용하는 힘의 크기

 달리기 동작 시 발이 공중에 있는 체공기에서 발은 지면반력기에 접촉되지 않은 상태이기에 발에 작용하는 힘의 크기를 측정할 수 없다.

정답 ④

05 인체의 시상(전후)면(sagittal plane)에서 수행되는 움직임이 아닌 것은?

① 인체의 수직축(종축)을 중심으로 회전하는 피겨스케이팅 선수의 몸통분절 움직임
② 페달링하는 사이클 선수의 무릎관절 굴곡/신전 움직임
③ 100m 달리기를 하는 육상 선수의 발목관절 저측/배측굴곡 움직임
④ 앞구르기를 하는 체조 선수의 몸통분절 움직임

정답분석 인체의 수직축을 중심으로 회전하는 몸통 분절의 운동은 수평(횡단)면에서 수행되는 움직임이다.

정답 ①

06 <보기>에서 복합운동(general motion)에 해당하는 것을 모두 고른 것은?

―<보기>―
㉠ 커브볼로 던져진 야구공의 움직임
㉡ 페달링하면서 직선구간을 질주하는 사이클 선수의 대퇴(넙다리) 분절 움직임
㉢ 공중회전하면서 낙하하는 다이빙 선수의 몸통 움직임

① ㉠　　　　　　② ㉠, ㉢
③ ㉡, ㉢　　　　　④ ㉠, ㉡, ㉢

정답분석
• 모두 복합운동에 해당한다.
• 복합운동은 선(병진)운동과 회전운동이 동시에 발생하는 운동이다.

정답 ④

07 인체 무게중심에 대한 설명으로 옳은 것은? (단, 공기저항은 무시한다)

① 무게중심은 항상 신체 내부에 위치한다.
② 체조 선수는 공중회전하는 동안 무게중심을 지나는 축을 중심으로 회전하게 된다.
③ 지면에 선 상태로 팔을 위로 올리면 무게중심은 아래로 이동한다.
④ 서전트 점프 이지(take-off) 후, 공중에서 팔을 위로 올리면 무게중심은 위로 이동한다.

정답분석 인체 무게중심은 인체의 운동 상태에 따라 변화한다. 인체의 양 팔의 위치, 즉 신체 분절의 변화에 따라 무게중심은 달라지며, 인체의 운동 및 자세에 따라 신체 외부에 위치할 수도 있다.

정답 ②

08 농구 자유투에서 투사된 농구공의 운동에 대한 설명으로 옳은 것은? (단, 공기저항은 무시한다)

① 농구공 질량중심의 수직속도는 일정하다.
② 최고점에서 농구공 질량중심의 수평속도는 0m/s가 된다.
③ 최고점에서 농구공 질량중심은 수평방향으로 등속도 운동을 한다.
④ 최고점에서 농구공 질량중심은 수직방향으로 등속도 운동을 한다.

정답분석 농구공은 투사된 이후에 포물선 운동을 한다. 농구공은 중력의 영향을 받아 수직 방향으로 등가속도 운동을 하고, 농구공이 최고점에 도달했을 때, 수직 방향의 속도는 0m/s가 된다. 공기의 저항이 없는 환경에서 농구공은 수평 방향으로 등속도 운동을 한다.

정답 ③

09

<그림>과 같이 공이 지면(수평 고정면)에 충돌하는 상황에 관한 설명으로 옳은 것은? (단, 공의 충돌 전 수평속도 및 수직속도는 같다)

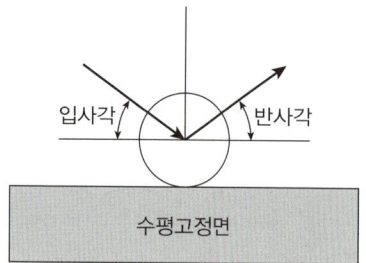

① 충돌 후, 무회전에 비해 백스핀된 공의 수평속도가 크다.
② 충돌 후, 무회전에 비해 톱스핀된 공의 수직속도가 크다.
③ 충돌 후, 무회전에 비해 톱스핀된 공의 반사각이 크다.
④ 충돌 후, 무회전된 공과 백스핀된 공의 리바운드 높이는 같다.

정답분석
공의 리바운드 힘의 방향은 지면에 충돌하는 각도에 의해 결정되며, 이는 리바운드 높이를 결정한다. 따라서 공의 충돌 전 수평 속도, 수직 속도가 같은 조건에서 공의 스핀(spin) 방향만 다르기에 공의 리바운드 높이는 같다.

정답 ④

10

<그림>에서 달리기 선수의 질량은 60kg이며 오른발 착지 시 무게중심의 수평속도는 2m/s이다. A와 B의 면적이 각각 80N·s와 20N·s일 때, 오른발 이지(take-off) 순간 무게중심의 수평속도는?

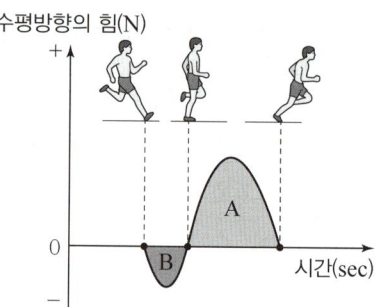

① 3m/s   ② 4m/s
③ 5m/s   ④ 6m/s

정답분석
• 충격량은 충격력과 작용시간의 곱으로 계산되며, 충격력(수평방향의 힘) - 시간 곡선에서 곡선 아래 면적은 충격량이다.
• 달리기 선수의 B구간의 충격량은 충격력이 음(-)의 값으로 나타나 제동력으로 작용하고, A구간의 충격량은 양(+)의 값으로 추진력이다. 따라서 총 충격량은 80N·s - 20N·s로 60N·s이다.
• 충격량은 운동량의 변화($\vec{J} = \vec{F}t = m a\vec{t} = m\vec{v_f} - m\vec{v_i} = \Delta m\vec{v}$)이므로, 60N·s = 60kg($\vec{v_f}$ - 2 m/s)이다. $60\vec{v_f}$ - 120 = 60이므로, 오른발 이지(take-off) 순간의 수평 속도는 $\vec{v_f}$ = 3m/s가 된다.

정답 ①

11

<보기>의 ㉠, ㉡에 들어갈 용어가 바르게 연결한 것은?

―<보기>―
농구선수는 양손 체스트패스 캐치 동작에서 공을 몸쪽으로 당겨 받는다. 그 과정에서 공을 받는 (㉠)은 늘리고 (㉡)은 줄일 수 있다.

	㉠	㉡
①	시간	충격력(impact force)
②	충격력	시간
③	충격량(impulse)	시간
④	충격력	충격량

정답분석
충격량이 정해진 경우, 충격력과 작용시간은 서로 반비례 관계이다. 따라서 농구공을 받는 시간을 증가시켜 충격력을 줄일 수 있다.

정답 ①

12 역학적 일(work)을 하지 않은 것은?

① 역도 선수가 바닥에 있던 100kg의 바벨을 1m 높이로 들어 올렸다.
② 레슬링 선수가 상대방을 굴려서 1m 옆으로 이동시켰다.
③ 체조 선수가 철봉에 매달려 10초 동안 정지해 있었다.
④ 육상 선수가 달려서 100m를 이동했다.

해설
- 역학적 관점에서 일(Work)은 가해진 힘의 방향으로 물체의 위치 변화가 생긴 것이다.
- 체조 선수가 철봉에 매달려 10초 동안 정지한 상태는 위치의 변화가 없으므로 역학적으로 일을 하지 않은 것이다.

정답 ③

13 다음 중 마그누스 효과(Magnus effect)에 관한 내용이 아닌 것은?

① 레인에서 회전하는 볼링공의 경로가 휘어지는 현상
② 커브볼로 투구된 야구공의 경로가 휘어지는 현상
③ 사이드스핀이 가해진 탁구공의 경로가 휘어지는 현상
④ 회전(탑스핀)이 걸린 테니스공이 아래로 빠르게 떨어지는 현상

정답분석
마그누스 효과(Magnus effect)는 회전하는 물체가 유체 속을 이동할 때, 압력의 차이로 인해 운동 궤적이 변화하는 현상이다. 볼링공의 경로가 휘어지는 현상은 마그누스 효과와 관련이 없다.

정답 ①

14 스키점프 동작의 역학적 에너지에 대한 설명으로 옳지 않은 것은? (단, 공기저항은 무시함)

① 운동에너지는 지면 착지 직전에 가장 크다.
② 위치에너지는 수직 최고점에서 가장 크다.
③ 운동에너지는 스키점프대 이륙 직후부터 지면 착지 직전까지 동일하다.
④ 역학적 에너지는 스키점프대 이륙 직후부터 지면 착지 직전까지 보존된다.

정답분석
스키점프 동작에서 역학적 에너지인 운동에너지와 위치에너지는 에너지 보존의 법칙에 따라 상호보존적 관계에 의해 일정하게 유지된다. 즉, 위치에너지의 크기에 따라 운동에너지는 변한다.

정답 ③

15 <보기>의 그림에 제시된 덤벨 컬(dumbbell curl) 운동에서 팔꿈치관절 각도(θ)와 팔꿈치관절에 발생되는 회전력(torque)의 관계를 옳게 나타낸 그래프는? (단, 덤벨 컬 운동은 등각속도 운동임)

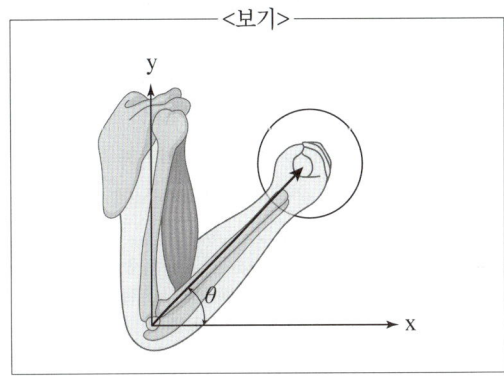

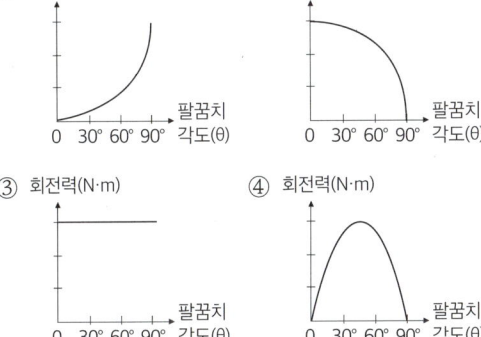

정답분석
회전력(torque)은 작용력(F)과 회전 중심까지의 거리인 모멘트 암(moment arm)에 의해 결정된다. 덤벨 컬 운동에서 팔꿈치 각도가 90°일 때, 가장 긴 모멘트 암으로 인한 회전력이 최대로 발생한다. 이후 팔꿈치 관절이 굴곡 되어 모멘트 암은 점차 감소하며, 회전력도 점차 감소한다.

정답 ②

16 인체 지레에 대한 설명 중 옳은 것은?

① 지레에서 저항팔이 힘팔보다 긴 경우에는 힘에 있어서 이득이 있다.
② 1종 지레는 저항점이 받침점과 힘점 사이에 있는 형태로, 팔굽혀펴기 동작이 이에 속한다.
③ 2종 지레는 받침점이 힘점과 저항점 사이에 있는 형태로, 힘에 있어서 이득이 있다.
④ 3종 지레는 힘점이 받침점과 저항점 사이에 있는 형태로, 운동의 범위와 속도에 있어서 이득이 있다.

정답분석
- 1종 지레는 받침점(A)이 힘점(F)과 저항점(R) 사이에 위치한다.
- 2종 지레는 저항점(R)이 받침점(A)과 힘점(F) 사이에 위치하며, 3종 지레는 힘점(F)이 받침점(A)과 저항점(R) 사이에 위치한다.
- 저항팔과 힘팔의 길이 비율을 통해 역학적 이득을 판단할 수 있으며, 저항팔이 힘팔 보다 긴 경우는 힘에 있어서 이득을 보지 못한다.

정답 ④

17 <보기>의 ㉠~㉣에 들어갈 내용을 바르게 연결한 것은?

<보기>
다이빙 선수의 공중회전 동작에서는 다이빙 플랫폼 이지(take-off) 직후에 다리와 팔을 회전축 가까이 위치시켜 관성모멘트를 (㉠)시킴으로써 각속도를 (㉡)시켜야 한다. 입수 동작에서는 팔과 다리를 최대한 펴서 관성모멘트를 (㉢)시킴으로써 각속도를 (㉣)시켜야 한다.

	㉠	㉡	㉢	㉣
①	증가	감소	증가	감소
②	감소	증가	증가	감소
③	감소	감소	증가	증가
④	증가	증가	감소	감소

정답분석
- 신체의 회전운동에서 관성모멘트를 감소시키기 위해서는 신체를 중심축으로 당겨와 회전반경을 줄이는 방법이 있다.
- 각속도는 관성모멘트와 반비례 관계이다. 따라서 관성모멘트를 감소시켜 각속도를 증가시킬 수 있다.

정답 ②

18 30m/s의 수평투사속도로 야구공을 던질 때, 야구공의 체공시간이 2초라면 투사거리는? (단, 공기저항은 무시함)

① 15m ② 30m
③ 60m ④ 90m

정답분석
공기의 저항이 없는 포물선 운동에서 수평 방향의 속도는 일정하게 유지된다. 따라서 30m/s의 수평투사속도로 2초 동안 체공했기 때문에 투사거리는 60m다.

정답 ③

19 일률(power)의 단위가 아닌 것은?

① $N \cdot m/s$ ② $kg \cdot m/s^2$
③ $Joule/s$ ④ $Watt$

정답분석
- 일률은 일을 하는데 얼마만큼의 시간 소요되었는가에 대한 개념, 즉 단위시간 당 수행된 일의 양을 의미한다. 단위는 Watt(W, 와트) 또는 J/s로 나타낸다.
- $kg \cdot m/s^2$ 은 힘(F)의 단위이다.

정답 ②

20 <보기>의 ㉠~㉢에 들어갈 내용을 바르게 연결한 것은?

<보기>
신체의 정적 안정성을 높이기 위해서는 기저면(base of support)을 (㉠), 무게중심을 (㉡), 수직 무게중심선을 기저면의 중앙과 (㉢) 위치시키는 것이 효과적이다.

	㉠	㉡	㉢
①	좁히고	높이고	가깝게
②	좁히고	높이고	멀게
③	넓히고	낮추고	가깝게
④	넓히고	낮추고	멀게

정답분석
신체의 자세 안정성은 기저면의 넓이, 무게중심의 높이, 수직 무게중심선과 기저면 중앙과의 거리에 영향을 받는다. 따라서 신체의 정적 안정성을 높이기 위해서는 기저면을 넓히고 무게중심을 낮추고, 수직 무게중심선을 기저면의 중앙과 가깝게 위치시켜야 한다.

정답 ③

2022년 기출문제

01 운동역학(Sports Biomechanics) 연구의 목적과 내용이 아닌 것은?

① 동작분석
② 운동장비 개발
③ 부상 기전 규명
④ 운동 유전자 검사

정답분석
- 운동역학의 연구내용 및 목적은 동작 분석, 스포츠 용·기구 개발을 통해 운동 수행능력 향상 및 근골격계 손상 예방을 위한 기전 규명이다.
- 운동 유전자 검사는 운동생리학 분야에 해당된다.

정답 ④

02 인체의 움직임을 표현하는 용어로 옳지 않은 것은?

① 굽힘(굴곡, flexion)은 관절을 형성하는 뼈들이 이루는 각이 작아지는 움직임이다.
② 폄(신전, extension)은 관절을 형성하는 뼈들이 이루는 각이 커지는 움직임이다.
③ 벌림(외전, abduction)은 뼈의 세로축이 신체의 중심선으로 가까워지는 움직임이다.
④ 발등굽힘(배측굴곡, dorsi flexion)은 발등이 정강이뼈(경골, tibia) 앞쪽으로 향하는 움직임이다.

정답분석 벌림(외전, abduction)은 뼈의 세로축이 신체 중심선에서 멀어지는 움직임이다.

정답 ③

03 인체의 무게중심에 관한 설명으로 옳지 않은 것은?

① 무게중심의 높이는 안정성에 영향을 준다.
② 무게중심은 인체를 벗어나 위치할 수 없다.
③ 무게중심은 토크(torque)의 합이 '0'인 지점이다.
④ 무게중심의 위치는 자세의 변화에 따라 달라진다.

정답분석 무게중심은 자세의 변화에 따라 인체의 밖에 위치할 수 있다.

정답 ②

04 <그림>에서 인체 지레의 구성으로 바르게 묶인 것은?

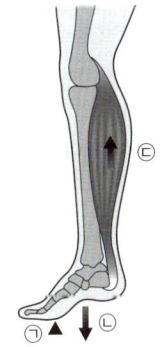

	㉠	㉡	㉢
①	받침점	힘점	저항점
②	저항점	받침점	힘점
③	받침점	저항점	힘점
④	힘점	저항점	받침점

정답분석 <그림>에서 ㉠은 받침점(A), ㉡은 신체분절의 질량인 저항점(R), ㉢은 종아리 근육의 수축력인 힘점(F)이며, 저항팔보다 힘팔이 더 길게 나타나는 2종 지레이다.

정답 ③

05 운동학적(kinematic) 및 운동역학적(kinetic) 변인에 대한 설명으로 옳지 않은 것은?

① 질량(mass)은 크기만을 갖는 물리량이다.
② 시간(time)은 크기만을 갖는 물리량이다.
③ 힘(force)은 크기만을 갖는 물리량이다.
④ 거리(distance)는 시작점에서 끝점까지 이동한 궤적의 총합으로 크기만을 갖는 물리량이다.

정답분석 힘(force)은 크기와 방향을 갖는 벡터량이다.

정답 ③

06 각운동에 대한 설명으로 옳지 않은 것은?

① 각속도(angular velocity)는 각변위를 소요시간으로 나눈 값이다.
② 각가속도(angular acceleration)는 각속도의 변화를 소요시간으로 나눈 값이다.
③ 1라디안(radian)은 원(circle)에서 반지름과 호의 길이가 같을 때의 각으로 57.3°이다.
④ 시계 방향으로 회전된 각변위(angular displacement)는 양(+)의 값으로 나타내고, 반시계 방향으로 회전된 각변위는 음(-)의 값으로 나타낸다.

 각운동에서 시계 방향은 음(-)의 값, 반시계 방향은 양(+)의 값으로 표현한다.

정답 ④

08 골프 스윙 동작에서 임팩트 시 클럽헤드의 선속도를 증가시키는 방법으로 옳지 않은 것은?

① 스윙 탑에서부터 어깨관절을 축으로 회전반지름을 최대한 크게 해서 빠른 몸통회전을 유도한다.
② 임팩트 전까지 손목 코킹(cocking)을 최대한 유지하여 빠른 몸통회전을 유도한다.
③ 임팩트 시점에는 팔꿈치를 펴서 회전반지름을 증가시킨다.
④ 임팩트 시점에는 언코킹(uncocking)을 통해 회전반지름을 증가시킨다.

- 선속도는 각속도와 회전반경에 비례한다. 따라서 골프 스윙 동작에서 임팩트 시 클럽헤드의 선속도를 증가시키기 위해서는 스윙 탑에서부터 신체 분절을 어깨관절의 회전축에 최대한 가깝게 하여 회전반경(반지름)을 감소시킨다. 이를 통해 관성모멘트를 감소시키고, 회전속도를 증가시킬 수 있다.
- 골프공의 타구 시점인 임팩트에서는 팔꿈치를 신전을 통해 회전반경을 증가로써 선속도를 향상시킬 수 있다.

정답 ①

07 투사체 운동에 대한 설명으로 옳은 것은? (단, 공기저항은 고려하지 않음)

① 투사체에 작용하는 외력은 존재하지 않는다.
② 투사체의 수평속도는 초기속도의 수평성분과 크기가 같다.
③ 투사체의 수직속도는 9.8 m/s로 일정하다.
④ 투사높이와 착지높이가 같을 경우, 38.5°의 투사 각도로 던질 때 최대의 수평거리를 얻을 수 있다.

- 투사체는 비행 중에 대표적인 외력인 중력의 영향을 받기 때문에 수직 방향으로 등가속도 운동을 한다.
- 공기 저항이 없는 환경에서 투사 높이와 착지 높이가 같은 경우에 최적의 각도는 45°이다.

정답 ②

09 힘(force)의 개념에 대한 설명으로 옳지 않은 것은?

① 힘의 단위는 N(Newton)이다.
② 힘은 합성과 분해가 가능하다.
③ 힘이 작용한 반대 방향으로 가속도가 발생한다.
④ 힘의 크기가 증가하면 그 힘을 받는 물체의 가속도가 증가한다.

 뉴턴의 제2법칙인 가속도 법칙에 따라 힘(force)은 힘이 작용한 방향으로 가속도가 발생한다.

정답 ③

10 압력과 충격량에 관한 설명 중 옳지 않은 것은?

① 유도에서 낙법은 신체가 지면에 닿는 면적을 넓혀 압력을 증가시키는 기술이다.
② 권투에서 상대방의 주먹을 비켜 맞도록 동작을 취하여 신체가 받는 압력을 감소시킨다.
③ 높은 곳에서 뛰어내릴 때 무릎관절 굽힘을 통해 충격 받는 시간을 늘리면 신체에 가해지는 충격력의 크기는 감소된다.
④ 골프 클럽헤드와 볼의 접촉구간에서 충격력을 유지하면서 접촉시간을 증가시키면 충격량은 증가하게 된다.

 압력은 작용하는 힘과 비례하고 접촉 면적에 반비례한다. 따라서 유도에서 낙법은 신체가 지면에 닿는 면적을 넓혀 압력을 감소시키는 기술이다.

정답 ①

11 마찰력(Ff)에 대한 설명으로 옳은 것은?

① 아스팔트 도로에서 마찰계수는 구름 운동보다 미끄럼 운동일 때 더 작다.
② 마찰력은 물체 표면에 수직으로 작용하는 힘과 관계가 있다.
③ 최대정지마찰력은 운동마찰력보다 작다.
④ 마찰력은 물체의 이동 방향과 같은 방향으로 작용한다.

 마찰력은 마찰계수와 수직으로 작용하는 힘의 곱으로 계산된다.

 ① 아스팔트 도로에서 마찰계수는 미끄럼 운동 시 더 높게 나타난다.
③, ④ 마찰력은 물체의 이동 방향과 반대 방향으로 작용하며, 최대정지마찰력은 정지마찰력의 최대치로 운동마찰력 보다 크다.

정답 ②

12 양력에 대한 설명으로 옳지 않은 것은?

① 양력은 물체가 이동하는 방향의 반대 방향으로 작용한다.
② 양력은 베르누이 원리(Bernoulli principle)로 설명된다.
③ 양력은 형태의 비대칭성, 회전(spin) 등에 의해 발생한다.
④ 양력은 물체의 중심선과 진행하는 방향이 이루는 공격각(angle of attack)에 의해 발생한다.

 양력은 유체 속의 물체가 수직 방향으로 작용하는 힘이다.

정답 ①

13 충돌에 관한 설명으로 옳지 않은 것은?

① 탄성(elasticity)은 충돌하는 물체의 재질, 온도, 충돌 강도 등에 따라 그 정도가 달라진다.
② 탄성은 어떠한 물체에 힘이 가해졌을 때, 그 물체가 변형되었다가 원래 상태로 되돌아가려는 성질을 말한다.
③ 복원계수(반발계수, coefficient of restitution)는 단위가 없고 0에서 1 사이의 값을 갖는다.
④ 농구공을 1m 높이에서 떨어뜨려 지면으로부터 64cm 높이까지 튀어 올랐을 때의 복원계수는 0.64이다.

- 반발계수(복원계수)는 충돌 전과 충돌 후의 상대속도의 비율로 계산된다.
- 반발계수 = $\dfrac{\text{충돌 후 상대속도}}{\text{충돌 전 상대속도}}$

정답 ④

14 다이빙 공중회전 동작을 수행할 때 신체 좌우축(mediolateral axis)을 기준으로 회전속도를 가장 크게 만드는 동작으로 적절한 것은? (단, 해부학적 자세를 기준으로 한다)

① 두 팔을 머리 위로 올리고, 머리를 뒤로 최대한 젖힌다.
② 신체를 최대한 좌우축에 가깝게 모으는 자세를 취한다.
③ 상체와 두 다리를 최대한 폄 시킨다.
④ 두 팔을 머리 위로 올리고, 두 다리는 최대한 곧게 뻗는 자세를 취한다.

정답분석 회전속도는 신체 또는 물체의 질량을 회전 중심에 최대한 가깝게 하여 관성모멘트의 감소를 통해 증가시킬 수 있다. 따라서 신체를 최대한 좌·우 축에 가깝게 모으는 자세는 관성모멘트를 감소시켜 높은 회전속도를 생성한다.

정답 ②

15 일률(파워, power)에 대한 설명으로 옳은 것은?

① 단위는 J(Joule)이다.
② 힘과 속도의 곱으로 구한다.
③ 이동거리는 고려하지 않는다.
④ 소요시간을 길게 하면 증가한다.

정답분석
• 일률$(P) = \dfrac{일(W)}{소요시간(t)} = \dfrac{\vec{F} \times d}{t} = \vec{F} \times v$이다. 즉, 일률은 힘과 속도의 곱으로 계산되며, 소요시간이 증가하면 일률은 감소한다. 따라서 일률은 수행된 일을 소요시간으로 나눈 값이며, 이동거리를 고려한다.
• 단위는 W(와트) 또는 J/s이다.

정답 ②

16 <그림>의 장대높이뛰기에서 역학적 에너지의 변화 과정을 순서대로 나열한 것은?

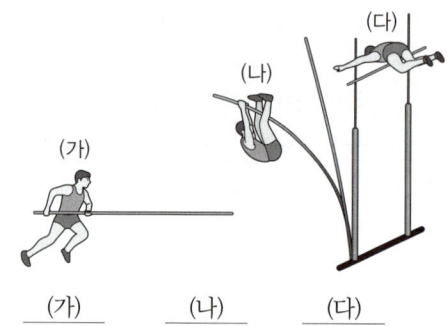

	(가)	(나)	(다)
①	탄성에너지 →	운동에너지 →	위치에너지
②	탄성에너지 →	위치에너지 →	운동에너지
③	위치에너지 →	운동에너지 →	탄성에너지
④	운동에너지 →	탄성에너지 →	위치에너지

정답분석 (가)의 도약 구간에서는 운동에너지가 생성되고, (나) 구간에서는 장대의 탄성에너지에 의해 신체가 상대적으로 높은 위치로 이동되며, (다) 구간은 가장 높은 위치에서 지면으로 떨어지는 지점으로 위치에너지가 발생한다.

정답 ④

17 <보기>의 ㉠, ㉡ 안에 들어갈 내용이 바르게 묶인 것은?

―<보기>―
(㉠)은 다양한 장비를 활용하여 동작 및 힘 정보를 수치화하고 분석하는 방법이다. (㉡)을 통해 객관적이고 정확한 정보를 획득할 수 있으며, 주관적인 판단을 배제할 수 있다.

	㉠	㉡
①	정성적 분석	정량적 분석
②	정량적 분석	정성적 분석
③	정량적 분석	정성적 분석
④	정량적 분석	정량적 분석

정답분석
• 정성적 분석은 신체 운동을 육안으로 관찰하거나 모바일 촬영 장비 등을 이용하여 촬영한 뒤, 관찰 및 분석하는 것으로 빠른 피드백을 제공할 수 있는 이점이 있다. 다만, 관찰자의 주관적 판단이 포함될 수 있기에 객관성을 확보하는 것이 중요하다.
• 정량적 분석은 분석 장비 등을 이용하여 신체 운동을 측정하고 이를 수치화하여 정량적 자료를 기준으로 분석하는 것이다. 정성적 분석 보다 객관적 자료를 근거로 분석이 가능하지만, 분석 장비가 비싸고 정량화 과정이 오래 걸리는 단점이 있다.

정답 ④

18 달리기 출발구간 분석에서 <표>의 ㉠, ㉡, ㉢에 들어갈 측정장비가 바르게 나열된 것은?

측정장비	분석 변인
㉠	넙다리곧은근(대퇴직근, rectus femoris)의 활성도
㉡	압력중심의 위치
㉢	무릎 관절 각속도

	㉠	㉡	㉢
①	동작분석기	GPS 시스템	지면반력기
②	동작분석기	지면반력기	지면반력기
③	근전도분석기	GPS 시스템	동작분석기
④	근전도분석기	지면반력기	동작분석기

넙다리곧은근의 활성도를 측정하기 위해서는 근전도분석기가 필요하며, 지면 반력의 작용점인 압력 중심의 위치는 지면반력기가 필요하다. 무릎 관절의 각속도는 동작분석을 통해 산출할 수 있다.

정답 ④

19 지면반력의 측정과 활용에 관한 설명으로 옳은 것은?

① 지면반력기는 수직 방향으로 작용하는 힘만 측정할 수 있다.
② 지면반력기에서 산출된 힘은 인체의 근력으로 지면에 가하는 작용력이다.
③ 높이뛰기 도약 동작분석 시 지면반력기에 작용한 힘의 소요시간을 측정할 수 있다.
④ 보행 분석에서 발이 지면에 착지하면서 앞으로 미는 힘은 추진력, 발 앞꿈치가 지면으로부터 떨어지기 전에 뒤로 미는 힘은 제동력을 의미한다.

지면반력기는 인체의 근력이 지면에 가해진 힘, 중력으로 지면에 작용한 힘의 반작용력을 측정하는 장비이며, 전·후, 좌·우, 수직 방향의 힘과 크기, 소요시간 등을 측정할 수 있다. 보행 동작에서 발이 지면에 착지하면서 전방으로 미는 힘은 제동력, 발의 앞꿈치가 지면에서 떨어져, 뒤로 미는 힘은 추진력이다.

정답 ③

20 <그림>과 같이 팔꿈치 관절을 축으로 쇠공을 들고 정적(static) 동작을 유지하기 위해서 위팔두갈래근(상완이두근, biceps brachii)이 발생시켜야 할 힘(FB)의 크기로 옳은 것은?

— <조건> —
- 손, 아래팔(전완), 쇠공을 합한 무게는 50N이다.
- 팔꿈치 관절점(EJ)에서 위팔두갈래근의 부착점까지의 거리는 2cm이다.
- 팔꿈치 관절점에서 손, 아래팔, 쇠공을 합한 무게중심(CG)까지의 거리는 20cm이다.
- 위팔두갈래근은 아래팔에 90°로 부착되었다고 가정한다.

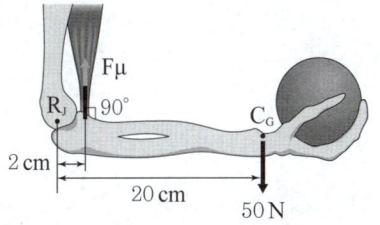

① 100N ② 400N
③ 500N ④ 1,000N

- 정적인 동작을 유지하기 위해서는 근력으로 생성되는 내적 회전력과 쇠공과 신체 질량으로 생성되는 외적 회전력이 동일해야 한다.
- 회전력은 $\vec{F} \times d$(작용력 × 모멘트 암)이므로, 외적 회전력은 50N × 0.2 m = 10 N·m 이다.
- 따라서 근력(FB)는 $F_B = \dfrac{10 Nm}{0.02 m}$ 이므로 정적인 상태를 유지하기 위해서는 FB = 500N의 힘을 발생시켜야 한다.

정답 ③

해커스자격증
pass.Hackers.com

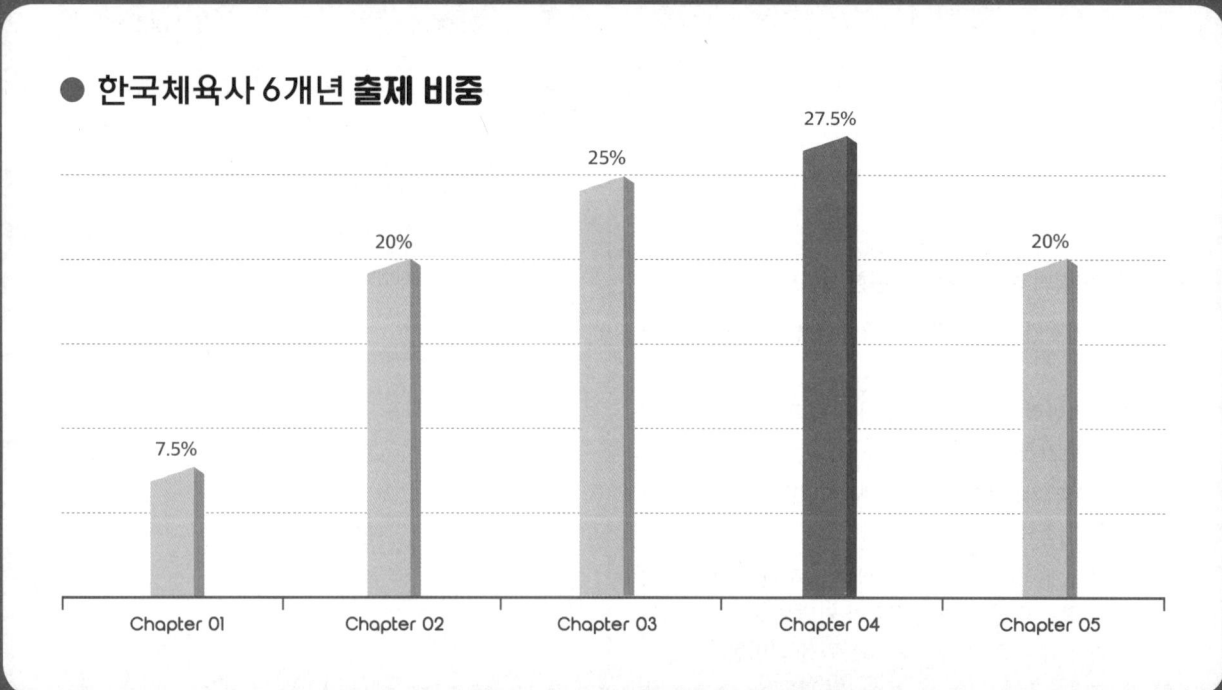

해커스 **스포츠지도사 2급 필기** 한권합격 이론+최신기출+핵심노트

Part 07
한국체육사

선택과목

Chapter 01 한국체육사의 개관
Chapter 02 선사 및 부족국가와 삼국시대 체육
Chapter 03 고려 시대와 조선 시대의 체육
Chapter 04 개화기와 일제강점기의 체육
Chapter 05 현대체육 및 스포츠

Chapter 01 한국체육사의 개관

핵심요약&보충자료

01 체육사의 이해

1 체육사의 정의

(1) 체육사는 시대에 따라 다양한 모습으로 정의되는 체육사적 사실이 과거에 어떻게 행해졌고 당대 사람들의 사상과는 어떠한 관계를 맺고 있었으며, 그러한 사실들이 정치·경제·교육·문화·예술·군사·지리적 환경들과 어떠한 관계가 있었는지를 밝혀 현재와 미래의 체육을 현명하게 통찰하는데 그 의의를 가진 학문임

(2) 체육적 사실이 역사로 인정받기 위해서는 시대상을 반영할 수 있는 사실이 있어야 하고 이것을 의미 있는 역사적 사실로 인정하기 위해서는 고증의 과정이 필요한 측면에서 체육사는 과거 체육적 사실에 대해 정확하게 설명하고 해석하는 비판적 탐구 과정임

(3) 과거 체육의 역사적 사실을 고찰하여 현재 체육의 상황을 명확히 인식하고 향후 체육이 나아가야 할 방향을 설정하는 과정임

> **선생님 TIP** 사료 구분 **기출** 19·20·21년
> - 물적 사료: 유물, 유적 등의 물질 유산 예 기구, 도구, 생활용품 등
> - 문헌 사료: 사문서, 공문서, 편지 등 예 훈민정음 해례본, 이황의 활인심방 등
> - 구술 사료: 과거의 기억에 대한 증언 예 금메달리스트의 녹취록

2 체육사의 연구대상 **기출** 22년

(1) 체육사 연구는 신체 운동 자체에 대한 연구와 신체 운동에 관계되는 모든 현상에 관한 연구임

(2) 신체 운동 자체에 대한 연구는 구기종목, 격기종목, 육상종목 등 다양한 스포츠 종목이 대상임

(3) 신체운동에 관계되는 모든 현상에 관한 연구는 성년의식, 축제의 일환으로 행해지던 신체활동, 신체를 설명하는 사상적 배경, 운동 도구, 운동장 등 모두를 포함함

(4) 역사 연구 대상 중 시간은 각 시대별 신체문화와 그 변천과정 등이 연구대상이 되며, 지역은 신체문화가 형성되고 시행된 다양한 지역 특성들이 연구대상이 됨

(5) 체육사상사, 신체수련사, 스포츠교육사, 스포츠인물사, 스포츠제도사, 스포츠경기사, 스포츠문화사, 스포츠종목사, 스포츠수용사, 전통스포츠사 등으로 대상을 구분

> **참고**
>
> **사관(史官)** 기출 23년
> 사관(史官)이란 역사를 바라보는 역사가의 견해를 통해 현상 변화의 근본적 법칙을 해석하는 시각으로써, 역사가의 주관을 배제하고 어떠한 편견이나 선입견 없이 과거의 역사적 사실과 사건을 '있는 그대로'의 상태로 밝히는 것임

3 체육사의 연구 영역

(1) 체육사의 시대구분은 체육사 관련 사실들의 정리를 용이하게 만듦으로써 과거 사실에 대한 이해를 높일 수 있음
(2) 19세기까지는 서구사회의 대표 강대국인 독일을 중심으로 한 체육사 연구가 활발히 이루어졌음
(3) 20세기 이후부터 2차 세계대전 이전까지는 민족사적 입장의 연구가 활발히 일어남
(4) 2차 세계대전 이후부터는 국가주의에서 국제주의로 역사연구의 패러다임이 변화함
  ① 2차 세계대전은 1939년 9월 1일부터 1945년 9월 2일까지 인류 역사상 가장 많은 인명피해와 재산피해가 발생한 파괴적 전쟁이며, 당시 히틀러 나치 독일군의 침략, 일본의 중국침략, 미국의 히로시마 원자폭탄 투하 등 총 5500만명의 전사자가 희생자를 남긴 전쟁임
  ② 2차 세계대전 이후부터는 민족사적 연구에서 국제적 비교 연구가 급격히 증가함

4 체육사의 연구내용 기출 20·21·23년

(1) 체육사의 연구 방법
  역사학의 연구방법을 체육사 연구에 사용하는 것이 일반적임
(2) 체육사의 시대적 구분을 시도하기 위해 고려되어야 하는 사항
  ① 물적사료·문헌사료·구술사료 등 입증된 모든 역사적 사실에 입각해야 함
  ② 논리적 일관성이 확보되어야 함
  ③ 역사는 사실의 연속이기 때문에 시간적·공간적 연관성이 존재해야 함
  ④ 한국체육사의 시대구분❶은 주로 나현성(1995: 15)의 방식을 따르고 있으며 갑오경장(1894년) 이전은 무사체육 등의 전통 체육을 강조하는 시기로 보고, 이후는 교육입국조서를 통해 학교 교육에서 비롯된 근대 체육의 시기로 구분함

❶ 한국체육사의 시대구분
우리나라 체육은 갑오개혁(1895년) 이전의 체육을 전통체육이라 하고 이후 체육을 근대체육으로 구분함

출제예상문제

Chapter 01 한국체육사의 개관

01 체육사 사료에 대한 설명으로 옳은 것은?
① 물적사료는 공문서, 사문서, 출판물 등을 의미한다.
② 구술사료는 과거의 기억에 대한 증언 등을 의미한다.
③ 문헌사료는 토기, 그림 등의 유산을 의미한다.
④ 구술사료는 훈민정음 혜례본, 이황의 활인심방 같은 건강 서적을 의미한다.

 구술사료는 언어로 표현되는 과거 기억에 대한 증언 등을 의미한다.

 ① 물적사료는 유물, 유적 등의 물질유산을 의미한다.
③ 문헌사료는 사문서, 공문서, 편지 등이 해당된다.
④ 구술사료는 과거의 기억에 대한 증언 등이다.

정답 ②

03 체육사의 정의에 대한 설명으로 옳지 않은 것은?
① 인간의 운동을 본질적으로 이해하는 과정이다.
② 과거 체육의 역사적 사실을 고찰하여 현재 체육 상황을 명확히 인식할 수 있다.
③ 인간의 사회화 과정을 파악할 수 있는 과정이다.
④ 체육과 관련된 현상에 대해 원인을 설명하고 숨겨진 의미를 해석하는 비판적 탐구과정이다.

 '인간의 사회화 과정을 파악할 수 있는 과정'은 스포츠사회학에 대한 설명이다.

정답 ③

02 체육사 연구 대상에 대한 설명으로 옳지 않은 것은?
① 인간의 신체 문화 및 신체 활동에 따른 모든 요소가 대상이 된다.
② 경기장과 같은 건축물은 체육사 연구 대상으로 적절하지 못하다.
③ 신체활동과 관련된 모든 영역이 대상이 된다.
④ 문화사, 사상, 정치, 종목, 단체, 인물 등은 연구대상이 될 수 있다.

 경기장은 경기장사가 있듯이 체육사의 연구대상이 될 수 있다. 이외에도 체육사상사, 신체수련사, 스포츠교육사, 스포츠인물사 등이 체육사의 연구대상이 된다.

정답 ②

04 사관(史官)에 대한 설명으로 옳지 않은 것은?
① 역사를 바라보는 역사가의 견해이다.
② 역사가의 주관에 의해 역사적 사실이 해석되어 진다.
③ 역사적 사실과 사건을 '있는 그대로' 밝히는 것이다.
④ 역사가의 편견이나 선입견이 배제되어야 한다.

 '사관'은 역사를 바라보는 역사가의 견해를 통해 현상변화의 근본적 법칙을 해석하는 시각으로써 역사가의 주관이 배제되어야 한다.

정답 ②

05 한국체육사의 시대구분에 대한 설명으로 옳지 않은 것은?

① 한국체육사의 시대구분은 주로 나현성(1995: 15)의 방식을 따른다.
② 우리나라 체육은 을사조약을 기준으로 이전을 전통체육, 이후를 근대체육이라 한다.
③ 갑오경장(1894) 이전은 무사체육을 강조했던 시기이다.
④ 시대구분은 역사적 사실의 연속이기 때문에 시간적·공간적 연관성이 있어야 한다.

 우리나라 체육은 갑오개혁(1895) 이전 체육을 전통체육, 이후를 근대체육이라 한다.

정답 ②

06 체육사의 연구 내용에 대한 설명으로 옳지 않은 것은?

① 체육사의 연구방법은 역사학 연구법을 체육사 연구에 적용한 것이다.
② 물적사료·문헌사료 등은 역사적 사실에 입각해야 한다.
③ 체육사의 시대구분은 역사가의 주관에 따라 각기 달라 혼란을 일으킨다.
④ 체육사 연구 내용에는 논리적 일관성이 있어야 한다.

 체육사의 시대구분은 체육사 관련 사실들의 정리를 용이하게 만들어 준다.

정답 ③

Chapter 02 선사 및 부족국가와 삼국시대 체육

핵심요약&보충자료

01 선사·부족국가 시대의 생활과 체육

1 선사·부족국가 시대의시대의 신체문화

(1) 선사시대(신석기·구석기·청동기)는 문자가 만들어지기 이전의 시대로 남겨진 물건, 건축물 등의 흔적을 통해 당시 시대상을 유추할 수 있는 시대임

(2) 선사시대의 체육과 스포츠는 신체문화의 일부로서 의식적이거나 의도적 활동이 아닌 생존 수단으로서의 본능적 신체활동이었음

(3) 선사시대에는 수렵과 채취 중심의 농경사회로 접어들면서 성인식과 주술이 거행되었으며, 신체활동은 수렵과 채취를 위한 샤머니즘 실현에 필요한 제천의식, 주술활동, 예술행위(춤, 노래 등), 성년의식 활동의 일환이었기 때문에 수렵과 채취, 부족 간 군사충돌에서의 승리, 축제, 주술, 성년의식, 정신 및 위생, 유희활동(전쟁놀이 및 사냥놀이)이 신체문화의 주를 이룸

> **참고**
> <삼국지> 위지동이전(魏志東夷傳)에는 등가죽을 뚫어 줄을 꿰고 나무를 꽂는 의식을 통과하면 '큰사람'이라고 불렸다는 기록이 있으며 이는 선사시대의 성년의식 형태와 성년의식을 통과한 자들을 어떻게 일컫는지 알 수 있는 중요한 사료임

(4) **수렵과 채집을 특징으로 하던 선사시대에 특별한 교육 체계나 체육활동 및 스포츠 활동은 있을 수 없었으며, 당시 신체활동은 삶 그 자체를 위한 움직임이었음**

(5) 생산기술과 전투 기술이 분화되는 시대를 지나면서 사냥기술이나 전투기술의 단련을 위한 신체활동은 존재했으며, 가장 대표적인 교육적 신체활동은 궁술과 기마술이었음

2 부족국가 시대의 제천 행사[1] 기출 19·20·22년

1. 고구려: 동맹
① 10월의 추수 감사제로써 하늘에 제사하고 춤과 노래를 즐김
② 상고시대 부족들의 종교 및 예술 활동을 확인할 수 있는 제정일치의 모범 사례
③ 부족원 전체가 한곳에 모여 나랏일을 논의함

2. 부여: 영고
① 섣달에 지내던 추수 감사제
② 초기 부족 연맹체 사회가 농경 사회로 전환되었음을 엿볼 수 있음
③ 음주와 가무를 즐김

---

[1] 부족국가 시대의 제천 행사

고구려	동맹
부여	영고
동예	무천
신라	가배
마한	10월제

용어해설
- 상고시대: 문헌을 통해 알 수 있는 한 가장 오래된 시대
- 제정일치: 제사와 정치가 일치(주술가의 권위가 강한 것이 특징)

3. 동예: 무천

① 삼한(마한, 진한, 변한) 시대 예(禮)의 10월의 제천 의식

② 부족의 친목을 도모, 풍년을 기원하며 추수를 감사하는 성격의 종교 행사

> **선생님 TIP** 삼한의 계절제 정리
> - 삼한은 마한, 진한, 변한을 통합해 부르는 이름으로 마한은 54개 부족, 진한과 변한은 12개의 부족으로 이루어진 국가이며 왕이 없고, 각 군장이 존재했던 군장국가임
> - 계절제: 삼한의 대표적 제천행사는 수릿날과 계절제가 있으며, 수릿날은 벼농사가 잘 되기를 기리는 제천행사이며, 계절제는 수확의 감사함을 기념하는 제천행사임

4. 신라: 가배

① 신라 유리왕 때 한가윗날 궁중에서 벌인 놀이

② 매년 음력 8월 보름에 행해진 제천행사로써 계층의 구분 없이 즐기던 축제

02 삼국 및 통일신라시대의 체육과 민속 신체활동 문화

1 삼국시대의 사회

(1) 삼국시대 유교와 불교의 도입은 정치와 교육, 문화 전반에 큰 영향을 주게 되고, 이때의 윤리의식 발달은 삼국시대의 근간이 되었음

(2) 삼국은 친선관계를 유지하는 동시에 잦은 대립도 존재했으며, 그 결과 국방 체육이 강조됨으로써 기마술과 활쏘기가 중요한 체육활동으로 등장하였음

(3) 신라의 화랑도는 군사적 수련과 심신 수련의 일환이었으며, 이후 통일신라 건국에 큰 역할을 하였음

2 삼국시대의 교육 기출 21·22년

1. 고구려

고구려에는 두 종류의 교육기관이 있는데, 최초의 관학(官學)이자 고등교육기관의 효시라 할 수 있는 태학(太學, 귀족 자제 교육기관)과 사립 초등교육기관으로 볼 수 있는 경당(扃堂, 평민 자제 교육기관)이 대표적임

2. 백제

백제에는 학교가 있었다는 기록은 발견되지 않지만 박사제도(의박사, 역박사, 모시박사, 오경박사 등)가 있었던 것으로 보아 상당히 높은 수준의 학문을 유지하고 있었음을 알 수 있음

3. 신라

신라에는 청소년 인재 양성 단체였던 화랑도와 귀족 자제의 교육기관이었던 국학이 있었으며, **화랑도는 민간수양단체의 성격을 지니고 있었으나 국가 비상사태를 위한 전사교육도 실시**했고 국학은 유학의 교수 및 연구와 관리 양성을 목표로 하였고 귀족자제뿐만 아니라 서민층에게도 개방되었음

핵심요약&보충자료

> **선생님 TIP** 화랑도
> - 신라시대 청소년으로 조직된 민간 수양 단체로 별명은 풍류도, 국선도, 풍월도, 원화도라고 하였음
> - 심신을 수련하고 교양을 기르며 사회생활의 규범을 배워 국가 비상시에는 전사가 되는 사회의 중심인물을 양성하며, 전통을 존중하고 협동정신과 신의, 용기심을 기르는 것을 목적으로 하였음

3 삼국시대의 체육 기출 20·23년

1. 기마술
기사(騎射)란 말을 타고 달리며 활을 쏘는 것을 말하며, 마숙은 말의 조련 및 말을 활용한 다양한 놀이를 의미함

2. 궁술
삼국시대에 궁술은 매우 중요하게 취급되었고, 고구려의 경당에서는 정식 교육과정으로 인정되었으며, 백제와 신라에서도 중요시 한 무예임

3. 입산수행과 편력
입산수행과 편력은 신라 화랑도에 등장하는 교육방법으로서, 먼저 입산수행은 산 속에 들어가 신체적 고행을 통해서 신체와 정신의 강화를 목적으로 했던 활동이고, 편력은 명산대천(名山大川)을 두루 돌아다니며 시(時)와 음악 활동을 비롯한 각종 신체활동을 했던 활동임

4. 화랑도 체육
① 화랑제도에서 나타나는 체육의 교육적 목적은 군사적 측면과 교육적 측면으로 구분이 가능함
② 군사적 측면은 사회 지도적 인물을 양성하는 수양단체의 성격을 지니며 유사시 전사로 활동할 수 있는 청년의 육성기관에 초점을 두고 있음
③ 교육적 측면은 심신 단련(입산수행 및 편력 등)을 통한 도덕적 인간 육성 추구에 초점을 두고 있음

> **참고**
>
> **화랑도의 세속오계**
> 신라 전기의 승려인 '원광'의 세속오계는 화랑도 도의교육의 핵심으로 화랑의 낭도(대원)들이 엄숙히 지켜야 할 규율이었음. 이 중 임전무퇴와 살생유택은 불교적 덕목으로, 여기에는 부처가 거처하는 땅이라는 불국토(佛國土)사상이 내재되어 있으며 오늘날 국토순례는 자신들의 땅이 불국토임을 확인시켜 애국심을 갖게 하려는 의도에서 이루어졌다고 보고 있음
> - 사군이충(事君以忠): 충성심으로 임금을 섬김
> - 사친이효(事親以孝): 부모를 효로 섬김
> - 교우이신(交友以信): 신의를 바탕으로 벗을 사귐
> - 임전무퇴(臨戰無退): 전쟁에 임할 때는 후퇴를 삼가함
> - 살생유택(殺生有擇): 생명체를 함부로 죽이지 않음

5. 고구려의 체육
대표적으로 궁술, 기마술, 각저, 수박, 검술, 창술, 석전 등이 행해졌으며 그 중 기마술과 궁술은 체육활동으로서의 성향이 강하고 교육기관인 경당 교육의 주요 내용으로는 경서암송과 더불어 활쏘기가 있었음

6. 신라의 체육

① 화랑도의 체육활동으로는 궁술, 마술, 기마, 창술, 검술, 사냥, 편력, 검무 등이 있음

② 단순 군사 훈련을 위한 신체활동이 아닌 인격 함양의 과정으로 이해되었으며, 궁도(사: 射)와 기마술어(어: 御)를 예(禮), 낙(樂)과 함께 교육의 중요한 영역으로 다룸

③ 원광의 세속오계: 사군이충, 사친이효, 교우이신, 임전무퇴, 살생유택

7. 화랑도의 체육사상

① **신체미 숭배 사상**: 신체의 미(美)는 물론 신체적 탁월성도 매우 중요시 여김

② **심신 일체론적 체육관**: 화랑 체육은 심신 일체적 신체관(身體觀)이 토대가 되었으며, 신체활동을 통한 수련 자체를 덕(德)의 함양 수단으로 생각함

③ **군사주의 체육사상**: 희생정신과 무사정신을 바탕으로 한 인재 육성

④ **불국토 사상**: 화랑도의 체육은 편력이라는 독특한 야외활동 형식이 있으며 국토를 신성하고 존엄하게 생각하며 목숨을 걸고서라도 지켜내야 한다는 불국토 사상과 연계되어 있음

> **선생님 TIP** 삼국시대의 교육이 추구했던 지향점
> - 문무의 균형
> - 심신의 조화
> - 지·덕·체의 병행

4 삼국 시대의 민속놀이와 오락 기출 19·21·23년

수렵	고대사회에서 공통적으로 나타나는 생존활동이자 스포츠이며, 정치 군사적 시위 성격을 지닌 왕의 선무행사(宣武行事)중의 수렵, 군사적 수렵, 스포츠로서의 수렵 등이 있음
방응	매사냥으로 고려시대까지 지속된 유희, 고려시대에는 '응방(鷹坊)'이란 관서까지 설치할 정도로 널리 확산되었으며, 백제의 방응은 일본으로 전해지기도 하였음
축국	오늘날 축구와 유사하며 가죽주머니에 겨나 공기를 불어넣어 만든 공을 발로 차고 노는 게임임
석전	돌싸움으로써 집단 간 돌팔매질을 하던 놀이 성격의 석전과 전투 훈련으로서의 석전이 있었던 것으로 추정됨
각저	씨름 형태의 놀이이며 서양의 레슬링과 유사한 형태를 보임
투호	화살 같은 막대기를 일정 거리에 있는 항아리 안에 던져 넣는 게임으로 여성들도 많이 참여하는 놀이였으며, 여가시간에 행해지던 놀이이긴 하나 인격 수양이나 예절 교육과도 연관된 놀이임
저포	백제 때부터 유행했던 윷놀이와 유사한 놀이
위기	현대 바둑과 유사한 형태의 놀이
악삭(쌍륙)	주사위 던지기와 유사한 놀이이며, 쌍육은 주로 양반층의 오락이었음
기타 유희	수박과 마상재 등이 있음

출제예상문제

Chapter 02 선사 및 부족국가와 삼국시대 체육

01 부족국가시대 신체문화의 모습이 아닌 것은?
① 제천행사
② 성인식
③ 체육대회
④ 궁술

 정답분석 체육대회는 개화기 및 일제강점기 때 등장하였다.

선지분석 ①, ②, ④ 제천행사와 성인식, 궁술은 부족국가시대의 중요한 신체문화이다.

정답 ③

02 선사시대 신체활동의 특징으로 올바른 것은?
① 식량획득의 수단이자 몸을 지키는 전투기술이었다.
② 신체건강 유지 수단이었다.
③ 인간성 회복을 위한 체육활동이었다.
④ 다양한 스포츠활동을 즐겼다.

 정답분석
- 선사시대의 신체활동은 생존 본능이자 식량 획득을 위한 수단이었다.
- 선사시대에는 신체건강, 교육목적의 체육활동, 스포츠 활동 개념이 등장하지 않았다.

정답 ①

03 삼국시대에 행해졌던 무예에 대한 내용으로 옳지 않은 것은?
① 방응
② 수박
③ 마상재
④ 정구

 정답분석 정구는 개화기에 미국인 푸트에 의해 도입되었다.

 선지분석 ①, ②, ③ 방응, 수박, 마상재는 삼국시대에 행해진 무예활동이다.

정답 ④

04 삼국시대 교육단체 및 기관의 연결이 잘못된 것은?
① 백제 - 국학
② 신라 - 화랑도
③ 고구려 - 태학
④ 고구려 - 경당

정답분석 백제는 박사제도가 있었다. 국학은 신라 최고의 교육기관이며, 신라의 예부에 속한 교육기관이다.

정답 ①

05 신라 화랑도의 세속오계에 해당하는 것은?

① 부자유친
② 사군이충
③ 장유유서
④ 붕우유신

정답분석

세속오계
- 사군이충(事君以忠): 충성심으로 임금을 섬김
- 사친이효(事親以孝): 부모를 효로 섬김
- 교우이신(交友以信): 신의를 바탕으로 벗을 사귐
- 임전무퇴(臨戰無退): 전쟁에 임할 때는 후퇴를 삼가함
- 살생유택(殺生有擇): 생명체를 함부로 죽이지 않음

선지분석

① 부자유친, ③ 장유유서, ④ 붕우유신은 '삼강오륜'에 해당하는 내용이다.

정답 ②

06 다음 중 삼국시대의 체육활동에 관한 설명으로 옳지 않은 것은?

① 입산수행과 편력은 고구려에서 행해진 활동이다.
② 삼국시대 궁술은 매우 중요하게 다루어졌다.
③ 화랑도 체육은 군사적 목적과 교육적 목적으로 구분할 수 있다.
④ 고구려 경당에서는 경서암송과 더불어 활쏘기 교육도 이루어졌다.

정답분석

입산수행과 편력은 신라 화랑도에 등장하는 교육방법이다.

정답 ①

Chapter 03 고려 시대와 조선 시대의 체육

 핵심요약&보충자료

01 고려 시대의 사회와 체육

1 고려 시대의 사회
(1) 고려는 호족들이 연합하여 구성한 사회이며 중국의 관료제도를 받아들인 사회임
(2) 국가적으로 불교와 유교를 동시에 수용하였으며 계층이 구분된 신분 사회임
(3) 문신들은 무신만큼 무예 수련을 하였으며, 이후에는 숭문천무 사상으로 인해 무신정권이 수립됨

2 고려 시대의 교육 기출 21년

1. 관학
(1) 국자감
  성종11(992)년에 창건하였으며 7재(여택재, 대빙재, 경덕재, 구인재, 복응재, 양정재, 강예재)라는 전문 강좌(반)을 두었음
(2) 향교
  지방학교이며, 교과목은 국자감과 비슷하였으나 후기에 쇠퇴함
(3) 학당
  순수한 유학교육기관으로서 서민을 위한 교육기관이었음

2. 사학
(1) 12도
  최충이 72세(1055년)로 관직을 은퇴한 이후 9재를 짓고 학당을 설립한 것
(2) 서당
  민간 사설 교육기관으로써 마을에서 초보적 교육을 담당하던 기관임

3. 과거제도
문관 등용 시험인 제술업(문장 및 문예)과 명경업(유교 경전)과 기술 관료를 뽑는 잡업이 있었음

용어해설
- 숭문천무: 글을 숭상하고 무력을 천히 사는 현상
- 관학: 국가가 설립하여 운영하는 학교
- 사학: 관학의 상대개념으로써 관학의 보충적 기능을 가진 학교

02 고려 시대의 무예 체육

1 국학과 향학의 무예체육 [기출] 21·22년

1. 국학
고려시대 국학의 7재 중 강예재는 무학을 익히는 강좌였으며, 궁술과 마술의 교습이 이루어졌음

2. 향학
지방에 두었던 교육기관이며 궁사와 음악을 즐김

2 고려 시대 무신정권과 무예의 발달 [기출] 19·20·22·23년

1. 수박
맨손 격투의 일종이었으며, 무인 집권시대에는 수박희(手搏戲)가 인재 선발의 중요 수단이었음

2. 궁술
신라 시대의 궁술을 기반으로 인재 선발 전통을 계승하여 문무를 겸비한 인재 양성과 연관되며 군사적 목적 외 운동경기의 성격도 지닌 활동임

3. 마술
마술(馬術)은 다른 이름으로 무마, 원기, 마상재로 불리며 말위에서 기예를 뽐내는 것으로 승마(어: 御)능력이 중요한 활동임

> **참고**
>
> **무신반란의 계기 - 오병수박희(五兵手搏戲)**
> 고려 시대 무인들은 천시되었다. 태평호문(太平好文)이라 불리던 의종은 많은 정자를 짓고 환락을 즐겼으며, 문신들과 즐거움을 나누었다. 그러나 무신이나 군인들의 신세는 비참하였다. 무인 정권이 들어서게 된 것은 숭문천무 사상때문이었다. 그러한 분위기에서 역사 최초의 쿠데타가 일어났다. 무신들이 반란을 일으킨 계기는 무예행사였다. 무신반란의 직접적 계기가 된 것은 오병수박희(五兵手搏戲)행사였다.

03 고려 시대의 민속 놀이와 오락[1]

1 귀족 사회의 민속놀이와 오락 [기출] 20~22년

1. 격구
(1) 페르시아 폴로(Polo)에 기원을 둔 것으로 알려져 있으며 중국 당나라 때 태종은 격구의 운동 방식을 체계화하여 축국과 함께 무예를 익히기 위한 훈련방법 중 하나로 장려했음

[1] 고려시대 민속놀이와 오락

귀족 사회	격구, 방응, 투호
서민 사회	씨름, 추천, 석전

(2) 고려 시대 격구의 특징
① 군사훈련의 수단으로써 주로 말 타기 능력 향상을 위한 훈련수단이었음
② 귀족들의 오락 및 여가활동으로써 격구는 기본적으로 말(馬)을 소유해야 하는 만큼 왕·귀족과 같은 부유한 계급의 오락 또는 스포츠의 성격을 띠었음
③ 격구는 구정(毬庭)이라 불리는 약200보(250m)의 넓은 장소가 필요하였음

(3) **격구의 폐단**
① 당시 부녀자들이 격구를 할 정도로 대중화 양상을 보이면서 점차 **사치스러운 모습으로 변해감**
② 최씨 무인 정권기에는 격구의 사치성이 극에 달했으며, 예컨대 마별초(馬別抄) 중에는 금으로 장니(障泥)를 장식하고 금으로 만든 꽃잎을 말 머리와 꼬리에 꽂는 사례도 있었음
③ 고려 시대의 격구는 무예적 요소와 유희적 요소를 동시에 지니고 있었으나 말(馬)이나 장비를 구할 수 있는 여건, **사치성 등으로 인해 특수 계층만 참여하였고 폐단도 심각했음**

2. 방응
① 사냥과 연계되어 궁술과 같은 무예의 훈련, 체력 및 용맹성을 기르기 위한 수렵활동이자 무예 훈련의 성격을 지닌 스포츠였음
② 충렬왕 즉위 1년(1274)에 매(鷹)사냥과 사육을 위해 두었던 관청인 응방(鷹坊)이 설치되었음
③ 고려 시대의 왕실과 귀족사회에서 응방은 매우 성행하였으며, **사치성 또한 심각하여 응방도감의 설치와 혁파가 반복되었음**

3. 투호
① 투호는 삼국통일 이전에 한반도에 존재했으며, 고려왕조를 통해서도 계승됨
② 투호는 왕실과 귀족 사회에서도 성행했던 유희였음

2 서민 사회의 민속 놀이와 오락 기출 22년

1. 씨름
현재 씨름의 유형으로 각저, 각력, 상박, 각지, 각희 등으로 불리며 후대에 지속적으로 전래됨

2. 추천
그네뛰기로 단오절에 가장 많이 행해졌으며 남자, 여자 혹은 남녀 혼성으로 그네를 타기도 하였으나 주로 여성의 유희로 인기가 많았음

3. 석전
고려의 석전은 단오나 명절에 행하던 민속놀이인 국속으로서의 특징과 군사훈련의 성격, 왕이나 양반들에게 구경거리를 제공하는 관중 스포츠로서의 성격을 지니고 있었음

04 조선 시대의 사회와 체육

1 조선 시대의 사회

(1) 유교적 관료 국가이자 계급사회로 왕족, 양반, 중인, 양인, 천민의 신분으로 구분되는 신분사회임
(2) 조선 시대의 사회 분위기는 높은 학문수준을 가진 학자를 우대하는 전통(퇴계, 율곡 등 인물 배출)이 있어 숭문주의 사상이 주를 이루는 반면 신체활동은 위축되었음
(3) 국방 정책을 위한 무예는 장려하였음

2 조선 시대의 교육 기출 20~23년

1. 관학
① 조선 시대의 모든 교육은 양반과 치자계급(사대부)를 위한 것이있음
② 민중을 위한 형식 교육에 관심이 적었으며 특히 직업교육을 등한시하였음
③ 정부에서 관장한 교육기관은 성균관, 사학, 향교, 기술 교육 기관 등이 있음

(1) 성균관
① 고려 말 국자감의 명칭을 변경하여 사용한 이래 조선 시대까지 명칭이 계승된 것임
② 입학은 생원과 진사를 원칙으로 하되 부족할 경우 4부학당의 수재들로 충원함

(2) 사학(서원, 서당)
① 성균관의 부속학교와 비슷한 성격을 지닌 중등학교 수준의 교육기관임
② 향교와 유사

(3) 향교
① 성균관의 축소판이라 할 수 있음
② 소학, 사서, 오경의 강독과 제술 중심의 교육이 이루어졌으며, 주로 양반이나 향리 자제들이 입학하였음

(4) 기술교육기관: 잡학교육과 무학
① 기술교육은 실용적인 기예(技藝)와 생산기술을 가르치는 잡학교육과 공장(工匠)교육이 있었음
② 잡학교육 내용은 역학, 율학, 의학, 천문학, 명과학, 산학 등이 있었으며 공장교육 내용은 궁중의료원인 내의원, 궁중의복을 만드는 상의원 등이 있었음
③ 무학은 병조의 소관으로 훈련원에서 교육을 주관했으며 무예연습과 강습이 주된 내용이었음

2. 무예 교육

(1) 훈련원
무인 양성과 관련된 공식 교육기관으로 무예 연습과 병서 강습이 주로 이루어졌음

용어해설
- 강독: 글을 읽고 그 뜻을 밝히는 독서 방법
- 제술: '시'나 '글'을 지음

(2) 사정

활터에 세운 정자라는 뜻을 지니고 있으며, 전국 각지에 산재하여 무예 무사 양성 교육 기관 역할을 대신했던 장소임

3. 과거제도

(1) 문과(文官)

문관 채용시험은 초급 문관시험인 소과(생원과, 진사과)와 대과 두 단계로 나누어지며, 소수의 양반만이 과거에 합격할 수 있었음

(2) 무과(武官)

① 무과는 소과·대과 구분 없이 '초시(230명) - 복시(28명) - 전시(28명)'의 3단계 시험이 있었음

② 무과 응시자에게는 궁술, 기창, 격구, 조총 등의 무예와 경서, 병서 등의 시험을 부과하였음

③ 초시는 서울은 훈련원에서, 지방은 각도의 병사(兵史)에서 치르고, 복시와 전시는 병조와 훈련원에서 관장 했으며 합격자는 선달(先達)이라고 불렀음

(3) 잡과(기술관)

기술관 채용을 위한 시험

05 조선 시대의 무예와 체육

1 체육으로서의 무예 기출 23년

1. 궁술

① 세종과 성종 때 성균관 대사례가 거행되었으며 육일각에서도 궁술 교육을 실시하였음

② 중국에서는 활쏘기를 통한 인간 형성을 목적으로 하는 학사사상이 널리 퍼져 있었으며, 이는 조선의 세종 치세에서 중요한 의례 중 하나였음

③ 궁술은 총포의 발달로 점차 스포츠의 성격을 띠게 됨

2. 격구

① 격구는 유희나 스포츠의 성격이 강했으나 고려 시대부터 폐해가 심각했고 조선 시대에도 그러한 경향이 계속되어 문신들이 격구의 폐지를 주장하기도 하였으나, 조선의 격구는 체육의 성격을 지닌 무예로 가치를 높이 인정받기도 하였음

② 조선의 격구는 무과(武科) 과거제도에서 중요한 과목 중 하나였음

3. 수박희

고려 무인집권 시대에 인재 선발의 중요 수단이었으며, 조선 말기에는 전국 민속경기로 보급되어 스포츠의 성격을 띠고 발달되었음

4. 기창(騎槍)
조선 병조에서 실시한 무술 시험으로 말을 몰며 창을 사용하는 시험

5. 기사(騎射)
말을 타며 동시에 활을 쏘는 무술

2 귀족 사회의 유희와 민속놀이 기출 19년

1. 궁도
궁술의 대표적 스포츠 형태는 편사이며, 편사는 팀을 구성하여 실시하던 궁술 대회로써 조선시대 궁술 훈련은 주로 각 지역의 사정(射亭)에서 이루어졌으며, 5인 이상이 편을 갈라 활 쏘는 재주를 겨루는 단체 경기임

2. 봉희
오늘날 골프와 유사한 형태로 주로 궁정에서 실시되었음

3. 방응
조선 시대의 방응은 고려 시대와 비슷하며, 왕실과 상류층의 여가 문화로 각광받았으나 이후 폐해로 인해 규제를 받기도 하였음

4. 투호
조선 시대 왕들은 투호를 즐기면서도 투호의 교육적 가치를 높이 인정하였고, 특히 성종은 "투호가 단순한 놀이가 아니라 치심(治心)에 중요한 것"이라 평가하였음

3 민중 사회의 유희와 민속놀이❶ 기출 19·21년

장치기	오늘날의 필드하키와 유사한 경기로 여러 사람이 편을 갈라 공, 나무토막 등을 긴 막대기로 쳐서 상대편 골(goal)에 넣는 경기임
석전	석전은 국속으로서의 석전, 무(武)로서의 석전, 관중 스포츠로서의 석전, 운동 경기로서의 석전이 존재함
씨름	각저, 각력, 상박, 각지, 각희의 다양한 명칭으로 불리며 민중들이 널리 즐겼음
그네뛰기	추천(鞦韆)은 주로 단오절에 가장 많이 행해졌으며, 여성의 참여가 많음
연날리기	삼국시대부터 연날리기는 군사적 목적이나 놀이의 성격을 띠고 조선 시대까지 전승된 것으로 추측됨
투호	조선 시대의 투호는 주로 궁중과 사대부 집안에서 활성화되었으나 조선 후기로 접어들어 민중들의 유희로도 널리 확산되었음
줄다리기	줄다리기는 촌락 공동체의 의례적 연중행사로 세시풍속이었으며, 단순한 놀이의 성격을 지닌 것만이 아니라 농사의 결과를 점치는 점세속이나 풍년기원의 주술적 속성도 있었으며, 삭전(索戰) 혹은 갈전(葛戰)으로 불리기도 하였음
윷놀이	조선 시대 초기에는 윷놀이에 해당하는 '사희(柶戱)'라는 용어가 나타났고, 조선 시대 중·후기에는 '척사(擲柶)'라는 용어가 나타나 일제강점기와 현대에까지 널리 사용되는 용어가 되었음
기타	제기차기, 팽이치기, 썰매, 널뛰기(초판희), 줄넘기(도색희)등 다양한 신체문화가 존재하였음

❶ 조선 시대 민속놀이와 오락

귀족 사회	궁도, 봉희, 방응, 투호
서민 사회	장치기, 석전, 씨름, 추천, 연날리기, 투호, 줄다리기, 윷놀이

06 조선 시대의 체육 사상

1 숭문천무와 문무겸전의 대립 [기출] 22년

(1) 성리학의 발달과 유교주의적 특성으로 인하여 문존무비(文尊武卑)의 숭문천무 사상이 만연했음
(2) 무예나 신체문화가 활성화되지 못함으로써 민족의 기질과 역동성이 약화되는 결과를 낳음
(3) 정조는 예외적으로 문무겸비를 강조한 왕으로써 정조는 규장각의 각신인 이덕무·박제가와 장용영의 초관인 백동수를 통해 무예도보통지(武藝圖譜通志)를 편찬케 함으로써 무예를 진정으로 거듭나게 하는 계기를 만들었음

> **참고**
>
> **무예도보통지** [기출] 19·23년
> 정조는 문무겸비를 강조한 왕으로서 문과 무를 양립시키는 것이 국가를 부강하게 만드는 계책이라 여겼다. 그는 규장각의 이덕무와 박제가, 장용역의 초관이었던 백동수가 장용영의 무사들과 함께 무예 내용을 자세히 확인하여 무예도보통지를 편찬케 하였다. 이 책은 조선을 대표하는 병서이자 무예교범서로, 무예란 무에 관한 기술을 뜻하고 도보란 어떠한 사물을 실물 그림을 통하여 설명하고 계통에 따라 분류한 것을 말하며, 통지란 이를 모두 포함한 종합서적을 말한다. 내용측면에서는 24개 각기 다른 무예를 포함하며, 무예제보와 무예신보를 토대로 한·중·일의 서적 145종의 내용을 더해 1790년에 완성되었다.

2 유학자 퇴계 이황의 체육관 [기출] 20년

(1) 퇴계 선생은 주권(주권)의 <활인심(活人心)>을 필사하여 <활인심방>이라는 의료서적을 집필하였으며 예방적 차원의 보건 체조 수행을 강조하였음
(2) 퇴계 선생은 몸과 마음을 일체적으로 보고 몸을 통해 마음을 다스리고 마음을 통해 몸을 다스려야 한다는 신체의 소유자였음

용어해설
- 문무겸전: 글솜씨와 무예 능력을 모두 갖춤
- 문존무비: 국가가 설립하여 운영하는 학교

출제예상문제

Chapter 03 고려 시대와 조선 시대의 체육

01 고려 시대 대표 국립교육기관으로 7재에 강예재를 두어 무예를 실시했던 기관은?

① 국자감
② 서당
③ 성균관
④ 서원

정답분석 국자감은 관학으로 성종11(992)년에 창건하였으며 7재(여택재, 대빙재, 경덕재, 구인재, 복응재, 양정재, 강예재)라는 전문 강좌(반)을 두었다.

정답 ①

02 고려 시대 귀족의 민속놀이가 아닌 것은?

① 격구
② 풍연
③ 방응
④ 투호

정답분석 풍연은 연날리기로써 고려시대 서민의 민속놀이였다.

선지분석 ①, ③, ④ 격구, 방응, 투호는 고려 시대 귀족 민속놀이였다.

정답 ②

03 임진왜란 이후 조선에서 무예를 체계화시키기 위해 편찬된 무예서적이 아닌 것은?

① 무예도보통지
② 무예신보
③ 무예제보
④ 기효신서

정답분석 기효신서는 중국 명나라 장군 척계광이 지은 병서이다. 임진왜란 때 평양에서 명나라 장수들이 이 책을 활용해 왜군을 물리치는데 도움을 받았다.

정답 ④

04 조선의 과거제도에 관한 설명 중 옳지 않은 것은?

① 문관 채용시험은 소과와 대과 두 단계로 나누어졌다.
② 무과는 소과 대과 두 단계로 나누어지며 초시 - 복시 - 전시 3단계 시험이 있었다.
③ 조선시대는 기술관 채용을 위해 잡과가 있었다.
④ 무과 응시자에게는 궁술, 기창, 격구, 경서, 병서 등의 시험을 부과했다.

정답분석 무과는 소과와 대과 구분이 없다. 초시(230명) - 복시(28명) - 전시(28명)의 3단계 시험이 부과되었다.

정답 ②

05 고려 시대 유희활동 중 귀족들의 사치로 대중스포츠가 되지 못한 것은?

① 격구
② 방응
③ 추천
④ 장치기

정답분석 고려 시대 격구는 귀족들의 사치로 대중스포츠가 되지 못했으며, 방응 역시 왕실과 귀족사회에서 매우 성행하였으나 사치성이 심각하였다.

정답 ①, ②

06 조선 '궁술'에 관한 설명으로 옳지 않은 것은?

① 육일각에서 궁술 교육을 실시하였다.
② 궁술은 총포의 발달로 점차 스포츠의 성격을 띠게 되었다.
③ 조선의 세종 처세에서 중요한 의례 중 하나였다.
④ 사치성으로 인한 폐해가 심했다.

정답분석 격구가 사치성으로 인한 폐해가 심했으며, 궁술은 중요 의례 중 하나였다.

선지분석
① 조선의 '궁술'은 세종과 성종 때 성균관 대사례가 거행되었으며 육일각에서도 궁술교육을 실시하였다.
② 궁술은 총포의 발달로 점차 스포츠의 성격을 띠게 되었다.
③ 중국에서는 궁술을 통한 인간형성을 목적으로 하는 학사사상이 널리 퍼져있었으며, 이는 조선의 세종 처세에서 중요한 의례 중 하나였다.

정답 ④

Chapter 04 개화기와 일제강점기의 체육

핵심요약&보충자료

01 개화기의 체육과 스포츠

1 개화기의 사회와 교육 기출 19·23년

(1) 1876년 강화도 조약 체결로 문호가 본격적으로 개방
(2) 미국, 영국, 독일, 이탈리아, 러시아, 프랑스, 오스트리아 등과 통상수호조약을 체결하였으며 당시 한반도는 열강들의 각축장으로 전락했음
(3) 개화사상, 위정척사 사상, 동학 사상이 전개되었으며 양반문화가 재편되는 시기였음
(4) 고종의 교육입국조서가 공포됨
(5) 근대 학교 설립: 육영공원, 원산학사, 동래무예학교
(6) 기독교계 학교 설립: 배재학당, 이화학당, 경신학교
(7) 사립 학교 설립: 오산학교(이승훈이 설립), 대성학교

> **참고**
>
> **교육입국조서**
> - 1895년 2월 2일에 고종이 발표한 교육에 관한 특별 조서
> - 교육에 의한 입국 의지를 천명한 것으로 근대식 학제를 성립시킬 수 있는 기점 마련
> - 전국민을 상대로 한 새로운 교육의 필요성과 중요성을 강조한 최초의 조서
>   - 교육은 국가의 근본
>   - 신교육은 과학적 지식과 신학문의 실용을 추구하는데 있고,
>   - 교육의 3대 강령으로서 덕육, 체육, 지육이 있으며,
>   - 교육입국의 정신을 들어 학교를 많이 설립하고 인재를 길러내는 것이 곧 국가 중흥과 국가보전에 직결됨을 강조

2 개화기의 체육 기출 19~23년

1. 개화기 체육의 발전 양상

(1) 근대 학교
   ① 동래 무예 학교: 무예교육
   ② 원산학사: 무예반을 두어 병서와 사격을 가르침(문예반 50명, 무예반 200명)
   ③ 기독교계 학교
      ㉠ 배재학당: 아펜젤러에 의해 설립된 학교이며 서구스포츠(야구, 축구, 정구, 농구 등)가 과외 활동을 통해 보급됨
      ㉡ 이화학당: 스크랜턴에 의해 설립되었으며 정규 교육 과정에 체조를 채택하였고, 오늘날 이화여자대학교의 전신임

ⓒ 경신학교: 1886년 언더우드학당이라는 이름으로 설립되었고 1894년 정규 교육 과정에 체조('오락'이라는 명칭으로 30분간 체조 실시)를 채택하였으며 다수의 민족 운동가를 배출하였음

(2) 관·공립 학교의 체육
① 교육입국조서 공포 이후 체조를 정규 교과목으로 채택함
② **대성학교: 도산 안창호에 의해 설립된 학교**이며 체조와 운동회를 실시하였고 국권 회복 운동의 일환으로 민족정신 고취와 체력 강화를 목적으로 함
③ **육영공원: 조선 정부가 영어 교육을 위해 설립한 학교**로 다양한 서구 스포츠와 문화를 소개함

2. 운동회의 개최와 역할
(1) 운동회 개최 의미
    근대 의미의 체육 보급과 민족의식 고취를 위한 사회적 기능을 담당하였음
(2) 운동회 성격과 기능
① 학교와 지역 사회의 공동체 의식 강화 역할
② 민족주의 운동 성격을 갖고 있었으며 애국심을 고취시키는 역할
③ 생활체육 발달의 촉진제 역할
④ 지역 축제로서의 기능을 담당
⑤ 국민의 스포츠 사회화에 영향을 미쳐 사회체육 발달을 촉진

3. 체육 단체의 결성: 당시 체육단체는 민족운동의 구심점 역할을 수행하였음
(1) **대한체육구락부(1906)**
    한국 최초의 근대 체육단체로서 현양운, 신봉우, 신상우 등에 의해 설립되었으며, '청년의 기개 함양·오락을 막힘없이 배품·국민의 부패한 원기 진작'이 단체의 존재 목적이었음
(2) **황성기독교청년회 체육부(1906)**
    YMCA로 불리는 황성기독교청년회 체육부는 회장인 터너와 총무인 질레트를 주축으로 개화기에 가장 활발한 활동을 수행한 단체이며, 농구, 배구, 야구, 유도 등의 보급에 지대한 영향을 미쳤음
(3) 대한국민체육회(1907)
    노백린이 세운 단체로서 병식체조 중심 체육을 비판했으며 체육계몽운동을 통한 강력한 국가 건설이 목표였음
(4) 대동체육구락부(1908)
    사회진화론적 자강론에 입각한 강력한 국가 건설을 지향하였으며, 권서연, 이기환, 조상호 등에 의해 결성되었고 체육을 통한 국민 계몽 운동을 지향함
(5) 무도기계체육부
    1908년 8월 당시 무관 학교장 이희두와 학무국장 윤치오에 의해 발기된 조직단체이며, 우리나라 최초의 기계체조 단체이자 군인체육기관의 효시임
(6) 광학구락부(1908)
    운동으로 정신과 체질을 단련하기 위한 목적으로 조직을 결성함

(7) 회동구락부(1908)

(8) 소년광창체육회(1909)

(9) 체조연구회(1909)

(10) 청강체육부(1910)

4. 근대스포츠의 도입과 보급: 각종 학교와 운동회, 체육단체의 활동을 통해 확산됨

(1) 축구

구기 종목 중 최초로 도입되었으며, 황성기독교청년회와 오성학교 간의 경기가 최초의 축구 시합으로 기록됨

(2) 체조

한성 사범 학교의 교과목으로 정식 채택되었으며 도수체조, 병식체조, 기계체조 등이 포함되었음

(3) 육상

달리기, 뜀뛰기, 공던지기 등이 포함되었으며 화류회를 통해 최초로 소개되었음

> **참고**
>
> **화류회**
> 1. 최초의 운동회
> 2. 1896년 3월 5일 영어학교에서 개최
> 3. 주종목: 육상

(4) 야구

YMCA 선교사인 질레트(P. L. Gillett)에 의해 소개된 야구는 당시 '타구'로 불리기도 하였으며, 황성기독교청년회 구성원들이 배웠음

(5) 농구

1907년 YMCA 선교사인 질레트(P. L. Gillett)에 의해 도입됨

(6) 정구

미국인 푸트에 의해 도입되었으며 척구로 불리기도 함

(7) 검도

경무청에서 교육을 위한 과목으로 채택하였음

(8) 유도

일본으로부터 도입된 이후 무관학교에서 교육 과목으로 채택하였음

(9) 골프

1900년 영국인에 의해 원산 세관에서 최초로 골프 코스가 설치되었음

(10) 사격

육군 연성 학교에서 조선 말기에 시작됨

(11) 수영

1898년 체계적 수영이 시작되었으며, 1909년 무관학교 이학균 교장 이하 장교급 직원과 학생 약 60명이 한강에서 하계 휴가를 이용해 수영을 연습한 것이 시초임

(12) 빙상

미국 알렌 공사 부부에 의해 최초 도입되었으며, 서유럽식 스케이트가 1880년대 빙족회라는 이름으로 소개되었음

(13) 사이클

1906년 4월 일본인 요시카와와 육군 참위 권원식의 대결이 최초로 알려진 사이클 대회이며, 평양 역전 광장에서 열린 엄복동과 일본인 사이 대결에서의 엄복동 승리는 일제 강점기 시절 민족 아픔을 달래준 사건이었음

(14) 권투

1916년 YMCA 선교사인 질레트(P. L. Gillett)가 권투글로브를 들여오면서부터 시작됨

3 개화기 체육 사상과 역사적 의미

1. 유교주의와 체육

유교주의 전통 윤리는 체육 발전 저해 요인이 되었음

2. 사회진화론적 민족주의

체육의 개념과 가치에 대한 근대화가 이루어지면서 체육이 교육 체계로 편입되게 되고 체육의 위상이 상승하였으며, 체육을 통해 각종 단체가 결성·연합 하며 근대스포츠 문화가 창출되었음

> **선생님 TIP** 유교주의로 인한 체육 발전 저해
> - 숭문천무와 문존무비를 토대로 하는 유교주의 시대의 편향적 사고는 우리 민족의 역동적 기질을 약화 시켰음
> - 아래와 같이 당시 테니스를 대하는 순종의 태도는 유교주의가 체육을 어떻게 바라보았는지를 엿볼 수 있는 단적인 사례임
> "순종 황제를 즐겁게 해주기 위해 서울에 와 있던 외교관들이 어전에서 테니스 경기를 한 일이 있었다. 그들은 땀을 흘리며 경기를 했다. 이 경기를 관전한 순종은 '저렇게 힘든 일을 손수하다니 참으로 딱하오. 하인에게나 시킬 일이지' 하고는 혀를 찼다"
> - 여성의 체육활동 참여는 유교주의자들에게는 충격적인 사건이었음
> - 기독교계 학교는 체육활동에 대한 사회적 인식 변화에 큰 영향을 미쳤음

02 일제강점기의 체육

1 일제강점기의 사회와 교육

1. 일제강점기 사회

① 1905년 일본은 러시아, 영국, 미국 등으로 부터 한국에 있어서의 특수 이익을 인정받은 뒤 을사조약을 통해 조선을 보호령으로 만들었음

② 1910년 8월 29일 조선을 강제 병합하여 식민 통치를 시행함

③ 일제는 민족 교육을 강압적으로 막고 자주적인 스포츠 활동까지 탄압·통제하였음

핵심요약&보충자료

2. 일제강점기 교육: 4차에 걸친 '조선교육령'

(1) 1차 조선교육령 시행(1911~1922)
① 제1차 조선교육령을 통해 조선의 우민화 교육 착수
② 식민지 교육으로 천황의 충량한 신민을 육성하는 것
③ 시세와 민도에 적합한 교육을 통해 우리 민족을 우민화하는 것
④ 일본어 보급을 통해 우리의 전통문화와 생활양식을 말살하고 일본 문화와 생활양식으로 동화시키는 것

(2) 제2차 조선교육령 시행(1922~1938)
① 제2차 조선교육령은 한국인들의 불만을 다스리기 위한 조치로 시행됨
② 각 급 학교의 편제와 수업 연한을 일본과 유사하게 조정함
③ 교육의 목적이 일본어 습득에 있었으며, 일본어와 일본어의 역사를 통해 민족의식의 말살을 시도함
④ 대학교육의 기회를 제공함

(3) 제3차 조선교육령 시행(1938~1943)
제3차 조선교육령은 학교명을 일본인 학교와 같이 개명하고 전시를 대비해 체육교과를 강화함

(4) 제4차 조선교육령 시행(1943)
제4차 조선 교육령은 학교의 수업연한을 1년 단축하고 교육목적을 '황국신민의 양성'에서 '국가 유용인물의 양성'으로 바꾸었으며, 이 모든 것은 학교를 통해 전쟁인력을 확보하기 위한 조치였음

2 일제강점기의 학교 체육 ❶ 기출 20년

1. 조선교육령 공포기 체육(1911~1914)
① 체육 목적의 잠재적 의도는 체육의 자주성 박탈과 우민화 교육의 지향
② 민족성 말살을 위한 일제의 도구로 이용되며 한일 합병 이후 조선총독부의 조선 교육령 공포를 통해 시행됨
③ 보통체조와 병식체조 중심에서 스웨덴 체조 중심으로 변화했으며, 일본식 유희가 도입됨
④ 식민지 교육 정책으로써 학교 체조 교수 요목 제정을 통해 근대적 체육이 도입됨
⑤ 민족성 말살을 통한 일본화를 시도함

2. 체조 교수 요목(교육과정)의 제정과 개정기 체육(1914~1927)
① 식민지 교육 체계를 확립하기 위한 교육 정책 실행
② 제2차 조선 교육령 공포로 외형상 일본과 같은 체제로 개편되었으나 체육의 시설 및 인프라 측면이 부족하여 실효성이 없었음

❶ 일제 강점기의 학교 체육

조선교육령 공포기 (1911~1914)	체육 목적의 잠재적 의도는 체육의 자주성 박탈과 우민화 교육 지향
체조 교수 요목 (교육과정)의 재정·개정기 (1914~1927)	식민지 교육체계 확립을 위한 교육 정책 실행
체조 교수 요목 개편기 (1927~1941)	체육이 유희 및 스포츠 중심으로 변화되었으며 연희전문학교와 보성전문학교 간 대회 등 대교 경기가 활성화하였음

용어해설

조선교육령: 일제가 조선인의 문화적·정신적 독립성을 말살하고 영구히 일제의 식민지로 남겨놓기 위해 공포한 일제의 교육방침과 교육에 관한 법령

> **선생님 TIP** 체조 교수 요목의 재정과 개정기 교육
>
> ㉠ 학교의 체조 교육을 통일시키기 위해 몇 가지 조치가 실행됨
> • 병식체조(턱걸이, 도약 등)가 모두 체조에 포함됨
> • 종래 병식체조 성격의 종목은 교련으로 통합됨
>   - '조선교육령 공포기 체육'의 시기 때 유희·보통체조·병식체조가 체조과 교재로 도입되었으며, '체조 교수 요목의 재정과 개정기 체육'에서는 체조·교련·유희로 구분됨
> ㉡ 유희는 경쟁적 유희, 발표적 동작으로 주로한 유희 등으로 구분됨
> ㉢ 과외활동 시간이나 일상생활 속에서 야구, 수영, 테니스 등과 같은 종목이 권장됨
> ㉣ 체조교육의 교수법, 목적, 개념 등을 구체적으로 제시함
> ㉤ 학교 교육체계에서의 체육 필수화

3. 체조 교수 요목 개편기 체육(1927~1941)

① 체육이 유희 및 스포츠 중심으로 변화됨

② 연희전문학교와 보성전문학교 간 대회 등 대교 경기가 활성화되었음

③ 당시 학교 간 대교경기에서도 오늘날 사회문제로 대두되는 폭력사태, 부정선수 출전, 심판의 부정판정, 응원 과열 등의 문제가 나타났음

4. 체육 통제기 체육(1941~1945)

① 중일전쟁과 태평양 전쟁이 일어났던 시기였기 때문에 체육의 군사화, 교련 관련 활동, 전투체력 강화가 특징임

② 학생들을 전쟁에 동원하기 위한 학교 체육의 군사 훈련화

③ 황국 신민화 교육 일환으로 황국 신민 체조 실시

④ 체력장 검정을 실시함

⑤ 전시 체제 하 일제의 군국주의 전쟁 수행을 위한 도구로 전락함

03 일제강점기의 스포츠

1 근대스포츠의 도입과 보급 기출 20~23년

권투, 탁구, 배구, 스키, 럭비, 역도, 골프, 연식정구와 테니스, 레슬링이 도입되었으며, 특히 역도는 1926년 휘문고등학교 체육교사로 부임해 활동했던 서상천에 의해 탄생된 용어임

2 황성기독교청년회(1903년 YMCA)의 활동 기출 19·23년

(1) 민족운동과 기독교(YMCA) 결합에 스포츠는 연결고리 역할을 함

(2) 신앙 운동뿐만 아니라 교양 강좌, 토론회, 계몽 운동, 체육지도, 농촌 운동 등을 전개함

(3) 외국인 선교사를 주축(질레트, Gillett)으로 근대스포츠를 도입함

> **참고**
>
> 선교사 질레트(P. L. Gillett)
> - 1903년 황성기독교청년회 초대 총무 역임
> - 우리나라 최초로 황성기독교청년회 구성원들에게 야구와 농구 소개
> - 개화기 YMCA를 통해서 우리나라 근대스포츠 발달에 큰 영향을 미침
> - 1910년 한일 병합 이후에도 스포츠 보급 활동에 기여함
> - 1916년 우리나라 최초의 체육관을 개관함

3 체육 단체의 결성과 청년회 활동 기출 19·21·22·23년

1. 조선체육회(1920)

① 오늘날 대한체육회의 전신

② 일본인들이 조직했던 '조선체육협회(1919)'에 대응하기 위해 만든 단체

③ 1920년 7월 동아일보사의 후원으로 설립되었음

④ 1938년 조선체육회는 일제에 의해 해산되었으며 이후 '조선체육협회'로 통합됨

⑤ 운동경기 연구 활동을 비롯해 스포츠 보급의 일환으로 운동구점을 설치 및 운영함

⑥ 오늘날 전국체전의 효시인 제1회 전조선야구대회, 제1회 조선축구대회(1921), 제1회 조선여자정구대회(1921), 조선신궁대회(1925) 등 많은 대회를 개최함

2. 조선체육협회(1919)

① 표면적으로는 조선의 체육을 지도 및 장려하는 것으로 목적으로 설립된 단체이나 일본 체육협회의 조선지부 역할을 수행하였음

② 재조선 일본인들에 의해 창립되고 운영되었으며 일제에 의해 외삽된 대회(조선 신궁경기대회 등)등을 개최했으며 조선인 선수의 국제 경기 참여 창구 역할을 수행함

③ 조선체육회(1920) 설립에 직접적인 영향을 미침

3. 관서체육회

① 1925년 2월 27일 평양기독교청년회관에서 결성함

② 1934년 전조선빙상대회(1월), 전조선 씨름(6월), 수상(7월), 야구(8월), 탁구(11월) 등 종목대회를 개최하였음

③ 전국적인 체육단체의 성격을 가졌으며 민족주의적 체육단체였음

4. 청년회의 체육활동

① 1920년대 조직되었으며 반일민족운동단체의 성격을 가짐

② 1920년에 조직된 '한용단'은 1923년 '전인천유년야구대회'를 개최하였음

4 경성 운동장의 건설 기출 20·21년

(1) 일제 강점기의 대표적 스포츠시설로서 종합운동장으로는 당시 동양 최대 규모의 국제 경기장이었으며, 축구장, 야구장, 정구장, 수영장 등을 보유하였음
(2) 경성부 토목과장인 이와시로의 공사 지휘로 1925년 5월 24일에 기공하여 1925년 10월 15일에 개장하였으며, 1984년에 동대문운동장으로 개칭되었음
(3) 각종 경기 대회 개최를 통해 당시 체육의 중심지로서 중요한 역할을 담당했음

5 일제 강점기 민족주의적 스포츠 활동 기출 20~23년

1. 민중의 스포츠 활동

(1) 국궁

궁술은 가장 대표적인 우리 민속 스포츠였으며 1910년대 활쏘기 단체로 성계구락부가 있었고, 활쏘기 대회가 조직적으로 발달하기 시작한 것은 1916년 4월 '조선궁술연합대회'가 개최된 이후였음

(2) 씨름

민족주의 정신 고취를 위한 스포츠로서 민족적·민중적 성격을 지닌 스포츠였으며, 1927년 YMCA가 주최·동아일보사가 후원한 제1회 전조선씨름대회(12.20)가 개최되었음

2. 손기정과 베를린 올림픽 경기 대회(1936.8.9.)

① 한국인 최초의 올림픽 금메달리스트로 베를린 올림픽 경기 대회에서 마라톤 종목 금메달을 획득하였음
② 일제 식민 통치 하에 우리 국민에게 민족의식과 자긍심을 고취시켜 주었음

3. 일장기 말살 사건

① 손기정 선수가 금메달을 딴 이후 시상대에서 일본 국기를 가슴에 달고 있던 모습이 보도되었음
② 당시 기자였던 이길용은 동아일보 미술담당 이상범에게 부탁해 일장기가 지워진 기사 사진이 나가도록 한 후 동아일보는 무기 정간 처분을 받았음
③ 베를린 올림픽 마라톤 금메달 리스트는 손기정이었으며, 동메달 리스트는 남승룡이었음

출제예상문제

Chapter 04 개화기와 일제강점기의 체육

01 고종이 전 국민에게 덕양, 체양, 지양의 3대 교육분야를 조화롭게 가르쳐야 한다고 발표한 것은?
① 조선교육령
② 교육입국조서
③ 학제개혁
④ 소학교령

정답분석 고종은 교육입국조서를 통해 교육에 의한 입국 의지를 천명한 것으로 근대식 학제를 성립시킬 수 있는 기점을 마련하였다.

정답 ②

02 도산 안창호가 설립하였으며 일반 체조를 포함해 군대식 조련을 실시한 사립학교는?
① 대성학교
② 원산학사
③ 배재학당
④ 오산학교

정답분석 대성학교는 1907년 국권회복운동의 일환으로 도산 안창호가 설립한 학교로, 일반 체조를 포함해 군대식 조련을 실시하였다.

정답 ①

03 운동회에 관한 설명 중 틀린 것은?
① 최초의 운동회는 화류회임
② 주종목은 육상임
③ 민족의식 고취를 위한 사회적 기능을 담당함
④ 생활체육 발달의 원인이었음

정답분석 운동회는 생활체육 발달의 촉진제 역할을 하였다.

선지분석 최초의 운동회는 화류회로써 1896년 3월 5일 영어학교에서 개최되었다.

정답 ④

04 근대스포츠에 관한 설명 중 옳지 않은 것은?
① 야구는 YMCA의 선교사에 의해 소개되었음
② 체조는 한성 사범 학교의 교과목으로 정식 채택됨
③ 정구는 질레트에 의해 도입됨
④ 빙상은 미국의 알렌 공사 부부에 의해 도입됨

정답분석 정구는 미국의 푸트에 의해 도입된 운동이다. 질레트는 YMCA 선교사로서 야구와 농구를 황성기독교 청년회 구성원들에게 소개하였다.

정답 ③

05 교육입국조서에 관한 설명으로 옳지 않은 것은?

① 1895년에 반포됨
② 교육의 기회가 전 국민적으로 확대되는데 기여함
③ 덕양, 지양보다 체양을 강조함
④ 소학교 및 고등과정에 체조가 정식과목으로 채택되는데 영향을 미침

정답분석 1895년 반포된 교육입국조서는 전국민을 대상으로 근대식 교육의 필요성과 지덕양, 지양, 체양의 조화를 강조하였다.

정답 ③

06 조선체육회에 대한 설명으로 옳지 않은 것은?

① 오늘날 대한체육회의 전신임
② 조선일보의 후원으로 설립됨
③ 일제에 의해 해산된 이후 조선체육협회로 통합됨
④ 조선체육협회는 조선체육회 이전에 설립되었음

정답분석 조선체육회는 동아일보의 후원으로 설립되었다.

선지분석
① 조선체육회는 오늘날 대한체육회의 전신이다.
③ 1938년 조선체육회는 일제에 의해 해산되었으며, 이후 '조선체육협회'로 통합되었다.
④ 조선체육협회는 1919년에 설립되었으며, 조선체육회는 1920년에 설립되었다.

정답 ②

Chapter 05 현대체육 및 스포츠

01 현대의 체육과 스포츠

1 국가 체육행정조직의 변천

(1) 초창기 우리나라 국가 체육행정은 문교부(현 교육부) 체육과가 담당하였음
(2) 서울 아시안게임과 서울 올림픽 경기 대회를 위해 체육부를 설립하였음
(3) 서울 올림픽 경기대회 이후 중앙부처의 체육업무가 축소됨에 따라 국가 체육정책 중 학교체육이 축소되었는데 이는 체육업무가 체육부에서 체육청소년부, 문화체육부, 문화체육관광부로 개편되면서 담당부서가 없어졌음
(4) 중고등학교 체육시간의 대폭 축소, 학생체력장제도와 입시 체력검사제도 폐지 등으로 학교체육은 위기를 맞이함
(5) 현재 체육업무를 담당하는 중앙부처는 문화체육관광부로 2008년 2월 이명박 정부 출범과 함께 정부 조직이 개편되었음

2 민간 체육 단체 기출 20년

1. 대한체육회

① 대한체육회는 1920년 조선체육회로 건립되어 개화기부터 도입된 각종 스포츠 경기 단체의 통괄은 물론 일제강점이 우리 민족의 얼과 건전한 신체 육성을 목적으로 하였음

② 대한체육회는 전국 16개 시·도체육회가 산하 단체로 가맹되어 있어 우리나라 풀뿌리체육을 담당하고 있음

③ 국민체육진흥법 제23조에 대한체육회의 목적을 '체육 운동의 범국민화, 학교체육 및 생활체육의 진흥, 우수 선수 양성을 통한 국위 선양, 가맹 경기 단체의 지원·육성, 올림픽 운동 확산 및 보급'에 있다고 명시하고 있어 전문체육, 학교체육, 생활체육 등을 총괄하는 우리나라 최고의 체육단체로 입지를 굳힘

2. 대한올림픽위원회

① 1948년 런던올림픽경기대회 출전을 위해 1947년에 발족되어 올림픽을 비롯한 국제 체육 관계 업무를 전담하였음

② 올림픽과 아시안게임에 국가대표 선수 파견 업무를 담당하였으며 2009년에 대한체육회로 통합되었음

3. 대한장애인체육회

① 2004년 장애인 체육업무가 보건복지부에서 문화관광부로 이관이 결정된 후 2005년 7월 국민체육진흥법 개정을 통해 설립근거가 마련되어 2005년 11월에 설립된 법적 단체임

② 대한장애인체육회의 설립은 우리나라 장애인체육이 단순 복지 차원에서 벗어나 진정한 삶의 질과 건강추구를 위한 체육으로 인정받은 것으로 이해할 수 있음

4. 국민생활체육회

① 1991년 2월 6일 민법 제32조에 의해 비영리 사단법인으로 창립되었으며 범국민 체육활동 확산 및 생활체육 동호인들의 체계적 지원과 육성을 목적으로 설립됨

② 2016년 대한체육회로 통합되었음

5. 국민체육진흥공단

① 서울올림픽기념 국민체육진흥공단은 제24회 서울올림픽경기대회를 기념하고 국민체육진흥을 위한 사업 수행을 위해 문화체육관광부장관의 인가를 받아 1989년 4월 공익법인으로 설립되었음

② 체육지도자 국가자격시험을 전담하고 있음

③ 대표적인 기금조성사업으로는 경정, 경륜, 스포츠토토가 있음

02 생활체육의 발전

1 생활체육의 개요

(1) 건강과 체력 증진을 위해 행하는 자발적이고 일상적인 체육활동으로써 유사 개념으로는 'Sport for Lifetime', 'Sport for All'이 있음

(2) 1989년 '국민생활체육진흥종합계획(호돌이 계획)'을 수립하면서부터 생활체육이란 용어가 사용되었음

(3) 생활체육의 주된 목적은 모든 사람이 성, 연령, 계층, 인종, 종교 등에 구애받지 않고 체육활동에 참여함으로써 건강증진, 삶의 질 향상을 추구할 수 있는 복지정책의 일환으로 시작되었음

2 생활체육 정책 및 현황

1. 1980년 이전 생활체육 정책

① '체력은 국력'이라는 표어 아래 국민체력 향상을 강조하였으나 여기에는 국가주의와 민족주의에 입각한 사상을 반영하고 있었음

② 우수선수 육성 목적의 전문체육 제도 기반이 마련되었으며, 태릉선수촌 건립, 국가대표 연금제도, 우수선수 병역혜택 등의 제도가 탄생하였음

용어해설
- Sport for Lifetime: 평생체육
- Sport for All: 모든 사람을 위한 체육

2. 1990년대 생활체육 정책

① '국민생활체육진흥종합계획(호돌이 계획과 국민생활체육협회 창설은 우리나라 생활체육 진흥 도모의 계기가 됨
② 1993년 출범한 문민정부는 생활체육과 전문체육을 균형적으로 육성하기 위해 여가선용을 통한 국민체력 증진 지원을 강화하였음

3. 2000년대 생활체육 정책

① '참여정부 국민체육진흥5개년계획'을 통해 생활체육 정책을 강조하였으며, 참여율 50% 제고를 통한 국민건강 증진 및 삶의 질 향상에 정책의 목적을 두었음
② 주민친화형 생활체육 공간 확충, 스포츠클럽 육성, 국민체력의 체계적 관리, 생활체육지도 인력 양성에 초점을 둠

4. 현재(2013년 이후) 생활체육 정책

① 2013년 출범한 박근혜 정부는 '스포츠 활성화로 건강한 삶 구현'을 통해 생활체육 정책을 강조하였음
② 생애주기별 맞춤형 프로그램 보급, 전 국민 스포츠체력 인증제 도입, 종합형 스포츠클럽 설립 등을 마련·운영함
③ '스포츠비전 2018'을 통해 작은 체육관 조성, 공공체육시설 장애인편의 개보수, 저소득계층 등 대상 행복나눔 스포츠교실 확대사업을 추진함

3 현대스포츠와 정치 기출 19~23년

1. 제3, 4공화국: 박정희 정권의 스포츠

① 3, 4공화국은 박정희 정권으로써 '체력은 국력'이라는 슬로건 아래 '건민체육', '국위선양'을 위한 엘리트 체육의 집중 육성을 통해 국제사회에 한국의 저력과 국력을 과시하고자 하였음
② 1961년 '국민재건체조'를 제정하고 대한체육회의 예산을 정부가 지원하기로 결정함
③ 국민체육진흥법공포(1962), 체육진흥법 시행령 공포(1963), 매년 10월 15일 체육의 날 제정(1962), 매월 마지막 주일 '체육주간' 제정 등과 같은 조치가 이루어짐
④ 1963년 장충체육관 개관 및 각 시·도청 소재지 내 체육관 건립, 1966년 태릉선수촌 완공(6월15일), 대한체육회회관 개관, 1968년 정부의 체육조직 일원화 방침 공포에 따라 대한체육회, 대한올림픽위원회(KOC), 대한학교체육회 3개 사단법인의 대한체육회 통합, 메달리스트 종신연금계획 확정, 우수선수 병역면제 도입, 1977년 국립 한국체육대학의 설립이 이루어짐
⑤ 1970년대는 직장체육의 활성화가 이루어짐에 따라 직장 스포츠 선수단의 양적 증가가 비약적으로 일어남
⑥ 1971년 박정희 정부는 체력장 제도를 실시하였으며 1973년에는 대학입시에 체력장 평가가 포함되었고, 국제체력검사표준회위원회에서 정한 기준과 종목(시행종목: 100M달리기, 제자리멀리뛰기, 팔굽혀매달리기, 턱걸이, 윗몸일으키기, 던지기)을 대상으로 하였음

2. 제5, 6공화국: 전두환·노태우 정권의 스포츠

① 제5공화국은 전두환 정권으로써 쿠데타로 수립한 정권 정당성 확보를 위해 올림픽을 비롯한 국제 경기대회 유치에 집중함

② 전두환과 노태우 정권이 관심을 쏟은 대표적인 스포츠 정책은 아시안게임과 올림픽 게임의 유치와 개최였으며, 결과적으로 86아시안게임과 88서울올림픽은 한국 엘리트 스포츠 운동 발달의 촉진제 역할을 했음

③ 대중 스포츠 운동 확대의 일환으로써 'Sport for All Movement'라고 하는 '생활체육' 확산에도 관심을 기울였음

④ 1980년대 후반부터는 경제성장과 함께 스포츠 인구가 급증하였고 정부는 프로스포츠를 집중 장려한 결과 프로야구(1982)·프로축구(1983)·프로씨름(1983) 시대가 열림

⑤ 제6공화국의 노태우정권은 올림픽을 성공적으로 개최한 이후 대중 스포츠 운동에 많은 관심을 기울였으며 그 결과 '호돌이 계획'으로 불리는 국민생활체육진흥3개년 종합계획(1990)의 마련과 '국민생활체육협의회'가 창설되었음

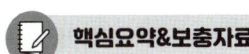

4 각종 스포츠의 발달 기출 22년

1. 육상

① 1947년 4월 17일 제51회 보스턴 마라톤 대회에 참가한 서윤복이 2시간 25분 39초로 대회신기록을 수립하며 우승을 차지했고, 제54회 보스턴 마라톤에서는 함기용, 송길윤, 최윤칠 선수가 1, 2, 3위를 차지하였음

② 1992년 제25회 바르셀로나 올림픽에서 황영조 선수가 금메달을 차지하였음

2. 농구

우리나라는 1950년대에는 아시아 여자 농구 선수권 대회(1956.12.31. 마닐라)에서 우승하였으며, 1960년대에는 세계 여자 농구 선수권 대회(1967.4.15. 체코 프라하)에서 준우승을 차지했는데 그 대회에서 박신자 선수가 최우수선수로 선정되었음

3. 배구

① 한국배구의 전성기는 1970년대인데 1973년 10월 월드컵 여자 배구 대회(몬테비오)에서 3위에 입상했고 1976년 캐나타 몬트리올 올림픽에서 여자 대표 팀이 동메달을 획득하였음

② 2002년 14회 부산 아시안게임 남자 우승, 여자 준우승, 2005년 아시아 남자 배구 최강전 3연속 우승 등 아시아 최강의 수준에 도달해 있음

4. 핸드볼

1980년 여자핸드볼 사상 첫 올림픽 출전권을 획득했고 1984년 LA 올림픽 2위(여자), 1988년 서울 올림픽 여자 1위, 남자 2위, 1992년 바르셀로나올림픽 여자 1위, 1996년 아틀랜타 올림픽과 2004년 아테나 올림픽 여자 2위 등 화려한 역사를 써가고 있음

5. 배드민턴

① 우리나라 대표팀은 1992년 바르셀로나 올림픽에서 남자복식(박주봉, 김문수)에서 우승하였고 여자복식에서 금메달(황혜영, 정소영)과 동메달(심은정, 길영아)을 획득하였음

② 여자단식에서는 방수현이 바르셀로나 올림픽에서 은메달, 시드니 올림픽 여자 단식에서 금메달을 획득했음

③ 2008년 베이징 올림픽에 출전한 이용대와 이효정 혼합복식조는 금메달을 획득했음

6. 탁구

① 1973년 제32회 세계 탁구 선수권 대회(유고, 사라예보)에서 여자 국가대표팀은 단체전 우승을 차지했으며, 당시 이에리사, 정현숙, 박미라 트리오는 구기 종목 사상 처음으로 세계대회 우승이라는 쾌거를 이뤘음

② 1980년대는 양영자, 현정화, 유남규 등 스타들이 출현하며 86아시안게임, 88서울올림픽에서 금메달을 획득했음

7. 수영

조오련은 1970년 제6회 아시안게임 자유형 400M, 1500M, 1974년 제7회 아시안게임 자유형 400M, 1500M에서 금메달을 획득했음

8. 복싱

① 권투는 광복 이후 올림픽에서 최초의 메달을 획득한 종목임

② 1983년 세계 복싱 선수권 대회에서 김광선이 세계대회 첫 금메달을 획득하였음

9. 빙상

① 한국의 쇼트트랙선수들은 1992년 금2, 1994년 금4, 1998년 금3, 2002년 금2 등 세계를 재패하였음

② 2010년 제21회 밴쿠버 동계 올림픽에서는 김연아 선수가 금메달을 획득하였음

5 국제 스포츠 대회 참가 기출 19~23년

1. 한국의 하계 올림픽 경기 대회 참가 역사

① 1948년 정부 수립 직전 런던 올림픽 경기 대회(1948.7.29.~1948.8.14.)에 태극기를 들고 'KOREA' 이름으로 처음 참가하였음

② 1952년 헬싱키 올림픽 경기 대회에서의 한국은 당시 전쟁 중임에도 올림픽에 참가를 결정하였음

③ 1976년 몬트리올 올림픽 경기 대회에서는 우리나라 레슬링 페더급 양정모 선수가 대한민국 역사상 첫 금메달을 획득하였으며, 최초의 남녀 동반으로 성화가 점화된 대회였음

④ 1984년 LA 올림픽 경기 대회에서는 한국 최초 여성선수인 서향순 선수가 양궁 개인전에서 금메달을 획득한 대회였음

⑤ 1988년 서울 올림픽 경기 대회는 우리나라 국기인 태권도가 시범종목으로 채택되었으며, 화합, 문화, 복지, 희망, 번영이라는 5대 특징을 가지고 당시 역대 최대 규모의 선수단이 참가했으며 최고의 입상 성적을 거둠

⑥ 1992년 바르셀로나 올림픽에서는 황영조 선수가 광복이후 처음 마라톤 종목에서 금메달을 획득하였음

⑦ 2000년 시드니 올림픽 경기 대회
  ㉠ 분단 이후 남·북한 선수가 최초로 동시 입장한 대회임
  ㉡ 남·북한 대표 선수단은 'KOREA' 표지판과 한반도기를 앞세우고 함께 입장함
  ㉢ 태권도가 정식 종목으로 첫 채택된 대회임

2. 한국의 동계 올림픽 대회 참가

① 정부 수립직전 **1948년 1월 생모리츠 동계 올림픽 경기 대회**(1948.1.30.~1948.2.8.)에 참가하였고, 해당 대회는 '대한민국' 국호를 걸고 최초로 참가한 동계올림픽 대회이자 동·하계 올림픽을 종합해서 볼 때 **시기상 우리나라가 최초로 참가한 대회임**
  ㉠ 스위스 생모리츠 동계 올림픽 경기 대회는 제2차 세계대전을 일으킨 독일과 일본은 참가가 제외되었음
  ㉡ 한국의 출전선수는 이효창, 문동성, 이종국 3명이 스피드스케이팅 남자 1,500M와 5,000M에 참가했는데, 문동성선수가 부상으로 출전하지 못하는 대신 감독이 대신 출전하였음
② 1992년 알베르빌 동계 올림픽 대회에서는 한국 빙상 최초로 김기훈 선수가 첫 금메달을 획득함
③ 2018년 평창 동계 올림픽 대회는 한국이 처음으로 동계 올림픽을 개최한 대회임

3. 아시아 경기대회

① 한국은 제1회 대회의 경우 한국전쟁으로 불참했으며, 1954년 제2회 마닐라 아시아 경기 대회부터 참가를 시작하였음
② 1986년 한국은 처음으로 서울 아시아 경기 대회를 개최하였음
③ 2002년 한국은 두 번째로 부산 아시아 경기 대회를 개최하였으며, 해당 대회는 북한 선수단과 응원단이 참가한 대회임
④ 2014년 한국은 인천 아시아 경기 대회를 개최하였으며, 해당 대회는 대회기간 중 북한 고위급 인사가 방문하였음
⑤ 동계 아시아 경기 대회의 경우 한국은 제1회 삿포로 대회(1986)부터 참가하였음
⑥ 1999년 제4회 대회는 강원도에서 개최하였으며 한국 첫 동계 아시아 경기 대회 개최기록으로 남아있음

선생님 TIP 국제스포츠 대회 참가

하계 올림픽	• 1948년 정부 수립 직전 런던 올림픽 경기 대회(1948.7.29.~8.14.)에 태극기를 들고 'KOREA' 이름으로 처음 참가함 • 1976년 몬트리올올림픽에서는 레슬링 양정모 선수가 대한민국 역사상 첫 금메달 획득 • 1988년 서울올림픽 경기대회는 태권도가 시범종목으로 채택됨 • 1992년 바르셀로나 올림픽에서는 황영조 선수가 마라톤에서 금메달 획득 • 2000년 시드니 올림픽에서는 남·북한 대표 선수단이 'KOREA' 표지판과 한반도기를 앞세워 입장했으며 태권도가 정식종목으로 채택됨
동계 올림픽	• 1948년 1월 생모리츠 동계 올림픽 경기 대회는 '대한민국' 국호를 걸고 참가한 최초 동계 올림픽 대회이자 동·하계 올림픽을 종합해 볼 때 시기상 우리나라가 최초로 참가한 대회임 • 1992년 알베르빌 동계 올림픽에서는 한국 빙상 최초로 김기훈 선수가 첫 금메달을 획득함 • 2018년 평창 동계 올림픽 대회는 한국이 처음으로 동계 올림픽을 개최한 대회임

핵심요약&보충자료

6 남북체육교류 [기출] 21·23년

1. 남북체육교류와 협력의 이해

(1) 남북체육교류와 협력의 의의

남북한 간 체육교류 및 협력은 오랜 기간 분단으로 인해 형성된 상호 이질성을 극복하고 민족 공동체 형성이라는 장기적 목표에 기여할 수 있음

(2) 남북체육교류와 협력의 기능

① 정치적 순기능
  ㉠ 선수단과 임원단의 접촉을 통한 상호이해 증진 및 불신 해소
  ㉡ 비정치적인 스포츠의 특성
  ㉢ 관중을 통한 화해분위기 조성 가능

② 정치적 역기능
  ㉠ 정치적 계산에 따른 남북체육교류 봉쇄 가능
  ㉡ 경기 참가 선수나 관전하는 청중을 통한 정치적 선전공세

(3) 남북체육회담

① 광복 이후부터 1959년까지의 남북체육회담
  ㉠ 한국은 '1국가 1국가올림픽위원회'라는 원칙에 따라 IOC에 북한보다 먼저 가입함
  ㉡ 북한은 '1국가 1국가올림픽위원회'에 한국이 먼저 가입했기 때문에 가입할 수 없었으며, 이에 북한은 IOC가입을 성사시키기 위한 노력의 일환으로 한국 측에 남북체육교류를 제의하기 시작함

② 1960년대의 남북체육회담
  ㉠ 1964년 동경올림픽경기대회 단일팀 구성을 위한 남북체육회담이 IOC의 중재로 스위스 로잔에서 이루어짐
  ㉡ 선수임원 선발문제, 국기문제, 국가문제, 단일팀 호칭 등이 논란이 됨
  ㉢ 대화 없는 대결 시대 속에서 남북한 유일 대화 채널 기능을 수행하였음

③ 1970~1980년대의 남북체육회담
  ㉠ 뮌헨올림픽경기대회 기간(1972.8.26.~1972.9.21.) 중 9월 8일 김택수 대한올림픽위원회 위원장과 오현주 조선올림픽위원회 위원장은 서독 뮌헨 쉐라톤호텔에서 '남북체육공동성명'을 발표하였으나 눈에 띄는 성과는 이루어지지 못했음
  ㉡ 1980년대의 첫 번째 남북체육교류는 LA올림픽경기대회 단일팀 구성을 위한 체육회담이었으나 1983년 아웅산 폭탄테러사건과 공산국가들의 LA올림픽경기대회 불참으로 아무런 성과 없이 끝남

④ 1990년대의 남북체육회담
  ㉠ 88서울올림픽경기대회를 앞두고 자주, 평화, 민주, 복지의 원칙에 입각한 민족자존과 통일 번영을 위한 선포를 실시함
  ㉡ 남북단일팀 구성: 제41회 1991년 지바 세계 탁구선수권대회, 제6회 포르투갈 세계청소년 축구 대회, 2018년 평창동계올림픽 여자아이스하키, 2018년 세계탁구선수권여자탁구팀, 2018년 자카르타 - 팔렘방 아시안게임에서의 농구(여자)·카누(남녀)·조정(남녀)의 3개 종목에 출전하였음

2. 남북스포츠친선교류

① 남북통일축구대회(1990)

② 남북통일농구대회(1999)

③ 남북노동자축구대회(1999)

④ 남북통일탁구대회(2000)

⑤ 태권도 시범경기(2002)

⑥ 제주도 민족 통일 평화 체육 축전(2003)

 핵심요약&보충자료

출제예상문제

Chapter 05 현대체육 및 스포츠

01 우리나라가 대한민국 국호를 걸고 최초로 참가한 동계 올림픽 경기대회는?

① 1948년 제5회 생모리츠 올림픽경기대회
② 1992년 제16회 알베르빌올림픽경기대회
③ 2002년 제19회 솔트레이크시티올림픽경기대회
④ 2018년 제23회 평창올림픽경기대회

 우리나라가 대한민국 국호를 걸고 최초로 참가한 동계올림픽 경기대회는 1948년 제5회 생모리츠 올림픽경기대회이다.

정답 ①

02 다음 중 제3, 4공화국 시절 한국 체육 특징으로 옳지 않은 것은?

① 우수선수 병역 면제 시행
② 메달리스트 체육 연금 제도 도입
③ 스포츠의 프로화
④ 직장체육의 활성화

 스포츠의 프로화는 제5공화국 때 시작되었다.

정답 ③

03 한국이 참여한 하계올림픽에 관한 설명 중 옳지 않은 것은?

① 1948년 런던올림픽경기대회는 KOREA라는 이름으로 참가한 첫 대회이다.
② 2000년 시드니 올림픽은 남북한 선수가 최초로 동시 입장한 대회이다.
③ 1988년 서울올림픽은 역대 최대 규모의 선수단이 참가한 대회이다.
④ 1976년 몬트리올 올림픽 경기대회에서 레슬링 양정모 선수가 대한민국 역사상 두 번째 금메달을 획득하였다.

 1976년 몬트리올 올림픽 경기대회에서 양정모 선수는 대한민국 역사상 첫 금메달을 획득하였다.

정답 ④

04 <보기>에서 설명에 알맞은 체육시설은?

<보기>
1964년 도쿄올림픽에 대비한 '우수선수 강화훈련단'이 결성되어 국가대표 선수들의 훈련이 이루어졌고, 도쿄올림픽 이후 대한체육회는 우수선수의 지속적인 강화훈련을 위해 서울 공릉동에 건물을 짓고 1966년 준공식을 갖게 되었다.

① 동숭동합숙소
② 태릉선수촌
③ 진천선수촌
④ 태백선수촌

 1964년 도쿄올림픽에 대비한 '우수선수 강화훈련단'이 결성되어 국가대표 선수들의 훈련이 이루어졌고, 도쿄올림픽 이후 대한체육회는 우수선수의 지속적인 강화훈련을 위해 서울 공릉동에 건물을 짓고 1966년 준공식을 가진 체육시설은 태릉선수촌이다.

정답 ②

05 <보기>에서 설명하는 종목의 선수는?

──<보기>──
1960년대 세계 여자 농구 선수권 대회(1967.4. 15.)에서 준우승을 차지하였으며, 이 선수는 그 대회에서 최우수 선수로 선정되었다.

① 박신자 ② 현정화
③ 박지수 ④ 정선민

 우리나라는 1950년대에 아시아 여자 농구 선수권 대회(1956.12.31.)에서 우승하였으며, 1960년대 세계 여자 농구 선수권 대회에서 준우승을 차지하였다. 이 대회에서 박신자는 최우수 선수로 선정되었다.

정답 ①

06 <보기>에서 설명하는 체육 단체는?

──<보기>──
- 서울 올림픽 경기 대회를 기념하고 국민체육진흥을 위한 사업을 수행
- 체육지도자 국가 자격 시험을 전담함
- 경정, 경륜, 스포츠토토를 통한 기금조성 실시

① 국민체육진흥공단
② 대한체육회
③ 국민생활체육회
④ 대한장애인체육회

 국민체육진흥공단은 제24회 서울 올림픽 경기 대회를 기념하고 국민체육진흥을 위한 사업 수행을 위해 문체부의 인가를 받아 1989년 4월 공익법으로 세워졌으며, 체육지도자 국가 자격 시험 전달 및 기금조성사업(경정, 경륜, 스포츠토토)을 실시하고 있음

정답 ①

2025년 기출문제

01 고구려의 씨름에 관한 물적 사료는?
① 『경국대전(經國大典)』
② 각저총(角抵塚) 벽화
③ 무녕왕릉(武寧王陵) 벽화
④ 김홍도(金弘道)의 「씨름」 풍속화

정답분석 고구려의 씨름에 대한 유일한 물적 사료는 고분 벽화인 각저총 벽화이다.

정답 ②

02 <보기>에서 체육사관(體育史觀)에 관한 옳은 설명을 모두 고른 것은?

― <보기> ―
ㄱ. 체육과 스포츠의 역사에 관한 견해, 관념 등을 의미한다.
ㄴ. 체육과 스포츠의 역사적 사실이나 사건 등을 기록한 것이다.
ㄷ. 진보사관, 순환사관 등에 따라 체육사적 해석이 다른 경우도 있다.
ㄹ. 체육과 스포츠의 역사 서술과 역사가의 견해 형성에 바탕이 되기도 한다.

① ㄱ, ㄴ   ② ㄴ, ㄷ
③ ㄱ, ㄴ, ㄹ   ④ ㄱ, ㄷ, ㄹ

정답분석 체육사관은 역사를 바라보는 관점이나 견해를 의미한다. 역사적 사실을 기록한 것이 아니라 사실을 해석하고 서술하는 바탕이 된다.

정답 ④

03 부족국가 시대에 신체활동이 이루어진 행사가 아닌 것은?
① 대향사례(大鄕射禮)   ② 성년의식(成年儀式)
③ 주술의식(呪術儀式)   ④ 제천행사(祭天行事)

정답분석 부족국가 시대의 신체활동은 성년의식, 주술의식, 제천행사 등과 관련이 있었으며, 대향사례는 조선시대의 의식이다.

정답 ①

04 신라 화랑도의 체육활동과 사상에 관한 설명으로 옳지 않은 것은?
① 무예 활동을 통한 덕(德)의 함양
② 효(孝)와 신(信) 등의 윤리를 강조
③ 무과 별시(別試) 응시를 위한 무예 수련
④ 무사정신과 임전무퇴의 군사주의 체육 사상을 내포

정답분석 신라 화랑도는 무사정신과 윤리적 덕목을 중시했다. 무과 별시는 고려와 조선시대의 제도이다.

정답 ③

05 <보기>의 ㉠~㉢에 들어갈 용어는?

― <보기> ―
고구려에 관한 사료인 (㉠)에 따르면, "풍속에 독서를 즐긴다. 천민의 집까지 이르는 거리에 큰 집을 지어 이를 (㉡)이라고 한다. 여기서 미혼의 자제들이 밤새워 책을 읽으며 (㉢)을/를 익힌다."라고 하였다.

	㉠	㉡	㉢
①	『구당서(舊唐書)』	경당(扃堂)	각저(角抵)
②	『구당서(舊唐書)』	경당(扃堂)	궁술(弓術)
③	『삼국지(三國志)』	학당(學堂)	각저(角抵)
④	『삼국지(三國志)』	학당(學堂)	궁술(弓術)

정답분석 고구려의 풍속과 교육에 대해 기록한 사료는 『구당서(舊唐書)』이다. 고구려의 지방 교육 기관은 경당(扃堂)이라 불렸다. 경당에서는 독서뿐 아니라 궁술(弓術) 같은 무예를 함께 익혔다.

정답 ②

06. 고려의 민속놀이에 관한 설명으로 옳은 것은?

① 석전(石戰): 공놀이
② 추천(鞦韆): 널뛰기
③ 풍연(風鳶): 연날리기
④ 축국(蹴鞠): 그네뛰기

정답분석 고려 시대의 민속놀이 중 풍연은 연날리기를 뜻한다.

정답 ③

07. <보기>에서 방응(放鷹)에 관한 설명을 모두 고른 것은?

─── <보기> ───
ㄱ. 매를 조련하여 수렵에 활용하였다.
ㄴ. 응방도감(鷹坊都監)에서 관장하였다.
ㄷ. 무예 훈련의 성격을 띠기도 하였다.
ㄹ. 삼국시대에도 전담하는 관청이 있었다.

① ㄱ, ㄴ, ㄷ
② ㄱ, ㄷ, ㄹ
③ ㄱ, ㄴ, ㄹ
④ ㄴ, ㄷ, ㄹ

정답분석 방응은 매를 훈련시켜 사냥에 활용하는 것을 뜻하며, 무예 훈련의 성격도 지녔다. 응방도감에서 관장했으며, 삼국시대가 아닌 고려와 조선시대에 설치되었다.

정답 ①

08. 조선시대의 훈련원(訓鍊院)에 관한 설명으로 옳지 않은 것은?

① 국왕의 친위 부대였다.
② 군사의 시재(試才)를 담당하였다.
③ 무예 교육과 훈련을 담당하였다.
④ 『무경칠서(武經七書)』 등의 병서 습득을 장려하였다.

정답분석 조선시대 훈련원(訓鍊院)은 군사 교육과 훈련, 무예 시험을 담당한 중앙 군사기관이다. 국왕의 친위 부대는 내금위이다.

정답 ①

09. <보기>에서 『활인심방(活人心房)』에 관한 옳은 설명을 모두 고른 것은?

─── <보기> ───
ㄱ. 『활인심(活人心)』을 근거로 하였다.
ㄴ. 도인법(導引法)은 신체 단련 방법이다.
ㄷ. 조선시대에 간행된 보건 실용서이다.
ㄹ. 양생지법(養生之法)과 도인법 등을 다루고 있다.

① ㄱ, ㄴ
② ㄷ, ㄹ
③ ㄱ, ㄴ, ㄷ
④ ㄱ, ㄴ, ㄷ, ㄹ

정답분석 『활인심방』은 허준의 『동의보감』, 『활인심』 등을 바탕으로 만들어진 보건서이다. 따라서 "『활인심』을 근거로 하였다"라는 설명은 옳은 설명이다. 도인법(導引法)은 기혈의 운행을 원활히 하고 근육·관절을 단련하는 신체 수련·단련법이다. 『활인심방』은 조선시대 간행된 보건 실용서로, 병의 예방과 양생법 등을 다룬다. 『활인심방』은 양생지법(養生之法), 도인법, 섭생법 등 다양한 양생·보건법을 포함하고 있다.

정답 ④

10. 조선시대의 식년무과(式年武科)에 관한 설명으로 옳은 것은?

① 소과(小科)와 대과(大科)로 구분하여 실시하였다.
② 초시(初試), 복시(覆試), 전시(殿試)의 단계로 실시하였다.
③ 초시(初試), 복시(覆試), 전시(殿試)에는 강서 시험을 포함하였다.
④ 전시(殿試)는 목전, 철전, 기사, 기창, 격구 등 무예 종목을 실시하였다.

정답분석 식년무과는 조선시대에 3년마다 시행된 정기 무과 시험으로, 초시, 복시, 전시의 3단계로 이루어졌다.

정답 ②

11 <보기>의 설명에 해당하는 체조는?

―<보기>―
개화기 학교에서는 정규과목으로 체조가 편성되었으며 연령과 성별에 따라서 다양하게 실시되었다. 당시의 체조는 군사적 목적을 고려하여 규율에 반응하는 신체를 만드는 데 유효한 방법이었다.

① 유희체조　② 병식체조
③ 리듬체조　④ 기공체조

정답분석 개화기 학교 체육은 군사적 목적을 고려한 '병식체조'를 주로 실시했다.

정답 ②

12 <보기>에 해당하는 시기는?

―<보기>―
황국신민체조와 함께 검도, 유도, 궁도 등을 여학생에게 실시하게 한 것은 일본의 군국주의를 드러낸 것이었다. 학교체육의 성격은 점차 교련에 가까워졌다.

① 무단통치기　② 민족말살기
③ 문화통치기　④ 체조교습기

정답분석 황국신민체조와 같은 군국주의적인 체육이 강조된 시기는 일제강점기 민족말살기(1930년대 후반~1945년)이다.

정답 ②

13 <보기>에서 문곡(文谷) 서상천(徐相天)의 활동을 모두 고른 것은?

―<보기>―
ㄱ. 우리나라에 역도를 도입하였다.
ㄴ. 조선체력증진법연구회를 설립하였다.
ㄷ. 『현대체력증진법』, 『현대철봉운동법』 등을 발간하였다.
ㄹ. 조선체육회의 임원으로 병식체조를 개선한 교육체조를 가르쳤다.

① ㄱ, ㄴ　② ㄴ, ㄷ
③ ㄱ, ㄴ, ㄷ　④ ㄱ, ㄴ, ㄷ, ㄹ

정답분석 문곡 서상천은 우리나라에 역도를 도입하고 『현대체력증진법』 등을 발간한 인물이다.

정답 ③

14 <보기>의 설명에 해당하는 교육기관은?

―<보기>―
이 교육기관은 개항 이후에 일본인의 세력에 대응하고자 설립되었다. 무예반에는 병서와 사격 과목이 편성되었고, 무예반의 비중이 컸다는 점에서 무비자강(武備自强)을 지향했다고 할 수 있다.

① 무예학교　② 원산학사
③ 배재학당　④ 경신학당

정답분석 개항 후 일본 세력에 대항하기 위해 무예반을 두는 등 무비자강을 지향한 교육기관은 원산학사이다.

정답 ②

15 1991년에 있었던 남북한 단일팀의 국제대회 참가에 관한 설명으로 옳지 않은 것은?

① 단일팀은 '코리아', 'KOREA'라는 명칭을 사용하였다.
② 제6회 포르투갈 세계청소년축구대회에서 8강에 진출하였다.
③ 제41회 지바 세계탁구선수권대회의 여자단체전에서 우승하였다.
④ 제24회 서울 올림픽경기대회 중에 열린 남북회담을 계기로 이루어졌다.

정답분석 1991년 남북 단일팀은 서울 올림픽 이후에 결성되었으며, 포르투갈 세계청소년축구대회와 지바 세계탁구선수권대회에 참가했다.

정답 ④

16 제5공화국의 스포츠 정책으로 옳지 않은 것은?

① 태릉선수촌이 건립되었다.
② 국군체육부대를 창설하였다.
③ 제10회 서울 아시아경기대회를 개최하였다.
④ 야구, 축구, 씨름의 프로리그가 시작되었다.

정답분석 태릉선수촌은 제3공화국 시기인 1966년에 건립되었다. 국군체육부대 창설, 서울 아시아경기대회 개최, 프로스포츠 출범은 제5공화국의 스포츠 정책에 해당한다.

정답 ①

17. 광복 이후 우리나라 선수단이 최초로 참가한 올림픽경기대회는?

① 제14회 런던 하계올림픽경기대회
② 제6회 오슬로 동계올림픽경기대회
③ 제15회 헬싱키 하계올림픽경기대회
④ 제5회 생모리츠 동계올림픽경기대회

정답분석 광복 후 우리나라 선수단이 태극기를 달고 최초로 참가한 올림픽은 1948년 1월 30일부터 2월 8일까지 스위스 생모리츠에서 개최된 1948년 동계 올림픽이다.

정답 ④

18. 광복 이후 제5공화국까지의 체육에서 나타난 사상적 특징으로 옳지 않은 것은?

① 우수선수의 육성을 우선하는 엘리트주의가 나타났다.
② 「국민체육진흥법」의 국위선양은 국가주의를 나타낸다.
③ 국가 주도의 강한 신체 훈련을 앞세우는 실존주의가 나타났다.
④ 건전하고 강인한 국민성의 함양을 강조하는 건민주의가 나타났다.

정답분석 광복 이후부터 제5공화국까지는 엘리트주의, 국가주의, 건민주의적 성격이 강했다.

정답 ③

19. '국민생활체육진흥종합계획(호돌이 계획)'의 내용으로 옳은 것은?

① 제24회 서울 올림픽경기대회를 대비하고자 추진되었다.
② 「국민체육진흥법」을 제정하여 스포츠 클럽을 체계적으로 관리하였다.
③ 국민생활체육협의회의 창설과 직장체육 프로그램의 보급이 이루어졌다.
④ 전문체육 육성을 위한 국가대표 연금과 우수선수 병역 혜택의 제도가 도입되었다.

정답분석 '호돌이 계획'은 국민생활체육의 진흥을 위해 국민생활체육협의회 창설과 직장체육 프로그램 보급 등을 추진했다.

정답 ③

20. <보기>에서 광복 이후 1940년대 말까지 체육의 내용을 모두 고른 것은?

<보기>
ㄱ. 미국 '신체육'의 영향을 받았다.
ㄴ. 일제강점기에 해산되었던 조선체육회가 재건되었다.
ㄷ. 조선체육동지회의 결성은 민족 체육 재건의 계기가 되었다.
ㄹ. 학도호국단이 결성되었고, 많은 체육 교사들이 교관으로 활동하였다.

① ㄱ, ㄴ
② ㄴ, ㄷ
③ ㄱ, ㄴ, ㄷ
④ ㄱ, ㄴ, ㄷ, ㄹ

정답분석 광복 직후인 1940년대는 미군정의 영향으로 미국 '신체육'이 도입되었고, 해산되었던 조선체육회가 재건되는 등 민족 체육의 재건과 관련된 활동들이 있었다.

정답 ④

2024년 기출문제

01 <보기>에서 한국체육사에 관한 설명으로 옳은 것만을 모두 고른 것은?

―<보기>―
㉠ 한국 체육과 스포츠의 시대별 양상을 연구한다.
㉡ 한국 체육과 스포츠를 역사학적 방법으로 연구한다.
㉢ 한국 체육과 스포츠에 관한 역사 기술은 사실 확인보다 가치 평가가 우선한다.
㉣ 한국 체육과 스포츠의 과거를 살펴보고, 이를 통해 현재를 직시하고 미래를 조망한다.

① ㉠, ㉡, ㉢
② ㉠, ㉡, ㉣
③ ㉠, ㉢, ㉣
④ ㉡, ㉢, ㉣

정답분석 한국체육사는 시대별 양상(삼국시대, 고려시대, 조선시대 등)을 연구하며, 연구시 역사학적 방법을 활용해 연구를 수행한다. 또한, 역사는 전통적으로 과거를 통해 현재를 직시하고 미래를 조망한다는 측면에서 한국체육사도 동일하게 적용된다.

정답 ②

02 <보기>에서 신체활동이 행해진 제천의식과 부족국가가 바르게 연결된 것만을 모두 고른 것은?

―<보기>―
㉠ 무천 - 신라   ㉡ 가배 - 동예
㉢ 영고 - 부여   ㉣ 동맹 - 고구려

① ㉠, ㉡
② ㉢, ㉣
③ ㉠, ㉡, ㉣
④ ㉡, ㉢, ㉣

정답분석 신체활동이 행해진 제천의식과 부족국가의 경우 부여는 영고, 고구려는 동맹, 신라는 가배, 동예는 무천이다.

정답 ②

03 <보기>에 해당하는 부족국가시대 신체활동의 목적은?

―<보기>―
중국 역사 자료인 『위지·동이전(魏志·東夷傳)』에 따르면, "나이 어리고 씩씩한 청년들의 등가죽을 뚫고 굵은 줄로 그곳을 꿰었다. 그리고 한 장(丈) 남짓의 나무를 그곳에 매달고 온종일 소리를 지르며 일을 하는데도 아프다고 하지 않고, 착실하게 일을 한다. 이를 큰사람이라 부른다."

① 주술의식   ② 농경의식
③ 성년의식   ④ 제천의식

정답분석 <삼국지> 위지·동이전(魏志·東夷傳)에는 등가죽을 뚫어 줄을 꿰고 나무를 꽂는 의식을 통과하면 '큰사람'이라고 불렀다는 기록이 있으며, 이는 선사시대의 성년의식 형태와 성년의식을 통과한 자들을 어떻게 일컫는지 알 수 있는 중요한 사료이다.

정답 ③

04 <보기>에서 삼국시대의 무예에 관한 설명으로 옳은 것만을 모두 고른 것은?

―<보기>―
㉠ 신라: 궁전법(弓箭法)을 통해 인재를 등용하였다.
㉡ 고구려: 경당(扃堂)에서 활쏘기 교육이 이루어졌다.
㉢ 백제: 훈련원(訓鍊院)에서 무예 시험과 훈련이 행해졌다.

① ㉠, ㉡
② ㉠, ㉢
③ ㉡, ㉢
④ ㉠, ㉡, ㉢

정답분석 신라는 궁전법을 통해 인재를 등용하였으며, 고구려는 경당(평민 자제 교육기관)에서 활쏘기 교육을 하였다. 백제는 무예를 가르친 학교가 있었다는 기록은 발견되지 않지만 박사제도(의박사, 역박사, 모시박사, 오경박사 등)가 있었던 것으로 보아 상당히 높은 수준의 학문을 유지하고 있음을 알 수 있다.

정답 ①

05 고려시대 최고 교육기관과 무학(武學) 교육이 바르게 연결된 것은?

① 성균관(成均館) - 대빙재(待聘齋)
② 성균관(成均館) - 강예재(講藝齋)
③ 국자감(國子監) - 대빙재(待聘齋)
④ 국자감(國子監) - 강예재(講藝齋)

정답분석 국자감은 성종 11(992)년에 창건하였으며 7재(여택재, 대빙재, 경덕재, 구인재, 복응재, 양정재, 강예재)라는 전문 강좌(반)을 두었다.

정답 ④

06 다음 중 고려시대의 신체활동에 관한 설명으로 옳지 않은 것은?

① 기격구(騎擊毬): 서민층이 유희로 즐겼다.
② 궁술(弓術): 국난을 대비하여 장려되었다.
③ 마술(馬術): 무인의 덕목 중 하나로 장려되었다.
④ 수박(手搏): 무관이나 무예 인재의 선발에 활용되었다.

정답분석 격구는 무예적 요소와 유희적 요소를 동시에 지니고 있었으나 말이나 장비를 구할 수 있는 여건, 사치성 등으로 인해 특수 계층만 참여하였고 폐단도 심각하였다.

정답 ①

07 석전(石戰)의 성격에 관한 설명으로 옳지 않은 것은?

① 관료 선발에 활용되었다.
② 명절에 종종 행해지던 민속놀이였다.
③ 전쟁에 대비한 군사훈련에 활용되었다.
④ 실전 부대인 석투군(石投軍)과 관련이 있었다.

정답분석 석전은 단오나 명절에 행하던 민속놀이인 국속으로서의 특징과 군사훈련의 성격, 왕이나 양반들에게 구경거리를 제공하는 관중 스포츠로서의 성격을 지니고 있었다.

정답 ①

08 조선시대 서민층이 주로 행했던 민속놀이와 설명으로 옳지 않은 것은?

① 추천(鞦韆): 단오절이나 한가위에 즐겼다.
② 각저(角抵), 각력(角力): 마을 간의 겨룸이 있었는데, 풍년 기원의 의미도 있었다.
③ 종정도(從政圖), 승경도(陞卿圖): 관직 체계의 이해와 출세 동기 부여의 뜻이 담겨 있었다.
④ 삭전(索戰), 갈전(葛戰): 농경사회의 대표적인 민속놀이로서 농사의 풍흉(豊凶)을 점치는 의미도 있었다.

정답분석 종정도(從政圖)와 승경도(陞卿圖)는 조선시대 양반 자제들이 즐기던 놀이로, 복잡한 관직 체계를 이해하고 벼슬에 오르는 포부를 키우는 데 목적이 있었다. 이러한 놀이를 통해 자연스럽게 관직의 등급과 상호 관계를 익히며, 출세에 대한 동기를 부여받았다.

정답 ③

09 조선시대의 무예서에 관한 설명으로 옳지 않은 것은?

① 『무예도보통지(武藝圖譜通志)』: 정조의 명에 따라 24기의 무예가 수록, 간행되었다.
② 『무예신보(武藝新譜)』: 사도세자의 주도 하에 18기의 무예가 수록, 간행되었다.
③ 『권보(拳譜)』: 광해군의 명에 따라 『무예제보』에 수록되지 않은 4기의 무예가 수록, 간행되었다.
④ 『무예제보(武藝諸譜)』: 선조의 명에 따라 전란 중에 긴급하게 필요했던 단병기 6기가 수록, 간행되었다.

정답분석 광해군의 명에 따라 『무예제보』에 수록되지 않은 4기의 무예를 보완하여 간행된 것은 『무예제보번역속집』이다.

정답 ③

10 <보기>에서 조선시대의 궁술에 관한 설명으로 옳은 것만을 모두 고른 것은?

―<보기>―
㉠ 군사 훈련의 수단이었다.
㉡ 무과(武科) 시험의 필수 과목이었다.
㉢ 심신 수련을 위한 학사사상(學射思想)이 강조되었다.
㉣ 불국토사상(佛國土思想)을 토대로 훈련이 이루어졌다.

① ㉠, ㉡
② ㉢, ㉣
③ ㉠, ㉡, ㉢
④ ㉡, ㉢, ㉣

 조선시대의 궁도는 군사훈련의 수단으로서 무과(武科) 시험의 필수 과목이었으며, 심신 수련을 위한 학사사상이 강조되었다. 불국토사상은 신라 화랑도의 사상으로써 국토를 신성하고 존엄하게 생각하며 목숨을 걸고서라도 지켜내야 한다는 불국토 사상과 연계되어 있다.

정답 ③

11 고종의 교육입국조서(教育立國詔書)에서 삼양(三養)이 표기된 순서는?

① 덕양(德養), 체양(體養), 지양(智養)
② 덕양(德養), 지양(智養), 체양(體養)
③ 체양(體養), 지양(智養), 덕양(德養)
④ 체양(體養), 덕양(德養), 지양(智養)

 고종의 교육입국조서에 나오는 교육의 3대 강령 순서는 덕육, 체육, 지육 순이다.

정답 ①

12 <보기>에서 설명하는 개화기의 기독교계 학교는?

―<보기>―
• 헐벗(H.B. Hulbert)이 도수체조를 지도하였다.
• 1885년 아펜젤러(H.G. Appenzeller)가 설립하였다.
• 과외활동으로 야구, 축구, 농구 등의 스포츠를 실시하였다.

① 경신학당
② 이화학당
③ 숭실학교
④ 배재학당

 개화기 근대학교 중 배재학당은 아펜젤러에 의해 설립된 학교이며 서구스포츠(야구, 축구, 정구, 농구 등)가 과외 활동을 통해 보급되었다.

정답 ④

13 개화기 학교 운동회에 관한 설명으로 옳지 않은 것은?

① 민족의식을 고취하는 역할을 하였다.
② 초기에는 구기 종목이 주로 이루어졌다.
③ 사회체육 발달의 촉진제 역할을 하였다.
④ 근대스포츠의 도입과 확산에 기여하였다.

 개화기 운동회 개최의 의미는 근대 의미의 체육 보급과 민족의식 고취를 위한 사회적 기능을 담당하였다. 운동회 성격과 기능으로는 학교와 지역사회의 공동체 의식 강화, 민족주의 운동 성격을 갖고 있었으며 애국심을 고취시키는 역할, 생활체육 발달의 촉진제 역할, 지역 축제로서의 역할, 국민의 스포츠 사회화에 영향을 미쳐 사회체육 발달을 촉진시켰다.

정답 ②

14 다음 중 개화기에 설립된 체육단체가 아닌 것은?

① 대한체육구락부
② 조선체육진흥회
③ 대동체육구락부
④ 황성기독교청년회운동부

 조선체육진흥회는 1942년 2월 14일에 설립된 체육 단체로, 일제강점기 말기에 조선총독부의 정책에 따라 조직되었다. 이 단체는 전시 체제하에서 조선 내 체육 활동을 통제하고, 전쟁 수행에 도움이 되는 신민을 육성하기 위한 목적으로 설립되었다.

정답 ②

15. <보기>의 활동을 주도한 체육사상가는?

―<보기>―
- 체조 강습회 개최
- 체육 활동의 저변 확대를 위해 대한국민체육회 창립
- 체육 활동을 통한 애국심 고취를 위해 광무학당 설립

① 서재필
② 문일평
③ 김종상
④ 노백린

 노백린은 체조 강습회를 개최하고, 대한국민체육회 창립에 참여하며, 광무학당 설립을 주도한 체육 사상가이다. 노백린은 1907년 우리나라 최초의 체조 강습회를 개최하였고, 대한국민체육회 설립 과정에 발기인으로 참여하였으며, 민립학교인 광무학당을 설립하여 체육 활동을 통한 애국심 고취에 힘썼다.

정답 ④

16. 일제강점기의 체육사적 사실에 관한 설명으로 옳지 않은 것은?

① 원산학사가 설립되었다.
② 체조교수서가 편찬되었다.
③ 학교에서 체조가 필수 과목이 되었다.
④ 황국신민체조가 학교체육에 포함되었다.

 원산학사는 개화기 시절 설립된 근대학교로서 당시 설립된 근대학교는 육영공원, 원산학사, 동래무예학교가 있다.

정답 ①

17. <보기>에서 일제강점기의 조선체육회에 관한 설명으로 옳은 것만을 모두 고른 것은?

―<보기>―
㉠ '전조선축구대회'를 창설하였다.
㉡ 조선체육협회에 강제로 흡수되었다.
㉢ 국내 운동가, 일본 유학 출신자 등이 설립하였다.
㉣ 종합체육대회 성격의 전조선종합경기대회를 개최하였다.

① ㉠, ㉡
② ㉢, ㉣
③ ㉡, ㉢, ㉣
④ ㉠, ㉡, ㉢, ㉣

 일제강점기 조선체육회는 오늘날 대한체육회의 전신이며 1920년 7월 동아일보사의 후원으로 설립되었다. 조선체육회는 일본인들이 조직했던 '조선체육협회(1919)'에 대응하기 위해 만든 단체이지만 1938년 일제에 의해 해산되었으며 이후 '조선체육협회'로 통합되었다. 운동경기 연구 활동을 비롯해 스포츠 보급의 일환으로 운동구점을 설치 및 운영하였으며 오늘날 전국체육대회의 효시인 제1회 전조선야구대회, 제1회 조선축구대회(1921), 제1회 조선여자정구대회(1921), 조선신궁대회(1925)등 많은 대회를 개최하였다.

정답 ④

18. 다음 <보기>의 괄호 안에 들어갈 일제강점기의 체육사상가는?

―<보기>―
(   )은/는 '체육 조선의 건설'이라는 글에서 사회를 강하게 하는 것은 구성원의 힘을 강하게 하는 것이며, 그 방법은 교육이며, 여러 교육의 기초는 체육이라고 강조하였다.

① 박은식
② 조원희
③ 여운형
④ 이기

 '체육 조선의 건설'이라는 글에서 사회를 강하게 하는 것은 구성원의 힘을 강하게 하는 것이며, 그 방법은 교육이며, 여러 교육의 기초는 체육이라고 강조한 인물은 여운형이다. 여운형은 체육의 보급과 정화를 통해 전 민족의 체질과 의기를 함양하고자 하였으며, 체육의 근본 정신을 고취하여 명랑하면서도 진지한 참된 체육적 경기와 운동이 이루어지도록 노력하였다.

정답 ③

19 대한민국 정부의 체육정책 담당 부처의 변천 순서가 옳은 것은?

① 체육부→문화체육관광부→문화체육부
② 체육부→문화체육부→문화체육관광부
③ 문화체육부→체육부→문화체육관광부
④ 문화체육부→문화체육관광부→체육부

정답분석 1982년 체육부가 신설되어 체육에 관한 사무를 전담하였고, 1991년 체육부가 체육청소년부로 개편되면서 청소년 업무도 함께 담당하게 되었다. 1993년에는 체육청소년부가 문화부와 통합되어 문화체육부로 개편되었으며 1998년 문화체육부가 관광 업무를 포함하여 문화관광부로 개편되었다. 2008년 문화관광부가 체육 업무를 다시 포함하여 문화체육관광부로 개편되었으며, 현재까지 체육정책을 담당하고 있다.

정답 ②

20 <보기>는 국제대회에서 한국 여자 대표팀이 거둔 성과를 나타낸 것이다. <보기>의 ㉠~㉢에 들어갈 종목이 바르게 제시된 것은?

<보기>
- (㉠): 1973년 사라예보 세계선수권대회에서 단체전 우승 달성
- (㉡): 1976년 몬트리올 올림픽대회에서 구기 종목 사상 최초의 동메달 획득
- (㉢): 1988년 서울 올림픽대회에서 당시 최강국을 이기고 금메달 획득

	㉠	㉡	㉢
①	배구	핸드볼	농구
②	배구	농구	핸드볼
③	탁구	핸드볼	배구
④	탁구	배구	핸드볼

정답분석 1973년 탁구는 사라예보 세계선수권 대회에서 단체전을 우성하였으며 배구는 1976년 몬트리올 올림픽대회에서 구기종목으로는 사상 처음으로 동메달을 획득했다. 핸드볼은 1988년 서울올림픽대회에서 당시 세계 최강으로 평가받는 소련(소비에트연방)을 21대 19로 꺾고 금메달을 획득했다.

정답 ④

2023년 기출문제

01 체육사 연구에서 사관(史觀)에 관한 설명으로 적절하지 않은 것은?

① 유물사관, 관념사관, 진보사관, 순환사관 등이 있다.
② 체육 역사에 대한 견해, 해석, 관념, 사상 등을 의미한다.
③ 체육 역사가의 관점으로 다양한 과거의 역사적 사실을 해석한다.
④ 과거 체육과 관련된 사실을 담고 있는 역사 자료를 의미한다.

정답분석 과거 체육 관련 사실을 담고 있는 역사자료는 '사료'이다. 사관은 체육 역사에 대한 역사학자의 견해, 해석, 관념 등을 의미한다.

정답 ④

02 <보기>의 ⊙~ⓒ에 들어갈 용어가 바르게 연결된 것은? (단, 시대구분은 나현성의 방식을 따름)

―<보기>―
- (⊙) 이전은 무예를 중심으로 한 무사 체육 등의 (ⓒ) 체육을 강조하였다.
- (⊙) 이후는 「교육입국조서(敎育立國詔書)」를 통한 학교 교육에 기반을 둔 (ⓒ) 체육을 강조하였다.

	⊙	ⓒ	ⓒ
①	갑오경장(1894)	전통	근대
②	갑오경장(1894)	근대	전통
③	을사늑약(1905)	전통	근대
④	을사늑약(1905)	근대	전통

정답분석 한국체육사의 시대구분은 주로 나현성(1995: 15)의 방식을 따르고 있으며 갑오경장(1894년)이전은 무사체육 등의 전통 체육을 강조하는 시기로 보고, 이후는 교육입국조서를 통해 학교 교육에서 비롯된 근대 체육의 시기로 구분한다.

정답 ①

03 <보기>에서 설명하는 민속놀이는?

―<보기>―
- 사희(柶戱)라고도 불리었다.
- 부여의 사출도(四出道)라는 관직명에서 유래되었다.
- 남녀노소 누구나 즐길 수 있으며, 장소에 크게 구애받지 않은 놀이였다.

① 바둑
② 장기
③ 윷놀이
④ 주사위

정답분석 조선시대 초기에는 윷놀이에 해당하는 '사희(柶戱)'라는 용어가 나타났고, 조선시대 중·후기에는 '척사(擲柶)'라는 용어가 나타나 일제강점기와 현대에까지 널리 사용되는 용어가 되었다.

정답 ③

04 화랑도에 관한 설명으로 옳지 않은 것은?

① 진흥왕 때에 조직이 체계화되었다.
② 세속오계는 도의교육(道義敎育)의 핵심이었다.
③ 신체미 숭배 사상, 국가주의 사상, 불국토 사상이 중시되었다.
④ 서민층만을 대상으로 한 청소년단체로서 문무겸전(文武兼全)을 추구하였다.

정답분석 화랑도는 서민층뿐만 아니라 양반출신 청소년에게도 개방되었었다.

정답 ④

05 <보기>에서 설명하는 신체활동은?

─── <보기> ───
- 가죽 주머니로 공을 만들어 발로 차는 놀이였다.
- 한 명, 두 명, 열 명 등 다양한 형식으로 실시되었다.
- 〈삼국사기(三國史記)〉와 〈삼국유사(三國遺事)〉에 따르면 김유신과 김춘추가 이 신체활동을 하였다.

① 석전(石戰)
② 축국(蹴鞠)
③ 각저(角抵)
④ 도판희(跳板戲)

 축국은 가죽 주머니로 공을 만들어 발로차는, 현대의 축구와 비슷한 유형의 신체활동이었다.

정답 ②

06 <보기>에서 민속놀이와 주요 활동 계층이 바르게 연결된 것으로만 묶인 것은?

─── <보기> ───
㉠ 풍연(風鳶) - 귀족
㉡ 격구(擊毬) - 서민
㉢ 방응(放鷹) - 귀족
㉣ 추천(鞦韆) - 서민

① ㉠, ㉡
② ㉢, ㉣
③ ㉠, ㉣
④ ㉡, ㉢

 풍연은 서민의 놀이였으며 격구는 왕과 귀족, 무신의 놀이였다. 격구와 방응은 귀족 민속놀이이다.

정답 ②

07 고려시대 수박(手搏)에 관한 설명으로 옳지 않은 것은?

① 관람형 무예 경기로 성행되었다.
② 응방도감(鷹坊都監)에서 관장하였다.
③ 무인 선발의 기준과 수단이 되었다.
④ 무예 수련과 군사훈련 등의 목적으로 활용되었다.

'응방도감'에서 관장한 것은 매사냥인 '방응'이다.

정답 ②

08 <보기>에서 조선시대의 훈련원에 관한 설명으로 옳은 것을 모두 고른 것은?

─── <보기> ───
㉠ 성리학 교육을 담당하였다.
㉡ 활쏘기, 마상무예 등의 훈련을 실시하였다.
㉢ 무인 양성과 관련된 공식적인 교육기관이었다.
㉣ 〈무경칠서(武經七書)〉, 〈병장설(兵將說)〉 등의 병서 습득을 장려하였다.

① ㉠, ㉡
② ㉢, ㉣
③ ㉡, ㉢, ㉣
④ ㉠, ㉡, ㉢, ㉣

조선시대 훈련원은 조선 왕조의 무인 양성과 관련한 공식 교육기관으로 무예 연습과 병서 강습이 주된 교육 과정이었다.

정답 ③

09 조선시대 궁술(弓術)에 관한 설명으로 옳지 않은 것은?

① 육예(六藝) 중 어(御)에 해당하였다.
② 무관 선발을 위한 무과 시험의 한 과목이었다.
③ 대사례(大射禮), 향사례(鄕射禮) 등으로 행해졌다.
④ 왕, 무관, 유학자 등 다양한 계층에서 실시하였다.

 6예 중 어(御)는 말타기를 의미한다.

정답 ①

10. <보기>에서 설명하는 조선시대의 무예서는?

<보기>
- 24종류의 무예가 기록되어 있다.
- 정조의 명령하에 국가사업으로 간행되었다.
- 한국, 중국, 일본의 관련 문헌 145권이 참조되었다.

① 무예제보(武藝諸譜)
② 무예신보(武藝新譜)
③ 무예도보통지(武藝圖譜通志)
④ 무예제보번역속집(武藝諸譜翻譯續集)

정답분석 무예도보통지는 정조에 의해 편찬되었고 24개의 각각 다른 무예를 포함하고 있으며, 무예제보와 무예신보를 바탕으로 한국, 중국, 일본의 서적 145종의 내용을 더하여 1790년에 완성되었다.

정답 ③

11. <보기>에서 설명하는 개화기 민족사립학교는?

<보기>
- 1907년에 이승훈이 설립하였다.
- 대운동회를 매년 1회 실시하였다.
- 체육은 주로 군사훈련의 성격을 띠었다.

① 오산학교
② 대성학교
③ 원산학사
④ 숭실학교

정답분석 오산학교는 이승훈이 설립하였으며, 체육은 군사훈련의 성격을 띠었다.

선지분석
② 대성학교: 도산 안창호가 설립했으며 체조와 운동회를 실시했다.
③ 원산학사: 무예반을 두어 병서와 사격을 가르쳤다.
④ 숭실학교: 1897년 평양에 설립되었던 중·고등 교육기관이다.

정답 ①

12. 개화기의 체육사적 사실에 관한 설명으로 옳은 것은?

① 동래무예학교는 문예반 50명, 무예반 200명을 선발하였다.
② 개화기 최초의 운동회는 일본인 학교에서 주관한 화류회(花柳會)였다.
③ 양반들이 주도하여 배재학당, 이화학당, 경신학당 등 미션스쿨을 설립하였다.
④ 고종은 「교육입국조서(敎育立國詔書)」를 반포하고, 덕양, 체양, 지양을 강조하였다.

정답분석 개화기 때 고종은 교육입국조서(교육령)을 반포하고 덕양, 체양, 지양을 고루 강조하였다.

정답 ④

13. 개화기의 체육단체에 관한 설명으로 옳은 것은?

① 청강체육부: 탁지부 관리들이 친목 도모를 위해 1902년에 조직하였고, 최초로 연식정구를 도입하였다.
② 회동구락부: 최성희, 신완식 등이 1910년에 조직하였고, 정례적으로 축구 시합을 하였다.
③ 무도기계체육부: 우리나라 최초 기계체조 단체로서 이희두와 윤치오가 1908년에 조직하였다.
④ 대동체육구락부: 체조 교사인 조원희, 김성집, 이기동 등이 주축이 되어 보성중학교에서 1909년에 조직하였고, 병식체조를 강조하였다.

정답분석 1908년 8월 당시 무관 학교장 이희두와 학무국장 윤치오에 의해 발기된 조직단체이며, 우리나라 최초의 기계체조 단체이자 군인체육기관의 효시이다.

정답 ③

14 일제강점기 체육에 관한 사실로 옳지 않은 것은?

① 박승필은 1912년에 유각권구락부를 설립해 권투를 지도하였다.
② 조선체육협회는 1920년에 동아일보사 후원으로 설립되었다.
③ 서상천은 1926년에 일본체육회 체조학교를 졸업하고, 역도를 소개하였다.
④ 손기정은 1936년에 베를린올림픽경기대회 마라톤 종목에서 우승하였다.

> 1920년 동아일보사 후원으로 설립된 단체는 조선체육회(1920)이다. 서상천은 1926년 휘문고등학교 체육교사로 부임하여 활동하였으며 '역도'라는 용어를 만들었다.
>
> 정답 ②, ③

15 <보기>에서 설명하는 단체는?

> ─<보기>─
> • 외국인 선교사가 근대스포츠인 야구, 농구, 배구를 도입하였다.
> • 1916년에 실내체육관을 준공하여, 다양한 실내스포츠를 활성화 하였다.

① 황성기독교청년회
② 대한체육구락부
③ 조선체육회
④ 조선체육협회

> 황성기독교청년회는 YMCA의 전신이며 외국인 선교사 필립 질레트에 의해 운영되었고 야구, 농구, 배구 등 서구 스포츠를 소개하였다.
>
> 정답 ①

16 <보기>에서 박정희 정부 때 실시한 체력장 제도에 관한 설명으로 옳은 것을 모두 고른 것은?

> ─<보기>─
> ㉠ 1971년부터 실시되었다.
> ㉡ 1973년부터는 대학입시에 체력장 평가가 포함되었다.
> ㉢ 국제체력검사표준화위원회에서 정한 기준과 종목을 대상으로 하였다.
> ㉣ 시행 종목에는 100m 달리기, 제자리멀리뛰기, 팔굽혀 매달리기(여자), 턱걸이(남자), 윗몸일으키기, 던지기가 있었다.

① ㉠, ㉡
② ㉢, ㉣
③ ㉠, ㉡, ㉢
④ ㉠, ㉡, ㉢, ㉣

> 1971년 박정희 정부는 체력장 제도를 실시하였으며 1973년에는 대학입시에 체력장 평가가 포함되었고, 국제체력검사표준화위원회에서 정한 기준과 종목(시행종목: 100M달리기, 제자리멀리뛰기, 팔굽혀매달리기, 턱걸이, 윗몸일으키기, 던지기)을 대상으로 하였다.
>
> 정답 ④

17 <보기>에서 설명하는 스포츠 경기 종목은?

> ─<보기>─
> • 1988년 제24회 서울올림픽경기대회에서 시범 종목으로 채택되었다.
> • 2000년 제27회 시드니올림픽경기대회에서 정식 종목으로 채택되었다.
> • 2007년에 정부는 이 종목을 진흥하기 위한 법률을 제정하였다.

① 유도
② 복싱
③ 태권도
④ 레슬링

> 1988년 서울올림픽에서는 태권도가 시범종목으로 채택되었으며, 2000년 시드니 올림픽에서는 태권도가 정식종목으로 채택되었고, 2007년 12월에는 태권도 진흥 및 태권도 공원 조성 등에 관한 법률이 제정되었다.
>
> 정답 ③

18 1948년 제5회 동계올림픽경기대회에 관한 설명으로 옳지 않은 것은?

① 개최지는 스위스 생모리츠였다.
② 제2차 세계대전을 일으킨 독일과 일본도 출전하였다.
③ 광복 이후 최초로 태극기를 단 선수단이 파견되었다.
④ 이효창, 문동성, 이종국 선수는 스피드스케이팅 종목에 출전하였다.

 1948년 제5회 동계올림픽경기대회는 스위스 생모리츠 대회이며, 이 대회에는 제2차 세계대전을 일으킨 독일과 일본은 참가가 제외되었으며, 한국의 출전선수는 이효창, 문동성, 이종국 3명이 스피드스케이팅 남자 1,500M와 5,000M에 참가했는데, 문동성 선수가 부상으로 출전하지 못하는 대신 감독이 출전하였다.

정답 ②, ④

19 다음 중 대한민국에서 개최된 하계아시아경기대회가 아닌 것은?

① 1986년 제10회 서울아시아경기대회
② 2002년 제14회 부산아시아경기대회
③ 2014년 제17회 인천아시아경기대회
④ 2018년 제18회 평창아시아경기대회

 2018년 평창에서는 한국이 처음으로 동계 올림픽을 개최하였다.

 ① 제10회 서울아시아경기대회(1986.9.20.~10.5.)
② 제14회 부산아시아경기대회(2022.9.29~10.14.)
③ 제17회 인천아시아경기대회(2014.9.19.~10.04.)

정답 ④

20 1991년에 남한과 북한이 단일팀으로 탁구 종목에 참가한 국제경기 대회는?

① 제41회 지바세계선수권대회
② 제27회 시드니올림픽경기대회
③ 제28회 아테네올림픽경기대회
④ 제6회 포르투갈세계청소년선수권대회

 1991년 지바 세계탁구선수권대회 여자 남북단일팀(현정화, 리분희, 홍차옥, 유순복)이 출전해 단체전에서 우승하였다.

정답 ①

2022년 기출문제

01 체육사에 관한 설명으로 옳지 않은 것은?
① 연구대상은 시간, 인간, 공간 등이 고려된다.
② 체육과 스포츠를 역사적 방법으로 연구하는 학문이다.
③ 연구내용은 스포츠문화사, 전통스포츠사 등을 포함한다.
④ 체육과 스포츠의 도덕적 가치판단에 대한 근거를 탐구한다.

 스포츠의 도덕적 가치판단에 대한 근거를 탐구하는 학문은 스포츠윤리에 해당되는 내용이다.

정답 ④

03 부족국가와 삼국시대의 신체활동이 포함된 제천의식에 관한 설명으로 옳지 않은 것은?
① 신라 - 가배
② 부여 - 동맹
③ 동예 - 무천
④ 마한 - 10월제

 부여의 제천행사는 영고이며, 동맹은 고구려의 제천행사이다.

정답 ②

02 <보기>에서 체육사 연구의 사료(史料)에 관한 설명으로 옳은 것만을 모두 고른 것은?

<보기>
㉠ 기록 사료는 문헌 사료와 구전 사료가 있다.
㉡ 물적 사료는 물질적 유산인 유물과 유적이 있다.
㉢ 기록 사료 중 민요, 전설, 시가, 회고담 등은 문헌 사료이다.
㉣ 전통적인 분류 방식에 따르면, 물적 사료와 기록 사료로 구분된다.

① ㉠, ㉡
② ㉡, ㉢
③ ㉠, ㉡, ㉣
④ ㉡, ㉢, ㉣

• 기록사료는 문헌사료와 구전사료가 있으며, 물적사료에는 유물과 유산이 해당되며, 사료 분류방식은 크게 물적사료와 기록사료로 구분할 수 있다.
• 기록사료 중 회고담 등은 구전사료에 해당한다.

정답 ③

04 <보기>에서 화랑도에 관한 설명으로 옳은 것만을 모두 고른 것은?

<보기>
㉠ 법흥왕 때에 종래 화랑도 제도를 개편하여 체계화되었다.
㉡ 한국의 전통사상과 세속오계(世俗五戒)를 근간으로 두었다.
㉢ 국선도(國仙徒), 풍류도(風流徒), 원화도(源花徒)라고도 불리었다.
㉣ 편력(遍歷), 입산수행(入山修行), 주행천하(周行天下) 등의 활동을 했다.

① ㉠, ㉡
② ㉡, ㉢
③ ㉠, ㉡, ㉣
④ ㉡, ㉢, ㉣

 화랑도는 진흥왕때 개편하였으며 교육관은 세속오계이다. 또한, 화랑도는 국선도, 풍류도, 원화도라고도 불리며, 편력과 입산수행, 주행천하의 활동을 강조했다.

정답 ④

05 <보기>의 ㉠에 해당하는 용어는?

─<보기>─

『구당서(舊唐書)』에 따르면, "고구려의 풍속은 책 읽기를 좋아하며, 허름한 서민의 집에 이르기까지 거리에 큰 집을 지어 이를 (㉠)이라고 하고, 미혼의 자제들이 여기에서 밤낮으로 독서하고 활쏘기를 익힌다."라고 되어 있다.

① 태학
② 경당
③ 향교
④ 학당

정답분석 경당은 서민 혹은 평민자제가 배움을 이어갈 수 있는 기관이었다. 또한 경당은 시립 초등 교육기관으로 볼 수 있다.

정답 ②

06 고려시대의 무학(武學) 전문 강좌인 강예재(講藝齋)가 개설된 교육기관은?

① 국자감(國子監)
② 성균관(成均館)
③ 응방도감(鷹坊都監)
④ 오부학당(五部學堂)

정답분석 고려시대 국자감은 7재를 두어 교육했으며 그 중 강예재에서는 무학을 배울 수 있었다.

정답 ①

07 <보기>에서 고려시대 무예의 특징으로 옳은 것만을 모두 고른 것은?

─<보기>─

㉠ 격구(擊毬)는 군사훈련의 수단이었다.
㉡ 수박희(手搏戱)는 무인 인재 선발의 중요한 방법이었다.
㉢ 마술(馬術)은 육예(六藝) 중 어(御)에 속하며, 군자의 중요한 덕목 중 하나였다.
㉣ 궁술(弓術)은 문인과 무인의 심신 수양과 인격도야의 방법으로 중시되었다.

① ㉠
② ㉡, ㉢
③ ㉡, ㉢, ㉣
④ ㉠, ㉡, ㉢, ㉣

정답분석 격구는 군사훈련의 수단이었으며, 수박희는 무인 인재 선발의 주요 수단이었다. 마술은 6예 중 어(御)에 속하며, 궁술은 문인과 무인의 심신수양 및 인격도야 무술로써 중요하게 다뤄졌다.

정답 ④

08 조선시대 무과제도에 관한 설명으로 옳지 않은 것은?

① 초시, 복시, 전시 3단계로 실시되었다.
② 무과는 강서와 무예 시험으로 구성되었다.
③ 증광시, 별시, 정시는 비정규적으로 실시되었다.
④ 선발 정원은 제한이 없었으며, 누구나 응시할 수 있었다.

정답분석 조선시대 무과제도는 양반이 응시할 수 있었다.

선지분석
① 초시(230명), 복시(28명), 전시(28명) 3단계로 실시되었다.
② 무과는 무예와 경서, 병서 등의 시험을 부과하였다.
③ 증광시, 별시, 정시는 비정규적으로 실시하였다.

정답 ④

09 <보기>에 해당하는 신체활동은?

─── <보기> ───
- 군사훈련의 성격을 지니고 실시된 무예 활동
- 조선시대 왕이나 양반 또는 대중에게 볼거리 제공
- 나라의 풍속으로 단오절이나 명절에 행해졌던 활동
- 승부를 결정 짓는 놀이로서 신체적 탁월성을 추구하는 경쟁적 활동

① 투호(投壺)
② 저포(樗蒲)
③ 석전(石戰)
④ 위기(圍碁)

정답분석 석전은 하천을 경계로 둔 돌싸움이며 왕이나 양반에게는 볼거리를 제공했으며, 단오절이나 명절에 주로 행해졌던 활동이다.

정답 ③

10 <보기>에서 조선시대 체육사상에 관한 설명으로 옳은 것만을 모두 고른 것은?

─── <보기> ───
㉠ 유교의 영향으로 숭문천무(崇文賤武) 사상이 만연했다.
㉡ 심신 수련으로 활쏘기가 중시되었고, 학사사상(學射思想)이 강조되었다.
㉢ 활쏘기를 통해서 문무겸전(文武兼全) 혹은 문무겸일(文武兼一)에 도달하고자 했다.
㉣ 국토 순례를 통해 조선에 대한 애국심을 가지게 하는 불국토사상(佛國土思想)이 중시되었다

① ㉠, ㉡
② ㉡, ㉢
③ ㉠, ㉡, ㉢
④ ㉡, ㉢, ㉣

정답분석 ㉣에서 언급된 국토 순례를 통한 불국토 사상은 신라 화랑도의 세속오계 중 임전무퇴와 살생유택에 해당되는 사상이다.

정답 ③

11 일제강점기에 설립된 체육 단체가 아닌 것은?
① 대한국민체육회(大韓國民體育會)
② 관서체육회(關西體育會)
③ 조선체육협회(朝鮮體育協會)
④ 조선체육회(朝鮮體育會)

정답분석 대한국민체육회는 일제강점기가 아닌 개화기 때 설립된 체육단체이다.

선지분석
② 관서체육회: 1924년 평양에 설립된 관서지방의 체육단체이다.
③ 조선체육협회: 1919년 재조선 일본인에 의해 창립되었다.
④ 조선체육회: 1920년 조선체육협회에 대응하기 위해 만들어진 단체이다.

정답 ①

12 <보기>의 ㉠, ㉡에 해당하는 여성 스포츠인이 바르게 연결된 것은?

─── <보기> ───
- 박봉식은 1948년 런던올림픽경기대회에 출전한 첫 여성 원반 던지기 선수
- (㉠)은/는 1967년 세계여자농구선수권대회에 출전해 최우수 선수로 선정
- (㉡)은/는 2010년 밴쿠버동계올림픽경기대회에 출전해 피겨 스케이팅 금메달 획득

	㉠	㉡
①	박신자	김연아
②	김옥자	김연아
③	박신자	김옥자
④	김옥자	박신자

정답분석 박신자 선수는 1967년 세계여자농구선수권대회에 출전해 최우수 선수로 선정되었으며 김연아 선수는 2010년 밴쿠버동계올림픽경기대회에 출전해 피겨 스케이팅 금메달을 획득했다.

정답 ①

13 <보기>의 ㉠, ㉡에 해당하는 개최지가 바르게 연결된 것은?

―<보기>―
우리나라는 1986년 서울아시아경기대회, 2002년 (㉠) 아시아경기대회, 2014년 (㉡) 아시아경기대회를 성공적으로 개최했다.

	㉠	㉡
①	인천	부산
②	부산	인천
③	평창	충북
④	충북	평창

정답분석 2002년은 부산아시아경기대회, 2014년은 인천아시아경기대회를 성공적으로 개최하였다.

정답 ②

14 <보기>에 해당하는 인물은?

―<보기>―
- 제6회, 제7회 아시아경기대회에서 수영 종목 400M, 1,500M 2관왕 2연패
- 2008년 독도 33바퀴 회영(回泳)
- 2020년 스포츠영웅으로 선정되어 2021년 국립묘지에 안장

① 조오련
② 민관식
③ 김일
④ 김성집

정답분석 조오련 선수는 제6회, 제7회 아시아경기대회 수영 종목 400M, 1500M에서 2관왕에 올랐으며 2008년 독도를 33바퀴 회영하였다.

정답 ①

15 다음 중 개화기에 도입된 근대스포츠 종목으로 옳지 않은 것은?

① 농구
② 역도
③ 야구
④ 육상

정답분석 역도는 일제강점기때 도입된 스포츠이다.

선지분석
① 농구: 1907년 YMCA 선교사 질레트에 의해 도입되었다.
③ 야구: YMCA 선교사 질레트에 의해 도입되었다.
④ 육상: 달리기, 뜀뛰기, 공 던지기 등이 포함되며, 화류회를 통해 최초로 소개되었다.

정답 ②

16 다음 중 광복 이전 조선체육회에 관한 설명으로 옳지 않은 것은?

① 조선체육협회보다 먼저 창립되었다.
② 조선의 체육을 지도, 장려하는 것이 목적이었다.
③ 첫 사업인 제1회 전조선야구대회는 전국체육대회의 효시이다.
④ 고려구락부를 모태로 하였고, 조선체육협회에 강제 통합되었다.

정답분석 조선체육회는 1920년에 창립되었으며, 이는 1919년에 창립된 조선체육협회에 대항하기 위하여 창립되었다.

정답 ①

17 <보기>에서 설명하는 올림픽경기대회는?

― <보기> ―
- 우리 민족이 일장기를 달고 출전한 대회
- 마라톤의 손기정이 금메달, 남승룡이 동메달을 획득한 대회

① 1924년 제8회 파리올림픽경기대회
② 1928년 제9회 암스테르담올림픽경기대회
③ 1932년 제10회 로스앤젤레스올림픽경기대회
④ 1936년 제11회 베를린올림픽경기대회

 1936년 제11회 베를린올림픽경기대회 마라톤에서 손기정 선수가 금메달, 남승룡 선수가 동메달을 획득했다.

정답 ④

18 <보기>의 ㉠, ㉡에 들어갈 알맞은 용어로 바르게 연결된 것은?

― <보기> ―
- (㉠)경기대회는 우리나라 여성이 최초로 금메달을 획득한 대회로, 서향순이 양궁 개인전에서 금메달을 획득했다.
- (㉡)경기대회는 우리나라가 광복 후 최초로 마라톤에서 금메달을 획득한 대회로, 황영조가 마라톤에서 금메달을 획득했다.

	㉠	㉡
①	1984년 로스앤젤레스 올림픽	1988년 서울올림픽
②	1984년 로스앤젤레스 올림픽	1992년 바르셀로나 올림픽
③	1988년 서울올림픽	1988년 서울올림픽
④	1988년 서울올림픽	1992년 바르셀로나 올림픽

 1984년 로스엔젤레스올림픽에서는 우리나라 여성 최초 서향순이 양궁에서 금메달을 획득했으며, 1992 바르셀로나올림픽에서는 황영조 선수가 광복 이후 최초로 마라톤 금메달을 획득했다.

정답 ②

19 <보기>의 설명과 관련 있는 정권은?

― <보기> ―
- 호돌이 계획 시행
- 국민생활체육회(구 국민생활체육협의회) 창설
- 1988년 서울올림픽경기대회의 성공적인 개최
- 제41회 지바 세계탁구선수권대회 남북단일팀 출전

① 박정희 정권
② 전두환 정권
③ 노태우 정권
④ 김영삼 정권

 노태우정권은 1988년 서울올림픽경기대회를 성공적으로 개최하였으며, 이후 국민생활체육진흥 종합계획, 일명 호돌이 계획을 시행하였다.

정답 ③

20 2002년 제17회 월드컵축구대회에 관한 설명으로 옳지 않은 것은?

① 한국은 4강에 진출했다.
② 한국과 일본이 공동으로 개최했다.
③ 한국과 북한이 단일팀을 구성하여 출전했다.
④ 한국의 길거리 응원은 온 국민 문화축제의 장이었다.

 축구에서 한국과 북한이 단일팀을 구성하여 출전한 경기는 제6회 포르투갈 세계청소년축구대회이다.

정답 ③

pass.Hackers.com

해커스자격증
pass.Hackers.com

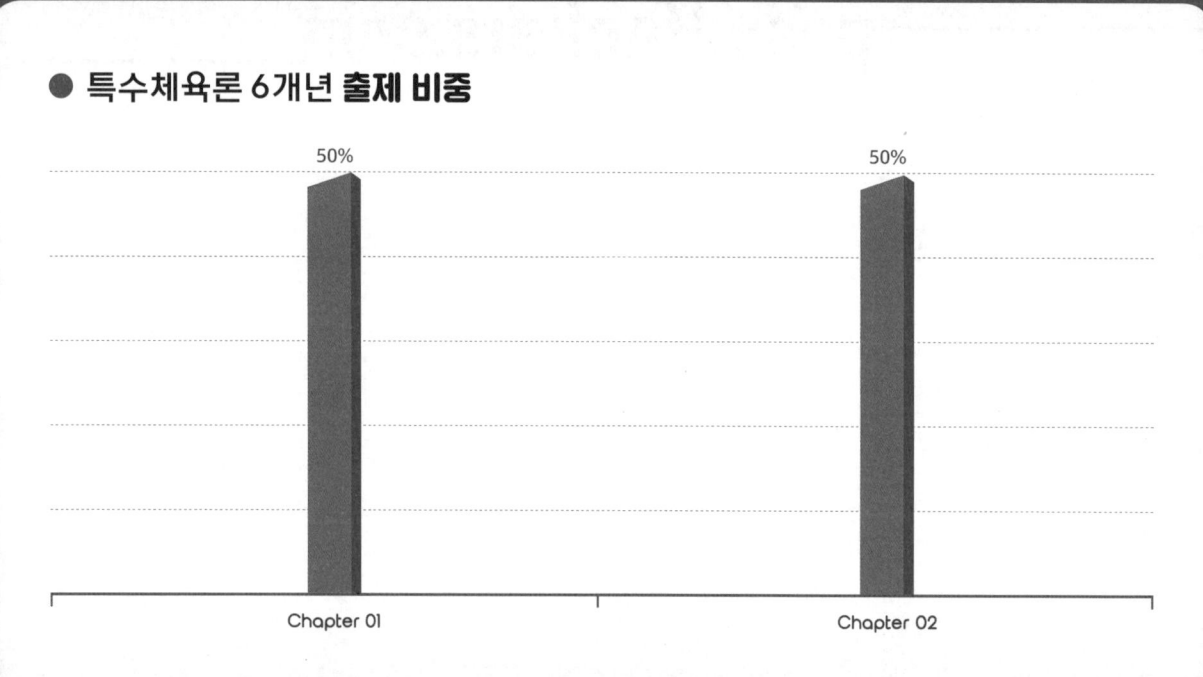

해커스 **스포츠지도사 2급 필기** 한권합격 이론+최신기출+핵심노트

Part 08

특수체육론

필수과목

Chapter 01 특수체육의 개요
Chapter 02 장애유형별 체육지도 전략

Chapter 01 특수체육의 개요

01 특수체육의 의미

1 특수체육의 정의

(1) 장애인을 위해 수정 및 보완이 포함된 체육프로그램을 발전시키고, 실행하고, 검사하기 위한 교육적 서비스 전달체제(AUXTER, Pyfer & Huetting 2001)
(2) 장애인 등에게 일반인들이 신체활동을 통해 느끼는 즐거움을 제공하기 위하여 일반인들이 참여하는 계획적인 신체활동, 게임, 스포츠를 장애특성에 맞춰 안전하게 보완, 수정한 운동 프로그램
(3) 특수체육은 특수와 체육이 결합한 용어
(4) 장애인 등의 법률을 근거하여 신체활동 서비스를 제공함

2 특수체육의 목표 기출 19·22년

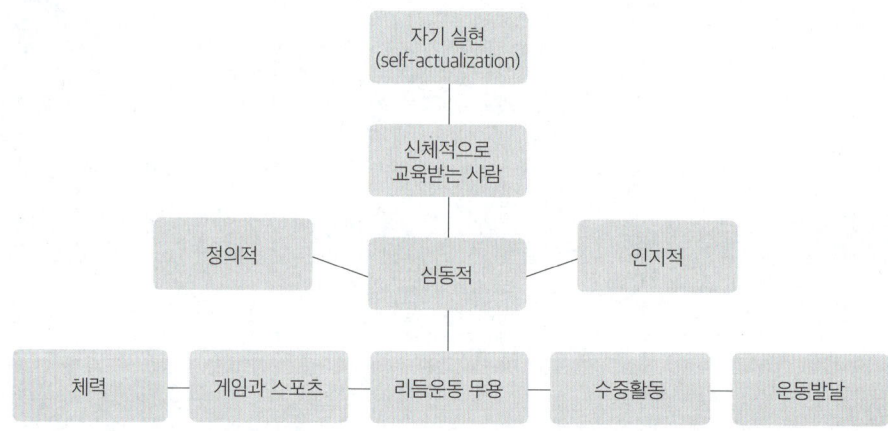

1. 특수체육 프로그램의 목적 및 목표(Winnick, 2005)

인지적 목표	• 다양한 **사고 능력이 필요한 게임**이나 스포츠 참가는 아동의 지적 발달에 도움을 줌 • 움직임과 스포츠 기술을 위한 지식 숙지
정의적 목표	• 장애인의 **자아개념, 흥미, 태도, 감정, 신념** 등에 연관된 교육 목표를 설정 • 규칙을 존중하기, 긍정적인 자아개념, 자신감 갖기 등
심동적 영역	• 장애인의 **신체를 조절하는 근력을 발달**시키고 유지시킴 • 반사 운동, 기본 운동(기초 운동, 이동 및 비이동 운동), 특정 스포츠와 관련된 움직임(체력, 수중 운동, 무용, 게임) 등

---

❶ Winnick의 특수체육 프로그램 및 목표

인지적	사고, 신념, 지각, 가치 등 자극을 받아들이기 위한 목표
정의적	자아개념, 흥미, 태도 등을 위한 목표
심동적	체력, 기초 운동 등을 위한 목표

핵심요약&보충자료

> **선생님 TIP** 장애인 임파워먼트(empowerment) **기출** 17·21·22년
> - 개념: 장애인의 **능력 배양을 목표**로 장애인 **스스로 권한**을 향상하기 위한 활동
> - 속성
>   - 자결성: 개인적 삶에 적극적으로 자기가 결정하고 재활, 신체활동 참여에 대한 선택, 서비스 계획과 조직에 대한 영향
>   - 사회적 참여: 사회적으로 불공정한 것들에 시정을 요구하고 지지 활동을 하며, 다른 장애인에 대한 배려
>   - 개인적 유능감: 통제에 대한 내적 승인, 장애에 대하여 받아들이고 긍정적인 자아존중감 향상 목적

3 특수체육의 추구 가치

1. 정상화
① 비장애인과 장애인 간의 무의식적인 구별조차 없는 사회적, 환경적 상황을 목표
② 모든 장애인 관련 교육과 생활 분야의 근본적이 원칙

2. 주류화
정상화가 실현되기 위해 장애인을 비장애인과 같은 환경에 배치하여 상호작용하면서 부족한 부분에 대해서만 특수교육을 진행하여, 최종적으로 통합교육을 하기 위한 단계·과정

3. 최소제한 환경(제한환경의 최소화, LRE) **기출** 17·22년
① 장애를 가지고 있는 장애인들이 교육 및 생활에서 그들의 손상 문제를 극복하여 **최대한 능력을 발휘하는 데** 필요한 효과적인 환경을 제공
② 효율적 제반 여건(인적, 기구, 환경, 행정), 평가의 전제, 명확한 분류, 관련 서비스의 의무화 강조

4. 통합체육

(1) 의의

장애인에게 적절한 활동, 체육 프로그램을 제공 및 지원하며 일반인과 함께 스포츠와 신체 활동에 참여하여 상호 간 이해의 발판을 제공

(2) 위닉(J. Winnick)의 통합 스포츠 5단계❷ **기출** 19·22년

통합 정도	참가 기준
일반스포츠	모든 사람에게 동일한 기준 적용
일반스포츠의 적용	경기 결과에 관련 없이 시설, 기구 이용 가능
일반스포츠와 장애인 스포츠	장애 구분 없이 경기에 함께 참여, 규칙 변형 없음
통합 장애인 스포츠	장애인 선수와 일반 선수가 규칙을 변형하여 참가
분리 장애인 스포츠	장애인 선수만 참가

(3) 통합체육의 장점
① 장애인의 운동 수행 능력을 발휘할 수 있는 기회 제공
② 장애인과 비장애인의 교류를 통한 상호 간 이해의 기회
③ 정상화의 실현, 장애인 동기부여, 장애인 교육에 따른 사회비용 절감

❷ 위닉(J.Winnick)의 통합 스포츠 5단계
- 일반스포츠
- 일반스포츠의 적용
- 일반스포츠와 장애인 스포츠
- 통합 장애인 스포츠
- 분리 장애인 스포츠

핵심요약&보충자료

(4) 통합체육의 단점
　① 장애인을 위한 별도의 시설 및 기구 필요
　② 특별한 프로그램을 위한 계획 및 준비 과정 필요
　③ 특수체육을 위한 인력 필요
　④ 다양한 장애인에 대한 대응 어려움의 존재
　⑤ 대규모 학습일 경우 장애인의 개인 요구에 대응하지 못할 가능성이 높음

4 특수체육의 변천 과정

1. 특수체육의 역사

1870	1924 1회 국제 농아인 경기대회 (재활스포츠)	1945 (재활스포츠)	1960 (재활스포츠)	1968 (재활스포츠)	1976
미국특수학교 청각장애인 야구선수단 조직	제1회 파리 데플림픽대회 개최(9개국 청각장애인 참가)	제1회 휠체어 국제경기 대회 개최	제1회 로마 하계 패럴럼픽 대회 개최(루드윅 구트만 창시)	제1회 시카고 (soldier field에서 지원) 스페셜 올림픽 대회 개최	제1회 외른셜스비크(스웨덴) 동계 패럴림픽 대회

2. 국제경기 대회 기출 15·19년

구분	패럴림픽	스페셜 올림픽	데플림픽 (농아인 올림픽)
자격	지체장애인, 지적장애인, 뇌병변 장애인	만 8세 이상의 지적장애인, 자폐성장애인	보청기, 달팽이관 이식 등을 하지 않은 청각장애인(55dB 이상)
개최 목적	신체적, 감각적 장애가 있는 운동선수들의 스포츠를 통한 경쟁 도모	지적장애인, 자폐성장애인의 지속적인 스포츠 훈련 기회 제공	스포츠를 통한 심신 단련, 세계 청각장애인들의 친목 도모 및 유대 강화
경기 기간	동·하계 올림픽과 같은 해에 개최	4년마다 동·하계 대회로 개최	4년마다 동·하계 대회로 개최(올림픽 다음 해에 개최)
경기 방식	신체 장애 구분에 따라 분류하여 진행	선수들의 나이, 성별, 운동 능력에 따라 디비전 그룹이 나누어져 본 경기를 진행하는 디비저닝(divisioning)	신체 장애 구분에 따라 분류하여 진행
경기 종목	동계 6개 종목, 하계 22개 종목	동·하계 포함하여 총 32개	동계 18개 종목, 하계 5개 종목
국제기구	IPC(International Paralympics Committee)	SOI(Special Olympics International)	ICSD(International Committee of Sports for the Deaf)

3. 우리나라 특수체육의 역사❶

(1) 태동기(1912~1987)
　① 특수학교에서 체육교과 활동 시작
　② 전국장애인 체육대회 개최, 장애인 국제대회 참가

---

❶ 우리나라 특수 체육의 역사

태동기(1912~1987)
↓
기반 구축기(1988~2004)
↓
도약기(2005~현재)

(2) 기반 구축기(1988~2004)

　　1988년 서울 패럴림픽 개최, 특수체육학 정립 및 장애인 체육대회 발전

(3) 도약기(2005~현재)

　　① 장애인체육행정체계 확립

　　② 대한장애인체육회 설립(2005)

　　③ 이천 장애인종합훈련원 운영 시작(2009)

　　④ 평창 동계 패럴림픽 개최(2018)

5 특수체육의 명칭 변화 기출 21·23년

1. 의료체육(medical gymnastics)
1800년~1900년대 근력 운동, 수동적으로 활동적이게 도움되는 운동을 목적으로 신체 특정 부위 발달을 위해 의사 또는 체조 선수들이 처방함

2. 교정체육(Corrective Physical Education)
1920년~1930년대 장애인의 치료 및 재활적 관점을 중점적으로 다룸

3. 적응체육(Adapted Physical Education)
1952년 이후 장애인의 운동 프로그램을 변형하여 안전하고 만족스럽게 적응하여 신체활동 하는 것에 초점을 둠(일반체육을 변형하여 적용)

4. 특수체육(APE, Adapted Physical Education)
교정, 발달, 치료로 구분하여 장애인 특성에 맞게 능력 발달을 목적

5. 특수체육(APA, Adapted Physical Activity)
　　① 장애인 유아기부터 장애 노년까지 신체활동을 강조하면서 평생체육을 강조함

　　② 장애인들의 제반 활동을 관리한다는 의미

6. 그 외 특수체육 관련 용어

(1) 재활체육(Rehabilitative Physical Education)

　　장애인의 신체적, 정신적, 사회적 영역뿐만 아니라 직업, 경제와 같은 사회와 살아가기 위한 전반적인 능력을 최대한 신체활동을 통하여 회복함

(2) 치료체육(Therapeutic Physical Education)

　　① 치료를 목적으로 개인적으로 처방된 운동을 실시함

　　② 계획적인 개입 과정을 통해 질병과 장애의 요인을 제거, 감소시키기 위한 처방활동 및 행동개선을 위한 체육프로그램

(3) 특수교육을 위한 체육(Special Physical Education)

특수체육(Special Physical Education)은 특별한 요구가 있는 학생들에게 프로그램을 적절히 제공하기 위해 개발된 특별한 영역으로, 교정체육·발달체육·특수체육(Adapted Physical Education)프로그램으로 구분함

선생님 TIP 특수체육 프로그램 구조 기출 21년

구분	내용
교정체육 (Corrective P.E)	치료체육(Remedial Physical Education)이라고도 하며, 주로 기능적 자세와 신체 메카닉스의 결함을 운동으로 교정하는 프로그램, 재활을 위한 운동 치료의 중요 분야
발달체육 (Developmental P.E)	아동의 발달 수준을 바탕으로 체력의 향상과 움직임 기술의 습득을 강조하는 체육 프로그램으로 일반적으로, 체육 활동 프로그램을 의미함
특수체육 (Adapted P.E)	심동적 문제가 있는 사람들이 일반 체육과 동일한 목표와 목적으로 스포츠, 운동, 신체활동에 안전하게 참여하여 성공적으로 수행할 수 있도록 규칙, 방법 등을 변형하여 실시하는 체육 프로그램

6 특수체육 관련 법령

1. 우리나라의 특수체육 관련 법령 기출 16·19년

(1) 장애인 스포츠지도사 관련 법령

① 법적 근거: 국민체육진흥법 제11조(체육지도자의 양성), 동법 시행령 제9조의 3(장애인스포츠지도사)

② 장애인스포츠지도사의 구분

구분	응시 대상	연수 기간	연수 과목
2급 장애인 스포츠지도사	18세 이상	90시간	스포츠 윤리, 장애 특성 이해, 지도 역량, 스포츠 매니지먼트, 현장 실습, 그 밖에 문화체육관광부장관이 필요하다고 인정하여 고시하는 사항
1급 장애인 스포츠지도사	2급 자격취득 후 3년 이상 해당 자격 종목 지도 경력이 있는 사람	120시간	스포츠 윤리, 선수 관리, 지도 역량, 코칭 실무, 스포츠 매니지먼트, 현장 실습 및 사례 발표, 그 밖에 문화체육관광부장관이 필요하다고 인정하여 고시하는 사항

③ 특수체육 관련 기관 및 법령

구분	업무	기관별 관련 중요 법령
문화체육관광부	장애인 체육	국민체육진흥법, 체육시설의 설치·이용에 관한 법률, 국제경기대회 지원법
보건복지부	장애인 건강권 보장 및 재활 운동	장애인복지법, 장애아동 복지지원법, 장애인·노인·임산부 등의 편의증진 보장에 관한 법률, 장애인차별금지 및 권리구제 등에 관한 법률(장애인차별금지법), 장애인 건강권 및 의료접근성 보장에 관한 법률, 발달장애인 권리보장 및 지원에 대한 법률
교육부	학교 체육: 장애 학생	교육법, 학교체육 진흥법, 장애인 등에 대한 특수교육법

2. 특수체육 대상자에 대한 법률적 분류① 기출 15·19·22·23년

(1) 장애인 복지법에 따른 분류

규정: 지체장애, 시각장애, 청각장애, 언어장애 또는 지적장애 등 신체적·정신적 결함으로 장기간에 걸쳐 일상생활에 어려울 정도로 제약을 받는 사람

분류			내용
신체적 장애	외부 신체 기능 장애	지체장애	절단장애, 관절장애, 지체기능 장애, 변형 등의 장애
		뇌병변 장애	뇌 손상으로 인한 복합적 장애
		시각장애	시력장애, 시야결손장애
		청각장애	청력장애, 평행기능장애
		언어장애	언어장애, 음성장애, 구어장애
		안면장애	함몰, 비후, 유전적 등의 변형 장애
	내부기관 장애	신장장애	투석 치료 중이거나 신장 이식을 받은 경우
		심장장애	일상생활이 현저히 제한되는 심장기능 이상자
		간장애	일상생활이 현저히 제한되는 간기능 이상자
		호흡기장애	일상생활이 현저히 제한되는 호흡기능 이상자
		장루·요루장애	일상생활이 현저히 제한되는 배변, 배뇨 이상자
		뇌전증장애	만성 간질로 일상생활이 제한되는 자
정신적 장애	발달장애	지적장애	지능지수가 70 이하인 장애
		자폐성장애	소아나 청소년의 자폐성장애
	정신 장애	정신장애	정신분열증, 불안장애, 반복성 우울장애, 조현병

(2) 특수교육법에 따른 분류

특수교육대상자 선정에는 교육장 또는 교육감은 다음 표의 어느 하나에 해당하는 사람 중 특수교육을 필요로 하는 사람으로 진단·평가된 사람을 특수교육 대상자로 선정함

특수교육 대상자	선정기준
시각장애	시각 기능 불능 포함, 보조공학 기기 사용
청각장애	보청기 착용, 의사소통 불가, 교육적 성취 미흡
지적장애	지적 기능과 적응 행동성 장애, 교육적 성취 미흡
지체장애	기능, 형태상의 장애 지체된 신체 움직임으로 심한 어려움 겪음, 교육적 성취 미흡
정서 행동 장애	장기간 학습 곤란, 대인관계 곤란, 부적절한 행동과 감정, 우울증과 공포 등
자폐성장애	사회적 상호작용과 의사소통의 결함, 제한적·반복적 관심과 활동
의사소통장애	언어 수용 및 표현능력, 조음능력, 말 유창성, 기능적 음성 장애 부족
학습장애	학습기능, 학업 성취 영역에 심한 어려움
건강장애	만성 질환으로 3개월 이상의 장기 의료 지원이 필요한 자
발달지체	발달이 또래에 비하여 현저하게 지체된 9세 미만 아동

 핵심요약&보충자료

❶ 특수체육 대상자에 대한 법률적 분류

장애인복지법	• 신체적 장애 • 정신적 장애
특수교육법	특수교육이 필요한 사람
ICF 국제기능장애	• 신체기능과 구조 • 활동 • 참여
IDEA 미국 장애인 교육 향상법	독특한 요구를 위한 개별화된 프로그램

핵심요약&보충자료

(3) ICF(국제기능장애 분류)

① 개념
- ㉠ ICF는 일반화된 장애개념을 국가 간의 정의하여 세계보건기구(WHO) 2001년 제정
→ 과거 장애 손상과 상태에 집중하는 개념에서 지원에 집중하는 개념으로 변환함
- ㉡ **국가 간 장애 분류 차이를 타파, 기능과 장애에 대한 건강요소와 관련된 세계적으로 일치된 모형을 만드는 게 목표**
- ㉢ 개인의 기능적 상황을 고려하고 있지 못한다는 단점을 해결(기존에는 질병, 장애 분류기준이 의료적 진단, 상황에서만 의존함)

② ICF 모형

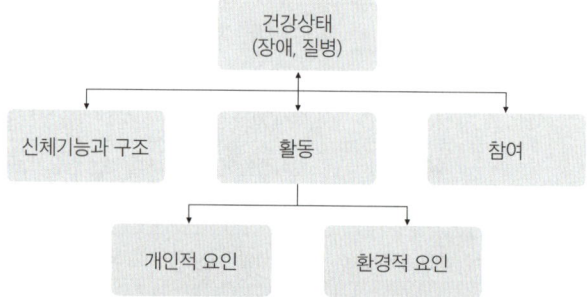

- ㉠ 장애의 신체기능과 구조, 활동, 참여 등 각 영역이 모두 또는 어느 한 가지 영역에서 겪는 어려움으로 인해 발생하며, 개인적, 환경적 요인에 의해서도 영향을 받음
- ㉡ ICF 모형의 요소

신체기능과 구조	• 신체기능: 신체의 생리적·심리적 기능 • 구조: 신체의 각 기관과 해부학적 의미
활동	개인의 행동, 과제수행
참여	사회 참여

(4) 미국 장애인 교육 향상법(IDEA, Individuals Disabilities Education Improvement ACT)

기출 22년

① 내용
- ㉠ 세계 많은 나라의 특수교육에 영향을 미쳤으며, 우리나라 특수교육 관련법도 이 법을 토대로 제정됨
- ㉡ 최소한 제한된 교육환경 배치, 무상의 교육, 적법절차에 따른 장애아동과 부모의 권리 보호
- ㉢ 교육프로 결정 시 공동 의사결정(부모 참여), 교육현장에서 장애아동의 배제 금지, 평가

② 정의
장애인의 독특한 요구를 충족시키기 위해 고안된 체력, 기본운동기술, 수중, 무용, 개인 또는 집단 게임, 스포츠에서의 기술의 발달을 위한 개별화된 프로그램

02 특수체육에서 사용하는 사정과 측정 도구

 핵심요약&보충자료

1 사정의 의미, 유형, 평가

1. 사정의 의미 기출 16·22·23년

(1) 사전적 의미

측정을 통하여 대상의 수준을 파악하는 것

(2) 특수체육에서 의미

① 자료의 의미를 결정을 위한 검사 자료에 대한 분석(jansma&French, 1994)

② 특수체육 분야에 피교육자의 수준을 파악, 탐색, 지도에 대한 기초 자료(winnick, 1995)

③ 자료 수집과 해석, 판단 및 결정을 하는 종합적 과정(sherrill, 1998)

④ 수집된 정보를 여러가지 방법으로 연관시켜 문제 해결 과정(auxter, pyfer&huetting, 2001)

2. 평가의 의미

① 검사 도구로 측정한 자료를 토대로 운동 기능 수준, 체력 상태 등과 관련된 결정을 하는 것

② 대상자들의 신체활동 및 운동 프로그램 계획, 적용을 위해 필수적

3. 평가의 목적

(1) 프로그램 효율성 결정

① 예측: 검사된 수치는 운동의 방법을 결정짓는 지표가 됨

② 지도 내용 및 진도 결정: 지도 대상의 목표 달성 여부에 따라 지도 내용, 진도를 결정하는 데 영향을 미침

③ 동기: 정기적 검사를 통한 운동 기술 향상을 위한 격려 수단

④ 진단: 개별화된 교육 계획 수립의 핵심

(2) 평가 단계❶

① 선별 검사: 심층적 평가 의뢰 여부 결정

② 진단 평가: 장애 유무에 따른 장애 원인 분석

③ 대상 선정/등급 분류: 특수교육 대상자 · 선수 해당 선정 결정

④ 프로그램 계획 및 배치: 교육 · 지도 및 관련 서비스 제공 여부 결정

⑤ 형성 평가: 적절한 발달을 나타내는지 결정

⑥ 총괄 평가: 예상된 발달이 있었는지 결정

---

❶ 평가 단계 순서

선별 검사 → 진단 평가 → 대상 선정/등급 분류 → 프로그램 계획 및 배치 → 형성 평가 → 총괄 평가

4. 사정의 유형 및 측정 평가 방법

(1) 형식적 검사

① 개인마다의 운동능력을 측정

② 일정 대상자, 순서, 형식, 해석이 정해져 있음

(2) 형식적 검사의 종류 기출 17·23년

구분	규준지향검사	준거지향검사
정의	• 개인별 운동 수행능력을 **특정 집단의 기록과 비교하도록 만든 것** • 개인별 운동수행 능력을 객관적 수치로 나타냄(시간, 횟수, 거리)	• 개인별 운동기술 측정(운동기술의 숙련도 검사) • 미숙련된 동작의 원인 파악 및 운동 수행 능력 향상이 목적
장점	• 개인별 신체능력 향상 파악 가능 • 개인별 신체능력의 강점, 약점 측정 가능 • 개인별 능력을 점수화하여 검사 참여의 동기 유발 가능	• 측정 결과를 통해 개인별 교육에 사용 가능 • 기술의 수행능력, 습득 정도를 직접적으로 측정하여 타당성이 높음
단점	• **나이가 어린 유아, 아동의 경우 검사 불가능** • 장애가 심한 경우 점수를 못 받거나 검사에서 제외되는 경우 발생 • 특정 장애에만 적용 가능, 다른 장애 측정 불가	• **실제 운동 기술 활동과 측정 결과가 다름** • 기능접근에 가까워 종목의 실제 상황과 상이한 경우 발생함

(3) 비형식적 검사

① 특정 방법의 검사 과정 및 상황이 없고 점수화보다 자연스러운 상황에서의 평가를 강조

② 직접관찰과 간접적인 정보(수집된 정보)를 기초로 한 방법으로 구분

(4) 비형식적 검사의 종류

① 과업분석 평가: 한 가지 운동 시행 시 기본적 동작을 순차적으로 나열(분석 시 환경, 동작, 조건을 고려)

② 설문: 생활환경, 지능, 습관, 취미, 가족관계, 평상 시 수행한 신체적 운동능력에 관한 정보 수집

③ 생태학적: 정통적 검사 방법, 측정이 어려운 아동의 취미활동, 레저, 레크레이션 활동 능력을 측정하는 방법

2 장애인 대상 검사 방법과 검사 도구

1. 검사 도구 기출 17년

(1) 신뢰도

검사를 반복하여도 동일한 결과가 나오는 신뢰도를 확보

(2) 타당도

검사자가 정한 검사 방법이 적합한지를 판단하며, 일관성, 안정성으로 표현됨

준거 타당도	측정한 점수와 특정 기준의 상관관계, 상관계수를 통해 타당도 확인 및 앞으로의 준거행동을 예견 가능
내용 타당도	논리적 사고를 통한 주관적인 평가 및 내용 분석, 수치화되지 않음
구성 타당도	측정된 검사가 개념, 정의에 맞게 측정 정도를 파악

(3) 목적

검사 대상, 검사 내용, 대상자들의 검사 이유를 고려해야 함

2. 검사 방법 [기출] 15·17·19·21·23년

(1) PAPS-D(장애 학생 체력 검사)

검사 목적	검사 개요	검사 항목
장애 학생의 건강 체력 평가	• 2013년 국내에서 개발한 유일한 장애인 검사 • 장애 유형별 건강 체력 측정을 위한 방법 및 항목을 제시하여 장애인스포츠 현장에서 유용함 • 주로 건강관련 체력요인들을 검사 • PAPS(학생건강체력평가)에서 개발되어 장애인을 위해 보완됨	• 심폐 기능: 스텝검사 • 유연성: 좌전굴 • 순발력: 제자리 멀리뛰기 • 근 기능: 악력 • 자기 신체 평가 • 자세 평가 • 신체 구성: 체질량지수

(2) BPFT(장애 학생 체력 검사)

'검사하기 프로파일 작성 → 검사 항목 선정 → 측정 → 준거 점수와 비교 분석 → 결과에 대한 프로파일 작성 → 운동 계획 수립' 순서로 진행됨

검사 목적	검사 개요	검사 항목
10세~17세 대상으로 장애인과 일반인에게도 적용 가능한 건강 관련 체력 검사	• 장애 유형별 특성을 고려한 27개 항목으로 측정 • 절단장애, 지적장애, 시각장애, 뇌성마비, 척수손상 검사 가능 • 장애인의 능력 및 기능에 맞는 검사 항목 선택 가능 • 연령대별 권장기준, 건강기준 제시	• 신체 조성: 신체질량지수(BMI), 피부 두께 측정법 • 유연성: 어깨 신전시키기, 앉아 앞으로 굽히기 • 근력 및 지구력: 악력, 밴치프레스, 팔굽혀펴기, 오래 매달리기 • 심폐 지구력: 16m, 20m 걷기, 1.6km 달리기/걷기, 목표 심박수 운동검사

(3) TGMD-3(대근 운동 발달 검사)

검사 목적	검사 개요	검사 항목

3세~10세 특수교육 대상자들의 대근 운동의 기본 운동기술수행 능력 검사	• 대근 운동능력의 측정을 위한 일반적인 규준 참조 검사
	• 측정 대상자는 대근 운동 발달에 있어 평균보다 뒤처지거나, 특수교육 대상자들을 대상으로 함
	• 일반인도 가능한 표준 검사이며 특수 개발 시 아동도 고려하여 개발됨
	• 특수체육에서 매우 유용한 평가 도구
	• 직접관찰, 과정 지향적 기술 사정임
		이동 운동, 공 조작 운동 영역에서 기본 운동능력 평가를 13개 검사함
		- 이동 운동(6개)
		  달리기, 갤럽, 홉, 수평 점프, 슬라이드, 스킵
		- 공 조작 운동(7개)
		  한 손 치기, 두 손 치기, 드리블, 차기, 받기, 오버핸드 던지기, 언더핸드 던지기

(4) PDMS-2(운동발달 검사)

검사 목적	검사 개요	검사 항목
만 0세~만 5세 유아기 대상자들의 대근 운동 및 소근 운동 기능을 평가하고 개선과 훈련을 위함	• 그래픽으로 표현 가능하여 눈으로 쉽게 평가 내용 분석 가능 • 아동 수행능력을 규준 표본과 비교 가능	반사, 비이동 운동, 이동 운동, 물체 조작 운동, 움켜쥐기, 시각 - 운동 통합을 검사함

03 특수체육 지도전략

1 IEP(개별화 교육 프로그램) 기출 19·22·23년

1. IEP의 정의
특수교육 대상자, 장애인들에 대해 **활동의 제한 정도나 유형에 따라 지도하기 위한 접근 방식으로, 특수관련 서비스 및 교육(내용, 방법, 목표)을 포함시켜 계획을 수립하여 교육 시행**

2. 특수체육에서의 IEP의 의미

(1) 개별화(Individualized)

특수교육 대상자의 장애 및 특성에 따른 독특한 욕구

(2) 교육(Education)

특수체육 서비스를 의미

(3) 프로그램(Program)

실제 제공되는 서비스 내용

3. IEP의 목적

① 학생 개개인의 특성 및 능력에 맞는 적합한 교육

② 가정과 학교에 의사소통 연대와 협력

4. IEP의 기능

(1) 관리 도구 기능

특정 학생에게 시행되는 교육 및 관련 서비스를 파악

(2) 점검 도구 기능

효과적인 자원의 사용, 제공된 서비스의 효율성 평가를 도움

(3) 평가 도구 기능

학생의 발달과 계획된 목표와의 일치 정도에 대한 평가

(4) 의사 소통의 도구 기능

학교와 부모 사이의 의사소통

5. IEP의 실행 절차

(1) 의뢰
보호자, 개인, 지도자 또는 교사 등이 교육을 의뢰, 특수교육 학교는 교사가 주도적 역할을 담당

(2) 진단 및 평가
교육 대상자의 장애 판단을 위해 관찰, 생태학적 평가, 내용지향 검사, 준거지향 검사, 규준지향 검사 등을 이용

(3) 사정
교육 대상자를 위한 계획된 프로그램의 적합성 파악, 개별화교육계획서를 작성

(4) 통보
보호자에게 판정 결과를 알리고, 계획된 프로그램을 설명하고 정보를 제공

(5) 실행
일반적인 통합프로그램이 계획되며 필요성에 따라 분리 및 배치

(6) 재검토
계획된 프로그램을 실행한 후에 개개인의 성취수준을 평가하며, 이후 프로그램의 유지 또는 수정을 결정

6. IEP의 지원팀 구성과 과정

(1) 구성

필수 참여자	선택 참여자
보호자, 지역대표, 지도자, 장애인, 심리치료사, 전환 서비스 대표	센터장, 물리치료사, 언어치료사, 간호사, 사회복지사, 보조지도자(자원봉사자), 일반 체육지도자

(2) 과정

① 목표 진술: 목표를 행위와 관련된 단어를 이용하여 구체적으로 진술, 학습자와 교수자가 서로 상호작용한 결과와 조건, 상황이 제시되어야 함

② 목표 진술의 3요소

　㉠ 조건: 물리 환경, 심리적 조건을 포함하여 기구, 도구, 시설에 대해 6하원칙으로 선택 기술함

　㉡ 기준: 동적 수행의 질을 결정짓고 행동의 지속과 정확성을 규정함

　㉢ 행동: 수행의 최종 결과이며 신체 움직임을 의미, 객관적인 측정과 관찰이 필요

2 활동 변형 기출 15년

1. 개념
대상의 장애 유형과 신체 및 정신적 발달 정도, 흥미, 여건에 따른 신체활동 제공을 위해 용기구, 환경, 규칙, 체육 시설, 스포츠 내용 등을 변경 또는 변형하는 활동

핵심요약&보충자료

2. 종류

(1) 기구 변형
장애별 특성과 체육 활동 유형에 따라 변형, 활동의 진행과 목표 달성에 중대한 영향을 미침

(2) 환경 변형
① 접근성: 교통의 편리, 경사로, 주차 공간 확보
② 안전성: 상해 방지를 위한 안전 장치에 설치 및 배치, 위험요소 제거
③ 효율성: 관심을 이끌 수 있는 도구를 사용하여 신체활동에 집중적으로 참여시킴
④ 흥미성: 운동 지도 효과를 극대화할 수 있는 시설, 환경을 조성

(3) 규칙 변형
장애 유형, 정도, 특성을 파악하고 활동 및 많은 참여를 성공적으로 이끌기 위함

(4) 스포츠 활동 변형
스포츠의 활동 방법과 유형을 변형

(5) 교수법 변형
성공적인 활동을 위해 학생 특성에 맞는 개별화 교수법이 중요

3 장애 유형❶별 체육 지도 전략

1. 청각장애

(1) 환경
협응력, 평형성, 방향 감각 기능의 저하로 인하여 운동 기능이 저하됨

(2) 환경 변형 고려 사항
① 시범 지도가 언어 지도보다 유리하며 수화, 구화 등의 의사소통 능력을 기본적으로 갖춰야 함
② 도구를 이용해 약속된 신호를 만들고 도구를 통해 주의 집중을 시켜야 함
③ 힘을 순간적으로 요구하는 운동, 기압차가 큰 운동, 고공운동은 피해야 함
④ 물속의 활동으로 잠수, 수영, 다이빙은 특히 주의나 변형이 꼭 필요함
⑤ 귀의 감염을 피하기 위해 기온 변화, 추위, 습기, 먼지 등에 대비해야 함

2. 시각장애

(1) 환경
① 대상자의 잔존시력 정도로 인하여 운동 능력 및 활동 차이가 큼
② 방위구별과 이동이 어려워 청각적, 촉각적 단서나 정보로 움직임

(2) 환경 변형 고려 사항
① 교수법은 또래교수법을 이용하여 주변 동료를 이용하거나 버디 시스템을 적극 권장함
② 다양한 도구를 통해 촉각적, 시각적 단서나 정보의 제공이 필요함
③ 도구, 시설 위치와 자세에 대한 구체적인 설명을 통해 안전을 확보함

---

❶ 장애 유형

청각장애	청각 저하로 운동 능력 저하
시각장애	시각 저하로 다른 감각으로 정보 확인
지적장애	학습능력 저하로 집중력, 단기기억력 감소
자폐성 장애	집중력·사회성 저하, 공격적 행동
지체장애	신체적 장애로 보조기구 사용

용어해설
버디 시스템: 친구, 장애가 가벼운 동료 등이 동작에 파트너가 되는 것

④ 동작은 촉각 감각을 통해 이해하고, 시범은 같이 움직여 단서를 제공함

3. 지적장애

(1) 환경
저하된 학습능력과 주의 집중, 단기 기억 저하, 동기가 부족한 것이 특징

(2) 환경 변형 고려 사항
① 도구를 통해 흥미, 관심 유도와 즐거운 경험이 필요함

② 반복학습을 통해 지도, 규칙은 명료하고 간단하게 지도함

③ 사회적응 요소(타인과의 상호작용 및 의사소통 능력, 자기 주장, 자기 관리, 안전 의식)를 고려함

4. 자폐성장애

(1) 환경
부적절한 언어, 사회적 상호작용 어려움, 인지적 문제, 집중력 저하, 공격적 행동 능의 문제로 운동 참여가 어려움

(2) 환경 변형 고려 사항
① 시각과 촉각 지도를 주로 이용하여 계획함

② 예측 가능하고 일관성 있는 공간과 환경 및 일정한 분위기를 조성하고 유지함

③ 경쟁과 접촉 활동은 최소로 함

④ 다양한 강화제(스티커, 토큰)를 사용함

⑤ 여러 교수법(모델링, 또래교수, 행동형성법, 강화법, 용암법) 적용이 필요함

5. 지체장애

(1) 환경
보조기구(의수, 의족, 클러치, 휠체어)를 사용하기 때문에 활동의 대부분이 축소 및 제약됨

(2) 환경 변형 고려 사항
① 지도자는 보조기구와 장비들을 다루는 방법 등 기본적 개념이 있어야 함

② 변형 절차: 활동의 분석 및 선택, 활동 시 예상되는 요인에 대해 점검, 변형에 대해 기준 설정, 도움되는 변형 원리를 선택적으로 진행함

③ 변형 방법: 경기 규칙 완화와 참여 인원을 조절하고 장소 및 시설의 크기를 조절함

6. 뇌병변장애

(1) 환경: 근긴장도 불균형, 경직, 협응력 저하, 균형 문제 등으로 인해 운동 수행이 느리고 비효율적이며, 활동 시 피로도가 쉽게 증가됨

(2) 환경 변형 고려 사항
① 지도자는 근긴장 조절, 균형 유지, 협응 능력에 대한 기본적 이해와 응급 상황 대처법을 알고 있어야 함

② 변형 절차: 활동을 세분화하여 분석 선택하고, 경직, 피로, 균형 상실 등 예상 요인을 점검 한 뒤, 수행 가능한 범위를 기준으로 설정하며 적절한 변형 원리를 적용함

③ 변형 방법: 규칙은 단순화, 동작 속도 완화, 보조 도구(매트, 벽, 손잡이) 활용, 활동 시간 단축 및 충분한 휴식 제공, 안전을 위한 공간 및 시설 조정을 해야함

7. 신경장애

(1) 환경: 신경 손상으로 인해 운동·감각 기능이 부분적으로 저하되며, 마비·감각 둔화·반사 이상으로 일상적 움직임과 체육 활동에 제약이 많음. 활동 시 반응속도 저하와 안전 사고 위험이 동반될 수 있음

(2) 환경 변형 고려 사항

① 지도자는 마비 형태(편마비, 사지마비 등), 감각 손실, 신경 손상 부위에 대한 이해와 안전관리 능력을 갖추어야 함

② 변형 절차: 활동 과제를 세분화하여 분석·선택하고, 마비·감각 저하·피로 등 예상 위험 요인을 점검한 뒤, 개인의 기능적 수준에 맞춘 기준을 설정하여 변형 원리를 적용함

③ 변형 방법: 규칙 단순화, 과제 난이도 단계적 제시, 보조기구(스플린트, 보조벨트 등) 활용, 이동 거리·시간 조정, 충분한 휴식 제공, 안전 확보를 위한 시설 및 보조 인력 배치 해야함

4 장애인 교육 계획과 지도 모델

지도 모델	내용
I CAN	장애 학생들을 위한 체육과 여가를 포함한 종합적인 프로그램
저학년 I CAN	유치원생부터 초등학교 저학년까지의 체육 활동 지도를 위한 교육 방법 및 교육적 모델
MOVE	하향식 활동을 근거로 발전시킨 모델이며, 최중증 장애 학생들의 일상생활 적응에 필요한 운동 기술 학습을 목표로 하는 모델
Moving to Inclusion	장애 학생들과 일반 학생들의 정규 체육 수업에서 수업 진행을 돕기 위한 모델이며, 장애 집단의 다양성에 관련한 모델
Special Olympics	운동 목표, 운동 기술 평가, 지도 전략과 같은 정보로 구성되며, 장애인 체육 활동 교육의 지침서
The Data-Based Gymnasium	학습 목표를 달성하기 위한 모델로 응용 행동 분석 기법을 토대로 함
SPMC	적절한 움직임과 연관된 교육을 제공하기 위한 모델이며, 취학 전 아동을 대상으로 함

5 수업 방법 ❶ 기출 18년

1. 학생 중심 수업

① 학생의 발달에 관심을 가지며 참여의 즐거움을 느낌

② 개인차를 고려한 진도 조절이 가능함

③ 학생의 요구에 맞춰 수업 내용을 선정함

④ 지도자는 정보 제공, 안내자의 역할을 맡음

---

❶ 수업 방법의 종류
- 학생 중심 수업
- 교사 중심 수업
- 문제 해결 학습
- 토의식 학습 수업
- 개별화 학습 수업
- 하향식 접근 수업
- 상향식 접근 수업
- 발견 학습 수업

2. 교사 중심 수업
① 교사의 계획대로 수업 진행이 빠르게 가능함
② 수업의 결정권은 교사에게 있음
③ 학생은 수동적 입장이며, 교사는 권위적인 주입식 교육 방식
④ 선행학습이 이루어진 학생들은 설명식 수업이 유리하게 적용됨
⑤ 개인차를 고려하기 어렵고 학생들의 자발적 참여가 적음

3. 문제 해결 학습
① 과거 학습 내용을 활용해서 새로운 태도, 지식을 배우는 학습 활동
② 소그룹 협동적 학습을 통한 문제 해결에 효과적
③ 문제와 구성요소 정의 → 가설 설정 → 자료 수집, 분석 → 결론 탐색 → 결론 검증

4. 토의식 학습 수업
① 교사는 융통성 있고, 비권위적으로 역할을 수행함
② 학생 수준을 고려해 수업을 진행함
③ 정보와 의견 교환을 위해 학생 간 상호작용을 하며, 서로의 의견을 존중함
④ 민주적인 사회적 태도와 의식을 함양시킴

5. 개별화 학습 수업
① 지도 내용과 지도 방법을 정하기 전에 학습자의 흥미, 욕구, 경험, 능력 등을 고려함
② 학습자의 능동적이고 자발적인 활동을 위한 학습법
③ 학습자 개별성을 존중하며 학습 능력을 향상시키는 것을 목적으로 함
④ 학습자 스스로 학습 속도, 방법 및 교재를 선택함

6. 하향식 접근 수업(기능적 접근)
① 세부적인 동작을 가르치기 전에 전체 동작을 습득하는 방법
② 전체 동작 습득을 통해 흐름을 파악하고, 어렵고 중요한 동작을 먼저 습득 후 쉬운 동작을 가르치는 방법

7. 상향식 접근 수업(발달적 접근)
① 장애가 없는 학생 지도에도 유용함
② 세부적인 동작을 하나씩 배우며 발달을 도모함
③ 세부 동작을 먼저 습득한 후 전체 동작을 지도하는 것을 뜻함

8. 발견 학습 수업
① 문제의 구성요소 정의 → 가설 설정 → 자료 수집, 분석 → 결론 탐색 → 결론 검증
② 소집단 협동 학습을 통한 문제 해결에 매우 효과적
③ 교사는 학습 보조자 역할
④ 학습자가 스스로 목표를 달성할 수 있도록 교사는 안내자 활동을 최소화
⑤ 학습의 목적은 학습자의 학습 의욕 향상 및 탐구 능력 향상에 있음

6 특수체육 지도에서의 행동 관리

1. 행동 관리의 의미
① 언행을 적절하게 관리하는 것을 의미
② 체력, 운동 기술등을 지도하는 중요한 지도 전략 방법
③ 주로 자폐성장애인, 지적장애인을 대상으로 함

2. 행동 관리의 주요 이론
(1) 행동주의
학습이란 경험의 결과로 나타나고 관찰이 가능한 행동의 변화를 의미함
(2) 조작적 조건 형성
어떠한 환경에서 다양한 행동이 발생하는데 그 행동으로 인한 부정적, 긍정적인 결과와 연합되어 이후 행동이 감소 또는 증가하는 형태의 학습
(3) A-B-C 모델
자극이 먼저 일어나고(Activating event) 이후 관련된 행동(Belief system)이 나타나며 결과(Consequence)를 획득 또는 보상받는 형태로 나타남

3. 행동 관리의 필요성
① 체벌이나 정학 같은 결과론적 관리 방법보다 사전에 학습자의 문제 행동을 예방 또는 조치가 필요
② 사전 조치를 적절하게 취하면 문제 행동은 예방되며 결과론적 관리 방법은 실기하지 않아도 됨

4. 행동 관리 강화 기법 종류 [기출] 22년
새로운 행동을 유지하거나 감소시키기 위한 것으로 필수적 행동 관리의 요소

정적 강화	**올바른 행동 이후 이를 유지 또는 증가시킬 수 있는 방법** • 용암법: 교정을 하나씩 제거하는 방법 • 촉진: 부모나 교사가 과제 수행을 도와주는 방법 • 칭찬: 올바른 행동에 격려 • 행동 계약: 부모와 학생 또는 지도자와 학생이 서로 계약서를 써서 보관하는 방법 • 프리맥 원리: 학습자가 좋아하는 활동으로 좋아하지 않는 학습에 동기를 주는 방법 • 토큰 경제 체계: 대상자가 목표 또는 기준에 도달하였을 경우 대가를 지불하고, 대가로 받은 점수나 토큰으로 교환이 가능한 방법
부적 강화	**원하지 않는 상황이나 사물을 제거해 주고 올바른 행동을 증가시키는 것** • 소거: 문제 행동의 원인을 파악하고 제거하는 방법 • 박탈: 강화 또는 원하는 물건을 중지, 박탈시키는 방법 • 포화: 반복적인 행동으로 문제 행동에 싫증을 느끼게 하는 방법 • 벌: 야단을 통해 좋아하는 것을 제한하는 방법 • 과잉 교정: 원래의 상태보다 더 개선된 상태로 강화하거나 문제에 대한 책임을 대상자에게 지게 하는 방법 • 타임아웃: 정해진 공간, 시간에서 문제 행동이 나타날 때 대상자를 퇴출 또는 제외하는 방법 • 체계적 둔감법: 공포, 불안감을 감소시키는 방법

5. 행동 관리 시 주의점 [기출] 17년
① 처벌은 공정해야 함
② 교사는 일관성 있게 행동해야 함
③ 잘못된 행동에 이해를 시켜야 함
④ 체벌, 운동으로 위협은 금지
⑤ 비난보다 잘못된 행동을 지적한 후 벌을 제공해야 함
⑥ 지나친 처벌은 금지
⑦ 체벌은 일관성 있게 해야 함
⑧ 개인의 잘못을 학생 전체 잘못으로 확대하지 않아야 함

7 운동 발달과 체력 육성

1. 장애와 운동 발달

(1) 발달의 원리

① 양방향 → 일방향 → 교차성 순으로 발달함
② 발달은 중심 부위에서 말초 부위로, 위에서 아래로, 전체 운동에서 특수 운동으로 진행됨
③ 다른 신체에 비해 머리는 먼저 발달함
④ 발달은 대근육에서 소근육으로 진행됨
⑤ 태어날 때부터 사망할 때까지 연속으로 이루어짐
⑥ 사회적, 정서적, 인지적, 신체적 발달은 서로 상호 연관성이 있음
⑦ 발달 속도는 개인차가 존재하며, 순서는 동일성을 가짐
⑧ 운동 기능의 발달은 신경계통의 발달이 있어야 함

(2) 운동 발달의 단계와 주기별 특징(Gallahue) [기출] 23년

발달 단계	발달 시기	내용
반사 움직임 단계	출생 후 1년	잡기, 도달 동작, 손과 눈의 협응 동작 가능
초보적 움직임 단계	2세까지	• 기기, 걷기, 이동, 잡기 가능 • 시력 발달 • 물건의 모양, 무게, 크기로 물건 구분 가능
기초적 움직임 단계	2~6세	회전하기, 굽히기, 던지기 등의 다양한 운동 기술 가능
전문화 움직임 단계	초등학생 시기	협응력 발달
성장과 세련 단계	청소년기	호르몬 분비로 2차 성징이 일어남
최고 수행 단계	20~30세	심폐 지구력, 근력 등이 최고인 시기
퇴보 단계	30세 이상	심폐 지구력, 근력, 유연성 등의 운동 능력 감소 시작

2. 장애와 체력 육성

(1) 체력 요소의 정의

① 건강 체력, 운동 체력 두 가지로 구분하며 근력, 근지구력, 심폐 지구력, 유연성, 순발력, 협응성, 평형성, 민첩성 8가지 능력을 포함함

② 건강 체력: 건강에 관련 있는 체력으로 심폐 지구력, 근력, 근지구력, 신체 구성 등이 있음

③ 운동 체력: 스포츠 수행에 관련 있는 체력으로 민첩성, 순발력, 반응시간, 평형성, 스피드가 있음

(2) 체력 운동의 원리

① 특수성의 원리: 근육의 형태, 동작, 부위에 따라 운동 효과가 달라짐

② 다양성의 원리: 운동의 강도, 방법과 휴식을 다양하게 변경하며 흥미를 유발함

③ 개별성의 원리: 수행자의 운동 목적, 수준, 건강 상태를 고려해 알맞은 프로그램 제공함

④ 과부하의 원리: 평소 자극보다 강한 자극(부하)을 통해 적응 수준을 높임

⑤ 점증부하의 원리: 신체 적응에 따라 점차적으로 운동의 강도, 빈도를 높임

⑥ 반복성의 원리: 운동을 1회성이 아닌 반복적으로 실시함

⑦ 전면성의 원리: 다양한 운동을 규칙적으로 실시해 신체 능력을 향상시킴

(3) 운동 처방의 구성 요소 ❶

① 양적 요소

　㉠ 운동 시간: 1회 운동 시 운동 지속 시간

　㉡ 운동 빈도: 7일 기준 운동 실행 횟수

　㉢ 운동 기간: 최소 몇 주~몇 년 동안 지속적인 운동 수행 기간

② 질적 요소

　㉠ 운동 강도: 얼만큼 강한 운동을 실행할 것인지

　㉡ 운동 유형: 무산소 운동, 유산소 운동 등 운동의 종류 선택

❶ 운동 처방 구성 요소

Frequency	빈도
Intensity	강도
Time	시간
Type	유형

(4) 장애인 체력 측정 시 유의점

① 준거 지향 검사를 활용해야 함

② 측정 기구, 방법은 다양하게 구성해야 함

③ 개인의 가능성, 개인의 장점을 찾을 수 있도록 유도해야 함

④ 절대 체력 점수가 0점이 나오지 않게 해야 함

⑤ 체력 요소에 따라 측정 방법, 방식을 다양하게 준비해야 함

⑥ 지적장애 아동에게는 익숙한 종목으로 대체해야 함

⑦ 측정 보조자를 확보하고 적절한 장소를 선정해야 함

⑧ 체력 측정에 대한 경험과 이해도가 필요함

⑨ 개인의 향상 결과를 기반으로 측정 결과를 평가해야 함

⑩ 신뢰도가 높은 도구를 활용해 측정해야 함

⑪ 너비, 모양, 길이 등 형태 측정도 중요한 체력 측정 요인 중 하나임

(5) 장애 유형별 특성과 훈련 고려 사항 기출 15·17·20·22년

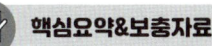 핵심요약&보충자료

외상성 뇌손상	• 교통사고로 인한 운동과 협응력 손상이 주원인 • 신체 움직임 손상, 근육의 비규칙적인 움직임, 인지적 손상, 발작 등 발생 • 뇌성마비의 특성과 유사
뇌성마비	• 운동 제어 손상과 수의적 운동 손상 증상 • 균형, 협응력, 관절 가동 범위 등 훈련 전에 반드시 평가가 필요함 • 운동량에 비해 상대적으로 높은 비율의 산소를 사용하기 때문에 피로감이 큼 • 근력 증가가 아닌 신체적 제어 능력, 협응력 향상이 중요 • 기능적 잡기 능력이 부족하다면 랩 어라운드 중량을 사용해 대상자가 수동적으로 운동할 수 있도록 도와줌 • 반동이나 빠른 움직임은 발작을 일으킬 수 있음
척수장애	• 척수 외상으로 인한 척수 조직의 손상으로 나타나는 증상 • 기립성 저혈압의 병력을 사전에 확인 • 훈련 전에 반드시 균형, 협응력, 관절 가동 범위 등 평가가 필요함 • 능동적인 관절 가동 범위가 어려울 경우 보조자 또는 지지 탁자를 사용하고 중력 감소 운동을 실시함 • 동체 균형 능력이 부족할 경우, 몸을 고정시킬 수 있는 벨트를 사용함 • 사지 마비의 경우 휠체어 롤러, 암 크래킹으로 2분 동안 준비 운동을 실시한 후 유산소 운동을 시작함 • 지속적인 스프린트 사용은 장기적으로 부족한 근육의 근력을 향상시키지 못함 • 운동 상해를 주의하며, 휠체어는 앞으로 기울인 자세는 지양해야 함 • 사지 마비로 인한 손의 기능 제한은 커프를 사용해 손목의 과신전을 예방함 • 손의 기능이 부족할 경우에는 에이스랩, 상체 에르고미터에 벨크로 장갑 또는 손목 커프에 고리를 다는 방식을 선택함
절단장애	• 신체 부위 하나 이상의 사지가 없거나 전체가 없는 상태 • 훈련 전 관절 가동 범위, 동체 안정, 피부 보호, 평형성 등 사전 평가가 필요함 • 규칙적인 스트레칭을 통해 관절 가동 범위 감소를 예방 가능 • 사경, 척추측만증은 지속적인 동체와 자세 운동으로 예방해야 함 • 외상 또는 선천성 절단은 특별한 운동 제약이 없음 • 심혈관계 질환으로 인한 절단은 의학적 검사가 필수임 • 절단 부위의 2차 상해를 방지하며 훈련을 실시해야 함 • 보호 장비를 착용한 훈련이 필요함 • 지속적인 스트레칭을 통해 유연성 향상이 필요함 • 보호 장비와 사지에 균형이 잘 배분되도록 해야 함 • 걷는 운동 시 비장애인보다 하지 절단 장애인은 50% 많은 산소가 필요함
시각장애	• 안구, 대뇌 중추, 시신경 등 시각 기관에 손상이 나타나는 증상 • 후천성 장애인이 선천성 장애인보다 이동 능력이 뛰어남 • 운동 지도자는 자신이 서 있는 위치와 지도자의 위치, 기구 크기, 물체와의 거리를 확인시켜줘야 함 • 신체 활동을 통한 근력, 감각 단서 능력 향상은 보행에 도움을 줌 • 고강도 운동 시 안압의 증가로 인해 녹내장 시각 장애는 주의해야 함 • 망막 분리는 보호용 안경 또는 헬멧을 착용해 추가 분리 위험을 예방해야 함 • 가드 와이어, 로프, 보조자 등을 활용한 달리기 활동이 가능함 • 지형지물 숙지가 필수임 • 스트레칭과 저항 운동은 변형 없이 활용 가능함 • 에어로빅 운동 전 복잡한 움직임을 사전 습득시켜 움직임을 형성할 수 있도록 해야 함
회백수염	• 내장이나 위에 바이러스가 혈류로 침투해 뇌 또는 세포에 영구적 마비를 가져오는 증상 • 훈련 전 관절 가동 범위, 동체 안정, 피부 보호, 평형성 등 사전 평가가 필요함 • 골다공증이나 사지에 구축이 있을 경우 근력 강화 및 스트레칭과 운동이 가능한지 의학적 진단이 필요함 • 척수장애인보다 높은 운동 심박수를 가지는데, 이는 교감 신경계 영향을 받지 않기 때문임

출제예상문제 — Chapter 01 특수체육의 개요

01 장애인 임파워먼트의 설명으로 틀린 것은?
① 장애인 스스로 스포츠 활동을 선택 및 참여한다.
② 장애인들이 전문적인 서비스에 대한 의존성을 줄일 수 있다.
③ 장애인들이 자신들을 위해 행동을 취할 수 있다는 것을 원칙으로 한다.
④ 장애인의 개인의 삶에 소극적이며, 장애에 대한 수용보다 사회적 불공정에 수용하는 것이다.

정답분석 장애인 임파워먼트의 속성에 자결성이란 원칙은 개인의 삶에 대한 적극적 자기 결정을 말하며, 사회적 참여 속성에서는 장애인의 사회적 불공정에 대한 시정 요구 및 지지 활동에 참여를 말한다.

정답 ④

03 특수체육의 목표에서 정의적, 인지적, 심동적 목표로 틀린 것은?
① 심동적 영역에는 신체, 운동, 체력, 놀이의 4가지 기본 요소가 포함된다.
② 인지적 목표에서 장애인의 리드미컬한 움직임을 위한 기술을 발달시킨다.
③ 심동적 영역에서 장애인의 감각통합, 지각 운동기능의 발달을 목표로 한다.
④ 정의적 목표는 원만한 대인 관계뿐만 아니라 도덕적 가치를 형성한다.

정답분석 인지적 목표는 기술보다는 인지부분의 발달을 목표로 하여 신체부위에 대한 인지, 운동 기술과 양식에 대한 인지를 목표로 한다.

정답 ②

02 위닉(J. Winnick)의 통합 스포츠 5단계가 아닌 것은?
① 일반스포츠의 적용
② 분리 장애인스포츠
③ 통합 장애인스포츠
④ 장애인스포츠의 적용

정답분석 위닉(J. Winnick)의 통합 스포츠 5단계는 일반스포츠, 일반스포츠의 적용, 일반스포츠와 장애인스포츠, 통합 장애인스포츠, 분리 장애인스포츠이다.

이론 PLUS 위닉(J. Winnick)의 통합 스포츠 5단계

일반스포츠	모든 사람에게 동일한 기준 적용
일반스포츠의 적용	경기 결과에 관련 없이 시설, 기구 이용 가능
일반스포츠와 장애인스포츠	장애 구분 없이 함께 참여, 규칙 변경 없음
통합 장애인스포츠	장애인과 일반인의 규칙을 변형하여 참가
분리 장애인스포츠	장애인 선수만 참가

정답 ④

04 특수체육 평가의 목적이 아닌 것은?
① 프로그램의 효율성 결정을 위해
② 지도 내용 및 진도 결정을 위해
③ 지도 대상의 목표 달성 여부와 상관없이 지도 내용, 진도를 결정하기 위해
④ 운동의 방법을 결정짓기 위해

정답분석 지도 대상자의 목표 달성 여부에 따라 지도 내용 및 진도가 결정된다.

정답 ③

05 장애 학생 체력 검사 PAPA-D의 설명으로 옳은 것은?

① 2013년 미국에서 개발한 장애인 검사이다.
② 주로 장애의 정도를 파악하기 위한 검사이다.
③ 장애인스포츠 현장에서 적용하기는 아직 어렵다.
④ PAPS(학생건강체력평가)에서 개발하였다.

 장애 학생 체력 검사 PAPA-D는 PAPS(학생건강체력평가)에서 개발하였다.

 ① 2013년 미국이 아닌 한국에서 개발한 장애인 검사이다.
② 주로 건강관련 체력요인들을 검사한다.
③ 장애인스포츠 현장에서 적용하기 유용하다.

정답 ④

06 장애인 대상 검사방법이 아닌 것은?

① Step Test 스텝 검사
② BPFT 장애 학생 체력 검사
③ TGMDO-3 대근 운동 발달 검사
④ PDMS-2 운동 발달 검사

 Step Test 스텝 검사는 일반 성인 남성, 여성을 대상으로 진행하는 유산소성 운동능력 검사방법이다.

 장애인 대상 검사 방법
- PAPS-D(장애 학생 체력 검사)
- BPFT(장애 학생 체력 검사)
- TGMDO-3(대근 운동 발달 검사)
- PDMS-2(운동 발달 검사)

정답 ①

07 시각장애인 환경 변형 시 고려 사항으로 틀린 것은?

① 다양한 도구를 사용해 촉각, 시각적 단서나 정보를 제공한다.
② 다양한 도구를 사용하는 버디 시스템을 적극 사용한다.
③ 도구, 시설 위치, 자세에 대한 구체적인 설명을 통해 안전을 확보한다.
④ 시범은 같이 움직여 단서를 제공한다.

 버디 시스템은 친구 또는 동료 등이 동작의 파트너가 되는 것이다.

정답 ②

08 운동 발달의 단계와 주기별 특징(Gallahue)으로 옳은 것은?

① 초보적 움직임 단계: 기기, 걷기, 잡기 기능 및 시력이 발달하는 시기
② 기초적 움직임 단계: 출생 후 1년~6세까지의 시기
③ 전문화 움직임 단계: 청소년 시기에 해당하며 2차 성징이 일어남
④ 퇴보 단계: 45세 이상 시기에 해당하며 운동 능력 감소 시작함

 초보적 움직임 단계는 기기, 걷기, 잡기 기능 및 시력이 발달하는 시기이다.

 ② 기초적 움직임 단계: 2~6세까지의 시기이다.
③ 전문화 움직임 단계: 초등학생 시기에 해당하며 협응력이 발달하는 시기이다.
④ 퇴보 단계: 30세 이상 시기에 해당하며 운동 능력 감소가 시작된다.

정답 ①

Chapter 02 장애유형별 체육지도 전략

 핵심요약&보충자료

① 지적장애

정의	• 교육적 성취가 어려운 사람 • 지능지수 70 이하인 사람
원인	• 염색체 이상 • 유전자 오류
분류	• 경도: IQ 50~75 • 중등도: IQ 35~50 • 중도: IQ 20~40 • 최중도: IQ 20~34
등급	• 1급: 지능지수 34 이하 • 2급: 지능지수 35~49 이하 • 3급: 지능지수 50~70 이하

01 지적장애, 정서장애, 자폐성장애 등의 특성과 지도 전략

1 지적장애❶(정신 지체)

1. 지적장애의 정의

(1) 장애인 등에 대한 특수교육법에 따른 정의
　교육적인 성취가 어렵고 적응 행동상과 지적 기능이 어려운 사람

(2) 장애인복지법에 의한 정의
　교육을 통해 직업적, 사회적 재활이 가능한 지능지수 70 이하인 사람

(3) 미국 지적장애 및 발달장애협회에 의한 정의 　기출 23년
　AAIDD, 2010(미국 지적장애 및 발달장애협회)은 18세 이전에 시작된 지적 기능과 사회적, 실제적 적응 기술로서 모든 적응 행동에서 제한적인 특징이 나타나는 사람

2. 지적장애의 원인

(1) 시기에 따른 지적장애의 원인
　① 출생 전: 산모 중독, 대사 이상, 수두증, 다운 증후군(염색체 이상) 등
　② 출생 시: 저체중아, 조숙아, 미숙아, 난산 등
　③ 출생 후: 대사 장애, 중독, 환경적 문제, 질병, 발달상 지체 등
　④ 복합적 발생: 사고, 매독, 종양, 특발성 증상, 대뇌 산소 결핍 등

(2) 지적장애의 원인별 구분
　① 염색체 이상
　　㉠ 다운 증후군: **정상의 염색체 외에 21번 염색체를 더 가지게 되어 나타나는 증상**이며 지적장애의 가장 큰 원인 중 하나
　　㉡ **여아에게 더 흔하게 나타나며 새가슴, 내반족, 환축추 불안정성이 나타남.** 또한 척추가 휘거나 고관절 탈구가 많고, 넓적한 뒤통수와 얼굴, 작은 키, 짧은 손가락, 작은 귀와 코 등의 특징이 있음
　　　→ 삼염색체성 다운 증후군, 전위형 다운 증후근, 모자이크형 다운 증후군
　　㉢ 터너 증후군: **45번 염색체에 X염색체 하나만 있을 때 나타나는 증상**
　　㉣ 윌리엄스 증후군: 모든 연령대에서 볼 수 있는 흔한 증상이며, **7번 염색체 이상과 관련이 있는 증상**

② 유전자 오류

　㉠ 프라더-윌리 증후군: 15번 염색체 일부가 소실되어 발생하고 대부분 아버지로부터 유전이 됨

　㉡ 약체 X 증후군: 보통 남성에게 흔하게 나타나며 X염색체에서 1개 이상의 유전자로부터 영향을 받는 열성 질환임

　㉢ 페닐케톤뇨증: 유전자 단백질 대사 이상으로 선천성 대사 장애가 원인

3. 지적장애의 등급 분류 기준 기출 15년

(1) 지능 검사 점수에 의한 분류

① IQ 50-50~70-75: 경도

② IQ 35-40~50-50: 중등도

③ IQ 20-25~35-40: 중도

④ IQ 20-25 이하/20~34: 최중도

(2) 장애인복지법의 장애 정도 기준 - 장애의 정도가 심한 장애인

① 지능지수 35 미만인 사람: 보호가 필요할 정도로 사회생활이 어려운 사람

② 지능지수 35 이상 50 미만인 사람: 감독과 도움을 받고 훈련을 통해 어느 정도의 사회생활이 가능한 사람

③ 지능지수 50 이상 70 이하인 사람: 교육을 통해 사회생활이 가능한 사람

(3) 장애 등급 판정 기준

① 1급(지능지수 34 이하): 타인의 도움과 보호가 필요하며 사회생활과 일상생활이 불가능한 사람

② 2급(지능지수 35~49 이하): 어느 정도의 도움과 감독을 통해 일상생활에서 단순한 행동이 가능한 사람

③ 3급(지능지수 50~70 이하): 훈련과 교육을 통해 일상생활, 사회생활이 가능하다고 보는 사람

(4) AAIDD(미국 지적장애 및 발달장애협회)의 지원에 따른 분류 기출 22년

① 전반적 지원: 인력과 개입이 필요한 거의 모든 환경에서 지원이 제공되는 고강도 지원

② 확장적 지원: 일부 환경에서 정규적으로 제공되며 시간적 제한이 없는 지원

③ 제한적 지원: 특정 시간 동안 이루어지는 지속적인 지원이며 시간이 제한적이고 비용, 인력이 덜 필요함

④ 간헐적 지원: 단기간의 지원이 필요한 경우 일회적이고 기초적인 지원하는 경우

핵심요약&보충자료

4. 지적장애의 특성 및 지도 전략 [기출] 15·17·18·20년

구분	인지 행동	사회적, 감정적	신체적
특성	• 기억력, 주의력 낮음 • 인지 수준 낮음	• 상호 작용 미숙 • 상황 판단 미숙	• 운동 발달상의 지체 • 심동적 영역 차이 • 낮은 체력 수준
신체 활동 특성	• 신체적 제어 부족 • 주의 집중 어려움 • 과제 중요도 판단 부족 • 체력, 운동 수행 능력 수준 낮음		
체육 활동 지도 전략	• 안전 지도 방안 구체화 • 간단한 언어 및 단어 사용 • 독립적 경험 제공 • 과제분석 • 단서 제공으로 주의 집중 • 최소한의 신체 접촉 유지 • 반복 학습 지도 • 단순한 규칙 놀이 제공 • 익숙한 과제에서 새로운 과제 순으로, 또는 쉬운 과제에서 어려운 과제 순으로 제공		

2 정서장애 ❶

1. 정서정애의 정의

(1) 장애인복지법에 의한 정의

① 정신장애와 자폐성장애로 구분하여 정의

② 정신장애인: 조현병 같은 뇌신경학적 손상으로 우울장애, 정신장애, 의욕, 행동, 기분장애 증상이 반복되는 기능적 장애인 사람

③ 자폐성장애인: 국제 질병 사인 분류(International Classification of Diseases, 10th Version)의 진단 기준에 자폐증은 정상적인 발달 단계가 나타나지 않으며, 일상생활, 사회생활에 도움이 필요한 사람

(2) 장애인 등에 대한 특수교육법에 의한 정의

정서, 행동장애 대상자는 아래 항목 중 하나에 해당하며, 교육적 조치가 필요

① 대인 관계에 어려움이 있어 교사와의 관계가 어려운 사람

② 설명하기 어려운 이유로 학습이 어려운 사람

③ 부적절한 감정, 행동이 통제가 어려운 사람

④ 우울감, 불행감으로 인해 학습이 어려운 사람

⑤ 학교, 개인에 대해 심리적 공포, 신체적 통증으로 인해 학습이 어려운 사람

(3) 미국 장애인교육법에 의한 정의

① 정서장애로 판명되지 않는다면 사회 부적응 아동을 포함하지 않지만 심한 정서장애는 정신 분열증으로 포함

② 특수교육법에서 정의한 5가지 내용 중 하나 이상이 장기간 나타나며 교육에 부정적 영향을 미치는 사람

---

❶ 정서장애

정의	• 정신장애 • 자폐장애
원인	• 문화적 • 가족 • 학교 • 생물학적
분류	소아 정신과적 신경장애 • 신경장애 • 정서장애 • 정동장애

2. 정서장애의 원인

문화적 원인	지역 사회, 이웃, 가족, 대인관계 등
가족 원인	부모의 이혼, 부재, 학대, 폭력 등
학교 원인	학교 폭력, 학업 스트레스, 불안, 성적 서열화 등
생물학적 원인	뇌 기능 이상, 뇌 손상, 신체적 질병, 유전자 이상 등

3. 정서장애인의 등급 분류 기준

(1) 소아 정신과적 분류
신경장애(우울증), 정서장애(정신 분열, 자폐성장애), 정동장애(조증, 조울증)로 구분

(2) 교육학, 심리학 측면 분류
품행장애, 행동장애, 성격장애로 구분

(3) 미국 정신의학회에 따른 분류
다양한 기능장애, 인격 장애, 정신병적 행동, 심신증으로 구분

4. 정서장애의 행동 특성
품행장애, 운동 과잉, 불안, 사회화된 공격, 미성숙, 정신병적 행동

5. 정서장애의 특성 및 지도 전략 기출 17년

구분	인지 행동	신체적	사회적, 감정적
특성	• 주의력 문제 • 품행장애 • 사회화된 공격	운동 과잉	• 불안 • 우울감 • 과민성 • 어색한 표현 • 엉뚱한 생각
신체 활동 특성	• 불순종적 행동 • 공격적 행동 • 방임 행동 문제 • 스포츠 활동 방해		
체육 활동 지도 전략	• 긍정적 피드백 제시 • 기분 상태 조절 방안 • 편안한 호흡 운동 위주로 진행 • 스포츠를 통한 성공 경험 • 스포츠 활동 시 스트레스 최소화 • 체계적인 체육 프로그램 기획		

3 자폐성장애

1. 자폐성장애의 정의

(1) 장애인복지법에 의한 정의
국제 질병 사인 분류(International Classification of Diseases, 10th Version)의 진단 기준에 자폐증은 정상적인 발달 단계가 나타나지 않으며, 일상생활, 사회생활에 도움이 필요한 사람

❷ 자폐성장애

정의	• 일상생활에서 도움이 필요한 사람 • 의사소통·놀이, 사회적 활동이 어려운 사람
원인	• X증후군 • 신경계 손상 • 유전적 요인
분류	• 레트장애 • 소아기 붕괴장애 • 아스퍼거 증후군 • 비전형 전반적 발달장애

핵심요약&보충자료

(2) 장애인 등에 대한 특수교육법에 의한 정의

사회생활 적응의 어려움과 의사소통에 결함이 있고, 반복적인 관심 활동을 보이며 도움이 필요한 사람

(3) 미국 자폐협회에 의한 정의

생후 3년 이내에 나타나는 증상이며 의사소통, 놀이 활동, 사회적 활동 등에서 어려움이 있는 사람

2. 자폐성장애의 원인

① 대표적인 유전적 요인은 X증후군이 있음
② 정신 분열과는 다름
③ 장애의 원인이 신경계 손상과 유전적 요인으로 나뉨

3. 자폐성장애의 유형별 진단 기준

(1) 레트장애

여아에게 주로 나타나며 발달장애의 하위 유형

(2) 소아기 붕괴장애

2~3세까지 정상적으로 발달하던 아이에게서 **갑자기 지연이 시작**되는 희귀 질환

(3) 아스퍼거 증후군

사회 부적응과 언어 발달이 지연되는 만성 신경 질환이며 **고집이 강하고 공감 능력이 떨어짐**

(4) 비전형 전반적 발달장애

사회성, 의사소통 같은 발달에 문제가 있다고 판단된 경우

4. 자폐성장애의 특성 및 지도 전략 기출 20·21년

구분	인지 행동	신체적	사회적, 감정적
특성	• 언어 발달의 문제 • 지적장애와 유사	• 운동 수행 능력 낮음 • 체력 수준 낮음	• 상동 행동 • 음식 섭취 및 수면 곤란 • 주변 환경에 무관심 • 상호 작용 능력 발달 지체
신체 활동 특성	• 인지적 장애 • 외부 생활의 단절로 문제 행동 발생 • 관심 끌기, 감각, 회피 물건, 행동 구분 가능		
체육 활동 전략	• 지시의 패턴화 • 활동과 소음에 방해되는 환경 관리 • 사이클, 수영 같은 연속된 동작 스포츠에 적합 • 환경적 단서가 효과적 • 접근하기 쉬운 운동을 선정 • 시각적 단서, 언어 지시 제공 • 같은 장비, 환경으로 구성할 것		

> **선생님 TIP**　자폐성, 정서, 지적장애인 지도 전략
> - 주변 안전 관리 및 참가자들의 의학적 정보를 사전에 파악해야 함
> - 조명, 소음, 온도 같은 환경적 요인을 고려해야 함
> - 정보 습득을 위해 참가자 주변 지인들과 정보를 공유해야 함
> - 참가자의 운동 수행 능력, 가능성 파악이 중요함
> - 반복된 경험 제시, 과제 분석 등 참가자들의 목표 달성을 위해 미리 마련해야 함

02 시각장애 특성과 지도 전략

1 시각장애

1. 시각장애의 정의

(1) 장애인복지법에 의한 정의

① 장애의 정도가 심한 장애인
  ㉠ 좋은 눈의 시력이 0.06 이하인 사람(공인된 시력표 측정을 기준으로 하며, 굴절 이상이 있는 사람은 최대 교정 시력을 기준으로 함)
  ㉡ 두 눈 시야가 모든 방향에서 5° 이하의 사람

② 장애의 정도가 심하지 않은 장애인
  ㉠ 좋은 눈의 시력이 0.2 이하의 사람
  ㉡ 나쁜 눈의 시력이 0.02 이하의 사람
  ㉢ 두 눈 시야가 모든 방향에서 10° 이하의 사람
  ㉣ 두 눈 시야가 정상 시야의 50% 이상 감소한 사람
  ㉤ 두 눈 중심 시야 20° 이내 복시가 있는 사람

(2) 장애인 등에 대한 특수교육법에 의한 정의

① 시각 손상이 심해 시각 기능을 전혀 사용하지 못하는 경우
② 보조공학기기 지원을 받아야 생활이 가능한 경우
③ 촉각, 청각 또는 학습 매체 등을 통해 학습하는 경우

(3) 미국 장애인교육법(IDEA)에 의한 정의

① 시력 교정 이후 시각이 손상된 상태로 교육에 지장이 있는 경우
② 맹, 부분적 시각 장애 모두 포함

2. 시각장애의 원인

(1) 시각장애의 발생

① 노화 또는 사고로 인한 장애 증가
② 근시, 원시 등 굴절 이상에 의한 질환
③ 전염병, 상해, 종양 등으로 다양하게 나타남

---

❶ 시각장애

정의	• 좋은 눈의 시력이 0.06 이하인 사람 • 시각이 손상되어 기능을 못하고 보조공학기기 도움을 받는 사람
원인	• 노화, 사고 • 근시, 원시의 질환 • 전염병, 상해, 종양
종류	• 망막 질환 • 수정체 질환 • 시신경 질환 • 굴절 이상 • 각막 질환
등급	• B1: 빛을 감지하지 못하는 상태 • B2: 시력이 2m/60m 이하로 물체를 인식하는 경우 • B3: 시력이 2m/60m~6m/60m 사이인 경우

(2) 시각장애 원인의 종류 [기출] 23년

① 망막 질환: 혈액이 망막에 제대로 공급이 되지 못하거나 당뇨, 선천적 안구 결함, 황반 변성으로 발생하며, 망막박리가 대표적
② 수정체 질환: 백내장이 대표적이며 수정체가 탁해지면서 생기는 질환
③ 시신경 질환: 녹내장이 대표적이며 노화 또는 손상으로 발생
④ 굴절 이상: 근시, 원시, 난시가 원인이 되며 안경 또는 렌즈로 교정 가능
⑤ 각막 질환: 감염, 알레르기, 상해 등으로 인한 상처가 원인이며 원추 각막이 대표적인 질환

● 참고 ●

백내장과 녹내장의 시각장애인 체육 활동 시 주의 사항 [기출] 17·23년

백내장	녹내장
• 빛이 들어오는 창문 주의 • 근거리 활동을 위해 저항기를 가지고 거리 조정 가능한 조명 사용 권장 • 조명이 바뀌면 적응할 시간 충분히 제공 • 거리 전환 시 충분한 휴식 시간 제공 • 필요하다면 안경 또는 렌즈 착용	• 지속적인 안압, 통증 확인 • 낯선 장소로 이동 지양 • 피로, 스트레스 주의 • 약물 치료 시 정기적 복용

3. 시각장애의 분류

(1) 기능적 분류

① 완전 실명: 시력이 아예 없는 상태
② 광각: 암실 상황에서 광선 인식은 가능한 상태
③ 지수: 1m의 움직임만 파악 가능한 상태
④ 수동: 눈 바로 앞에서의 움직임만 파악 가능한 상태
⑤ 저시각: 낮은 시력으로 일상생활은 가능한 상태

(2) 세계보건기구(WHO)의 분류 [기출] 19년

맹(실명)	• 맹: 시력이 전혀 없으며, 다른 감각 기관에 의지해야 하는 상태 • 실명 접근 시력: 시력이 거의 없으며, 다른 감각 기관에 의지해야 하는 상태
저시력	• 최중도: 섬세한 작업이 불가능하며 다른 감각 기관에 의지해야 하는 상태 • 중도: 도움을 받는다면 쉬운 과제 수행은 가능한 상태
정상	• 중등도: 도움을 받는다면 일상생활이 가능한 상태 • 정상 시력: 스스로 일상생활이 가능한 상태

(3) 장애인복지법의 장애 정도 기준

장애 정도가 심한 장애인	• 좋은 눈 시력 0.02 이하 • 좋은 눈 시력 0.04 이하 • 좋은 눈 시력 0.06 이하 • 두 눈의 시야가 모든 방향에서 5° 이하로 남은 사람
장애 정도가 심하지 않은 장애인	• 나쁜 눈 시력이 0.02 이하 • 좋은 눈 시력이 0.02 이하 • 두 눈의 시야가 모든 방향에서 10° 이하로 남은 사람 • 좋은 눈 시력 0.2 이하 • 두 눈의 시야가 모든 방향에서 50% 이상 감소한 사람

핵심요약&보충자료

(4) 스포츠 등급 분류

① B1: 빛을 감지하지 못하는 상태

② B2: 시야가 5ù 이하 또는 시력이 2m/60m 이하로 물체의 윤곽을 인식하는 경우

③ B3: 시야가 5ù에서 20ù 사이 또는 시력이 2m/60m~6m/60m 사이인 경우

(5) 시기에 따른 분류

① 후천성 시각장애: 출생 이후 정상적인 생활을 하다가 장애가 발생한 경우

② 선천성 시각장애: 출생 직후 또는 얼마 되지 않을 때부터 장애를 가진 경우

(6) 장애 진행 정도에 따른 분류

① 급성: 시각장애의 진행 속도가 빠르게 진행되는 경우 또는 한 번에 사고로 시력을 상실한 경우

② 만성: 오랜 시간에 걸쳐 시각장애가 된 경우

4. 시각장애인의 스포츠 종목 지도 시 고려 사항 기출 16년

(1) 2인용 자전거

비장애인이 앞에서 방향을 조정하고 시각장애인은 뒤에 앉아 진행

(2) 레슬링

상대 선수와 떨어지지 않도록 붙잡은 상태에서 진행

(3) 양궁

용·기구를 사용해 발 위치, 음향 신호, 지시기를 파악

(4) 볼링

핸드 가이드 레일 이용 가능

핵심요약&보충자료

5. 시각장애인의 영역별 특성 및 지도 전략

구분	언어적	사회적	인지적	행동
특성	• 말투, 표정 몸짓에 변화가 없음 • 음의 높낮이 조절을 못함 • 언어 전달의 속도가 느림	• 상호 작용 부족 • 공포심, 불안감 높음 • 사회적 관계 유지 어려움	• 제한된 환경 경험이 주원인 • 또래에 비해 학업 성취 지체	• 올바른 자세가 어려움 • 신체 활동의 기회가 적음
신체 활동 특성	\multicolumn{4}{l}{• 비장애인보다 체력 수준이 낮음 • 느린 발달 속도 • 앞으로 기울인 자세, 움츠린 어깨 등의 자세가 보임 • 청각, 촉각 기능에 의지하여 신체상을 형성함 • 운동 기술 습득이 느림 • 비장애인보다 보폭이 좁고, 속도가 느리며 방향성, 정확성이 낮음 • 비장애인보다 협응력, 감각 운동 능력이 수준이 낮음 • 상동행동이 나타날 수 있음}			
체육 활동 특성 전략	\multicolumn{4}{l}{• 언어적 설명: 한 두 가지 용어를 포함해 피드백을 줌 • 시범: 먼저 잔존 시력을 파악하고 반복적으로 동작을 보여줌 • 신체 보조: 원활한 신체 활동을 위해 눈을 보호할 수 있는 장비를 사용하고 곁에서 도움을 줘야 함 • 시각, 청각 단서 활용: 소리가 나는 기구를 사용해 생의 조도, 대비를 조절해 활용하고 장비들의 위치가 바뀌지 않도록 주의해야 함 • 언어지도 → 촉각 탐색 → 직접 지도 단계 • 다른 성별일 경우 신체 접촉 주의 • 전맹일 경우는 자신의 손으로 지도자의 시범을 확인할 수 있도록 해야 함}			

03 청각장애 특성과 지도 전략

1 청각장애❶

1. 청각장애의 정의 기출 21년

(1) 청력을 잃은 사람

① 장애의 정도가 심한 장애인: 양쪽 청력을 80db 이상 잃은 사람

  예 귀에 대고 큰소리로 말을 해도 듣지 못하는 사람

② 장애의 정도가 심하지 않은 장애인

  ㉠ 들리는 말소리의 명료도가 50% 이하인 사람

  ㉡ 양쪽 청력을 80db 이상 잃은 사람

    예 40cm 이상 거리에서 말소리를 듣지 못하는 사람

  ㉢ 한쪽 귀의 청력을 80db 이상 잃고, 다른 귀의 청력을 40dB 이상 잃은 사람

(2) 평형 기능에 장애가 있는 사람

① 장애의 정도가 심한 장애인: 시각 기능의 소실로 10m 이상의 거리를 두 눈을 뜨고 직선으로 지속적으로 걸을 수 없는 사람

---

❶ 청각장애

정의	• 양쪽 청력을 80db 이상 잃은 사람 • 말소리의 명료도가 50% 이하인 사람
원인	• 50% 이상 유전적 요인 • 감염, 외상 등으로 인한 환경적 요인
분류	• 난청: 보조기구를 사용해야 의사소통이 가능한 상태 • 농: 보조기구로도 의사소통이 불가능한 상태
유형	• 농 • 고도 • 중도 • 중등도 • 경도

② 장애의 정도가 심하지 않은 장애인: 시각 기능의 감소로 10m 이상의 거리를 직선으로 걸을 때 중앙에서 60cm 이상 벗어나며 신체 협응 운동이 어려운 사람

(3) 장애인 등에 대한 특수교육법에 의한 정의

① 심한 청력 손실로 인해 보청기를 착용해도 청각 의사소통이 어렵거나 불가능한 상태

② 청력이 남아 있어도 보청기를 착용해야만 의사소통이 가능해 청각적 교육이 어려운 사람

2. 청각장애의 원인

유전적 요인 (선천적)	• 유전: 약 50% 이상이 유전으로 유발됨 • 모자 혈액형 불일치: 임산부와 태아의 RH 혈액형이 일치하지 않는 경우 • 이경화증: 중이 안에 등골이 과하게 비대하여 유발되는 형태 • 선천성 외이 기형: 중이나 중외이에 선천적 기형을 가지게 된 상태
환경적 요인	• 감염: 세균, 바이러스 감염으로 인한 증상 • 소음: 외부 큰 소음에 지속적 노출로 인해 청력이 손실되는 경우 • 외상: 이물질에 의해 고막이 손상되는 경우 • 중이염: 중이는 감기, 체온 상승으로 가장 먼저 손상되는 부위로, 통증을 동반한 염증이 생기며, 만성 염증은 청력 손실을 발생시킬 수 있음 • 뇌막염: 뇌척수막에 생긴 염증으로 인한 증상 • 약물 중독: 다양한 약물 중독으로 인한 청력 손실

3. 청각장애의 분류

(1) 장애인 등에 대한 특수교육법에 의한 분류

① 난청: 보조기구를 사용해야만 의사소통이 가능한 상태

② 농: 보조기구를 사용해도 의사소통이 불가능한 상태

(2) 장애인 복지법의 장애 정도 기준

장애의 정도가 심한 장애인	• 모든 청력 손실이 각각 90dB 이상인 사람 • 모든 청력 손실이 각각 80dB 이상인 사람
장애의 정도가 심하지 않은 장애인	• 모든 청력 손실이 각각 70dB 이상인 사람 • 들리는 말소리의 최대 명료도가 50% 이하인 사람 • 모든 청력 손실이 각각 60dB 이상인 사람 • 한쪽 귀의 청력 손실이 80dB 이상, 반대편 귀의 청력 손실이 40dB 이상인 사람

4. 청각장애의 정도 및 유형

(1) 청각장애의 정도

① 농(91dB): 음의 수용이 어렵고 특수한 의사소통이 필요하며 명료도와 변별력이 낮음

② 고도(71~90dB): 특수한 학습 지원이 필요하고 보청기 의존이 불가하며, 큰소리 이해가 불가능함

③ 중도(56~70dB): 개별적 지도, 주변 또래 도움 학습이 필요하며 일반 학교 수업이 어려움

④ 중등도(41~55dB): 언어 발달과 습득이 느리고 보청기를 사용하며 대화 시 입술 모형을 읽는 훈련 필요

⑤ 경도(26~40dB): 언어 발달이 약간 느리고 일정 거리에서 음을 이해하며 작은 소리는 인지할 수 있음

(2) 청각장애의 유형 기출 23년

① 감각 신경성: 청각 관련 신경 손상으로 인한 손실 상태

② 전음성: 일반적인 소리가 전달되지 못하는 일반적인 청력 손실 상태

③ 혼합성: 감각 신경 + 전음성

● 참고 ●

청력 손실 유형

구분	설명
Dip형	다른 주파수에서는 일정하지만 일부 제한된 주파수대일 때 청력 손실이 큼
곡형	중음역 구간에서 청력 손실이 크며 저음과 고음역의 청력 손실은 작음
산형	중음역 구간에서 청력 손실이 작으며 저음과 고음역의 청력 손실이 큼
전농	저음역의 특정 주파수에만 청력이 측정되며 이 외 주파수에서는 측정이 불가능
수평형	소리가 작게 들리고 모든 주파수에서 비슷한 청력의 손실을 가짐
저음 장애형	저주파수에서 청력 손실이 크고 고주파수에서 청력 손실이 작은 편이며 난청인에게 흔하게 발생함
고음 점경형	저주파에서 고주파로 올라갈 때 청력 손실이 크며 노인성 난청에 흔하게 발생함
고음 급추형	2,000Hz 이상 고주파에서 급격히 청력 손실이 증가하며 저주파에서는 청력 손실이 일정함

5. 청각장애인과 의사소통 시 고려 사항

① 대화 시 눈을 맞춤

② 대화에 집중할 수 있도록 대화를 방해할 수 있는 언행은 주의

③ 청각장애인이 인지하고 있는 수신호를 사용

④ 청각장애인이 틀린 단어, 어법은 교정해주며 필요하면 필기구를 사용

6. 청각장애인의 영역별 특성 및 지도 전략 기출 16년

구분	심동적 영역	정의적 영역	인지적 영역
특성	• 운동 기술 문제는 적음 • 출생 이후 운동 습득에 따라 심동적 영역의 완성도가 달라짐	• 사회화 결여 • 수화 사용 청각장애인 간 교류가 많음	• 언어 발달 미흡 • 표현, 의사소통 능력 부족
신체 활동 특성	• 표현, 의사소통 부족 • 어휘력 부족으로 인한 운동 경험 부족과 신체 활동 이해력 저하 • 선천적 청각장애로 인한 운동 기술, 체력의 문제는 적음 • 출생 이후 운동 습득에 따라 심동적 영역의 완성도 차이가 발생 • 언어 발달 부족으로 학업 성취도는 낮음		
체육 활동 지도 전략	• 신체적: 시각적 자료 활용, 주변 소음 주의, 수화 사용 유도 • 정의적: 기구, 시설을 인지할 수 있게 신체 활동 전 제공, 신호 및 촉각 신호 사용, 넘어지는 방법 지도, 수업은 재미있게 구성 • 인지적: 또래와 함께 참여 권장, 천천히 말하기, 필기구 사용, 메시지 전달 시 필요한 단어 사용, 교사의 입모양을 잘 볼 수 있는 효율적 대형 • 기타: 스포츠에 참여하기 전 외부 장치 및 인공 와우 제거, 수중 활동 시 외부 장치 방수 처리 필수		

7. 청각장애인에게 신체 활동 지도 시 유의 사항

① 청각장애인이 지도자의 눈과 입을 볼 수 있도록 위치
② 구화 또는 수어로 청각장애인의 의사소통 능력을 확인
③ 시각적 설명을 적극적으로 활용
④ 설명 또는 시범 시에 등지지 않도록 함
⑤ 수업 진행 중간중간 잘 이해하고 있는지 확인
⑥ 야외, 수중 스포츠의 경우 내용과 수회 통역시의 참여 범위를 사전에 협의

출제예상문제

Chapter 02 장애유형별 체육지도 전략

01. 염색체 이상으로 인한 지적장애가 아닌 장애는?
① 다운 증후군
② 터너 증후군
③ 약체 X증후군
④ 윌리엄스 증후군

정답분석 약체 X증후군은 유전자 오류로 인한 장애이다.

정답 ③

02. AAIDD(미국 지적장애 및 발달장애협회) 지원 중 정규적으로 제공되며 시간적 제한이 없는 지원은?
① 확장적 지원
② 전반적 지원
③ 제한적 지원
④ 간헐적 지원

정답분석 확장적 지원은 일부 환경에서 정규적으로 제공되며 시간적 제한이 없는 지원이다.

정답 ①

03. 정서장애의 원인이 아닌 것은?
① 생물학적 원인
② 학교 원인
③ 문화적 원인
④ 개인 심리적 원인

정답분석 정서장애의 원인은 문화적 원인, 가족 원인, 학교 원인, 생물학적 원인이 있다.

정답 ④

04. 자폐성장애의 유형별 진단 기준이 맞는 것은?
① 레트장애: 남아에게 주로 나타나며 발달 장애의 상위 유형이다.
② 소아기 붕괴장애: 2~3세까지 정상적으로 발달하던 아이에게서 갑자기 지연이 시작되는 희귀 질환이다.
③ 아스퍼거 증후군: 사회 부적응과 언어 발달이 지연되는 만성 신경 질환이며 고집이 강하고 공감 능력이 발달된다.
④ 비전형 전반적 발달장애: 사회성 발달이 느리며 주위가 산만하고 집중력이 떨어진다.

정답분석 자폐성장애의 유형별 진단 기준 중 소아기 붕괴장애는 2~3세까지 정상적으로 발달하던 아이에게서 갑자기 지연이 시작되는 희귀 질환이다.

선지분석
① 레트장애: 여아에게 주로 나타나며 발달장애의 하위 유형이다.
③ 아스퍼거 증후군: 사회 부적응과 언어 발달이 지연되는 만성 신경 질환이며 고집이 강하고 공감 능력이 떨어진다.
④ 비전형 전반적 발달장애: 사회성, 의사소통 같은 발달에 문제가 있다고 판단되는 장애 유형이다.

정답 ②

05 시각장애 원인의 종류의 설명으로 틀린 것은?

① 수정체 질환: 백내장이 대표적이며 수정체가 탁해지면서 생기는 질환이다.
② 시신경 질환: 녹내장이 대표적이며 노화, 손상으로 발생한다.
③ 굴절 이상: 근시, 원시, 난시가 원인이 되며 안경 또는 렌즈로 교정이 가능하다.
④ 각막 질환: 혈액이 망막에 공급되지 못하여 발생하는 질환이다.

 혈액이 망막에 공급되지 못하여 발생하는 질환은 망막 질환이다.

 시각장애 원인의 종류

망막 질환	망막에 혈액이 공급되지 못하거나 당뇨, 선천적 안구결함, 황반변성으로 발생하며 망막박리가 대표적
수정체 질환	백내장이 대표적이며, 수정체가 탁해지면서 생기는 질환
시신경 질환	녹내장이 대표적이며, 노화 또는 손상으로 발생
굴절 이상	근시, 원시, 난시가 원인이 되며 안경, 렌즈로 교정 가능
각막 질환	감염, 알레르기, 상해 등의 상처가 원인이며 원추각막이 대표적 질환

정답 ④

06 시각장애인의 영역별 특성 중 틀린 것은?

① 사회적 특성: 공포심, 불안감이 높다.
② 언어적 특성: 언어 전달의 속도가 느리지만 말투, 표정, 몸짓에 변화는 크다.
③ 인지적 특성: 또래에 비해 학업 성취가 지체된다.
④ 행동적 특성: 올바른 자세가 어렵고 신체 활동의 기회가 적다.

 언어적 특성은 말투, 표정, 몸짓에 변화가 없고, 음의 높낮이를 조절 못하며 언어 전달의 속도가 느리다.

정답 ②

07 청각장애의 정도 설명으로 옳은 것은?

① 경도: 41~55dB에 해당하며 일정 거리에서 음을 이해하기 어렵지만 작은 소리는 인지할 수 있다.
② 중도: 개별적 지도, 주변 도움 학습을 받는다면 일반 학교 수업이 가능하다.
③ 고도: 보청기 의존이 불가능하며, 큰소리 이해가 불가능하다.
④ 농: 71~90dB에 해당하며 음의 수용이 어렵고 특수한 의사소통이 필요하고 명료도와 변별력이 낮다.

 청각장애 고도는 보청기 의존이 불가능하며, 큰소리 이해가 불가능하다.

① 경도: 26~40dB에 해당하며 일정 거리에서 음을 이해하고 작은 소리는 인지할 수 있다.
② 중도: 개별적 지도, 주변 또래 도움 학습이 필요하며 일반 학교 수업이 어렵다.
④ 농: 90dB에 해당하며 음의 수용이 어렵고 특수한 의사소통이 필요하고 명료도와 변별력이 낮다.

정답 ③

08 청각장애인의 체육활동 지도전략으로 틀린 것은?

① 주변 소음을 주의하며 시각적 자료 활용보다 수화 사용을 유도한다.
② 신호 및 촉각 신호를 사용하고 넘어지는 방법을 지도한다.
③ 교사의 입모양을 잘 볼 수 있는 효율적 대형으로 진행한다.
④ 또래와 함께 참여하고 천천히 말하기를 권장한다.

 주변 소음을 주의하고 수화 사용을 유도하며 시각적 자료를 적극 활용한다.

정답 ①

2025년 기출문제

01 특수체육에 관한 설명으로 옳지 <u>않은</u> 것은?
① 특별한 요구를 가진 사람들을 위해 프로그램을 변형한다.
② 장애인이 참여하는 체육으로 비장애인과 함께하는 활동을 포함한다.
③ 신체활동 참여에서 장애인의 임파워먼트(empowerment)를 강조한다.
④ 학교체육 중심으로 생활체육이나 경쟁 스포츠 참여는 제한한다.

[정답분석] 특수체육은 학교체육에만 한정하지 않고 스포츠경쟁, 생활체육 참여의 기회까지 제공한다.

정답 ④

02 <보기>에 해당하는 장애 유형의 체육활동 지도 방법으로 옳지 <u>않은</u> 것은?

―――<보기>―――
• 지적 기능과 적응행동이 제한된다.
• 쉽게 좌절하거나 동기 유발이 부족하다.
• 주의 집중 시간이 짧고 단기 기억에 어려움이 있다.

① 복잡한 계획이 필요하고 과제가 자주 바뀌는 활동을 강조한다.
② 활동 초기에 학생의 개별적 특성을 파악하여 친밀감을 형성한다.
③ 학생이 흥미를 보이는 활동에서 시작하여 다양한 형태로 발전시킨다.
④ 과제 활동을 제한하는 행동을 파악하고 개별적인 행동관리 계획을 수립한다.

[정답분석] 지적장애 학생은 주의지속이 짧고 변화에 취약하기 때문에 과제가 자주 바뀌는 활동을 강조하는 것은 틀린 설명이다.

정답 ①

03 특수체육 수업 방식에 관한 설명으로 옳지 <u>않은</u> 것은?
① 또래 교수(peer tutoring): 친구나 선배가 교사로 참여한다.
② 협동학습(cooperative learning):학생들이 팀이나 소집단으로 학습한다.
③ 스테이션 교수(station teaching):여러 곳에 과제를 배치하고 돌아가며 학습한다.
④ 역주류화 수업(reverse mainstreaming): 교사와 학생이 역할을 바꿔가며 과제를 수행한다.

[정답분석] 역주류화 수업은 교사와 학생이 역할을 바꿔가며 과제를 수행하는 것이 아닌 일반학생이 특수학급에 참여하는 형태를 말한다.

정답 ④

04 정서·행동장애 학생의 특성을 고려한 체육활동 지도 전략으로 적절하지 <u>않은</u> 것은?
① 주의를 분산시키는 자극을 최소화한다.
② 활동 규칙을 정하고 안전교육을 실시한다.
③ 환경을 구조화하고 예측이 가능한 과제를 제시한다.
④ 정서적 예민함을 고려하여 뉴스포츠와 경쟁 활동을 배제한다.

[정답분석] 뉴스포츠와 경쟁 활동을 배제하는 것이 아닌, 안전, 규칙, 환경 구조화를 통해 참여를 조정한다.

정답 ④

05 <보기>에서 설명하는 시각장애인 스포츠 종목은?

─── <보기> ───
- 시각 정보 없이 청각과 촉각을 활용하여 공의 위치와 방향을 파악한다.
- 탁구대와 유사한 테이블 위에서 소리 나는 공을 배트로 쳐서 상대편 포켓에 넣는다.

① 골볼 ② 보체
③ 쇼다운 ④ 텐핀 볼링

정답분석 "소리 나는 공을 테이블에서 쳐서 포켓에 넣는다"는 설명은 쇼다운의 전형적 규칙이다.

정답 ③

06 지체장애인에게 운동을 지도할 때 주의할 사항으로 옳지 <u>않은</u> 것은?

① 절단장애인의 절주 부위를 마사지하여 예민함을 감소시킨다.
② 절단장애인의 절주 부위 땀과 체액 분비물을 주기적으로 닦아 준다.
③ 척수손상 장애인에게 기립성 저혈압이 발생하면 고강도 근력운동으로 전환한다.
④ 척수손상 장애인의 과도한 체온 상승 예방을 위해 휴식을 취하고 수분을 섭취하게 한다.

정답분석 척수손상 환자에서 기립성 저혈압이 오면 즉시 중단·안정·체위조절·수분섭취가 우선이며 고강도 근력운동으로 전환은 위험하다.

정답 ③

07 휠체어 스포츠의 경기 방법에 관한 설명으로 옳은 것은?

① 휠체어 농구: 공을 잡고 4회까지 휠체어를 밀고 이동할 수 있다.
② 휠체어 럭비: 한 팀은 남녀 구분 없이 4명이 경기에 출전할 수 있다.
③ 휠체어 컬링: 팀원 중 한 사람이라도 투구하는 사람의 휠체어에 닿으면 안 된다.
④ 휠체어 테니스: 투 바운드가 허용되나 두 번째 바운드가 코트를 벗어나면 실점한다.

정답분석 휠체어 럭비는 혼성 경기이며 코트에 4명이 출전한다. 농구의 휠체어 밀기 횟수 2회를 원칙으로 한다.

정답 ②

08 <보기>에서 설명하는 체력운동의 원리는?

─── <보기> ───
달리기를 지루해하는 지적장애 학생을 위해 줄넘기와 달리기를 혼합하여 실시하고, 중간에 휴식을 적절히 제공하였다.

① 다양성의 원리 ② 특수성의 원리
③ 전면성의 원리 ④ 가역성의 원리

정답분석 지루함을 줄이려 줄넘기와 달리기를 섞고 휴식도 넣은 것은 '다양성의 원리' 적용이다.

선지분석
② 특수성의 원리 : 운동 효과는 운동 자극의 형태와 강도에 따라 달라지는 원리
③ 전면성의 원리 : 운동은 신체 전반에 걸쳐 균형 있게 실시하는 원리
④ 가역성의 원리 : 운동 효과는 훈련을 중단하면 다시 감소

정답 ①

09 특수체육 평가 도구에 관한 설명으로 옳은 것은?

① PDMS-2(Peabody Developmental Motor Scale-2): 2~7세까지 운동 기술을 종합적으로 검사한다.
② BOT-2(Bruininks-Oseretsky Test of Motor Proficiency-2): 2~10세까지 감각 운동과 기본 운동 기술을 검사한다.
③ PAPS-D(Physical Activity Promotion System for Students with Disabilities): 심폐 기능, 근 기능, 유연성, 민첩성, 장애 수용 정도를 검사한다.
④ BPFT(Brockport Physical Fitness Test): 장애 유형에 따라 항목별 검사 방법이 구분되며 최소 건강 기준과 권장 기준을 제시한다.

선지분석
① PDMS-2(운동발달 척도)는 만 0세~5세 아동용검사이다. 보기에서 제시된 설명(연령 범위 등)이 실제와 다르기 때문에 옳지 않다.
② BOT-2(운동능력검사)는 만 4세~21세 청소년·성인 초기까지 측정이 가능하다. 보기에서 제시된 대상 연령이 맞지 않아 옳지 않다.
③ 장애인건강체력평가는 건강최소기준·권장기준을 제시하지 않는다. 단순히 체력수준을 확인하고 맞춤형 운동처방에 활용할 뿐이므로 옳지 않다.

정답 ④

10 그림의 순서대로 공 던지기를 지도하는 과정에 적용한 행동 관리 기법은?

던지기 자세를 설명하며 몸통과 팔꿈치를 잡고 교정함
⇩
던지기 자세를 설명하고 시범으로 보여주며 연습하게 함
⇩
언어 지시로만 던지기를 수행하게 함

① 용암법(fading)
② 과다 교정(overcorrection)
③ 행동 계약(behavior contract)
④ 프리맥 원리(Premack principle)

정답분석 위의 순서는 신체적 촉진 → 시범·연습 → 언어지시 순서이다. 따라서 위 흐름은 용암법이다.

정답 ①

11 표의 지침과 준거를 사용하는 검사 도구에 관한 설명으로 옳은 것은?

기술	지침	수행 준거	1차	2차	점수
두 손으로 정지된 공 치기	• 배팅 티 위에 아동의 허리 높이로 공을 올려 놓는다. • 아동에게 공을 세게 치라고 지시한다.	잘 쓰는 손을 위쪽에, 잘 안 쓰는 손은 아래쪽에 가도록 하여 배트를 잡는다.			
		아동이 잘 쓰지 않는 어깨와 엉덩이가 앞쪽으로 가도록 바라본다.			
		스윙하는 동안 어깨와 엉덩이를 회전시킨다.			
		잘 쓰지 않는 발을 공 쪽으로 내딛는다.			
		공을 쳐서 앞쪽으로 보낸다			

① 준거지향적 방식과 규준지향적 방식 모두 활용이 가능하다.
② 5가지 이동 운동 기술과 6가지 공(ball) 조작 운동 기술을 측정한다.
③ 수행 준거를 어느 정도 성취했느냐에 따라 1점 또는 2점을 부여한다.
④ 발달장애 아동을 위한 검사 도구로 관찰과 면담을 통해 운동능력을 평가한다.

정답분석 제시된 표는 수행준거로 동작질을 채점하는 형식(TGMD류)으로, 규준(백분위)과 준거(기준행동) 모두 활용이 가능하다.

정답 ①

12. <보기>의 장애 유형에 관한 설명으로 옳은 것은?

<보기>
중추신경계 손상에 의한 근육마비, 협응성 장애, 근육 약화, 기타 운동기능 장애를 보이는 비진행성 신경장애이다.

① 발작이 발생하면 움직임을 제한하고 곧바로 물을 마시게 한다.
② 단마비(monoplegia)는 양팔이나 양다리에 마비가 있는 경우이다.
③ 비정상적 반사 발달과 신체 협응의 어려움, 가위보행을 보이는 경우가 많다.
④ 운동실조증(ataxia)은 대뇌 기저핵의 손상으로 불수의적 움직임과 머리 조절에 어려움을 보인다.

정답분석 설명은 뇌성마비(CP)에 해당하며, 비정상 반사·협응곤란·가위보행이 전형적이다.

정답 ③

13. 그림은 특수체육 프로그램 서비스 전달 체계이다. ㉠~㉢에 들어갈 용어를 바르게 나열한 것은?

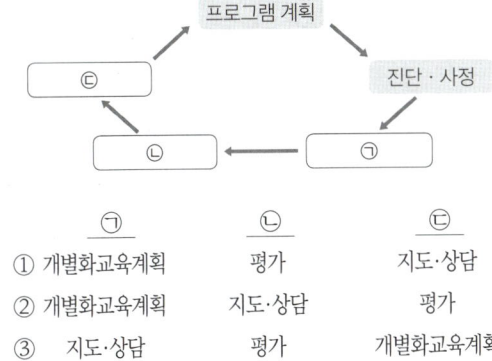

	㉠	㉡	㉢
①	개별화교육계획	평가	지도·상담
②	개별화교육계획	지도·상담	평가
③	지도·상담	평가	개별화교육계획
④	지도·상담	개별화교육계획	평가

정답분석 프로그램 계획 → 사정 → 개별화교육계획 → 교수, 상담, 지도 → 평가 순서
- 프로그램 계획: 개인의 요구와 학교·지역사회의 철학을 반영해 체육 목표를 설정하는 과정
- 사정: 개인과 환경을 검사·측정·평가하는 절차
- 개별화교육계획: 개인 발달 차이를 고려해 맞춤형 교육 프로그램을 설계·실행하는 것
- 교수, 상담, 지도: 심리적·운동적 요소를 변화시켜 최적의 수행을 돕는 과정
- 평가: 학습 성취와 프로그램 효과를 확인하는 지속적 과정

정답 ②

14. <보기>가 설명하는 이동 운동 기술은?

<보기>

- 정면을 보고 서서 한 발을 다른 쪽 발 앞에 놓는다.
- 뒤쪽 발을 앞발 쪽으로 미끄러지듯 옮긴다.
- 그런 다음 앞쪽 발을 옮겨 놓는다.
- 양팔을 아래 위로 움직이거나 교대로 움직인다.

① 호핑(hopping) ② 갤로핑(galloping)
③ 리핑(leaping) ④ 슬라이딩(sliding)

정답분석
㉠ 호핑 (Hopping)
- 같은 발로 계속 점프하는 동작
- 한 발을 계속 사용하며 연속적인 상·하 움직임, 탄력성·균형 능력 필요
㉡ 리핑 (Leaping)
- 한 발로 뛰어 올라 다른 발로 착지하는 동작 (긴 도약)
- "멀리뛰기"와 유사, 공중에서 체중 이동이 크고 착지 시 균형 조절 필요
㉢ 슬라이딩 (Sliding)
- 옆으로 이동하는 동작
- 한 발이 옆으로 움직이고 다른 발이 그 발을 따라붙음
- 갤로핑과 비슷하지만 진행 방향이 '측면'이라는 점이 차이

정답 ②

15. <보기>에서 청각장애인에게 체육활동을 지도할 때 고려할 사항으로 옳은 것만을 모두 고른 것은?

<보기>
ㄱ. 체육관이나 운동장의 소음을 최소화한다.
ㄴ. 대화 중에 입을 가리거나 껌을 씹지 않는다.
ㄷ. 시범과 시각적 지도 단서를 활용하여 설명한다.
ㄹ. 공을 패스하기 전에 서로 눈을 맞추고 패스한다.

① ㄱ, ㄴ ② ㄱ, ㄴ, ㄷ
③ ㄱ, ㄴ, ㄹ ④ ㄱ, ㄴ, ㄷ, ㄹ

정답분석 청각장애 지도는 소음 최소화, 입모양 정보 제공(입 가리지 않기), 시범·시각단서 활용, 패스 전 아이컨택 모두 정답이다.

정답 ④

16 지적장애인을 위한 체육활동의 변형 방법으로 옳지 않은 것은?

① 배구: 네트 높이를 낮춘다.
② 수영: 레인의 폭을 축소한다.
③ 소프트볼: 티 위에 공을 올려놓고 친다.
④ 줄넘기: 양손에 각각 짧은 줄을 잡고 돌리며 점프한다.

정답분석 수영은 시야·안전 확보를 위해 보통 '레인 폭을 넓히거나' 표식을 강화해야 한다. 폭을 '축소'하는 것은 충돌·불안정 위험 커진다.

정답 ②

17 장애학생 체육활동 지도를 위한 개별화교육프로그램(IEP)의 목표 진술 3요소가 아닌 것은?

① 행동(action)　　② 기준(criterion)
③ 언어(language)　④ 조건(condition)

정답분석 IEP 목표 3요소는 행동(Action)·조건(Condition)·기준(Criterion)이다. '언어(language)'는 구성요소가 아니다.

정답 ③

18 그림의 로고를 사용하는 국제장애인경기대회에 관한 설명으로 옳지 않은 것은?

① 창시자는 구트만(L. Guttmann)이다.
② 제1회 하계대회는 1960년 로마에서 개최되었다.
③ 주관 단체는 ISOD(International Sports Organization for the Disabled)이다.
④ 참가 대상은 척수손상, 절단 및 기타 장애, 뇌성마비, 시각장애, 지적장애이다.

정답분석 해당 로고(패럴림픽)는 IPC 주관으로 창시자 구트만, 1960 로마 1회 대회, 다양한 장애 클래스 참여는 옳은 내용이나, ISOD 주관은 오답이다.

정답 ③

19 장애인을 위한 체육활동 변형 방법에 관한 설명으로 적절하지 않은 것은?

① 참여를 유도하는 방향으로 변형한다.
② 활동의 본질을 변형하여 새로운 활동으로 구성한다.
③ 장애로 인한 참여 제한이 발생하지 않도록 변형한다.
④ 변형된 활동이 효과적이지 못하면 다시 수정하거나 보완한다.

정답분석 변형은 '참여 장벽 제거'가 목적이므로 활동의 '본질'을 바꿔 다른 활동으로 만드는 건 부적절하다.

정답 ②

20 저시력을 가진 시각장애인에게 체육활동을 지도할 때 고려할 사항으로 적절하지 않은 것은?

① 안전을 고려하여 모든 수행을 직접적으로 보조한다.
② 단순하고 명확하게 디자인된 시각 자료를 사용한다.
③ 활동 경계선을 쉽게 알 수 있도록 바닥에 테이프를 붙여 준다.
④ 운동 장비에 음향 신호를 추가하여 위치 파악이 쉽도록 돕는다.

정답분석 저시력 학생에게는 과도한 '직접 보조'보다 고대비 자료, 경계선 테이프, 음향신호 등 보조적 접근이 우선이며, 전면 동작 보조는 자율성과 학습효율을 떨어뜨린다.

정답 ①

2024년 기출문제

01 장애인복지법(1989)에 근거하여 최초로 설립된 장애인 체육 행정 조직은?

① 대한장애인체육회
② 대한민국상이군경회
③ 한국장애인복지체육회
④ 한국소아마비아동특수보육협회

 특수체육 역사는 태동기, 기반 구축기, 도약기로 크게 3가지로 나눠지는데 1989년에는 기반 구축기에 해당하며 이때 한국장애인복지체육회가 설립되었다.

정답 ③

02 장애인스포츠지도사의 역할로 옳지 않은 것은?

① 장애인의 독특한 요구(unique needs)를 확인한다.
② 장애인의 기능 회복을 위한 치료 서비스를 제공한다.
③ 장애인에게 적합한 지도환경과 지도내용을 결정한다.
④ 스포츠와 관련된 과제, 환경 등을 장애인의 요구에 맞게 변형한다.

 기능 회복을 위한 치료 서비스는 물리치료사 면허를 치료사들의 영역이며, 장애인스포츠지도사는 신체 기능 향상을 위한 운동 서비스를 제공한다.

정답 ②

03 <보기>의 ㉠~㉣에 들어갈 용어를 옳게 나열한 것은?

<보기>
- (㉠): 개인의 행동특성을 다양한 형태의 증거를 근거로 종합적으로 판단(예 배치)하는 과정
- (㉡): 수집된 자료에 근거하여 가치 판단을 내리는 과정
- (㉢): 행동특성을 수량화하는 과정
- (㉣): 운동기술과 지식 등을 측정하기 위한 도구

	㉠	㉡	㉢	㉣
①	사정	평가	검사	측정
②	평가	사정	측정	검사
③	사정	평가	검사	검사
④	평가	사정	측정	측정

 ㉠은 사정, ㉡은 평가, ㉢과 ㉣은 검사가 옳은 내용이다.
- 사정: 장애인 참여자의 요구와 감정을 파악해 맞춤형 프로그램을 계획 및 평가하는 과정이며 양적 및 질적 자료를 수집해 교육적 의사 결정을 지원한다.
- 평가: 수집된 정보를 바탕으로 대상자의 운동 기능 수준이나 체력 상태에 대한 결정을 내리는 과정이다.
- 검사: 개인의 지식, 능력을 관찰하기 위해 형식적 검사와 비형식적 검사로 구분하는 과정이다.

정답 ③

04 TGMD-3(Test of Gross Motor Development-3)에 대한 설명으로 옳은 것은?

① 3세~6세 아동만을 대상으로 한다.
② 규준참조평가도구로 사용할 수 없다.
③ 6가지의 이동기술 검사항목과 5가지의 공(ball) 기술 항목을 검사한다.
④ 각 검사항목의 수행 준거를 정확하게 수행하면 1점, 정확하게 수행하지 못하면 0점을 부여한다.

정답분석 각 검사항목의 수행 준거를 정확하게 수행하면 1점, 정확하게 수행하지 못하면 0점을 부여한다.

선지분석
① 3세~6세 아동이 아닌 3세~10세 특수교육 대상자이다.
② 규준참조평가도구로 사용 가능하다.
③ 5가지의 공 기술이 아닌 7가지 공 조작기술 항목이다.

정답 ④

05 미국 장애인교육법(IDEA, 1997)에서 요구하고 있는 개별화교육프로그램(IEP)의 필수 구성 요소가 <u>아닌</u> 것은?

① 부모의 동의
② 학생의 현재 수행 수준
③ 학생에게 정기적으로 통지하는 방법
④ 측정할 수 있고 구체적인 연간계획과 장기목표

정답분석 학생에게 정기적으로 통지하는 방법은 필수 구성 요소에 해당하지 않는다.

이론PLUS 개별화교육프로그램(IEP)의 필수 구성 요소
- 학생의 현재 능력: 학생의 현재 학업 성취도 및 기능적 성과에 대한 평가 결과
- 장기 목표: 학생이 교육 기간 동안 달성해야 할 장기적인 목표
- 단기 목표: 장기 목표를 달성하기 위한 구체적인 단기 목표
- 특별 교육 및 관련 서비스: 학생에게 제공될 특별 교육 서비스와 관련 서비스의 내용 및 방법
- 서비스 제공 일정: 서비스가 제공될 시간, 장소 및 빈도
- 진행 평가 방법: 목표 달성을 평가하기 위한 방법과 주기
- 전환 계획: 고등학교 졸업 후의 진로 및 생활 계획 (해당되는 경우)

정답 ③

06 <보기>에서 설명하는 원시반사(primitive reflex)는?

―<보기>―
- 누운 자세에서 머리를 좌우로 돌렸을 때 나타나는 반응이다.
- 뒤통수 쪽의 팔과 다리는 굽혀지고, 얼굴 쪽의 팔과 다리는 펴진다.
- 뇌성마비장애인은 반사가 사라지지 않고 남아 있다.

① 비대칭 긴장성 목반사
② 모로반사
③ 긴장성 미로 반사
④ 대칭성 긴장성 목반사

정답분석 <보기>는 비대칭 긴장성 목반사에 대한 설명으로서 머리를 옆으로 돌릴 때 발생하는 비대칭 긴장성 목반사는 턱이 돌아간 쪽의 팔다리는 펴지고 반대쪽은 굽히는 형상으로 펜싱 자세와 유사하며 신경학적으로 문제가 없는 선수는 이 반사를 관찰할 수 있지만, 뇌성마비 선수들은 반드시 나타난다.

선지분석
② 모로반사: 아기가 갑작스러운 자극에 반응하여 팔 다리를 벌렸다가 오므리는 행동으로, 생후 몇 주 동안 뚜렷하게 나타난다.
③ 긴장성 미로 반사: 속귀의 미로에 자극이 주어지면 목의 자세에 따라 다리와 어깨의 움직임이 반사적으로 일어나며, 반사가 강하지 않으면 근육의 장력만 변환한다.
④ 대칭성 긴장성 목반사: 목의 위치에 따라 팔과 상체, 다리의 움직임을 제어하며, 머리가 앞으로 굽혀지면 팔과 상체가 굽고 다리가 펴지며, 뒤로 젖혀지면 그 반대가 일어난다.

정답 ①

07 <보기>에서 설명하는 특수체육 수업방식은?

―――― <보기> ――――
지도자는 효과적인 농구 수업을 위해 체육관의 각기 다른 구역에 여러 가지의 과제를 준비했다. 한 가지 과제에서 시작하여 주어진 활동을 마치거나 지도자가 신호하면 학습자들은 다음 과제의 수행장소로 이동한다. 지도자는 각각의 과제를 수행하는 곳을 돌며 도움이 필요한 학습자를 지도한다.

① 스테이션 수업 ② 대그룹 수업
③ 협력학습 수업 ④ 또래교수 수업

 스테이션 수업은 서로 다른 학습 과제를 통해 학생들이 다양한 운동 기술을 연습하도록 조직된 수업 방식이다. 3~4개의 스테이션으로 구성되어 각 스테이션은 서로 다른 기술을 요구하는 활동들로 이루어진다.

정답 ①

08 <보기>는 D. Ulrich(1985)이 제시한 대근운동발달 단계이다. ㉠에 들어갈 내용으로 옳은 것은?

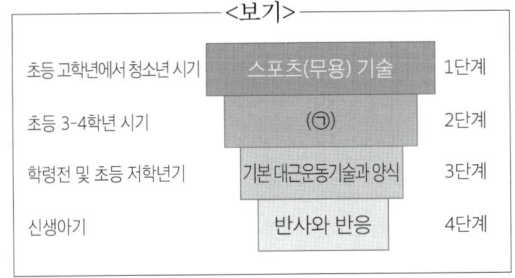

① 자세조절기술
② 물체조작기술
③ 감각지각운동기술
④ 리드-업 게임과 기술

1단계	반응, 반사작용	신생아기
2단계	대근운동기술, 운동 패턴	취학 전,후
3단계	간이게임	초등학교 3학년~
4단계	단체 또는 개인 활동	중학교~성인기

※ 설정 오류로 인한 복수정답 인정

모두 정답

09 운동발달의 관점에서 조작성 운동양식에 관한 설명으로 옳지 않은 것은?

① 3세에는 몸으로 끌어안으며 공을 받는다.
② 2~3세에는 다리를 펴고 제자리에 서서 공을 찬다.
③ 2~3세에는 앞을 보고 상하 방향으로 공을 친다.
④ 4~5세에는 던지는 팔과 반대쪽 발을 앞으로 내밀며 공을 던진다.

 4~5세에서 던지기는 목표를 향해 발을 고정시키고 팔을 뻗어 공을 던진다.

정답 ④

10 T6(흉추 6번) 이상의 손상이 있는 선수의 체력운동 시 고려사항으로 옳지 않은 것은?

① 근육량이 적은 선수는 유산소 운동보다는 무산소 운동이 적절하다.
② 유산소 운동 중 젖산이 급격히 생성되므로 긴 휴식 시간과 에너지원 보충이 필요하다.
③ 땀을 흘리는 피부 면적이 좁아 더위에서 운동하면 체온이 급격히 올라가는 것을 고려해야 한다.
④ 교감신경에 손상이 있는 경우, 심박수를 운동과정과 회복과정 그리고 운동처방에 사용한다.

 ① 근육량이 적은 선수는 무산소 운동도 필요하지만 유산소 운동도 필요하다.
④ T6번은 가슴 쪽 신경 손상, 사지마비인 경우인데 이처럼 사지마비 선수는 심박수를 120~130 이상 증가시키지 못하기 때문에 옳지 않다.

정답 ①, ④

11

<표>의 ㉠~㉢에 해당하는 행동관리 기법을 바르게 나열한 것은?

성별(나이)	남자(14세)	장소	수영장
장애유형	지적장애	프로그램	수영하기
문제행동	멈춰 서서 친구 방해하기		
상황	지도자 A: 한국(가명)이는 수영할 때 반복적으로 멈춰 서서 친구들을 방해해요. 그때마다 잘못된 행동이라고 지적을 해도 계속하네요. 지도자 B: 우선 ㉠ 문제행동이 발생하면 바로 일정 시간 동안 물 밖에 있도록 하세요. 물과 좀 멀리요. 지도자 A: 알겠습니다. 한국이는 수중 활동을 좋아하고 물에 있으면 행복해하거든요. 지도자 B: 다른 기법도 있어요. ㉡ 문제행동을 했을 때 한국이에게 이미 주어진 정적강화물을 상실하게 하는 방법도 있어요. ㉠과 ㉡ 기법으로 문제행동의 빈도가 감소한다면, 큰 틀에서 (㉢)이 됩니다.		

	㉠	㉡	㉢
①	타임아웃	반응대가	부적벌
②	타임아웃	용암	정적벌
③	소거	반응대가	정적벌
④	소거	용암	부적벌

정답분석

 타임아웃: 문제 행동을 보이는 학생을 정적 환경에서 멀어지게 하여 관리 하는 방법이며, 물리적 충격 없이 고립가능하다.
㉡ 반응대가: 어떤 특권이나 점수를 잃게 되는 것인데, 이전에 획득한 강화를 박탈하는 방법이다. 즉, 자신이 좋아하는 것을 줄이거나 빼앗는 방법이다.
㉢ 부적벌: 행동 뒤에 특정 자극이 제거되거나 강도가 약해져 선행 행동을 줄이거나 제거하는 형태이다.

정답 ①

12

미국 지적장애 및 발달장애협회(AAIDD, 2021)의 지적장애 정의에 근거하여 <보기>의 ㉠~㉢에 들어갈 내용이 바르게 나열된 것은?

―<보기>―
- 표준화 검사를 통해 산출된 지능지수 점수가 (㉠) 표준편차 이하이다.
- 적응행동의 ( ) 기술은 식사, 옷 입기, 작업 기술, 건강과 안전, 일과 계획, 전화사용 등이 포함된다.
- (㉢) 이전에 발생한다.

	㉠	㉡	㉢
①	-2	실제적	20세
②	-2	개념적	20세
③	-2	실제적	22세
④	-2	개념적	22세

정답분석

미국지적장애및발달장애협회(AAIDD, 2021)의 정의에 따르면, 지적장애는 지적 기능과 적응 행동의 제한을 특징으로 하는 상태이다. 이 정의는 일반적으로 IQ 점수가 70 이하인 경우를 포함하며, 개인의 적응 행동이 필요한 생활의 여러 영역(예 의사소통, 자기 관리, 사회적 기술 등)에서 제한적일 때 지적장애로 간주된다. 이러한 장애는 20세 이전에 나타나며, 개인의 전반적인 발달에 영향을 미칠 수 있다.

정답 ③

13 <보기>가 설명하는 장애유형에 관한 설명으로 옳지 않은 것은?

―<보기>―
- 21번 염색체가 삼염색체(trisomy 21)이다.
- 의학적 문제(선천성 심장질환, 근시 등)가 있을 수 있다.
- 인종, 국적, 종교, 사회적 지위 등과 관계없이 발생하는 보편성을 지니고 있다.

① 염색체 중 상염색체(autosome chromosome)에 문제가 있다.
② 대부분 포만 중추의 문제로 저체중 발생 빈도가 매우 높다.
③ 근육의 저긴장성 때문에 지도자의 관리하에 근력 운동이 필요하다.
④ 경추 정렬(atlantoaxial instability)의 문제 때문에 운동 참여시 척수손상에 대해 특히 주의한다.

 <보기>의 설명은 다운증후군에 관한 것이다.
- 평평한 얼굴, 짧은 목, 작은 귀
- 경도의 지적 장애 동반, 늦은 언어 발달
- 심장 기형, 소화기 문제, 기저 질환
- 높은 비만도

정답 ②

14 <보기>가 설명하는 스페셜올림픽의 종목은?

―<보기>―
- 경기장은 3.66m × 18.29m 크기의 직사각형이다.
- 공식 경기는 단식 경기, 복식 경기, 팀 경기 등이 있다.
- 한 팀당 4개의 공을 소유하고, 표적구에 가까이 던진 팀이 점수를 획득하는 경기이다.

① 보체(bocce)
② 플로어볼(floorball)
③ 보치아(boccia)
④ 넷볼(netball)

 플로어볼에 대한 설명이다.
- 팀 구성: 각 팀은 5명의 필드 플레이어와 1명의 골키퍼로 구성된다.
- 장비: 선수들은 가벼운 스틱과 공을 사용하며, 스틱은 일반적으로 플라스틱으로 만들어진다. 공은 구멍이 뚫린 플라스틱으로 되어 있어 가볍고 빠르게 움직인다.
- 경기장: 경기는 보통 40m × 20m 크기의 실내 코트에서 진행되며, 골대는 1.6m × 1.15m 크기이다.
- 목표: 상대 팀의 골대에 공을 넣어 점수를 얻는 것이 목표이다.
- 경기 시간: 일반적으로 3개의 20분 쿼터로 구성되며, 중간에 휴식 시간이 있다.

 ③ 보치아
- 팀 구성: 개인전 또는 팀전(2인 또는 3인 팀)으로 진행된다.
- 목표: 플레이어는 자신의 공(보치아 공)을 목표 공(비앙코 공)과 가장 가까운 위치에 놓는 것이 목표이다..
- 장비: 보치아 공은 다양한 색상(주로 빨강과 파랑)으로 구분되며, 각 팀은 같은 색의 공을 사용한다. 공은 가죽으로 만들어져 있으며, 무게와 크기가 규정되어 있다.
- 경기장: 경기는 12.5m × 6m 크기의 평평한 코트에서 진행된다.
- 점수: 각 라운드가 끝난 후, 목표 공에 가장 가까운 공을 가진 팀이 점수를 얻는다. 한 라운드에서 최대 6점을 얻을 수 있다.
- 경기 시간: 각 경기는 정해진 시간 내에 진행되며, 일반적으로 4개의 이닝으로 구성된다.

④ 넷볼
- 팀 구성: 각 팀은 7명의 선수로 구성되며, 포지션은 일반 넷볼과 유사하게 설정된다..
- 경기장: 스페셜올림픽 넷볼은 일반 넷볼과 같은 코트에서 진행되지만, 선수들의 능력에 따라 경기 규칙이 조정된다.
- 점수 시스템: 점수는 일반 넷볼과 동일하게 골대에 공을 넣어 획득하며, 모든 선수들이 공정하게 경쟁할 수 있도록 배려한다.

정답 ①

15
아래 표는 운동기능에 따른 뇌성마비의 분류체계이다. ㉠~㉢에 들어갈 내용을 바르게 나열한 것은?

구분	경직형 (spastic)	운동실조형 (ataxia)	무정위운동형 (athetoid)
손상 부위	• 운동피질	• (㉠)	• (㉡)
근 긴장도	• 과긴장성	• 저긴장성	• 근 긴장의 급격한 변화
운동 특성	• 관절 가동 범위의 제한 • 가위 보행	• 평형성 부족 • 협응력 부족	• (㉢) 움직임 • 머리 조절의 어려움

	㉠	㉡	㉢
①	소뇌	기저핵	불수의적
②	기저핵	중뇌	수의적
③	소뇌	연수	불수의적
④	기저핵	소뇌	수의적

정답분석
은 소뇌, ㉡은 기저핵, ㉢은 불수의적이 옳은 내용이다.
- 운동실조형 손상 부위는 주로 소뇌와 관련된 손상을 나타낸다. 소뇌 손상은 운동 조정, 균형, 자세 유지에 중요한 역할을 한다.
- 무정위운동형 뇌성마비는 주로 기저핵과 관련된 손상을 나타낸다. 이 손상은 비정상적인 운동 패턴, 느리고 비자발적인 움직임을 만든다.

정답 ①

16
<보기>에 근거하여 밑줄 친 ㉠에 대한 지도전략으로 옳지 <u>않은</u> 것은?

―――< 보기 >―――
- 틀에 박힌 일이나 의례적인 행동에 집착한다.
- 발달 수준에 맞게 친구 관계를 형성하지 못한다.
- 지도자가 "공을 던져라"라고 지시하면, "공을 던져라"라는 말을 반복한다.
- ㉠ 정해진 경로로 이동하지 않거나 시간이나 장소의 갑작스러운 변화에 저항한다.

① 체육활동에 대한 시각적 일과표를 제공한다.
② 체육활동을 일정한 규칙과 순서로 진행한다.
③ 지도할 때 그림 카드, 의사소통 보드 등을 활용한다.
④ 참여자의 선호도보다는 지도자의 의도대로 진행한다.

정답분석
은 행동 관리 전략이다. 특징은 예방 중심, 개별화, 명확한 기대 설정, 긍정적 강화, 지속적인 모니터링, 협력적 접근이 있다.

모두 정답

17
척수손상 장애인의 특성에 관한 지도자의 대처로 옳지 <u>않은</u> 것은?

① 욕창이 생기지 않도록 자세를 자주 바꾸게 한다.
② 기립성 저혈압의 경우 압박 스타킹을 착용하도록 한다.
③ 자율신경 반사이상(autonomic dysreflexia)이 발생할 때 고강도 순환 운동으로 전환한다.
④ 운동 중에 과도하게 체온이 상승하는 것을 예방하기 위해 물을 분무해 주면서 휴식을 취하도록 한다.

정답분석
자율신경 반사이상(autonomic dysreflexia)이 발생할 때는 저강도 운동이 적합하고, 이후 저강도 순환 운동이 필요하다.

정답 ③

18. 시각장애인의 지도전략으로 옳지 않은 것은?

① 스포츠 참여는 안전을 위해 개인 종목만 지도한다.
② 시범은 잔존시력 범위에서 보이면서 언어적 설명을 병행하는 것이 효과적이다.
③ 지도자는 지도할 때 시각장애인에게 신체 접촉의 형태, 방법, 이유 등을 구체적으로 안내한다.
④ 전맹의 경우 스포츠 동작에 대한 이해도를 높이기 위해 관절이 굽어지는 인체 모형을 사용할 수 있다.

정답분석 스포츠 참여는 안전을 위해 개인 종목 뿐만 아니라 단체 종목도 지도하며 안전하게 지도해야 한다.

정답 ①

19. 진행성 근이영양증(Muscular Dystrophy: MD)에 관한 설명으로 옳지 않은 것은?

① 디스트로핀(dystrophin) 단백질 결손과 관련된 유전질환이다.
② 근위축은 규칙적인 근력 및 근지구력 운동으로 예방할 수 있다.
③ 듀센형(Duchenne MD) 장애인은 대부분 평균 이상의 지적 능력을 보인다.
④ 듀센형 장애인은 종아리 근육에 가성비대(pseudo-hypertrophy)가 나타난다.

정답분석
② 규칙적인 근력 및 근지구력 운동은 오히려 스트레스를 주어 상태를 악화시킬 수 있다.
③ 듀센형 근이영양증 환자들은 일반적으로 평균 이상의 지적 능력을 보이지 않는다.

정답 ②, ③

20. 제시와 <보기>의 수어 ㉠~㉢을 바르게 나열한 것은?

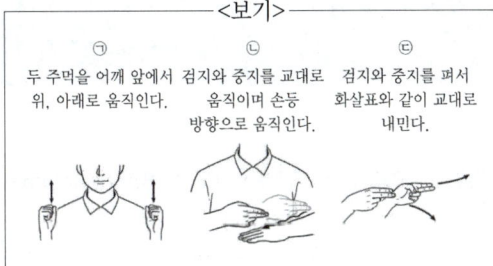

	수영	운동	스케이트
①	㉠	㉡	㉢
②	㉠	㉢	㉡
③	㉡	㉠	㉢
④	㉢	㉠	㉡

정답분석
㉠ 운동에 대한 수어이다.
㉡ 수영에 대한 수어이다.
㉢ 스케이트에 대한 수어이다.

정답 ③

2023년 기출문제

01 국제 기능·장애·건강 분류(International Classification Functioning, Disability and Health: ICF)에 제시된 장애에 대한 개념적 특징이 아닌 것은?

① 환경적 요인에 의하여 누구나가 장애인이 될 수 있음을 강조한다.
② 유형과 정도가 같은 장애인들이 동일한 활동에 참여하도록 한다.
③ 기능과 장애는 건강 상태와 개인적·환경적 요인들의 상호작용이다.
④ 장애는 개인, 주변의 태도, 환경적 장벽 사이 상호작용의 결과이다.

정답분석 ICF는 유형과 정도가 같은 장애인들이 동일한 활동 참여가 아닌 장애를 기능에 따라, 유형별로 나누고 분류하기보다 모든 사람을 대상으로 한 활동을 지향한다.

정답 ②

02 <보기>에서 미국 관보(Federal Register, 1977)가 체육을 정의한 내용에 해당하는 것을 모두 고른 것은?

<보기>
㉠ 건강과 운동체력의 발달
㉡ 특수체육, 적응체육, 움직임교육, 운동발달을 포함
㉢ 수중활동, 무용, 개인과 집단의 게임과 스포츠에서의 기술 발달
㉣ 기본운동기술과 양식(fundamental motor skills and patterns)의 발달

① ㉠, ㉡
② ㉡, ㉢
③ ㉠, ㉢, ㉣
④ ㉠, ㉡, ㉢, ㉣

정답분석 미국 관보(Federal Register, 1977)가 체육을 정의한 내용
- 운동 양식, 기술, 체력, 개인 또는 단체, 무용, 수상스포츠 등의 기술 발달
- 특수체육은 운동발달, 움직임교육을 포함하는 용어
- 건강체력, 운동체력, 기본운동기술, 스포츠 종목의 기술을 발달시키는 것

정답 ④

03 블룸(B. Bloom)이 분류한 교육 목표 영역에 따라 장기 목표를 제시하고자 한다. <보기>의 요인과 교육 목표 영역이 바르게 연결된 것은?

<보기>
㉠ 긍정적 자아, 사회적 능력, 즐거움과 긴장 이완
㉡ 운동의 기술과 양식, 체력, 여가활동에 필요한 기술
㉢ 놀이와 게임 행동, 창조적 표현, 인지 - 운동기능과 감각통합

	㉠	㉡	㉢
①	인지적 영역	정의적 영역	심동적 영역
②	인지적 영역	심동적 영역	정의적 영역
③	정의적 영역	심동적 영역	인지적 영역
④	정의적 영역	인지적 영역	심동적 영역

정답분석
㉠ 정의적 영역: 인격, 양심, 태도, 가치관, 감정, 신념, 흥미 등에 관련된 특성을 포함
㉡ 심동적 영역: 신체 기능, 운동 기능, 근육 등 신체와 관련된 기능 및 활동에 관련된 특성을 포함
㉢ 인지적 영역: 창의력, 지식, 이해력 같은 지적 행동에 관련된 특성을 포함

이론PLUS PDMS-2

검사 목적	검사 개요	검사 항목
만 0세~만 5세 유아기 대상자들의 대근 운동 및 소근 운동의 기능을 평가하고 개선과 훈련을 위함	• 그래픽으로 표현 가능하여 눈으로 쉽게 평가 내용 분석 가능 • 아동 수행 능력을 규준 표본과 비교 가능	반사, 비이동 운동, 이동 운동, 물체 조작 운동, 움켜쥐기, 시각 - 운동 통합을 검사함

정답 ③

04
개별화전환계획(Individualized Transition Plan: ITP)에 관한 설명으로 적절하지 않은 것은?

① 장애학생과의 인터뷰를 통해 신체활동 선호도를 알아본다.
② 지역사회 체육시설을 활용하여 사회적응기술을 가르친다.
③ 장애학생을 위한 신체활동 프로그램이 지역사회에도 있는지를 확인한다.
④ 장애학생의 현재 및 미래의 기대치를 논하기보다는 과거의 활동에 주안점을 둔다.

정답분석 장애학생의 과거 활동에 주안점을 두기보다 교사들에게 장애학생들이 사회로 체육활동의 영역을, 즉 미래적인 방향으로 확대시키는 것이다.

정답 ④

05
<보기>에서 설명하는 장애학생건강체력평가(Physical Activity Promotion System for Student with Disabilities: PAPS-D)에 해당하는 것은?

―<보기>―
장애학생건강체력평가는 개인의 건강체력이 동일 장애조건을 가진 사람들 중 어느 정도인지에 대한 정보를 제공한다.

① 비형식적 검사
② 비표준화 검사
③ 규준 참조 검사
④ 준거 참조 검사

정답분석 동일 장애조건을 가진 사람들 중 어느 정도인지에 대한 정보를 제공하는 것은 상대적 위치를 뜻하기 때문에 규준 참조 검사에 해당된다.

정답 ③

06
<보기>는 피바디 운동 발달 검사-2(Peabody Development Motor Scales-2: PDMS-2)의 평가영역이다. ㉠에 해당하는 것은?

―<보기>―
㉠ (   )
㉡ 움켜쥐기
㉢ 시각 - 운동 통합
㉣ 비이동 운동
㉤ 이동 운동
㉥ 물체적 조작

① 반사
② 손 - 발 협응
③ 달리기
④ 블록 쌓기

정답분석 반사를 제외한 나머지 보기는 운동 발달 검사-2에 해당하지 않는다.

정답 ①

07
갤러휴(D. Gallahue)와 오즈먼(J. Ozmun)이 제시한 운동 발달의 단계가 아닌 것은?

① 지각운동
② 기본운동
③ 기초운동
④ 전문화된 운동

정답분석 갤러휴(D. Gallahue)와 오즈먼(J. Ozmun)의 운동 발달 단계
반사 움직임 → 초보 움직임 → 기본운동 → 전문화 운동, 스포츠 기술

정답 ①

08
쉐릴(C. Sherrill)이 제시한 특수체육 서비스 전달체계의 실천요소에 대한 설명이 아닌 것은?

① 계획: 개인의 요구는 물론 학교와 지역사회의 철학에 따라 적절한 체육의 목적을 설정하는 것을 의미한다.
② 사정: 개인과 환경에 대한 검사, 측정, 평가로 구성되는 과정이다.
③ 교수/상담/지도: 최적의 운동 수행을 도모하기 위해 심리·운동적 요소들을 변화시키는 과정이다.
④ 평가: 장애인의 학습 정도와 프로그램의 효과를 확인하는 비연속적인 과정이다.

정답분석 평가는 프로그램의 효과와 학습 정도를 확인하는 연속적인 과정이다.

이론PLUS 특수체육 서비스 전달체계
계획 → 사정 → 개별화교육계획 → 상담/지도 → 평가

정답 ④

09
개별화교육계획(Individualized Education Program: IEP)의 기능 중 <보기>의 설명에 해당하는 것은?

<보기>
계획된 목표와 학생의 진보가 어느 정도 일치하고 있는가를 확인하기 위한 기능

① 의사소통 기능
② 통합 기능
③ 평가 기능
④ 관리 기능

정답분석 개별화교육계획(Individualized Education Program: IEP)의 기능
- 평가 기능: 계획된 목표와 학생의 진보가 어느 정도 일치하고 있는가를 확인하기 위한 기능
- 의사소통 기능: 부모, 교사와 학부모, 학교, 지역사회 등의 의사소통 기회 역할
- 관리 기능: 학생이 필요한 교육과 서비스를 받도록 관리하는 역할

이론PLUS IEP

정의	특수교육 대상자, 장애인들에 대해 활동의 제한 정도나 유형에 따라 지도하기 위한 접근방식으로, 특수관련 서비스 및 교육(내용·방법·목표)을 포함시켜 계획을 수립하여 교육 시행
의미	특수체육에서는 세 단어로 구성 • 개별화(Individualized): 특수교육 대상자의 장애 및 특성에 따른 독특한 욕구 • 교육(Education): 특수체육 서비스를 의미 • 프로그램(Program): 실제 제공되는 서비스 내용

정답 ③

10
<보기>의 ⊙~@을 블룸(B. Bloom)의 교육 목표 영역과 바르게 연결한 것은?

<보기>
⊙ 지각(perception)
ⓒ 가치화(valuing)
ⓒ 반사적 운동(reflex movement)
@ 적용(application)

① 정의적 영역: ⓒ, @
② 심동적 영역: ⊙, ⓒ
③ 인지적 영역: ⊙, ⓒ
④ 정의적 영역: ⓒ, @

정답분석
- 정의적 영역: 인격, 양심, 태도, 가치관, 감정, 신념, 흥미 등에 관련되는 특성을 포함한다.
- 심동적 영역: 신체 기능, 운동 기능, 근육 등 신체와 관련된 기능 및 활동에 관련되는 특성을 포함한다.
- 인지적 영역: 창의력, 지식, 이해력 같은 지적 행동에 관련되는 특성을 포함한다.

정답 ②

11
<보기>에서 설명하는 장애 유형은?

<보기>
⊙ 또래 친구와 인사를 하거나 함께 놀지 않는다.
ⓒ 출석을 불러도 반응하지 않거나 눈을 맞추지 않는다.
ⓒ 비닐과 같은 특정 물건을 반복적으로 만지거나 냄새를 맡는 행동을 한다.
@ '공을 차'라고 지시했지만, 지시를 이해하지 못하고 '공을 차'라는 말만 반복한다.

① 청각장애
② 지적장애
③ 뇌병변장애
④ 자폐성장애

정답분석 자폐성장애 특성은 인사를 하지 않거나 함께 어울리지 않고, 반응이 없으며 눈을 맞추지 않는다. 또한 특정 행동과 언어를 반복한다.

정답 ④

12

다음 <표>에서 제시된 수업목표가 추구하는 지각운동 영역은?

프로그램	골볼 교실	장애 유형	시각장애	장애 정도	1급
내용	참여를 위한 사전 교육					
목표	• 자신의 포지션을 찾아갈 수 있다. • 팀 벤치 에어리어를 찾아갈 수 있다. • 상대 팀 골라인의 위치를 찾을 수 있다.					

① 신체상(body image)
② 방향정위(orientation)
③ 신체 정렬(physical alignment)
④ 동측협응(ipsilateral coordination)

정답분석 시각장애는 도구를 사용하거나 다른 신체 감각을 통해 방향정위 훈련을 하는 것이 중요하다.

선지분석
① 신체상: 개인의 신체에 대한 주관적 이미지
③ 신체 정렬: 올바르게 균형 잡힌 개인의 신체
④ 동측협응: 운동 능력 중 눈에 대한 협응력

정답 ②

13

<보기>에서 설명하는 청각장애의 유형은?

─── <보기> ───
㉠ 청력 손실이 60~70dB을 넘지 않는다.
㉡ 소리를 외이에서 내이로 전달하는 과정에서 문제가 생긴다.
㉢ 중이염, 고막 손상, 외이도 염증 등에 의해서 발생하기도 한다.
㉣ 후천적인 원인에 의해 발생하는 경우가 많으며, 보청기 착용의 효과가 좋다.

① 혼합성 난청(mixed hearing loss)
② 감소성 난청(reductive hearing loss)
③ 전음성 난청(conductive hearing loss)
④ 감각신경성 난청(sensorineural hearing loss)

정답분석 전음성 난청(conductive hearing loss)에 대한 설명이다.

선지분석
① 혼합성 난청: 고주파수대역에서는 감음신경의 특징, 저주파수대역에서는 전음성 특징이 있는 혼합 장애 유형이다.
② 감소성 난청: 고주파수대역 청력 손실이 크고 신경손상에 의한 청력 손실이 원인이다.
④ 감각신경성 난청: 청각과 관련된 신경 손상에 의해 청력이 손실된 상태이다.

정답 ③

14

<표>는 피아제(J. Piaget)가 제시한 인지발달단계에 따른 지도 목표를 기술한 것이다. 지도 목표가 적절한 것을 모두 고른 것은?

프로그램	축구 교실	장애 유형	지적장애	장애 정도	1~3급
목적	슛과 패스 기술 익히기				
인지발달단계	지도 목표				
감각운동기	㉠ 다양한 종류의 공을 다루면서 공에 대한 도식이 형성되도록 한다.				
전 조작기	㉡ 공을 세워놓고 차기 기술을 지도한다.				
구체적 조작기	㉢ 공 차기를 슛과 패스로 구분하여 지도한다.				
형식적 조작기	㉣ 전략과 전술을 지도한다.				

① ㉠
② ㉠, ㉡
③ ㉠, ㉡, ㉢
④ ㉠, ㉡, ㉢, ㉣

정답분석 모두 적절한 지도 목표이다.

이론 PLUS 피아제 인지발달 단계

감각운동기	0~2세까지, 어떤 물체의 인지와 의식화함
전 조작기	2~7세까지, 특정 물체를 상징화하는 놀이를 함
구체적 조작기	7~11세까지, 놀이에 규칙을 정하는 시기
형식적 조작기	11세~성인까지, 전력과 전술을 적용한 놀이를 함

정답 ④

15 <표>는 동호회 야구선수를 관찰한 기록이다. 관찰내용에서 나타나는 장애 유형의 설명으로 옳지 않은 것은?

이름	홍길동	나이	만 42세	성별	남
날짜	2023년 4월 29일(토)	장소	잠실야구장		
관찰 내용	손과 발을 가만히 두지 못하고 여기저기 돌아다닌다.				
	대기타석에서 안절부절못하며 뛰어다닌다.				
	옆 선수에게 끊임없이 말을 한다.				
	코치의 질문이 끝나기도 전에 불쑥 말을 한다.				
	자신의 타격순서를 기다리지 못한다.				
	다른 선수의 연습 스윙을 방해하거나 참견한다.				

① 장애인복지법에서는 지적장애로 분류된다.
② 다양한 상황에서도 동일한 문제행동이 나타난다.
③ 주의력 결핍, 과잉행동 또는 충동성이 7세 이전에 나타난다.
④ 주의력 결핍, 과잉행동 또는 충동성의 평가항목 중에서 6개 이상의 항목이 최소 6개월 이상 지속된다.

정답 분석 관찰내용은 주의력 결핍 및 과잉행동장애(ADHD)의 특징이므로 ①은 관련 없는 내용이다.

정답 ①

16 <보기>에서 설명하는 시각장애 발생의 원인은?

<보기>
㉠ 두통, 눈의 통증, 구토 등의 증상이 나타날 수 있다.
㉡ 시야가 좁아져서 주변 상황에 대한 정보 습득이 어렵다.
㉢ 안압이 높아지면서 시신경이 눌리거나, 혈액 공급이 원활하지 않아서 발생할 수 있다.

① 백내장
② 녹내장
③ 황내장
④ 황반변성

정답 분석 녹내장은 시력감퇴 진행성, 선천성, 급발성으로 나타나며 빛에 민감한 특징이 있고 안압의 상승이 원인이 된다.

이론 PLUS 시각장애

원인	• 노화 또는 사고로 인한 장애 증가 • 근시, 원시 등 굴절 이상에 의한 질환 • 전염병, 상해, 종양 등으로 다양하게 나타남
종류	• 망막 질환 • 수정체 질환 • 시신경 질환 • 굴절 이상 • 각막 질환

정답 ②

17 제시어와 <보기>의 수어 ㉠~㉢을 바르게 연결한 것은?

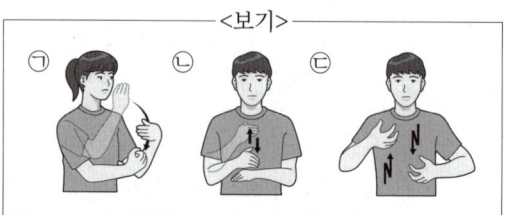

	반갑습니다	농구	고맙습니다
①	㉡	㉠	㉢
②	㉡	㉢	㉠
③	㉢	㉠	㉡
④	㉠	㉢	㉡

정답 분석
㉠ 농구
㉡ 고맙습니다
㉢ 반갑습니다

정답 ③

18. <표>의 FITT 구분에 따른 운동 계획 중에서 틀린 것은?

| 프로그램 | 건강관리 교실 | 장애유형 | 지체장애 | 장애정도 | 3급 |

| 운동 참여경험 | 최근 3개월 동안 주 3회, 회당 30분씩 운동했다. |
| 의료적 문제 | 최근 종합검진에서 심혈관질환을 비롯한 의료적 문제가 없다고 진단받았다. |

FITT 구분	운동 계획
① 빈도(Frequency)	운동을 주 3회(월, 수, 금) 실시한다.
② 강도(Intensity)	최대산소섭취량의 50% 수준으로 달리기한다.
③ 시간(Time)	준비운동 10분, 본운동 20분, 정리운동 5분으로 구성한다.
④ 시도(Trial)	본운동을 5회 반복한다.

정답분석
FITT 구분
- Frequency - 빈도
- Intensity - 강도
- Time - 시간
- Type - 유형

정답 ④

19. <표>는 척수손상 위치에 따라 휠체어농구 교실 참여가 가능한지를 결정한 내용이다. ㉠~㉣ 중에서 참여 가능 여부의 결정이 옳지 않은 것은?

프로그램	장애 유형	장애 정도
휠체어농구 교실	척수장애	1~3급

손상위치	잠재적 능력을 고려한 참여 가능 여부	
	가능	불가능
㉠ 흉추 1번~2번 사이		○
㉡ 흉추 2번~3번 사이	○	
㉢ 흉추 11번~12번 사이	○	
㉣ 흉추 12번~13번 사이	○	

① ㉠
② ㉡
③ ㉢
④ ㉣

정답분석
휠체어농구는 스스로 휠체어를 사용해 경기에 참여하는 종목이다. 흉추 손상은 상체의 온전한 움직임이 아니기 때문에 정답은 ㉠ 흉추 1번~2번 사이이다.

정답 ①

20. <보기>에서 보치아 경기규칙으로 옳은 것만을 모두 고른 것은?

<보기>
㉠ 보치아의 세부 경기종목으로는 개인전, 2인조(페어), 단체전이 있다.
㉡ 공 1세트는 적색 구 6개, 청색 구 6개, 흰색 표적구 1개로 구성된다.
㉢ 경기에 참여하기 위해서는 반드시 휠체어를 사용해야 한다.
㉣ 보조자의 도움을 받아서 투구할 수 있다.

① ㉠
② ㉠, ㉡
③ ㉠, ㉡, ㉢
④ ㉠, ㉡, ㉢, ㉣

정답분석
보치아 경기규칙으로 옳은 것은 ㉠, ㉡이다.

선지분석
㉢ 경기에 참가하기 위해서는 휠체어 사용자여야 하지만, 스쿠터 또는 침대형태로 된 것도 사용 가능하다.
㉣ 경기보조자는 휠체어를 밀거나 포인터를 조정해주는 것과 같이 경기에 직접적인 신체 접촉은 불가능하다.

정답 ②

2022년 기출문제

01 축구 경기에서 발목을 삔 지적장애인에게 응급처치하였다. RICE 절차와 내용의 연결이 옳지 <u>않은</u> 것은?

① 휴식(rest) - 즉각적으로 부상 부위를 움직이지 않게 한다.
② 냉찜질(ice) - 얼음으로 부상 부위를 차게 해준다.
③ 압박(compression) - 붕대로 부상 부위를 감아서 혈액응고 및 부종을 예방한다.
④ 올림(elevation) - 부상 부위를 잡아당겨서 고정한다.

정답분석 올림(elevation)은 부상 부위를 잡아당겨 고정하는 것이 아닌 부상 부위에 대한 거상을 뜻한다.

정답 ④

02 절단장애인의 환상통증(phantom pain)에 대한 설명이 <u>아닌</u> 것은?

① 궤양과 같은 고통스러운 통증을 느낄 수 있다.
② 절단 후 남아 있는 부위에서는 근육 경련이 일어나지 않는다.
③ 절단된 부위가 아직 남아 있는 것처럼 생각하고 그 부위에서 통증을 느낀다.
④ 인공 의지(prosthesis)나 보조기를 착용해도 통증을 느낄 수 있다.

정답분석 절단 후 남아 있는 부위 또한 근육 경련이 일어나며 출혈이 많이 발생한다.

정답 ②

03 척수장애인의 운동지도 지침이 <u>아닌</u> 것은?

① 자율신경 반사 이상의 위험을 줄이기 위해 운동 전에 장과 방광을 비우게 한다.
② 유산소성 운동 후 체온을 낮추어 주기 위해 시원한 압박붕대를 사용한다.
③ T6 이상에 손상을 입은 경우, 유산소성 훈련 효과를 극대화하기 위해 최대심박수를 150회/분까지 증가시킨다.
④ 심장으로 들어가는 혈액량의 감소로 인한 저혈압의 위험을 줄이기 위해, 충분한 준비운동을 하게 하고 운동부하를 점진적으로 증가시킨다.

정답분석 척수장애인 신체 활동 지도 시 주의사항
• 기립성 저혈압 사전 확인
• 레그백을 비워 방광의 팽창 방지
• 기능적 측면 근육 강화
• 심박수 감소, 혈압 증가 문제가 나타날 수 있기 때문에 체온 조절 유의
• 유산소 능력 향상을 위한 운동 프로그램 실시
• 손의 기능이 불편한 장애는 기기의 변형 필수

정답 ③

04 <보기>에서 설명하는 장애유형은?

<보기>
• 의사소통: 유창한 말하기와 풍부한 어휘 능력을 가지고 있다.
• 사회적 상호작용: 대화 중에 눈을 마주치거나 고개를 끄덕이는 행동을 어려워한다.
• 관심사와 특이행동: 특정한 사물에 강한 관심을 나타내는 경향이 있다.
• 관계 형성: 가족과의 애착이 형성될 수는 있으나 또래와의 관계 형성은 어려울 수 있다.

① 아스퍼거증후군
② 뇌병변장애
③ 지체장애
④ 시각장애

정답분석 아스퍼거증후군에 대한 설명이다.

이론PLUS 자폐성장애의 유형별 진단 기준

레트 장애	여아에게 주로 나타나며 발달장애의 하위 유형
소아기 붕괴 장애	2~3세까지 정상적으로 발달하던 아이에게서 갑자기 지연이 시작되는 희귀 질환
아스퍼거 증후군	사회 부적응과 언어 발달이 지연되는 만성 신경질환이며 고집이 강하고 공감능력이 떨어짐
비전형 전반적 발달장애	사회성, 의사소통 같은 발달에 문제가 있다고 판단된 경우

정답 ①

06 <보기>에서 설명하는 장애인스키 장비는?

<보기>
- 절단 등의 장애 때문에 균형 유지가 어려운 장애인이 사용한다.
- 스키 폴(pole) 하단에 짧은 플레이트를 붙여서 만든 보조장치이다.

① 아웃리거(outriggers)
② 듀얼리거(dualriggers)
③ 바이리거(biriggers)
④ 인리거(inriggers)

정답분석 아웃리거에 대한 설명이다. 아웃리거는 스키뿐만 아니라 카약 등 균형을 잡아야 하는 종목에서 필요한 장비이다.

정답 ①

05 <보기>에서 ㉠~㉢에 들어갈 장애인스포츠 프로그램 서비스 전달 단계가 바르게 묶인 것은?

<보기>

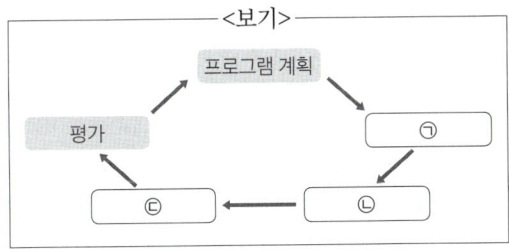

	㉠	㉡	㉢
①	사정	개별화교육계획	교수·코칭·상담
②	개별화교육계획	교수·코칭·상담	사정
③	개별화교육계획	사정	교수·코칭·상담
④	교수·코칭·상담	개별화교육계획	사정

정답분석
㉠ 사정: 평가와 측정의 중간 개념이며 사료를 수집하는 과정
㉡ 개별화교육계획: 장애 특성, 학습 능력에 맞게 교육 내용을 조절하는 과정
㉢ 교수·코칭·상담: 장애 특성, 학습 능력에 맞게 코칭, 상담하는 단계

정답 ①

07 장애인스포츠와 관련된 긍정적인 변화를 위한 사회적 노력으로 잔스마와 프랜치(P. Jansma와 R. French, 1994)가 제시한 "4L"의 방법이 아닌 것은?

① 장애인스포츠와 관련된 지식의 창출과 보급(Literature)
② 장애인스포츠 관련 단체 등의 목표를 성취하기 위한 집단행동(Leverage)
③ 장애인스포츠에 대한 법률관계 확정을 위한 소송(Litigation)
④ 장애인스포츠에 대한 장애인의 학습(Learning)

정답분석 잔스마와 프랜치(P. Jansma와 R. French, 1994)의 4L
- 연구(Literature) - 지식을 위한
- 행동력(Leverage) - 성취하기 위한
- 소송(Litigation) - 권리주장을 위한
- 입법(Legislation) - 실행 보장하는

정답 ④

08
위닉스(J. Winnick, 1987)의 장애인스포츠 통합 연속체에서 <보기>의 내용에 해당하는 단계는?

―― <보기> ――
- 시각장애 볼링선수가 가이드 레일(guide rail)의 도움을 받아 비장애선수와 함께 경쟁하였다.
- 희귀성 다리순환장애 골프선수가 카트를 타고 비장애선수와 함께 경쟁하였다.

① 일반스포츠(regular sport)
② 편의를 제공한 일반스포츠(regular sport with accommodation)
③ 일반스포츠와 장애인스포츠(regular sport & adapted sport)
④ 분리된 장애인스포츠(adapted sport segregated)

정답분석
- 위닉스(J. Winnick, 1987)의 장애인스포츠 통합 5단계 중 2단계 '편의를 제공한 일반스포츠(Regular Sport with Accommodation)'에 속한다.
- 합리적인 적응 방법을 통해 스포츠에 참가하며 경기 수행력에 직접적인 영향을 미치지 않는 방법을 사용한다. 비장애인과 동등한 기회를 허용하는 단계이다.

이론 PLUS 위닉(J. Winnick)의 통합 스포츠 5단계

일반스포츠	모든 사람에게 동일한 기준 적용
일반스포츠의 적용	경기 결과에 관련 없이 시설, 기구 이용 가능
일반스포츠와 장애인스포츠	장애 구분 없이 함께 참여, 규칙 변경 없음
통합 장애인스포츠	장애인과 일반인의 규칙을 변형하여 참가
분리 장애인스포츠	장애인 선수만 참가

정답 ②

09
미국스포츠의학회(ACSM)의 '운동 참여 전 건강검진 알고리즘'을 적용할 때, <보기>에서 의료적 허가가 필요하지 <u>않은</u> 시각장애인은?

―― <보기> ――
대한장애인체육회에서는 생활체육 골볼교실에 참가하는 시각장애인에게 운동참여 전 건강 문진을 통해서 다음의 결과를 얻었다.

시각장애인 문항	㉠	㉡	㉢	㉣
현재 규칙적으로 운동에 참여하는가?	예	예	아니오	예
심혈관 질환, 대사 질환, 또는 신장 질환이 있는가?	예	아니오	예	아니오
질병을 암시하는 징후 또는 증상이 있는가?	아니오	예	아니오	아니오
원하는 운동강도가 있는가?	고강도	중강도	고강도	고강도

① ㉠
② ㉡
③ ㉢
④ ㉣

정답분석
㉣은 질병을 암시하는 징후 또는 증상이 없다고 답변했기 때문에 의료적 허가가 필요 없다.

정답 ④

10
미국 장애인교육법(Individuals with Disabilities Education Act: IDEA, 2004)에서 명시한 통합교육과 관련된 용어는?

① 통합(inclusion)
② 정상화(normalization)
③ 주류화(mainstreaming)
④ 최소한으로 제한된 환경(least restrictive environment)

정답분석
최소한으로 제한된 환경(least restrictive environment)은 미국 장애인교육법에 명시된 통합교육 용어로, 장애가 있는 학생들을 교육할 때 학급에 가까운 환경에 배치하는 것을 뜻한다.

정답 ④

11 <보기>에서 설명하는 모스톤과 애쉬워스(M. Mosston & S. Ashworth, 2002)의 교수 스타일은?

─<보기>─
- 장애인스포츠지도자가 수업 운영과 관련된 모든 사항을 결정한다.
- 지도자는 장애인에게 운동과제에 대한 설명과 시범을 보이고, 연습하게 하고 피드백을 제공한다.
- 수업에서 장애인의 안전을 확보하는 데 효과적인 교수 스타일이다.

① 지시형 스타일(command style)
② 연습형 스타일(practice style)
③ 상호학습형 스타일(reciprocal style)
④ 유도발견형 스타일(guided discovery style)

정답분석 지시형 스타일(command style)에 해당한다.

이론 PLUS 교수 스타일

지시형	• 지도자는 장애인에게 운동과제에 대한 설명과 시범을 보이고, 연습하게 하고 피드백을 제공한다. • 수업에서 장애인의 안전을 확보하는 데 효과적인 교수 스타일이다.
연습형	• 운동 수행에 있어 개인차를 허용하고 학생에게 특정 피드백을 제공한다. • 스테이션 수업 적용에 좋다.
상호학습형	• 상호 동일한 관계의 짝을 이루기 위한 목적으로 장애 정도가 다른 학생끼리 짝을 짓고, 교사는 짝의 수준이 맞지 않을 경우 직접 관리한다. • 많은 사람들이 있을 때 활용하기 유용하다.
유도발견형	교사는 학습자를 과제에 집중하게 하며 정답을 주지 않는다.

정답 ①

12 <보기>의 수어가 나타내는 스포츠 종목은?

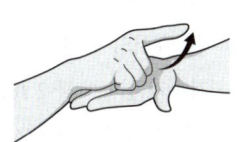

─<보기>─
왼 손바닥을 위로 향하게 펴고, 오른 주먹의 손등이 위로 향하게 하여 왼 손바닥 위에 올려놓고, 오른손의 검지를 튕기며 편다.

① 휠체어농구
② 권투
③ 탁구
④ 축구

정답분석 <보기>의 수어는 축구를 뜻한다.

정답 ④

13 국제 뇌성마비 스포츠 레크리에이션 협회(Cerebral Palsy-International Sports and Recreation Association, CPISRA)의 등급 분류 체계에 관한 설명이 아닌 것은?

① 5등급은 다시 5-A와 5-B로 세분화된다.
② 뇌성마비뿐만 아니라 뇌병변 장애인을 포함하고 있다.
③ 1~4등급은 보행이 가능한 등급이며, 5~8등급은 휠체어로 이동하는 등급이다.
④ 경기의 승패가 손상이 아니라 노력의 정도에 의해 결정되도록 하는 것을 목적으로 한다.

정답분석 대부분의 장애는 등급 숫자가 적을수록 중증 장애를 정의하고, 숫자가 높을수록 경증 장애를 정의한다.

정답 ③

14 미국 지적 및 발달장애협회(AAIDD, 2010)의 지적장애 정의에 대한 설명 중 옳지 않은 것은?

① 만 20세 이후에 시작된다.
② 적응행동에서의 명백한 제한이 나타난다.
③ 지능 지수가 평균에서 2 표준편차 이하이다.
④ 적응행동은 개념적, 사회적, 실제적 적응기술에서 명백한 제한이 나타난다.

정답분석 지적장애는 사회적, 모든 적응 행동에서 제한적인 특징이 있으며, 18세 이전에 시작된다.

이론PLUS 미국 지적장애 및 발달장애협회(AAIDD, 2010)
18세 이전에 시작된 지적 기능과 사회적, 실제적 적응 기술로서 모든 적응 행동에서 제한적인 특징이 나타나는 사람을 지적장애로 정의내림

정답 ①

15 데이비스와 버튼(W. Davis & A. Burton, 1991)이 제시한 생태학적 과제분석의 실행과정을 순서대로 나열한 것은?

① 변인 선택 - 관련 변인 조작 - 과제 목표 - 지도
② 과제 목표 - 관련 변인 조작 - 변인 선택 - 지도
③ 변인 선택 - 과제 목표 - 관련 변인 조작 - 지도
④ 과제 목표 - 변인 선택 - 관련 변인 조작 - 지도

정답분석 데이비스와 버튼(W. Davis & A. Burton, 1991)의 생태학적 과제분석의 실행과정 순서
과제 목표 - 변인 선택 - 관련 변인 조작 - 지도

정답 ④

16 <보기>의 ㉠~㉣에 들어갈 개념이 바르게 묶인 것은?

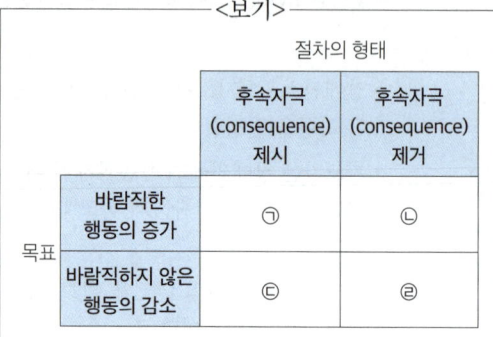

	㉠	㉡	㉢	㉣
①	정적강화	부적강화	정적처벌	부적처벌
②	부적강화	정적강화	부적처벌	정적처벌
③	정적강화	정적처벌	부적강화	부적처벌
④	부적강화	부적처벌	정적처벌	정적강화

정답분석
㉠ 정적강화: 대상자가 좋아하는 것(강화물)을 어떤 행동 이후에 주어 자극을 통해 그 행동의 빈도수를 높이는 것
㉡ 부적강화: 대상자가 원하지 않는 것을 제거해 주고 올바른 행동의 빈도수를 높이는 것
㉢ 정적처벌: 부적처벌의 반대이며, 어떤 행동 뒤에 이어서 강한 자극을 통해 잘못된 행동을 줄이는 것
㉣ 부적처벌: 정적처벌의 반대이며, 어떤 행동 뒤에 이어서 강한 자극이 제거되어 잘못된 행동을 줄이는 것

정답 ①

17 척수장애의 장애정도가 가장 심한 것은?

① 목뼈(경추, cervical vertebrae) 1번과 2번 사이 손상
② 목뼈(경추, cervical vertebrae) 6번과 7번 사이 손상
③ 등뼈(흉추, thoracic vertebrae) 1번과 2번 사이 손상
④ 등뼈(흉추, thoracic vertebrae) 11번과 12번 사이 손상

정답분석 손상부의 아래부터 장애가 오기 때문에 경추 1번과 2번 사이 손상이 가장 심하다.

정답 ①

18 개별화교육프로그램(IEP)의 목표 진술 3요소가 아닌 것은?

① 조건(condition)
② 기준(criterion)
③ 행동(action)
④ 비용(cost)

 개별화교육프로그램(IEP)의 3요소는 조건, 기준, 행동이다.

정답 ④

20 스포츠를 처음 배우는 중도(重度) 지적장애인을 위한 지도전략으로 옳지 않은 것은?

① 배구에서 배구공을 가볍고 큰 공으로 변형한다.
② 기본운동기술을 높은 수준의 스포츠 기술로 변형한다.
③ 골프에서 골프공을 가볍고 큰 공으로 변형한다.
④ 평균대 위 걷기에서 안전바(safety bar)를 잡고 걷게 한다.

 스포츠를 처음 배울 때는 약간의 변형과 수정을 통해 운동에 접근하기 쉽게 하는 것이 올바른 지도전략이다. 기본운동기술을 높은 수준의 스포츠 기술로 변형하는 것은 지도력에 맞지 않다.

 지적장애인 체육 활동 지도전략
- 안전 지도 방안 구체화
- 수행 능력의 세밀한 파악 후 지도
- 발달 성노에 따라 꾸준히 지도
- 언어 및 단어는 간단하게
- 시범 지도, 직접 지도 활용
- 단순한 규칙 놀이 제공
- 관련 단서 제공
- 고관절 과신전 부상 주의
- 감각적 단서를 제공하면서 지도

정답 ②

19 <보기>에서 국민체육진흥법 시행령의 '장애인스포츠지도사 2급 연수과정'이 아닌 것으로 묶인 것은?

―――――<보기>―――――
㉠ 스포츠 윤리
㉡ 선수 관리
㉢ 지도역량
㉣ 스포츠 매니지먼트
㉤ 장애특성 이해
㉥ 코칭 실무

① ㉠, ㉢
② ㉢, ㉣
③ ㉡, ㉥
④ ㉤, ㉥

 장애인스포츠지도사 2급 연수 과정에서 장애인 선수를 직접 관리하거나, 경기력에 직접적인 영향을 주는 코칭 실무는 없다.

정답 ③

해커스자격증
pass.Hackers.com

● 유아체육론 6개년 출제 비중

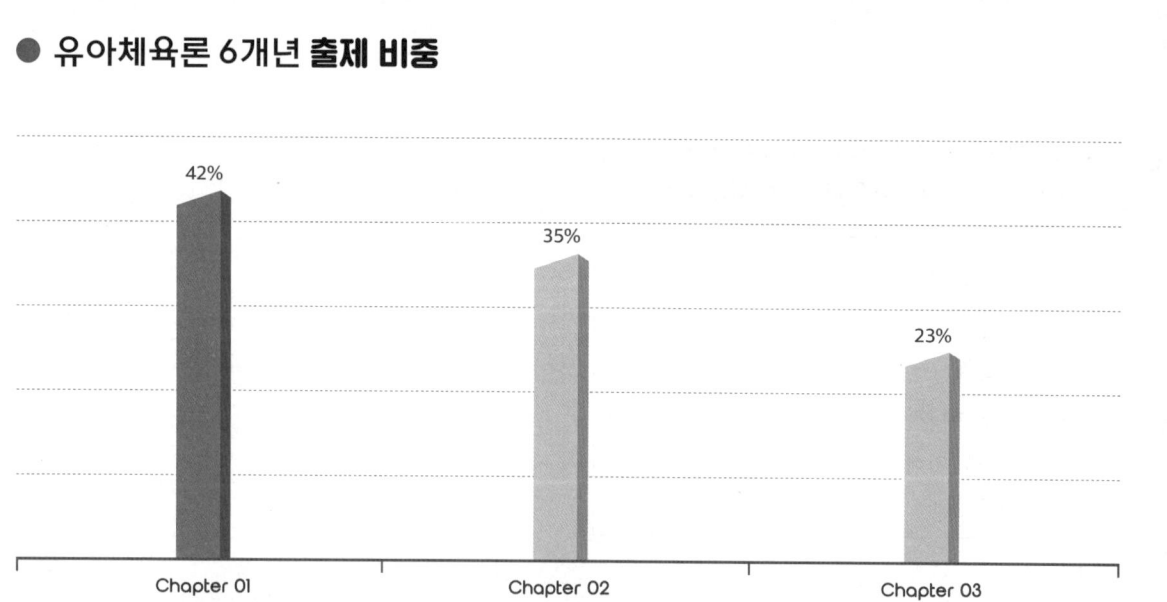

해커스 **스포츠지도사 2급 필기** 한권합격 이론+최신기출+핵심노트

유아체육론

필수과목

Chapter 01   유아체육의 이해
Chapter 02   유아기 운동발달 프로그램의 구성
Chapter 03   유아체육 프로그램 교수 · 학습법

Chapter 01 유아체육의 이해

핵심요약&보충자료

01 유아기의 특징

1 유아, 유아체육의 개념

1. 유아[1]

생후 1년부터 6세까지를 어린이라고 하며, 유아교육법에서는 3세부터 초등학교 취학 전까지의 어린이를 뜻함

> **참고**
>
> **영유아보육법** 기출 20년
>
> 제1장
> 제2조(정의) 이 법에서 사용하는 용어의 뜻은 다음과 같다. <개정 2008. 12. 19., 2011. 6. 7., 2023. 8. 8., 2024. 2. 6.>
> "영유아"란 6세 미만의 취학 전 아동을 말한다.
> [시행 2024. 9. 20.] [법률 제20380호, 2024. 4. 19., 일부개정]

2. 유소년

유아와 소년을 아울러 이르는 말. 2012 체육진흥법 개정에 따른 유소년은 만 3~12세의 초등학교까지의 아동을 말함

3. 유아체육론

① 유아체육론이란 유아에 대한 이해를 위해 다양한 측면에서 유아의 발달에 대한 지식을 배우는 학과목
② 신체활동을 통하여 유아(사전적 정의에 따라 생후 1세~만6세)의 성장 발달을 도와 신체적·정서적·사회적으로 완전한 전인적 인간을 만들기 위한 교육을 말함

> **참고**
>
> **유소년체육**
>
> 유소년체육의 정의는 유아체육의 정의와 같다. 다만, 현재 우리나라 체육 분야에서는 국가 스포츠지도사 과정에 유소년스포츠지도사 과정을 만들게 됨으로써 유소년(만 3~12세의 초등학생)을 대상으로 하는 체육을 말한다.

 유아(유아교육법)
만 3세부터 초등학교 취학 이전의 어린이

4. 유아체육의 목표 기출 19년

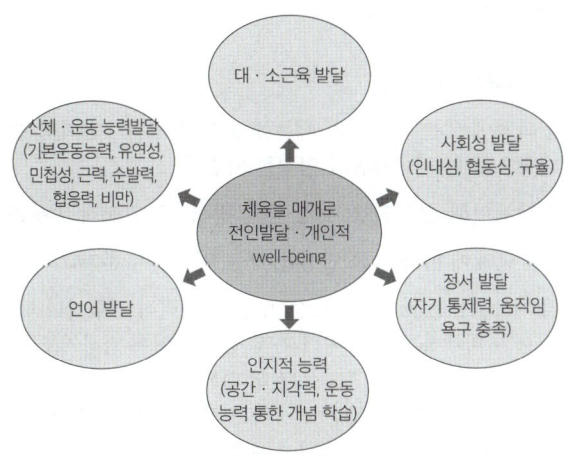

<유아체육의 목표>

① 유아체육의 목표는 성인체육의 목표와는 다소 다름
② 유아는 발달과 성숙 과정에 있는 사람이기 때문에 청소년 이상 성인들을 대상으로 하는 체육활동이 스포츠 기술의 습득이나 건강 증진을 목표로 한다면, 유아들이 하는 체육은 청소년이나 성인이 전인적 발달이나 개인적 웰빙(well-being)을 최종 목표로 한다는 점에서는 같을 수 있으나 그 내용적인 면에서는 청소년이나 성인의 목표와는 전혀 다르다고 할 수 있음
③ 발달 과정에 있는 유아들에게는 각 요인들이 서로 다르게 작용하고 그 효과의 크기가 다름

5. 유소년스포츠지도사의 자격에 대한 이해 기출 22년

유소년체육	• 유아체육과 정의는 동일하나, 우리나라 체육계에서는 국가 스포츠지도사 과정과 유소년스포츠지도사를 분리함 • 즉, 유소년(만 3~12세의 초등학생)을 대상으로 하는 체육임

유소년
스포츠지도사
	• 유소년(만 3세부터 중학교 취학 전까지의 행동양식, 신체발달 등에 대한 지식을 갖추고 해당 자격종목에 대하여 유소년을 대상으로 체육을 지도하는 사람을 말함
	• 관련 법령
	  - 국민체육진흥법 제11조(체육지도자의 양성) 내지 제12조(체육지도자의 자격취소) 등
	  - 국민체육진흥법 시행령 제8조(체육지도자의 양성과 자질향상) 내지 제11조의3(연수계획)
	  - 국민체육진흥법 시행규칙 제4조(자격검정의 공고 등) 내지 제23조(체육지도자의 자격취소) 등

6. 유아체육의 효과 기출 19년

① 유아의 신체활동은 유아의 발육발달과 성장을 돕는 것은 물론 유아의 인지적·정신적 사고활동을 돕는다는 것이 최근 다양한 연구결과에서 입증되고 있음
  → 체육을 통해 인지적 측면의 발달을 도모할 수 있음
② 신체활동은 뇌세포의 성인인자의 성장을 촉진하고 신경전달물질의 분비를 활성화하여 기억력, 집중력, 문제해결력 등의 인지기능을 향상시켜 줌
③ 또한 신체활동 수행 과정에서 경험하게 되는 다양한 운동 수행 기술, 전략, 표현, 시합 등 방법적 지식의 학습은 사고 기능을 향상시켜 줄 수 있음

핵심요약&보충자료

[유아체육의 효과]

- 규칙적 신체활동 참여를 통한 건강 증진
- 발달 단계에 따른 신체 기술의 발달
- 체력 증진
- 지능의 발달(다양한 신체발달을 통한 원리, 전략, 감각, 개념정립의 증진)
- 바른 자세 형성
- 키 성장과 아름다운 체형 형성
- 학습능력 강화
- 신체적인 움직임의 성공을 통한 자신감 증진
- 다양한 신체 놀이를 통한 창의력 증진
- 또래와의 관계 강화
- 평생 건강습관 습득
- 여가시간 활용 및 레크리에이션 습관 형성
- 자신과 타인에 대한 존중감 증진
- 도전의식 고취
- 규칙 준수 훈련
- 리더십과 사회적 상호작용 강화(사회성 증대)
- 스트레스 감소
- 기본 운동과 기술을 통해 평생 동안 자신의 신체를 안전하고 효율적으로 움직일 수 있는 방법 터득 등 많은 이익을 가져다 줌

❶ 유아의 움직임 능력 발달 단계
  ① 반사 움직임 단계
  ② 초보 움직임 단계
  ③ 기본 움직임 단계
  ④ 전문화된 움직임 단계

---

④ 유아체육의 효과는 신체적·심리적·사회적·정서적 측면에서 효과가 있는 것으로 연구결과들에 의해 입증되고 있음

7. 유아체육과 성인체육의 차이점

① 대상이 발달 과정에 있는 유아이기 때문에 모든 신체적·인지적 활동에서 청소년이나 성인을 대상으로 한 체육활동과 엄격한 차별화
② 특히 신체적(신체이해, 운동기술, 건강 등)·정서적·인지적 발육과 발달에 중점
③ 유아기는 발달 단계에 따라 많은 영향을 받는 민감기가 존재
   ㉠ 유아기의 체육활동은 지각, 인지, 감성, 정서, 심리적 경험이나 사회적 경험 등 성장하면서 유아가 마주하게 되는 여러 가지 경험을 처음 접하기도 하는 시기이므로 성인이 갖는 경험의 의미나 무게와는 전혀 다른 결과를 가져다줄 수 있음
      → 유아를 위한 체육 프로그램은 신중하고 치밀하게 개발되어야 하고, 규율이나 규칙을 준수하고 교수법과 학습법에 보다 전문적인 지식을 가지고 지도
   ㉡ 유아의 유아체육 프로그램에는 뼈와 근육, 평형성, 민첩성, 반응시간, 전반적인 근육 간의 협응성을 발달시키는 프로그램이 포함되어야 하며, 놀이 중심의 다양한 신체활동과 인지적 활동이 함께 이루어지도록 해야 함
   ㉢ 연령별로 발달 과정과 개인차가 크게 나기 때문에 연령에 맞는 움직임을 고려해야 함

> **참고**
>
> 민감기(sensitive period)
> - 특정 능력, 행동의 발달에 최적인 시기
> - 연령에 따라 이러한 민감기를 고려하여 적절한 운동이 적용되면 효과적이고 긍정적인 운동발달을 유도
> - 각 시기에 따른 유아의 발달은 그 시기에 도달해야 하는 발달과업을 갖기 때문에 시기를 놓쳐버리면 영원히 성장을 저해 가능
> - 이 시기의 인간은 이러한 속성들을 길러주는 환경 영향에 특히 민감

2 영, 유아의 특징

1. 영유아 발달의 연령별 분류

① 인간의 연령을 나누는 관점은 생활연령, 생물학적 연령, 정서연령, 정신연령, 자기개념연령, 지각연령 등 다양함
   ㉠ 가장 일반적으로 사용하는 연령 구분이 생활연령인데, 생활연령은 연령을 개월 수 혹은 연수로 표시함❶
   ㉡ 생물학적 연령 또한 경우에 따라 자주 사용하는 개념으로 성숙에 따른 발달 비율에 대한 연령을 말함

② 연령별 분류
   ㉠ 형태학적 연령(신장, 체중 같은 사람의 치수)
   ㉡ 골격연령[골격의 생물학적 연령(X-ray)]
   ㉢ 치아연령(치아 발달의 순서, 치아가 생기는 순서)
   ㉣ 성적연령[성적성숙도(1차, 2차 성징)], 성조숙증 검사 등에 쓰임
   ㉤ 가장 일반적으로 쓰이는 생활연령은 태내기(배아기, 태아기), 신생아기, 영아기, 유아기, 초기 아동기, 후기 아동기, 청소년기, 초기 성인기(19~40세), 중기 성인기(41~60세), 후기 성인기(61세~죽기 전)

 **핵심요약&보충자료**

태내기	• 배아기(임신 기간의 첫 8주) • 배아란 접합체가 한 번 이상 세포분열을 하기 시작한 시기부터 하나의 완전한 개체가 되기 전까지의 발생 초기단계 • 태아기(첫 8주가 지난 후 출생 때까지) • 체내수정에 의하여 발생하고 나서 출생에 이르기까지의 포유류의 새끼
신생아기 (출산 후 4주)	출생 후 28일 경과하지 않은 영아를 신생아라고 하며, 이 기간을 신생아기라고 함
영아기 (baby, infant)	• 갓 태어난 아기 또는 젖을 먹는 어린 아기라는 뜻을 가진 영아는 생후 4주 이후 ~생후 1년까지 • 신생아기의 계속으로서 출생 후 2년까지 어머니의 젖꼭지를 물고 자라나는 시기로 이 시기의 영양, 애무, 배설의 제 경험은 이후의 일반적 경향에 영향을 미침
유아기 (child, toddler, preschooler)	• 유아는 대한민국의 국어사전에 따르면 생후 1년부터 만 6세까지의 어린아이를 가리킴 • 그러나 학자에 따라서는 영아를 생후~생후 3년, 유아를 생후 3년~6년까지로 보기도 함 • 현재 우리나라의 유아교육법에서는 유아를 만 3세부터 초등학교 취학 이전의 어린이로 정의하고 있음
아동기(child)	• 신체적·지적으로 미성숙한 단계에 있는 사람 • 초등학교에 다니는 나이의 아이 • <법률> 아동복지법에서 18세 미만의 사람을 이르는 말 • 아동기를 2~6세까지의 초기 아동기와 6~10세까지의 후기 아동기로 나누기도 함
청소년기 (youth, young people)	• 청년과 소년을 아울러 이르는 말, 어른(청년)과 어린이의 중간 시기 • <법률> 청소년기본법에서 9세 이상 24세 이하인 사람을 이르는 말 • 흔히 '청소년'이라고 하면 만 13세에서 만 18세 사이의 사람을 칭하며, 이러한 경우에는 간단하게 '학생'이라는 말로 대신하기도 함 • 사춘기를 겪고 있는 사람을 칭함. 학년으로는 중학교 1학년부터 고등학교 3학년까지
유소년	• 유아와 소년을 아울러 이르는 말. • 2012 체육진흥법 개정에 따른 유소년은 만 3~12세의 초등학교까지의 아동을 말함

2. 반사 기출 19~23년

(1) 반사

신생아~영아기의 가장 큰 특징은 반사(reflex)인데, 반사는 의지와 상관없이 불수의적인 움직임으로 영아기 신경발달에 기본적인 요인임

(2) 반사의 역할

① 영아의 생존을 돕는 역할 – 빨기반사, 찾기반사: 자신을 보호하고 생명현상 유지역할

② 미래의 움직임을 예측하는 역할 – 걷기반사: 발바닥에 압력을 가하면 걷는 것과 같은 패턴으로 움직임 이루어짐

③ 영아의 운동 행동을 진단하는 역할 – 신경학적 문제나 상해를 추측할 수 있는 모로반사: 좌우 대칭적으로 나타나야 할 반사이지만 비대칭적으로 나타날 경우 신경학적인 문제 추측 가능

④ 정상보다 더 지속되는 반사작용은 종종 생리학적 위험 신호로 간주 → 연령이 증가함에 따라 원시반사는 감소되는 반면 자세반사는 점차 증가하는 경향이 정상적 발달임

❷ 반사 움직임 단계

태아기~생후 약 4개월까지 관찰

① 정보 부호화 단계(information encoding stage): 불수의적 움직임 특징

② 정보 해독 단계(information decoding stage): 생후 약 4개월 무렵 시작

핵심요약&보충자료

(3) 반사의 종류

① 원시반사(primitive reflexes): 태아~6개월, 출생 이전부터 시작해서 출생 후 미숙한 시기에 비의도적이고 자동화된 움직임 반응, 중추신경계 성숙으로 최대 1년 안에 원시반사 억제 - 모로반사, 놀람반사, 포유반사, 흡입반사, 인형눈 반사, 손바닥 파악반사, 하악반사, 발바닥 파악반사, 바빈스키반사, 목강직반사

② 자세반사(postural reactions): 직립반사, 시각 바로잡기, 당김반사, 낙하산자세반사, 지지반사, 목자세반사, 몸통자세반사

③ 운동반사 또는 이동반사(locomotor reflexes): 기기반사, 걷기반사, 수영반사

(4) 반사 움직임별 특징

① 원시반사(primitive reflexes)

원시반사(primitive reflexes)			
반사작용	자극 및 반응	특징	발생 나이 범위
모로반사 (moro)	(자극) 갑자기 큰 소리, 위치 변화 (머리와 몸의 위치변화) 시 → (반응) 팔과 다리를 벌리고 껴안으려고 몸쪽으로 팔, 다리를 움츠리는 동작	• 신생아에게 보이는 정상적인 반응, 반사작용이 없을 시 중추신경계의 장애를 추측할 수 있음 • 사라지는 시기: 6개월. 6개월 이후에도 지속되는 경우에는 신경학적 이상이 있을 수 있음	출생 전 ~ 6개월
놀람반사 (startle)	(자극) 갑작스런 큰 소리에 → (반응) 팔꿈치를 굽히고 팔을 벌리는 동작		7~12개월
포유반사, 찾기반사 (rooting, searching)	(자극) 입 주위의 뺨을 건드리면 → (반응) 대상물을 향하여 입을 벌리고 고개를 돌림	엄마 젖꼭지 찾기를 본능적으로 찾는 반사	생후~ 12개월
흡입반사, 빨기반사 (sucking)	(자극) 입 주변을 자극 시 → (반응) 찾아서 빨려고 하는 반응	모유 섭식을 위한 반사	생후~ 3개월
혀 밀어내기반사 (tongue thrust)	(자극) 어떤 물질이 입으로 들어오면 → (반응) 혀를 내밀어 뱉어냄	• 사라지는 시기: 4개월 이후 • 이물질이 식도로 넘어가는 것을 방지	생후~ 4개월
손바닥 파악반사 (palmar grasp)	(자극) 손바닥을 자극하면 → (반응) 힘주어 잡으려고 하는 반응	능동적으로 잡을 수 있는 반사	생후~ 6개월
하악(턱 다물기)반사 (palmar mandibular)	(자극) 입을 열고 하악(아래턱)을 두드리면 → (반응) 입을 다뭄	반사작용 없을 시 아래턱 신경에서 연결된 피질척수질환에서 손상이 있을 경우 나타나지 않음	생후~ 3개월
발바닥 파악반사 (plantar grasp)	(자극) 발바닥이나 발가락에 자극을 받으면 → (반응) 발가락을 오므리는 동작	• 중추신경계의 발달로 점차 사라짐 • 사라지는 시기: 8~9개월	4 ~ 9개월

반사작용		자극 및 반응	특징	발생 나이 범위
바빈스키반사 (babinski)		(자극) 발뒤꿈치에서부터 5번째 발가락쪽으로 긁어주는 자극을 주면 → (반응) 다리를 움츠렸다가 쫙 펴는 반응을 보임	척추하부조직에 결함이 있을 경우 나타나지 않음 (10~17개월 무렵 소실되는 것이 정상)	생후~ 4개월
목강직반사 (tonic neck reflex)	비대칭성 목경직 반사 (asymmetric tonic neck)	(자극) 머리를 한쪽으로 돌려놓으면 → (반응) 펜싱을 하듯 얼굴이 향하는 쪽의 팔, 다리를 쭉 뻗으면서 반대쪽의 팔과 다리를 구부림	• 사라지는 시기: 6개월 • 6개월 이후 지속적으로 나타나면 신체발달 위험 → 척추의 휨, 걷기, 서기, 앉기 발달 저하	출생 전~ 4개월
	대칭성 목경직 반사 (symmetric tonic neck)	• (자극) 목을 뒤로 젖히는 경우 → (반응)팔의신전 (바닥 누르기) + 다리 수축(다리 구부림) • (자극) 목을 앞으로 굽히는 경우 → (반응) 팔 수축 (구부림)+다리 펴기	• 사라지는 시기: 7개월 • 반사가 지속적으로 나타나면 머리 제어와 관련한 여러 운동 능력발달 저하 → 뻗기, 잡기, 앉기, 걷기 등	6~7개월

자세반사(postural reactions)			
반사작용	자극 및 반응	특징	발생 나이 범위
직립반사 (labyrinthine righting)	(자극) 몸을 잡고 여러 방향으로 움직였을 때 → (반응) 머리를 직립으로 유지하려는 반사 움직임		2~12개월
시각 바로잡기 (optical righting)	(자극) 아기가 시각 자극을 통해 → (반응) 목과 팔다리로 균형을 잡아 머리위치를 바로 유지시켜주는 움직임		6~ 12개월
당김반사 (pull up)	(자극) 앉아 있는 상태에서 손을 잡아주면 → (반응) 팔을 구부려 일어서려고 하는 반사 움직임		3~12개월
낙하산자세반사 (parachute)	(자극) 아기를 뒤에서 안아 상체를 아래로 내리면 → (반응) 손을 앞으로 뻗고 손바닥을 펴 보호하려고 함		4~12개월
지지반사 (propping)	(자극) 아기 몸통을 잡고 좌우로 이동하면 → (반응) 원래의 자세를 유지하려고 팔, 다리를 움직임	혼자 걸을 때까지 나타남	4~12개월
목자세반사 (neck righting)	(자극) 눕거나 엎드린 상태에서 머리를 한쪽으로 돌리면 → (반응) 목 아랫부분이 같은 방향으로 움직임	눈과 손의 협응을 가능하게 함	생후~ 6개월
몸통자세반사 (body righting)			6~12개월

📝 **핵심요약&보충자료**

이동반사(locomotor reflexes)			
반사작용	자극 및 반응	특징	발생 나이 범위
기기반사 (crawling)	(자극) 엎드린 상태에서 발바닥을 번갈아 가며 건드리면 → (반응) 기는 것처럼 팔과 다리가 움직임	기기 행동의 기본	출생~ 4개월
걷기반사 (stepping/ walking)	(자극) 곧게 세운 상태에서 발바닥이 바닥에 닿으면 → (반응) 걷기와 유사한 발을 교대로 움직임	이후 자발적으로 걸을 수 있는지 보여줌	생후 몇 주 ~ 5개월
수영반사 (swimming)	(자극) 물속에 몸이 잠기면 → (반응) 수영하듯이 팔을 젓고 발을 걷어 차는 움직임	잠수 시 숨 정지 반사에 의해 호흡을 멈춤 → 아기의 생존 본능을 보여줌	출생~ 4개월

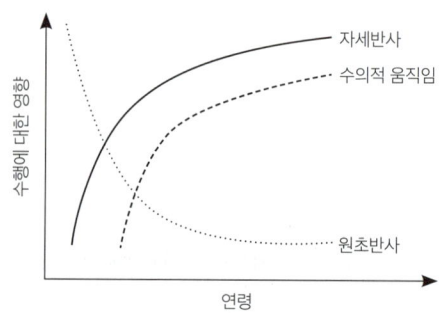

02 유아기의 신체 및 운동 발달

1 영, 유아기 신체·운동 발달

1. 발달(development)

① 출생에서 사망에 이르기까지 지속적인 변화, 신체의 각 부분에 대한 형상의 변화와 각 부분의 기능적 통합을 의미, 양적·질적인 일련의 변화

② 발달과 유사한 개념❶

　㉠ 성장(growth): 자연히 발생하는 신체적, 생리적(신장, 체격, 체중, 치아 등) 변화에 의한 양적 변화

　㉡ 성숙(maturation): 성장을 기초로 하는 질적 변화, 생리적 변화만 뜻하는 것이 아닌 성장을 바탕으로 발생하는 행동의 변화, 선천적으로 결정된 성장 또는 신체적, 심리적 변화가 순서에 따라 자연적으로 일어나는 것

---

❶ 발달과 유사한 개념

성장	양적 발달
성숙	질적 발달

[운동 발달의 원리]
- 운동 발달은 연속적이며, 발달은 계속적이고 질서 정연한 단계적 과정
- 운동 발달은 순서적이며 그 순서는 대부분의 경우 거의 일정
- 신체 구조와 심리적 기능 발달에는 중요한 결정적 시기가 있음
- 운동 발달에는 개인차가 있음
- 운동발달은 다른 영역의 발달과 유기적 관계가 있음

2. 신생아기의 발달 기출 21년

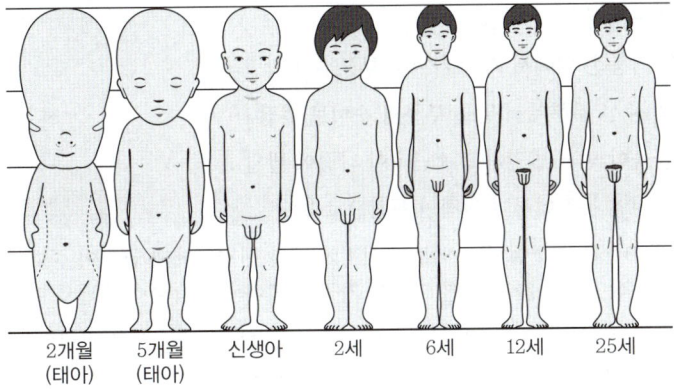

2개월 (태아)　5개월 (태아)　신생아　2세　6세　12세　25세

① 신생아기는 출생 후 2~4주의 기간을 말하며, 신생아의 모습은 머리가 신체 길이의 1/4을 차지

② 신체는 최종 성인 신체의 1/20 정도임

③ 출생 시 대부분 영아들의 뼈는 부드럽고 휘기 쉬우며, 깨지기 어려움

④ 신생아가 앉을 수 없거나 붙잡고 서게 해주어도 균형을 잡기 어려운 이유는 뼈가 너무 작고 유연하기 때문임

⑤ 신생아의 두개골(skull)은 자궁의 경부와 산도를 통과하기 쉽게 눌릴 수 있는 몇 개의 부드러운 뼈로 구성되어 있음. 두개골은 6개의 부드러운 부분, 즉 천문들에 의해 나누어져 있는데, 이 천문들은 점차 무기질로 채워져서 2세경에는 전체가 하나의 두개골을 이룸

⑥ 이 이음새, 즉 봉합선들 때문에 뇌가 더 커짐에 따라 두개골이 확장될 수 있음. 신체의 다른 부분, 즉 발목, 발 그리고 손목과 손은 아이가 성숙하면서 뼈의 개수가 증가함

⑦ 신생아는 근육세포가 모두 발달된 상태로 태어남

⑧ 출생 시 근육조직은 35%가 물이며, 아기 체중의 18~24%에 이름

⑨ 근육의 발달은 위에서 아래로, 중심부에서 말단 방향으로 진행되어 머리와 목이 먼저 발달하고 몸통, 사지 순으로 성숙됨

⑩ 신생아는 밤낮 구별 없이 하루의 3분의 2(18~20시간)는 수면을 취함. 전체 수면시간에서 절반 정도는 가수면(얕은 잠)이며, 이 때문에 소리나 작은 충격에 눈을 뜨게 됨

⑪ 신생아의 체중과 발달은 산모의 사회, 경제적 지위 및 영양 상태와 밀접한 연관이 있음

⑫ 태아와 유아의 정상적인 성장 과정은 아동의 운동발달에 매우 중요하며, 아동의 신장, 체중, 체격, 성숙도는 성장기 기본적인 움직임을 습득, 수행하는 데 중요한 역할을 함

⑬ 신생아는 보통 4등신으로 몸 전체 길이에 비해 머리가 1/4를 차지하고 점차 몸과 팔다리가 길어짐

> **핵심요약&보충자료**
>
> **① 유아기 운동 발달**
> - 몸의 중심 → 말초
> - 대근육 → 소근육

3. 유아기 운동 발달① 기출 19~23년

(1) 유아기 운동 발달의 특징

① 운동기능은 뇌에서 가장 가까운 부분부터 발달

② 몸의 중심 부분에서 말초 부분의 순서로 발달

③ 대근육이 먼저 발달하고 소근육이 나중에 발달

④ 수평적인 동작에서 수직적인 동작으로 발달

⑤ 골격이나 근육의 발달과 더불어 신경에 의한 신경지배의 근육이 증대하여 여러 가지 협응동작이 가능하게 되면 그것이 자극이 되어 운동능력이 발달

⑥ 유아기는 걷기, 뛰기, 미끄러지기 등의 운동기능이 급속도로 발달하는 시기로, 운동능력을 발달시키는 결정적 시기라고 할 수 있음

(2) 유아기 성장 단계 운동 발달

1세	• 걸음마를 시작하는 시기 • 신생아는 발이 바닥에 닿았을 때 반사적으로 발을 번갈아 옮겨 놓음으로써 자동적으로 걷기운동을 함 • 일반적으로 유아는 15개월이 되면 혼자서 걸을 수 있게 되지만 이 보행의 시작에는 상당히 큰 개인차가 있음 • 대체로 평균 1년 3개월경이지만, 빠른 유아는 8개월에서 시작하고, 늦은 유아는 1년 10개월이 되어서야 간신히 걷는 유아도 있음
2세	• 신체 움직임이 발달하기 시작 • 다리보다 팔의 성장이 빠름, 뇌가 급속히 발달, 뼈는 느린 속도로 발달, 신장과 체중의 발달이 빠름
3세	• 중심을 잡고 한 발로 서서 균형을 잡을 수 있음 • 체중의 증가 속도가 느림 • 머리의 넓이가 거의 완성
4세	• 낮은 높이의 장애물을 뛰어넘고, 앞으로 구르며, 물체를 던질 수 있음 • 체격의 발달은 느린 편이며, 가슴은 둥글고 배가 튀어 나와 자루 모양의 체형을 가짐 • 키는 성인 크기의 60%로 자람
5세	• 전신 운동이 가능해지고, 방향 전환 등의 균형 감각이 형성됨 • 원추형의 체형을 갖기 시작하며 목이 가늘어지고 길어짐 • 체중, 신장의 증가율이 떨어지고 머리의 길이는 성인의 91%이며, 심장의 발달이 느림
6세	• 달리는 속도가 빨라지고, 각 신체 기능의 협응력이 좋아짐 • 얼굴 윗부분이 성인 수준으로 발달됨 • 이를 갈기 시작하며 1~2개의 영구치가 나옴 • 배는 들어가고 무릎이 곧게 펴지며 몸통의 길이, 넓이가 출생 시의 2배가 됨 • 심장의 무게는 출생 시의 4~5배로 성장

(3) 유아기 운동 발달❷의 기본 움직임 단계(갤러휴, D. Gallahue)

핵심요약&보충자료

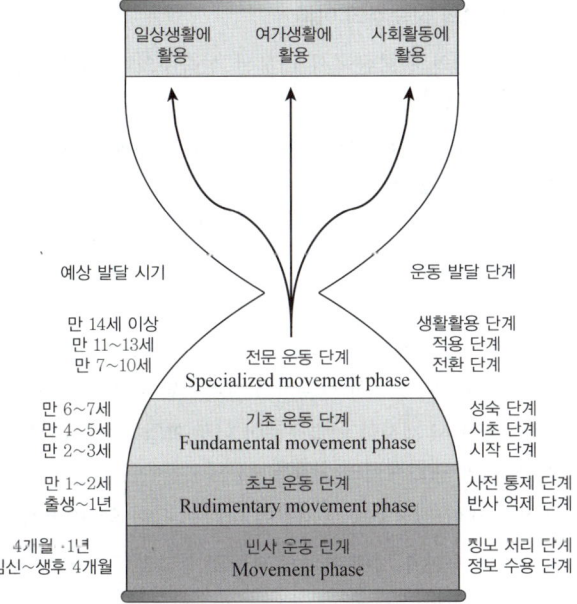

<갤러휴, D. Gallahue(2002)의 운동 발달 단계 모형>

❷ 유아기 운동 발달

움직임 (운동)형태	발달 시기	단계
반사 움직임	태아~4개월 4개월~1세	정보 부호화 정보 해독
초보 움직임	출생~1세 1~2세	반사 억제 제어 직전
기본 운동	2~3세 4~5세 6~7세	시작 초보 성숙
전문화 운동·스포츠 기술	7~10세 11~13세 14세 이상	과도 적용 평생 이용

운동 발달의 단계	특징	움직임 과제의 의도된 기능		
		안정성 (정적, 동적 움직임 상황에서의 신체 균형 강조)	이동 (신체의 장소 이동 강조)	조작 (물체와 힘을 주고 받는 것을 강조)
반사 운동 단계 (출생~1세) / 정보 수용 및 정보 처리 단계	불수의적인 움직임을 주로 하는 반사움직임 단계	• 직립반사 • 목자세반사 • 몸통 자체반사	• 기기반사 • 걷기반사 • 수영반사	• 손바닥 파악반사 • 발바닥 파악반사 • 당김반사
초보 운동 단계 (출생~2세) / 반사 억제 및 사전 통제 단계	불수의적인 움직임이 점차 줄어듦. 생존에 필요한 수의적 움직임 발달	• 머리와 목 통제 • 몸통 제어 • 지지 없이 앉기, 서기	• 포복하기 • 기기 • 직립하여 걷기	• 내밀기 • 잡기 • 놓기
기본 운동 단계 (2~7세) / 시작, 초보 및 성숙 단계	• 시작(기본기술수행) • 초보(기본움직임의 제어와 협응) • 성숙(수행의 역학적 효율성 및 제어 능력 향상)	• 한 발로 균형잡기 • 낮은 턱 위 걷기	• 걷기 • 달리기 • 점프하기 • 깡충뛰기	• 던지기 • 잡기 • 차기 • 치기
전문 운동 단계 (7~14세 이상) / 전환, 적용 및 평생 이용 단계	일상생활과 기본적인 스포츠 활동에 응용되어 보다 세련되고 복잡한 활동 가능	• 체조의 평균대 연습 • 축구에서 골킥 막기	• 100m 달리기 • 장애물 있는 곳에서 걷기	• 축구에서 골킥 하기 • 던진 공 치기

(4) 운동 기술의 발달

① 기술과 관련된 동작이 특정한 목적을 가져야 하며, 수의적인 운동이어야 함

② 운동 기술은 행동의 목적을 달성하기 위해 신체 또는 사지의 움직임이 있어야 함

핵심요약&보충자료

① 발달 이론
- 성숙주의 이론(게셀)
- 행동주의 이론(파블로브, 숀다이크)
- 조작적 조건화 이론(스키너)
- 도덕성 발달 이론(피아제)
- 사회적 놀이 발달 유형(파튼)
- 심리·사회 발달 이론(에릭슨)
- 정신 분석 이론(프로이드)
- 사회 학습 이론(반두라)
- 상호 작용 이론(비고츠키)
- 생태학적 이론(브론펜브레너)

4. 발달 이론① 기출 19~23년

(1) 게셀(A. Gesell, 1940)의 성숙주의 이론

① 다윈(Darwin, 1859)의 진화론에서 비롯된 성숙주의 관점은 발달심리학의 계보가 Hall과 Gesell로 이어짐

② 게셀은 유아의 연령과 능력에 대한 표준을 만들고, **유아 발달 수준을 넘어서는 성취를 강요하지 못하도록 강조**

③ 유아의 발달을 돕기 위해서는 성인의 개입을 최소화하고 유아가 발달적 준비가 되어 있을 때 발달수준에 적합한 활동을 스스로 선택해 활동해 나가는 것을 기본적으로 해야 한다는 점을 강조

④ 성숙은 교육이나 연습의 효과와는 대조되는 것으로 어떤 능력이 성숙에 의해 좌우된다면 발달상의 스케줄보다 앞서 가르치려고 노력할 필요가 없다고 봄

⑤ 유아행동표준 목록에서 제시한 연령규준이 **너무 획일적**이기 때문에 연령에서 발생할 수 있는 변인에 대한 대안제시에 실패함

⑥ 관찰연구 대상의 제한(대학부속 유치원에 다니는 유아 약 30명에 대한 측정결과)

⑦ 인간이란 개체가 성숙한 단계에 이르게 되는 결정적인 요인은 개체가 가진 유전적 요인에 전적으로 의존한다는 관점

(2) 행동주의 이론

① 파블로브(Pavlov)의 고전적 조건 이론

㉠ 개에게 종을 울리고 밥을 주다가 종만 울려도 개가 침을 흘리는 S-R 이론을 주장

㉡ 이를 인간 행동에 적용하면서 인간의 행동 또한 조건에 따라 반응한다고 주장

㉢ 하지만 유아교육은 유아보다는 교사가 학습의 주도적 역할을 하여 교사가 주도하기 때문에 아이의 창의성을 억제할 수 있다는 측면에서 행동주의 이론에 따른 유아교육의 문제점을 지적

② 숀다이크(Thorndike)의 자극 반응 이론(Stimulus-Response: SR)

㉠ 미로에 가둔 고양이 실험: 고양이가 이러저리 뛰다가 우연히 레버(lever)를 밟고 문 열기를 배우게 되는 것은 인지구조의 변화가 아니라 자극과 반응을 반복적으로 경험하여 통해 점차 출구를 쉽게 찾아가게 된다는 실험

㉡ '시행착오설'로도 불리며 숀다이크에 의해 체계화

㉢ 시행 착오 과정을 통해 특정한 자극과 특정한 반응이 결합된 것, 추리적인 사고 과정이 아닌 되풀이되는 행동에서 성공하게 되는 우연한 시행착오적 반응을 통해 자극 - 반응결합이 이루어진다고 주장

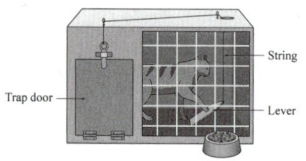

<숀다이크의 자극 반응 이론 실험>

준비성의 법칙 (law of readiness)	새로운 사실과 지식의 습득 준비가 있어야 자극, 반응 연결이 가능
연습의 법칙 (law of exercise)	한 번의 시행에 의해 이루어질 수 없고 여러 번 되풀이함으로써 익숙해지고 처리속도가 빨라짐
효과의 법칙 (law of effect)	• 과업 달성 시 효과가 나면 성공과 만족감을 갖고 의욕적으로 계속함으로써 학습의 진보를 가져오게 된다는 법칙 • 보상과 벌이 주어지면 학습효과를 상승시킴

(3) 스키너(Skinner)의 조작적 조건화 이론❷

① 자극에 반응한 결과를 강조하는 이론, 그 결과 행동의 발생 빈도를 높이기 위해 자극 요인을 조건화하게 된다는 이론
② 자극(S) - 반응(R) - SR(강화자극 - 정적 또는 부적 강화)의 이론으로 조건화 설명

정적 강화	• 학습자가 만족할 만한 강화물을 제공하여 원하는 목표의 발생빈도를 증가시키는 강화 • 성적향상 시 용돈 올려주기
부적 강화	• 학습자가 싫어할 만한 것을 제거해줌으로써 원하는 목표행동의 발생빈도를 증가 • 조별과제 우수그룹은 청소 면제해주기 → 청소를 면제받기 위해 학생들이 과제해결에 적극적 참여

(4) 피아제(Piaget)의 도덕성 발달 이론

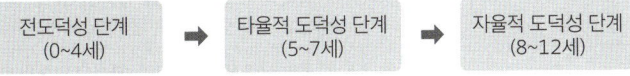

전도덕성 단계(0~4세) → 타율적 도덕성 단계(5~7세) → 자율적 도덕성 단계(8~12세)

(5) 콜버그(L. Kohlberg)의 도덕성 발달 이론

① 도덕: 도덕 판단에 기초를 둔 의사결정
② 나이가 들어감에 따라 어떻게 도덕성이 변하는지를 관찰함
③ 인간의 존엄성과 양심에 따라 자율적이고 독립적인 판단이 가능하다고 주장함
④ 도덕적 사고를 3개의 수준과 6단계로 분류

(6) 파튼(M. Parten)의 사회적 놀이 발달 유형

① 비참여행동(unoccupied) 만 0~1.5세: 목적이 없는 움직임
② 방관자적 행동(onlooker) 만 1.5~2세: 가까운 거리에서 다른 친구들의 놀이를 바라만 보고 특정 놀이 집단을 지켜보며 말을 건네거나 질문을 하지만 참여하지 않음
③ 단독놀이(solitary independent) 만 2~2.5세: 혼자 독자적 놀이에 몰두함
④ 병행놀이(parallel) 만 2.5~3.5세: 다른 친구와 장난감을 함께 사용하거나 흉내 내어도 혼자 놀이
⑤ 연합놀이(associative) 만 3.5~4.5세: 자연스럽게 혹은 우발적으로 함께 놀이
⑥ 협동놀이(cooperative) 만 4.5세 이후: 연합놀이와의 차이는 사전 계획이나 상호 협의가 있다는 점이고, 놀이를 주도하는 리더가 존재(역할 분담 및 상호작용 발생)

(7) 에릭슨(E. Erikson)의 심리·사회 발달 단계

단계	시기	특성
1	신뢰 대 불신(0~1.5세)	신체적·심리적 요구를 적절히 충족해 주면 그 대상에게 신뢰감을 형성하고, 그렇지 못할 경우 불신감이 형성되는 시기
2	자율 대 수치와 의심(1.5~3세)	스스로 먹고, 입고, 배변 활동을 하면서 자율성을 발달하는 시기로, 아동의 자발적 행동을 지나치게 통제하거나 과잉보호하게 되면 수치심을 갖게 되는 시기
3	주도성 대 죄책감(3~6세)	목표나 계획을 세워 성공하고자 노력하는 시기로, 이동성이 커지면서 성인과 다를 바 없다는 사실을 자각하고 아동은 의미 있는 놀잇감을 조작하면서 만족스러운 성취감을 경험

핵심요약&보충자료

❷ 스키너의 행동주의 이론

바람직한 행동을 습득하기 위해서 보상(reinforcement)을 통해 행동을 형성해 가는 방법으로 정의하면서 밖으로 나타난 행동은 외적인 힘에 의해 결정되기 때문에 내적인 요인인 정서적 요인이나 정신상태는 불필요하다고 주장

[도덕적 사고의 분류]

수준	단계	특징
1수준 (인습 이전 도덕수준)	1단계 처벌 및 복종 지향단계	권위자나 강력한 힘에 복종하여 처벌을 피하기 원함
	2단계 욕구 충족 수단 단계	이해관계나 욕구를 충족시키기 위함이 도덕적 근거가 되어 타인과 공정한 거래를 성립
2수준 (인습적 도덕수준)	3단계 대인관계의 조화 단계	인간관계의 조화로 도덕성을 나타내어 다른 사람들로부터 기대되는 역할을 수행
	4단계 사회질서 및 권위 유지 단계	올바른 행동으로 의무를 수행하고 권위를 존중하며 사회질서와 질서유지의 도덕성을 중시
3수준 (인습 이후 도덕수준)	5단계 사회계약적 원리 지향 단계	기본 권리와 가치, 사회의 합법적 계약에 중점을 두어 합리적 판단을 통한 근거에 도덕적 관념을 둠
	6단계 보편적 도덕원리에 대한 확신 단계	보편 윤리적 원리에 의해 도덕적 결정을 내리고 사회관습에 역행하는 것이라고 해도 마땅히 따라야 한다고 주장

[에릭슨의 심리·사회 발달 단계]

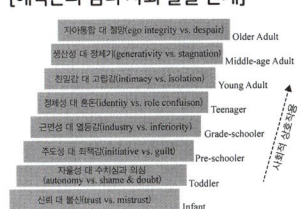

4	근면성 대 열등감(6~12세)	자아 성장에 결정적인 시기로, 아이가 행한 업적을 칭찬해 주고 격려해 주면 근면성을 발달시키지만, 활동을 제한하고 비판하면 열등감이 생기는 시기
5	정체성 대 역할 혼돈(12~18세)	자아 정체감으로 사회 속에서 나의 존재와 위치에 대한 느낌을 확립하게 되는 시기로, 발달이 순조롭게 이루어졌다면 자아 정체감을 확립하지만, 그렇지 못하면 혼미감을 느끼고 정체감의 위기에 빠지는 시기
6	친밀감 대 고독(성인 초기)	타인과 자신의 정체감을 공유하며 친밀감을 형성하는 시기로, 이 시기에 친밀한 인간관계를 형성하지 못하면 개인과 사회에 건강 하지 못한 고립감을 경험하는 시기
7	생산성 대 정체기(성인기)	자신의 세대를 넘어 다음 세대를 양육하는 것에 관심과 노력을 기울이게 되는 시기로, 생산성을 형성하지만 생산성이 결핍되면 사회에 의미 있는 기여를 하지 못했다는 회의로 인해 침체를 경험하고 소위 중년의 위기를 겪게 되는 시기
8	자아 주체성 대 절망(노년기)	자신의 삶을 되돌아보면서 자신의 인생을 수용하고 죽음을 두려움 없이 맞게 되는 자아 통합의 과정을 거치는 시기로, 자아 통합 달성에 실패하면 지나온 생을 후회하며 절망하는 시기

(8) 프로이드(S. Freud)의 정신 분석 이론

① 인간의 마음은 3가지 구조로 되어 있으며, 인간의 행동은 이 3가지 체계 간의 상호 작용에 의해 지배

원초아(id)	먹고 자고 배설, 본능적 욕구
자아(ego)	외부와 접촉하는 과정에서 발생하는 갈등을 타협하고자 하는 욕구, 쾌락의 원리보다 현실의 원리
초자아(superego)	현실보다는 이상, 쾌락보다는 완전함

[프로이드의 정신 분석 이론]

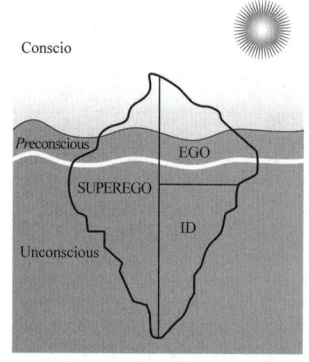

② 인간 발달 단계

구강기(0~1세)	빨고 깨무는 행위를 통해 쾌감을 느끼는 시기
항문기(1~3세)	배설물을 배출하는 데 쾌감을 느끼는 시기
남근기(3~6세)	• 동성인 부모에게 질투를, 이성인 부모에 대한 성적인 애정과 접근 시기 • 아들이 아빠에게 느끼는 콤플렉스: 오이디푸스 콤플렉스 • 딸이 엄마에게 느끼는 콤플렉스: 엘렉트라 콤플렉스
잠복기(6~11세)	성적 욕구가 철저히 억압되므로 이전단계의 욕구들을 잊게 되는 시기
생식기(11세 이후)	잠복된 성적 에너지가 다시 분출, 무의식 → 의식의 세계로 표현

(9) 반두라(A. Bandura)의 사회 학습 이론

① 이전의 자극과 반응에 의한 행동주의 학습이론과는 다르게 다른 사람이나 어떤 특정 상황을 관찰, 모방함으로써 학습하고 자신의 행동을 차츰 통제해 나가는 과정으로 발달을 보는 이론

② 인간은 인지적 능력을 활용해 창조적 사고를 하며 합리적 행동을 계획하는 능력이 있다고 보고 이를 강조함

③ 모방

  ㉠ 다른 사람의 행동을 관찰·학습하여 따라하는 것을 말함
  ㉡ 관찰만으로도 학습이 되고 이를 따라한 결과가 긍정적일 때 관찰자에게 강화가 됨

④ 관찰학습
- ㉠ 인간은 타인의 행동을 관찰하면서 학습
- ㉡ 관찰자는 관찰대상자의 행동을 관찰함과 동시에 모델의 모방과 동일시를 학습함
- ㉢ 아이가 이전에 다른 사람이 날아오는 공에 맞는 것을 관찰한 이후 아이의 방향으로 공이 날아오게 되면, 그 공에 맞지 않고 피할 것임

(10) 비고츠키(L. Vygotsky)의 상호 작용 이론
① 인간의 모든 고등 정신은 사회적 상호작용에서 습득됨
② 아동들은 과제에 도전하면서 지식이 많은 사람들과 협력하고 대화하면서 자신이 속한 사회·문화를 반영하는 방법을 배워나감
③ 상호 작용의 개념을 발생적 접근 방법, 고등 정신 과정, 도구와 기호, 근접 발달 영역 이라는 개념으로 설명
④ 근접 발달 영역(Zone of Proximal Development: ZPD)
- ㉠ 아동이 혼자서 문제를 해결할 수 있는 실제적인 발달수준과 성인의 안내나 더 유능한 또래와의 협동하에서 문제를 해결하는 잠재적 발달 수준 간의 거리
- ㉡ 근접 발달 영역 내에서 상호작용이 일어날 때 아동의 자기조절적 기능을 최대한 발휘

(11) 브론펜브레너(U. Bronfenbrenner)의 생태학적 이론

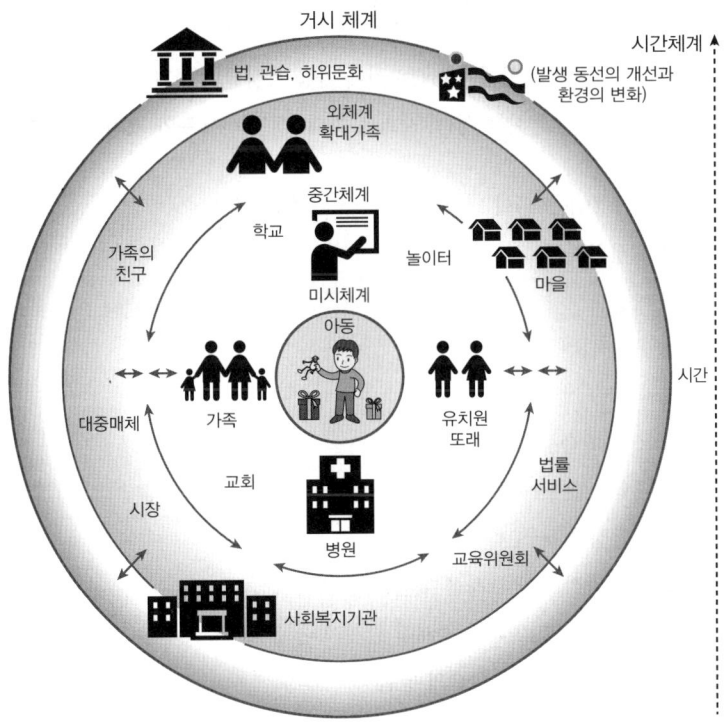

① 유기체와 환경의 관계를 연구하는 생태학의 이론을 유아교육학에 적용
② 유아와 환경과의 상호작용을 중시 → 쌍방적 관계를 이룬다고 강조
③ 환경이란 역동적이며 항상 변화하는 것

생태적 전이		내용
과정	체계명	
1	미시체계 (microsystem)	• 아동의 아주 가까운 주변에서 나타나는 직접적인 상호 작용의 체계 • 가족, 친구, 종교, 또래집단(동료)
2	중간체계 (mesosystem)	• 2개 이상의 미시체계가 상호작용을 이루는 체계 • 가정, 학교, 이웃, 교회(종교시설)
3	외체계 (exosystem)	• 개인에게 직접적으로 관여하지는 않으나 개인의 발달에 영향을 주는 체계 • 부모의 직장 또는 회사, 손위형제가 다니는 학교, 지방교육청의 정책
4	거시체계 (macrosystem)	• 개인이 살고 있고 성장과 발전에 직접적인 영향을 끼치는 공동체의 문화·문화체계 • 제도, 전통, 신념, 가치체계
5	시간체계 (chronosystem)	• 시간 경과에 따른 아동의 사회 · 역사적 경험 • 생애 과정에 걸친 전이와 환경적 사건의 형태, 사회 역사적 상황 변화

(12) 하비거스트(Havighurst)의 발달 과업 이론 기출 25년

하비거스트는 생의 발달 단계를 생애 주기에 따라 6단계로 구분

① 핵심 개념

  ㉠ 발달과업: 인생의 특정 시기에 나타나는 과업으로, 이를 성공적으로 수행하면 행복과 성공을 가져오지만, 실패하면 불행과 사회적 비난, 그리고 다음 과업 수행의 어려움을 초래

  ㉡ 결정적 시기: 각 과업에는 학습하기에 가장 적절한 시기가 있음

  ㉢ 과업의 출처: 생물학적 성숙, 사회적 기대, 개인의 욕구와 가치 등 세 가지 요인의 상호작용

② 영아 및 유아기(0~5세)의 과업

  주요 발달 성취과업

  ㉠ 걷기 학습

  ㉡ 고체 음식 섭취 학습

  ㉢ 말하기 학습

  ㉣ 배설 조절 학습

  ㉤ 성 차이와 성적 정숙함 학습

  ㉥ 생리적 안정 획득

  ㉦ 사회적·물리적 실체 묘사를 위한 개념 습득

  ㉧ 부모, 형제자매, 타인과의 정서적 관계 학습

  ㉨ 옳고 그름을 구별하는 학습의 발달

③ 아동기(6~12세)의 과업

  주요 발달 성취과업

  ㉠ 일상 놀이에 필요한 신체적 기술의 학습

  ㉡ 성장하는 유기체로서 건전한 태도 형성

  ㉢ 연령 집단의 동료들과 어울리는 법 학습

ⓔ 적절한 남성적 또는 여성적 역할 학습
　　ⓜ 독서, 쓰기, 계산의 기본 기술 발달
　　ⓑ 일상생활에 필요한 개념 발달
　　ⓢ 양심, 도덕성, 가치 체계 발달
　　ⓞ 개인적 독립심 획득
　　ⓩ 사회 집단과 제도에 대한 태도 발달
　　ⓒ 자신에 대한 건전한 태도 확립
　④ 청년기(13~22세)의 과업
　　주요 발달 성취과업
　　㉠ 자신의 체격 수용과 남성적 또는 여성적 역할의 효과적 활용
　　㉡ 연령 집단의 양성과 새로운 관계 형성
　　㉢ 부모와 다른 성인으로부터 정서적 독립
　　㉣ 경제적 독립에 대한 확신
　　㉤ 직업 선택과 준비
　　㉥ 결혼과 가정생활 준비
　　㉦ 시민으로서 필요한 지적 기술과 개념 발달
　　㉧ 사회적으로 책임 있는 행동 성취
　　㉨ 행동을 이끄는 가치 체계 획득
　⑤ 성인 초기(22~30세)의 과업
　⑥ 중년기(30~55세)의 과업
　⑦ 노년기(56세 이후~)의 과업

2 유아기 인지, 정서, 사회성 발달

1. 유아기 인지 발달
(1) 사고와 생각을 말로 표현하는 능력이 점차 커짐
(2) 풍부한 상상력으로 인해 정확성과 사건들의 적절한 순서에는 크게 관심이 없음
(3) 개인적인 연관이 있는 새로운 상징에 대해 지속적으로 조사하고 발견함
(4) 활동적인 놀이를 통해 어떻게(방법), 왜(이유) 활동하는지 학습함
(5) 발달의 전조작기, 자기만족에서 기본적인 사회적 행동으로 전환하는 발달의 전 단계

> **선생님 TIP** 인지(cognition)
> • 인간이 지식을 습득하고 문제 해결 과정에서 이를 사용하는 과정을 인지(cognition)라고 함
> • 인지 과정은 인간으로 하여금 이해하여 적응할 수 있도록 도와주고 주의, 지각, 학습, 사고, 기억 같은 인간의 정신세계를 특정짓는 관찰될 수 없는 사건과 활동을 포함함

 핵심요약&보충자료

2. 인지이론 - 피아제(Piaget) [기출 19~22년]

(1) 초기아동기

① 아동들은 놀이를 통해 자신의 신체와 움직임 능력을 배움. 인지적, 정서적 성장 촉진

② 전조작적 사고 단계 → 언어와 놀이에서 상징적 사용능력 발달, 외부에 단서가 없어도 머릿속으로 연상하는 것이 가능, 자기중심성, 물활론, 중심화 같은 비논리적인 사고가 특징

③ 다른 사람의 입장을 고려하지 못하는 상태를 의미, 이러한 유아기의 자기중심성은 다른 사람의 관점을 수용하는 능력이 제한 ≠ 이기주의와는 구별

④ 물활론과 중심화

물활론	무생물을 생명과 의식이 있는 존재라고 믿는 것
중심화	• 유아의 반응이 직각적으로 편향되어 있는 것을 의미 • 같은 양의 물을 다른 모양의 잔에 따랐을 때 긴 모양의 물병에 물이 더 많다고 판단하게 됨 → 보존개념(conservation)

[물활론과 중심화]

(2) 후기 아동기의 특징

① 지적 호기심이 많아지고 어른들을 기쁘게 하고 싶어함

② 뛰어난 상상력을 가지고 있고 창의력 있는 생각을 함. 이 시기를 끝으로 강한 자의식이 자리 잡음

③ 초기 아동은 자기 관심사의 지속시간이 짧지만, 후기 아동기로 갈수록 관심 활동의 지속시간이 길어짐

(3) 피아제(Piaget)의 인지발달 단계

단계	구분 및 시기		특징	사고방식
1단계	유아기 (초기 아동기)	감각 운동기 (0~2세)	• 환경을 탐색하고 이해하기 위해 감각운동능력을 사용 • 선천적 반사가 점차 지각과 운동능력으로 발달함 • 감각운동기 말기에 복잡한 감각운동 협응의 존재를 배움	• 자기(self)와 타인(other)에 대한 원시적 감각을 인지 • 자신과 외부대상을 잘 구별하지 못함
2단계		전조작기 (2~7세)	전개념적 사고기 (2~4세)	• 환경의 다양한 측면을 이해하고 표현하는 데 상징적 표현(심상과 언어)을 사용 • 놀이 환경에서 상상력이 풍부해져 내재적으로 가지고 있는 표상을 언어나 그림으로 표현함 • 반사 행동이 자신의 의도에 따라 계획된 목적 행동으로 변화함	• 상징적 표현력 습득, 개념적 사고 시작 • 자기중심적 사고 • 직관적 사고 • 물활론 • 중심화
			직관적 사고기 (4~7세)		
3단계	후기 아동기	구체적 조작기 (7~11/12세)	• 경험에 기초한 사고 • 비논리적 사고에서 논리적이고 체계적인 사고가 가능함 • 다양한 변수를 고려해 사건 파악(탈중심화) • 자기중심적 사고에서 벗어나 보존개념을 획득함 • 타인의 관점에서 사물 이해, 공감(조망수용능력)	• 유목화(분류화, categorization) • 서열화 • 보존개념 획득 • 분류화 • 가역적 사고

용어해설

자기중심성: 자신의 입장에서만 보고 다른 사람의 생각이나 관점 그리고 감정을 자신과 동일하다고 가정하는 현상으로, 유아는 우주의 모든 현상에 대해 자신을 중심으로 생각, 자신이 보고 있는 것을 상대방도 보고 있으며, 내가 느끼는 것을 상대방도 느낀다고 여김

단계		내용	
4단계	형식적 조작기 (11세 이상~ 성인기)	• 추상적인 사상이나 개념에 대해 논리적이고 체계적인 사고가 가능함(추상적 사고) • 비경험적인 사건에 대한 가설을 설정하고 예측한 것이 맞는지 관찰과 경험을 통해 검증 후 결론을 도출하는 사고 (가설 - 연역적 사고) • 어떤 문제에 직면 시 실제와 다른 가설적인 상황에 대해서도 사고가 가능하고 모든 가능한 해결책을 논리적으로 고민해 보고 해결에 이르는 사고(조합적 사고) • 명제(진실 또는 거짓을 판명하는 것)를 구성하고 명제들 사이의 관계에 대해 논리적으로 추론할 수 있음(명제적 사고)	• 명제적 사고 • 가설 - 연역적 사고 • 추상적 사고 • 조합적 사고 • 체계적 사고

(4) 피아제의 도식과 적응

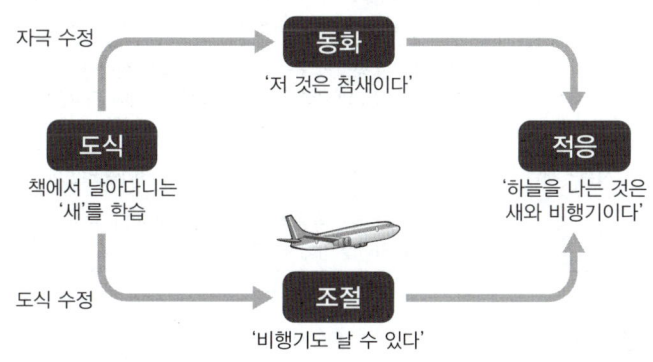

구분	내용	예시
도식 (schema)	'스키마', 사물이나 사건에 대한 전체적인 윤곽, 사고의 틀	아이들이 사진이나 실제로 날아다니는 새의 모습을 보고 '새'를 학습하게 되면 아이에게 '날아다니는 물체는 새와 같다'라는 도식이 발생
동화 (assimilation)	기존의 도식에 맞추어서 새로운 경험을 받아들여 일반화하는 과정	하늘을 날아다니는 물체를 새로 인지하고 있는데 참새를 배움 → 아무 문제없이 평행화
조절 (accommodation)	새로운 대상에 맞게 도식을 바꾸는 인지 과정	'날아다니는 것 = 새'로 인지한 아이가 비행기를 보고 불평형의 상태가 오고 다시 평형의 상태로 돌아가는 인지 과정
평형화 (equilibrium)	동화와 조절이 균형을 이루도록 적응의 과정	'날아다니는 것 = 새와 비행기이다'라고 이미 습득한 지식(동화)과 새로운 정보(조절) 간에 균형을 유지
조직화 (organization)	사물이나 사건에 대한 정보들을 재구성하면서 도식들의 논리를 조직화하는 과정	새, 비행기가 서로 다르다는 것을 인식하고 '날아다니는 것'이라는 범주 안에 곤충, 우주선, 비행선 등을 포함시키고 그것들을 서로 구분하는 것

(5) 케팔트(Kephart)의 지각 - 운동 이론

① 케팔트(Kephart)는 지각 운동 이론을 주장한 최초의 학자로 모든 학습의 기초는 감각 운동(sensory motor)이고 부분적이 아니라 통합된 전체로써 작용하며, 단계적 발달을 하게 되고, 한 단계의 발달을 지나서 다음 단계로 들어가면 전 단계보다 복잡한

과정을 거치게 된다고 주장하였음
② 사람의 최초 학습은 근육과 운동 반응을 통해 환경을 배우게 되므로 환경과 상호작용을 하는 운동학습을 강조함
③ 아동이 환경으로부터 정보를 처리하는 과정은 큰근육 운동, 소근육 운동, 운동 - 지각, 지각 - 운동, 지각, 지각 - 개념, 개념의 각각 6단계를 제시하면서 발달의 단계가 언제 이루어지는가가 중요한 것이 아니고 발달의 순서성이 중요하다는 점을 강조

단계	감각 운동	특성
1	대근육/소근육 운동	• 운동의 일반화가 이루어지는 단계로 균형유지, 이동, 접촉, 추진 등의 기초적 운동이 통합되어 이루어짐 • 이런 운동형태를 통해 사물의 특성 탐색, 물체의 특성과 성질 관찰, 형태지각과 전후 배경 관계의 발달이 이루어짐
2	운동 - 지각	대근육 운동에 의한 탐색 과정에서 얻은 감각정보를 지각에 연계시키는 단계로 눈과 손(시·지각)의 협응이 나타나는 단계
3	지각 - 운동	• 지각 기능이 발달하면서 지각과 운동과의 상호작용이 이루어지는 단계 • 지각능력이 불완전하기 때문에 반복적인 운동과 지각에 의한 정보의 확인이 요구, 운동에 의해 탐색된 정보를 지각정보만으로 탐색
4	지각	• 운동에 의한 정보의 도움 없이 지각에 의해 환경을 이해하는 단계 • 지각정보 요소의 관계를 분명히 함과 동시에 지각정보를 조작할 수 있는 단계
5	지각 - 개념	지각적 기반 위에 직접 지각한 유사성이나 차이를 변별하는 단계
6	개념	한층 더 발달한 추상작용의 단계로 구체적이라고 할 수 있는 지각된 내용을 개념화하여 의미를 이해하는 단계

3. 유아기의 정서 발달

(1) 정서

① 사람의 마음에 일어나는 여러 가지 감정 또는 감정을 불러일으키는 기분이나 분위기
② 움직임을 통하여 본인과 다른 사람들에게 작용하는 느낌과 감정을 경험하고 운동발달과 맞물려 변화

(2) 정서 발달

① 출생: 모든 일차적 정서로 표현, 기쁨, 분노, 슬픔을 표정으로 구분
② 6개월: 정적 정서 표출이 격려되고 보다 일반적이게 됨. 고개를 돌리는 행위로 부적 정서 표현
③ 7~12개월: 분노, 공포, 슬픔과 같은 일차적 정서가 보다 확실해지고, 정서적 자기 조절 능력 향상, 타인의 일차적 정서에 대해 인식, 사회적 참조(타인의 해석을 이용하여 자신의 해석을 구성하는 행동)가 나타남
④ 1~3세: 정서 조절이 향상되어 걸음마기의 아동은 짜증나게 하는 자극들로부터 스스로 거리를 두거나 조절하려는 시도를 함
⑤ 3~6세: 정서 조절을 위한 인지적 책략이 등장하고 세련화가 발생함
⑥ 6~12세: 표출 규칙과의 일치 정도가 향상되고, 자기 조절 책략은 보다 다양하고 복잡해짐

4. 유아기의 사회성 발달 기출 21·23년

① 사회화는 운동발달에도 중요한 역할을 함. 운동발달과 사회화는 서로 영향을 미치며 동시에 발달

② 영아기: 생후 첫 1년은 자기중심적이고 비사회화된 시기이며, 제한된 인간관계만 발생하고 시각과 뻗기의 발달로 물체와 접촉할 수 있는 운동능력 발달

③ 유아·아동기: 영아기보다 큰 사회적 영향을 받는 시기로, 사회성의 발달과 더불어 운동발달에도 많은 변화가 나타남. 유아의 상호 놀이는 4~5세 사이부터 나타나게 되며 놀이를 이끄는 주도자 역할도 함께 발생. 놀이형태가 점차 큰 집단의 형태로 나타나며 이런 놀이를 통한 리더십 향상, 협동, 경쟁, 사회적 인식이 발달하게 되어 사회성 발달에 큰 영향을 미치는 요소가 됨

④ 후기 아동기: 유아기보다 더 많은 상호작용이 일어나고 유치원이나 학교에서의 또래집단 활동은 사회성 발달에 큰 영향을 미침. 상호 간의 우정이나 동료애 같은 심리적 경험, 체육활동 같은 팀 활동을 경험하며 공동의 목표를 달성하기 위한 노력, 동료나 타인에 대한 배려, 협동, 규율준수 등의 사회화 과정에 필요한 요소들을 경험하고 터득하게 됨

시기	자기개념	사회성
0~1세	외부환경과 자신을 구분	• 사람 보고 미소 짓기 • 엄마와 다른 사람 구별하기 • 친숙한 사람에게 손을 뻗거나 다가가기
1~2세	• 자기인식 등장 • 범주적 자기 발달	다른 사람들이 의도에 따라 행동한다는 것을 인지하고 행동(다른 아이가 어려운 상황에 있을 때 동정을 보이면서 달래주기)
3~5세	• 자존감 발생 • 성취감을 느낌 • 마음의 신념 발생	우정을 공유하는 활동에 기초
6~10세	지식적, 신체적, 사회적 능력이 자존감의 기초가 됨	친구에 대한 믿음과 공감은 우정의 기초
11세 이상	• 우정과 낭만적 매력은 자존감에 중요 • 자기개념이 가치와 이데올로기가 됨	• 다른 사람과 유사한 성향 그리고 다른 성향에 대한 인지(심리적 비교) • 편견적 태도는 사회적 영향에 따라 감소하거나 증가 • 우정은 의리와 친밀성의 공유에 기초

3 유소년기 발달에 관한 검사 도구 ❶

1. TGMD-3 (Test of Gross Motor Development-3)

(1) 목적: 기본 운동 기술 발달 평가

(2) 상세 정보

① 평가 연령: 3-10세

② 평가 영역

㉠ 이동 기술 (Locomotor Skills): 달리기, 갤럽, 홉핑, 뛰기, 점프, 슬라이딩

㉡ 조작 기술 (Object Control Skills): 타격, 드리블, 차기, 던지기, 굴리기, 잡기

---

❶ 유소년기 발달에 관한 검사 도구

연령	주요 검사 도구	평가 목적
0-2세	PDMS-2, K-DST	조기 발달 스크리닝
3-5세	TGMD-3, PDMS-2, MABC-2	기본운동 기술, 운동 협응
6-12세	BOTMP-2, MABC-2, SIPT	종합 운동 능력, 학습 관련 기능

(3) **특징**: 기본운동기술의 질적 평가 중심

(4) **활용**: 운동 프로그램 계획, 운동 발달 지연 아동 선별

2. BOTMP-2 (Bruininks-Oseretsky Test of Motor Proficiency-2)

(1) **목적**: 다양한 발달 문제의 진단 및 선별, 대근·소근운동 발달 검사

(2) **상세 정보**
    ① 평가 연령: 4-21세
    ② 평가 영역
        ㉠ 소근운동 기술: 정교한 운동 조절, 운동 조정
        ㉡ 대근운동 기술: 양측 조정, 균형, 달리기 속도와 민첩성, 상지 조정

(3) **특징**: 종합적인 운동 능력 평가

(4) **활용**: 운동 장애 진단, 치료 계획 수립

3. PDMS-2 (Peabody Developmental Motor Scale-2)

(1) **목적**: 유아기 기본 운동 기술의 훈련 또는 개선 검사

(2) **상세 정보**
    ① 평가 연령: 출생-5세
    ② 평가 영역:
        ㉠ 대근운동: 반사, 고정/안정, 이동, 조작
        ㉡ 소근운동: 파악, 시각-운동 통합

(3) **특징**: 조기 개입을 위한 상세한 발달 평가

(4) **활용**: 조기 중재 프로그램 개발, 발달 진전 모니터링

03 유아기의 건강과 운동

1 유아기 건강요인

1. 유아기 일반적 건강요인
    ① 유전: 성장, 발달, 심장병, 암, 당뇨 등과 같은 건강 문제 예측
    ② 환경: 기후, 집, 물, 영양, 공기, 세균, 다른 사람들과 같은 생물학적 요인 등
    ③ 행동: 식습관, 위생습관, 휴식습관, 운동습관 등

2. 유아기 신체 건강요인

영양	• 성장기 유아의 영양섭취는 신체건강과 밀접한 관계가 있음 • 영아기에 비해 성장의 속도가 감소되어 유아의 식사량이 줄어듦 • 남아의 기초대사량이 여아보다 높아 더 많은 에너지가 필요 • 성장기 영양 섭취는 신체 건강과 관계가 깊어 부모의 영양 지도 및 편식 등 부정적 영향이 없도록 주의가 필요
수면	• 키를 생각한다면 최소 하루 6시간의 수면은 확보되어야 성장에 장애가 되지 않음 • 밤 10시 이전 잠자리에 드는 것을 권장하며(20시~2시에 많은 성장 호르몬 분비), 하루 1회 정도의 낮잠 필요
운동	적절한 신체 활동은 깊은 수면, 정서적 안정, 피부 및 신체에 저항력을 높여 면역 기능을 강화하고, 균형감 있는 신체를 만들어 줌

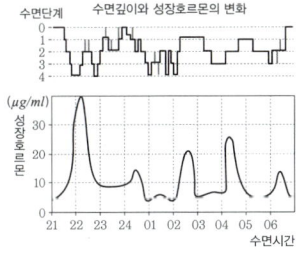

<수면 깊이와 성장호르몬의 변화>

2 유아기의 신체 기능

1. 유아기의 건강과 운동 기출 19~23년

① 유아기의 신체 기능

신경 기능	• 5세까지 성인의 뇌 중량이 85%에 달하지만 기능적으로는 85%에 미치지 못함 • 대뇌의 기능이 활발하지 않기 때문에 기본적인 운동(걷기, 달리기, 뛰기 등)만 가능하며, 최대 스피드, 최대 근력, 최대 점프 등의 운동 수행 수준이 높지 않음 • 운동의 질적 발달은 대뇌의 발달이 거의 완성되고 난 이후 발달함
호흡· 순환기 기능	• 호흡수는 25~40회/분(성인은 16~18회/분), 성인(20세) 대비 유아(5세) 28~34% • 유아의 경우 최대 호흡수는 50~60회 정도 • 유아는 안정 시에도 최대 호흡의 40~60%를 활용 • 심장 중량은 5세의 경우 성인 대비 남아 33%, 여아 36%로 유아기 이후에도 지속적으로 성장함 • **심박수는 100~120회/분** > 성인 60~70회/분 → **성인에 비해 심근 수축력이 약해 1회 박출량이 적으며**, 박출 압력이 낮은 문제를 박출 횟수를 증가시켜 보충하기 때문에 **심박수가 성인에 비해 높음** • 안정 시 심박수가 높아 운동에 대한 적응 능력은 성인보다 낮아 큰 신체활동이 아닐 때에도 심박수가 200회/분까지 올라가기도 함 • 유아의 심박수는 불안정하지만 성장함에 따라 점차 안정화됨 • 유아는 급속한 발육을 하기 때문에(특히, 신체, 뇌) → 기초대사량이 높음. 유아(5세)는 성인(20세)에 비해 기초대사량이 2배 높음
근육 기능	• 생후~3세까지는 근력측정이 불가능 → 발달 과정을 알아볼 수 없음 • 근육 기능을 보려면 근력의 발달을 보는 방법이 간단하지만, 유아의 경우 근력을 측정하기 어려운 부분이 있어 세밀하게 알아보기 어려움 • 2세에서 3세로 넘어가는 시기의 신체 조절 능력을 보면 근육 기능은 작지만 빠르게 성장한다고 예상됨

② 유아의 운동성취능력

  ㉠ 유아기의 성취가능한 운동패턴: 걷기, 뛰기, 던지기, 달리기, 차기 등

  ㉡ 통상적으로 연습을 반복하면 운동능력발달이 가속화된다고 생각할 수 있지만 다수의 연구에서 연습효과가 운동능력을 발달시키지 않는다는 연구가 많음

③ 운동성취능력의 특징

  ㉠ '빠르고', '힘 있게'가 보다 '얼마나 안전하게', '안정된 상태'로 '얼마나 많은' 운동패턴을 성취 가능한가에 초점

  ㉡ 시각, 감각, 신체 각 부위를 얼마나 적절하게 협조하여 운동을 성취하게 하는 조정력이 중요

④ Levy의 놀이와 비놀이의 특성
  ㉠ 놀이를 놀이와 비놀이 행동과 대비시켜 개념화
  ㉡ 인간의 가장 창의적이고 심오한 개성을 계발하도록 돕는 역동적인 과정이라고 주장
  ㉢ 놀이는 내적 동기, 현실유보, 내적 통제의 특성 존재

내적 동기	• 내적 동기는 유기체가 내적으로 활동에 몰입하려는 것으로, 활동 내부에 기원을 두고 내적인 보상을 가짐 • 반면, 비놀이 행동은 외적 동기에 의해 이루어지며, 외적인 보상이 주어져야 활동이 일어남
현실수요	• 현실유보는 놀이에서 현실적인 자아가 잠시 환상적이 되거나 상상의 세계로 빠지는 상태를 말함 • 놀이에서는 현실이 잠시 정지되거나 현실을 초월할 수 있는데, 유아는 현실적 자아를 떠나서 '환상적 자아', '상상적 자아'로 변신할 수 있음 • 유아는 가작화를 통해 현실 세계로부터 자유를 얻고 또한 규칙, 역할, 기대 등이 없는 현실적인 자아의 상실을 경험함. 즉, 놀이는 유아로 하여금 제약이 많은 현실 세계를 망각하고, 자기 통제, 몰입 등을 가지게 함
내적 통제	• 내적 통제는 유아가 놀이의 주체이며 놀이를 통제함으로써 몰입, 효율성 등을 갖게 되는 것을 말함 • 놀이를 하는 유아는 놀이에 대하여 자기 자신에게 책임과 통제권이 있다고 믿는 반면 비놀이는 인간의 행동과 행동의 결과가 외부에 의해 통제되고 있다는 외적 통제 신념을 갖게 함

⑤ 훗트(C. Hutt)의 탐색과 놀이의 특성
  ㉠ 탐색과 관련지어 놀이를 개념화하면서 놀이와 탐색은 내적으로 동기화된 행동이라고 주장
  ㉡ 탐색: 탐색되는 대상의 자극적 특성에 의해 지배되는 자극 주도적인 행동
  ㉢ 놀이: 유기체의 흥미와 요구에 지배되는 유기체의 주도적인 행동

구분	탐색	놀이
의문	이 사물의 속성은 무엇인가?	이 사물을 가지고 놀 수 있을까?
시간	놀이보다 먼저 발생	탐색 뒤에 발생
상황	처음 보거나 익숙하지 않을 때	친숙한 사물을 대할 때
목적	사물에 대한 정보 획득	자극 유발
초점	외적 현실	내적 현실
행동	전형적 행동	다양한 행동
기분	진지한	즐거움
심박수	작은 변화	많은 변화
주의	주의집중력 높음	편안함
정서	부정적 or 중립	긍정적
사물	반드시 사물 필요	상상에 의한 활동 가능

2. 유아운동 권장 지침[1] 기출 23년

구분	명칭, 기관 및 연도	강도	빈도(회/주)	시간(분)
WHO	신체활동 가이드라인(WHO, 2009)	고강도	3회 이상	60분 이상
미국	어린이 청소년 PA 가이드라인(보건성, 2011)	중·고강도	3회 이상	60분 이상
미국	국립보건원	중강도	7회	
미국	미보건성	중·고강도	7회	60분 이상
미국	소아청소년 PA 가이드라인(미국 CDC, 2005)	중·고강도 이상	3~5회	30~45분
미국	어린이 PA 가이드라인	-	7회	60분 이상
미국	미국체육협회	중·고강도	7회	누적 60분 이상
영국	어린이 PA 가이드라인(보건성, 2011)	상관 없음	7회	180분
영국	어린이 PA 가이드라인(건강교육협회)	중·고강도	PA 3회 이상 근력 3회 이상	60분 이상

3. 유아들의 미국 스포츠/체육교육협회(NASPE)의 신체활동 지침 기출 20·23년

① 유아들은 하루에 적어도 60분 정도의 구조화된 신체활동을 해야 함
② 유아들은 적어도 하루에 60분에서 몇 시간까지 구조화되지 않은 신체활동에 참가하고, 수면시간을 제외하고 60분 이상 좌식 생활 금지
③ 유아들은 블록을 쌓거나 좀 더 복잡한 운동작업을 필요로 하는 운동기술을 발달시켜야 함
④ 유아들은 대근육활동을 하기 위해 권장 안전기준에 적합한 실내공간과 실외공간이 필요함
⑤ 유아들은 개개인이 신체활동에 대한 중요성을 인식하고 유아의 운동기술을 용이하게 해야 함

4. 세계 보건 기구(WHO)가 권장한 유아·청소년 신체활동 지침 기출 21년

① 만 1세 미만일 경우 부모는 한 시간 이상 같은 장소에 머물지 않고 가능한 한 여러 번 신체적으로 움직이도록 돕기를 권고
② 만 1~2세의 경우 매일 중간 강도 이상으로 최소 180분간 매일 신체활동을 해야 한다고 권고
③ 3~4세의 경우 매일 중간 강도 이상으로 최소 180분간 매일 신체활동을 해야 한다고 권고
④ 5~17세의 어린이와 청소년은 매일 적어도 합계 60분의 중등도 내지 격렬한 강도의 신체활동을 해야 함
  ㉠ 매일 하는 신체활동운동의 대부분은 유산소 활동 운동이어야 함
  ㉡ 뼈와 근육을 강화하는 격렬한 강도의 활동을 적어도 주 3회 이상
  ㉢ 신체활동 권장 수준은 일상생활활동 수준을 넘어서야 함
  ㉣ 신체활동량이 많을수록 심폐와 대사건강 지표도 더 많이 개선되는 용량반응 효과가 나타남. 특히 어릴 때부터 고강도의 다량의 신체활동을 유지하면 어른이 되어서도 위험요인이 적고 심혈관질환, 당뇨병 유병률과 사망률이 낮음
  ㉤ 근력강화활동은 운동장에서의 놀이, 나무 타기 밀고 당기기 놀이와 같은 비조직적 활동도 가능함. 뼈 강화활동도 놀이, 달리기, 회전이나 점프의 일부로 수행될 수 있음

핵심요약&보충자료

[1] 유아운동 권장 지침
- WHO 신체활동 가이드
- 미국 스포츠/체육교육협회 신체활동 지침
- CDC 소아청소년 신체활동 가이드

출제예상문제

Chapter 01 유아체육의 이해

01 영아기의 설명으로 옳지 <u>않은</u> 것은?
① 영아기는 생후 4주~2세까지를 말함
② 신체 길이가 빠르게 성장하고 피하 조직이 크게 증가함
③ 생후 약 12개월이 되면 걸음마가 시작될 정도로 발달
④ 신체 부위별 크기 증가는 똑같은 비율로 이루어짐

 신체 부위별 크기 증가는 순차적으로 중심부터 말단으로 발달이 이루어진다.

 운동발달의 원리
- 운동발달은 연속적이다. 발달은 계속적이고 질서 정연한 단계적 과정이다.
- 운동발달은 순서적이며 그 순서는 대부분의 경우 거의 일정하다.
- 신체 구조와 심리적 기능 발달에는 중요한 결정적 시기가 있다.
- 운동발달에는 개인차가 있다.
- 운동발달은 다른 영역의 발달과 유기적 관계가 있다.

정답 ④

02 피아제(Piaget)의 인지발달 이론에 대한 설명 중 옳지 <u>않은</u> 것은?
① 감각운동기, 전조작기, 구체적 조작기, 형식적 조작기로 구분됨
② 전조작기에는 행동이 아닌 생각으로 행위를 수행할 수 있으며, 자기중심적인 특징이 있음
③ 형식적 조작기는 11세 이상~성인기가 발달 시기이다.
④ 구체적 조작기에는 체계적, 추상적, 조합적 사고의 특징을 나타냄

 추상적, 조합적 사고는 형식적 조작기 단계의 특징이다.

정답 ④

03 후기 아동기 시기의 정서 발달 특징에 대한 설명으로 옳지 <u>않은</u> 것은?
① 정서적 수준은 이미 성숙한 수준으로 가정에서나 학교에서 일관된 행동을 보임
② 자아중심적이며 소집단활동에서는 잘 놀지만, 장시간 이어지는 대집단놀이에서는 서투른 편임
③ 때때로 공격적이고 자아비판적이며 과잉반응으로 행동함
④ 남아와 여아의 관심사가 비슷하지만 이후부터는 점차 달라지기 시작함

 자아중심적이며 소집단활동에서는 잘 놀지만, 장시간 이어지는 대집단놀이에서는 서투른 시기는 유아·아동기이다.

 후기 아동기
- 유아기보다 더 많은 상호작용이 일어나고 유치원이나 학교에서의 또래 집단 활동은 사회성 발달에 큰 영향을 미침
- 상호 간의 우정이나 동료애 같은 심리적 경험, 체육활동 같은 팀 활동을 경험하며 공동의 목표를 달성하기 위한 노력, 동료나 타인에 대한 배려, 협동, 규율준수 등의 사회화 과정에 필요한 요소들을 경험하고 터득하게 됨

정답 ②

04 다음 설명 중 유아의 사회적 발달의 특성이 <u>아닌</u> 것은?
① 친구와 놀이하는 것을 좋아하기도 하지만 반대로 싸우기도 많이 함
② 자아가 발달하기 시작하는 시기로 자기의 주장을 굽히려 하지 않음
③ 타인에 대한 이해력이 부족하기 때문에 자기중심적임
④ 성역할이 매우 뚜렷하여 남녀를 구별하여 놀이함

 성역할이 매우 뚜렷하여 남녀를 구별하지 않는다.

정답 ④

05 반두라(A. Bandura)의 사회 학습 이론에 대한 설명으로 옳은 것은?

① 도덕 판단에 기초를 둔 의사결정

② 추리적인 사고과정이 아닌 되풀이되는 행동에서 성공하게 되는 우연한 시행착오적 반응을 통해 자극 - 반응결합이 이루어진다고 주장

③ 이전의 자극과 반응에 의한 행동주의 학습이론과는 다르게 다른 사람이나 어떤 특정 상황을 관찰, 모방함으로써 학습하고 자신의 행동을 차츰 통제해 나가는 과정으로 발달을 보는 이론

④ 모든 학습의 기초는 감각 운동(sensory motor)이고 부분적이 아니라 통합된 전체로써 작용하며, 단계적 발달을 하게 되고, 한 단계의 발달을 지나서 다음 단계로 들어가면 전 단계보다 복잡한 과정을 거치게 된다고 주장

반두라(A. Bandura)의 사회 학습 이론
- 이전의 자극과 반응에 의한 행동주의 학습이론과는 다르게 다른 사람이나 어떤 특정 상황을 관찰, 모방함으로써 학습하고 자신의 행동을 차츰 통제해 나가는 과정으로 발달을 보는 이론이다.
- 인간은 인지적 능력을 활용해 창조적 사고를 하며 합리적 행동을 계획하는 능력이 있다고 보고 이를 강조하였다.

모방	• 다른 사람의 행동을 관찰·학습하여 따라하는 것을 말함 • 관찰만으로도 학습이 되고 이를 따라한 결과가 긍정적일 때 관찰자에게 강화가 됨
관찰 학습	• 인간은 타인의 행동을 관찰하면서 학습 • 관찰자는 관찰대상자의 행동을 관찰함과 동시에 모델의 모방과 동일시를 학습함

정답 ③

06 유아들의 미국 스포츠/체육교육협회(NASPE)의 신체활동 지침이 아닌 것은?

① 유아들은 하루에 적어도 60분 정도의 구조화된 신체활동을 해야 함

② 유아들은 적어도 하루에 60분에서 몇 시간까지 구조화되지 않은 신체활동에 참가하고, 수면시간을 제외하고 60분 이상 좌식 생활 금지

③ 유아들은 블록을 쌓거나 단순한 운동 작업을 필요로 하는 운동기술을 발달시켜야 함

④ 유아들은 대근육활동을 하기 위해 권장 안전기준에 적합한 실내공간과 실외공간이 필요

유아들의 미국 스포츠/체육교육협회(NASPE)의 신체활동 지침에서 유아들은 블록을 쌓거나 좀 더 복잡한 운동 작업을 필요로 하는 운동기술을 발달시켜야 한다.

미국 스포츠/체육교육협회(NASPE)의 신체활동 지침
- 유아들은 하루에 적어도 60분 정도의 구조화된 신체활동을 해야 함
- 유아들은 적어도 하루에 60분에서 몇 시간까지 구조화되지 않은 신체활동에 참가하고, 수면시간을 제외하고 60분 이상 좌식 생활 금지
- 유아들은 블록을 쌓거나 좀 더 복잡한 운동 작업을 필요로 하는 운동기술을 발달시켜야 함
- 유아들은 대근육활동을 하기 위해 권장 안전기준에 적합한 실내공간과 실외공간이 필요
- 유아들은 개개인이 신체활동에 대한 중요성을 인식하고 유아의 운동기술을 용이하게 해야 함

정답 ③

Chapter 01 유아체육의 이해

Chapter 02 유아기 운동발달 프로그램의 구성

핵심요약&보충자료

❶ 운동발달 프로그램의 기본원리
- 적합성의 원리
- 방향성의 원리
- 특이성의 원리
- 안전성의 원리
- 연계성의 원리
- 다양성의 원리

❷ 방향성의 원리
- 두미법칙
- 중심 - 말초원리
- 대근육 - 소근육 발달

01 운동발달 프로그램의 기본원리

1 적합성의 원리

(1) 질적으로 만족스러운 프로그램 수준에 도달하기 위해 유아의 움직임에 대한 변화 수준의 이해와 함께 수업에 적합한 활동이어야 함

(2) 인간의 발달과정에서 특정 능력이나 기술을 발달시킬 수 있는 준비가 가장 잘 이루어지는 시기를 '민감기'라고 하며, 이 시기를 놓치면 동일한 환경 자극이나 조건이 제공되어도 최적의 발달 효과를 기대하기 어려움

(3) 각각 유아들의 발달 상태, 이전 움직임의 경험, 운동기술, 난이도, 체력, 연령 등을 고려하는 것

2 방향성의 원리 기출 19년

(1) 성장과 발달은 일련의 방향성을 가지고 발달한다는 원리

(2) 발달 방향성을 고려하여 위에서 아랫방향으로, 중심에서 말단 부분으로 활동의 순서를 구성

① 두미의 법칙: 머리 → 발끝, 위 → 아래

② 중심 - 말초원리(근원법칙): 중심(근위부) → 말초/끝(원위부)

③ 대근육 - 소근육 발달: 단순 동작 → 복잡한 동작

3 특이성의 원리 기출 20년

(1) 인간의 발달은 대립되는 양 측면이 있는데 모든 사람에게 공통적으로 나타나는 일반화와 개개인마다 다르게 나타나는 개인차를 가지고 있음

(2) 일반화 대 개인차

(3) 어린이들의 운동 능력은 개인차가 현저하여 연령이 같더라도 운동 수행력은 유아 개인에 따라 천차만별

(4) 교사가 일방적으로 어린이들을 이끌고 가는 것은 바람직하지 못한 지도법

(5) 유아의 자발성이나 창의성을 존중하며 유아의 반응에 임기응변적으로 대응하며, 일반화와 개인차를 고려하여 운동 지도

4 안전성의 원리 기출 19·23년

(1) 신체의 조정 능력이나 판단력이 완전히 발달하지 않은 유아에게 있어서 안전은 가장 먼저 고려해야 할 사항
(2) 유아, 아동기에는 호기심이 강하고 주의력과 조심성이 부족하기 때문에 위험한 환경에 대한 인식과 적응이 어려움
(3) 유아 및 아동은 자신의 운동 능력을 과대평가하는 경향이 있음
(4) 4~6세 아동이 9~11세 아동보다 운동 상황에서 자신의 능력을 과대평가하는 경향이 있음
(5) 지도자는 안전에 관심을 기울이고 충분히 안전이 확보된 공간에서 활동이 이루어지도록 주의하며, 안전 프로그램 숙지 및 안전 지도에 최선을 다해야 함

5 연계성의 원리 기출 22·23년

(1) 연령 및 성별과 신체 발달 프로그램 특성의 변화와 순서를 조직적으로 연계
(2) 간단한 활동에서 복잡한 활동으로, 쉬운 활동에서 어려운 활동으로 신체 발달, 정서적·사회적 발달을 위한 교육 프로그램의 연계성이 필요함
(3) 연간, 월간, 주간, 일일 계획 등을 연계성으로, 기초부터 향상까지 잘 조직된 프로그램을 제공
(4) 일일계획의 목표에 도달하기 위한 수업의 수준은 70% 정도로 권장 → 집단의 70%가 해낼 수 있고, 나머지 30%가 하기 어려운 수준으로 적정 난이도 선택

[인지, 정서, 운동 발달 단계 비교(대표 학자별 비교)]

연령	인지 발달 단계(Piaget)	정서 발달 단계(Harter)	운동 발달 단계(Gallahue)
2~4세	• 감각운동기(2세까지): 모든 것을 감각으로 느낌 • 전조작기(2~6세까지): 상상 가능 • 초기 사회행동 시작시기 • 동물이나 사물의 의인화	• 인식 • 기본 정서 이해 • 자기중심적 감정 이입 • 자신의 운동 및 인지적 기능으로 인한 성취감(3~4세)	• 초기 운동 단계(시작) • 미숙하고 협응성 부족 • 던지기, 받기, 차기 동작 시도
4~6세	• 전조작기(2~6세) • 추상적 능력 발달	• 동기화 • 복합 정서 이해 • 자신과 타인과의 비교 가능 • 타인에 대한 감정 이입	• 기초 & 성숙 단계(초보) • 협응성 향상 • 움직임 조절 능력 증가 • 동작 연결 부자연스러움
6~10세	• 구체적 조작기(7~11세) • 가역성, 연상 능력, 관계, 분류 • 논리적 사고 가능	• 통합 • 복합 정서 통합 • 타인의 곤란함에 대한 감정 이해	• 전문화된 운동 단계(성숙) • 성인운동과 유사 • 유아 간 성장배경에 따라 개인차 큼

6 다양성의 원리

(1) 유아는 성인에 비해 집중력이 떨어지고 쉽게 흥미를 잃음 → 유아의 운동프로그램은 재미가 필수
(2) 여러 가지 발달적 측면을 고려한 다양한 경험이 가능하도록 프로그램 구성

02 운동프로그램의 구성요소

1 운동 및 프로그램의 구성요소 기출 21년

1. 유아체육 프로그램의 계획

① 유아체육 프로그램의 계획 안에는 프로그램 목적이 구체화되어야 함

② 일반적 목적으로 학습자가 성취해야 하는 포괄적인 내용을 구성

③ 운동·인지·정서적 영역을 모두 포함되도록 구성

④ 구체적 목적, 실제적인 측면에서 프로그램의 운영과 관련된 다양한 정보를 포함하여 구성

⑤ 행동적인 목적 또는 프로그램의 결과 중심적인 목적을 구체적으로 제시

2. 유아체육 프로그램 구성의 개념

```
                    인지 개념의 적용
    ┌──────────────┬──────────────┬──────────────┐
    움직임의 개념      기술 개념         활동 개념
    노력, 공간, 관계 지각  기본, 스포츠 기술적 움직임   규칙, 패턴, 전략
```

① 움직임의 범위: 안정성 관련 움직임, 이동운동 관련 움직임, 물체조작운동 관련 움직임, 복합 움직임

② 프로그램 내용: 게임(단순게임, 간이게임, 정식스포츠, 오락), 무용(율동, 사교댄스), 체조(매트, 맨몸) 프로그램

③ 인지 개념: 움직임 인지 개념, 활동성 개념, 기술향상 개념 프로그램

④ 발달단계: 기본 움직임 단계 → 전문화된 움직임 단계

⑤ 체력 요소: 건강 관련 체력, 기술 관련 체력

⑥ 기술 수준: 초보자, 중급자, 고급자(숙련)

⑦ 교수 방법: 직접적 지도, 간접적 지도, 혼합지도, 시범지도 등

> **선생님 TIP** 유아체육 프로그램 구성에서 기술수준 ❶

초급	중급	고급(숙련)
인식	-	-
탐색	결합	개별화
발견	응용	세련

---

❶ 퍼셀(M. Purcell)의 동작의 구성요소
- 신체인식: 무엇을 움직이는가?
  → 신체 모양=직선/곡선/꼬인/대칭/비대칭
- 공간인식: 어디로 움직이는가?
- 노력: 어떻게 움직이는가?
- 관계: 무엇과 움직이는가?
  → 신체 부분들 간의 관계
  → 사람과 사람 간의 관계
  → 사람과 물체와의 관계

3. 유아기 운동 프로그램 구성 시 고려 사항 [기출] 21년

(1) 연령과 발달에 따른 개인차와 신체적·정서적·사회적·인지적 균형 발달을 고려해야 함
(2) 팀과 개인의 운동의 배합이 적당하고, 활동적이며 흥미롭게 구성해야 함
(3) 평가와 피드백을 실시해야 함
(4) 체력을 고려한 신체활동으로 구성해야 함
(5) 연령과 운동발달 수준을 고려한 신체활동으로 구성해야 함
(6) 눈과 손의 협응력 향상에 필요한 다양한 활동을 포함해야 함

2 유아체육의 운동형태

1. 기초 운동 발달 프로그램❷ [기출] 16·17·19·21·22·23년

(1) 기초 운동
① 일상생활에서 이루어지는 대근육 기술로 아동기 때 숙달됨
② 아동이 스스로 걷고 환경에서 자유롭게 움직일 수 있는 시점에 발달함
③ 기본 운동 발달 구성요소 개념
④ 안정성/이동/조작 운동으로 분류

(2) 안정성(stability) 운동 능력 발달

축(axial) 이용 기술	정적(static) 안정성	동적(dynamic) 안정성
• 굽히기(bending) • 늘리기(stretching) • 비틀기(twisting) • 돌기(turning) • 흔들기(swinging)	• 직립 균형(upright balance) • 거꾸로 균형(inversed balance)	• 구르기(rolling) • 재빨리 피하기(dodging) • 시작하기(starting) • 멈추기(stopping) • 돌기(turning) • 흔들기(swinging) • 평균대 걷기(walking on balance beam)

구분	시작 단계	초보 단계	성숙 단계
구르기 (rolling)	• 머리 정수리를 바닥에 댐 • 몸을 늘어진 C자 모양으로 웅크림 • 두 손과 척추, 다리 협응 X • 뒤 혹은 옆으로 구르기 X • 앞으로 구른 후 몸이 펴짐	• 앞으로 구른후동작들이끊김 • 머리 위가 여전히 지면에 닿아 있음 • 구르기 시작 시 몸을 압축된 C자 모양으로 웅크림 • 구른 후 ㄴ자모양으로 곧게 폄 • 구르기 동작에서 팔의 활용시작 • 한 번 시도에 한 바퀴만 구름	• 뒤통수가 바닥에 살짝 닿음 • 몸통을 둥글게 말아진 모양 유지 • 두 팔이 지지하는 힘이 발생 • 관성 활용하여 연속 구르기 가능
피하기 (dodging)	• 동작이 끊어짐 • 몸이 부자연스러움 • 무릎을 최소한으로만 굽힘 • 체중이 한 다리에만 실림 • 두 발이 항상 엇갈림 • 페인팅 동작을 하지 못함	• 협응성이 이루어지지만 페인팅 동작은 거의 없음 • 특정한 한쪽 측면에서만 수행을 잘함 • 두 발이 때때로 엇갈림 • 움직임에서 뛰어오르는 동작이 적음	• 무릎을 굽히고 몸통을 약간 앞으로 기울이기 • 모든 방향에서 유연한 방향 전환이 가능 • 머리와 어깨, 상체를 이용한 페인팅 가능 • 자연스러운 좌우 움직임

핵심요약&보충자료

❷ 기초 운동 발달 프로그램
• 안전성 운동 능력 발달
• 이동 운동 능력 발달
• 조작 운동 능력 발달

직립 균형 (upright balance)	• 지지하지 않는 발을 몇 인치 들어 올려 허벅지와 접촉면이 거의 평행이 됨 • 균형을 잡거나 잃음 • 과잉 보상 행동(풍차 돌리기 형태의 팔 동작)이 나타남 • 선호하는 다리에 일관성 없음 • 외부 보조를 받아 균형 잡기 • 보조 없이는 일시적으로만 균형을 유지함 • 시선은 양발을 향함	• 지지하지 않는 발을 지지하는 발과 같은 높이로 들어 올림 • 눈을 감고 균형 잡기를 할 수 없음 • 균형 잡기를 하기 위해 팔을 사용하지만 한 팔은 몸의 한 측면에 붙임 • 선호하는 다리로 균형을 더 잘 잡음	• 눈을 감고도 균형 잡기를 함 • 균형을 유지하는 데 필요한 만큼만 팔과 몸통 사용 • 지지하지 않는 다리를 들어 올림 • 균형 잡기를 하는 동안 외부 대상에 주의를 기울일 수 있음 • 균형을 잃지 않고 선호하지 않는 다리로 바꿀 수 있음
거꾸로 균형 (inversed balance)	• 삼각 형태(머리, 두 손)의 낮은 균형 자세를 유지 • 다리를 떼지 못하고 균형감각 능력이 낮음 • 움직임에 대한 협응된 제어 능력은 아주 낮은 수준	• 삼각 형태(머리, 두 손)의 균형 자세를 유지 • 다리를 바닥에서 떼고 3초 이상 균형을 유지 가능 • 보이지 않는 신체 부위를 살피는 능력이 점차 향상	• 바닥과 접촉하는 자세가 안정적임 • 머리와 목의 통제가 자연스러움 • 신체 제어 능력이 좋음 • 두 지점(두 팔) 혹은 세 지점(두 팔+머리) 지지를 하면서 안정적 균형 자세를 3초 이상 유지 가능 • 정적 자세 통제 가능
평균대 걷기 (동적)	• 보조를 받아 균형 잡기 • 보조자를 붙잡아 앞으로 걸을 수 있음 • 선호하는 발로 리드하면서 뒷발이 따라오는 방식을 이용 • 시선은 양발을 향함 • 보상 움직임이 없음	• 2인치(5cm) 넓이의 평균대 위에서 걷기 가능 • 1인치(2.5cm)에서는 걷기 불가능 • 주 발이 리드하면서 뒷발이 따라오는 방식을 이용 • 시선은 평균대를 봄 • 쉽게 균형을 잃어버림 • 보상 움직임을 제한적 활용 • 앞으로, 뒤로, 옆으로 이동이 가능하나 많은 집중력이 필요	• 1인치(2.5cm) 넓이의 평균대 위에서 걷기 가능 • 발을 교대로 걷기 가능 • 시선은 평균대 뒤쪽(멀리)을 봄 • 균형을 잡는 데 도움을 주고자 두 팔을 적극적으로 활용 • 자신감을 가지고 쉽게 앞으로, 뒤로, 옆으로 이동 가능 • 몸에 힘을 빼고 자연스럽게 움직임 가능

(3) 이동(locomotion) 운동 능력 발달

기초(basic)	복합(combination)
• 걷기(walking) • 달리기(running) • 리핑(leaping) • 호핑(hopping) • 점핑(jumping) – 수평, 수직	• 기어오르기(climbing) • 겔로핑(galloping) • 슬라이딩(sliding) • 스키핑(skipping)

① 이동(locomotion) 운동 발달을 위한 운동 프로그램(기초, basic)

핵심요약&보충자료

구분	시작 단계	초보 단계	성숙 단계
걷기 (walking)	• 직립 자세 유지의 불안정 • 불균형 • 동작이 부드럽지 않고 뻣뻣 • 보폭 짧음 • 발바닥 전체로 바닥과 접촉 • 지지면이 넓음 • 바닥 접촉 시 무릎을 구부리고 바로 이어 다리를 폄 • 리듬이 불규칙함	• 리듬이 점차 자연스러워짐 • 보폭이 점점 넓어짐 • 뒤꿈치부터 앞꿈치로의 지면접촉 • 팔의 협응 발생 • 팔자걸음 현상이 감소함 • 골반이 더 기울어짐	• 팔 흔들기가 무의식적으로 자연스럽게 이루어짐 • 지지면 좁아짐 • 보폭이 커지고 안정성 ↑ • 수직으로 들어올리기가 최소화됨 • 뚜렷한 뒤꿈치에서 앞꿈치로의 접촉
달리기 (running)	• 보폭을 짧게 제한적으로 스윙 • 발 내딛는 것이 뻣뻣하고 리듬이 불규칙 • 체중이 실리는 다리가 펴지지 않음 • 팔 스윙의 리듬이 부자연스러움 • 좌우 양팔 흔들기 • 팔자 런닝 자세 • 지지면이 넓음	• 비규칙적인 비행 단계(두 발 떨어짐)가 나타남 • 보폭, 팔 흔들기, 속도가 향상됨 • 제한적이나마 비행 단계가 나타남 • 도약 시 지지 다리가 완전히 펴짐 • 팔 스윙이 향상됨 • 좌우 팔 흔들기 줄어듦	• 보폭의 넓이 커짐 • 규칙적이고 확실한 비행 단계가 나타남 • 지지 다리가 완전히 펴짐 • 다리와 반대쪽 팔을 수직으로 스윙 • 팔을 적정 각도로 굽히고 스윙
수직 점핑 (vertical jumping)	• 준비 자세 때 몸과 관절을 구부리는 정도가 일관성 없음 • 두 발로 동시 도약 어려움 • 도약 시 몸을 최대로 뻗지 못함 • 고개 들기 어려움 • 팔, 다리, 척추의 협응 안 됨 • 뛰는 높이가 낮음	• 도약전 자세에 무릎을 90° 이상 구부림 • 준비 자세 때 무게중심 앞으로 감 • 두 발로 도약 가능 • 점핑 단계 동안 몸 전체를 완전하게 쭉 뻗지 못함 • 도약한 지점에서 수직보다 수평으로 이동 후 착지	• 무릎을 60~90° 구부린 자세 • 고관절, 무릎, 발목을 최대로 뻗음 • 점핑 동시에 팔을 위로 올리는 협응 동작 • 고개 들기 가능 • 몸 전체를 뻗음 • 점핑 전 팔을 뒤로 보냈다가 점프 정점에 팔 쭉 뻗기 • 도약한 지점에서 최대한 가까운 지점으로 착지
수평 점핑 (horizon jumping)	• 팔 쓰임이 제한적임 • 비행 시 양팔은 균형 유지를 위해 좌우 또는 뒤로 움직임 • 점프 높이가 낮음 • 다리를 구부려 웅크린 자세에 일관성이 없음 • 두발 동시 사용이 어려움 • 착지 시 체중이 뒤로 가서 엉덩방아	• 점프가 양팔로 시작됨 • 웅크린 자세 시 양팔이 좌우로 이동 • 준비 자세 시 과하게 웅크리고 조금 더 일관성 있게 이루어짐 • 도약 시 무릎과 엉덩이가 더욱 완벽하게 펴짐	• 두 팔을 높이 올려 뒤쪽으로 이동하는 준비 자세 • 점프 시 두 팔을 힘차게 앞으로 빠르게 스윙 • 점프 동작 동안 두 팔은 앞으로 높게 유지 • 준비 자세 시 더 웅크리고 더욱 일관성 있게 이어짐 • 착지 시 체중 앞으로 이동
호핑 (hopping)	• 직립 자세를 보임 • 지지하는 다리를 90° 이하로 구부림 • 지지하는 않는 쪽 허벅지는 접촉면과 거의 평행을 이룸 • 팔꿈치를 구부리고 팔은 약간 좌우로 보냄 • 밸런스를 쉽게 잃음 • 1~2회 호핑만 가능	• 밸런스 조절이 어려움 • 연속적 연결 동작 어려움 • 지지하지 않는 다리를 구부림 • 지지하지 않는 쪽 허벅지를 접촉면과 45° 기울임 • 지지 하지 않는 쪽 허벅지를 굽혔다 펴서 더 큰 추진력을 냄 • 팔을 좌우 위아래로 움직임	• 지지하지 않는 다리를 부드럽게 움직임 • 팔을 사용해 추진력을 받음 • 지지하지 않는 다리를 90° 이하로 구부림 • 지지하지 않는 쪽 허벅지를 들어 올려서 지지하는 발과 수직이 되게 함

② 이동(locomotion) 운동 발달을 위한 운동 프로그램(복합, combination)

겔로핑 (galloping)	• 동작이 부자연스러움 • 균형 및 힘 발현에 팔을 사용하지 않음 • 비행 단계 동안 뒷발을 45°로 굽힘 • 뒤꿈치에서 앞꿈치로 결합된 방식으로 바닥에 접촉	• 리듬이 점차 부자연스럽고 뻣뻣 • 직립 자세가 보임 • 팔을 몸 옆에 두고 밸런스를 유지 • 비행 단계 동안에는 뒷발이 리드하지만, 착지 시에는 리드하는 발에 가깝거나 뒤에 착지함	• 동작이 부드러움 • 낮은 점프 리듬을 보임 • 비행 단계 동안 두 다리를 45°로 굽힘 • 뒷발이 리드하는 발에 가깝거나 뒤에 착지함 • 뒤꿈치와 앞꿈치가 정확히 만나는 착지를 보임 • 팔은 밸런스 잡기에 여유가 생김
슬라이딩 (sliding)	• 동작이 부자연스러움 • 균형 및 힘 발현에 팔을 사용하지 않음 • 비행 단계 동안 뒷발을 45°로 굽힘 • 뒤꿈치에서 앞꿈치로 결합된 방식으로 바닥에 접촉	• 리듬이 점차 부자연스럽고 뻣뻣 • 직립 자세가 보임 • 팔을 몸 옆에 두고 밸런스를 유지 • 뒷발이 밀어주고 앞다리로 착지	• 동작이 부드러움 • 낮은 점프 리듬을 보임 • 뒷발이 리드하는 발에 가깝거나 옆에 착지함 • 뒷발과 앞발이 정확히 만나는 착지를 보임 • 팔은 밸런스 잡기에 여유가 생김
스키핑 (skipping)	• 한 발로 스키핑을 함 • 연속 호핑 또는 스텝이 가끔 이루어짐 • 팔을 거의 사용하지 않음 • 과도한 스텝 동작이 나타남 • 동작이 연속되지 않음	• 팔을 자연스럽게 사용 • 스텝과 호핑이 협응 • 호핑 시 수직으로 과도하게 위로 점프 • 발바닥으로 착지	• 체중 이동이 자연스럽게 발생 • 호핑 시 수직으로 이동 X • 발끝으로 먼저 착지

(4) 조작(manipulation) 운동 능력 발달

추진(propulsive)	흡수(absorptive)
• 공 굴리기(ball rolling) • 던지기(overarm throw) • 차기(kicking) • 맞추기(striking) • 튀기기(bouncing) • 되받아치기(volleying)	• 잡기(catching) • 받기(receiving) • 공 멈추기(ball trapping)

① 조작(manipulation) 운동 능력 발달 - 추진(propulsive)

구분	시작 단계	초보 단계	성숙 단계
공 굴리기 (ball rolling, 볼링 동작 배우기)	• 허리를 숙여 공을 양손으로 잡음 • 두 다리를 벌리고 앉는 자세를 함 • 팔을 앞으로 스윙하면서 공을 굴리고 상체를 일으켜 세움	• 다리를 벌리고 서 있는 자세를 함 • 한 손은 공의 아랫부분을, 반대 손은 공의 윗부분을 잡음 • 무릎을 굽히는데 부자연스러움 • 무릎과 허리 사이에 공 놓기 • 체중 이동은 없고 팔을 뒤로 보냈다가 공 굴리기 스윙	• 체중을 뒤에서 앞으로 이동 • 몸통을 앞으로 기울이며 앞쪽에서 스윙 • 무릎을 자연스럽게 구부림 • 무릎 기준으로 아래에서 공 놓기 • 눈은 목표를 계속 응시
머리 위 던지기 (overarm throw, 오버 헤드 스로우)	• 두 발이 고정된 상태에서 던짐 • 던지는 팔의 팔꿈치가 앞에 있음(던지기보다는 밀기와 유사) • 팔꿈치 위주의 동작 • 공이 머리뒤를 못 넘어감 • 공을 놓을 때 손가락들이 펼쳐짐	• 체중이 확실하게 앞쪽으로 이동 • 던지는 팔과 같은 쪽의 다리를 앞으로 내밈 • 공을 머리 뒤에서 던지기 가능 • 준비 동작 시 몸통은 던지는 방향으로 회전됨	• 준비 움직임 동안 무게중심을 뒷다리에 이동 • 체중이 이동하면서 반대 발이 앞으로 나아가고 무게중심 이동 • 준비 단계에서 팔을 뒤로 스윙함 • 팔의 준비 동작 때 반대쪽 팔을 들어 올려 밸런스 유지
차기 (kicking)	• 몸통이 똑바른 자세로 유지 • 차는 다리의 백스윙이 제한 • 두 팔이 균형 유지를 위해 사용 • 앞으로의 다리 차기가 스윙이 짧음 • 차기보다 밀기 동작으로 표현	• 차는 다리의 백스윙이 무릎을 중심으로 일어남 • 다리의 백스윙을 하는 동안 무릎이 계속 구부러진 상태 • 무릎의 전방 움직임이 제한 • 공을 차기 위한 작은 보폭의 스텝 동작 가능	• 차는 동안 두 팔을 자연스럽게 사용하여 밸런스 유지 • 상체를 활용(몸통을 구부리며 킥에 힘을 실어줌) • 공 컨택 시 지지(축)다리는 구부리며 균형을 잡음 • 킥 이후 다리 스윙 길이가 길어짐 • 충분한 스텝을 밟고 킥 가능
치기 (striking)	• 몸통과 양발이 고정됨 • 몸통은 날아오는 공을 향함 • 몸통 회전이 없음 • 위에서 아래로 관절을 펴면서 힘을 생성	• 공의 방향으로 몸통을 돌림 • 공 접촉 전 체중을 이동시키지만 서툼 • 몸통과 엉덩이를 같이 회전 • 몸통 회전 후 자세가 조금 기울어짐	• 공의 예상 경로로 몸통을 향함 • 체중을 뒷발로 옮기고 엉덩이를 회전시킴 • 치기 동작 시 회전이 완벽하게 이루어지고 체중을 앞으로 옮김 • 물체 접촉 시 체중을 안쪽으로 이동
튀기기 (bouncing, 드리블 배우기)	• 두 손으로 공 잡고 튀김 • 두 손을 공의 측면에 위치하도록 하고 손바닥을 마주 봄 • 두 팔로 공을 아래쪽으로 밀어냄 • 공을 발에 닿을 정도로 몸 가까운 지면에 접촉 • 공의 튀는 높이가 일정 X • 연속 튀기기 어려움	• 한 손은 공의 윗부분, 다른 손은 옆쪽을 접촉(부분적 두 손 튀기기) • 앞으로 약간 기울이고 공을 가슴 높이까지 올려 동작을 시작 • 공을 아래쪽으로 밀어내는 힘이 일정하지 않음 • 다음 공 튀기기를 위해 공을 미는 느낌보다 손바닥으로 때림 • 손바닥으로 공을 접촉 • 드리블하는 동안 공에 대한 통제를 어려워함	• 두 발을 좁게 벌리고, 앞으로 나간 발의 반대편 손을 앞으로 내밀어 드리블 • 상체를 살짝 앞으로 기울임 • 공을 허리 높이까지 튀어 올림 • 팔과 손목, 손가락을 이용해 공을 바닥 쪽으로 자연스럽게 밀기 가능 • 손끝으로 밀어내기 가능 • 시각적으로 공을 살핌 • 드리블 방향을 제어

② 조작(manipulation) 운동 능력 발달 - 흡수(absortive)

구분	시작 단계	초보 단계	성숙 단계
볼 멈추기 (ball trapping)	• 전신이 뻣뻣함 • 공 접촉 시 반응하지 못함 • 공의 힘을 받아들이지 못함 • 공을 물체와 같은 선상에 있도록 하는 데 어려움	• 시각적으로 공을 따라가는 것이 서투름 • 공에 반응하지만 타이밍이 잘 안 맞음 • 구르는 공은 비교적 쉽게 멈추지만, 날아오는 공은 멈추지 못함 • 어떤 신체 부위를 사용해야 하는 데 있어 어려움 • 움직임이 자연스럽지 못함	• 시각적으로 공을 따라감 • 공 접촉 시 신체적으로 반응 • 구르는 공과 날아오는 공 모두 멈출 수 있음 • 중간 정도의 속도로 다가오는 공을 멈출 수 있음 • 몸을 움직여 쉽게 공을 중간에서 멈추는 게 가능
받기 (receiving)	• 공이 무서워 얼굴을 돌리거나 피하기 반응 발생 • 신체 움직임이 제한적 • 물체를 퍼내는 동작과 유사한 보임 • 손바닥이 위로 향함 • 공을 받는 느낌보다 막는 동작을 가짐	• 피하기 반응이 공 접촉 시 눈을 감는 경향으로 변화 • 공을 포옹하듯이 받으려는 동작 • 타이밍을 잘 맞추지 못함 • 동작이 매끄럽지 못함 • 공을 막는 듯한 받기 동작을 함	• 피하기 반응 사라짐 • 받기 끝까지 시선이 공을 응시 • 동작이 부드러움 • 팔로 공의 충격량을 흡수하며 당기며 받는 동작 가능 • 정확한 타이밍에 두 손으로 공을 잡음 • 손가락을 효과적으로 사용 • 두 팔을 공의 비행 궤도에 맞춤

2. 지각 운동 기출 20·21·23년

(1) 개념

① 지각 - 운동능력의 발달은 정신과 신체의 조절을 강화하고 결합시키므로 인지발달과 밀접한 관계인 기본 동작능력과 함께 아동의 운동 능력을 나타내는 중요한 요소

② 지각과 운동 능력은 상호 의존 관계에 있으며, 발달을 위해서는 정신과 신체의 조절 능력을 강화하고 결합시키는 것이 매우 중요함

③ 다양한 감각 체계로부터 자극 정보를 단순히 획득하는 것부터, 획득된 자극을 뇌로 전달하여 그 정보의 의미를 해석하고 통합하는 능동적인 과정을 의미함

④ 다양한 움직임을 경험하는 공간지각, 신체지각, 시간지각, 방향지각, 관계지각, 움직임의 질❶ 등으로 구분함

(2) 지각 운동 발달 프로그램 구성 요소

시간지각	관계지각	움직임의 질
• 과거 / 현재 / 미래 • 오전 / 오후 • 아침 / 점심 / 저녁 • 속도: 빠르게 / 느리게 / 갑작스럽게 / 천천히 • 리듬: 음악에 맞추어, 소리에 맞추어	• 신체: 둥글게 / 구부려서 • 사물이나 대인 관계: 위 / 아래, 가까이 / 멀리, 앞 / 뒤, 가까워지기 / 멀어지기, 둘러싸기 / 나란히	• 균형: 정적, 동적 균형에 대한 이해 • 시간: 속도에 대한 식별과 움직임의 속도 증가 및 감소에 대한 인지 • 힘: 적절한 힘을 만들거나 조절하는 능력 • 흐름: 제한된 시간, 공간에서 움직임

❶ 움직임의 질

균형 (balance)	움직임에서 균형의 역할과 정적, 동적의 본질에 대한 이해
시간 (time)	속도에 대한 식별과 움직임의 속도 증가 및 감소에 대한 이해
힘 (power)	과제에서 요구하는 개인의 힘을 발휘하거나 수정할 수 있는 능력
흐름 (flow)	제한된 시간 또는 공간에서 움직임을 수행하거나 자연스럽게 움직임을 연결하는 능력

신체지각	공간지각	방향지각
• 신체 각 부분의 위치와 정의에 대해 이해하기 • 신체 모양과 위치 이해하기 • 신체 움직임에 대한 지각 • 신체에 대한 느낌 표현하기 • 근 긴장과 이완의 자각	• 자기 공간(self-space)과 다른 사람의 공간을 존중하는 인식 • 보통의 공간에서 안전하게 움직이기 • 움직임의 높낮이 이해하기: 낮게 / 중간 / 높게 • 원근, 크기 조절하는 법 익히기: 멀리 / 가까이, 크게 / 작게	• 방향과 방향전환에 대한 인지: 위 / 아래, 앞 / 뒤, 좌 / 우

3 체력 운동의 개념

1. 체력 발달 프로그램 기출 20~23년

① 체력은 일상 활동뿐만 아니라 직업 활동 및 여가 활동을 보다 활기차게 수행할 수 있는 신체적 능력을 의미함
② 유아 운동 시 유아들이 운동에 바람직하게 참여할 수 있도록 체력 수준, 건강 상태, 남녀 개인의 특성 등을 고려해야 함
③ 체력은 건강 체력과 수행(기술) 체력으로 구분할 수 있음

2. 체력 요소(국민 체력 100, 청소년 체력의 구성 요소) 기출 21년

건강 관련 체력 요소					기술(수행) 관련 체력 요소				
근력	근지구력	유연성	심폐지구력	신체조성	협응성	민첩성	평형성	순발력	스피드
근육의 수축으로 발생하는 힘(장력)	근력을 일정하고 지속적으로 발휘하는 능력	관절의 가동범위	유산소를 이용한 운동 지속 능력	체지방 성분비	신체의 안정성을 유지하는 능력	방향 전환 능력	신체의 각기 다른 부분을 동시에 활용할 수 있는 능력	순간적으로 낼 수 있는 힘의 능력	재빠르게 움직이는 능력

3. 체력 측정 종목(국민 체력 100의 유아기 만 4~6세 체력 측정)

구분	요인	측정항목
체격	신체조성	신장(cm)
		체중(kg)
		BMI(kg/m^2)
건강체력	근력	상대악력(%)
	근지구력	윗몸말아올리기(회)
	심폐지구력	왕복오래달리기(10m)(회)
	유연성	앉아윗몸앞으로굽히기(cm)
운동체력	민첩성	5m 4회 왕복달리기(초)
	순발력	제자리 멀리뛰기(cm)
	협응력	3×3 버튼누르기(초)

핵심요약&보충자료

❷ 국민체력100 - 유아기와 유소년기

1. 유아기(만 4세~6세)

건강 체력 항목	심폐지구력	10m 왕복 오래달리기(회)
	근력	상대악력(%)
	근지구력	윗몸말아올리기(회)
	유연성	앉아윗몸앞으로 굽히기(cm)
운동 체력 항목	민첩성	5m×4 왕복달리기(초)
	순발력	제자리 멀리뛰기(cm)
	협응력	3×3 버튼누르기(초)

2. 유소년기(만 11세~12세)

건강 체력 항목	심폐지구력	15m 왕복 오래달리기(회)
	근력	상대악력(%)
	근지구력	윗몸말아올리기(회)
	유연성	앉아윗몸앞으로 굽히기(cm)
운동 체력 항목	민첩성	반복옆뛰기(회)
	순발력	제자리 멀리뛰기(cm)
	협응력	눈-손 협응력(벽패스)(회)

출제예상문제

Chapter 02 유아기 운동발달 프로그램의 구성

01 <보기>의 대화에서 ㉠, ㉡에 들어갈 유아체육 프로그램 기본원리와 교수방법은?

<보기>

A 지도자: 저는 수업에서 유아 간에 체력이나 소질 같은 개인차가 발생하는 부분이 늘 고민이었어요. 운동프로그램 구성을 위한 원리 같은 것이 있을까요?

B 지도자: (㉠)의 원리 같은 경우가 적용될 수 있을 것 같아요. 이 원리는 일반화된 특성뿐만 아니라 유전과 환경요인 같은 개인차를 고려하는 것을 말해요.

A 지도자: 그렇다면 유아가 발달 과정에 적합하게 프로그램을 적용할 수 있을까요?

B 지도자: (㉡) 방법이 효과적일 것 같아요. 이 방법은 성장과 발달은 일련의 방향성[중심(근위, proximal) → 말초(원위, distal)]을 가지고 발달하기 때문입니다.

	㉠	㉡
①	특이성	탐색적(exploratory)
②	특이성	운동 방향성의 원리
③	연계성	탐색적(exploratory)
④	연계성	운동 방향성의 원리

정답분석

특이성의 원리	• 인간의 발달은 대립되는 양 측면이 있는데 모든 사람에게 공통적으로 나타나는 일반화와 개개인마다 다르게 나타나는 개인차를 가지고 있음 • 일반화 vs 개인차 • 어린이들의 운동 능력은 개인차가 현저하여 연령이 같더라도 운동 수행력은 유아 개인에 따라 천차만별 • 교사가 일방적으로 어린이들을 이끌고 가는 것은 바람직하지 못한 지도법 • 유아의 자발성이나 창의성을 존중하며 유아의 반응에 임기응변적으로 대응하며, 일반화와 개인차를 고려하여 운동 지도
방향성의 원리	• 성장과 발달은 일련의 방향성을 가지고 발달한다는 원리 • 발달 방향성을 고려하여 위에서 아랫방향으로, 중심에서 말단 부분으로 활동의 순서를 구성 - 두미의 법칙: 머리 → 발끝, 위 → 아래 - 중심 - 말초원리(근원법칙): 중심(근위부) → 말초/끝(원위부) - 대근육 - 소근육 발달: 단순 동작 → 복잡한 동작

정답 ②

02 유아 운동프로그램의 구성방법으로 옳지 않은 것은?

① 체력을 고려한 신체활동으로 구성한다.
② 연령과 운동발달 수준을 고려한 신체활동으로 구성한다.
③ 눈과 손의 협응력 향상에 필요한 다양한 활동을 포함한다.
④ 남아와 여아의 흥미가 다르기 때문에 남아는 도전적인 활동을 포함한다.

정답분석 유아 체육 프로그램에서는 남·여아의 차이를 두지 않는다.

이론PLUS 유아기 운동 프로그램 구성 시 고려 사항
• 연령과 발달에 따른 개인차와 신체적·정서적·사회적·인지적 균형 발달을 고려해야 함
• 팀과 개인의 운동의 배합이 적당하고, 활동적이며 흥미롭게 구성되어야 함
• 평가와 피드백을 실시해야 함
• 체력을 고려한 신체활동으로 구성해야 함
• 연령과 운동발달 수준을 고려한 신체활동으로 구성해야 함
• 눈과 손의 협응력 향상에 필요한 다양한 활동을 포함해야 함

정답 ④

03 <보기>에서 설명하는 기초이동 운동능력은?

• 모든 구간에서 체중 이동이 자연스러움
• 체중 이동이 이루어지는 동안 팔의 움직임이 줄어듦
• 호핑 구간 동안 지지하는 다리의 발이 지면 가까이 있음

① 스키핑(skipping) ② 갤로핑(galloping)
③ 슬라이딩(sliding) ④ 리핑(leaping)

정답분석

스키핑(skipping)
한 발을 들고 전프하며 디딤 발이 미끄러지듯이 앞으로 나아가고 번갈아 가며 연속으로 이동

이론 PLUS

갤로핑 (galloping)	복합 이동 운동으로, 한 발은 앞으로 걷고 달리듯 빨리 끌다가 앞선 다리에 붙이는 동작(오른발 뒤꿈치에 왼발 발끝 붙이기)
리핑 (leaping)	• 체중을 한 발에서 다른 발로 이동시키는 기술 • 달리기보다 더 높이, 더 멀리 뛰면서 바닥을 접촉하지 않는 상태를 유지 • 한 발로 멀리 건너뛰기를 하거나 보폭을 크게 하여 달리는 모습과 비슷, 마치 허들을 뛰어넘는 듯한 동작

정답 ①

04 <보기>의 ㉠, ㉡에 들어갈 기본 운동발달의 요소는?

―<보기>―

(㉠)	• 리핑(leaping) • 호핑(hopping)
(㉡)	• 철봉 잡고 앞뒤로 흔들기(swinging) • 몸통을 굽히거나 접기(bending)

	㉠	㉡
①	기초이동운동	안정성운동
②	조작운동	안정성운동
③	안정성운동	조작운동
④	복합이동운동	이동운동

 정답분석

기초이동운동	• 기초(basic) 걷기(walking) • 달리기(running) • 리핑(leaping) • 호핑(hopping) • 점핑(jumping)
안정성운동	• 굽히기(bending) • 늘리기(stretching) • 비틀기(twisting) • 돌기(turning) • 흔들기(swinging)

정답 ①

05 <표>의 ㉠, ㉡에 들어갈 기본움직임기술의 발달 단계를 바르게 제시한 것은?

단계	(㉠)	(㉡)
움직임 기술	물구나무서기	공 차기
설명	• 삼각지지 형태의 낮은 균형 자세를 유지할 수 있음 • 삼각지지 물구나무서기를 3초 이상 할 수 있음 • 보이지 않는 신체 부위에 대한 운동감각은 낮은 수준 • 움직임에 대한 협응된 제어 능력은 아주 낮은 수준	• 몸이 뻣뻣함 • 차는 다리의 백스윙이 제한됨 • 앞으로의 다리차기가 짧음 • 차기보다 밀기 동작이 두드러짐

	㉠	㉡		㉠	㉡
①	초보	시작	②	시작	성숙
③	초보	초보	④	초보	성숙

 정답분석

거꾸로 균형 (물구나무) → 초보 단계	• 삼각 형태(머리, 두 손)의 균형 자세를 유지 • 다리를 바닥에서 떼고 3초 이상 균형 유지 가능 • 보이지 않는 신체 부위를 살피는 능력이 점차 향상
차기 → 초보 단계	• 몸통이 똑바른 자세로 유지 • 차는 다리의 백스윙이 제한 • 두 팔이 균형 유지를 위해 사용 • 앞으로의 다리 차기가 스윙이 짧음 • 차기보다 밀기 동작으로 표현

정답 ①

Chapter 03 유아체육 프로그램 교수·학습법

핵심요약&보충자료

[유아기의 심리적 특성을 고려한 지도 방법]
① 차례를 오래 기다리지 않도록 함
② 너무 복잡한 운동을 삼가함(집중력 ↓, 산만 - 흥미 유발 프로그램 구성)
③ 규칙과 약속을 잘 지킬 수 있도록 함
④ 정적 활동보다 동적 활동 위주로 진행되어야 함
⑤ 과도한 경쟁 < 스포츠맨십, 인격 형성, 자신감, 성취감, 칭찬, 격려

❶ 유아체육 교수 방법
- 직접 - 교사 주도적 지도법
- 간접 - 유아 주도적 지도법
- 유아 - 교사 상호 주도적·통합적 지도법

[유아체육 지도 원리] 기출 15·18·19년

놀이 중심의 원리	유아의 흥미를 고려하여 체육 활동에 참여하는 모든 유아가 즐겁게 참여하도록 함
생활 중심의 원리	일상생활에서 신체활동 경험을 바탕으로 체육활동 참여
개별화의 원리	유아 개인의 운동 능력 수준이나 경험수준을 고려하고 발달 속도에 맞추어 체육활동 참여
탐구 학습의 원리	유아가 자신의 신체에 대한 움직임, 공간 내에서의 움직임, 방향, 시간, 힘 등과 같은 기본적 개념을 탐색하여 신체의 가능성과 한계를 탐구, 발견
반복 학습의 원리	유아체육은 안정, 이동, 조작 운동의 3가지 기초 운동 반복 학습. 신체활동을 통한 반복학습과 정보제공의 길이는 유아에게 적합하게 계획
융통성의 원리	유아가 신체활동 시간을 스스로 결정하도록 융통성 제공, 체력, 흥미, 활동시간 등을 고려하여 융통성 발휘
통합의 원리	기초 운동(안정, 이동), 운동 능력(협응, 균형, 힘, 속도), 지각 운동 능력(공간, 신체, 방향, 시간)이 통합적으로 발달

01 유아체육 지도 방법

1 유아체육 지도 방법 기출 20~23년

(1) 일상생활에서 자신의 신체에 대해 자연스럽게 인식하도록 신체 놀이를 계획함
(2) 교육적으로 풍부한 실내외의 물리적 환경을 준비하여 유아의 활발한 활동을 지원함
(3) 신체활동을 하면서 공간, 시간, 힘, 흐름 등 동작의 기본 요소를 반영함
(4) 유아의 안전에 세심한 주의를 기울이고, 놀이 규칙을 이해해야 함
(5) 다양한 신체활동이 충분히 이루어짐을 목표로 하고 규칙적인 시간을 계획해야 함
(6) 유아의 신체 발달 및 운동 능력을 정확히 파악하고, 개인차를 고려해야 함
(7) 다양한 영역 활동이 통합적으로 다루어지도록 구성해야 함
(8) 유아의 신체 활동만큼 휴식도 중요하므로 적당한 휴식 계획도 필요함
(9) 유아의 건강 상태가 신체 활동을 하기에 건강한지 사전에 파악하고, 계획 시부터 고려해야 함

2 유아체육 교수 방법

직접 - 교사 주도적 지도법	• 유아교육기관에서 체육 활동을 지도 시 오랜 지도법 • 프로그램 전체를 교사가 결정하는 지도법 • 지시적 방법(시범, 연습하기 등)과 과제 제시 방법(일부 유아 의사 허용)으로 나누어짐
간접 - 유아 주도적 지도법	• 유아에게 주도권을 주어 학습의 중심이 되는 지도법 • 문제 해결 능력, 실험, 자기 계발과 같은 유아 개인의 차이를 인정하여 유아 스스로 활동을 수행해 나아가는 데 초점을 두고 결과보다 과정에 중점을 두는 방법 • 탐구적 방법: 특별한 활동과제에 대한 해결책을 요구하지 않고 다양한 동작과제나 질문을 유아에게 제시, 학습 결과가 아니라 학습 과정 그 자체에 우선적인 초점 • 안내 - 발견적 방법: 구체적인 동작경험을 할 수 있도록 지도사나 또래의 활동을 관찰할 수 있는 기회를 제공
유아 - 교사 상호 주도적·통합적 지도법	• 유아의 참여와 교사의 체계적인 접근의 지도법 • 유아에게 적절한 과제를 주어 충분한 안내를 받아 연습을 하게 함.계획적인 교수방법과 다양한 학습의 기회를 제공할 때 효과적 • Slater(1993)의 모형: 도입 단계 → 동작 습득 단계 → 창의적 표현 단계 → 평가 단계로 구성 • Gallahue(1993) 안내 - 발견 교수법: 유아들의 기본 요소를 탐색하고 기본 동작을 연습할 수 있는 기회를 제공

02 유아운동발달 프로그램 계획

 핵심요약&보충자료

1 운동 프로그램 목표

(1) 다양한 신체활동과 감각 경험을 통해 자신의 신체와 주위 환경을 인식하는 데 필요한 기초 운동능력 향상

(2) 신체활동에 활발하게 힘으로써 기본적인 **운동 능력과 기초 체력을 증진**

(3) 건강과 안전에 관련된 지식과 기술을 습득하여 건강하고 안전한 생활습관 습득

(4) 체육활동에 참여하여 즐겁고 건강한 정신을 가짐

(5) 프로그램 지도 순서❷

도입 단계	활동 목표 제시 및 참여 방법 안내, 질서 및 안전에 대한 강조
준비 단계	신체 이상을 확인하고, 적절한 준비 운동 실시
전개 단계	안전하고 질서 있게 전개되도록 조성하고, 개인차를 고려한 활동 영역과 영역별 활동 목표를 인식하며, 흥미를 지속적으로 가지도록 유도함
정리 단계	적절한 정리 운동과 생활 지도 및 운동 시 상해 유무를 확인함

❷ 프로그램 지도 순서
도입 → 준비 → 전개 → 정리

2 운동 프로그램 계획

1. 프로그램 단계별 지도 내용

(1) 프로그램 진행 순서

① 운동 목표 제시 및 프로그램 참여 방법, 사전 수업규칙 및 안전에 대한 안내

② 개인 참여자별 신체 컨디션을 확인, 준비 운동 실시

③ 안전하고 질서 있게 전개되도록 조성하고, 개인차를 고려한 활동 영역과 영역별 활동 목표를 인식하며, 흥미를 지속적으로 가지도록 유도

④ 프로그램 진행 후 정리 운동과 운동 시 참여자 부상 유무 확인 및 생활 지도

(2) 연간 → 월간 → 주간 → 일간 계획 수립

(3) 연간 유아체육 프로그램 계획 예시

월	운동목표	프로그램
3	신체 지각 발달	• 신체 명칭 알기 • 신체 움직임, 모양, 표현 알기
4	시 · 지각 협응 발달	• 온몸을 이용하여 풍선 떨어뜨리지 않기 • 탱탱볼 차기, 던지기, 받기
5	협응성, 밸런스 발달	• 보수볼 위에서 균형 잡기 • 징검다리 건너뛰기
6	유연성 발달	• 다리 스트레칭 따라 하기 • 짝꿍 스트레칭 따라 하기
7	근력 조절 발달	• 월볼 굴려 볼링핀 넘어뜨리기 • 친구가 넘어지지 않게 썰매 밀기

8	순발력, 조정력 발달	• 에어바운스 제자리 뛰기 • 기준점 잡고 제자리멀리뛰기
9	시간지각 발달	• 음악에 맞추어 리듬 타기 • 박자에 맞추어 걷기, 뛰기
10	방향지각 발달	• 호루라기 소리에 맞춰 셔틀런 • 장애물 넘어 방향 전환 달리기
11	관계, 사회성 발달	• 짝꿍과 수건 위에 풍선 올려놓고 풍선 이동시키기 • 단체 인간 터널 만들어 통과하기
12	게임활동을 통한 협동심, 승부 학습	• 미니 축구 • 큰 공 밀고 계주

2. 유아체육 프로그램 진행 후 평가

① 교과 목표에 따른 학습이 제대로 이루어졌는지 평가
② 다음 학습 내용을 결정할 수 있는 중요 자료로 활용
③ 개인의 연령, 능력, 운동수행력에 적합한 프로그램이었는지 점검
④ 프로그램 내용이 적합했는지 평가
⑤ 유아가 교과 과정의 목표와 목적에 따라 잘 학습하고 있는지에 대한 평가
⑥ 유아의 반응을 평가하여 다음 학습 과정에 반영(피드백)

03 유아 운동 프로그램 지도

1 유아체육 수업의 운영

1. 유아체육 프로그램 운영 지침 기출 17년

① 유아의 일상생활을 기반으로 다양한 체육 프로그램 개발 및 운영
② 기초 운동 기술은 스포츠와 관련된 체육 활동에 앞서 가르치고, 학기 초에 질서 놀이 등을 통해 규칙을 가르침
③ 모든 체육활동은 시작 전 준비 운동으로 심박수를 높이고, 혈액 순환과 호흡 속도를 원활히 하여 정신, 육체적으로 체육활동을 준비하게 하는 활동으로 시작
④ 체육기능 훈련만 너무 강조하지 말고 다양성과 통합성도 함께 도모
⑤ 각 체육활동에서 2~3가지 새로운 활동을 제시하며, 기존 체육활동과 연계하여 지도
⑥ 기본적인 운동 형태를 모르는 유아에게 개별 학습의 기회를 주고, 집단 활동과 병행, 체육활동의 목표가 달성되도록 강요하지 않음
⑦ 유아체육 지도자는 모든 유아에게 집중하고 도움을 필요로 할 때 이를 즉시 알아차려야 함
⑧ 각 체육 활동에서 유아 개인, 소집단, 대집단으로 나누어 다양한 체육활동 진행
⑨ 체육 교육 매체를 활용한 교육에서는 매체의 활용을 위한 활동을 우선시함
⑩ 유아의 체육능력과 전체적인 인지능력이 향상되고 발달될 수 있다는 확신을 가지고 체육활동 즐겁게 진행, 체육활동 후 긍정적인 자아 개념을 갖도록 도우며 참여 시간을 늘려감

2. 누리 과정 3~5세(2019 개정 누리 과정 - 신체운동 및 건강)[1]

내용 범주	내용
신체활동 즐기기	• 신체를 인식하고 움직이기 • 신체 움직임을 조절하기 • 기초적인 이동운동, 제자리운동, 도구를 이용한 운동하기 • 실내외 신체활동에 자발적으로 참여하기
건강하게 생활하기	• 몸과 주변을 깨끗이 하기 • 바른 식생활하기 • 건강한 일상생활하기 • 질병 예방하기
안전하게 생활하기	• 안전하게 놀이하기 • TV, 컴퓨터, 스마트폰 등을 바르게 사용하기 • 교통안전 규칙 지키기 • 안전사고, 화재, 재난, 학대, 유괴 등에 적절히 대처하기

핵심요약&보충자료

[1] 누리 과정 신체 운동·건강 영역
- 신체활동 즐기기
- 건강하게 생활하기
- 안전하게 생활하기

3. 유아체육 프로그램 운영 시 유의점

① 교육 진행 간 안전에 대비
② 흥미 있는 교육이 되어야 함
③ 운동부진아(부적응아)에 대한 사전 준비가 철저해야 함
④ 유아의 신체, 심리, 사회적 측면 고려
⑤ 설명은 간단 명료하게 실시, 너무 많은 질문은 피함
⑥ 유아의 발달수준에 따라 단계적으로 계획하여 지도 실시
⑦ 수업에 참여하는 집단(인원)의 크기를 고려
⑧ 체육활동은 과정을 중요시 해야 함
⑨ 유아의 흥미, 능력에 맞는 활동이나 자료를 다양하게 준비, 제공
⑩ 준비, 정리운동은 필수

4. 유아체육 참여 증진 전략 　기출　 16·17·18·20·21년

(1) 즐거운 수업 만들기
흐름이 좋고, 흥미(음악, 도구) 있는 신체 활동 수업은 유아를 움직이도록 자극함

(2) 신체활동 시간을 증가시키는 전략
① 움직임을 관찰하고, 충분한 신체 활동이 이루어지지 않으면 변형 필요
② 유아가 제외되거나 참여하기 어려운 활동과 게임은 하지 않음
③ 지시는 간결하고 명료하게 함
④ 활동에 참여하는 것에 대한 긍정적인 피드백 제공
⑤ 비과제 참여 유아들을 재감독하고, 훈련이 필요하면 효율적으로 짧게 함
⑥ 수업 전에 교구를 배치하여 대기 시간을 줄임
⑦ 활동적 참여에 대해 정적 강화를 함

핵심요약&보충자료

2 유아체육 지도자 자질, 역할 〔기출〕 19·21년

(1) 열정적이고, 긍정적인 모습

(2) 유아들의 반응 관심을 가지고, 유머 감각이 필요

(3) 유아발달과 수업 내용에 대한 전문적 지식이 필요

(4) 개인별 유아수준에 맞추어 단계를 조절할 수 있으며 수업 방법을 다양화

(5) 적절한 교육환경 준비(좋은 음악, 안전한 장소, 다양한 교보재 준비, 재밌고 편안한 분위기 등)

(6) 운동 시기, 계절 등을 고려하여 지도

(7) 과도한 경쟁 의식을 갖지 않도록 지도하며, 긍정적인 칭찬을 자주 함

● 참고 ●

실제학습시간(Academic Learning Time: ALT)
㉠ 실제학습시간
- 학생이 학습내용면에서 적절한 난이도수준의 목표수준에 도달하는 시간량
- 학습자가 성공적으로 경험하면서 학습과제에 집중하는 시간의 양
- 교사의 행동보다는 학생의 반응행동이므로 수업의 효율성을 측정
- 학생이 학습을 위한 시간 또는 학습자의 참여시간으로 학습자가 과제에 소비한 시간을 관찰하여 개념화한 것

㉡ 실제학습시간(ALT)이 적은 이유
- 수업계획의 부적절성
- 잘못된 수업운영과 조직
- 체육학에서의 실제학습시간: 체육수업에 참여하는 학생들이 적절한 난이도의 운동과제를 성공적으로 경험하면서 실제로 소비한 시간의 양

04 안전한 운동프로그램 지도를 위한 환경

1 안전한 지도 환경

1. 유아기 안전

(1) 유아의 놀이와 부상 및 사고

유아의 놀이 및 신체활동은 연령, 발달단계에 따라 변화하고 그 변화에 따라 사고의 종류나 부상의 빈도, 손상의 정도도 함께 바뀜 → 스포츠 활동 시 안전에 대한 인식, 위험을 피할 수 있는 상황에 대한 지속적 교육이 필수

(2) 부상, 사고의 원인 및 실태

① 주로 추락, 충돌, 넘어짐 등이고, 상해 종류는 남·여아 모두 좌상, 타박상, 골절, 출혈 등 자주 발생

② 상처부위는 머리, 안면부, 팔, 다리 순으로 빈도 발생

③ 평형감각이 성인보다 낮아 잘 넘어지고, 머리가 큰 유아의 체형상 머리쪽 부상 빈도가 높음

[영, 유아 머리 외상 및 뇌진탕 증상]
- 심한 구토
- 반응이 느려짐
- 평소와는 다른 이상행동
- 평소보다 길게 울고 보챔
- 축 처지고 늘어짐
- 식욕이 줄고 놀이를 하지 않음

[사고발생의 원인과 잠재위험]
- 환경 - 유아가 편하게 놀 수 없는 물적, 인적 환경
- 행동 - 규율이나 규칙을 지키지 않는 행동, 교육의 부재
- 심신 - 극도로 흥분, 피로, 집중력 저하
- 복장 - 신발, 의복, 액세서리

2. 유아체육 지도 및 환경 `기출` 20~23년

(1) 인간의 두뇌는 8세 이전에 우뇌가 발달하고, 취학 후에는 좌뇌가 발달
- 스마트폰, TV 등의 좌뇌만 자극하는 환경 → 취학 전 유아기 우뇌 발달을 위해서는 대근육 활동과 창의적 활동 환경이 필요

(2) 유아체육 지도 환경 원칙 ❶

안전성	장비들을 안전하게 배치, 관리하고 사고의 위험에서 최대한 보호하며, 항상 지도자 또는 보호자의 시야 안에서 활동할 수 있는 환경을 조성
편안함	유아들이 안전하고 편하게 체육활동에 집중할 수 있도록 온도, 습도, 채광, 조명, 환기 등 관리
경제성	• 충분치 못한 예산으로 부실공사, 불량품 활용 시 안전사고 예방 • 안전과 직결되는 교재와 교구는 견고함과 더불어 비용적 측면을 고려
흥미성	호기심, 모험성을 끌어낼 수 있는 환경의 조성은 체육활동의 재미와 적극적 참여태도를 가지게 함
효율성	• 유아체육 프로그램에 필요한 기구 및 설비를 미리 준비 • 장소, 음악, 냉난방, 적절한 활동 공간, 시설 등은 수업의 효과적이고 매끄러운 진행을 위해 사전준비 필요

2 유아 운동기구 배치 및 응급처치, 안전관리

1. 운동기구 배치 `기출` 15년

(1) 고정식 기구(미끄럼틀, 그네, 철봉 등), 이동식 기구(뜀틀, 트램펄린 등)별 안전 환경 체크
(2) 기구들이 서로 간섭받지 않고, 유아들의 시각을 고려하여 안전에 중점을 두고 배치, 안전과 계절에 따라 철저히 관리
(3) 운동 기구 배치 유형
① 병렬식: 운동기구를 접하고 3~4개월 정도 지나야 새로운 기구에 적응, 기구에 숙달되지 않았을 때 병렬식으로 나열하여 지도자가 어려운 난이도의 기구를 보조하고 나머지는 난이도를 낮추어 진행, 팀별로 리더를 뽑아 진행
② 순환식: 운동기구에 적응이 된 후 다양한 기구를 한꺼번에 접할 수 있는 효율적인 배치 방식, 지도자는 유아들이 충돌하지 않게 속도 조율 및 관리 감독

2. 유아 응급처치 `기출` 20년

(1) 응급처치
① 유아기는 위험의 인지와 이해가 부족하여 일생 중 사고 발생 위험이 가장 높은 시기
② 유아기의 사고는 호기심으로 인한 사고가 빈번, 타박상, 골절, 화상 등 다양한 응급상황이 발생
③ 사고를 미연에 예방, 방지하는 것이 가장 중요하며, 사고발생 시 119가 오기 전까지 응급처치가 필요

(2) 열성경련(Febrile Seizure)
① 열성경련이란 예전에 경련을 하지 않았던 1개월 이상의 환자에서 대사 장애, 전해질 이상 혹은 중추신경의 이상이 없이 발열(38.4도 이상)과 함께 발생하는 경련을 말함
② 주로 6개월에서 3세 이상의 어린이에서 자주 일어나고, 7세 이후에 일어나는 경우는 거의 없음
③ 중추신경계의 감염에 의해 일어난 경련은 발열이 동반되었다고 해도 열성경련에 포함되지 않음

---

❶ 유아체육 지도 환경 원칙
- 안전성
- 편안함
- 경제성
- 흥미성
- 효율성

[응급처치]

PRICES	• 보호(Protection) • 휴식 및 안정(Rest) • 냉각(Ice) • 압박(Compression) • 거상(Elevation) • 고정(Stabilization)
3C	• 체크(Check): 환자 확인 • 연락(Call): 주변인 또는 본인이 긴급 연락(119) • 관리(Care): 구조호흡 or 심폐소생술 or AED
A, B, C, D	• 기도확보(Air way) • 호흡확인(Breathing) • 순환확인(Circulation) • 장애확인(Disability)

출제예상문제

Chapter 03 유아체육 프로그램 교수·학습법

01 유아체육 지도 방법 중 '유아 - 교사 상호주도적 방법'에 해당되지 않는 것은?

① 유아에게 적극적인 참여(흥미)와 교사의 체계적인 접근의 지도 방법
② 유아에게 적절한 과제를 주어 다양한 학습 기회를 제공
③ 유아 교육 기관에서 체육활동을 지도할 때 쓰인 전통적 방법
④ [도입 단계] → [동작 습득 단계] → [창의적 표현 단계] → [평가 단계]로 구성

정답분석 유아 교육 기관에서 체육활동을 지도할 때 쓰인 전통적 방법은 직접 - 교사 주도적 지도법이다.

정답 ③

02 유아기의 심리적 특성을 고려한 지도방법으로 적절하지 않은 것은?

① 차례를 오래 기다리지 않도록 한다.
② 스포츠맨십, 인격 형성, 자신감, 성취감이 발생하도록 과도한 경쟁 권고
③ 규칙과 약속을 잘 지킬 수 있도록 한다.
④ 활동이 정적 위주로 진행되지 않도록 한다.

 정답분석 과도한 경쟁 권고는 과도한 경쟁을 유발하므로, 유아기의 심리적 특성을 고려한 지도방법으로 적절하지 않다.

 이론PLUS 유아기의 심리적 특성을 고려한 지도방법
- 차례를 오래 기다리지 않도록 함
- 너무 복잡한 운동을 삼가 함(집중력↓, 산만 - 흥미 유발 프로그램 구성)
- 규칙과 약속을 잘 지킬 수 있도록 함
- 정적활동보다 동적활동 위주로 진행되어야 함
- 과도한 경쟁보다 스포츠맨십, 인격형성, 자신감, 성취감, 칭찬, 격려

정답 ②

03 <보기>에서 설명하는 유아체육의 지도원리는?

<보기>
- 유아체육은 안정, 이동, 조작 운동의 3가지 기초 운동이 중요
- 익숙해질 때까지 지속적으로 지도 연습

① 통합의 원리
② 개별화의 원리
③ 반복학습의 원리
④ 탐구학습의 원리

 정답분석 <보기>에서 설명하는 유아체육의 지도원리는 '반복학습의 원리'이다.

 이론PLUS

놀이 중심의 원리	유아의 흥미를 고려하여 체육활동에 참여하는 모든 유아가 즐겁게 참여하도록 함
생활 중심의 원리	일상생활에서 신체활동 경험을 바탕으로 체육활동 참여
개별화의 원리	유아 개인의 운동 능력 수준이나 경험수준을 고려하고 발달 속도에 맞추어 체육활동 참여
탐구학습의 원리	유아가 자신의 신체에 대한 움직임, 공간 내에서의 움직임, 방향, 시간, 힘 등과 같은 기본 개념을 탐색하여 신체의 가능성과 한계를 탐구 및 발견
반복학습의 원리	유아체육은 안정, 이동, 조작 운동의 3가지 기초 운동 반복 학습, 신체활동을 통한 반복학습과 정보제공의 길이는 유아에게 적합하게 계획
융통성의 원리	유아가 신체활동 시간을 스스로 결정하도록 융통성 제공, 체력, 흥미, 활동시간 등을 고려하여 융통성 발휘
통합의 원리	기초 운동(안정, 이동), 운동 능력(협응, 균형, 힘, 속도), 지각 운동 능력(공간, 신체, 방향, 시간)이 통합적으로 발달

정답 ③

04 3~4세 유아의 체육활동에서 진행 통제가 어려운 경우 지도자의 역할로 적절하지 않은 것은?

① 유아들의 반응에 관심을 가지고, 유머 감각을 길러 활용함
② 단계를 낮추어 보는 등 수업 방법을 다양화함
③ 좋은 음악을 선택하거나 정확하고 빠듯한 시간을 제공
④ 운동 대형, 계절 등을 고려하여 지도

 3~4세 유아의 체육활동에서 진행 통제가 어려운 경우 지도자는 여유 있는 시간을 제공해야 한다.

 유아체육 지도자의 자질, 역할
- 열정적이고, 긍정적인 모습
- 유아들의 반응 관심을 가지고, 유머 감각이 필요
- 유아발과 수업 내용에 대한 전문적 지식이 필요
- 개인별 유아수준에 맞추어 단계를 조절할 수 있으며 수업 방법을 다양화
- 적절한 교육환경 준비(좋은 음악, 안전한 장소, 다양한 교보재 준비, 재미있고 편안한 분위기 등)
- 운동 시기, 계절 등을 고려하여 지도
- 과도한 경쟁의식을 갖지 않도록 지도하며, 긍정적인 칭찬을 자주 함

정답 ③

05 신체활동 프로그램에서 실제학습시간(Academic Learning Time: ALT)을 증가시키는 전략으로 적절하지 않은 것은?

① 학생의 반응행동보다는 교사의 행동으로 수업의 효율성을 측정
② 주의집중을 위해 상호 간에 약속된 신호를 만든다.
③ 설명은 간결하고 명확하게 한다.
④ 동작에 대한 시범을 위해 적절한 시간을 할애한다.

 신체활동 프로그램에서 실제학습시간(Academic Learning Time: ALT)을 증가시키기 위해서는 교사의 행동보다는 학생의 반응행동으로 수업의 효율성을 측정해야 한다.

1. 실제학습시간(Academic Learning Time: ALT)
   - 학생이 학습내용면에서 적절한 난이도수준의 목표수준에 도달하는 시간량
   - 학습자가 성공적으로 경험하면서 학습과제에 집중하는 시간의 양
   - 교사의 행동보다는 학생의 반응행동으로 수업의 효율성을 측정
   - 학생이 학습을 위한 시간 또는 학습자의 참여시간으로 학습자가 과제에 소비한 시간을 관찰하여 개념화한 것
2. 실제학습시간(ALT-PE)이 적은 이유
   - 수업계획의 부적절성
   - 잘못된 수업운영과 조직
   - 체육학에서의 실제학습시간: 체육수업에 참여하는 학생들이 적절한 난이도의 운동과제를 성공적으로 경험하면서 실제로 소비한 시간의 양

정답 ①

2025년 기출문제

01 기본운동기술 범주에서 안정성 기술에 속하는 움직임 양식(movement pattern)이 아닌 것은?

① 굽히기(bending)
② 스키핑(skipping)
③ 늘리기(stretching)
④ 직립 균형(upright balance)

정답분석 안정성 기술은 평형을 유지하거나 신체 자세를 조절하는 기술로, 굽히기 · 늘리기 · 균형 등이 포함된다. 스키핑은 한 발에서 다른 발로 체중을 이동시키며 앞으로 나아가는 이동성 기술이다.

선지분석
① 굽히기(bending) → 안정성 기술
② 스키핑(skipping) → 이동성 기술
③ 늘리기(stretching) → 안정성 기술
④ 직립 균형(upright balance) → 안정성 기술

정답 ②

02 다음 '움직임 분류' 일차원 모델에서 ㉠~㉣에 들어갈 용어가 바르게 나열된 것은?

움직임의 (㉠)	움직임의 (㉡)	움직임의 (㉢)	움직임의 (㉣)
대근 운동 기술	불연속 운동 기술	개방형 운동 기술	안정 과제
소근 운동 기술	연속 운동 기술	폐쇄형 운동 기술	이동 과제
	지속 운동 기술		조작 과제

	㉠	㉡	㉢	㉣
①	근육	환경	맥락	기능
②	근육	시간적 연속성	환경	기능
③	의도	시간적 연속성	맥락	환경
④	기능	의도	시간적 연속성	근육

정답분석 움직임 분류 모델은 ㉠근육(대근/소근) → ㉡시간적 연속성(불연속/연속/지속) → ㉢환경(개방형/폐쇄형) → ㉣기능(안정/이동/조작) 순서로 구성된다.

선지분석
① 근육-환경-맥락-기능 → 순서 틀림
② 근육-시간적연속성-환경-기능 → 올바른 순서
③ 의도-시간적연속성-맥락-환경 → 첫 번째부터 틀림
④ 기능-의도-시간적연속성-근육 → 순서 완전히 틀림

정답 ②

03 <보기>에서 건강 및 수행 관련 체력 요소에 관한 설명으로 옳은 것만을 모두 고른 것은?

<보기>
ㄱ. 평형성 - 신체의 자세를 유지하는 능력
ㄴ. 유연성 - 신체 내외의 자극에 대응하는 운동 능력
ㄷ. 민첩성 - 자극에 반응하여 속도·방향을 신속하게 전환하는 능력
ㄹ. 협응성 - 각각의 운동 체계와 다양한 감각 양식을 효율적인 운동패턴으로 통합하는 능력

① ㄱ, ㄴ, ㄷ
② ㄱ, ㄴ, ㄹ
③ ㄱ, ㄷ, ㄹ
④ ㄴ, ㄷ, ㄹ

정답분석 유연성은 관절의 가동범위를 의미하며, ㄴ의 설명은 순발력에 해당한다.

선지분석
ㄱ. 평형성 - 신체의 자세를 유지하는 능력 (정확)
ㄴ. 유연성 - 신체 내외의 자극에 대응하는 운동 능력(이는 순발력, 반사에 대한 설명)
ㄷ. 민첩성 - 자극에 반응하여 속도 · 방향을 신속하게 전환하는 능력(정확)
ㄹ. 협응성 - 각각의 운동 체계와 다양한 감각 양식을 효율적인 운동 패턴으로 통합하는 능력(정확)

정답 ③

04 <보기>에서 설명하는 원시반사 유형에 관한 내용으로 옳지 않은 것은?

─<보기>─
- 출생 후 몸을 보호하는 데 필요한 반사 유형이다.
- 신경적인 변이나 손상 예측에 사용되는 대표적인 반사이다.
- 이 반사 유형이 비대칭적으로 나타날 경우 신경적인 변이나 손상을 추측할 수 있다.

① 시기: 출생부터 4~7개월까지 나타난다.
② 반응: 특정한 자극에 팔과 다리가 신전되며 팔을 벌리고 손가락을 편다.
③ 유발자극: 놀라거나 아래로 떨어지는 자극에는 발생하지 않는다.
④ 기타: 소멸 시기 이후에도 지속되면 감각운동 장애의 발생을 추측할 수 있다.

정답분석 모로반사는 놀라거나 떨어지는 자극, 갑작스러운 소음 등에 의해 유발되는 반사이다. ③번 설명이 반대로 되어 있다.

 ① 시기: 출생부터 4~7개월까지 나타난다(모로반사의 정상 시기).
 ② 반응: 특정한 자극에 팔과 다리가 신전되며 팔을 벌리고 손가락을 편다(모로반사의 전형적 반응).
③ 유발자극: 놀라거나 아래로 떨어지는 자극에는 발생하지 않는다(실제로는 이런 자극에 발생함).
④ 기타: 소멸 시기 이후에도 지속되면 감각운동 장애의 발생을 추측할 수 있다(정확한 설명).

정답 ③

05 <보기>가 설명하는 운동발달 프로그램의 구성 원리는?

─<보기>─
- 유소년의 연령, 성별, 신체 특성의 변화와 순서를 고려해야 함
- 유소년의 발달 단계를 고려하여 운동 프로그램을 계획하는 것이 중요함
- 간단한 동작에서 복잡한 동작으로, 쉬운 활동에서 어려운 활동으로 지도해야 함

① 다양성의 원리 ② 안전성의 원리
③ 특이성의 원리 ④ 연계성의 원리

정답분석 보기 내용은 "연령·성별·신체 특성의 변화와 순서 고려", "발달 단계를 고려한 프로그램 계획", "간단→복잡, 쉬운→어려운 활동"으로 연계성의 원리를 설명한다.

 ① 다양성의 원리 → 다양한 활동 제공에 관한 원리
② 안전성의 원리 → 안전한 환경과 활동에 관한 원리
③ 특이성의 원리 → 특정 기능 향상을 위한 특정 운동 적용
④ 연계성의 원리 → 발달 단계와 순서를 고려한 체계적 지도

정답 ④

06 <보기>에서 설명하는 에릭슨(E. Erikson)의 심리사회 발달 단계는?

─<보기>─
- 기초적인 인지 기술과 사회적 기술의 습득이 중요함
- 소속된 사회, 문화를 습득하여 실수나 실패를 접하는 것이 중요함
- 타인과 자신을 비교하여 긍정적, 부정적 경험을 할 수 있음

① 2단계(자율성 또는 수치심 발달)
② 3단계(주도성 또는 죄의식 발달)
③ 4단계(근면성 또는 열등감 발달)
④ 5단계(정체감 또는 역할혼미 발달)

정답분석 보기의 "기초적인 인지·사회적 기술 습득", "타인과 자신을 비교하여 긍정적·부정적 경험"은 학령기(6-12세)에 해당하는 4단계의 특징이다.

 ① 2단계(자율성/수치심) → 기본적 독립성 발달 시기
② 3단계(주도성/죄의식) → 계획과 목표 설정 시기
③ 4단계(근면성/열등감) → 기술 습득과 타인 비교 시기
④ 5단계(정체감/역할혼미) → 청소년기 자아정체성 확립

정답 ③

07 하비거스트(R. Havighurst)의 발달 과제 이론에서 ㉠~㉢에 들어갈 내용을 바르게 나열한 것은?

발달 단계	1단계(0~6세)	2단계 (7~12세)	3단계 (13~18세)
성취 과업	• 걷기 학습 • 옳고 그름을 구별하는 학습의 발달	• 개인적 독립심 획득 • 일상 놀이에 필요한 신체적 기술의학습	• 자신의 체격 수용 • 성숙한 관계 형성 및 사회적 역할 획득
	• (㉠)	• (㉡)	• (㉢)

	㉠	㉡	㉢
①	사회적·물리적 실체 묘사를 위한 개념 습득	자신에 대한 건전한 태도 확립	행동을 이끄는 가치 체계 획득
②	자신에 대한 건전한 태도 확립	행동을 이끄는 가치 체계 획득	사회적·물리적 실체 묘사를 위한 개념 습득
③	일상생활에 필요한 개념 발달	자신에 대한 건전한 태도 확립	사회적·물리적 실체 묘사를 위한 개념 습득
④	사회적·물리적 실체 묘사를 위한 개념 습득	자신에 대한 건전한 태도 확립	일상생활에 필요한 개념 발달

 하비거스트의 발달과업은 각 단계별로 특정 과업이 있으며, 1단계는 기본 개념 습득, 2단계는 태도 확립, 3단계는 가치체계 획득이 핵심이다.

 ① 사회적·물리적 실체 묘사 개념 습득 - 자신에 대한 건전한 태도 확립 - 행동을 이끄는 가치 체계 획득
② 자신에 대한 건전한 태도 확립 - 행동을 이끄는 가치 체계 획득 - 사회적·물리적 실체 묘사 개념 습득 (순서 틀림)
③ 일상생활 필요 개념 발달 - 자신에 대한 건전한 태도 확립 - 사회적·물리적 실체 묘사 개념 습득 (1단계가 틀림)
④ 사회적·물리적 실체 묘사 개념 습득 - 자신에 대한 건전한 태도 확립 - 일상생활 필요 개념 발달 (3단계가 틀림)

정답 ①

08 그림에 제시된 동작의 시작 단계 특징으로 옳지 <u>않은</u> 것은?

<치기 동작의 시작 단계>

① 양발은 고정한다.
② 몸통 회전이 없다.
③ 엉덩이를 회전시킨다.
④ 팔꿈치를 완전히 굽힌다.

 • 치기 동작의 시작 단계에서는 하체가 고정되고 상체의 큰 관절 위주로 움직인다.
• 엉덩이 회전은 숙련 단계에서 나타나는 특징이다.

 ① 양발은 고정한다(시작 단계의 특징).
② 몸통 회전이 없다(시작 단계에서는 회전 없음).
③ 엉덩이를 회전시킨다(시작 단계에서는 엉덩이 회전 없음).
④ 팔꿈치를 완전히 굽힌다(시작 단계의 특징).

정답 ③

09

초보 움직임 시기의 '반사 억제 단계(reflexive inhibition stage)'에 관한 설명으로 옳지 않은 것은?

① 운동 피질의 발달과 특정 환경적 억제 요인의 감소 현상이 일어난다.
② 반사 억제 수준에서 수의적 움직임의 분화와 통합은 낮은 수준을 보인다.
③ 이 단계에 발생하는 수의적인 움직임들은 대부분 제어가 힘들고 정교함이 떨어진다.
④ 뇌하부 중추가 운동 피질보다 이전 단계에 비해 상대적으로 더 많이 발달하며 이 시기의 움직임 제어에 필수적으로 작용한다.

정답분석 ④번은 반사 단계(이전 단계)의 특징이다. 반사 억제 단계에서는 오히려 운동 피질(대뇌피질)이 발달하면서 뇌하부 중추(피질하 영역)의 원시반사를 억제하기 시작한다.

선지분석 반사 억제 단계(Reflexive Inhibition Stage)의 특징
① 반사 억제 단계에서는 운동 피질(대뇌피질)이 발달하면서 원시반사를 억제하기 시작한다. 환경적 제약이 줄어들면서 수의적 움직임이 가능하다.
② 이제 막 수의적 움직임이 시작되는 단계이므로 분화와 통합 수준은 아직 낮다.
③ 초기 수의적 움직임은 서툴고 정교하지 못하다.
④ 뇌하부 중추가 운동 피질보다 이전 단계에 비해 상대적으로 더 많이 발달한다.

이론PLUS
반사 단계: 뇌하부 중추 지배 → 원시반사
반사 억제 단계: 운동 피질 발달 → 원시반사 억제, 수의적 움직임 시작

정답 ④

10

유소년기 발달에 관한 검사 도구와 목적의 연결이 옳지 않은 것은?

검사 도구	목적
① TGMD-3 (Test of Gross Motor Development-3)	신체, 언어, 인지, 적응 행동의 기능 발달 검사
② BOTMP-2 (Bruininks-Oseretsky Test of Motor Proficiency-2)	다양한 발달 문제의 진단 및 선별, 대근·소근운동 발달 검사
③ PDMS-2 (Peabody Developmental Motor Scale-2)	유아기 기본 운동 기술의 훈련 또는 개선 검사
④ K-DST (Korean Denver Development Screening)	발달에 문제가 있는 영유아를 선별하기 위한 부모 보고식 검사

정답분석 TGMD-3(Test of Gross Motor Development-3)은 기본운동기술(이동기술, 조작기술) 발달을 평가하는 도구이다.

선지분석
① TGMD-3 - 신체, 언어, 인지, 적응 행동의 기능 발달 검사(TGMD-3는 기본운동기술 검사)
② BOTMP-2 - 다양한 발달 문제의 진단 및 선별, 대근·소근운동 발달 검사(정확)
③ PDMS-2 - 유아기 기본 운동 기술의 훈련 또는 개선 검사(정확)
④ K-DST - 발달에 문제가 있는 영유아를 선별하기 위한 부모 보고식 검사 (정확)

정답 ①

11 <보기>에서 설명하는 모스턴과 애쉬워드(M. Mosston & S. Ashworth)의 교수-학습 전략(strategies)은?

―<보기>―
- 수업 시 공간과 장비의 제약을 보완해 줄 수 있다.
- 학습자들이 서로 다른 과제들을 동시에 익히도록 하는 데 효과적이다.
- 학습자들이 이미 배운 적이 있는 기술을 실행하거나 자신을 평가할 때 효과적이다.

① 스테이션 교수(station teaching)
② 동료 교수(peer teaching)
③ 협동 학습(cooperative learning)
④ 전술 게임(tactical games)

정답분석 보기 내용은 "공간과 장비의 제약 보완", "서로 다른 과제들을 동시에 익히도록 하는 데 효과적"으로 스테이션 교수의 특징을 설명한다.

선지분석
① 스테이션 교수 → 공간·장비 제약 보완, 다양한 과제 동시 학습
② 동료 교수 → 학습자가 서로 가르치는 방법
③ 협동 학습 → 그룹 내 협력을 통한 학습
④ 전술 게임 → 게임 상황에서의 전술적 사고 개발

정답 ①

12 계획적인 유아체육 프로그램을 구성할 때 고려해야 할 사항으로 옳지 <u>않은</u> 것은?

① 유아의 참여가 어려운 게임은 되도록 배제한다.
② 프로그램 사전 계획 시 대상자 연령, 인원, 장소, 도구 등을 미리 파악한다.
③ 다양한 교보재와 활동 지시문을 활용해 유아가 스스로 순환하면서 활동하도록 유도한다.
④ 설치하는 기구는 유아 개개인의 다양한 발달 수준을 고려하지 않고 획일적으로 활용한다.

정답분석 유아체육에서는 개개인의 발달 차이를 고려하여 다양한 수준의 기구와 활동을 제공해야 한다.

선지분석
① 유아의 참여가 어려운 게임은 되도록 배제한다(적절함).
② 프로그램 사전 계획 시 대상자 연령, 인원, 장소, 도구 등을 미리 파악한다(적절함).
③ 다양한 교보재와 활동 지시문을 활용해 유아가 스스로 순환하면서 활동하도록 유도한다(적절함).
④ 설치하는 기구는… 획일적으로 활용한다(개개인의 발달 수준을 고려해야 함).

정답 ④

13 그림은 얼릭(D. Ulrich)이 제시한 대근운동발달의 시기와 단계이다. ⊙, ⓒ에 들어갈 내용을 바르게 나열한 것은?

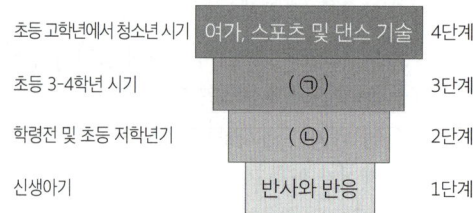

	⊙	ⓒ
①	기본 대근운동 기술과 양식(patterns)	리드-업(lead-up) 게임과 기술
②	자세조절 기술	운동감각 지각(kinesthetic perception)
③	운동감각 지각(kinesthetic perception)	자세조절 기술
④	리드-업(lead-up) 게임과 기술	기본 대근운동 기술과 양식(patterns)

정답분석 얼릭의 모델에서 3-4단계는 리드-업 게임과 기술, 4단계는 기본 대근운동 기술과 양식의 정련 단계이다.

선지분석
① 기본 대근운동 기술과 양식 - 리드-업 게임과 기술 (순서 바뀜)
② 자세조절 기술 - 운동감각 지각 (초기 단계 내용)
③ 운동감각 지각 - 자세조절 기술 (초기 단계 내용)
④ 리드-업 게임과 기술 - 기본 대근운동 기술과 양식

정답 ④

14 <보기>는 「국민체육진흥법」(2024.10.31. 시행) 제2조의9 '유소년 스포츠지도사' 정의에 관한 내용이다. ㉠, ㉡에 들어갈 용어로 옳은 것은?

―<보기>―

'유소년스포츠지도사'란 유소년의 (㉠), (㉡) 등에 대한 지식을 갖추고 제9조의6에 따른 자격 종목에 대하여 유소년을 대상으로 체육을 지도하는 사람을 말한다.

	㉠	㉡
①	행동양식	인지발달
②	방관적 행동	신체발달
③	방관적 행동	인지발달
④	행동양식	신체발달

정답분석 국민체육진흥법에서 유소년스포츠지도사는 유소년의 행동양식, 신체발달 등에 대한 지식을 갖춘 사람으로 정의된다.

선지분석
① 행동양식 - 인지발달 (㉡이 틀림)
② 방관적 행동 - 신체발달 (㉠이 틀림)
③ 방관적 행동 - 인지발달 (㉠, ㉡ 모두 틀림)
④ 행동양식 - 신체발달

정답 ④

15 ㉠, ㉡에 해당하는 교수-학습 방법을 바르게 나열한 것은?

㉠	• 지도자가 다양한 동작 과제나 질문을 학습자에게 제시함 • 지도자는 학습자가 제안한 해결 방법이 무엇이든 인정하고 받아들임 • 학습의 결과가 아니라 학습 과정 그 자체에 우선적인 초점을 둠
㉡	• 학습자의 구체적인 동작 경험을 위해 지도나 또래의 활동을 관찰할 수 있는 기회를 제공함 • 학습자가 여러 가지 방법을 사용할 수 있는 충분한 시간을 제공해야 함 • 지도자는 계속해서 더 구체적인 질문을 하여 원하는 반응이 나오도록 유도함

	㉠	㉡
①	안내-발견적(guide-discovery) 방법	탐색적(exploratory) 방법
②	탐색적(exploratory) 방법	학습자 설계(child-designed)
③	탐색적(exploratory) 방법	안내-발견적(guide-discovery) 방법
④	학습자 설계(child-designed)	안내-발견적(guide-discovery) 방법

정답분석
• 지도자가 질문 제시 → 학습자의 해결방법 인정 → 과정 중심 = 탐색적 방법
• 구체적 동작 경험 제공 → 시간 충분히 제공 → 구체적 질문으로 유도 = 안내-발견적 방법
• ㉠은 개방적이고 자유로운 탐색을 허용하는 탐색적 방법, ㉡은 단계적으로 유도하는 안내-발견적 방법의 특징이다.

정답 ③

16 갤러휴(D. Gallahue)의 움직임 기술 2차원 분류법에서 이동 기술의 움직임 양식에 속하지 않는 것은?

① 잡기(catching) ② 걷기(walking)
③ 달리기(running) ④ 점프하기(jumping)

정답분석 잡기는 물체를 조작하는 조작 기술에 속하며, 이동 기술이 아니다. 이동 기술은 걷기, 달리기, 점프하기 등이 있다.

선지분석
① 잡기(catching) → 조작 기술
② 걷기(walking) → 이동 기술
③ 달리기(running) → 이동 기술
④ 점프하기(jumping) → 이동 기술

정답 ①

17 유소년스포츠에서 활용될 수 있는 게임수업 방법과 설명의 연결이 옳지 않은 것은?

① 기능중심 게임수업(technical model): 교사가 제시한 '왜(why)' 중심의 문제해결 수업을 진행한다.
② 기능중심 게임수업(technical model): 행동주의에 근거하며, 기술을 자동화하기 위한 기능 숙달이 중심이다.
③ 이해중심 게임수업(teaching games for understanding): '무엇을 할 것인가 (what to do)'를 고민하며 인지적 학습이 선행된다.
④ 이해중심 게임수업(teaching games for understanding): 구성주의 인식론에 근거하며, 게임에 대한 '이해'를 중심으로 문제해결 능력을 기른다.

 기능중심 게임수업은 '어떻게(how)' 기술을 수행할 것인가에 중점을 두며, '왜(why)'는 이해중심 게임수업의 특징이다.

 ① 기능중심 게임수업: '왜(why)' 중심의 문제해결 수업(실제로는 '어떻게(how)' 중심)
② 기능중심 게임수업: 행동주의에 근거하며, 기술을 자동화하기 위한 기능 숙달이 중심
③ 이해중심 게임수업: '무엇을 할 것인가(what to do)'를 고민하며 인지적 학습이 선행
④ 이해중심 게임수업: 구성주의 인식론에 근거하며, 게임에 대한 '이해'를 중심으로 문제해결 능력을 기름

정답 ①

18 유아기 걷기 동작의 기술 단계 분류에서 시작 단계의 특징은?

① 보폭이 커지고 안정된다.
② 발바닥 전체로 바닥과 접촉한다.
③ 팔 흔들기가 반사적으로 이루어진다.
④ 발끝이 바깥쪽으로 향하는 현상이 줄어든다.

 걷기 동작의 시작 단계에서는 발바닥 전체(편평족)로 바닥과 접촉하는 특징을 보인다.

 ① 보폭이 커지고 안정된다. → 숙련 단계의 특징
② 발바닥 전체로 바닥과 접촉한다. → 시작 단계의 특징
③ 팔 흔들기가 반사적으로 이루어진다. → 숙련 단계의 특징
④ 발끝이 바깥쪽으로 향하는 현상이 줄어든다. → 숙련 단계의 특징

정답 ②

19 피아제(J. Piaget)가 제시한 인지발달 단계와 특징의 연결이 옳지 않은 것은?

① 감각운동기 - 학습자는 감각경험과 움직임의 상호작용을 통하여 학습하게 된다.
② 전 조작기 - 활동적인 놀이를 통한 지적 실험으로 가역성을 갖게 된다.
③ 구체적 조작기 - 보존개념이 형성되고 분류, 서열화 등의 수학적 조작능력이 나타난다.
④ 형식적 조작기 - 인지적 과정을 통하여 추상적, 논리적, 체계적 사고를 할 수 있다.

 전 조작기(2-7세)는 가역성 사고가 불가능한 시기이다. 가역성은 구체적 조작기부터 가능하다.

 ① 감각운동기: 감각경험과 움직임의 상호작용을 통하여 학습
② 전 조작기: 활동적인 놀이를 통한 지적 실험으로 가역성을 갖게 된다(전 조작기에는 가역성이 없음)
③ 구체적 조작기: 보존개념이 형성되고 분류, 서열화 등의 수학적 조작능력이 나타남
④ 형식적 조작기: 인지적 과정을 통하여 추상적, 논리적, 체계적 사고를 할 수 있음

정답 ②

20 <보기>에서 설명하는 발달 이론은?

<보기>
- 직접 행동이 아니어도 사회적 상황에서 타인의 행동을 관찰하며 학습이 가능하다.
- 유아 주변의 인물, 특히 부모의 언어 형태, 성역할, 사회적 행동을 모방한다.

① 비고츠키(L. Vygotsky)의 상호작용 이론
② 반두라(A. Bandura)의 사회학습 이론
③ 매슬로(A. Maslow)의 욕구위계 이론
④ 프로이드(S. Freud)의 정신분석 이론

 보기의 "직접 행동이 아니어도 타인의 행동을 관찰하며 학습", "부모의 언어 형태, 성역할, 사회적 행동을 모방"은 반두라의 사회학습 이론을 설명한다.

 ① 비고츠키의 상호작용 이론 → 근접발달영역, 사회적 상호작용 중심
② 반두라의 사회학습 이론 → 관찰학습, 모방학습 중심
③ 매슬로의 욕구위계 이론 → 인간의 욕구 단계 이론
④ 프로이드의 정신분석 이론 → 무의식, 성적 욕동 중심

정답 ②

2024년 기출문제

01 효과적 학습경험 설계를 위한 유아체육 지도자의 교수전략으로 옳지 <u>않은</u> 것은?

① 각 유아에게 적합한 수준에서 연습할 수 있도록 개별화된 학습경험을 제공해야 한다.
② 유아의 실제학습시간(ALT)을 증가시킬 수 있는 환경을 조성해야 한다.
③ 유아의 능력 수준을 고려한 학습과제를 제공하고, 연습 시간을 최대한 확보해준다.
④ 새로운 기능 학습 시에는 수업 초반에 제시한 과제 수준을 일관되게 유지한다.

정답분석 새로운 기능 학습 시에는 수업 초반에 제시한 과제 수준을 일관되게 유지하는 것이 아닌 개인별 유아수준에 맞추어 단계를 조절할 수 있으며 수업방법을 다양화한다.

정답 ④

02 유아의 운동기술 연습 시 지도자의 적합한 시범으로 옳지 <u>않은</u> 것은?

① 시범에서 언어적 표현을 보다 많이 활용할 때 더 효과적이다.
② 시범은 추가적 학습단서(learning cue)와 함께 제공될 때 더 효과적이다.
③ 다양한 각도에서 이루어진 시범을 통해 정확한 정보를 제공한다.
④ 자주 실수하는 동작에 대해 반복적인 시범을 보여준다.

정답분석 언어적 표현을 보다 많이 활용하기보다는 언어와 시범지도의 혼합적 지도가 더 효과적이다.

정답 ①

03 유아 신체활동의 내적 참여동기를 증진시키는 효과적 교수전략으로 옳지 <u>않은</u> 것은?

① 유아의 능력과 과제 난이도를 고려한 프로그램 제공을 통해 몰입을 돕는다.
② 학습과제 범위 내에서 유아에게 자율적 선택권을 부여한다.
③ 활동적으로 참여하는 유아를 격려하고 칭찬한다.
④ 프로그램 내 과제 수준을 동일하게 제공한다.

정답분석 개별화의 원리
유아 개인의 운동 능력 수준이나 경험수준을 고려하고 발달 속도에 맞추어 체육 활동 참여

정답 ④

04 유아의 지각-운동 발달에 관한 설명으로 옳지 <u>않은</u> 것은?

① 유아기는 지각-운동 발달의 최적기이다.
② 지각이란 감각수용세포가 자극으로 들어온 정보를 뇌로 전달하는 것을 뜻한다.
③ 지각-운동 발달은 아동의 운동능력을 나타내는 중요 요소 중 하나이다.
④ 유아기의 지각-운동 학습경험이 많을수록 다양한 운동상황에 반응하는 적응력이 발달된다.

정답분석 지각(perception)
- 대상의 성질을 인지하는 심리적 과정이다.
- 감각기관을 통하여 들어오는 감각적 정보를 주관적으로 선택하고 구성하여 이를 자기 나름대로 인식하는 작용이다.
- 관념이나 개념이 개입되어야 하는 경우도 많다. 여기서의 관념이란 현재 실물이나 사건이 없더라도 경험할 수 있는 대상 의식이며, 개념이란 한 개의 대상이 아니라 관념의 집합, 공통성 혹은 관계와 같은 구체적이 아닌 대상의식을 뜻하는 것이라 말할 수 있다.

정답 ②

05 <보기>에서 설명하는 것은?

―<보기>―
- 체온이 40℃ 이상으로 오른다.
- 땀을 전혀 흘리지 않거나 과도하게 많이 흘린다.
- 신체 내 열을 외부로 발산하지 못해 고체온 발생 및 중추신경계의 이상을 보인다.
- 신속한 체온감소 조치와 병원 후송이 필요하다.

① 일사병
② 열사병
③ 고체온증
④ 열경련

정답분석
- 열사병에 대한 설명이다. 과도한 고온의 환경에 오랜 시간 노출되거나, 더운 상태에서 육체노동이나 운동을 지속할 때 시상 하부에 위치한 인체의 체온 유지 중추가 그 기능을 잃게 되면 열사병으로 진행된다.
- 체온조절의 한계를 벗어나면 시상하부 온도조절 중추가 기능을 잃게 되고, 인체는 체온을 외부로 발산하지 못한다.

정답 ②

06 <보기>의 ㉠~㉢에 해당하는 설명과 유아체육 프로그램의 구성원리가 올바르게 제시된 것은?

―<보기>―
㉠ 차기(kicking)의 개념 학습 후, 정지된 공에서 빠르게 움직이는 공의 순으로 수업을 설계한다.
㉡ 대근육 운동에서 소근육 운동으로 확장된 움직임 수업을 설계한다.
㉢ 발달 단계에 따른 민감기를 고려한 움직임 수업을 설계한다.

	㉠	㉡	㉢
①	연계성	전면성	특이성
②	다양성	방향성	적합성
③	연계성	방향성	적합성
④	다양성	적합성	개별성

정답분석
㉠은 연계성, ㉡은 방향성, ㉢은 적합성의 원리에 대한 내용이다.
㉠ 연계성의 원리
  ⓐ 연령 및 성별과 신체 발달 프로그램 특성의 변화와 순서를 조직적으로 연계
  ⓑ 간단한 활동에서/ 복잡한 활동으로 쉬운 활동에서 어려운 활동으로 신체 발달, 정서적·사회적 발달을 위한 교육 프로그램의 연계성이 필요함
㉡ 방향성의 원리
  ⓐ 성장과 발달은 일련의 방향성을 가지고 발달한다는 원리
  ⓑ 발달 방향성을 고려하여 위에서 아랫방향으로, 중심에서 말단 부분으로 활동의 순서를 구성
    - 두미의 법칙: 머리 → 발끝, 위 → 아래
    - 중심-말초원리(근원법칙): 중심(근위부) → 말초/끝(원위부)
  ㉢ 대근육-소근육 발달: 단순 동작 → 복잡한 동작
㉢ 적합성의 원리
  ⓐ 질적으로 만족스러운 프로그램 수준에 도달하기 위해 유아의 움직임에 대한 변화 수준의 이해와 함께 수업에 적합한 활동이어야 함
  ⓑ 인간의 발달과정에서 특정 능력이나 기술을 발달시킬 수 있는 준비가 가장 잘 이루어지는 '민감기'라고 하며, 이 시기를 놓치면 동일한 환경 자극이나 조건이 제공되어도 최적의 발달 효과를 기대하기 어려움

정답 ③

07

<보기>의 ㉠~㉢에 들어갈 용어가 바르게 제시된 것은?

―<보기>―

㉠	• 일정 시기가 되면 자연히 발생되는 양적인 변화 과정이다. • 신장, 체중, 신경조직, 세포증식의 확대에 의한 증가를 뜻한다.
㉡	• 신체, 운동, 심리적 측면에서 전 생애에 걸쳐 일어나는 체계적이고 연속적인 변화를 뜻한다. • 변화하는 속도에는 개인차가 있으며, 상승적 변화 뿐 아니라 하강적 변화도 포함한다.
㉢	• 기능을 더 높은 수준으로 발전할 수 있도록 하는 질적변화를 뜻한다. • 신체적, 생리적 변화뿐 아니라 행동 변화까지 포함한다.

	㉠	㉡	㉢
①	성숙	발달	성장
②	발달	성숙	성장
③	성장	발달	성숙
④	발달	성장	성숙

 정답분석

㉠ 성장(growth): 자연히 발생하는 신체적, 생리적(신장, 체격, 체중, 치아 등) 변화에 의한 양적 변화
㉡ 발달(development): 출생에서 사망에 이르기까지 지속적인 변화, 신체의 각 부분에 대한 형상의 변화와 각 부분의 기능적 통합을 의미, 양적·질적인 일련의 변화
㉢ 성숙(maturation): 성장을 기초로 하는 질적 변화, 생리적 변화만 뜻하는 것이 아닌 성장을 바탕으로 발생하는 행동의 변화, 선천적으로 결정된 성장 또는 신체적, 심리적 변화가 순서에 따라 자연적으로 일어나는 것

정답 ③

08

<보기>는 대근운동발달검사-II (Test of Gross Motor Development-n: TGMD-II)의 영역별 검사항목이다. ㉠, ㉡에 들어갈 항목이 바르게 연결된 것은?

―<보기>―

구분	영역	세부 검사항목
대근 운동기술	이동 기술	달리기, 제자리멀리뛰기, 외발뛰기(hop), (㉡), 립(leap), 슬라이드(slide)
	(㉠) 기술	공 던지기(over-head throw), 공 받기, 공 치기(striking), 공 차기, 공 굴리기, 공 튕기기(dribble)

	㉠	㉡
①	안정성	갤롭(gallop)
②	물체 조작	피하기(dodging)
③	안정성	피하기(dodging)
④	물체 조작	갤롭(gallop)

 정답분석

㉠은 물체 조작, ㉡은 갤롭(gallop)이 옳은 내용이다.
㉠ 조작(manipulation) 운동 능력
 • 추진: 공 굴리기 (ball rolling), 머리 위 던지기(overarm throw), 차기 (kicking), 치기(striking), 튀기기 (bouncing)
 • 흡수: 볼 멈추기 (ball trapping), 받기 (receiving)
㉡ 겔로핑(galloping): 복합 이동 운동으로, 한 발은 앞으로 걷고 달리듯 빨리 끌어다 앞선 다리에 붙이는 동작(오른발 뒤꿈치에 왼발 발끝 붙이기)

정답 ④

09 <보기>는 인지발달 관점에 따른 주요 이론의 내용이다. ㉠~㉣에 들어갈 용어가 바르게 제시된 것은?

― <보기> ―

이론	발달단계	주요 개념	인지발달의 방향
인지발달단계 이론	감각운동기 전조작기 구체적 조작기 (㉡)	(㉢) 동화 조절	내부 → 외부
(㉠)	연속적 발달 단계	내면화 (㉣) 비계설정	외부 → 내부

① ㉠: 정보처리 이론, ㉡: 형식적 조작기,
　㉢: 부호화, ㉣: 기억기술
② ㉠: 사회문화적 이론, ㉡: 형식적 조작기,
　㉢: 평형화, ㉣: 근접발달영역
③ ㉠: 정보처리 이론, ㉡: 성숙적 조작기,
　㉢: 부호화, ㉣: 근접발달영역
④ ㉠: 사회문화적 이론, ㉡: 성숙적 조작기,
　㉢: 평형화, ㉣: 기억기술

정답 분석 ㉠은 사회문화적 이론, ㉡은 형식적 조작기, ㉢은 부호화, ㉣은 근접발달영역이 옳은 내용이다.

이론 PLUS 인지발달 관점에 따른 주요 이론
(1) 피아제의 인지발달 단계
　• 감각 운동기(0~2세)
　• 전조작기(2~6세)
　• 구체적 조작기(7~11, 12세)
　• 형식적 조작기(11세 이상~성인기)
(2) 피아제의 도식과 적응
　• 도식(schema)
　• 동화(assimilation)
　• 조절(accommodation)
　• 평형화(equilibrium)
　• 조직화(organization)
(3) 비고츠키(L. Vygotsky)의 상호 작용 이론(사회문화)
　• 인간의 모든 고등 정신을 사회적 상호작용에서 습득함
　• 아동들은 과제에 도전하면서 지식이 많은 사람들과 협력하고 대화하면서 자신이 속한 사회·문화를 반영하는 방법을 배워나감
　• 상호 작용의 개념을 발생적 접근 방법, 고등 정신 과정, 도구와 기호, 근접 발달 영역이라는 개념으로 설명
(4) 근접발달영역(Zone of Proximal Development: ZPD)
　• 아동이 혼자서 문제를 해결할 수 있는 실제적인 발달수준과 성인의 안내나 더 유능한 또래와의 협동 하에서 문제를 해결하는 잠재적 발달 수준간의 거리
　• 근접발달영역 내에서 상호작용이 일어날 때 아동의 자기조절적 기능을 최대한 발휘

정답 ②

10 반사 움직임 시기의 '정보 부호화 단계(information encoding stage)'에 대한 설명으로 옳지 않은 것은?

① 피질의 발달과 특정 환경적 억제 요인의 감소 현상이 일어난다.
② 태아기를 거쳐 생후 약 4개월까지 관찰될 수 있는 불수의적 움직임의 특징을 보인다.
③ 뇌 중추는 다양한 강도와 지속시간을 가진 여러 자극에 대해 불수의적 반응을 유발할 수 있다.
④ 뇌하부 중추는 운동 피질보다 더 많이 발달하며 태아와 신생아의 움직임을 제어하는 데 필수적이다.

정답 분석 피질의 발달과 특정 환경적 억제 요인의 발달 현상이 일어난다.

움직임(운동)형태	발달 시기	단계
반사 움직임 Reflexive movement	태아~4개월	정보 부호화 단계
	4개월~1세	정보 해독 단계
초보 움직임 Rudimentary movement	출생~1세	반사 억제 단계
	1~2세	제어 직전 단계
기본 운동 Fundamental movement	2~3세	시작 단계
	4~5세	초보 단계
	6~7세	성숙 단계
전문화 운동, 스포츠 기술 Spcialized movement	7~10세	과도기 단계
	11~13세	적용 단계
	14세 이상	평생 이용 단계

정답 ①

11 체육과 교육과정(2022)에서 추구하는 핵심적인 신체활동 역량의 내용이 아닌 것은?

① 움직임 수행 역량: 운동, 스포츠, 표현 활동 과정에서 동작에 필요한 지식, 기능, 태도를 다양한 상황에 적용하며 발달한다.
② 건강관리 역량: 체육과 내용 영역에서 학습한 신체활동을 일상생활에서 실천하며 함양한다.
③ 신체활동 문화 향유 역량: 각 신체활동 형식의 특성을 이해하고 인류가 축적한 문화적 소양을 내면화하여 공동체 속에서 실천하면서 길러진다.
④ 자기 주도성 역량: 신체적으로 활동적인 삶을 사는 데 필요한 움직임을 다양한 환경에서 수행하고 적용함으로써 길러진다.

 ④의 내용은 체육과 교육과정(2022)에서 추구하는 핵심적인 신체활동 역량의 내용에 해당하지 않는다.

 초등 저학년 신체활동 강화 방안

- 신체활동 보장: 초등 1~2학년 학생들의 대근육 활용 신체활동과 실질적 움직임 기회 제공을 위해 '즐거운 생활' 교과에 실외 놀이 및 신체활동 강화
  ※ 표현, 놀이 및 활동 중심으로 즐거운 생활 교과를 재구조화하되, 신체활동(실외활동)을 강화
- 운영 방안: 즐거운 생활 체제를 유지하면서 신체활동 시간을 강화하고, 안전한 생활 재구조화로 신체활동 시수 확보
  ※ 주 2회 이상 실외놀이 및 신체활동을 운영할 수 있도록 즐거운 생활 교과 재구조화
- 내용 개선: 즐거운 생활 내 신체활동과 직접 관련성이 높은 '놀이 활동'을 분석하여 실외활동과 움직임 요소 등으로 강화

| 즐거운 생활 재구성
(현행)80시간 →
(개선)128시간 | + | 안전한 생활
시수 중 일부
(16시간)를
증배 | = | 즐거운 생활
내 144시간 |

정답 ④

12 〈보기〉의 지도자별 교수 방법이 바르게 연결된 것은?

─〈보기〉─

A 지도자: 콘을 지그재그로 통과하면서 드리블하는 시범을 보이고 따라 하게 유도한다. 실수하거나 느린 아이들은 지적하면서 동작을 수정해준다.

B 지도자: 아이들이 개별적으로 볼을 가지고 놀면서 자유롭게 드리블을 하게 한다. 모든 공간을 쓸 수 있게 허용한다. 어떠한 신체 부위를 사용하든지 관여하지 않는다.

C 지도자: 인사이드 드리블, 아웃사이드 드리블 등 다양한 유형의 기술을 시범 보인다. 이후에 아이들이 자신이 좋아하거나 잘하는 기술 위주로 사유롭게 선택하여 연습할 수 있도록 유도한다.

D 지도자: 활동 전 아이들에게 어떻게 하면 콘을 건드리지 않고 드리블해 나갈 수 있을지를 질문한 후 실제 활동을 하게 한다. 이후 다양한 수준을 가진 아이들의 수행을 관찰하게 한다.

① A 지도자: 탐색적(exploratory) 방법
② B 지도자: 과제 중심 접근(task-oriented) 방법
③ C 지도자: 지시적 교수법(command style teaching)
④ D 지도자: 안내-발견적(guide-discovery) 방법

- A 지도자: 지시적 교수법(command style teaching)
- B 지도자: 탐색적(exploratory) 방법
- C 지도자: 과제 중심 접근(task-oriented) 방법

정답 ④

13 <보기>는 퍼셀(M. Purcell)이 제시한 동작교육과정에 관한 내용이다. ㉠~㉢에 해당하는 용어가 바르게 연결된 것은?

―<보기>―
- (㉠): 전신의 움직임, 신체 부분의 움직임
- (㉡): 수준, 방향
- (㉢): 시간, 힘
- (관계): 파트너/그룹, 기구·교수 자료

	㉠	㉡	㉢
①	공간 인식	노력	신체 인식
②	신체 인식	공간 인식	노력
③	노력	신체 인식	공간 인식
④	신체 인식	노력	공간 인식

정답분석 ㉠은 신체 인식, ㉡은 공간 인식, ㉢은 노력이 옳은 내용이다.

이론PLUS 퍼셀의 동작의 구성 요소

신체 인식	무엇을 움직이는가? → 신체 모양=직선/곡선/꼬인/대칭/비대칭
공간 인식	어디로 움직이는가?
노력	어떻게 움직이는가?
관계	무엇과 움직이는가? → 신체 부분들 간의 관계 → 사람과 사람 간의 관계 → 사람과 물체와의 관계

정답 ②

14 <보기>는 인간행동의 '역학적 요인'이다. ㉠~㉢에 들어갈 용어가 바르게 연결된 것은?

―<보기>―
- 안정성 요인: 중력 중심, 중력선, (㉠)
- 힘을 가하는 요인: 관성, (㉡), 작용/반작용
- 힘을 받는 요인: 표면적, (㉢)

	㉠	㉡	㉢
①	지지면	가속도	거리
②	가속도	거리	지지면
③	지지면	거리	가속도
④	거리	가속도	지지면

정답분석
㉠ 지지면(base of support)
- 신체가 접촉해 있는 면
- 넓을수록 안정성↑, 적을수록 안정성↓

㉡ 가속도(acceleration)
- 시간에 따라 속도가 변하는 정도를 나타내는 물리량
- 일반적으로 물체는 속력이나 운동방향이 바뀌면서 속도가 변하는데, 이와 같이 속도가 시간에 따라 변할 때는 가속도가 있다고 함

㉢ 거리(distance)
- 힘을 받아 이동한 거리(distance traveled): 경로의 길이
- 직선거리(straight-line distance, Euclidean distance): 두 지점을 연결하는 선분의 길이. 두 지점 사이의 최단거리

정답 ①

15 <표>는 미국스포츠의학회(ACSM, 2022)의 '어린이와 청소년을 위한 FTTT(빈도. 강도, 시간, 형태) 권고사항이다. ㉠~㉢에 들어갈 용어가 바르게 연결된 것은?

구분	유산소 운동	저항 운동	뼈 강화 운동
형태	여러 가지 스포츠를 포함한 즐겁고 (㉠)에 적절한 활동	신체 활동은 (㉡)되지 않은 활동이나 (㉡)뇌고 적절하게 감독할 수 있는 활동으로 구성	달리기, 줄넘기, 농구, 테니스 등과 같은 활동
시간	하루 (㉢) 이상의 운동시간이 포함되도록 함		

	㉠	㉡	㉢
①	기술 향상	분절화	60분
②	성장 발달	분절화	40분
③	성장 발달	구조화	60분
④	기술 향상	구조화	40분

 정답분석
㉠은 성장 발달, ㉡은 구조화, ㉢은 60분이 옳은 내용이다.
• 유아들은 하루에 적어도 60분 정도의 구조화된 신체활동을 해야 함
• 유아들은 적어도 하루에 60분에서 몇 시간까지 구조화되지 않은 신체활동에 참가하고, 수면시간을 제외하고 60분 이상 좌식 생활 금지
• 유아들은 블록을 쌓거나 좀 더 복잡한 운동 작업을 필요로 하는 운동기술을 발달시켜야 함
• 유아들은 대근육활동을 하기 위해 권장 안전기준에 적합한 실내공간과 실외공간이 필요
• 유아들은 개개인이 신체활동에 대한 중요성을 인식하고 유아의 운동기술을 용이하게 해야 함

정답 ③

16 기본 움직임 과제들의 '기술 내 발달 순서(intraskill sequences)'에 관한 설명으로 옳지 않은 것은?

① 기본 움직임 패턴에서 신체 부위들의 발달 속도는 서로 다를 수 있다.
② 기본 움직임 기술의 습득 및 성숙은 과제 · 개인 · 환경 요인들에 영향을 받는다.
③ 움직임 기술의 발달 단계 구분은 움직임 패턴의 특수성이나 관찰자의 정교함에 영향을 받지 않는다.
④ 갤러휴(D. Gallahue)와 클랜드(F. Cleland)는 운동기술의 발달 순서에 대해 시작, 초보, 성숙으로 분류하였다.

 정답분석
움직임 기술의 발달 단계 구분은 움직임 패턴의 특수성이나 관찰자의 정교함에 영향을 받는다.

 이론PLUS
기본 움직임 단계(갤러휴, D. Gallahue)

운동발달의 단계	움직임 과제의 의도된 기능
	특징
반사 움직임 단계(출생~1세) → 정보 수용 및 정보 처리 단계	불수의적인 움직임을 주로 하는 반사움직임 단계
초보 움직임 단계(출생~2세) → 반사 억제 및 사전 통제 단계	• 불수의적인 움직임이 점차 줄어듦 • 생존에 필요한 수의적 움직임 발달
기본 움직임 단계(2~7세) → 시작, 초보 및 성숙 단계	• 시작(기본기술수행) • 초보(기본움직임의 제어와 협응) • 성숙(수행의 역학적 효율성 및 제어 능력 향상)
전문화 움직임 단계(7~14세 이상) → 전환, 적용 및 평생 이용 단계	일상생활과 기본적인 스포츠 활동에 응용되어 보다 세련되고 복잡한 활동 가능

정답 ③

17 '국민체력100'에서 제시하는 유아기 체력측정에 관한 설명으로 옳은 것만을 모두 고른 것은?

<보기>
㉠ 체력측정은 건강체력과 운동체력 항목으로 나뉜다.
㉡ 건강체력 측정의 세부항목으로는 10m 왕복오래달리기, 상대악력, 윗몸말아올리기, 앉아윗몸앞으로굽히기 등이 있다.
㉢ 운동체력 측정의 세부항목으로는 5m×4 왕복달리기, 제자리멀리뛰기, 3×3 버튼누르기 등이 있다.

① ㉠, ㉡
② ㉠, ㉢
③ ㉡, ㉢
④ ㉠, ㉡, ㉢

정답분석 모두 옳은 내용이다.
- 유아기 (만4세~6세)

건강체력 항목	심폐지구력	10m 왕복 오래달리기(회)
	근력	상대악력(%)
	근지구력	윗몸말아 올리기(회)
	유연성	앉아윗몸 앞으로 굽히기(cm)
운동체력 항목	민첩성	5m×4 왕복달리기(초)
	순발력	제자리 멀리뛰기(cm)
	협응력	3×3 버튼누르기(초)

- 유소년기(만11세~12세)

건강체력 항목	심폐지구력	15m 왕복 오래달리기(회)
	근력	상대악력(%)
	근지구력	윗몸말아 올리기(회)
	유연성	앉아윗몸 앞으로 굽히기(cm)
운동체력 항목	민첩성	반복 옆뛰기(회)
	순발력	제자리 멀리뛰기(cm)
	협응력	눈-손 협응력 검사(회)

정답 ④

18 유소년 운동프로그램 구성의 기본원리에 대한 설명으로 옳은 것만을 모두 고른 것은?

<보기>
㉠ 가역성의 원리: 운동을 중단하면 운동의 효과가 없어지므로 꾸준히 지속하는 것이 중요하다.
㉡ 전면성의 원리: 운동을 부상 없이 효과적으로 수행하기 위해서는 운동강도 및 운동량을 점차적으로 증가시켜야 한다.
㉢ 점진성의 원리: 신체의 특정 부위에 치중하지 않고, 전신 운동을 통해 신체를 균형 있게 발달시킨다.
㉣ 과부하의 원리: 운동 강도가 일상적인 활동보다 높아야 체력이 증진된다.

① ㉠, ㉣
② ㉡, ㉢
③ ㉠, ㉡, ㉣
④ ㉡, ㉢, ㉣

정답분석 ㉠과 ㉣이 옳은 내용이다.

선지분석
㉡ 전면성의 원리: 신체의 특정 부위에 치중하지 않고, 전신 운동을 통해 신체를 균형 있게 발달시킨다.
㉢ 점진성의 원리: 운동을 부상 없이 효과적으로 수행하기 위해서는 운동 강도 및 운동량을 점차적으로 증가시켜야 한다.

정답 ①

19 아래 표는 갤러휴(D. Gallahue)의 운동에 대한 2차원 모델이다. ㉠~㉢에 들어갈 내용의 연결이 옳은 것은?

운동발달 단계	움직임 과제의 의도된 기능		
	안정성	이동	조작
반사 움직임 단계	• 직립 반사	• 걷기 반사	• (㉢)
초보 움직임 단계	(㉠)	• 포복하기	• 잡기
기본 움직임 단계	• 한발로 균형 잡기	• 걷기	• 던지기
전문화 움직임 단계	• 축구 페널티킥 막기	• (㉡)	• 야구 공치기

	㉠	㉡	㉢
①	포복하기	축구 골킥하기	손바닥 파악반사
②	머리와 목 제어	육상 허들 넘기	손바닥 파악반사
③	포복하기	육상 허들 넘기	목 가누기 반사
④	머리와 목 제어	축구 골킥하기	목 가누기 반사

 정답분석
㉠은 머리와 목 제어, ㉡은 축구 골킥하기, ㉢은 손바닥 파악반사가 옳은 내용이다.

이론 PLUS
갤러휴(D. Gallahue)의 운동발달단계 모형
(1) 반사 움직임 단계(출생~1세/정보 수용 및 정보 처리 단계)

움직임 과제의 의도된 기능	특징	불수의적인 움직임을 주로 하는 반사움직임 단계
	안정성(정적, 동적 움직임 상황에서의 신체 균형 강조)	직립반사, 목자세반사, 몸통 자체 반사
	이동(신체의 장소 이동 강조)	기기반사, 걷기반사, 수영 반사
	조작(물체와 힘을 주고 받는 것을 강조)	손바닥 파악 반사, 발바닥 파악 반사, 당김 반사

(2) 초보 움직임 단계(출생~2세/반사 억제 및 사전 통제 단계)

움직임 과제의 의도된 기능	특징	• 불수의적인 움직임이 점차 줄어듦 • 생존에 필요한 수의적 움직임 발달
	안정성(정적, 동적 움직임 상황에서의 신체 균형 강조)	머리와 목 통제, 몸통 제어, 지지 없이 앉기, 서기
	이동(신체의 장소 이동 강조)	포복하기, 기기, 직립하여 걷기
	조작(물체와 힘을 주고 받는 것을 강조)	내밀기, 잡기, 놓기

(3) 기본 움직임 단계(2~7세/시작, 초보 및 성숙 단계)

움직임 과제의 의도된 기능	특징	• 시작(기본기술수행) • 초보(기본움직임의 제어와 협응) • 성숙(수행의 역학적 효율성 및 제어능력 향상)
	안정성(정적, 동적 움직임 상황에서의 신체 균형 강조)	한발로 균형잡기, 낮은 턱 위 걷기
	이동(신체의 장소 이동 강조)	걷기, 달리기, 점프하기, 깡충뛰기
	조작(물체와 힘을 주고 받는 것을 강조)	던지기, 잡기, 차기, 치기

(4) 전문화 움직임 단계(7~14세 이상/전환, 적용 및 평생 이용 단계)

움직임 과제의 의도된 기능	특징	일상생활과 기본적인 스포츠 활동에 응용되어 보다 세련되고 복잡한 활동 가능
	안정성(정적, 동적 움직임 상황에서의 신체 균형 강조)	체조의 평균대 연습, 축구에서 골킥 막기
	이동(신체의 장소 이동 강조)	100m 달리기, 장애물 있는 곳에서 걷기
	조작(물체와 힘을 주고 받는 것을 강조)	축구에서 골킥하기, 던진 공 치기

정답 ②

20 <보기>의 동작에서 성숙단계로 발달하도록 지도하는 방법으로 적절하지 않은 것은?

― <보기> ―

시작 단계의 드리블 동작

① 두 발을 벌리고, 내민 발의 반대편 손을 앞으로 내밀어 드리블하도록 지도한다.
② 허리 높이에서 몸통을 약간 앞으로 기울여 드리블하도록 지도한다.
③ 공을 튀길 때 손목 스냅을 이용하여 공을 바닥 쪽으로 밀어내도록 지도한다.
④ 공을 튀길 때 손바닥으로 공을 때리도록 지도한다.

정답분석 팔과 손목, 손가락을 이용해 공을 바닥 쪽으로 자연스럽게 밀도록 지도한다.

구분	튀기기(bouncing/드리블 배우기)
시작단계	• 두 손으로 공 잡고 튀김 • 두 손을 공의 측면에 위치하도록 하고 손바닥을 마주 봄 • 두 팔로 공을 아래쪽으로 밀어냄 • 공을 발에 닿을 정도로 몸 가까운 지면에 접촉 • 공의 튀는 높이가 일정 x • 연속 튀기기 어려움
초보단계	• 한 손은 공의 윗부분, 다른 손은 옆쪽을 접촉 (부분적 두 손 튀기기) • 앞으로 약간 기울이고 공을 가슴 높이까지 올려 동작을 시작 • 공을 아래쪽으로 밀어내는 힘이 일정하지 않음 • 다음 공 튀기기를 위해 공을 미는 느낌보다 손바닥으로 때림 • 손바닥으로 공을 접촉 • 드리블하는 동안 공에 대한 통제를 어려워함
성숙단계	• 두 발을 좁게 벌리고, 앞으로 나간 발의 반대편 손을 앞으로 내밀어 드리블 • 상체를 살짝 앞으로 기울임 • 공을 허리 높이까지 튀어 올림 • 팔과 손목, 손가락을 이용해 공을 바닥 쪽으로 자연스럽게 밀기 가능 • 손 끝으로 밀어내기 가능 • 시각적으로 공을 살핌 • 드리블 방향을 제어

정답 ④

2023년 기출문제

01 영유아기 뇌 발달에 대한 설명으로 옳지 않은 것은?

① 대뇌피질은 출생 이후에도 발달한다.
② 3세의 뇌 무게는 성인의 75% 정도이다.
③ 6세경 뇌 무게는 성인의 90% 정도에 도달한다.
④ 뇌는 영유아기까지 완만하게 발달하다가 이후에는 급격히 발달한다.

0~3세까지 뇌는 고르고 가장 빠르게 발달하며, 그 이후로 20세까지 서서히 발달한다.

① 대뇌 피질은 뇌의 바깥을 둘러싸고 있는 층으로, 포유동물에만 존재한다. 운동을 담당하는 영역 외에도 시각, 언어 등을 담당하는 영역이 존재하기 때문에 대뇌피질이 출생 이후에도 발달함을 유추할 수 있다.

영유아의 뇌 발달 특성

신경계 발달	• 5세까지 성인의 뇌 중량(1,300~1,500g)에 85%에 달하나, 기능적으로는 85%에 미치지 못함(즉, 뇌 중량 ≠ 뇌 기능) - 출생 시 뇌 무게 = 350g = 성인의 약 25% - 3세의 뇌 무게 = 1,000g = 성인의 약 75% - 6세의 뇌 무게 = 1,200g = 성인의 약 90% • 대뇌의 기능이 활발하지 않기 때문에 기본적인 운동(걷기, 달리기, 뛰기 등)만 가능하며 최대 스피드, 최대 근력, 최대 점프 등의 운동 수행 수준이 높지 않음

정답 ④

02 영유아의 시지각(visual perception)에서 '형태(form) 지각'에 대한 설명으로 옳지 않은 것은?

① 신생아는 형태를 지각할 수 있으며, 직선보다 곡선을 더 선호하는 것으로 알려졌다.
② 모양을 구별하고 여러 가지 양식들을 분간할 수 있는 능력이다.
③ 자신으로부터 대상이 떨어져 있는 거리를 판단하는 능력이다.
④ 생후 6개월경에 급속히 발달한 후에 정교해진다.

자신으로부터 대상이 떨어져 있는 거리를 판단하는 능력은 움직임(movement)이다.

시지각(visual perception)에 대한 이해
1. 감각(sensation)과 지각(perception)의 차이

감각 (sensation)	• 감각 수용기에서 자극이 받아들여져, 신경에 전달되는 정보 • 객관적 개념으로, 어떠한 의식 상황에 있더라도(= 의식의 유무와 관계없이) 생성
지각 (perception)	• 감각 자극이 우리의 정신(mental) 세계로 등록되는 것 • 주관적 개념으로, 중추신경 중 뇌에서 정보의 가공(processing)이 이루어짐 • 착시가 발생하는 이유 중 하나이며, 같은 그림을 봐도 사람마다 다르게 인식하는 것을 설명함

2. 시지각(visual perception)

형태(form)	모양을 구별하고 여러 양식을 분간할 수 있는 능력
움직임 (movement)	자신으로부터 대상이 떨어져 있는 거리를 판단하는 능력
색(color)	빛의 파장에 따라 각각에 해당하는 수용체 세포가 흡수하여 구분하는 능력

정답 ③

03. 기본움직임기술(fundamental movement skills: FMS)과 움직임 양식과의 연결이 옳지 않은 것은?

① 조작 운동: 굽히기(bending), 늘리기(stretching), 직립균형(upright balance)
② 조작 운동: 때리기(striking), 튀기기(bouncing), 되받아치기(volleying)
③ 이동 운동: 걷기(walking), 호핑(hopping), 스키핑(skipping)
④ 이동 운동: 점핑(jumping), 갤로핑(galloping), 슬라이딩(sliding)

 굽히기(bending), 늘리기(stretching), 직립균형(upright balance)는 모두 안정성 운동에 해당한다.

1. 프로그램 유형 - 안정성 (stability)
(1) 축(axial) 운동

정의	회전축의 평행 운동 또는 축 중심선의 운동
예시	굽히기(bending), 늘리기(stretching), 비틀기(twisting), 돌기(turning), 흔들기(swinging)

(2) 정적(static) / 동적(dynamic) 운동

정의	• 정적: 근의 단축(짧아 짐)이 허용되지 않는 상태에서의 수축을 수반하는 운동 • 동적: 정적 운동과 달리, 움직임이 수반되는 운동
예시	• 정적: 직립균형(upright balance), 거꾸로균형(inversed balance) • 동적: 시작하기(starting), 멈추기(stopping), 구르기(rolling), 피하기(dodging), 평균대 걷기(walking on a balance beam)

2. 프로그램 유형 - 이동 (locomotion)
(1) 기초(basic)

정의	장소 간 움직임이 있는 이동 운동 중 기초적인 형태
예시	걷기(walking), 달리기(running), 리핑(leaping), 호핑(hopping), 점핑(jumping)

(2) 복합(combination)

정의	장소 간 움직임이 있는 운동 중 두 가지 이상의 운동 형태가 복합적으로 요구되는 것
예시	기어오르기(climbing), 갤로핑(galloping), 슬라이딩(sliding), 스키핑(skipping)

3. 프로그램 유형 - 조작 (manipulation)
(1) 추진(propulsive)

정의	물체를 밀거나 앞으로 나아가게 하는 운동
예시	공 굴리기(ball rolling), 던지기(overarm throw), 차기(kicking), 치기(striking), 튀기기(bouncing), 되받아치기(volleying)

(2) 흡수(absorptive)

정의	날아오거나 굴러 오는 물체에 힘을 가해서 정지시키거나 속도를 줄이는 운동
예시	잡기(catching), 받기(receiving), 공 멈추기(ball trapping)

정답 ①

04. 유아체육 지도환경 조성 원칙에 따른 내용이 옳지 않은 것은?

원칙	내용
① 흥미성	호기심, 모험심 등을 표현할 수 있는 지도환경 조성
② 안전성	부드러운 마감재나 바닥 재질, 공간의 벽 등을 고려한 지도환경 조성
③ 필요성	음향시설, 냉난방시설, 활동공간의 크기 등을 고려한 지도환경 조성
④ 경제성	설비나 용구로 인한 건강 저해나 활동의 위험성이 없도록 지도환경 조성

 유아 체육 안전 지도 및 환경

안전성	설비들은 안전하게 배치 및 관리하고 사고의 위험에서 최대한 보호하며, 항상 지도자 시야 안에 들어오도록 환경을 조성함
편안함	유아들이 편안하게 활동에 몰입할 수 있도록 온도 · 습도 · 조명 · 환기 등에 신경을 씀
경제성	• 안전과 직결되는 교재와 교구는 견고함과 더불어 비용적 측면을 고려함 • 교재 및 교구에는 반영구적인 재료를 사용하거나 교체 시기를 고려하여 시공함
흥미성	체육 활동의 재미와 흥미를 이끌 수 있는 환경의 조성 필요
공간 확보	• 실내 활동의 필요 공간은 1인당 약 1평이며, 실외 활동은 실내 활동보다 2~3배의 공간이 필요 • 개인적인 공간과 집단이 사용하는 공간이 구분될 수 있도록 여유 공간이 필요
효율성	• 유아의 신체 발달에 필요한 기구 및 설비 준비 • 장소의 음향 · 냉난방 시설, 활동 공간 등은 수업의 효과적인 진행을 위해 필요

정답 ④

05 전문화된(specialized) 움직임 시기의 '적용(application) 단계'에 대한 설명으로 옳지 않은 것은?

① 특정 활동을 찾거나 기피하기 시작한다.
② 움직임 수행의 정확성과 더불어 양적 측면이 강조된다.
③ 다양한 과제, 개인, 환경 요인 등을 토대로 어떤 활동에 참여할 것인지를 결정한다.
④ 인지능력이 저하되고 경험 토대가 축소되면서 많은 것을 학습하기가 어려워진다.

정답분석 운동발달의 단계

반사 움직임 단계 (출생~1세)	• 정보 수용 및 정보 처리 단계 • 불수의적인 움직임을 주로 하는 반사 움직임 단계
초보 움직임 단계 (출생~2세)	• 반사 억제 및 사전 통제 단계 • 불수의적인 움직임이 점차 줄어듦 • 생존에 필요한 수의적 움직임이 발달
기본 움직임 단계 (2~7세)	• 시작, 초보, 성숙 단계 • 시작: 기본기술 수행 • 초보: 기본움직임의 제어와 협응 • 성숙: 수행의 역학적 효율성 및 제어능력 향상
전문화 움직임 단계 (7~14세 이상)	• 전환, 적용 및 평생 이용 단계 • 일상생활과 기본적인 스포츠 활동에 응용되어, 보다 세련되고 복잡한 활동 가능

정답 ④

06 <보기>에서 유소년 신체활동을 통한 자기개념(self-concept) 발달에 대한 설명으로 옳은 것을 모두 고른 것은?

<보기>
㉠ 움직임은 긍정적인 자기개념을 촉진시킬 수 있는 최상의 방법이다.
㉡ 유소년에게 용기를 북돋아 주고, 생활에 모험 활동이 포함되도록 한다.
㉢ 자신들의 한계 내에서 합리적인 수행목표를 세울 수 있도록 도와준다.
㉣ 실패의 가능성을 높이고, 실패와 실패지향적 경험들을 많이 제공한다.

① ㉠　　　　② ㉠, ㉣
③ ㉡, ㉢　　　④ ㉡, ㉢, ㉣

정답분석 신체적 자기개념

정의	• 자신의 신체에 대한 전반적 생각 또는 개념 • 자신의 비만, 유연성, 근력 등에 대한 본인의 생각을 포함
발달	생태학적 및 개체발생학적으로 생후 18~24개월 전후로 자기개념이 발달한다고 봄
중요성	• Sonstroem(1984): 지속적인 신체활동은 개인의 신체 능력을 향상해주어 신체에 긍정적인 변화를 일으킴으로써 신체적 자기개념을 높이게 된다고 함 • Dishman & Gettman(1980): 자신의 신체에 대한 긍정적인 느낌을 받음으로써 심리적인 요인에 긍정적인 영향을 미침 • Orlick(1986): 인격의 형성기에 놓인 청소년들에게 긍정적인 자아개념을 기르는 방법으로 스포츠 활동을 제시함

선지분석 ㉠ 자기개념(self-concept)의 촉진은 여러 방법이 있으며 신체적 활동을 통해 자아존중감을 기르는 것이 신체적 자기 개념이다. 또한, 자기 효능감(self efficacy)은 매우 구체적인 과제를 통해 획득되므로 '단순한' 움직임이 최상의 방법이라 볼 수 없다.

정답 ③

07 <보기>의 ㉠~㉢에 들어갈 용어를 옳게 나열한 것은?

─<보기>─
- 피카(R. Pica)는 동작요소를 (㉠), 형태, (㉡), 힘, 흐름, 리듬으로 구성된다고 하였다.
- 퍼셀(M. Purcell)은 (㉠) 인식, 신체 인식, 노력, (㉢) 같은 동작요소에 대한 이해를 바탕으로 이를 응용영역에 적용시킬 수 있어야 한다고 하였다.

	㉠	㉡	㉢
①	공간	시간	관계
②	저항	속도	무게
③	공간	관계	시간
④	무게	속도	저항

정답분석 동작요소에 대한 이해

동작 교육	인간의 움직임에 수반되는 동작의 기본 원리와 요소를 배우도록 하고, 이를 토대로 유아의 느낌이나 감정을 표현할 수 있도록 지도하는 학문
피카 (Pica)	• 유아의 기본운동 기술과 신체 인식 및 공간 인식과 같은 개념을 강조하였음 • 유아동작교육이 기초적인 체육교육이자, 성공지향적이고 아동 중심적이며 비경쟁적이어야 함을 이야기했음 • 동작 요소: 공간, 형태, 시간, 힘, 흐름, 리듬
퍼셀 (Purcell)	동작의 기본 요소를 4가지로 정의하였음 • 동작을 하는 데 필요한 신체(= 신체 인식) • 몸을 움직이는 데 필요한 공간(= 공간 인식) • 몸을 움직이려는 노력 • 몸이 움직이면서 이루는 관계

정답 ①

08 <표>의 ㉠, ㉡에 들어갈 기본움직임기술의 발달 단계를 바르게 제시한 것은?

단계	(㉠)	(㉡)
움직임 기술	 물구나무서기	 공 차기
설명	• 삼각지지를 통한 물구나무서기 가능 • 일정하지 않은 균형점을 보이고, 간헐적으로 자세를 오랫동안 유지 • 감각적으로 사지의 위치를 살피려고 노력함	• 차기동작 동안 양팔 흔들기가 나타남 • 팔로우 스로우가 이루어지는 동안 몸통이 허리까지 굽혀짐 • 다리 스윙이 길어지고, 달리거나 껑충 뛰어서 공에 다가감

	㉠	㉡			㉠	㉡
①	시작	시작		②	시작	성숙
③	초보	초보		④	초보	성숙

정답분석 ㉠은 초보 단계, ㉡은 성숙 단계이다.

이론 PLUS
1. 거꾸로균형(inverted balance = 물구나무 서기) 초보 단계
    - 제어된 삼각지지 물구나무서기와 두 지점을 지지하면서 낮은 자세의 물구나무서기 유지 가능
    - 3초 이상 균형을 유지할 수 있거나 다른 균형점을 자주 잠깐 부가적으로 주면 더 오래 유지 가능
    - 보이지 않는 신체 부위를 살피는 능력이 점차 향상
2. 차기(kicking) 성숙 단계
    - 차는 동안 양팔을 자연스럽게 흔듦
    - 몸통이 허리까지 굽혀짐
    - 공 접촉 시 지지다리는 자연스럽게 굽혀짐
    - 다리 스윙 길이가 길어짐
    - 달리거나 충분한 스텝을 밟고 공에 접근함

정답 ④

09 에릭슨(E. Erikson)이 제시한 심리사회발달 단계에 대한 내용의 연결이 적절하지 않은 것은?

단계	내용
① 신뢰감 대 불신감	정체감을 확립하지 못한 경우 자신감을 가지지 못함
② 자율성 대 수치·회의	근육 발달을 조절할 수 있으며 자기 주위를 탐색함
③ 주도성 대 죄의식	목표나 계획을 세워 성공하고자 노력함
④ 근면성 대 열등감	기초적인 인지 기술과 사회적 기술을 습득함

정답분석 유아 발달 이론의 이해: 에릭슨(Erikson)

단계	시기	특성
1	신뢰 대 불신 (0~1.5세)	신체적·심리적 요구를 적절히 충족해 주면 그 대상에게 신뢰감을 형성하고, 그렇지 못할 경우 불신감이 형성되는 시기
2	자율 대 수치와 의심 (1.5~3세)	스스로 먹고, 입고, 배변 활동을 하면서 자율성을 발달하는 시기로, 아동의 자발적 행동을 지나치게 통제하거나 과잉보호하게 되면 수치심을 갖게 되는 시기
3	주도성 대 죄책감 (3~6세)	• 목표와 계획을 세워 성공하고자 노력하는 시기 • 이동성이 커지면서 성인과 다를 바 없다는 사실을 자각 • 아동은 의미 있는 놀잇감을 조작하면서 만족스러운 성취감을 경험
4	근면성 대 열등감 (6~12세)	자아 성장에 결정적인 시기로, 아이가 행한 업적을 칭찬해 주고 격려해 주면 근면성을 발달시키지만, 활동을 제한하고 비판하면 열등감이 생기는 시기
5	정체성 대 역할 혼돈 (12~18세)	자아 정체감으로 사회 속에서 나의 존재와 위치에 대한 느낌을 확립하게 되는 시기로, 발달이 순조롭게 이루어졌다면 자아 정체감을 확립하지만, 그렇지 못하면 혼미감을 느끼고 정체감의 위기에 빠지는 시기
6	친밀감 대 고독 (성인 초기)	타인과 자신의 정체감을 공유하며 친밀감을 형성하는 시기로, 이 시기에 친밀한 인간관계를 형성하지 못하면 개인과 사회에 건강하지 못한 고립감을 경험하는 시기
7	생산성 대 정체 (성인기)	자신의 세대를 넘어 다음 세대를 양육하는 것에 관심과 노력을 기울이게 되는 시기로, 생산성을 형성하지만 생산성이 결핍되면 사회에 의미 있는 기여를 하지 못했다는 회의로 인해 침체를 경험하고 소위 중년의 위기를 겪게 되는 시기
8	자아 주체성 대 절망 (노년기)	자신의 삶을 되돌아보면서 자신의 인생을 수용하고 죽음을 두려움 없이 맞게 되는 자아 통합의 과정을 거치는 시기로, 자아 통합 달성에 실패하면 지나온 생을 후회하며 절망하는 시기

정답 ①

10 다음 <보기>에서 동일한 유형의 반사(reflex)나 반응(reaction)인 것을 고른 것은?

─── <보기> ───
㉠ 모로(Moro)
㉡ 당김(pull-up)
㉢ 목가누기(neck righting)
㉣ 바빈스키(Babinski)
㉤ 비대칭목경직(asymmetrical tonic neck)
㉥ 낙하산(parachute)

① ㉠, ㉡, ㉥
② ㉠, ㉣, ㉤
③ ㉡, ㉢, ㉣
④ ㉡, ㉢, ㉤

정답분석 유아기 반사의 종류별 예시

원시반사	• 모로반사 • 포유반사(찾기반사) • 혀 밀어내기반사 • 발바닥가 파악반사 • 바빈스키반사	• 놀람반사 • 흡입반사(빨기반사) • 손바닥 파악반사 • 하악반사 • 목경직반사[대칭/비대칭]
자세반사	• 직립반사 • 당김반사 • 지지반사 • 몸통자세반사	• 시각 바로잡기 • 낙하산자세반사 • 목자세반사
이동반사	• 기기반사 • 걷기반사 • 수영반사	

정답 ②

11. <보기>에서 '영유아 기도폐쇄' 응급처치에 관한 설명으로 옳은 것을 모두 고른 것은?

<보기>
㉠ 1세 미만의 경우 등 두드리기 및 흉부압박이 권장된다.
㉡ 의식이 없는 경우 혀에 의한 기도폐쇄가 있는지 확인한다.
㉢ 등 두드리기를 할 때 머리를 가슴보다 낮게 하고, 안은 팔을 허벅지에 고정시킨다.
㉣ 흉부를 압박할 때 등을 받치고 머리를 가슴보다 낮게 하여, 안은 팔을 무릎 위에 놓는다.

① ㉠, ㉡
② ㉠, ㉢
③ ㉡, ㉢, ㉣
④ ㉠, ㉡, ㉢, ㉣

정답분석 영유아 기도폐쇄 응급처치 지침

영아	영아(1세 이하, 2세라도 체중이 10kg 이하)일 경우 다음이 권장됨 • 자세취하기 및 119 신고 요청 - 주변에 신고를 요청 - 환자의 얼굴이 위로 향하도록 환자를 자신의 팔 위에 올려놓고, 손으로 환자의 경부를 고정 - 다른 팔을 이용해 환자의 얼굴이 아래를 향하도록 뒤집어, 턱을 잡은 손이 환자를 떠받치게 함 • 등 두드리기 5회 실시 후 흉부압박 5회 • 입안의 이물질 제거: 손에 닿는 경우, 이물질을 확인하여 제거
소아 (유아)	• 환자가 숨쉬기 힘들어하거나 목을 감싸 괴로움을 호소할 시, 기도폐쇄로 판단함 - 119 신고 요청 - 하임리히법 실시 • 환자의 등 뒤에 서서 주먹을 쥔 손의 엄지손가락 방향을 배 윗부분에 대고, 다른 손을 위에 겹친 후 환자의 배꼽에서 명치 사이 배 부위를 두 손으로 위로 쓸어올리듯 강하게 밀어 올림 • 이물을 제거하고 이물이 밖으로 나왔는지 확인

정답 ④

12. <표>에서 체력의 구분 및 요소, 검사방법의 연결이 옳은 것을 고른 것은?

	구분	체력요소	검사방법
㉠	건강체력	순발력	모둠 발로 멀리뛰기
㉡	건강체력	심폐지구력	셔틀런(페이서, PACER)
㉢	운동체력	평형성	평균대 위에서 한발로 서기
㉣	건강체력	유연성	1분간 앉았다 일어나기

① ㉠, ㉢
② ㉠, ㉣
③ ㉡, ㉢
④ ㉡, ㉣

정답분석 ㉡, ㉢이 옳은 내용이다.

이론PLUS 체력의 요소 및 검사 방법

1. 수행 체력(기술 체력)

체력 요소	정의	체력 기술 측정(항목)
평형성	신체의 안정성을 유지하는 능력	한 발로 중심 잡기(cm)
순발력	짧은 시간 최대의 힘을 발휘하는 능력	제자리 멀리뛰기(cm)
민첩성	방향 전환 능력	5m 4회 왕복 달리기(초)
협응성	운동 조정 능력	공 던지기, 공 차기, 버튼 누르기
스피드	재빠르게 움직이는 능력	
반응 시간	순간적으로 반응하는 능력	

2. 건강 체력

체력 요소	정의	체력 기술 측정(항목)
근력	근육의 수축으로 발생하는 힘	악력 측정(kg)
근지구력	근력을 일정하고 지속적으로 발휘하는 능력	윗몸 말아올리기(회)
유연성	관절의 가동 범위	앉아서 윗몸굽히기(cm)
심폐지구력	산소를 이용한 운동 지속 능력	100m 왕복 오래 달리기(회)

정답 ③

13. 초등체육 교육 과정의 3~4학년군 성취기준에 대한 내용으로 옳지 않은 것은?

① 체력운동이나 스포츠활동보다 신체를 인식하고 움직이는 기초적인 이동운동을 한다.
② 기본 체력운동의 방법과 절차를 익히며 자신의 수준에 맞는 운동을 시도한다.
③ 기본 움직임 기술의 의미와 종류를 이해하고 스포츠와의 관계를 파악한다.
④ 움직임의 심미적 표현에 대한 호기심과 감수성을 나타낸다.

 초 3~4학년군은 후기 아동기로, 기초운동단계를 넘어 스포츠활동과 체력운동이 필요하다.

정답 ①

14. 스포츠 기술에 반영된 조작 운동과 지각운동 구성요소의 연결이 옳은 것은?

	스포츠 기술	조작운동	지각운동 구성요소
①	골프공 때리기, 축구공 차기	추진	안정
②	농구패스잡기, 핸드볼패스 잡기	추진	공간
③	티볼 펀팅, 탁구공 되받아치기	흡수	시간
④	축구패스공 멈추기, 야구 공중볼 받기	흡수	공간

 운동 형태 및 지각 운동
1. 운동 형태 - 조작(manipulation)

운동 형태	정의	예시
추진 (propulsive)	물체를 밀거나 앞으로 나아가게 하는 운동	• 공 굴리기 • 던지기 • 차기 • 치기 • 튀기기 • 되받아치기
흡수 (absorptive)	날아오거나 굴러오는 물체에 힘을 가해서 정지시키거나 속도를 줄이는 운동	• 잡기 • 받기 • 공 멈추기

2. 지각운동

정의	• 지각과 운동 능력은 상호 의존 관계에 있으며, 발달을 위해서는 정신과 신체의 조절 능력을 강화하는 것이 중요 • 지각운동은 다양한 감각 체계로부터 자극 정보를 단순히 획득하는 것부터, 획득된 자극을 뇌로 전달하여 그 정보의 의미를 해석하고 통합하는 능동적인 과정을 의미
과정	• 감각 양식(시각, 청각, 촉각, 운동 감각)을 통한 자극 수용 • 수용된 감각 작의 조직화 및 기존의 기억 정보와 통합 • 현재 정보와 기억 정보를 바탕으로 내적 운동 의사 결정 • 움직임 실행 • 다양한 감각 양식에 대한 움직임 평가를 통한 새로운 주기 시작
구성요소	• 신체지각: 신체 명칭, 신체 모양, 신체 표현 • 공간지각: 장소, 높이, 방향, 범위, 바닥 모양 • 방향지각: 방향(앞/뒤, 옆, 위/아래, 좌/우, 비슷듬히 등) • 시간지각: 속도, 리듬 • 관계지각: 신체 간의 관계, 사람간의 관계, 물체와의 관계 • 움직임의 질: 균형, 시간, 힘, 흐름

정답 ④

15

<보기>의 대화에서 ㉠, ㉡에 들어갈 유아체육 프로그램 기본원리와 교수방법은?

―<보기>―

A 지도자: 저는 수업에서 유아 간에 체력이나 소질 같은 개인차가 발생하는 부분이 늘 고민이었어요. 운동프로그램 구성을 위한 원리 같은 것이 있을까요?

B 지도자: (㉠)의 원리 같은 경우가 적용될 수 있을 것 같아요. 이 원리는 일반화된 특성뿐만 아니라 유전과 환경요인 같은 개인차를 고려하는 것을 말해요.

A 지도자: 그렇다면 유아가 창의성 있게 자발적으로 참여하게 하는 지도방법은 어떤 것이 있을까요?

B 지도자: (㉡) 방법이 효과적일 것 같아요. 이 방법은 유아 스스로의 실험과 문제해결, 자기 발견을 통해 학습이 일어나는 과정을 강조하는 방법이에요.

	㉠	㉡
①	특이성	탐색적(exploratory)
②	특이성	과제 중심 접근(task-oriented)
③	연계성	탐색적(exploratory)
④	연계성	과제 중심 접근(task-oriented)

정답분석

1. 유아 체육 프로그램 구성의 원리

적합성의 원리	유아기는 발달 단계에 따라 가장 많은 영향을 받는 '민감기'이므로, 여러 요소를 적절히 고려해야 함
운동발달의 방향성 원리	• 성장과 발달은 일련의 방향성을 가지고 발달함 • 발달 순서: 대근육 → 소근육, 중심(근위, proximal) → 말초(원위, distal)
특이성의 원리	유아기 운동 발달 프로그램을 구성 시에는 공통적(일반적)인 특성 외에도 개인차(유전적 요인 등)를 고려해야 함
안전성의 원리	유아기의 아이는 호기심이 강하고, 주의력과 조심성이 부족하여 성인보다 더 많은 위험에 노출되어 있으므로 안전 지도에 최선을 다해야 함
연계성의 원리	신체 발달 프로그램의 특성은 연령 및 성별에 따라 변화하므로, 그 순서를 조직적으로 연계해야 하며 정서·사회적 발달을 위한 교육 프로그램과의 연계도 필수적임

2. 탐색적 방법: 유아 스스로 사고하고 문제해결을 하도록 지도하는 방법

정답 ①

16

기본 움직임 기술에 대한 대근운동발달검사(TGMD)에서 검사항목과 수행기준이 적절하지 않은 것은?

	기본 움직임 기술	검사항목	수행기준
①	이동운동	달리기 (15m)	팔꿈치를 구부리고 팔과 다리는 엇갈려 움직인다.
②	이동운동	제자리 멀리뛰기	던지는 팔의 반대쪽 발을 내딛으며 무게를 이동시킨다.
③	조작운동	던지기 (overhand throw)	엉덩이와 어깨를 목표지점을 향하여 회전시킨다.
④	조작운동	공 차기	디딤발로 외발 뛰기를 하면서 차는 발을 길게 뻗는다.

정답분석

제자리멀리뛰기에서는 팔로 다리를 함께 앞으로 던지며 무게중심을 이동시킨다.

정답 ②

17 미국 질병통제예방센터(CDC)가 제시한 연령별 신체활동 가이드라인으로 옳지 <u>않은</u> 것은?

① 미취학 아동에게 성장과 발달을 위해 일정 시간 이상의 신체활동이 권장된다.
② 미취학 아동의 보호자는 제한적인 활동유형의 소근육 위주 놀이를 장려해야 한다.
③ 어린이와 청소년에게 매일 60분 이상의 중강도 신체활동을 장려해야 한다.
④ 어린이와 청소년들에게 연령에 적합하며, 즐겁고 다양한 신체활동에 참여할 수 있는 기회와 격려의 제공이 권장된다.

정답분석 다양한 활동을 하는 것이 바람직하며, 미취학 아동의 경우에는 대근육 위주 놀이가 권장된다.

이론PLUS 유아 운동 권장 지침

구분	명칭, 기관 및 연도	강도	빈도 (회/주)	시간 (분)
WHO	신체활동 가이드라인 (WHO, 2009)	고강도	3회 이상	60분 이상
미국	어린이 청소년 PA 가이드라인(보건성, 2011)	중·고강도	3회 이상	60분 이상
	국립보건원	중강도	7회	
	미보건성	중·고강도	7회	60분 이상
	소아청소년 PA가이드라인(미국 CDC, 2005)	중·고강도 이상	3~5회	30~45분
	어린이 PA 가이드라인	-	7회	60분 이상
	미국체육협회	중·고강도	7회	누적 60분 이상
영국	어린이 PA 가이드라인 (보건성, 2011)	상관 없음	7회	180분
	어린이 PA 가이드라인 (건강교육회)	중·고강도	PA / 근력 3회 이상	60분 이상

정답 ②

18 유치원 체육수업에서 실제학습시간(ALT)을 증가시킬 수 있는 공간 구성 전략으로 옳지 <u>않은</u> 것은?

① 유아의 호기심 및 모험심 등을 표현할 수 있는 환경 조성을 추구한다.
② 유아의 주의 집중을 위해 체육시설이나 기구를 효율적으로 배치한다.
③ 운동이 익숙해지는 시기에는 순환식보다 병렬식 위주로 기구를 배치한다.
④ 수업 중인 신체활동과 관련 없는 놀잇감 배치를 지양한다.

정답분석 동작 습득 단계(= 운동이 익숙해지는 시기)에서는 병렬식보다 순환식으로 기구를 배치해야 한다.

이론PLUS ALT의 증진 방법
1. ALT 실제학습시간(Academic Learning Time: ALT)
   - 정의
     - 교사(지도자)의 행동보다는 학생의 반응행동으로 수업의 효율성을 측정하는 개념
     - '학생이 학습을 위한 시간' 또는 '학습자의 참여 시간'으로 학습자가 과제에 소비한 시간을 관찰하여 개념화한 것
   - 수치화 시
     - 학생이 학습내용 면에서 적절한 난이도의 목표 수준에 도달하기까지의 시간
     - 학습자가 성공적으로 경험하면서 학습 과제에 집중하는 시간
   - 체육학에서의 실제학습시간(ALT-PE): 체육 수업에 참여하는 학생들이, 적절한 난이도의 운동과제를 성공적으로 경험하면서 실제로 소비한 시간의 양
   - 실제학습시간(ALT)이 적은 이유: 수업계획의 부적절성, 잘못된 수업 운영과 조직
   - 체육학에서의 실제학습시간: 체육수업에 참여하는 학생들이 적절한 난이도의 운동과제를 성공적으로 경험하면서 실제로 소비한 시간의 양
2. 유아 체육 지도법
   - 유아 - 교사 상호 주도적(통합적 지도 방법)
   - 유아에게 적극적인 참여(흥미)와 교사의 체계적인 접근의 지도 방법이 결합된 것
   - 유아에게 적절한 과제를 주어 다양한 학습 기회를 제공하며 도입 단계 → 동작 습득 단계 → 창의적 표현 단계 → 평가 단계로 구성됨
   - 탐구적 방법: 동작 과제나 질문을 지도자가 제시하고 유아들이 제안한 다양한 해결방법을 인정하고 받아들이는 방법

정답 ③

19

<표>는 미국스포츠의학회(ACSM)의 '어린이와 청소년을 위한 FITT(빈도, 강도, 시간, 형태) 권고사항'이다. ㉠~㉢에 들어갈 용어를 바르게 연결한 것은?

구분	빈도	강도
(㉠) 운동	고강도 운동을 최소 주 3일 이상 포함되도록 함	중강도에서 고강도
(㉡) 운동	주 3일 이상	체중 또는 8~15회 반복 가능한 무게
(㉢) 운동	주 3일 이상	충격이나 기계적 부하와 같이 부하를 주는 신체활동이나 운동자극

	㉠	㉡	㉢
①	무산소	심폐체력	평형성
②	유산소	저항	평형성
③	유산소	저항	뼈 강화
④	유산소	뼈 강화	저항

ACSM의 FITT 권고 사항
- 유아들은 하루에 적어도 60분 정도의 구조화된 신체활동을 해야 함
- 유아들은 적어도 하루에 60분에서 몇 시간까지 구조화되지 않은 신체활동에 참가하고, 수면시간을 제외하고 60분 이상 좌식 생활 금지
- 유아들은 블록을 쌓거나 좀 더 복잡한 운동 작업을 필요로 하는 운동기술을 발달시켜야 함
- 유아들은 대근육활동을 하기 위해 권장 안전기준에 적합한 실내공간과 실외공간이 필요함
- 유아들은 개개인이 신체활동에 대한 중요성을 인식하고 유아의 운동기술을 용이하게 해야 함

정답 ③

20

유소년 체육활동에서 체온조절과 관련된 내용으로 지도자가 고려해야 할 사항으로 옳지 않은 것은?

① 적당한 온도 및 습도가 유지된 환경을 조성해야 한다.
② 체온조절을 위해 가능한 더운 공간에서의 활동을 장려한다.
③ 더운 여름철의 체육활동에는 적절한 수분 보충을 장려한다.
④ 유소년은 체육활동 시 성인에 비해 열을 빨리 획득하게 된다는 것을 인지한다.

정답분석 적정 온도와 습도의 환경에서 체육활동이 장려되어야 한다.

선지분석 ④ 유소년은 성인에 비해 대사활동이 활발해 열을 빨리 획득할 수 있다.

이론 PLUS 유아 체육 안전 지도 및 환경

안전성	장비들을 안전하게 배치, 관리하고 사고의 위험에서 최대한 보호하며, 항상 지도자 또는 보호자의 시야 안에서 활동할 수 있는 환경을 조성
편안함	유아들이 안전하고 편하게 체육활동에 집중할 수 있도록 온도, 습도, 채광, 조명, 환기 등 관리
경제성	• 충분치 못한 예산으로 부실공사, 불량품 활용 시 안전사고 예방 • 안전과 직결되는 교재와 교구는 견고함과 더불어 비용적 측면을 고려
흥미성	호기심, 모험성을 끌어낼 수 있는 환경의 조성은 체육활동의 재미와 적극적 참여 태도를 가지게 함
효율성	• 유아체육 프로그램에 필요한 기구 및 설비를 미리 준비 • 장소, 음악, 냉난방, 적절한 활동 공간, 시설 등은 수업의 효과적이고 매끄러운 진행을 위해 사전준비 필요

정답 ②

2022년 기출문제

01 다음 중 영·유아기의 발달에 대한 설명으로 적절하지 않은 것은?

① 말초신경이 먼저 발달한 다음 중추신경이 발달한다.
② 특정 능력이나 행동의 발달에 최적인 시기가 존재한다.
③ 발달은 일정한 순서로 이루어지지만, 발달속도에는 개인차가 있다.
④ 소근육 운동의 발달은 눈과 손이 협응하여 손기술을 정확하게 구사하는 능력으로, 중추신경계통의 성숙을 의미한다.

 영유아 운동발달의 특징
- 운동 기능은 뇌에서 가장 가까운 부분부터 발달하며, 몸의 중심(근위, proximal)에서 말초 부분(axial) 순서로 발달함
- 대근육이 먼저 발달하며, 소근육은 이후에 발달함
- 신체 구조로나 생리적으로 항상 양방 관계로 균형을 이루다가 차츰 일방으로 선택하여 발달함
- 수평적인 동작에서 수직적인 동작으로 발달함
  - 골격이나 근육의 발달과 더불어 신경에 의한 신경지배의 근육이 증대하여 여러 가지 협응동작이 가능하게 되면 그것이 자극이 되어 운동 능력이 발달
  - 유아기에는 걷기, 뛰기, 미끄러지기 등의 운동기능이 급속도로 발달하는 시기로, 운동능력을 발달시키는 결정적 시기라고 할 수 있음

정답 ①

02 유아기의 운동프로그램 구성을 위해 고려해야 할 사항으로 적절하지 않은 것은?

① 다양한 기본움직임 경험보다 복합적이고 정교한 동작수행에 중점을 두어 구성한다.
② 협응성 운동 시, 속도나 민첩성의 요소가 연계되지 않도록 한다.
③ 운동수행의 성공 빈도를 높일 수 있도록 프로그램을 구성한다.
④ 간단한 움직임에서 복잡한 움직임으로 진행되도록 구성한다.

 유아체육 프로그램의 구성

적합성의 원리	유아기는 발달 단계에 따라 가장 많은 영향을 받는 '민감기'이므로, 여러 요소를 적절히 고려해야 함
운동발달의 방향성 원리	• 성장과 발달은 일련의 방향성을 가지고 발달함 • 발달 순서: 대근육 → 소근육, 중심(근위, proximal) → 말초(원위, distal)
특이성의 원리	유아기 운동 발달 프로그램을 구성 시에는 공통적(일반적)인 특성 외에도 개인차(유전적 요인 등)를 고려해야 함
안전성의 원리	유아기의 아이는 호기심이 강하고, 주의력과 조심성이 부족하여 성인보다 더 많은 위험에 노출되어 있으므로 안전 지도에 최선을 다해야 함
연계성의 원리	신체 발달 프로그램의 특성은 연령 및 성별에 따라 변화하므로, 그 순서를 조직적으로 연계해야 하며 정서·사회적 발달을 위한 교육 프로그램과의 연계도 필수적임

 ② 기본 움직임의 제어와 협응 등은 '시작/초보/성숙' 운동 단계 중 초보 단계 이상에서 이루어지므로, 속도나 민첩성의 요소로 평가하는 프로그램 구성은 지양해야 한다.

정답 ①

03
발달단계에 따른 유소년체육 프로그램 구성 시, 고려해야 할 사항으로 적절하지 <u>않은</u> 것은?

① 대근육에서 소근육으로의 발달단계를 고려하여 구성한다.
② 기본움직임 단계에서는 다양한 안정성, 이동 및 조작 움직임을 습득하도록 구성한다.
③ 기본움직임 단계는 협응력이 발달되는 중요한 시기이므로, 다양한 움직임 경험을 갖도록 구성한다.
④ 기본움직임에서 전문화된 움직임으로의 전환(transition)단계에서는 움직임 수행의 형태, 기술, 정확성과 더불어 양적 측면을 강조하여 구성한다.

정답분석 기본움직임에서 전문화된 움직임으로의 전환단계에서는 양적 측면을 강조하지 않는다.

이론 PLUS 운동발달의 단계

반사 움직임 단계 (출생~1세)	• 정보 수용 및 정보 처리 단계 • 불수의적인 움직임을 주로 하는 반사 움직임 단계
초보 움직임 단계 (출생~2세)	• 반사 억제 및 사전통제 단계 • 불수의적인 움직임이 점차 줄어듦 • 생존에 필요한 수의적 움직임이 발달
기본 움직임 단계 (2~7세)	• 시작, 초보, 성숙 단계 • 시작: 기본기술 수행 • 초보: 기본움직임의 제어와 협응 • 성숙: 수행의 역학적 효율성 및 제어능력 향상
전문화 움직임 단계 (7~14세 이상)	• 전환, 적용 및 평생 이용 단계 • 일상생활과 기본적인 스포츠 활동에 응용되어, 보다 세련되고 복잡한 활동 가능

정답 ④

04
<보기>에 들어갈 인지발달 이론의 요소가 바르게 나열된 것은?

― <보기> ―
- (㉠): 새로운 경험과 자극이 유입되었을 때, 기존에 가지고 있는 도식을 사용하여 해석한다.
- (㉡): 기존의 도식으로는 새로운 사물이나 사건을 이해할 수 없을 때, 새로운 사물이나 대상에 맞도록 기존의 도식을 변경한다.
- (㉢): 현재의 조직들이 서로 상호작용하며 효율적인 체계로 결합하여 더 복잡한 수준의 지적 구조를 이루는 과정이다.

	㉠	㉡	㉢
①	조절(accommodation)	동화(assimilation)	적응(adaptation)
②	적응(adaptation)	조절(accommodation)	조직화(organization)
③	동화(assimilation)	조절(accommodation)	조직화(organization)
④	동화(assimilation)	조직화(organization)	적응(adaptation)

정답분석 유아기 발달 이론의 이해: 피아제

도식 (schema)	'스키마', 사물이나 사건에 대한 전체적인 윤곽, 사고의 틀	아이들이 사진이나 실제로 날아다니는 새의 모습을 보고 '새'를 학습하게 되면 아이에게 "날아다니는 물체는 새와 같다."라는 도식이 발생
동화 (assimilation)	기존의 도식에 맞추어서 새로운 경험을 받아들여 일반화하는 과정	하늘을 날아다니는 물체를 새로 인지하고 있는데 참새를 배움 → 아무 문제 없이 평행화
조절 (accommodation)	새로운 대상에 맞게 도식을 바꾸는 인지 과정	'날아다니는 것 = 새'로 인지한 아이가 비행기를 보고 불평형의 상태가 오고 다시 평형의 상태로 돌아가는 인지 과정
평형화 (equilibrium)	동화와 조절이 균형을 이루도록 하는 적응의 과정	'날아다니는 것 = 새와 비행기'라고 이미 습득한 지식(동화)과 새로운 정보(조절) 간에 균형을 유지
조직화 (organization)	사물이나 사건에 대한 정보들을 재구성하면서 도식들의 논리를 조직화하는 과정	새, 비행기가 서로 다르다는 것을 인식하고 '날아다니는 것'이라는 범주 안에 곤충, 우주선, 비행선 등을 포함시키고 그것들을 서로 구분하는 것

정답 ③

05

<보기>에서 유소년의 전문화된 운동기술 연습 시, 인지단계(cognitive stage)의 지도전략에 해당하는 것으로 가장 적절한 것은?

―<보기>―

㉠ 스스로 자신의 운동수행을 평가할 기회를 제공한다.
㉡ 복잡한 운동기술은 여러 단계로 구분하여 지도한다.
㉢ 운동의 목적과 요구되는 기술을 명확히 설명해준다.
㉣ 다양한 기술과 연계지어 동작의 형태를 바꾸는 전략을 찾게 한다.

① ㉡, ㉢
② ㉠, ㉣
③ ㉡, ㉣
④ ㉠, ㉢

 유아체육 프로그램의 구성: 연계성의 원리

1. 정의
   - 연령 및 성별과 신체 발달 프로그램 특성의 변화와 순서를 조직적으로 연계한다.
   - 신체 발달, 정서적 사회 발달을 위한 교육 프로그램의 연계성이 필요하다.

2. 연령에 따른 인지 발달, 정서 발달, 운동 발달 단계

연령	인지 발달 단계	정서 발달 단계	운동 발달 단계
2~4세	• 전조작기 • 자기만족적 행동 • 초기 사회 행동	• 인식 • 기본 정서 이해 • 자기중심적 감정 이입	기초 운동 단계(시작)
4~6세	• 조작기 • 추상적 능력 발달	• 동기화 • 복합 정서 이해 • 타인에 대한 감정 이입	성숙 단계 (초보)
6~10세	• 구체적 조작기 • 가역성 • 연상 능력 • 관계, 분류	• 통합 • 복합 정서 통합 • 타인의 일반적 곤경에 대한 감정 이입 가능	전문화된 운동 단계(성숙)

정답 ①

06

<보기>에 들어갈 유아의 기본움직임 발달단계가 바르게 나열된 것은?

―<보기>―

- (㉠): 기본적인 움직임을 보이지만, 협응이 원활하지 않아 움직임이 매끄럽지 못하다.
- (㉡): 기본 움직임에 대한 제어와 협응이 향상되지만, 신체사용이 비효율적이다.
- (㉢): 움직임의 수행이 역학적으로 효율성을 갖게 되어 협응과 제어가 향상된다.

	㉠	㉡	㉢
①	시작 단계	전환 단계	전문화 단계
②	초보 단계	성숙 단계	전문화 단계
③	시작 단계	초보 단계	성숙 단계
④	초보 단계	적용 단계	성숙 단계

 운동 발달 단계

시작 단계	기본적인 움직임을 보이지만, 협응이 원활하지 않아 움직임이 매끄럽지 못함
초보 단계	기본 움직임에 대한 제어와 협응이 향상되지만, 신체사용이 비효율적임
성숙 단계	움직임의 수행이 역학적으로 효율성을 갖게 되어 협응과 제어가 향상됨

정답 ③

07 안정성(stability) 운동기술 중 축성(axial) 움직임만으로 나열된 것은?

① 구르기(rolling), 늘리기(stretching), 흔들기(swinging)
② 늘리기(stretching), 비틀기(twisting), 흔들기(swinging)
③ 구르기(rolling), 비틀기(twisting), 거꾸로 균형(inversed balance)
④ 비틀기(twisting), 흔들기(swinging), 거꾸로 균형(inversed balance)

 안정성 프로그램 유형의 운동 형태

운동 형태	정의	예시
축(axial) 운동	회전축의 평행 운동 또는 축중심선의 운동	• 굽히기(bending) • 늘리기(stretching) • 비틀기(twisting) • 돌기(turning) • 흔들기(swinging)
정적(static) 및 동적(dynamic)	[정적] 근의 단축(짧아짐)이 허용되지 않는 상태에서의 수축을 수반하는 운동 [동적] 정적 운동과 달리, 움직임이 수반되는 운동	[정적] • 직립균형(upright balance) • 거꾸로 균형(inversed balance) [동적] • 시작하기(starting) • 멈추기(stopping) • 구르기(rolling) • 피하기(dodging) • 평균대 걷기(walking on a balance beam)

정답 ②

08 운동발달에 대한 검사와 평가에 관한 설명으로 적절하지 <u>않은</u> 것은?

① 운동발달 검사는 전반적인 운동발달 상황을 확인할 수 있는 유용하고 객관적인 지표를 제공한다.
② 평가는 내용에 따라 규준지향 평가와 준거지향 평가로 나뉘고, 기준에 따라 결과지향 평가와 과정지향 평가로 나뉜다.
③ 평가 결과는 특정 기술수행에서 결여된 부분을 확인하고 그 원인을 파악해 프로그램의 구체적인 목표를 설정할 수 있게 한다.
④ 대근운동발달검사(Test of Gross Motor Development)는 만 3~10세 아동을 대상으로 한 이동 및 조작 운동기술에 대한 검사도구이다.

 규준지향 평가와 준거지향 평가는 목표(기준)에 따라 나뉘는 것이다.

 운동발달 검사 및 평가에 대한 이해
1. 운동발달 검사

정의	건강관련체력과 기술관련체력 등 체력요소를 측정하는 검사
유용성	운동검사의 결과로 동일 연령대와 비교가 가능하며, 운동 발달 지연의 문제를 확인할 수 있음
영역	영유아 발달선별검사의 영역은 대근육, 소근육, 언어, 사회성, 인지, 자조 발달 등의 6가지임

2. 평가의 구분

규준지향 평가 (목표지향 평가)	개인이 얻은 점수를 토대로, 개인이 속한 집단 내의 상대적 위치(보통 백분율)를 평가하는 것(= 상대평가)
준거지향 평가	사전에 설정된 학습목표에 비추어 학습자의 목표도달 여부를 평가하는 것(= 절대평가)

정답 ②

09 국립중앙의료원(2010)이 제시한 어린이·청소년 신체활동 권장사항이 아닌 것은?

① 인터넷, TV, 게임 등을 위해 앉아서 보내는 시간은 하루 2시간 이내로 한다.
② 일주일에 3일 이상 유산소운동, 근육강화운동, 뼈 강화운동을 한다.
③ 운동강도 조절을 위해 놀이공간의 안전성은 고려하지 않는다.
④ 매일 1시간 이상 운동을 한다.

정답분석 국립중앙의료원 신체활동 가이드라인(2010)

한국인을 위한 신체활동 가이드라인 2010
1. 건강한 삶을 누리려면 최대한 많이 움직여야 한다.
2. 운동량이 적었던 사람은 서서히 운동량을 늘려간다.
3. 개인의 건강 상태에 따라 적절한 운동 목표를 세운다.
4. 영유아는 운동량을 스스로 조절하므로 안전한 놀이 공간을 제공한다.
5. 어린이, 청소년은 매일 1시간 이상 운동을 권장한다.
6. 성인은 매일 30분 이상의 유산소운동과 매주 2회 이상 근력운동을 한다.
7. 고령자는 일상생활에서 운동량을 최대한 늘리며 유연성을 강화시키고 균형 감각을 유지하는 운동을 병행하는 것이 좋다.
8. 임산부는 평상시처럼 운동하되 과격한 운동은 피한다.
9. 장애인은 자신의 건강 정도에 따른 적당한 운동을 적극적으로 한다.
10. 만성병 환자는 질병에 따라 적절한 운동법을 처방받아 실천한다.

**어린이·청소년을 위한 신체활동 가이드라인
성장기에 있는 어린이·청소년의 경우**
1. 큰 근육을 오래 사용하는 유산소운동과 팔굽혀펴기·윗몸 일으키기·역기 들기·아령·철봉·평행봉·암벽 타기 등의 근육 강화 운동, 발바닥에 충격이 가해지는 줄넘기·점프·달리기·농구·배구·테니스 등의 뼈강화운동을 일주일에 3일 이상 하는 것이 필요하다.
2. 인터넷, TV나 비디오 시청, 게임 등 앉아서 보내는 시간은 하루 2시간 이내로 제한해야 한다.
※ 인제의대 양윤준 교수

정답 ③

10 다음 중 유아 운동프로그램의 지도 원리로 적절하지 않은 것은?

① 추상적인 것에서 시작하여 구체적인 것으로 운동을 지도한다.
② 유아 간 연령별 체력의 차이, 운동소질 및 적성의 차이를 고려하여 지도한다.
③ 기초체력, 기본운동기술과 지각운동의 발달이 통합적으로 이루어지도록 지도한다.
④ 다양한 감각을 통해 구체적 경험이 형성되도록 프로그램을 구성하여 지도한다.

정답분석 유아체육 프로그램의 구성

적합성의 원리	유아기는 발달 단계에 따라 가장 많은 영향을 받는 '민감기'이므로, 여러 요소를 적절히 고려해야 함
운동발달의 방향성 원리	• 성장과 발달은 일련의 방향성을 가지고 발달함 • 발달 순서: 대근육 → 소근육, 중심(근위, proximal) → 말초(원위, distal)
특이성의 원리	유아기 운동 발달 프로그램을 구성 시에는 공통적(일반적)인 특성 외에도 개인차(유전적 요인 등)를 고려해야 함
안전성의 원리	유아기의 아이는 호기심이 강하고, 주의력과 조심성이 부족하여 성인보다 더 많은 위험에 노출되어 있으므로 안전 지도에 최선을 다해야 함
연계성의 원리	신체 발달 프로그램의 특성은 연령 및 성별에 따라 변화하므로, 그 순서를 조직적으로 연계해야 하며 정서·사회적 발달을 위한 교육 프로그램과의 연계도 필수적임

정답 ①

11. 유아운동 지도 시 교구배치 방법과 그 효과에 대한 설명으로 적절하지 않은 것은?

① 공간 활용성을 높인 교구배치로 안전사고를 예방한다.
② 시각적 효과를 높인 교구배치로 학습자의 시선을 분산한다.
③ 순환식 교구배치로 대기시간을 줄여 실제학습시간을 늘려준다.
④ 병렬식 교구배치로 교구 사용을 반복하여 자신감을 갖도록 유도한다.

정답분석
유아는 반드시 지도자의 시야 내에 항시 있어야 한다.

이론 PLUS 유아 체육 안전 지도 및 환경

안전성	설비들은 안전하게 배치 및 관리하고 사고의 위험에서 최대한 보호하며, 항상 지도자의 시야 안에 들어오도록 환경을 조성함
편안함	유아들이 편안하게 활동에 몰입할 수 있도록 온도 · 습도 · 조명 · 환기 등에 신경을 씀
경제성	• 안전과 직결되는 교재와 교구는 견고함과 더불어 비용적 측면을 고려함 • 교재 및 교구에는 반영구적인 재료를 사용하거나 교체 시기를 고려하여 시공함
흥미성	체육 활동의 재미와 흥미를 이끌 수 있는 환경의 조성이 필요함
공간 확보	• 실내 활동의 필요 공간은 1인당 약 1평이며, 실외 활동은 실내 활동보다 2~3배의 공간이 필요함 • 개인적인 공간과 집단이 사용하는 공간이 구분될 수 있도록 여유 공간이 필요함
효율성	• 유아의 신체 발달에 필요한 기구 및 설비를 준비함 • 장소의 음향 · 냉난방 시설, 활동 공간 등은 수업의 효과적인 진행을 위해 필요함

정답 ②

12. <보기>에 해당하는 발달이론이 바르게 나열된 것은?

<보기>

구분	발달이론
㉠	• 인간의 발달은 환경에 따른 훈련으로 이루어진다. • 학습에 의한 긍정적 행동의 촉진을 강조한다.
㉡	• 유아의 다양한 경험을 토대로 동화, 조절, 평형화의 과정을 통해 도식이 발달된다. • 조직화와 적응을 강조한다.
㉢	• 타인을 관찰하는 것만으로 새로운 행동을 획득할 수 있다. • 모방학습의 중요성을 강조한다.

① ㉠ 스키너(B. Skinner)의 행동주의 이론
 ㉡ 게셀(A. Gesell)의 성숙주의 이론
 ㉢ 에릭슨(E. Erickson)의 심리사회발달 이론
② ㉠ 반두라(A. Bandura)의 사회학습 이론
 ㉡ 피아제(J. Piaget)의 인지발달 이론
 ㉢ 비고스키(L. Vygotsky)의 상호작용 이론
③ ㉠ 에릭슨(E. Erickson)의 심리사회발달 이론
 ㉡ 게셀(A. Gesell)의 성숙주의 이론
 ㉢ 반두라(A. Bandura)의 사회학습 이론
④ ㉠ 스키너(B. Skinner)의 행동주의 이론
 ㉡ 피아제(J. Piaget)의 인지발달 이론
 ㉢ 반두라(A. Bandura)의 사회학습 이론

정답분석 유아 발달 이론에 대한 이해

이론	학자	내용
성숙주의 이론	게셀 (A. Gesell)	• 다윈의 진화론에서 비롯된 성숙주의적 관점에서 바라본 발달학 • 인간이란 개체가 성숙한 단계에 이르게 되는 결정적 요인은 개체가 가진 유전적 요인에 전적으로 의존한다는 관점
인지발달 이론	피아제 (J. Piaget)	인지(인간이 지식을 습득하고 문제 해결 과정에서 사용하는 것)를 학습하고 발달시킴에 따라 이후 발달 단계로 넘어감
조작적 조건화 이론	스키너 (Skinner)	• 자극에 반응한 결과를 강조하는 이론 • 결과 행동의 발생 빈도를 높이기 위해서 자극요인을 조건화하게 됨
사회학습 이론	반두라 (A. Bandura)	다른 사람이나 특정 상황을 관찰, 모방함으로써 학습하여, 자신의 행동을 차츰 통제해 나가는 과정으로 발달을 보는 이론

정답 ④

13 성인체육과 비교 시 유아체육의 특징으로 적절하지 않은 것은?

① 집중력 저하를 고려한 놀이 중심의 신체활동과 지적 활동을 병행한다.
② 신체활동에 의한 성장과 발달을 통해 전인적 인간 육성을 지향한다.
③ 스포츠 활동에 필요한 전문화된 기술 습득을 강조한다.
④ 발육과 발달에 중점을 둔다.

정답분석 유아체육에서는 스포츠 활동에 필요한 전문화된 기술 습득을 강조하지 않는다.

정답 ③

14 <보기>의 ㉠, ㉡에 들어갈 가장 적절한 용어로만 나열된 것은?

─ <보기> ─

- 유아교육 교사: 유아는 다양한 기본움직임 기술이나 기초체력 향상에 관한 활동을 스스로 익히기 어렵습니다. 유아가 이와 같은 요소들을 자연스럽게 익히려면 어떻게 해야 할까요?
- 스포츠지도사: 네. 유아는 징검다리 걷기, 네발로 걷기 등의 놀이 중심 신체활동 프로그램을 통해 기본움직임기술과 기초체력 요소를 향상시킬 수 있어요.

구분	징검다리 걷기	네발로 걷기
기본움직임기술 요소	(㉠) 운동	이동 운동
기초체력 요소	평형성	(㉡)

	㉠	㉡
①	안정성	민첩성
②	안정성	근력/근지구력
③	조작	근력/근지구력
④	조작	민첩성

정답분석 ㉠은 안정성, ㉡은 근력/근지구력이다.

정답 ②

15 <보기>에서 국민체육진흥법(2014)의 유소년스포츠지도사 자격제도에 관한 설명으로 옳은 것을 모두 고른 것은?

─ <보기> ─

㉠ 유소년은 만 3세부터 중학교 취학 전까지를 말한다.
㉡ '유소년스포츠지도사'란 유소년을 대상으로 체육을 지도하는 사람을 말한다.
㉢ 유소년스포츠지도사는 유소년의 행동양식, 신체 발달 등에 대한 지식을 갖춘다.

① ㉠, ㉡
② ㉠, ㉢
③ ㉡, ㉢
④ ㉠, ㉡, ㉢

정답분석 유소년스포츠지도사의 자격에 대한 이해

유소년 체육	• 유아체육과 정의는 동일하나, 우리나라 체육계에서는 국가 스포츠지도사 과정과 유소년스포츠지도사를 분리함 • 즉, 유소년(만 3~12세의 초등학생)을 대상으로 하는 체육임
유소년 스포츠 지도사	• 유소년(만 3세부터 중학교 취학 전까지)의 행동양식, 신체 발달 등에 대한 지식을 갖추고 해당 자격종목에 대하여 유소년을 대상으로 체육을 지도하는 사람을 말함 • 관련 법령 - 국민체육진흥법 제11조(체육지도자의 양성) 내지 제12조(체육지도자의 자격취소) 등 - 국민체육진흥법 시행령 제8조(체육지도자의 양성과 자질향상) 내지 제11조의3(연수계획) - 국민체육진흥법 시행규칙 제4조(자격검정의 공고 등) 내지 제23조(체육지도자의 자격취소) 등

정답 ④

16 영아의 반사에 관한 설명으로 적절하지 <u>않은</u> 것은?

① 비대칭목경직반사(Asymmetric Tonic Neck Reflex) 검사로 눈·손의 협응과 좌·우측 인식의 발달 수준을 추측할 수 있다.

② 신경적 장애 진단을 위한 반사의 출현과 소멸 간의 관계 검사는 전문가의 도움이 필요하다.

③ 걷기반사(Stepping Reflex) 검사로 불수의적 운동 행동의 발달을 추측할 수 있다.

④ 모로반사(Moro Reflex) 검사로 신경적인 변이나 손상을 추측할 수 있다.

 걷기반사의 검사로 수의적 운동행동의 발달을 추측할 수 있다.

 영유아 반사의 정의와 종류

정의	의지와 상관없는 불수의적인 움직임	
특징	• 신생아~영아기의 가장 큰 특징 • 영아기 신경발달에 따라 나타나는 기본적인 요소	
역할	영아의 생존을 돕는 역할	자신을 보호하고 생명현상을 유지함 예 빨기반사, 찾기반사
	미래의 움직임을 예측하는 역할	발바닥에 압력을 가하면, 걷는 것과 같은 패턴으로 움직임이 이루어짐 예 걷기반사
	영아의 운동 행동을 진단하는 역할	일반적으로 연령이 증가하면, 원시반사(primitive reflex)는 감소되는 반면, 자세반사(postural reflex)는 점차 증가함 예 모로반사 등은 좌우 대칭적으로 나타나야 할 반사인데, 비대칭적으로 나타날 경우 신경학적인 문제 또는 상해를 추측할 수 있음 예 정상보다 더 지속되는 반사 작용은 종종 생리학적 위험 신호로 간주됨

정답 ③

17 <그림>의 동작에서 성숙 단계로 발달하도록 지도하는 방법으로 적절하지 <u>않은</u> 것은?

시작단계의 구르기(rolling) 동작

① 이마가 지면에 닿게 지도한다.
② 머리가 동작을 리드할 수 있도록 지도한다.
③ 구르는 힘을 생성할 수 있도록 양팔의 움직임을 지도한다.
④ 몸이 구르는 내내 압축된 C자 모양을 유지할 수 있도록 지도한다.

 운동 프로그램: 안정성(stability) 능력 중 구르기(Rolling)

시작 단계	• 머리를 바닥에 댐 • 몸을 늘어진 C자 모양으로 웅크림 • 양손을 협응하는 능력이 없음 • 뒤 혹은 옆으로 구르지 못함 • 앞으로 구른 후 L자로 곧게 폄
초보 단계	• 앞으로 구른 후, 동작들이 끊어짐 • 머리가 동작을 억제하는 것이 아니라 오히려 동작을 리드함 • 머리 위가 여전히 지면에 닿아있음 • 구르기 시작 시 몸을 압축된 C자 모양으로 웅크림 • 구른 후 L자 모양으로 곧게 폄 • 양손과 팔의 약간 밀어내는 동작이 구르기 동작에 어느 정도 도움이 됨 • 한 시기에 한 번의 구르기만 할 수 있음
성숙 단계	• 머리가 동작을 리드함 • 뒤통수가 바닥에 살짝 닿음 • 몸은 내내 압축된 C자 모양 유지 • 양팔은 힘을 생성하는 데 도움이 됨 • 운동량으로 인해 이동은 원래의 자세로 돌아옴

정답 ①

18. 유아체육 지도 방법 중 '탐구적 방법'에 해당되는 내용으로 적절한 것은?

① 도입, 동작 습득, 창의적 표현, 평가의 단계별 활동 전개하기
② 학습환경에 자유와 융통성을 도입하여 더 많은 책임 부여하기
③ 시범 보이기, 연습해보기, 언급해주기, 보충 설명하기, 시범 다시 보이기
④ 동작 과제나 질문을 제시하고 유아들이 제안한 다양한 해결방법을 인정하고 받아들이기

 유아체육 지도 방법

직접적 방법 (교사 주도적 방법)		유아 교육 기관에서 체육 활동을 지도할 때 쓰인 전통적 방법으로, 유아가 언제·무엇을·어떻게 할지 교사가 결정하는 방법
	지시적 방법	시범 보이기, 연습하기, 일반적인 언급해주기, 보충 설명과 시범 다시 보이기(재시범)
	과제 제시적 방법	지시적 방법과 동일하나, 최종 결정권은 유아에게 있음
간접적 방법 (유아 주도적 방법)		• 유아에게 주도권을 주고 유아가 학습의 중심이 되는 지도 방법으로, 문제 해결 능력·실험·자기계발과 같은 유아 개인의 차이를 인정함 • 유아 스스로 활동을 수행해나가는 데 초점이 있어 결과보다 과정에 중점을 둠
	안내 발견적 방법	올바른 동작 방법을 제시하고 자유롭게 표현하게 하는 등 어떤 과제를 풀 때 절차나 기준을 제시하지 않고 유아 스스로 도전하여 풀이를 산출하도록 하는 방법
유아-교사 상호 주도적 (통합적 지도 방법)		• 유아에게 적극적인 참여(흥미)와 교사의 체계적인 접근의 지도 방법이 결합된 것 • 유아에게 적절한 과제를 주어 다양한 학습 기회를 제공하며 도입 단계 → 동작 습득 단계 → 창의적 표현 단계 → 평가 단계로 구성됨
	탐구적 방법	동작 과제나 질문을 지도자가 제시하고 유아들이 제안한 다양한 해결방법을 인정하고 받아들이는 방법

정답 ④

19. 고강도 운동 시 성인과 비교하여 유소년에게 나타나는 생리적 반응으로 적절하지 않은 것은?

① 1회 박출량: (성인에 비하여) 낮음
② 호흡 수: (성인에 비하여) 높음
③ 수축기 혈압: (성인에 비하여) 낮음
④ 심박 수: (성인에 비하여) 낮음

 성인기에 비해 유소년기에서 심박 수와 호흡 수 모두 높다.

유소년기 운동 발달 특징

유아기의 신체 기능	순환기	• 심장 중량은 5세 기준 성인 대비 약 35% 전후로, 유아 이후에도 심장의 크기는 성장함 • 심박 수[HR]는 유아 100bpm > 성인 60bpm으로, 유아기 때의 심박 수는 성인보다 높음(성인에 비해 심근 수축력이 낮아 일회박출량이 적으므로, 총 박출량을 보충하기 위해 심박수가 높음) • 안정 시 심박 수가 높으므로 운동에 대한 적응 능력이 성인보다 낮음. 즉, 작은 신체활동에도 심박수가 200bpm까지 올라감
	호흡기	• 유아(5세)의 호흡 수는 25~40회/분으로, 성인 대비 28~34% • 최대 호흡 수는 50~60회/분이며, 안정 시에도 최대 호흡의 40~60%를 활용함
	근육	• 생후 3세까지는 근력 측정이 어려우며, 근육의 발달 과정을 계량화하기 어려움 • 2세에서 3세로 넘어가는 시기의 신체 조절 능력을 보면 빠르게 성장한다고 예상됨
	골격	인종별로 '머리 : 전체 몸길이' 비율(Head to body ratio)은 차이가 있으나, 영유아기를 벗어날수록 상체가 차지하는 비율은 짧아짐

정답 ④

20 <보기>의 ㉠, ㉡에 들어갈 용어가 바르게 나열된 것은?

―――――<보기>―――――
- 특정 능력이나 행동의 발달에 최적인 시기를 (㉠)라고 한다.
- 각 시기에 따른 유아의 발달은 특정 시기에 도달해야 할 (㉡)을 갖기 때문에 시기를 놓쳐버리면 올바른 성장이 저해될 수 있다.

	㉠	㉡
①	민감기	통합성
②	민감기	발달과업
③	감각운동기	발달과업
④	전조작기	병변현상

1. 민감기(Sensitive period)에 대한 이해

민감기 (sensitive period)	• 특정 능력, 행동의 발달에 최적인 시기 • 이 시기의 인간은 이러한 속성들을 길러주는 환경 등 외부적 요소에 민감
발달과업 (developmental task)	• 민감기를 고려하여 적절한 운동 등 과제를 수행해야 하는데, 이를 발달과업이라 함 • 에릭슨의 발달 이론에서 강조되는 개념

2. 임계기/결정적 시기(Critical period)
  - 어떤 심리적 특성 또는 행동의 획득이 이루어지는 특정한 시기
  - 민감기와 자주 혼동되는 개념인데, 임계기를 지나면 지속적 자극을 제시하여도 특정 심리적 특성이나 행동의 출현이 매우 어려움
  - 즉, 임계기는 '놓치면 끝'이라는 점에서 엄연히 다름

정답 ②

pass.Hackers.com

해커스자격증
pass.Hackers.com

● 노인체육론 6개년 **출제 비중**

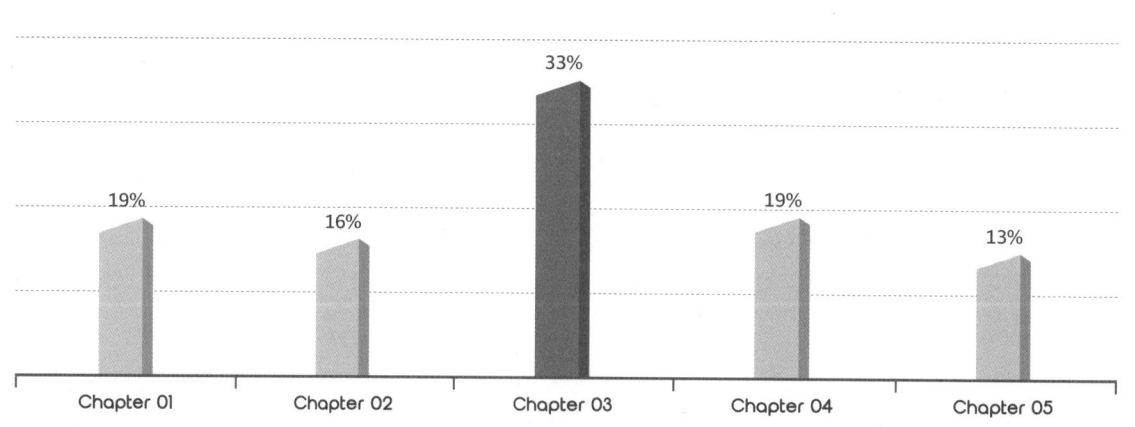

해커스 스포츠지도사 2급 필기 한권합격 이론+최신기출+핵심노트

Part 10

노인체육론

필수과목

Chapter 01 노화와 노화의 특성
Chapter 02 노인의 운동 효과
Chapter 03 노인 운동프로그램의 설계
Chapter 04 질환별 프로그램 설계
Chapter 05 지도자의 효과적인 지도

Chapter 01 노화와 노화의 특성

핵심요약&보충자료

❶ 노화의 유형
- 일반 노화(생물학적 노화)
- 병적 노화
- 성공적 노화(활동적 노화)

[노인의 정의]
① 통상적으로 생물학적 연령을 기준으로 65세 이상인 자
② 환경 변화에 적절히 반응할 수 있는 조직 기능이 쇠퇴하고 있는 사람
③ 신체에 대한 자체 통합력이 쇠퇴하고 있는 사람
④ 인체의 기관·조직·기능이 감퇴기에 있는 사람
⑤ 생활상의 적응 능력이 감퇴하고 있는 사람
⑥ 인체 조직의 예비 능력이 감퇴하여 적응력이 떨어지는 사람

❷ 노화의 분류

연소 노인	65~74세
중고령 노인	75~84세
고령 노인	85~99세
초고령 노인	100세 이상

01 노화의 개념

1. 노화 (aging, senescence)

(1) 노화의 정의

성숙한 다음부터를 지칭하며 시간이 갈수록 비가역적으로 나빠져 사망 확률이 높아지는 과정, 이 경우 생리적 기능의 감소와 질병에 대한 감수성 증가 등 환경적 스트레스에 대한 적응능력 감소 현상이 동반(Cutler, 2006)

(2) 노화의 유형❶

① 일반 노화, 생물학적 노화(보편적 노화): 신체 기능을 자연스럽게 조금씩 잃어가는 정상적인 노화, 적응력 상실, 질병, 신체적 손상, 기능적 능력 감소, 신체 장애 그리고 최종적으로 죽음을 가져오는 인체 내의 과정

② 병적 노화: 특정 질병에 유전적으로 취약하거나 신체 장애와 죽음을 유도하는 부정적인 생활 방식을 지속하는 노화, 나쁜 음식 섭취 습관, 흡연, 과도한 음주, 스트레스 등이 원인

③ 성공적 노화(활동적 노화): 성공적인 노화란 과거와 현재를 수용하고 죽음을 받아들이며 동시에 삶의 의미나 목적감을 잃지 않고 정신적으로 성숙해 가는 심리적인 발달 과정이며, 동시에 정신이나 신체상의 질병이 없이 기능적이며, 사회적인 관계를 유지하며 사는 것

(3) 노화의 분류❷

① 연소(young-old) 노인(65~74세): 사회에서 일을 하고 있으며, 그들의 삶의 절정기에 놓여 있는 노인

② 중고령(middle-old) 노인(75~84세): 퇴직한 사람이 대부분이며, 건강 상태가 양호하고 취미 생활을 할 풍부한 시간을 가지고 있는 노인

③ 고령(old-old) 노인(85~99세): 더 이상 일을 하기가 어렵고, 신체적으로 노쇠하며 질병에 걸린 경우가 많으며 가장 고단하고 외로우며 가장 약한 노인

④ 초고령(oldest-old) 노인(100세 이상): 신체의 움직임이 없고, 인체의 기관·조직이 더 이상 기능을 하지 않는 노인

참고

연령 분류[3]

역연령 (chronological age)	출생 이후의 햇수
기능적 연령	나이와 성을 기준으로 한 기능적 체력과 관계가 있는 연령, '신체연령'이라고도 함
생리적 연령	신체적 외모나 운동능력, 지적 능력 등이 기준이 되는 연령
심리적 연령 (psychological age)	• 한 개인의 심리적 성숙도를 의미 • 환경에 대한 적응력, 스트레스에 대한 대처, 자기 주도적 능력(독립심) 등이 중요한 기준 • 타인과의 관계 형성 능력을 기준으로 연령 구분 예) 타인을 위한 배려 수준이 높은 경우 심리적 연령이 높음
사회적 연령	각 개인의 연령에서 사회적으로 수행해야 할 역할에 대한 것, 사회적 기대 또는 규범을 반영하는 나이

핵심요약&보충자료

[3] 연령 분류
- 역연령(햇수)
- 기능적 연령(신체연령)
- 생리적 연령
- 심리적 연령
- 사회적 연령

2. 노화와 수명 기출 20·22·23년

(1) 국가별 장래인구 특별 추계(UN 통계청: 장래인구특별 추계, 2008)[4]

구분	도달시기(연도)			소요기간	
	고령화 사회(7%)	고령 사회(14%)	초고령 사회(20%)	고령 사회 도달	초고령 사회 도달
한국	2000	2018	2026	18	8
일본	1970	1994	2006	24	12
독일	1932	1972	2010	40	38
미국	1942	2014	2030	72	16
프랑스	1864	1979	2019	115	40

(2) 우리나라 인구 변화

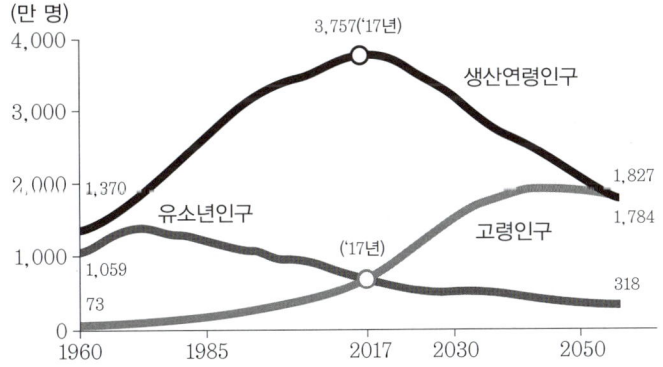

① 통계청의 자료에 따르면 2017년 상반기부터 우리나라는 생산 가능 인구(15~64세)가 줄어들기 시작하면서 전체 총인구도 감소하기 시작

② 가장 큰 원인은 저출산이며, 현재 우리나라는 고령 사회에서 초고령 사회로 변화하고 있고, 2060년 중반을 넘기면 인구의 절반이 65세 이상이 될 것으로 예상

[4] 노화의 특성
- 보편성
  - 노화는 모든 사람에게 보편적으로 발생
  - 암과 같은 질병은 특정인에게만 일어나지만 노화는 모든 사람에게 일어남
  - 다만, 노화가 일어나는 시기와 노화의 속도는 개인에 따라 차이가 있을 수 있음
- 내인성
  - 노화의 주원인은 체내에 있음
  - 예를 들어 방사선에 과도하게 노출되면 신체에 변화가 생기지만, 그 원인이 신체 외적인 곳에 있으므로 노화가 아님
- 쇠퇴성
  - 노화는 신체기능에 부정적인 영향을 미쳐 사망에 기여함
  - 나이가 들면서 신체의 기능이 더 좋아지면 노화가 아님
- 점진성
  - 노화는 점진적으로 일어남
  - 신체기능의 상실이 점진적으로 일어나야 하며, 교통사고처럼 갑자기 나빠지는 것은 노화가 아님

📝 **핵심요약&보충자료**

[스피르두소의 노인 신체기능 분류]

신체적으로 아주 잘 단련(5단계)	행글라이더, 웨이트 리프트 트레이닝 → 신체나이가 역연령보다 낮음
신체적으로 단련(4단계)	달리기, 자전거, 등산
신체적으로 독립(3단계)	골프, 사교댄스, 수공예, 여행, 운전
신체적으로 연약(2단계)	일상생활의 기본적 활동
신체적으로 의존(1단계)	요양원 및 사회 복지 시설에 의존 → 기본적인 일상 or 일부 생활이 불가능한 노인들로 가정이나 시설에서 돌봄이 필요한 단계

❶ **건강 수명과 기대 수명**

건강 수명	신체적, 심리적, 사회적 기능을 유지 하는 것
기대 수명	앞으로 몇 년을 더 살아갈 것인지 통계적으로 추정한 기대치(= 평균수명)

(3) 노인의 신체기능 분류

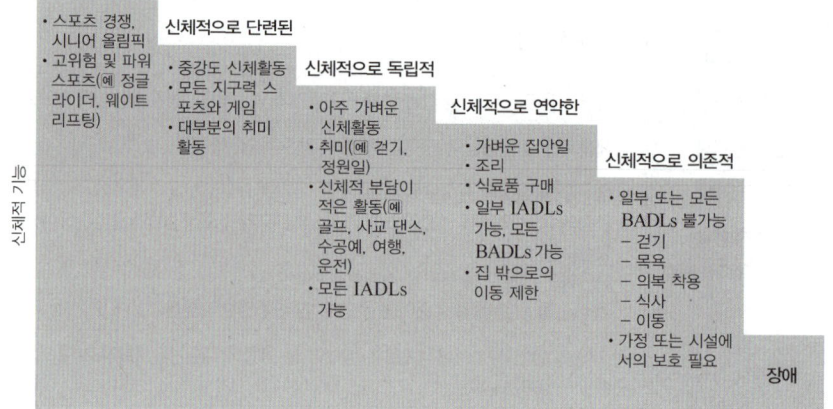

(4) 건강 수명과 기대 수명❶

① 건강 수명

  ㉠ 건강과 일상생활, 신체적, 심리적, 사회적 기능을 유지하는 기간

  ㉡ 프라이스, 크라포(Fries, Crapo, 1981) - 심각한 질병이나 신체장애 없이 생존한 삶의 기간

  ㉢ 캐츠(katz, 1983) - 신체적, 정서적, 인지적 활력 또는 기능적 웰빙을 유지하는 것으로 예상되는 삶의 기간

② 기대 수명

  ㉠ 성별, 연령별로 앞으로 몇 년을 더 살아갈 것인지를 통계적으로 추정한 기대치로, 평균 생존 연수를 의미함 기대 수명 = 평균 수명

  ㉡ 한국인 평균(기대) 수명(2019년 기준) - 남성 80.5세, 여성 86.5세 vs 건강 수명 남성 71.3세, 여성 74.7세 → 남성 9.2년, 여성 11.8년이 평균수명과 건강 수명의 차이가 있음 → 건강하지 않게 사는 기간이 10년 가까이 되고 이 간극을 메우기 위한 노력이 필요

3. 노인체육

(1) 노인체육학의 역사

① 체육학의 범위는 엘리트체육, 학교체육, 사회체육의 세 분야로 발전

② 체육학의 대상은 영유아부터 노인까지 포함되어야 하지만 현재까지 체육학은 청소년기의 학교체육과 엘리트 체육에 초점이 맞춰져 있었음

③ 사회체육의 범위는 자연스럽게 학교체육과 엘리트 체육을 제외한 나머지 연령대의 유아, 청·장년, 여성, 노인층이 대상이 됨

④ YMCA 활동으로 유아체육이 태동, 스포츠 중심으로 사회체육이 발달

  → 청·장년 운동 참여율 증가, 하지만 노인은 특별 관리가 필요한 대상으로 생각되어 노인층에 대한 운동이나 스포츠 종목은 매우 제한적 발전

⑤ 노인은 노화와 함께 신체적으로 근력, 근지구력, 균형성, 유연성 등 체력 저하와 신체 조절능력 감소뿐만 아니라 심리적인 고독감, 외로움, 소외감으로 인한 불안 및 우울증 발생

  → 노인 자살율 증가로 이어지고 있음

(2) 노인체육의 발생 배경

65세 이상 노인에게 운동과 스포츠를 지도할 때에는 노인성 질환의 기전과 특성, 운동 시 주의해야 할 사항 등에 대한 의학적 지식, 신체적 허약함을 극복할 수 있는 체력요인에 대한 지식, 낙상을 방지하기 위한 다각적 훈련 등에 관한 지식과 경험이 필요

(3) 노인체육 지도자 양성 교육 과정

노화와 신체활동 학회지의 노인체육지도자 양성을 위한 국제 교육 과정 지침(Ecceleston, Jones, 2004)

① 노화와 신체활동에 대한 전반적인 이해
② 신체활동의 심리적·사회적·생물학적 측면과 노인
③ 사전 검사, 평가, 목표설정
④ 프로그램 설계와 관리
⑤ 질병이 있는 노인을 위한 프로그램 설계
⑥ 지도 기술
⑦ 지도력, 의사소통, 마케팅 기술
⑧ 고객 안전과 응급치료
⑨ 전문인으로서의 윤리와 행동

02 노화와 관련된 이론

1 생물학적 노화 이론

1. 유전자 이론(헤이플릭 한계, Hayflick limit)

① 인간 세포는 제한된 횟수만큼 50번 정도 분열, 유전적으로 계획된 것으로 인체 내의 노화 속도를 결정하는 데 있어 유전적인 역할에 초점을 둠
② 유전자는 두 가지 유형으로, 젊음과 활기, 성장과 성숙을 촉진하는 유전자와, 기능을 쇠퇴시키고 구조를 파괴하는 유전자가 존재함
③ 한 유전자는 청년기의 측면이 작용하고 중년기 이후에는 노쇠의 측면이 활성화되는 이중적인 역할을 함. 그러나 논란이 있을 수 있는 이론으로 모든 세포가 똑같은 속도로 늙거나 분열하지 않는다는 것이 밝혀졌기 때문이고 헤이플릭도 대부분의 사람들이 가능한 세포분열 한계에 도달하기 전에 질병으로 죽는다고 인정

핵심요약&보충자료

❷ 생물학적 노화 이론
- 유전자 이론(헤이플릭의 한계 이론)
- 손상이론
- 마모 이론
- 점진적 불균형 이론
- 프로그램 이론
- 스트레스 이론
- 내분비통치체계 이론

[텔로미어(Telomere)] 기출 23년
- 텔로미어(telomere) 또는 말단소립(末端小粒)은 염색체의 끝부분에 있는 염색 소립으로 세포의 수명을 결정짓는 역할
  → 세포의 분열수명을 제어, 조로증(progeria)(유년기에 노인의 외모가 되는 유전병)의 원인
- 진핵생물의 염색체 말단에 존재하는 염기서열로 노화를 일으키는 핵심 요소 중 하나로 지목되어 연구가 활발하게 진행 중

2. 손상이론, 자유기 이론, DNA 손상이론(Free radical, cross-linkage or DNA damage theory) 기출 19년

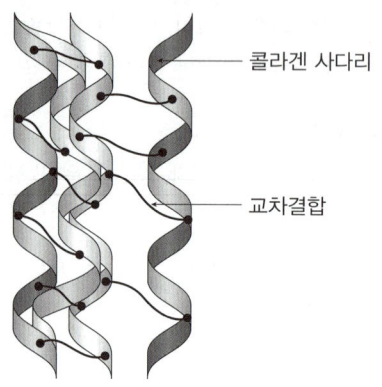

<DNA 콜라겐 교차 결합>

① 세포손상의 누적이 세포의 기능장애에 결정요소로 작용, 노화를 발전시킴

② 자유기이론은 가장 강력하게 인정되는 세포 손상이론으로 '활성산소'라고 불리는 자유기산소 대사작용의 산물로서 생명체에 에너지를 제공하고 박테리아를 죽이지만 과도할 경우 세포막 및 유전물질과 세포대사와 분열의 조절에 요구되는 효소를 손상시키는 유해한 산화작용을 초래하여 여러 질환을 발병시킨다는 이론

③ 인체의 대사 작용 이외에도 태양 자외선 및 환경적 유해물질(담배연기, 방사선 등)에 대한 활성산소 노출에도 세포손상이 누적될 수 있으니 따라서 노인체육 지도 시 환경적 유해요인들에 대해서도 고려

④ 교차이론 또는 DNA 손상이론은 세포 구성요인들이 화학적으로 세포 내의 DNA 나선과 연결되는 활동부위를 갖게 되는데 교차연결된 세포분자가 DNA 나선에 연결되면 인체 방어체는 손상된 DNA 부분을 잘라냄. 이런 분자들 간의 비정상적인 교차결합은 세포 내부의 영양소와 화학적 전달물질의 수송을 방해하며, 결합조직에서 DNA손상은 폐, 신장, 혈관, 소화계, 근육, 인대, 건의 탄력성을 감소. 따라서 노인을 지도 할 때에는 노화로 인한 근육, 인대, 건, 폐, 혈관 등의 신체조직 손상에 대해 고려하여 운동을 지도

3. 마모 이론(Wear and tear theory) 기출 19년

① 생물학적 노화는 인체의 세포, 조직, 기관 등의 손상이 누적되어 생기는 것이라는 이론

② 신체의 반복적인 사용이나 독성 물질의 축적에 의해서 스스로 복구해내지 못하는 것이 노화라고 주장

4. 면역반응이론(immune reaction theory)

백혈구가 인체 내의 해로운 물질을 식별하는 능력을 상실해가면서 제거하지 못하며 점차 누적되며 인체에 부작용을 초래하면서 노화가 진행된다는 이론

5. 점진적 불균형 이론

① 중추신경계와 내분비계(신경내분비계), 스트레스에 대해 인체가 반응하고 적응하도록 호르몬 분비를 조절하는 복잡한 생화학적 연결체계에서 노화가 진행됨에 따라 신경내분비계의 세포들이 약간씩 줄어들어 노화가 진행된다는 이론

② 뇌 시상하부의 신경세포가 손실되면 뇌하수체로부터 이들 목표조직까지 광범위하게 영향을 미치게 되어 점차적으로 불균형 상태가 되며 인체기능에 부정적인 영향을 미치게 된다는 것이 점진적 불균형이론의 핵심

6. 프로그램 이론

① 수정에서부터 시작되는 '생체 시계'의 개념을 제안함

② 유기체는 나이가 들면서 각, 종마다 특수한 양상으로 변화하며 이 변화는 예측이 가능하다는 점에서 노화는 이미 프로그램화되어 있다고 함

7. 스트레스 이론

① 노화가 일상의 스트레스 축적으로 인해 일어난다고 설명함

② 많은 스트레스로 인해 사람들의 머리카락이 희어지거나 빠지는 일상적인 현상과 관련이 있다고 함

8. 내분비통제체계 이론

① 호르몬이 노화 과정을 통제한다고 가정함

② 호르몬이 사춘기와 갱년기에 관련이 있고, 내분비체계기능이 나이가 들어감에 따라 감소한다는 증거도 있음

2 심리학적 노화 이론

1. 심리적 노화

① 생활 경험에 의한 행동, 감각 및 지각, 지적 기능, 자아 갈등이 시간이 경과함에 따라 변화해 가는 노화

② 감각 기능, 인지 기능, 정서 및 정신 기능, 성격 등의 심리내적 측면과 심리외적 측면의 상호작용 속에서 퇴행, 유지 및 성숙을 동시에 포함하는 심리적 조절 과정

2. 심리적 노화의 영역

① 심리적 기능 → 감각 기능, 지각 과정, 심리운동수행 능력, 정신 기능

② 발달적 특성 심리적 노화 → 자아의 발달과 성격변화

3. 노화의 심리적 특성 기출 19·21년

① 생물학적 노화와 사회적 노화와의 연관성이 있음

② 생물학적 노화와 관련된 심리기능은 연령증가와 함께 퇴행적 발달

③ 경험과 관련된 심리기능은 유지 혹은 증가

④ 실제생활에서는 정신기능의 쇠퇴가 의미 있는 정도로 나타나지 않음

핵심요약&보충자료

⑤ 심리적 노화가 사회적 기능을 약화 또는 촉진할 수 있으며, 사회적 노화 역시 심리적 노화에 긍정, 부정의 영향을 미침

⑥ 미각 쇠퇴, 촉각 저하, 시각 저하, 청각 저하, 수면시간 감소 → 치매 가능성, 기억력 저하, 학습력 저하, 문제해결능력 감소, 유동성 지능 감소

⑦ 노년기에 이르게 되면 감정표현능력이 저하되고 이러한 감정표현 능력의 저하는 연령의 증가에 기인한 것이라기보다는 사회문화적 요인에 더 큰 원인 → 즉, 감정표현을 억제하는 것이 사회문화적으로 더 바람직한 것이라는 사회 압력에 순응한 결과라고 할 수 있음

4. 노년기 성격유형별 특징

성숙형	매사에 신중하고 은퇴 후의 변화를 수용하고 과거에 집착하지도 않으며, 여생이나 죽음에 대한 과도한 불안이 없음
방어형	노화에 따른 불안을 방지하기 위해 사회적 활동 및 기능을 계속 유지
은둔형	은퇴 후 과거에 힘들었던 일이나 복잡한 대인관계에서 벗어나 조용히 수동적으로 보내는 것에 만족
분노형	젊은 시절 인생목표를 달성하지 못하고 늙어 버린 것에 대해 비통해하고, 실패 원인을 외부에 투사하여 남을 질책하고, 자신의 늙음에 타협하지 않으려 함
자학형	지난 인생에 대한 후회가 많고 불행이나 실패의 원인이 자신에게 있다고 여겨, 자신이 무가치하고 열등하다고 생각하며 의기소침해하거나 우울증을 보임(노인복지론, 김한식 외 2019)

5. 심리학적 노화 이론의 이해❶ 기출 21·22년

(1) 분리 이론

사회는 노인을 사회로부터 분리시키고 노인은 나이가 들면서 스스로 사회에서 멀어져 가기를 원하기 때문에 노인의 사회 유리는 사회와 노인에 이롭다는 이론임

(2) 활동 이론

노인이 생물학적 변화와 육체적 건강 약화를 제외하고는 사회적, 심리적 욕구를 지니고 있어 퇴직으로 인한 역할 부재에 대신할 만한 활동을 찾아 사회참여를 추구함

(3) 지속성 이론

만족도와 활동과의 관계에 초점을 두고 만족도는 성격 성향의 일관성에 준하여 판가름, 성격은 역할 행동과 생의 만족도 간의 관계를 결정하는 요인임

(4) 매슬로(Maslow)의 욕구 단계 이론

① 낮은 수준의 욕구는 그다음 수준의 욕구에 마음을 쏟기 이전에 충족되어야만 한다는 인간 욕구의 단계를 표현

② 자신의 기본적 욕구가 충족되었을 때 사람들이 더욱 성공적으로 노화한다는 것으로 받아들여짐

❶ 심리학적 노화 이론
- 분리 이론
- 활동 이론
- 지속성 이론
- 욕구 단계 이론(매슬로)
- 심리 사회적 단계 이론(자아 통합 단계 이론)
- 성공적 노화 이론
- 선택적 적정화 이론

[매슬로의 욕구 단계 이론]

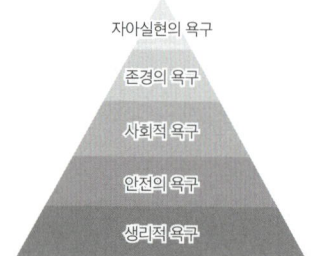

(5) 에릭슨(Erikson)의 심리 사회적 단계 이론(자아 통합 단계 이론)

단계	시기	특성
1	신뢰 vs 불신 (0~1.5세)	신체적·심리적 요구를 적절히 충족해 주면 그 대상에게 신뢰감을 형성하고, 그렇지 못할 경우 불신감이 형성되는 시기
2	자율 vs 수치와 의심 (1.5~3세)	스스로 먹고, 입고, 배변 활동을 하면서 자율성이 발달하는 시기로, 아동의 자발적 행동을 지나치게 통제하거나 과잉보호하게 되면 수치심을 갖게 되는 시기
3	주도성 vs 죄책감 (3~6세)	자신이 세운 목표나 계획을 실천하고자 하는 욕구와 또래의 판단 사이에서 갈등을 겪게 되는 시기
4	근면성 vs 열등감 (6~12세)	자아 성장에 결정적인 시기로, 아이가 행한 업적을 칭찬해 주고 격려해 주면 근면성을 발달시키지만, 활동을 제한하고 비판하면 열등감이 생기는 시기
5	정체성 vs 역할 혼돈 (12~18세)	자아 정체감으로 사회 속에서 나의 존재와 위치에 대한 느낌을 확립하게 되는 시기로, 발달이 순조롭게 이루어졌다면 자아 정체감을 확립하지만, 그렇지 못하면 혼미감을 느끼고 정체감의 위기에 빠지는 시기
6	친밀감 vs 고독 (성인 초기)	타인과 자신의 정체감을 공유하며 친밀감을 형성하는 시기로, 이 시기에 친밀한 인간관계를 형성하지 못하면 개인과 사회에 건강하지 못한 고립감을 경험하는 시기
7	생산성 vs 정체 (성인기)	자신의 세대를 넘어 다음 세대를 양육하는 것에 관심과 노력을 기울이게 되는 시기로, 생산성을 형성하지만 생산성이 결핍되면 사회에 의미 있는 기여를 하지 못했다는 회의로 인해 침체를 경험하고 소위 중년의 위기를 겪게 되는 시기
8	자아 주체성 vs 절망 (노년기)	자신의 삶을 되돌아보면서 자신의 인생을 수용하고 죽음을 두려움 없이 맞게 되는 자아 통합의 과정을 거치는 시기로, 자아 통합 달성에 실패하면 지나온 생을 후회하며 절망하는 시기

[에릭슨의 심리 사회적 단계 이론]

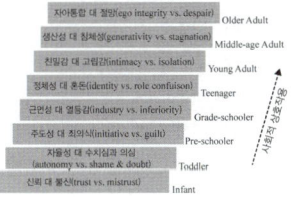

(6) 로우(Rowe)와 칸(Kahn)의 성공적 노화 이론

① 미국의 70대 노인을 대상으로 건강 상태, 사회 관계, 심리적 특성, 신체적·인지적 기능, 생산 활동의 5가지 영역을 측정한 뒤, 이들 간의 관련성 분석 결과를 통해 성공적인 노화의 개념을 설명함

② 질병이 없는 상태인 정상적 노화의 범주를 보통의 노화와 성공적인 노화로 구분함

③ 성공적 노화는 높은 수준의 인지적·신체적 기능 유지 및 좋은 인간관계, 생산적 활동에 적극적으로 참여하는 것임

(7) 발테스(Baltes)의 보상이 수반된 선택적 적정화 이론(Selective Optimization with Compensation: SOC)

① 성공적인 노화: 신체적, 사회적, 심리적으로 건강 가능성 또는 그 수준에 도달하는 것. 노화의 긍정적 측면을 강조

② 성공적 노화의 세 가지 요소

[성공적인 노화 7가지 구성요소 (Phelan & Larson, 2002)]

① 인생에 대한 만족
② 수명
③ 장애가 없을 것
④ 숙달, 성장
⑤ 적극적인 인생참여
⑥ 높은 수준의 기능
⑦ 긍정적 적응

[성공적인 노화 3가지 요소]

선택 (selection)	관심 영역을 줄이고 선택하기
적정화 (optimization)	남은 신체적, 정신적 능력을 확장하고 질적 측면에서 선택된 능력을 극대화
보상 (compensation)	잃어버린 기능을 보완하기 위한 심리 전략이나 기법

핵심요약&보충자료

❶ 사회학적 노화 이론
- 활동 이론
- 지속성 이론
- 분리 이론
- 하위 문화 이론

3 사회학적 노화 이론❶

(1) 활동 이론

일생에 걸쳐 일상생활의 정신적, 신체적 활동을 지속하는 사람은 건강하고 행복하게 늙는다는 이론

(2) 지속성 이론

개인이 평생 동안 갖게 된 인격 성향들이 각기 다른 노화 패턴을 만들어낸다고 주장, 과거에 자신이 했던 역할과 비슷한 형태의 활동과 태도 등을 유사한 수준으로 유지하고자 하는 경향

(3) 분리 이론

노년기를 부정적으로 보지 않고 오히려 자신의 삶 속의 철회나 분리에 대해 보다 깊게 성찰하게 되어 노후 생활에 스스로 만족하는 과정이 된다는 이론

(4) 하위 문화 이론

공통된 특성을 가진 노인들이 집단을 형성하고 빈번한 상호 작용을 통해 그들 특유의 행동 양식을 만든다는 이론

03 노화에 따른 신체적 · 심리적 · 사회적 변화

1 노화의 신체적 특성 기출 19~23년

1. 신체 구조 및 기능의 저하

피부와 지방 조직의 감소, 세포의 감소, 뼈대와 수의근의 약화, 치아의 감소, 심장 비대와 심장 박동의 약화

2. 외면상의 신체 변화

흰 머리카락의 증가, 머리카락의 감소, 주름살의 증가, 얼룩 반점의 증가, 신장의 감소

3. 만성 질환 유병률의 증가

퇴행성 관절염, 골다공증, 동맥 경화증, 고혈압, 당뇨병, 심장병, 신장병 등과 함께 안구수축이 30대 중반~ 40대 초반부터 안구 조절능력 떨어지며 노안 발현 시작

4. 장애과정모델)페르브뤼헌과 예터, L. verbrugge & A. jette, 1994) 기출 24년

① 병리(pathology)단계로 생화학적, 의학적 이상이나 질병, 부상, 유전적 · 발달적 문제 등이 발생

② 신체적 기능장애와 구조적 이상이 나타나는 손상(impairment)단계

③ 신체적 · 정신적 기능을 하는데 제한을 받는 기능제한(functional limitation)단계

④ 단계인 장애(disability)는 일상생활을 수행하는데 겪는 어려움을 의미

5. 노화와 관련된 심혈관계의 변화

중추적 변화	• 증가하는 것은 개별 심장의 근육 세포의 크기가 커짐 → 심장은 약간 확장되며 심벽은 두꺼워짐 • 벽이 두꺼워지면 더 뻣뻣해지므로 각 심실이 펌프질하기 전에 방에 혈액이 충분히 채워지지 않음 • 심장 벽의 경직으로 인해 좌심실이 잘 채워지지 않으며 때로는 특히 고혈압, 비만, 당뇨병과 같은 다른 질환이 있는 노인의 경우 심부전을 유발 가능 • 최대 심박출량 감소 • 최대 1회 박출량 감소 • 최대 심박수 감소 • 최대 산소 섭취량의 점진적 감소 • 신장 근육의 수축 시간 연장 • 수축기 혈압의 점진적 증가 • 운동하는 동안 분비된 카테콜아민에 대한 심장 근육 반응의 감소
말초적 변화	• 운동하는 근육으로의 혈액 흐름 감소 • 동정맥 산소 차이 감소 • 근육의 산화 능력 감소 • 근육 미토콘드리아의 숫자와 밀도 감소 • 동맥과 세동맥의 벽은 더 두꺼워지며 동맥 내의 공간도 약간 확장 • 동맥과 세동맥 벽의 탄력적인 조직이 감소 • 혈관을 더 경직되게 만들며 탄력성을 떨어지게 만듦(죽상경화증) → 동맥과 세동맥의 탄성이 떨어지기 때문에, 환자는 일어설 때 혈압을 빠르게 조절할 수 없으며, 고령자들은 어지러움이나 일부 경우는 갑자기 일어설 때 실신할 위험이 있음 • 노인의 경우 동맥과 세동맥이 탄력성이 떨어짐으로써, 심장의 주기적인 펌핑 동안에 빠르게 이완할 수 없게 됨 → 그 결과, 심장이 수축하는 동안 젊은 사람의 경우보다 혈압은 더 상승하게 되며, 때로는 정상 범위를 넘기도 함 → 고립성 수축기 고혈압 • 노화가 심장과 혈관에 미치는 영향은 규칙적인 운동을 통해 감소시킬 수 있음 → 운동은 노인에게 심혈관 운동을 유지해 줄 뿐만 아니라 근육 운동도 유지해 줌

6. 스트렐러(Strehler)의 생물학적 노화

① 생물학적 노화는 모든 사람에게 보편적으로 일어나는 것

② 생물학적 노화의 주원인은 체내에 있어야 함

③ 생물학적 노화는 신체기능에 부정적 영향을 미쳐 생명의 종식인 사망에 기여

④ 생물학적 노화는 점진적으로 일어남

2 노화의 심리적 특성

1. 정체감
은퇴로 자아가 와해되면서 노인은 정체성 위기에 직면할 수 있지만, 은퇴 후에 여러 가지 다른 역할로 정체감을 유지할 수 있음

2. 감정표현
① 감정표현능력이 저하되나, 사회문화요인이 더 큰 영향을 받음

② 감정표현을 억제하는 것이 사회문화적으로 더 바람직한 것이라는 사회압력에 순응한 결과

3. 죽음에 대한 태도
자아통합 성취정도에 따라 차이를 보임

4. 성격변화

① 유지(Kogan, 1990) ↔ 변화(Ruth, 1996)와 관련된 주장이 상반

② 내향성 및 수동성 증가, 경직성 증가, 생애 대한 회상의 증가

③ 성역할 지각의 변화, 유산을 남기려는 경향

④ 우울증 경향과 소극적인 성향이 증가함

⑤ 의존성이 증가하고 조심성이 많아짐

⑥ 과거 지향적인 성향을 갖게 되고 감정의 기복이 심해짐

⑦ 소외감과 고독감이 증가하고 이해력이 낮아짐

3 노화의 사회적 특성

1. 노화

① 연령 증가에 따라 사회적 지위나 역할이 변화해 가는 노화

② 노화의 사회적 측면을 정확히 이해하기 위해서 고려해야 할 사항
　㉠ 노년기로서의 전환과 함께 이루어지는 개인 수준에서의 사회적 상황
　㉡ 사회가 노화 과정이나 노인에게 미치는 영향
　㉢ 노인인구로 인하여 야기되는 사회적 변화

③ 인간은 시간이 지남에 따라서 노년기로의 전환과 함께 나타나는 개인수준의 사회적 상황변화, 즉 사회적 관계망과 상호작용, 사회규범과 사회화, 지위와 역할의 변화를 의미

2. 사회관계망과의 상호작용

① 노년기에 주거환경을 바꿀 경우 사회관계망의 위축, 지역사회에서의 상징적 지위의 상실, 새로운 이웃과의 관계 설정 과정에서의 어려움 등, 부정적 영향을 받을 가능성이 많음

② 또한 질병이나 가족의 부양능력 한계 등으로 인하여 노인복지시설에 입소하는 경우가 점차 늘어나, 시설에 입소하게 될 경우 지역사회에서 거주하는 경우보다 외부 사회관계망과의 상호작용이 좀 더 많이 위축될 수 있음

3. 사회적 노화의 양상

(1) 부부관계

① 평균수명의 연장과 자녀 양육기간의 감소로 노후의 여가 시간과 부부끼리 삶의 연장

② 부부관계의 결정요인: 건강, 경제 자립, 생활범위조정, 양성적 역할분담 등

③ 배우자 상실의 영향: 우울, 비통, 죄의식, 사회활동 저하 등

④ 황혼이혼, 노년기 재혼의 증가 추세

(2) 부모, 자녀관계

① 별거, 연락이나 접촉의 빈도는 감소, 양적 변화와 정서적 유대관계도 약화되는 추세

② 극복방법: 건강, 소득유지, 자녀와 상호지원관계 형성 등

(3) 조손관계 (할아버지, 할머니 - 손주, 손녀의 관계)

핵가족화로 인한 전통문화전수와 손자녀 교육기능 축소

(4) 친구관계
① 퇴직으로 인해 친구관계가 축소: 친구의 계속 유지는 지지 기반이 됨
② 현상: 친구 수 감소, 새로운 친구형성이 어려움. 이웃과 중복되는 경향이 있음
③ 친구관계의 유지 조건
　㉠ 건강
　㉡ 경제적 여유
　㉢ 동일지역 장기 거주
　㉣ 성격 원만
　㉤ 유머
　㉥ 개인의 취미와 동질성 등

4. 연령규범과 사회화
① 노인이 연령에 적합하지 못한 행동을 하게 되면 사회구성원에게서 인정을 받지 못하고 비난이나 사회차별을 받게 될 가능성이 높아짐
② 따라서 우리 사회에서 노년기의 연령규범에 대한 사회합의가 이루어지지 못하는 상황이 지속된다면 사회차별은 더욱 심화될 것이 분명함

5. 지위와 역할의 변화
① 사회적 지위
　㉠ 사회신분에 따라 개인이 차지하는 자리나 계급을 의미하며, 역할이란 지위의 동적인 표현으로서 특정한 사회적 지위에 상응하는 기대행동이라고 할 수 있음
　㉡ 사회적 지위와 역할은 한 개인이 행사할 수 있는 권력, 사회영향력 그리고 삶의 질을 결정하는 매우 중요한 요소이며, 단순한 상실보다는 획득, 유지, 상실이 복합되므로 역할전환이라는 것이 더욱 타당한 표현
② 개인의 일상생활은 개인이 지닌 사회적 지위나 역할에 의해 주로 결정됨

6. 사회적 노화이론의 이해
(1) 연령문화 이론
① 모든 인간 사회는 일정한 연령군을 한 단위로 구분하며 각 연령군에 사회적 지위를 부여하고 그 지위에 적합한 역할과 규범을 규정함
② 노인 역시 사회에서 부여한 지위에 따라 연령, 그 사회의 문화, 능력에 적합한 노인 역할을 담당

(2) 현대화 이론
① 노인의 지위와 역할, 노인에 대한 처우가 왜 이렇게 변화해 왔는가에 초점을 둠
② 현대화는 사람들의 기본 관념을 변화시키고 노인의 지위와 역할에도 영향을 미치며 노인의 권위는 다양한 영역에서 도전을 받음

7. 노화의 사회적 특성
① 역할의 변화
② 권력, 권위, 보상 및 선택의 재량 상실
③ 타인에 대한 의존성 증가
④ 대인 관계 위축과 사회 참여도 감소

출제예상문제

Chapter 01 노화와 노화의 특성

01 노인의 신체분류로 옳지 <u>않은</u> 것은?

① 신체적으로 아주 잘 단련(5단계): 행글라이더, 웨이트 리프트 트레이닝
② 신체적으로 단련(4단계): 달리기, 자전거, 등산
③ 신체적으로 독립(3단계): 골프, 사교댄스, 수공예, 여행, 운전
④ 신체적으로 의존(2단계): 복지시설에서 일상생활의 수동적 기본활동

정답분석 노인의 신체분류

신체적으로 아주 잘 단련(5단계)	행글라이더, 웨이프 리프트 트레이닝 → 신체나이가 역연령보다 낮음
신체적으로 단련(4단계)	달리기, 자전거, 등산
신체적으로 독립(3단계)	골프, 사교댄스, 수공예, 여행, 운전
신체적으로 연약(2단계)	일상생활의 기본적 활동
신체적으로 의존(1단계)	요양원 및 사회 복지 시설에 의존 → 기본적인 일상 또는 일부 생활이 불가능한 노인들로, 가정이나 시설에서 돌봄이 필요한 단계

정답 ④

02 연령에 대한 설명으로 옳지 <u>않은</u> 것은?

① 역연령(chronological age): 출생 이후의 햇수
② 기능적 연령: 나이와 성을 기준으로 한 기능적 체력과 관계가 있는 연령. '신체연령'이라고도 함
③ 생리적 연령: 신체적 외모나 운동능력, 지적 능력 등이 기준이 되는 연령
④ 심리적 연령(psychological age): 시대적 흐름을 읽고 사회적 기대 또는 규범을 반영하는 나이

정답분석
- 심리적 연령(psychological age): 한 개인의 심리적 성숙도를 의미
- 사회적 연령: 각 개인의 연령에서 사회적으로 수행해야 할 역할에 대한 것, 사회적 기대 또는 규범을 반영하는 나이

이론 PLUS
- 역연령(chronological age): 출생 이후의 햇수
- 기능적 연령: 나이와 성을 기준으로 한 기능적 체력과 관계가 있는 연령. '신체연령'이라고도 함
   70대 노인의 체력이 노인체력검사항목과 평가 기준 평가 시 40대의 기록이 나오면 신체적 나이는 40대라고 할 수 있음
- 생리적 연령: 신체적 외모나 운동능력, 지적 능력 등이 기준이 되는 연령(정옥분 외, 2015)
- 심리적 연령(psychological age): 한 개인의 심리적 성숙도를 의미
  - 환경에 대한 적응력, 스트레스에 대한 대처, 자기 주도적 능력(독립심) 등이 중요한 기준
  - 타인과의 관계 형성 능력을 기준으로 연령 구분.
     타인을 위한 배려 수준이 높은 경우 심리적 연령이 높음
- 사회적 연령: 각 개인의 연령에서 사회적으로 수행해야 할 역할에 대한 것, 사회적 기대 또는 규범을 반영하는 나이

정답 ④

03 노년기 성격유형별 특징이 아닌 것은?

① 성숙형: 매사에 신중하고 은퇴 후의 변화를 수용하고 과거에 집착하지도 않으며, 여생이나 죽음에 대한 과도한 불안이 없음
② 참견형: 노화에 따른 불안을 방지하기 위해 젊은이들에게 사회적 활동에 대한 참견을 함
③ 은둔형: 은퇴 후 과거에 힘들었던 일이나 복잡한 대인관계에서 벗어나 조용히 수동적으로 보내는 것에 만족
④ 분노형: 젊은 시절 인생목표를 달성하지 못하고 늙어 버린 것에 대해 비통해하고, 실패 원인을 외부에 투사하여 남을 질책하고, 자신의 늙음에 타협하지 않으려 함

정답분석 노년기의 성격유형별 특징에 참견형은 존재하지 않는다.

이론PLUS 노년기 성격유형별 특징
- 성숙형
- 방어형
- 은둔형
- 분노형
- 자학형

정답 ②

04 노화와 관련된 인지기능에서 나타나는 보편적 변화가 아닌 것은?

① 기억력 저하
② 빠른 정보처리 속도
③ 인지능력의 저하
④ 느려진 반응시간

정답분석 노화는 느린 정보처리 속도를 가진다.

정답 ②

05 로우(Rowe)와 칸(Kahn)의 성공적 노화 이론의 특징으로 바르지 않은 것은?

① 미국의 70대 노인을 대상으로 건강 상태, 사회 관계, 심리적 특성, 신체적·인지적 기능, 생산 활동의 5가지 영역을 측정한 뒤, 이들 간의 관련성 분석 결과를 통해 성공적인 노화의 개념을 설명함
② 질병이 없는 상태인 정상적 노화의 범주를 보통의 노화와 성공적인 노화로 구분함
③ 성공적 노화는 높은 수준의 인지적·신체적 기능 유지 및 좋은 인간관계, 생산적 활동에 적극적으로 참여
④ 좋은 직장은 성공적 노화의 필수조건이다.

정답분석 성공적 노화의 필수조건에 좋은 직장은 포함되지 않는다.

이론PLUS 성공적인 노화 7가지 구성요소(Phelan&Larson, 2002)
- 인생에 대한 만족 • 수명 • 장애가 없을 것 • 숙달, 성장
- 적극적인 인생참여 • 높은 수준의 기능 • 긍정적 적응

정답 ④

06 노화의 사회적 이론에 대한 설명으로 가장 바르지 않은 것은?

① 분리 이론: 노년기를 부정적으로 보지 않고 오히려 자신의 삶 속의 철회나 분리에 대해 보다 깊게 성찰하게 되어 노후 생활에 스스로 만족하는 과정이 된다는 이론
② 지속성 이론: 개인이 평생 동안 갖게 된 인격 성향들이 각기 다른 노화 패턴을 만들어 낸다고 주장, 과거에 자신이 했던 역할과 완전히 다른 형태의 활동과 태도 등을 상이한 수준으로 변화하고자 하는 경향
③ 활동 이론: 일생에 걸쳐 일상생활의 정신적, 신체적 활동을 지속하는 사람은 건강하고 행복하게 늙는다는 이론
④ 부적합한 사회적 환경과 자연환경은 전반적인 건강 및 웰빙의 감소와 관련이 있다.

정답분석 지속성 이론
만족도와 활동과의 관계에 초점을 두고 만족도는 성격 성향의 일관성에 준하여 판가름, 성격은 역할 행동과 생의 만족도 간의 관계를 결정하는 요인이다.

정답 ②

Chapter 02 노인의 운동 효과

핵심요약&보충자료

01 운동의 개념과 역할

1 운동의 개념 기출 21·23년

1. 신체활동(Physical activity)
① 에너지를 소모하는 골격근에 의한 신체의 움직임, 일상생활 활동 포함
② 골격근의 수축에 의해 생성, 에너지 소비가 증가하는 신체의 움직임

2. 비활동(Physical inactivity)
① 정기적(규칙적)으로 운동 및 신체활동을 수행하지 않는 생활방식 → 신체활동의 부족(lack of physical activity)을 의미
② 좌업생활방식(sedentary life style)과 유사

3. 건강(Health)
질병이나 손상이 없고 사회적, 생리학적(육체적), 심리적(정신적)으로 완전한 상태

4. 웰빙(well-being)
육체적·정신적 건강의 조화를 통해 행복하고 아름다운 삶을 추구하는 삶의 유형이나 문화를 통틀어 일컫는 개념

5. 웰니스(Wellness)
웰빙(well-being), 행복(happiness), 건강(fitness)의 합성어로 신체와 정신은 물론 사회적으로 건강한 상태

6. 스포츠(Sports)
① 제도화된 규칙에 따라 승패를 겨루는 경쟁적 활동
② 승패를 겨룸에 있어 활발한 신체 발현과 고도의 신체 기량이 요구됨
③ 즐거움이나 재미 같은 내재적 요인
④ 건강, 스트레스 해소, 생계유지 등과 같은 외재적인 요인도 참여 동기가 될 수 있는 인간의 활동

7. 운동(Physical exercise)
(1) 개념
① 체력을 향상시키기 위해 수행되는 계획적이고 구조화된 반복적임 신체 움직임, 에너지를 소모하는 골격근에 의해 이루어지며 체력과 정적 상관관계를 이룸

② 체력(physical fitness)과 전반적인 건강(overall health), 웰리스(wellness)를 유지 및 증진시키는 활동

(2) 운동 유형별 분류

① 유산소성 운동(aerobic exercise)
  ㉠ 인체가 안정 시에 비해 더 많은 산소를 사용하여 에너지를 얻는 신체활동을 의미
  ㉡ 유산소운동의 주요 목적은 심폐지구력(cardiovascular endurance) 증진, 지방 감소를 통한 체중 조절
  ㉢ 수영, 걷기, 줄넘기, 조정, 지속적인 훈련, 저강도 장거리 훈련 등이 있음

② 무산소성 운동(anaerobic exercise)
  ㉠ 운동 시 주로 산소를 사용하지 않고 에너지 생산체계를 이용하는 운동을 의미
  ㉡ 무산소성 운동의 주요 목적은 근력(strength), 근지구력, 순발력, 민첩성, 밸런스와 협응성(coordination), 뼈의 강화 증진
  ㉢ 저항훈련(resistance training), 웨이트 트레이닝, 단거리 고강도 인터벌 훈련 (sprinting and high intensity interval training)

③ 유연성 운동(Flexibility exercise)
  ㉠ 근육을 늘리는(stretching or lengthening) 동작으로 운동
  ㉡ 관절가동범위(range of motion)를 향상시키고 운동 시 자연스러운 동작과 부상 방지가 목적
  ㉢ 요가, 스트레칭, 관절가동성운동 등이 있음

(3) 운동 강도별 분류

① 저/중강도 운동
  ㉠ 저강도는 최대산소섭취량(VO₂max)의 40% 이하, 중강도는 40~60%에서 행하는 운동을 의미
  ㉡ 개인의 운동능력에 따라 차이가 있으며, 저강도 3MET 이하, 중강도 3~6MET 수준의 비경쟁적이고 30분 이상 편안하게 운동할 수 있는 수준의 강도 또는 운동 중 대화가 가능한 수준의 운동강도임

② 고강도
  ㉠ 건강한 사람의 경우, 6MET를 초과하는 운동, 최대산소섭취량의 60% 이상의 운동강도
  ㉡ 땀이 흐르면서 숨이 차는 강도

2 체력(Physical fitness) 기출 19~23년

1. 개념

① 건강과 웰빙의 전반적인 상태 또는 특정 스포츠나 작업을 수행하는 일련의 종합적 능력을 의미
② 올바른 영양섭취, 운동, 위생, 휴식 4가지 요소에 의해 성취
③ 인간의 생활 활동에 기초가 되는 신체적 능력을 의미
④ 신체의 형태(체격, 체형)

용어해설

MET(Metabolic Equivalent Task): 휴식 상태에서 체중 1kg당 1분 동안 사용할 수 있는 산소(1MET = 3.5ml/min/kg)

2. 분류

구분		요소
행동체력	건강관련 체력	심폐지구력, 근력, 근지구력, 유연성, 신체조성
	운동기술관련	파워, 스피드, 민첩성, 평형성, 협응성, 반응시간
방위체력		외부자극(기온, 기압, 불안, 스트레스, 바이러스, 병균 등)에 인체가 방어, 유지 및 적응하는 능력 → 질병에 대한 면역력, 회복능력

3. 노인기 건강관련 체력요인과 효과 (Morrow et al, 2005)

① 노인에게 필요한 체력으로는 건강관련 체력요인인 근력, 근지구력, 심폐지구력, 유연성이 포함되고, 그 외에도 어르신들에게 필요한 체력 요인으로는 평형성과 협응력으로 구성되어 있고, 체격요인으로는 신체조성(BMI)이 포함됨

② 건강관련체력은 건강을 유지하거나 향상시킬 뿐만 아니라 예상하거나 예상하지 못한 신체적 도전과 일상활동을 수행할 수 있는 필수적인 신체적 능력을 유지하도록 돕는 것을 의미

요인	효과
심폐지구력	심혈관계 질병 발생위험률 감소
신체조성	심혈관계 질병, 당뇨, 암 발생위험률 감소
근력, 근지구력, 유연성	요통 감소, 자세, 기능적 능력, 일상생활능력 향상

4. 건강체력요소와 기술체력요소

(1) 건강체력요소

① 심폐지구력: 심혈관계와 호흡 기관이 오랜 시간 지속되는 운동이나 활동에 버틸 수 있는 능력

② 근력: 저항에 대해 근육이 힘을 낼 수 있는 최대 능력 혹은 한 번의 근 수축으로 낼 수 있는 최대 능력

③ 근지구력: 저항 또는 활동에 대해 오랫동안 근육이 지속적으로 동작을 반복할 수 있는 능력

④ 유연성: 관절의 움직임 또는 가동성의 최대 범위 또는 그 능력

⑤ 신체 조성: 뼈, 근육, 지방 등 신체의 구성 조직 비율

(2) 기술체력요소

① 민첩성: 한정된 공간에서 신체를 빠르고 정확하게 이동시키거나 방향을 바꿀 수 있는 능력

② 평형성: 정지 또는 활동 중 신체 균형을 유지하는 능력

③ 협응력: 신체 활동 및 동작을 정확하게 수행하기 위해서 신체 각 부분을 조화롭고 유기적으로 활용하는 능력

④ 순발력: 짧은 시간대에 최대의 힘을 발휘하는 능력

⑤ 반응시간: 일정한 자극에 반응하는 시점까지 걸리는 시간

(3) 노인체력검사

① 미국 노인체력검사(Senior Fitness Test: SFT)
  ㉠ 미국에서 개발된 노인용 체력검사, 서구 지역사회 노인들의 체력 기능평가에 주로 이용
  ㉡ 노인의 기능성 평가에 대한 타당성이 인정

② 한국형 노인체력검사(국민체력 100)
  ㉠ 우리나라 노인들과 서구노인들의 유전, 생활환경, 활동방식 등에서 차이
  ㉡ 비만노인이 더 적고 육식섭취량이 낮으며 바닥 좌식생활 환경으로 인한 무릎손상 등 한국노인의 특성이 있음
  ㉢ 우리나라 노인들에게 적합한 체력측정을 하기 위해 한국 노인체력평가의 필요성 제기
  ㉣ 문화체육관광부 주재하에 국민체력진흥공단이 주관한 체력인증 사업(국민체력 100)을 통해 한국형 노인체력 측정법 개발

③ 노인체력검사 비교[SFT → 65~69세 기준, 국민체력 100 → 65~69세 금상(상위 30% 기준 남성)] **기출** 24년

측정항목	미국 노인체력검사(SFT)	한국 노인체력검사(국민체력 100)
상지 근기능	덤벨 들기(남 3.37kg, 여 2.27kg) 정상범위 (15~21회/30초)	악력 → 상대악력 = 악력(kg)/체중(kg)×100 금상(54.0%)
하지 근기능	의자에서 스쿼트 정상범위(12~18회/30초)	의자에서 스쿼트 금상(22회/30초)
심폐기능	6분 걷기 정상범위(510~637m/6분)	6분 걷기 금상(594m/6분)
	2분 제자리 걷기 정상범위(86~116회/2분)	2분 제자리 걷기 금상(115회/2분)
유연성	의자에 앉아서 손 뻗기(하지 유연성) 정상범위(-3~3cm)	앉아 윗몸 앞으로 굽히기(좌전굴) 금상(10.3m)
	등 뒤로 두 손 모으기(상지 유연성) 정상범위(-7.5~1.0cm)	
민첩성 및 동적 균형성	일어서서 2.44m 돌아오기 정상범위(5.9~4.3초)	의자에 앉아 3m 표적 돌아오기 금상(5.9초/3m)
협응성	-	8자보행 5.6m / 1.8m / 2.4m / 2.4m 금상(21.9초)

핵심요약&보충자료

❶ 노인 단기 신체기능검사(Short physical performance battery; SPPB)

검사 항목		평가 기준	점수	만점
균형검사	일반 자세	>10초	1	4
	반 일렬 자세	>10초	1	
	일렬 자세	3~10초	1	
		>10초	2	
보행속도	4m 걸음	<4.82초	4	4
		4.82~6.20초	3	
		6.21~8.70초	2	
		>8/70초	1	
의자일어서기	5회 반복	<11.19초	4	4
		11.20~13.69초	3	
		13.7~16.69초	2	
		>16.7초	1	
		>60초	0	

핵심요약&보충자료

02 운동의 효과

1. 운동의 신체적 효과

(1) 심혈관과 호흡 계통

① 심장 및 혈관의 기능 향상, 유산소 능력 향상 및 유지
② 최대 산소 섭취량 증가, 심박수 감소, 1회 박출량 증가, 혈액의 산소 운반 능력 증가, 분당 환기량 증가, 안정 시 호흡수 감소, 폐활량 증가 등

(2) 근육 및 골격 계통

근력 향상, 뼈의 질량 증가, 근육층의 발달, 지방층의 감소, 피부의 탄력 향상, 뼈대 및 관절 강화 등

(3) 내분비 계통

인슐린 감수성 증가, 인슐린 저항성 감소, 대사 증후군 유병률 감소, 당뇨병 예방 및 개선, 상처 치유 속도 향상, 콜레스테롤 감소 등

(4) 신경 계통

반응 시간 단축, 신경 전달 기능 향상, 신체 제어 능력 및 협응력 향상, 수면 상태 호전, 기억력 향상, 치매 발생 감소 등

(5) 운동 기술 습득

기존 운동 능력 유지, 새로운 운동 기술 습득 등

2. 운동의 심리적 효과 기출 19~22년

(1) 긴장 이완

적절한 신체 활동을 통해 긴장을 이완시킴

(2) 스트레스와 불안 감소

규칙적인 활동을 통해 스트레스와 불안 감소

(3) 기분 상태의 개선

신체 활동은 건강의 저하를 방지하고 장기적 고독의 부정적인 결과를 대처하는 데 도움

(4) 정신 건강의 향상

규칙적인 운동은 우울증, 불안, 신경증을 포함한 여러 정신적 질병 치료에 중요한 역할을 제공하여 정신 건강 향상에 기여

3. 운동의 사회적 효과 기출 15·16·18년

(1) 사회 통합

규칙적으로 활동적인 사람은 사회적 환경에 적극적으로 참여할 가능성이 높음

(2) 새로운 인맥

다른 사회적 환경에서 운동이 이루어질 때 신체 활동은 새로운 인맥 생성과 교류를 촉진함

(3) 확대된 사회적·문화적 연결망

신체 활동은 개인에게 사회적·문화적 연결망을 넓힐 수 있는 기회를 제공함

(4) 역할 유지와 새로운 역할

신체 활동은 사회에서 적극적인 역할을 유지하고 새로운 역할 습득에 필요한 활력적인 환경을 조성하는 데 도움

(5) 세대 간 교류 촉진

신체 활동은 세대 간의 교류 기회를 제공하여 노화와 노인에 대한 고정관념 탈피

4. 건강한 노인을 위한 신체 활동 방안

① 1일 7,000~8,000보 이상 걷기

② 1일 중강도 활동 시간 15~20분 이상

③ 좌업 생활을 줄이고, 외출이나 사회 활동을 통해 일상 신체 활동을 증진

선생님 TIP 준비 운동과 정리 운동의 생리적 효과 [기출] 21년

준비 운동의 생리적 효과	정리 운동의 생리적 효과
• 헤모글로빈과 미오글로빈으로부터 산소의 해리 증가 • 근육의 점도 감소 • 근육, 힘줄, 인대의 혈액 포화도 증가 • 신경 충격(nervous impulse)의 속력과 신경 수용체의 민감성 증가 • 폐혈류 저항의 감소 • 심장 혈류의 증가 • 대사율 증가	• 체온, 심박수, 호흡을 활동 전 수준으로 회복 • 정맥혈 회귀 • 사지(extremities)에 혈액이 몰리는 현상 감소 • 혈중 카테콜아민 수치의 감소 • 혈중 젖산 농도의 감소 • 근육통과 회복 시간의 감소

출제예상문제

Chapter 02 노인의 운동 효과

01 노인체육 관련 용어의 의미가 옳지 않은 것은?

① 웰니스(Wellness): 웰빙(well-being), 행복(happiness), 건강(fitness)의 합성어로 신체와 정신은 물론 사회적으로 건강한 상태
② 스포츠(Sports): 비제도화된 규칙에 따라 승패를 겨루는 경쟁적 활동
③ 체력(physical fitness): 신체활동을 수행할 수 있는 기능적 특성
④ 건강(health): 질병이 없거나 허약하지 않을 뿐만 아니라 신체적, 심리적, 사회적으로 안녕한 상태

 스포츠는 제도화된 경쟁적 활동이다.

 스포츠(Sports)
- 제도화된 규칙에 따라 승패를 겨루는 경쟁적 활동
- 승패를 겨룸에 있어 활발한 신체 발현과 고도의 신체 기량이 요구됨
- 즐거움이나 재미 같은 내재적 요인
- 건강, 스트레스 해소, 생계유지 등과 같은 외재적인 요인도 참여 동기가 될 수 있는 인간의 활동

정답 ②

02 대사당량(METs)에 대한 설명으로 옳지 않은 것은?

① 안정시 MET값은 체중에 따라 다르다.
② 중강도의 신체활동 기준은 5.0~9.0METs이다.
③ 노인의 유산소 운동시 안전한 운동강도 설정 지표로 활용된다.
④ 1MET는 휴식상태에서 체중 1kg당 1분 동안 사용하는 산소량이다.

 중강도는 3~6MET이다.

 저/중강도 운동
- 저강도는 최대산소섭취량(VO₂max)의 40% 이하, 중강도는 40~60%에서 행하는 운동을 의미
- 개인의 운동능력에 따라 차이가 있으며, 저강도 3MET 이하, 중강도 3~6MET 수준의 비경쟁적이고 30분 이상 편안하게 운동할 수 있는 수준의 강도 또는 운동 중 대화가 가능한 수준의 운동 강도

정답 ②

03 <보기>의 기능을 평가하기 위한 노인체력검사(Senior Fitness Test: SFT)의 검사항목은?

<보기>
- 스스로 등 긁기
- 여성 스스로 상의 속옷 입기
- 어깨에 통증을 느낌

① 덤벨 들기
② 2분 제자리 걷기
③ 등 뒤로 두손 모으기
④ 6분 걷기

정답분석 <보기>가 설명하는 기능은 어깨 가동성이다. 이를 평가하기 위한 노인체력검사(Senior Fitness Test: SFT)의 검사항목은 '등 뒤로 두 손 모으기'이다.

정답 ③

04 운동경험이 없는 노인이 장기간 유산소성 운동을 했을 때 예상되는 변화는?

① 골밀도와 낙상 위험의 감소
② 20대의 근비대 수준으로 근력 회복
③ 혈압과 체지방량의 감소
④ 혈관 경직도 증가

정답분석 유산소 운동은 체지방 감소를 유발하여 체지방 감소 및 혈압감소에 직접적인 효과가 있다.

정답 ③

05 노인을 위한 준비 및 정리 운동의 생리적 효과에 관한 설명으로 옳지 않은 것은?

① 준비 운동은 혈중 산소포화도를 증가시켜 근육의 피로도를 감소시킨다.
② 준비 운동은 폐혈류의 저항을 감소시켜 폐의 혈액 순환을 향상시킨다.
③ 정리 운동은 호흡, 체온, 심박수를 활동 전 수준으로 되돌리는 데 도움을 준다.
④ 정리 운동은 혈중 젖산농도를 낮추는 데 도움을 준다.

정답분석 사지(extremities)에 혈액이 몰리는 현상을 감소시키는 운동은 정리 운동이다.

이론 PLUS

준비 운동의 생리적 효과	정리 운동의 생리적 효과
• 헤모글로빈과 미오글로빈으로부터 산소의 해리 증가 • 근육의 점도 감소 • 근육, 힘줄, 인대의 혈액 포화도 증가 • 신경 충격(nervous impulse)의 속력과 신경 수용체의 민감성 증가 • 폐혈류 저항의 감소 • 심장 혈류의 증가 • 대사율 증가	• 체온, 심박수, 호흡을 활동 전 수준으로 회복 • 정맥혈 회귀 • 사지(extremities)에 혈액이 몰리는 현상 감소 • 혈중 카테콜아민 수치의 감소 • 혈중 젖산 농도의 감소 • 근육통과 회복 시간의 감소

정답 ①

Chapter 03 노인 운동프로그램의 설계

01 운동프로그램의 요소

1 운동 형태

1. 운동 프로그램
① 신체 조성, 뼈의 건강, 신경근 긴장, 스트레스 수준의 변화를 촉진시키기 위해 한 가지 이상의 운동 트레이닝 형태를 이용하도록 권장함
② 신체 조성의 변화를 위해서는 체지방을 감소시키기 위한 유산소 운동과 근육 및 뼈를 강화하기 위한 저항 운동을 혼합해서 처방함
③ 체중을 감당해야 하는 유산소 운동과 저항 운동은 모두 뼈의 건강에 도움이 됨

2. 유산소 운동

운동 형태	걷기, 달리기, 자전거, 수영, 에어로빅 등
운동 강도	목표 심박수의 저강도(50%), 중간 강도(60%), 고강도(70%)
운동 시간	20~30분(이후 점진적으로 증가)
운동 빈도	1주 2~3회(이후 점진적으로 증가)

3. 저항 운동

운동 형태	근력 및 근지구력 발달을 위한 저항 운동
운동 강도	1RM(40~50%), 운동 자각도(RPE) 12~13, 8~12회(1세트)
운동 시간	20~30분(이후 점진적으로 증가)
운동 빈도	1주 2~3회(이후 점진적으로 증가)

4. 유연성 운동 기출 19·20년

운동 형태	동적 스트레칭 혹은 정적 스트레칭
운동 강도	운동 자각도(RPE) 12~13, 8~12회(1세트)
운동 시간	30~60초
운동 빈도	1주 2~3회(이후 점진적으로 증가)

(1) 탄성 또는 동적 스트레칭(bouncing or Active stretching)

동작 마지막 가동범위에서 탄성 및 반동을 이용하여 근육을 한계치까지 늘리는 스트레칭으로 빠른 속도로 진행되며 가동범위 전반에 걸쳐 많은 운동량을 갖기 때문에 강도 조절이 어렵고 부상 위험이 있음

(2) 정적 스트레칭(static stretching)

일정하고 빠르지 않은 속도로 스트레칭 동작을 수행하는 방식으로 가장 일반적이며 약 15~30초 정도 유지 및 반복하고 탄성 및 동적 스트레칭에 비해 안전하면서 특별한 기술이 필요하지 않음

(3) PNF 스트레칭(proprioceptive neuromuscular facilitation streching)

고유수용성 신경근 촉진 스트레칭은 신체의 근육 내부에 존재하는 고유수용기(골지건 기관, 근방추)를 자극하여 근골격과 신경계의 반응을 향상시켜 관절과 근육의 가동범위를 향상시키는 스트레칭

5. 평형성 운동

운동 형태	뒤로 걷기, 앉았다 일어서기, 보수볼 균형잡기, 외발균형잡기 등
운동 강도	평형성 운동의 강도에 관한 세부 지침은 없음
운동 시간	하루 20~30분/주 60분 이상
운동 빈도	1주 2~3회(이후 점진적으로 승가)

(1) 노화로 인한 낙상의 원인

① 근골격계 및 신경계 퇴화로 인한 근력, 유연성, 평형성, 반응속도, 보폭, 보행속도의 감소
② 시력과 청력의 퇴화로 인한 주변 환경 인지능력 감소
③ 여러 가지 합병증 보유
④ 4가지 이상의 약물 복용

(2) 낙상위험 노인을 위한 일반적인 운동지침

① 사회적 지원, 자기효능감과 같은 행동전략을 활용
② 발끝서기와 같은 자세유지 근육운동을 권장
③ 근력운동을 저강도 운동에서 고강도 운동으로 진행
④ 신경근 운동과 함께 평형성 운동도 권장

6. 보행 주기 분석 [기출] 21·23년

① 보폭(Step length): 양발의 뒤꿈치 간격
② 활보장(Stride length): 각 발의 뒤꿈치 간격
③ 보행은 Stance phase는 입각기(디딤기)와 Swing phase는 유각기(흔듦기)로 구분되며 각 비율은 60% 대 40%

7. 보행

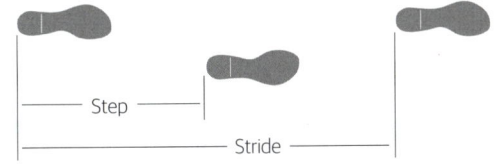

핵심요약&보충자료

[낙상을 잘 유발하는 위험 요인]
[기출] 20~23년

- 노인은 고관절, 발목의 가동성이 감소하여 신체 균형이 무너지는 경우 자신의 의지와 관계없이 갑자기 넘어져 뼈의 골절과 근육, 인대등의 손상을 입는 사고가 발생 가능
- 낙상 사고에 주의가 필요한 경우
  - 보행 장애가 있는 질환을 앓고 있는 사람
  - 기립성 저혈압이 있는 사람
  - 4가지 이상 약물을 복용하고 있는 사람
  - 발에 이상이 있거나 적절한 신발을 착용하지 않는 사람

(1) 입각기(디딤기, Stance phase)

발뒤꿈치 닿기(Heel strike)	발뒤꿈치가 먼저 닿으면서 시작
발바닥 닿기(Foot flat)	발바닥 전체가 닿는 구간
중간 디딤기(Mid stance)	입각기의 중간지점으로 이때는 뒤쪽다리가 유각기(Swing phase)움직임 중 중간쯤으로 이동한 시기
발뒤꿈치 떼기(Heel off)	중간 디딤기를 지나 반대쪽다리가 입각기(stance phase)를 시작하려는 시점에 발뒤꿈치를 떼고 발가락이 지면을 밂
발가락 떼기(Toe off)	• 발가락마저 떨어지며 유각기(Swing phase)가 시작 • 발가락을 떼기 바로 직전까지가 입각기(stance phase)

(2) 유각기(흔듦기, Swing)

초기 흔듦기(Early swing)	발가락 떼기(Toe off)가 시작
중기 흔듦기(Mid swing)	반대쪽 다리의 (중간 디딤기, Mid stace) 구간
후기 흔듦기(Late swing)	후기 흔듦기가 끝나며 발뒤꿈치(Heel strike)가 시작

2 운동 강도

(1) 운동 강도는 운동하는 동안 인체에서 특정한 생리적·대사적 변화가 나타나도록 함

(2) 운동 강도는 노인 프로그램의 목표, 연령, 능력, 선호도, 심폐계와 근골격계를 자극할 정도로 설정함

(3) 노인에게 적절한 운동 강도 설정 기출 20·22·23년

　① 심박수(HR: Heart Rate)를 이용하는 방법: 목표 심박수 측정을 위한 카르보넨(Karvonen) 공식

　　㉠ 목표 심박수(Target HR) = (최대 심박수 - 안정 시 심박수) × 운동 강도(%) + 안정 시 심박수

　　㉡ 최대 심박수(HR max) = 220 - 나이
　　　안정 시 심박수(HR rest) = (15초 동안 측정한 심박수) × 4

　　　예 안정 시 심박수가 60인 65세 노인이 50% 강도로 운동할 경우 목표 심박수
　　　　목표 심박수: {(220 - 65) - 60} × 0.5 + 60 = 107.5회/분

　② 운동 자각도(RPE: Rating of Perceived Exertion)를 이용하여 정하는 방법

　　㉠ 운동 자각도(RPE)는 스웨덴의 보그(Gunnar Borg)가 개발한 지수(scale): 운동참여자가 주관적으로 느끼는 운동 강도(Borg scale)

　　㉡ 보그 스케일에는 6~20 지수와 1~10 지수가 있음

[보그 스케일(Borg scale)에서의 운동 자각도(RPE)]

RPE 지수	심박수	호흡	강도	심장 박동 (%)	운동 타입
6	40~69	의식하지 못함	1	50~60	준비 운동
7		아주 가벼움			
8	80				
9					
10	80~100	가벼움 대화가 편한 정도	2	60~70	가벼운 근력 회복 운동
11					
12	100~129	약간 힘듦 대화가 힘듦	3	70~80	유산소 운동
13					
14	130~139				
15	140~149	힘듦 호흡 힘들어짐	4	80~90	무산소 운동
16	150~159				
17	160~169	아주 힘듦 호흡 거칠어지고 불편	5	80~90	최대 산소 섭취가 필요한 운동
18	170~179				
19	180~189	극도로 힘듦			
20	190 이상	최대치의 노력이 필요			

③ MET(Metabolic Equivalent Task)
  ㉠ MET: 휴식 상태에서 체중 1kg당 1분 동안 사용할 수 있는 산소(1MET = 3.5ml/min/kg)
  ㉡ 개인의 운동능력에 따라 차이가 있으며, 저강도 3MET 이하, 중강도 3~6MET 수준의 비경쟁적이고 30분 이상 편안하게 운동할 수 있는 수준의 강도 또는 운동 중 대화가 가능한 수준의 운동 강도임

④ 최대 반복 횟수(RM: Repetition Maximum)
  ㉠ 1RM: 1회에 들어올릴 수 있는 최대 중량(처음 시작 시 1RM 40~50%, 세트당 8~12회가 적절)
  ㉡ 근비대 향상 목적 1RM(70~80%), 근파워 향상 목적 1RM(90% 이상)

3 운동 시간(ACSM 가이드라인)

(1) 운동 지속 시간과 운동 강도는 음의 상관관계
(2) 중강도 신체활동 150분(2시간 30분)/주 또는 고강도 신체 활동 75분(1시간 15분)/주 권장
(3) 유산소 운동은 한 번에 적어도 최소 10분 이상 지속해야 하며, 저항 운동은 2~3세트가 적당함

핵심요약&보충자료

[운동자각도(RPE) 0~10]

	RPE 지수
0	휴식
1	아주 쉬움
2	쉬움
3	적당함
4	어느 정도 힘듦
5	힘듦
6	
7	아주 힘듦
8	
9	
10	최고로 힘듦

직접 측정법	• 무게를 점진적으로 올리며 직접 측정 • 정확한 장점이 있지만 초보자는 위험성이 있음
간접 측정법	• 적정 무게를 최대 반복하여 '오코너의 공식' 대입 후 산출 • 1RM = 적정 무게 × 0.025 × 반복 횟수

4 운동 빈도

(1) 유산소 운동 3~5회/주 권장

(2) 근력 운동은 3회 이상/주 권장(다음 근력 운동까지 48시간의 휴식)

(3) 평형성 운동은 2~3회/주 권장

(4) 유연성 운동은 동작마다 10~30초 동안 자세를 유지, 2~4회 반복

미스포츠의학회(ACSM)의 노인신체활동 지침

1. 심폐지구력 운동
   자연스런 리듬과 신체 대근육의 지속적인 움직임으로 정의, 심장질환 및 제2형 당뇨나 특정의 암을 감소 가능
   ① 빈도
      ㉠ 중강도 활동을 하루 10분 이상 지속, 최소 30분 또는 최대 효과를 얻으려면 60분 정도 실행
      ㉡ 주당 운동 시간을 합산하여 150~300분 정도 실행
      ㉢ 고강도 활동일 겨우 하루 최고 20~30분이며 75분~150분 정도 실행
   ② 강도: 중강도는 5~6MET 사이 고강도는 7~8MET
   ③ 시간: 10분 이상의 중간도 활동일 경우 최소 30분, 고강도 활동은 하루 최소 20분 유지
   ④ 운동 종류(유형)
      ㉠ 걷기가 가장 일반적
      ㉡ 체중 부하가 자유롭지 못한 노인의 경우 수중운동이나 좌식 자전거
      ㉢ 수중 운동의 경우 무릎, 엉덩이부위의 골관절염을 가진 노인의 심폐지구력과 하지 근력, 운동 향상 효과
      ㉣ 하지 손상환자의 경우 암에르고미터(손 자전거) 이용가능

2. 근력 운동
   신체나 저항운동기구를 이용하여 근력, 근지구력, 근신경계 발달시키는 것
   ① 빈도: 가슴, 어깨, 배, 등, 엉덩이, 다리와 팔의 부위를 적어도 48시간이 간격을 두고 일주일에 적어도 2회 실시, 회복을 위해 일주일에 2~3일 권장
   ② 강도: 최대근력의 40~60%, 8~12회를 한 세트로 2~3세트
   ③ 시간: 30분~1시간 이내/일
   ④ 운동 종류(유형): 덤벨, 기구 이용 또는 탄력밴드나 튜브 이용, 층계 오르기 등

3. 평형성 운동
   고정적인 자세나 움직이는 자세 등, 신체 움직임의 조절 유지에 따른 능력으로 파킨슨병, 고혈압, 전정장애 등의 질환과 약물의 부작용 때문에 평형성이 감퇴되기도 한다. 특히 낙상의 경험이 많은 노인, 이동에 문제가 있는 노인, 그리고 기능의 감소를 경험하는 노인들에게 권장
   ① 빈도: 일주일에 2~3회, 개인의 체력과요구에 따라 원하는 만큼 해도 좋음
   ② 강도: 세부적 지침은 없음
   ③ 운동 종류(유형)
      ㉠ 지면의 지지를 점차 줄일 수 있는 동작
      ㉡ 중력 중심을 동요하게 하는 역동적 동작
      ㉢ 자세에 필요한 근육에 스트레스를 줄 수 있는 동작
      ㉣ 감각입력을 줄일 수 있는 다양한 동작
   ④ 훈련 시 주의사항
      ㉠ 낮은 단계부터 실시
      ㉡ 안전을 위해 지지가 필요한 경우 의자, 벽, 사람이나 물체의 지지 받기

4. 유연성 운동
   구체적인 신체의 자세 또는 근육과 관절 주위의 힘줄을 늘어나게 함으로써 가동범위를 증대시킬 수 있는 움직임으로 구성
   ① 빈도: 2~3회/주
   ② 강도: 불편하지 않을 정도, 고통이 가해지지 않는 중강도 수준으로 실시
   ③ 시간: 전체 10~20분 정도로 정적인 스트레칭, 한 동작을 15~60초 정도로 유지, 한 세션을 적어도 4회
   ④ 운동 종류(유형)
      ㉠ 각각 주요 근육을 늘어나게 할 수 있는 정적인 동작으로 유연성을 유지하거나 증가시키는 활동
      ㉡ 개개인의 건강상태, 체력수준, 목표 및 운동에 대한 반응 등을 고려하여 선택하거나 구성
      ㉢ 개인의 선호, 신체 상태에 따라 선 자세, 의자나 바닥에 앉은 자세, 바닥에 누워서 할 수 있음
      ㉣ 주요 프로그램보다는 복합 프로그램의 일부로 포함시키는 것이 바람직

5 운동프로그램의 원리 기출 15·16·18·19·20·22년

1. 특이성(특정성)의 원리
① 개인의 목표에 맞게 특정한 운동을 선택
② 운동의 효과는 운동 중 사용한 특정 근육 및 부위에만 적용
   예 팔 근육 발달 → 바벨컬
③ 신체의 기능 향상을 위해 특정 운동 유형에 더 강한 부하를 줘야 함

2. 과부하의 원리
① 다시 돌아오려고 하는 성질인 항상성을 깨기 위해 평상 시 신체 활동보다 더 많은 부하에 의해 자극을 받아야 함
② 과부하는 운동의 강도만 증가시키는 것뿐만 아니라 운동의 빈도, 지속 시간을 증가시킴으로써 가져올 수 있음

3. 점진성의 원리
트레이닝 프로그램 전체를 통해 추가적인 향상을 촉진하기 위해서는 트레이닝의 양을 점진적으로 증가시켜야 함

4. 개별성의 원리
① 트레이닝 자극에 대한 각 개인의 반응은 다양하며, 연령, 초기 체력 수준, 건강상태와 같은 요인에 영향을 받음
② 노인의 특정 요구, 흥미, 능력을 고려하면서 운동 프로그램을 설계해야 하고, 개인의 차이와 선호도를 고려한 개별적인 운동이 적용되어야 함

5. 특수성의 원리
① 스포츠 종목 및 개인의 특성에 맞는 프로그램을 설계하여 효과적으로 더 큰 적응에 도달하기 위한 트레이닝의 원리
② 운동 및 부하를 통해 훈련된 특정 근육 혹은 계통에만 그 운동의 효과가 나타난다는 트레이닝 원리

6. 가역성의 원리
운동이 중지되었거나 과부하가 발생하지 않을 경우 운동 능력이 빠르게 감소되는 원리

02 지속적 운동참여를 위한 동기유발 방법

1. 행동 변화 이론 기출 16·17·18·20·21·22년

신체활동에 참여할 수 있게 행동 변화를 주기 위한 이론, 노인들의 행동에 대한 중재를 통해 개선해 나가는 안내 역할

행동 변화 이론 (모형)	정의	내용	
학습 이론	좌식생활→활동적인 생활방식으로 지속 또는 중단되는 원인을 설명하는 이론	• 30분 걷기 목표 → 매일 10분 걷기를 하며 늘려감 • 강화(reinforcement) 성과에 대한 보상을 통한 강화가 우선적으로 필요 • 내적 보상(성취감, 목표달성에 대한 만족감) • 외적 보상(타인의 칭찬, 선물)	
건강신념 모형	• '신념'이 건강을 추구하는 행동에 중요한 역할을 한다는 이론 • 건강을 추구하는 행동을 할 것인지 예측하기 위해 6가지 요소로 구성 • 신체활동을 통한 이익과 실천의 장애 파악 • 비신체활동으로 인한 질병과 질환 인식 → 건강신념 발생으로 행동변화	지각된 개연성	질병/질환에 걸릴 위험성이 있다는 개인의 주관적 지각(인지)
		지각된 심각성	질병/질환의 심각성에 대한 개인의 느낌
		지각된 이익	질병/질환의 위협을 줄이기 위해 사용된 예방적 행동들의 효과에 대한 인지
		장애	건강관리 방해요인
		행동의 계기	운동 시작의 계기 • 내부적 계기 - 가슴통증, 숨쉬기 어려움 등 • 외부적 계기 - 타인의 권고, 찾아본 기사
		자아효능감	변화와 성공적 수행을 위한 개개인의 능력에 대한 자신감 정도
범이론적 모형	• 행동이 변화되는 과정과 전략을 제시 • 개개인의 행동 변화를 준비단계부터 건강한 행동을 실천, 유지하는 단계까지 5가지로 구분	고려 전 (precontemplation)	6개월 이내에 운동계획 또는 의도, 필요성 없음
		고려 (Contemplation)	6개월 안에 운동계획(건강한 행동) 있음
		준비 (Preparation)	30일 안에 행동의 변화를 시작할 준비가 되어 있음
		행동 (Action)	지난 6개월 안에 행동을 변화시켜왔으며, 지속실천을 위해 노력
		유지 (Maintenance)	6개월 이상 지속적인 행동의 변화를 실천하고 있는 경우
사회인지 이론	• 인지(사고) 과정을 이해하기 위해 개개인의 성격분석 필요 • 인간은 사회적 관계와 스스로의 사고를 통해 형성	① 상호 결정론(Bandura) ㉠ 개인 - 인지, 신체적 특성, 신념, 태도 ㉡ 행동 - 운동, 정서적 반응, 사회적 상호작용 ㉢ 환경 　물리적환경(온도, 공간), 사회적 환경(친구, 가족) ② 자아효능감 　삶에 영향을 주는 큰 사건들을 해결할 수 있는 능력을 생산할 수 있는 가능성에 대한 개개인의 믿음	

❶ 반두라의 상호 결정 이론

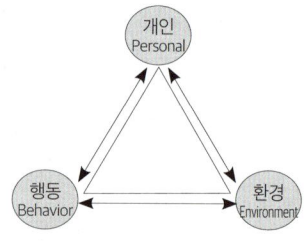

개인	인지, 신체적 특성, 신념, 태도
행동	운동, 정서적 반응, 사회적 상호작용
환경	물리적 환경(온도, 공간), 사회적 환경(친구, 가족)

계획된 행동 이론❷	• 신념(믿음)과 행동과 신념을 연결하는 이론 • 구성 요인은 태도, 주관적 규범, 지각된 행동 통제, 의도, 행동통제인식으로 구성	• 행동을 향한 태도: 다친 후 병원을 가기 싫어함 • 주관적 규범: 주변에서 병원에 가야 한다며 압력 • 인지된 행동제어: 다친 부위 점점 아픔 • 의도: 통증이 심해지자 태도를 바꿔 병원 방문 의도 발생 • 행동: 병원 방문 및 치료
합리적 행위 이론	사람들이 어떤행동을 하려고 결정하기 전에 관련된 정보를 합리적이고 체계적으로 사용하며, 행동의 결과에 대해 신중히 고려한 다음에 비로소 행동한다는 이론	
행동 변화 단계 이론	신체 활동을 행동으로 옮길 수 있다는 자기 효능감이 있으면 건강 행동으로의 변화가 쉽게 이루어진다는 이론으로, 행동을 변화시키는 유인에는 자기 효능감, 의사 결정 균형, 변화 과정이 있음	

> 💡 **선생님 TIP** 자아효능감에 긍정적인 영향을 미치는 4가지 요인 기출 16·21·22년
> ① 경험: 성공/실패에 대한 경험을 해보는 것
> ② 사회적 모델(간접경험): 타인이 엄청난 노력을 해서 성공사례를 보면 주변인들도 영향을 받음. 반대로 타인이 엄청난 노력 후 그 결과에 대한 실패를 보면 주변인들도 동기부여 상실
> ③ 사회적 설득(언어적 설득): 주변 구성원들로부터 받은 격려는 힘든 목표를 성취하는 데 도움이 됨
> ④ 긍정직 사고(신체와 징서싱태): 대중 앞에서 빌표하는 깃을 불인해(심빅수 증기, 몸의 긴장) 하는 시람은 지가효능감이 급속도로 감소, 운동 후 근육통은 자아효능감에 긍정적인 효과

2. 동기 유발과 목표 설정 기출 15·16·18·19·20년

(1) 노인 운동의 동기 유발 요소

동기유발 – 반복되는 행동을 계속하거나 새롭게 시작하는 데 영향을 미치는 직접적인 원인

신체적 건강	건강 및 체중 관리에 도움이 됨. 건강 증진을 통한 삶의 질 향상
정신적 건강	스트레스 해소와 활력감 증진에 도움이 됨. 기분 상태의 개선, 정신 건강의 향상
사회적 건강	세대 간 교류 촉진, 가족, 친구들과 함께 운동하며, 사회적 교류 기회가 확대됨

(2) 목표의 설정❸

① 측정 가능성: 사전 측정 - 운동참여 - 사후 측정으로 목표 달성의 판단이 가능하도록 설정

② 구체성: 시간, 강도, 빈도, 운동유형, 구체적으로 제시, 운동시설에 접근성을 높이도록 설정

③ 현실성: 개인체력 수준에 맞게 운동 목표를 구체적으로 현실적 목표 설정 → 모험적 목표설정 지양

④ 행동성: 직접 실행에 옮길 수 있는 수준으로 행동 지향적 목표 설정

📝 **핵심요약&보충자료**

❷ 계획된 행동 이론

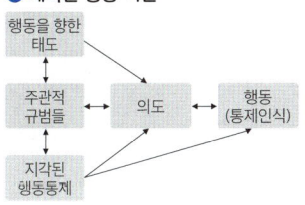

❸ 목표의 설정 - SMART
- Specific: 구체적인
- Measurable: 계측가능한
- Attainable: 이룰 수 있는
- Relevant: 적절한
- Time based: 시간에 근거한

[노인의 지속적 운동참여를 위한 동기 유발 방법] 기출 22년
- 현실적인 목표를 세워 동기를 유발
- 운동 시설에 대한 접근성 증대
- 동료의 성공적인 경험을 공유
- 체력 수준에 맞게 운동 목표를 구체적으로 설정
- 타인의 권고

03 운동권고 지침 및 운동방안

1 노인 신체활동 권고 지침

1. 노인의 신체활동

① 규칙적 신체활동으로 보내는 시간은 연령이 증가할수록 감소, 65세 이후 좌업생활 증가
② 미국인의 경우 75세 이상 노인의 30% 이상, 우리나라의 경우 70세 이상 노인의 50% 이상 신체활동 참여 없음(2012 국민체력실태조사)
③ 규칙적인 신체활동은 낙상에 취약한 사람들에게 낙상률 30%까지 감소
④ 기억, 인지 및 실행기능 유지에 유용 → 치매 이환율 감소

2. 미국 스포츠의학회(American College of Sport Medicine: ACSM)

기출 19·20·21·22년

(1) 기초체력 증진을 위한 유산소 운동의 권고

운동 그룹	운동 분류	권장 대상	예시
1	지구성 유산소 활동을 위한 최소한의 권장활동 or 기초체력 단련	노인	걷기, 실내자전거, 수중활동
2	고강도 활동을 의해 필요한 최소한의 활동	평균 이상의 체력을 가지거나 규칙적인 운동을 위한 노인	달리기, 로잉(조정), 에어로빅 등
3	중, 고강도 지구성 활동	숙련된 활동을 하거나 평균 이상의 기초체력을 가진 노인	수영, 스케이트, 장거리달리기
4	레크리에이션	규칙적인 운동을 위한 노인, 평균 이상의 기초체력을 위한 활동	농구, 축구, 하이킹, 라켓운동

(2) 노인 신체활동 프로그램 개요 및 구성 - ACSM's Guideline for Exercise Testing and Prescription

구성요소	빈도	강도	시간	유형
유산소 운동	• 최소한 고강도로 3일/주 • 중강도로 5일/주	RPE 10 Scale • 상, 중강도: 5~6 • 고강도: 7~8	최소 30~60분 10분씩 간헐적 가능 • 고강도(75~150분)/주 • 중강도(150~300분)/주	골격계에 낮은 스트레스(부하)를 주는 활동
저항 (근력) 운동	• 최소 2회/주 • 48시간 간격을 두고	RPE 10 Scale • 상, 중강도: 5~6 • 고강도: 7~8	• 8~10개 운동 • 각각 10~15회 반복	주요근육을 사용하는 운동으로 계단 오르기
스트레칭 운동	최소 2회/주	중강도: 5~6		각 주요 근육군의 지속적인 정적 스트레칭

(3) 고려사항

① 중강도 활동 1주일 총 150~300분, 고강도일 경우 주 75~150분 수준으로 유지하는 것이 효과적

② 만성적 건강문제를 가진 노인들의 경우 최소한의 활동량을 초과하는 것만으로도 심신기능의 증진에 효과
③ 낙상의 위험성이 있는 노인들은 평형성 운동 수행을 필요로 함
④ 자신에게 알맞은 도전 수준을 인지하여 모니터링하고, 이와 동시에 낮은 단계의 균형능력이 숙달되지 않으면 고난이도 균형성 운동을 실시하지 않도록 주의

 핵심요약&보충자료

3. 신체활동 가이드라인 자문위원회(Physical Activity Guidelines Advisory Committe: PAGAC)

(1) 기초체력 증진을 위한 운동의 권고

① 연령증가에 따라 발생하는 체력 및 운동수행능력의 감소를 고려, 노인들의 건강을 유지, 낙상 및 기능성 손실위험을 감소시키는 데 중점
② 노인은 자신의 체력수준, 많은 시간 동안 신체활동 수행능력을 변화시키는 문제를 가지고 있어서 적절한 강도 고려하여 실시
③ 일주일 동안 축적될 수 있는 전반적 활동량이 중요, 평형성과 근육강화 훈련을 실시
④ 신체활동은 3회/주, 한 번에 30분간, 최소 주 2회 걷기운동 권장

(2) 프로그램 개요 및 구성

구성요소	시간	빈도
중강도 걷기 활동	각 30분/세션	2~3회/주
근력강화 운동	각 30분/세션	3회/주
평형성 운동	근력강화 프로그램의 일부분으로 시행	3회/주

4. 국립노화연구소(National Institute on Aging: NIA)

(1) 기초체력 증진을 위한 운동의 권고 - 운동과 신체활동: 국립노화연구소 제공 당신의 일상생활 안내」의 가이드북

① 일주일의 대부분의 날 또는 매일 최소 30분간 지구성 운동을 점진적으로 증가시킬 것
② 운동자각도(Borg scale) 13수준(약간 힘들다)의 강도 권장
③ 준비운동과 정리운동은 스트레칭과 함께 실시 보고
④ 근감소증 등으로 인한 근력약화를 예방하기 위해 2회 이상/주, 강화 트레이닝 권고

(2) 프로그램 개요 및 구성

구성요소	빈도	강도	시간	유형
유산소 운동	5~7회/주	RPE 13	30분까지 점진적으로 증가	걷기, 수영, 조깅
저항(근력) 운동	최소 2회/주 연속적으로는 금지	RPE 15~17	한 운동당 2세트 8~15회 반복	저항성 밴드, 웨이트기구를 사용한 운동
스트레칭 운동	최소 3회/주 근력 및 지구력 운동 후	최소 저강도~불편함을 느낄 정도	10~30초	햄스트링, 종아리근, 발목, 어깨, 손목 등
평형성 운동		의자 또는 벽을 잡고 시작		족저굴곡, 고관절 굴곡 및 슬관절 신전

(3) 고려사항

① 더운 환경에서 운동을 할 경우 탈수가 되지 않도록 충분한 수분 공급

② 저체온 또는 지나치게 열에 노출되지 않도록 옷 입기

5. 세계 보건기구(World Health Organization: WHO)

(1) 기초체력 증진을 위한 운동의 권고 - 세계보건기구의 노인을 위한 신체활동 프로그램 목적

① 기동성을 유지하고 심혈관계질환을 감소

② 골다공증으로 인한 골절이나 낙상을 예방

③ 제2형 당뇨병의 치료, 우울 및 불안을 감소

(2) 프로그램 개요 및 구성

구성요소	빈도	강도	시간
유산소 운동	• 중강도 5회/주 • 고강도 3회/주	중강도 30분 또는 고강도 20분	30분까지 점진적으로 증가
저항(근력)운동	• 중강도 5회/주 • 고강도 3회/주	2회/주 근력강화 훈련	한 운동당 2세트 8~12회 반복
스트레칭 운동	• 중강도 5회/주 • 고강도 3회/주	최소 3회 근력 및 지구력 운동 후	10~30초간
평형성 운동	낙상 위험이 있는 노인	-	-

2 노인들에게 특별한 운동 원리 기출 15·16·23년

1. 기능 관련성의 원리

① 일상적인 환경에서의 움직임과 연관된 동작을 포함하는 운동프로그램을 설계하고 실행

② 특정성의 운동 원리와 유사하지만 특정운동 종목이 아닌 일상활동에서 수행되는 동작들을 기초로 한 기능 활동에 초점

③ 수업과 일상생활에서 수행하는 활동들 간의 연관성을 더욱 잘 인식하게 함

2. 난이도의 원리

① 개인 고유의 능력이나 컨디션, 환경적 요구 사항에 맞춰 운동강도, 운동량 및 난이도 조절

② 효과를 낼 정도로 개인의 능력에 맞게 적절한 난이도의 운동을 제공해야 하지만, 노인들을 부상의 위험에 노출시키는 운동은 뚜렷이 구분

③ 참여노인들의 의료적 건강 상태와 신체 상태에 관해 많은 정보를 얻을수록 적절한 난이도의 운동을 안전하고 더욱 효과적으로 제공할 수 있음

3. 수용성의 원리

① 자신의 능력에 최대한 맞게 운동하되, 무리하거나 통증이 발생하거나 스스로 안전하다고 생각하는 수준을 넘어서지 않게 운동하도록 지도해야 함을 의미함

② 운동 시 변화하는 신체 기능의 증진을 스스로 인지하고, 자신의 능력에 맞게 운동하도록 장려함

미국 스포츠의학회(ACSM)에서 제시한 노인의 운동 부하 검사 기출 21년

1. 운동부하검사 시 운동 능력이 부족해 보이는 사람의 경우 초기 부하가 낮아야 하고(3METs 이하) 부하 증가량도 작아야 함(0.5~1.0METs)
2. 브루스 프로토콜보다 누턴(Naughton) 트레드밀 프로토콜이 더 적절
3. 자전거 에르고미터 검사는 평형성과 신경근 협응력이 저조하고, 시력 손상, 보행 실조, 체중 부하에 제한, 발에 문제가 있는 경우 트레드밀 검사보다 더 적합함. 자전거 에르고미터 검사는 국부 근피로가 운동 부하 검사를 조기에 종료시키는 요인이 가능
4. 평형성과 근력이 낮고, 신경근 협응력이 저조하거나 검사에 대한 두려움이 있다면, 트레드밀의 양측 손잡이를 잡고 검사를 가능. 이 운동 검사 방법은 최고 MET 능력을 예측하는 데 정확성을 떨어짐
5. 트레드밀을 사용한 운동 부하 검사 시 부하는 속도보다 경사도를 증가시키면서 걷기 능력에 따라 적응시키는 것이 필요
6. 노인들은 최대 운동 검사를 실시하는 동안 연령으로 예측된 최대 심박수(220 − 연령)를 초과하기 때문에 검사 종료 기준 설정 시 고려
7. 약물 처치를 받고 있는 노인인 경우 일반적으로 예상되는 것과 다르게 운동에 따른 심전도 및 혈역학 반응에 영향 가능

하비거스트(Havighurst)의 발달 과업 이론 기출 20년

하비거스트는 생의 발달 단계가 생애 주기에 따라 6단계로 구분
1. 영아 및 유아기(0~5세)의 과업
2. 아동기(6~12세)의 과업
3. 청년기(13~22세)의 과업
4. 성인 초기(22~30세)의 과업
5. 중년기(30~55세)의 과업
6. 노년기(56세 이후~)의 과업
   ① 체력과 건강쇠퇴에 대해 적응
   ② 정년퇴직과 수입감소에 대해 적응
   ③ 배우자의 죽음에 대해 적응
   ④ 동년배 노인과 친밀관계 형성
   ⑤ 사회적인 역할에 대한 책임 유연하게 수용
   ⑥ 만족스러운 생활조건 구비

출제예상문제

Chapter 03 노인 운동프로그램의 설계

01
<보기>는 노인의 유연성 운동형태에 대한 설명이다. ㉠, ㉡에 들어갈 용어를 바르게 나열한 것은?

─<보기>─
- (㉠): 해당 근육군(muscle group)과 건(tendon)에 등척성 수축을 일으킨 후, 같은 근육군을 정적으로 스트레칭하는 방법
- (㉡): 일정하고 빠르지 않은 속도로 스트레칭 동작을 수행하는 방식

	㉠	㉡
①	탄성 스트레칭 (bouncing stretching)	동적 스트레칭 (dynamic stretching)
②	고유수용성 신경근촉진 (proprioceptive neuromuscular facilitation)	정적 스트레칭 (static stretching)
③	탄성 스트레칭 (bouncing stretching)	정적 스트레칭 (static stretching)
④	고유수용성 신경근촉진 (proprioceptive neuromuscular facilitation)	동적 스트레칭 (dynamic stretching)

정답분석 등척성 수축 후 정적 스트레칭기법은 PNF 신경근 촉진 기법으로, 일정하고 빠른 속도의 스트레칭은 정적 스트레칭이다.

정답 ②

02
<보기>에서 노화로 인한 평형성과 기동성(balance and mobility) 변화에 영향을 미치는 요인을 모두 고른 것은?

─<보기>─
㉠ 체성감각계
㉡ 시각계
㉢ 전정계
㉣ 심폐지구력계

① ㉠, ㉡, ㉢, ㉣ ② ㉡, ㉢, ㉣
③ ㉢, ㉣ ④ ㉠, ㉡, ㉢

정답분석 평형성에 필요한 운동기관은 체성감각계, 시각계, 전정계, 고유수용성 감각기능 등이 있다.

정답 ④

03
<보기>의 ㉠과 ㉡에 들어갈 심박수(회/분)는?

─<보기>─
75세 남성 노인이 달리기 운동을 할 때, Karvonen 공식을 활용한 목표심박수의 범위는 (㉠)에서부터 (㉡)까지이다.
[분당 안정 시 심박수 70회, 여유심박수 60~70% 강도]

	㉠	㉡
①	90	105.5
②	112	119.5
③	115	122.5
④	124	138.5

정답분석
- (220 − 75) − 70 × 0.6 + 70 = 115
- (220 − 75) − 70 × 0.7 + 70 = 122.5

이론PLUS
- 목표 심박수(Target HR) = (최대 심박수 − 안정 시 심박수) × 운동 강도(%) + 안정 시 심박수
- 최대 심박수(HR max) = 220 − 나이

정답 ③

04 운동프로그램의 원리 중 '특수성의 원리(specificity principle)'에 대한 설명으로 옳은 것은?

① 훈련 자극 및 강도를 지속적으로 증가시켜야 한다.
② 신체의 기능 향상을 위해서는 더 강한 부하를 주어야 한다.
③ 운동이 중지되었거나 과부하가 발생하지 않을 경우 운동 능력이 빠르게 감소되는 원리
④ 스포츠 종목 및 개인의 특성에 맞는 프로그램을 설계하여 효과적으로 더 큰 적응에 도달하기 위한 트레이닝 원리

정답분석 특수성의 원리
- 스포츠 종목 및 개인의 특성에 맞는 프로그램을 설계하여 효과적으로 더 큰 적응에 도달하기 위한 트레이닝의 원리
- 운동 및 부하를 통해 훈련된 특정 근육 혹은 계통에만 그 운동의 효과가 나타난다는 트레이닝 원리

정답 ④

05 <보기>에서 설명하는 행동 변화 이론으로 가장 적절한 것은?

―――<보기>―――
봉천동에 사시는 김청자 할머니(70세)는 요즘 살이 계속 찌고 움직이는 것도 점점 힘들어졌다. 가족과 친구들이 운동을 권유하였으나 완강하게 거부하며 운동을 하지 않았다. 그러나 최근 병원에서 고혈압과 당뇨병 판정을 받고 의사의 운동 권유로 운동에 대한 믿음과 의지가 생겨서 구체적인 운동 목표를 세우고 집주변 헬스장에서 운동을 시작하였다.

① 계획된 행동 이론
② 사회생태 이론
③ 자기효능감 이론
④ 지속성 이론

정답분석 계획된 행동 이론
- 신념(믿음)과 행동을 연결하는 이론
- 구성 요인은 태도, 주관적 규범, 지각된 행동 통제, 의도, 행동통제인식으로 구성

이론PLUS 계획된 행동 이론의 예시
- 행동을 향한 태도 - 다친 후 병원 가기 싫어함
- 주관적 규범 - 주변에서 병원에 가야 한다며 압력
- 인지된 행동제어 - 다친 부위 점점 아픔
- 의도 - 통증이 심해지자 태도를 바꿔 병원방문 의도 발생
- 행동 - 병원 방문 및 치료

정답 ①

Chapter 04 질환별 프로그램 설계

핵심요약&보충자료

01 호흡·순환계 질환 운동프로그램

1 호흡·순환계 관련 질환

1. 고지혈증(hyperlipidemia)

(1) 개념

혈액의 응고에 변화를 일으켜 혈액 점도를 상승시키고, 혈관 염증에 의한 말초 순환 장애를 일으키는 상태로, 동맥에 죽상 경화를 발생시켜 뇌경색 또는 심근 경색의 직접적인 원인이 됨

(2) 원인

유전적인 요인으로 인해 혈액 내에 특정 지질이 증가하여 고지혈증이 발생할 수도 있고, 비만이나 술, 당뇨병 등과 같은 다른 원인에 의해서도 발생 가능

(3) 수치

① 혈액 내 총 콜레스테롤이 240mg/dL을 넘거나 중성지방이 200mg/dL 이상인 상태

② 고지혈증이 지속될 경우 혈액순환이 떨어져 동맥경화의 원인이 되고 혈관이 막혀 심근경색, 협심증, 뇌졸중, 고혈압 등의 심뇌혈관질환으로 악화될 우려

(4) 운동 프로그램

① 운동 형태: 유산소 운동(걷기, 달리기, 수영, 자전거 등) 및 저항 운동

② 운동 시간: 30~60분

③ 운동 강도: 최대 산소 섭취량의 50~60%, 운동 자각도(RPE) 11~13 수준의 신체 활동

④ 운동 빈도: 주 3~6회

2. 관상동맥질환(Coronary artery disease: CAD)

(1) 개념

① 심장에 혈액을 공급하는 동맥에, 지방 침착물 따위가 쌓임으로써 혈관이 좁아지고 딱딱해져 혈액 공급이 제대로 되지 않으며 심장이 제 기능을 발휘하지 못하는 질환

② 관상 동맥 중 하나 이상이 죽상 경화증이나 혈관 경련으로 인해 좁아진 상태, 가슴 통증을 유발할 수도 있으며, 심한 경우 산소 부족으로 심근경색이 발생 가능

③ 발병률: 65세 이상의 약 1/4 정도가 증상을 보이며, 이 연령대의 노인들이 급성 심근경색 발생의 2/3를 차지함

④ 증상: 가슴 통증, 현기증, 부정맥, 호흡 곤란 등이 있음

---

① 고지혈증
- 저밀도 지단백 콜레스테롤(LDL) ≥ 130mg·dL-1
- 고밀도 지단백 콜레스테롤(HDL) < 40mg·dL-1
- 총콜레스테롤(TC) ≥ 200mg·dL -1
- 중성지방 ≥ 200mg/dL

[관상동맥질환]

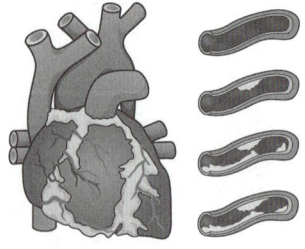

(2) 미국스포츠의학회(ACSM)에서 제시한 죽상 경화증 심혈관 질환(관상동맥질환) 위험 요인 및 기준의 정의 기출 24년

양성 위험 요인	기준의 정의
연령	남자 ≥ 45세, 여자 ≥ 55세
가족력	아버지 또는 남자 형제 중 55세 이전, 어머니 또는 여자 자매 중 65세 이전에 심근경색, 관상 동맥 혈관 재형성술 및 급사한 가족이 있음
흡연	현재 흡연자, 6개월 이내에 금연자, 흡연 환경에 노출
신체 활동 부족	최소 3개월 동안 주당 최소 3일, 중강도의 신체 활동을 30분 이상 참여하지 않음
비만	체질량 지수 ≥ 30kg · m-2, 허리둘레 남자 > 102cm(40inch), 여자 > 88cm(35inch)
고혈압	최소 2회 이상 측정하여 수축기 혈압 ≥ 140mmHg 또는 이완기 혈압 ≥ 90, 또는 항고혈압제 복용
이상 지질 혈증	• 저밀도 지단백 콜레스테롤(LDL) ≥ 130 mg · dL-1 • 고밀도 지단백 콜레스테롤(HDL) < 40mg · dL-1 • 총콜레스테롤(TC) ≥ 200mg · dL-1
당뇨병	• 공복 혈당 ≥ 126mg · dL-1 • 경구 혈당 강하제 투여 2시간 후 ≥ 200mg · dL-1 • 당화 혈색소(HbA1C) ≥ 6.5%

음성 위험요인	기준의 정의
고밀도 지단백 콜레스테롤(HDL)	≥ 60mg · dL-1

(3) 권장 운동 프로그램

① 운동 형태: 걷기 또는 자전거 타기 등을 권장

② 운동 시간: 운동 지속 시간은 20~30분 정도

③ 운동 강도: 여유 심박수의 50%를 목표 심박수로 결정하여 강도 선정

④ 운동 빈도: 3회/주

3. 고혈압(High blood pressure)

(1) 개념

비만, 스트레스, 운동부족, 무기질 부족(칼슘, 칼륨, 마그네슘)과 음주, 고당질, 고지방 식사, 과도한 염분섭취 등으로 혈관 속을 흐르는 혈액이 혈관에 부딪히는 압력이 140/90 이상인 경우를 고혈압이라고 함

분류	수축기혈압(mmHg)	이완기혈압(mmHg)
적정혈압	< 120	< 80
정상혈압	< 130	< 85
정상범위혈압	130~139	85~89
경증 고혈압	140~159	90~99
중등 고혈압	160~179	100~109
중증 고혈압	≥ 180	≥ 110
고립성 이완기 고혈압	≥ 140	> 90

핵심요약&보충자료

❷ 말초동맥질환과 간헐성파행증

- 말초동맥질환
  - Peripheral Artery Disease, PAD
  - 심장이나 뇌에 혈액을 공급하는 동맥 외에 동맥이 좁아지는 질환
  - 말초동맥질환에 기여하는 위험 요인은 죽상동맥경화증과 동일
  - 흡연, 당뇨병, 이상지질혈증, 고혈압, 50대 이상 남성의 비만, 심근경색, 뇌졸중 또는 관다발병의 가족력
- 간헐성파행증
  - Intermittent Claudication, Vascular Claudocation
  - 동맥질환에서 가장 흔한 증상
  - 간헐파행은 운동을 하면 근육에 경련성 통증이 나타나고 휴식을 취하면 통증이 완화되는 상태가 반복되는 것
  - 통증은 주로 엉덩이나 장딴지에 나타나며 동맥경화증이 있는 동맥 가지 부위를 따라서 발생

(2) 운동프로그램

① 운동 형태

㉠ 가벼운 걷기나, 매우 약한 저항 또는 저항이 없는 실내 자전거 타기 등을 권장

㉡ 운동프로그램이 혈압의 비정상적인 변동을 초래하지 않도록 주의가 필요함

㉢ 운동에 대한 심박수 반응을 둔화시키는 심장 약물인 알파, 베타 차단제(α, β-Blocker)를 복용 중인 사람에게는 운동 강도를 정하기 위해 상시 운동 자각도(RPE)를 측정할 것을 권장함

㉣ 발살바 호흡법, 등척성 운동은 혈압의 급격한 상승을 초래하므로 권장하지 않음

㉤ 추운 환경, 압박이 강한 의복의 착용 등도 갑작스러운 응급상황이 발생할 수 있음을 고려하며 지도

② 운동 시간: 운동 지속 시간은 1회에 30~60분이 적당

③ 운동 강도: 보다 낮은 강도의 운동이 더 안전할 수 있으며, 동시에 혈압을 낮춰 준다는 점에서 보면 고강도의 운동과 같은 효과를 얻을 수 있음

㉠ 심폐 지구력 운동: 40~60% VO_2max

㉡ 운동 자각도 Borg 지수: 11(편하다)~13(약간 힘들다)

㉢ 근력 운동: 부위의 최대 근력(1RM) 40~60%/세트당 8~12회

④ 운동 빈도: 2~3회/주에서 점진적 증가 권장

(3) 고혈압에 대한 운동의 효과

주3회 이상 운동하는 사람은 전혀 운동하지 않는 사람에 비해 고혈압 발생 위험 50% 감소

① 심박출량의 저하와 교감신경활동을 진정

② 신장에서는 도파민계와 칼리크레인 - 키닌계의 활성화에 따라 나트륨 이뇨작용이 항진되고 순환 혈장량이 감소

③ 혈중 노르에피네프린의 감소에 따라 교감신경계의 활동이 진정되어 심박동수를 낮추게 됨

④ 혈압에 가장 많은 영향을 미치는 요인은 혈관의 지름, 운동을 지속적으로 하면 혈관이 굵어져 혈압을 낮추게 됨. 운동을 하지 않을 경우 혈관 지름이 좁아져서 고혈압 유발 → 운동은 생체 내 승압계의 작용을 약화시키고 혈압은 낮추는 기전을 증강함으로써 혈압조절 능력을 개선

4. 만성 폐쇄성 폐 질환(Chronic obstructive pulmonary disease: COPD)

(1) 천식

① 폐로 연결되는 통로인 '기관지'의 질환으로, 특정한 유발 원인 물질에 노출되었을 때 기관지의 염증에 의해 기관지가 심하게 좁아져 기침, 천명(숨쉴 때 쌕쌕거리는 소리), 호흡곤란, 가슴 답답함이 반복적으로 발생하는 질환

② 기관지의 염증으로 기관지 점막이 부어오르고 기관지 근육이 경련을 일으키면서 점액이 분비되고 기관지가 막혀 숨이 차게 됨. 이것이 반복되면 섬유화 및 기도개형이 발생하면서 영구적인 폐기능 저하도 가능 → 폐기종이나 울혈성 심부전으로 분류

[일반적 혈압약]
- 이뇨제
- 칼슘길항제
- 안지오텐신 전환효소 억제제(ACE 억제제)
- 안지오텐신 II 수용체 길항제
- α-Blocker(알파 차단제)
- β-Blocker(베타 차단제)

위 약물 복용 시 운동강도가 올라가도 혈압이나 심박수 상승이 나타나지 않는 것을 주의

③ 운동 프로그램
- ㉠ 운동 형태: 걷기, 실내 자전거, 등산, 에어로빅, 수영, 물속에서 걷기 등 물속에서 하는 운동은 기관지가 냉각되어 수축하거나 습도가 낮아 건조해질 염려가 없기 때문에 기관지 천식 환자에게 적합한 운동
- ㉡ 운동 시간
  - ⓐ 운동 지속 시간은 20~30분으로 짧게 실행
  - ⓑ 한꺼번에 계속해서 운동하지 말고 반드시 중간에 휴식을 취함
  - ⓒ 운동 유발성 천식 발작에 주의해야 함(차가운 외부 공기 주의)
- ㉢ 운동 강도: 저강도에서 시작하여 적응이 되어 가는 상황에 따라 점진적으로 강도 증가
- ㉣ 운동 빈도: 운동 지속 가능 시간이 짧기 때문에 매일, 자주 운동하는 것을 추천

(2) 만성 폐쇄성 폐 질환
① 유해한 입자나 가스의 흡입으로 기도와 폐 실질에 비정상적인 염증 반응이 발생하고, 숨을 내쉴 때 완전히 회복되지 않는 기류 제한을 특징으로 하는 호흡기 질환
② 증상: 기침을 동반한 가래이며, 폐기종 환자는 적은 운동량에도 숨을 헐떡이는 호흡 곤란을 주로 호소
③ 운동 프로그램
- ㉠ 숨을 천천히 깊게 쉬어 흉곽 팽창을 돕는 흉곽팽창호흡법과 횡격막호흡법 같은 호흡재활운동이 도움
- ㉡ 주요 목적은 호흡의 효율을 개선시키고 운동 지구력을 키우는 것에 초점을 둠
- ㉢ 몸이 약할수록 인터벌 트레이닝 기술이 더 강조되어야 함
- ㉣ 노인을 위한 운동 프로그램은 산소 소비량에 별 변화가 없는 유산소성 지구력 운동을 시킴으로써 그들의 흥미와 재능에도 초점을 맞춤

5. 당뇨병(Diabetes mellitus) 기출 23년

(1) 개념
인슐린의 분비량이 부족하거나 정상적인 기능이 이루어지지 않는 대사 질환의 일종으로, 혈중 포도당이 체내로 흡수되지 못해 혈중포도당 농도가 높은 것이 특징

(2) 발병률
노인들에게 흔한 질병으로 II형 당뇨병 전체 인구의 약 50%가 65세 이상

(3) 원인
① I형 당뇨병: 췌장의 베타세포가 면역시스템에 의해 파괴되어 인슐린을 분비하지 못해 발생하는 당뇨병(5~10%), 매일 인슐린주사 맞아야 함
② II형 당뇨병: 인슐린의 기능이 떨어져 혈당이 높아지는 경우 발생하는 당뇨병

(4) 운동프로그램
① 유산소 운동
- ㉠ 운동 형태: 걷기, 조깅, 자전거 타기, 수영, 계단 오르기, 등산 등
- ㉡ 운동 시간: 식사 후 30~60분에 운동 시작, 20~60분 동안 운동 지속

핵심요약&보충자료

[저혈당 증세의 노인에 대한 응급 처치]
- 휴식과 당 섭취에도 저혈당 증세가 있으면 의사에게 연락
- 진행 중이던 운동을 멈추고 휴식
- 신속히 흡수될 수 있는 당질 15~20g을 섭취
- 저혈당 증상이 호전되면 가벼운 식사를 하고 충분한 휴식을 취한 후 운동을 다시 시작 가능

ⓒ 운동 강도: 저강도(최대 산소섭취량의 30~40%)~낮은 고강도(최대 산소 섭취량의 40~60% 이상)

ⓔ 운동 빈도

ⓐ 중강도의 유산소운동을 가급적 매일 시행하는 것이 권고

ⓑ 매일 유산소 운동을 하기 어려운 경우에는 일주일에 적어도 3일 이상 시행

ⓒ 보통 1회의 유산소 운동이 인슐린 감수성에 미치는 효과는 24~73시간 지속되므로 연속해서 2일 이상 운동을 쉬지 않는 것이 중요

ⓓ 비만하거나 인슐린 주사를 하는 경우에는 매일 운동하는 것이 효과적

② 근력 운동

㉠ 운동 강도: 1RM의 30~50%가 적당, 15회 동작 반복

㉡ 운동 빈도: 주 3회 이상이 적당, 3~5회/주

㉢ 운동 형태: 상체, 몸통, 하체에서 총 8부위를 운동

㉣ 운동 시간: 1회 20~60분, 일반적으로 식후 30~60분 경과 후 운동 실시

③ 당뇨병 환자의 운동 시 주의사항

㉠ 반드시 운동 전 당뇨 검사 필요

㉡ 혈당이 100mg/dL 이하이면 간단한 음식 섭취

㉢ 혈당이 100~250mg/dL이면 안전하게 운동이 가능함

㉣ 혈당이 250mg/dL 이상이면 운동을 연기하고 소변 케톤 검사를 함

㉤ 케톤 검출 시 인슐린을 투여하여 혈당을 250mg/dL 이하로 내린 다음 운동 실시

㉥ 운동은 식후 1~3시간 이후 실시하고, 장시간 운동 시 30분마다 당분 섭취

㉦ 운동 중 관절이나 근육의 손상에 주의하고 운동화는 발에 잘 맞는 것으로 선택

㉧ 합병증을 주의해야 함

㉨ 식품과 인슐린의 적절한 균형을 유지하는 것이 중요함

(5) 당뇨병 환자의 운동프로그램 처방 금지대상(ACSM)

① 절대적 금기사항

㉠ 케톤산혈증(ketoacidosis)이 발생하는 경우 금지. 케톤산혈증은 격렬한 운동 1~3시간 수행한 후에 발생

㉡ 심혈관 장애나 감염증을 합병하고 있는 경우에는 금지

㉢ 당뇨성 망막병증, 신증, 신경장애가 있는 경우 발살바 호흡법 금지

㉣ 심각한 말초신경 장애 환자들의 경우 체중을 지지한 상태의 운동 금지

㉤ 운동 전 혈당수치가 70~80 이하 / 300mg/dL 이상

② 상대적 금지사항

㉠ 증식성 망막증 전 단계에서 망막의 신생혈관의 치료를 시행한 경우 주의

㉡ 신장 합병증이 나타난 경우 운동으로 신장의 혈류량이 저하할 위험 높음

㉢ 지속성 단백뇨가 나타나는 경우 주의

㉣ 미세혈관 질환이 있는 경우 운동 고려

㉤ 투약에 따른 반응고려(인슐린, 경구 혈당 강하제 투여)

6. 비만(Obesity) 기출 19·20년

① 지방조직이 과도하게 체내 및 피부 밑에 축적된 상태

  ㉠ 기준: 체질량지수(Body mass index: BMI) → 체중(kg)을 신장(m)의 제곱으로 나눈 값 25 이상

  ㉡ 생체전기저항법(bioelectrical impedance) - 신체성분 측정법으로 비만도 판정 기준

성별 \ 비만도	경도 비만	중등도 비만	고도 비만
남성	20~24%	25~29%	30%
여성	30~34%	35~39%	40%

② 원인: 오랜 기간에 걸쳐 에너지 소비량에 비해 영양소를 과다 섭취할 경우 에너지 불균형에 의해 비만이 유발, 유전적 요인, 환경적 요인(잘못된 식습관, 운동 부족, 스트레스)

③ 운동 프로그램

  ㉠ 비만 개선을 위한 운동 프로그램의 경우, 운동 총량의 개념으로서 소비 에너지를 크게 하는 것이 바람직

  ㉡ 운동 형태

    ⓐ 전신운동: 운동에 참여하는 근육군이 많을수록 칼로리 소비량 커짐. 국소적 운동보다는 큰 근육들을 사용하는 전신운동 권장

    ⓑ 유산소성 운동(걷기, 달리기, 등산, 계단 오르기 등), 체중부하 운동보다 비체중부하 운동(수영, 자전거)을 권장

  ㉢ 운동 시간

    ⓐ 최소 20분, 운동 지속 시간은 30~60분 정도 유산소성 운동(걷기, 달리기, 등산, 계단 오르기 등), 체중부하 운동보다 비체중부하 운동(수영, 자전거)을 권장

    ⓑ 장시간 지속운동: 에너지 소비량은 운동시간에 비례하기 때문에 단시간 운동보다 장시간 운동 권장

  ㉣ 운동 강도

    ⓐ 운동 강도 설정 시 최대 심박수(HRmax)보다 운동 자각도(RPE)를 기준으로 하기를 권장 → 심혈관질환 약물복용자의 경우 심박수 상승억제 약물 복용 가능

    ⓑ 낮은 강도 운동으로 시작하여 점차적으로 운동 강도 상승

    ⓒ 최대산소섭취량(VO₂max)의 40~70% 권장

  ㉤ 운동 빈도: 주 3~5회
  운동 후 기초대사량을 상승시키는 작용(초과산소섭취량 EPOC)가 있음. 일반적으로 약 48시간만 진행되므로 운동은 하루간격으로 최소 주 3회 이상 권장. 비만해소 목적의 경우 주 4~5회 이상 권장

  ㉥ 심리, 사회적 효과: 지각의 향상, 외모의 변화로 자신감 증가, 자기 만족감의 증가, 사교성의 향상, 장래에 대한 기대감 진보 등

 핵심요약&보충자료

[BMI에 의한 비만 판정기준]

BMI	WHO 기준
< 18.5	저체중
18.5 ≤ 25	정상범위
25 ≤ 30	과체중(비만 전기)
30 ≤ 35	I 도 비만
35 ≤ 40	II 도 비만
40 ≤	III 도 비만

[운동 후 초과산소섭취량에 미치는 요인들(Howley, E.T, 2012)]

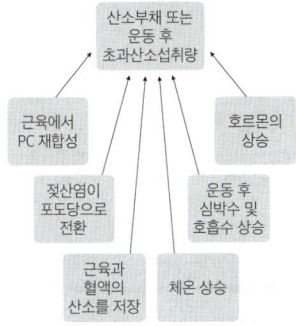

[운동 후 초과산소섭취량(Excess Post Oxygen Consumption: EPOC)]

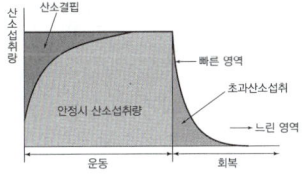

02 근골격계 질환 운동프로그램

1. 골다공증(osteoporosis) 기출 20·23년

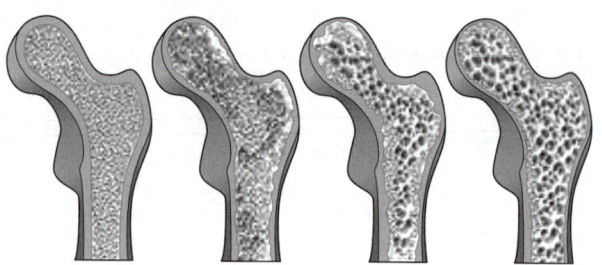

(1) 개념

골다공증은 뼈의 양이 감소하고 질적인 변화로 인해 뼈의 강도가 약해져서 골절이 일어날 가능성이 높은 상태

(2) 원인

유전적 요인, 폐경, 약물, 뼈 조직에 대한 부하량 감소, 유전적 요인, 조기 폐경, 스테로이드 과사용, 동반 질환, 흡연, 알코올, 류마티스관절염

(3) 발병률

60세 이상 여성의 1/4이 골다공증을 앓고 있으며, 자궁 절제술을 받은 적이 있는 여성의 절반에게서 나타남

(4) 진단

① 주로 고관절 부위와 척추의 요추(허리뼈)에서 측정하여 가장 낮은 골밀도를 보이는 부위의 값을 기준으로 평가

② 측정 결과는 T-값이라는 의학용어를 사용하는데, 이는 '(환자의 측정값 - 젊은 집단의 평균값)/표준편차'로 골절에 대한 절대적인 위험도를 나타내기 위해 골량이 가장 높은 젊은 성인의 골밀도와 비교한 값

③ 값이 낮을수록 골밀도가 낮다는 것을 의미

④ 정상이며, T-값이 -1.0에서 -2.5이면 골감소증, T-값이 -2.5 이하 골다공증으로 진단

⑤ 운동 프로그램

　㉠ 운동 형태

　　ⓐ 체중 부하 운동이나 균형감을 증진시키는 운동 권장

　　ⓑ 걷기, 등산과 같은 유산소성 운동과 저항성 근력 운동 병행

　㉡ 운동 시간: 운동 지속 시간은 30분 이상

　㉢ 운동 강도

　　ⓐ 유산소 운동: 최대 산소 섭취량(VO₂max)의 60~80%

　　ⓑ 근력 운동: 최대 근력의 60~80%에서 시작하여 점진적으로 증가

　㉣ 운동 빈도

　　ⓐ 유산소 운동: 3~5회/주

　　ⓑ 근력 운동: 3회 이상/주

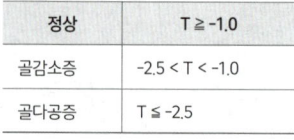
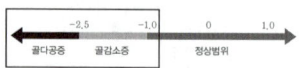

정상	T ≥ -1.0
골감소증	-2.5 < T < -1.0
골다공증	T ≤ -2.5

⑥ 골다공증 환자의 운동 시 주의사항
  ㉠ 운동에 따르는 위험성 여부를 확인함
  ㉡ 준비 운동과 정리 운동을 실시함
  ㉢ 척주 골절 환자는 신전 근육이 약화되어 있으므로 가벼운 중량으로 운동을 실시함
  ㉣ 심한 골다공증의 노인은 수영, 수중 운동, 실내 자전거 타기 등은 체중이 부하로 작용하지 않기 때문에 뼈에 대한 효과는 별로 없지만, 낙상예방이나 근육자극에 대한 효과가 있어 도움이 될 수 있음
  ㉤ 운동 시 낙상에 주의
  ㉥ 주위 환경이 잘 정리되어 있는지 확인함
  ㉦ 1주에 2~3회 정도 평형성 향상을 위한 운동을 권장함
  ㉧ 같은 근육군을 반복적으로 사용하는 운동은 수행에 어려움이 있음
  ㉨ 골다공증이 심한 노인에게는 최대 근력 검사를 권장하지 않음

⑦ 식이요법
  ㉠ 과도한 음주를 삼가하고 흡연은 중단
  ㉡ 짠 음식을 피하여 염분과 함께 칼슘이 소실되는 것을 방지
  ㉢ 1주일에 2회씩은 약 15분 정도 햇볕을 쬐어 뼈에 필요한 비타민 D를 충분히 합성
  ㉣ 비타민 D가 풍부한 유제품이나 보조제을 통해 섭취, 비타민 D-5000IU/일, 칼슘-1,000~1,200mg/일 권장

2. 관절염(arthritis)

(1) 골관절염

① 여러 가지 원인에 의해 관절에 염증이 생긴 것으로, 이로 인해 나타나는 대표적인 증상은 관절의 통증이다. 그러나 관절에 통증이 있다고 해서 모두 관절염이라고 할 수는 없으며, 붓거나 열감이 동반되어야 관절염임
  ㉠ 가동 관절에 있는 뼈 바깥 부분의 연골 조직이 얇아지며 나타남
  ㉡ 통증, 조조강직, 통증부위관절의 가동범위(ROM) 감소 등의 증상이 발생함

② 운동요법 금지대상
  ㉠ 과도한 열감, 염증, 통증, 강직성이 급성으로 나타나는 경우
  ㉡ 여러가지 합병증을 지니고 있는 고령자의 경우 의사와 사전 상담을 한 후 유동을 실시

③ 운동프로그램
  ㉠ 유산소 운동
    ⓐ 운동 형태: 관절염 부위에 물리적 충격 금지, 전신순환기계에 충분한 작용을 줄 수 있는 수중운동이나 낮은 저항의 고정식 사이클 권장. 수중 운동 시 수온 최소 28℃권장 → 근·관절의 충분한 이완을 위해
    ⓑ 운동 강도: 여유심박수(HRR)의 40~60%, 몸상태가 안좋을 경우 30~40% 권장

> **선생님 TIP** 여유 심박수(Heart rate reserve: HRR)
> 여유 심박수(Heart rate reserve: HRR) = 최대 심박수(HRmax) - 안정 시 심박수(HRrest) = 여유 심박수

핵심요약&보충자료

ⓒ 운동 시간: 150분/주, 1회 운동시간은 오래 지속보다 짧은 시간 운동권장, 관절에 휴식을 주는 저강도 인터벌 추천

ⓓ 운동 빈도: 5회/주, 고강도로 운동을 할 수 없기 때문에 거의 매일 하는 것이 좋음

ⓒ 근력 운동

   ⓐ 운동 형태: 관절에 부담을 적게 주기 위해서 비체중부하운동, 정적 근력운동 위주로 실시

   ⓑ 운동 강도: 최대근력(1RM) 40~50%, 12~15회 반복횟수 권장

   ⓒ 운동 빈도

   ⓓ 운동 시간: 30~60분 이내, 운동 직후 약간의 부종과 통증을 느낄 수 있지만 운동 후 2~3시간 이후에도 증상이 줄어들지 않는다면 운동강도나 형태를 변경하거나 당분간 운동을 중지하는 것을 권장함

(2) 류마티스 관절염(rheumatoid arthritis)

① 손과 손목, 발과 발목 등을 비롯한 여러 관절에서 염증이 나타나는 만성 염증성 질환

② 원인: 정확한 원인은 아직 밝혀지지 않았지만, 자가면역 현상이 주요 기전으로 알려져 있다. 자가면역이란 외부로부터 인체를 지키는 면역계의 이상으로 오히려 자신의 인체를 공격하는 현상 → 일반적으로는 유전적 소인, 세균이나 바이러스 감염 등이 류마티스 관절염의 원인으로 지목

③ 증상

   ㉠ 관절을 싸고 있는 활막에 염증이 생기면서 단핵구, 림프구를 비롯한 백혈구들이 관절로 모여들게 되고, 그 결과 관절액이 증가하여 관절이 붓고 통증이 발생

   ㉡ 염증이 지속 시 염증성 활액막 조직들이 점차 발전하여 뼈와 연골을 파고들어 관절의 모양이 변형 → 관절을 움직이는 데 장애가 발생

   ㉢ 신체적, 정신적 스트레스를 받은 후 발병하기 쉽고 여성에서 좀 더 흔함

   ㉣ 환부에 만성적인 염증, 통증, 조조강직, 환부가 붓는 등의 증상이 발생함

④ 운동법

   ㉠ 류마티스 관절염 환자의 체중 증가는 관절에 부담을 줌. 체중 증가를 예방하기 위해 적당한 운동과 휴식이 권장됨

   ㉡ 증상이 악화됐을 때는 관절을 쉬게 하면서 염증의 회복을 기다리고 염증이 가라앉으면 근력을 강화하는 적극적인 운동을 시행

   ㉢ 운동의 종류에 따라서 관절의 손상이 증가할 수 있으므로 주의(과도한 악력을 쓰는 운동, 관절에 과부하가 실리는 운동 금지)

3. 요통(low back pain: LBP) 기출 19·20·22·23년

(1) 허리 부위에 생기는 통증을 요통이라고 명칭

요통은 그 자체로 질병이라기보다는 증상의 하나지만, 특별한 해부학적 원인을 발견할 수 없으면 그 자체로 질병으로 분류 가능

(2) 원인

① 척추 관련 구조물, 즉 척추뼈, 디스크, 후관절, 인대, 근육에 병적 변화가 요통의 원인 병적 변화가 일부 있더라도 평소에는 증상을 느끼지 못하고 지내는 경우가 많으나, 척추의 보상, 한계를 넘으면 통증으로 나타남

용어해설

조조강직(morning stiffness): 아침에 자고 일어났을 때 혹은 오랜 시간 한 자세로 있었을 때 관절이 뻣뻣해져 움직이기 힘들다가 어느 정도 활동을 하고 난 후에 활동하기 좋아지는 현상

② 갑작스러운 디스크 파열, 운동량 부족으로 인한 근력 악화, 무리한 노동이나 운동, 척추 염좌 등이 요통의 기저 요인을 요통으로 발현 가능

③ 노화, 그릇된 식습관과 잘못된 자세, 신체활동 부족, 사고, 질환 등으로 인해서 근육량과 골밀도 감소가 골다공증, 관절염 같은 근골격계 질환으로도 요통이 발생

(3) 증상

① 요통은 척추의 퇴행성 변화와 관련된 경우가 많아서, 나이가 들수록 발병률과 유병률이 올라감

② 척추의 노화가 진행되지만 아직 신체활동이 왕성한 20~30대에 디스크 질환이 많이 발현하며, 60대 이상에서는 퇴행성 척추질환이나 협착증이 많이 발생함

③ 과도한 신체노동, 특히 무거운 것을 많이 드는 경우, 흡연, 규칙적으로 운동을 하지 않는 경우와 연관

④ 요통에 가장 대표적인 질환은 디스크와 협착증. 디스크는 보통 허리를 구부리는 동작에서 악화되며 협착증은 허리를 젖히는 동작에서 통증이 발생

⑤ 협착증 이외에도 요추부 후관절 증후군, 척추 분리증, 척추 전방 전위증 또한 허리를 젖히는 동작에서 악화됨

(4) 운동프로그램

① 허리통증 완화의 가장 기본적인 운동순서는 고관절과 흉추의 가동성을 회복시키고 요추부의 안정성을 강화시킴

② 척추를 중립으로 정렬을 유지하기 위해 걷기, 데드버그, 힙브릿지와 같은 코어 근육군 운동과 가벼운 강도의 유산소, 스트레칭, 저항성 운동을 병행하고 바른 자세와 식습관 개선을 유도

③ 디스크는 보통 신전(펴기)운동 패턴인 멕켄지 운동을 실시하고, 협착증은 굴곡(구부리기)운동 패턴인 윌리암스 운동을 실시

㉠ 운동 형태
  ⓐ 가벼운 유산소 운동과 근력 운동을 권장
  ⓑ 수영 및 자전거 타기 등을 이용한 운동 치료 및 물리 치료를 초기 치료로 병행
  ⓒ 수중 운동을 할 때의 수온은 29~32℃가 적정

㉡ 운동 시간: 총 운동 시간은 주당 150분 정도가 적정, 운동을 한 후 쉬었다가 다시 운동하는 저강도 순환 트레이닝 방법 권장

㉢ 운동 강도
  ⓐ 유산소 운동: 여유 심박수(HRR)의 40~60%
  ⓑ 근력 운동: 통증이 없을 시 1RM의 40~60%, 통증이 있을 때에는 등척성 운동을 실시하며, 맨몸운동 위주로

㉣ 운동 빈도: 최소 3회/주

④ 관절염 환자의 운동 시 주의 사항
  ㉠ 운동 중이나 직후에 통증을 유발하는 운동동작은 피함
  ㉡ 통증이 있는 관절 주위의 근육을 운동시키는 방법을 모색
  ㉢ 저항 운동을 하되 특정한 관절에 통증을 유발하는 운동은 등척성 근력 운동으로 대체
  ㉣ 불편함을 느끼기 시작하는 강도보다 낮은 강도의 운동을 유지

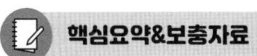

핵심요약&보충자료

[윌리암스(Williams)]

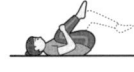

[맥켄지(Mckenzie)]

Exercise 1   Exercise 2   Exercise 3

Exercise 4   Exercise 5   Exercise 6

ⓓ 특정 부위관절을 과사용 하지 않기 위해 크로스 트레이닝을 이용

ⓔ 충격과 체중을 적게 받는 운동 추천

4. 근감소증(Sarcopenia) 기출 23년

(1) 나이가 많아지면서 근육의 양, 근력, 근 기능이 모두 감소하는 질환을 의미

(2) 원인

① 개인마다 다르지만, 가장 흔한 원인은 단백질 섭취 저하, 운동량 부족 등이 있음

② 특히 필수 아미노산의 섭취 및 흡수가 부족하여 근감소증이 나타나는 비율이 매우 높음

③ 다른 흔한 원인으로는 노화와 동반된 호르몬 부족이 있음

④ 근감소증은 근육 자체에 생기는 질병 외에도 당뇨병, 감염증, 척추 협착증 등 퇴행성 질환에 의해 2차적으로 자주 발생

(3) 증상

① 근감소증의 증상으로는 근력 저하, 하지 무력감, 피곤감이 있음

② 근육량과 근력은 나이가 들면서 자연스럽게 줄어들지만, 근감소증은 나이나 성별 등을 감안하더라도 근육량과 근력이 지나치게 줄어들어 신체 기능이 떨어지며 건강상의 위험이나 사망률이 증가

③ 근감소증 환자는 걸음걸이가 늦어지고 근지구력이 떨어지며 일상생활이 어렵고 다른 사람의 도움이 자주 필요하게 됨

④ 골다공증, 낙상, 골절이 쉽게 발생

⑤ 근육의 혈액 및 호르몬 완충 작용이 줄어들어, 기초대사량이 감소하고, 만성 질환 조절이 어렵게 되며, 당뇨병과 심혈관 질환이 쉽게 악화될 수 있음

(4) 운동 및 영양 관리

① 근감소증이 나타나기 전에 근력 저하가 먼저 발생하는 경우가 많음

② 근력 저하나 근감소증이 나타나면 증상 악화에 영향을 미치는 요인을 찾고 동반 질환을 확인한 후 그 원인을 제거하는 것이 가장 중요

③ 필수 아미노산 중심의 단백질을 적절한 용량으로 섭취해야 함

④ 여기에 근력 운동과 유산소 운동을 병행하는 것이 가장 효과적

⑤ 복용 중이던 음식과 약제를 검토

03 신경계 질환 관련

1. 파킨슨병(Parkinson's disease)

(1) 뇌 속의 운동에 꼭 필요한 신경 전달 물질인 도파민이 존재

파킨슨병은 중뇌에 위치한 흑질이라는 뇌의 특정부위에서 이러한 도파민을 분비하는 신경세포가 원인 모르게 서서히 소실되어 가는 질환

(2) 증상

① 파킨슨 환자들에게서는 서동증(운동 느림), 안정 시 떨림, 근육 강직, 자세 불안정 등 주로 노년층에서 발생하는 질환으로 연령이 증가할수록 이 병에 걸릴 위험은 점점 커짐

② 60세 이상의 노령층에서는 약 1%, 65세 이상에서는 약 2% 정도가 파킨슨병

(3) 파킨슨병 환자의 일반적인 운동장애

운동장애	증상
운동완서	운동 속도 및 각도, 극한 경우 운동결핍을 말하는 운동감소증
운동불능	운동실행, 신체활동 자체가 어려움
부동현상	운동의 연속동작 시 움직임 차단, 급작스런 움직임 불가능
균형장애 (불안정 자세)	선 자세로 유지 어려움(무게중심 불안정 상황), 동작 방향전환 시 안정성↓, 빈번한 낙상
운동장애	근육 과잉재활동, 떨림, 뒤틀림, 꼬임
경직	팔다리의 신전(폄)근과 굴곡(굽힘)근 모두 수동적 관절가동범위에서 근육의 긴장(뻣뻣함)
적응반응	활동감소, 근육약화, 근육의 길이 감소, 관절구축, 기형

(4) 운동프로그램

① 유산소 운동
  ㉠ 운동 유형: 트레드밀보다 실내 자전거 타기, 암 사이클(팔 자전거) 운동처럼 앉은 자세에서 수행하는 유산소 운동이 안전한 형태
  ㉡ 운동 빈도: 3일/주
  ㉢ 운동 강도: 여유심박수(HRR) 40~60%, 운동자각도(RPE) 11~13
  ㉣ 운동 시간: 지속적으로 30분

② 근력 운동
  ㉠ 운동 유형: 잘못된 자세를 예방하고, 바른자세의 이동성을 유지하기 위해 엉덩이 신전근, 척추 안정성, 흉추 신전근 운동위주로 실시
  ㉡ 운동 빈도: 2~3일/주
  ㉢ 운동 강도: 초보자 1RM 45~50%, 숙련자 1RM 60~70%
  ㉣ 운동 시간: 30~60분, 8~12회 반복 1세트 이상

③ 유연성 운동
  ㉠ 운동 유형: 모든 대근육에서 천천히 정적 스트레칭 수행
  ㉡ 운동 빈도: 1~7일/주

 핵심요약&보충자료

[파킨슨병]

- 손 떨림
- 행동이 느려짐(서동)
- 근육이 뻣뻣해짐(경직)
- 상체가 앞으로 기울
- 자세 불안정

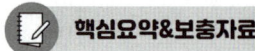

[치매 단계별 증상]

초기	최근 일에 대한 기억력에 문제를 보임
중기	• 경직, 보행이상과 같은 신경학적 장애 • 대소변을 가리지 못하고 감염, 욕창 등 신체적 합병증 동반
후기	• 언어기능, 판단력과 같은 인지기능이상을 동반 • 성격변화, 초조행동, 우울증, 망상, 환각, 수면장애, 공격성 증가 등

[치매 환자의 운동 효과] 기출 19년
- 수면의 질 향상
- 변비 증상의 완화
- 움직임 능력의 향상
- 기억 능력 향상
- 사회적 기술과 소통 능력의 향상
- 근력 향상으로 낙상 예방
- 스트레스와 우울, 불안의 감소
- 정신 능력의 저하와 관련된 질병의 감소
- 치매 관련 행동의 감소
- 심폐지구력 및 혈액 순환 개선

ⓒ 운동 강도: 약한 불편감을 느낄 때까지 근육 신장

ⓔ 운동 시간: 10~30초간, 각 주요관절 실시

2. 치매, 알츠하이머병 기출 19년

(1) 치매
① 정상적으로 성숙한 두뇌가 후천적인 질병이나 외상 등으로 손상을 입거나 파괴되어 지적능력이 심각하게 저하되는 것

② 지적능력이 현저히 저하, 기억장애를 포함한 다발성 인지장애로 인해 일상생활에 장애가 있는 상태

(2) 알츠하이머병(alzheimer's disease)
① 치매의 절반을 차지, 뇌세포의 퇴행성 변화로 인해 건강하던 뇌세포들이 서서히 죽어가며 뇌 전체에 걸쳐 전반적인 위축이 발생하는 치매

② 매우 서서히 발생하며 시간이 지날수록 악화되어 언제부터인지 찾기 어려움

③ 남성보다는 여성이, 직계 가족 중에 환자가 있을 시 발병 위험성 높아짐

(3) 혈관성 치매
① 알츠하이머 다음으로 많이 발생하는 치매로 알츠하이머와는 다르게 갑자기 시작되어 악화되는 경우 많음

② 고혈압, 당뇨, 고지혈증, 심장, 흡연, 비만을 가진 사람에게 빈번, 중풍을 비롯한 뇌혈관질환에 의한 뇌손상이 누적되어 발생

③ 반신마비, 발음장애, 보행장애 등이 함께 나타남

(4) 증상
① 기억상실(amnesia): 처음에는 주로 최근에 있었던 일을 기억하지 못하지만 나중에는 옛날 일도 기억 못함

② 실인증(agnosia): 주위 사람들이나 물건의 용도를 인지하는 기능의 장애, 단어의 의미를 파악하지 못하는 증상 등

③ 실행증(apraxia): 운동력의 장애로 근육의 마비나 허약감 없이 운동기능을 수행하지 못하는 증상 발생

④ 실어증(aphasia): 물건이나 옷, 신체의 일부분의 이름을 말하지 못함

(5) 운동프로그램
① 치매는 조기 발견 및 예방이 가장 중요, 완치 가능한 치매의 경우 초기에 치료해야 후유증이 남지 않고 치료효과도 좋음

② 치매가 진행되면 손상된 뇌세포가 재생되지 않기 때문에 치료에 대한 반응이 현저히 낮아짐

ⓐ 운동 형태: 걷기, 조깅, 자전거 타기, 수영 등과 같은 유산소 운동

ⓑ 운동 시간: 운동 지속 시간은 30분 이상

ⓒ 운동 강도: 옆 사람과 이야기하면서 운동할 수 있을 정도로 '약간 가볍다' 수준이면 충분, RPE 10~11

ⓓ 운동 빈도: 4회/주

③ 알츠하이머 치매 환자의 운동 시 주의사항
- ⊙ 매일 하루 30분씩만 걸어도 치매가 예방된다고 할 만큼 규칙적이고 적당한 운동이 필수
- ⓒ 운동프로그램이나 운동 환경에 흥분할 수도 있는 행동 변화를 배려해야 함
- ⓒ 치매가 진행됨에 따라 보호자가 운동프로그램에 데려오고 싶지 않아 하는 것에 대처해야 함
- ⓔ 꾸준함과 인내심을 가지고 운동프로그램에 대한 흥미를 계속 유지할 수 있도록 용기를 주어야 함
- ⓜ 지도자나 보호자를 동반하여 운동 실시
- ⓗ 복잡하고 새로운 운동보다 단순하고 반복적인 운동 권장
- ⓢ 중증 치매 노인의 경우 그룹 운동보다 개별 운동으로 진행하는 것이 더 효과적
- ⓞ 적절한 영양 섭취가 병행(고등어, 꽁치, 삼치 등 등푸른 생선, 견과류, 신선한 야채 등)

출제예상문제

Chapter 04 질환별 프로그램 설계

01 <보기>에서 미국스포츠의학회(ACSM, 2018)의 노인을 위한 유산소 운동 지침으로 옳은 것만을 모두 고른 것은?

─── <보기> ───

㉠	운동 빈도(F)	• 중강도 시 5일/주 • 고강도 시 3일/주
㉡	운동 강도(I)	• 중강도 시 5~6 (RPE 10점 만점 도구 기준) • 고강도 시 7~8 (RPE 10점 만점 도구 기준)
㉢	운동 시간(T)	• 중강도 시 150분~300분/주 • 고강도 시 75분~100분/주
㉣	운동 형태(T)	앉았다 일어서기(스쿼트), 농구, 수상레저활동

① ㉠, ㉡, ㉢
② ㉠, ㉡, ㉣
③ ㉠, ㉢, ㉣
④ ㉡, ㉢, ㉣

 노인의 적합한 유산소 운동으로는 골격계에 낮은 스트레스를 주는 활동이다.

정답 ①

02 <보기>에서 설명하는 운동 원리는?

─── <보기> ───

자신의 능력에 최대한 맞게 운동하되, 무리하거나 통증이 발생하거나 스스로 안전하다고 생각하는 수준을 넘어서지 않게 운동하도록 지도해야 함을 의미함

① 과부하 원리
② 난이도 원리
③ 점진성 원리
④ 수용성 원리

 수용성의 원리에 대한 설명이다.

 수용성의 원리
- 자신의 능력에 최대한 맞게 운동하되, 무리하거나 통증이 발생하거나 스스로 안전하다고 생각하는 수준을 넘어서지 않게 운동하도록 지도해야 함을 의미함
- 운동 시 변화하는 신체 기능의 증진을 스스로 인지하고, 자신의 능력에 맞게 운동하도록 장려함

정답 ④

03 하비거스트(R. Havighurst)의 발달과업이론에서 노년기의 과업으로 적절하지 않은 것은?

① 배우자의 죽음에 대한 적응
② 은퇴와 수입 감소에 대한 적응
③ 퇴직과 정기적 연금소득에 대한 적응
④ 근력 감소와 건강 약화에 대한 적응

 발달과업이론에는 퇴직과 정기적 연금소득에 대한 적응은 없다.

 노년기(56세 이후~)의 발달과업이론
- 체력과 건강쇠퇴에 대해 적응
- 정년퇴직과 수입 감소에 대해 적응
- 배우자의 죽음에 대해 적응
- 동년배 노인과 친밀관계 형성
- 사회적인 역할에 대한 책임 유연하게 수용
- 만족스러운 생활조건 구비

정답 ③

04 <보기>에서 박씨 할아버지의 죽상경화증 심혈관질환의 위험요인을 바르게 제시한 것은?

―<보기>―

건강증진 운동프로그램에 참여하고자 하는 박 OO 할아버지의 정보

- 연령: 67세, 성별: 남성, 신장: 170cm, 체중: 87kg
- 총콜레스테롤: 190mg/dL
- 안정 시 혈압: 130mmHg / 85mmHg
- 허리둘레: > 105cm
- 공복혈당: 135mg/dL
- 흡연: 30대부터 하루에 10~20 개비

* 미국스포츠의학회(ACSM, 2018)를 참고한 기준 적용

① 연령, 혈압, 흡연, 허리둘레
② 비만, 총콜레스테롤, 혈압, 흡연
③ 연령, 비만, 당뇨병, 흡연, 허리둘레
④ 과체중, 총콜레스테롤, 혈압, 당뇨병

 정답분석
연령 - 67세, 비만, 허리둘레 → 102cm(남), 당뇨병 - 공복 혈당 ≥ 126mg·dL-1

 이론 PLUS

양성 위험 요인	기준의 정의
연령	남자 ≥ 45세, 여자 ≥ 55세
가족력	아버지 또는 남자 형제 중 55세 이전, 어머니 또는 여자 자매 중 65세 이전에 심근경색, 관상동맥 혈관 재형성술 및 급사한 가족이 있음
흡연	현재 흡연자, 6개월 이내에 금연자, 흡연 환경에 노출
신체 활동 부족	최소 3개월 동안 주당 최소 3일, 중강도의 신체 활동을 30분 이상 참여하지 않음
비만	체질량 지수 ≥ 30kg·m-2, 허리둘레 남자 > 102cm (40inch), 여자 > 88cm(35inch)
고혈압	최소 2회 이상 측정하여 수축기 혈압 ≥ 140mmHg 또는 이완기 혈압 ≥ 90, 또는 항고혈압제 복용
이상 지질 혈증	• 저밀도 지단백 콜레스테롤(LDL) ≥ 130mg·dL-1 • 고밀도 지단백 콜레스테롤(HDL) < 40mg·dL-1 • 총콜레스테롤(TC) ≥ 200mg·dL-1
당뇨병	• 공복 혈당 ≥ 126mg·dL-1 • 경구 혈당 강하제 투여 2시간 후 ≥ 200mg·dL-1 • 당화 혈색소(HbA1C) ≥ 6.5%

정답 ③

05 골다공증이 있는 노인의 운동에 관한 설명으로 적절하지 <u>않은</u> 것은?

① 체중 지지 운동은 권장하지 않는다.
② 통증을 유발하지 않는 중강도 운동을 권장한다.
③ 심각한 골다공증이 있는 노인에게는 최대근력검사를 권장하지 않는다.
④ 평형성 향상을 위한 운동을 권장한다.

 정답분석
골다공증은 적정부하 운동을 실시해야 골밀도가 향상될 수 있다.

정답 ①

Chapter 05 지도자의 효과적인 지도

 핵심요약&보충자료

01 의사소통기술

1 의사소통

1. 노인 스포츠 지도자의 의사소통 및 지도법

① 미리 출석하여 새로운 참가자들을 파악, 기존의 참여자들과는 상호 교류를 할 수 있는 시간적 여유를 가짐
② 운동 프로그램을 시작하기 전에 편안하고 협박적이지 않은 분위기를 조성함
③ 운동의 명칭을 사전 시범과 함께 언어적, 시각적 단서들을 제공
④ 어떤 운동을 왜 해야 하는지를 이해할 수 있도록 노인들에게 운동의 목적을 설명
⑤ 참가자의 시선, 상황을 고려하여 운동을 지도
⑥ 의사소통 시 단어를 신중히 선택하여 표현
⑦ 사교적인 관계와 우호적인 운동 환경을 조성함

2. 노인과의 의사소통에서 해야 할 것과 하지 말아야 할 것(Wold, 1993)

해야 할 것	하지 말아야 할 것
• 지도자 자신(본인)을 명확히 밝힘 • 노인이 원하는 존칭 사용 • 목소리를 저음으로 분명하게 천천히 말함 • 노인에 대해 알려고 노력 • 공감을 느끼며 경청 • 신체언어에 대해 주의 • 접촉을 적절하게 사용	• 지도자가 (참여자 노인을) 인지한다고 함부로 추정 X • 어린아이 다루듯 하지 않음 • 소리지르며 말하기 X (청각장애노인 더 손상 가능) • 노인에 대한 편견으로 미루어 짐작 X • 운동 과제에만 몰두하지 말고 노인의 상태 상시 확인 • 접촉을 두려워하지 않음

3. 노인 운동 지도 시 주의 사항 기출 19·22년

① 규칙적인 의학적 신체 체크
② 개별적으로 가지고 있는 질환에 대해 맞춤 운동처방
③ 낮은 강도에서부터 운동 시작
④ 탈수 증상에 대비하여 미리 수분 보충
⑤ 상해 예방을 위한 적절한 복장 및 장비 착용
⑥ 너무 춥거나 더운 환경을 피함
⑦ 지속적인 컨디션 조절 및 체크
⑧ 추운 환경에서는 준비 운동을 평소보다 오래 진행

[지도자의 의사소통 기술 및 원칙]
기출 19·20·22·23년

• 효과적인 의사소통에는 언어적, 비언어적, 자기주장 기술 등
• 내용을 명확하고 간결하게 전달
 - 의학 용어나 특수용어, 어려운 단어 사용 X
 - 시각적 도구는 쉽게 읽을 수 있게 제작하기
• 적극적 경청 행위
 참여자와 자주 눈 마주치고 정면에서 쳐다보기, 눈높이 맞추기, 참여자의 말에 공감하며 경청하기

2 노인 스포츠 지도자의 지도 요소 기출 20·22년

1. 노인 스포츠 지도자의 마음가짐
① 다양한 건강 상태 및 신체능력을 가진 노인들을 대상으로 적절한 운동프로그램을 적용
② 건강증진과 건전한 여가 생활을 촉진
③ 노후 삶의 질 향상에 기여하는 진정한 의미의 교육자

2. 노인 체육지도자가 숙지해야 하는 노인 운동의 근간 3가지 이론

(1) 성공적 노화 모델
① 신체적 측면: 인간의 기본적 욕구 중 하나는 '건강한 삶', 질병을 피하는 것을 중요한 성공적 노화의 요인
② 심리적 측면: 자기효능감, 독립성, 수용, 긍정적 사고, 적응성, 적극적 사고, 진취적 사고, 종교, 임종 등
③ 사회적 측면: 사회적 지지, 관계망, 경제적 상태

[성공인 노화 모델(Rowe & Kahn, 1997)]

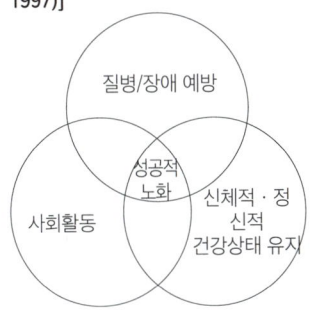

(2) 장애 과정 모델(Pope & Tarlov, 1991)
① 만성질환 및 부상은 신체조직(심혈관계, 근골격계, 인지계, 감각계, 운동계) 손상으로 이어짐
② 노화 역시 병 없이 이러한 유형의 손상을 유발
③ 손상의 누적은 신체기능의 제한을 유발
④ 장애는 일, 여가활동, 가사일, 사교적인 활동, 일상생활 같은 생활이 어렵거나 불가능한 상태로 정의

(3) 사망의 압축 모델(Fries, 2002)
① 질병 및 상해에 대한 예방적 중재를 통하여 조기사망이 예방되는 이상적인 조건
② 이상적인 조건하에 생존곡선이 직사각형화가 이루어짐
③ 질병의 노쇠, 장애의 출발점이 노령화 후기로 연기되며 사망의 시기는 한계수명에 보다 가까운 시점으로 압축되어 좁아짐

[사망의 압축 모델(Fries, 2002)]

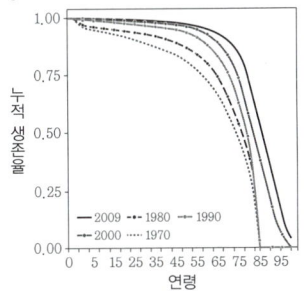

3. 노인 스포츠 지도자의 자질

(1) 책임감
① 노인들을 위해 자료를 발췌하고 교본에 제시된 신체 활동 지침을 따름
② 수업시간 엄수
③ 안전과 응급 조치(CPR)에 관한 모든 사항들을 정기적으로 갱신하고 실습
④ 주기적인 운동 검사와 평가를 실시하고 피드백을 제공
⑤ 노인과 관련된 개인 정보(Personal record)는 비밀을 유지
⑥ 지도자의 스스로 개인 스트레스 및 컨디션 관리하고, 수업에 지장이 없어야 함

[노인체육지도자의 역할]
- 우수한 실기 능력
- 자신감 있고 상냥한 대인 태도
- 행동적 덕목
- 명확히 표현 할 수 있는 의사전달 능력
- 운동에 몰입할 수 있게 하는 동기유발 능력

(2) 지지감 표현

① 수업 때마다 참가자에게 최소한 한 마디 이상의 말을 건넴

② 참가자에게 적절한 표현으로 긍정적인 면을 강조

③ 특정 참가자에게만 말걸지 않고 전체적으로 대화

④ 참가자가 2회 이상 결석을 하면 전화나 이메일로 연락을 취하도록 함

⑤ 칭찬과 격려로 자아 존중감과 자아 효능감을 북돋아 줌

(3) 관심 및 인정

① 관심과 인정의 표현과 미소, 나아가 포옹이나 스킨쉽 적극 활용

② 참가자들에 대한 배려와 관심을 표현할 수 있는 비언어적인 전달 방법을 사용함

③ 목표와 관심, 동기부여에 대해 마음에서 우러나오는 관심을 전달

④ 참가자들에게 운동 이외의 활동이나 가족생활

4. 노인 운동의 지도기법

(1) 노인 교육의 기본원리❶

① 노인들을 교육하려면 노인의 특성을 먼저 이해하고, 개별적인 사항을 고려

② 자발성의 원리

㉠ 노인 교육은 강압적·타율적으로 이루어져서는 안 되고, 노인의 특성과 흥미에 입각한 자발성을 기초로 이루어져야 함

㉡ 노인들은 경험과 지식이 풍부하고, 자발적으로 학습에 참여할 수 있는 능력이 충분히 있음

③ 경로의 원리

㉠ 노인들은 대부분 교사보다 연령이 많고, 특정 분야에서는 교사보다 지식과 경험이 훨씬 풍부하기 때문에 노인을 가르치는 교사는 일반학교의 교사와는 달라야 함

㉡ 노인이 교육을 받으러 온 것은 소외감이나 좌절감을 극복하러 온 것이고, 소일거리의 하나로 생각하는 것이지 무엇을 특별히 배워서 써먹어야겠다는 생각으로 나온 것이 아니므로 교사는 경로사상을 가지고 노인들을 대해야 함

④ 사제동행의 원리: 노인 교육에서는 학생과 교사가 동등한 입장이고, 교사와 학생의 상호 합의에 의해서 교육이 이루어지므로, 모든 교육활동을 학생과 교사가 동행해야 함

⑤ 생활화의 원리

㉠ 노인들에게 가르치는 내용과 방법이 일상생활과 밀접한 관련이 있어야 함

㉡ 노인이 교육을 받으러 온 것은 당장 생활에 필요한 것을 더 잘 할 수 있기 위해서이지 미래를 대비하기 원한 것이 아님

⑥ 다양화의 원리: 노인들을 주입식으로 교육하려고 하면 안 됨. 그들은 다양한 체험이나 연습을 원함

⑦ 직관의 원리: 노인들은 문자로 된 책을 읽는 것보다 비디오로 보거나 다른 감각기관을 통해서 직접적으로 느껴봐야 교육 효과가 좋음

---

❶ 노인 교육의 기본원리
- 자발성의 원리
- 경로의 원리
- 사제동행의 원리
- 생활화의 원리
- 다양화의 원리
- 직관의 원리
- 개별화의 원리
- 경험의 원리
- 사회화의 원리

⑧ 개별화의 원리
- ㉠ 노인들 상호간에는 지적능력, 학력, 흥미, 성격, 경험, 건강상태, 생활수준, 경제력 등의 차이가 아주 심함
- ㉡ 다양한 개개인의 학습욕구를 충족시켜 줄 수 있도록 개별화 학습이 필요
- ㉢ 장시간 공부를 한다든지 정해진 시간 내에 문제를 해결해야 하는 방식 등은 좋아하지 않으므로 스스로 수업진도를 정할 수 있는 방식의 교육이 좋음

⑨ 경험의 원리
- ㉠ 노인들은 자기에게 친숙하거나, 자기가 관심 또는 흥미를 가지고 있거나, 자신에게 의미가 있는 과제를 주면 열심히 하고 그렇지 않은 것은 방치해버리기 쉬움
- ㉡ 노인의 예전 직업, 흥미, 관심, 학습동기 등을 살펴서 적합한 과제를 제시해야 학습효과도 좋고, 학습분위기도 좋아짐

⑩ 사회화의 원리
- ㉠ 노인을 교육하는 가장 중요한 목표 중의 하나가 급격하게 변하는 사회적 환경에 노인이 적응할 수 있도록 돕는 것
- ㉡ 노인 교육의 내용에는 반드시 사회봉사를 포함시켜야 함
- ㉢ 노인들은 사회봉사를 통해서 자긍심을 느끼고, 자신도 아직 쓸모가 있다는 의식을 가지게 됨

(2) 노인 운동지도의 목표 ❷

① 새롭고 다양한 신체활동의 가치를 창출하여 노인이 운동에 관한 흥미와 관심을 가질 수 있도록 탐구감각을 향상시켜야 함
② 노인들의 신체적·정신적·사회적 건강을 유지 및 증진시키는 데 기여해야 함
③ 노인들 간에 서로 원만한 유대관계를 가질 수 있도록 돕고, 보다 바람직한 사회성을 함양할 수 있도록 유도
④ 노인들의 호기심과 새로운 것에 도전하려는 욕구를 충족시킬 수 있도록 노력해야 함
⑤ 자율적으로 행동하고, 외부 환경에 대하여 적응하며, 독립심을 향상시킬 수 있는 활동을 해야 함
⑥ 건전한 여가활동이 될 수 있어야 함
⑦ 가족 단위의 참가를 유도해서 가족 간의 유대를 강화하고, 세대 간의 이해와 융합을 촉진해야 함
⑧ 노인 스스로가 소속감을 느끼고, 타인을 존중하는 자세를 갖도록 유도하여 협동정신을 강화해야 함
⑨ 사회문화의 학습과 이해를 통해서 올바른 시민정신을 육성

❷ 노인 운동지도 목표
① 노인의 흥미와 관심
② 노인의 신체적, 정신적, 사회적 건강 유지 및 증진
③ 노인들 간의 유대관계, 사회성 함양 유도
④ 새로운 것에 도전하려는 욕구를 충족
⑤ 자율적 행동과 독립심을 향상
⑥ 건전한 여가활동
⑦ 가족 간의 유대관계 강화
⑧ 소속감과 타인을 존중하는 자세
⑨ 올바른 시민정신 육성

(3) 노인 운동지도의 6단계

① 제1단계: 참가자들의 기대와 운동 목표 살피기

② 제2단계: 참가자들의 개인 목표 정하기

③ 제3단계: 피드백 제공하기

④ 제4단계: 보상과 인센티브 제공하기
- → 운동프로그램에 참여한 노인 중에서 자신이 설정한 목표를 달성하거나 초과달성한 노인을 여러 사람이 알 수 있도록 칭찬해주는 것

⑤ 제5단계: 걸림돌 극복하기
- ㉠ 운동을 하다보면 운동을 하는 데 방해가 되는 걸림돌
- ㉡ 스스로 걸림돌을 극복할 수 있는 방법을 결정하도록 하고, 지도자는 걸림돌을 제거하는 것을 옆에서 도와주면 됨

⑥ 제6단계: 운동을 지속하게 만들기
- ㉠ 노인들에게 운동프로그램을 6개월 이상 지속하여 실시한 경우는 매우 드물고, 대부분의 운동프로그램은 3~6개월 단위로 새로운 참가자들을 모집
- ㉡ 노인 스포츠지도사는 운동프로그램에 참가했던 노인들끼리 모임을 만들어 운동을 지속적으로 할 수 있도록 유도
- ㉢ 운동 동호회의 활동을 지역사회에서 적극적으로 도와주어야 함

02 노인운동 시 위험관리

1 노인 운동시설 안전관리

1. 시설관리 기출 20·22년

(1) 미국스포츠의학회(ACSM)의 건강/체력 시설 기준 및 지침 5가지 규범 (Tharrett & Peterson, 1997)

① 어떠한 응급 상황에서도 신속하게 반응할 수 있어야 하며, 모든 직원에게 응급 대응 계획을 게시해 놓고, 정기적인 응급 대처 훈련을 실시

② 프로그램의 안전을 위해 신체 활동 시작 이전에 각 참가자들을 선별

③ 유효한 심폐 소생술(CPR) 및 응급 처치 자격증을 포함해서 지도자가 전문 능력을 갖추고 있는지 증명

④ 장비를 어떻게 사용하는지에 대한 설명을 게시 또는 장비 사용과 관련된 위험에 대한 경고 게시

⑤ 모든 관련된 법률, 규정, 알려져 있는 규범을 준수

(2) 장비관리

① 장비는 적절하게 배치되어 있으며, 정기적으로 검사되고 정비되며, 안전에 유념하라는 표시를 적절한 위치에 명확히 보이도록 함
   예) 런닝머신 끄고 내려주세요, 작동 확인 후 올라가주세요 등

② 참여자들에게 장비를 적절하고 올바르게 사용하도록 지도, 사용 시 위험요인을 정확히 교육

③ 제조업자 또는 판매업자의 지시와 일치하도록 장비 설치, 사용방법에 대한 지도와 감독을 제공. 정기적인 점검과 유지를 위한 일정을 수립하며, 위험요인을 신속히 제거하여 장비와 관련된 부상, 발생 시 그에 따른 책임을 최소화

2. 환경에 관한 안전관리

(1) 시각적 문제가 있는 노인 운동 참여자를 위한 환경

① 시각적 문제가 있는 참여자들은 눈부신 빛과 어두운 조명, 적절한 조명이나 거울이 배치된 환경이 도움을 줌

② 시노사의 동작을 따라 해야 하는 경우에 시각적 문제가 있는 참여자가 잘 보일 수 있도록 앞 또는 옆으로 이동

③ 시각적 문제가 있는 참여자들은 시설물이나 장비에 대한 정보가 없을 경우 장애물이 될 수 있기에 장비를 정비하거나 장비 배치에 대한 정보를 운동참여 전에 공유

④ 시설에 관한 표시 또는 운동지도에 필요한 방향전환에 대한 표시를 보기 쉽게 함. 운동지도뿐만 아니라 안전에 대한 예방이 중요

⑤ 시각이 아닌 다른 감각, 청각을 이용하여 지도

(2) 청각적 문제가 있는 노인 운동 참여자를 위한 환경

① 청각적 문제가 어느 정도인지를 먼저 파악 후, 운동지도 시 잘 들리는 쪽으로, 잡음이 적은 조용한 장소에서, 목소리를 조금 크게 천천히 명확하게 설명

② 복잡한 운동방법이나 기술을 설명할 때는 시범이나 사진 등을 통해 시각적 시범과 시각적 보조물을 이용

③ 청각적 문제가 심각할 경우 지도자 또는 참여자들 간에 서로 마주 보며 입술 모양이나 표정으로 의사전달을 통해 지도

3. 장소에 관한 안전관리

(1) 실내외 장소

① 실외 운동 시 고체온증이나 저체온이 발생 가능하며, 기온의 변화에 따라 심각한 스포츠 상해가 발생 가능

② 고온에서 장시간 운동을 진행하는 경우 열피로에 의해 일시적인 현기증 및 구토 증상, 심각한 경우 실신도 가능

③ 스포츠 현장에서는 기온, 습도, 풍속, 복장 등에 따라 고체온증 또는 저체온증 발생 가능

(2) 수중운동 환경

① 수중운동 환경은 운동의 매개체가 되는 물의 특성과 이런 특성이 운동 조건에 미치는 영향을 잘 파악해야 효과적 운동지도 가능

② 수영장 시설 내의 기온과 습도 조절, 수온 점검, 수영장 바닥의 안전, 전문 수상안전 요원 항시 대기

4. 응급 상황에 관한 안전관리 기출 19·20·23년

(1) 부상 및 의료적 응급 상황의 예방

① 운동 시작 전 모든 참가자들에게 사전 검사 시행, 현재 상태를 파악, 운동 중 부상을 예방, 추가 검사가 필요한지 결정

② 질병에 따른 의료적 응급 상황에 대한 예방책 마련

  ㉠ 심장병

   ⓐ 운동 전, 중 혈압과 심박수 자주 확인, 운동 강도가 목표 심박수를 초과하지 않도록 주의

   ⓑ 심장질환 징후(가슴통증, 불규칙 심박수, 호흡곤란, 현기증 등)가 나타나면 곧바로 운동 중단

  ㉡ 당뇨병: 휴대용 혈당기로 운동 전과 후에 혈당 확인. 저혈당의 경우를 대비해 긴급 당 섭취가 가능한 간식 대비

  ㉢ 피로 또는 근육통: 노인 참여자는 대부분 운동 초기에 약간의 통증과 피로를 느낌. 24시간 이상 지속되는 피로나 근육통은 일상생활에 영향을 줄 수 있으므로 주의

> **선생님 TIP** 노인 운동 중지 요건 기출 19년
> - 협심증과 유사한 증상을 보일 때
> - 안정 시 혈압에서 20mmHg 이하로 감소되거나, 운동 강도를 높였는데 수축기 혈압이 증가하지 않을 때
> - 수축기 혈압이 260mmHg 이상이거나 확장기 혈압이 115mmHg 이상일 때
> - 땀을 흘리지 않거나, 어지럼증이나 혼란을 겪거나, 불안정하거나, 창백해 보이거나, 입술이 파랄 때
> - 심각한 피로감을 육체적으로나 언어로 표시할 때
> - 운동 강도를 증가해도 심박수의 변화가 없을 때
> - 운동 중단을 요청할 때

(2) 응급 상황 대처에 관한 관리 - 노인 응급 처치의 순서

① 응급 상황 인식

② 도움의 여부를 결정

③ 119 호출

④ 심폐 소생술 실시

⑤ 자동제세동기(AED: Automated Emergency Defibrillator) 사용

⑥ 구급대 도착까지 반복 실시

⑦ 근골격계급성 손상 시 PRICES 처치 실시

응급 처치 3C	• 체크(Check): 환자 확인 • 연락(Call): 주변인 또는 본인이 긴급 연락(119) • 관리(Care): 구조호흡 or 심폐소생술 or AED
A, B, C, D	• 기도확보(Airway) • 호흡확인(Breathing) • 순환확인(Circulation) • 장애확인(Disability)
PRICES	• 보호(Protection) • 휴식 및 안정(Rest) • 냉각(Ice) • 압박(Compression) • 거상(Elevation) • 고정(Stabilization)

(3) 응급 상황에 대처하는 방법

① 심폐 소생술 관련 교육 이수(대한적십자사 CPR 교육)
② 기초적인 응급 처치 실행 방법 숙지
③ 참여 노인의 건강 기록에 대한 완전한 정보를 파악
④ 프로그램의 안전에 대해 의문이 있으면 환자 주치의와 상의
⑤ 특정 건강 문제의 징후와 증상에 대해 파악
⑥ 특정 문제에 어떻게 대처해야 하는지 숙지
⑦ 운동프로그램 진행 전 응급 구조 요청 상황을 대비해 가장 가까이 있는 전화기의 위치 숙지

(4) 자동제세동기(AED: Automated Emergency Defibrillator)

① 자동제세동기 사용 가능해질 때까지 심폐소생술 실시
② AED 전원 스위치를 켬
③ AED 음성에 따라 두 개의 패드(pad)를 부착
　㉠ 오른쪽 쇄골 바로 아래
　㉡ 왼쪽 젖꼭지 바깥 아래
④ 음성에 따라 패드의 커넥터를 AED에 연결
⑤ 전기충격 버튼 누름

핵심요약&보충자료

[척추 손상]
- 척추 손상이 의심되는 환자의 경우 목이 움직이거나 충격을 받지 않게 각별한 주의
- 응급 요원이 아닌 사람이 함부로 이동시키면 안 되며 부득이하게 이동시켜야 할 경우엔 목을 견고하게 보호 및 고정하고 튼튼한 널빤지 등을 들것으로 활용
- 절대 일으켜 세워 앉히거나 걷게 하면 안 됨

[자동제세동기]

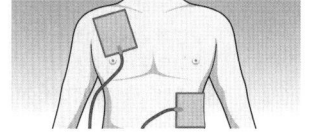

출제예상문제

Chapter 05 지도자의 효과적인 지도

01 다음 중 노인운동 지도 시 의사소통에 관한 설명으로 옳은 것은?

① 어린아이를 다루듯 말한다.
② 스킨십은 사용하지 않는다.
③ 소리를 질러가며 말하지 않는다.
④ 전문 용어나 어려운 단어 사용하여 수준을 높여준다.

 노인을 존중해주고 원하는 존칭을 써야 한다.

해야 할 것	하지 말아야 할 것
• 지도자 자신(본인)을 명확히 밝힘 • 노인이 원하는 존칭 사용 • 목소리를 저음으로 분명하게 천천히 말함 • 노인에 대해 알리고 노력 • 공감을 느끼며 경청 • 신체언어에 대해 주의 • 접촉을 적절하게 사용	• 지도자가 (참여자 노인을) 인지한다고 함부로 추정 X • 어린아이 다루듯 하지 않음 • 소리 지르며 말하기 X (청각장애노인 더 손상 가능) • 노인에 대한 편견으로 미루어 짐작 X • 운동 과제에만 몰두하지 말고 노인의 상태 상시 확인 • 접촉을 두려워하지 않음

정답 ③

02 노인운동 시의 위험 관리 항목과 방법이 바르게 연결된 것은?

① 환경과 장소 안전: 탈수 증상에 대비하여 미리 수분 보충
② 시설 안전: 운동장비의 사용방법과 사용 시 주의사항을 적절한 장소에 게시해야 한다.
③ 환경과 장소 안전: 운동 동선을 파악하여 시설과 장비를 배치한다.
④ 시설 안전: 지속적인 컨디션 조절 및 체크

 ②가 옳은 내용이다.

① 컨디션 관리: 탈수 증상에 대비하여 미리 수분 보충
③ 시설 관리: 운동 동선을 파악하여 시설과 장비를 배치
④ 컨디션 관리: 지속적인 컨디션 조절 및 체크

정답 ②

03 <보기>의 ㉠, ㉡에 해당하는 노인운동 교육의 원리와 설명이 바르게 나열된 것은?

―――――――<보기>―――――――
- (㉠) - 노인들은 문자로 된 책을 읽는 것보다 비디오로 보거나 다른 감각기관을 통해서 직접적으로 느껴봐야 교육 효과가 좋다.
- (㉡) - 지도자와 학습자 간의 동등한 관계에서 출발하여 교육활동 전반에서 상호 간의 합의를 이루도록 한다.

	㉠	㉡
①	직관의 원리	사회화의 원리
②	직관의 원리	사제동행의 원리
③	개별화의 원리	사회화의 원리
④	다양화의 원리	사제동행의 원리

- 직관의 원리: 노인들은 문자로 된 책을 읽는 것보다 다른 감각기관을 통해서 직접적으로 느껴봐야 교육 효과가 좋다.
- 사제동행의 원리: 노인 교육에서는 학생과 교사가 동등한 입장이고, 교사와 학생의 상호 합의에 의해서 교육이 이루어지므로, 모든 교육활동을 학생과 교사가 동행해야 한다.

정답 ②

04 노인 운동지도의 6단계 중 틀린 것은?
① 제1단계: 운동을 지속하게 만들기
② 제2단계: 참가자들의 개인 목표 정하기
③ 제3단계: 피드백 제공하기
④ 제4단계: 보상과 인센티브 제공하기

제1단계: 참가자들의 기대와 운동 목표 살피기이다.

이론 PLUS
노인 운동지도의 6단계
- 제1단계: 참가자들의 기대와 운동 목표 살피기
- 제2단계: 참가자들의 개인 목표 정하기
- 제3단계: 피드백 제공하기
- 제4단계: 보상과 인센티브 제공하기
- 제5단계: 걸림돌 극복하기
- 제6단계: 운동을 지속하게 만들기

정답 ①

05 노화로 인한 낙상의 원인으로 옳은 것은?
① 보행속도의 증가
② 자세 동요의 감소
③ 발목의 발등굽힘 증가
④ 보폭이 좁은 모델 워킹보행

노화가 진행될수록 보행속도의 감소, 자세 동요의 증가, 발목의 발등굽힘 가동범위의 감소, 보폭이 좁은 보행을 하게 된다.

정답 ④

2025년 기출문제

01 활동이론을 옳게 설명한 것은?
① 활성산소의 증가가 노화를 촉진한다.
② 노화와 관련한 대표적 생물학적 이론이다.
③ 사회에서 점진적 역할 배제가 노화의 핵심이다.
④ 노인의 사회활동 참여 정도가 높을수록 생활 만족도가 높아진다.

 활동이론(Activity Theory)은 노인이 지속적으로 사회활동에 참여할 때 성공적인 노화를 이룰 수 있다는 사회학적 노화 이론이다.

 ① 활성산소의 증가가 노화를 촉진한다 → 자유라디칼 이론의 설명
② 노화와 관련한 대표적 생물학적 이론이다 → 활동이론은 사회학적 이론
③ 사회에서 점진적 역할 배제가 노화의 핵심이다 → 분리이론(disengagement theory)의 설명

정답 ④

03 <보기>에서 생물학적 노화의 특성으로 옳은 것만 모두 고른 것은?

―<보기>―
ㄱ. 노화는 치료가 가능하다.
ㄴ. 모든 사람에게 보편적으로 일어난다.
ㄷ. 시간의 흐름에 따라 점진적으로 일어난다.
ㄹ. 환경적 요인을 배제한 내재적 요인에 의해 발생한다.

① ㄱ, ㄹ   ② ㄴ, ㄷ
③ ㄱ, ㄴ, ㄷ   ④ ㄴ, ㄷ, ㄹ

 생물학적 노화는 보편성, 점진성, 내재성, 불가역성의 특징을 가지며, 치료가 불가능한 자연스러운 과정이다.

 ㄱ. 노화는 치료가 가능하다. → 노화는 자연스러운 과정으로 치료 불가
ㄴ. 모든 사람에게 보편적으로 일어난다(생물학적 노화의 보편성).
ㄷ. 시간의 흐름에 따라 점진적으로 일어난다(점진성).
ㄹ. 환경적 요인을 배제한 내재적 요인에 의해 발생한다(내재성).

정답 ④

02 근감소증(sarcopenia)에 관한 설명 중 옳지 <u>않은</u> 것은?
① 호흡근의 마비를 유발할 수 있다.
② 노화와 관련한 대표적인 증상 또는 질환이다.
③ 근위축(muscle atrophy)으로도 알려져 있다.
④ 유산소 능력, 골밀도, 인슐린 민감성 및 신진대사율 감소를 유발할 수 있다.

 근감소증은 근육량과 근력이 감소하는 증상이지만, 호흡근의 완전한 마비를 유발하지는 않는다.

정답 ①

04. <보기>에서 체중부하운동으로 옳은 것만 모두 고른 것은?

―<보기>―
ㄱ. 등산
ㄴ. 스케이팅
ㄷ. 테니스
ㄹ. 고정식 자전거 타기
ㅁ. 암 에르고미터(arm ergometer)
ㅂ. 수영

① ㄱ, ㄴ, ㅁ
② ㄱ, ㄴ, ㄷ
③ ㄷ, ㅁ, ㅂ
④ ㄷ, ㄹ, ㅂ

정답분석 체중부하운동은 중력에 대항하여 자신의 체중을 지지하며 수행하는 운동이다.

선지분석
ㄱ. 등산(중력에 대항하여 체중을 지지하며 운동)
ㄴ. 스케이팅(체중을 지지하며 수행하는 운동)
ㄷ. 테니스(서서 체중을 지지하며 수행)
ㄹ. 고정식 자전거 타기 → 앉아서 하므로 체중부하 아님
ㅁ. 암 에르고미터 → 팔 운동만으로 체중부하 아님
ㅂ. 수영 → 부력으로 인해 체중부하가 감소함

정답 ②

05. 노인의 운동 빈도에 관한 설명으로 옳지 않은 것은?

① 운동 빈도는 규칙적이어야 한다.
② 신체적으로 무리가 없는 경우 주 5일 이상도 권장된다.
③ 운동 의욕이 높은 노인의 경우 매일 강도 높은 운동이 권장된다.
④ 운동 효과와 피로도를 고려했을 때 주 3회 정도가 가장 적절하다.

정답분석 노인은 회복 시간이 필요하므로 매일 강도 높은 운동보다는 적절한 휴식을 포함한 운동이 권장된다.

정답 ③

06. 만성질환 노인의 운동 효과로 옳지 않은 것은?

① 비만 노인의 체지방량이 감소하고 근육량은 유지되거나 증가된다.
② 골다공증 노인의 골밀도 감소가 개선되고 낙상과 골절이 예방된다.
③ 당뇨 노인의 혈당량이 감소하고 근육의 인슐린 민감성이 감소된다.
④ 퇴행성관절염 노인의 유연성이 향상되고 관절의 가동 범위가 증가된다.

정답분석 운동은 당뇨 노인의 혈당을 감소시키고 인슐린 민감성을 증가시킨다. 인슐린 민감성 감소는 당뇨를 악화시키는 요인이다.

정답 ③

07. 뇌졸중 노인을 위한 운동 지도 시 고려해야 할 사항은?

① 우측마비 노인의 경우 언어지시보다 행동적 시범을 보인다.
② 마비가 없는 쪽에 집중적으로 스트레칭 운동을 실시하도록 한다.
③ 낙상 위험이 있으므로 균형감각과 기동성 향상을 위한 운동을 실시하지 않는다.
④ 장애 정도가 심한 노인의 경우 똑바로 선 상태에서 스테핑 운동을 빠르게 하도록 한다.

정답분석 우측마비는 좌뇌 손상을 의미하며, 좌뇌는 언어 중추이므로 언어 이해에 어려움이 있어 시각적 시범이 더 효과적이다.

선지분석
② 마비가 없는 쪽에 집중적으로 스트레칭 운동을 실시하도록 한다. → 마비된 쪽 중요함
③ 낙상 위험이 있으므로 균형감각과 기동성 향상을 위한 운동을 실시하지 않는다. → 오히려 더 필요함
④ 장애 정도가 심한 노인의 경우 똑바로 선 상태에서 스테핑 운동을 빠르게 하도록 한다. → 위험함

정답 ①

08 <보기>에서 관절염 노인을 위한 운동 관련 설명으로 옳은 것만 모두 고른 것은?

―<보기>―
ㄱ. 체중부하운동을 실시한다.
ㄴ. 운동 시 느끼는 통증은 고려하지 않는다.
ㄷ. 운동 전후에 냉찜질 또는 온찜질을 한다.
ㄹ. 수중운동 시 물의 온도는 29~32℃를 유지한다.
ㅁ. 특정 관절의 과사용을 피하기 위해 크로스트레이닝을 실시한다.

① ㄱ, ㄴ, ㄷ ② ㄴ, ㄹ, ㅁ
③ ㄷ, ㄹ, ㅁ ④ ㄱ, ㄷ, ㄹ

정답분석 관절염 노인에게는 관절에 부담을 주지 않는 운동과 통증 관리가 중요하다.

선지분석
ㄱ. 체중부하운동을 실시한다. → 관절에 부담을 줄 수 있음
ㄴ. 운동 시 느끼는 통증은 고려하지 않는다. → 통증은 반드시 고려해야 함
ㄷ. 운동 전후에 냉찜질 또는 온찜질을 한다(염증과 통증 완화).
ㄹ. 수중운동 시 물의 온도는 29~32℃를 유지한다(적정 수온).
ㅁ. 특정 관절의 과사용을 피하기 위해 크로스트레이닝을 실시한다(관절 보호).

정답 ③

09 <보기>에서 설명하는 노화 이론은?

―<보기>―
통계에 따르면 전문체육인이 일반인에 비해 퇴행성관절염 발병률이 더 높다고 보고되고 있다. 그뿐만 아니라 전문체육 종목 중에서도 상대적으로 몸을 더 많이 사용하는 축구나 미식축구 선수들의 은퇴 시기가 골프, 야구 선수에 비해 빠른 것으로 나타났다.

① 면역반응이론 ② 교차결합이론
③ 세포노화이론 ④ 사용마모이론

정답분석 보기의 "전문체육인이 일반인보다 퇴행성관절염 발병률이 높다", "몸을 많이 사용하는 종목일수록 은퇴가 빠르다"는 사용마모이론을 설명한다.

선지분석
① 면역반응이론 → 면역체계 약화로 인한 노화 이론
② 교차결합이론 → 단백질 분자간 결합 증가로 인한 노화
③ 세포노화이론 → 세포분열 한계로 인한 노화

정답 ④

10 <보기>의 ㉠, ㉡에 들어갈 용어로 옳은 것은?

―<보기>―
• (㉠) 길이가 감소하면서 노화가 일어난다.
• 노화로 인한 대표적 관절 질환은 (㉡)이다.

	㉠	㉡
①	텔로미어	퇴행성 관절염
②	글루코스	퇴행성 관절염
③	텔로미어	류마티스 관절염
④	글루코스	류마티스 관절염

정답분석 텔로미어 길이 감소는 세포노화의 지표이며, 노화로 인한 대표적 관절 질환은 퇴행성 관절염이다.

선지분석
② 글루코스 - 퇴행성 관절염 (㉠이 틀림)
③ 텔로미어 - 류마티스 관절염 (㉡이 틀림)
④ 글루코스 - 류마티스 관절염 (㉠, ㉡ 모두 틀림)

정답 ①

11 노인 운동 시 준비운동과 정리운동의 이점에 관한 다음 표에서 ㉠, ㉡에 들어갈 용어로 옳은 것은?

준비운동	• 손상 위험 감소 • 움직이는 동작 범위 향상 • 사용되는 근육으로의 혈액 순환 (㉠)
정리운동	• 체내 온도 감소 • 젖산 농도 감소 • 혈액의 카테콜아민 수치 (㉡)

	㉠	㉡
①	증가	증가
②	감소	증가
③	증가	감소
④	감소	감소

정답분석 준비운동 시 사용되는 근육으로의 혈액순환이 증가하고, 정리운동 시 혈액의 카테콜아민 수치가 감소한다.

선지분석
① 증가 - 증가 (㉡이 틀림)
③ 감소 - 증가 (㉠이 틀림)
④ 감소 - 감소 (㉠이 틀림)

정답 ②

12. <보기>의 노인 운동 지도 시 손상 방지 및 응급상황에 관한 안전관리 예방 지침 중 옳은 것만 모두 고른 것은?

―〈보기〉―

ㄱ. 운동 중에 적정한 실내 온도가 유지되는지 확인한다.
ㄴ. 운동 시작 전에 모든 참여자에게 사전 검사를 하여 현재 상태를 파악한다.
ㄷ. 실외 운동 시작 전에 모든 참여자에게 선글라스와 모자 등을 착용하도록 안내한다.
ㄹ. 심장질환자의 경우 운동 전후 혈당을 확인하고, 저혈당에 대비해서 당 섭취가 가능한 간식을 준비한다.
ㅁ. 운동 중 가슴 통증, 불규칙한 심박수, 호흡곤란, 현기증 등이 나타나면 곧바로 운동을 중단하고 병원으로 이동한다.

① ㄱ, ㄷ, ㄹ
② ㄴ, ㄹ, ㅁ
③ ㄱ, ㄴ, ㄷ, ㅁ
④ ㄱ, ㄴ, ㄷ, ㄹ, ㅁ

정답분석 ㄹ에서 심장질환자에게는 혈당이 아닌 심박수, 혈압 등을 확인해야 하며 보기의 설명은 당뇨질환자에 대한 설명이다.

정답 ③

13. <보기>에서 설명하는 노화를 보는 관점은?

―〈보기〉―

발테스(P.Baltes et al.)와 그 동료들은 노화를 손실(loss)과 이득(gain)이 함께 일어나는 과정이라고 하였다. 노화로 인해 신체적 기능 손실이 있는 반면에 경험으로 얻은 환경에 대한 적응력, 지혜와 같은 이득도 있다. 그들은 인간 발달을 두 단계로 나누었는데 첫 단계는 초기 발달 단계로 급속한 신체적 발달이 나타나고 이후의 단계에서는 신체적 발달은 더디나 환경에 적응하는 능력은 지속적으로 발달한다.

① 1차적 노화(primary aging)
② 2차적 노화(secondary aging)
③ 생태학적 발달(ecological development)
④ 전 생애적 발달(life-span development)

정답분석 발테스의 전 생애적 발달 이론은 노화를 단순한 쇠퇴가 아닌 손실(loss)과 이득(gain)이 함께 일어나는 과정으로 본다.

선지분석
① 1차적 노화(primary aging) → 유전적 요인에 의한 불가피한 노화
② 2차적 노화(secondary aging) → 환경적 요인에 의한 예방 가능한 노화
③ 생태학적 발달(ecological development) → 환경과의 상호작용을 강조
④ 전 생애적 발달(life-span development) → 손실과 이득이 동시에 일어나는 발달

정답 ④

14 <보기>에서 청각적 문제가 있는 박 할아버지가 안전한 환경에서 효과적인 운동을 지도받기 위한 안전관리 지침 중 옳은 것만 모두 고른 것은?

<보기>
ㄱ. 운동 장소는 소음이 적은 조용한 곳을 선정한다.
ㄴ. 운동 장소는 눈이 부실 정도로 조명을 밝게 한다.
ㄷ. 운동 지도 시 잘 들리는 귀 쪽으로 가서 설명한다.
ㄹ. 운동 지도 시 입술 모양이나 표정을 활용해 지도한다.
ㅁ. 복잡한 운동 방법이나 기술을 설명할 때는 시범이나 사진과 같은 보조물을 활용한다.

① ㄱ, ㄴ, ㄷ
② ㄴ, ㄹ, ㅁ
③ ㄴ, ㄷ, ㄹ, ㅁ
④ ㄱ, ㄷ, ㄹ, ㅁ

정답분석 청각 장애가 있는 노인에게는 시각적 자료와 적절한 조명이 중요하지만, 과도하게 밝은 조명은 눈부심을 유발할 수 있다.

정답 ④

15 노인의 평형성 향상 운동으로 옳지 않은 것은?

①  자기 체중을 이용한 한 발 들기

②  앉아서 허리 앞으로 구부리기

③ 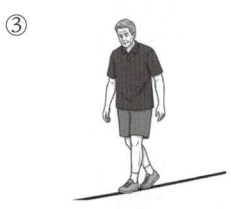 일렬로 걷기

④  짐볼 앉기

정답분석 앉아서 허리를 구부리는 동작은 유연성 운동이며, 평형성 향상과는 직접적인 관련이 없다.

선지분석
① 자기 체중을 이용한 한 발 들기 → 평형성 향상에 좋음
③ 일렬로 걷기 → 동적 평형성 향상에 좋음
④ 짐볼 앉기 → 평형성과 코어 근력 향상에 좋음

정답 ②

16 저항성 운동이 노인에게 미치는 효과로 옳지 않은 것은?

① 근육량 증가
② 혈중지질 증가
③ 인슐린 감수성 증가
④ 젖산에 대한 내성 증가

정답분석 저항성 운동은 혈중 콜레스테롤과 중성지방을 감소시켜 혈중지질 개선에 도움이 된다.

선지분석
① 근육량 증가(저항성 운동의 대표적 효과)
③ 인슐린 감수성 증가(대사 개선 효과)
④ 젖산에 대한 내성 증가(근지구력 향상)

정답 ②

17 운동의 사회적 관계 형성에서 노인 운동 참여로 얻을 수 있는 사회적 효과로 옳지 않은 것은?

① 새로운 운동 기술을 습득한다.
② 새로운 친구를 만나 교류를 촉진한다.
③ 역할 유지 및 새로운 역할 부여에 도움이 된다.
④ 세대 간 연결 기회를 제공하여 교류를 확대한다.

정답분석 운동 기술 습득은 신체적·기능적 효과이며, 사회적 효과는 대인관계와 사회적 역할과 관련된 것이다.

정답 ①

18 노인의 지속적인 운동 참여를 위한 효과적인 목표의 특징과 실제 목표설정이 옳지 않은 것은?

	특징	실제 목표설정
①	측정 가능한	"나는 1년 동안 주 3회 1시간씩 걷기를 할 것이다."
②	구체적	"나는 월, 수, 금요일 오전 10시 수영 수업에 참여할 것이다."
③	현실적	"나는 운동 참여를 통해 치매를 고칠 것이다."
④	행동적	"나는 주 3회 걷기와 주 2회 밴드 운동을 할 것이다."

정답분석 치매를 완전히 고치는 것은 현재 의학적으로 불가능하므로 비현실적인 목표이다.

정답 ③

19 노인을 대상으로 한 운동 시 주의 사항으로 옳지 않은 것은?

① 평형성 운동 시 모든 균형의 이동은 천천히 그리고 신중하게 수행할 수 있도록 한다.
② 유산소 운동 시 과부하를 증가시키기 전에 최소 2주의 적응 기간을 준다.
③ 유연성 운동 시 정적 스트레칭은 효과를 위해 최대의 통증이 있을 때까지 신장할 수 있도록 실시한다.
④ 저항성 운동 시 부하를 사용하는 경우가 있기 때문에 운동 중의 노인들은 세심하게 감독하고 관찰한다.

정답분석 노인의 유연성 운동은 가벼운 당김 정도까지만 하며, 통증을 유발할 정도의 과도한 신장은 부상을 일으킬 수 있다.

정답 ③

20 효과적인 노인 운동 지도를 위한 노인스포츠지도사의 마음가짐으로 옳지 않은 것은?

① 친근함을 위해 반말을 사용해도 된다고 생각한다.
② 과제 해결을 위한 문제 의식과 사명감을 가지고 임해야 한다.
③ 노인 운동 참여자의 운동 몰입 및 지속을 끌어내는 마음가짐이 필요하다.
④ 기능 제한이 있는 노인에게는 처한 상황을 극복할 수 있게 조력자가 되어야 한다.

정답분석 노인에게는 나이와 경험에 대한 존중을 표현하는 것이 중요하며, 친근함을 이유로 반말을 사용하는 것은 부적절하다.

정답 ①

2024년 기출문제

01 노화에 따른 생리적 변화로 옳은 것은?

① 1회 박출량 증가
② 동·정맥산소차 감소
③ 근육의 산화능력 증가
④ 심장근육의 수축시간 감소

정답분석 동·정맥산소차가 감소한다.

이론 PLUS 노화에 따른 생리적 변화

중추적 변화	• 증가하는 것은 개별 심장의 근육 세포의 크기가 커짐 → 심장은 약간 확장되며 심벽은 두꺼워짐 • 벽이 두꺼워지면 더 뻣뻣해지므로 각 심실이 펌프질하기 전에 방에 혈액이 충분히 채워지지 않음 • 심장 벽의 경직으로 인해 좌심실이 잘 채워지지 않으며 때로는 특히 고혈압, 비만, 당뇨병과 같은 다른 질환이 있는 노인의 경우 심부전을 유발 가능 • 최대 심박출량 감소 • 최대 1회 박출량 감소 • 최대 심박수 감소 • 최대 산소 섭취량의 점진적 감소 • 심장 근육의 수축 시간 연장 • 수축기 혈압의 점진적 증가 • 운동 동안 분비된 카테콜아민에 대한 심장 근육 반응의 감소
말초적 변화	• 운동하는 근육으로의 혈액 흐름 감소 • 동정맥 산소 차이 감소 • 근육의 산화 능력 감소 • 근육 미토콘드리아의 숫자와 밀도 감소 • 동맥과 세동맥의 벽은 더 두꺼워지며 동맥 내의 공간도 약간 확장 • 동맥과 세동맥 벽의 탄력적인 조직이 감소 • 혈관을 더 경직되게 만들며 탄력성을 떨어지게 만듦(죽상경화증) → 동맥과 세동맥의 탄성이 떨어지기 때문에, 환자는 환자가 일어설 때 혈압을 빠르게 조절할 수 없으며, 고령자들은 어지러움이나 일부 경우는 갑자기 일어설 때 실신할 위험이 있음 • 노인의 경우 동맥과 세동맥이 탄력성이 떨어짐으로써, 심장의 주기적인 펌핑 동안에 빠르게 이완할 수 없게 됨 → 그 결과, 심장이 수축하는 동안 젊은 사람의 경우보다 혈압은 더 상승하게 되며, 때로는 정상 범위를 넘기도 함 → 고립성 수축기 고혈압 • 노화가 심장과 혈관에 미치는 영향은 규칙적인 운동을 통해 감소시킬 수 있음 → 운동은 노인에게 심혈관 운동을 유지해줄 뿐만 아니라 근육 운동도 유지해 줌

정답 ②

02 <보기>가 설명하는 노화이론은?

<보기>
항체의 이물질에 대한 식별능력이 저하되어 이물질이 계속 체내에 있으면서 부작용을 일으켜 노화 촉진

① 유전적노화이론
② 교차연결이론
③ 사용마모이론
④ 면역반응이론

정답분석 면역반응이론(immune reaction theory)
백혈구가 인체 내의 해로운 물질을 식별하는 능력을 상실해가면서 제거하지 못하며 점차 누적되며 인체에 부작용을 초래하면서 노화가 진행된다는 이론

정답 ④

03 <보기>가 설명하는 노화의 특징은?

<보기>
• 노화는 신체기능에 부정적 영향을 미쳐 사망을 초래한다.
• 나이가 들면서 신체기능이 더 좋아지면 노화가 아니다.

① 보편성
② 내인성
③ 점진성
④ 쇠퇴성

정답분석 <보기>는 쇠퇴성에 대한 설명이다. 노화는 신체기능에 부정적인 영향을 미쳐 사망에 기여한다. 나이가 들면서 신체의 기능이 더 좋아지면 노화가 아니다.

선지분석
① 보편성: 노화는 모든 사람에게 보편적으로 일어난다. 암과 같은 질병은 특정인에게만 일어나지만 노화는 모든 사람에게 일어난다. 다만 노화가 일어나는 시기와 노화의 속도는 개인에 따라 차이가 있을 수 있다.
② 내인성: 노화의 주원인은 체내에 있다. 예를 들어 방사선에 과도하게 노출되면 신체에 변화가 생기지만, 그 원인이 신체 외적인 곳에 있으므로 노화가 아니다.
③ 점진성: 노화는 점진적으로 일어난다. 신체기능의 상실이 점진적으로 일어나야지 교통사고처럼 갑자기 나빠지는 것은 노화가 아니다.

정답 ④

04. <보기>에서 설명하는 노인의 행동 변화 이론은?

―<보기>―
- 인간의 행동 변화는 환경의 영향, 개인의 내적 요인, 행동 요인에 영향을 받는다.
- 자아효능감은 행동 변화와 밀접한 관련이 있다.
- 운동지도자의 격려를 통해 지속적으로 운동프로그램에 참여한다.

① 지속성이론(continuity theory)
② 건강신념모형(health belief theory)
③ 사회인지이론(social cognitive theory)
④ 계획행동이론(planned behavior theory)

정답분석
<보기>의 내용은 사회인지이론(social cognitive theory)에 대한 설명이다.

이론 PLUS
사회인지이론-자아효능감에 긍정적인 영향을 미치는 4가지 요인
- 경험: 성공/실패에 대한 경험을 해보는 것
- 사회적 모델(간접경험): 타인이 엄청난 노력을 해서 성공사례를 보면 주변인들도 영향을 받음, 반대로 타인이 엄청난 노력 후 그 결과에 대한 실패를 보면 주변인들도 동기부여 상실
- 사회적 설득(언어적 설득): 주변 구성원들로부터 받은 격려는 힘든 목표를 성취하는데 도움이 됨
- 긍정적 사고(신체와 정서상태): 대중 앞에서 발표하는 것을 불안해(심박수 증가, 몸의 긴장) 하는 사람은 자아효능감이 급속도로 감소, 운동 후 근육통은 자아효능감에 긍정적인 효과

정답 ③

05. 노인 폐질환에 관한 설명으로 옳지 <u>않은</u> 것은?

① 천식의 증상은 운동으로 악화되지 않는다.
② 만성폐쇄성폐질환자의 기도저항은 호흡근 약화를 초래한다.
③ 만성폐쇄성폐질환의 주요 증상은 호흡곤란, 가래, 만성적인 기침이다.
④ 천식 환자의 운동유발성기관지수축은 추운 환경, 대기오염, 스트레스에 의해 촉발된다.

정답분석
건조하거나 습도가 낮은 장소에서 운동시 천식 증세 악화가 가능하다.

정답 ①

06. 한국형 노인체력검사(국민체력 100)의 측정항목과 측정방법의 연결이 옳지 <u>않은</u> 것은?

측정항목	측정방법
① 협응력	8자 보행
② 심폐지구력	6분 걷기
③ 상지 근기능	덤벨 들기
④ 유연성	앉아 윗몸 앞으로 굽히기

정답분석

측정항목	미국 노인체력검사 (SFT)	한국 노인체력검사 (국민체력 100)
상지 근기능	덤벨 들기	악력
하지 근기능	의자에서 스쿼트	의자에서 스쿼트
심폐기능	6분 걷기	6분 걷기
	2분 제자리 걷기	2분 제자리 걷기
유연성	의자에 앉아서 손 뻗기(하지 유연성)	앉아 윗몸 앞으로 굽히기
	등 뒤로 두 손 모으기(상지 유연성)	
민첩성 및 동적 균형성	일어서서 2.44m 돌아오기	의자에 앉아 3m 표적 돌아오기
협응성	-	8자보행

정답 ③

07
노인의 생활 기능 분류에서 도구적 일상생활 활동(Instrumental Activities of Daily Living: IADLs)에 해당하는 것은?

① 요리
② 목욕
③ 옷 입기
④ 화장실 사용

정답분석

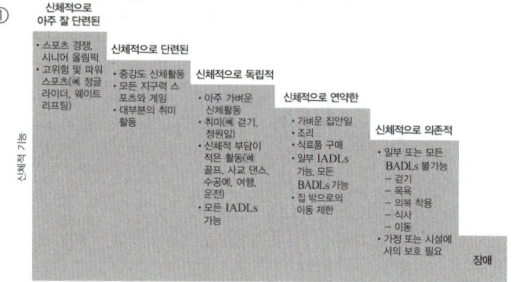

② 신체기능의 분류 - 스피르두소(W. spirduso, 1995)
BADL : 일상생활의 기본적 활동(basic activity of daily living)
IADL : 일상생활의 도구적 활동(instrumental activity of daily living)

③ • 신체적으로 아주 잘 단련 (5단계) : 행글라이더, 웨이트 리프트 트레이닝 → 신체나이가 역연령보다 낮음
  • 신체적으로 단련 (4단계) : 달리기, 자전거, 등산
  • 신체적으로 독립 (3단계) : 골프, 사교댄스, 수공예, 여행, 운전
  • 신체적으로 연약 (2단계) : 일상생활의 기본적 활동
  • 신체적으로 의존 (1단계) : 요양원 및 사회 복지 시설에 의존 → 기본적인 일상 or 일부 생활이 불가능한 노인들로 가정이나 시설에서 돌봄이 필요한 단계

정답 ①

08
미국스포츠의학회(ACSM, 2022)가 제시한 노인의 운동지침으로 옳지 않은 것은?

① 유연성 운동: 약간의 불편감이 느껴질 정도로 30~60초 동안의 정적 스트레칭
② 유산소 운동: 중강도로 주 5일 이상 또는 고강도로 주 3일 이상의 대근육 운동
③ 파워 운동: 빠른 속도로 1RM의 60% 이상의 고강도 근력운동을 10~14회 반복
④ 저항 운동: 8~10종의 대근육군 운동, 초보자는 1RM의 40~50% 강도의 체중부하운동

정답분석 파워 운동은 빠른 속도로 1RM의 30~60%의 근력운동을 6~10회 반복한다.

이론PLUS 미국스포츠의학회(ACSM)의 노인신체활동 지침 중 '근력운동'
신체나 저항운동기구를 이용하여 근력, 근지구력, 근신경계 발달 시키는 것
• 빈도: 가슴, 어깨, 배, 등, 엉덩이, 다리와 팔의 부위를 적어도 48시간의 간격을 두고 일주일에 적어도 2회 실시, 회복을 위해 일주일에 2~3일 권장
• 강도: 최대근력의 40~60%, 8~12회를 한 세트로 2~3세트
• 시간: 30분~1시간 이내/일
• 운동종류 (유형): 덤벨, 기구 이용 또는 탄력밴드나 튜브 이용, 층계 오르기 등

정답 ③

09

노인의 신체기능검사에 관한 설명으로 옳지 <u>않은</u> 것은?

① 6분 걷기 검사는 6분 동안 걸을 수 있는 최대거리(m)로 심폐지구력을 평가하고, 장거리 보행이나 계단 오르기 등의 일상생활 동작과 관련이 있다.
② 기능적 팔 뻗기 검사(FRT)는 균형을 잃지 않고 팔이 닿을 수 있는 최대거리를 측정하여 동적 평형성을 평가하고, 노인의 낙상 위험도 범주 분류에 사용된다.
③ 노인체력검사(SPI)의 어깨 유연성을 평가하는 '등 뒤에서 손잡기' 검사는 머리 위로 옷을 벗거나, 자동차에서 안전벨트를 매는 동작과 관련된 항목이다.
④ 단기신체기능검사(SPPB)는 보행 속도, 균형 능력 및 의자 앉았다 일어나기 시간의 점수를 합산하여 평가하고 점수가 높을수록 더 낮은 기능을 의미한다.

점수가 높을수록 더 높은 기능을 의미한다.

노인 신체기능검사 (Short physical performance battery;SPPB)

검사항목		평가기준	점수	만점
균형 검사	일반 자세	>10초	1	4
	반 일렬 자세	>10초	1	
	일렬 자세	3~10초	1	
		>10초	2	
보행 속도	4m 걸음	<4.82초	4	4
		4.82~6.20초	3	
		6.21~8.70초	2	
		>8.70초	1	
의자 일어 서기	5회 반복	<11.19초	4	4
		11.20~13.69초	3	
		13.70~16.69초	2	
		>16.7초	1	
		>60초	0	

정답 ④

10

<보기>에서 <표>의 특성을 가진 노인의 운동처방에 관한 설명으로 옳은 것만을 모두 고른 것은? (단, ACSM, 2022 기준)

<표>
- 나이: 68세
- 성별: 남
- 흡연
- 신장: 170cm
- 체중: 65kg
- BMI: 22.5kg/m²
- 혈압: SBP 129mmHg, DBP 88mmHg
- LDL-C: 123mg/dL, HDL-C: 41mg/dL
- 공복시 혈당: 98mg/dL
- 근력운동의 경험 없음
- 지난 3개월 동안 주 2회, 20분 정도의 천천히 걷기 운동
- 걷기 운동 시 별다른 신체적 증상 없으나 가끔 종아리 통증이 느껴짐

<보기>
㉠ 심혈관질환 위험요인의 양성 위험요인은 1개이다.
㉡ 선별알고리즘에 따라 중강도 운동 시 의료적 허가가 권장되지 않는다.
㉢ 운동자각도(10점 척도) 5~6의 빠르게 걷는 유산소 운동을 한다.
㉣ 1RM의 40~50%의 강도로 대근육군을 활용한 근력 강화 운동을 한다.
㉤ 과체중이므로 체중감량을 위한 운동처방을 해야 한다.

① ㉠, ㉡, ㉢
② ㉠, ㉣, ㉤
③ ㉡, ㉢, ㉣
④ ㉢, ㉣, ㉤

양성 위험 요인	기준의 정의
연령	남자≥45세, 여자≥55세
가족력	아버지 또는 남자 형제 중 55세 이전, 어머니 또는 여자 자매 중 65세 이전에 심근경색, 관상 동맥 혈관 재형성술 및 급사한 가족이 있음
흡연	현재 흡연자, 6개월 이내에 금연자, 흡연 환경에 노출
신체 활동 부족	최소 3개월 동안 주당 최소 3일, 중강도의 신체 활동을 30분 이상 참여하지 않음
비만	체질량 지수≥30kg·m-2, 허리둘레 남자 >102cm(40inch), 여자>88cm (35inch)
고혈압	최소 2회 이상 측정하여 수축기 혈압≥140 mmHg 또는 이완기 혈압 ≥ 90, 또는 항고혈압제 복용
이상 지질 혈증	저밀도 지단백 콜레스테롤(LDL)≥130 mg·dL-1 고밀도 지단백 콜레스테롤(HDL)<40 mg·dL-1 총콜레스테롤(TC)≥200 mg·dL-1
당뇨병	공복 혈당≥126 mg·dL-1 경구 혈당 강하제 투여 2시간 후≥200 mg·dL-1 당화 혈색소(HbA1C)≥6.5%

음성 위험요인	기준의 정의
고밀도 지단백 콜레스테롤(HDL)	≥60 mg·dL-1

정답 ③

12. 에릭슨(Erikson, 1986)의 심리사회적 단계가 옳게 나열된 것은?

① 생산적 대 정체 → 자아 주체성 대 절망 → 친분 대 고독
② 친분 대 고독 → 생산적 대 정체 → 자아 주체성 대 절망
③ 자아 주체성 대 절망 → 생산적 대 정체 → 친분 대 고독
④ 생산적 대 정체 → 친분 대 고독 → 자아 주체성 대 절망

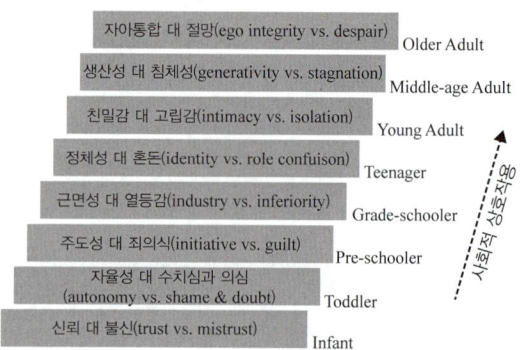

에릭슨의 심리사회적 발달 단계

정답 ②

11. 페르브뤼헌과 예터(L.Verbrugge&A.Jette, 1994)의 장애과정 모델에서 장애에 이르는 과정을 옳게 나열한 것은?

① 손상 → 기능적 제한 → 병 → 장애
② 병 손상 → 기능적 제한 → 장애
③ 손상 → 병 → 기능적 제한 → 장애
④ 병 → 기능적 제한 → 손상 → 장애

L.verbrugge&A.jette(1994)의 장애과정모델
㉠ 병리(pathology)단계로 생화학적, 의학적 이상이나 질병, 부상, 유전적·발달적 문제 등이 발생
㉡ 신체적 기능장애와 구조적 이상이 나타나는 손상(impairment)단계
㉢ 신체적·정신적 기능을 하는데 제한을 받는 기능제한(functional limitation)단계
㉣ 마지막 장애(disability)는 일상생활을 수행하는데 겪는 어려움을 의미

정답 ②

13. <보기>에서 설명하는 것은?

<보기>
- 죽상동맥경화 병변이 특징인 질환이다.
- 위험요인은 연령, 흡연, 고혈압, 당뇨병, 이상지질혈증이다.
- 주요 증상은 체중부하 움직임 시 하지의 간헐적 파행이다.

① 뇌졸중(stroke)
② 근감소증(sarcopenia)
③ 신장질환(kidney disease)
④ 말초동맥질환(peripheral arterial disease)

정답분석
말초동맥질환(peripheral arterial disease)에 대한 설명이다.
- 말초동맥질환(peripheral artery disease, PAD)은 심장이나 뇌를 공급하는 동맥 외에 동맥이 좁아지는 질환으로서, 말초동맥질환에 기여하는 위험 요인은 죽상동맥경화증과 동일하다.
- 흡연, 당뇨병, 이상지질혈증, 고혈압, 50대 이상의 남성의 비만, 심근 경색, 뇌졸중 또는 관다발병의 가족력이 원인이다.
- 간헐성파행증(intermittent claudication, vascular claudication)은 동맥 질환에서 가장 흔한 증상이다.
- 간헐파행은 운동을 하면 근육에 경련성 통증이 나타나고 휴식을 취하면 통증이 완화되는 상태가 반복되는 것이며, 통증은 주로 엉덩이나 장딴지에 나타나며 동맥경화증이 있는 동맥 가지 부위를 따라서 발생한다.

정답 ④

14. 노화에 따른 호흡계 변화로 옳은 것은?

① 잔기량의 감소
② 흉곽의 경직성 감소
③ 생리학적 사강의 감소
④ 호흡기 중추신경 활동에 대한 민감성 감소

정답분석
유산소 능력 감소, 최대 산소 섭취량 감소, 심박수 증가, 1회 박출량 감소, 혈액의 산소 운반 능력 감소, 분당 환기량 감소, 안정 시 호흡수 증가, 폐활량 감소, 호흡기 중추신경 활동에 대한 민감성 감소

정답 ④

15. <보기>에서 노인 당뇨병 환자의 운동 효과로 옳은 것만을 모두 고른 것은?

<보기>
㉠ 인슐린 저항성 증가
㉡ 체지방 감소
㉢ 죽상동맥경화 합병증 위험 감소
㉣ 인슐린 민감성 감소
㉤ 골격근의 포도당 수송 능력 감소
㉥ 당뇨병 전단계에서 제2형 당뇨병으로의 진행 예방

① ㉠, ㉡, ㉥
② ㉡, ㉢, ㉣
③ ㉡, ㉢, ㉥
④ ㉣, ㉤, ㉥

정답분석
㉡, ㉢, ㉥이 옳은 내용이다.
인슐린이 제 기능을 하지 못해 세포에 당이 공급되지 못하면서 인슐린이 과도하게 분비되는 현상을 '인슐린 저항성이 크다'라고 표현하며, 운동 시 인슐린 저항성은 감소, 골격근의 포도당 수송 능력은 증가한다.

정답 ③

16. 세계보건기구(World Health Organization)가 제시한 노인의 신체활동에 대한 심리적 단기 효과는?

① 이완(relaxation)
② 기술 획득(skill acquisition)
③ 인지 향상(cognitive improvement)
④ 운동제어와 수행(motor control and performance)

정답분석
이완(relaxation)에 대한 설명이다.

선지분석
② 기술 획득(skill acquisition): 생리적 효과
③ 인지 향상(cognitive improvement): 인지적 효과
④ 운동제어와 수행(motor control and performance): 생리적 효과

정답 ①

17 노화에 따른 인지기능 변화로 옳지 않은 것은?

① 유동성 지능의 감소
② 결정성 지능의 감소
③ 단기 기억력의 감소
④ 인지 처리 속도의 지연

정답분석 결정성 지능
- 인간은 경험, 학교교육, 문화 등으로부터 축적한 지식과 기술을 의미한다.
- 노화가 될수록 경험, 문화 등의 축적 지식이 증가한다.

정답 ②

18 노인의 근·골격계 질환에 관한 권장 운동으로 옳지 않은 것은?

① 골다공증: 골밀도 증가를 위한 수영
② 관절염: 관절 부담을 적게 주는 자전거 운동
③ 척추질환: 단축된 결합조직을 이완시키는 유연성 운동
④ 근감소증: 넘어짐을 예방하기 위한 체중부하 근력 운동

정답분석 수영은 뼈와 관절에 압력을 전달하지 않기 때문에 효과가 없으며, 적정 중량의 근력운동이 효과가 있다.

정답 ①

19 <보기>에서 치매 노인에게 적합한 운동 형태로 옳은 것만을 모두 고른 것은?

―<보기>―
㉠ 계단 오르내리기
㉡ 밴드를 이용한 저항 운동
㉢ 물건 들고 안전하게 보행하기
㉣ 대근육군을 사용하는 자전거 타기

① ㉠, ㉡, ㉢, ㉣
② ㉡, ㉢, ㉣
③ ㉢, ㉣
④ ㉣

정답분석 모두 치매 노인에게 효과가 있는 운동 형태이다.

모두 정답

20 노인 운동 시 위험관리에 관한 지침으로 옳은 것만을 모두 고른 것은?

―<보기>―
㉠ 신체활동 프로그램 시작 전에 신체적 기능에 따라 참여자들을 선별한다.
㉡ 심정지 노인의 심폐소생술 시행 중에는 자동심장충격기를 사용하지 않는다.
㉢ 시각적 문제가 있는 경우 적절한 조명과 거울로 된 벽, 방향표시를 한다.
㉣ 청각적 문제가 있는 경우 잘 들리지 않는 귀 쪽으로 큰 소리로 이야기하며 지도한다.
㉤ 심장질환의 징후인 가슴통증, 호흡곤란, 불규칙한 심박수가 나타나면 운동을 바로 중단한다.

① ㉠, ㉡, ㉣
② ㉠, ㉢, ㉤
③ ㉡, ㉢, ㉤
④ ㉢, ㉣, ㉤

정답분석
- 심정지 노인의 심폐소생술 시행 중에는 자동심장충격기를 사용한다.
- 청각적 문제가 있는 경우 잘 들리는 귀 쪽으로 적절한 소리로 이야기하며 지도한다.

정답 ②

2023년 기출문제

01 기대수명(life expectancy)에 대한 설명으로 옳지 않은 것은?

① 나이가 증가함에 따라 변화한다.
② 기대수명과 평균수명은 다른개념이다.
③ 대부분의 나라에서 꾸준히 증가하고 있다.
④ 평균적으로 여성의 기대수명이 남성의 기대수명보다 높다.

 기대수명과 평균수명은 동일한 개념이다.

정답 ②

02 무릎골관절염 노인의 운동을 지도할 때 고려사항으로 옳지 <u>않은</u> 것은?

① 저항성 운동할 때 통증을 유발하는 운동은 등척성 운동으로 대체할 수 있다.
② 불편함을 느끼기 시작하는 강도보다 낮은 강도로 운동을 시작한다.
③ 수중운동의 경우 물의 온도는 약 29~32°C를 권장한다.
④ 무릎관절에 충격이 큰 체중부하 운동을 권장한다.

 무릎골관절염 노인의 운동을 지도할 때는 무릎관절에 충격을 적게 주는 가벼운 유산소 운동과 근력 운동을 권장한다.

 근골격계 질환자 운동 지침

운동 형태	• 가벼운 유산소 운동과 근력 운동을 권장 • 수영 및 자전거 타기 등을 이용한 운동 치료 및 물리 치료를 초기 치료로 병행 • 수중 운동을 할 때의 수온은 29~32°C가 적정
운동 시간	운동을 한 후 쉬었다가 다시 운동하는 인터벌 트레이닝 방법 권장
운동 강도	• 유산소 운동: 여유 심박수의 40~60% • 근력 운동: 1RM의 40~60%
운동 빈도	주 3회 이상이 적당, 총 운동 시간은 주당 150분 정도가 적정

정답 ④

03 <보기>에서 설명하는 운동 원리는?

<보기>
노인스포츠지도사는 일상적인 환경에서의 움직임과 연관된 동작을 포함하는 운동프로그램을 설계하고 실행해야 한다.

① 기능 관련성 원리
② 난이도 원리
③ 점진성 원리
④ 과부하 원리

 기능 관련성 원리
• 프로그램 참가자들이 정기적으로 맞추는 것과 유사한 환경에서 수행되는 일상적인 활동 동작을 본뜬 운동을 선택한다.
• 특정성의 운동 원리와 유사하지만 일상 생활에서 수행되는 동작들을 모방한 기능 활동에 초점을 둔다.
• 수업과 일상생활에서 수행하는 활동들 간의 연관성을 더욱 잘 인식하게 한다.

정답 ①

04 <보기>에서 설명하는 것은?

<보기>
• 노화와 관련한 대표적인 증상 또는 질환이다.
• 근육 위축(muscle atrophy)으로도 알려져 있다.
• 유산소 능력, 골밀도, 인슐린 민감성 및 신진대사율 감소를 유발할 수 있다.

① 근감소증(sarcopenia)
② 근이영양증(muscular dystrophy)
③ 루게릭병(amyotrophic lateral sclerosis)
④ 근육저긴장증(muscle hypotonia)

 근감소증(Sarcopenia)
• 정의: 근감소증은 나이가 많아지면서 근육의 양, 근력, 근 기능이 모두 감소하는 질환을 의미한다.
• 원인: 근감소증의 원인은 개인마다 다르지만, 가장 흔한 원인은 단백질 섭취 저하, 운동량 부족이다. 또 다른 흔한 원인으로는 노화와 동반된 호르몬 부족이 있다.

정답 ①

05 <보기>에서 체중부하운동을 모두 고른 것은?

<보기>
- ㉠ 걷기
- ㉡ 등산
- ㉢ 고정식 자전거
- ㉣ 스케이트
- ㉤ 수영

① ㉠, ㉢
② ㉠, ㉡, ㉣
③ ㉡, ㉢, ㉣
④ ㉡, ㉢, ㉣, ㉤

정답분석 체중부하운동에 해당하는 것은 ㉠ 걷기, ㉡ 등산, ㉣ 스케이트이다.

선지분석 ㉢, ㉤ 수영, 수중 운동, 자전거 타기 등은 체중이 부하로 작용하지 않기 때문에 뼈에 대한 효과는 별로 없지만, 근육에 대한 효과가 있어 도움이 될 수 있다.

정답 ②

06 '국민체력100'에서 제시한 노인 체력에 대한 측정 방법과 운동 방법의 연결이 옳지 않은 것은?

	체력	측정 방법	운동 방법
①	동적 평형성	의자에 앉아 3m 표적 돌아오기	베개 등 다양한 지지면 위에서 균형 걷기
②	유연성	앉아 윗몸 앞으로 굽히기	스트레칭
③	하지 근기능	30초간 의자에 앉았다가 일어서기	밴드 잡고 앉아서 다리 밀기
④	심폐지구력	8자 보행	고정식 자전거 타기

정답분석 한국형 노인체력검사(국민체력100)
- 우리나라 노인들과 서구노인들의 유전, 생활환경, 활동방식 등에서 차이가 있다.
- 비만노인이 더 적고 육식섭취량이 낮으며 바닥 좌식생활 환경으로 인한 무릎손상 등 한국노인의 특성이 있다.
- 우리나라 노인들에게 적합한 체력측정을 하기위해 한국 노인체력평가의 필요성 제기하였다.
- 문화체육관광부 주재 하에 국민체력진흥공단이 주관한 체력인증 사업(국민체력 100)을 통해 한국형 노인체력 측정법이 개발되었다.

선지분석 8자 보행 → 협응력, 순발력 평가

정답 ④

07 노인이 규칙적인 유산소 운동을 통해 얻을 수 있는 효과로 옳지 않은 것은?

① 최대산소섭취량과 1회 박출량 증가
② 분당 환기량 증가와 안정 시 호흡수 감소
③ 말초혈관의 저항 감소와 혈관 탄력성 증가
④ 복부지방 감소와 안정 시 인슐린 분비의 증가

정답분석 유산소 운동을 통해 인슐린 민감성이 향상되어 안정 시 또는 공복 시 혈당 수치가 감소하기 때문에 인슐린 분비량은 감소한다.

정답 ④

08 <보기>는 만성질환 노인의 운동 효과이다. ㉠~㉢에 들어갈 용어를 바르게 연결한 것은?

<보기>
- 비만 노인의 체지방량이 (㉠)하고, 근육량은 유지 및 증가된다.
- 당뇨 노인의 혈당량이 감소하고, 근육의 인슐린 민감성이 (㉡)된다.
- 골다공증 노인의 골밀도 (㉢)가 개선되고, 낙상과 골절이 예방된다.

	㉠	㉡	㉢
①	감소	증가	감소
②	증가	증가	감소
③	감소	증가	증가
④	증가	감소	증가

정답분석
- 비만 노인의 체지방량이 감소하고, 근육량은 유지 및 증가된다.
- 당뇨 노인의 혈당량이 감소하고, 근육의 인슐린 민감성이 증가된다.
- 골다공증 노인의 골밀도 감소가 개선되고, 낙상과 골절이 예방된다.

정답 ①

09 운동프로그램의 원리 중 '특수성의 원리(specificity principle)'에 대한 설명으로 옳은 것은?

① 훈련 자극 및 강도를 지속적으로 증가시켜야 한다.
② 신체의 기능 향상을 위해서는 더 강한 부하를 주어야 한다.
③ 운동의 효과는 운동 중 사용한 특정 근육 및 부위에서 나타난다.
④ 노인의 개인 특성과 운동능력 및 체력 수준을 고려하여 운동 형태를 결정해야 한다.

정답분석 특수성의 원리
운동 및 부하를 통해 훈련된 특정 근육 혹은 계통에만 그 운동의 효과가 나타난다는 트레이닝 원리이다.

정답 ③

10 건강한 노인의 걷기운동을 지도할 때 주의사항으로 옳지 않은 것은?

① 팔은 자연스럽게 앞뒤 교대로 흔들면서 걷게 한다.
② 안전한 보행을 위하여 앞꿈치, 발바닥, 뒤꿈치 지지 순서로 걷게 한다.
③ 기립 안정성을 위해 배를 내밀지 않은 상태에서 허리를 바로 세우고 걷게 한다.
④ 발바닥 전체로 내딛거나 보폭을 너무 크게 하면 피로가 빨리 오고 발바닥에 통증이 발생하므로 주의시킨다.

정답분석 안전한 보행을 위하여 뒤꿈치, 발바닥, 앞꿈치 지지순서로 걷게 해야 한다.

정답 ②

11 <보기>에서 설명하는 노화와 관련된 유전인자는?

―<보기>―
• 세포의 분열수명을 제어
• 조로증(progeria)의 원인

① 마이오카인(myokine)
② 사이토카인(cytokine)
③ 글루코오스(glucose)
④ 텔로미어(telomere)

정답분석 텔로미어(telomere) 또는 말단소립(末端小粒)
• 염색체의 끝부분에 있는 염색 소립으로 세포의 수명을 결정짓는 역할을 한다.
• 세포의 분열수명 제어, 조로증(progeria)의 원인이 된다.

정답 ④

12 <보기>에서 설명하는 이론은?

―<보기>―
85세의 마이클 조던은 노화로 인한 신체기능 저하로 더 이상 예전의 농구기량을 보여줄 수 없게 되었다. 농구를 계속하고 싶었던 마이클 조던은 다음과 같은 전략을 수립했다.
• 농구를 계속하기로 함
• 풀코트 대신 하프코트, 40분 정규시간 대신 20분만 뛰기로 함
• 동일한 연령대의 그룹과 경기하기로 함

① 반두라(A. Bandura)의 자기효능감 이론
② 로우(J. Rowe)와 칸(R. Kahn)의 성공적 노화 이론
③ 펙(R. Peck)의 발달과업 이론
④ 발테스와 발테스(M. Baltes & P. Baltes)의 보상이 수반된 선택적 적정화 이론

정답분석 발테스의 보상이 수반된 선택적 적정화 이론
• 성공적인 노화는 신체적, 사회적, 심리적으로 건강 가능성 또는 그 수준에 도달하는 것으로, 노화의 긍정적 측면을 강조하였다.
• 성공적 노화의 세가지 요소

선택	관심 영역을 줄이고 선택하기
적정화	남은 신체적, 정신적 능력을 확장하고 질적 측면에서 선택된 능력을 극대화
보상	잃어버린 기능을 보완하기 위한 심리 전력이나 기법

정답 ④

13 <보기>의 ㉠, ㉡에 들어갈 내용을 바르게 연결한 것은?

―<보기>―
- 폐경으로 인한 (㉠) 감소로 골다공증 위험 증가
- 대사작용의 산물인 (㉡)의 증가가 여러 노화 관련 질환 유발

	㉠	㉡
①	테스토스테론	활성산소
②	테스토스테론	젖산
③	에스트로겐	활성산소
④	에스트로겐	젖산

정답분석
- 폐경으로 인한 에스트로겐 감소로 골다공증 위험이 증가한다.
- 대사작용의 산물인 활성산소의 증가가 여러 노화 관련 질환을 유발한다.

이론 PLUS
- 테스토스테론: 남성 호르몬
- 활성산소: 세포 내부 발전소인 미토콘드리아에서 산소 대사 후 생기는 반응성이 크고 불안정한 여러 산소의 총칭
- 젖산: 카르복실산 중 하나로 근육이 포도당을 분해하는 과정(무산소성 해당과정) 중 생기는 중간 산물
- 에스트로겐: 여성 호르몬

정답 ③

14 <보기>에서 설명하는 행동 변화 이론 또는 모형은?

―<보기>―
- 자신의 신념(belief)과 행동(behavior)을 연결하는 이론
- 구성 요인은 태도, 주관적 규범, 지각된 행동 통제, 의도, 행동통제인식

① 학습이론(learning theory)
② 건강신념모형(health belief model)
③ 계획행동이론(theory of planned behavior)
④ 행동변화단계모형(behavior change model)

정답분석
계획된 행동 이론
합리적 행위 이론에 지각된 행동 통제력이라는 변인을 추가하여 행동 의도와 행동을 예측하는 이론으로, 행동에 대한 태도와 주관적 규범, 지각된 행동 통제력이 영향을 미쳐 발생한다.

정답 ③

15 <보기>에서 노인과의 원활한 의사소통 방법으로 옳은 것을 모두 고른 것은?

―<보기>―
㉠ 참여자의 정면에 선다.
㉡ 시선을 한곳에 고정한다.
㉢ 적절한 눈맞춤을 한다.
㉣ 참여자를 향해 몸을 약간 기울인다.
㉤ 손은 계속 움직이며 손가락으로 지적한다.

① ㉠, ㉡
② ㉡, ㉤
③ ㉠, ㉢, ㉣
④ ㉠, ㉢, ㉣, ㉤

정답분석
지도자의 의사소통 기술 및 원칙
- 효과적인 의사소통에는 언어적, 비언어적, 자기주장 기술 등이 있다.
- 내용을 명확하고 간결하게 전달하기
- 전문 용어나 어려운 단어 사용하지 않기
- 참여자와 자주 눈 마주치고 정면에서 쳐다보기
- 참여자의 말에 공감하며 경청하기
- 시각적 도구는 쉽게 읽을 수 있게 제작하기

정답 ③

16 대사당량(METs)에 대한 설명으로 옳지 않은 것은?

① 안정 시 MET값은 연령에 따라 다르다.
② 중강도의 신체활동 기준은 3.0~6.0METs이다.
③ 노인의 유산소 운동시 안전한 운동강도 설정 지표로 활용된다.
④ 1MET는 휴식상태에서 체중 1kg당 1분 동안 사용하는 산소량이다.

정답분석
대사당량(METs)은 연령이 아니라 체중에 영향을 받는 값이다.

이론 PLUS
MET(Metabolic Equivalent Task)
휴식 상태에서 체중 1kg당 1분 동안 사용할 수 있는 산소(1MET= 3.5ml/min/kg)

저/중강도 운동	• 저강도는 최대산소섭취량(VO₂max)의 40% 이하, 중강도는 40~60%에서 행하는 운동을 의미 • 개인의 운동능력에 따라 차이가 있으며, 저강도 3MET이하, 중강도 3~6MET 수준의 비경쟁적이고 30분 이상 편안하게 운동할 수 있는 수준의 강도 또는 운동 중 대화가 가능한 수준의 운동강도
고강도 운동	• 건강한 사람의 경우, 6MET를 초과하는 운동, 최대산소섭취량의 60% 이상의 운동강도 • 땀이 흐르면서 숨이 차는 강도

정답 ①

17 <표>는 노인이 운동할 때 응급상황에 대한 응급처치 방법과 목적을 제시한 것이다. ㉠~㉢에 들어갈 용어를 바르게 연결한 것은?

방법	목적
(㉠)	추가적 손상 방지
Rest(휴식)	심리적 안정
Ice(냉찜질)	(㉡)
Compression(압박)	부종 감소
Elevation(거상)	부종 감소
Stabilization(고정)	(㉢)

	㉠	㉡	㉢
①	Posture(자세)	근 경련 감소	마비 예방
②	Posture(자세)	통증, 부종, 염증 감소	염증 감소 마비 예방
③	Protection(보호)	통증, 부종, 염증 감소	염증 감소 근 경련 감소
④	Protection(보호)	마비 예방	근 경련 감소

정답분석
㉠ Protection(보호): 추가적 손상 방지
㉡ Ice(냉찜질): 통증, 부종, 염증 감소
㉢ Stabilization(고정): 염증 감소, 근 경련 감소

정답 ③

18 노화로 인한 낙상의 원인으로 옳은 것은?

① 보행속도의 증가
② 자세 동요의 감소
③ 발목의 발등굽힘 증가
④ 보폭이 좁은 오리걸음 패턴

정답분석
노화로 인한 낙상의 원인
- 근골격계 퇴화로 인한 근력, 유연성, 평형성, 반응속도, 보폭, 보행속도의 감소
- 시력과 청력의 퇴화로 인한 주변 환경 인지능력 감소
- 여러 가지 합병증 보유
- 4가지 이상의 약물 복용

정답 ④

19 다음 중 노화로 인한 체력 저하에 대한 설명으로 옳지 않은 것은?

① 근력은 20대에 최대치를 이루고 그 후 점차적으로 저하된다.
② 순발력은 10대에 최대치를 이루고 근력에 비해 빠르게 저하된다.
③ 평형성은 20대에 최대치를 이루고 그 후 급속히 저하된다.
④ 지구력은 근력, 순발력에 비해 느리게 저하된다.

정답분석
평형성은 20대에 최대치를 이루고 그 후 천천히 저하된다.

정답 ③

20 생물학적 노화의 특징으로 옳지 않은 것은?

① 노화로 인한 변화는 점진적이다.
② 모든 사람에게 보편적으로 나타난다.
③ 발달과 쇠퇴를 모두 포함하는 변화이다.
④ 환경적 요인을 배제한 내재적 요인에 의해 발생한다.

정답분석
스트렐러(Strehler)의 생물학적 노화
- 생물학적 노화는 모든 사람에게 보편적으로 일어나는 것
- 생물학적 노화의 주원인은 체내에 있어야 함
- 생물학적 노화는 신체기능에 부정적 영향을 미쳐 생명의 종식인 사망에 기여
- 생물학적 노화는 점진적으로 일어남

정답 ③

2022년 기출문제

01 <보기>에서 설명하는 연령지표는?

―――― <보기> ――――
- 연령적 노화라고 일컬어지는 출생 이후의 햇수인 역연령과 대비되는 개념이다.
- 연령과 성을 기준으로한 기능적 체력과 관련이 있다.
- 신체 연령이라고도 말한다.

① 기능적(functional) 연령
② 주관적(subjective) 연령
③ 심리적(psychological) 연령
④ 연대기적(chronological) 연령

정답분석
기능적 연령
나이와 성을 기준으로 한 기능적 체력과 관계가 있는 연령으로, '신체 연령'이라고도 한다.

이론 PLUS 노인의 연령지표

역연령	출생 이후의 햇수
기능적 연령	나이와 성을 기준으로 한 기능적 체력과 관계가 있는 연령, '신체연령'이라고도 함
생리적 연령	신체적외모나 운동능력, 지적 능력 등이 기준이 되는 연령
심리적 연령	한 개인의 심리적 성숙도를 의미
사회적 연령	각 개인의 연령에서 사회적으로 수행해야 할 역할에 대한 것, 사회적 기대 또는 규범을 반영하는 나이

정답 ①

02 건강수명에 대한 설명으로 적절하지 않은 것은?

① 건강과 일상생활의 기능을 유지하는 기간을 뜻한다.
② 질병이나 신체장애 없이 생존한 삶의 기간을 뜻한다.
③ 성별·연령별로 몇 년을 더 살아갈 것인지 통계적으로 추정한 기대치로 생존 연수를 뜻한다.
④ 신체적·정서적·인지적 활력 또는 기능적 웰빙을 유지할 것으로 예상되는 삶의 기간을 뜻한다.

정답분석
성별·연령별로 몇 년을 더 살아갈 것인지 통계적으로 추정한 기대치로 생존 연수를 뜻하는 것은 '기대수명'이다.

이론 PLUS 건강수명과 기대수명

건강수명	• 건강과 일상생활, 신체적, 심리적, 사회적 기능을 유지하는 기간 • 프라이스, 크라포(Fries, Crapo, 1981): 심각한 질병이나 신체장애 없이 생존한 삶의 기간 • 캐츠(katz, 1983): 신체적, 정서적, 인지적 활력 또는 기능적 웰빙을 유지하는 것으로 예상되는 삶의 기간
기대수명	• 성별, 연령 별로 앞으로 몇 년을 더 살아갈 것인지를 통계적으로 추정한 기대치로, 평균 생존 연수를 의미함 • 기대수명 = 평균수명

정답 ③

03 <보기>의 ㉠, ㉡에 해당하는 노화와 관련된 심리학적 이론이 바르게 나열된 것은?

─ <보기> ─

㉠	• 자부심과 만족을 느끼면서 자신의 삶을 되돌아볼 수 있으며 죽음을 위엄있게 받아들인다. • 삶에서 달성해야 하는 것들을 달성하지 못했다고 느끼며, 삶의 종말이 다가오는 것에 대해 좌절감을 느낀다.
㉡	• 성공적 노화는 신체적·정신적·사회적 손실에 적응하는 노인의 능력과 관련이 있다. • 기능적 능력을 향상함으로써 노화로 인한 손실을 보완하도록 도움을 준다.

① ㉠: 분리 이론
   ㉡: 지속성 이론
② ㉠: 심리사회발달단계이론
   ㉡: 성공적 노화 이론
③ ㉠: 보상이 수반된 선택적 적정화 이론
   ㉡: 심리사회발달단계이론
④ ㉠: 심리사회발달단계이론
   ㉡: 보상이 수반된 선택적 적정화 이론

정답분석
㉠, ㉡에 해당하는 노화와 관련된 심리학적 이론은 ㉠ 에릭슨(E. Erikson)의 심리사회발달단계 이론, ㉡ 발테스와 발테스(M. Baltes & P. Baltes)의 보상이 수반된 선택적 적정화 이론이다.

정답 ④

04 <보기>에서 설명하는 노화와 관련된 사회학적 이론은?

─ <보기> ─
• 노화와 관련된 사회학적 이론에서 가장 널리 인정되는 이론이다.
• 노인의 사회활동 참여 정도가 높을수록 생활만족도가 높아진다.
• 지속적인 활동이 성공적 노화의 핵심이다.

① 분리이론 ② 활동이론
③ 현대화이론 ④ 하위문화이론

정답분석
활동이론
노인이 생물학적 변화와 육체적 건강 약화를 제외하고는 사회적, 심리적 욕구를 지니고 있어 퇴직으로 인한 역할 부재에 대신할 만한 활동을 찾아 사회참여를 추구한다는 것이다.

정답 ②

05 <보기>의 ㉠, ㉡에 들어갈 용어가 바르게 나열된 것은?

─ <보기> ─
• 노인은 사회적 역할의 상실 등으로 인하여 자신감을 잃기 쉬우며, 점점 고립되어 고독감을 느끼게 되기 때문에, 다른 사람이나 사회로부터의 보살핌, 존중, 도움을 받는 (㉠)이/가 필요하다.
• 노인은 일정 수준의 목표를 성취할 수 있다는 자신의 역량에 대한 믿음을 뜻하는 (㉡)을 가져야 한다.

	㉠	㉡
①	사회적 지지	자기효능감
②	사회적 설득	자기효능감
③	사회적 설득	자부심
④	사회적 지지	자부심

정답분석
• 노인은 사회적 역할의 상실 등으로 인하여 자신감을 잃기 쉬우며, 점점 고립되어 고독감을 느끼게 되기 때문에, 다른 사람이나 사회로부터의 보살핌, 존중, 도움을 받는 사회적 지지가 필요하다.
• 노인은 일정 수준의 목표를 성취할 수 있다는 자신의 역량에 대한 믿음을 뜻하는 자기효능감을 가져야 한다.

정답 ①

06 <보기>에서 운동이 노인에게 미치는 심리적 효과로 옳은 것만을 모두 고른 것은?

─ <보기> ─
㉠ 운동 기술 습득
㉡ 우울증 감소
㉢ 심리적 웰빙 향상
㉣ 사회적 연결망 확장

① ㉠, ㉡   ② ㉠, ㉢
③ ㉡, ㉢   ④ ㉢, ㉣

정답분석
운동의 심리적 효과
• 긴장 이완: 적절한 신체 활동을 통해 긴장을 이완시킴
• 스트레스와 불안 감소: 규칙적인 활동을 통해 스트레스와 불안 감소
• 기분 상태의 개선: 신체 활동은 건강의 저하를 방지하고 장기적 고독의 부정적인 결과를 대처하는데 도움
• 정신 건강의 향상: 규칙적인 운동은 우울증, 불안, 신경증을 포함한 여러 정신적 질병 치료에 중요한 역할을 제공하여 정신 건강 향상에 기여

정답 ③

07. 노화와 관련된 신체적 변화로 옳지 않은 것은?

① 근 질량 감소
② 관절 유연성 감소
③ 폐 탄력성과 흉곽 경직성 증가
④ 수축기혈압과 이완기혈압 증가

정답분석 폐의 탄력성은 감소한다.

정답 ③

08. <보기>에서 운동이 노인에게 미치는 생리적 효과로 옳은 것만을 모두 고른 것은?

─<보기>─
㉠ 인슐린 내성 증가
㉡ 체지방 감소
㉢ 인슐린 감수성 증가
㉣ 안정 시 심박수 감소
㉤ 주어진 절대 강도에서 심박수 증가
㉥ 고밀도지단백콜레스테롤(HDL-C) 감소

① ㉠, ㉡, ㉥
② ㉡, ㉢, ㉣
③ ㉡, ㉢, ㉥
④ ㉣, ㉤, ㉥

정답분석 운동이 노인에게 미치는 생리적 효과로 옳은 것은 ㉡ 체지방 감소, ㉢ 인슐린 감수성 증가, ㉣ 안정 시 심박수 감소이다.

이론PLUS 노인의 운동 참여시 얻을 수 있는 생리적 효과

심혈관과 호흡 계통	심장 및 혈관의 기능 향상, 최대 산소 섭취량 증가, 폐활량 증가 등
근육 및 골격 계통	근력 향상, 뼈의 질량 증가, 뼈대 및 관절 강화 등
내분비 계통	인슐린 감수성 증가, 인슐린 저항성 감소, 콜레스테롤 감소 등
신경 계통	반응 시간 단축, 신경 전달 기능 향상, 기억력 향상, 치매 발생 감소 등
운동 기술 습득	기존 운동 능력 유지, 새로운 운동 기술 습득 등

정답 ②

09. 체력요인에 따른 노인의 운동 방법과 효과가 바르게 연결되지 않은 것은?

체력요인	운동 방법	효과
① 심폐지구력	고정식 자전거 타기	심혈관계 질환의 위험률 감소
② 근력	덤벨 들고 앉았다 일어서기	근육 및 뼈 강화로 인한 일상생활 수행능력 향상
③ 유연성	앉아서 윗몸 앞으로 굽히기	신체활동 시 기능적 제한 예방
④ 평형성	의자 잡고 옆으로 한발 들기	신체 각 부위가 조화를 이루면서 원활히 움직일 수 있는 능력 향상

정답분석 ④ 신체 각 부위가 조화를 이루면서 원활히 움직일 수 있는 능력 향상은 협응력에 대한 설명이다.

정답 ④

10. <보기>의 ㉠, ㉡에 들어갈 목표심박수 범위가 바르게 나열된 것은?

─<보기>─
• 나이: 70세
• 성별: 남성
• 안정 시 심박수: 80회/분
• 최대심박수: 150회/분
• 의사는 심폐지구력 운동 시 목표심박수 40~50% 강도를 권고
• 카보넨(Karvonen) 공식을 활용한 목표심박수의 범위는 (㉠)%HRR에서 (㉡)%HRR이다.

	㉠	㉡		㉠	㉡
①	108	115	②	115	122
③	122	129	④	129	136

정답분석 카르보넨(Karvonen) 공식
목표 심박수: (최대 심박수 - 안정 시 심박수) × 운동 강도(%) + 안정 시 심박수
* 최대 심박수 = 220 - 나이
* 안정 시 심박수 = 60초 동안 측정한 심박수
(220 - 70 - 80) × (0.4~0.5) + 70 = 108~115

정답 ①

11 노인운동 시의 위험 관리 항목과 방법이 바르게 연결된 것은?

① 환경과 장소 안전: 참가자 중 당뇨 환자가 있을 경우, 사탕이나 초콜릿을 준비해 둔다.
② 시설 안전: 운동장비의 사용방법과 사용 시 주의사항을 적절한 장소에 게시해야 한다.
③ 환경과 장소 안전: 운동 동선을 파악하여 시설과 장비를 배치한다.
④ 시설 안전: 무덥고 다습한 곳은 피해야 한다.

정답분석 노인운동 시의 위험 관리 항목 중 시설 안전은 운동장비의 사용방법과 사용 시 주의사항을 적절한 장소에 게시해야 한다.

정답 ②

12 <보기>에서 고혈압 질환이 있는 노인의 운동 지도 시 고려해야 할 사항으로 적절한 것만을 모두 고른 것은?

<보기>
㉠ 등척성 운동을 권장한다.
㉡ 나트륨 섭취 제한, 체중조절, 유산소 운동을 권장한다.
㉢ 저항성 운동 시 발살바 메뉴버에 의한 혈압 상승에 주의한다.
㉣ 이뇨제, 칼슘채널차단제, 혈관확장제 등의 약물에 의한 운동 후 혈압 상승에 주의한다.

① ㉠, ㉡
② ㉠, ㉢
③ ㉡, ㉢
④ ㉢, ㉣

정답분석 고혈압 질환이 있는 노인의 운동 지도 시 ㉡ 나트륨 섭취 제한, 체중조절, 유산소 운동을 권장, ㉢ 저항성 운동 시 발살바 메뉴버에 의한 혈압 상승에 주의해야 한다.

선지분석 ㉠ 등척성 운동은 혈압의 급격한 상승을 초래하므로 권장하지 않는다.
㉣ 이뇨제, 칼슘채널차단제, 혈관확장제 등은 혈압을 낮춘다.

정답 ③

13 노인체력검사(Senior Fitness Test) 항목에서 2.4m 왕복 걷기와 관련된 활동으로 옳은 것은?

① 자동차나 목욕탕에 들어가고 나오기
② 손자 안기, 식료품 가방 들기
③ 장거리 보행, 계단 오르기
④ 버스 빠르게 타고 내리기

정답분석 노인체력검사(Senior Fitness Test) 항목에서 2.4m 왕복 걷기와 관련된 활동으로 옳은 것은 '버스 빠르게 타고 내리기'이다.

이론 PLUS 미국 노인체력검사(SFT) 검사 항목

측정항목	내용
상지 근기능	• 덤벨 들기(남 3.37kg, 여 2.27kg) • 정상범위(15~21회/30초)
하지 근기능	• 의자에서 스쿼트 • 정상범위(12~18회/30초)
심폐기능	• 6분 걷기 • 정상범위(510~637m/6분)
심폐기능	• 2분 제자리 걷기 • 정상범위(86~116회/2분)
유연성 민첩성 및 동적 균형성	• 의자에 앉아서 손 뻗기(하지 유연성) • 정상범위(-3~3cm) • 등 뒤로 두 손 모으기(상지 유연성) • 정상범위(-7.5~1.0cm) • 일어서서 2.44m 돌아오기 • 정상범위(5.9~4.3초)

정답 ④

14 <보기>에서 노화로 인한 평형성과 기동성(balance and mobility) 변화에 영향을 미치는 요인을 모두 고른 것은?

<보기>
㉠ 체성감각계   ㉡ 시각계
㉢ 전정계   ㉣ 운동계

① ㉠, ㉡, ㉢, ㉣
② ㉡, ㉢, ㉣
③ ㉢, ㉣
④ ㉣

정답분석 ㉠ 체성감각계, ㉡ 시각계, ㉢ 전정계, ㉣ 운동계는 노화로 인한 평형성과 기동성(balance and mobility) 변화에 영향을 미치는 요인이다.

정답 ①

15 <보기>에서 근골격계 질환이 있는 노인에게 적합한 운동만을 모두 고른 것은?

─── <보기> ───
㉠ 등산   ㉡ 수영
㉢ 테니스   ㉣ 수중 운동
㉤ 스케이팅   ㉥ 고정식 자전거 타기

① ㉠, ㉡, ㉢   ② ㉡, ㉣, ㉥
③ ㉢, ㉣, ㉤   ④ ㉣, ㉤, ㉥

정답분석 근골격계 질환이 있는 노인에게 적합한 운동은 ㉡ 수영, ㉣ 수중 운동, ㉥ 고정식 자전거 타기이다.

이론 PLUS 근골격계 질환자 운동 지침

운동 형태	• 가벼운 유산소 운동과 근력 운동을 권장 • 수영 및 자전거 타기 등을 이용한 운동 치료 및 물리 치료를 초기 치료로 병행 • 수중 운동을 할 때의 수온은 29~32℃가 적정
운동 시간	운동을 한 후 쉬었다가 다시 운동하는 인터벌 트레이닝 방법 권장
운동 강도	• 유산소 운동: 여유 심박수의 40~60% • 근력 운동: 1RM의 40~60%
운동 빈도	주 3회 이상이 적당, 총 운동 시간은 주당 150분 정도가 적정

정답 ②

16 건강신념모형에서 건강신념행동을 구성하는 요소로 옳지 <u>않은</u> 것은?

① 지각된 장애
② 지각된 이익
③ 지각된 심각성
④ 지각된 자기 인식

정답분석 건강신념모형
'신념'이 건강을 추구하는 행동에 중요한 역할을 한다는 이론으로, 건강을 추구하는 행동을 할 것인지 예측하기 위해 지각된 심각성, 지각된 개연성, 지각된 이익, 지각된 장애, 행동의 계기, 자기 효능감의 6가지 요소로 구성되어 있다.

정답 ④

17 <보기>의 ㉠, ㉡에 해당하는 노인운동 교육의 원리와 설명이 바르게 나열된 것은?

─── <보기> ───
• (㉠) - 지적 능력, 학력, 흥미, 성격, 경험, 건강상태 등 개개인의 학습 욕구를 충족시켜줄 수 있는 방법을 모색한다.
• (㉡) - 지도자와 학습자 간의 동등한 관계에서 출발하여 교육활동 전반에서 상호 간의 합의를 이루도록 한다.

	㉠	㉡
①	다양화의 원리	사회화의 원리
②	개별화의 원리	사제동행의 원리
③	개별화의 원리	사회화의 원리
④	다양화의 원리	사제동행의 원리

정답분석
• 개별화의 원리 - 지적 능력, 학력, 흥미, 성격, 경험, 건강상태 등 개개인의 학습 욕구를 충족시켜줄 수 있는 방법을 모색한다.
• 사제동행의 원리 - 지도자와 학습자 간의 동등한 관계에서 출발하여 교육활동 전반에서 상호 간의 합의를 이루도록 한다.

정답 ②

18 <보기>에서 미국스포츠의학회(ACSM, 2018)의 노인을 위한 유산소 운동 지침으로 옳은 것만을 모두 고른 것은?

<보기>

㉠	운동 빈도(F)	• 중강도시 5일/주 • 고강도시 3일/주
㉡	운동 강도(I)	• 중강도 시 5·6 (RPE 10점 만점 도구 기준) • 고강도 시 7~8 (RPE 10점 만점 도구 기준)
㉢	운동 시간(T)	• 중강도 시 150분~300분/주 • 고강도 시 75분~100분/주
㉣	운동 형태(T)	• 앉았다 일어서기(스쿼트), 스트레칭

① ㉠, ㉡, ㉢
② ㉠, ㉡, ㉣
③ ㉠, ㉢, ㉣
④ ㉡, ㉢, ㉣

정답분석 운동 빈도는 주당 운동 시간을 합산하여 150~300분 정도 실시해야 하며, 고강도 운동일 경우 주당 75~150분 정도 실시해야 한다.

이론PLUS 미국스포츠의학회에서 제시한 노인의 신체 활동 권고 지침 - 심폐지구력 운동

운동 빈도	주당 운동 시간을 합산하여 150~300분 정도 실행, 고강도 운동일 경우 주당 75~150분 정도
운동 강도	운동 자각도(0~10)에 따라 중강도는 눈금 5~6 사이이며, 고강도는 눈금 7~8 사이
운동 시간	10분 이상의 중강도 활동일 경우 최소 30분, 고강도 활동일 경우 최소 20분 유지
운동 형태	걷기가 가장 일반적인 활동, 체중 부하에 자유롭지 못한 노인의 경우 수중 운동이나 좌식 자전거 운동 활동

정답 ①

19 <보기>에 해당하는 대상자의 운동참여 동기유발을 위한 노인스포츠지도사의 상담 내용으로 적절하지 <u>않은</u> 것은?

<보기>
• 68세 어르신은 체중조절과 건강관리를 위한 운동에 관심이 있다.
• 운동 참여 경험은 없지만, 지속적으로 운동에 참여하고 싶다.

① 가족, 친구들과 함께 운동하며, 사회적 교류 기회가 확대됨을 설명한다.
② 스트레스 해소와 활력감 증진에 도움이 됨을 설명한다.
③ 건강 및 체중 관리에 도움이 됨을 설명한다.
④ 질병치료에 대한 기대감을 갖도록 설명한다.

정답분석 <보기>의 대상자가 68세 어르신이나, 질병에 대한 내용이 없으므로, 질병치료에 대한 기대감을 갖도록 설명하는 것은 대상자의 운동참여 동기유발을 일으키기에는 적절하지 않다.

선지분석
① 신체적 건강: 질병 위험의 감소, 건강 증진을 통한 삶의 질 향상
② 정신적 건강: 스트레스와 불안 감소, 기분 상태의 개선, 정신 건강의 향상
③ 사회적 건강: 세대 간 교류 촉진, 새로운 역할과 유지

정답 ④

20 다음 중 노인운동 지도 시 의사소통에 관한 설명으로 옳은 것은?

① 어린아이를 다루듯 말한다.
② 스킨십은 사용하지 않는다.
③ 소리를 질러가며 말하지 않는다.
④ 대상자를 정면에서 쳐다보는 언어적 기술을 사용한다.

정답분석 노인운동 지도 시 편안하고 협박적이지 않은 분위기를 유지하고, 우호적인 운동 환경을 조성해야 한다.

정답 ③

해커스자격증
pass.Hackers.com

해커스 **스포츠지도사 2급 필기** 한권합격 이론+최신기출+핵심노트

실전모의고사

실전모의고사

스포츠교육학

01 비형식적 성장에 해당하지 않은 것은?
① 독서
② 컨퍼런스 참여
③ 과거의 자체적인 경험
④ 비디오 시청

02 개인적·사회적 책임감 지도(TPSR) 모형의 책임감 수준 단계가 바르게 연결된 것은?
① 1단계 - 자기 방향 설정
② 2단계 - 타인의 권리와 감정 존중
③ 3단계 - 돌봄과 리더십(돌봄과 배려)
④ 5단계 - 일상생활로의 전이

03 <보기>는 타당도의 종류에 관한 내용이다. ㉠, ㉡, ㉢에 해당하는 용어가 바르게 연결된 것은?

─────<보기>─────
㉠: 검사문항들이 측정하고자 하는 영역을 얼마나 잘 대표하고 있는지에 관한 정도
㉡: 어떤 측정 도구에 의해 측정된 결과점수가 준거검사로 측정된 결과점수와 비교하여 추정하는 타당도
㉢: 측정검사도구가 집중력, 불안 등과 같은 심리적 요인과 같이 정의하기 어렵고 직접 측정할 수 없는 특성을 제대로 측정하고 있는지 밝히는 타당도

	㉠	㉡	㉢
①	내용 타당도	구인 타당도	준거 타당도
②	준거 타당도	내용 타당도	구인 타당도
③	내용 타당도	준거 타당도	구인 타당도
④	준거 타당도	구인 타당도	내용 타당도

04 스포츠 강사의 역할로 옳지 않은 것은?
① 학생들이 체육활동에 흥미를 갖고 지속적으로 참여할 수 있도록 지도하고 안내하는 역할
② 정과 체육수업에서 주도하여 학생들이 안전하게 체육수업에 참여할 수 있도록 하는 역할
③ 학교 체육 내 클럽리그 및 토너먼트 경기를 운영하는 역할
④ 학생의 건강관리, 종목 지도 방법, 연습방법 등에 대한 전문적 지식을 갖추어야 함

05 <보기>의 국민체육진흥법 제12조의 내용에서 체육지도자의 자격취소 사유로 모두 고른 것은?

─────<보기>─────
㉠ 거짓이나 그 밖의 부정한 방법으로 체육지도자의 자격을 취득한 경우
㉡ 선수에게 성희롱 또는 성폭력에 해당하는 행위를 한 경우
㉢ 자격정지 기간 중에 업무를 수행한 경우
㉣ 체육지도자 자격증을 타인에게 대여한 경우

① ㉠, ㉡
② ㉠, ㉢
③ ㉡, ㉢, ㉣
④ ㉠, ㉡, ㉢, ㉣

06 <보기>에서 설명하고 있는 교육 모형은?

―<보기>―

이 교육 모형의 주제는 '나는 너를 너는 나를 가르친다'이며, 학생이 수행하는 연습 시도에 대해 교사의 관찰 부족과 교사로부터 받는 제한된 피드백의 문제점을 해결하기 위해 고안된 수업 모형이다. 교사가 제시한 과제에 따라 학생이 교사와 학습자의 두 가지 역할을 교대로 수행 및 학습하며, 학생이 개인교사의 역할을 대리 수행한다. 또한, 개인교사는 학습자에게 다음 수행의 개선과 관련된 교정적 피드백을 제공한다.

① 협동 학습 모형
② 동료 교수 모형
③ 스포츠 교육 모형
④ 전술 게임 모형

07 Shulman이 제시한 교사 지식 내용으로 바르게 설명한 것은?

① 내용 지식: 모든 교과에 적용되는 지도법에 대한 지식
② 내용 교수법 지식: 특정 학생에게 어느 교과나 주제를 특정한 상황에서 지도 할 수 있는 방법에 대한 지식
③ 교육과정 지식: 가르칠 교과 내용에 대한 지식
④ 교육목적 지식: 수업 환경에 영향을 미치는 지식

08 학생이 스스로 자신의 기능이나 지식을 나타낼 수 있도록 산출물을 만들거나 행동으로 나타내거나 답을 구성하도록 요구하는 평가방식은?

① 수행평가
② 자기지향평가
③ 절대평가
④ 상대평가

09 마튼스(R. Matens)의 전문 체육 프로그램 개발 단계가 바르게 연결된 것은?

―<보기>―
- 1단계: 선수에게 필요한 기술 파악
- 2단계: 선수 이해
- 3단계: ㉠
- 4단계: 우선순위 결정 및 목표설정
- 5단계: ㉡
- 6단계: 연습 계획 수립

	㉠	㉡
①	맥락 분석	훈련 환경 분석
②	피드백 전략 수립	선수단 규모 파악
③	훈련 환경 분석	피드백 전략 수립
④	상황 분석	지도 방법 선택

10 스포츠 교육 학습자 상태 고려사항으로 옳지 않은 것은?

① 학습자의 기능 수준
② 학습자의 동기 유발 상태
③ 학습자의 감정 조절 능력
④ 학습자의 경제적 능력

11 스포츠기본법 제3조에서 사용하는 용어의 정의가 올바르지 않은 것은?

① "전문스포츠"란 「국민체육진흥법」 제2조 제4호에 따른 선수가 행하는 스포츠 활동을 말한다.
② "스포츠산업"이란 건강과 체력 증진을 위하여 행하는 자발적이고 일상적인 스포츠 활동을 말한다.
③ "장애인스포츠"란 장애인이 참여하는 스포츠 활동(생활스포츠와 전문스포츠를 포함한다)을 말한다.
④ "스포츠"란 건강한 신체를 기르고 건전한 정신을 함양하며 질 높은 삶을 위하여 자발적으로 행하는 신체활동을 기반으로 하는 사회문화적 행태를 말하며, 「국민체육진흥법」 제2조 제1호에 따른 체육을 포함한다.

12 학교스포츠클럽과 학교스포츠클럽 활동에 대한 내용 중 옳은 것을 모두 고른 것은?

<보기>
㉠ 학교스포츠클럽 활동은 초·중등학교 교육과정총론, 중학교 교육과정 편성·운영 지침을 따른다.
㉡ 학교스포츠클럽의 활동형태는 정규교육과정 내에서 이루어 진다.
㉢ 학교스포츠클럽은 방과 후, 점심시간 등에 이루어 진다.
㉣ 학교스포츠클럽은 정규 학교 교육과정 중 창의적 체험활동 시간에 이루어지는 클럽단위의 스포츠 활동이다.

① ㉠, ㉡
② ㉠, ㉡, ㉢
③ ㉠, ㉢
④ ㉠, ㉢, ㉣

13 직접 교수 모형을 활용한 수업의 6단계로 바르게 연결된 것은?

<보기>
- 1단계: 전시 과제 복습
- 2단계: 새로운 과제 제시
- 3단계: ㉠
- 4단계: 피드백 및 교정
- 5단계: ㉡
- 6단계: 본시 복습

	㉠	㉡
①	초기 과제 연습	독자적인 연습
②	관제 선택	학습 방법 수정
③	초기 과제 연습	과제 선택
④	학습 방법 선택	독자적인 연습

14 학교체육진흥법에 따른 학교스포츠클럽 운영에 대한 내용으로 옳지 않은 것은?

① 학교의 장은 학교스포츠클럽 활동내용을 학교생활기록부에 기록하여 상급학교 진학자료로 활용할 수 있도록 하여야 한다.
② 학교의 장은 제1항에 따라 학교스포츠클럽을 운영하는 경우 학교스포츠클럽 전담교사를 지정할 수 있으나, 별도의 지도수당을 지급할 수 없다.
③ 학교의 장은 학생들이 신체활동 프로그램에 참여할 수 있도록 학교스포츠클럽을 운영하여 학생들의 체육활동 참여기회를 확대하여야 한다.
④ 학교의 장은 교육부령으로 정하는 바에 따라 일정 비율 이상의 학교스포츠클럽을 해당 학교의 여학생들이 선호하는 종목의 학교스포츠클럽으로 운영하여야 한다.

15 모스턴의 체육 교수 스타일 중 연습형 스타일에 대한 내용으로 옳지 않은 것은?

① 피드백을 포함한 기억/모방 과제를 학습자가 개별적으로 연습하는 것이다.
② 교사는 모든 교과내용과 수업 운영 절차를 결정하고 학습자에게 피드백을 개별적으로 제공하는 역할을 해야한다.
③ 학습자는 9가지의 특정사항(수업 장소, 수업 운영, 시작 시간, 속도와 리듬, 정지 시간, 질문, 인터벌, 자세, 복장과 외모) 의사결정 하며, 기억/모방 과제를 개별적으로 수행한다.
④ 기술 수준이 다양한 학습자들이 자신이 수행할 수 있는 난이도를 선택하여 과제에 참여하는 것이다.

16. 링크(J. Rink)의 내용 발달 단계 순서로 올바르게 연결된 것은?

① 시작(전달) 과제 - 세련 과제 - 확대 과제 - 응용 과제
② 확대 과제 - 시작(전달) 과제 - 응용 과제 - 세련 과제
③ 시작(전달) 과제 - 확대 과제 - 세련 과제 - 응용 과제
④ 시작(전달) 과제 - 응용 과제 - 세련 과제 - 확대 과제

17. <보기>에서 설명하는 교수기능 연습방법으로 올바른 것은?

―― <보기> ――
이 스타일에서는 기술 수준이 다양한 학습자들이 자신이 수행할 수 있는 난이도를 선택하여 과제에 참여하며, 교사는 과제의 난이도를 선정하고, 교과내용과 수업운영 절차에 대한 모든 의사결정을 한다. 또한, 학습자는 자신이 성취할 수 있는 수준을 조사하고, 시작점을 선택하여 과제를 연습하고 필요할 경우 과제 수준을 수정하며, 평가기준에 맞추어 자신의 수행을 점검한다.

① 자기 점검형 스타일   ② 포괄형 스타일
③ 지시형 스타일   ④ 유도발견형 스타일

18. 탐구수업 모형 학습영역의 우선순위가 바르게 연결된 것은?

① 1순위(인지적 영역) - 2순위(정의적 영역) - 3순위(심동적 영역)
② 1순위(정의적 영역) - 2순위(인지적 영역) - 3순위(심동적 영역)
③ 1순위(정의적 영역) - 2순위(심동적 영역) - 3순위(인지적 영역)
④ 1순위(인지적 영역) - 2순위(심동적 영역) - 3순위(정의적 영역)

19. <보기>에서 설명하고 있는 협동 학습 모형의 수업 전략으로 옳은 것은?

―― <보기> ――
• 교사는 팀을 선정한 후 학생에게 수행 기준과 학습 과제가 제시된 목록을 제공하며, 이 목록에는 학생이 학습해야 할 기술과 지식 영역을 쉬운 것에서부터 어려운 단계로 나누어 제시되어 있다.
• 팀원들은 혼자 또는 다른 팀원들의 도움을 받아 그 과제들을 연습하게 되며, 학생이 수행 기준에 따라 과제를 완수하면 다른 팀원이 과제 수행 여부를 체크한다.
• 팀 선정의 경우 매주 각 팀들이 수행한 과제 수를 점수로 환산하거나 개인별로 시험을 본 후 개인 점수를 합산하여 팀 수행능력을 평가힌다.

① 팀 - 보조 수업(TAI)
② 학생 팀 - 성취 배분(STAD)
③ 직소 방식(Jigsaw)
④ 팀 게임 토너먼트(TGT)

20. 일관성 있는 수업관리를 위해 지도자가 활용하는 행동 수정 기법으로 옳지 않은 것은?

① 프리맥 기법: 학습자를 팀으로 편성하고, 학습자의 부적절한 행동이 나타날 때마다 지도자가 점수를 감점하는 것
② 지도자 - 학습자 사이 계약: 일정 수업시간 동안 수행해야 하는 행동에 대해 학습자와 지도자 간에 계약을 맺고, 학습자가 받게 될 보상에 대해서 지도자와 각 학습자가 합의하는 것
③ 토큰 수집: 학습자가 적절한 행동을 할 때마다 지도자가 점수, 스티커 또는 몇 가지 다른 쿠폰을 제공하여 정한 수 만큼 학습자가 토큰을 모으면 특정 보상을 해주는 방법
④ 타임 아웃: 부적절한 행동을 한 학습자를 일정한 시간 동안 활동에서 제외시키는 방법

스포츠사회학

01 스포츠 참가 유형에 대한 설명으로 옳지 <u>않은</u> 것은?

① 일상적 참가: 스포츠 참가가 일상의 주된 활동이 되어 스포츠 활동에 대부분의 시간을 소비함
② 주기적 참가: 일정 간격을 유지하면서 스포츠에 지속적으로 참가함
③ 일탈적 참가: 자신의 직업을 등한시하고 대부분의 시간을 스포츠 참가에 할애함
④ 참여 중단: 전혀 스포츠에 참가하지 않거나 혹은 특정 이유로 스포츠 활동에 참여하지 않음

02 <보기>의 괄호 안에 들어갈 용어는?

―<보기>―
부르디외(P. Bourdieu)는 생활양식과 같은 사회문화적 요소를 계급결정 요인으로 간주하고 이를 자본의 개념으로 다루었다. 그는, 가정환경, 교육환경 등을 통해 내면화된 가치를 (   )라고 개념화하였다. 이 개념에 따르면 스포츠는 체화된 (   )의 한 형태로써 사회의 계층구조에 관여한다.

① 경제자본
② 사회자본
③ 문화자본
④ 상징자본

03 <보기>의 ㉠과 ㉡에서 설명하는 사회화 과정은?

―<보기>―
㉠: 중학생 차범근은 유소년 축구 클럽에 참가하면서 교우관계가 원만해졌다.
㉡: 프로야구 이승엽 선수는 은퇴 후, 프로야구 팀의 감독을 맡고 있다.

① ㉠: 스포츠로의 사회화
㉡: 스포츠를 통한 사회화
② ㉠: 스포츠를 통한 사회화
㉡: 스포츠로의 재사회화
③ ㉠: 스포츠로의 재사회화
㉡: 스포츠로부터의 탈사회화
④ ㉠: 스포츠로부터의 탈사회화
㉡: 스포츠로의 사회화

04 스포츠 스타의 사생활이나 비공식적인 내용을 중심으로 대중을 자극하고 호기심에 호소하는 흥미 위주의 스포츠 관련 보도를 지칭하는 용어는 무엇인가?

① 팩 저널리즘(pack journalism)
② 옐로 저널리즘(yellow journalism)
③ 하이에나 저널리즘(hyena journalism)
④ 뉴 저널리즘(new journalism)

05 <보기>에서 정치가 스포츠를 이용하는 방식을 바르게 연결한 것은?

<보기>
- ㉠ 국가 간 경기 대회에서 국가대표팀의 국기 게양식, 국가 연주 등
- ㉡ 지역 연고 팀에 대한 팬덤(fandom)
- ㉢ 정부에 대한 지지를 위한 스포츠 활용

	㉠	㉡	㉢
①	상징	조작	동일화
②	동일화	상징	조작
③	상징	동일화	조작
④	조작	동일화	상징

06 스포츠계층의 특성 중 '보편성(편재성)'의 사례로 적절하지 않은 것은?

① 스포츠는 인기종목과 비인기종목으로 구분된다.
② 태권도는 승단체계에 따라 종목 내 계층이 형성된다.
③ 프로스포츠 탄생 이후 운동선수들의 사회적 지위는 향상되었다.
④ 종합격투기는 체급에 따라 대전료와 중계권료 등에 차등이 있다.

07 <보기>에서 대중매체가 스포츠에 미치는 영향으로만 바르게 묶인 것은?

<보기>
- ㉠ 미디어 보급 및 확산
- ㉡ 스포츠 구조와 내용 변화
- ㉢ 스포츠의 재의미화
- ㉣ 스포츠 소비 증가
- ㉤ 미디어 기술의 발달
- ㉥ 새로운 스포츠종목 창출

① ㉠, ㉡, ㉣, ㉥
② ㉡, ㉢, ㉤
③ ㉠, ㉢, ㉣
④ ㉡, ㉢, ㉣, ㉥

08 <보기>에서 설명하는 케년(G. Kenyon)의 스포츠 참가(참여)의 유형은?

<보기>
실제 스포츠에 참가하지는 않지만 간접적으로 특정 선수나 팀 또는 경기상황에 대해 감정적인 태도나 성향을 표출하는 참가

① 행동적 참가
② 인지적 참가
③ 일탈적 참가
④ 정의적 참가

09 상업화에 따른 스포츠의 변화 중 관중의 흥미를 극대화하기 위한 구조(규칙)변화의 사례로 옳지 않은 것은?

① 배구의 랠리포인트 시스템
② 농구의 공격시간 제한
③ 테니스의 타이브레이크 시스템
④ VAR 시스템의 도입

10 <보기>에서 설명하고 있는 레오나르드(W. LeonardⅡ)의 스포츠 사회화 이론은?

───<보기>───
- A대학 축구 감독은 팀 훈련 과정에서 학생 선수들의 운동 수행 능력을 향상시키기 위하여 포상 제도를 활용한다.
- B선수는 유명선수의 슈팅 장면을 보며 연습하여 자신만의 것으로 발전시켰다.

① 사회학습이론 ② 역할이론
③ 준거집단이론 ④ 근거이론

11 <보기>에서 설명하는 이론은?

───<보기>───
- 지배계급은 피지배계급을 억압하고 착취한다.
- 재화의 불평등한 분배는 사회의 본질적 속성이다.
- 스포츠는 일부 지배계급에 의해 그들의 이익을 증대시키는 데 이용된다.

① 갈등이론
② 비판이론
③ 상징적 상호작용론
④ 구조기능주의 이론

12 상업주의 심화에 따른 스포츠의 변화에 대한 설명으로 적절하지 않은 것은?

① 경기 내적인 요소보다 외적인 요소를 중요시한다.
② 심미적 가치보다 영웅적 가치를 중요시한다.
③ 아마추어리즘보다 프로페셔널리즘을 추구한다.
④ 경기의 공정성을 강화하기 위해 경기 규칙을 개정한다.

13 스포츠미디어를 통해 충족할 수 있는 욕구유형에 대한 설명으로 옳은 것은?

① 정의적 욕구: 스포츠에 대한 규칙 정보를 제공한다.
② 인지적 욕구: 스포츠에 대한 흥미와 즐거움을 제공한다.
③ 통합적 욕구: 스포츠에 대한 지식, 경기결과 및 통계적 지식을 제공한다.
④ 도피적 욕구: 불안, 초조, 욕구불만, 좌절 등의 감정을 해소하도록 돕는다.

14 스포츠 일탈에 관한 설명으로 적절하지 않은 것은?

① 부정적 일탈 사례로는 도핑, 폭력, 승부조작 가담 등이 있다.
② 부정적 일탈은 스포츠 규범체계에 대한 과잉 동조로 발생한다.
③ 지나치지 않은 운동중독, 오버 트레이닝 등은 긍정적 일탈 사례이다.
④ 긍정적 일탈은 정상적으로 받아들여지는 행동에 대한 무비판적 수용을 의미한다.

15 <보기>에서 설명하는 케년(G. Kenyon)의 스포츠 참가 유형은?

───<보기>───
- 스포츠에 대한 정보와 지식을 수용함으로써 이루어지는 참가의 형태
- 학교, 사회기관, 매스컴, 지인과의 대화 등을 통해 스포츠 관련 정보를 획득

① 행동적 참가 ② 인지적 참가
③ 정의적 참가 ④ 조직적 참가

16 신자유주의 시대 스포츠 세계화의 특징에 대한 설명으로 옳지 않은 것은?

① 스포츠 시장의 경계가 국경을 초월해 전 세계로 확대되었다.
② 프로스포츠의 이윤 극대화로 인해 빈익빈 부익부 현상이 해소되었다.
③ 세계인들에게 표준화된 스포츠 상품과 스포츠 문화를 소비하게 만들었다.
④ 각 나라의 전통 스포츠가 쇠퇴하거나 사라졌다.

17 핫 미디어 스포츠에 대한 설명으로 옳은 것은?

① 정적 스포츠, 선수의 행동반경이 좁은 스포츠, 개인 스포츠 위주
② 수비와 공격의 구분이 어려운 스포츠
③ 득점 스포츠
④ 몰입 수준이 높은 스포츠

18 <보기>에서 설명하고 있는 스포츠의 사회적 기능으로 옳은 것은?

―――――<보기>―――――
• 정치인들이 국민의 스포츠에 모든 관심을 증대시켜 정치적 무관심을 유도
• 정치인들이 스포츠 경기를 자신의 집단에 대한 정당성을 확보하는 데 활용
• 제5공화국의 3S(SEX, SCREEN, SPORT)정책

① 사회통합 기능
② 사회통제 기능
③ 사회소외 기능
④ 사회정서 기능

19 구조기능주의의 측면에서 탈콧 파슨스(T. Parsons)가 제시한 사회체제 유지를 위한 네 가지 요건의 연결이 바르지 않은 것은?

① 적응(Adaptation) - 스포츠는 사회구성원으로서 사회(공동체)에 적합한 사고 및 행동 양식 등을 학습하는 장으로 기능
② 목표성취(Goal attainment) - 경쟁과 승리만을 강조하는 사회적 목표의 달성과 성취
③ 사회통합(Integration) - 스포츠는 사회 구성원의 결집을 통해 사회에 대한 일체감 형성
④ 체제유지 및 긴장처리 - 스포츠맨십, 페어플레이 등 도덕적 가치 및 규범의 내면화

20 거트만(A. Guttmann)이 제시한 근대 스포츠의 특징에 대한 설명으로 옳지 않은 것은?

① 세속화는 좁은 의미로서 스포츠의 종교적 목표 수행을 강조하는 것이다.
② 합리화는 스포츠 참여의 목적과 수단의 논리적 인과관계를 강조하는 것이다.
③ 전문화는 선수, 팀, 협회 등 스포츠에서 역할의 세분화를 의미한다.
④ 관료화는 규칙과 규정을 표준화하는 관료조직의 등장을 의미한다.

스포츠심리학

01 <보기>에서 괄호 안에 들어갈 명칭이 올바르게 나열된 것은?

<보기>
스포츠심리학은 (㉠)심리학과 (㉡)심리학으로 구분된다. 한국스포츠심리학회는 (㉠) 관점을 따르고 있다.

	㉠	㉡
①	개방	폐쇄
②	광의	협의
③	행동	운동
④	인지	운동

02 웨이너(Weiner)의 귀인모형에 대한 설명으로 옳은 것은?

① 운은 외적이고, 통제 가능하며, 안정적인 요소이다.
② 여러 사건의 원인을 인과성의 소재, 안정성, 통제가능성이라는 3차원으로 분류하였다.
③ 능력은 내적이고, 통제가능하며, 안정적인 요소이다.
④ 일시적 노력은 내적이고, 통제가 불가능며, 불안정적인 요소이다.

03 운동 기술의 1차원적 기술분류가 아닌 것은?

① 근육의 크기
② 움직임의 연속성
③ 환경의 안정성
④ 동작의 가변성

04 캐론(Carron)의 스포츠 팀 응집력 모형에서 응집력을 만드는 요인 중 올바르지 않은 것은?

① 환경요인
② 개인요인
③ 리더십요인
④ 상황요인

05 힉크의 법칙(Hick's law)에 대한 설명으로 옳은 것은?

① 자극 - 반응의 대안 수가 많아질수록 선택반응시간이 증가하는 현상
② 목표물이 작거나 움직이는 거리가 길어질수록 운동시간이 길어지는 현상
③ 두 가지 조건이 일치하는 자극을 보고 실행할 때보다 두 가지 조건이 일치하지 않는 자극을 보고 실행할 때 반응속도가 늦어지는 현상
④ 1차 자극에 반응하고 있을 때 2차 자극을 제시할 경우 2차 자극에 대한 반응시간이 느려지는 현상

06 <보기>에서 설명하는 연습법은 무엇인가?

<보기>
운동기술에 포함되는 하위 요소들을 무작위로 연습하는 것으로 맥락간섭의 효과가 높아 파지와 전이에 효과적인 방법이다.

① 분산연습
② 구획연습
③ 전습법
④ 무선연습

07 운동발달의 특성에 대한 설명으로 바르지 않은 것은?

① 운동발달은 연령이 증가함에 따라 신체 기능이 변화한다.
② 운동발달은 개인마다 차이가 있다.
③ 초보적 수의운동에서 반사운동으로 일정한 순서를 가지고 발달한다.
④ 발달은 유전적인 요인과 내적 조건으로 결정되지만, 환경적인 요인(영양, 운동, 학습기회)으로 인해 변용성이 생긴다.

08 성격에서 가장 깊은 곳에 자리하여 외부의 영향을 가장 적게 받는 것은?

① 심리적 핵
② 전형적 반응
③ 역할행동
④ 초자아

09 모건(Morgan)의 빙산형 프로파일 설명으로 옳지 않은 것은?

① 우수선수들은 긴장, 우울, 분노, 피로, 혼란에서 낮은 점수를 보였다.
② 비우수선수들에게는 활력이 높은 점수를 보였다.
③ 빙산과 같은 모형을 하고 있다.
④ 모건(Morgan)의 빙산형 프로파일은 우수 선수들의 성격에 대한 대표적인 연구이다.

10 <보기>에서 코치가 철수에게 주는 피드백의 종류는 무엇인가?

―<보기>―
코치는 철수의 패스가 종료된 후 철수에게 "자세가 높아서 패스 실수가 많이 생기는 것 같아. 자세를 더 낮추면 정확하게 패스할 수 있을 것 같아." 라고 피드백을 주었다.

① 감각피드백
② 보강피드백
③ 바이오피드백
④ 피드 포워드

11 <보기>에서 괄호안에 들어갈 단어로 올바른 것은?

―<보기>―
불안의 종류에는 (㉠)불안과 (㉡)불안으로 구분되며, (㉠)불안에는 (㉢)불안과 (㉣)불안으로 구분된다. (㉠)불안은 일시적인 특정한 상황에서 개인이 경험하는 불안이며, (㉡)불안은 객관적으로 위험하지 않은 상황을 위험한 것으로 받아들여 경험하는 불안이다.

	㉠	㉡	㉢	㉣
①	상태	특성	인지	신체
②	특성	인지	신체	상태
③	상태	인지	신체	특성
④	인지	신체	상태	특성

12 <보기>에서 철수와 영희가 설정한 목표설정은 어떤 것인가?

―<보기>―
- 철수는 올해 드래프트에서 전체 1순위로 갈 것으로 목표를 잡았다.
- 영희는 이번 대회에서 우승을 목표로 잡았다.

① 과정목표
② 수행목표
③ 결과목표
④ 단기목표

13 <보기>에서 괄호에 올바르게 나열된 것은?

―<보기>―
- 반응시간의 유형은 (㉠)반응시간과 (㉡)반응시간, (㉢)반응시간으로 나누어진다.
- (㉠)반응시간은 하나의 자극신호에 대하여 하나의 반응을 요구할 때 측정되는 반응시간이며, (㉡)반응시간은 자극이 두 개 이상 제시되고, 각각의 자극 신호에 대하여 다른 반응을 하도록 할 때 측정되는 반응시간이다. (㉢)반응시간은 두 가지 이상의 자극이 제시되고 특정 자극에 대해서만 반응 할 때 측정되는 반응시간이다.

	㉠	㉡	㉢
①	변별	단순	선택
②	단순	선택	변별
③	선택	단순	변별
④	단순	변별	선택

14 <보기>에서 설명하는 이론은 무엇인가?

―<보기>―
- 인지불안과 신체각성을 동시에 고려하여 수행을 예측하는 3차원 비선형적 관계모형이다.
- 인지불안이 낮을 때는 역U자 모형을 보이지만 인지불안이 높고 각성이 어느 수준을 넘으면 수행력이 급격하게 떨어지는 이론이다.

① 추동(욕구)이론
② 역U가설(적정수준이론)
③ 최적수행지역이론
④ 격변이론(카타스트로피이론)

15 반두라(Bandura)의 자기효능감 이론에서 자기효능감에 영향을 미치는 요인에 대한 설명으로 옳지 않은 것은?

① 성공경험
② 대리경험
③ 신체매력
④ 사회적 설득

16 사회적 촉진에 대한 설명으로 옳지 않은 것은?

① 사회적 촉진이론은 단순존재 가설(추동이론), 평가우려가설, 자아이론이 있다.
② 관중효과와 공행효과 모두 포함하고 있다.
③ 관중에 의해 수행 결과에 정적 또는 부적 영향을 미치는 것을 사회적 촉진이라고 한다.
④ 관중에 의해 수행결과가 정적인 영향만 미치는 것이 사회적 촉진이다.

17 <보기>에서 설명하는 ㉠, ㉡에 올바른 단계는?

― <보기> ―
- ㉠ 현재 운동을 하고 있지 않지만, 6개월 이내 운동을 시작할 의도가 있다.
- ㉡ 기준을 충족하는 운동을 하지만 6개월 미만이며, 하위단계로 내려갈 가능성이 가장 높은 단계이다.

① ㉠: 무관심, ㉡: 관심
② ㉠: 준비, ㉡: 실천
③ ㉠: 관심, ㉡: 실천
④ ㉠: 무관심, ㉡: 유지

18 스포츠심리상담사의 윤리에 대한 내용으로 올바르지 않은 것은?

① 스포츠심리상담사는 연구, 교육, 현장 적용에 있어서 성실, 정직, 공정해야 한다.
② 스포츠심리상담사는 알고 지내는 사람과의 전문적인 상담을 진행한다.
③ 스포츠심리상담사는 상담 과정에서 얻은 사생활과 비밀유지에 대한 개인의 원리를 최대한 존중해야한다.
④ 스포츠심리상담사는 참여한 선수, 지도자, 학생, 수련생, 고용인, 연구참여자 등에 대한 개인정보는 동의 없이 서면이나 언론을 통해 공개해서는 안 된다.

19 <보기>에서 설명하는 이론은?

― <보기> ―
운동프로그램(motor program)과 같은 기억 표상의 구조가 아닌 환경, 유기체, 과제를 운동행동에 대한 제한 요소로 보며, 제한 요소 간의 상호작용을 통해 자기조직원리와 비선형성 원리에 따라 운동이 생성되고 변화한다는 이론

① 다이나믹시스템이론
② 개방회로이론
③ 도식이론
④ 반사이론

20 매슬로(Maslow)의 욕구 체계이론에서 가장 최상위 욕구는 무엇인가?

① 생리적 욕구
② 소속과 사랑의 욕구
③ 심미적 및 인지적 욕구
④ 자아실현의 욕구

스포츠윤리

01 <보기>를 설명하는 개념은?

<보기>
축구 경기 중 A팀 상대 선수가 부상으로 쓰러졌을 경우, B팀은 소유한 공격권을 포기하고 공을 밖으로 걷어낸다. 이후 A팀은 다시 B팀에게 공을 넘겨준다.

① 아곤
② 에토스
③ 로고스
④ 파토스

02 <보기>의 내용과 연관된 학자의 이론으로 적절하지 않은 것은?

<보기>
자연중심주의 환경윤리는 환경에 있어서 도덕적 고려의 대상을 자연의 생명체를 포함한 생태계 전체로 확대할 것을 주문한다. 이런 점에서 보면 동물 스포츠라 불리는 스페인의 투우, 한국의 전통 민속놀이인 소싸움 등은 동물을 인간의 오락 대상으로 삼았다는 점에서 윤리적으로 허용되기 어렵다.

① 베르크(A. Berque)의 환경윤리
② 레오폴드(A. Leopold)의 대지윤리
③ 네스(A. Naess)의 심층적 생태주의
④ 슈바이처(A. Schweitzer)의 생명중심주의

03 <보기>에서 설명하는 윤리 이론은?

<보기>
- 윤리적 가치의 근거를 페미니즘에서 찾음
- 이성의 윤리가 아닌 감성의 윤리
- 경기에 처음 출전하는 후배를 격려하는 선배의 친절
- 근육 경련을 일으킨 상대 선수를 걱정하고 보살피는 행위
- 타자의 요구와 정서에 공감하고 대응하는 것이 도덕의 출발임

① 공리주의
② 의무주의
③ 배려윤리
④ 대지윤리

04 심판의 도덕적 조건 중 개인윤리 측면이 아닌 것은?

① 조건에 상관없이 판정에 대한 객관성과 공정성을 유지하는 투명성이 중요하다.
② 심판 교육 제도를 개선하여 오심을 줄인다.
③ 성품과 행실이 바르고 탐욕이 없는 청렴성을 지녀야 한다.
④ 심판의 도덕신념이 본인의 이익을 위한 것이라면 도덕적이라 할 수 없다.

05 스포츠 상황에서 도덕적 가치가 충돌할 때 바람직한 판단 방법으로 적절하지 않은 것은?

① 선택할 수 있는 상황을 예측해 봄으로써 판단한다.
② 주어진 상황에 적용할 수 있는 다양한 윤리 이론을 고려해본다.
③ 윤리적 상황에 직면한 자신의 처지에서만 판단한다.
④ 보편성, 공공성, 영구성 등을 가치 판단 기준으로 비교함으로써 판단한다.

06 부올레(P. Vuolle)는 스포츠와 자연의 관계를 기준으로 스포츠환경을 순수환경, 개발환경, 시설환경으로 구분하였다. 이 중 개발환경에 해당하는 스포츠는?

① 등산
② 역도
③ 골프
④ 제조

07 <보기>에서 설명하는 롤스(J. Rawls)의 '정의의 원칙'으로 가장 적절한 것은?

―<보기>―
상대적으로 사회적 약자인 저소득층 자녀들에게 지역의 사설 스포츠 센터 무료 이용권, 건강운동 강좌 수강이 가능한 스포츠 바우처(voucher)를 제공하여 누구나 경제적 형편에 상관없이 공평하게 스포츠를 누릴 수 있도록 정책을 마련한다.

① 자유의 원칙
② 차등의 원칙
③ 기회균등의 원칙
④ 원초적 원칙

08 스포츠 상황에서 아레테(aretē)가 갖는 의미와 거리가 먼 것은?

① 선수의 도덕성
② 지도자의 탁월성
③ 선수의 노력과 과정 중시
④ 상대와의 경쟁을 통한 승리 추구

09 관중 폭력에 대한 설명으로 적절하지 않은 것은?

① 선수나 심판에 대한 비방이나 욕설도 관중 폭력에 해당한다.
② 온라인상 관중의 익명성은 관중 폭력을 강화한다.
③ 군중으로 있을 때보다 선수와 단둘이 있을 때, 상대적으로 발생하기 쉽다.
④ 축구팬의 훌리거니즘(hooliganism)은 관중 폭력의 대표적인 예이다.

10 <보기>에서 A 선수의 행위를 판단하는 윤리적 관점으로 옳은 것은?

―<보기>―
프로야구 A 선수는 매 경기마다 더위에 고생하고 있는 어린 볼보이들을 위해 시원한 음료를 제공했다.

① 의무론적 관점에서 A 선수의 행위는 선수로서 긍정적인 이미지를 구축하기 위한 행동으로 볼 수 있다.
② 덕론적 관점에서 A 선수의 행위는 유덕한 품성으로부터 나온 선한 행동으로 볼 수 있다.
③ 결과론적 관점에서 A 선수의 행위는 어린 볼보이들을 안쓰럽게 여겼기 때문에 나온 행동이라고 볼 수 있다.
④ 상대론적 관점에서 A 선수의 행위는 도덕법칙에 따라 행동한 것이라고 볼 수 있다.

11. <보기>는 레스트(J. Rest)의 도덕성 4구성요소 모형을 스포츠윤리 교육에 적용한 내용이다. ㉠, ㉡에 해당하는 것으로 바르게 연결된 것은?

<보기>
1. (㉠): (㉡)
2. 도덕적 판단력(moral judgement): 스포츠 상황에서 옳고 그름을 판단하게 하는 것
3. 도덕적 동기화(moral motivation): 다른 가치보다 정정당당하게 경기하는 것에 가치를 두게 하는 것
4. 도덕적 품성화(moral character): 스포츠 상황에서 장애 요인을 극복하여 실천할 수 있는 강한 의지, 용기, 인내 등의 품성을 갖게 하는 것

① ㉠: 도덕적 추론화(moral reasoning)
   ㉡: 상대 선수와 팀을 존중하게 하는 것
② ㉠: 도덕적 동기화(moral motivation)
   ㉡: 상대 선수의 의도적 반칙에 반응하게 하는 것
③ ㉠: 도덕적 추론화(moral reasoning)
   ㉡: 감독의 부당한 지시를 도덕적 문제 상황으로 감지하게 하는 것
④ ㉠: 도덕적 민감성(moral sensitivity)
   ㉡: 스포츠 상황에서 도덕적 딜레마를 지각하게 하는 것

12. 가치판단의 사례로 적절하지 않은 것은?

① 2002년 월드컵은 우리나라와 일본이 공동개최하였다.
② 선수들에 대한 폭력은 정당화될 수 없다.
③ 김연아 선수는 세계에서 가장 아름다운 피겨 연기를 보여주었다.
④ 스포츠 스타들의 기부는 사회적으로 긍정적인 영향을 준다.

13. <보기>의 ㉠, ㉡에 알맞은 용어는?

<보기>
• (㉠)은/는 스포츠인이 마땅히 지켜야 할 준칙과 갖추어야 할 태도를 의미한다.
• (㉡)은/는 스포츠인이 지켜야 할 정정당당한 행위로서 경쟁자에 대한 배려를 포함한다.
• 이처럼 (㉠)은/는 (㉡)에 비해 보다 일반적이고, 보편적인 윤리규범이라 할 수 있다.

① ㉠: 규칙준수, ㉡: 스포츠맨십
② ㉠: 스포츠맨십, ㉡: 페어플레이
③ ㉠: 스포츠맨십, ㉡: 규칙준수
④ ㉠: 규칙준수, ㉡: 스포츠맨십

14
<보기>에서 의무론적 도덕 추론에 해당하는 것을 바르게 고른 것은?

─── <보기> ───
㉠ 행위의 결과에 상관없이 절대적인 도덕규칙에 따라 판단을 내린다.
㉡ 행위를 함에 있어 유용성의 원리, 공평성의 원리 등이 적용된다.
㉢ 행위의 옳고 그름은 그 행위로 인해 발생하는 결과에 따라 결정된다.
㉣ 의무론적 도덕 추론은 정언적 도덕 추론이라고도 한다.
㉤ 행위에 있어 선의지가 중요하며, 목적은 수단을 정당화할 수 없다.

① ㉠, ㉡, ㉣
② ㉠, ㉣, ㉤
③ ㉡, ㉢, ㉤
④ ㉢, ㉣, ㉤

15
<보기>에서 설명하는 정의의 유형은?

─── <보기> ───
다이빙, 리듬체조, 피겨스케이팅 등의 종목은 기술의 난이도에 따라 차등적으로 점수를 받는다. 경기 수행이 어려울수록 더 많은 점수(가산점)를 받는 것이다. 다만, 이 경우 모든 참가자가 동의할 수 있는 절차가 마련되어 있어야 한다.

① 자연적 정의
② 평균적 정의
③ 절차적 정의
④ 분배적 정의

16
<보기>의 내용을 가장 잘 설명할 수 있는 개념과 학자가 바르게 연결된 것은?

─── <보기> ───
성공한 운동선수들도 학창 시절 감독으로부터 체벌을 경험하였다. 그래서 이러한 체벌과 폭력은 좋은 성적을 거두기 위한 조건이며, 과거부터 지금까지 우리나라 스포츠계에서 나타나는 지극히 평범한 일상이다.

① 악의 평범성 - 한나 아렌트(H. Arendt)
② 책임의 원칙 - 한나 요나스(H. Jonas)
③ 분노 - 아리스토텔레스(Aristoteles)
④ 본능 - 로렌츠(K. Lorenz)

17
<보기>의 ( ) 안에 들어갈 사상가는?

─── <보기> ───
(   )은/는 "도덕적 가치들은 중요한 타자들(significant others)이 어떻게 행동하고 있는가를 관찰하는 것에 의하여 학습된다."고 하였다. 스포츠 도덕교육에서 스포츠지도자는 중요한 타자에 해당된다. 스포츠의 도덕적 가치는 스포츠지도자의 도덕적 모범에 의해 학습되어지며, 참여자는 스포츠지도자를 통해 관찰학습과 사회적 모델링을 하게 된다.

① 맥페일(P. McPhail)
② 피아제(J. Piaget)
③ 피터스(R. Peters)
④ 콜버그(L. Kohlberg)

18 폴 테일러(P. W. Taylor)가 강조한 인간의 '네 가지 의무'에 대한 설명으로 옳은 것은?

① 비상해의 원칙: 자연을 해치거나 훼손해서는 안 된다.
② 불간섭의 원칙: 생태계의 자연스러운 발전을 제한해야 한다.
③ 신뢰의 원칙: 생명체는 인간에게 신뢰를 주어야 한다.
④ 보상의 원칙: 의도치 않게 자연을 훼손한 경우 보상하지 않아도 된다.

19 <보기>의 내용에 해당하는 반칙은?

―― <보기> ――
A팀과 B팀의 농구 경기는 종료까지 12초가 남았다. A팀은 4점 차로 지고 있고 팀 파울에 걸렸다. B팀이 공을 잡자 A팀의 한 선수가 B팀 선수에게 반칙을 해서 자유투를 유도한 후, 공격권을 가져오려고 한다.

① 의도적 구성 반칙
② 비의도적 구성 반칙
③ 의도적 규제 반칙
④ 비의도적 규제 반칙

20 <보기>의 ㉠, ㉡에 해당하는 정의의 유형은?

―― <보기> ――
찬성: 복싱에서 ㉠ 같은 체급끼리 경기가 이루어져야 해
연아: 그런데 모든 것이 동등하지는 않아. 피겨스케이팅과 다이빙에서 ㉡ 높은 난이도의 연기를 펼친 선수는 그렇지 않은 선수보다 더 높은 점수를 받아야 해

① ㉠: 분배적, ㉡: 절차적
② ㉠: 평균적, ㉡: 분배적
③ ㉠: 평균적, ㉡: 절차적
④ ㉠: 분배적, ㉡: 평균적

운동생리학

01 아래 <보기>에서 설명하는 에너지 생성 시스템은 무엇인지 고르시오.

<보기>
- ATP-PC 시스템과 함께 근수축 활동에 필요한 에너지를 신속하게 공급
- 단기간(1~3분) 고강도로 최대 능력을 발휘하는 운동 종목(200m, 400m)에서 필요한 ATP 공급
- 대사과정의 분해물로 젖산 생성

① 유산소성 시스템
② ATP-PC 시스템
③ 무산소성 해당과정
④ 유산소성 해당과정

02 운동생리학의 인접학문으로 인정되지 않는 것은?

① 운동생화학
② 운동처방
③ 운동역학
④ 트레이닝방법론

03 근섬유 유형에 대한 내용으로 바르지 않은 것은?

구분	지근	속근
① 모세혈관 밀도	높음	낮음
② 미토콘드리아	많음	적음
③ 수축속도	빠름	느림
④ 피로에 대한 내성	높음	낮음

04 다음 중 지용성 호르몬이 아닌 것은?

① 인슐린
② 테스토스테론
③ 에스트로겐
④ 프로게스테론

05 아래 보기에서 설명하는 호흡계의 반응을 적절하게 나열한 것은?

<보기>
운동강도가 증가함에 따라 이산화탄소 생성량과 함께 환기량이 급격히 증가하는 시점을 보이는데 이를 (㉠) 또는 (㉡)라고 명칭함

① ㉠: 젖산 역치, ㉡: 무산소성 역치
② ㉠: 환기 역치, ㉡: 무산소성 역치
③ ㉠: 환기 역치, ㉡: 호흡 역치
④ ㉠: 젖산 역치, ㉡: 호흡 역치

06 다음 중 젖산 역치의 발생기전으로 보기 어려운 것은?

① 속근활동의 증가
② 근육 내 산소 증가
③ 젖산 제거속도 저하
④ 해당과정 가속화

07 다음 중 운동강도 따른 근섬유 유형의 동원 순서를 바르게 나열한 것은?

① type I 섬유 → type IIx 섬유 → type IIa 섬유
② type I 섬유 → type IIa 섬유 → type IIx 섬유
③ type IIx 섬유 → type IIa 섬유 → type I 섬유
④ type IIx 섬유 → type I 섬유 → type IIa 섬유

08 호흡교환율에 대한 설명으로 옳지 않은 것은?
① 1분 동안 들이마신 산소섭취량과 내쉰 이산화탄소 배출량의 비율
② 0.7에 가까우면 지방을 에너지원으로 사용
③ 1.0에 가까우면 지방을 에너지원으로 사용
④ 운동 중 에너지원의 기여도를 확인할 수 있음

09 <보기>에서 설명하고 있는 뇌의 영역은?

<보기>
- 뇌교와 연수 뒤에 위치
- 몸의 평형과 운동 및 자세를 제어
- 수의적 운동을 완만하게 하는 데 기여
- 손상 시 움직임 조절 능력이 현저히 저하됨

① 대뇌
② 소뇌
③ 간뇌
④ 뇌간

10 다음 중 심장의 전도 시스템의 자극 전달 순서가 바르게 나열된 것은?
① 동방결절 → 방실결절 → 히스속 → 퍼킨제섬유
② 동방결절 → 히스속 → 방실결절 → 퍼킨제섬유
③ 방실결절 → 히스속 → 동방결절 → 퍼킨제섬유
④ 방실결절 → 동방결절 → 히스속 → 퍼킨제섬유

11 아래 빈칸에 적합한 용어를 고르시오.

<보기>
_____는 인간의 생명활동과 근육의 수축을 위한 에너지원으로 사용되며, 탄수화물, 지방, 단백질이 대사되며 생성됨

① ATP
② 칼슘
③ 글리세롤
④ 산소

12 다음 중 ㉠, ㉡에 들어갈 용어를 바르게 나열한 것은?

<보기>
- 신경계는 중추신경계와 말초신경계로 구분된다.
- 말초신경계에서 자율신경계는 (㉠)을 띠는 교감신경과 (㉡)을 띠는 부교감신경으로 구분된다.

① ㉠: 흥분성, ㉡: 억제성
② ㉠: 억제성, ㉡: 억제성
③ ㉠: 억제성, ㉡: 흥분성
④ ㉠: 흥분성, ㉡: 흥분성

13 <보기>에서 설명하는 호르몬은 무엇인가?

<보기>
- 뇌하수체 후엽에서 분비
- 신장에서 재흡수되는 물의 양을 증가시킴
- 시상하부에 위치한 삼투압수용체에 의해 조절됨

① 알도스테론
② 에피네프린
③ 항이뇨호르몬
④ 갑상선자극호르몬

14. 다음 중 운동 중 혈압에 대한 설명으로 옳지 않은 것은?

① 운동 중 수축기 혈압은 상승함
② 일회성 운동 종료 후 혈압은 5~7mmHg 정도 감소됨
③ 운동 중 이완기 혈압은 보통 변화가 없거나 약간 상승함
④ 갑작스러운 운동 종료 후 수축기 혈압이 가파르게 상승함

15. 다음 중 ㉠, ㉡에 들어갈 용어를 바르게 나열한 것은?

― <보기> ―
- (㉠)는(은) 근육 내 존재하며 근육 길이의 변화 속도나 비율에 반응하여 근육의 과도한 신장을 억제하는 역할을 함
- (㉡)는(은) 근육과 힘줄 사이에 존재하며 증가하는 장력을 감지하여 근육의 과도한 수축을 억제하는 역할을 함

① ㉠: 근방추, ㉡: 골지건기관
② ㉠: 골지건기관, ㉡: 근방추
③ ㉠: 체성신경, ㉡: 자율신경
④ ㉠: 자율신경, ㉡: 체성신경

16. <보기>에서 제시된 근수축 과정을 단계별로 바르게 나열한 것은?

― <보기> ―
㉠ 축삭 종말에서 아세틸콜린(ACh) 방출
㉡ ATP 분해에 따른 근세사 활주 시작
㉢ 근육세포의 활동전위(action potential) 발생
㉣ 근형질세망(SR)에서 칼슘이온(Ca^{2+}) 분비

① ㉠-㉢-㉣-㉡
② ㉡-㉢-㉠-㉣
③ ㉢-㉠-㉡-㉣
④ ㉣-㉢-㉡-㉠

17. 다음 중 체온을 증가시키기 위한 작용으로 바르지 않은 것은?

① 땀샘 자극
② 혈관 수축
③ 근육의 떨림
④ 대사율 증가, 호르몬 분비

18. <보기>에서 설명하는 호르몬은 무엇인가?

― <보기> ―
- 혈당을 조절
- 췌장의 베타세포에서 분비됨
- 장시간 운동 시 혈중 농도는 감소됨

① 글루카곤   ② 인슐린
③ 알도스테론   ④ 칼시토닌

19. 운동 중에 폐포와 모세혈관 사이에서 산소교환율을 증가시키는 직접적인 원인으로 바른 것은?

① 폐동맥의 높은 산소량
② 폐정맥의 낮은 산소량
③ 폐동맥의 낮은 산소량
④ 폐정맥의 높은 산소량

20. <보기>에서 설명하는 열 관련 장애는 무엇인가?

― <보기> ―
- 약 40도 이상의 고열에도 땀이 발생하지 않음
- 체온조절 기전이 작동하지 않는 상태
- 오심이나 구토 동반

① 열경련   ② 열탈진
③ 열사병   ④ 열실신

운동역학

01 운동역학(sports biomechanics)의 연구 목적이 아닌 것은?

① 스포츠에서 운동 기술 및 경기력 향상을 위해 용·기구를 개발한다.
② 근골격계 손상을 예방하고, 효율적인 재활 훈련을 위한 손상 원인을 분석한다.
③ 운동선수의 주요 동작을 분석하여 운동기술 및 경기력을 향상시킬 수 있다.
④ 스포츠 상황에서 불안감 해소를 위한 멘탈 트레이닝을 통해 경기력을 향상시킬 수 있다.

02 운동역학 분야에서 정성적(qualitative) 분석과 정량적(quantitative) 분석에 대한 설명으로 옳지 않은 것은?

① 정성적 분석은 정확한 분석을 위해 별도의 측정 장비가 필요하다.
② 정량적 분석은 수치를 통해 객관적인 분석 정보를 수집할 수 있다.
③ 정성적 분석은 평가자의 주관적 판단으로 잘못된 피드백을 제공할 수 있다.
④ 정량적 분석은 측정 자료를 수치화하는데 오랜 시간이 소요된다.

03 자유도(Degree Of Freedom, DOF)가 가장 작은 신체 관절은?

① 어깨 관절(오목위팔관절)
② 엉덩 관절
③ 팔꿈치 관절(위팔자관절)
④ 정강넙다리관절(무릎관절)

04 다음 중 운동면이 다른 것은?

① 회내(pronation)
② 외번(eversion)
③ 외전(abduction)
④ 내번(inversion)

05 선운동과 회전운동에 대한 설명으로 옳지 않은 것은?

① 병진운동은 직선운동이고, 회전운동은 곡선운동이다.
② 선운동은 신체 또는 물체가 일정 시간 동안 동일한 거리와 방향으로 평행하게 이동하는 운동이며, 병진운동이라고도 한다.
③ 회전운동은 고정된 축이 존재한다.
④ 복합운동은 병진운동과 회전운동이 혼합된 형태이다.

06 인체 무게중심에 대한 설명으로 옳지 않은 것은?

① 무게 중심은 물체의 무게를 균등하게 분배하여 균형을 이루는 지점이다.
② 여성은 남성에 비해 좁은 어깨와 넓은 골반 때문에 무게 중심이 낮게 위치한다.
③ 인체 무게중심은 신체 내부에만 위치한다.
④ 인체 무게중심은 자세에 따라 변한다.

07 인체의 지레에 대한 설명으로 옳지 <u>않은</u> 것은?

① 인체 지레는 받침점, 힘점, 저항점으로 구성된다.
② 1종 지레는 받침점이 힘점과 작용점 사이에 위치한 지레이다.
③ 역학적 이득이 가장 큰 지레는 3종 지레이다.
④ 3종 지레는 저항팔의 길이가 항상 길다.

08 <보기>에서 ㉠, ㉡에 들어갈 내용으로 옳은 것은?

―<보기>―
100m 종목에 참가한 수영선수가 정규레인규격인 50m 수영장의 출발점에서 출발한 뒤, 반환점을 돌아 결승선에 들어왔다. 이때 변위는 (㉠), 거리는 (㉡)이다.

	㉠	㉡
①	100 m	50 m
②	0 m	0 m
③	100 m	0 m
④	0 m	100 m

09 포물선 운동에 대한 설명으로 옳지 <u>않은</u> 것은?

① 투사체의 포물선 운동에 영향을 주는 요인은 투사 각도, 투사 속력, 투사 높이가 있다.
② 투사 높이와 착지 높이가 동일하면, 투사 및 착지 시점의 속도 크기는 같다.
③ 공기 저항이 없는 환경에서 투사체는 수직방향으로 등속도 운동, 수평방향으로 등가속도 운동을 한다.
④ 투사체가 최고 높이에 도달했을 때, 수직 속도는 0m/s이다.

10 배드민턴의 스매싱 동작에서 선속도와 각속도의 관계에 대한 설명으로 옳지 <u>않은</u> 것은?

① 배드민턴 라켓의 선속도를 증가시켜 빠른 스매싱을 구사하기 위해서는 각속도와 회전반경이 중요하다.
② 배드민턴 라켓의 각속도를 증가시키기 위해서는 팔꿈치 관절을 굽혀 관성모멘트를 감소시켜야 한다.
③ 배드민턴 라켓의 각속도를 증가시키기 위해서는 회전반경을 늘리는 것이 중요하다.
④ 셔틀콕을 임팩트하는 시점에서 선속도를 증가시키기 위해서는 팔꿈치 관절을 신전시켜 회전반경을 증가시켜야 한다.

11 마찰력에 대한 설명으로 옳지 <u>않은</u> 것은?

① 마찰력은 접촉하는 두 물체의 접촉면이 서로 평행하게 주고 받는 힘이다.
② 마찰력은 마찰계수와 접촉면에 수직으로 가한 힘의 곱한 값이다.
③ 정지마찰구간은 작용력이 마찰력보다 큰 구간이다.
④ 최대정지마찰구간은 물체가 운동하기 직전의 구간이다.

12 <보기>에서 ㉠, ㉡에 들어갈 운동역학적(biomechanical) 분석 방법으로 옳은 것은?

―<보기>―
(㉠): 운동의 형태를 관찰 및 측정하여 운동 결과를 분석하는 방법
(㉡): 지면에 작용하는 힘의 크기에 비례하여 물체가 변형되는 원리를 이용한 측정법
(㉢): 근 수축 시 발생하는 전위차를 측정하는 방법
(㉣): 운동의 원인인 '힘'에 대한 측정과 분석하는 방법

① ㉠: 운동학적 분석, ㉡: 지면반력 분석
  ㉢: 근전도 분석, ㉣: 운동역학적 분석
② ㉠: 운동역학적 분석, ㉡: 탄성력분석
  ㉢: 근전도 분석, ㉣: 운동학적 분석
③ ㉠: 운동역학적 분석, ㉡: 스트레인게이지 분석
  ㉢: 마찰력 분석, ㉣: 운동학적 분석
④ ㉠: 운동학적 분석, ㉡: 지면반력 분석
  ㉢: 탄성력 분석, ㉣: 운동역학적 분석

13 힘 벡터에 대한 설명으로 옳지 않은 것은?
① 힘 벡터의 구성 요소는 크기, 방향, 작용점이다.
② 힘 벡터의 화살표 방향은 힘이 작용하는 방향이다.
③ 힘 벡터는 분해가 가능하다.
④ 서로 반대 방향인 동일한 크기의 두 벡터를 합성하면 1이다.

14 다음 중 인체에 작용하는 외력에 대한 설명으로 옳지 않은 것은?
① 중력은 인체 질량과 중력가속도의 곱으로 계산되며, 고도 및 위도에 따라 다르게 작용한다.
② 항력은 물체의 추진방향의 반대 방향으로 작용하는 힘으로 유체 저항으로 물체를 가속시킨다.
③ 양력은 물체 주변 유체의 압력차이로 발생하는 힘으로 수직방향으로 작용한다.
④ 부력은 유체에 잠긴 물체에 작용하는 수직 상방향의 힘이다.

15 회전력(토크)에 대한 설명으로 옳지 않은 것은?
① 물체의 회전운동을 가속시키는 원인이다.
② 회전력은 모멘트 암의 크기와 비례한다.
③ 관성모멘트의 크기가 증가할수록 더 큰 회전력이 필요하다.
④ 작용력이 물체의 회전 중심점을 향하였을 때, 회전이 발생한다.

16 관성모멘트에 대한 설명으로 옳은 것은?

① 관성모멘트는 선운동의 변화에 대한 저항이다.
② 관성모멘트는 질량과 반비례한다.
③ 회전운동의 관성력인 관성모멘트는 회전반경이 커질수록 증가한다.
④ 피겨스케이팅 선수가 점프 시 양 팔을 가슴 앞으로 최대한 모으는 것은 관성모멘트를 증가시키기 위함이다.

17 운동량에 대한 설명으로 옳지 않은 것은?

① 운동량은 물체의 질량과 속도의 곱으로 나타낸다.
② 단위는 J(joule, 줄)이다.
③ 투척경기에서 투사체가 동일한 질량을 가지고 있다면 선속도를 증가시켜 운동량을 높일 수 있다.
④ 운동량은 물체가 운동하는 양을 의미한다.

18 충격량에 대한 설명으로 옳지 않은 것은?

① 충격량은 운동량이며, 운동량이 커지면 충격량도 커진다.
② 충격력 - 시간 곡선 그래프에서 아래 면적은 충격량이다.
③ 충격량은 충격력과 작용시간에 비례한다.
④ 충격량은 방해요인으로 작용할 수 있다.

19 다음 중 역학적으로 일을 수행한 것은?

① 물체에 작용한 힘이 0이다.
② 물체의 변위가 없다.
③ 물체의 작용력과 물체의 변위 방향이 서로 90°이다.
④ 물체의 작용력과 물체의 변위 방향이 서로 0°이다.

20 <보기>에서 지면반력기를 통해 측정 가능한 변인을 모두 고르시오.

―<보기>―
㉠ 지면반력의 크기
㉡ 자유회전력
㉢ 지면의 접촉시간
㉣ 수직방향의 압력중심 위치
㉤ 족저압 수치
㉥ 발목관절의 각도

① ㉠, ㉡, ㉣
② ㉠, ㉡, ㉢
③ ㉠, ㉢, ㉣
④ ㉠, ㉢, ㉥

한국체육사

01 다음 중 체육사 연구 대상에 관한 설명으로 옳지 않은 것은?
① 체육과 관련된 시대별 신체문화와 그 변천과정을 다룬다.
② 신체 운동 자체에 대한 구기종목, 격기종목 등 다양한 종목을 다룬다.
③ 인물사, 문화사, 제도사 등 일반적 역사 이외 경기장과 같은 시설물 역사는 제외된다.
④ 신체운동 자체와 관련된 모든 현상이 대상이 된다.

02 부족국가시대의 신체문화 특징이 아닌 것은?
① 성인식
② 제천행사
③ 궁술
④ 운동회

03 다음 <보기>에서 설명하는 민속놀이는?

<보기>
- 돌싸움으로써 전투훈련의 성격을 지녔다.
- 조선시대 때는 정월 대보름이나 단옷날에 했던 놀이이다.
- 보통 인접한 두 마을끼리 하는 것이 일반적이며, 직접 마주보고 던지거나 지형지물을 활용해 상대편 마을까지 밀어붙여 점령하면 승리하는 놀이이다.

① 석전   ② 윷놀이
③ 주사위 ④ 축국

04 화랑도의 세속오계에 관한 설명으로 옳지 않은 것은?
① 사군이충: 충성심으로 임금을 섬김
② 사친이효: 부모를 효로 섬김
③ 살생유택: 생명체를 함부로 죽이지 않음
④ 장유유서: 어른과 어린아이 사이에는 사회적 순서와 질서가 있음

05 고려시대 서민의 민속놀이가 아닌 것은?
① 추천
② 석전
③ 씨름
④ 투호

06 조선시대 과거제도에 관한 설명으로 옳지 않은 것은?
① 무과 응시자에게는 궁술, 기창, 격구, 조총 등의 무예와 경서, 병서 등의 시험을 부과하였다.
② 무과는 소과 · 대과 구분 없이 초시, 복시, 전시 모두 동일 인원을 선발했다.
③ 기술관을 채용하는 잡과가 있었다.
④ 초시는 서울은 훈련원에서, 지방은 각도의 병사(兵史)에서 치르고, 복시와 전시는 병조와 훈련원에서 관장 했으며 합격자는 선달(先達)이라고 불렸다.

07 조선시대 무예 교육에 관한 설명으로 옳지 않은 것은?
① 훈련원은 무인양성과 관련된 공식 교육기관이었다.
② 훈련원에서는 무예 연습과 병서 강습이 이루어졌다.
③ 사정은 무예 무사 양성 교육기관을 전담했다.
④ 사정은 활터에 세운 정자이다.

08 고려시대 교육기관에 관한 설명으로 옳지 <u>않은</u> 것은?

① 향교는 지방에 설치한 학교이다.
② 학당은 서민을 위한 교육기관이다.
③ 국자감은 정조 시절 창건했으며 강예재를 두어 무예교육을 시행했다.
④ 서당은 민간 사설 교육기관으로써 초보적 교육을 담당했다.

09 다음 <보기> 설명과 관련 있는 무예는?

<보기>
고려시대 무인들은 천시되었다. 태평호문(太平好文)이라 불리던 의종은 많은 정자를 짓고 환락을 즐겼으며, 문신들과 즐거움을 나누었다. 그러나 무신이나 군인들의 신세는 비참하였다. 무인 정권이 들어서게 된 것은 숭문천무사상 때문이었다. 그러한 분위기에서 역사 최초의 쿠데타가 일어났다. 무신들이 반란을 일으킨 계기는 무예행사였다.

① 수박
② 각저
③ 마술
④ 궁술

10 조선시대 격구에 관한 설명 중 옳지 <u>않은</u> 것은?

① 조선의 격구는 무과 과거제도 과목 중 하나였다.
② 조선의 격구는 체육의 성격을 지닌 무예로 높은 가치를 지녔다.
③ 격구는 유희나 스포츠의 성격이 강했다.
④ 조선의 격구는 고려시대와는 달리 사치성이 없었다.

11 <보기>에서 설명하는 개화기 민족사립학교는?

<보기>
• 1883년 8월 개항장 원산에서 개화파 관료들과 주민들이 중심이 되어 설립한 학교이다.
• 서구의 신지식을 교육내용으로 채택하였다.
• 한국 최초의 근대학교이다.

① 대성학교
② 배재학당
③ 원산학사
④ 동래무예학교

12 교육입국조서에 관한 설명 중 옳지 <u>않은</u> 것은?

① 1895년 2월 2일에 고종이 발표한 교육 특별 조서이다.
② 교육에 의한 입국 의지를 천명한 것으로 근대식 학제를 성립시킬 수 있는 기점 마련하였다.
③ 전국민을 상대로 한 새로운 교육의 필요성과 중요성을 강조한 최초의 조서이다.
④ 기독교계 학교의 등장으로 체육활동에 대한 사회적 인식 변화에 큰 영향을 미쳤다.

13 개화기 체육단체에 대한 설명으로 옳지 않은 것은?
① 대한체육구락부는 한국 최초의 근대 체육단체이다.
② 황성기독교청년회는 YMCA로 불렸으며 터너와 질레트를 주축으로 활동을 전개하였다.
③ 대한국민체육회는 권서연, 이기환, 조상호 등에 의해 결성되었다.
④ 대동체육구락부는 사회진화론적 자강론에 입각한 단체이다.

14 다음 중 일제강점기 학교 체육에 관한 설명으로 옳지 않은 것은?
① 조선교육령 공포기 당시 체육의 목적은 한국 국민의 자주성 박탈과 우민화 교육 지향이다.
② 체조교수요목의 재정과 개정기 체육은 식민지 교육 체계 확립을 위한 정책 수단이었다.
③ 체육 통제기 당시 황국 신민 체조를 실시했다.
④ 체조교수요목 개편기 때는 체력장이 도입되어 체력 검정을 실시했다.

15 체조 교수 요목의 재정과 개정기 교육 특징으로 옳지 않은 것은?
① 학교의 체조 교육을 통일시키고자 병식체조가 체조에 포함되었다.
② 과외활동 시간이나 일상생활 속에서 야구, 수영, 테니스 등과 같은 종목이 권장되었다.
③ 학교 교육체계에서 체육은 선택사항이었다.
④ 유희는 경쟁적 유희, 발표적 동작을 주로 한 유희 등으로 구분되었다.

16 <보기>에서 설명하는 체육단체는?

―<보기>―
• 일본인이 조직했던 체육단체에 대응하기 위해 만든 단체이다.
• 1920년 7월 동아일보사의 후원으로 설립되었다.
• 오늘날 대한체육회의 전신이다.

① 조선체육회
② 조선체육협회
③ 관서체육회
④ 대한체육구락부

17 <보기>에서 설명하는 경기장은?

―<보기>―
• 일제 강점기의 대표적 스포츠시설로서 종합운동장으로는 당시 동양 최대 규모의 국제 경기장이었다.
• 1925년 5월 24일에 기공하여 1925년 10월 15일에 개장하였다.
• 1984년에 동대문운동장으로 개칭되었다.

① 잠실운동장
② 경성운동장
③ 효창운동장
④ 장충체육관

18 2000년 시드니 올림픽 경기대회에 관한 설명으로 옳지 않은 것은?

① 분단 이후 남북한 선수가 최초로 동시 입장한 대회이다.
② 남북한 대표 선수단은 KOREA 표지판과 한반도기를 들고 함께 입장했다.
③ 태권도가 정식 종목으로 채택된 대회이다.
④ 최초의 남녀 동반으로 성화가 점화된 대회이다.

19 우리나라가 대한민국 국호를 걸고 최초로 참가한 동계 올림픽 경기 대회는?

① 1948년 제5회 생모리츠 올림픽 경기 대회
② 1992년 제16회 알베르빌 올림픽 경기 대회
③ 2002년 제19회 솔트레이크시티 올림픽 경기 대회
④ 2018년 제23회 평창 올림픽 경기 대회

20 탁구 종목에 관한 설명 중 옳지 않은 것은?

① 1973년 제32회 세계 탁구 선수권 대회에서 여자 국가대표팀은 단체전 우승을 차지했다.
② 1980년대는 양영자, 현정화, 유남규 등이 출전하여 86아시안게임, 88서울올림픽에서 금메달을 획득했다.
③ 1991년 지바 세계 탁구 선수권 대회는 남북 여자 단일팀이 출전했다.
④ 2018년 세계 탁구 선수권 대회에는 남북 남자 단일팀이 출전했다.

특수체육론

01 특수 체육의 목표중 신체를 조절하는 근력을 발달시키는 영역은?
① 사회적 영역
② 정의적 영역
③ 인지적 영역
④ 심동적 영역

02 특수 체육의 역사로 옳지 않은 것은?
① 1924년 1회 데플림픽대회가 파리에서 개최
② 1945년 1회 휠체어 국제경기 대회 개최
③ 1960년 1회 스페셜 올림픽이 시카고에서 개최
④ 1976년 1회 외른셸스비크 동계 올림픽이 스웨덴에서 개최

03 장애인스포츠지도사 설명으로 옳은 것은?
① 2급 장애인스포츠지도사는 20세 이상 응시 가능하며, 90시간의 연수 시간이 있다.
② 1급 장애인스포츠지도사는 2급 자격취득 후 2년 이상 해당 자격종목 지도 경력이 있어야 응시가 가능하다.
③ 1급 장애인스포츠지도사는 120시간의 연수 시간이 있다.
④ 1급 장애인스포츠 지도사 연수 과목 중 장애 특성 이해가 대표적이다.

04 행동수정기법 중 설명으로 옳지 않은 것은?
① 프리맥 원리 - 좋아하지 않는 활동을 좋아하는 활동을 통해 동기부여 주는 원리
② 토큰 강화 - 정해진 목표 달성 시 대가를 지불 받지만, 다른 강화물로는 교환이 불가능하다
③ 타임아웃 - 정해진 시간과 환경에서 대상자가 문제 행동 시 퇴출시키는 방법
④ 과잉교정 - 특정 행동으로 문제 발생 시 강제적이고 반복적으로 수정하는 기법

05 수업 중 발작에 대한 대처 방법으로 옳은 것은?
① 발작이 30분 이상 지속한다면 응급상황으로 판단하고 조치한다.
② 호흡 상태의 관찰보다 회복자세를 취하는 것이 우선이다.
③ 발작 이후 빠르게 심폐소생술을 실시한다.
④ 충돌 사고 예방을 위해 주변 사물을 치워야 한다.

06 하지절단 장애인 운동 시 균형유지를 위한 방법으로 적절한 것은?
① 축구 운동 시 클러치(clutch)를 사용해 체중을 지탱해준다.
② 탁구 운동 시 몸을 지지하기 위한 수단으로 휠체어를 사용한다.
③ 수영 운동 시 의족을 착용한다.
④ 스키 운동 시 균형을 위해 보조자와 함께 운동을 실시한다.

07 척수장애인 신체활동 지도 시 고려사항으로 적절하지 못한 것은?
① 잔존 운동 기능에 따라 재활 운동병행이 필요하다.
② 생리적 변화가 크기 때문에 온도, 습도 변화를 고려해야 한다.
③ 손상 부위가 같을 경우 체력 수준도 동일하므로 동일하게 지도한다.
④ 손상 부위에 맞는 적절한 운동기구를 활용한다.

08 특수체육의 개념이 아닌 것은?
① 운동 수행과 심리 수준을 고려한 서비스
② 법률적인 요구와 사정에 기초하여 제공되는 서비스
③ 성인, 청년 연령을 포함한 서비스
④ 사회적 참여, 삶의 질을 위한 과정은 장애인의 임파워먼트 필요

09 자폐성장애의 특징이 아닌 것은?
① 눈을 맞추지 않는다.
② 지시한 내용을 인지 못하고 지시 내용의 말을 반복한다.
③ 특정 물건을 반복적으로 만진다.
④ 또래 친구와 놀이를 할 때는 적극적으로 참여한다.

10 전음성 난청(conductive hearing loss)의 설명으로 틀린 것은?
① 고막 손상, 외이도 염증 등에 의해 발생하기도 한다.
② 청력 손실이 70dB을 넘는다.
③ 소리를 외이에서 내이로 전달하는 과정에서 문제가 생긴다.
④ 후천적인 원인에 의해 발생하는 경우가 많다.

11 평가도구의 목적에 대한 설명으로 옳지 않은 것은?
① BPFT: 운동수행력과 적응행동 평가
② PAPS-D: 장애유형을 고려한 장애학생 체력 평가
③ TGMD-2: 12개의 항목과 3~10세 대상자
④ TGMD-2: 기본 운동 기술인 이동, 조작 기술 검사 목적

12 절단 장애에 대한 설명으로 틀린 것은?
① 기립성 저혈압의 병력을 사전에 조사한다.
② 외상 또는 선천성 절단은 특별한 운동 제약은 없다.
③ 심혈관계 질환으로 인한 절단은 의학적 검사가 필수다.
④ 절단 장애는 신체 부위 하나 이상의 사지가 없거나 전체가 없는 상태를 말한다.

13 자폐성 장애 유형별 설명이 틀린 것은?

① 아스퍼거 증후군: 사회적 부적응, 언어 발달 지연의 특징을 가진 만성 신경 질환
② 소아기 붕괴 장애: 2~3세까지 정상적인 아이에게서 갑자기 발생하는 희귀 질환
③ 레트 장애: 남아에게 주로 나타나는 발달 장애
④ 비전형 전반적 발달 장애: 의사소통, 사회성 발달에 문제가 있는 질환

14 모스톤과 애쉬워스(M. Mosston&S. Ashworth, 2002)의 교수 스타일 중 지시형 스타일의 설명으로 옳은 것은?

① 장애인의 안전을 확보하는데 비효율적인 교수 스타일이다.
② 지도자는 장애인에게 과제에 대한 설명, 시범을 보이고 연습하게 하고 피드백을 준다.
③ 스포츠지도사는 수업 운영과 관련된 사항은 권한이 없다.
④ 스포츠지도사는 과제에만 권한이 있다.

15 지적 장애인 체육 활동 지도 전략이 아닌 것은?

① 수행 능력 파악 후 지도한다.
② 단순한 규칙 놀이를 제공한다.
③ 언어 및 단어는 자세하게 설명한다.
④ 감각적 단서를 제공하며 지도한다.

16 청력 손실 유형으로 옳지 않은 것은?

① 곡형: 저음역 구간에서 청력 손실이 크고 중음역과 고음역의 청력 손실이 작다.
② 산형: 중음역 구간에서 청력 손실이 작고 저음과 고음역의 청력 손실이 작다.
③ Dip형: 다른 주파수에서는 일정하며, 일부 제한된 주파수대일 때 청력 손실이 크다.
④ 수평형: 소리가 작게 들리고 모든 주파수에서 비슷한 청력 손실을 가진다.

17 청각 장애인 운동 지도 전략 중 아래 <보기>에서 설명하고 있는 지도 전략법은?

―― <보기> ――
• 사회화가 결여되어 있다.
• 수화를 사용하는 청각 장애인 간의 교류가 많다.
• 신호 및 촉각 신호를 사용한다.
• 넘어지는 방법을 지도하며 수업은 재미있게 구성한다.

① 인지적 영역
② 정의적 영역
③ 청각적 영역
④ 심동적 영역

18 데이비스와 버튼의 생태학적 과제분석의 실행과정을 바르게 나열한 것은?

① 변인 선택 - 관련 변인 조작 - 과제 목표 - 지도
② 변인 선택 - 과제 목표 - 관련 변인 조작 - 지도
③ 과제 목표 - 변인 선택 - 관련 변인 조작 - 지도
④ 과제 목표 - 관련 변인 조작 - 변인 선택 - 지도

19 개별화교육프로그램 (IEP)의 목표 진술 3요소가 <u>아닌</u> 것은?

① 기준(criterion)
② 조건(condition)
③ 비용(cost)
④ 행동(action)

20 체력 운동 원리 설명으로 옳지 <u>않은</u> 것은?

① 개별성의 원리: 운동 강도, 방법, 휴식을 다양하게 변경하며 흥미를 유발하는 원리
② 과부하의 원리: 평소 자극보다 강한 부하를 통해 적응 수준을 높이는 원리
③ 반복성의 원리: 1회성 운동이 아닌 반복적으로 실시하는 원리
④ 특수성의 원리: 근육의 형태, 동작, 부위에 따라 운동효과가 달라지는 원리

유아체육론

01 누리과정에서 제시한 유아체육의 목표에 해당하지 않는 것은?

① 신체를 조절하고 복합운동을 권장한다.
② 안전하게 놀이하고 교통안전 규칙을 교육한다.
③ 신체 각 부분의 움직임을 조절해보며, 눈과 손을 협응하여 소근육을 조절한다.
④ 자신과 다른 사람의 운동능력의 차이를 이해하며 친구와 함께 신체활동에 참여한다.

02 <보기>에서 설명하는 갤러휴(D. Gallahue)의 운동발달 단계는?

―――――― <보기> ――――――
• 불수의적인 움직임이 점차 줄어듦
• 지지 없이 앉기, 서기 등의 동작을 적절하게 발달시켜야 한다.
• 내밀기, 잡기, 놓기 위주의 신체활동이 필요하다.

① 기본 움직임 단계
② 전문화된 움직임 단계
③ 초보 움직임 단계
④ 반사 움직임 단계

03 <보기>의 괄호 안에 들어갈 알맞은 용어는?

―――――― <보기> ――――――
(   )은 근의 단축(짧아짐)이 허용되지 않는 상태에서의 수축을 수반하는 운동으로 멈추기, 직립균형 잡기 운동 등이 포함된다.

① 정적(static) 안정성 운동
② 추진(propulsive) 조작 운동
③ 흡수(absorptive) 조작 운동
④ 동적(dynamic) 안정성 운동

04 아래의 ㉠, ㉡에 들어갈 유아기 발달 이론이 바르게 묶인 것은?

발달이론	내용
(㉠)	• 발달단계에 이르게 되는 결정적인 힘은 개체가 가진 유전적 요인에 전적으로 의존한다는 관점이다. • 유아가 발달 준비가 되었을 때, 성인의 개입을 최소화하고 자신의 발달수준에 적합한 활동을 스스로 선택하도록 한다.
(㉡)	• 최근 대두되는 관점으로, 인간이 생물로서 다양한 환경에 적응하는 것을 발달적 관점에서 연구하는 이론이다. • 유아의 행동을 미시체계, 메소체계, 엑소체계, 거시체계의 개념으로 나누어 연구한다.

① ㉠: 성숙주의(A. Gesell)
  ㉡: 심리사회발달이론(E. Erikson)
② ㉠: 인지주의(J. Piaget)
  ㉡: 생태학적이론(U. Bronfenbrenner)
③ ㉠: 성숙주의(A. Gesell)
  ㉡: 생태학적이론(U. Bronfenbrenner)
④ ㉠: 인지주의(J. Piaget)
  ㉡: 심리사회발달이론(E. Erikson)

05 유아의 지각운동발달 요소와 설명의 연결이 옳지 않은 것은?

① 공간지각 - 높이가 다른 뜀틀 넘기를 한다.
② 시간지각 - 음악에 맞추어 율동 동작을 한다
③ 운동지각 - 다양한 속도로 날아오는 야구공을 받는다.
④ 지각운동 - 신체 각 부분의 명칭과 근육의 긴장과 이완을 이해한다.

06 <보기>에서 설명하는 반사의 종류는?

― <보기> ―
- (자극) 갑자기 큰 소리, 위치 변화(머리와 몸의 위치변화) 시 → (반응) 팔과 다리를 벌리고 껴안으려고 몸쪽으로 팔, 다리를 움츠리는 동작
- 반사작용이 없을 시 중추신경계의 장애를 추측할 수 있음
- 사라지는 시기: 6개월

① 모로반사(Moro reflex)
② 당김반사(pull-up reaction)
③ 낙하산반사(parachute reaction)
④ 바빈스키반사(Babinski reflex)

07 <보기>에서 설명하는 발달 이론은?

― <보기> ―
- 인지(Cognition: 인간이 지식을 습득하고 문제 해결과정에서 사용하는 것)를 학습
- 발달시킴에 따라 이후 발달 단계로 넘어감

① 게젤(A. Gesell)의 성숙주의이론
② 피아제(J. Piaget)의 인지발달이론
③ 스키너(B. Skinner)의 행동주의이론
④ 프로이드(S. Freud)의 정신분석이론

08 <그림>의 동작이 성숙단계로 발달하도록 지도하는 방법으로 적절하지 <u>않은</u> 것은?

수직점프 (vertical jump)의 초보단계

① 도약한 지점에서 최대한 가까운 지점으로 착지한다.
② 두 팔을 동시에 아래로 내리는 협응동작을 지도한다.
③ 두 발로 동시에 도약하고 착지할 수 있도록 지도한다.
④ 도약 후 공중에서 몸 전체를 뻗을 수 있도록 지도한다.

09 다음 중 유아 운동프로그램의 구성방법으로 적절하지 <u>않은</u> 것은?

① 체력을 고려한 신체활동으로 구성한다.
② 연령과 운동발달 수준을 고려한 신체활동으로 구성한다.
③ 눈과 손의 협응력 향상에 필요한 다양한 활동을 포함한다.
④ 성장과 발달은 다양한 방향의 방향성을 가지고 발달한다.

10 유아의 신체적 자기개념(self-concept)에 관한 설명으로 적절한 것은?

① 신체적 자기개념은 단일 개념이다.
② 신체적 자기개념은 자기효능감과 관련이 있다.
③ 스포츠 참여를 통한 성공경험과 스포츠유능감 간의 관련성은 없다.
④ 스포츠 참여는 심리적 능력에 대한 개념을 형성에 도움을 주지 않는다.

11 누리과정(2019)에서 '신체운동·건강 영역'의 내용 범주가 아닌 것은?

① 신체활동 즐기기
② 건강하게 생활하기
③ 안전하게 생활하기
④ 정의적으로 표현하기

12 영·유아기의 발달에 대한 설명으로 옳지 않은 것은?

① 중추신경이 먼저 발달한 다음 말초신경이 발달한다.
② 특정 능력이나 행동의 발달에 최적인 시기가 존재한다.
③ 발달은 일정한 순서로 이루어지지만, 발달속도는 개인별로 동일하다.
④ 소근육 운동의 발달은 눈과 손이 협응하여 손기술을 정확하게 구사하는 능력으로, 중추신경계통의 성숙을 의미한다.

13 <보기>에 들어갈 인지발달이론의 요소가 바르게 나열된 것은?

<보기>
- (㉠): 사물이나 사건에 대한 전체적인 윤곽, 사고의 틀이 생긴다.
- (㉡): 기존의 도식으로는 새로운 사물이나 사건을 이해할 수 없을 때, 새로운 사물이나 대상에 맞도록 기존의 도식을 변경한다.
- (㉢): 현재의 조직들이 서로 상호작용하며 효율적인 체계로 결합하여 더 복잡한 수준의 지적 구조를 이루는 과정이다.

	㉠	㉡	㉢
①	도식 (schema)	동화 (assimilation)	적응 (adaptation)
②	적응 (adaptation)	조절 (accommodation)	조직화 (organization)
③	도식 (schema)	조절 (accommodation)	조직화 (organization)
④	동화 (assimilation)	조직화 (organization)	적응 (adaptation)

14 <보기>에 들어갈 유아의 기본움직임 발달단계가 바르게 나열된 것은?

<보기>
- (㉠): 기본 움직임에 대한 제어와 협응이 향상되지만, 신체사용이 비효율적이다.
- (㉡): 기본적인 움직임을 보이지만, 협응이 원활하지 않아 움직임이 매끄럽지 못하다.
- (㉢): 움직임의 수행이 역학적으로 효율성을 갖게 되어 협응과 제어가 향상된다.

① ㉠: 시작 단계, ㉡: 전환 단계, ㉢: 전문화 단계
② ㉠: 초보 단계, ㉡: 시작 단계, ㉢: 성숙 단계
③ ㉠: 시작 단계, ㉡: 초보 단계, ㉢: 성숙 단계
④ ㉠: 초보 단계, ㉡: 적용 단계, ㉢: 성숙 단계

15 국립중앙의료원(2010)이 제시한 어린이 · 청소년 신체활동 권장사항이 아닌 것은?

① 인터넷, TV, 게임 등을 위해 앉아서 보내는 시간은 하루 2시간 이내로 한다.
② 일주일에 3일 이상 유산소운동, 근육강화운동, 뼈 강화운동을 한다.
③ 운동 강도 조절을 위해 놀이공간의 안전성을 고려한다.
④ 매일 1시간 이하 운동을 한다.

16 유아운동 지도 시 교구배치 방법과 그 효과에 대한 설명으로 적절하지 않은 것은?

① 공간 활용성을 높인 교구배치로 안전사고를 예방한다.
② 시각적 효과를 높인 교구배치로 학습자의 시선을 분산되지 않도록 한다.
③ 순환식 교구배치로 대기시간을 줄여 실제학습시간을 늘려준다.
④ 안전과 직결되는 교재와 교구는 견고함과 더불어 비용적으로 비싼 교구를 사용한다.

17 <보기>에 해당하는 발달이론이 바르게 나열된 것은?

<보기>

	발달이론
㉠	• 인간의 발달은 환경에 따른 훈련으로 이루어진다. • 학습에 의한 긍정적 행동의 촉진을 강조한다.
㉡	• 타인을 관찰하는 것만으로 새로운 행동을 획득할 수 있다. • 모방학습의 중요성을 강조한다.
㉢	• 유아의 다양한 경험을 토대로 동화, 조절, 평형화의 과정을 통해 도식이 발달된다. • 조직화와 적응을 강조한다.

① ㉠: 스키너(B. Skinner)의 행동주의이론
　㉡: 게셀(A. Gesell)의 성숙주의이론
　㉢: 에릭슨(E. Erickson)의 심리사회발달이론
② ㉠: 반두라(A. Bandura)의 사회학습이론
　㉡: 비고스키(L. Vygotsky)의 상호작용이론
　㉢: 피아제(J. Piaget)의 인지발달이론
③ ㉠: 에릭슨(E. Erickson)의 심리사회발달이론
　㉡: 게셀(A. Gesell)의 성숙주의이론
　㉢: 반두라(A. Bandura)의 사회학습이론
④ ㉠: 스키너(B. Skinner)의 행동주의이론
　㉡: 반두라(A. Bandura)의 사회학습이론
　㉢: 피아제(J. Piaget)의 인지발달이론

18 고강도 운동 시 성인과 비교하여 유소년에게 나타나는 생리적 반응으로 적절하지 않은 것은?

① 심박수: (성인에 비하여) 낮음
② 호흡 수: (성인에 비하여) 높음
③ 수축기 혈압: (성인에 비하여) 낮음
④ 1회 박출량: (성인에 비하여) 낮음

19 다음 중 <보기>에서 동일한 유형의 반사(reflex)나 반응(reaction)인 것을 모두 고른 것은?

<보기>
㉠ 모로(Moro)
㉡ 당김(pull-up)
㉢ 목가누기(neck righting)
㉣ 바빈스키(Babinski)
㉤ 비대칭목경직(asymmetrical tonic neck)
㉥ 낙하산(parachute)

① ㉠, ㉡, ㉥
② ㉡, ㉢, ㉣
③ ㉠, ㉣, ㉤
④ ㉡, ㉢, ㉤

20 <보기>에서 '영유아 기도폐쇄' 응급처치에 관한 설명으로 옳은 것을 모두 고른 것은?

<보기>
㉠ 1세 미만의 경우 등 두드리기 및 흉부압박이 권장된다.
㉡ 의식이 있는 경우 혀에 의한 기도폐쇄가 있는지 확인한다.
㉢ 등 두드리기를 할 때 머리를 가슴보다 낮게 하고, 안은 팔을 허벅지에 고정시킨다.
㉣ 흉부를 압박할 때 등을 받치고 머리를 가슴보다 높게 하여, 안은 팔을 바닥 위에 놓는다.

① ㉠, ㉡
② ㉠, ㉢
③ ㉡, ㉢, ㉣
④ ㉠, ㉡, ㉢, ㉣

노인체육론

01 노화로 인한 근골격계 변화로 적절하지 않은 것은?

① 근육량의 변화로 근력과 근파워는 감소하고 심장 근육이 감소한다.
② 골대사의 변화로 뼈의 밀도와 질량이 감소한다.
③ 관절 움직임의 제한으로 낙상 위험이 증가한다.
④ 관절가동범위의 감소는 평형성과 안정성 상실을 초래한다.

02 다음 중 노인에게 낙상의 위험성이 높은 원인으로 옳은 것은?

① 보폭의 증가
② 주변 환경 인지능력 감소
③ 발목 가동성의 증가
④ 보행 속도의 증가

03 노인의 지속적인 운동참여를 위한 동기유발 방법으로 적절하지 않은 것은?

① 운동의 전문적인 용어와 명칭을 시범과 함께 이론적 단서들을 제공한다.
② 운동 시설에 대한 접근성을 높인다.
③ 동료의 성공적인 경험을 공유하게 한다.
④ 체력 수준에 맞게 운동 목표를 구체적으로 설정한다.

04 하비거스트(R. Havighurst)의 발달과업이론에서 노년기의 과업으로 적절하지 않은 것은?

① 약화되는 신체적 힘과 건강에 대한 적응
② 사회적 역할을 융통성 있게 수행하고 적응하는 일
③ 퇴직과 경제적 불로소득 증가에 대한 재테크
④ 생활에 적합한 물리적 생활환경의 조성

05 에릭슨(E. Erikson)의 심리사회발달 단계에 관한 내용이 옳은 것은?

	연령	단계	긍정적 결과
①	13~18세	자율 대 수치	신체적·심리적 요구를 적절히 충족해 주면 그 대상에게 신뢰감이 쌓이고 성격이 형성되는 시기
②	젊은 성인	근면성 대 열등감	근면성을 발달시키지만, 활동을 제한하고 비판하면 열등감이 생기는 시기
③	중년 성인	생산성 대 정체	다음 세대를 양육하는 것에 관심과 노력을 기울이게 되는 시기
④	노년기	친밀감 대 고독	자신의 삶을 되돌아보면서 자신의 인생을 수용하고 고립되는 시기

06 <보기>에서 다음 구성요소에 관한 심리학적 관점은?

<보기>
- 인생에 대한 만족
- 수명
- 장애가 없을 것
- 숙달, 성장
- 적극적인 인생참여
- 높은 수준의 기능
- 긍정적 적응

① 성공적 노화
② 분리이론
③ 자아통합 이론
④ 보상이 수반된 선택적 적정화 모델

07 노인이 규칙적인 유산소 운동을 통해 얻을 수 있는 효과로 옳지 않은 것은?

① 최대산소섭취량과 1회 박출량 증가
② 복부지방 감소와 안정 시 인슐린 분비의 증가
③ 말초혈관의 저항 감소와 혈관 탄력성 증가
④ 분당 환기량 증가와 안정 시 호흡수 감소

08 <보기>에서 운동이 노인에게 미치는 생리적 효과로 옳은 것만을 모두 고른 것은?

---<보기>---
㉠ 인슐린 내성 증가
㉡ 체지방 감소
㉢ 인슐린 감수성 증가
㉣ 신경 전달 능력 감소
㉤ 주어진 절대 강도에서 심박수 증가
㉥ 안정시 심박수 감소

① ㉠, ㉡, ㉥
② ㉡, ㉢, ㉣
③ ㉡, ㉢, ㉥
④ ㉣, ㉤, ㉥

09 행동주의적 지도방법이 아닌 것은?
① 그룹별 토의를 통해 지도법에 대한 토론 시간을 제공한다.
② 체육관 복도에 출석률을 게시한다.
③ 성공적인 운동참여에 대해 긍정적 강화를 제공한다.
④ 런닝머신 걷기를 할 때만 좋아하는 연속극을 시청하게 한다.

10 <보기>에 적용되는 트레이닝 원리는?

---<보기>---
올해 70세인 박 할머니는 지난 6개월 동안 집 근처 헬스장에서 하루 1시간씩, 주 5회 이상 노인 스포츠지도사와 운동을 하여 체력이 향상되었으나 최근 코로나19(COVID-19) 때문에 운동을 3개월 동안 하지 못하여 지금은 계단을 오르기조차 힘들어졌다.

① 개별성의 원리
② 가역성의 원리
③ 과부하의 원리
④ 특이성의 원리

11 <보기>는 노인의 유연성 운동형태에 대한 설명이다. ㉠, ㉡에 들어갈 용어를 바르게 나열한 것은?

---<보기>---
• (㉠): 해당 근육군(muscle group)과 건(tendon)에 등척성 수축을 일으킨 후, 같은 근육군을 정적으로 스트레칭하는 방법
• (㉡): 일정하고 빠르지 않은 속도로 스트레칭 동작을 수행하는 방식으로 가장 일반적이며 약 15~30초 정도 유지 및 반복

① ㉠: 탄성 스트레칭(bouncing stretching)
  ㉡: 동적 스트레칭(dynamic stretching)
② ㉠: 고유수용성 신경근촉진(proprioceptive neuromuscular facilitation)
  ㉡: 정적 스트레칭(static stretching)
③ ㉠: 탄성 스트레칭(bouncing stretching)
  ㉡: 정적 스트레칭(static stretching)
④ ㉠: 고유수용성 신경근촉진(proprioceptive neuromuscular facilitation)
  ㉡: 동적 스트레칭(dynamic stretching)

12 <보기>의 ㉠, ㉡에 들어갈 내용을 바르게 연결한 것은?

---<보기>---
• 폐경으로 인한 (㉠) 감소로 골다공증 위험 증가
• 세포 내부 발전소인 미토콘드리아에서 산소 대사 후 생기는 대사작용의 중간 산물인 (㉡)

① ㉠: 테스토스테론, ㉡: 활성산소
② ㉠: 테스토스테론, ㉡: 젖산
③ ㉠: 에스트로겐, ㉡: 활성산소
④ ㉠: 에스트로겐, ㉡: 젖산

13 노인체력검사(Senior Fitness Test) 항목에서 2분 제자리 걷기와 관련된 활동으로 옳은 것은?

① 자동차나 목욕탕에 들어가고 나오기
② 손자 안기, 식료품 가방 들기
③ 장거리 보행, 계단 오르기
④ 버스 빠르게 타고 내리기

14 요통을 예방하는 방법으로 옳은 것은?

① 양반다리 앉기를 한다.
② 등을 굽히고 걷는다.
③ 고관절의 유연성을 확보한다.
④ 요추를 후만시켜 걷는다.

15 이상지질혈증이 있는 노인을 위한 운동 방법으로 적절하지 않은 것은?

① 하루 30~60분의 운동이 적당하다.
② 지방연소를 위해 유산소 운동만 실시한다.
③ 대근육을 이용한 지속적이고 리드미컬한 형태의 운동을 한다.
④ 에너지 소비를 최대로 증가시키기 위해 저, 중강도 운동을 한다.

16 노인의 체력요소와 이를 향상시키는 운동방법이 바르게 연결된 것은?

① 심폐지구력 - 레그익스텐션 운동하기
② 유연성 - 좌전굴, 체전굴 운동하기
③ 협응성 - 의자 잡고 옆으로 한발 들기
④ 평형성 - 의자에 앉아서 등 굽혔다 펴기

17 <표>는 노인이 운동할 때 응급상황에 대한 응급처치 방법과 목적을 제시한 것이다. ㉠~㉢에 들어갈 용어를 바르게 연결한 것은?

방법	목적
• Protection(보호)	• 추가적 손상 방지
• (㉠)	• 심리적 안정
• Ice(냉찜질)	• (㉡)
• Compression(압박)	• 부종 감소
• Elevation(거상)	• 부종 감소
• Stabilization(고정)	• (㉢)

① ㉠: Rest(휴식)
  ㉡: 근 경련 감소
  ㉢: 마비 예방
② ㉠: Rest(휴식)
  ㉡: 통증, 부종, 염증 감소
  ㉢: 염증 감소, 근 경련 감소
③ ㉠: Release(이완)
  ㉡: 통증, 부종, 염증 감소
  ㉢: 염증 감소, 근 경련 감소
④ ㉠: Release(이완)
  ㉡: 마비 예방
  ㉢: 근 경련 감소

18 <보기>에서 미국스포츠의학회(ACSM, 2018)의 노인을 위한 유산소 운동 지침으로 옳은 것만을 모두 고른 것은?

㉠	운동 빈도(F)	• 중강도시 5일/주 • 고강도시 3일/주
㉡	운동 강도(I)	• 중강도 시 5~6(RPE 10점 만점 도구 기준) • 고강도 시 7~8(RPE 10점 만점 도구 기준)
㉢	운동 시간(T)	• 중강도 시 150분~200분/주 • 고강도 시 75분~100분/주
㉣	운동 형태(T)	• 걷기가 가장 일반적인 활동, 체중 부하에 자유롭지 못한 노인의 경우 수중 운동이나 좌식 자전거 운동 활동

① ㉠, ㉡, ㉢
② ㉠, ㉡, ㉣
③ ㉠, ㉢, ㉣
④ ㉡, ㉢, ㉣

19 노인의 알츠하이머 치매를 고려한 지도방법으로 옳지 않은 것은?

① 각자의 페이스로 동작을 수행하도록 한다.
② 동작을 단순화하여 반복적으로 시범을 보여준다.
③ 개별운동보다 그룹운동이 더 효과적이다.
④ 심상훈련을 활용한다.

20 운동 중 노인의 심정지 상황에 대한 응급처치로 적절하지 않은 것은?

① 자동제세동기를 이용할 수 있는 경우 사용한다.
② 의식의 확인과 119 신고 후, 심폐소생술을 실시한다.
③ 의식이 없으면 묵시적 동의가 아니기 때문에 심폐소생술을 미실시한다.
④ 구급대가 도착하거나 의식이 회복될 때까지 심폐소생술을 반복한다.

해커스 **스포츠지도사 2급 필기** 한권합격 이론+최신기출+핵심노트

정답 및 해설

정답 및 해설

스포츠교육학

01	02	03	04	05
②	④	③	②	④
06	07	08	09	10
②	②	①	④	④
11	12	13	14	15
②	③	①	②	④
16	17	18	19	20
③	②	④	①	①

01 ②
컨퍼런스 참여는 무형식적 성장에 해당된다.

이론PLUS 비형식적 성장

개념	• 교육이 아닌 일상적인 경험으로부터 얻은 배움을 통해 성장 → 경험적 학습, 노하우 • 경험에 대한 자기반성으로부터 성장이 이루어짐 • 자기 주도적인 학습
예시	과거의 자체적인 경험, 독서, 저널 또는 잡지 구독, 비디오 시청

02 ④
바르게 연결된 것은 ④의 내용이다.

이론PLUS 개인적·사회적 책임감 지도(TPSR) 모형의 책임감 수준 단계

수준	특징
1단계	타인의 권리와 감정 존중
2단계	참여와 노력
3단계	자기 방향 설정
4단계	돌봄과 리더십(돌봄과 배려)
5단계	일상생활로의 전이

03 ③
㉠은 내용 타당도, ㉡은 준거 타당도, ㉢은 구인 타당도에 대한 내용이다.

이론PLUS 타당도의 종류

내용 타당도	• 검사문항들이 측정하고자 하는 영역을 얼마나 잘 대표하고 있는지에 관한 정도 • 교육프로그램 과정에서 검사 문항이 교육프로그램의 목표 또는 내용과 어느 정도 부합하는지에 관한 정도 • 객관적인 자료에 근거하지 않고, 전문가의 논리적 사고와 분석 과정을 통해 주관적으로 판단하는 타당도
준거 타당도	• 어떤 측정 도구에 의해 측정된 결과점수가 준거검사로 측정된 결과점수와 비교하여 추정하는 타당도 • 예측 타당도, 공인 타당도
구인 타당도	측정검사도구가 구인들을 제대로 측정하고 있는지 밝히는 타당도

04 ②
스포츠 강사는 정과 체육수업에서 담임교사의 체육수업에 대한 부담을 줄이고 학생들이 안전하게 체육수업에 참여할 수 있도록 보조하는 역할을 한다.

이론PLUS 스포츠 강사의 역할
• 안내자의 역할: 학생들이 체육활동에 흥미를 갖고 지속적으로 참여할 수 있도록 지도하고 안내하는 역할
• 보조자의 역할: 정과 체육수업에서 담임교사의 체육수업에 대한 부담을 줄이고 학생들이 안전하게 체육수업에 참여할 수 있도록 보조하는 역할
• 행사자의 역할: 학교 체육 내 클럽리그 및 토너먼트 경기를 운영하는 역할
• 전문가의 역할: 학생의 건강관리, 종목 지도 방법, 연습방법 등에 대한 전문적 지식을 갖추어야 함

05 ④
모두 자격취소 사유에 해당한다.

이론PLUS 제12조(체육지도자의 자격취소 등) ① 문화체육관광부장관은 체육지도자가 다음 각 호의 어느 하나에 해당하면 제12조의2에 따른 체육지도자 자격운영위원회의 의결에 따라 그 자격을 취소하거나 5년의 범위에서 자격을 정지할 수 있다. 다만, 제1호부터 제4호까지의 어느 하나에 해당하면 그 자격을 취소하여야 한다.
1. 거짓이나 그 밖의 부정한 방법으로 체육지도자의 자격을 취득한 경우
2. 자격정지 기간 중에 업무를 수행한 경우
3. 체육지도자 자격증을 타인에게 대여한 경우
4. 제11조의5 각 호의 어느 하나에 해당하는 경우
5. 선수의 신체에 폭행을 가하거나 상해를 입히는 행위를 한 경우
6. 선수에게 성희롱 또는 성폭력에 해당하는 행위를 한 경우
7. 제11조의6 제1항에 따른 재교육을 받지 아니한 경우
8. 그 밖에 직무수행 중 부정이나 비위 사실이 있는 경우

06 ②

동료 교수 모형
- 주제: 나는 너를 너는 나를 가르친다.
- 학생이 수행하는 연습 시도에 대해 교사의 관찰 부족과 교사로부터 받는 제한된 피드백의 문제점을 해결하기 위해 고안된 수업 모형
- 직접교수 모형의 변형으로 학생들은 조(짝)을 이루어 제시된 과제 따라 학습 과제를 완수
- 교사가 제시한 과제에 따라 학생이 교사와 학습자의 두 가지 역할을 교대로 수행 및 학습하며, 학생이 개인교사의 역할을 대리 수행
- 개인교사는 학습자에게 다음 수행의 개선과 관련된 교정적 피드백을 제공함

07 ②

Shulman의 7가지 교사 지식 중 내용 교수법 지식은 특정 학생에게 어느 교과나 주제를 특정한 상황에서 지도할 수 있는 방법에 대한 지식을 말한다.

 ① 지도방법 지식에 관한 내용이다.
③ 내용 지식에 관한 내용이다.
④ 교육환경 지식에 관한 내용이다.

08 ①

수행평가에 대한 설명이다.

- 학생이 스스로 자신의 기능이나 지식을 나타낼 수 있도록 산출물을 만들거나, 행동으로 나타내거나, 답을 구성하도록 요구하는 평가방식
- 학습자가 수행과정에서 보여주는 기능 및 능력을 관찰하고 판단하는 평가
- 학습자의 학습과정과 결과를 동시에 평가하는데 의미를 둠
- 실제와 유사한 상황에서 평가가 이루어지며, 지식을 상황에 맞게 적용하고 실행하는 것에 초점을 둠
- 종합적이고 지속적으로 평가하며, 교사의 주관적이고 전문적인 판단에 의거하여 평가가 이루어짐

 ② 자기지향평가: 학습자 자신의 능력이나 특성을 스스로 판단하는 평가활동
③ 절대 평가: 스포츠지도사가 학습자의 현재 성취 수준이나 행동목표의 도달 정도에 대해서 알아보기 위한 평가방법이며, 교육프로그램의 목표 또는 학습 과제를 설정한 상태에서 그 목표에 비추어 평가
④ 상대 평가: 학습자의 학업성취도를 그가 속한 집단에 비추어 상대적인 비교를 통해 평가하는 방법

09 ④

㉠은 상황 분석, ㉡은 지도 방법 선택이다.

 전문 체육 프로그램 개발 6단계(R. Martens)

단계 구분	단계 명칭	내용
1단계	선수에게 필요한 기술 파악	코치는 선수에게 필요한 기술이 무엇인지 파악하고, 어떤 전략으로 지도해야 하는지 고려해야 함
2단계	선수 이해	선수의 발달 단계(신체적, 심리적, 사회적) 및 환경적 요소 파악
3단계	상황 분석	코치는 지도계획을 수립하기 전에 주변 상황(선수, 공간, 기자재 등)에 대해서 분석해야 함
4단계	우선순위 결정 및 목표 설정	언제, 어디서, 무엇을, 어떻게 할 것인지에 대한 리스트를 정하고, 목표를 단기, 중기, 장기로 설정
5단계	지도 방법 선택	상황 분석, 우선순위 결정 및 목표설정이 이루어지고 나면, 그것을 바탕으로 체계적으로 지도할 수 있는 지도방법을 선택해야 함
6단계	연습 계획 수립	일일 지도, 연습계획 및 시즌 계획을 수립하여 체계적인 지도를 수행해야 함

10 ④

스포츠 교육 학습자 상태를 고려할 때 학습자의 경제적 능력은 고려하지 않는다.

 스포츠 교육 학습자 상태 고려사항
- 학습자의 기능 수준
- 학습자의 체격 및 체력
- 학습자의 동기 유발 상태
- 학습자의 인지적 능력
- 학습자의 감정 조절 능력
- 학습자의 발달 수준

11

"스포츠산업"이란 스포츠와 관련된 재화와 서비스를 통하여 부가가치를 창출하는 산업을 말한다.

이론PLUS 제3조(정의) 이 법에서 사용하는 용어의 뜻은 다음과 같다.
1. "스포츠"란 건강한 신체를 기르고 건전한 정신을 함양하며 질 높은 삶을 위하여 자발적으로 행하는 신체활동을 기반으로 하는 사회문화적 행태를 말하며, 「국민체육진흥법」 제2조 제1호에 따른 체육을 포함한다.
2. "전문스포츠"란 「국민체육진흥법」 제2조 제4호에 따른 선수(이하 "선수"라 한다)가 행하는 스포츠 활동을 말한다.
3. "생활스포츠"란 건강과 체력 증진을 위하여 행하는 자발적이고 일상적인 스포츠 활동을 말한다.
4. "장애인스포츠"란 장애인이 참여하는 스포츠 활동(생활스포츠와 전문스포츠를 포함한다)을 말한다.
5. "학교스포츠"란 학교(「유아교육법」 제2조 제2호에 따른 유치원, 「초·중등교육법」 제2조 및 「고등교육법」 제2조에 따른 학교를 말한다. 이하 같다)에서 이루어지는 스포츠 활동(학교과정 외의 스포츠 활동과 「국민체육진흥법」 제2조 제8호에 따른 운동경기부의 스포츠 활동을 포함한다)을 말한다.
6. "스포츠산업"이란 스포츠와 관련된 재화와 서비스를 통하여 부가가치를 창출하는 산업을 말한다.
7. "스포츠클럽"이란 회원의 정기적인 체육활동을 위하여 「스포츠클럽법」 제6조에 따라 등록을 하고 지역사회의 체육활동 진흥을 위하여 운영되는 법인 또는 단체를 말한다.

12

학교스포츠클럽은 방과 후에 체육활동에 취미를 가진 동일 학교 학생으로 구성 및 운영되는 스포츠 동아리를 의미하며, 활동 형태는 정규교육과정 외에서 이루어지고, 학교스포츠클럽 활동은 정규교육과정 내에서 이루어진다.

이론PLUS 학교스포츠클럽과 학교스포츠클럽 활동의 구분
학교스포츠클럽 활동은 중학교 정규교육과정 내에서 운영되는 학교 스포츠클럽 활동과 초·중·고등학교 정규교육과정 이외에 운영되는 학교스포츠 클럽 활동으로 구분

구분	학교스포츠클럽	학교스포츠클럽 활동
개념	방과 후에 체육활동에 취미를 가진 동일 학교 학생으로 구성 및 운영되는 스포츠 동아리를 의미	정규 학교 교육과정 중 창의적 체험활동 시간에 이루어지는 클럽단위의 스포츠 활동
활동형태	정규교육과정 외	정규교육과정 내
활동시간	방과 후, 점심시간 등	창의적 체험활동 시간
활동근거	「학교체육진흥법」 제10조	초·중등학교 교육과정총론, 중학교 교육과정 편성·운영 지침

13

㉠은 초기 과제 연습, ㉡은 독자적인 연습이다.

이론PLUS 직접 교수 모형을 활용한 수업의 6단계
- 1단계(전시 과제 복습)
- 2단계(새로운 과제 제시)
- 3단계(초기 과제 연습)
- 4단계(피드백 및 교정)
- 5단계(독자적인 연습)
- 6단계(본시 복습)

14

「학교체육진흥법」 제10조(학교스포츠클럽 운영)에 따를 경우 학교스포츠클럽 전담교사에게는 학교 예산의 범위에서 소정의 지도수당을 지급한다.

이론PLUS 「학교체육진흥법」 제10조(학교스포츠클럽 운영)
제10조(학교스포츠클럽 운영) ① 학교의 장은 학생들이 신체활동 프로그램에 참여할 수 있도록 학교스포츠클럽을 운영하여 학생들의 체육활동 참여기회를 확대하여야 한다.
② 학교의 장은 제1항에 따라 학교스포츠클럽을 운영하는 경우 학교스포츠클럽 전담교사를 지정하여야 한다.
③ 제2항에 따른 학교스포츠클럽 전담교사에게는 학교 예산의 범위에서 소정의 지도수당을 지급한다.
④ 학교의 장은 학교스포츠클럽 활동내용을 학교생활기록부에 기록하여 상급학교 진학자료로 활용할 수 있도록 하여야 한다.
⑤ 학교의 장은 교육부령으로 정하는 바에 따라 일정 비율 이상의 학교스포츠클럽을 해당 학교의 여학생들이 선호하는 종목의 학교스포츠클럽으로 운영하여야 한다.

15

④의 내용은 포괄형 스타일에 해당하는 설명이다.

이론PLUS 연습형 스타일 B - 모방
- 피드백을 포함한 기억/모방 과제를 학습자가 개별적으로 연습하는 것
- 교사는 모든 교과내용과 수업 운영 절차를 결정하고 학습자에게 피드백을 개별적으로 제공하는 역할을 함
- 학습자는 9가지의 특정사항(수업 장소, 수업 운영, 시작 시간, 속도와 리듬, 정지 시간, 질문, 인터벌, 자세, 복장과 외모) 의사결정 하며, 기억/모방 과제를 개별적으로 수행함
- 과제 활동 후 교사는 2가지 피드백(과제와 관련된 피드백, 의사결정과 관련된 피드백)을 학습자에게 제공함

16 ③

시작(전달)단계 - 확대 과제 - 세련 과제 - 응용 과제 순이다.

이론 PLUS 링크(J. Rink)의 내용 발달 단계

구분	내용
시작(전달) 과제	• 수업을 시작하는 최초 과제이며, 다른 과제로 이어지는 연속과제 • 학습자에게 새로 가르칠 기능이나 전략 • 기초적인 수준의 학습 과제
확대 과제	• 학습경험을 간단한 과제에서 복잡한 과제로 또는 쉬운 과제에서 어려운 과제로 계열화 하는 것 • 학습 과제의 복잡성과 난이도를 변화시켜 수업을 전개함 • 확대 과제의 내용발달은 과제 간 발달과 과제 내 발달로 구분할 수 있음 • 교사들은 과제 간 발달과 과제 내 발달을 통해 수업 계획, 단원계획, 연간계획을 수립함
세련 과제	• 운동수행의 질에 초점을 둔 과제로 운동수행의 질은 지도자가 학습자들에게 운동수행에 관한 결과적 정보를 제공함으로써 향상됨 • 세련 과제는 목표의 범위를 좁혀주고, 질적 향상에 대한 책무성을 강하게 부여할 때 효과가 큼 • 지도자는 학습자에게 유익한 피드백을 제공할 수 있음
응용 과제	• 학습한 기능을 실제로 응용하거나 평가할 기회를 제공 • 확대와 세련과제를 통해 습득한 기능을 실제 또는 실제와 유사한 상황에서 사용할 수 있도록 조직하는 것

17 ②

포괄형 스타일에 대한 설명이다.

이론 PLUS 포괄형 스타일 E - 모방
• 기술 수준이 다양한 학습자들이 자신이 수행할 수 있는 난이도를 선택하여 과제에 참여하는 것
• 교사는 과제의 난이도를 선정하고, 교과내용과 수업운영 절차에 대한 모든 의사결정을 함
• 학습자는 자신이 성취할 수 있는 수준을 조사하고, 시작점을 선택하여 과제를 연습하고 필요할 경우 과제 수준을 수정하며, 평가기준에 맞추어 자신의 수행을 점검함

18

탐구수업 모형 학습영역의 우선순위는 다음과 같다.
• 1순위(인지적 영역)
• 2순위(심동적 영역)
• 3순위(정의적 영역)

19 ①

<보기>의 설명은 협동 학습 모형의 수업 전략 중 '팀 - 보조 수업(TAI)'에 관한 내용이다.

20

프리맥 기법은 빈도가 높은 활동(좋아하는 활동)은 낮은 활동(좋아하지 않는 활동)에 대하여 강화력을 갖고 학습 동기를 부여하는 원리이다.

이론 PLUS 행동 수정 기법
일관성 있는 수업관리를 위해 지도자는 행동 수정 기법을 활용해야 함

프리맥 기법	빈도가 높은 활동(좋아하는 활동)은 낮은 활동(좋아하지 않는 활동)에 대하여 강화력을 갖고 학습 동기를 부여하는 원리
지도자 - 학습자 사이 계약	일정 수업시간 동안 수행해야 하는 행동에 대해 학습자와 지도자 간에 계약을 맺고, 학습자가 받게 될 보상에 대해서 지도자와 각 학습자가 합의하는 것
토큰 수집	학습자가 적절한 행동을 할 때마다 지도자가 점수, 스티커 또는 몇 가지 다른 쿠폰을 제공하여 정한 수 만큼 학습자가 토큰을 모으면 특정 보상을 해주는 방법
타임 아웃	부적절한 행동을 한 학습자를 일정한 시간 동안 활동에서 제외시키는 방법
좋은 행동 게임	학습자를 팀으로 편성하고, 학습자의 부적절한 행동이 나타날 때마다 지도자가 점수를 감점하는 것

스포츠사회학

01	02	03	04	05
①	③	②	②	③
06	07	08	09	10
③	④	④	④	①
11	12	13	14	15
①	④	④	②	②
16	17	18	19	20
②	①	②	②	①

01 ①
일상적 참가는 스포츠 활동에 정기적으로 꾸준히 참가하는 유형을 의미한다.

02 ③
괄호 안에 들어갈 용어는 '문화자본'이다.
문화자본은 가정환경, 교육환경 등을 통해 내면화된 가치(체화된 문화자본), 그림, 골동품과 같이 실질적인 가치(객체화된 문화자본), 학력, 졸업장, 자격증과 같이 제도화된 것(제도적 문화자본)을 의미하며, 스포츠는 체화된 문화자본의 형태에 해당한다.

① 경제자본은 화폐, 금 등과 같이 경제적 가치를 지니는 물질적 자본을 의미한다.
② 사회(관계)자본은 친분, 학연, 지연 등과 같은 사회적 네트워크(연결망)를 중심으로한 사회자본을 의미한다.
④ 상징자본은 지식을 중심으로 얻을 수 있는 명예, 명성 등을 의미한다.

03 ②
㉠ 스포츠를 통해 사회구성원으로서 필요한 가치관, 태도, 행동 양식을 습득하는 과정으로서 스포츠를 통한 사회화를 의미한다.
㉡ 스포츠로부터 탈사회화 이후 스포츠 현장으로 복귀하여 스포츠사회화 과정을 다시 시작해가는 과정으로서 스포츠로의 재사회화에 대한 설명이다.

04 ②
옐로 저널리즘은 선정적이고 질 낮은 흥미 위주의 비도적 보도 방식을 의미한다.

① 팩 저널리즘은 획일적이고 창의성이 부족한 단조로운 형태의 저널리즘을 의미한다.
③ 하이에나 저널리즘은 사회적 지위 혹은 권력이 낮은 사람들을 집중적으로 보도하는 방식을 뜻한다.
④ 뉴 저널리즘은 기존의 저널리즘과 달리 다양한 기법을 활용하여 특정 사건과 상황을 실감나게 전달하는 저널리즘을 의미한다.

05 ③
㉠ 상징으로서 추상적 사물, 관념, 사회사상 등을 구체적인 사물에 빗대는 일 혹은 그 사물을 의미한다.
㉡ 동일화로서 상징(symbol)을 매개로 하여 자신을 특정 선수나 팀과 일체화하는 행위 또는 상태를 의미한다.
㉢ 조작으로서 상징과 동일화의 효과를 극대화하고자 하는 목적을 갖고 인위적으로 그 과정에 개입하는 행위를 의미한다.

06 ③
보편성(편재성)은 사회계층은 언제 어느 사회에서나 존재하는 보편적인 사회문화적 특성임을 의미한다. 예를 들어, 각 스포츠 종목별 선수 간, 팀 간의 연봉 차이는 언제 어디서나 존재한다고 본다. ③의 경우 운동선수들의 지위가 하락한 경우도 있기 때문에 보편성과는 거리가 멀다.

이론 PLUS 계층의 특성과 스포츠

사회성	선천적이거나 생물학적 요인이 아닌 사회적 요인에 의해 사회계층이 형성되는 특성
역사성 (고래성)	역사적으로 항상 존재했음을 의미하며, 특정 시대의 사회문화적 배경에 따라 다른 특성을 보임
보편성 (편재성)	사회계층은 언제 어느 사회에서나 존재하는 보편적인 사회문화적 특성임
다양성	계층에 따른 불평등의 형태와 정도는 사회마다 다름
영향성	불평등에 의한 결과들이 다른 사회 영역에 영향을 미침

07 ④
대중매체가 스포츠에 미치는 영향으로만 바르게 묶인 것은 ㉡, ㉢, ㉣, ㉥이다.

㉠, ㉤ 스포츠가 미디어에 미치는 영향에 해당한다.

08 ④
보기의 내용은 정의적 참가에 대한 내용이다.

① 행동적 참가는 신체(행동)을 통한 직접 참여를 의미한다.
② 인지적 참가는 스포츠에 대한 정보와 지식을 수용함으로써 이루어지는 참가의 형태를 의미한다.
③ 일탈적 참가는 자신의 직업을 포기 혹은 등한시하며 스포츠에 참여하는 형태(1차적 일탈 참가)와 도박으로 스포츠 활동에 참여하는 형태(2차적 일탈 참가)를 의미한다.

09 ④
VAR 시스템은 스포츠의 공정성 문제로 도입되었다. 그러나 오히려 스포츠의 흥미를 떨어뜨린다는 부정적 여론도 존재한다.

①, ②, ③ 상업화에 따른 스포츠의 구조적 변화에 대한 설명에 해당한다.

10 ①

사회학습이론은 상과 벌을 통한 강화, 코칭, 관찰학습 등을 통해 사회적 행동이 습득된다고 가정한다.

이론 PLUS		
역할이론	개인이 사회구조 속에서 자신이 처한 상황을 인지하고, 사회적 지위를 유지하기 위해 역할 기대 혹은 행동 양식을 습득하는 과정을 설명	
준거집단이론	특정 집단 혹은 타인의 행동, 태도, 감정을 자신의 준거 척도로 삼아 사회집단 및 구조에 적응해 가는 과정을 설명하는 이론	

11 ①

갈등이론은 사회를 이익이나 권력을 둘러싼 개인 혹은 집단 사이의 경쟁과 갈등의 관계로 이해하고 이 과정에서 경제적 자원에 초점을 맞추고 있다.

이론 PLUS	스포츠 사회이론	
구조 기능주의	구조기능주의는 스포츠를 '사회의 기본적 가치와 규범을 전달함으로써 사회 체제유지 및 사회 건강 유지' 기능을 수행하는 사회 구성요소로 간주함	
갈등이론	사회를 이익이나 권력을 둘러싼 개인 혹은 집단 사이의 경쟁과 갈등의 관계로 이해함 → 갈등이론의 입장에서 스포츠는 지배 권력(집단)의 체제 유지 및 이익 증대를 위한 도구로 기능함	
비판이론	프랑크푸르트학파 중심 비판이론에서의 문화산업은 대량생산 체제가 만들어낸 상품으로 현대사회의 문화예술의 상품화, 산업화로 인한 변질을 비판함 → 스포츠를 대중을 기만하고 권력자(자본가)의 지배를 유지하기 위한 도구로서의 문화산업으로 정의함	
상징적 상호작용론	구체적 일상생활에서 상징을 매개로 한 사회 구성원들 간 상호작용의 과정에 초점을 맞춤으로써 인간의 능동적 사고와 행위의 측면을 설명하는 이론	
교환론	사회 구성원의 모든 행위는 '투자 혹은 비용과 보상의 관계'에 의해 발생한다고 가정함	

12 ④

상업주의에 따른 경기 규칙의 개정과 변화는 '흥행'과 '재미'를 위해 이루어진다.

13 ④

도피적 욕구는 스포츠를 통해 불안감, 좌절감, 스트레스 등 해소하기 위해 미디어를 이용하는 욕구를 의미한다.

선지 분석
① 인지적 욕구에 대한 설명이다.
② 정의적 욕구에 대한 설명이다.
③ 인지적 욕구에 대한 설명이다.

14 ②

부정적 일탈은 사회 및 스포츠 규범 체계의 허용 한계를 벗어나는 행위에 과잉동조하는 성향을 의미한다.

15 ②

<보기>의 내용은 인지적 참가에 대한 설명이다.

16 ②

신자유주의 시대 스포츠의 세계화는 빈익빈 부익부 현상의 심화와 전통스포츠 쇠퇴 등을 가져왔다.

17 ①

핫 미디어 스포츠는 정적 스포츠, 선수의 행동반경이 좁은 스포츠, 개인 위주의 스포츠를 의미한다.

이론 PLUS	
핫 미디어 스포츠	• 정적 스포츠, 선수의 행동반경이 좁은 스포츠, 개인 스포츠 위주 • 수비와 공격의 구분이 쉬운 스포츠 • 기록 스포츠 • 몰입 수준이 낮은 스포츠 • 빙상, 검도, 골프, 수영, 태권도, 야구, 검도, 육상, 배드민턴, 양궁, 등
쿨 미디어 스포츠	• 동적 스포츠, 선수의 행동반경이 넓은 스포츠, 팀 스포츠 • 득점 스포츠 • 수비와 공격의 구분이 어려운 스포츠 • 경마, 농구, 럭비, 축구, 핸드볼, 하키, 자동차경주 등

18 ②

<보기>는 스포츠의 '사회통제' 기능을 설명하는 내용이다.

19 ②

파슨스는 안정적 사회체제 유지를 위한 스포츠의 긍정적 역할과 기능을 강조하였는데, 목표성취는 사회체제의 안정을 위해 '공정한' 경쟁을 통한 목표 성취라는 스포츠의 기능을 강조하고 있다. 경쟁과 승리만을 강조하는 스포츠의 부정적 기능은 사회체제의 불안정성에 기여한다고 볼 수 있다.

20 ①

세속화는 스포츠의 종교적 성격(제식활동 등)이 아닌 넓은 의미로서 현실적 목표 수행을 강조하는 근대스포츠의 특징을 의미한다.

스포츠심리학

01	02	03	04	05
②	②	④	④	①
06	07	08	09	10
④	③	①	②	②
11	12	13	14	15
①	③	②	④	③
16	17	18	19	20
④	③	②	①	④

01 ②

스포츠심리학은 광의의 심리학과 협의의 심리학으로 구분되며, 한국스포츠심리학회는 광의의 스포츠 심리학 관점을 따르고 있다.

이론 PLUS

광의의 스포츠심리학	운동제어, 운동학습, 운동발달과 스포츠심리학까지 포함하여 스포츠심리학으로 보는 관점
협의의 스포츠심리학	운동제어, 운동학습, 운동발달을 제외한 스포츠심리학만 스포츠심리학으로 보는 관점

02 ②

웨이너(Weiner)의 귀인모형은 여러 사건의 원인을 인과성의 소재, 안정성, 통제가능성이라는 3차원으로 분류하였다.

이론 PLUS 웨이너(Weiner)의 3차원 귀인모형

구분		인과성의 소재			
		내적		외적	
		안정적	불안정적	안정적	불안정적
통제가능성	통제 가능	지속적인 노력	일시적 노력	타인의 지속적 노력	타인의 일시적 노력
	통제 불가능	능력	기분(무드)	과제 난이도	운

03 ④

운동기술의 1차원적 기술분류는 근육의 크기(대근운동기술, 소근운동기술), 움직임의 연속성(불연속적 운동기술, 계열적 운동기술, 연속적 운동기술), 환경의 안정성(개방운동, 폐쇄운동)이다. 동작의 가변성은 젠타일(Gentile)의 2차원적 기술분류이다.

이론 PLUS 젠타일(Gentile)의 2차원적 운동기술분류는 환경적 맥락과 동작의 기능에 근거한 운동기술법을 제시하였다.

환경적맥락	안정성(안정상태, 운동상태), 동작 간 가변성(있음, 없음)
동작의 기능	신체이동(있음, 없음), 물체조작(있음, 없음)

04 ④

상황요인은 첼라두라이(Chelladurai)의 다차원적 리더십모형에 선행변인이다. 캐론(Carron)의 스포츠 팀 응집력 모형에 대한 설명으로 응집력을 만드는 요인으로는 개인요인, 환경요인, 팀요인, 리더십요인이 있다.

05 ①

힉크의 법칙(Hick's law)은 자극 - 반응의 대안 수가 많아질수록 선택반응시간이 증가하는 현상이다.

선지 분석
② 피츠의 법칙(fitt's law): 목표물이 작거나 움직이는 거리가 길어질수록 운동시간이 증가되는 현상이며, 운동의 정확성이 많이 필요한 과제일수록 수행 속도가 느려지고, 속도가 높아질수록 정확도가 떨어진다. 속도 - 정확성 상쇄현상이라고도 한다.
③ 스트룹효과: 두 가지 조건이 일치하는 자극을 보고 실행할 때보다 두 가지 조건이 일치하지 않는 자극을 보고 실행할 때 반응속도가 늦어지는 현상이다.
④ 심리적 불응기: 1차 자극에 반응하고 있을 때 2차 자극을 제시할 경우 2차 자극에 대한 반응시간이 느려지는 현상이다.

06 ④

<보기>는 무선연습에 대한 설명으로, 무선연습은 운동기술에 포함되는 하위 요소들을 무작위로 연습하는 방법이다. 맥락간섭의 효과가 높아 파지와 전이에 효과적인 방법이다.

선지 분석
① 분산연습: 휴식시간이 연습시간보다 긴 경우로 질 높은 연습을 원할 경우 선택하는 방법이다.
② 구획연습: 다양한 변인들이 포함되어 있는 하나의 기술을 학습하는데 있어서 각 변인들을 나누어 각각 할당된 시간동안 연습하는 방법으로써 맥락간섭의 효과가 낮아 무선 연습에 비해 운동수행의 수준이 높다.
③ 전습법: 운동기술 과제를 한번에 전체적으로 학습하는 방법으로 과제의 복잡성이 낮고, 조직화 정도가 높을 때 효과적인 방법이다.

07 ③

운동발달은 초보적 반사운동에서 수의운동으로 일정한 순서를 가지고 발달한다.

이론 PLUS 운동발달은 연령이 증가함에 따라 신체 기능이 변화하며, 개인마다 차이가 있다. 또한 초보적 반사운동에서 수의운동으로 일정한 순서를 가지고 발달한다. 발달은 유전적 요인과 내적 조건으로 결정되지만, 환경적인 요인(영양, 운동, 학습기회)으로 인해 변용성이 생긴다.

08 ①

심리적 핵은 성격의 구조에서 가장 깊은 곳에 자리하여 외부의 영향을 가장 적게 받으며, 태도, 가치, 흥미, 동기, 믿음 등이 포함되어 있다. 성격의 가장 기본적인 수준으로 성격의 속성 중 일관성이 가장 높다.

선지분석
② 전형적 반응: 환경에 적응할 수 있도록 환경과의 상호작용을 통해 학습된 것이며, 외부환경에 반응하는 방식을 나타낸다. 심리적 핵이 반영되어 나타나는 행동이다.
③ 역할행동: 환경의 요구나 상황을 토대로 행동하므로 환경에 대한 인식에 따라 달라진다. 성격의 3수준에서 외부환경의 영향을 가장 많이 받으며, 변화되기 쉽다.

09 ②

모건의 빙산형 프로파일은 우수선수들의 성격에 대한 대표적인 연구로써, 우수선수들은 긴장, 우울, 분노, 피로, 혼란에서 낮은 점수를 보였으며, 우수선수들은 활력이 높은 점수를 보였다. 이 같은 모습이 빙산 같은 모습을 보인다고 하여 빙산형 프로파일이라는 이름이 붙었다.

10 ②

<보기>에서의 피드백은 보강피드백 방법이며, 보강피드백은 코치, 감독, 동료들이 제공하거나 영상등을 통해 외부에서 제공되는 정보이며, 수행지식과 결과지식으로 구분된다. 수행지식은 동작 유형에 대한 정보이며, 결과지식은 움직임의 결과에 대한 정보를 제공하는 것이다.

선지분석
① 감각피드백: 근육, 건, 관절 등의 관절 수용기에서 발생한 운동감각정보, 촉각 또는 압력을 감지하는 피부 수용기로부터의 정보, 시·청각정보 등을 학습자 스스로 감지하는 것이다.
③ 바이오피드백: 기계를 활용하여, 뇌파, 심박수, 혈압 등 신경생리적 변화에 대한 정보를 제공하는 것이다.
④ 피드 포워드: 실제 동작이 일어나기 전에 미리 동작을 준비하는 과정으로 준비과정으로도 표현된다.

11 ①

불안의 종류에 대한 설명으로 불안은 상태불안과 특성불안으로 구분되며, 상태불안은 인지불안과 신체불안으로 구분된다. 상태불안은 일시적인 특정 상황에서 개인이 경험하는 불안이며, 특성불안은 객관적으로 위험하지 않은 상황을 위험한 것으로 받아들여 경험하는 불안이다. 즉, 특성불안은 타고난 불안이 높은 것이다.

12 ③

<보기>에 철수와 영희의 목표는 결과에 대한 목표로 결과목표이다. 결과목표는 경기 승리 또는 우승하기와 같이 결과에 중점을 두는 목표이다.

선지분석
① 과정목표: 동작을 잘 수행하기 위한 핵심적으로 필요한 행동에 중점을 두는 목표이다.
② 수행목표: 수행에 대한 목표를 달성하는 데 중점을 두는 목표이다.
④ 단기목표: 중기목표를 이루기 위한 단기적인 목표이다.

13 ②

<보기>는 반응시간에 대한 설명이다. 반응시간은 단순반응시간, 선택반응시간, 변별반응시간으로 구성되어있으며, 단순반응시간은 하나의 자극 신호에 대하여 하나의 반응을 요구할 때 측정되는 반응시간이고, 선택반응시간은 자극이 두 개 이상 제시되고 각각의 자극신호에 대하여 다른 반응을 하도록 할 때 측정되는 반응시간이다. 변별반응시간은 두 가지 이상의 자극이 제시되고 특정 자극에 대해서만 반응할 때 측정되는 반응시간이다.

14 ④

<보기>는 격변이론(카타스트로피이론)에 대한 설명으로 인지불안과 신체각성을 동시에 고려하는 이론이다. 인지불안이 낮을 때는 역U자 모형을 보이지만 인지불안이 높고 각성이 어느 수준을 넘으면 수행력이 급격하게 떨어지는 이론이다.

선지분석
① 추동(욕구)이론: 각성과 수행의 관계가 직선(비례)적으로 보는 이론으로 각성이 증가할수록 수행이 증가한다고 보는 이론이다.
② 역U가설(적정수준이론): 각성이 아주 낮거나 지나치게 높으면 수행에 방해가 되며, 중간정도의 각성 수준이 최고 수행을 발휘한다고 보는 이론이다.
③ 최적수행지역이론: 개개인마다 상태불안의 차이는 크며, 최고의 수행을 발휘 할 때 자신만의 고유한 불안수준이 존재한다는 이론이다.

15 ③

반두라(Bandura)의 자기효능감 이론에서 자기효능감에 영향을 미치는 요인으로는 성공경험, 대리경험, 사회적 설득, 신체적·정신적 상태이다. 신체매력은 폭스(Fox)의 신체적 자기개념모형에서 외모에 대한 매력인식, 매력적 신체를 유지하는 능력 외모에 대한 자신감 등을 말한다.

16 ④

사회적 촉진은 관중에 의해 수행결과에 정적 또는 부적 영향을 미치는 것이다. 사회적 촉진은 관중이 있을 때 수행력이 좋아지는 관중효과와 혼자보다 같이 할 때 수행력이 좋아지는 공행효과를 모두 포함하고 있다.

17 ③

㉠은 운동변화단계이론 중 관심단계, ㉡은 실천단계에 대한 설명이다. 관심단계는 현재 운동을 하고 있지는 않지만, 6개월 내에 운동을 시작할 의도를 갖고 있는 단계이며, 실천단계는 기준을 충족하는 운동을 하지만 기간이 6개월 미만인 단계이다. 실천단계는 하위단계로 내려갈 가능성이 가장 높다.

이론 PLUS 운동행동 변화단계

무관심단계	현재 운동을 하고 있지 않으며, 6개월 이내에도 운동을 시작할 의도가 없다.
관심단계	현재 운동을 하고 있지 않지만, 6개월 이내에 운동을 시작할 의도가 있다.
준비단계	현재 운동을 하고 있지만, 기준(주당 3회 이상, 1회 20분)을 채우지 못하고 있으며, 한달 안에 기준을 충족하는 수준으로 운동을 할 생각이 있다.
실천단계	기준을 충족하는 운동을 하고 있지만 기간이 6개월 미만이다. 가장 불안한 단계로 하위단계로 내려갈 위험성이 높다.
유지단계	기준을 충족하는 운동을 6개월 이상 하였으며, 하위단계로 내려갈 가능성도 낮다.

18 ②

스포츠심리상담사는 알고 지내는 사람과의 전문적인 상담을 진행하는 것은 윤리에 어긋난다. 알고 지내는 사람과는 전문적인 상담을 진행하면 안 된다.

19 ①

다이나믹시스템이론은 번스테인(Burnstein)이 제기한 수많은 요소로 연결된 신체의 역학적 특성으로 인간의 운동 체계를 설명하는 이론이며, 운동프로그램과 같은 기억표상의 구조가 아닌 환경, 유기체, 과제를 운동행동에 대한 제한요소로 본다. 제한 요소 간의 상호작용을 통해 자기조직원리와 비선형성 원리에 따라 운동이 생성되고 변화한다는 이론이다.

 선지분석
② 개방회로이론: 정보처리 이론 중 하나로 운동이 발생하기 전 상위의 대뇌피질에 동작에 대한 운동프로그램(motor program)이 저장되어 있어 빠른 움직임에 대한 설명이 가능한 이론이다.
③ 도식이론: 느린 움직임은 재인도식(폐쇄회로이론)으로 설명하며, 빠른 움직임은 회상도식(개방회로이론)으로 설명하는 이론이며, 폐쇄회로이론과 개방회로이론의 장점만을 통합한 이론으로 일반화된 운동프로그램(Generalized motor program)을 근거로 한 이론이다.
④ 반사이론: 쉐링턴(Sherrington)이 제안한 이론으로 환경에서의 물리적인 자극이 운동 행동에 대한 자극으로 작용하여 반사적인 반응을 한다는 이론이다.

20 ④

매슬로의 욕구체계이론에서 가장 최상위 욕구는 자아실현의 욕구이다.
매슬로의 욕구체계이론은 인간은 가치 있는 삶을 위해 스스로 개인적인 목표를 추구하는 존재라고 주장하며, 인간의 욕구는 중요성에 따라 일련의 위계적인 단계로 배열되어 있고, 하위의 욕구가 만족하게 되면 상위의 욕구를 의식한다고 주장하는 이론이다.

스포츠윤리

01	02	03	04	05
②	①	③	②	③
06	07	08	09	10
③	②	④	③	②
11	12	13	14	15
④	①	②	②	④
16	17	18	19	20
①	①	①	③	②

01 ②

보기의 내용은 상대선수에 대한 존중을 담은 도덕적 행위, 즉 에토스에 대한 설명이다.

① 아곤은 경쟁적 요소의 스포츠를 의미한다.
③ 로고스는 이성을 의미한다.
④ 파토스는 감성을 의미한다.

02 ①

보기의 내용은 인간과 함께 다른 종도 도덕적 대상으로 고려하는 입장이다. 그러나 베르크는 종 차별주의(인간중심주의)에 해당하는 학자이다.

이론 PLUS	레오폴드	무생물까지 포함하여 생태 전체를 도덕적 고려의 대상으로 봄
	네스	심층 생태주의 철학으로서 생태 지혜(ecosophy) 강조 → 삶의 수단은 소박하고 목적은 풍요롭게 하고자 하는 개인적 실천 양식
	슈바이처	'생명에의 외경(모든 살아 있는 존재를 상해하거나 살생하는 것이 아닌 돕고 고양하는 것)'을 도덕의 절대적이고 기본적인 원리로 여김

03 ③

배려윤리에 대한 설명이다.
배려윤리는 도덕적 판단의 기준을 배려의 측면에서 강조하는 윤리적 관점으로 기존의 남성 중심적 가치관에서 벗어나, 여성의 도덕적 성향을 바탕으로 타인에 대한 배려, 헌신, 희생, 보살핌 등의 윤리적 기준을 제시하는 이론이다.

04 ②

심판 교육 제도는 심판의 도덕적 조건 중 사회윤리에 대한 내용이다.

이론 PLUS	개인윤리	심판 개인의 자율성, 책임감, 정직함 등 개인의 도덕적 품성과 태도
	사회윤리	심판의 윤리적 품성과 태도에 영향을 미치는 사회제도 및 정책 예 심판 교육 제도, 비디오 판독 규칙

05 ③

도덕적 가치 충돌에 대한 판단 시 타인의 처지에서 평가하고 판단해야 한다.

06 ③

개발환경은 순수 자연을 활용하여 야외활동이 가능한 환경을 의미하며, 골프, 사격 등이 이에 해당한다.

이론 PLUS	부올레(P. Vuolle)의 스포츠환경의 3가지 범주		
구분	개념	예시
순수 환경	개발되지 않은 자연에서의 활동이 가능한 환경	카누, 윈드서핑, 등산, 요트
개발 환경	순수 자연을 활용하여 활동이 가능한 환경	골프, 사격, 스키장 등
시설 환경	실내 활동이 가능하도록 시설화 되어 있는 환경	체육센터, 실내 수영장, 테니스경기장

07 ②

롤스는 정의의 원칙을 1원칙(평등의 원칙)과 2원칙(불평등의 원칙)으로 구분하고 사회적, 경제적 이익의 분배는 공정한 기회균등과 차등의 원칙에 의해 규제되어야 한다고 주장했다.

08 ④

상대와의 경쟁을 통한 승리 추구는 아레테가 아닌 아곤적 요소에 해당한다.

09 ③

관중 폭력은 개인보다 군중으로 있을 때 발생할 가능성이 높아진다. 즉, 군중심리는 관중폭력을 조장하는 원인이다.

10

윤리적 관점으로 옳은 것은 ②의 내용이다.
의무론적 관점에서 A 선수의 행위는 선수로서 마땅히 해야 하는 행동, 결과론적 관점에서 A 선수의 행위는 긍정적 이미지 구축을 위한 행동에 해당한다.

선지분석
① 의무론적 관점이 아닌 결과론적 관점에 대한 설명이다.
③ 결과론적 관점이 아닌 의무론 혹은 덕론적 관점에 대한 설명이다.
④ 상대론적 관점이 아닌 의무론적 관점 대한 설명이다.

11 ④

㉠은 도덕적 민감성(moral sensitivity), ㉡은 스포츠 상황에서 도덕적 딜레마를 지각하게 하는 것이다.
레스트는 도덕성을 도덕적 민감성, 판단력, 동기화, 품성화로 제시하였다. 이 중 동기화는 도덕적 가치를 그 이외의 가치(경제적, 사회적, 종교적 가치)보다 우선시하는 요소를 의미한다.

12 ①

㉠은 사실판단에 대한 내용이다.

이론 PLUS 사실판단과 가치판단

사실판단	가치판단
• 경험적 탐구를 통해 밝혀진 객관적 사실에 근거한 판단을 의미함 • 참과 거짓을 판단할 수 있는 기준을 제시하여 갈등 해결의 실질적 실마리를 제공함 **예** 제22회 월드컵은 카타르에서 개최되었다.	• 개인의 가치관에 따라서 달라지는 옳고 그름, 좋음과 나쁨, 아름다움과 그렇지 않음 등 지극히 주관적인 가치를 판단 • 참과 거짓에 대한 주관적 가치가 다를 경우, 갈등 해결의 실질적 실마리를 제공하는데 한계 **예** 제22회 월드컵은 매우 성공적인 대회였다.

13 ②

㉠은 스포츠맨십, ㉡은 페어플레이이다.
스포츠맨십은 페어플레이보다 포괄적이고 보편적인 윤리규범이다.

14 ②

㉠, ㉣, ㉤이 의무론적 도덕 추론에 해당한다.
의무론적 도덕 추론은 인간이면 도덕적 원리와 법칙(보편적 도덕)을 마땅히 지켜야 하고, 이에 따라 행위의 옳고 그름이 결정된다고 보는 태도이다. 어떠한 행위의 결과와 상관없이 '행위 자체'의 옳고 그름을 판단하고, 행위에 대한 도덕적 책무나 의무를 중시하는 관점으로, 이성의 보편타당성과 정언적 명령을 강조한다.

선지분석 ㉡, ㉢ 결과론적 도덕 추론에 대한 설명이다.

15 ④

<보기>의 내용은 '다른 것은 다르게'와 같이 기술의 난이도에 따라 점수가 차등 배분하는 공정성인 '분배적 정의'를 의미한다.

16 ①

보기의 내용은 한나 아렌트의 악의 평범성에 대한 설명으로, 한나 아렌트는 악이 만연한 시스템에 대한 무비판적 수용을 비판하였다. 스포츠계의 폭력 또한 이러한 관점에 오랫동안 죄의식 없이 관행처럼 존재하여 스포츠 상황에서 폭력은 당연하고 평범한 것으로 인식되었다.

선지분석
② 한나 요나스는 생태중심주의자로서 환경 문제 해결의 주체를 개인으로만 한정하면 한계가 있다고 주장하였으며, 공동체 혹은 지구 전체를 기반으로 하는 순화 주의 사상을 강조하였다.
③ 아리스토텔레스는 자연은 인간을 위해 존재한다고 보는 인간중심주의 학자이다. 또한 아리스토텔레스는 폭력은 절제되지 못한 개인의 분노가 원인으로 작용한다고 주장하였다.
④ 로렌츠는 스포츠 폭력과 관련하여 폭력이 동물의 원초적 본능이라는 점을 강조하였다.

17 ①

맥페일은 자신의 중요 타자들이 다른 사람들에게 어떻게 행동하고 있는지를 통해 도덕적 가치들을 학습한다고 가정하였다.

18 ①

비상해(불침해)의 원칙은 다른 생명체를 해하지 않는 의무를 나타낸다.

선지분석
② 불간섭의 원칙은 생태계의 자연스러운 발전을 제한하지 않고 간섭하지 아니한다는 원칙이다.
③ 신뢰의 원칙은 생명체가 아닌 인간이 생명체에 신뢰(자연을 해치지 않을 것이라는 믿음)를 주어야 한다는 원칙이다.
④ 보상의 원칙에 따르면 의도적 행위뿐 아니라 비의도적인 행위도 모두 보상의 범위에 해당한다.

19 ③

<보기>의 내용은 스포츠 경기에서 규제적 규칙을 의도적으로 위반한 의도적 규제 반칙에 대한 설명이다.

스포츠에서의 반칙

구분	내용
의도적 구성 반칙	• 스포츠 경기의 구성적 규칙을 의도적으로 위반한 행위 • 스포츠의 본질을 위협하는 불공정한 행위 예 승부조작, 도핑, 야구 배트의 성분 조작
비의도적 구성 반칙	• 의도성은 없으나, 결과적으로 구성적 규칙을 위반한 행위 • 일반적으로 규칙 변화가 많거나 혹은 규칙이 새롭게 개정된 이후 빈번히 발생 예 골프에서 새롭게 바뀐 벌타 규정을 인지하지 못하고 해당 행위를 저지른 경우
의도적 규제 반칙	스포츠 경기의 규제적 규칙을 의도적으로 위반한 행위 예 야구에서 상대방 중심 타자에 대한 위협구, 농구에서 상대 팀의 팀 파울을 활용한 전술적 반칙
비의도적 규제 반칙	• 스포츠 경기의 승리 추구 과정 중 자연스럽게 일어나는 비의도적 규제 반칙 • 비의도성, 불가피성, 행위의 결과 등을 종합적으로 고려 예 복싱 경기 중 접합 상황에서의 상대 선수의 벨트 아래를 가격한 반칙(low Blow)

20 ②

㉠은 평균적 정의, ㉡은 분배적 정의에 해당한다.
스포츠 정의에 의한 페어플레이 구분은 분배적 정의(다른 것은 다르게, 기술 난이도에 따라 점수가 차등 배분되는 피겨), 평균적 정의(같은 것은 같게, 자신과 상대에 대한 균형을 맞춤으로서 공정성 실현, 복싱과 유도 등 체급 경기), 절차적 정의(통제 불가능한 요인에 대한 기준을 정하는 공정성, 축구에서 동전을 던져 전후반 위치를 교대하는 것)로 구분된다.

운동생리학

01	02	03	04	05
③	③	③	①	②
06	07	08	09	10
②	②	③	②	①
11	12	13	14	15
①	①	③	④	①
16	17	18	19	20
①	①	②	③	③

01 ③

무산소성 해당과정은 단기간 고강도 운동에서 사용되며 대사과정의 부산물인 피루브산이 젖산으로 전환되어 체내 축적되는 현상을 보인다.

02 ③

운동역학은 효율적인 인체의 동작을 분석하는 학문으로 운동생리학 인접학문에 포함되지 않는다.

03 ③

수축속도는 속근이 빠르고 지근이 느리다.

04 ①

테스토스테론, 에스트로겐, 프로게스테론은 지용성 호르몬이며 인슐린은 수용성 호르몬에 속한다.

 선지분석
② 테스토스테론: 대표적 남성호르몬으로 근육성장에 관여한다.
③, ④ 에스트로겐, 프로게스테론: 대표적 여성호르몬으로 여성 생식기관과 성장 발달, 지방 저장 증가 등에 관여한다.

05 ②

㉠은 환기 역치, ㉡은 무산소성 역치이다.
운동강도 증가에 따른 이산화탄소 증가와 환기량이 급격히 증가하는 시점을 환기 역치 또는 무산소성 역치라고 한다.

06 ②

젖산 역치는 운동 강도 증가 속도에 비해 근육 내 산소 농도가 낮을 때 발생한다.

이론 PLUS 젖산 역치 발생기전
- 해당과정 가속화(피루브산의 과다공급)
- 속근활동의 증가(속근 내 젖산탈수소효소의 활동 증가)
- 근육 내 산소 저하(산화적 인산화 저해)
- 젖산 제거속도 저하(혈중 젖산농도 = 젖산 생산량 - 젖산 제거량)

07 ②

저강도 운동에는 주로 type I 섬유가 동원되고, 강도가 올라갈 수록 type IIa, type IIx 순으로 동원된다.

08 ③

호흡교환율은 1분 동안 들이마신 산소섭취량과 1분 동안 내쉰 이산화탄소 배출량의 비율을 의미하며 그 비율이 0.7에 가까우면 지방을, 1.0에 가까우면 탄수화물을 사용함을 나타낸다.

09 ②

<보기>에서 설명하고 있는 뇌의 영역은 소뇌이다.

 ① 대뇌: 기억, 추리, 판단, 감정 등 고등정신 활동을 담당한다.
③ 간뇌: 체온, 혈당량, 삼투압을 조절하여 항상성을 유지한다.
④ 뇌간: 중뇌, 뇌교, 연수를 총칭하며, 뇌와 척수를 이어주는 생명활동의 중추이다.

10 ①

심장의 전도 시스템은 심장의 박동 조율기로 알려진 동방결절에서 시작되어 방실결절, 히스속, 퍼킨제섬유 순으로 자극이 전달된다.

11 ①

아데노신삼인산염(adenosine tri-phosphate, ATP)은 근육의 수축, 신경 세포의 흥분 전도 등 다양한 생명 활동을 수행하기 위해 에너지를 공급하는 유기 화합물이다.

 ② 칼슘: 칼슘은 대부분 뼈에 포함되지만 극소량이 근육의 근형질세망에 저장되어 있으며 근수축 시 활용된다.
③ 글리세롤: 지방은 글리세롤과 지방산으로 분해되며, 글리세롤은 간에서 포도당으로 전환되어 에너지원으로 사용될 수 있다.
④ 산소: 산소는 전자전달계에서 ATP를 생성하기 위해 요구된다.

12 ①

㉠ 흥분성: 교감신경은 흥분하는 특성을 가진다. 예 심박수 증가, 동공 확대
㉡ 억제성: 부교감신경은 억제하는 특성을 가진다. 예 심박수 감소, 동공 축소

 자율신경계는 의지와 관계없이 작용하는 불수의적인 특성을 가지며, 교감신경과 부교감신경의 길항작용(서로 반대되는 효과)에 의해 조절된다.

13 ③

항이뇨호르몬은 장시간 운동으로 인한 땀 손실로 혈액이 농축되는 현상에 반응하여 체내에 수분 보유를 증가시킨다.

선지 분석 ① 알도스테론: 부신피질에서 분비되며 신장에서 나트륨 재흡수를 통해 혈압 조절에 관여한다.
② 에피네프린: 부신속질에서 분비되며 간과 근육의 글리코겐 분해 촉진 및 지방조직과 근육의 지방분해 촉진, 골격근으로의 혈액 흐름 증가 및 심박수와 심장 수축력 증가에 관여한다.
④ 갑상선자극호르몬: 뇌하수체 전엽에서 분비되고 갑상샘으로부터 생산되고 분비되는 티록신과 트리요오드타이로닌의 양을 조절한다.

14 ④

갑작스러운 운동 종료는 수축기 혈압을 급격히 저하시켜 뇌빈혈을 초래할 수 있다.

15 ①

㉠은 근방추, ㉡은 골지건기관이다.
근방추와 골지건기관은 고유수용성 기관으로서 근육과 관절에 있는 특별한 감각기관으로 근육, 힘줄, 인대, 관절에서 오는 여러가지 감각 정보를 중추신경계로 전달해 부드럽고 협응적인 운동을 가능하게 한다.

16 ①

㉠ - ㉢ - ㉣ - ㉡ 순이다.
근수축 과정의 시작은 신경 자극이 근육으로 전달되면서 시작된다. 신경 자극은 아세틸콜린이라는 신경전달물질로부터 전달되며 이로써 근육 세포에 활동전위가 발생하고 활동전위는 가로세관을 통해 근형질세망이 보유한 칼슘을 근세사로 방출하는 역할을 한다. 방출된 칼슘은 얇은 근세사인 액틴의 트로포닌과 결합하고 이는 액틴 세사와 마이오신 세사가 십자형 가교를 형성하여 근세사 활주가 시작되게 한다.

 근수축 과정 요약
신경전달(아세틸콜린) → 활동전위 발생(가로세관을 통해 근형질세망으로 전달) → 근형질세망이 보유한 칼슘의 방출 → 방출된 칼슘은 액틴 세사의 트로포닌과 결합 → 액틴과 마이오신 헤드가 결합함으로써 근세사 활주 시작

17 ①

땀샘 자극으로 인한 땀 분비는 체온 감소에 기여한다.

18 ②

인슐린은 높은 혈중 포도당 농도에 반응하여 췌장의 베타세포에서 분비되어 혈당을 낮추는 역할을 한다.

선지분석
① 글루카곤: 췌장의 알파세포에서 분비되며 혈당 농도를 증가시키는 효과
③ 알도스테론: 부신피질에서 분비되며 신장에서 나트륨 재흡수를 통해 혈압 조절에 관여
④ 칼시토닌: 갑상샘에서 분비되며 혈중 칼슘 농도를 조절

19 ③

혈액 내 낮은 산소 농도는 폐포에서의 산소교환율을 높이는 원인이 되며, 폐동맥은 심장의 우심실에서 폐로 정맥혈(낮은 산소, 높은 이산화탄소)을 보내는 혈관이다.

20 ③

열사병은 생명을 위협하는 열손상으로 고열에도 불구하고 땀이 분비되지 않고 체온조절 기전이 손상되어 발생한다.

운동역학

01	02	03	04	05
④	①	③	①	①
06	07	08	09	10
③	③	④	③	③
11	12	13	14	15
③	①	④	②	④
16	17	18	19	20
③	②	①	④	②

01 ④

스포츠 상황에서 불안감 해소를 위해 멘탈 트레이닝을 통해 경기력을 향상시키는 것은 스포츠심리학 분야에 해당된다.

02 ①

정성적 분석은 육안으로 관찰하고 평가하기 때문에 별도의 측정 장비가 필요하지 않다.

정성적 분석은 관찰자가 운동선수의 신체 동작 또는 운동 기술을 육안으로 확인하고 이를 분석 및 평가하는 과정이다. 정량적 분석은 신체 움직임과 운동 기술을 장비를 이용하여 측정한 뒤, 이를 정량화하여 객관적 자료를 기준으로 분석 및 평가하는 과정이다.

이론 PLUS 정성적 분석과 정량적 분석의 장·단점

구분	장점	단점
정성적 분석	• 빠르고 직관적인 피드백 제공 • 측정 장비 없이 분석 가능	• 분석 가능한 운동면이 한정적 • 평가자의 주관적 판단으로 잘못된 피드백 제공 가능성
정량적 분석	• 수치를 통한 객관적이고 정확한 자료 수집 • 정량적 분석 자료를 통해 정밀한 피드백을 제공	• 별도의 분석 장비가 필요함 • 자료 처리과정의 오랜 시간 소요 • 즉각적인 피드백 제공이 어려움

03 ③

자유도는 신체 또는 물체가 움직일 수 있는 가능성을 나타낸 표현이다. 어깨 관절(오목위팔관절)과 엉덩관절은 대표적인 절구관절로 자유도 3이며, 정강넙다리 관절(무릎관절)은 융기관절로 자유도 2이다. 팔꿈치 관절(위팔자관절)은 경첩관절로 자유도 1이다.

04 ①
회내(pronation)는 수평면(수직축) 상의 운동이다. 외번(eversion), 외전(abduction), 내번(inversion)은 좌우면(전후축) 상의 운동이다.

05 ①
선운동(병진운동)은 신체 또는 물체가 구성하는 모든 부분이 일정 시간 동안 동일한 거리와 방향으로 평행하게 이동하는 운동이며, 직선운동 뿐만 아니라 곡선운동도 포함된다.

병진운동 (선운동)	• 질점의 모든 부분이 일정 시간동안 동일한 거리와 방향으로, 평행하게 이동하는 운동 • 직선 운동 및 곡선 운동
회전운동 (각운동)	고정된 축을 중심으로 일정 시간동안 동일한 각도로 회전하는 운동
복합운동	• 선운동과 각운동이 혼합된 형태 • 대부분의 신체운동은 복합운동에 해당됨

06 ③
인체 무게중심은 자세에 따라 변화하며, 신체 외부에 위치할 수 있다.

 인체 무게중심과 자세 안정성
- 인체 무게중심와 자세 안정성은 반비례한다.
- 인체 무게중심이 높으면 자세 안정성은 저하된다.
- 인체 무게중심이 낮으면 자세 안정성은 높아진다.

07 ③
역학적 이득이 가장 큰 지레는 2종 지레이다.
3종 지레는 힘점이 받침점과 저항점 사이에 위치한 지레이며, 저항팔의 길이가 힘팔의 길이보다 길기 때문에 역학적 이득은 항상 1보다 작다.

08 ④
거리(distance)는 사람 또는 물체가 두 지점을 얼마만큼 멀리 이동했는가를 나타내는 스칼라양이며, 이동한 총 길이를 뜻한다. 변위(displacement)는 두 지점을 잇는 최단 거리, 즉 직선거리를 의미하며, 방향성을 가지는 벡터량이다. 따라서 변위는 0m, 거리는 100m이다.

09 ③
공기 저항이 없는 환경에서 투사체는 중력의 영향을 받아 수직방향으로 등가속도 운동, 수평방향으로 등속도 운동을 한다.

이론 PLUS 포물선 운동의 특징
- 공기의 저항력을 제외하고, 투사체의 투사 높이와 착지 높이가 동일하면 포물선 운동의 궤적은 좌우 대칭 형태이다.
- 투사높이와 착지 높이가 동일하다면, 투사 및 착지 시점의 속도 크기는 같다.
- 투사체는 수평방향으로 등속도 운동을 하고, 수직방향은 등가속도 운동을 한다.
- 투사체가 최고 높이에 도달했을 때, 수직 속도는 0 m/s이다.

10 ③
선속도는 각속도와 회전반경의 곱으로 계산되며, 이때 각속도는 라디안(radian) 단위를 적용한다. 각속도를 증가시키기 위해서는 물체가 가지고 있는 관성모멘트를 감소시켜야 하고, 셔틀콕의 임팩트 시점에서 팔꿈치 관절을 신전시켜 회전반경을 늘려야한다. 따라서 배드민턴 라켓의 각속도를 증가시키기 위해서는 회전반경을 줄여 관성모멘트를 감소시켜야 한다.

11 ③
정지마찰구간은 마찰력과 작용력의 크기가 같으므로 물체가 움직이지 않는 구간이다.

이론 PLUS 마찰력과 작용력의 관계

정지마찰	정지한 물체에 작용하는 마찰력
최대정지마찰	정지마찰의 최대 지점으로 물체가 움직이기 직전
운동마찰	물체가 운동 중에 발생하는 마찰력

12 ①
㉠은 운동학적 분석, ㉡은 지면반력 분석, ㉢은 근전도 분석, ㉣은 운동역학적 분석이다.
운동학적 분석은 운동의 형태를 관찰 및 측정하여 운동을 결과를 분석하는 방법으로 변위, (각)속도, (각)가속도 등이 있다. 운동역학적 분석은 운동의 원인인 '힘'에 대한 측정과 분석하는 방법으로 힘, 지면반력, 충격량, 운동량 등이 있다. 근전도 분석은 근 수축시 발생하는 전위차를 측정하는 방법이다. 지면반력 분석은 지면에 작용하는 힘의 크기에 비례하여 물체가 변형되는 원리를 이용한 측정법이다.

- 탄성력 분석: 탄성력은 물체가 외력에 의해 변형된 상태에서 원래 상태로 돌아가려는 힘이며, 물체가 가지는 탄성계수를 통해 분석할 수 있다.
- 스트레인게이지 분석: 작용한 힘에 비례하여 물체가 저항하고 변화하는 정도를 측정하는 방식이다. 지면반력 측정에 활용된다.
- 마찰력 분석: 마찰계수와 접촉면에 수직으로 가한 힘을 통해 마찰력을 측정 및 분석한다.

13 ④
서로 반대 방향인 동일한 크기의 두 벡터를 합성하면 0이다.

14 ②
항력은 물체의 추진방향의 반대 방향으로 작용하는 힘으로 유체에 의한 저항력으로 물체를 감속시킨다.

15 ④
작용력이 물체의 회전 중심점을 향하면, 모멘트 암이 '0'이기 때문에 회전이 발생하지 않는다.

16 ③
관성모멘트는 회전운동의 변화에 대한 저항으로 질량과 비례, 회전반경의 제곱에 비례한다.

 ④ 피겨스케이팅 선수가 점프 시 양 팔을 가슴 앞으로 최대한 모으는 것은 관성모멘트를 감소시키기 위함이다.

17 ②
운동량의 단위는 kg · m/s이다.

18 ①
충격량은 운동량의 변화이며, 운동량의 변화가 크면 충격량도 증가한다.

19 ④
역학적으로 일을 수행한 경우는 아래와 같다.
- 물체에 작용한 힘이 있을 때
- 물체의 변위가 발생했을 때
- 물체에 작용한 힘과 물체의 변위 방향이 0도일 때

20 ②
지면반력기를 이용하여 방향별 지면반력 크기, 자유회전력, 지면의 접촉시간을 측정할 수 있다. 전후/좌우 방향의 압력중심을 측정할 수 있으며, 수직방향은 압력중심을 측정할 수 없다.

 ㉣ 수직방향의 압력중심 위치: 압력중심점은 지면반력기를 통해 좌우, 전후 방향의 위치를 측정할 수 있으나, 수직방향의 압력중심점은 측정할 수 없다.
㉤ 족저압 수치: 족저압은 발이 지면에 접촉했을 때 발생하는 압력이며, 족(저)압측정기를 통해 측정할 수 있다.
㉥ 발목관절의 각도: 발목관절 각도는 영상분석 및 3차원 동작분석을 이용하여 측정할 수 있다.

한국체육사

01	02	03	04	05
③	④	①	④	④
06	07	08	09	10
②	③	③	①	④
11	12	13	14	15
③	④	③	④	③
16	17	18	19	20
①	②	④	①	④

01 ③
체육사는 사상사, 수련사, 교육사, 인물사를 포함해 경기장과 같은 인프라도 체육사 연구의 대상이 된다.

02 ④
운동회는 개화기 때 나오는 체육대회이다.

 ① 성인식: 선사시대에는 농경사회로 접어들면서 성인식과 주술이 거행되었다.
② 제천행사: 고구려 - 동맹, 부여 - 영고, 동예 - 무천, 신라 - 가배 등의 제천행사가 거행되었다.
③ 궁술: 사냥기술이나 전투기술의 단련을 위한 대표 신체활동이 궁술과 기마술이었다.

03 ①
석전은 민속놀이 중 하나이며 돌멩이를 던지는 전투훈련의 성격을 지닌 놀이이다. 눈싸움과 비슷하지만 석전(石戰)은 말 그대로 돌(石) 싸움(戰)으로, 눈뭉치 대신 돌멩이를 던지는, 즉 전장에서의 피튀기는 투석전을 민간인들이 한 것이다. 보통 인접한 두 마을끼리 하는 것이 일반적이고, 직접 마주보고 던지거나 아니면 지형지물을 활용해 상대편 마을까지 밀어붙여 점령하면 승리한다.

04 ④
장유유서는 삼강오륜에 해당하는 내용이다.

05 ④
고려시대 투호는 왕실과 귀족사회에서 성행했던 유희이다.

06 ②
무과는 소과, 대과 구분 없이 초시(230명), 복시(28명), 전시(28명)의 3단계 시험이 있었다.

07 ③
사정은 활터에 세운 정자라는 뜻을 지니고 있으며, 전국 각지에 산재하여 무예 무사 양성 교육기관 역할을 대신했던 장소이다.

08 ③
국자감은 성종 11년(992)에 창건했으며 7재를 두었고, 그 중 강예재에서는 무예교육을 시행했다.

09 ①
무신반란의 직접적 계기가 된 것은 오병수박희 행사였다.

10 ④
조선의 격구는 유희나 스포츠의 성격이 강했으나 고려시대부터 폐해가 심각했고 조선시대에도 그러한 경향이 계속되어 문신들이 격구의 폐지를 주장하기도 하였다. 그러나 조선의 격구는 체육의 성격을 지닌 무예로 가치를 높이 인정받기도 하였다.

11 ③
원산학사는 1883년(고종 20년) 민간에 의해 함경남도 원산에 설립되었던 중등학교이며, 한국 최초의 근대학교로 알려진 배재학당보다 2년 앞서 설립되었다.

 ① 대성학교는 1907년 국권회복운동의 일환으로 도산 안창호가 설립한 학교로 일반 체조를 포함해 군대식 조련을 실시하였다.
② 배재학당은 아펜젤러에 의해 설립된 학교이며 서구스포츠가 과외 활동을 통해 보급되었다.
④ 동래무예학교는 1878년 동래부(東萊府)에 설치된 근대 학교이다. 동래부(東萊府)에 설치된 무청(武廳)들이 무예교육 기관의 기능을 담당하였다.

12 ④
교육입국조서에는 기독교계 학교의 설립에 관한 내용이 명시되어 있지 않다.

13 ③
대한국민체육회는 노백린이 세운 단체이다.

 ① 대한체육구락부는 서울에 있었던 한국 최초의 근대적 체육단체이다.
② 황성기독교청년회는 YMCA로 불렸으며 체육부는 회장인 터너와 총무인 질레트를 주축으로 개화기에 가장 활발한 활동을 수행한 단체이다.
④ 대동체육구락부는 사회진화론적 자강론에 입각한 강력한 국가 건설을 지향하였으며, 권서연, 이기환, 조상호 등에 의해 결성되었다.

14 ④
체력장 검정은 체육 통제기 체육(1941~1945) 때 실시되었다.

15 ③
학교 교육체계에서 체육은 필수사항이었다.

16 ①
조선체육회(1920)는 오늘날 대한체육회의 전신으로써 일본인이 만든 조선체육협회(1919)에 대응하기 위해 만들었으며 동아일보의 후원으로 설립되었다.

 ② 조선체육협회는 1919년 재조선 일본인들에 의해 창립되고 운영되었으며 일제에 의해 외압된 대회 등을 개최했으며 조선인 선수의 국제 경기 참여 창구 역할을 수행했다.
③ 관서체육회는 1925년 2월 27일 평양기독교청년회관에서 결성하였으며 1934년 전조선빙상대회(1월), 전조선 씨름(6월) 등 종목대회를 개최하였다.
④ 대한체육구락부는 서울에 있었던 한국 최초의 근대적 체육단체이다.

17 ②
경성운동장은 일제 강점기의 대표적 스포츠시설로서 종합운동장으로는 당시 동양 최대 규모의 국제 경기장이었으며, 축구장, 야구장, 정구장, 수영장 등을 보유하였다. 경성부 토목과장인 이와시로의 공사 지휘로 1925년 5월 24일에 기공하여 1925년 10월 15일에 개장하였으며, 1984년에 동대문운동장으로 개칭되었다.

18 ④
최초의 남녀 동반으로 성화가 점화된 대회는 몬트리올 올림픽 경기대회(1976)이다.

19 ①
대한민국 국호를 걸고 최초로 참가한 동계올림픽은 1948년 제5회 생모리츠 올림픽 경기대회이다.

20 ④
2018년 세계탁구선수권대회에는 남북 여자 단일팀이 출전했다.

특수체육론

01	02	03	04	05
④	③	③	②	④
06	07	08	09	10
①	③	③	④	②
11	12	13	14	15
①	①	③	②	③
16	17	18	19	20
①	②	③	③	①

01 ④
심동적 영역은 장애인의 신체 조절하는 근력을 발달 또는 유지시키며, 반사운동, 기본운동, 체력, 게임 등이 있다.

이론 PLUS

인지적 영역	• 다양한 사고 능력이 필요한 게임이나 스포츠 참가는 아동의 지적 발달에 도움을 줌 • 움직임을 위한 지식 숙지, 스포츠 기술을 위한 지식 숙지
정의적 영역	• 장애인의 자아개념, 흥미, 태도, 감정, 신념 등에 연관된 교육 목표를 설정 • 규칙을 존중하기, 긍정적인 자아개념, 자신감 갖기 등
심동적 영역	• 장애인의 신체 조절하는 근력을 발달시키고 유지시킴 • 심동적 영역에는 반사운동, 기본운동(기초 운동, 이동 및 비이동 운동 포함), 특정 스포츠와 관련된 움직임(체력, 수중운동, 무용, 게임) 등

02 ③
시카고에서 개최한 스페셜 올림픽은 1968년이다.

03 ③
1급 장애인스포츠지도사는 120시간의 연수 시간이 있다.

① 2급 장애인스포츠지도사 는 18세 이상 응시 가능하다.
② 1급 장애인스포츠지도사는 2급 자격취득 후 3년 이상 해당 자격종목 지도 경력이 있어야 응시가 가능하다.
④ 장애 특성 이해는 2급 장애인스포츠지도사 연수 과목이다.

04 ②
토큰 강화는 다른 강화물로 교환이 가능하다.

05 ④

수업 중 발작이 일어났을 경우 충돌 사고 예방을 위해 주변 사물을 치워야 한다.

① 발작이 10분 이상 지속한다면 응급상황으로 판단하고 조치한다.
② 호흡 상태의 관찰 후 필요하다면 회복자세를 취한다.
③ 1분간 호흡의 유무를 먼저 확인 후 심폐소생술을 실시한다.

06 ①

하지절단 장애인이 축구 운동 시 클러치(clutch)를 사용해 체중을 지탱하게 해준다.

② 탁구 운동 시 몸을 지지하기 위해 탁구대에 몸을 지지한다.
③ 수영 운동 시 의족을 착용을 불가능하다
④ 스키 운동 시 아웃리거를 사용해 운동을 실시한다.

07 ③

손상 부위와 상관없이 체력 수준이 다르므로 다양한 프로그램을 지도해야 한다.

이론 PLUS 척수장애 신체활동 지도 시 고려사항
- 기립성 저혈압의 병력을 사전에 확인
- 균형, 협응력, 관절 가동범위 등 훈련 전에 반드시 평가가 필요
- 능동적인 관절 가동범위가 어려울 경우 보조자 또는 지지 탁자를 사용하고 중력 감소 운동 실시
- 동체 균형 능력이 부족할 경우, 몸을 고정시킬 수 있는 벨트를 사용
- 사지 마비 경우 휠체어 롤러, 암 크랭킹으로 2분 동안 준비 운동을 실시 후 유산소 운동 시작
- 지속적인 스프린트 사용은 장기적으로 부족한 근육의 근력을 향상시키지 못함
- 운동 상해를 주의하며, 휠체어는 앞으로 기울인 자세는 지양해야 함
- 사지 마비로 인한 손의 기능 제한은 커프를 사용해 손목의 과신전을 예방
- 손의 기능이 부족할 경우 에는 에이스랩, 상체 에르고미터에 벨크로 장갑, 또는 손목 커프에 고리를 다는 방식을 선택

08 ③

유아, 청년기 연령층을 포함한 서비스이다.

09 ④

사회성이 떨어져 또래 친구들과 함께 놀지 않는다.

이론 PLUS 자폐성장애의 특징

구분	인지 행동	신체적	사회적, 감정적
특성	• 언어 발달의 문제 • 지적 장애와 유사	• 운동 수행 능력 낮음 • 체력 수준 낮음	• 상동 행동 • 음식 섭취 및 수면 곤란 • 주변 환경에 무관심 • 상호 작용 능력 발달 지체
신체활동 특성	• 인지적 장애 • 외부 생활의 단절로 문제 행동 발생 • 관심 끌기, 감각, 회피 물건, 행동 구분 가능		
체육활동 전략	• 지시의 패턴화 • 활동과 소음에 방해되는 환경 관리 • 사이클, 수영 같은 연속된 동작 스포츠에 적합 • 환경적 단서가 효과적 • 접근하기 쉬운 운동을 선정 • 시각적 단서, 언어 지시 제공 • 같은 장비, 환경으로 구성할 것		

10 ②

청력 손실이 60~70db를 넘지 않는다.

11 ①

BPFT 검사는 건강 관련 체력 평가가 목적이다.

12 ①

기립성 저혈압 병력의 사전 조사는 절단 장애가 아닌 척수 장애에 대한 설명이다.

13 ③

레트 장애는 여아에게 주로 나타나는 발달 장애이다.

이론 PLUS 자폐성 장애 유형

레트 장애	여아에게 주로 나타나며 발달 장애의 하위 유형임
소아기 붕괴 장애	2~3세까지 정상적으로 발달하던 아이에게서 갑자기 지연이 시작되는 희귀 질환
아스퍼거스 증후군	사회 부적응과 언어 발달이 지연되는 만성 신경 질환이며 고집이 강하고 공감 능력이 떨어짐
비전형 전반적 발달 장애	사회성, 의사소통 같은 발달에 문제가 있다고 판단된 경우

14 ②

지시형 스타일은 지도자는 장애인에게 과제에 대한 설명, 시범을 보이고 연습하게 하고 피드백을 주는 것이다.

① 수업에서 장애인의 안전을 확보하는데 효과적인 교수 스타일이다.
③, ④ 장애인스포츠지도사는 수업 운영과 관련된 모든 사항을 결정한다.

15 ③

언어 및 단어는 간단하게 설명한다.

 지적 장애인 체육 활동 지도 전략
- 안전 지도 방안 구체화
- 수행 능력의 세밀한 파악 후 지도
- 발달 정도에 따라 꾸준히 지도
- 언어 및 단어는 간단하게
- 시범 지도, 직접 지도 활용
- 단순한 규칙 놀이 제공
- 관련 단서 제공
- 고관절 과신전 부상 주의
- 감각적 단서를 제공하면서 지도

16 ①

곡형 손실 유형은 중음역 구간에서 청력 손실이 크며 저음과 고음역의 청력 손실이 작다.

 청력 손실 유형

Dip형	다른 주파수에서는 일정하지만 일부 제한된 주파수대일 때 청력 손실이 큼
곡형	중음역 구간에서 청력 손실이 크며 저음과 고음역의 청력 손실은 작음
산형	중음역 구간에서 청력 손실이 작으며 저음과 고음역의 청력 손실이 큼
전농	저음역의 특정 주파수에만 청력이 측정되며 이외 주파수에서는 측정이 불가능
수평형	소리가 작게 들리고 모든 주파수에서 비슷한 청력의 손실을 가짐
저음 장애형	저주파수에서 청력 손실이 크고 고주파수에서 청력 손실이 작은 편이며 난청인에게 흔하게 발생함
고음 점경형	저주파에서 고주파로 올라갈 때 청력 손실이 크며 노인성 난청에 흔하게 발생함
고음 급추형	2000Hz 이상 고주파에서 급격히 청력 손실이 증가하며 저주파 에서는 청력 손실이 일정함

17 ②

청각 장애인 운동 지도 전략 중 정의적 영역에 속한다.

18 ③

데이비스와 버튼의 생태학적 과제분석의 실행과정을 바르게 나열하면 '과제 목표 - 변인 선택 - 관련 변인 조작 - 지도'이다.

19 ③

개별화교육프로그램(IEP)의 목표 진술 3요소는 '조건, 기준, 행동'이다.

개별화교육프로그램(IEP)의 목표 진술 3요소

조건	물리 환경, 심리적 조건을 포함하여 기구, 도구, 시설에 대해 6하 원칙으로 선택 기술함
기준	동적 수행의 질을 결정 짓고 행동의 지속과 정확성을 규정함
행동	수행의 최종 결과이며 신체 움직임을 의미, 객관적인 측정, 관찰이 필요

20 ①

개별성의 원리는 수행자의 운동 목적, 수준, 건강 상태를 고려해 프로그램을 제공하는 원리이다.

유아체육론

01	02	03	04	05
①	③	①	③	③
06	07	08	09	10
①	②	②	④	②
11	12	13	14	15
④	③	③	②	④
16	17	18	19	20
④	④	①	③	②

01 ①
신체를 조절하고 기본운동을 권장한다.

02 ③
<보기>에서 설명하는 갤러휴(D. Gallahue)의 운동발달 단계는 '초보 움직임 단계' 이다.

이론 PLUS 유아기 운동 발달의 기본 움직임 단계(갤러휴, D. Gallahue)

운동발달의 단계	특징
반사 움직임 단계(출생~1세) / 정보 수용 및 정보 처리 단계	불수의적인 움직임을 주로 하는 반사 움직임 단계
초보 움직임 단계(출생~2세) / 반사 억제 및 사전 통제 단계	• 불수의적인 움직임이 점차 줄어듦 • 생존에 필요한 수의적 움직임 발달
기본 움직임 단계(2~7세) / 시작, 초보 및 성숙 단계	• 시작(기본 기술 수행) • 초보(기본움직임의 제어와 협응) • 성숙(수행의 역학적 효율성 및 제어 능력 향상)
전문화 움직임 단계(7~14세 이상) / 전환, 적용 및 평생 이용 단계	일상생활과 기본적인 스포츠 활동에 응용되어 보다 세련되고 복잡한 활동 가능

03 ①
정적(static) 안정성 운동은 근의 단축(짧아짐)이 허용되지 않는 상태에서의 수축을 수반하는 운동으로 멈추기, 직립균형 잡기 운동 등이 포함된다.

04 ③
㉠은 성숙주의(A. Gesell), ㉡은 생태학적이론(U. Bronfenbrenner)에 대한 설명이다.

이론 PLUS
1. 게셀(A. Gesell, 1940)의 성숙주의이론
   - 게셀은 유아의 연령과 능력에 대한 표준을 만들고, 유아 발달 수준을 넘어서는 성취를 강요하지 못하도록 강조
   - 성숙은 교육이나 연습의 효과와는 대조되는 것으로 어떤 능력이 성숙에 의해 좌우된다면 발달상의 스케줄보다 앞서 가르치려고 노력할 필요가 없다고 봄
2. 브론펜브레너(U. Bronfenbrenner)의 생태학적이론

생태적 전이		내용
과정	체계명	
1	미시체계 (micro-system)	• 아동의 아주 가까운 주변에서 나타는 직접적인 상호작용의 체계 • 가족, 친구, 종교, 또래집단(동료)
2	중간체계 (meso-system)	• 2개 이상의 미치체계가 상호작용을 이루어지는 체계 • 가정, 학교, 이웃, 교회(종교시설)
3	외체계 (exo-system)	• 개인에게 직접적으로 관여하지는 않으나 개인의 발달에 영향을 주는 체계 • 부모의 직장 또는 회사, 손위형제가 다니는 학교, 지방교육청의 정책
4	거시체계 (macro-system)	• 개인이 살고 있고 성장과 발전에 직접적인 영향을 끼치는 공동체의 문화, 문화체계 • 제도, 전통, 신념, 가치체계
5	시간체계 (chrono-system)	• 시간 경과에 따른 아동의 사회·역사적 경험 • 생애 과정에 걸친 전이와 환경적 사건의 형태, 사회 역사적 상황 변화

05 ③
다양한 속도로 날아오는 야구공을 받는 것은 시간지각운동에 대한 내용이다.

06 ①

<보기>에서 설명하는 반사의 종류는 모로반사(Moro reflex)이다.

 원시반사(primitive reflex) 및 자세반사(postural reflex)

반사작용	자극 및 반응
모로반사 (moro)	(자극) 갑자기 큰 소리, 위치 변화(머리와 몸의 위치 변화) 시 (반응) 팔과 다리를 벌리고 껴안으려고 몸쪽으로 팔, 다리를 움츠리는 동작
바빈스키 반사 (babinski)	(자극) 발뒤꿈치에서부터 5번째 발가락쪽으로 긁어 주는 자극을 주면 (반응) 다리를 움츠렸다가 쫙 펴는 반응을 보임
당김반사 (pull up)	(자극) 앉아 있는 상태에서 손을 잡아주면 (반응) 팔을 구부려 일어서려고 하는 반사 움직임
낙하산자세반사(parachute)	(자극) 아기를 뒤에서 안아 상체를 아래로 내리면 (반응) 손을 앞으로 뻗고 손바닥을 펴 보호하려고 함

07 ②

피아제의 인지발달이론에 대한 설명이다.
- 인지(Cognition: 인간이 지식을 습득하고 문제 해결과정에서 사용하는 것)를 학습
- 발달시킴에 따라 이후 발달 단계로 넘어감

08 ②

수직 점핑(vertical jumping)이 성숙단계로 발달하도록 지도하는 방법은 뻗은 팔은 견갑부 부근에서 기울여서 위로 들어 올리고, 뻗지 않은 팔은 최고점에 올라갔을 때 아래쪽으로 밀어내도록 하는 것이다.

09 ④

성장과 발달은 일련의 방향성을 가지고 발달한다.

운동 발달 프로그램의 원리

적합성의 원리	유아기는 발달 단계에 따라 가장 많은 영향을 받는 '민감기'이므로, 여러 요소를 적절히 고려해야 한다.
운동발달의 방향성 원리	• 성장과 발달은 일련의 방향성을 가지고 발달한다. • 발달 순서: 대근육 → 소근육, 중심(근위, proximal) → 말초(원위, distal)
특이성의 원리	유아기 운동 발달 프로그램을 구성 시에는 공통적(일반적)인 특성 외에도 개인차(유전적 요인 등)를 고려해야 한다.
안전성의 원리	유아기의 아이는 호기심이 강하고, 주의력과 조심성이 부족하여 성인보다 더 많은 위험에 노출되어 있으므로 안전 지도에 최선을 다해야 한다.
연계성의 원리	신체 발달 프로그램의 특성은 연령 및 성별에 따라 변화하므로, 그 순서를 조직적으로 연계해야 하며 정서·사회적 발달을 위한 교육 프로그램과의 연계도 필수적이다.

10 ②

유아의 신체적 자기개념(self-concept)에서 신체적 자기개념은 자기효능감과 관련이 있다.

11 ④

누리과정(2019)에서 '신체운동·건강 영역'의 내용 중 정의적으로 표현하기는 포함되지 않는다.

12 ③

발달은 일정한 순서로 이루어지지만, 발달속도는 개인차가 있다.

 영·유아기 운동 발달의 특징

- 운동 기능은 뇌에서 가장 가까운 부분부터 발달하며, 몸의 중심(근위, proximal)에서 말초 부분(axial) 순서로 발달함
- 대근육이 먼저 발달하며, 소근육은 이후로 발달함
- 신체 구조나 생리적으로 항상 양방 관계로 균형을 이루다가 차츰 일방으로 선택하여 발달함
- 수평적인 동작에서 수직 동작으로 발달함
- 골격이나 근육의 발달과 더불어 신경에 의한 신경지배의 근육이 증대하여 여러 가지 협응동작이 가능하게 되면 그것이 자극이 되어 운동능력이 발달
- 유아기에는 걷기, 뛰기, 미끄러지기 등의 운동기능이 급속도로 발달하는 시기로, 운동능력을 발달시키는 결정적 시기라고 할 수 있음
- 발달은 일정한 순서로 이루어지지만, 발달속도는 개인차가 있음

13 ③

㉠은 도식, ㉡은 조절, ㉢은 조직화이다.

인지발달이론의 요소

도식(schema)	'스키마', 사물이나 사건에 대한 전체적인 윤곽, 사고의 틀
동화(assimilation)	기존의 도식에 맞추어서 새로운 경험을 받아들여 일반화하는 과정
조절(accommodation)	새로운 대상에 맞게 도식을 바꾸는 인지과정
평형화(equilibrium)	동화와 조절이 균형을 이루도록 적응의 과정
조직화(organization)	사물이나 사건에 대한 정보들을 재구성하면서 도식들의 논리를 조직화하는 과정

14 ②

㉠은 초보 단계, ㉡은 시작 단계, ㉢은 성숙 단계이다.

이론 PLUS 운동 발달 단계

시작 단계	기본적인 움직임을 보이지만, 협응이 원활하지 않아 움직임이 매끄럽지 못하다.
초보 단계	기본 움직임에 대한 제어와 협응이 향상되지만, 신체사용이 비효율적이다.
성숙 단계	움직임의 수행이 역학적으로 효율성을 갖게 되어 협응과 제어가 향상된다.

15 ④

어린이, 청소년은 매일 1시간 이상 운동을 권장한다.

16 ④

안전과 직결되는 교재와 교구는 견고함과 더불어 비용적 측면을 고려한다.

이론 PLUS 유아 체육 안전 지도 및 환경

안전성	설비들은 안전하게 배치 및 관리하고 사고의 위험에서 최대한 보호하며, 항상 지도자의 시야 안에 들어오도록 환경을 조성한다.
편안함	유아들이 편안하게 활동에 몰입할 수 있도록 온도·습도·조명·환기 등에 신경을 쓴다.
경제성	안전과 직결되는 교재와 교구는 견고함과 더불어 비용적 측면을 고려한다. 교재 및 교구에는 반영구적인 재료를 사용하거나 교체 시기를 고려하여 시공한다.
흥미성	체육 활동의 재미와 흥미를 이끌 수 있는 환경의 조성이 필요하다.
공간 확보	실내 활동의 필요 공간은 1인당 약 1평이며, 실외 활동은 실내 활동보다 2~3배의 공간이 필요하다. 개인적인 공간과 집단이 사용하는 공간이 구분될 수 있도록 여유 공간이 필요하다.
효율성	유아의 신체 발달에 필요한 기구 및 설비를 준비한다. 장소의 음향·냉난방 시설, 활동 공간 등은 수업의 효과적인 진행을 위해 필요하다.

17 ④

㉠은 스키너(B. Skinner)의 행동주의이론, ㉡은 반두라(A. Bandura)의 사회학습이론, ㉢은 피아제(J. Piaget)의 인지발달이론이다.

인지발달이론	피아제 (J. Piaget)	인지(Cognition: 인간이 지식을 습득하고 문제 해결과정에서 사용하는 것)를 학습하고 발달시킴에 따라 이후 발달 단계로 넘어간다.
행동주의 (조작적 조건화 이론)	스키너 (B. Skinner)	• 자극에 반응한 결과를 강조하는 이론으로, 결과 행동의 발생 빈도를 높이기 위해서 자극요인을 조건화하게 된다. • 자극(S) - 반응(R) - SR(강화자극 - 정적 또는 부적강화)의 이론으로 조건화 설명
사회학습이론	반두라 (A. Bandura)	다른 사람이나 특정 상황을 관찰, 모방함으로써 학습하여, 자신의 행동을 차츰 통제해 나가는 과정으로 발달을 보는 이론

18 ①

고강도 운동 시 유소년의 심박수는 성인과 비교하여 높다.

19 ③

㉠, ㉣, ㉤이 동일한 유형(원시반사)이다.

이론 PLUS 유아기 반사

원시반사	모로반사, 놀람반사, 포유반사(찾기반사), 흡입반사(빨기반사), 혀 밀어내기 반사, 손바닥 파악 반사, 발바닥 파악 반사, 하악 반사, 바빈스키 반사, 목경직 반사[대칭/비대칭]
자세반사	직립반사, 시각 바로잡기, 당김반사, 낙하산자세 반사, 지지반사, 목자세반사, 몸통자세반사
이동반사	기기반사, 걷기반사, 수영반사

20 ②

㉠, ㉢이 옳은 내용이다.

이론 PLUS 영유아 기도폐쇄 응급처치 지침

영아	영아(1세 이하, 2세라도 체중이 10kg 이하)일 경우 다음이 권장된다. • 자세취하기 및 119 신고요청 - 주변에 신고를 요청한다. - 의식이 없는 경우 혀에 의한 기도폐쇄가 있는지 확인한다. - 환자의 얼굴이 위로 향하도록 환자를 자신의 팔 위에 올려놓고, 손으로 환자의 경부를 고정한다. - 다른 팔을 이용해 환자의 얼굴이 아래를 향하도록 뒤집어, 턱을 잡은 손이 환자를 떠받히게 한다. • 등 두드리기 5회 실시 후 흉부압박 5회 • 입안의 이물질 제거 - 손에 닿는 경우, 이물질을 확인하여 제거한다.
소아 (유아)	환자가 숨쉬기 힘들어하거나 목을 감싸 괴로움을 호소할 시, 기도폐쇄로 판단한다. • 119 신고 요청 • 하임리히법 실시 - 환자의 등 뒤에 서서 주먹을 쥔 손의 엄지손가락 방향을 배 윗부분에 대고, 다른 한 손을 위에 겹친 후 환자의 배꼽에서 명치 사이 배 부위를 두 손으로 위로 쓸어 올리듯 강하게 밀어 올린다. - 이물을 제거하고 이물이 밖으로 나왔는지 확인한다.

노인체육론

01	02	03	04	05
①	②	①	③	③
06	07	08	09	10
①	②	③	①	②
11	12	13	14	15
②	④	③	③	②
16	17	18	19	20
②	②	②	③	③

01 ①

노화의 신체적 특성
- 신체 구조 및 기능의 저하: 피부와 지방 조직의 감소, 세포의 감소, 뼈대와 수의근의 약화, 치아의 감소, 심장 비대와 심장 박동의 약화
- 외면상의 신체 변화: 흰 머리카락의 증가, 머리카락의 감소, 주름살의 증가, 얼룩반점의 증가, 신장의 감소
- 만성질환 유병률의 증가: 퇴행성 관절염, 골다공증, 동맥 경화증, 고혈압, 당뇨병, 심장병, 신장병 등의 질환 유병률이 올라가고 안구수축이 30대 중반~ 40대 초반부터 안구 조절능력 떨어지며 노안 발현 시작

02 ②

노화로 인한 낙상의 원인
- 근골격계 및 신경계 퇴화로 인한 근력, 유연성, 평형성, 반응속도, 보폭, 보행속도의 감소
- 시력과 청력의 퇴화로 인한 주변 환경 인지능력 감소
- 여러 가지 합병증 보유
- 4가지 이상의 약물 복용

03 ①

노인 스포츠 지도자의 지도 기법
- 수업 장소에 일찍 도착하여 새로운 참가자들을 파악하고, 기존의 참가자들과는 상호 교류를 할 수 있는 시간적 여유를 가짐
- 운동 프로그램을 시작하기 전에 분위기를 조성함
- 운동의 명칭을 시범과 함께 언어적, 시각적 단서들을 제공함
- 어떤 운동을 왜 해야 하는지 이해할 수 있도록 운동의 목적을 설명함
- 노인들이 신체 인식을 발달시킬 수 있도록 도움을 줌
- 참가자 중심의 접근 방법으로 인간 지향적인 관점에서 접근함
- 지도를 할 때 단어 선택을 신중히 함
- 사교적인 관계를 조성함
- 편안하고 협박적이지 않은 분위기를 유지함
- 우호적인 운동 환경을 조성함

이론 PLUS 노인 스포츠 목표 설정

측정 가능성	목표 달성의 판단이 가능하도록 설정
구체성	운동 형태, 시간, 강도, 빈도 등을 구체적으로 설정
현실성	개인이 달성할 수 있는 수준의 현실적 목표 설정
행동성	직접 실행에 옮길 수 있는 수준으로 행동 지향적 목표 설정

04 ③

하비거스트(R. Havighurst)의 발달과업이론에서 노년기의 과업으로 퇴직과 경제적 수입 감소에 대한 적응이 있다.

이론 PLUS 하비거스트(Havighurst)의 발달 과업 이론 중 노년기(56세 이후)의 발달 과업
- 약화되는 신체적 힘과 건강에 대한 적응
- 퇴직과 경제적 수입 감소에 대한 적응
- 배우자 죽음에 대한 적응
- 자기 동년배 집단과의 유대 관계 강화
- 사회적 역할을 융통성 있게 수행하고 적응하는 일
- 생활에 적합한 물리적 생활환경의 조성

05 ③

생산성 vs 정체(성인기)
자신의 세대를 넘어 다음 세대를 양육하는 것에 관심과 노력을 기울이게 되는 시기로, 생산성을 형성하지만 생산성이 결핍되면 사회에 의미 있는 기여를 하지 못했다는 회의로 인해 침체를 경험하고 소위 중년의 위기를 겪게 되는 시기이다.

06 ①

성공적인 노화 7가지 구성요소(Phelan&Larson, 2002)
① 인생에 대한 만족
② 수명
③ 장애가 없을 것
④ 숙달, 성장
⑤ 적극적인 인생참여
⑥ 높은 수준의 기능
⑦ 긍정적 적응

07 ②

유산소 운동을 통해 인슐린 민감성이 향상되어 안정 시 또는 공복 시 혈당 수치가 감소하기 때문에 인슐린 분비량은 감소한다.

08 ③

운동이 노인에게 미치는 생리적 효과
- 심혈관과 호흡 계통: 심장 및 혈관의 기능 향상, 유산소 능력 향상 및 유지, 최대 산소 섭취량 증가, 심박수 감소, 1회 박출량 증가, 혈액의 산소 운반 능력 증가, 분당 환기량 증가, 안정 시 호흡수 감소, 폐활량 증가 등
- 근육 및 골격 계통: 근력 향상, 뼈의 질량 증가, 근육층의 발달, 지방층의 감소, 피부의 탄력 향상, 뼈대 및 관절 강화 등
- 내분비 계통: 인슐린 감수성 증가, 인슐린 저항성 감소, 대사 증후군 유병률 감소, 당뇨병 예방 및 개선, 상처 치유 속도 향상, 콜레스테롤 감소 등
- 신경 계통: 반응 시간 단축, 신경 전달 기능 향상, 신체 제어 능력 및 협응력 향상, 수면 상태 호전, 기억력 향상, 치매 발생 감소 등
- 운동 기술 습득: 기존 운동 능력 유지, 새로운 운동 기술 습득 등

선지 분석
㉠ 인슐린 내성 감소
㉣ 신경 전달 능력 증가
㉰ 주어진 절대 강도에서 심박수 감소

09 ①

행동주의 학습 이론은 인간 행동의 변화에 초점을 두고 그 변화를 촉진시키는 자극이나 강화를 정밀하게 계획한 결과로 습득한 지식이 행동의 변화로 나타난다는 이론이다.

10 ②

가역성의 원리에 대한 설명으로서, 운동이 중지되었거나 과부하가 발생하지 않을 경우 운동 능력이 빠르게 감소된다.

이론 PLUS

개별성의 원리	• 트레이닝 자극에 대한 각 개인의 반응은 다양하며, 연령, 초기 체력 수준, 건강상태와 같은 요인에 영향을 받음 • 노인의 특정 요구, 흥미, 능력을 고려하면서 운동 프로그램을 설계해야 하고, 개인의 차이와 선호도를 고려한 개별적인 운동이 적용되어야 함
과부하의 원리	• 체력 구성 요소의 향상을 촉진하기 위해 신체의 생리적 시스템은 평상시 신체 활동보다 더 많은 부하에 의해 자극을 받아야 함 • 과부하는 운동의 강도만 증가시키는 것 뿐만 아니라 운동의 빈도, 지속 시간을 증가시킴으로써 가져올 수 있음
특이성의 원리	• 운동 트레이닝에 대한 신체의 생리적·대사적 반응과 적응이 운동 형태와 사용된 근육 군에 특정적임을 의미 • 개인의 목표에 맞게 특정한 운동을 선택 • 운동의 효과는 운동 중 사용한 특정 근육 및 부위에만 적용

해커스
스포츠지도사
2급 필기
한권합격

시험장에 꼭 가져가야 할

핵심노트

해커스

PART 01 스포츠교육학

00 핵심용어

용어	개념
인지적 영역	정보처리와 관련된 지식 또는 능력(논리, 개념, 사실, 기억, 회상)
정의적 영역	움직임과 연관된 감정, 태도, 가치, 사회적 행동, 성격, 가치관 등을 포함한 학습영역
심동적 영역	신체적 활동이나 능력 향상의 목적과 목표
체육 수업 모형	바람직한 체육 수업이 가지고 있는 속성 및 특징을 한눈에 볼 수 있도록 하는 종합적이고 구조화된 수업 설계도
토큰 수집	학습자가 적절한 행동을 할 때마다 지도자가 점수, 스티커 또는 몇 가지 다른 쿠폰을 제공하여 정한 수 만큼 학습자가 토큰을 모으면 특정 보상을 해주는 방법
타임 아웃	부적절한 행동을 한 학습자를 일정한 시간 동안 활동에서 제외시키는 방법
프리맥 기법	빈도가 높은 활동(좋아하는 활동)은 낮은 활동(좋아하지 않는 활동)에 대하여 강화력을 가지며, 이를 통해 학습 동기를 부여하는 원리
루브릭	학습자가 과제를 수행할 때 나타내는 반응을 평가하는 기준의 집합
측정	대상의 속성을 파악하기 위해 체계적인 방법으로 수치(숫자)를 부여하는 것
검사	개인 또는 집단에 대한 정보를 수집하기 위해 사용되는 도구 또는 체계적인 측정 절차
평가	측정을 통해 수집된 자료 또는 검사 점수에 대한 해석과 가치판단의 과정
사정	지도자가 의사결정을 하기 위해 다양한 방법으로 자료를 수집, 해석, 활용 하는 과정
타당도	스포츠 지도자가 평가 수행 시 '측정도구나 방법이 검사의 목적과 일치하고, 적합한지' 판단할 수 있는 측정치의 질
예측타당도	측정한 검사 결과가 미래의 행위를 얼마나 정확하고 잘 예측할 수 있는지에 대한 정도의 준거관련 타당도
공인타당도	기존에 이미 타당성을 입증 받은 검사에 의해 측정된 검사 결과와 지도자가 개발한 검사의 결과가 일치하는 정도로 추정하는 타당도
구인타당도	측정검사도구가 구인(집중력, 불안 등과 같은 심리적 요인과 같이 정의하기 어렵고 직접 측정할 수 없는 특성)들을 제대로 측정하고 있는지 밝히는 타당도
신뢰도	동일한 조건(측정자, 검사도구 등)에서 2회 이상 측정하였을 때, 일관성 있고 정확성이 높은 측정 결과를 획득할 수 있는 정도
반분검사 신뢰도	한 번 시행한 검사 점수를 두 개로 나누어 두 검사 점수 간의 상관관계를 추정하는 신뢰도
크론바흐 알파 (cronbach α)	검사를 인위적으로 반분하지 않고 검사 문항의 분산을 이용하여 신뢰도를 추정하는 방법

01 스포츠교육의 가치 p.16

신체적 가치	• 신체 건강(체지방 감소, 비만예방 등) 및 체력(근력, 근지구력, 순발력, 유연성, 민첩성 등) 강화 • 스포츠 기능(달리기, 뛰기, 던지기 등)을 향상 시킴
정의적 가치	• 신체활동을 통해 스트레스와 긴장을 완화시켜 심리적, 정서적 안정을 가져다 줌 • 스포츠활동을 통해 타인과의 의사소통과 상호작용 능력과 관련된 사회적 기술 향상을 도모 • 스포츠활동 내 경기방법, 규칙 준수를 통해 부정적 행동을 방지, 사회적·도덕적 기술과 인격 향상 도모
인지적 가치	• 스포츠활동을 통해 집중력, 인지기능 향상 가능 • 다양한 동작을 활용하여 문제해결과 분석적 사고 기술발달을 향상시킴 • 스포츠활동을 통해 지능발달, 학습 준비도 및 학업 성적 향상에 기여

02 체육교사와 스포츠 강사의 역할 p.42

체육 교사의 역할	학습 안내자로서의 역할	체육교사는 학생들이 교과에 대한 이해를 할 수 있도록 안내자의 역할을 해야 함
	인성 지도자로서의 역할	체육교사는 학생들의 올바른 인성도 함양할 수 있도록 해야 함
	모델로서의 역할	체육교사는 모범적인 태도를 통해 학생들의 올바른 모델로서의 역할을 해야 함
	조력자로서의 역할	체육교사는 학생들의 행동에 대해 관찰하고 조력하는 역할을 해야 함
스포츠 강사의 역할	안내자의 역할	학생들이 체육활동에 흥미를 갖고 지속적으로 참여할 수 있도록 지도하고 안내하는 역할을 해야 함
	보조자의 역할	학생들이 안전하게 체육수업에 참여할 수 있도록 보조하는 역할을 해야 함
	행사자의 역할	학교 체육 내 클럽리그 및 토너먼트 경기를 운영하는 역할을 해야 함
	전문가의 역할	학생의 건강관리, 종목 지도 방법, 연습방법 등에 대한 전문적 지식을 갖추어야 함
	개발자의 역할	적합한 운동 프로그램을 개발하고 지도하는 역할을 해야 함

03 스포츠 교육 학습자 상태 고려사항 p.43

• 학습자의 기능 수준
• 학습자의 체격 및 체력
• 학습자의 동기 유발 상태
• 학습자의 인지적 능력
• 학습자의 감정 조절 능력
• 학습자의 발달 수준

04 체육 수업 프로그램의 목표 분류체계   p.48

인지적 영역	지식, 이해력, 적용력, 분석력, 종합력, 평가력
정의적 영역	수용화, 반응화, 가치화, 조직화, 인격화
심동적 영역	반사동작, 기초 기능, 지각 능력, 신체 능력, 복합 기술, 운동 해석 능력

05 슐만(Shulman)의 7가지 교사 지식   p.49

구분	의미
내용 지식	가르칠 교과 내용에 대한 지식
지도방법 지식	모든 교과에 적용되는 지도법에 대한 지식
내용교수법 지식	특정 학생에게 어느 교과나 주제를 특정한 상황에서 지도할 수 있는 방법에 대한 지식
교육과정 지식	각 학년에 발달 단계에 적합한 내용과 프로그램에 대한 지식
교육환경 지식	수업 환경에 영향을 미치는 지식
학습자와 학습자 특성 지식	수업에 영향을 미치는 학습자에 관한 지식
교육목적 지식	목적, 목표 및 교육시스템의 구조에 관한 지식

06 학교 스포츠 클럽 운영   p.51

구분	세부유형	장점	단점
리그	통합 리그	• 경기 수 많음 • 우승팀의 권위	경기력 편차(순위 고착화)
	조별 리그	빠른 진행	경기 수 적음
	스플릿 리그(상위/하위 리그)	경기력 평준화	동일한 팀과의 경기 수 많음
토너먼트	넉다운 토너먼트	간단한 경기방식	• 경기 수 적음 • 우승팀 외 순위산정 어려움
	더블 엘리미네이션 토너먼트 (패자부활전)	• 적절한 경기 수 • 모든 팀의 순위 산정 가능	경기력 외 요소 작용 가능
	스플릿 토너먼트	모든 팀의 동일한 경기 수 보장	• 복잡한 경기방식 • 패자전 관심저하
리그 + 토너먼트	조별 리그 후 토너먼트	짧은 시즌	조 간 경기력 편차
	통합 리그 후 플레이오프	적절한 경기 수	하위 팀 동기저하

07 전문 체육 프로그램 개발 6단계 (R Martens) p.54

단계 구분	단계 명칭	내용
1단계	선수에게 필요한 기술 파악	코치는 선수에게 필요한 기술이 무엇인지 파악하고, 어떤 전략으로 지도해야 하는지 고려해야 함
2단계	선수 이해	선수의 발달 단계(신체적, 심리적, 사회적) 및 환경적 요소를 파악해야 함
3단계	상황 분석	코치는 지도계획을 수립하기 전에 주변 상황(선수, 공간, 기자재 등)에 대해서 분석해야 함
4단계	우선순위 결정 및 목표설정	언제, 어디서, 무엇을, 어떻게 할 것 인지에 대한 리스트를 정하고, 목표를 단기, 중기, 장기로 설정해야 함
5단계	지도 방법 선택	상황 분석, 우선순위 결정 및 목표설정이 이루어지고 나면, 그것을 바탕으로 체계적으로 지도할 수 있는 지도방법을 선택해야 함
6단계	연습 계획 수립	일일 지도, 연습계획 및 시즌 계획을 수립하여 체계적인 지도를 수행해야 함

08 교육 모형의 종류 p.58

1. 스포츠 교육 모형

주제	유능하고 박식하며 열정적인 스포츠인으로 성장	
개요	학생들은 스포츠 상황에서 나타나는 다양한 역할(선수, 코치, 심판, 트레이너, 경기 보조원 등)과 구조를 경험할 수 있고 이를 통해 스포츠 속에 내재된 다양한 관점과 가치를 배움으로써 긍정적이고 교육적인 체험을 습득할 수 있음	
목적	유능한 스포츠인, 박식한 스포츠인, 열정적인 스포츠인	
학습 영역의 우선순위	학습 활동	잠정적인 우선 순위
	조직적 의사 결정	1순위: 인지적 / 2순위: 정의적
	선수로서의 시즌 전 연습	1순위: 심동적 / 2순위: 인지적 / 3순위: 정의적
	코치로서의 시즌 전 연습	1순위: 인지적 / 2순위: 정의적 / 3순위: 심동적
	임무 역할의 학습 (심판, 기록자, 트레이너 등)	1순위: 인지적 / 2순위: 정의적 / 3순위: 심동적
	팀원으로서의 임무	1순위: 정의적 / 2순위: 인지적 / 3순위: 심동적
	선수로서의 경기 수행	1순위: 심동적 / 2순위: 인지적 / 3순위: 정의적
	코치로서의 경기 수행	1순위: 인지적 / 2순위: 정의적 / 3순위: 심동적

2. 직접 교수 / 개별화 지도 / 동료 교수 / 협동 학습 / 탐구 수업 / 전술 게임 모형

구분	주제	개요	학습 영역의 우선순위
직접 교수 모형	교사가 수업의 리더 역할	• 교사 중심으로 수업 내용, 관리, 학생의 참여 등에 대한 모든 의사결정이 이루어짐(교사 주도적 참여 형태) • 학생은 많은 연습이 가능하고, 교사는 학생들의 연습 과정 관찰 및 긍정적·교정적 피드백 제공 비율이 높아짐	• 1순위: 심동적 영역 • 2순위: 인지적 영역 • 3순위: 정의적 영역
개별화 지도 모형	수업진도는 학생이 결정 가능한 빨리, 필요한 만큼 천천히	• 기본적 설계 → 각 학생들에게 수업 관리 정보, 과제 제시, 과제 구조, 수행기준과 오류 분석이 포함된 학습활동 및 평가를 하나의 묶음으로 구성하여 수업 자료들을 제공 • 학생들은 내용 단원을 학습할 수 있는 능력에 따라 수업진도 속도를 조절하여 학습	• 1순위: 심동적 영역 • 2순위: 인지적 영역 • 3순위: 정의적 영역
동료 교수 모형	나는 너를 너는 나를 가르친다	• 학생이 수행하는 연습 시도에 대해 교사의 관찰 부족과 교사로부터 받는 제한된 피드백의 문제점을 해결하기 위해 고안된 수업 모형 • 직접교수 모형의 변형으로 학생들은 조(짝)을 이루어 제시된 과제 따라 학습 과제를 완수 • 교사가 제시한 과제에 따라 학생이 교사와 학습자의 두 가지 역할을 교대로 수행 및 학습하며, 학생이 개인교사의 역할을 대리 수행 • 개인교사는 학습자에게 수행의 개선과 관련된 교정적 피드백을 제공	[학습자] • 1순위: 심동적 영역 • 2순위: 인지적 영역 • 3순위: 정의적 영역 [개인교사] • 1순위: 정의적 영역 • 2순위: 정의적 영역 • 3순위: 심동적 영역
협동 학습 모형	서로를 위해 서로 함께 배우기	• 책임감 있는 팀원이 되고, 잠재 능력을 최대한 개발 • 팀의 성공을 위한 공헌(능력에 맞는 공헌) • 동등한 학습 참여 기회를 보장하고, 학생 중심 수업 운영	[과제의 초점 - 인지적 학습] • 1순위: 정의적, 인지적 영역 • 2순위: 심동적 영역 [과제의 초점 - 심동적 학습] • 1순위: 정의적, 심동적 영역 • 2순위: 인지적 영역
탐구 수업 모형	문제 해결자 로서의 학습자	• '움직임 교육'을 가르치는데 적합 • 교사의 질문(발문)이 지도 방법의 핵심 → 발문을 기반으로 학생들의 사고력, 문제해결 능력, 탐구심 등을 기를 수 있게 함 • 질문 중심 수업의 특성과 유용한 전략들은 교사가 학생의 사고력, 문제 해결력, 탐구력 등을 향상 시키는 데 활용	• 1순위: 인지적 영역 • 2순위: 심동적 영역 • 3순위: 정의적 영역
전술 게임 모형	이해 중심 게임 지도	• 학생들이 게임을 통해서 게임 수행에 필요한 전술적 지식과 게임 기능을 익히게 하는 교수모형 • 전술적인 상황에 주된 초점을 맞추는 동시에 게임 수행을 좋아하는 학생의 흥미와 학생의 발달 수준을 최대한 고려 • 발달상 적합한 게임과 인지 활동 후 숙련된 운동수행을 통해서 전술문제를 해결하는 데 초점을 둠	• 1순위: 인지적 영역 • 2순위: 심동적 영역 • 3순위: 정의적 영역

3. 알몬드(L. Almond)의 게임 유형

게임 분류	게임
침범형	농구, 하키, 풋볼, 라크로스, 넷볼, 축구, 프리스비
네트형/벽면형	네트형(배드민턴, 피클볼, 탁구, 배구), 벽면형(라켓볼, 스쿼시)
필드형	야구, 크리켓, 킥볼, 소프트볼
표적형	당구, 볼링, 골프

4. 개인적·사회적 책임감 지도(TPSR) 모형

주제	통합, 전이, 권한 위임, 교사 - 학생의 관계
개요	• 헬리슨(Hellison)이 개발한 모형으로 학생 스스로와 타인에 대한 책임을 어떻게 져야 하는지 그 방법을 연습하고 배우는 기회 제공을 목적으로 함 • 책임감과 신체활동 두 가지를 동시에 추구하며 성취해야 한다는 것이 핵심임 • 전략으로 모든 학생이 긍정적 행동을 배우며 바람직한 의사결정 습관을 형성하도록 안전한 학습 환경을 제공함
학습 영역의 우선순위	정의적 학습 + 운동 수행 + 인지적 지식의 통합 지향

09 링크(J. Rink)의 내용 발달 단계

구분	내용
시작(전달) 과제	• 수업을 시작하는 최초 과제이며, 다른 과제로 이어지는 연속과제 • 학습자에게 새로 가르칠 기능이나 전략 • 기초적인 수준의 학습 과제

확대 과제	• 학습경험을 간단한 과제에서 복잡한 과제로 또는 쉬운 과제에서 어려운 과제로 계열화하는 것
	• 학습 과제의 복잡성과 난이도를 변화시켜 수업을 전개함
	• 확대 과제의 내용발달은 과제 간 발달과 과제 내 발달로 구분할 수 있음
	  - 과제 간 발달: 쉬운 기능에서 어려운 기능으로 발전
	  - 과제 내 발달: 하나의 운동과제 내의 단순한 내용에서 복잡한 내용으로 발전
	• 교사들은 과제 간 발달과 과제 내 발달을 통해 수업 계획, 단원계획, 연간계획을 수립함

세련 과제	• 운동수행의 질에 초점을 둔 과제로 운동수행의 질은 지도자가 학습자들에게 운동수행에 관한 결과적 정보를 제공함으로써 향상됨 • 세련 과제는 목표의 범위를 좁혀주고, 질적 향상에 대한 책무성을 강하게 부여할 때 효과가 큼 • 지도자는 학습자에게 유익한 피드백을 제공할 수 있음
응용 과제	• 학습한 기능을 실제로 응용하거나 평가할 기회를 제공 • 확대와 세련과제를 통해 습득한 기능을 실제 또는 실제와 유사한 상황에서 사용할 수 있도록 조직

10 피드백　　p.81

구분	형태
피드백의 제공자 (피드백 정보의 제공원)	• 내재적 과제: 스스로 운동기능을 시도한 결과를 관찰하여 얻은 피드백 정보 • 외재적 과제: 다른 사람이나 대리자에 의해 운동수행 정보가 제공됨
피드백의 일치도	• 일치도: 특정의 학습단서와 관련 있는 피드백을 제공 • 불일치도: 특정의 학습 단서와 관련 없는 피드백을 제공
피드백의 내용	• 일반적 피드백: 피드백 정보가 수행된 운동기능 자체와 관련이 없음 • 구체적 피드백: 피드백 정보가 수행된 운동기능 자체와 관련이 있음
피드백의 정확성	• 정확한 피드백: 운동수행 정보가 운동기능에 대해 정확하게 설명 • 부정확한 피드백: 운동수행 정보가 운동기능에 대해 부정확하게 설명
피드백의 시기	• 즉각적인 피드백: 운동기능이 끝난 직후 바로 학습자에게 피드백 제공 • 지연된 피드백: 운동기능이 끝난 직후에 제공되지 않고, 몇 번의 횟수가 진행된 후 제공
피드백의 양식	• 언어 피드백: 피드백을 학습자에게 구두로 제공 • 비언어 피드백: 피드백을 학습자에게 몸짓으로 제공 • 언어와 비언어적 피드백을 결합한 피드백: 언어와 비언어 정보를 동시에 제공
피드백의 평가	• 긍정적 피드백: 운동 수행 결과에 대해서 만족을 표시 • 부정적 피드백: 운동 수행 결과에 대해서 불만족을 표시 • 중립적 피드백: 피드백이 긍정적인지 부정적인지 불분명한 상태
피드백의 교정적 특성	• 비교정적 피드백: 잘못된 부분만 정보를 제공하는 피드백 • 교정적 피드백: 다음 운동수행을 개선할 수 있는 방법에 관한 정보와 함께 피드백 제공
피드백의 방향성	• 개별적 피드백: 학습자 한 명에게 제공 • 집단 피드백: 수업에서 구분한 집단에게 제공 • 전체 수업 피드백: 수업에 참여하는 모든 학습자에게 제공

11 스포츠 지도를 위한 교수 스타일　　p.83

구분	개요
지시형 스타일 A (모방)	• '정확한 수행'이 이루어져야 함 • 교사는 과제 활동 전, 중, 후의 모든 사항을 결정함 • 학습자는 교사가 내린 결정 사항들에 대해서 따르는 역할을 함 • 교사가 최대 의사결정을 하고, 학습자가 최소의 의사결정을 함
연습형 스타일 B (모방)	• 피드백을 포함한 기억·모방 과제를 학습자가 개별적으로 연습하는 것 • 교사는 모든 교과내용과 수업 운영 절차를 결정하고 학습자에게 피드백을 개별적으로 제공함 • 학습자는 9가지의 특정사항(수업 장소, 수업 운영, 시작 시간, 속도와 리듬, 정지 시간, 질문, 인터벌, 자세, 복장과 외모) 의사결정 하며, 기억/모방 과제를 개별적으로 수행함 • 과제 활동 후 교사는 2가지 피드백(과제 관련, 의사결정 관련)을 학습자에게 제공함

상호학습형(교류형) 스타일 C (모방)	• 특정 기준에 의하여 주어진 사회적 상호작용 및 피드백 • 교사: 모든 교과내용 및 기준을 정함, 세부 운영절차 관련 결정, 관찰자에게 피드백 제공 • 학습자는 동료와 함께 짝을 이루어 움직임을 수행하는 역할을 함 • 한 명의 학습자는 주어진 과제를 수행하고, 9가지 의사결정을 내리며, 다른 한 명의 학습자는 교사가 개발한 과제활동지를 사용하여 즉각적이면서, 지속적인 피드백을 제공하는 관찰자의 역할을 함 • 처음 연습이 끝나고 나면 학습자와 관찰자는 서로 역할을 교대함
자기 점검형 스타일 D (모방)	• 학습자가 과제를 독자적으로 수행하고 스스로 평가 • 학습자의 책임감이 커지며, 과제를 독립적으로 수행하고, 교사가 마련한 평가기준에 따라 자신의 과제수행을 스스로 점검하는 역할을 함 • 교사는 교과내용, 평가기준, 수업운영 절차 등을 모두 결정함
포괄형 스타일 E (모방)	• 기술 수준이 다양한 학습자들이 자신이 수행할 수 있는 난이도를 선택하여 과제에 참여하는 것 • 교사는 과제의 난이도를 선정하고, 교과내용과 수업운영 절차에 대한 모든 의사결정을 함 • 학습자는 자신이 성취할 수 있는 수준을 조사하고, 시작점을 선택하여 과제를 연습하고 필요할 경우 과제 수준을 수정하며, 평가기준에 맞추어 자신의 수행을 점검함
유도발견형 스타일 F (창조)	• 교사에 의해 부과되는 연속적인 질문을 통해 미리 예정되어 있는 해답을 학습자가 발견하도록 유도 • 교사는 학습자가 발견해야 할 목표 개념을 포함한 일련의 단계적이고 논리적인 질문을 설계하며, 교과와 관련 있는 모든 의사결정을 함 • 학습자는 교사에 의해 주어진 질문에 대한 해답을 발견하기 위해 과제를 수행하고, 교사가 정해준 과제 내에서 학습내용의 일부분에 대해서만 의사결정을 내릴 수 있음
수렴발견형 스타일 G (창조)	• 학습자 스스로가 미리 결정되어 있는 정확한 반응에 대해 수렴적 과정을 통해 발견하는 것 • 학습자는 추리력, 호기심, 논리적 사고 등을 사용하여 문제에 대해 논리적으로 연결된 정해진 해답을 발견하는 역할을 함 • 교사는 목표 개념을 포함한 교과내용을 결정하고, 학습자에게 할 질문을 계획하고 구성하는 역할을 함
확산발견형 스타일 H (창조)	• 학습자가 구체적인 인지 작용을 통해 어떤 문제에 대한 다양한 반응을 발견할 수 있는 수업 스타일 • 교사는 학습자에게 전달해야 할 교과의 특정 주제와 질문을 결정함 • 학습자는 특정 문제에 대한 다양한 설계·해답·반응을 발견하는 역할을 함 • 교사는 필요하다면 감환 과정의 기준을 제공
자기 설계형 스타일 I (창조)	• 교사는 학습자를 위한 공통 교과 내용을 결정함 • 학습자는 교과 내용 목표를 달성하는데 도움이 되는 교수 및 학습 경험들을 직접 설계하고, 일련의 학습 에피소드들을 설계하고 순서를 정하며, 상호 연결하는 책임을 지게 됨 • 학습자에게 더 많은 책임을 부여하는 교수 스타일이며, 자기 설계형 스타일은 학생의 창의적 능력을 촉진 시키고 개발시키는 고도로 체계화된 방법임
자기 주도형 스타일 J (창조)	• 학습 경험의 설계에 대한 주도성, 책임이 학습자에게 있음 • 학습자는 자율적으로 학습 행동을 주도하고 모든 의사결정을 하는 역할을 수행, 교사는 학습자들이 학습 경험에서 스스로 결정한 사항들에 대해서 가능한 한 수용하고, 학습자를 지원 • 교사는 학습자의 요청이 있을 때, 교수·학습 활동에 참여함
자기 학습형 스타일 K (창조)	• 학생 개인이 교사와 학습자 역할을 동시에 수행하면서 과제활동 전, 중, 후 의사결정을 하게 됨 • 교수·학습 행동은 개인이 스스로 선택한 개별적인 교수·학습 목표를 가짐 • 학습자가 자신을 가르치는 상황에서만 존재할 수 있으며 학교 현장에서는 존재할 수 없음

12 평가의 유형　　　　　　　　　　　　　　　　　　　　　　　　　　　　　　p.88

평가의 기준에 따라	• 규준지향검사: 개인이 얻은 측정치를 비교집단의 규준과 비교하여 상대적 서열에 의거 판단하는 평가 • 준거지향검사: 학습자가 성취해야 할 과제의 영역 또는 분야에 대해서 얼마큼 알고 있는지 준거에 비추어 평가하는 방법
평가의 기능에 따라	• 진단평가: 교육 프로그램 초기에 학습자들의 출발점 위치를 알아보기 위해 수행하는 평가방법으로 프로그램 실시 이전에 학습자의 특성을 점검함 • 형성평가: 교육프로그램 중간에 학습자의 문제점을 파악하고, 긍정적인 피드백을 제공하여 교육 프로그램의 교육과정 및 지도방법을 개선해 나갈 수 있음 • 총괄평가: 학습자의 성취수준을 평가할 때 사용되며, 프로그램의 효과 및 효율성 등을 종합적으로 판단할 수 있는 평가 방법

13 평가기법 종류　　　　　　　　　　　　　　　　　　　　　　　　　　　　　　p.91

체크리스트	• 특정 행동이나 특성 등을 나열한 목록으로 스포츠지도사가 판단을 내린 일련의 특징을 점검하도록 작성한 것 • 대체로 '예' 혹은 '아니오'로 기술되어 있지만, 상황에 따라 다양한 용어를 추가할 수 있음 예 운동기능의 질적인 평가를 할 때 '우수, 보통, 미흡'
평정척도	학습자 행동의 질적 차원을 양적으로 수집하기 위해 연속적 개념을 부여하여 측정하는 방법
루브릭	학습자의 학습 결과물이나 학습 성취 정도를 평가하기 위해 사용하는 사전에 공유된 기준
관찰법	직접 학습자의 학습활동을 관찰하여 평가하는 방법[사건 기록법, 지속시간 기록법, 동간기록법]
학습자 일지	학습자의 학습 진행 및 학습내용을 상세하게 기록한 문서
학습자 면접과 질문지법	• 면접: 평가자가 학습자와 직접 언어적인 대화나 의사소통을 통해 학습자의 생각이나 감정에 대한 정보를 얻는 방법 • 질문지법: 학습자가 구체적인 질문에 직접 기술하는 자기보고식 방법

14 장기적 전문인 성장 및 발달　　　　　　　　　　　　　　　　　　　　　　　　　p.97

형식적 성장	• 형식적인 체육전문인 교육을 통해 스포츠 교육 전문인의 성장을 도모 • 고도로 제도화되고, 관료적이며, 교육과정에 의하여 조직된 교육을 바탕으로 성적·학위 또는 자격증을 부여하는 교육 • 대학, 대학원 등의 학위과정, 스포츠지도사 연수, 체육관련 단체 및 기관에서 운영·발급하는 자격증 제도
무형식적 성장	• 공식화된 교육기관 밖에서 수행하는 조직적인 학습의 기회를 통해 성장 • 단기간에 이루어지는 교육이기 때문에 장기간 교육에 참여하기 어려운 스포츠교육 전문인에게 유용한 장점이 있음 • 포럼, 세미나, 워크숍, 클리닉, 컨퍼런스, 비정규 수업
비형식적 성장	• 교육이 아닌 일상적인 경험으로부터 얻은 배움을 통해 성장 → 경험적 학습, 노하우 • 과거의 자체적인 경험, 독서, 저널 또는 잡지 구독, 비디오 시청

PART 02 스포츠사회학

00 핵심용어

용어	개념
스포츠사회학 (sociology of sport)	사회학적 이론과 연구 방법을 적용하여 스포츠와 관련된 다양한 사회 현상을 이해하고 규명하기 위한 학문
담론	특정 주제에 관한 이야기로 사람들의 사고와 행위를 형성함
근대성 (modernity)	18세기 중반(유럽 계몽주의)부터 1980년대 중반까지의 시기로 합리화, 세속화, 민주화, 과학기술의 발전, 개인화 등의 특징
탈근대성 (post-modernity)	• 근대성(1970~80년대 이후) 이후의 시기 • 근대성과 달리 명확히 정의되지 않고 다원주의적 성향을 보임
산업화 (industrialization)	18세기 중반 영국과 유럽을 중심으로 기술의 발전으로 기계가 인간 및 동물의 노동력을 대신하게 되는 과정과 시기
사회이동 (social mobility)	개인이나 집단이 사회의 계층 체계(사회 계급 내 위계)에서 상승 또는 하강 이동하는 것
사회화 (socialization)	개인이 사회구성원으로서 사회의 지배적인 규범과 가치를 받아들이는 과정
자본주의 (capitalism)	• 서구사회에서 기원한 경제체제 • 자본을 중심으로 한 시장 교환, 재화의 생산, 이윤 창출에 기초함
국수주의 (ultranationalism)	자민족 중심주의가 극대화가 형태로 자신에 나라의 역사 문화 등이 타 국가보다 우월하다는 믿음
민족주의 (nationalism)	민족, 종족에 기반한 국가 형성의 당위성을 강조하며, 해당 가치를 다른 가치보다 우선시여기는 이데올로기
아마추어리즘 (amateurism)	아마추어(amateur)는 18세기 영국에서 여가의 측면에서 스포츠를 즐겼던 왕실 및 상류계급을 지칭하는 말로서, 아마추어리즘은 스포츠를 즐길 수 있는 경제적 여유를 갖춘 특권 지배층을 의미
저널리즘 (journalism)	정기간행물(신문, 잡지 등)과 라디오, TV, 디지털 장비 등의 전파매체를 활용한 커뮤니케이션(communication)
세계화 (globalization)	정치·경제·문화 등 사회의 여러 분야에서 국가 간 교류가 증대하여 개인과 사회집단이 갈수록 하나의 세계 안에서 삶을 영위해 가는 과정
제국주의 (imperialism)	한 국가가 정치, 경제적 지배권 등을 통해 다른 국가를 제압하고 이를 확대 및 팽창하려는 정책
신자유주의 (neo-liberalism)	경쟁력 있는 시장의 힘의 확대, 시장 친화적인 환경 구축, 개인의 자유 증진 등을 강조하는 철학적 기반을 토대로 정당화된 정치적 기획
문화제국주의	막강한 경제·사회·문화적 자본을 획득한 자본주의국가의 상품 혹은 문화가 상대적으로 저발전국가로 유입되는 과정

01 놀이, 게임, 스포츠의 구분

놀이	게임	스포츠
• 활동 그 자체에 대한 만족과 즐거움(쾌락)을 찾는 행위 • 결과보다 행위 및 놀이 자체에 의미를 둠 • 규칙이나 역할의 임의성(자유성) • 비생산성 • 비현실적(허구성)	• 놀이에서 발전된 행동으로 놀이와 스포츠의 중간단계에 해당함 • 조직화와 역할 분화가 이루어진 형태 • 놀이의 특성인 허구성, 비생산성, 자율적 규칙성 등이 존재	• 규칙, 제도, 경쟁의 측면에서 놀이와 게임에 비해 체계화되고 고도화된 활동 • 게임이 조직화되고 제도화된 활동 • 가치, 규범, 기술 등의 측면에서 높은 제도화 수준 요구됨

02 스포츠의 특성

규칙성	• 공정한 조건에서 경쟁할 수 있는 합의된 규칙 • 합의된 규칙에 의해서 승패 결정	경쟁	• 승리를 위한 상대(개인 혹은 집단)와의 경쟁 • 승리에 대한 물질적, 정신적 보상의 근거

제도화	• 사회적 사고 및 행동 규칙이 표준화되는 과정
	• 코클리(J Coakely)의 스포츠 제도화
	  - 공식 집단에 의한 경기 규칙의 표준화
	  - 조직적 규칙 집행 기구의 존재
	  - 전문성 증대에 따른 경기기술의 정형화
	  - 활동의 조직적, 합리적 측면 강조
		불확실성	결과의 예측 불가능성

		신체활동	신체의 기능 및 움직임의 경쟁

03 근대 스포츠의 특징(A. Guttmann)

세속화	종교적 성격(제식활동)이 아닌 넓은 의미로서 현실적 목표 수행 강조	계량화 (수량화)	• 경기 기록을 숫자로 표현 • 시간, 거리, 점수 등 표준화된 기록 체계 존재
합리화	• 규칙에 의해 움직이는 행위 • 목적과 수단의 논리적 인과관계 강조(합리성 추구)	평등	• 스포츠참여의 기회와 조건의 평등 • 기회의 평등: 외적 조건에 상관없이 참여할 수 있는 평등 • 조건의 평등: 평등한 조건에서의 스포츠 참여
전문화	• 역할의 세분화(선수, 팀, 협회 등) • 장비, 도구, 시설환경의 전문화 • 경기, 상금, 보도를 전문화 강화	기록 추구	기록의 갱신 등을 통한 재미와 몰입 향상
관료화	• 규칙과 규정을 표준화하는 관료조직의 등장 • 지역, 국가, 국제 기구 단위		

04 스포츠의 사회적 기능　　p.139

순기능	역기능
• 사회정서적 기능 • 사회통합기능 • 사회화 기능	• 사회통제(강제와 통제) • 자본주의 사회의 신체 소외 • 과도한 상업주의 • 국수주의 및 군국주의의 팽창 • 사회적 차별과 불평등 심화

05 스포츠 사회이론　　p.140

구조기능주의	• 구조기능주의는 사회를 하나의 유기체(有機體, organism)에 비유 • 인간은 신체를 구성하는 다양한 기관(심장, 뇌, 폐 등)이 제 기능을 원활히 수행하고 유기적으로 기능할 때 건강을 유지할 수 있음 → 마찬가지로, 사회도 사회를 구성하는 다양한 요소들(가정, 지역, 국가, 학교 등)이 제 기능을 수행할 때 건강한 사회가 된다는 점을 강조 • 구조기능주의는 스포츠를 '사회의 기본적 가치와 규범을 전달함으로써 사회 체제유지 및 사회 건강 유지' 기능을 수행하는 사회 구성요소로 간주함
갈등이론	• 사회갈등은 정상적, 평화와 질서의 상태를 비정상적 상태로 이해함 • 사회를 이익이나 권력을 둘러싼 개인 혹은 집단 사이의 경쟁과 갈등의 관계로 이해함 　→ 갈등이론의 입장에서 스포츠는 지배 권력(집단)의 체제 유지 및 이익 증대를 위한 도구로 기능함 • 특히, 경제적 자원과 이로 인한 권력 관계를 강조함 　→ 갈등이론의 입장에서 스포츠의 상업화는 인한 많은 자본을 획득한 소수 집단의 스포츠 시장 독점 야기 　→ 일반 대중은 스포츠 소비자로서 소수 집단(자본가)의 이익 증대의 수단으로 활용됨
비판이론	• 인간을 하나의 부품으로 간주하는 자본주의의 비인간화 문화 비판 → 물질을 강조하는 비인간적 문화가 소비의 단계에서 자본의 위계질서 형성함으로써 사회구성원의 행복을 박탈하여 권위주의적 사회 구조를 형성한다고 인식함 • 비판이론에서의 문화산업은 대량생산 체제가 만들어낸 상품으로 현대사회의 문화예술의 상품화, 산업화로 인한 변질을 비판함 → 스포츠가 대중을 기만하고 권력자(자본가)의 지배를 유지하기 위한 도구로서의 문화산업으로 정의함
상징적 상호작용론	• 상징적 상호작용론은 구체적 일상생활에서 상징을 매개로 한 사회 구성원들 간 상호작용의 과정에 초점을 맞춤으로써 인간의 능동적 사고와 행위의 측면을 설명하는 이론임 • 상징적 상호작용론은 삶을 이해하는 네 있어 거대한 사회구조가 아닌 인간의 능동적인 사고와 행위, 그리고 타자와의 상호작용에 중점을 두고 있음 • 인간이 사회구조로부터 영향을 받는 '수동적 존재'가 아닌 '자율적이고 능동적인 존재'라고 전제함
교환이론	• 사회 구성원의 모든 행위는 '투자 혹은 비용과 보상의 관계'에 의해 발생한다고 가정함 　→ 즉, 인간은 합리적 비용과 보상의 교환을 통해 이익을 추구하는 존재 • 개인 간, 집단 간, 국가 간의 상호작용을 이해하기 위해 이러한 교환의 개념(거래, 타협 등)을 적용함 → 스포츠에서 좋은 경기력을 보여주는 선수가 더 많은 연봉과 혜택을 받는 현상을 자연스럽고 합리적 현상으로 이해함

06 파슨스의 AGIL 모형　　　　　　　　　　　　　　　　　　　　　　　　p.141

적응 (Adaptation)	환경에 적응하기 위해 필요한 자원, 시설 등을 공급하는 기능 → 스포츠는 사회구성원으로서 사회(공동체)에 적합한 사고 및 행동 양식 등을 학습하는 장으로 역할
목표성취 (Goal attainment)	사회체제의 목표를 결정하고 그 목표를 달성하기 위해 체계의 모든 자원을 동원하는 기능을 의미 → 스포츠는 타인(상대)과의 공정한 경쟁을 통한 승리의 가치 강조
사회통합 (Integration)	체계의 구성 단위들 사이의 관계 조정 및 통합 기능(예 종교, 법제도) → 스포츠는 사회 구성원의 결집을 통해 사회에 대한 일체감 형성
체제유지·긴장처리 (Latency)	체계를 안정적으로 유지하고 문화와 가치의 보존 기능(예 교육제도) → 스포츠는 사회 구성원으로 하여금 사회의 기본적 가치와 규범을 내면화하는 기능 수행

07 스포츠의 정치적 성격(Eitzen & Sage, 1997)　　　　　　　　　　　p.146

대표성	스포츠는 특정 사회조직(학교, 직장, 지역사회, 국가, 민족)을 대표하며, 그에 대한 강한 충성심을 갖고 있음
권력투쟁	스포츠선수, 팀, 리그와 각종 스포츠 단체 등 스포츠 조직에는 불평등한 권력 관계가 존재함
상호의존성	스포츠와 정치는 상호작용 관계를 형성하고 있음 → 일반 기업의 스포츠 구단 창설 시 세금 감면 혜택
보수성	스포츠 제도는 질서와 법의 근간을 두고 보수적 성향을 지님 이로 인해 현존하는 사회질서를 지지하고 유지하는 데 기여함

08 스포츠의 정치적 기능　　　　　　　　　　　　　　　　　　　　　　　p.147

순기능	• 사회통합 기능 　→ 각종 국제대회에 참가하는 국가대표 선수단을 국가(사회)와 동일화함으로써 국민들의 애국심을 고취함 • 외교적 수단 　→ 남북 공동입장과 같이 스포츠 이벤트는 국가 간 화해와 대화의 촉매제로서 기능함
역기능	• 국제적 갈등 및 대립의 장으로 이용됨 　→ 올림픽 보이콧 • 국수주의와 군국주의 조장 • 특정 권력 및 이데올로기에 대한 정당성 확보를 위해 활용됨 　→ 제5공화국의 3S정책(Sports, Sex, Screen)

09 스포츠와 정치의 결합방식   p.147

상징	• 추상적 사물, 관념, 사회사상 등을 구체적인 사물에 빗대는 일 혹은 그 사물 예 비둘기라는 구체적인 사물은 '평화'라는 추상적 관념의 상징화 • 국가대표 경기는 단순한 개인 차원을 넘어 선수가 대표하는 국가 경쟁으로 비추어질 수 있으며 이는 스포츠 상징의 대표적 사례임
동일화	• 상징(symbol)을 매개로 하여 자신을 특정 선수나 팀과 일체화하는 행위 또는 상태를 의미함 • 경기 장면에서 선수의 상황에 몰입하는 것을 넘어 선수나 대표팀에 대해 강력한 기대를 품는 것을 뜻함
조작	• 상징과 동일화의 효과를 극대화하고자 하는 목적을 갖고 인위적으로 그 과정에 개입하는 행위를 의미함 • 대부분 목적 달성을 위해 수단과 방법을 가리지 않기 때문에 윤리성과 합리성보다 효율성을 지향함 • 정치적 측면에서 국가 역량의 동원, 정부에 대한 지지, 비리와 부정부패 등을 은폐하는 수단으로 활용

10 상업주의로 인해 나타나는 스포츠(목적, 구조, 내용, 조직)의 변화   p.155

목적의 변화	스포츠를 단순히 상품으로 인식하여 경제적 이익과 흥행을 위한 프로페셔널리즘 추구
구조의 변화	규칙, 제도, 프로그램 등의 변화 예 인기 있는 스포츠 경기 시간의 조정, 배구의 서브권 제도 변경, 광고를 위한 추가 시간 추가, 농구에서의 3점슛과 쿼터제 도입, 유니폼의 변화 등
내용의 변화	• 스포츠 경기 자체의 본질적 가치보다 승리, 득점 등 외연적 측면에 집중 • 과장되고 극적 표현 증가 • 심미적 가치(경기 기술, 전략, 작전, 노력 등)보다 영웅적 가치(유명 선수, 좋은 시설, 분위기 등) 중시 • 아마추어리즘보다 프로페셔널리즘 추구
조직의 변화	• 대부분 스포츠 경기 및 대회는 대중매체, 팀, 대회 스폰서, 조직 등의 목적 달성에 초점 • 경기의 본질적 측면이 아닌 개·폐회식 쇼(show), 대중매체의 보도 등 외연적 가치 중시

11 프로스포츠의 사회적 기능   p.155

순기능	역기능
• 스포츠 관람을 통해 여가 선용, 흥밋거리 제공, 스트레스 해소, 생활의 활력소로 기능함 • 아마추어 스포츠 활성화 • 스포츠 저변 확대에 기여 • 지역사회 통합 • 경제발전 및 고용증진 기여	• 지나친 상업화로 인한 스포츠계의 물질 만능주의 • 비인기 종목 및 아마추어리즘의 쇠퇴 • 도박 및 불법행위 발생 가능성 증가

12 스포츠의 교육적 기능

p.158

순기능	역기능
전인교육 • 학업능력 향상 • 사회화 촉진 • 정서의 순화 **사회통합** • 학교 내 통합 • 학교와 지역사회 통합 **사회선도** 평생체육의 기회 습득	**교육목표의 결핍** • 결과(승리)지상주의 • 참여 기회의 제한 • 성차별 **부정행위 조장** • 스포츠에서 상업화 • 위선과 착취 • 선수의 일탈 조장 **편협한 인간 육성** • 수직적 구조에 의한 독재적 훈련 방식 • 비인간적 훈련 방식

13 학원스포츠의 기능

p.160

순기능	역기능
• 학업 활동 촉진 • 정서 순환 • 체육에 대한 흥미 유발 • 특기와 적성 발굴 • 학업 및 생활 스트레스 해소 • 체육활동 자체의 가치 습득 • 협동심, 리더십, 사회성 함양	• 선수의 기본 학습권 제한 • 과도한 비인간적 훈련 • 신체적 폭력, 성폭력, 욕설 등 선수에 대한 인권침해 • 승리 지상주의 • 지도자의 폭력

14 맥루한(M. Mcluhan)의 매체 구분

p.162

핫(hot) 미디어	쿨(cool) 미디어
낮은 감각참여와 낮은 몰입성으로 수용되는 매체 • 매체 중심의 일방향적 전달 • 수용자의 참여도가 낮음 • 장기적으로 수용되며 보전됨 • 신문, 잡지, 라디오, 사진, 화보 등	높은 감각 참여와 몰입으로 정보를 직접적으로 제공받음 • 즉흥적이고 일시적임 • 전자 정보 시대에 발전함 • 수용자와 매체 간 쌍방향적 전달 • TV, 영화, 인터넷, SNS, 모바일 매체 등
핫(hot) 미디어 스포츠	**쿨(cool) 미디어 스포츠**
• 정적 스포츠, 선수의 행동반경이 좁은 스포츠, 개인 스포츠 위주 • 수비와 공격의 구분이 쉬운 스포츠 • 기록 스포츠 • 몰입 수준이 낮은 스포츠 • 빙상, 검도, 골프, 수영, 태권도, 야구, 검도, 육상, 배드민턴, 양궁 등	• 동적 스포츠, 선수의 행동반경이 넓은 스포츠, 팀 스포츠 • 득점 스포츠 • 수비와 공격의 구분이 어려운 스포츠 • 경마, 농구, 럭비, 축구, 핸드볼, 하키, 자동차경주 등

15 스포츠와 미디어의 상호관계 p.164

미디어가 스포츠에 미치는 영향	스포츠가 미디어에 미치는 영향
• 스포츠 소비 및 관심의 증가 • 스포츠 구조와 내용의 변화 • 스포츠의 재의미화	• 다양한 미디어 콘텐츠 제공 • 미디어 기술의 발전 • 미디어 이윤 창출

16 계층의 특성과 스포츠 p.169

사회성	선천적 또는 생물학적 요인이 아닌 사회적 요인에 의해 사회 계층이 형성되는 특성	스포츠에서 성차별과 불평등은 생물학적 성이 아닌 사회적 성(gender)의 차별이 대부분임 → 남성 중심의 스포츠 문화
역사성 (고래성)	• 역사적으로 항상 존재했음을 의미함 • 특정 시대의 사회문화적 배경에 따라 다른 특성을 보임	고대 올림픽 경기에는 특정 계급과 성별만 참여할 수 있었으나, 오늘날 올림픽 경기에는 누구나 평등하게 참여함
보편성 (편재성)	사회 계층은 언제 어느 사회에서나 존재하는 보편적인 사회문화적 특성임	각 스포츠 종목별로 선수 간, 팀 간의 연봉의 차이는 언제나 존재함
다양성	계층에 따른 불평등의 형태와 정도는 사회마다 다름	각 국가별, 리그별 연봉 차이에 따른 계층 차이는 다양하게 나타남
영향성	불평등에 의한 결과들이 다른 사회 영역에 영향을 미침	사회계층에 따라 소비하는 스포츠 문화에 차이가 있으며, 이는 사회계층 간 경제, 사회, 문화적 차이에 따른 결과임

17 투민(M. Tumin)의 스포츠계층의 형성 과정 p.169

지위의 분화	• 사회의 분업 체계에 의해 개인의 역할, 권한, 책임 등이 부여됨에 따라 지위별 특성이 생겨남 • 사회구성원별로 담당하는 사회적 지위 또한 다양함
지위의 서열화	• 지위의 분화로 인해 지위별 특성이 만들어짐에 따라 각 지위가 비교되면서 '우위'가 생겨나는 상태 • 개인적 특성, 개인의 기능, 능력, 역할의 사회적 기능에 의해 지위의 서열화가 나타남
평가	• 다른 역할과 위치에 지위를 적절하게 배열하는 과정을 의미함 • 이는 권위(사회적 존경), 호감(특정 역할에 대한 선호), 인기 등의 요인이 기준이 됨
보수 및 보상의 부여	• 역할에 따른 보수 및 보상의 체계가 형성되는 과정 • 보수의 유형에는 재화, 권한 및 권력, 비물질적 보수(명성) 등이 있음

18 계층이동의 유형　　　　　　　　　　　　　　　　　　　　　　　p.170

이동 방향	수직이동	• 상승 및 하강 기동 • 계층 구조 내에서 지위나 체계가 오르내리는 이동 형태
	수평이동	유사한 지위체계 내에서 이동하는 형태
시간 거리	세대 간 이동	한 세대에서 다음 세대로 넘어가는 과정에서 발생하는 사회·경제적 지위의 변화
	세대 내 이동	한 개인의 생애 동안 발생하는 사회·경제적 지위의 변화
사회이동 주체	개인 이동	개인의 능력과 노력에 따른 계층이동
	집단 이동	집합적 계층 이동
인간관계	경선 이동	다른 개인 혹은 집단과의 경쟁을 통한 계층이동
	후원 이동	다른 개인 혹은 집단의 도움으로 인한 계층이동

19 스포츠사회화 과정　　　　　　　　　　　　　　　　　　　　　　p.174

스포츠로의 사회화 (socialization into sport)	개인이 스포츠에 '입문'하여 스포츠 개입 수준을 증가 혹은 감소해가는 과정 → 어린 시절 테니스클럽에서 운동하시는 아버지의 모습을 보고 자란 A씨는 학교 입학 뒤 테니스 동아리에 가입함
스포츠를 통한 사회화 (socialization via sport)	지속적인 스포츠 참여를 통해 사회생활에서 요구되는 긍정적인 가치관과 태도, 사회 규범, 행동양식 등을 습득하는 과정 → 테니스 선수가 된 후 스포츠맨십과 페어플레이를 준수하며 좋은 경기력을 유지하는 선수
스포츠로부터의 탈사회화 (de-socialization from sport)	자의 혹은 타의에 의해 스포츠 참가를 중단하는 과정 → 운동선수가 부상으로 인해 은퇴하는 경우
재사회화 (re-socialization)	탈 사회화 이후 다시 스포츠 참가를 재기하는 과정 → 은퇴 선수가 지도자로 재취업하는 경우

20 스포츠일탈을 바라보는 두 가지 관점　　　　　　　　　　　　　　p.180

구분	내용
절대론적 관점	개인행동의 옳고 그름에 대한 사회적 보편적, 절대적 가치는 명확하며, 개인은 이러한 보편타당한 절대 가치 체계를 따라야 한다는 관점
상대론적 관점	사회적 기준에 따라 일탈을 판단하는 차이가 있으며 인간관계의 상호작용으로 일탈의 기준점이 달라진다고 보는 관점

21 아노미(Anomie) 이론, Merton(1957)   p.181

구분	의미 및 적용
동조주의	문화적 목표, 제도화된 수단을 인정하고 규칙의 허용 한계 내에서의 비윤리적 동조 행농 예 지연작전, 테크니컬 파울
혁신주의	문화적 행동목표는 수용하지만 성취수단과 방법은 거부하며 비도덕적 면을 강하게 나타냄 예 금품공세, 판정에 불복, 비도덕적 면이 강함
도피주의	사회문화적으로 용인된 목표와 수단을 모두 포기하는 행위
의례주의	경기성적에 집착하지 않고 참가에 의의를 두며 경기 결과보다는 과정을 중시
반역주의	기존의 목표와 수단을 모두 거부하고 전혀 새로운 방법으로 새로운 목적을 달성하려는 행위

22 스포츠 세계화의 결과   p.188

구분	내용
신자유주의(neo-liberalism)의 확대	• 신자유주의는 경쟁력 있는 시장의 힘의 확대, 시장 친화적인 환경 구축, 개인의 자유 증진 등을 강조하는 철학적 기반을 토대로 정당화된 정치적 기획을 의미함 • 경제적 규제완화, 자유시장, 국영기업의 민영화, 개인의 재산권 강화 등 즉, 자본의 논리를 강조하고 국가의 시장개입을 최소화하자는 주의를 의미함 • 이러한 신자유주의는 스포츠 시장에서의 불평등과 양극화 문제를 심화시키는 원인이 됨
스포츠 노동 이주 확대	• 유연한 시민권(flexible citizenship)의 확대로 다양한 스포츠 노동 이주 현상 발생 • 프로스포츠 시장의 확대로 노동 이주 현상은 전 세계적으로 확대 • 많은 경제적 이익을 획득할 수 있는 미국이나 유럽으로 이동하는 경향성을 보임
문화제국주의	• 막강한 경제·사회·문화적 자본을 획득한 자본주의국가의 상품 혹은 문화가 상대적으로 저발전국가로 유입되는 과정에서 지배와 종속의 문제가 발생함 • 전 세계적으로 동일한, 획일화된 형태의 스포츠 소비 현상 확대 • 전통 스포츠의 쇠퇴 현상 심화 → 한국의 전통 씨름의 쇠퇴

PART 03 스포츠심리학

00 핵심용어

용어	해설
동작간 가변성	동작하는 도중에 변화가 발생하는 것
자기조직원리	인간행동이 생성되는 원리를 설명하는 것으로 세 가지 제한요소(환경, 유기체, 과제)의 상호작용 결과가 특정한 조건에 부합될 때 인간의 운동이 저절로 발생하는 것
비선형성원리	운동의 변화가 선형적인 경향을 보이는 것이 아닌 비선형적인 경향을 보인다는 것
상변이현상	인간의 운동은 제한요소(환경, 유기체, 과제)의 상호작용에 영향을 받는데 제한요소의 변화에 따라 새로운 조건에 적합한 운동형태로 갑자기 변하는 것
협응	운동행동의 목표를 달성하기 위해 신경·근육·관절·분절 등의 다양한 신체요소가 효과적으로 공동작용을 하는 것
자유도 문제	운동 동작을 수행하면서 필요한 수많은 근육과 관절 등을 어떻게 통제하는가에 대한 문제
스트룹효과	두 가지 조건이 일치하는 자극을 보고 실행하는 것보다 두가지 조건이 일치하지 않는 자극을 보고 실행할 때 반응속도가 늦어지는 현상
칵테일 파티	칵테일파티처럼 많은 사람들의 이야기와 잡음이 많은 상황에서도 개인이 흥미를 갖는 이야기를 선택적으로 들을수 있는 현상
심리적 불응기	1차 자극에 반응하고 있을 때 2차 자극을 제시할 경우 2차 자극에 대한 반응시간이 느려지는 현상
단순반응시간	하나의 자극 신호에 대하여 하나의 반응을 요구할 때 측정되는 반응시간
선택반응시간	자극이 두 개 이상 제시되고 각각의 자극 신호에 대하여 다른 반응을 하도록 할 때 측정되는 시간
변별반응시간	두 가지 이상의 자극이 제시되고 특정 자극에 대해서만 반응할 때 측정되는 반응시간
전습법	운동기술 과제를 한번에 전체적으로 학습하는 방법
분습법	운동기술의 요소를 몇 개로 나누어 학습하는 방법
구획연습	다양한 변인들이 포함되어있는 하나의 기술을 학습하는데 있어서 각 변인들을 나누어 각각 할당된 시간동안 연습하는 것.
무선연습	운동기술에 포함되는 하위 요소들을 무작위로 연습하는 것.
분산연습	휴식시간이 연습시간보다 긴 연습방법
집중연습	연습시간이 휴식시간보다 상대적으로 긴 연습방법
수행지식	동작의 유형에 대한 정보(운동학적인 정보)
결과지식	움직임의 결과에 대한 정보
파지	연습으로 향상된 운동기술의 수행력을 오랫동안 유지할 수 있는 능력
전이	과거의 학습 또는 경험이 새로운 운동 기술의 학습이나 수행에 영향을 미치는것

과제 내 전이	동일한 과제를 연습조건을 바꿔서 진행하는 것	
과제 간 전이	이전에 배운 기술의 경험으로 새로운 기술을 하는 것에 영향을 미치는것	
과정목표	동작을 잘 수행하기 위한 핵심적으로 필요한 행동에 중점을 두는 목표	
수행목표	수행에 대한 목표를 달성하는데 중점을 두는 목표	
결과목표	경기에 승리 또는 대회에서 우승과 같이 시합 결과에 중점을 두는 목표	
보강피드백	코치, 감독, 동료들이 정보를 제공하거나 영상 등을 통해 외부에서 제공하는 정보이며, 수행지식과 결과지식으로 구분됨	
감각피드백	근육, 건, 관절 등 관절 수용기에서 발생한 운동감각정보, 촉각이나 압력을 감지하는 피부 수용기로부터의 정보, 시·청각 정보 등을 학습자 스스로 감지하는 것	
임펄스 가변성 이론 (Impulse variability theory)	임펄스는 힘이 작용하는 시간동안 발생한 힘의 양(충격량)이며, 임펄스가 사지의 움직임을 비롯한 인간의 운동형태를 결정하고, 임펄스 가변성에 따라 움직임의 정확성이 변한다는 이론	
맥락간섭	학습 시간과 자료 가운데 어떠한 사건 또는 경험 사이에 발생하는 갈등으로 인해 학습과 기억에 방해를 받는 것.	
지각협소화	각성 수준이 증가할수록 주의를 기울일 수 있는 초점의 폭이 점차 좁아지게 되는 현상	
추동(욕구)이론	각성과 수행의 관계가 직선(비례)적인 이론	
역U가설	각성이 아주 낮거나 지나치게 높으면 수행에 방해가 된다고 보며, 중간 정도의 수준이 최고의 수행을 발휘한다고 보는 이론	
최적수행지역이론	개인마다 상태불안의 차이가 있다고 보며, 선수만의 고유한 불안수준이 존재한다는 이론	
다차원적 이론	인지불안과 신체불안은 수행에 서로 다른 양상으로 영향을 미친다고 보는 이론	
격변이론 (카타스트로피 이론)	인지불안과 신체각성을 동기에 고려하여 수행을 예측하는 3차원 비선형적 관계모형	
링겔만효과	집단의 크기가 커질수록 개인의 수행 평균이 감소하는 현상	
인지재구성	비합리적인 생각이나 부적응적인 생각을 찾아내서 중지시키고 반격하여 합리적이고 긍정적인 생각으로 바꾸는 방법	
상태불안	일시적인 특정한 상황에서 개인이 경험하는 느낌으로서, 불안의 원인이 환경적 요인에 있음	
특성불안	객관적으로 위험하지 않은 상황을 위험한 것으로 받아들여 상태불안 반응을 나타내는 개인의 동기 또는 습득된 행동	
변화단계이론	운동행동의 변화를 5단계(무관심, 관심, 준비, 실천, 유지)로 구분하여 설명하는 이론	
바이오피드백	기계를 활용하여, 뇌파, 심박수, 혈압 등 신경생리적 변화에 대한 정보를 제공하는 것	
체계적 둔감화	불안을 유발하는 상황을 중요도에 따라 불안 자극 목록을 체계적으로 준비하고 단계적으로 긴장을 해소하는 방식으로 문제상황을 점차적으로 둔감하게 만드는 방법	

01 스포츠심리학의 관점

광의의 스포츠심리학	운동행동학(운동제어, 운동학습, 운동발달)과 스포츠심리학까지 포함하여 스포츠심리학으로 보는 관점
협의의 스포츠심리학	운동행동학(운동제어, 운동학습, 운동발달)을 제외하고 스포츠심리학만 스포츠심리학으로 보는 관점

02 운동기술의 1차원적 분류

근육의 크기	근육의 크기로 운동기술을 분류하는 방법으로 큰 근육을 사용하는 대근운동기술과 작은 근육을 사용하는 소근운동기술로 구분하는 방법
움직임의 연속성	운동기술이 연속적으로 이루어지는가로 구분하며, 동작의 시작과 끝이 명확하게 나타나는 불연속운동기술(던지기, 받기 등), 불연속적 운동기술이 연속적으로 연결되어 하나의 전체적인 운동기술로 나타나는 계열적 운동기술(체조, 마루운동 등), 시작과 끝을 인지할 수 없는 특정한 움직임이 지속적으로 반복되는 연속적 운동기술(달리기, 수영 등)로 구분 하는 방법
환경의 안정성	환경이 변하지 않는 안정된 상태에서 수행하는 폐쇄운동기술(양궁, 체조 등)과 시·공간적으로 변화하는 환경에서 수행하는 개방운동기술(축구, 야구, 농구 등)로 구분하는 방법

03 운동제어 이론

반사이론	• 1960년 쉐링턴(Sherrington)이 제안한 이론으로 환경에서의 물리적인 자극이 운동행동에 대한 자극으로 작용하여 반사적인 반응을 한다는 이론 • 반사의 기본구조는 수용기(receptor), 전도기(conductor), 효과기(effertor)로 구성되어 있음
정보처리이론	• 환경으로부터 들어오는 자극을 인간의 능동적인 처리과정을 거친 후 행동으로 나타난다는 이론 • 피드백을 활용하여 운동 행동을 조절한다고 보는 폐쇄회로이론, 동작에 대한 운동프로그램이 대뇌피질에 저장이 되어있어서 운동행동을 1대1로 대응한다고 보는 개방회로이론, 일반화된 운동프로그램을 근거로 회상도식과 재인도식을 활용하여 운동행동을 조절한다고 보는 도식이론으로 구성
다이나믹시스템이론	• 1967년 번스테인(Burnstein)이 제기한 수많은 요소로 연결된 신체의 역학적 특성으로 운동행동을 설명하는 이론 • 운동프로그램과 같은 기억 표상의 구조가 아닌 환경, 유기체, 과제를 운동행동 제어 요소로 보고 제어요소간의 상호작용을 통해 자기조직 원리와 비선형성 원리에 따라 운동이 생성되고 변화한다는 이론
생태학적이론	• 환경정보에 대한 지각과 운동 동작의 관계를 강조하는 이론 • 환경정보는 그 자체에 의미가 있어 어떠한 인지과정을 거치지 않고도 움직임을 일으킨다는 이론

04 반응시간

단순반응시간	하나의 자극 신호에 대하여 하나의 반응을 요구할 때 측정되는 반응시간
선택반응시간	자극이 두 개 이상 제시되고 각각의 자극 신호에 대하여 다른 반응을 하도록 할 때 측정되는 반응시간
변별반응시간	두 가지 이상의 자극이 제시되고 특정 자극에 대해서만 반응할 때 측정되는 반응시간

05 기억체계의 종류

감각기억	감각 수용기를 통해 받아들인 다양한 감각 정보를 잠시 보유하는 것으로 아주 짧은 시간에 많은 양의 정보를 저장하며, 대부분의 정보는 저장된 직후에 잊혀지는 특징이 있음
단기기억	감각기억을 통해 들어온 정보를 처리하는 동안 정보를 유지하는 정보 저장고로 감각기억보다는 긴 시간 정보를 보유할 수 있으며, 감각시스템에서 유입된 모든 정보를 처리할수없이 때문에 필요한 정보만 선택하여 처리함
장기기억	단기기억에 저장된 정보는 다양한 인지적 처리과정을 거쳐 영구적인 정보저장소인 장기기억에 저장됨 장기기억은 용량에 제한이 없으며, 수많은 훈련과 연습을 통해 필요할때마다 사용할수 있는 특징이 있음

06 운동제어 법칙과 효과

힉스의 법칙(Hick's law)	자극-반응대안수가 많아질수록 선택반응시간이 증가하는 현상
피츠의 법칙 (Fitts' law)	속도-정확성 상쇄현상이라고도 불리며, 목표물이 작거나 움직이는 거리가 길어질수록 운동시간이 길어지는 현상
임펄스 가변성이론	임펄스는 힘이 작용하는 시간동안 발생한 힘의 양이며, 임펄스의 가변성에 따라 움직임의 정확성이 변한다는 이론
심리적 불응기	1차 자극에 반응하고 있을 때 2차 자극을 제시하는 경우 2차 자극에 대한 반응시간이 느려지는 현상
칵테일파티	칵테일파티처럼 많은 사람들의 이야기와 잡음이 많은 상황에서도 개인이 흥미를 갖는 이야기를 선택적으로 들을 수 있는 현상
스트룹효과	두 가지 조건이 일치하는 자극을 보고 반응할 때보다 두 가지 조건이 일치하지 않는 자극을 보고 실행할 때 반응속도가 느려지는 현상

07 운동발달의 단계　　　　　　　　　　　　　　　　　　　　　　　　　p.237

반사움직임 단계(출생~1년)	신경체계가 미완성 단계로써 점차 신경계가 성숙해지면서 수의적인 운동제어가 가능해지며, 반사활동을 통해 환경에 대한 정보를 즉각적으로 획득할수 있음
초기움직임단계(1~2세)	• 성숙에 절대적인 영향을 받으며, 비교적 과정예측이 가능함 • 또한 생존을 위한 수의적인 움직임의 기본 형태가 나타나며, 머리, 목, 몸통조절 등의 물체조작 및 기어가기, 걷기 등 이동운동이 발달함
기본움직임단계(2~6세)	성숙과 환경적 조건(동기, 교육등)이 중요한 역할을 하며, 초기 움직임 단계보다 발전된 이동기술, 물체조작이 가능하고 지각 - 운동 능력발달 및 신체인식, 균형유지가 발달함
스포츠 기술(전문적인 움직임) 단계(7~14세 이후)	• 일상생활이나 스포츠에서 요구되는 다양하고 복잡한 활동을 위한 움직임 패턴이 가능한 단계이며, 다양한 움직임 패턴이 효율적인 형태로 발전함 • 연령이 증가할수록 각각의 움직임 동작을 서로 연관시켜 하나의 일관된 동작을 형성할 수 있는 시기
성장과 세련단계(청소년기)	질적·양적인 측면이 급격하게 발달하는 단계이며, 호르몬 분비증가, 근육, 골격체계가 성장하고 운동기술수준이 급격하게 발달함
최고수행단계(성인초기)	근력 및 심폐기능, 정보처리 능력 등 최고의 능력을 발휘하는 단계
퇴보단계(성인후기)	30세 이후 생리적, 신경학적 기능이 감소하며, 운동능력이 쇠퇴하고 스피드 능력이 매우 낮아지는 단계

08 성격의 특성　　　　　　　　　　　　　　　　　　　　　　　　　　p.242

독특성	타인과 구분이 가능한 사고 및 행동 양식이 주어진 환경 자극에 대한 반응양식으로 표현됨
일관성	시간 또는 상황 변화에 영향을 받지 않고 비교적 안정되고 일관적임
경향성	사고나 느낌, 행동에서 나타나는 일련의 경향성으로 행동적인 경향성을 통해 성격 추론이 가능함

09 성격의 구조　　　　　　　　　　　　　　　　　　　　　　　　　　p.242

심리적 핵	성격의 구조에서 가장 깊은곳에 자리하여 외부의 영향을 가장 적게 받으며 일관성이 가장 높음 태도, 가치, 흥미등이 포함됨
전형적 반응	환경에 적응할 수 있도록 환경과의 상호작용을 통해 학습된 것으로 외부환경에 반응하는 방식을 나타내며 심리적 핵이 반영되어 나타나는 행동임
역할 행동	환경의 요구나 상황을 토대로 행동하므로 환경에 대한 인식에 따라 달라지며, 성격의 3수준에서 가장 외부환경의 영향을 많이 받으며 변화되기 쉬움

10 불안과 경기력의 관계이론

추동(욕구)이론 (Drive theory)	각성과 수행의 관계가 직선(비례)적이며, 각성이 높아지면 수행이 높아진다고 보는 이론
역U가설 (Inverted U theory)	각성이 아주 낮거나 지나치게 높으면 수행에 방해가 되고, 중간정도의 각성수준이 최고수행을 발휘한다고 보는 이론으로서, 적정수준이론이라고도 함
최적수행지역이론 (Zone of optimal functioning)	개개인의 상태불안의 차이가 크며, 선수는 최고의 수행을 발휘할 때 자신만의 고유한 불안수준이 존재한다는 이론으로서, 최적수행지역 이론은 범위로 표시되는 특징이 있음
다차원적 불안이론	인지불안과 신체불안은 수행에 다른 양상으로 영향을 미친다고 보는 이론으로 인지불안은 운동수행과 부정적인 관계가 있다고 보며, 신체불안은 적정수준까지는 수행향상에 도움이 되지만 적정수준을 넘어서면 수행이 감소하게 되는 역U자와 같다고 보는 이론
격변(카타스트로피)이론	• 인지불안과 신체각성을 동시에 고려하여 수행을 예측하는 3차원 비선형적 관계모형으로 인지불안이 낮을때는 역U자 모형을 보이지만 인지불안이 높고 각성이 어느 수준을 넘으면 수행력이 급격하게 떨어지는 카타스트로피(멘붕현상)이 나타남 • 카타스트로피가 발생하면 각성을 낮추더라도 이전의 수행으로 바로 회복되지 않는 특성이 있음
반전(전환)이론	• 각성을 어떻게 생각하는가에 따라 높은 각성은 흥분 또는 불안으로 느낄수 있으며, 낮은각성은 지루함 또는 편안함으로 느낄수 있음 • 또한 특정 각성에서 느끼는 정서를 다른 정서로 바꾸는 것이 가능하다고 보는 이론
심리에너지이론	각성을 어떻게 해석하는냐에 따라 운동수행이 달라진다고 보는 이론으로 각성을 긍정적으로 해석하면 긍정 심리에너지가 발생함으로 수행에 긍정적인 영향을 미치고, 부정적으로 해석하면 부정적 심리에너지로 인해 각성과 수행에는 부정적인 관계가 성립된다고 보는 이론

11 불안과 스트레스 관리기법

점진적 이완기법	신체 각 부위의 근육을 차례로 긴장시키고 이완시키는 방법
인지재구성	비합리적인 생각이나 부적응적인 생각을 찾아내서 중지시키고 반격하여 합리적이고 긍정적인 생각으로 바꾸는 방법
체계적 둔감화	불안을 유발하는 상황을 중요도에 따라 불안 자극 목록을 체계적으로 준비하고 단계석으로 긴장을 해소하는 방식으로 문제상황을 점차적으로 둔감하게 만드는 방법
호흡조절	스트레스로 인해 호흡이 증가되는데 호흡을 조절함으로써 이완을 시키는 방법
명상	마음을 이완시켜 몸의 이완을 유도하는 방법

12 성취목표성향 이론 p.258

과제목표성향	• 비교의 기준이 자신이며, 노력으로 능력을 향상시킬수 있다고 믿고, 새로운 것을 배우고 익히는 것이 목표인 성향 • 도전적인 과제를 선택하고 더 많은 노력을 하는 것이 특징임
자아(자기)목표성향	배움보다는 자신의 능력이 남들보다 우수하다는 것을 증명하는데 집중하는 성향으로 아주 쉬운 과제 또는 불가능한 과제를 선택하는 특징이 있음

13 웨이너(Weiner)의 귀인모형 p.260

인과성소재	성공과 실패의 원인이 내적(본인)에 있는지 외부(타인 또는 환경 등)에 있는지를 의미함
안정성	사건의 원인이 시간이 지나도 지속적인지, 때와 장소에 따라 수시로 바뀌는지를 의미함
통제가능성	사건의 원인이 자신이 통제할 수 있는 것인지 통제 밖에 있는 것인지를 의미함

14 자신감의 이론 p.264

반두라(Bandura)의 자기효능감 이론	자기효능감은 성공경험, 대리경험, 사회적 설득, 신체적·정서적 상태에 영향을 받는다고 주장하는 이론
하터(S. Hater)의 유능성 동기이론	유능성 동기는 숙달을 통해 충족되며, 유능성 동기에는 동기지향성, 지각된 유능성, 통제감 세 가지의 요인이 있다고 주장하는 이론
폭스(Fox)의 신체적 자기개념모형	자기 신체에 대한 능력과 상태 측면에서의 자기개념으로 위계적 모형을 제안하였으며, 전반적 자기존중감, 신체적 자기가치, 스포츠 유능감, 신체적 힘, 신체매력, 신체적 컨디션 순으로 모형을 구성함

15 주의의 유형 p.269

주의의 방향	내적방향과 외적방향으로 구분되며, 내적방향은 개인의 생각과 느낌에 초점을 맞춘것이고, 외적방향은 신체 외부의 목표 또는 경기에 초점을 맞춰 주의 집중을 하는 것임
주의의 폭	협역(좁음)과 광역(넓음)으로 구분되며, 협역은 자신의 시야로 들어오는 좁은 범위이고, 광역은 자신의 시야로 들어오는 넓은 범위임

16 루틴의 유형
p.271

경기 전 루틴	준비운동 또는 시합에서 중요한 순간 많은 집중이 필요할 때 실시하는 특정한 행동절차로 식사, 경기 전술 재점검, 장비점검, 동료와의 대화 등이 고려될 수 있음
수행 간 루틴	골프, 다이빙, 레슬링과 같은 경기시간이 이어지지 않는 스포츠에서는 경기수행 간 시간이 경기력을 결정하기 때문에 휴식, 재정비, 재집중 루틴이 고려되어야 함
경기 후 루틴	경기의 성공 여부와 관계없이 경기 경험으로부터 성장을 위해 신체적인 부분, 심리적인 부분, 장비부분을 점검하여 다음경기를 준비함
미니루틴	특정한 동작을 하기 직전의 루틴으로 수행루틴이라고도 함

17 사회적 태만의 개념과 이론
p.275

사회적 태만 개념	집단에서 발생하는 동기손실
링겔만 효과	집단의 크기가 커질수록 개인의 수행평균이 감소하는 현상
슈타이너 모형	집단의 실제 생산성은 잠재적 생산성에서 과정손실을 제외해서 결정된다는 모형(집단의 실제 생산성 = 집단의 잠재적 생산성 - 과정손실)

18 강화와 처벌
p.280

강화	특정 행동이 나타난 이후 자극이나 조건을 줌으로써 이후에 동일한 행동이 나타날 확률을 높여주는 것으로 정적 강화와 부적 강화가 있음
처벌	특정 행동이 나타난 이후 자극이나 조건을 줌으로써 특정 행동 반응이 나타날 확률을 낮추는 것으로 정적 처벌과 부적 처벌이 있음

19 사회적 촉진 효과
p.282

사회적 촉진	타인의 존재가 수행에 영향을 미치는것
관중효과	관중이 있을 때 수행이 좋아지는 효과
공행효과	혼자보다 타인과 함께할 때 수행이 좋아지는 효과

20 공격성 이론

본능이론	공격성은 선천적으로 타고난 본능이라고 주장하는 이론
좌절 - 공격 가설	목표를 추구하는 행위에 방해를 받으면 좌절을 느끼고, 그러한 좌절이 공격행위를 일으킨다고 주장하는 이론
사회학습이론	공격행위를 환경에서 관찰 및 강화로 학습된 것으로 주장하는 이론

21 운동심리이론

합리적행동이론	행동을 유도하는 결정적인 원인을 의도로 보는 이론이며, 의도는 행동에 대한 태도, 주관적 규범이라는 요인에 의해 형성된다고 봄
계획행동이론	합리적 행동이론을 보완한 이론으로 행동통제 인식이라는 개념이 추가된 이론 행동통제 인식은 어떤 행동에 대해 얼마나 통제감을 느끼는가로 자기효능감 개념과 유사함
자기효능감이론	자기효능감이 높을수록 행동 실현 가능성이 높아진다고 보는 이론
변화단계이론	운동행동의 변화를 5단계(무관심, 관심, 준비, 실천, 유지)로 구분해서 설명하는 이론
생태학이론	개인의 동기나 의도에만 초점을 맞추는 것이 아닌 사회적 환경, 물리적 환경, 정책 변인 모두 중요하다고 보는 이론
건강신념모형	질병의 위험성 인식이 건강행동(운동)에 직접적인 영향을 미친다고 보는 모형

22 변화단계이론

무관심단계	현재 운동을 하고 있지 않으며, 6개월 이내에도 운동을 시작할 의도가 없음
관심단계	현재 운동을 하고 있지 않지만 6개월 이내에 운동을 시작할 의도가 있음
준비단계	현재 운동을 하고 있지만, 기준(주당 3회 이상, 1회 20분 이상)을 채우지 못하고 있으며, 한 달 이내 기준을 충족하는 수준으로 운동할 생각이 있음
실천단계	기준을 충족하는 운동을 했으나 기간이 6개월 미만이며, 하위단계로 내려갈 위험성이 높음
유지단계	기준을 충족하는 운동을 6개월 이상 하였으며, 하위단계로 내려갈 가능성도 낮음

PART 04 스포츠윤리

00 핵심용어

용어	해설
보편 타당성	때와 장소를 초월하여 모든 것에 예외 없이 유효한 것
정언적 명령	제약이나 조건이 붙지 않는 절대적 명령(A면 B 해라)
가언적 명령	제약이나 조건이 붙는 상대적 명령(A 하기 위해 B 해라)
가치 판단	개인의 가치관에 따라서 달라지는 옳고 그름, 좋음과 나쁨, 아름다움과 그렇지 않음 등 지극히 주관적인 가치 판단
공리주의	다수의 행복을 주는 행위는 곧 옳은 행위이자 도덕적 행위
극기복례 (克己復禮)	(仁)에 이르는 방법으로 욕심, 충동 따위를 의지로 극복함으로써 인간 본연의 모습으로 돌아간다는 뜻이며, 이를 극복하는 사람을 군자라고 칭함
충(忠: 충성)과 서(恕: 용서)	거짓과 가식 없이 정성을 다하는 마음인 충과 다른 사람의 마음을 헤아릴 줄 아는 마음으로써 서를 강조
정명(正名) 사상	사회 구성원의 각자 본분에 맞는 덕을 강조. '~다움' 강조
측은지심	남을 불쌍히 여김
수오지심	옳지 못한 행동을 부끄러워 함
시비지심	옳고 그름을 판단할 줄 앎
사양지심	겸손해서 사양할 줄 앎
일체유심조 (一切唯心造)	모든 것은 오로지 마음이 지어내는 것임을 의미
논리실증주의	과학적 방법 및 논리를 통해 사실 그 자체를 증명하고자 하는 철학적 경향
로고스 (logs: 이성)	진리, 이성, 논리, 법칙, 사고능력, 등을 의미(보편적인 준칙과 행위를 인식하고 따르는 분별 능력 혹은 사유)
파토스 (patos: 감성)	이성의 판단과는 다른 원천으로부터 오는 쾌락과 고통에 따라 판단(감각적, 신체적, 예술적인 것을 의미)
에토스 (ethos: 도덕성)	특정 사회(공동체)가 중시하는 가치, 믿음, 정신 등이 교육과 학습을 통해 개인에 내면화된 도덕적 품성(사람에게 도덕적 감성을 갖게 하는 보편적인 도덕적, 이성적 요소)
인종주의(racism)	특정 집단 혹은 인종이 우월하다는 신념
아파르트헤이트 (Apartheid)	• 백인우월주의에 근거한 남아프리카공화국의 인종 차별 정책과 제도 • 1948년 수립된 정부에 의해 국민을 반투(순수한 아프리카 흑인), 유색인(혼혈인종), 백인 등으로 구분하는 주민등록법 시행
도핑(doping)	스포츠 상황에서 나타나는 다양한 비윤리적 행위 중 경기력 향상을 목적으로 금지된 약물을 복용하거나 금지된 방법을 사용하는 행위 및 이를 은폐하려는 모든 행위를 포함

01 윤리, 도덕, 선의 개념

p.334

윤리 (倫理, ethics)	사회를 구성하는 데 있어 도덕적으로 지켜야 할 이치와 도리로서 도덕적 현상의 바탕이 되는 원리임
도덕 (道德, morality)	사회 구성원으로서 마땅히 지켜야 할 행동 준칙이나 규범(스포츠윤리, 환경윤리, 연구 윤리, 의료윤리 등)을 존중하는 개인의 심성 혹은 덕행(공중도덕)을 의미함
선 (善, goodness)	• 일반적으로 '좋은 것'을 의미함 • 도덕과 윤리적 실천의 기본이 되는 가치로서 '옳고 그름'의 도덕적 행위를 가능하게 하는 근거

02 사실판단과 가치판단

p.335

사실 판단	• 경험적 탐구를 통해 밝혀진 객관적 사실에 근거한 판단을 의미함 • 참과 거짓을 판단할 수 있는 기준을 제시하여 갈등 해결의 실질적 실마리 제공함 예 제22회 월드컵은 카타르에서 개최되었다
가치판단	• 개인의 가치관에 따라서 달라지는 옳고 그름, 좋음과 나쁨, 아름다움과 그렇지 않음 등 지극히 주관적인 가치 판단 • 참과 거짓에 대한 주관적 가치가 다를 경우, 갈등 해결의 실질적 실마리를 제공하는데 한계 예 제22회 월드컵은 매우 성공적인 대회였다

03 윤리이론

p.337

의무론적 윤리	• 인간이면 도덕적 원리와 법칙(보편적 도덕)을 마땅히 지켜야 하고, 이에 따라 행위의 옳고 그름이 결정된다고 보는 태도 • 어떠한 행위의 결과와 상관없이 '행위 자체'의 옳고 그름을 판단 • 행위에 대한 도덕적 책무나 의무를 중시하는 관점
목적론적 윤리	• 어떤 행동이 좋은 결과를 낳거나 목적을 달성하는 데 도움을 주었다면, 그 행동은 도덕적으로 옳다고 보는 관점 • 인간의 행위는 상황에 따라 가치가 달라짐 즉, 행위 자체는 본질적 가치를 지니고 있지 않지만, 만약 그 행위가 좋은 결과를 위한 수단이라면 가치를 지님 • 목적(결과의 달성)에 도움이 되는 행위는 윤리적으로 정당하다고 판단 → 인간 행위의 옳고 그름을 행위의 결과나 목적 달성 여부로 판단함 여기서 말하는 목적은 넓은 의미로는 '행복', 좁은 의미로는 '쾌락'을 의미
덕론적 윤리	• 의무론과 결과론(공리주의)의 한계를 극복하기 위해 등장한 윤리 사상 • 개인의 내면적 특성, 성품으로서 도덕성을 강조 즉, 행위보다 행위자(내면)의 윤리 강조 　- 도덕적 품성은 개인의 반복적이고 습관적인 행위가 훈련되고 축적되어 만들어진 성품 　- 덕은 개인이 속한 사회(공동체)의 도덕적 전통과 관습을 통해 학습, 내면화 • 어떠한 행동에 대한 도덕적 옳고 그름은, 행위가 아닌 행위자 내면의 덕(품성)에 의해 결정

04 공리주의

벤담(J. Bentham)의 양적 공리주의	• 다수의 행복을 주는 행위는 곧 옳은 행위이자 도덕적 행위 • 모든 쾌락은 양적으로 측정 가능(강도, 지속성, 확실성, 생산성, 범위, 신속성 등의 기준에 근거) • 모두 쾌락은 질적으로 똑같으며, 양적인 차이만 존재 • 공리의 원리(principle of utility) 즉, 어떤 행위가 다수의 행복을 증진하는가에 따라 옳고 그름을 판단 • '최대다수의 최대 행복'이라는 행동의 결과만 만족시킨다면, 행동의 동기는 고려하지 않아도 됨 • 칸트의 주장과 상반됨
밀(J. Mill)의 질적 공리주의(벤담의 제자)	• 만족한(배부른) 돼지보다 불만족한(배고픈) 인간이 바람직하다 • 벤담의 말대로 모든 쾌락이 질적으로 같다면, 더 많은 쾌락을 누리고 사는 돼지가 인간보다 더 행복하다고 할 수 있는가? • 낮은 수준의 쾌락(감각적 쾌락)과 높은 수준의 쾌락(지성과 교양)을 구분 • 삶의 궁극적인 목적이 쾌락이라고 보는 것은 벤담과 같지만, 쾌락의 질적인 차이가 있다고 본다

05 레스트(J. Rest)의 '도덕성의 4가지 구성요소'

도덕적 민감성 (moral sensitivity)	자신에게 주어진 상황 속에서 도덕적 이슈를 인식하고, 자기 행동이 타인에게 미칠 영향을 미리 상상해 보는 능력 → 스포츠 상황에서 도덕적 딜레마를 지각하는 능력
도덕적 판단력 (moral judgement)	문제 해결을 위한 방법이 정당하고 정의로운지 즉, 문제 해결을 위해 가장 도덕적인 행동이 무엇인지 판단하는 능력 → 스포츠 상황에서 옳고 그름을 판단하게 기준 혹은 능력
도덕적 동기화 (moral motivation)	도덕적 가치를 그 이외의 가치(경제적, 사회적, 종교적 가치)보다 우선시하는 요소 → 스포츠에서 다른 가치보다 정정당당하게 경기하는 것에 가치를 두게 하는 것
도덕적 품성화 (moral character)	도덕적 목표를 행동으로 옮기기 위해 용기를 잃지 않고 온갖 유혹에도 굴복하지 않는 태도 → 스포츠 상황에서 직면한 어려움을 극복하고자 하는 의지, 용기, 인내 등의 품성을 갖고자 하는 태도

06 아곤과 아레테

아곤	• 경쟁, 승리, 결과 중시 • 경쟁 상대와의 성과나 능력 비교 • 일반적인 경쟁 스포츠에 해당 • 도덕적 측면에서 아곤보다 아레테가 더 가치 있는 것으로 인식됨
아레테	• 노력, 과정, 탁월함 중시 • 덕의 중요성 강조 • 타인과의 경쟁이나 비교 없이 자신의 고유한 기능과 노력으로 가치를 평가함 • 극기 또는 미적 스포츠에 해당 • 아곤보다 더 포괄적인 개념

07 스포츠 규칙의 원리

p.348

구분	내용
가변성(임의성)	• 스포츠의 규칙은 필연적으로 반드시 그러해야 하는 것이 아니라, 일정한 조건에서 언제든 바뀔 수 있음 • 스포츠 종목의 규칙은 다양한 요인에 의해 바뀌어 왔음 　- 과거 농구 경기는 전/후반제에서 지금의 쿼터제로 변경 　- 배구에서 득점은 서브권을 가진 팀에서 공격을 성공시켰을 때만 인정, 그러나 지금은 서브권에 상관없이 득점 인정
제도화	스포츠의 규칙은 마음대로 변경되는 것이 아니라, 반드시 공식적이며 전문화된 조직 혹은 기관을 통해 제도화됨
공평성	스포츠 규칙은 공정과 평등의 원리에 근거하여 어느 한쪽에 치우지 않지 않게 적용

08 스포츠 규칙의 분류

p.348

구분	내용
구성적 규칙	• 각 스포츠의 성립 조건을 명시한 규칙 • 경기 진행 방법 규정 • 각 스포츠의 목적, 수단을 포함하여 시간, 장소, 용품 등 경기 구성을 규정 예 축구 경기에서 오프사이드, 정식 축구장 규격, 심판의 수 등
규제적 규칙	• 각 스포츠에서 승패를 겨누는 과정에서 '탁월성'의 발휘를 방해하는 행위(반칙)를 규제하는 규칙 • 각 종목의 특성에 따라 적용되는 규칙에 대한 개인의 행동 규제를 의미함 • 반칙에 대한 보상과 불이익 포함 예 농구에서 5반칙 퇴장, 축구 경기에서 'Red Card', 페널티 킥 등

09 스포츠에서 반칙

p.349

구분	내용
의도적 구성 반칙	• 스포츠 경기의 구성적 규칙을 의도적으로 위반한 행위 • 스포츠의 본질을 위협하는 불공정한 행위 예 승부조작, 도핑, 야구 배트의 성분 조작
비의도적 구성 반칙	• 의도성은 없으나, 결과적으로 구성적 규칙을 위반한 행위 • 일반적으로 규칙 변화가 많거나 혹은 규칙이 새롭게 개정된 이후 빈번히 발생 예 골프에서 새롭게 바뀐 벌타 규정을 인지하지 못하고 해당 행위를 저지른 경우
의도적 규제 반칙	스포츠 경기의 규제적 규칙을 의도적으로 위반한 행위 예 야구에서 상대방 중심 타자에 대한 위협구, 농구의 상대 팀 팀 파울을 활용한 전술적 반칙
비의도적 규제 반칙	• 스포츠 경기의 승리 추구 과정 중 자연스럽게 일어나는 비의도적 규제 반칙 • 비 의도성, 불가피성, 행위의 결과 등을 종합적으로 고려 예 복싱 경기 중 경합 상황에서의 상대 선수의 벨트 아래를 가격한 반칙(low Blow)

10 인간중심주의(도구적 자연관)

베이컨 (F. Bacon)	• 과학과 지식의 목적은 자연을 이용해 인간의 삶을 윤택하게 하는 것 • 인간에게 자연은 정복의 대상
데카르트 (R. Decartes)	• '나는 생각한다 고로 손재한다' • 사고할 수 있는 '이성'을 지닌 인간은 이성이 없는 자연을 지배할 권리가 있다 • 자연을 움직이는 기계에 비유
패스모어 (J. Passmore)	• 자연은 인간으로 인해 가치 있는 존재가 된다 • 인간을 위해 다른 생명체를 보호해야 한다
베르크	• 인간의 거처로서 에쿠멘(ecoumen) 개념 강조 • 인간은 자연과 지구에 대한 책임과 권리를 소유
토마스 아퀴나스	• 모든 피조물은 신의 계획에 의해 존재 • 자연에 대한 모든 권한은 인간에게 있다
피타고라스	인간은 만물의 척도
아리스토텔레스	자연은 인간을 위해 존재

11 생태 중심주의(인간+동물+생물+무생물)

알로 레오폴드 (A. Leopold)	• 대지 윤리(land ethics) 　- 생물과 무생물이 어우러져 있는 대지에도 도덕적 지위를 부여함 • 무생물까지 포함하여 생태 전체를 도덕적 고려의 대상으로 봄
아르네 네스 (A. Naess)	• 심층 생태주의 철학으로서 생태 지혜(ecosophy) 강조 　- 삶의 수단은 소박하고 목적은 풍요롭게 하고자 하는 개인적 실천 양식 • 모든 유기체는 생명의 연결망 속에 본래 연결되어 있다고 주장 • 과거의 피상적 환경 운동(환경 오염 예방 혹은 경제 개발의 속도 조절)을 비판, 환경에 대한 생활양식과 사고방식 자체를 바꿔야 한다고 주장
한스 요나스 (H. Jonas)	• 환경 문제 해결의 주체를 개인으로만 한정하면 한계가 있다고 주장 • 공동체 혹은 지구 전체를 기반으로 하는 순화 주의 사상 강조 • 자연과 인간은 불가분의 관계 　→ 자연과의 공존을 통해서만 인류의 지속적 생존 가능하다고 보는 태도

12 자연(생명) 중심주의(인간+동물+생물)   p.360

구분	핵심 개념

폴 테일러
(Paul W. Taylor)
	• 인간을 포함하여 지구상에 존재하는 모든 생명체는 평등한 관계
	• 생명 존중을 위한 인간의 4가지 의무 제시
	  - 비상해(불침해)의 규칙: 다른 생명체를 해하지 않는다.
	  - 불간섭의 규칙: 생태계의 자유로운 발전을 간섭하지 않는다.
	  - 신뢰의 규칙: 생명체와의 신뢰를 훼손하지 않는다.
	  - 보상적 정의의 규칙: 고의 혹은 과실로 생명에게 해를 가하면 그에 따른 보상을 해야 한다.

알베르트 슈바이처 (Alvert Schweizer)	• 생명은 그 자체로 선(善) • 자연(생명)은 본래 가치(어떤 것을 위한 수단이 아닌 그 자체로 의미가 있고 목적이 되는 가치) • '생명에의 외경(모든 살아 있는 존재를 상해하거나 살생하는 것이 아닌 돕고 고양하는 것)'을 도덕의 절대적이고 기본적인 원리로 여김

13 종차별주의(인간+동물)   p.361

구분	핵심 개념
피터 싱어 (P. Singer)	• 이익 평등 고려의 원칙에 따라 인간과 동물을 동등하게 고려되어야 한다 • 이익(쾌락을 극대화하고 고통을 최소화)은 감각을 지닌 모든 생명체는 동등하게 도덕적 배려의 대상이 되어야 함
제레미 벤담	• 이성을 지닌 존재인가 아닌가는 중요하지 않다 • 이성보다 중요한 것은 '고통을 느끼는가?'이다 → 동물도 인간과 마찬가지로 고통을 느끼기 때문에 사람과 동등한 도덕적 권리가 부여되어야 한다고 주장
레건 (T. Regan)	• 동물은 인간과 마찬가지로 삶의 주체(subjects of Life) • 이성적 능력과 상관없이 동물에게도 도덕적 권리가 있다고 주장
폴란(M. Pollan)	**동물 복지론** • 동물은 최소한의 배려와 대우가 필요하며, 인간의 목적에 따라 이용되는 것은 비윤리적인 행위라는 것을 강조 • 동물은 인간의 이익, 쾌락, 유희의 도구가 되어서는 안 된다

14 폭력 관련 대표 이론

p.365

구분	핵심 개념	내용
플라톤	인간 본능	폭력성 인간의 본능적 기질
아리스토텔레스	분노	폭력은 절제되지 못한 개인의 분노가 원인으로 작용
로렌츠	동물 본능	폭력은 동물의 원초적 본능
마르크스	국가 권력을 위한 폭력	폭력은 국가 권력을 위해 존재(필연적)
한나 아렌트	악의 평범성	• 악이 만연한 시스템에 대한 무비판적 수용 • 스포츠계의 폭력은 오랫동안 죄의식 없이 관행처럼 존재 • 악(폭력)을 당연한 것, 평범한 것으로 인식
르네 지라르	모방이론	폭력의 원인 본능이 아닌, 경쟁자를 모방하는 과정에서 발생
악셀 호네트	인정투쟁	• 인간은 태어날 때부터 인정에 대한 욕구 존재 • 인정의 부재로 인한 좌절감, 굴욕감은 폭력의 원인으로 작용
푸코	규율과 권력	위계질서, 규율에 따라 권력 재생산되고 폭력은 권력의 행사 방식 중 하나

15 심판의 개인윤리와 사회윤리

p.381

칸트(Kant)의 개인윤리	개인의 자유로운 선택을 강조하는 것이 곧 정의 → 편파 판정, 오심 등은 심판 개인의 문제
니부어(R. Niebuhr)의 사회윤리	개인적으로 도덕적인 사람도 자신이 속한 단체나 조직의 이익을 위해서는 이기적이고 비도덕적으로 변할 수 있음을 강조 → 오심은 심판 개인이 아닌 심판 교육 제도의 문제

PART 05 운동생리학

00 핵심용어

용어	해설
ATP-PC 시스템	운동 초반에 근세포에 저장되어 있는 PC(인산크레아틴)을 사용하여 ADP를 ATP로 전환하는 대사 시스템
고유수용기	근육과 관절에 위치한 감각기관으로 근육, 힘줄, 인대, 관절로부터 여러 감각 정보를 받아 중추로 전달하여 원활한 운동을 가능하게 함
골지건기관	근육과 힘줄 사이에 존재하며, 장력을 감지하여 근육의 과도한 수축을 억제
관상동맥	심장 자체에 혈액을 공급하기 위한 동맥혈관
교감신경계	자율신경계의 일부로 운동이나 위험한 상황에서 항진
근방추	골격근 섬유와 나란히 있는 근육 이완 수용기로서 근육 길이의 변화 속도나 비율에 반응하여 근육의 과도한 신장을 억제
근신경연접	운동신경과 근세포가 만나는 곳으로 운동신경의 축삭과 근섬유가 만나는 연접 부위
근원섬유	근섬유를 구성하는 섬유로 액틴과 마이오신 필라멘트로 이루어짐
근절	근원섬유에서 나타나는 반복되는 마디로 Z-line과 Z-line 사이를 의미
글루카곤	혈중 글루코스 증가에 관여하는 호르몬
뉴런	신경세포를 의미하며 수상돌기, 신경세포체, 축삭으로 구성
내분비샘	호르몬을 생성하여 혈관으로 직접 분비하는 조직이나 기관
대사작용	세포에서 일어나는 이화작용(분해) 및 동화작용(합성)을 총칭
동방결절	심장의 박동 조율기로서 심전도 시스템의 첫 단계
마이오글로빈	근육 내 산소 운반체
마이오신	굵은 세사로도 불리며 근원섬유를 구성
말초신경계	중추신경계를 제외한 모든 신경계로서 체성운동신경과 감각신경을 포함
무산소성 역치	운동강도 증가에 따라 환기량이 급격히 증가하는 시점
미토콘드리아	에너지 발전소라고도 불리는 세포 내 소기관으로 다량의 ATP 생성
베타 산화	지방산이 미토콘드리아로 유입되어 아세틸조효소(Acetyl CoA)로 전환되는 과정
부교감신경계	자율신경계의 하나로 주로 안정 상태에서 작용
부적피드백	자극의 크기를 감소시키는 조절체계의 반응
산소부채	운동 후 회복기에 산소소비량이 증가하는 현상
산화적 인산화	에너지 대사 시스템의 하나로 미토콘드리아에서 발생하며 산소를 활용하여 다량의 ATP 생성

속근섬유	근섬유 유형의 하나로 type II 섬유로도 불리며 강한 수축력과 빠른 수축 속도를 가지나 피로도가 높음
순응	반복된 환경 스트레스에 반응하여 발생하는 변화
시냅스	한 신경의 전기적 활동이 다른 신경의 전기적 활동에 영향을 미치는 신경세포 사이의 연결부위
심박출량	심장으로부터 박출된 혈액의 양(심박수 × 1회 박출량)
아세틸콜린	신경전달물질의 하나
액틴	얇은 세사로 불리며 근원섬유를 구성
에피네프린	아드레날린으로도 불리며 부신수질에서 합성된 호르몬
운동단위	하나의 운동신경이 지배하고 있는 근섬유 수
운동 후 초과산소섭취량	운동 후 회복기에 산소소비량이 증가하는 것으로 산소부채와 유사 개념
인슐린	혈중 글루코스 감소에 관여하는 호르몬
자율신경계	말초신경계의 일부로서 심장 및 내장기관의 활동을 조절
저산소증	고지 환경과 같이 산소가 부족한 상태
저체온증	열을 발산하며 체온을 유지하는 능력이 상실된 상태
젖산역치	운동강도가 점차 증가할 때 혈중 젖산이 급격히 증가하는 시점
중추신경계	뇌와 척수를 포함하며 자극을 통합하고 조절하여 신체 각 부위로 명령을 전달
지근섬유	근섬유 유형의 하나로 type I 섬유로도 불리며 약한 수축력과 느린 수축 속도를 가지나 피로도가 낮음
최대산소섭취량	유산소성 능력의 대표적 지표로 개인의 최대 강도의 운동 중 신체의 산소섭취량을 의미
카테콜라민	에피네프린, 노르에피네프린, 도파민을 포함한 유기화합물을 의미
코리 회로	운동 중 근육에서 생성된 젖산을 간에서 포도당으로 재합성하는 과정
크렙스 회로	산화적 인산화 시스템의 일부로 전자전달계에 필요한 수소 운반체를 생성
포도당신생합성	아미노산, 젖산, 글리세롤 및 탄소 분자로부터 포도당을 합성하는 과정
폐포	호흡가스와 혈액 사이에서 가스교환이 일어나는 폐에 위치한 미세한 공기주머니
항상성	인체의 내부 환경을 정상상태로 일정하게 유지하려는 성질
항정상태	내부 환경이 정상상태가 아닌 단지 변하지 않는 일정한 상태
해당과정	포도당을 젖산이나 피루브산으로 전환하며 ATP를 생성하는 에너지 대사 시스템
헤모글로빈	혈액의 산소 운반체
호흡교환율	산소소비량에 대한 이산화탄소 배출 비율로서 운동 중 사용하는 기질을 확인할 수 있음(0.7에 가까우면 지방을, 1.0에 가까우면 탄수화물을 주로 사용)
환기	폐에 들어가고 나오는 공기의 이동을 의미하며 외호흡이라고도 불림
환기역치	운동강도 증가에 따라 이산화탄소가 급격히 증가하는 시점
활동전위	역치 이상의 자극에서 세포막 안과 밖의 전하가 바뀌면서 세포가 흥분하는 상태의 전위

01 트레이닝의 원리

p.409

점진성의 원리	신체의 적응기간을 고려하여 운동의 질과 양을 점증적으로 증가시키는 것
과부하의 원리	신체의 적응력을 넘어서기 위해 보다 높은 부하(강도, 빈도, 시간)를 적용하는 것
개별성의 원리	개인의 특성과 능력을 고려하여 트레이닝을 실시하는 것
특수성의 원리	각 스포츠 종목의 특성을 고려하여 트레이닝을 실시하는 것
다양성의 원리	단조로움에 의한 스트레스를 극복하기 위해 프로그램과 환경의 변화를 주는 것
가역성의 원리	인체의 조직과 기관은 사용하지 않으면 퇴화한다는 원리
의식성의 원리	능동적이고 의욕적으로 트레이닝에 참여해야 한다는 원리

02 운동생리학의 정의

p.409

운동생리학	체육학의 한 분야로서 운동에 반응하고 적응하는 신체의 구조적 및 기능적 변화를 연구하는 학문
인접 학문	스포츠의학, 운동생화학, 운동영양학, 운동처방, 트레이닝방법론

03 에너지의 형태

p.412

에너지 형태	화학, 기계, 열, 빛, 전기, 핵에너지의 형태로 존재
에너지 형태의 상호 전환	다양한 에너지 형태는 서로 전환됨(예 화학에너지 → 기계적 에너지)
	인간이 음식을 섭취하면 소화·흡수 과정을 통해 탄수화물, 지방, 단백질을 얻게 되고, 화학에너지로 저장되었다가 궁극적으로 체내에서 요구하는 에너지 형태(기계, 열, 전기)로 전환되어 사용되게 됨

04 물질대사의 과정

p.412

대사과정	물질을 합성하여 에너지를 저장하는 동화작용과 물질을 분해하여 에너지를 저장하는 이화작용을 총칭
화학적 에너지 생성을 위한 대사과정	탄수화물은 포도당 분자로, 단백질은 아미노산으로 그리고 지방은 지방산과 글리세롤의 형태로 전환(이화작용)되어야 ATP라는 화학적 에너지 생성을 위해 사용됨

05 인체의 에너지 대사   p.412

ATP-PCr 시스템	• 운동 시작과 함께 세포 내 존재하던 소량의 ATP가 고갈되면 ATP-PCr 시스템이 가장 먼저 ATP를 재합성하여 공급 • 그레이틴 키나아제 효소에 의해 삭용 • 5~10초 이내 고강도 운동 시 사용(역도, 100m 달리기 등) • ADP + PCr → ATP + Cr
해당과정 시스템	• 해당은 당을 분해한다는 뜻으로 해당과정은 음식물로 섭취한 탄수화물을 분해하면서 ATP를 생성하는 과정 • 혈중 글루코스를 분해하거나 근세포내 저장된 글리코겐을 분해하는 과정으로 구분됨 • 단기간(1~3분) 고강도로 최대 능력을 발휘하는 종목(수영 200m, 달리기 400m 등)에서 사용 • 해당과정의 부산물로 피루브산 또는 젖산이 생성됨 • 글루코스 또는 글리코겐 → 피루브산 또는 젖산 + 2ATP + 2NADH
유산소성 시스템	• 산소공급이 원활할 때 피루브산이 미토콘드리아로 유입되며 유산소성 시스템이 활성화 됨 • 가장 늦게 활성화되는 시스템이지만 ATP-PC 시스템이나 무산소성 해당작용에 비해 훨씬 많은 에너지를 생성 • 3분 이상 지속되는 운동 시 사용 • 음식물로 섭취한 탄수화물, 단백질, 지방을 모두 활용 • 유산소 시스템은 첫째, 아세틸 조효소(Acetyl CoA)로의 전환, 둘째, 크렙스 사이클(Kerbs cycle), 셋째, 전자전달계(ETS, electron transport system)의 세가지 단계로 차례대로 일어남

06 운동과 에너지 대사   p.418

에너지 대사 순서	ATP-PCr → 해당과정 → 유산소성 시스템
운동강도에 따른 에너지원 기여	운동 강도가 증가할수록 탄수화물의 에너지 기여도가 증가하고, 운동 강도가 감소할수록 지방의 기여도가 증가

07 무산소성 역치   p.419

무산소성 역치	운동강도가 증가함에 따라 젖산 농도가 급격히 증가하는 시점을 의미하며 젖산 역치라고도 불림
발생기전	• 해당과정 가속화(피루브산의 과다공급) • 속근활동의 증가(속근 내 젖산탈수소효소의 활동 증가) • 근육 내 산소 저하(산화적 인산화 저해) • 젖산 제거속도 저하(혈중 젖산농도 = 젖산생산량 - 젖산 제거량)

08 뉴런(신경세포)과 뉴런의 전기적 활동 p.424

뉴런	뉴런의 구조	개념	신경세포는 뉴런이라고 불리며 기능에 따라 감각뉴런, 운동 뉴런, 감각뉴런과 운동 뉴런을 연결하는 연합뉴런으로 구성됨
		수상(가지)돌기	다른 뉴런이나 기관에서 오는 자극을 받아들이는 수용부 역할
		신경세포체	뉴런의 생명 유지 활동을 하며 다른 세포로부터 받은 신호를 수용, 통합하여 축삭으로 전달
		축삭	신경세포체에서 받은 신호를 다른 뉴런이나 반응 기관으로 전달
	시냅스		뉴런과 뉴런 사이의 미세한 틈으로 신경전달물질이 이동하는 공간
뉴런의 전기적 활동	세포막 전위		신경세포의 세포막은 외부는 양이온, 내부는 음이온으로 분리되어 있으며, 이 상태를 분극이라고 함
	뉴런의 흥분전도 과정	안정막 전위	안정시 신경세포의 막전위는 세포막 안이 음극(-), 세포막 밖이 양극(+)을 나타냄
		탈분극	뉴런의 흥분이 시작되면 세포막 안이 양극(+), 세포막 밖이 음극(-)이 되어 탈분극 상태가 됨
		재분극	탈분극이 지나간 자리는 다시 세포막 안이 음극(-), 세포막 밖이 양극(+)이 되어 안정막 전위로 돌아감

09 신경계 p.428

신경계	인체에 일어나는 변화로 인한 자극을 받아 전달하고 그에 대한 반응을 생성하는 기관
신경계의 구조	• 중추신경계: 뇌와 척수 • 말초신경계: 뇌와 척수를 제외한 모든 신경세포 감각신경과 운동신경(자율신경과 체성운동신경)으로 구분
주요 기능	• 감각을 수용하는 지각 기능 • 자극에 대하여 적절한 반응을 실행하는 운동기능 • 내분비기관의 활성을 조절하고 항상성을 유지하는 자율기능 • 각 자극을 통합하는 연합 기능

10 말초신경계의 운동기능 조절 p.430

감각계 (고유수용기)	근방추	근육 내 존재하며 근육 길이의 변화 속도나 비율에 반응하여 근육의 과도한 신장을 억제
	골지건기관	근육과 힘줄 사이에 존재하며 증가하는 장력을 감지하며, 근육의 과도한 수축을 억제하여 근육이 과도하게 수축하여 손상 방지
	관절수용기	관절의 인대에 위치하며 신체 움직임의 속도와 위치를 파악하여 신체 밸런스 조절
운동계	체성운동신경	의식적으로 골격근의 움직임을 조절
	자율신경	무의식적으로 심장근, 평활근, 호르몬의 기능을 관장하며 교감신경과 부교감신경의 길항작용에 의해 조절

11 근섬유의 구조 p.437

근섬유	각각의 근섬유는 수백 개에서 수천 개의 근원섬유로 구성됨
근원섬유	근원섬유는 골격근의 기본 단위인 근절로 구성됨
근절	근절은 굵은 세사인 마이오신 세사와 얇은 세사인 액틴 세사로 구성되어 있으며, Z-line과 Z-line 사이의 마디를 의미함
굵은 세사	• 골격근 단백질의 약 2/3는 굵은 세사의 주요 단백질인 마이오신 세사 • 마이오신 세사의 마이오신 머리(myosin head)는 ATP와의 작용을 통해 액틴과 십자형가교라고 불리는 교차다리(cross bridge)를 형성하여 근수축을 개시
얇은 세사	• 액틴, 트로포마이오신(tropomyosin), 트로포닌(troponin)으로 구성되어 있음 • 액틴은 마이오신 머리와 결합할 수 있는 결합 부위를 가지고 있음 • 트로포마이오신은 액틴과 마이오신의 결합 부위를 열고 닫는 역할 • 트로포닌은 칼슘과 결합하여 트로포마이오신을 조절

12 근수축의 단계 p.439

안정단계	마이오신과 액틴이 결합되어 있지 않음
자극 결합단계	신경자극 → 근신경연접에서 아세틸콜린 분비 → 근육세포의 활동전위 발생 → 근형질세망의 소포체에서 칼슘 방출 → 트로포닌에 칼슘 부착 → 트로포마이오신 위치를 변화시킴 → 액틴 섬유에 있는 마이오신 결합 부위가 노출됨 → 액틴과 마이오신이 결합하여 액토마이오신 형성
수축 단계	마이오신 머리가 액틴을 근절 안쪽으로 밀어내면서 수축
재충전 단계	액토마이오신이 분해
이완 단계	신경자극이 중단되어 아세틸콜린 분비가 중지되고 칼슘이 근형질세망으로 재흡수

13 운동강도에 따른 근섬유 유형의 동원 p.441

저강도	지근섬유(type Ⅰ)
중강도	• 지근섬유 • 산화성 속근섬유(type Ⅱa)
고강도	• 지근섬유 • 산화성 속근섬유 • 해당성 속근섬유(type Ⅱx)

14 내분비샘과 호르몬의 주요 기능

p.447

내분비샘		호르몬	기능
뇌하수체	전엽	성장 호르몬	• 시상하부에서 분비 • 인체 모든 조직의 발달과 크기 증가 촉진 • 단백질 합성 증가, 지방 동원 및 사용 증가 • 탄수화물 비축
		자극 호르몬	갑상선 자극 호르몬, 부신피질자극 호르몬, 프로락틴, 난포자극 호르몬, 항체형성 호르몬
	후엽	항이뇨 호르몬	• 신장에 작용하여 수분 보유 증가 • 운동 시 수분 손실 예방
		옥시토신	자궁 근육을 수축하여 분만을 촉진하는 호르몬
갑상선		티록신(T_4) 트리요드타이로닌(T_3)	인체의 대사 속도 증가
		칼시토닌	• 칼슘 농도가 높을 때, 혈장 칼슘 농도를 감소 • 뼈의 칼슘 방출 감소
부갑상선		부갑상선 호르몬	• 칼슘 농도가 낮을 때, 혈장 칼슘 농도를 증가 • 뼈의 칼슘 방출 증가
부신	수질	에피네프린(아드레날린)	• 교감신경에 자극 • 대사활동 촉진(근리코겐 분해, 지방 분해 촉진) • 심박수와 심장 수축력 증가, 혈압 증가
		노르에피네프린(노르아드레날린)	• 교감신경에 자극 • 대사활동 촉진(근리코겐 분해, 지방 분해 촉진) • 심박수와 심장 수축력 증가, 혈압 증가
	피질	알도스테론	• 전해질(나트륨, 칼륨) 균형 유지 • 신장에서 나트륨 재흡수 및 칼륨 배출
		코티졸	• 유리지방산 동원 촉진 • 단백질 합성 억제 및 분해 촉진 • 간에서 아미노산+글리세롤을 통한 당신생합성
췌장		인슐린	• 혈당이 높을 때, 조직으로 포도당 이동 • 췌장의 베타세포에서 분비
		글루카곤	• 혈당이 낮을 때, 혈액으로 포도당 방출 • 췌장의 알파세포에서 분비 • 간의 당원분해와 지방의 지질분해 촉진
신장		레닌	알도스테론과 혈압 조절
		에리스로포이에틴	골수세포를 자극하여 적혈구 생산 조절

15 운동 중 환기량의 변화

p.458

운동간계		변화	조절기전
안정시		거의 없음	호흡중추, 말초 화학수용체
운동 중	초기	급속한 증가	• 호흡중추 활성화 • 근육과 관절수용체의 활성으로 신경자극 증가
	중기	안정 혹은 느린 증가	• 이산화탄소 분압 증가 • pH 감소
	후기	유지(최대한운동) 혹은 계속적 증가(최대운동)	• 이산화탄소 분압 증가 • pH 감소 • 혈액 내 칼륨, 카테콜아민, 체온, 중추의 부가적 자극
회복기	초기	급속한 감소	관절수용체
	후기	느린 감소	이산화탄소와 pH가 정상화됨에 따른 중추와 말초 화학 수용기 자극

16 운동과 호흡계의 적응

p.458

	안정시	최대하운동시	최대운동시
폐용량	총 폐용량은 변화없음(폐활량은 약간 증가, 잔기량은 약간 감소)		
1회 호흡량	변화없음	항정상태 유지	증가
호흡수	감소	감소	증가
폐환기량	변화없음	변화없거나 약간 감소	증가
폐확산	변화없음	변화없음	증가
동정맥 산소차	증가	증가	증가
환기효율 상승	상승	상승	상승

17 혈액의 순환

p.461

폐순환	• 심장과 폐 사이의 혈액 순환 • 우심실 → 폐동맥 → 폐포(산소와 이산화탄소 교환) → 폐정맥 → 좌심방
체순환	• 혈액이 심장으로부터 온몸을 돌아 각 조직세포에 산소를 공급하고 다시 심장으로 돌아오는 순환 • 좌심실 → 대동맥 → 조직 내 모세혈관(산소와 이산화탄소 교환) → 대정맥 → 우심방

18 운동과 순환계의 반응   p.461

1회 박출량	• 1회 박출량 = 이완기말 혈액량 - 수축기말 혈액량 • 1회 박출량 결정요인: 심실 이완기말 혈액량, 평균 대동맥 혈압, 심실의 수축력 • 1회 박출량은 최대 산소 섭취 능력의 40% 정도에 해당하는 운동 부하에서 최대치를 보이며 이후 고원현상을 보임
심박수	• 1분 동안의 심장의 박동수를 의미(안정시 60~80회) • 자율신경계에 의해 조절(교감신경: 심박수 증가, 부교감신경: 심박수 감소) • 심박수는 직접적으로 운동 강도의 증가에 비례하면서 거의 최대 운동강도까지 증가 • 최대 심박수 = 220 - 나이 (또는 208 - [0.7 × 나이])
심박출량	• 심박출량 = 심박수 × 1회 박출량 • 운동 중 심박출량은 운동 강도에 따라 비례하여 증가 • 운동선수는 일반인에 비해 운동 중 더 높은 심박출량을 나타냄

19 체온조절   p.466

항상성 조절기관	작용
통합센터	• 시상하부는 체온조절의 통합센터 • 시상하부 전엽은 체온 증가에 관여 • 시상하부 후엽은 체온 감소에 관여
수용기	• 중추수용기는 혈액의 두뇌를 순환할 때 혈액의 온도 감지 • 말초수용기는 피부 주위의 온도 감지
효과기	• 땀샘 자극 → 땀이 증발하여 피부 표면 열 제거를 통한 체온 감소 • 동맥 확장 → 동맥의 혈류 증가를 통한 체온 감소 • 근육의 떨림 유발 → 체온 유지 및 증가 • 호르몬 분비 → 티록신 및 카테콜아민의 분비는 세포 대사율을 높여 체온 증가

20 체열 증가 및 손실의 물리적 열전도 기전   p.466

복사	한 물체에서 다른 물체로 물리적 접촉없이 열이 전달되는 것
전도	한 물질에서 다른 물질로 직접적인 접촉을 통해 열이 전달되는 것
대류	인체와 접촉한 공기가 다른 장소로 이동하여 열이 전달되는 것
증발	인체의 땀 분비에 의해 열이 제거되는 것을 의미하며 운동 중 열 발산의 주요 방법

21 고온 환경과 열 관련 장애   p.467

열경련	가벼운 열 손상으로 골격근의 경련 발생
열탈진	일사병으로도 불리며, 심박수 증가, 두통, 혈압 저하, 현기증 및 무기력 등의 증상
열사병	생명을 위협하는 열손상으로 고열(약 40℃ 이상)이지만 땀이 발생하지 않음
열실신	더위에 어지러움을 느끼거나 일시적으로 의식을 잃는 증상

22 저온 환경과 한랭질환   p.468

저체온증	• 체온이 35℃ 미만으로 떨어지며 온몸(특히 팔, 다리)에 심한 떨림, 말의 어눌함 발생 • 직장 온도가 29.5℃가 되면 체온 조절 능력 완전 상실
동상	• 저온환경에서 혈액순환 감소로 체액이 얼어 조직세포가 괴사하여 발생 • 피부가 붉어지고, 물집이 발생하거나 손가락과 발가락이 따끔거리거나 마비됨

23 고지환경에서 운동 시 반응과 적응   p.469

반응	폐환기량 증가, 최대산소섭취량 감소, 최대심박수 감소, 최대심박출량 감소, 혈장량 감소, 적혈구 수 감소
적응	폐환기량의 증가, 폐확산 능력의 증대, 최대심박수 감소, 최대심박출량 감소, 혈장량이 해수면 수준을 유지, 적혈구 수 증가, 헤모글로빈 농도 증가, 모세혈관 밀도 증가, 마이오글로빈 함량 증가, 미토콘드리아 수 증가

24 수중환경에서 운동 시 반응과 적응   p.471

반응	최대 심박출량 감소, 최대 심박수 감소, 산소운반 능력 감소, 무산소성 능력 감소
적응	폐용량의 최대흡기압과 폐활량 증가, 혈액내 고농도의 이산화탄소(고탄산혈증)에 대한 호흡계의 민감도 감소, 저산소증에 적응

PART 06 운동역학

00 핵심용어

용어	해설
운동역학	스포츠 현장에서 나타나는 신체 및 물체의 운동을 관찰하고, 역학적 이론을 기반으로 그 움직임을 설명하고 원인을 규명하는 학문
운동학적 분석 (kinematic analysis)	운동의 형태를 관찰 및 측정하여 운동의 결과를 분석하는 방법으로, (각)변위, (각)속도, (각)가속도 등이 있다.
운동역학적 분석 (kinetic analysis)	운동의 원인으로 작용하는 '힘'에 대한 측정과 분석하는 방법으로, 힘, 회전력(토크), 지면반력, 충격량, 운동량, 일, 에너지, 파워 등이 있다.
정성적 분석	관찰자(지도자, 교사 등)가 신체 동작 또는 운동 기술을 육안으로 확인하고 이를 분석 및 평가하는 과정
정량적 분석	신체 움직임과 운동 기술을 장비를 이용하여 측정한 뒤, 이를 정량화하여 객관적 자료를 기준으로 분석 및 평가하는 과정
자유도 (degree of freedom)	신체 또는 물체가 움직일 수 있는 가능성을 나타낸 표현
병진운동	선 운동, 신체 또는 물체가 구성하는 모든 부분이 일정 시간 동안 동일한 거리와 방향으로 평행하게 이동하는 운동
회전운동	각 운동, 신체의 분절 또는 물체가 고정된 축을 중심으로 일정 시간 동안 동일한 각도로 회전하는 운동
복합운동	병진운동과 회전운동이 혼합된 형태의 운동
역학적 이득	힘팔과 저항팔의 비율을 통해 힘의 효율성을 나타내는 수치

01 운동역학 및 유관 학문의 정의

p.498

운동역학 (sport biomechanics)	스포츠 현장에서 나타나는 신체 및 물체의 운동을 관찰하고, 역학적 이론을 기반으로 그 움직임을 설명하고 원인을 규명하는 학문
정역학 (static)	평형상태인 신체 또는 물체를 분석하는 학문
동역학 (dynamic)	힘의 작용으로 인해 가속되거나 변화하는 대상을 연구하는 학문
운동학 (kinematics)	• 인체 운동을 운동의 원인인 힘을 고려하지 않고 시간, 공간적 특성에 대해 연구하는 학문 • (각)위치, (각)거리, (각)속도, (각)가속도 등이 있음
운동역학 (kinetics)	• 인체 운동의 원인인 힘과 인체에 영향을 주는 외부의 힘에 대해 연구하는 학문 • 근력, 지면반력, 회전력, 양력, 부력, 항력 등이 있음

02 운동역학의 목적 및 내용　　　　p.499

운동 기술 및 경기력 향상	스포츠 종목별 주요 동작을 운동역학적 분석 및 결과를 통해 피드백(feedback)을 제공할 수 있고, 이를 통해 운동 기술 및 경기력을 향상시킬 수 있음
근골격계 손상 예방	대표적인 운동역학적 분석인 동작분석, 지면반력분석, 근활성도 분석을 통해 신체 근골격계 손상 기전을 규명할 수 있음
스포츠 용·기구의 개발	운동 기술 및 경기력 향상을 목적으로 하는 스포츠 용·기구를 개발하기 위해 운동역학적 분석을 통해 검증 및 개발할 수 있음

03 인체의 운동면과 축　　　　p.502

전후면/시상면 (sagittal plane)	인체의 중심을 전·후로 가로질러 형성된 면으로, 인체를 좌·우 대칭으로 나누는 면
좌우면/관상면 (frontal plane)	인체의 중심을 좌·우로 가로질러 형성된 면으로, 인체를 앞뒤로 나누는 면
수평면/횡단면 (transverse plane)	인체를 상·하로 구분하는 수평으로 형성된 면
좌우축 (medio-lateral axis)	인체를 좌·우로 통과하는 축
전후축 (anterio-posterior axis)	인체를 전·후로 통과하는 축
상하축/수직축 (superior-inferior axis / longitudinal axis)	인체를 상·하로 통과하는 축

04 운동의 종류　　　　p.506

병진운동(선운동)	• 신체 또는 물체가 구성하는 모든 부분이 일정 시간 동안 동일한 거리와 방향으로 평행하게 이동하는 운동 • 병진 운동은 직선 운동뿐만 아니라 곡선 운동도 포함됨
회전운동(각운동)	• 신체의 분절 또는 물체가 고정된 축을 중심으로 일정 시간 동안 동일한 각도로 회전하는 운동
복합운동	• 병진운동과 회전운동이 혼합된 형태 • 일상생활 및 스포츠 상황에서 관찰되는 신체 운동은 복합운동에 해당함

05 질량과 무게의 차이 p.510

질량 (mass)	• 신체 또는 물체가 가지고 있는 변하지 않는 물리량 • 질량은 스칼라량이며, 관성의 척도 • 단위: kg
무게 (weight)	• 무게는 질량과 중력가속도(m/s^2)를 곱한 값 • 무게의 단위는 뉴턴(N) 또는 $kg·m/s^2$

06 자세 안정성에 영향을 주는 요소 p.511

기저면	• 인체 또는 물체가 지면에 접촉하는 점들을 이어서 형성된 전체 면적 • 기저면이 넓을수록 자세안정성은 높아짐
무게중심의 높이	• 자세 안정성은 인체의 무게 중심 높이와 반비례함 • 무게 중심이 높으면 자세 안정성은 저하됨 • 무게 중심이 낮으면 자세 안정성은 향상됨
수직 중심선의 위치	• 수직 중심선은 인체 무게 중심이 지면으로 수직으로 향하는 선을 의미함 • 수직 중심선이 기저면의 중앙에 가까울수록 자세 안정성은 높아짐 • 100m 달리기 시합에서 크라우칭 스타트 방법은 수직 중심선의 위치를 기저면 밖으로 이동시킴으로써 자세 안정성이 저하되며, 이 때문에 빠른 출발을 할 수 있음

07 인체의 지레 p.512

1종 지레	• 힘점(F)과 저항점(R) 사이에 받침점(A)이 위치한 지레 • 역학적 이득은 1보다 크거나 작을 수 있음
2종 지레	• 받침점(A)과 힘점(F) 사이에 저항점(R)이 위치한 지레 • 역학적 이득은 항상 1보다 큼
3종 지레	• 받침점(A)과 저항점(R) 사이에 힘점(F)이 위치한 지레 • 역학적 이득은 항상 1보다 작음

08 포물선 운동에 영향을 주는 요소　　p.518

투사각도	• 투사체의 포물선 운동 궤도는 투사 각도에 의해 결정됨 • 투사체에 외력이 작용하지 않으면, 투사각도 45도에서 가장 긴 투사 거리가 나타남
투사속력	투사 각도가 동일하면, 투사 속력이 증가할수록 수평 방향의 투사 거리와 투사체의 최고점 높이가 증가함
투사높이	투사속도가 일정하다면, 투사 높이가 높을수록 투사체의 비행 시간이 증가함

09 회전하는 물체의 선속도를 증가시키는 방법　　p.520

선속도와 각속도의 관계	• 회전운동하는 물체의 선속도(v)는 각속도(ω)와 회전반경(r)의 곱으로 크기를 계산할 수 있음 • 이때 각속도의 단위는 라디안(radian) 각도를 적용함
각속도의 증가	회전 운동하는 물체의 질량을 회전 중심점에 가깝게 하여, 물체가 가지고 있는 관성모멘트를 감소시킴으로써 각속도를 증가시킴
회전반경의 증가	회전 운동하는 물체를 투척하는 시점에서 물체를 회전 중심점과 멀게 하여, 회전반경을 증가시킴

10 근수축의 형태　　p.524

등척성 수축	저항력과 수축력의 크기가 동일하여 근육의 길이가 거의 변하지 않는 수축
단축성 수축	수축력이 저항력보다 더 크게 작용하여 근육의 길이가 짧아지는 수축
신장성 수축	저항력이 수축력보다 더 크게 작용하여 근육의 길이가 길어지는 수축
등속성 수축	관절의 속도 및 운동 범위를 조절할 수 있는 장비를 이용하여 일정 각도와 속도의 근 수축

11 운동역학적 변인(kinetic variables)　　　　　　　　　　p.524~526

힘 (force)	• 정지한 물체의 운동을 유발하는 원인이고, 운동 중인 물체를 가속하거나 방향을 변경시키는 물리량 • 힘 = 질량 × 가속도($\vec{F} = m \cdot a$) • 단위: N(뉴턴), kg · m/s², kgf(킬로그램힘)
중력 (gravity)	• 지구가 사람 또는 물체 등을 끌어당기는 힘 • 중력(W) = 질량(m) × 중력가속도(g, 9.81m/s²) • 중력가속도는 지구 중심에서 물체까지의 거리에 반비례하기 때문에 고도 및 위도에 따라 달라짐(중력가속도는 9.81m/s²로 통일하여 사용)
마찰력 (friction force)	• 접촉하는 두 물체가 접촉면에 서로 평행하게 주고 받는 힘 • 마찰력(F_f)은 마찰계수(μ)와 접촉면에 수직으로 가한 힘(normal force, F_n)을 곱한 값
회전력 (torque, moment)	• 물체의 회전운동을 가속 시키는 원인 • 물체의 무게 중심점 또는 회전 중심점에서 벗어난 위치에 힘이 작용하면 그 물체는 회전운동을 함 • 회전력($\vec{\tau}$) = 힘 × 모멘트 암($\vec{F} \times r$) • 관성모멘트 × 각가속도($I \times a$)

12 운동량과 충격량　　　　　　　　　　p.526

운동량 (momentum)	• 물체가 운동하는 양 • 운동량 = 질량 × 속도($\vec{P} = m \cdot \vec{v}$) • 단위: kg·m/s
충격량 (impulse)	• 충격량은 주어진 시간 동안 작용하는 힘의 총량 • 충격량 = 충격력 × 작용시간($\vec{J} = \vec{F} \cdot \Delta t$) • 충격력 - 시간 곡선에서 곡선 아래의 면적은 시간에 대해 힘의 곡선을 적분시킨 값 • 단위: N· s, kg·m/s

13 각운동량의 보존과 전이　　　　　　　　　　p.530

각운동량의 보존	• 각운동량 = 관성모멘트 × 각속도($\vec{L} = I \times \vec{\omega}$) • 각운동량이 보존되면, 관성모멘트와 각속도는 반비례 관계임 • 관성모멘트가 증가하면 각속도는 감소하고, 관성모멘트가 감소하면 각속도는 증가함
각운동량의 전이	각운동량이 일정하게 보존될 때, 신체 일부가 각운동량을 만들면 다른 신체 부분이 전체 각운동량을 보존하기 위해 보상하는 원리

14 일과 일률 p.534

일 (work)	• 역학적 관점에서 일은 가해진 힘의 방향으로 물체의 위치 변화가 생긴 것 • 일(W) = 힘($\vec{F}$) × 변위($\vec{r}$), ($\vec{F}$: 물체에 작용하는, $\vec{r}$: 변위) • 단위는 N·m 또는 J(Joule, 줄)
일률 (power)	• 일률은 일을 하는 데 얼마만큼의 시간이 소요되었는가에 대한 개념 • 단위시간 당 수행된 일의 양 • 일률(P) = $\dfrac{일(W)}{시간(t)}$ = $\dfrac{힘(F) \times 변위(r)}{시간(t)}$ = 힘(F) × 속도(v) • 단위는 Watt(W, 와트) 또는 J/s

15 에너지의 종류 p.535

운동에너지	• 신체 또는 물체가 운동을 통해 생성되는 에너지 • 직선운동의 운동에너지 = $\dfrac{1}{2}$ × 질량 × 속도^2
위치에너지	• 신체 또는 물체가 높이에 따라 생성되는 잠재적 에너지 • 위치에너지 = 질량 × 중력가속도 × 물체의 높이
탄성에너지	• 탄성에너지는 탄성력에 의해 물체가 가지는 잠정적인 에너지 • 탄성에너지 = $\dfrac{1}{2}$ × 탄성계수 × 물체의 변형된 길이

16 힘 측정의 유형 p.539

스트레인게이지 방식	• 지면반력을 측정하기 위한 방식으로, 작용한 힘에 비례하여 변화되는 정도를 측정하는 방식 • 비용이 비교적 저렴함
압전 방식	• 지면반력을 측정하기 위한 방식으로, 작용하는 힘에 대해 전하를 유발하는 물체를 이용하여 힘을 측정하는 방식 • 비용은 비싸지만, 힘을 정밀하게 측정할 수 있음
근전도기	근 수축 시 발생하는 전위차를 측정하고, 이를 증폭시켜 근육의 활동 관련된 다양한 자료를 수집할 수 있음

PART 07 한국체육사

00 핵심용어

용어	해설
물적 사료	유물, 유적 등의 물질 유산(예 기구, 도구, 생활용품 등)
문헌 사료	사문서, 공문서, 편지 등(예 훈민정음 해례본, 이황의 활인심방 등)
구술 사료	과거의 기억에 대한 증언(예 금메달리스트의 녹취록)
상고시대	문헌을 통해 알 수 있는 한 가장 오래된 시대
제정일치	제사와 정치가 일치(주술가의 권위가 강한 것이 특징)
제천행사	하늘을 숭배하고 소원을 빌기 위해 제사를 지내는 행사를 의미
삼한	마한, 진한, 변한을 통합해 부르는 이름으로 마한은 54개 부족, 진한과 변한은 12개의 부족으로 이루어진 국가이며 왕이 없고, 각 군장이 존재했던 군장국가를 의미
계절제	삼한의 제천행사를 계절제라 부름. 삼한의 대표적 제천행사에는 수릿날과 계절제가 있으며, 수릿날은 벼농사가 잘 되기를 기리는 제천행사이며, 계절제는 수확의 감사함을 기념하는 제천행사임
화랑도	• 신라시대 청소년으로 조직된 민간 수양 단체로 별명은 풍류도, 국선도, 풍월도, 원화도라고 불림 • 심신을 수련하고 교양을 기르며 사화생활의 규범을 배워 국가 비상시에는 전사가 되는 사회의 중심인물을 양성하며, 전통을 존중하고 협동정신과 신의, 용기심을 기르는 것을 목적으로 하였음
세속오계	화랑도 도의교육의 핵심으로 화랑의 낭도(대원)들이 엄숙히 지켜야할 규율로써 사군이충, 사친이효, 교우이신, 임전무퇴, 살생유택이 있음
관학	국가가 설립하여 운영하는 학교
사학	관학(국립학교, 공립학교)의 상대개념으로써 관학의 보충적 기능을 가진 학교를 의미
무예도보통지	조선을 대표하는 병서이자 무예교범서로, 무예란 무에 관한 기술을 뜻하고 도보란 어떠한 사물을 실물 그림을 통하여 설명하고 계통에 따라 분류한 것을 말하며, 통지란 이를 모두 포함한 종합서적을 뜻함
교육입국조서	1895년 2월 2일에 고종이 발표한 교육에 관한 특별 조서
화류회	개화기 최초의 운동회로써 1896년 3월 5일 영어학교에서 개최했고, 주종목은 육상이었음
유교주의	공자의 사상을 믿고 따르는 교학(敎學)이며, 자기를 완성하여 군자가 되어 남에게 덕행을 미치도록 하는 사상
조선교육령	일제가 조선인의 문화적·정신적 독립성을 말살하고 영구히 일제의 식민지인으로 남겨놓기 위해 공포한 일제의 교육방침과 교육에 관한 법령
교수요목	한 교과의 교육내용을 주제별 항목으로 조직하여 열거한 것으로써 그 교과에 어떤 내용 항목들이 포함되어야 하는가를 보여줌

01 체육사의 정의

p.566

체육사	과거의 체육적 사실에 대해 정확히 설명하고 해석하려고 노력하는 것으로써 체육과 스포츠를 역사적 방법으로 연구하는 것
체육사의 시대구분	• 우리나라 체육은 갑오개혁(1895년) 이전의 체육을 전통체육이라 하고 이후 체육을 근대체육으로 구분함 • 전통체육은 무술, 제례행사, 수렵, 유희 및 오락, 세시풍속 놀이와 오락을 통칭하며 근대체육은 주로 체조(도수체조, 병식체조, 위생체조)와 스포츠를 말함

02 부족국가와 제천행사

p.570

부족국가별 제천 행사 이름	고구려 - 동맹, 부여 - 영고, 신라 - 가배, 동예 - 무천, 마한 - 10월제
제천행사 내용	각저, 씨름, 기마, 사예(활쏘기), 격검(칼싸움)을 주로 시행

03 삼국시대의 교육과 체육

p.571~573

교육	• 고구려는 두 종류의 교육기관이 있는데, 최초의 관학(官學)이자 고등교육기관의 효시라 할 수 있는 태학과 사립 초등교육기관으로 볼 수 있는 경당이 있음 • 백제는 박사제도를 두었음 • 신라는 청소년 인재 양성 단체였던 화랑도와 귀족 자제의 교육기관이었던 국학이 있었음
대표적인 체육활동	기마술, 궁술, 입산수행과 편력, 화랑도 체육
화랑도	신라시대 청소년으로 조직된 민간 수양 단체로 별명은 풍류도, 국선도, 풍월도, 원화도로도 불림
화랑도의 세속오계	• 신라 전기의 승려인 '원광'의 세속오계는 화랑도 도의교육의 핵심으로 화랑의 낭도(대원)들이 엄숙히 지켜야할 규율 • 사군이충, 사친이효, 교우이신, 임전무퇴, 살생유택 ※ 임전무퇴와 살생유택은 불교적 덕목으로, 여기에는 부처가 거처하는 땅이라는 불국토(佛國土)사상이 내재되어 있으며 오늘날 국토순례의 시작

04 삼국시대의 민속놀이와 오락

p.573

• 수렵	• 방응	• 축국
• 석전	• 각저	• 투호
• 저포	• 위기	• 악삭(쌍륙)

05 고려시대의 교육과 체육

p.576~577

교육	• 고려 국자감은 성종11(992)년에 창건하였으며 7재(여택재, 대빙재, 경덕재, 구인재, 복응재, 양정재, 강예재)라는 전문 강좌(반)을 두었으며 향교는 지방학교이며 학당은 순수 유학교육기관으로서 서민을 위한 교육기관이었음 • 사학 12도는 최충이 92세로 관직을 은퇴한 이후 9재를 짓고 학당을 설립한 것이며 서당은 민간 사설 교육기관으로서 마을에서 초보적인 교육을 담당했음 • 고려의 과거제도는 문관 등용 시험인 제술업과 명경업, 기술관료를 뽑는 잡업이 있었음
무예 체육	• 국학에서는 강예재를 두어 무학을 가르쳤으며, 궁술과 마술의 교습이 이루어짐 • 향학에서는 궁사와 음악을 즐김 • 고려시대 무신정권에서는 수박과 궁술, 마술이 발달하였음

06 고려시대의 민속 놀이와 오락

p.577~578

귀족사회의 민속놀이	격구, 방응, 투호 ※ 격구와 방응은 후기로 갈수록 사치성이 심해졌으며 폐단도 심각하였음
서민사회의 민속놀이	씨름, 추천, 석전 ※ 고려의 석전은 단오나 명절에 행하던 민속놀이인 국속으로서의 특징과 군사훈련의 성격, 왕이나 양반들에게 구경거리를 제공하는 관중 스포츠로서의 성격을 지니고 있었음

07 조선시대의 교육과 체육

p.579

교육	성균관, 사학(서원, 서당), 향교, 기술교육기관(잡학교육과 무학)이 있었음
무예 교육	• 훈련원: 무인 양성과 관련된 공식 교육기관으로 무예 연습과 병서 강습이 주로 이루어짐 • 사정: 활터에 세운 정자라는 뜻을 지니고 있으며, 전국 각지에 산재하여 무예 무사 양성 교육기관 역할을 대신했던 장소임
과거제도	• 문과: 문관 채용시험은 초급 문관시험인 소과(생원과, 진사과)와 대과 두 단계로 나누어지며, 소수의 양반만이 과거에 합격할 수 있었음 • 무과: 무과는 소과·대과 구분 없이 '초시(230명) - 복시(28명) - 전시(28명)'의 3단계 시험이 있었음 • 잡과: 기술관 채용을 위한 시험이 있었음

08 조선시대의 무예와 체육

p.580

- 궁술
- 기창
- 격구
- 기사
- 수박희

※ 조선의 격구는 고려시대 때와는 달리 체육의 성격을 지닌 무예로 가치를 높이 인정받기도 하였으며, 무과(武科) 과거제도에서 중요한 과목 중 하나였음

09 조선시대의 민속 놀이와 오락

귀족사회의 민속놀이	궁도, 봉희, 방응, 투호 ※ 조선시대의 투호는 왕들도 즐겼으며 교육적 가치를 인정받는 놀이였음
민중사회의 민속놀이	장치기, 석전, 씨름, 추천, 연날리기, 투호, 줄다리기, 윷놀이 ※ 줄다리기는 촌락 공동체의 의례적 연중행사로 세시풍속이었으며, 단순한 놀이의 성격을 지닌 것만이 아니라 농사의 결과를 점치는 점세속이나 풍년기원의 주술적 속성도 있었으며, 삭전(索戰) 혹은 갈전(葛戰)으로 불렸음 ※ 조선시대 초기 윷놀이는 '사희(柶戲)'로 불리기도 하였고 조선시대 중·후기에는 '척사(擲柶)'라는 용어가 나타나 일제강점기와 현대에까지 널리 사용되는 용어가 되었음

10 조선시대의 체육사상

'정조'의 무예도보통지	정조는 문무겸비를 강조한 왕으로써 정조는 규장각의 각신인 이덕무·박제가와 장용영의 초관인 백동수를 통해 무예도보통지(武藝圖譜通志)를 편찬케 함으로써 무예를 진정으로 거듭나게 하는 계기를 만들었음
퇴계 이황의 체육관	퇴계 선생은 주권의 <활인심(活人心)>을 필사하여 <활인심방>이라는 의료서적을 집필하였으며 예방적 차원의 보건 체조 수행을 강조하였고 몸과 마음을 일체적으로 보고 몸을 통해 마음을 다스리고 마음을 통해 몸을 다스려야 한다는 신체의 소유자였음

11 개화기의 체육

근대 학교	• 동래 무예 학교: 무예교육 • 원산학사: 무예반을 두어 병서와 사격을 가르침(문예반 50명, 무예반 200명) • 기독계계 학교(배재학당: 아펜젤러, 이화학당: 정규 교육과정에 체조 채택, 경신학교: '오락'이라는 명칭으로 30분간 체조 실시)
운동회	운동회는 근대 의미의 체육 보급과 민족의식 고취를 위한 사회적 기능을 담당하였으며, 최초의 운동회는 '화류회'로 주 종목은 육상이었음
체육단체	• 대한체육구락부(1906): 한국 최초의 근대 체육단체로써 현양운, 신봉우, 신상우 등에 의해 설립 • 황성기독교청년회 체육부(1906): YMCA로 불리는 황성기독교청년회 체육부는 회장인 터너와 총무인 질레트를 주축으로 개화기에 가장 활발한 활동을 수행한 단체이며, 농구, 배구, 야구, 유도 등의 보급에 지대한 영향을 미쳤음 • 대한국민체육회(1907): 노백린이 세운 단체로서 병식체조 중심 체육을 비판했으며 체육계몽운동을 통한 강력한 국가 건설이 목표였음 • 대동체육구락부(1908): 사회진화론적 자강론에 입각한 강력한 국가 건설을 지향하였으며, 권서연, 이기환, 조상호 등에 의해 결성되었고 체육을 통한 국민 계몽 운동을 지향함

12 일제 강점기의 체육

p.588~591

일제 강점기의 학교체육	• 조선교육령 공포기 체육(1911~1914): 체육 목적의 잠재적 의도는 체육의 자주성 박탈과 우민화 교육의 지향 • 체조 교수 요목(교육과정)의 제정과 개정기 체육(1914~1927): 식민지 교육 체계 확립을 위한 교육 정책 실행 • 체조 교수 요목 개편기 체육(1927~1941): 체육이 유희 및 스포츠 중심으로 변화되었으며, 연희전문학교와 보성전문학교 간 대회 등 대교 경기가 활성화 하였음
일제 강점기의 스포츠	황성기독교청년회(1903년 YMCA)의 활동: 외국인 선교사를 주축(질레트, Gillett)으로 근대스포츠를 도입하였으며 신앙 운동뿐만 아니라 교양 강좌, 토론회, 계몽 운동, 체육지도, 농촌 운동 등을 전개함
체육단체	• 조선체육회(1920): 오늘날 대한체육회의 전신이며 일본인들이 조직했던 '조선체육협회(1919)'에 대항하기 위해 만든단체로써 동아일보사의 후원으로 설립되었음 ※ 오늘날 전국체전의 효시인 제1회 전조선야구대회, 제1회 조선축구대회(1921), 제1회 조선여자정구대회(1921), 조선신궁대회(1925) 등 많은 대회를 개최함 • 조선체육협회(1919): 표면적으로는 조선의 체육을 지도 및 장려하는 것으로 목적으로 설립된 단체이나 일본 체육협회의 조선지부 역할을 수행하였음
경성 운동장의 건설	일제 강점기의 대표적 스포츠시설로서 종합운동장으로는 당시 동양 최대 규모의 국제 경기장이었으며, 축구장, 야구장, 정구장, 수영장 등을 보유하였음

13 일제 강점기 민족주의적 스포츠 활동

p.591

손기정과 베를린 올림픽 경기 대회	• 한국인 최초의 올림픽 금메달리스트로 베를린 올림픽 경기 대회에서 마라톤 종목 금메달을 획득하였음 • 손기정 선수가 금메달을 딴 이후 시상대에서 일본 국기를 가슴에 달고 있던 모습이 보도되었음 • 당시 기자였던 이길용은 동아일보 미술담당 이상범에게 부탁해 일장기가 지워진 기사 사진이 나가도록 한 후 동아일본은 무기 정간 처분을 받았음 • 베를린 올림픽 마라톤 금메달 리스트는 손기정이었으며, 동메달 리스트는 남승룡이었음

14 현대스포츠와 정치

p.596

제3, 4공화국: 박정희 정권의 스포츠	• 국민체육진흥법공포(1962), 체육진흥법 시행령 공포(1963), 매년 10월 15일 체육의 날 제정(1962), 매월 마지막 주일 '체육주간' 제정 등과 같은 조치가 이루어짐 • 1963년 장충체육관 개관 및 각 시·도청 소재지 내 체육관 건립, 1966년 태능선수촌 완공(6월15일), 대한체육회관 개관, 1968년 정부의 체육조직 일원화 방침 공포에 따라 대한체육회, 대한올림픽위원회(KOC), 대한학교체육회 3개 사단법인의 내한체육회 통합, 메달리스트 종신연금계획 확정, 우수선수 병역면제 도입, 1977년 국립 한국체육대학의 설립이 이루어짐 • 1971년 박정희 정부는 체력장 제도를 실시하였으며 1973년에는 대학입시에 체력장 평가가 포함되었고, 국제체력검사표준회위원회에서 정한 기준과 종목(시행종목: 100M달리기, 제자리멀리뛰기, 팔굽혀매달리기, 턱걸이, 윗몸일으키기, 던지기)을 대상으로 하였음
제5, 6공화국: 전두환·노태우 정권의 스포츠	• 전두환과 노태우 정권이 관심을 쏟은 대표적인 스포츠 정책은 아시안게임과 올림픽 게임의 유치와 개최였으며, 결과적으로 86아시안게임과 88서울올림픽은 한국 엘리트 스포츠 운동 발달의 촉진제 역할을 했음 • 1980년대 후반부터는 경제성장과 함께 스포츠 인구가 급증하였고 정부는 프로스포츠를 집중 장려한 결과 프로야구(1982)·프로축구(1983)·프로씨름(1983) 시대가 열림 • 제6공화국의 노태우정권은 올림픽을 성공적으로 개최한 이후 대중 스포츠 운동에 많은 관심을 기울였으며 그 결과 '호돌이 계획'으로 불리는 국민생활체육진흥3개년 종합계획(1990)의 마련과 '국민생활체육협의회'가 창설되었음

15 국제 스포츠 대회 참가

p.598

한국의 하계 올림픽 경기 대회 참가	• 1948년 정부 수립 직전 런던올림픽경기대회(1948.7.29.~1948.8.14)에 태극기를 들고 'KOREA' 이름으로 처음 참가하였음 • 1976년 몬트리올올림픽경기대회에서는 우리나라 레슬링 페더급 양정모 선수가 대한민국 역사상 첫 금메달을 획득하였으며, 최초의 남녀 동반으로 성화가 점화된 대회였음 • 1988년 서울올림픽경기대회는 우리나라 국기인 태권도가 시범종목으로 채택되었으며, 화합, 문화, 복지, 희망, 번영이라는 5대 특징을 가지고 당시 역대 최대 규모의 선수단이 참가했으며 최고의 입상 성적을 거둠 • 1992바르셀로나 올림픽에서는 황영조 선수가 광복이후 처음 마라톤 종목에서 금메달을 획득하였음 • 2000년 시드니올림픽 경기대회는 남·북한 대표 선수단이 'KOREA' 표지판과 한반도기를 앞세우고 함께 입장하였으며, 태권도가 정식 종목으로 첫 채택된 대회임
한국의 동계 올림픽 경기 대회 참가	• 1948년 1월 생모리츠동계올림픽경기대회(1948.1.30.~1948.2.8)대회는 '대한민국' 국호를 걸고 최조로 참가한 동계올림픽 대회이자 동·하계 올림픽을 종합해서 볼 때 시기상 우리나라가 최초로 참가한 대회임 • 1992년 엘베르빌동계올림픽대회에서는 한국 빙상 최초로 김기훈 선수가 첫 금메달을 획득함 • 2018년 평창동계올림픽대회는 한국이 처음으로 동계 올림픽을 개최한 대회임

PART 08 특수체육론

00 핵심용어

용어	해설
자결성	다른 사람의 도움이 아닌 스스로 결정하고 일을 행하는 것
LRE	장애인에게 교육을 통해 손상 문제를 극복 후 최대한의 능력을 발휘하기 위해 필요한 환경, 여건을 제공하는 것
통합 장애인 스포츠	장애인 선수와 일반인 선수가 규칙을 변형하여 참가하는 스포츠 활동
분리 장애 스포츠	장애인 선수만 참가하는 활동
패럴림픽	지체 장애, 지적 장애, 뇌 병변 장애인들이 참여하는 국제경기
스페셜 올림픽	만 8세 이상의 지적, 자폐성 장애인들이 참여하는 국제경기
데플림픽	달팽이관 이식, 보청기 등을 하지 않은 청각 장애인들이 참여하는 국제경기
ICF	장애 분류 차이를 국가 간에 타파하고 건강요소와 관련된 세계적으로 일치된 모형을 만드는 게 목표인 기관
IDEA	장애인의 독특한 요구를 충족시키기 위해 고안된 체력, 기본운동기술, 개인 또는 집단 게임, 스포츠 기술의 발달을 위한 개별화된 프로그램
규준지향검사	개인별 운동 수행능력 특정 집단의 기록과 비교하도록 만든 것
준거지향검사	개인별 운동기술 측정, 미숙력된 원인 파악, 운동 수행 능력 향상을 목적으로 하는 것
비형식적 검사	특정 검사 과정 및 상황이 없고 점수화보다 자연스러운 상황에서 평가를 강조하는 검사
준거 타당도	측정한 점수와 특정 기준과의 상관관계
내용 타당도	논리적 사고를 통한 주관적인 평가 및 내용 분석
구성 타당도	측정된 검사의 개념
PAPS-D	장애 학생의 건강 체력 평가
BPET	장애인과 일반인 10~17세 대상으로 하는 건강 관련 체력검사
TGMDO-3	3~10세 특수 교육 대상자들로 대근 운동 발달 검사
PDMS-2	0~5세 유아기 대상자들의 대근 및 소근 운동 기능평가 검사
IEP	장애인들에 대한 활동의 제한 정도나 유형에 따라 지도하기 위한 접근 방식
I CAN	장애 학생들을 위한 체육과 여가를 포함한 종합적인 프로그램
MOVE	최중도 장애 학생들이 일상생활 적응에 필요한 운동 기술 학습을 목표라 하는 장애인 교육 지도 모델
Special Olympics	운동목표, 기술 평가 지도 전략 같은 정보로 구성된 장애인 체육 활동 지침서
The data-based gymnasium	학습 목표를 달성하기 위한 교육 모델

SPMC	적절한 움직임과 연관된 교육을 제공하기 위한 교육 모델	
정적 강화	올바른 행동 이후 이를 유지 또는 증가시킬 수 있는 방법	
부적 강화	원하지 않는 상황이나 사물을 제거해 주고 올바른 행동을 증가시키는 것	
특수성의 원리	근육의 형태, 동작 부위에 따라 운동 효과가 달라지는 원리	
다양성의 원리	방법, 강도, 휴식을 다양하게 변경하며 흥미를 유발하는 원리	
개별성의 원리	수행자의 상태를 고려해 알맞은 프로그램을 제공하는 원리	
과부하의 원리	강한 자극을 통해 적응 수준을 높이는 원리	
점증부하의 원리	점차 운동의 강도, 빈도를 높이는 원리	
전면성의 원리	다양한 운동을 규칙적으로 실시해 신체 능력을 향상시키는 원리	
외상성 뇌손상	교통사고로 인한 운동과 협응력 손상의 뇌손상 장애	
뇌성 마비	운동 제어 손상과 수의적 운동 손상 장애	
척수 장애	척수 외상으로 인한 척수 조직의 손상 장애	
절단 장애	신체 부위 하나 이상의 사지가 없거나 전체가 없는 장애	
회백수염	내장이나 위에 바이러스가 침투해 뇌 또는 세포에 영구적 마비를 가져오는 장애	
다운 증후군	유전병의 일종으로 21번 염색체의 많은 발현으로 신체적 발달 지연, 안면 기형, 지적 장애를 동반한 장애	
프라더 윌리 증후군	아버지로부터 유전이 되는 15번 염색체 일부 손실로 오는 장애	
약체 x 증후군	남성에게 흔하게 나타나며 x염색체에서 1개 이상의 유전자로 영향을 받는 열성 질환 장애	
AAIDD	미국 지적장애 및 발달장애 협회	
레트 장애	여아에게 주로 나타는 발달 장애의 하위 유형 장애	
소아기 붕괴 장애	2~3세까지 갑자기 지연이 시작되는 희귀 질환	
아스퍼거스 증후군	사회 부적응과 언어 발달이 지연되는 만성 신경 질환	

01 특수 체육의 목표

인지적 목표	움직임을 위한 지식 숙지, 흥미, 태도 등
정의적 목표	규칙, 자아개념, 자신감 등
심동적 목표	스포츠와 관련된 움직임 등
임파워먼트	• 장애인의 능력을 배양을 목표로 하며 장애인이 스스로의 권향을 향상하기 위한 활동 • 자결성, 사회적 참여, 개인적 유능감 3가지의 속성이 있음

02 특수 체육의 추구 가치 p.627

정상화	비장애인과 장애인의 구별 없는 사회적, 환경적 상황을 목표로 함
주류화	정상화를 실현하기 위해 비장애인과 장애인을 같은 환경에 배치하는 것
최소제한 환경	장애인들의 일상에서 장애를 극복하고 최대한 능력을 발휘하기 위해 여건 및 서비스를 제공하는 것
통합체육	장애인들에게 일반인과 함께 스포츠에 참여하여 상호 간 이해를 하는 것

03 특수 체육의 변천과정 p.628

특수 체육 역사	미국특수학교 청각장애인 야구선수단 조직(1870년) → 1회 파리 데플림픽대회 개최(1924년) → 1회 휠체어 국제경기 대회 개최(1945년) → 1회 로마 하계 패럴림픽 대회 개최(1960년) → 1회 시카고 스페셜 올림픽 대회 개최(1968년) → 1회 외른셸스비크 동계 올림픽 대회 개최(1976년)

우리나라의 특수 체육 역사	• 태동기(1912~1987년)
	  체육교과 활동이 특수학교에서 시작하고 전국 장애인 체육대회를 개최함
	• 기반 구축기(1988~2004년)
	  장애인 복지 행정에서 장애인 체육행정으로 전환함
	• 도약기(2005~현재)
	  - 장애인체육 행정체계 확립
	  - 대한 장애인체육협회 설립(2005년)
	  - 이천 장애인종합훈련원 운영 시작(2009년)
	  - 평창 동계 페럴림픽 개최(2018년)

04 특수 체육의 명칭 변화 p.629

의료 체육	1800~1900년대 근력 운동, 수동적으로 활동적이게 되움이 되는 운동을 목적으로 의사, 체조 선수들이 처방함
교정 체육	1920년~1930년대 장애인의 치료 및 재활 관점을 중심적으로 다룸
적응 체육	1952년 이후 신체 활동하는 것을 초점을 둠
특수 체육	교정, 발달, 치료로 구분하여 장애인 특성에 맞게 능력 발달을 목적으로 둠
재활 체육	장애인의 신체적, 정신적 영역과 경제와 같은 사회와 살아가기 위한 전반적인 능력을 목표로 하는 신체 활동
치료 체육	치료를 목적으로 처방된 운동을 실시함
특수 교육을 위한 체육	특별한 요구가 있는 학생들에게 프로그램을 제공하기 위해 개발된 체육
교정 체육(치료 체육)	기능적 자세와 신체 메카닉스의 결함을 운동으로 교정하는 프로그램
발달 체육	아동의 발달 수준을 바탕으로 체력의 향상, 움직임 기술의 습득을 강조하는 프로그램
특수 체육	심동적 문제가 있는 사람들이 일반 체육과 동일한 목적과 목표로 성공적으로 수행할 수 있도록 규칙, 방법 등을 변형한 프로그램

05 장애인 스포츠지도사의 구분
p.630

2급 장애인 스포츠지도사	18세 이상 응시 가능하며 90시간의 연수 기간이 있다.
1급 장애인 스포츠지도사	2급 자격 취득 후 3년 이상 해당 자격 종목 지도 경력이 있어야 응시 가능하며, 120시간의 연수 기간이 있다.

06 장애인 복지법에 따른 분류
p.631

신체장애		정신적 장애	
외부 신체 기능 장애	내부 기관 장애	발달 장애	정신 장애
• 지체 장애 • 뇌 변형 장애 • 시각 장애 • 청각 장애 • 언어 장애 • 안면 장애	• 신장 장애 • 심장 장애 • 간 장애 • 호흡기 장애 • 요루 장애 • 뇌전증 장애	• 지적 장애 • 자폐성 장애	-

07 특수교육법의 따른 분류
p.631

시각 장애	시각 기능 불능 포함, 보조공학 기기 사용
청각 장애	보청기 착용, 의사소통 불가
지적 장애	지적 기능과 적응 행동성 장애, 교육적 성취 미흡
지체 장애	기능, 형태상의 장애 지체된 신체, 신체 움직임에 심한 어려움 겪음
정서 행동 장애	장기간 학습 곤란, 대인관계 곤란, 우울증, 공포 등
의사소통 장애	언어 수행 및 표현능력, 조음능력, 기능적 음성 장애 부족 등
학습 장애	학습기능, 학업 성취 영역에 심한 어려움
건강 장애	만성 질환으로 3개월 이상의 장기 의료 지원이 필요한 자
발달 지체	발달이 또래에 비하여 현저하게 지체된 9세 미만 아동

08 사정의 의미, 유형, 평가　　　　　　　　　　　　　　　　　　　　　　p.633

사정의 의미	• 자료의 의미를 결정을 위한 검사 자료에 대한 분석 • 특수체육 분야에 피교육자의 수준을 파악, 탐색, 지도에 대한 기초 자료 • 자료 수집과 해석, 판단 및 결정을 하는 과정 • 수집된 정보를 다양한 방법으로 연관시켜 문제를 해결하는 과정
사정의 유형	• 형식적 검사 　- 규준지향검사 　- 준거지향검사　　　• 비형식적 검사 　- 과업분석 평가 　- 설문 　- 생태학적
사정의 평가	검사 도구로 측정된 자료를 토대로 운동 기능 수준, 체력 상태 등과 관련된 결정을 하는 것

09 장애인 대상 검사 도구, 검사 방법　　　　　　　　　　　　　　　　　p.634

신뢰도	검사를 반복하여도 동일한 결과가 나오는 신뢰도를 확보하는 것
타당도	• 준거 타당도: 특정한 점수와 특성 기준과 상관관계 상관계수를 통해 타당도를 확인하는 것 • 내용 타당도: 논리적 사고를 통한 주관적인 평가 및 내용 분석 및 수치화가 되지 않음 • 구성 타당도: 측정된 검사가 개념, 정의에 맞게 측정 정도를 파악하는 것
PAPS-D	장애 학생 체력 검사
BPFT	10~17세 대상으로 진행 하는 장애 학생 체력 검사
TGMDO-3	대근 운동 발달 검사
PDMS-2	운동발달 검사

10 장애인 교육 계획과 지도 모델　　　　　　　　　　　　　　　　　　p.640

I CAN	장애 학생들을 위한 체육과 여가를 포함한 종합적인 모델
저학년 I CAN	유치원생~초등학교 저학년까지의 체육 활동을 지도하기 위한 교육적 모델
MOVE	하향식 활동을 근거로 발전시킨 모델
Moving to Inclusion	장애 학생들과 일반 학생들이 정규 체육 수업에서 수업의 진행을 돕기 위한 모델
Special Olympics	운동 목표, 기술 평가, 지도 전략과 같은 정보를 구성되는 모델
The Data-Based Gymasium	학습 목표를 달성하기 위한 모델로 응용 행동 분석 기법을 토대로 하는 모델
SPMC	적절한 움직임과 연관된 교육을 제공하기 위한 모델

11 수업 방법 종류 p.640

학생 중심 수업	• 학생 발달의 관심을 가지며 참여의 즐거움을 느낌 • 개인차를 고려한 진도 조절 가능
교사 중심 수업	• 교사의 계획대로 수업 진행이 빠르게 가능함 • 학생은 수동적 입장, 교사는 권위적 주입식 교육 방식
문제 해결 학습	• 과거 학습 내용을 활용해서 새로운 지식을 배우는 학습 활동 • 소그룹 협동적 학습을 통한 문제 해결에 효과적
토의식 학습 수업	교사는 융통성 있고, 비권위적으로 역할을 수행
개별화 학습 수업	지도 내용, 방법을 정하기 전 학습자의 흥미, 욕구, 경험 능력을 고려
하향식 접근 수업	세부적인 동작을 가르치기 전에 전체 동작을 습득하는 방법
상향식 접근 수업	장애가 없는 학생 지도에 유용한 방법
발견 학습 수업	소집단 협동 학습을 통해 문제 해결에 매우 효과적인 방법

12 행동 관리 강화 기법 종류 p.642

정적 강화	• 용암법: 도움이나 지원을 점차 제거하는 방법 • 촉진: 부모나 교사가 과제 수행을 도와주는 방법 • 칭찬: 올바른 행동에 격려 • 행동 계약: 부모와 학생 또는 지도자와 학생이 서로 계약서를 써서 보관하는 방법 • 프리맥 원리: 학습자가 좋아하는 활동으로 좋아하지 않는 학습에 동기를 주는 방법 • 토큰 경제 체계: 대상자가 목표 또는 기준에 도달하였을 경우 대가를 지불하고, 대가로 받은 점수나 토큰으로 교환
부적 강화	• 소거: 문제 행동의 원인을 파악하거 제거하는 방법 • 박탈: 강화 또는 원하는 물건을 중지하는 방법 • 포화: 반복적인 행동으로 문제 행동에 싫증을 느끼게 하는 방법 • 벌: 야단을 치는 방법 • 과잉 교정: 원래 상태보다 더 개선된 상태로 강화하거나 문제에 대한 책임을 대상자에게 지게 하는 방법 • 타임아웃: 정해진 공간 시간에서 문제 행동이 나타날 때 퇴출, 제외하는 방법 • 체계적 둔감법: 공포, 불안감을 감소시키는 방법

13 지적 장애의 등급 분류 기준　　　　p.649

지능 검사 점수에 의한 분류	• IQ 50-50~70-75: 경도 • IQ 35-40~50-50: 중등도 • IQ 20-25~35-40: 중도 • IQ 20-25 이하/20~34: 최중도
장애인 복지법의 장애 정도 기준	• 지능지수 35 미만인 사람(→ 보호가 필요할 정도로 사회생활이 어려운 사람) • 지능지수 35 이상 50 미만인 사람(→ 감독과 도움을 받고 훈련을 통해 어느 정도의 사회생활이 가능한 사람) • 지능지수 50 이상 70 이하인 사람(→ 교육을 통해 사회생활이 가능한 사람)
장애 등급 판정 기준	• 1급(지능 지수 34 이하): 타인의 도움과 보호가 필요하며 사회생활과 일상생활이 불가능한 사람 • 2급(지능 지수 35~49 이하): 어느 정도의 도움과 감독을 통해 단순한 행동이 일상생활에서 가능한 사람 • 3급(지능 지수 50~70 이하): 훈련과 교육을 통해 일상생활, 사회생활이 가능하다고 보는 사람
AAIDD	• 전반적 지원: 인력과 개입이 필요한 거의 모든 환경에서 지원이 제공되는 고강도 지원 • 확장적 지원: 일부 환경에서 정규적으로 제공되며 시간적 제한이 없는 지원 • 제한적 지원: 특정 시간 동안 이루어지는 지속적인 지원이며 시간이 제한적이며 비용, 인력이 덜 필요함 • 간헐적 지원: 단기간의 지원이 필요한 경우 일회적이고 기초적인 지원하는 경우

14 정서 장애의 원인　　　　p.651

문화적 원인	지역 사회, 이웃, 가족 대인관계 등
가족 원인	부모의 이혼, 부재, 학대, 폭력 등
학교 원인	학교 폭력, 학업 스트레스, 불안, 성적 서열화 등
생물학적 원인	뇌 기능 이상, 뇌 손상, 신체적 질병, 유전자 이상 등

15 백내장과 녹내장　　　　p.654

백내장	• 빛이 들어오는 창문 주의 • 근거리 활동을 위해 저항기를 가지고 거리 조정 가능한 조명 사용 권장 • 조명이 바뀌면 적응할 시간 충분히 제공 • 거리 전환 시 충분한 휴식 시간 제공 • 필요하다면 안경 또는 렌즈 착용
녹내장	• 지속적인 안압, 통증 확인 • 낯선 장소 이동 지양 • 피로, 스트레스 주의 • 약물 치료 시 정기적 복용

16 시각 장애 분류 p.654

완전 실명	시력이 아예 없는 상태
광각	암실 상황에서 관선 인식은 가능한 상태
지수	1m의 움직임만 파악 가능한 상태
수동	눈 바로 앞에서만 움지인 파아이 가능한 상태
저시각	낮은 시력으로 일상생활은 가능한 상태

17 청각 장애 정도 및 유형 p.657

농(91dB)	음의 수용이 어렵고 특수한 의사소통이 필요하고 명료도와 변별력이 낮음
고도(71~90dB)	특수한 학습 지원이 필요하고 보청기 의존이 불가하며, 큰소리 이해가 불가능함
중도(56~70dB)	개별적 지도, 주변 또래 도움 학습이 필요하며 일반 학교 수업이 어려움
중등도(41~55dB)	언어 발달과 습득이 느리고 보청기를 사용하며 대화 시 입술 모형을 읽는 훈련 필요
경도(26~40dB)	언어 발달이 약간 느리고 일정 거리에서 음을 이해하고 작은 소리는 인지할 수 있음
Dip형	다른 주파수에서는 일정하지만 일부 제한된 주파수대일 때 청력 손실이 큼
곡형	중음역 구간에서 청력 손실이 크며 저음과 고음역의 청력 손실은 작음
산형	중음역 구간에서 청력 손실이 작으며 저음과 고음역의 청력 손실이 큼
전농	저음역의 특정 주파수에만 청력이 측정되며 이외 주파수에서는 측정이 불가능
수평형	소리가 작게 들리고 모든 주파수에서 비슷한 청력의 손실을 가짐
저음 장애형	저주파수에서 청력 손실이 크고 고주파수에서 청력 손실이 작은 편이며 난청인에게 흔하게 발생함
고음 점경형	저주파에서 고주파로 올라갈 때 청력 손실이 크며 노인성 난청에 흔하게 발생함
고음 급추형	2000Hz 이상 고주파에서 급격히 청력 손실이 증가하며 저주파에서는 청력 손실이 일정함

PART 09 유아체육론

00 핵심용어

용어	해설
민감기 (sensitive period)	• 특정 능력, 행동의 발달에 최적인 시기 • 연령에 따라 이러한 민감기를 고려하여 적절한 운동이 적용되면 효과적이고 긍정적인 운동발달을 유도 • 각 시기에 따른 유아의 발달은 그 시기에 도달해야 하는 발달과업을 갖기 때문에 시기를 놓쳐버리면 영원히 성장을 저해 가능 • 이 시기의 인간은 이러한 속성들을 길러주는 환경 영향에 특히 민감
태내기	• 배아기(임신 기간의 첫 8주) • 배아란 접합체가 한 번 이상 세포분열을 하기 시작한 시기부터 하나의 완전한 개체가 되기 전까지의 발생 초기단계 • 태아기(첫 8주가 지난 후 출생 때까지) • 체내수정에 의하여 발생하고 나서 출생에 이르기까지의 포유류의 새끼
반사 (reflex)	• 신생아~영아기의 가장 큰 특징 • 의지와 상관없이 불수의적인 움직임으로 영아기 신경발달에 기본적인 요인
원시반사 (primitive reflexes)	태아~6개월, 출생 이전부터 시작해서 출생 후 미숙한 시기에 비의도적이고 자동화된 움직임 반응, 중추신경계 성숙으로 최대 1년 안에 원시반사 억제 - 모로반사, 놀람반사, 포유반사, 흡입반사, 인형눈 반사, 손바닥 파악반사, 하악반사, 발바닥 파악반사, 바빈스키 반사, 목강직반사
자세반사 (postural reactions)	직립반사, 시각바로잡기, 당김반사, 낙하산자세 반사. 지지반사, 목자세 반사, 몸통자세 반사
운동반사 또는 이동반사 (locomotor reflexes)	기기반사, 걷기반사, 수영반사
모로반사 (moro)	(자극) 갑자기 큰 소리, 위치 변화(머리와 몸의 위치변화) 시 → (반응) 팔과 다리를 벌리고 껴안으려고 몸쪽으로 팔, 다리를 움츠리는 동작
바빈스키 반사 (babinski)	(자극) 발뒤꿈치에서부터 5번째 발가락쪽으로 긁어주는 자극을 주면 → (반응) 다리를 움츠렸다가 쫙 펴는 반응을 보임
목강직 반사 (tonic neck reflex)	• 비대칭성 목경직 반사(asymmetric tonic neck) 　(자극) 머리를 한쪽으로 돌려놓으면 → (반응) 펜싱을 하듯 얼굴이 향하는 쪽의 팔, 다리를 쭉 뻗으면서 반대쪽의 팔과 다리를 구부림 • 대칭성 목경직 반사(symmetric tonic neck) 　- (자극) 목을 뒤로 젖히는 경우 → (반응) 팔의 신전(바닥 누르기) + 다리 수축 (다리 구부림) 　- (자극) 목을 앞으로 굽히는 경우 → (반응) 팔 수축(구부림) + 다리 펴기
근접발달영역 (Zone of Proximal Development: ZPD)	아동이 혼자서 문제를 해결할 수 있는 실제적인 발달수준과 성인의 안내나 더 유능한 또래와의 협동 하에서 문제를 해결하는 잠재적 발달 수준간의 거리

자기중심성	자신의 입장에서만 보고 다른 사람의 생각이나 관점 그리고 감정을 자신과 동일하다고 가정하는 현상 → 유아는 우주의 모든 현상에 대해 자신을 중심으로 생각, 자신이 보고 있는 것을 상대방도 보고 있으며, 내가 느끼는 것을 상대방도 느낀다고 여김
물활론	무생물을 생명과 의식이 있는 존재라고 믿는 것
중심화	같은 양의 물을 다른 모양의 잔에 따랐을 때 긴 모양의 물병에 물이 더 많다고 판단
호핑 (hopping)	기초 이동 운동으로, 힌 발로 도약해서 같은 발로 착지하는 동작(한 발 뛰기)
리핑 (leaping)	• 체중을 한 발에서 다른 발로 이동시키는 기술 • 달리기보다 더 높이, 더 멀리 뛰면서 바닥을 접촉하지 않는 상태를 유지 • 한 발로 멀리 건너뛰기를 하거나 보폭을 크게 하여 달리는 모습과 비슷 • 마치 허들을 뛰어넘는 듯한 동작
겔로핑 (galloping)	복합 이동 운동으로, 한 발은 앞으로 걷고 달리듯 빨리 끌다가 앞선 다리에 붙이는 동작(오른발 뒤꿈치에 왼발 발끝 붙이기)
스키핑 (skipping)	한발을 틀고 점프하며 디딤발이 미끄러지듯이 앞으로 나아가고 번갈아가며 연속으로 이동
실제학습시간 (Academic Learning Time: ALT)	• 학생이 학습내용면에서 적절한 난이도수준의 목표수준에 도달하는 시간량 • 학습자가 성공적으로 경험하면서 학습과제에 집중하는 시간의 양 • 교사의 행동보다는 학생의 반응행동으로 수업의 효율성을 측정 • 학생이 학습을 위한 시간, 또는 학습자의 참여시간으로 학습자가 과제에 소비한 시간을 관찰하여 개념화한 것
열성 경련 (Febrile Seizure)	• 예전에 경련을 하지 않았던 1개월 이상의 환자에서 대사장애, 전해질 이상 혹은 중추신경의 이상이 없이 발열(38.4도 이상)과 함께 발생하는 경련 • 주로 6개월에서 3세 이상의 어린이에서 자주 일어나고, 7세 이후에 일어나는 경우는 거의 없음
응급처치의 3C	• 체크(Check): 환자 확인 • 연락(Call): 주변인 또는 본인이 긴급 연락(119) • 관리(Care): 구조호흡 or 심폐소생술 or AED
응급처치의 A, B, C, D	• 기도확보(Air way) • 호흡확인(Breathing) • 순환확인(Circulation) • 장애확인(Disability)

01 유아기의 특징

유아	• 생후 1년부터 6세까지 어린이라고 하며 유아교육법에서는 3세부터 초등학교 취학 이전의 어린이를 뜻함 • '영유아'란 6세 미만의 취학 전 아동을 말함
유아체육론이란?	• 유아체육론이란 유아에 대한 이해를 위해 다양한 측면에서 유아의 발달에 대한 지식을 배우는 학과목 • 신체활동을 통하여 유아(사전적 정의에 따라 생후 1세~만 6세)의 성장 발달을 도와 신체적·정서적·사회적으로 완전한 전인적 인간을 만들기 위한 교육
유아체육의 효과	• 규칙적 신체활동 참여를 통한 건강 증진 • 발달 단계에 따른 신체 기술의 발달 • 체력 증진 • 지능의 발달(다양한 신체발달을 통한 원리, 전략, 감각, 개념정립의 증진) • 바른 자세 형성 • 키 성장과 아름다운 체형 형성 • 학습능력 강화 • 신체적인 움직임의 성공을 통한 자신감 증진 • 다양한 신체 놀이를 통한 창의력 증진 • 또래와의 관계 강화 • 평생 건강습관 습득 • 여가시간 활용 및 레크리에이션 습관 형성 • 자신과 타인에 대한 존중감 증진 • 도전의식 고취 • 규칙준수 훈련 • 리더쉽과 사회적 상호작용 강화(사회성 증대) • 스트레스 감소 • 기본 운동과 기술을 통해 평생 동안 자신의 신체를 안전하고 효율적으로 움직일 수 있는 방법 터득 등 많은 이익을 가져다 줌
반사 (reflex)	• 신생아~영아기의 가장 큰 특징 • 의지와 상관없이 불수의적인 움직임으로 영아기 신경발달에 기본적인 요인
반사의 역할	• 영아의 생존을 돕는 역할 - 빨기반사, 찾기반사 → 자신을 보호하고 생명현상 유지 • 미래의 움직임을 예측하는 역할 - 걷기반사 → 발바닥에 압력을 가하면 걷는 것과 같은 패턴으로 움직임 이루어짐 • 영아의 운동 행동을 진단하는 역할 - 신경학적 문제나 상해를 추측할 수 있는 모로반사 → 좌우 대칭적으로 나타나야 할 반사이지만 비대칭적으로 나타날 경우 신경학적인 문제 추측 가능 • 정상보다 더 지속되는 반사작용은 종종 생리학적 위험 신호로 간주 → 연령이 증가함에 따라 원시반사는 감소되는 반면 자세 반사는 점차 증가하는 경향이 정상적 발달임
반사의 종류	• 원시반사(primitive reflexes): 태아~6개월, 출생 이전부터 시작해서 출생 후 미숙한 시기에 비의도적이고 자동화된 움직임 반응, 중추신경계 성숙으로 최대 1년 안에 원시반사 억제 - 모로반사, 놀람반사, 포유반사, 흡입반사, 인형눈 반사, 손파닥 파악반사, 하악반사, 발바닥 파악반사, 바빈스키 반사, 목 강직반사 • 자세반사(postural reactions): 직립반사, 시각바로잡기, 당김반사, 낙하산자세 반사 지지반사, 목자세 반사, 몸통자세 반사 • 운동반사 또는 이동반사(locomotor reflexes): 기기반사, 걷기반사, 수영반사

02 유아기 운동발달

운동 발달의 원리	• 운동 발달은 연속적이며, 발달은 계속적이고 질서 정연한 단계적 과정 • 운동 발달은 순서적이며 그 순서는 대부분의 경우 거의 일정 • 신체 구조와 심리적 기능 발달에는 중요한 결정적 시기가 있음 • 운동 발달에는 개인차가 있음 • 운동발달은 다른 영역의 발달과 유기적 관계가 있음
유아기 운동 발달의 특징	• 운동 기능은 뇌에서 가장 가까운 부분부터 발달 • 몸의 중심 부분에서 말초 부분의 순서로 발달 • 대근육이 먼저 발달하고 소근육이 나중에 발달 • 수평적인 동작에서 수직적 동작으로 발달 • 골격이나 근육의 발달과 더불어 신경에 의한 신경지배의 근육이 증대하여 여러 가지 협응동작이 가능하게 되면 그것이 자극이 되어 운동능력이 발달 • 유아기에는 걷기, 뛰기, 미끄러지기 등의 운동기능이 급속도로 발달하는 시기로, 운동능력을 발달시키는 결정적 시기라고 할 수 있음
기본 움직임 단계 (갤러휴, D. Gallahue)	• 반사 움직임 단계 (출생~1세) / 정보 수용 및 정보 처리 단계 • 초보 움직임 단계 (출생~2세) / 반사 억제 및 사전 통제 단계 • 기본 움직임 단계 (2~7세) / 시작, 초보 및 성숙 단계 • 전문화 움직임 단계 (7~14세 이상) / 전환, 적용 및 평생 이용 단계

발달 이론	• 게젤(A. Gesell, 1940)의 성숙주의 이론: 유아의 연령과 능력에 대한 표준을 만들고, 유아 발달 수준을 넘어서는 성취를 강요하지 못하도록 강조
	• 행동주의 이론 - 파블로브(pavlov)의 고전적 조건 이론: 최초로 인간 행동에 적용, 개에게 종을 울리고 밥을 주다가 종만 울려도 개가 침을 흘리는 S-R 이론을 주장, 이를 인간 행동에 적용하면서 인간의 행동 또한 조건에 따라 반응한다고 주장
	• 손다이크(Thorndike)의 자극반응이론(stimulus - Response: SR)
	  - '시행착오설'로도 불리며 손다이크에 의해 체계화
	  - 시행과 착오과정을 통해 특정한 자극과 특정한 반응이 결합된 것
	• 스키너(Skinner)의 조작적 조건화 이론
	  - 자극에 반응한 결과를 강조하는 이론, 그 결과 행동의 발생 빈도를 높이기 위해 자극요인을 조건화하게 된다는 이론
	  - 자극(S) - 반응(R) - SR(강화자극 - 정적 또는 부적강화)의 이론으로 조건화 설명
	• 피아제(Piaget)의 도덕성 발달 이론
	  전도덕성 단계(0~4세) → 타율적 도덕성 단계(5~7세) → 자율적 도덕성 단계(8~12세)
	• 파튼(M. Parten)의 사회적 놀이 발달 유형
	  비참여행동(unoccupied) 만 0~1.5세 → 방관자적행동(onlooker) 만 1.5~2세 → 단독놀이(solitary independent) 만 2~2.5세 → 병행놀이(parallel) 만 2.5~3.5세 → 연합놀이(associative) 만 3.5~4.5세 → 협동놀이(cooperative) 만 4.5세 이후
	• 에릭슨(E. Erikson)의 심리 사회 발달 단계
	  신뢰 vs 불신(0~1.5세) → 자율 vs 수치와 의심(1.5~3세) → 주도성 vs 죄책감(3~6세) → 근면성 vs 열등감(6~12세) → 정체성 vs 역할 혼돈(12~18세) → 친밀감 vs 고독(성인 초기) → 생산성 vs 정체(성인기) → 자아 주체성 vs 절망(노년기)
	• 프로이드(S. Freud)의 정신 분석 이론: 인간의 마음은 3가지 구조(원초아, 자아, 초자아)로 되어 있으며, 인간의 행동은 이 3가지 체계 간의 상호 작용에 의해 지배
	• 반두라(A. Bandura)의 사회 학습 이론: 이전의 자극과 반응에 의한 행동주의 학습이론과는 다르게 다른 사람이나 어떤 특정 상황을 관찰, 모방함으로써 학습하고 자신의 행동을 차츰 통제해 나가는 과정으로 발달을 보는 이론

	• 비고츠키(L. Vygotsky)의 상호 작용 이론
	  - 인간의 모든 고등 정신을 사회적 상호작용에서 습득
	  - 아동들은 과제에 도전하면서 지식이 많은 사람들과 협력하고 대화하면서 자신이 속한 사회·문화를 반영하는 방법을 배워나감
	• 브론펜브레너(U. Bronfenbrenner)의 생태학적 이론
	  - 유기체와 환경의 관계를 연구하는 생태학의 이론을 유아교육학에 적용
	  - 유아와 환경과의 상호작용을 중시 → 쌍방적 관계를 이룬다고 강조

유아기 인지 발달	• 인간이 지식을 습득하고 문제 해결과정에서 이를 사용하는 과정을 인지(cognition)라고 함 • 인지과정은 인간으로 하여금 이해하여 적응할 수 있도록 도와주고 주의, 지각, 학습, 사고, 기억 같은 인간의 정신세계를 특징짓는 관찰될 수 없는 사건과 활동을 포함함
인지이론 - 피아제 (piaget)	• 1단계 - 감각 운동기(0~2세) • 2단계 - 전조작기(2~7세) • 3단계 - 구체적 조작기(7~11/12세) • 4단계 - 형식적 조작기(11세 이상~성인기)
피아제의 도식과 적응	• 도식(schema) - '스키마', 사물이나 사건에 대한 전체적인 윤곽, 사고의 틀 • 동화(assimilation) - 기존의 도식에 맞추어서 새로운 경험을 받아들여 일반화하는 과정 • 조절(accommodation) - 새로운 대상에 맞게 도식을 바꾸는 인지과정 • 평형화(equilibrium) - 동화와 조절이 균형을 이루도록 적응의 과정 • 조직화(organization) - 사물이나 사건에 대한 정보들을 재구성하면서 도식들의 논리를 조직화하는 과정
케팔트(Kephart)의 지각 - 운동 이론	• 대근육/소근육 운동: 운동의 일반화가 이루어지는 단계로 균형유지, 이동, 접촉, 추진 등의 기초적 운동이 통합되어 이루어짐 • 운동 - 지각: 대근육 운동에 의한 탐색과정에서 얻은 감각정보를 지각에 연계시키는 단계로 눈과 손(시·지각)의 협응이 나타나는 단계 • 지각 - 운동: 지각 기능이 발달하면서 지각과 운동과의 상호작용이 이루어지는 단계 • 지각: 운동에 의한 정보의 도움 없이 지각에 의해 환경을 이해하는 단계 • 지각 - 개념: 지각적 기반 위에 직접 지각한 유사성이나 차이를 변별하는 단계 • 개념: 한층 더 발달한 추상작용의 단계로 구체적이라고 할 수 있는 지각된 내용을 개념화하여 의미를 이해하는 단계
유아기의 정서 발달	• 출생: 모든 일차적 정서로 표현, 기쁨, 분노, 슬픔을 표정으로 구분 • 6개월: 정적 정서 표출이 격려되고 보다 일반적이게 됨 • 7~12개월: 분노, 공포, 슬픔과 같은 일차적 정서가 보다 확실해지고, 정서적 자기 조절 능력 향상, 타인의 일차적 정서에 대해 인식 • 1~3세: 정서 조절이 향상되어 걸음마기의 아동은 짜증나게 하는 자극들로부터 스스로 거리를 두거나 조절하려는 시도를 함 • 3~6세: 정서 조절을 위한 인지적 책략이 등장하고 세련화가 발생 • 6~12세: 표출 규칙과의 일치 정도가 향상
유아기의 사회성 발달	사회화는 운동발달에도 중요한 역할을 하고, 운동발달과 사회화는 서로 영향을 미치며 동시에 발달 • 0~1세: 외부환경과 자신을 구분 • 1~2세: 자기인식 등장, 범주적 자기 발달 • 3~5세: 자존감 발생, 성취감을 느낌, 마음의 신념 발생 • 6~10세: 지식적, 신체적, 사회적 능력이 자존감의 기초가 됨 • 11세 이상: 우정과 낭만적 매력은 자존감에 중요, 자기개념이 가치와 이데올로기가 됨

03 유아기의 건강과 운동

유아기의 신체 기능	**신경 기능** • 5세까지 성인의 뇌중량이 85%에 달하지만 기능적으로는 85%에 미치치 못함 • 대뇌의 기능이 활발하지 않기 때문에 기본적인 운동(걷기, 달리기, 뛰기 등)만 가능하며, 최대 스피드, 최대 근력, 최대 점프 등의 운동 수행 수준이 높지 않음 **호흡·순환기 기능** • 호흡수는 25~40회/분(성인은 16~18회/분), 성인(20세) 대비 유아(5세) 28~34% • 유아의 경우 최대 호흡수는 50~60회 정도 • 심박수는 100~120회/분 > 성인 60~70회/분 → 성인에 비해 심근 수축력이 약해 1회박출량이 적으며, 박출 압력이 낮은 문제를 박출 횟수를 증가시켜 보충하기 때문에 심박수가 성인에 비해 높음 **근육 기능** 2세에서 3세로 넘어가는 시기의 신체 조절 능력을 보면 근육 기능은 작지만 빠르게 성장한다고 예상됨
운동성취능력의 특징	• '빠르고', '힘 있게'기 보다 '얼마나 안전하게', '안정된 상태'로 '얼마나 많은' 운동패턴을 성취 가능한가? • 시각, 감각, 신체 각 부위를 얼마나 적절하게 협조하여 운동을 성취하게 하는 조정력이 중요
훗트(C. Hutt)의 탐색과 놀이의 특성	• 탐색과 관련지어 놀이를 개념화 하면서 놀이와 탐색은 내적으로 동기화된 행동이라고 주장 • 탐색: 탐색되는 대상의 자극적 특성에 의해 지배되는 자극 주도적인 행동 • 놀이: 유기체의 흥미와 요구에 지배되는 유기체의 주도적인 행동
미국 스포츠/ 체육교육협회(NASPE)의 신체활동 지침	• 유아들은 하루에 적어도 60분 정도의 구조화된 신체활동을 해야 함 • 유아들은 적어도 하루에 60분에서 몇 시간까지 구조화되지 않은 신체활동에 참가하고, 수면시간을 제외하고 60분 이상 좌식 생활을 금지 • 유아들은 블록을 쌓거나 좀 더 복잡한 운동 작업을 필요로 하는 운동기술을 발달시켜야 함 • 유아들은 대근육 활동을 하기 위해 권장 안전기준에 적합한 실내공간과 실외공간이 필요 • 유아들은 개개인이 신체활동에 대한 중요성을 인식하고 유아의 운동기술을 용이하게 해야함
유아운동 권장 지침 (WHO)	• 고강도 3회 이상, 주 60분 이상 • 매일 하는 신체활동운동의 대부분은 유산소 활동 • 뼈와 근육을 강화하는 격렬한 강도의 활동을 적어도 주 3회 이상 • 신체활동 권장 수준은 일상생활활동 수준을 넘어서야 함 • 신체활동량이 많을수록 심폐와 대사건강 지표도 더 많이 개선되는 용량반응 효과가 나타남 특히 어릴 때부터 고강도의 다양의 신체활동을 유지하면 어른이 되어서도 위험요인이 적고 심혈관질환, 당뇨병 유병률과 사망률이 낮음 • 근력강화활동은 운동장에서의 놀이, 나무 타기나 밀고 당기기 놀이와 같은 비조직적 활동도 가능 뼈 강화활동도 놀이, 달리기, 회전이나 점프의 일부로 수행될 수 있음

04 운동프로그램의 구성요소

p.716

유아체육 프로그램의 계획	• 일반적 목적으로 학습자가 성취해야 하는 포괄적인 내용을 구성 • 운동·인지·정서적 영역을 모두 포함되도록 구성 • 구체적 목적, 실제적인 측면에서 프로그램의 운영과 관련된 다양한 정보를 포함하여 구성 • 행동적인 목적 또는 프로그램의 결과 중심적인 목적을 구체적으로 제시
유아체육 프로그램 구성의 개념	인지 개념의 적용 움직임의 개념 / 기술 개념 / 활동개념 개념 노력, 공간, 관계 지각 / 기본, 스포츠 기술적 움직임 / 규칙, 패턴, 전략

유아체육 프로그램 구성에서 기술수준

	초보	중급	고급(숙련)
	인식	-	-
	탐색	결합	개별화
	발견	응용	세련

유아기 운동 프로그램 구성 시 고려 사항	• 연령과 발달에 따른 개인차와 신체적·정서적·사회적·인지적 균형 발달을 고려해야 함 • 팀과 개인의 운동의 배합이 적당하고, 활동적이며 흥미롭게 구성되어야 함 • 평가와 피드백을 실시해야 함 • 체력을 고려한 신체활동으로 구성 • 연령과 운동발달 수준을 고려한 신체활동으로 구성 • 눈과 손의 협응력 향상에 필요한 다양한 활동을 포함
유아체육의 운동형태	**기초 운동 발달 프로그램** • 안정성 운동(축 이용 기술/정적, 동적) • 이동 운동(기초/복합) • 조작 운동(추진/흡수) **지각 운동** • 시간지각: 과거/현재/미래, 오전/오후 • 관계지각: 사물이나 대인 관계 - 위/아래, 가까이/멀리, 앞/뒤 • 움직임의 질: 균형, 시간, 힘, 흐름(시간, 공간) • 신체지각: 신체 각 부분의 위치와 정의에 대해 이해 • 공간지각: 자기공간(self-space)과 다른 사람의 공간을 존중하는 인식 • 방향지각: 방향과 방향전환에 대한 인지 대한 인지: 위/아래, 앞/뒤, 좌/우
체력 발달 프로그램	• 체력은 일상 활동뿐만 아니라 직업 활동 및 여가 활동을 보다 활기차게 수행할 수 있는 신체적 능력을 의미 • 유아 운동 시 유아들이 운동에 바람직하게 참여할 수 있도록 체력 수준, 건강 상태, 남녀 개인의 특성 등을 고려 • 체력은 건강 체력과 수행(기술) 체력으로 구분

05 유아체육 지도 방법   p.726

유아체육 지도법	• 일상생활에서 자신의 신체에 대해 자연스럽게 인식하도록 신체 놀이를 계획함 • 교육적으로 풍부한 실내외의 물리적 환경을 준비하여 유아의 활발한 활동을 지원함 • 신체 활동을 하면서 공간, 시간, 힘, 흐름 등 동작의 기본 요소를 반영함 • 유아의 안전에 세심한 주의를 기울이고, 놀이 규칙을 이해해야 함 • 다양한 신체 활동이 충분히 이루어짐을 목표로 하고 규칙적인 시간을 계획할 것 • 유아의 신체 발달 및 운동 능력을 정확히 파악하고, 개인차를 고려해야 함 • 다양한 영역 활동이 통합적으로 다루어지도록 구성해야 함 • 유아의 신체 활동만큼 휴식도 중요하므로 적당한 휴식 계획도 필요함 • 유아의 건강 상태가 신체 활동을 하기에 건강한지 사전에 파악하고, 계획 시부터 고려해야 함

유아체육 교수 방법	• 직접 - 교사 주도적 지도법: 지시적 방법, 과제 제시 방법
	• 간접 - 유아 주도적 지도법: 탐구적 방법, 안내 - 발견적 방법
	• 유아 - 교사 상호 주도적·통합적 지도법
	  - Slater(1993)의 모형: 도입 → 동작습득 → 창의적 표현 → 평가
	  - Gallahue(1993) 안내 - 발견 교수법

유아체육 지도 원리	놀이 중심의 원리, 생활 중심의 원리, 개별화의 원리, 탐구 학습의 원리, 반복 학습의 원리, 융통성의 원리, 통합의 원리

06 유아운동발달 프로그램 계획   p.727

운동 프로그램 목표	• 다양한 신체 활동과 감각 경험을 통해 자신의 신체와 주위 환경을 인식하는데 필요한 기초 운동 능력 향상 • 신체활동에 활발하게 함으로써 기본적인 운동 능력과 기초 체력을 증진 • 건강과 안전에 관련된 지식과 기술을 습득하여 건강하고 안전한 생활습관 습득 • 체육 활동에 참여하여 즐겁고 건강한 정신을 가짐
프로그램 지도 순서	도입 → 준비 → 전개 → 정리

운동 프로그램 계획	**프로그램 단계별 지도 내용**
	• 프로그램 진행 순서
	  - 운동 목표 제시 및 프로그램 참여 방법, 사전 수업규칙 안내
	  - 개인 참여자별 신체 컨디션을 확인, 준비 운동 실시
	  - 안전하고 질서 있게 전개되도록 조성
	  - 개인차를 고려한 흥미를 지속적으로 가지도록 유도
	  - 운동 진행 후 정리 운동, 부상 유무 확인 및 생활 지도
	• 연간 → 월간 → 주간 → 일간 계획 수립
	
	유아체육 프로그램 진행 후 평가
	• 교과 목표에 따른 학습이 제대로 이루어졌는지 평가
	• 다음 학습 내용을 결정할 수 있는 중요 자료로 활용
	• 개인의 연령, 능력, 운동수행력에 적합한 프로그램이었는지 점검
	• 프로그램 내용이 적합했는지 평가
	• 교과과정의 목표와 목적에 맞게 학습하고 있는지에 대한 평가
	• 유아의 반응을 평가하여 다음 학습과정에 반영(피드백)

07 안전한 운동프로그램 지도를 위한 환경 p.730

영, 유아 머리 외상 및 뇌진탕 증상	• 심한 구토 • 반응이 느려짐 • 평소와는 다른 이상행동 • 평소보다 길게 울고 보챔 • 축 쳐지고 늘어짐 • 식욕이 줄고 놀이를 하지 않음 • 멍하고 눈맞춤이 어려움 • 심한 두통호소 • 경련을 일으킴 ※ 머리 부상 후 위 증상 발생 시 최대한 빨리 응급실 내원
유아체육 지도 환경 원칙	**안전성**: 장비들을 안전하게 배치, 관리하고 사고의 위험에서 최대한 보호하며, 항상 지도자 또는 보호자의 시야 안에서 활동할 수 있는 환경을 조성 **편안함**: 유아들이 안전하고 편하게 체육활동에 집중할 수 있도록 온도, 습도, 채광, 조명, 환기 등 관리 **경제성**: • 충분치 못한 예산으로 부실공사, 불량품 활용 시 안전사고 예방 • 안전과 직결되는 교재와 교구는 견고함과 더불어 비용적 측면을 고려 **흥미성**: 호기심, 모험성을 끌어낼 수 있는 환경의 조성은 체육 활동의 재미와 적극적 참여태도를 가지게 함 **효율성**: • 유아체육 프로그램에 필요한 기구 및 설비를 미리 준비 • 장소, 음악, 냉난방, 적절한 활동 공간, 시설 등은 수업의 효과적이고 매끄러운 진행을 위해 사전준비 필요
운동 기구 배치	• 고정식 기구(미끄럼틀, 그네, 철봉 등), 이동식 기구(뜀틀, 트램펄린 등)별 안전 환경 체크 • 기구들이 서로 간섭받지 않고, 유아들의 시각을 고려하여 안전에 중점을 두고 배치, 안전과 계절에 따라 철저히 관리 • 운동 기구 배치 유형 　- 병렬식: 운동기구를 접하고 3~4개월 정도 지나야 새로운 기구에 적응, 기구에 숙달되지 않았을 때 병렬식으로 나열 　- 순환식: 운동기구에 적응이 된 후 다양한 기구를 한꺼번에 접할 수 있는 효율적인 배치 방식
유아 응급 처치	• 유아기는 위험의 인지와 이해가 부족하여 일생 중 사고 발생 위험이 가장 높은 시기 • 유아기의 사고는 호기심으로 인한 사고가 빈번, 타박상, 골절, 화상 등 다양한 응급 상황이 발생 • 사고를 미연에 예방, 방지하는 것이 가장 중요하며, 사고발생 시 119가 오기 전까지 응급 처치 필수
열성 경련 (Febrile Seizure)	• 열성경련이란 예전에 경련을 하지 않았던 1개월 이상의 환자에서 대사장애, 전해질 이상 혹은 중추신경의 이상이 없이 발열(38.4도 이상)과 함께 발생하는 경련을 말함 • 주로 6개월에서 3세 이상의 어린이에서 자주 일어나고, 7세 이후에 일어나는 경우는 거의 없음

PART 10 노인체육론

00 핵심용어

용어	해설
고지혈증 (hyperlipidemia)	혈액의 응고에 변화를 일으켜 혈액 점도를 상승시키고, 혈관 염증에 의한 말초 순환 장애를 일으키는 상태로, 동맥에 죽상 경화를 발생시켜 뇌경색 또는 심근경색의 직접적인 원인이 됨
웰빙 (well-being)	육체적·정신적 건강의 조화를 통해 행복하고 아름다운 삶을 추구하는 삶의 유형이나 문화를 통틀어 일컫는 개념
웰니스 (Wellness)	웰빙(well-being), 행복(happiness), 건강(fitness)의 합성어로 신체와 정신은 물론 사회적으로 건강한 상태
역연령 (chronological age)	출생 이후의 햇수
유전자 이론 (헤이플릭 한계, Hayflick limit)	• 인간 세포는 제한된 횟수만큼 50번 정도 분열 • 젊음과 활기, 성장과 성숙을 촉진하는 유전자와, 기능을 쇠퇴 시키고 구조를 파괴하는 유전자가 존재함 • 한 유전자는 청년기의 측면이 작용하고 중년기 이후에는 노쇠의 측면이 활성화되는 이중적인 역할을 함
텔로미어 (Telomere)	텔로미어(telomere) 또는 말단소립(末端小粒)은 염색체의 끝부분에 있는 염색 소립으로 세포의 수명을 결정짓는 역할 → 세포의 분열수명을 제어, 조로증(progeria)(유년기에 노인의 외모가 되는 유전병)의 원인
손상이론, 자유기 이론, DNA 손상이론	활성산소, 태양 자외선, 환경적 유해물질 등으로 인해 DNA의 교차결합 조직이 손상되어 세포내에 영양소와 화학적 전달물질의 수송방해로 노화 발생
마모 이론 (Wear and tear theory)	인체의 세포, 조직, 기관 등의 손상이 누적되어 생기는 것이라는 이론으로 신체의 반복적인 사용이나 독성 물질의 축적에 의해서 스스로 복구해내지 못하는 것이 노화라고 주장
점진적 불균형 이론	뇌 시상하부의 신경세포가 손상되면 호르몬이 점차적으로 불균형 상태가 되며 인체기능에 부정적인 영향을 미치게 된다는 것이 점진적 불균형이론의 핵심
성공적 노화이론	성공적 노화는 높은 수준의 인지적·신체적 기능 유지 및 좋은 인간관계, 생산적 활동에 적극적으로 참여하는 것임
선택적 적정화 이론 (SOC)	• 선택(Selection): 관심 영역을 줄이고 선택하기 • 적정화(Optimization): 남은 신체적, 정신적 능력을 확장하고 질적 측면에서 선택된 능력을 극대화 • 보상(Compensation): 잃어버린 기능을 보완하기 위한 심리 전력이나 기법
하위 문화 이론	공통된 특성을 가진 노인들이 집단을 형성하고 빈번한 상호 작용을 통해 그들 특유의 행동 양식을 만든다는 이론
MET (Metabolic Equivalent Task)	휴식 상태에서 체중 1kg당 1분 동안 사용할 수 있는 산소(1MET = 3.5ml/min/kg)

SFT (Senior Fitness Test)	• 미국에서 개발된 노인용 체력검사, 서구 지역사회 노인들의 체력 기능평가에 주로 이용 • 노인의 기능성 평가에 대한 타당성이 인정
PNF 스트레칭	• Proprioceptive Neuromuscular Facilitation streching • 고유수용성 신경근 촉진 스트레칭은 신체의 근육 내부에 존재하는 고유수용기(골지건기관, 근방추)를 자극하여 근골격과 신경계의 반응을 향상시켜 관절과 근육의 가동범위를 향상시키는 스트레칭
보폭 (Step length)	양발의 뒤꿈치 간격
활보장 (Stride length)	각 발의 뒤꿈치 간격
카르보넨(Karvonen) 공식	• 목표 심박수 측정을 위한 심박수(HR: Heart Rate)를 이용하는 방법 • 목표 심박수(Target HR) = (최대 심박수 - 안정 시 심박수) × 운동 강도(%) + 안정 시 심박수
운동 자각도 (RPE)	• 웨덴의 보그(Gunnar Borg)가 개발한 지수(scale) • 운동참여자가 주관적으로 느끼는 운동강도
최대반복횟수 (RM: Repetition Maximum)	• 1RM: 1회에 들어 올릴 수 있는 최대 중량 • 처음 시작 시 1RM 40~50%, 세트당 8~12회가 적절
목표설정 SMART	• Specific: 구체적인 • Measurable: 계측 가능한 • Attainable: 이룰 수 있는 • Relevant: 적절한 • Time based: 시간에 근거한
여유심박수 (Heart rate reserve: HRR)	여유심박수(Heart rate reserve: HRR) = 최대심박수(HRmax) - 안정시 심박수(HRrest)
조조강직 (morning stiffness)	• 아침에 자고 일어났을 때 혹은 오랜 시간 한 자세로 있었을 때 관절이 뻣뻣해져 움직이기 힘들다가 어느 정도 활동을 하고 난 후에 활동하기 좋아지는 현상 • 류마티스 관절염과 퇴행성 관절염의 특징적 증상으로 1시간 이상 지속할 때는 류마티스 관절염을, 30분 이내로 비교적 짧은 시간 지속할 때는 퇴행성 관절염을 의심
자아효능감	삶에 영향을 주는 큰 사건들을 해결할 수 있는 능력을 생산할 수 있는 가능성에 대한 개개인의 믿음
PRICES	• 보호(Protection) • 휴식 및 안정(Rest) • 냉각(Ice) • 압박(Compression) • 거상(Elevation) • 고정(Stabilization)
알츠하이머병 (alzheimer's disease)	• 치매의 절반을 차지, 뇌세포의 퇴행성 변화로 인해 건강하던 뇌세포들이 서서히 죽어가며 뇌 전체에 걸쳐 전반적인 위축이 발생하는 치매 • 매우 서서히 발생하며 시간이 지날수록 악화되어 언제부터인지 찾기 어려움 • 남성보다는 여성이, 직계 가족 중에 환자가 있을 시 발병 위험성 높아짐
파킨슨병 (Parkinson's disease)	• 뇌 속에의 운동에 꼭 필요한 신경 전달 물질인 도파민이 존재 • 파킨슨병은 중뇌에 위치한 흑질이라는 뇌의 특정부위에서 이러한 도파민을 분비하는 신경세포가 원인 모르게 서서히 소실되어 가는 질환
근감소증 (Sarcopenia)	근감소증은 나이가 많아지면서 근육의 양, 근력, 근 기능이 모두 감소하는 질환을 의미

골다공증 (osteoporosis)	뼈의 양이 감소하고 질적인 변화로 인해 뼈의 강도가 약해져서 골절이 일어날 가능성이 높은 상태
당뇨병 (Diabetes mellitus)	인슐린의 분비량이 부족하거나 정상적인 기능이 이루어지지 않는 대사 질환의 일종으로, 혈중 포도당이 체내로 흡수되지 못해 혈중포도당 농도가 높은 것이 특징
만성폐쇄성폐질환 (Chronic obstructive pulmonary disease: COPD)	유해한 입자나 가스의 흡입으로 기도와 폐 실질에 비정상적인 염증 반응이 발생하고, 숨을 내쉴 때 완전히 회복되지 않는 기류 제한을 특징으로 하는 호흡기 질환
협심증 (angina pectoris)	• 심장에 피를 공급하는 관상동맥이 좁아지고 동맥 내에 핏덩어리(혈전)가 생기거나 동맥이 수축하면 가슴에 심장이 조이는 통증 발생하여 '협심증'이라고 함 • 관상동맥에서의 산소공급이 일시적으로 부족하여 심장 근육에 필요한 산소요구량이 채워지지 않으면 일시적으로 흉부 불쾌감과 압박감을 자각하는 병
심근경색 (myocardial infarction)	• 심장에 피를 공급하는 관상동맥이 여러 가지 원인에 의해 갑자기 막혀서 심근에 괴사가 일어나는 질환 • 가장 흔한 입원의 원인 질환중 하나이며 가장 높은 사망 원인 중의 하나

01 노화의 개념

노화	성숙한 다음부터를 지칭하며 시간이 갈수록 비가역적으로 나빠져 사망 확률이 높아지는 과정, 이 경우 생리적 기능의 감소와 질병에 대한 감수성 증가 등 환경적 스트레스에 대한 적응능력 감소 현상이 동반
노화의 유형	일반 노화(보편적 노화), 병적 노화, 성공적 노화(활동적 노화)
노인의 정의	• 생물학적 연령 65세 이상인 자 • 환경 변화에 적절히 반응할 수 있는 조직 기능이 쇠퇴하고 있는 사람 • 신체에 대한 자체 통합력이 쇠퇴하고 있는 사람 • 인체의 기관·조직·기능이 감퇴기에 있는 사람 • 생활상의 적응 능력이 감퇴하고 있는 사람 • 인체 조직의 예비 능력이 감퇴하여 적응력이 떨어지는 사람
노화의 분류	• 연소(young - old) 노인(65~74세) • 중고령(middle - old) 노인(75~84세) • 고령(old - old) 노인(85~99세) • 초고령(oldest - old) 노인(100세 이상)

연령의 정의	• 역연령(chronological age): 출생 이후의 햇수
	• 기능적 연령: 나이와 성을 기준으로 한 기능적 체력과 관계가 있는 연령, '신체연령'이라고도 함
	• 생리적 연령: 신체적외모나 운동능력, 지적 능력 등이 기준이 되는 연령
	• 심리적 연령(psychological age): 한 개인의 심리적 성숙도를 의미
	  - 환경에 대한 적응력, 스트레스에 대한 대처, 자기 주도적 능력(독립심) 등이 중요한 기준
	  - 타인과의 관계 형성 능력을 기준으로 연령 구분
	• 사회적 연령: 각 개인의 연령에서 사회적으로 수행해야 할 역할에 대한 것, 사회적 기대 또는 규범을 반영하는 나이

신체기능의 분류 - 스피르두소(W. spirduso, 1995)	• 신체적으로 아주 잘 단련(5단계): 행글라이더, 웨이트 리프트 트레이닝 → 신체나이가 역연령보다 낮음 • 신체적으로 단련(4단계): 달리기, 자전거, 등산 • 신체적으로 독립(3단계): 골프, 사교댄스, 수공예, 여행, 운전 • 신체적으로 연약(2단계): 일상생활의 기본적 활동 • 신체적으로 의존(1단계): 요양원 및 사회 복지 시설에 의존 → 기본적인 일상 또는 일부 생활이 불가능한 노인들로 가정이나 시설에서 돌봄이 필요한 단계

건강 수명과 기대 수명	• 건강 수명
	  - 건강과 일상생활, 신체적, 심리적, 사회적 기능을 유지하는 기간
	  - 심각한 질병이나 신체장애 없이 생존한 삶의 기간
	• 기대 수명(= 평균수명)
	  성별, 연령별로 앞으로 몇 년을 더 살아갈 것인지를 통계적으로 추정한 기대치로, 평균 생존 연수를 의미함

02 노화와 관련된 이론   p.777

생물학적 노화 이론	• 유전자 이론(헤이플릭 한계, Hayflick limit) • 손상이론, 자유기 이론, DNA 손상이론 • 마모 이론(Wear and tear theory) • 점진적 불균형 이론
심리학적 특성	• 생물학적 노화와 사회적 노화와의 연관성이 있음 • 생물학적 노화와 관련된 심리기능은 연령증가와 함께 퇴행적 발달 • 경험과 관련된 심리기능은 유지 혹은 증가 • 실제생활에서는 정신기능의 쇠퇴가 의미 있는 정도로 나타나지 않음 • 심리적 노화가 사회적 기능을 약화 또는 촉진할 수 있으며, 사회적 노화 역시 심리적 노화에 긍정, 부정의 영향을 미침
심리학적 노화 이론	• 분리 이론, 활동 이론, 지속성 이론 • 매슬로의 욕구 단계 이론 피라미드: 자아실현의 욕구 / 존경의 욕구 / 사회적 욕구 / 안전의 욕구 / 생리적 욕구 • 에릭슨의 심리 사회적 단계이론(자아 통합이론) - 1~8단계중 8단계만 노년기에 해당 | 7 | 생산성 vs 정체(성인기) | 자신의 세대를 넘어 다음 세대를 양육하는 것에 관심과 노력을 기울이게 되는 시기로, 생산성을 형성하지만 생산성이 결핍되면 사회에 의미 있는 기여를 하지 못했다는 회의로 인해 침체를 경험하고 소위 중년의 위기를 겪게 되는 시기 | | 8 | 자아 주체성 vs 절망(노년기) | 자신의 삶을 되돌아보면서 자신의 인생을 수용하고 죽음을 두려움 없이 맞게 되는 자아 통합의 과정을 거치는 시기로, 자아 통합 달성에 실패하면 지나온 생을 후회하며 절망하는 시기 | • 성공적 노화이론(로우, 칸): 성공적인 노화 7가지 구성요소(Phelan&Larson, 2002): 인생에 대한 만족, 수명, 장애가 없을 것, 숙달, 적극적인 인생참여, 높은 수준의 기능, 긍정적 적응 • 선택적 적정화 이론(SOC, 발테스): 선택(Selection), 적정화(Optimization), 보상(Compensation)
사회학적 노화 이론	• 활동 이론 • 지속성 이론 • 분리 이론 • 하위 문화 이론

03 노화에 따른 신체적·심리적·사회적 변화
p.782

노화의 신체적 변화	• 중추적 변화 　- 최대 심박출량 감소 　- 최대 1회 박출량 감소 　- 최대 심박수 감소 　- 최대 산소 섭취량의 점진적 감소 • 말초적 변화 　- 운동하는 근육으로의 혈액 흐름 감소 　- 동정맥 산소 차이 감소 　- 근육의 산화 능력 감소
노화의 심리적 변화	• 정체감 • 감정표현 • 죽음에 대한 태도: 자아통합 성취정도에 따라 차이를 보임 • 성격변화
노화의 사회적 변화	• 역할의 변화 • 권력, 권위, 보상 및 선택의 재량 상실 • 타인에 대한 의존성 증가 • 대인 관계 위축과 사회 참여도 감소

04 운동의 개념과 역할
p.788

운동의 개념	체력(physical fitness)과 전반적인 건강(overall health), 웰리스(wellness)를 유지 및 증진시키는 활동
운동의 유형	• 유산소성 운동(aerobic exercise) • 무산소성 운동(anaerobic exercise) • 유연성 운동(Flexibility exercise)
체력 (Physical fitness)	**행동체력** • 건강관련 체력: 심폐지구력, 근력, 근지구력, 유연성, 신체조성 • 운동관련 체력: 파워, 스피드, 민첩성, 평형성, 협응성, 반응시간 **방위체력** 외부자극(기온, 기압, 불안, 스트레스, 바이러스, 병균 등)에 인체가 방어, 유지 및 적응하는 능력
미국 노인체력검사 (Senior Fitness Test: SFT)	• 미국에서 개발된 노인용 체력검사, 서구 지역사회 노인들의 체력 기능평가에 주로 이용 • 노인의 기능성 평가에 대한 타당성이 인정됨
한국형 노인체력검사 (국민체력100)	• 우리나라 노인들에게 적합한 체력측정을 하기위해 한국 노인체력평가의 필요성 제기 • 문화체육관광부 주재 하에 국민체력진흥공단이 주관한 체력인증 사업(국민체력 100)을 통해 한국형 노인체력 측정법 개발

05 운동 프로그램의 요소 p.796

FITT	Frequency(빈도), Intensity(강도), Time(시간), Type(유형)
유산소 운동	걷기, 달리기, 자전거, 수영, 에어로빅 등
저항 운동	근력 및 근지구력 발달을 위한 저항 운동
유연성 운동	• 동적 스트레칭 혹은 정적 스트레칭 • 탄성 또는 동적 스트레칭(Bouncing 또는 Active Stretching) • 정적 스트레칭(Static stretching) • PNF 스트레칭(Proprioceptive Neuromuscular Facilitation stretching)
평형성 운동	뒤로 걷기, 앉았다 일어서기, 보수볼 균형잡기, 외발균형잡기 등
낙상을 잘 유발하는 위험 요인	• 보행 장애가 있는 질환을 앓고 있는 사람 • 기립성 저혈압이 있는 사람 • 4가지 이상 약물을 복용하고 있는 사람 • 발에 이상이 있거나 적절한 신발을 착용하지 않는 사람
보행 주기 분석	• 보폭(Step length): 양발의 뒤꿈치 간격 • 활보장(Stride length): 각 발의 뒤꿈치 간격 • 보행은 Stance phase는 입각기(디딤기)와 Swing phase는 유각기(흔듦기)로 구분되며 각 비율은 60% 대 40%
노인에게 적절한 운동 강도 설정	심박수(HR: Heart Rate)를 이용하는 방법: 목표 심박수 측정을 위한 카르보넨(Karvonen) 공식 • 목표 심박수(Target HR) = (최대 심박수 - 안정 시 심박수) × 운동 강도(%) + 안정 시 심박수 • 최대 심박수(HR max) = 220 - 나이 • 안정 시 심박수(HR rest) = (15초 동안 측정한 심박수) × 4
운동 자각도 (RPE: Rating of Perceived Exertion)	• 운동 자각도(RPE) 6~20: 6~9 아주 가벼움, 17~20 아주 힘듦 • 운동자각도(RPE) 0~10: 0~1 아주 쉬움, 7~10 아주 힘듦
MET (Metabolic Equivalent Task)	• MET: 휴식 상태에서 체중 1kg당 1분 동안 사용할 수 있는 산소(1MET = 3.5ml/min/kg) • 개인의 운동능력에 따라 차이가 있으며, 저강도 3MET 이하, 중강도 3~6MET 수준의 비경쟁적이고 30분 이상 편안하게 운동할 수 있는 수준의 강도 또는 운동 중 대화가 가능한 수준의 운동강도임
최대반복횟수 (RM: Repetition Maximum)	• 1RM: 1회에 들어 올릴 수 있는 최대 중량(처음 시작 시 1RM 40~50%, 세트당 8~12회가 적절) • 근비대 향상 목적 1RM(70~80%), 근파워 향상 목적 1RM(90% 이상)
운동 시간 (ACSM가이드라인)	• 운동 지속 시간과 운동 강도는 음의 상관관계 • 중강도 신체활동 150분(2시간 30분)/주 또는 고강도 신체 활동 75분(1시간 15분)/주 권장 • 유산소 운동은 한 번에 적어도 최소 10분 이상 지속해야 하며, 저항 운동은 2~3세트가 적당함
운동 빈도	• 유산소 운동 3~5회/주 권장 • 근력 운동은 3회 이상/주 권장(다음 근력 운동까지 48시간의 휴식) • 평형성 운동은 2~3회/주 권장 • 유연성 운동은 동작마다 10~30초 동안 자세를 유지, 2~4회 반복
운동 프로그램의 기본 원리	• 특정성(특이성)의 원리 • 과부하의 원리 • 점진성의 원리 • 개별성의 원리 • 특수성의 원리 • 가역성의 원리

06 지속적 운동참여를 위한 동기유발 방법 p.802

행동변화이론	• 학습 이론 - 강화, 내적보상, 외적보상 • 건강신념 모형 - '신념'이 건강을 추구하는 행동에 중요한 역할 • 범이론적 모형 - 행동이 변화되는 과정과 전략을 제시 • 사회인지 이론 - 인지(사고)과정을 이해하기 위해 개개인의 성격분석 • 계획된 행동 이론 - 신념(믿음)과 행동과 신념을 연결하는 이론 • 합리적 행위 이론 - 행동의 결과에 대해 신중히 고려한 다음에 비로소 행동 • 행동 변화 단계 이론 - 신체 활동을 행동으로 옮길 수 있다는 자기 효능감이 있으면 건강 행동으로의 변화가 쉽게 이루어짐
노인 운동의 동기 유발 요소	• 신체적 건강 • 정신적 건강 • 사회적 건강
목표의 설정	• 측정 가능성　　　　　　• 구체성 • 현실성　　　　　　　　• 행동성

07 운동권고 지침 및 운동방안 p.804

노인 신체활동 프로그램 개요 및 구성	ACSM`s Guideline for Exercise Testing and Prescription • 유산소 　- 빈도: 고강도로 3일/주, 중강도로 5일/주 　- 강도: RPE 10 Scale → 상, 중강도: 5~6 고강도: 7~8 　- 시간: 고강도(75~150분)/주, 중강도(150~300분)/주 　- 유형: 골격계에 낮은 스트레스(부하)를 주는 활동 • 저항(근력)운동 　- 빈도: 최소 2회/주, 48시간 간격을 두고 　- 강도: RPE 10 Scale → 상, 중강도: 5~6 고강도: 7~8 　- 시간: 8~10개 운동 각각 10~15회 반복 　- 유형: 주요근육을 사용하는 운동으로 계단 오르기 • 스트레칭 운동 　- 빈도: 최소 2회/주 　- 강도: 중강도: 5~6 　- 시간: 1회당 8~30초 　- 유형: 각 주요 근육군의 지속적인 정적 스트레칭
미국스포츠의학회 (ACSM)에서 제시한 노인의 운동 부하 검사	• 운동부하검사 시 운동 능력 부족해 보이는 사람의 경우 초기 부하가 낮아야 하고(3METs 이하) 부하 증가량도 작아야 함(5~10METs) • 브루스 프로토콜보다 노턴(Naughton) 트레드밀 프로토콜이 더 적절
하비거스트 (Havighurst)의 발달 과업 이론	노년기(56세 이후~)의 과업 • 체력과 건강쇠퇴에 대해 적응 • 정년퇴직과 수입감소에 대해 적응 • 배우자의 죽음에 대해 적응 • 동년배 노인과 친밀관계 형성 • 사회적인 역할에 대한 책임 유연하게 수용 • 만족스러운 생활조건 구비

08 호흡·순환계 질환 운동프로그램

p.810

고지혈증 (hyperlipidemia)	혈액의 응고에 변화를 일으켜 혈액 점도를 상승시키고, 혈관 염증에 의한 말초 순환 장애를 일으키는 상태로, 동맥에 죽상 경화를 발생시켜 뇌경색 또는 심근경색의 직접적인 원인 • 고지혈증 • 저밀도 지단백 콜레스테롤(LDL) ≥ 130mg·dL-1 • 고밀도 지단백 콜레스테롤(HDL) < 40mg·dL-1 • 총콜레스테롤(TC) ≥ 200mg·dL-1 • 중성지방 ≥ 200mg/dL
관상동맥질환 (Coronary artery disease: CAD)	미국스포츠의학회(ACSM)에서 제시한 죽상 경화증 심혈관 질환(관상동맥질환) 위험 요인 및 기준의 정의

양성 위험 요인	기준의 정의
연령	남자 ≥ 45세, 여자 ≥ 55세
가족력	아버지 또는 남자 형제 중 55세 이전, 어머니 또는 여자 자매 중 65세 이전에 심근 경색, 관상 동맥 혈관 재형성술 및 급사한 가족이 있음
흡연	현재 흡연자, 6개월 이내에 금연자, 흡연 환경에 노출
신체 활동 부족	최소 3개월 동안 주당 최소 3일, 중강도의 신체 활동을 30분 이상 참여하지 않음
비만	체질량 지수 ≥ 30kg·m-2, 허리둘레 남자 > 102cm(40inch), 여자 > 88cm (35inch)
고혈압	최소 2회 이상 측정하여 수축기 혈압 ≥ 140mmHg 또는 이완기 혈압 ≥ 90, 또는 항고혈압제 복용
이상 지질 혈증	• 저밀도 지단백 콜레스테롤(LDL) ≥ 130mg·dL-1 • 고밀도 지단백 콜레스테롤(HDL) < 40mg·dL-1 • 총콜레스테롤(TC) ≥ 200mg·dL-1
당뇨병	• 공복 혈당 ≥ 126mg·dL-1 • 경구 혈당 강하제 투여 2시간 후 ≥ 200mg·dL-1 • 당화 혈색소(HbA1C) ≥ 65%

음성 위험요인	기준의 정의
고밀도 지단백 콜레스테롤(HDL)	≥ 60mg·dL-1

당뇨병 (Diabetes mellitus)	• I형 당뇨병: 췌장의 베타세포가 면역시스템에 의해 파괴되어 인슐린을 분비하지 못해 발생하는 당뇨병 (5~10%), 매일 인슐린주사 맞아야함 • II형 당뇨병: 인슐린의 기능이 떨어져 혈당이 높아지는 경우 발생하는 당뇨병
당뇨병의 진단	3가지 증상 중 한 가지 이상이 나타나면 당뇨병으로 진단 • 공복 시 혈당이 126mg/dL 이상(정상은 110mg/dL 미만)인 경우 • 당뇨병의 전형적인 증상인 갈증, 다음(물을 자주 많이 마심), 다뇨(소변을 자주 봄), 다식(음식을 많이 먹음)에도 불구하고 체중 감소(몸무게가 줆)의 경우 • 경구 포도당 부하 검사에서 한 번이라도 혈당이 200mg/dL 이상(공복 상태에서 혈당 검사를 한 다음 포도당을 먹고 30분 간격으로 혈당 검사를 4~6회 실시)인 경우 • 확실한 당뇨병성 망막증 출현

고혈압 (High blood pressure)	비만, 스트레스, 운동부족, 무기질 부족(칼슘, 칼륨, 마그네슘)과 음주, 고당질, 고지방 식사, 과도한 염분섭취 등으로 혈관 속을 흐르는 혈액이 혈관에 부딪히는 압력이 140/90 이상인 경우		
	분류	수축기혈압(mmHg)	이완기혈압(mmHg)
	적정혈압	< 120	< 80
	정상혈압	< 130	< 85
	정상범위혈압	130~139	85~89
	경증 고혈압	140~159	90~99
	중등 고혈압	160~179	100~109
	중증 고혈압	≥ 180	≥ 110
	고립성 이완기 고혈압	≥ 140	> 90
비만 (Obesity)	• 지방조직이 과도하게 체내 및 피부 밑에 축적된 상태 • 체질량지수(Body mass index: BMI) → 체중(kg)을 신장(m)의 제곱으로 나눈 값, 25 이상 • 생체전기저항법(bioelectrical impedance) - 신체성분 측정법으로 비만도 판정기준(남자 20% 이상, 여자 30% 이상)		

09 근골격계 질환 운동프로그램

p.816

골다공증 (osteoporosis)	• 골다공증은 뼈의 양이 감소하고 질적인 변화로 인해 뼈의 강도가 약해져서 골절이 일어날 가능성이 높은 상태 • 원인: 유전적 요인, 폐경, 약물, 뼈 조직에 대한 부하량 감소, 유전적 요인, 조기 폐경, 스테로이드 과사용, 동반 질환, 흡연, 알코올, 류마티스관절염 • 발병률: 60세 이상 여성의 1/4이 골다공증을 앓고 있으며, 자궁 절제술을 받은 적이 있는 여성의 절반에게서 나타남	
	정상	T ≥ -10
	골감소증	-25 < T < -10
	골다공증	T ≤ -25
류마티스 관절염 (rheumatoid arthritis)	• 류마티스관절염은 손과 손목, 발과 발목 등을 비롯한 여러 관절에서 염증이 나타나는 만성 염증성 질환 • 원인: 정확한 원인은 아직 밝혀지지 않았지만, 자가면역 현상이 주요 기전으로 알려져 있다 자가면역이란 외부로부터 인체를 지키는 면역계의 이상으로 오히려 자신의 인체를 공격하는 현상 → 일반적으로는 유전적 소인, 세균이나 바이러스 감염 등이 류마티스 관절염의 원인으로 지목	

요통 (low back pain: LBP)	• 허리 부위에 생기는 통증을 요통이라고 명칭 • 요통은 그 자체로 질병이라기보다는 증상의 하나지만, 특별한 해부학적 원인을 발견할 수 없으면 그 자체로 질병으로 분류 가능 • 척추 관련 구조물, 즉 척추뼈, 디스크, 후관절, 인대, 근육에 병적 변화가 요통의 원인 병적 변화가 일부 있더라도 평소에는 증상을 느끼지 못하고 지내는 경우가 많으나, 척추의 보상, 한계를 넘으면 통증으로 나타남 • 갑작스러운 디스크 파열, 운동량 부족으로 인한 근력 악화, 무리한 노동이나 운동, 척추 염좌 등이 요통의 기저 요인들 요통으로 발현 가능 • 노화, 그릇된 식습관과 잘못된 자세, 신체활동 부족, 사고, 질환 등으로 인해서 근육량과 골밀도 감소가 골다공증, 관절염 같은 근골격계 질환으로도 요통이 발생
근감소증 (Sarcopenia)	• 근감소증은 나이가 많아지면서 근육의 양, 근력, 근 기능이 모두 감소하는 질환을 의미 • 개인마다 다르지만, 가장 흔한 원인은 단백질 섭취 저하, 운동량 부족 등이 있음 • 특히 필수 아미노산의 섭취 및 흡수가 부족하여 근감소증이 나타나는 비율이 매우 높음

10 신경계 질환 관련

파킨슨병 (Parkinson's disease)	• 뇌 속에의 운동에 꼭 필요한 신경 전달 물질인 도파민이 존재 • 파킨슨병은 중뇌에 위치한 흑질이라는 뇌의 특정부위에서 이러한 도파민을 분비하는 신경세포가 원인 모르게 서서히 소실되어 가는 질환 • 증상: 파킨슨 환자들에게서는 서동증(운동 느림), 안정 시 떨림, 근육 강직, 자세 불안정 등 주로 노년층에서 발생하는 질환
치매, 알츠하이머병	• 치매 - 정상적으로 성숙한 두뇌가 후천적인 질병이나 외상 등으로 손상을 입거나 파괴되어 지적능력이 심각하게 저하되는 것 - 지적능력이 현저히 저하, 기억장애를 포함한 다발성 인지장애로 인해 일상생활에 장애가 있는 상태 • 알츠하이머병(alzheimer's disease) - 치매의 절반을 차지, 뇌세포의 퇴행성 변화로 인해 건강하던 뇌세포들이 서서히 죽어가며 뇌 전체에 걸쳐 전반적인 위축이 발생하는 치매 - 매우 서서히 발생하며 시간이 지날수록 악화되어 언제부터인지 찾기 어려움 • 혈관성 치매 - 고혈압, 당뇨, 고지혈증, 심장, 흡연, 비만을 가진 사람에게 빈번, 중풍을 비롯한 뇌혈관질환에 의한 뇌 손상이 누적되어 발생 - 반신마비, 발음장애, 보행장애 등이 함께 나타남
치매 환자의 운동 효과	• 수면의 질 향상 • 변비 증산이 완화 • 움직임 능력의 향상 • 기억 능력 향상 • 사회적 기술과 소통 능력의 향상 • 근력 향상으로 낙상 예방 • 스트레스와 우울, 불안의 감소 • 정신 능력의 저하와 관련된 질병의 감소 • 치매 관련 행동의 감소 • 심폐지구력 및 혈액 순환 개선

11 의사소통기술

의사소통	• 의사소통은 개인이 타인에게 정보를 보내고, 바꾸고 교환하는 과정 • 처음 타인을 대할 때 긴장하게 되고 자신을 방어하는 자세를 가지게 됨 • 노인은 심정이 약하고 불안, 각종 노화와 직, 간접적으로 연관된 질병, 신체기능제한을 경험하고 있어 솔직한 자신의 감정을 표현하는 것이 곤란 → 충분히 배려하고 의사소통 기술이 필요

지도자의 의사소통 기술 및 원칙	• 효과적인 의사소통에는 언어적, 비언어적, 자기주장 기술 등이 있음
	• 내용을 명확하고 간결하게 전달
	• 의학 용어나 특수용어, 어려운 단어 사용 X
	• 시각적 도구는 쉽게 읽을 수 있게 제작하기
	• 적극적 경청 행위
	  - 참여자와 자주 눈 마주치고 정면에서 쳐다보기, 눈 높이 맞추기
	  - 참여자의 말에 공감하며 경청하기

노인 운동 지도 시 주의 사항	• 규칙적인 의학적 신체 체크 • 개별적으로 가지고 있는 질환에 대해 맞춤 운동처방 • 낮은 강도에서부터 운동 시작 • 탈수 증상에 대비하여 미리 수분 보충 • 상해 예방을 위한 적절한 복장 및 장비 착용
노인체육지도자의 역할	• 우수한 실기 능력 • 자신감 있고 상냥한 대인 태도 • 행동적 덕목 • 명확히 표현 할 수 있는 의사전달 능력 • 운동에 몰입할 수 있게 하는 동기유발 능력
노인 운동의 지도기법	• 자발성의 원리 • 경로의 원리 • 사제동행의 원리 • 생활화의 원리 • 다양화의 원리 • 직관의 원리 • 개별화의 원리 • 경험의 원리 • 사회화의 원리
노인 운동지도 목표	• 노인의 흥미과 관심 • 노인의 신체적, 정신적, 사회적 건강 유지 및 증진 • 노인들 간의 유대관계, 사회성 함양 유도 • 새로운 것에 도전하려는 욕구를 충족 • 자율적 행동과 독립심을 향상 • 건전한 여가활동 • 가족 간의 유대관계 강화 • 소속감과 타인을 존중하는 자세 • 올바른 시민정신 육성

12 노인운동 시 위험관리

노인 운동시설 안전관리	• 시설관리 • 환경에 관한 안전관리 • 장소에 관한 안전관리 • 응급 상황에 관한 안전관리
노인 운동 중지 요건	• 협심증과 유사한 증상을 보일 때 • 안정 시 혈압에서 20mmHg 이하로 감소되거나 운동 강도를 높였는데 수축기 혈압이 증가하지 않을 때 • 수축기 혈압이 260mmHg 이상이거나 확장기 혈압이 115mmHg 이상일 때 • 땀을 흘리지 않거나, 어지럼증이나 혼란을 겪거나, 불안정하거나, 창백해 보이거나, 입술이 파랄 때 • 심각한 피로감을 육체적으로나 언어로 표시할 때 • 운동 강도를 증가해도 심박수의 변화가 없을 때 • 운동 중단을 요청할 때
노인 응급 처치의 순서	• 응급 상황 인식 • 도움의 여부를 결정 • 119 호출 • 심폐 소생술 실시 • 자동제세동기(AED) 사용 • 구급대 도착까지 반복 실시 • 근골격계 급성 손상 시 PRICES 처치 실시
응급처치의 3C	• 체크(Check): 환자 확인 • 연락(Call): 주변인 또는 본인이 긴급 연락(119) • 관리(Care): 구조호흡 or 심폐소생술 or AED

자동제세동기
(AED: Automated Emergency Defibrillator)
	• 자동제세동기 사용이 가능해질 때까지 심폐소생술 실시
	• AED 전원 스위치를 켬
	• AED 음성에 따라 두 개의 패드(pad)를 부착
	  - 오른쪽 쇄골 바로 아래
	  - 왼쪽 젖꼭지 바깥 아래
	• 음성에 따라 패드의 커넥터를 AED에 연결
	• 전기충격 버튼 누름

11 ②

PNF 스트레칭(proprio-ceptive neuromuscular facilitation streching)	고유수용성 신경근촉진 스트레칭은 신체의 근육 내부에 존재하는 고유수용기(골지건기관, 근방추)를 자극하여 근골격과 신경계의 반응을 향상시켜 관절과 근육의 가동범위를 향상시키는 스트레칭
정적 스트레칭 (static stretching)	일정하고 빠르지 않은 속도로 스트레칭 동작을 수행하는 방식으로 가장 일반적이며 약 15~30초 정도 유지 및 반복하고 탄성 및 동적 스트레칭에 비해 안전하면서 특별한 기술이 필요하지 않음

이론 PLUS 탄성스트레칭(bouncing stretching)
동작 마지막 가동범위에서 탄성 및 반동을 이용하여 근육을 한계치까지 늘리는 스트레칭으로 빠른 속도로 진행되며 가동범위 전반에 걸쳐 많은 운동량을 갖기 때문에 강도 조절이 어렵고 부상의 위험이 있음

12 ④

㉠은 에스트로겐, ㉡은 젖산이다.
- 테스토스테론: 남성 호르몬
- 활성산소: 세포 내부 발전소인 미토콘드리아에서 산소 대사 후 생기는 반응성이 크고 불안정한 여러 산소의 총칭
- 젖산: 카르복실산 중 하나로 근육이 포도당을 분해하는 과정(무산소성 해당과정) 중 생기는 중간 산물
- 에스트로겐: 여성 호르몬

13 ③

노인체력검사(Senior Fitness Test) 항목에서 2분 제자리 걷기와 관련된 활동으로 옳은 것은 장거리 보행, 계단 오르기이다.

14 ③

노화, 그릇된 식습관과 잘못된 자세, 신체활동 부족, 사고, 질환 등으로 인해서 근육량과 골밀도 감소가 골다공증, 관절염 같은 근골격계 질환으로 이어져 요통이 생기게 되는데 척추를 직립으로 유지하며 이를 위해 걷기, 데드버그, 힙브릿지와 같은 코어 근육군 운동과 가벼운 강도의 유산소, 고관절 스트레칭, 저항성 운동을 병행하고 바른 자세와 식습관 개선을 유도한다.

15 ②

이상지질혈증이 있는 노인을 위한 운동 방법으로 유산소 운동과 근력운동을 병행해야 효과적이다.

16 ②

- 좌전굴 - 앉아 앞으로 굽히기
- 체전굴 - 서서 앞으로 굽히기

17 ②

PRICES 처치
- Protection: 보호
- Rest: 휴식 및 안정
- Ice: 냉각(통증, 부종, 염증 감소)
- Compression: 압박
- Elevation: 거상
- Stabilization: 고정(염증 감소, 근 경련 감소)

18 ②

㉠, ㉢, ㉣이 옳은 내용이다. ㉡의 경우 고강도 시 75~150분/주 실시해야 한다.

이론 PLUS 미국스포츠의학회(ACSM, American College of Sports Medicine)에서 제시한 노인의 신체 활동 권고 지침 - 심폐지구력 운동

빈도	주당 운동 시간을 합산하여 150~300분 정도 실행, 고강도 운동일 경우 주당 75~150분 정도
강도	운동 자각도(0~10)에 따라 중강도는 눈금 5~6 사이이며, 고강도는 눈금 7~8 사이
시간	10분 이상의 중강도 활동일 경우 최소 30분, 고강도 활동일 경우 최소 20분 유지
종류	걷기가 가장 일반적인 활동, 체중 부하에 자유롭지 못한 노인의 경우 수중 운동이나 좌식 자전거 운동 활동

19 ③

노인의 알츠하이머 치매를 고려한 지도 시, 그룹운동보다 개별운동이 더 효과적이다.

이론 PLUS 알츠하이머 치매 환자의 운동 시 주의 사항
- 신체 및 정신적 건강이 쇠퇴하면서 생기는 문제에 대한 대처가 필요함
- 운동 프로그램이나 운동 환경에 흥분할 수도 있는 행동 변화를 배려해야 함
- 병이 진행됨에 따라 보호자가 운동 프로그램에 데려오고 싶지 않아 하는 것에 대처해야 함
- 꾸준함과 인내심을 가지고 운동 프로그램에 대한 흥미를 계속 유지할 수 있도록 용기를 주어야 함
- 지도자나 보호자를 동반하여 운동 실시
- 복잡하고 새로운 운동보다 단순하고 반복적인 운동 실시
- 중증 치매 노인의 경우 그룹 운동보다 개별 운동으로 진행하는 것이 더 효과적
- 매일 하루 30분씩만 걸어도 치매가 예방된다고 할 만큼 규칙적이고 적당한 운동이 필수임
- 적절한 영양 섭취가 병행되어야 함

20 ③

의식이 없으면 묵시적 동의(선한 사마리아인법)로 심폐소생술을 실시한다.

2026 대비 최신개정판

해커스
스포츠지도사 2급 필기
한권합격
이론+최신기출+핵심노트

개정 3판 1쇄 발행 2025년 11월 7일

지은이	안승기, 김옥현, 김기운, 김서호, 전유나, 이재우, 이완영, 서웅기 공저
펴낸곳	㈜챔프스터디
펴낸이	챔프스터디 출판팀
주소	서울특별시 서초구 강남대로61길 23 ㈜챔프스터디
고객센터	02-537-5000
교재 관련 문의	publishing@hackers.com
동영상강의	pass.Hackers.com
ISBN	978-89-6965-675-9 (13690)
Serial Number	03-01-01

저작권자 ⓒ 2025, 안승기
이 책의 모든 내용, 이미지, 디자인, 편집 형태는 저작권법에 의해 보호받고 있습니다.
서면에 의한 저자와 출판사의 허락 없이 내용의 일부 혹은 전부를 인용, 발췌하거나 복제, 배포할 수 없습니다.

자격증 교육 1위
해커스자격증
pass.Hackers.com

· 만능 스포츠 전문가 안승기 선생님의 **본 교재 인강** (교재 내 할인쿠폰 수록)
· 스포츠지도사 **무료 특강&이벤트** 등 다양한 콘텐츠

주간동아 선정 2022 올해의 교육브랜드 파워 온·오프라인 자격증 부문 1위

해커스자격증

스포츠지도사 2급
합격이 시작되는 다이어리, 시험 플래너 받고 합격!

무료로 다운받기 ▶

다이어리 속지 무료 다운로드 > **합격생&선생님의 합격 노하우 및 과목별 공부법 확인** > **직접 필기하며 공부시간/성적관리 등 학습 계획 수립하고 최종 합격하기**

스포츠지도사 2급
자격증 재도전&환승으로, 할인받고 합격!

이벤트 바로가기 ▶

시험 응시/ 타사 강의 수강/ 해커스자격증 수강 이력이 있다면? > **재도전&환승 이벤트 참여** > **50% 할인받고 자격증 합격하기**